Foto: Klaus Franck

Prof. Dr. Dr. h. c. Wolfgang Metzger (1899-1979)

Wolfgang Metzger

Gestalt-Psychologie

*Ausgewählte Werke
aus den Jahren 1950 bis 1982
herausgegeben und eingeleitet
von
Michael Stadler und Heinrich Crabus*

Verlag Waldemar Kramer · Frankfurt am Main

CIP-Kurztitelaufnahme der Deutschen Bibliothek
Metzger, Wolfgang:
Gestalt-Psychologie : ausgew. Werke aus d. Jahren
1950–1982 / Wolfgang Metzger. Hrsg. u. eingel. von
Michael Stadler u. Heinrich Crabus. – Frankfurt am
Main : Kramer, 1986.
ISBN 3-7829-1101-6

Unveränderte Taschenbuchausgabe
© 1999 Verlag Waldemar Kramer GmbH, Frankfurt am Main
ISBN 3-7829-1101-6

Alle Rechte vorbehalten!
© 1986 Verlag Dr. Waldemar Kramer oHG, Frankfurt am Main
ISBN 3-7829-1101-6
Gesamtherstellung: W. Kramer & Co. Druckerei-GmbH in Frankfurt am Main

Inhalt

Vorwort 7

Einleitung
Wolfgang METZGER (1899–1979): Leben, Werk und Wirkung 9

I Über das Menschenbild in der Psychologie 27
    1. Das Bild des Menschen in der neueren Psychologie (1952) 29
    2. Über Modellvorstellungen in der Psychologie (1965) 43

II Zur Methodologie der Psychologie 51
    3. Das Experiment in der Psychologie (1952) 53
    4. Psychologie zwischen Natur- und Geisteswissenschaften (1976) 83

III Gestalttheorie 97
    5. Zur Geschichte der Gestalttheorie in Deutschland (1963) 99
    6. Gibt es noch psychologische Schulen? (1973) 109
    7. Grundbegriffe der Gestaltpsychologie (1954) 124
    8. Der Geltungsbereich gestalttheoretischer Ansätze (1967) 134
    9. Die Entdeckung der Prägnanztendenz (1975) 145
    10. Möglichkeiten der Verallgemeinerung des Prägnanzprinzips (1982) 182
    11. Das Problem der Ordnung (1980) 199
    12. Gestalttheorie und Gruppendynamik (1975) 210

IV Innere Psychophysik 227
    13. Zum gegenwärtigen Stand der Psychophysik (1950) 229
    14. Leib und Seele in der unmittelbaren Erfahrung (1952) 241
    15. Das psychophysische Problem (1952) 249
    16. Aporien der Psychophysik (1961) 257
    17. Über Notwendigkeit und Möglichkeit kybernetischer Vorstellungen in der Theorie des Verhaltens (1965) 264
    18. Die Wahrnehmungswelt als zentrales Steuerungsorgan (1969) 269

V Wahrnehmungslehre 281
    19. Sehen, Hören und Tasten in der Lehre von der Gestalt (1954) 283
    20. Optisch-haptische Maßtäuschungen an dreidimensionalen Gegenständen (1970) 291
    21. Gestaltwahrnehmung (1968) 322
    22. Die Simulierung einer buntfarbigen Beleuchtung durch Gegenstände gleicher Oberflächenfarben (1969) 346
    23. Bewußtsein, Wahrnehmung und Handlung (1974) 350

VI Entwicklungs- und Pädagogische Psychologie 361
    24. Die Entwicklung der Gestaltauffassung in der Zeit der Schulreife (1956) 363
    25. Trotz: Anleitung bei einer normalen Entwicklungskrise (1967) 399
    26. Erziehung zum fruchtbaren Denken (1959) 403
    27. Erziehung zum schöpferischen Gestalten (1959) 430

VII Tiefenpsychologie 449
    28. Über die Verifikation tiefenpsychologischer Thesen (1970) 451
    29. Entstehung und Heilung einer kindlichen Phobie (1967) 462
    30. Adler als Autor (1977) 478

VIII Psychologische Ästhetik und schöpferisches Handeln 495
    31. Der Beitrag der Gestalttheorie zur Frage der Grundlagen des künstlerischen Erlebens (1965) 497
    32. Der Einfluß ästhetischer Beispiele (1965) 509
    33. Gestalttheoretische Ansätze zur Frage der Kreativität (1979) 522
    34. Schöpferische Freiheit (1979) 529

Registerteil 535
Quellenverzeichnis 537
Gesamtverzeichnis der Veröffentlichungen von Wolfgang METZGER 540
Schriften über Wolfgang METZGER 559
Verzeichnis der zitierten Schriften 560
Namensverzeichnis 587
Stichwortverzeichnis 594

Vorwort

Die vorliegende Sammlung von Aufsätzen des am 20. Dezember 1979 verstorbenen Gestaltpsychologen Prof. Dr. Dr. h. c. Wolfgang METZGER enthält vom Umfang her nur einen kleinen Teil seiner Werke. Von den in seinem vollständigen Schriftenverzeichnis am Schluß dieses Buches insgesamt aufgeführten 372 Schriften wird eine Auswahl von 34 hier abgedruckt. Diese umfassen den Erscheinungszeitraum von 1950 bis 1982. Trotz dieser notwendig begrenzten Auswahl geben sie ein repräsentatives Bild der Forschungsthemen und der theoretischen Auffassungen dieses kompromißlosen Denkers und einfallsreichen Experimentators, der nicht nur die deutsche Nachkriegspsychologie entscheidend geprägt, sondern auch mehr als die meisten deutschsprachigen Fachvertreter seiner Generation Resonanz im Ausland, insbesondere in Italien, Frankreich, Spanien, Japan und den USA gefunden hat.

Warum eine solche Werkausgabe bereits im siebten Jahr nach seinem Tode? Sicherlich sind METZGERS monographische Publikationen, darunter besonders die „Psychologie" (1975^5), die „Gesetze des Sehens" (1975^3), die „Schöpferische Freiheit" (1962^2) sowie die „Psychologie in der Erziehung" (1976^3) nach wie vor im Buchhandel und in allen Fachbibliotheken zugänglich; dies trifft jedoch nicht durchgängig für seine sehr verstreut und zum Teil in sehr entlegenen, nicht mehr erhältlichen Publikationsmedien erschienenen Aufsätze zu. Will man sich also einen Überblick über die ganze Breite, Themenvielfalt und Entwicklung seiner theoretischen und experimentellen Arbeiten aus der Nachkriegszeit verschaffen, so wäre dies auch für einen gefuchsten Bibliothekar kein leichtes Unterfangen, geschweige denn für denjenigen, der sich erst in die Schriften METZGERS einarbeiten will. Ein weiterer Grund liegt darin, daß Wolfgang METZGER wie kaum ein anderer Psychologe und Gestaltpsychologe auf das Nichtspezialisiert-Sein spezialisiert war. Zwar hatte er von seinen akademischen Lehrern Max WERTHEIMER, Wolfgang KÖHLER und Kurt KOFFKA den theoretisch-experimentellen Hintergrund der Wahrnehmungspsychologie übernommen, der auch die meisten seiner in den Vorkriegsjahren erschienenen Arbeiten gewidmet sind. Darüber hinaus umfaßt sein Werk aber Schriften aus den Bereichen der Denkpsychologie, Motivationspsychologie, Sprachpsychologie, Entwicklungspsychologie, Persönlichkeitspsychologie, Sozialpsychologie, Pädagogischen Psychologie, Angewandten Psychologie, psychologischen Ästhetik und in den letzten Jahren ganz besonders auch der Klinischen Psychologie. Dabei blieb er immer einem einzigen theoretischen Grundansatz, der Gestalttheorie, verpflichtet, sieht man einmal von seinen Arbeiten zur ADLERschen Individualpsychologie ab, deren Nähe zu gestalttheoretischen Grundannahmen er jedoch zu betonen nicht müde wurde. Hinzu kommt, daß der gestalttheoretische Ansatz in den letzten Jahren nicht nur in Italien, Frankreich und Japan, wo er durchgängig verankert war, sondern auch in den USA und den deutschsprachigen Ländern eine Renaissance erlebt. Diese ist keineswegs nur als historische Rückbesinnung auf früher schon Dagewesenes und immer noch Richtiges in unserer Wissenschaft zu sehen, sondern rund 100 Jahre nach den entscheidenden Anregungen von Ernst MACH und Christian von EHRENFELS erweist sich der Gestaltansatz in der weltweiten

Krise des Behaviorismus als attraktive Alternative, da er ein humanes Menschenbild des reflexiven und schöpferischen Subjekts impliziert. Einer solchen Neuorientierung in der Psychologie kommt die Entwicklung der „Theorie der Selbstorganisation" in den Naturwissenschaften entgegen, die mit einer Kritik an rigorosen methodologischen Positionen verbunden ist, die nur linear-kausale Modellbildungen erlauben. Nicht nur KÖHLER in einigen frühen Arbeiten, sondern auch METZGER mit seinem unermüdlichen Hinweis auf BERTALANFFYS Theorie des Fließgleichwichts hat eine theoretische Orientierung der Psychologie an Prinzipien der Selbstorganisation, wie sie in der Natur vorkommen, gefordert. Aber nicht nur kreiskausale Modellbildung sondern auch die Verbindung qualitativer und quantitaver Methoden, wie sie in der Gestaltpsychologie von jeher praktiziert wurde, macht die methodologische Bedeutsamkeit dieser Richtung in der heutigen Diskussion aus. Nicht zuletzt auch die Rückbesinnung eines Teils der Gestalttherapeuten auf die Gestalttheorie und die Entwicklung einer gestalttheoretischen Psychotherapie ist als Ursache für die größere Resonanz gestalttheoretischen Gedankenguts anzusehen.

Die vorliegende Auswahl von Aufsätzen führt in acht verschiedene Problembereiche ein, die einen zentralen Platz in Wolfgang METZGERS Werk einnehmen. Es zeigt sich in der Gegenüberstellung von Aufsätzen, die zum Teil zwei Jahrzehnte auseinander liegen, welche Grundannahmen Bestand gehabt haben und wo in der Gestaltpsychologie METZGERS Entwicklungen stattgefunden haben. Paradigmatisch hierfür seien die sechs Aufsätze zur „Inneren Psychophysik" genannt (Kap. 13 bis 18).

Die Herausgabe von METZGERS Aufsätzen wäre nicht möglich gewesen, ohne die aufmunternde Zustimmung von Frau Juliane METZGER, der wir an dieser Stelle herzlich danken möchten. Unser Dank gilt auch Prof. Dr. Edwin RAUSCH für seine hilfreiche Unterstützung bei Fragen, die METZGERS Wirken am Frankfurter Psychologischen Institut betrafen. Den im Quellenverzeichnis genannten Verlagen und Redaktionen danken wir für die freundliche Genehmigung zum Abdruck der hier zusammengestellten Aufsätze. Herr Klaus FRANCK, der fast zwei Jahrzehnte lang für METZGER als Grafiker und Fotograf gearbeitet hat, besorgte in der gewohnten sorgsamen Weise die Zusammenstellung von Druckvorlagen für die zahlreichen Abbildungen.

Schließlich haben wir Herrn Dr. Waldemar KRAMER zu danken, der als Verleger die Idee der Herausgabe von METZGERS Aufsätzen von Anfang an unterstützt hat.

Münster, im Februar 1985	Bremen, im Februar 1985
Heinrich CRABUS	Michael STADLER

Einleitung

Wolfgang METZGER (1899–1979)
Leben, Werk und Wirkung

von Michael STADLER und Heinrich CRABUS

Wolfgang METZGER wurde am 22. Juli 1899 in Heidelberg geboren. Er hatte eine lebendige, fröhliche Kindheit, überschattet vom frühen Tod seiner Mutter und zweier jüngerer Geschwister. Er besuchte 2½ Jahre lang die Volksschule und das humanistische Gymnasium bis zur Quarta in Heidelberg. Später wuchs er in Karlsruhe auf, wohin sein Vater als Studiendirektor eines Gymnasiums versetzt wurde. Die Psychologie gehörte in der Jugend auf jeden Fall nicht zu seinen besonderen Interessen. Vielmehr wurde er von der Schulpsychologie, wie sie ihm auf dem Gymnasium vermittelt wurde, eher abgestoßen. Seine Berufswünsche bezogen sich damals noch auf andere Gegenstände: Mit 6 Jahren, erzählte er gerne, wollte er Laternenanzünder werden, und, fuhr er mit einem verschmitzten Lächeln zu seinen Studenten fort, „das bin ich ja schließlich auch geworden". Später interessierte ihn der Beruf des Konditors und als Oberschüler wollte er Architekt werden. Noch auf seinem Abiturzeugnis vom Gymnasium in Karlsruhe im Jahre 1917 war vermerkt, daß er mit guten Wünschen zum Studium der organischen Chemie entlassen würde. Tatsächlich begann er aber 1920 in Heidelberg ein Studium der Germanistik, Anglistik, Geschichte und Kunstgeschichte. Nach dem ersten Semester in Heidelberg ging er drei Semester lang nach München und kam erst in seinem 5. Semester in Berlin verstärkt mit der Psychologie in Berührung, die von nun an sein Lebensinhalt wurde. Ein entscheidendes Ereignis muß noch erwähnt werden. Nach dem Abitur kam METZGER im letzten Kriegsjahr als Soldat nach Frankreich, wo er am 18. Juli 1918 in einem Gefecht sein linkes Auge verlor und in französische Gefangenschaft geriet. Er berichtet, inwiefern ihn dieses Erlebnis prägte:

„Im Jahre 1918, bei dieser letzten verzweifelten Offensive im Juli, geriet ich in der Champagne zwischen die Linien. Ich sollte ein Maschinengewehr retten, da warf mir ein Franzose eine Handgranate vor die Nase und diese Handgranate raubte mir das Augenlicht des linken Auges. Gleichzeitig ist das linke Ohr auch ganz erheblich, aber doch nicht vollständig geschädigt worden. Daß irgendetwas von einem Wissenschaftler und auch schon etwas von einem Wahrnehmungspsychologen in mir steckte, das äußerte sich auf eine sehr eigentümliche Weise. Der Knall fand statt, ich stellte fest, daß ich noch am Leben war und daß die linke Gesichtshälfte voll Blut war. Ich hielt meine Hand vor das linke Auge, ich hielt sie vor das rechte Auge, es war alles weg. Das linke Auge war sozusagen ausgefallen, wie der Soldat sagt, und in demselben Augenblick sagte ich mir: ja, aber die Welt sieht gar nicht anders aus als vorher. Aber das hatte man uns noch mitgegeben in unserer Einleitung in die Psychologie in der Prima, daß die Wahrnehmung des Raumes dem Doppelauge zu verdanken sei, und ich betrachtete dieses Mißgeschick sofort als ein Experiment und stellte fest, daß das nicht stimmen kann." (METZGER 1972, S. 204 f).

An dieser Stelle gibt METZGERS Biographie Aufschluß über seinen aus der eigenen Betroffenheit heraus entstandenen späteren Beitrag zur Theorie und Empirie des monokularen Tiefensehens. Seine experimentellen Untersuchungen (36)* sowie seine spätere Systematisierung aller für das monokulare Tiefensehen verantwortlichen Faktoren (205) gehören zu seinen wichtigsten Beiträgen zur Wahrnehmungspsychologie. Neben James J. GIBSON ist er der bedeutendste Forscher auf diesem Gebiet gewesen. Er konnte zeigen, daß das Tiefensehen ohne Doppelauge sowie die Scheinkörperlichkeit zweidimensionaler, bewegt dargebotener Muster nicht, wie man früher vermutet hatte, auf Erfahrung beruhen, sondern allein den unserer Wahrnehmung inhärenten Gestalttendenzen gehorcht. METZGER hat später sämtliche vorliegende Beobachtungen zu diesem Phänomen, die er in seinen eigenen Untersuchungen gewonnen hatte, sowie die in der Schule von GIBSON erforschten und die vielfältigen Beobachtungen der italienischen Gestaltpsychologen zusammengefaßt und systematisch dargestellt. Er unterschied dabei 9 verschiedene Faktoren für anschauliche Ferne und 5 verschiedene Faktoren für anschauliche Körperlichkeit, die sich zwar je einzeln aufzeigen lassen, in der alltäglichen Wahrnehmungsrealität jedoch in der Regel in mannigfaltigen Kombinationen auftreten und dabei auch dem einäugigen Betrachter den zwingenden Eindruck von räumlicher Tiefe und dreidimensionaler Körperlichkeit seiner Umwelt vermitteln.

METZGER wechselte seinen Studienort von München nach Berlin, um seine germanistischen Studien bei Andreas HEUSLER fortzusetzen. Dieser war jedoch, gerade als METZGER nach Berlin kam, einem Ruf nach Basel gefolgt, so daß METZGER sich nach anderen Professoren umsehen mußte. Dabei geriet er in eine „psychologische Übung für Anfänger", die von zwei ihm Unbekannten angekündigt worden war. Er beschreibt diese erste Begegnung mit seinen späteren akademischen Lehrern folgendermaßen:

„Der eine war groß, schlank, lebhaft, von Lessingscher Schärfe des Gedankens und des Ausdrucks. Der andere war kleiner, mit tiefen, durchdringenden Augen, einem mächtigen Schnurrbart und Locken im Nacken. Er erinnerte, obwohl der Vollbart fehlte, etwas an einen alttestamentlichen Propheten. Er war unerschöpflich an Einfällen, aber zu unserem Leidwesen vor allem auch an solchen, die die eigenen Vermutungen immer aufs neue in Frage stellten. Man kam sich bei seiner Art des Argumentierens genauso vor, wie ein ungeduldiger Autofahrer auf einer verstopften Straße, der jedesmal, wenn er meint, es gehe jetzt endlich vorwärts, nach 5 bis 10 Metern wieder halten muß. ‚Eigentliche Wissenschaft fängt erst dort an, wo man als Vertreter irgendeiner Theorie nicht nur die Tatsachen sammelt, die *für* sie sprechen, sondern ebenso sorgfältig auch diejenigen, die ihr zu widersprechen scheinen'. Dies war einer der Grundsätze, die wir frühzeitig auch ausdrücklich aus seinem Mund vernahmen. Die beiden Unbekannten waren Wolfgang KÖHLER und Max WERTHEIMER, die damals schon nach dem – heute immer wieder vergessenen – Grundsatz verfuhren, daß für die Einführung der Anfänger die Ordinarien gerade gut genug sind. Sie behandelten Fragen der Wahrnehmung in einer Weise, die ich, wenn auch dumpf und unausgesprochen, ‚erwartet' hatte, und ich hatte sofort das Gefühl, daß hier, wenn auch an einem ganz anderen Gegenstand, das Begriffsgerüst entwickelt wurde, das mir in meiner Auseinandersetzung mit meinen germanistischen Lehrern gefehlt hatte." (METZGER 1970, S. 17).

Der autobiographische Text zeigt sehr deutlich, daß für METZGER – so sehr ihn KÖHLERS Sachlichkeit beeindruckt hatte – eine stärkere Beziehung zur Gestaltpsychologie über die Person von Max WERTHEIMER bestand. KÖHLER war mehr die anerkannte, aber auch in ihrer Strenge gefürchtete, Leitfigur der Gestaltschule, und

---

* Die Zahlen in Klammern beziehen sich auf Positionen in METZGERS Veröffentlichungsverzeichnis am Schluß dieses Bandes.

WERTHEIMER war es, in dem METZGER – wie die Sozialpsychologen heute sagen würden – die sozial-emotionale Leitfigur sah und mit dessen Denken er sich stärker identifizierte. Dies ging übrigens später so weit, wie METZGER und auch andere berichtet haben, daß er in der Lage war, WERTHEIMERS Gedanken zu Ende zu denken. Dies hat auch später dazu geführt, daß METZGER bei der Übersetzung von WERTHEIMERS nachgelassenem Werk „Productive Thinking" (deutsch 1964) dessen Sprache wie kein anderer wieder erstehen lassen konnte.

METZGER, der in Heidelberg und München nur gelegentliche „Seitensprünge" in die Psychologie zu JASPERS, GRUHLE und BECHER gemacht hatte, wechselte nun sein Studienfach und begann sich ganz der Psychologie zu widmen mit den Nebenfächern Physik und Mathematik.

Die Orientierung an den Geisteswissenschaften in den ersten Studienjahren sowie die nun beginnende naturwissenschaftliche Ausbildung hat METZGER für sein weiteres Forscherleben geprägt. Er sah die Psychologie immer inmitten der Geistes- und Naturwissenschaften, ohne damit einen Bruch in der Gegenstandsauffassung und der Methodologie – wie dies etwa bei Wilhelm WUNDT der Fall war – zuzulassen (vgl. Kap. 4 in diesem Band).

Neben Max WERTHEIMER und Wolfgang KÖHLER waren in jener Zeit Kurt LEWIN und Erich von HORNBOSTEL METZGERS wichtigste akademische Lehrer. Die neuen Ideen dieser Forscher fielen bei METZGER auf fruchtbaren Boden. Die Gestalttheorie entsprach, wie er oft betont hat, seiner Auffassung von Psychologie, in der das Psychische weder mechanistisch noch elementaristisch erfaßt werden konnte, der die Zufälligkeit der durch Assoziation gestifteten Zusammenhänge widerstrebte und die stattdessen Zusammenhänge dort entstehen sah, wo die Dinge der Sache und dem Sinne nach zusammengehörten.

Wenngleich sich METZGER bis zu seiner Habilitation fast ausschließlich mit der experimentellen Untersuchung von Wahrnehmungsphänomenen beschäftigte, war für ihn die Gestalttheorie nicht nur eine Theorie der Wahrnehmung, sondern – ganz im Sinne von LEWIN – auch eine Theorie der Persönlichkeit und eine Theorie sozialer Zusammenhänge. Dies wird deutlich, wenn man die Publikationen betrachtet, die in METZGERS Studienzeit entstanden sind. Neben 2 Buchbesprechungen, die 1924 in der *Psychologischen Forschung* veröffentlicht wurden (1, 2), hat METZGER in der Zeit von 1924 bis 1926 als ständiger Mitarbeiter der *Sozialistischen Monatshefte*, in denen er eine eigene Rubrik über Psychologie bearbeitete, sich in kleinen Sammelreferaten über neuere Fachliteratur zu fast allen Gebieten der Psychologie und ihrer Nachbarfächer geäußert (3 bis 9). In diesen Arbeiten des Studenten Wolfgang METZGER erstaunt den heutigen Leser neben seiner Vielbelesenheit sein klares Urteilsvermögen und die Souveränität dessen, der schon einen Standpunkt in der Wissenschaft gewonnen hat.

METZGER promovierte am 6. August 1926 bei KÖHLER in Philosophie mit den Nebenfächern Experimentalphysik und Germanistik. Die Dissertation handelte über die Phänomenologie der Flimmerverschmelzung (10).

Er hatte sich in seiner Doktorarbeit einen theoretisch interessanten Sonderfall der Wahrnehmung von Realbewegungen herausgegriffen: Den Übergang von schneller Bewegung zur Homogenität, also die obere Bewegungsschwelle, unterhalb der Bewegung gerade noch gesehen werden kann. Die dabei auftretenden Phänomene sind vielfältiger Art: Es gibt Kontrastverminderung und Vervielfachungen der bewegten Konfigurationen, ehe diese nach einem Flimmerstadium in eine entsprechend den Gesetzen der Farbmischung homogen gefärbte Fläche übergehen.

Mit dem Dissertationsthema war METZGERS zweites Hauptthema auf dem Gebiet der Wahrnehmungspsychologie, nämlich die Bewegungswahrnehmung angesprochen. In seiner Habilitationsschrift (35, 36) werden diese Untersuchungen fortgesetzt.

Am 1. Mai 1926, also schon vor seiner Promotion, wurde METZGER als außerplanmäßiger Assistent am Psychologischen Institut der Universität Berlin eingestellt.

Im akademischen Jahr 1926/1927 besuchte METZGER als Forschungsassistent die State University of Iowa und untersuchte dort Vorgänge der Lautproduktion beim Menschen (16-18). In den USA erreichte ihn die Mitteilung KÖHLERS, daß er nach dem Weggang von KÖHLERS erstem Assistenten G. J. von ALLESCH dessen planmäßige Assistentenstelle übernehmen könne. Vor ihm lag nun von 1927 bis 1931 eine Zeit fruchtbaren Schaffens am Psychologischen Institut der Universität Berlin, welches METZGER später als „verlorenes Paradies" bezeichnet hat (267). Er beschäftigte sich hier überwiegend mit den berühmtgewordenen Untersuchungen des homogenen Ganzfeldes (22, 23).

In diesen Untersuchungen wurde zum erstenmal eine grundlegende Ausgangssituation visueller Wahrnehmung experimentell hergestellt: Die Situation eines unstrukturierten, das Gesichtsfeld vollständig bedeckenden Feldes gleichmäßiger Lichtstimulation. Hatte man diese Reizsituation bisher nur bei völliger Abwesenheit von Lichtreizen, also im totalen Dunkelraum realisiert, so konnte METZGER nun zeigen, daß der Ausgangspunkt jeder visuellen Wahrnehmung, auf die sich etwa die Begriffe zweidimensionaler oder dreidimensionaler Raum, Oberfläche oder Struktur sinnvoll anwenden lassen, mit der Einführung von Unterschieden der Reizintensität in das Gesichtsfeld beginnt.

Die Situation des gleichmäßig beleuchteten Ganzfeldes erwies sich in METZGERS Untersuchungen als der Situation im totalen Dunkelraum äquivalent. Allein das Vorhandensein von Lichtreizen auf der Netzhaut erzeugt also noch keine Wahrnehmung. Vielmehr beschrieb METZGER in seiner sehr genauen phänomenologischen Beobachtung den Eindruck des homogenen Ganzfeldes für den Beobachter folgendermaßen: „In dem Augenblick, wo die letzte Inhomogenität wegfällt, wird es gleichgültig von welcher Natur die Lichtquelle ist. Ob der Beobachter sich vor einer nahen oder fernen, einer ebenen oder gekrümmten Fläche befindet oder in einem wirklichen Nebel, das Erlebnis muß immer dasselbe sein: er schwimmt in einem Lichtnebel, der sich in unbestimmter Entfernung verdichtet" (22, S. 13). METZGERS Beobachtungen sprachen also dafür, daß die Wahrnehmung einer Oberfläche, auch einer völlig homogenen Oberfläche, das Bestehen von überschwelligen Reizinhomogenitäten voraussetzt (Mikrostrukturen, Texturen etc.). Die Wahrnehmung einer völlig homogenen Oberfläche, die das gesamte Gesichtsfeld überdeckt, ist nicht möglich.

Die Ergebnisse von METZGERS Ganzfelduntersuchungen waren natürlich eine Bestätigung der allgemeinen These der Gestalttheorie, daß Wahrnehmung immer Relationswahrnehmung ist und sie wurden von KOFFKA in seinen „Principles of Gestalt Psychology" (1935) an zentraler Stelle gewürdigt. Aber nicht nur aus theoretischen Gründen waren die Ganzfelduntersuchungen wichtig, sie wurden nach dem zweiten Weltkrieg von einer Reihe von Forschern im Umfeld des KOFFKA-Schülers J. J. GIBSON wieder aufgegriffen und weiterentwickelt. In neuerer Zeit sind die Ganzfelduntersuchungen auch praktisch relevant geworden, da sich entsprechende Reizbedingungen zum Teil bei der bemannten Raumfahrt wiederfinden, mit ganz entsprechenden Wahrnehmungsstörungen, die manchmal als „Himmels"-Myopie bezeichnet werden (AVANT 1965). Auch die auf alle Sinnesgebiete ausgeweiteten Untersuchungen über das

Erleben reizarmer Umwelten, die unter dem Begriff „sensorische Deprivation" in aller Welt durchgeführt werden, sind ursprünglich von METZGERS Ganzfelduntersuchungen angeregt worden.

METZGERS Lehrtätigkeit beschränkte sich, den damaligen Gepflogenheiten entsprechend, auf die Vertretung KÖHLERS im „Experimentell-psychologischen Praktikum". Daneben hielt er jeden Sommer Psychologie-Kurse für Ausländer in englischer Sprache im Rahmen der Veranstaltungen des „Deutschen Instituts für Ausländer" ab. Außerdem veranstaltete er mehrere Jahre lang Abendkurse an der Volkshochschule Groß-Berlin.

Am 1. Oktober 1931 folgte METZGER Max WERTHEIMER nach Frankfurt. WERTHEIMER, der in Frankfurt SCHUMANNS Lehrstuhl übernommen hatte, stellte METZGER als Nachfolger des Assistenten Adhémar GELB ein. Die bevorstehende Machtübernahme der Nationalsozialisten und deren Rassenideologie warf in jenen Tagen schon seine Schatten voraus, so daß WERTHEIMER damals schon sehr deutlich erkannte, daß er als Jude zunehmenden Angriffen ausgesetzt sein würde und sich wahrscheinlich nicht mehr lange in der Position des Lehrstuhlinhabers würde halten können. WERTHEIMER drängte deshalb METZGER, seine Habilitationsuntersuchungen abzuschließen. Und bereits nach einem Jahr in Frankfurt wurde METZGER mit den beiden Arbeiten über phänomenale Identität (35) und die einäugigen Tiefenerscheinungen (36) habilitiert.

Im ersten Teil dieser Untersuchungen lautete METZGERS Ausgangsfrage: Was geschieht, wenn zwei gleichartige bewegte Objekte ihre Bahn im Raum kreuzen, so daß sie sich im Augenblick der Überkreuzung vollständig überdecken? Nach welchen Prinzipien bestimmt sich die Identität der Objekte, wenn sie nach der Überkreuzung wieder auseinander hervorgehen? METZGER fand in seiner eingehenden Untersuchung heraus, daß sich die Identität von Objekten bei Überkreuzung so bestimmt, daß beide Objekte einen möglichst bruchlosen Verlauf nehmen, was Richtung und Geschwindigkeit betrifft. Das Entstehen und Vergehen von Objekten unter Verlust ihrer Identität findet man dagegen vorwiegend an Bruchstellen, also sprunghaften Änderungen des Bewegungsverlaufs. Im übrigen gelten für bewegte Muster im zeitlichen Ablauf ähnliche Gesetzmäßigkeiten, wie sie aus der Gestaltorganisation simultan dargebotener Figuren bekannt sind. Wie bei der Gliederung von Figuren oder Gruppen treten auch bei bewegten Geschehensabläufen häufig verschiedene Gestaltfaktoren miteinander in Konkurrenz. So wird etwa der Faktor der glatten Bewegungsbahn leicht durch das Prinzip des kreuzungsfreien Verlaufs außer Kraft gesetzt und umgekehrt. Es kommt bei derartigen Konfigurationen häufig zu einem spontanen Auffassungswechsel, den wir bei vielen multistabilen Wahrnehmungsmustern kennen. Dennoch sind solche Zwei- oder Mehrdeutigkeiten der Auffassung von Identitätsverläufen auch bei sehr komplexen Mustern auf nur wenige Versionen beschränkt. Nach den Permutationsgesetzen ließen sich theoretisch, wie METZGER berechnet hat, viele Millionen unterschiedlicher Versionen sehen, wenn keine Gestaltgesetze für Ordnung sorgen würden. Der synchrone Zustandswechsel vieler Elemente in einem System wird heute in den Naturwissenschaften als Grundprinzip von Selbstorganisation untersucht (vgl. HAKEN 1978).

Im zweiten Teil seiner Habilitationsschrift „Tiefenerscheinungen in optischen Bewegungsfeldern" schließt METZGER an die früheren Arbeiten von BENUSSI und MUSATTI zum stereokinetischen Phänomen an. Er untersucht hier mit Hilfe seiner Stab-Schatten-Anordnung die Bedingungen, unter denen sich räumliche Anordnungen flächig dargebotener bewegter Muster ohne Mithilfe der Querdisparation, also für den einäugigen Betrachter, einstellen. Es stellte sich dabei zunächst die Formkonstanz des scheinbaren dreidimensionalen Bildes als wichtigste Grundlage für das Sehen dreidimensionaler Körper heraus. Die Körperlichkeit wird auch dann zwingend erlebt, wenn die einzelnen Teile des Scheinkörpers nicht miteinander in Verbindung stehen. Unter Umständen kann dabei, wenn die Bedingungen es nicht anders zulassen, auch die gegenseitige Durchdringung scheinbar fester Körper gesehen werden. Schließlich stellt sich aber in der Wahrnehmung auch die Formkonstanz als nicht letztlich bestimmender Faktor für die Organisation des Wahrnehmungsgeschehens heraus, wenn nämlich Bedingungen hergestellt werden, unter denen nur ein zwar räumlicher, aber sich verformender Körper gesehen werden kann. Die Materialfestigkeit des Scheinkörpers wird hier, wie METZGER argumentierte, zugunsten einer möglichst einfachen und regelmäßigen (prägnanten) Version des Gesamtgeschehens aufgegeben. Die Verformung von Scheinkörpern findet in der Regel in den nicht durch figurale Stützstellen dargestellten Zwischenräumen statt und wird durch die vorgegebenen festen Konturen erzwungen. In einem weiteren Schritt konnte METZGER jedoch demonstrieren, daß selbst feste Konturen ihre Form verlieren und weich und verformbar werden, wenn bei einem bewegten Gebilde nur so der Eindruck der Körperlichkeit entstehen kann (METZGERsche Scheinkugel, vgl. 36, S. 235).

Anfang 1933 mußte WERTHEIMER tatsächlich Frankfurt verlassen und floh über Prag in die USA. Eine Emigration aus Solidarität mit den durch den Nationalsozialismus vertriebenen jüdischen Gestaltpsychologen kam für METZGER aus familiären Gründen nicht infrage: er und seine Frau hatten bereits einen Sohn und Frau METZGER erwartete ihr zweites Kind.*

METZGER avancierte nun als habilitierter Assistent und nunmehr einziger Vertreter der Psychologie in Frankfurt zum stellvertretenden Leiter des Instituts für Psychologie.

In dieser Zeit veröffentlichte er eine Serie von Aufsätzen in der von der Senckenbergischen Naturforschenden Gesellschaft unter der Schriftleitung des Paläontologen Rudolf RICHTER herausgegebenen Zeitschrift *Natur und Volk,* in der die bis dahin vorliegenden Erkenntnisse der Psychologie der visuellen Wahrnehmung, wie sie insbesondere von den Gestaltpsychologen erforscht worden waren, in allgemein-verständlicher Form zusammengefaßt wurden. Zehn dieser Aufsätze wurden zu dem Buch *Gesetze des Sehens* zusammengestellt und erschienen in erster Auflage 1936 (48). Dieses Buch machte METZGER später in aller Welt weit über die Fachgrenzen hinaus bekannt, und es wurde seitdem etwa alle zwei Jahrzehnte im Umfang verdoppelt neu herausgebracht (90, 337).

Nach WERTHEIMERS Weggang aus Frankfurt war dessen Lehrstuhl von der Naturwissenschaftlichen Fakultät an die Philosophische Fakultät zurückgefallen und stand nicht weiter für die Besetzung durch einen Psychologen zur Verfügung. Für METZGER gab es daher auch keine Chance in Frankfurt ein Ordinariat zu erhalten, welches er, inzwischen 5 Jahre habilitiert, erstrebte. So nahm er im Herbst 1937 bereitwillig die Vertretung des Lehrstuhls, den früher Adhémar GELB besetzt hatte, in Halle/Saale an, zumal er sich nach den damaligen Gepflogenheiten gewisse Hoffnungen auf die Übernahme des vertretenen Lehrstuhls machen konnte.

Ihm wurde jedoch eines morgens im Herbst 1938 durch den Pedell der Universität mitgeteilt, daß am folgenden Tag VON ALLESCH anreisen würde, um den von METZGER vertretenen Lehrstuhl zu übernehmen.

---

* Über METZGERS Verhältnis zum Nationalsozialismus vgl. STADLER (1985a).

METZGER ging zurück nach Frankfurt, übernahm wieder die Leitung des Instituts für Psychologie, in welcher Funktion er inzwischen von Edwin RAUSCH vertreten worden war, und wurde 1939 zum außerplanmäßigen Professor ernannt. Er arbeitete weiter an seinen wahrnehmungspsychologischen Studien (56, 57) und beschäftigte sich gleichzeitig mit der theoretischen Zusammenfassung und Neustrukturierung aller bis dahin vorliegenden gestaltpsychologischen Ergebnisse in einem Buch, das 1941 unter dem Titel *Psychologie* erscheinen sollte (60).

Dieses theoretische Hauptwerk METZGERS sollte, wie aus einer Fußnote in einem Aufsatz von 1940 (56) hervorgeht, ursprünglich den Titel „Gestalttheorie, Grundgesetze der allgemeinen Psychologie" tragen. Mit dem endgültig gewählten allgemeineren Titel „Psychologie" war der Anspruch der Allgemeingültigkeit der Gestaltpsychologie verbunden. In einer kurzen Inhaltsangabe im Jahre 1941 vermerkte er: „Erster Versuch einer allgemeinen theoretischen Psychologie seit 1927, zweiter seit 1897." Das Werk wurde im Text unverändert in 5 Auflagen bis ins Jahr 1975 nachgedruckt (91).

Die Bedeutung dieses Werkes kann nicht besser als in den Worten von Wilhelm WITTE (1980) beschrieben werden:

„Sein Autor war immer ungewöhnlich fleißig, hat wenig geschlafen und sehr leicht zu formulieren gewußt. Aber was der eben 40-Jährige hier alles an Literatur zusammengetragen und ebenso komprimiert wie neuartig zusammengefaßt dargelegt hat, bleibt selbst dann, wenn man diese seine Gaben kennt, wohl kaum zu fassen. Jedes der 9 Kapitel ist eine völlig eigene Neuordnungsleistung. Fast immer hat es der Verfasser dabei für nötig gehalten, mit dieser Neuordnung zugleich einen höheren, mehr Sachverhalte, als es bisher gelungen war, umfassenden theoretischen Standort zu erklimmen. Ein Buch aus Türmerposition. Im Kapitel über ‚Das Problem des seelisch Wirklichen' steht so Grundlegendes, daß sich nicht nur die theoretische Psychologie, sondern auch die Phänomenologie und Wissenschaftstheorie hierbei noch lange werden aufhalten müssen. Das Kapitel über ‚Das Problem des Bezugssystems' reißt auf einem bis dahin kaum beackerten Gebiet neue Horizonte auf." (S. 548 f).

Nachdem METZGER für einen Ruf an die Universität Breslau im Gespräch gewesen war und den 2. Platz auf der Liste der Nachfolger auf KÖHLERS Lehrstuhl in Berlin besetzt hatte, auf den der Erstplazierte Oswald KROH berufen wurde (vgl. GEUTER 1984), erhielt er im Jahre 1942 den Ruf nach Münster und trat seinen Dienst im April dieses Jahres dort an. METZGER hatte hier auf dem Lehrstuhl für Psychologie und Pädagogik beide Fächer zu vertreten. Für die Pädagogik hatte er sich bisher nur in wenigen Arbeiten qualifiziert, nahm dieses Gebiet aber jetzt stärker – und dies hing sicherlich auch mit dem Heranwachsen seiner Kinder zusammen – in Angriff. Insbesondere der 1941 erschienene zweiteilige Aufsatz „Zur Frage der Bildbarkeit schöpferischer Kräfte" (62) bildete die Grundlage von METZGERS Bemühen, die Gestalttheorie für die Pädagogik fruchtbar zu machen.

Aus diesen Aufsätzen ging 1949 das Buch *Die Grundlagen der Erziehung zu schöpferischer Freiheit* (72) (1962[2] als *Schöpferische Freiheit*, 165) hervor, welches als METZGERS drittes Hauptwerk angesehen wird, und in dem seine eigentliche Leistung der Weiterentwicklung der Gestalttheorie zum Ausdruck kommt. METZGER entwickelt hier auf der Grundlage von KÖHLERS naturphilosophischen Ideen der „physischen Gestalten" (1920) und unter Einbeziehung der Lehren des Zen-Buddhismus, die ihm durch den japanischen Psychologen MORINAGA, der Ende der 30er Jahre bei ihm in Frankfurt gearbeitet hatte, vermittelt worden waren, eine Theorie der Erziehung zum schöpferischen Denken und Handeln. Diese geht davon aus, daß eigenständiges Denken und Handeln dadurch gefördert werden kann, daß störende Rahmenbedingungen, Barrieren, Grenzen, Zwänge etc. beseitigt werden und somit lediglich der „Zug des Ziels" wirksam werden kann, der dem Menschen das schöpferische Handeln in Freiheit ermöglicht. Dieses Buch drückt vielleicht am deutlichsten die der Gestalttheorie inhärente Ethik der freien Selbstbestimmung menschlichen Denkens und Handelns aus (vgl. STADLER 1985b) und es ist zur Basislektüre vieler Erzieher und (Gestalt-)-Therapeuten geworden (siehe z. B. GUSS 1975 und WALTER 1977).

Die Institutskorrespondenz METZGERS zwischen 1942 und 1944 läßt einen Einblick in die Tätigkeit eines deutschen Professors in den nationalsozialistischen Kriegsjahren zu. Da gab es die großen materiellen und organisatorischen Probleme beim Aufbau eines Instituts in Kriegszeiten, wo die „Kriegswichtigkeit" eines jeden Kleingerätes oder anzuschaffenden Buches belegt werden mußte. Da gab es wochenlange Korrespondenzen um den Ersatz eines zerbrochenen Spiegels in einem Leitzprojektor. Da gab es Vorlesungen, die METZGER als Rundbriefe ausgearbeitet hatte, und die regelmäßig an die zum Wehrdienst eingezogenen Psychologie-Studenten als Feldpostbriefe versandt wurden; und als „Nebentätigkeit" kam für den Ordinarius an jedem 6. Tag Wehrdienst an der schweren Flakbatterie Nummer 5755 in Münster hinzu.

Ein großes Problem für die damaligen Psychologen entstand nach der Liquidierung der Wehrmachtspsychologie in den Bereichen der Luftwaffe und des Heeres im Jahre 1942. Nach der gerade eingeführten neuen Diplomprüfungsordnung für Psychologen mußten nun neue Berufsfelder gesucht bzw. geschaffen werden: Arbeitsamt und Industriebetriebe waren ein Bereich, ein anderer, vielleicht der zukunftsträchtigste im Hinblick auf die Nachkriegszeit, war die NS-Volkswohlfahrt (NSV). Dort wurden die ersten Erziehungsberatungsstellen eingerichtet. METZGER wurde der formelle Leiter einer solchen Einrichtung im Raume Münster und eröffnete damit Arbeitsbereiche für die nach der Diplomprüfungsordnung geforderte Praktikantentätigkeit und die spätere Berufstätigkeit von Psychologen.

1945 kam in den Kriegswirren des letzten Jahres der Universitätsbetrieb in Münster völlig zum Erliegen. Nach Kriegsende lebte METZGER in einem kleinen Ort, Freckenhorst nahe Münster, auf dem Lande und hielt seine Familie – es gab inzwischen 5 Kinder – durch Landarbeit und durch die Tätigkeit als Hilfspfarrer am Leben. Eines Tages, am 18. 8. 1945 hielt ein amerikanischer Jeep vor seiner Tür. Neben dem Fahrer und einem US-Offizier trat der amerikanische Psychologe ANSBACHER herein, der auf der Rundreise durch Deutschland die nach dem Krieg übriggebliebenen Ergebnisse der deutschen Psychologie in der Nazizeit (Literatur, Apparate etc.) dokumentieren wollte. ANSBACHER vermerkte in seinem Bericht:

"Prof. METZGER's speciality is the psychology of perception as applied to camouflage problems. He agreed to write a brief statement on camouflage as it was handled in Germany according to his knowledge, and this report was collected 10 days later" (1983).

Der erwähnte Bericht ist allerdings leider nicht mehr auffindbar. Eine Folge dieses Besuches war es jedoch, daß METZGERS wenig später stattfindende Entnazifizierungsverhandlung nur einige Minuten dauerte. Ohne daß er eine solche Hilfe erbeten hatte, lag der Kommission ein Schreiben ANSBACHERS vor, in dem seine Wiedereinsetzung empfohlen wurde. Anfang 1946 war er so unter den ersten 8 Professoren, die den Lehrbetrieb an der Universität Münster wieder aufnehmen konnten.

Ohne Zweifel war es METZGER gelungen, die Forschungstradition der Gestaltpsychologie durch die Zeit des Nationalsozialismus hindurch zu bewahren und unmittelbar nach dem Kriege, als die Diskussion um die Stellung der Psychologie zwischen

Natur- und Geisteswissenschaften wieder aufkam, eine naturwissenschaftlich-experimentelle Psychologie zu vertreten und im nahtlosen Anschluß an die Vorkriegstradition weiterzuentwickeln. Dennoch stimmte er bei der Aufteilung der alten Philosophischen Fakultät Münster in eine Naturwissenschaftliche Fakultät und eine neue Philosophische (nur noch geisteswissenschaftliche) Fakultät für die Zuordnung der Psychologie zu letzterer. Er hielt offensichtlich die philosophischen und geisteswissenschaftlichen Traditionen des Faches für gewichtiger gegenüber der an den Naturwissenschaften orientierten Arbeitsweise in diesem Fach, die er ja weiterhin vertrat und seinen Schülern vermittelte. Später hat er diese Entscheidung wohl bereut. Der mit der Expansion der experimentellen Psychologie in den Nachkriegsjahren sich rapide vergrößernde Bedarf an Sachmitteln und Personal überstieg bald die Maßstäbe des in den Geisteswissenschaften üblichen (vgl. KEMMLER und HECKHAUSEN 1980).

Nach dem Kriege begann in Münster der Aufbau eines neuen Psychologischen Instituts. Zunächst gab es ein einziges Zimmer, später eine kleine Etage, dann die gesamte Rosenstraße 9 und schließlich im Jahre 1965 im Zusammenhang mit der Berufung von Wilhelm WITTE als Ordinarius für Angewandte Psychologie noch einmal eine Verdoppelung der Räumlichkeiten um das Nachbargebäude Schlaunstraße 2. An der Universität Münster war damit auf Initiative von Wolfgang METZGER eines der größten Psychologischen Institute in der Bundesrepublik entstanden. Besonderer Wert wurde in diesem Institut auf die experimentelle Orientierung der Psychologie gelegt, wenngleich die experimentelle Methode eingedenk der gestalttheoretischen Forderung, die psychischen Funktionen in ihrem Ganzzusammenhang zu sehen, nicht zum Dogma erhoben wurde. Als besonders wichtig wurde beim Experimentieren demgemäß die Erhebung qualitativer Daten angesehen (79, s. Kap. 3 in diesem Band). KÖHLER hatte ja in seinen „Psychologischen Problemen" (1933) den Entwicklungsstand der Psychologie dermaßen diagnostiziert, daß sie noch auf der Suche nach ihren Grundkategorien und damit von der Möglichkeit der Quantifizierung noch weit entfernt sei. METZGER selbst hat in seinen insgesamt 22 empirisch-experimentellen Arbeiten sich nur ein einziges Mal quantitativer Methoden der Datenerhebung bedient (237, 271, s. Kap. 20 in diesem Band). Hier, auf dem Gebiet der Messung optischer Täuschungen, die METZGER in dieser Untersuchung an alltäglichen, dreidimensionalen Gegenständen aufzeigte, lag eine hundertjährige Forschungstradition sowie die ausgefeilte psychophysische Meß-Methodik vor. In anderen Untersuchungen, mit denen METZGER sehr häufig Neuland betrat, hat er eine vorzeitige Beschränkung auf einzelne zu quantifizierende Aspekte zugunsten der Möglichkeit umfassender und differenzierter phänomenologischer Beobachtungen vermieden.

Wolfgang METZGER hat sich über viele Jahrzehnte mit dem psychophysischen Problem befaßt, das aus der Philosophie als Leib-Seele-Problem bekannt war. In diesem Band zeigen die Kap. 13–18 besonders deutlich die Entwicklung von METZGERS Denken auf diesem Gebiet.

Nach WERTHEIMER und seiner frühen Hypothese physiologischer „Querfunktionen" zur Erklärung der Scheinbewegungen (1912), war es hauptsächlich Wolfgang KÖHLER, der das psychophysische Problem zum zentralen Thema der Gestalttheorie gemacht hat (1929). Die wichtigsten neuen Erkenntnisse waren:

a) die Lösung des Innen-Außen-Problems durch die klare Unterscheidung zwischen physikalischer Welt und physikalischem Organismus auf der einen Seite und phänomenaler Welt und phänomenalem Organismus auf der anderen Seite;

b) die phänomenologische Erkenntnis, daß die Ganzheitlichkeit, die Kontinuität und die Gestaltqualitäten der Erlebniswelt eine ernstzunehmende Realität darstellen, welche eine Hypothesenbildung über Vorgänge in der physikalischen Welt, insbesondere der physiologischen Vorgänge auf dem sog. psychophysischen Niveau des Gehirns erlaubt;

c) die Hypothese, daß die Qualitäten des Psychischen den zugrundeliegenden physiologischen Prozessen gestaltgleich (isomorph) sein müssen. Geometrische Beziehungen in der Wahrnehmung sollen dabei funktionellen Beziehungen auf der Großhirnrinde entsprechen;

d) daß demnach einer Feldtheorie in der Wahrnehmung am besten eine Feldtheorie der Gehirnprozesse entsprechen würde;

e) und schließlich die erkenntistheoretische Folgerung daraus, daß durch das Isomorphieprinzip der dualistische psychophysische Parallelismus in Richtung auf eine identistische Auffassung des Verhältnisses von Psychischem und Physischem überwunden wird. Zum erstenmal behandelt METZGER das psychophysische Problem im ersten und achten Kapitel der *Psychologie* (69). Hier faßt er die gestaltpsychologischen Erkenntnisse systematisch zusammen. Nach dem Krieg greift er das Thema unter dem Einfluß der inzwischen in den USA erschienenen Arbeiten KÖHLERS (z. B. 1940) in drei kurz aufeinander erscheinenden Arbeiten wieder auf (75, 80, 81; s. Kap. 13–15 in diesem Band). Zwar reichert METZGER in seinem Wunsch nach verständlicher Darstellung die theoretischen Probleme durch nachvollziehbare Beispiele aus der Alltagserfahrung an, geht aber noch nicht über den bisherigen Kenntnisstand der Gestalttheorie zu diesem Problem hinaus.

1961 stellt er zum erstenmal die Psychophysik der Gestalttheorie in einem Symposium zur Neurophysiologie und Psychophysik des visuellen Systems, das im wesentlichen von Physiologen bestritten wurde, zur Diskussion (154; s. Kap. 16 in diesem Band). Hier gelingt es ihm zum einen den Anschluß der psychophysischen Gestalttheorie an die moderne neurophysiologische Forschung herzustellen (Stichwort: „laterale Interaktion"). Zum anderen arbeitet er noch einmal in aller Deutlichkeit die grundsätzlichen Unterschiede zwischen den Erlebnisphänomenen und den beim gegenwärtigen Stand der Neurophysiologie bekannten kortikalen Funktionen heraus: a) einer grundsätzlich kontinuierlichen räumlichen Verteilung der Sinnesgegebenheiten steht die Diskontinuität des nervösen Feldes gegenüber; b) die zeitliche Kontinuität des Psychischen steht im Widerspruch zur zeitlichen Diskontinuität der zentralen physiologischen Vorgänge und schließlich c) das in der Neurophysiologie gültige Alles-oder-Nichts-Gesetz steht im Widerspruch zur stufenlosen Graduierung psychischer Intensitäten. Die hier vorgetragene Problemsicht eröffnete gewissermaßen neue Diskussionsmöglichkeiten mit neurophysiologischen Forschern, insofern als die von diesen inzwischen verworfene KÖHLERsche Theorie der kortikalen Gleichströme (1952) als unmittelbares Korrelat des Psychischen nicht mehr zum Dogma erhoben wurde. Wenige Jahre später äußert METZGER dann auch eine neue Hypothese über die Form der den psychischen Erscheinungen zugrundeliegenden Gehirnprozesse (194; s. Kap. 2 in diesem Band). Er beschreibt diese, ausgehend von Gedächtnisphänomenen als Resonanzerscheinungen und nimmt damit einen Gedanken vorweg, der später in PRIBRAMS Holographie-Theorie der Wahrnehmung und des Gedächtnisses (z. B. 1975) wichtig werden sollte. Diese Theorie wird als moderne Konkretisierung des gestalttheoretischen Isomorphie-Prinzips diskutiert (STADLER 1981).

1964 stellte METZGER dann auf dem von KLIX organisierten Kybernetik-Symposium in Berlin (DDR) eine erste hypothetische Erweiterung der gestalttheoretischen Vorstellung vom psychophysischen Zusammenhang (191; s. Kap. 17 in diesem Band) vor. Bisher hatten die Gestalttheoretiker das Innen-Außen-Problem mit der Unterscheidung einer physikalischen Welt und einer phänomenalen Welt immer von der Input-Seite her gesehen. Sie hatten sich gefragt, wie wird aus dem physikalisch-physiologischen Reiz auf der Sinnesfläche ein biologisch-psychologischer Reiz (Aufforderungscharakter), der zu Handlungen anregt. Damit war das Problem der Wahrnehmung umrissen. Nun behandelte METZGER zum erstenmal die andere Seite, die Frage nämlich, wie wird aus einer Handlungsabsicht ein äußerer Bewegungsablauf des Organismus. Um dieses Problem zu verdeutlichen, benutzte METZGER das Modell eines Servomechanismus etwa der Art, durch den ein großes Schiff gesteuert wird. Dem Rudergänger am Steuerrad entspricht dabei die Handlungsabsicht, deren Information die Maschinen steuert, die das Ruder bewegen.

METZGERS Idee des psychophysischen Zusammenhangs bestand nun darin, daß der geschilderte Vorgang im festen Kraftschluß abläuft, so daß der Steuermann die tatsächliche Ruderstellung unmittelbar ablesen kann und mit seinen Steuerbewegungen dieser Ruderstellung weder voraus- noch nachlaufen kann.

Damit war eine Idee entwickelt, nach der auf psychischer Ebene nichts ablaufen kann, was nicht *gleichzeitig* physisch realisiert ist, was wiederum dem Isomorphieprinzip entspricht.

In den folgenden Jahren entwickelt METZGER diese Idee des Servomechanismus als Verbindung zwischen phänomenaler Absicht und äußerer Handlung weiter und trägt diese Idee auf mehreren internationalen Konferenzen für Psychologen und Biologen vor (254, 295; s. Kap. 18 in diesem Band). Mit der Verbindung zwischen der Wahrnehmungswelt als zentralem Steuerungsorgan und der äußeren Handlung, die auf die Umwelt und die phänomenalen Welten anderer Personen einwirkt, stellt METZGER den Anschluß der Gestalttheorie an die neueren psychologischen Handlungstheorien her, die genau diese Seite des Innen-Außen-Verhältnisses betonen (vgl. LENK 1981/1984).

Neben der Weiterführung seiner psychophysischen und wahrnehmungspsychologischen Arbeiten widmete sich METZGER in seiner Münsteraner Zeit mehr und mehr auch entwicklungs- und pädagogisch-psychologischen Fragestellungen. Gemäß den Aufgaben eines Ordinarius für Psychologie, der sich als einziger Fachvertreter für alle Teilgebiete in Lehre und Prüfung zuständig fühlen mußte, wandte er sich auch in seiner Forschungs- und Publikationstätigkeit beinahe allen Teilgebieten und Aspekten der Psychologie zu. Die in diesem Band veröffentlichten Aufsätze geben eine Übersicht über seine wichtigsten Forschungsgebiete in der Nachkriegszeit. Dazu gehören neben den schon genannten besonders auch die Psychologie des Denkens, die psychologische Ästhetik und Kreativitätsforschung sowie die tiefenpsychologische Therapie und Persönlichkeitsforschung.

Auch in der akademischen Lehre handelte METZGER das Gesamtgebiet der Psychologie entsprechend den (damaligen) Prüfungsfächern im Vordiplom in einem regelmäßigen Vorlesungszyklus mit einer Laufzeit von 5 Semestern ab:

– Probleme und Richtungen der Psychologie
– Wahrnehmungslehre
– Vorstellung, Traum, Phantasie, Gedächtnis
– Denkpsychologie

- Trieb und Wille
- Das Ich und die Gefühle
- Entwicklungspsychologie I
- Phasen der psychischen Entwicklung II
- Charakterkunde I
- Charakterkunde II (Das System der Strebungen)
- Ausdruckslehre

Dazu bekamen die Studenten eine sich im Laufe der Jahre nur wenig verändernde Liste von 80 Büchern an die Hand, deren Inhalt sie sich im Grundstudium anzueignen hatten und die sie in den 4 psychologischen Vordiplomprüfungen vor- und rückwärts kennen mußten.

METZGERS Interessen für die Psychologie des Denkens setzte unmittelbar nach der Übersetzung von WERTHEIMERS *Produktives Denken* ein. METZGER war von diesem Werk auf besondere Weise fasziniert worden und er ließ keine Gelegenheit ungenutzt, Eltern, Lehrer und Erzieher auf die Möglichkeiten der Erziehung zum produktiven Denken und Gestalten hinzuweisen (siehe Kap. 26 und 27 in diesem Band) sowie empirische Untersuchungen anzuregen, die die langfristige Fruchtbarkeit des WERT-HEIMERschen Ansatzes belegen konnte. Hierin wurde er besonders auch durch die zum gestalttheoretischen Ansatz konvergierenden Ideen von WAGENSCHEIN (1954 „exemplarisches Lehren") bestärkt.

Die besondere Aufmerksamkeit METZGERS galt in den letzten 15 Jahren seines Lebens der Klinischen Psychologie. Hier waren es weniger die sich in diesen Jahren verbreitenden neuen psychologischen Therapieverfahren (Gesprächspsychotherapie und Verhaltenstherapie), die sein Interesse erweckten, sondern die klassischen tiefenpsychologischen Verfahren und die ihnen zugrundeliegenden Menschenbilder und Persönlichkeitstheorien. An diesen faszinierte ihn besonders die Auffassung des Menschen als eines dynamischen Ganzen, die er als Grundpfeiler einer gestaltpsychologischen Persönlichkeitstheorie ansah. Die Tatsache, daß METZGER die FREUDsche Psychoanalyse aus methodologischen Gründen häufig kritisierte und eine empirische Überprüfung ihrer Grundthesen forderte, mag gelegentlich den Eindruck erweckt haben, METZGER sei ein Gegner der Psychoanalyse. Er selbst sagte dazu:

„Ja! Es gibt viele Leute, die sind der Meinung, der METZGER sei gegen FREUD. Aber der METZGER ist nicht gegen FREUD, der METZGER ist für FREUD, sofern er die Person als ein dynamisches Ganzes betrachtet, in dem nirgends etwas sich ereignen kann, ohne daß ganz woanders irgendetwas Unerwartetes herauskommen kann. Der allgemeine dynamische Ansatz ist umwälzend. Ich erinnere mich noch an ein Gespräch, das ich in Berlin mit KÖHLER gehabt habe aufgrund einer Besprechung, die ich über FREUD in den Sozialistischen Monatsheften gemacht hatte, und wo ich auch gesagt hatte, man könnte völlig einverstanden sein mit der Auffassung des Menschen als eines dynamischen Ganzen, nicht als einer Summe von Gewohnheiten. Wie das im einzelnen dann aussieht, ist eine ganz andere Frage. Und die Einzelansätze von FREUD sind ja zum Teil so abstrus, daß kein vernünftiger Mensch ihnen folgen kann. Vor allem hat mich an FREUD abgestoßen und stößt mich auch an seinen Schülern heute noch ab: das völlige Fehlen jeglichen Bedürfnisses nach Verifikation. Wenn etwas tiefsinnig klingt, ist es auch schon richtig." (METZGER 1972, 208 f).

Mehr noch als bei FREUD, sah METZGER aber gestalttheoretische Grundsätze in der Individualpsychologie Alfred ADLERS verwirklicht. METZGER hatte schon in den zwanziger Jahren in Berlin Fritz KÜNKEL kennengelernt und dessen Persönlichkeitslehre weitgehend in seine *Psychologie* übernommen. In seinen Publikationen nimmt

METZGER erstmalig explizit zu Alfred ADLER (und das Verhältnis der orthodoxen Psychoanalytiker zu diesem) in einem Leserbrief an die *Frankfurter Allgemeine Zeitung* vom 29. 11. 1963 Stellung (178). Aus historischem Interesse sei dieser im folgenden vollständig wiedergegeben:

„Zu dem Bericht ‚das Menschenbild der Psychoanalyse‘ über die Arbeitstagung der Deutschen Psychoanalytischen Gesellschaft in Göttingen vom 25. bis 27. Oktober (FAZ vom 5. November) sei bemerkt: Eigentlich hätte die Gesellschaft an den Gräbern von Alfred ADLER und Fritz KÜNKEL Kränze niederlegen müssen, denn was dort an neueren Tendenzen und Akzenten erwähnt und zum Teil einer Generation von Europäern zugeschrieben wird, die in den 30er Jahren im angelsächsischen Sprachraum heimisch wurden, findet sich bei den beiden genannten Autoren erheblich früher. Die Gesamtheit der neueren Tendenzen, die Ablehnung des ‚versachlichenden‘ Ansatzes von FREUD, der Hinweis, daß die Person in jedem Fall ein unteilbares Ganzes (‚Individuum‘) und nicht ein unverantwortlicher Schauplatz von ‚Energieverschiebungen‘ sei, der Hinweis auf die Rolle der Selbsterhaltung und Selbstbehauptung (etwa im Macht- und Geltungsbereich), der Hinweis darauf, daß die Neurose in zahlreichen Fällen auf einer verfehlten sozialen Einordnung (das heißt einer Abnormität der Gruppenstruktur) beruhe, die Betonung der Selbstverantwortung und des Lebensziels – diese Neuerungen finden sich zum Teil schon vor einem halben Jahrhundert bei Alfred ADLER, und sie waren bekanntlich der Anlaß zu seiner Trennung von FREUD; und sie werden von seinem Schüler und Mitarbeiter KÜNKEL schon in den zwanziger Jahren ausführlich behandelt.
Der Hinweis auf diese geschichtlichen Tatsachen wird von den Schülern FREUDS in der Regel mit der Bemerkung beantwortet, diese Erkenntnisse seien ja inzwischen schon lange in die psychoanalytische Lehre aufgenommen worden. Wozu zu bemerken wäre, daß es guter wissenschaftlicher Brauch ist, Prioritäten in aller Bescheidenheit anzuerkennen und nicht zu verschweigen. Das hat das Ansehen dessen, der es tut, noch nie geschmälert. Warum es doch so oft unterbleibt, das kann man zwar nicht bei FREUD, aber umso ausführlicher bei ADLER und KÜNKEL nachlesen."

In Münster hatte METZGER den 1967 verstorbenen ADLER-Schüler Oliver BRACHFELD, der mit seinem Werk *Minderwertigkeitsgefühle beim Einzelnen und in der Gemeinschaft* (1953) eine erste Zusammenfassung des ADLERschen Gedankengutes im Hinblick auf sozial- und kulturpsychologische Aspekte vorgelegt gatte, als Honorarprofessor ans Psychologische Institut berufen (1960 bis 1965). Beide, BRACHFELD und METZGER gründeten zusammen 1964 die deutsche Alfred-ADLER-Gesellschaft, die seit 1970 den Namen Deutsche Gesellschaft für Individualpsychologie trägt. In diesem Zusammenhang entstand auch die Idee einer deutschen Gesamtausgabe der ADLERschen Schriften. Den ersten Band unter dem Titel *Menschenkenntnis* (1966) gab noch Oliver BRACHFELD heraus. Wolfgang METZGER besorgte in der Folgezeit zwischen 1972 und 1979 die Herausgabe von 14 weiteren Bänden, deren jeden er mit einer kritischen Einleitung für den zeitgenössischen Leser versah (299, 318, 319, 320, 326, 327, 328, 340, 341, 353, 354, 358, 362, 363). (Nach METZGERS Tod wird die Herausgabe des ADLERschen Werkes von Heinz L. ANSBACHER und Robert ANTOCH fortgeführt.)

Die drei tiefenpsychologischen Aufsätze, die in diese Werkausgabe aufgenommen wurden, spiegeln sehr deutlich METZGERS Interesse an der Tiefenpsychologie wider. Im ersten Aufsatz (Kap. 28) versucht er ein Versäumnis der Psychoanalytiker nachzuholen: Die Verifikation tiefenpsychologischer Thesen. In Kapitel 29 berichtet er über die „Entstehung und Heilung einer kindlichen Phobie", die verblüffende Ähnlichkeit zu FREUDS Analyse des „kleinen Hans" aufweist, ohne aber mit den starken suggestiven Anteilen jener behaftet zu sein. In Kapitel 30 schließlich gibt METZGER eine Zusammenfassung der Publikationstätigkeit von Alfred ADLER.

Es spricht für METZGERS geistige Liberalität und sein konsequentes Festhalten am gestalttheoretischen Prinzip der freien Selbstbestimmung des Handelns, welches sich nicht Zwängen und Barrieren sondern nur sachlichen Gefordertheiten unterwirft, daß er seiner unmittelbaren wissenschaftlichen Umgebung, seinen Schülern und den Psychologinnen und Psychologen, die in der Erziehungsberatungsstelle des von ihm geleiteten Psychologischen Instituts arbeiteten, niemals eine bestimmte Schulenorientierung, so sehr er sich selbst für diese Schulen engagierte, aufzwingen mochte. So finden wir unter seinen Schülern ebenso Psychoanalytiker FREUDscher Ausrichtung wie Vertreter einer rigorosen Verhaltenstherapie, welche sich um das Individuum als psychodynamisches Ganzes nur wenig kümmerten. Unter METZGERS insgesamt 56 Doktoranden (die zum Abschluß der Promotion kamen) können wir diejenigen, die die Gestalttheorie konsequent weitergeführt haben an zwei Händen abzählen und als ADLERianer würden sich vielleicht gerade zwei bezeichnen. In Tabelle 1 sind die Namen aller Doktoranden Wolfgang METZGERS in chronologischer Reihenfolge aufgeführt.

Tab. 1: Die Doktoranden von Wolfgang METZGER.

JACOBS, M. H.	1933[2])	Frankfurt/M.	BRÜCKNER, Peter	1957	Münster/W.
SIEMSEN, G.	1934[2])	"	FERDINAND, Wilhelm	1957	"
MADLUNG, K.	1934[2])	"	PICKA, Nikolai	1960	"
OPPENHEIMER, Erika[1])	1935[2])	"	BARCK, Wolfgang	1960	"
KROLIK, W.[1])	1935[2])	"	KLINGHAMMER, Hans D.	1961	"
WIEGAND, K.	1935	"	ERTEL, Suitbert	1962	"
RAUSCH, Edwin	1936	"	BARTMANN, Theodor	1962	"
TURHAN, M.[1])	1937[2])	"	SPILLMANN, Lothar	1963	"
GOLDMEIER, Erich[1])	1937[2])	"	BRÜNE, Wolfram	1964	"
SPIEGEL, H. G.	1937[2])	"	KIEKHEBEN, Friedrich	1965	"
REDSLOB, Ottilie	1938[2])	"	PÜTTMANN, Friedhelm	1966	"
LAUENSTEIN, Lotte	1938[2])	"	POHL, Rudolf	1967	"
SCHNEHAGE, H. J.	1939[2])	"	ERKE, Heinrich	1967	"
SORGE, Siegfried	1940[2])	Halle/S.	STADLER, Michael	1968	"
KELLER, H.	ca. 1940	Frankfurt/M.	REISS, Gretel	1968	"
SCHAEFFER, H.	ca. 1940	"	WASNA, Maria	1968	"
BORN, Eduard Josef	1941	"	SPIEKERS, Rudolf	1969[2])	"
KUTSCH, Franz	1941	"	STEGAT, Harry	1971	"
POTT, Heinz Herbert	1948	Münster/W.	SCHWARZ, Irmgard	1972	"
KAHRS, E.	1948	"	WITTOCH, Margarita	1972	"
MENTE, Arnold	1949	"	TORAZZA, Bianca	1974	"
GRAEFE, Oskar	1950	"	KOTTHOFF, Ludger	1974	"
NORVILIS, Peterius	1950	"	CRABUS, Heinrich	1974	"
IHNE, Wilhelm	1950	"	DIETERICH, Helmut	1975	"
GAUSMANN, Hermann	1952	"	ZÖLLER, Wolfgang	1975	"
RULFS, Ilse	1954	"	BOTERAM, Norbert	1975	"
HECKHAUSEN, Heinz	1954	"	SCHÖNKE, Meinolf	1976	"
KEMMLER, Lilly	1955	"	ROLOFF, Gisbert	1976	"

[1]) Dissertationen begonnen unter Max WERTHEIMER;
[2]) Erscheinungsjahr der Dissertation.

Unter den Doktoranden befinden sich sozusagen als Abbild der Breite von METZGERS Denkansätzen Psychoanalytiker ebenso wie Experimentalpsychologen, Psychologen, wie Pädagogen oder Physiologen, Wissenschaftler ebenso wie Praktiker: Alle sind, wie man deren biographischen Bemerkungen und aus persönlichen Gesprächen entnehmen kann, durch die Persönlichkeit von Wolfgang METZGER geprägt, ohne von dieser ausgerichtet worden zu sein.

Eine sehr wesentliche Aufgabe hat METZGER immer darin gesehen, wissenschaftliche Erkenntnisse an diejenigen weiterzugeben, die sie benötigen. Schon die *Gesetze des Sehens* von 1936 weichen in der Form der Darstellung sehr von „strengen" wissenschaftlichen Publikationen, die aus der Position des „Elfenbeintürmers" geschrieben sind, ab. Das Buch wurde als populärwissenschaftliches Werk bezeichnet, was es im besten Sinne dieses Wortes auch ist und ohne das es die Wirkung, die es in aller Welt gehabt hat, wohl kaum hätte haben können.

METZGERS Tendenz zur „Popularisierung" wissenschaftlicher Erkenntnisse drückte sich zunächst einmal darin aus, daß er sich bemühte, unnötige Fremdworte und besonders Anglizismen aus seinem Wortschatz zu verbannen. Dabei war er ein Verfechter einer klaren, nichts verschleiernden Sprache. In Diskussionen nach Vorträgen konnte er aufstehen und das vom Vortragenden mühevoll wissenschaftlich verbrämte in wenigen klaren eindeutigen und verständlichen Worten wiedergeben. Diese Fähigkeit, sich auch bei komplizierten Sachverhalten verständlich und klar auszudrükken, machte METZGER zum beliebten Referenten für Abendvorträge gerade auch außerhalb der engeren wissenschaftlichen Zirkel. Er sprach vor Lehrern, Eltern und Kindergärtnerinnen ebenso wie vor Politikern, Fachverbänden und Kirchengemeinden. Er äußerte sich hier in Fragen des Menschenbildes ebenso wie zur Sexualaufklärung, zu Ehefragen wie zur Wohnraumgestaltung, zur Adoption, zur antiautoritären Erziehung, zum Trotz und zur Liebe, kurzum zu allem, was von psychologischen Laien als Gegenstand der Psychologie angesehen wird und zu dem die strengen Fachpsychologen allzuhäufig nichts zu sagen haben.

Natürlich lassen sich diese vielfältigen Aktivitäten METZGERS auch in seinem umfangreichen Publikationsverzeichnis ablesen. Viele Vorträge wurden, oft nur nach einer kurzen Überarbeitung durch ihren Autor in Organen abgedruckt, die gemeinhin etwas abfällig als „Verbandspostille" oder „Kirchenblättchen" bezeichnet werden. Dennoch sollte die große Breitenwirkung solcher Publikationen nicht unterschätzt werden und der von METZGER in diesen Schriften bei aller Popularisierung aufrechterhaltene Anspruch der wissenschaftlichen Begründung öffentlich geäußerter Meinung gewürdigt werden.

Die in der vorliegenden Werkausgabe abgedruckten Aufsätze entstammen im wesentlichen Zeitschriften und Büchern, die sich an den wissenschaftlichen (wenn auch nicht nur an den fachwissenschaftlichen) Leser wenden. Dennoch kommt die Klarheit und Einfachheit von METZGERS Sprache sowie die Stringenz und theoretische Kontinuität seiner Gedanken deutlich zum Ausdruck. Die gelegentlich auftretenden Wiederholungen und teilweisen Überschneidungen sind dabei unvermeidlich und entsprechen durchaus METZGERS wissenschaftsdidaktischen Vorstellungen: wissenschaftliche Erkenntnisse sind am klarsten durch den Nachvollzug ihrer ideengeschichtlichen Entstehung zu begreifen und: Erkenntnisse verlieren nicht dadurch an Wahrheitsgehalt, daß sie schon mehrere Jahrzehnte lang vorliegen.

Tab. 2. METZGERS Monographien nebst Neuauflagen und Übersetzungen im zeitlichen Zusammenhang. Die Nummern unter den abgekürzten Buchtiteln beziehen sich auf METZGERS Schriftenverzeichnis am Ende dieses Bandes. J = Japanische Übersetzung; E = Spanische Übersetzung; I = Italienische Übersetzung.

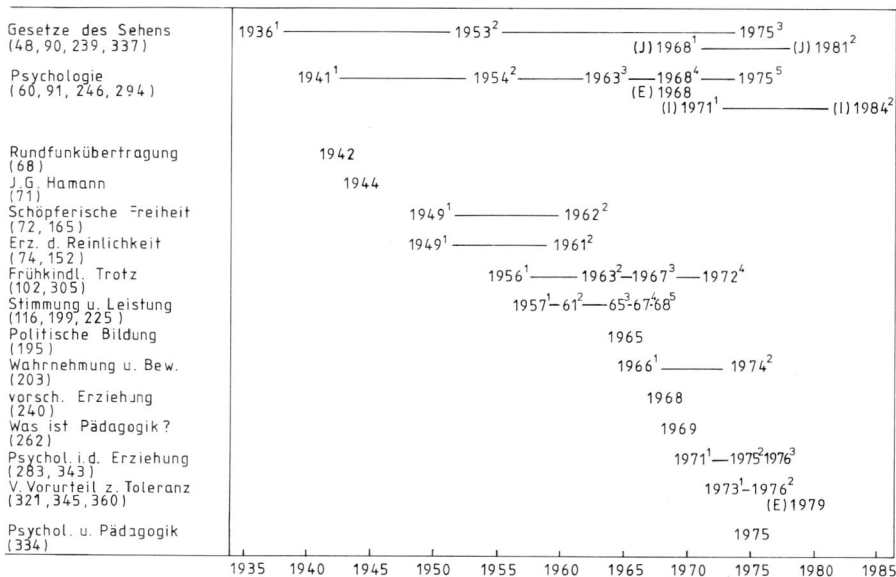

METZGERS Wirken als Wissenschaftler wird am stärksten durch seine insgesamt 15 Buchpublikationen repräsentiert. In Tabelle 2 sind diese auf einer Zeitachse mit all ihren Neuauflagen und Übersetzungen synoptisch dargestellt, um dadurch die Permanenz des METZGERschen Gedankengutes in der Psychologie zu veranschaulichen. Daneben hat METZGER einen großen Teil seiner Kraft der Tätigkeit als Herausgeber gewidmet. Neben der schon genannten ADLER-Ausgabe entstammt der erste Halbband des ersten Bandes des *Handbuch der Psychologie in 12 Bänden* (203) seiner Konzeption. Er war Mitherausgeber der von KOFFKA, KÖHLER, WERTHEIMER, GOLDSTEIN und GRUHLE begründeten Zeitschrift *Psychologische Forschung* von Band 23 (1949) bis Band 30 (1967). Außerdem hat er Werke von Max WERTHEIMER (110) und David KATZ (266) herausgegeben.

Ein besonders freundschaftliches Verhältnis verband METZGER in den letzten zwei Lebensjahrzehnten mit seinen Kollegen in Italien an den Universitäten von Padua, Trieste, Bologna und Macerata. In vielen Besuchen dorthin (zum Teil zusammen mit allen Institutsangehörigen und Studenten) gab er dort Anregungen, führte gemeinsame Forschungen durch, motivierte jüngere Wissenschaftler und nahm viele Ergebnisse gestaltpsychologischer Forschung wieder mit nach Hause, die er in die dritte Auflage der *Gesetze des Sehens* (337) von 1975 einarbeitete.

METZGER war seit dem 19. August 1927 verheiratet mit Juliane METZGER, der bekannten Spielzeugsammlerin und -forscherin. Beide hatten 6 Kinder, deren jüngstes im Alter von 8 Jahren durch einen Verkehrsunfall ums Leben kam. Dies war für METZGER u. a. der Anlaß einige Aufsätze über die Verkehrsgefährdung von Kindern im Straßenverkehr zu verfassen (117, 118).

Mit Erreichen der Altersgrenze wurde Wolfgang METZGER 1967 als ordentlicher Professor für Psychologie an der Universität Münster emeritiert. Bis 1969 vertrat er seinen früheren Lehrstuhl noch selbst. Sodann wurde einvernehmlich mit seinem Nachfolger auf dem Lehrstuhl für „Allgemeine und Angewandte Psychologie", Prof. Dr. Wilhelm WITTE eine „Unterabteilung für gnostische Funktionen" gegründet, in deren Rahmen es dem Emeritus, unterstützt von einem Assistenten und einer Sekretärin, vergönnt war, seine Forschungen am Psychologischen Institut der Universität Münster fortzusetzen. Erst Ende des Wintersemesters 1975/76 zog sich METZGER endgültig mit seiner Frau Juliane auf seinen Altersruhesitz nach Bebenhausen bei Tübingen zurück. Aber auch hier arbeitete er diszipliniert weiter: In den letzten dreieinhalb Jahren von 1976 bis 1979 schrieb er noch 35 Aufsätze, bereiste die Volksrepublik China und hielt weiterhin Vorträge.

Erst wenige Tage vor seinem Tod am 20. Dezember 1979 verlangsamte er seine Aktivitäten, verkürzte seine Spaziergänge und ging in eben solcher Harmonie aus dem Leben, wie er sie als Grundlage psychischer Ordnung immer postuliert hatte.

METZGER war erster Vorsitzender der *Deutschen Gesellschaft für Psychologie* von 1962 bis 1964 und seit 1970 deren Ehrenmitglied, Präsident des XVI. Internationalen Kongresses für Psychologie in Bonn 1960, erster Vorsitzender der *Alfred-Adler-Gesellschaft*, Ehrenvorsitzender der *Gesellschaft für Gestalttheorie und ihre Anwendungen* sowie Ehrenmitglied vieler ausländischer wissenschaftlicher Gesellschaften. Im Jahre 1965 erhielt METZGER die Ehrendoktorwürde der Universität Padua. Er war Inhaber der Ehrenmedaillen der Universitäten Louvain (Belgien), Trieste (Italien) und Prag (CSSR).

Literatur

ADLER, A.: Menschenkenntnis. Frankfurt/M.: Fischer Taschenbuchverlag Nr. 726, 1966.
ANSBACHER, H. L.: Persönliche Mitteilung am 5. 11. 1983.
AVANT, L. L.: Vision in the Ganzfeld. Psychological Bulletin 64, 1965, 246-248.
BRACHFELD, O.: Minderwertigkeitsgefühle beim Einzelnen und in der Gemeinschaft. Stuttgart: Klett 1953.
GEUTER, U.: Die Professionalisierung der deutschen Psychologie im Nationalsozialismus. Frankfurt/M.: Suhrkamp 1984.
GUSS, K. (Hrsg.): Gestalttheorie und Erziehung. Darmstadt: Steinkopff 1975.
HAKEN, H.: Synergetics, an introduction. Nonequilibrium phase transitions and self-organization in physics, chemistry and biology. Berlin: Springer 1978^2.
KEMMLER, L. & HECKHAUSEN, H.: Die Psychologie an der Universität Münster. In: DOLLINGER, H. (Hrsg): Die Universität Münster 1780 bis 1980. Münster: Aschendorff 1980, 325-330.
KÖHLER, W.: Die physischen Gestalten in Ruhe und im stationären Zustand. Braunschweig: Vieweg 1920.
KÖHLER, W.: Ein altes Scheinproblem. Naturwissenschaften 17, 1929, 395-401.
KÖHLER, W.: Psychologische Probleme. Berlin: Springer 1933.
KÖHLER, W.: Dynamics in Psychology. New York: Liveright 1940.

KÖHLER, W., HELD, R. & O'CONNELL, D. N.: An investigation of cortical currents. Proceedings of the American Philosophical Society 96, 1952, 290-330.

KOFFKA, K.: Principles of Gestalt psychology. London: Routledge and Kegan Paul 1935.

LENK, H. (Hrsg.): Handlungstheorien – interdisziplinär, Bd. 3, 1. und 2. Halbband. München: Fink 1981, 1984.

METZGER, W.: Verlorenes Paradies. Im Psychologischen Institut in Berlin, 1922 bis 1931. Schweizerische Zeitschrift für Psychologie und ihre Anwendungen 29, 1970, 16-25.

METZGER, W.: (Selbstdarstellung). In: L. J. PONGRATZ, W. TRAXEL & E. G. WEHNER (Hrsg.): Psychologie in Selbstdarstellungen. Bern/Stuttgart/Wien: Huber 1972, 192-230.

PRIBRAM, K. H.: Towards a holonomic theory of perception. In: S. ERTEL, L. KEMMLER & M. STADLER (Hrsg.): Gestalttheorie in der modernen Psychologie. Darmstadt: Steinkopff 1975, 161-186.

STADLER, M.: Feldtheorie heute – von Wolfgang KÖHLER zu Karl PRIBRAM. Gestalt Theory 3, 1981, 185-199.

STADLER, M.: Das Schicksal der nichtemigrierten Gestaltpsychologen im Nationalsozialismus. In: C F. GRAUMANN (Hrsg.): Psychologie im Nationalsozialismus. Berlin/Heidelberg/New York: Springer 1985a, 139-164.

STADLER, M. Besitzt die Gestalttheorie eine implizite Ethik? Vortrag auf der 4. wissenschaftlichen Arbeitstagung der Gesellschaft für Gestalttheorie und ihre Anwendungen, Münster 1985b.

WAGENSCHEIN, M.: Das exemplarische Lehren als ein Weg zur Erneuerung der höheren Schule. Hamburg: Verlag der Gesellschaft der Freunde der vaterländischen Schul- und Erziehungswissenschaft 1954.

WALTER, H. J.: Gestalttheorie und Psychotherapie. Darmstadt: Steinkopff 1977.

WERTHEIMER, M.: Experimentelle Studien über das Sehen von Bewegung. Zeitschrift für Psychologie 61, 1912, 161-265.

WERTHEIMER, M.: Produktives Denken. Frankfurt/M.: Kramer 1957, 1964^2.

WITTE, W.: Wolfgang METZGER, 22.7.1899–21.12.1979. Psychologische Beiträge 22, 1980, 545-552.

I
Über das Menschenbild in der Psychologie

1. Das Bild des Menschen in der neueren Psychologie (1950)

Schon lange, bevor sich die Wissenschaft mit dem Menschen beschäftigt, wird seine Besonderheit, die ihn von allem übrigen Geschaffenen unterscheidet und vor ihm auszeichnet, zum Gegenstand des Nachdenkens.

Er steht vor uns als ein beseeltes, mit Geist, Verstand, Vernunft und Willen begabtes Wesen, das nicht nur um sich, sondern auch zurück- und vorausblicken kann, das Pläne macht und Ziele verfolgt, sorgt und arbeitet, zum Teil weit über sein eigenes Dasein hinaus.

Als einziges lebendes Wesen kann er zum Werkzeug der Schöpfung nie geahnter neuer Gestalten werden.

Er ist nicht nur in der Welt, sondern er *hat* sie, so daß sie in irgendeinem Sinn zum Bestandteil seiner Seele wird, nicht nur im blassen Abbild des Wissens, der Vorstellungen und Begriffe, sondern gerade auch dort, wo sie in leibhafter Ursprünglichkeit ihm gegenüber tritt.

Er reagiert ganz offenbar nicht nur auf „Reize", sondern auf das bloße *Dasein* von Dingen und Wesen, niederen, gleichen und höheren Ranges.

Sein Tun und Treiben dient noch in weit höherem Maß, als wir dies schon an den höheren Tieren beobachten, nicht der bloßen Aufrechterhaltung seines Stoffwechsels und allenfalls der Fortpflanzung: Er ist der Teilnahme, der Güte, der Liebe und der Hingabe fähig. Das heißt, er ist fähig, *fremde* Sorgen, Nöte und Bedürfnisse, aber auch sachliche Forderungen *wie seine eigenen zu empfinden* und durch sie zu den umfassendsten Anstrengungen seines Willens aufgerufen zu werden. Und das eigentliche Wesen des Menschen, die Menschlichkeit im strengen Sinn des Wortes, leuchtet uns um so mehr aus ihm entgegen, je mehr für ihn die Erfüllung seiner eigenen Ansprüche an die Welt an Bedeutung verliert und je wichtiger es ihm wird, die Ansprüche zu erfüllen, die die Welt berechtigterweise *an ihn* zu stellen hat.

Wo es nicht krank oder entartet ist, wird sein Verhalten vielfach so wenig von den unmittelbaren Einwirkungen, den Verlockungen und Bedrohungen der augenblicklichen äußeren Lage bestimmt, daß wir kein Recht haben, sein Bewußtsein der Möglichkeit, frei zu entscheiden und zu handeln, ohne weiteres als Selbsttäuschung abzutun.

Es ist nicht nur sein über das unmittelbar Gegenwärtige hinausreichender Weitblick, seine Umsicht und Voraussicht, seine Fähigkeit, Erfahrungen zu machen und aus ihnen zu lernen – es ist nicht nur die Wirksamkeit und das Gewicht weitergesteckter Willensziele, die ihn in dieser Hinsicht so auffallend noch von den höchsten Tieren unterscheiden: Neben all seinen Drängen und Gelüsten, Trieben und Neigungen, neben dem augenblicklichen äußeren Notstand, Befehl und Zwang, wirkt in ihm, sofern er ein ganzer Mensch ist, die Stimme des Gewissens, das Bewußtsein der Verantwortung, der Sinn für das Gebotene, für Recht und Gerechtigkeit. Und auch wo sie sich in seinem Handeln nicht durchsetzen, beweisen sie noch ihre Macht im Bewußtsein der Schuld und der Verzweiflung über das eigene sittliche Versagen und im Stand der Reue.

Alles dieses ist nun freilich nicht von vornherein in dem Bild des Menschen enthalten, wie es die neuere Psychologie überliefert hat, seit sie zur selbständigen, strengen Wissenschaft geworden ist.

Die Psychologie hat sich erst spät aus dem philosophischen Nachdenken über den Menschen gelöst. Es ist gerade 100 Jahre her, seit sie zum erstenmal den Schritt gewagt hat von dem Genügen an einleuchtenden (und, von Geschlecht zu Geschlecht wechselnd, mehr oder weniger unverändert wiederkehrenden) Betrachtungen über die eigentliche Natur der Seele zu der Aufgabe, ein Gebäude von Aussagen über das Seelische zu entwickeln, die *durch Beobachtung überprüfbar* sind und daher an dieser Beobachtung sich selbst zu berichtigen vermögen.

Es ist also zweierlei nicht verwunderlich. Sowohl bei der Stellung der einzelnen grundsätzlichen Aufgaben als auch bei den ersten Versuchen, diese Aufgaben zu lösen, war die Psychologie *erstens* wesentlich durch die philosophisch-anthropologische Überlieferung mitbestimmt; *zweitens* stark durch das Vorbild erfolgreicher älterer Nachbarwissenschaften beeinflußt; und *drittens* hat sie erst allmählich gelernt, die wissenschaftliche Forderung der Verifikation auch an die Grundannahmen zu stellen, die zunächst mehr oder weniger dogmatisch eingeführt und auch den Beobachtungen zum Trotz aufrechterhalten wurden.

Die grundsätzlichen Aufgaben wohl jeder Wissenschaft vom Wirklichen sind, zu erforschen: einmal, woraus ihr Gegenstand besteht; dann, sofern irgend etwas an ihm *geschieht*, welches die eigentlich treibenden Kräfte sind, und endlich, falls der Bau des Gegenstands und das Geschehen an ihm geordnet sind, welches die Art und die Grundlagen dieser Ordnung sind.

Die Einwirkung äußerer und unangemessener Vorbilder zeigt sich schon in dem sachlich nicht einsehbaren Gewicht, das *der ersten* unter diesen drei Fragen zugeteilt wurde: Der Frage *nach den seelischen „Elementen"*, und zwar sowohl im Sinn von seelischen Grundqualitäten als auch im atomistischen Sinn von kleinsten seelischen Einheiten, durch deren Zusammensetzung man die seelischen Unterganzen und das Ganze der Seele überhaupt in irgendeiner Zukunft gedanklich nachbilden zu können hoffte, hat sich die junge Psychologie jahrzehntelang mit einem Eifer gewidmet, der in keinem Verhältnis zu dem vernünftigerweise zu erwartenden und dann auch tatsächlich gewonnenen Ertrag stand. Als „Elemente" des *Bewußtseins* postulierte man die sagenhaften „reinen Empfindungen"; als das Element des *Verhaltens* den nicht viel weniger sagenhaften „einfachen Reflex", ein Geschehen, das von einer Sinneszelle über eine zuleitende Bahn nach einer Schaltzelle und von dieser über eine ableitende Bahn nach einer Muskelfaser oder einer Drüsenzelle verlaufen sollte.

Eines der wichtigsten Ergebnisse dieser Bemühungen war die Systematik der Sinnesqualitäten, die übrigens auch heute noch nicht abgeschlossen ist. Aber zum Verständnis des eigentlichen inneren Erlebens und des Verhaltens im Leben und in der Gemeinschaft war auf diesem Weg nicht zu gelangen. Nicht erst bei den Fragen des Willens und der Leidenschaften, schon bei den Versuchen, das Wesentliche einfachster Auffassungs- und Denkvorgänge zu erfassen, erwies sich der „Stoff", an welchem solche Vorgänge sich vollziehen, entweder als gleichgültig oder als unfaßbar.

Das Prinzip der „Synthese" dieser Elemente glaubte man ebenfalls schon zu kennen. Es ist das Prinzip der Assoziation, worunter man zuletzt nichts anderes verstand als die den Augenblick überdauernde Verbindung von allem, was nahe genug und häufig genug raumzeitlich zusammentrifft. Nach diesem Prinzip, so glaubte man, seien sowohl die einfachen Empfindungen und Vorstellungen zu Wahrnehmungs- und

Vorstellungskomplexen zusammengekoppelt als auch die einfachen Reflexe zu Kettenreflexen, Reflexketten und verwickelteren Reaktionskomplexen hinter- und nebeneinandergeschaltet und auch aus den ursprünglichen Reflexen durch Zusammenschaltung mit neuen Empfangsorganen die sogenannten bedingten Reflexe abgeleitet.

Diese Vorstellung von den Grundlagen des Aufbaues seelischer Ganzer ist nicht etwa ein spätes Erzeugnis reiner Wissenschaft oder gar weltfremder Spekulation. Sie liegt, wenn auch unausgesprochen, seit alter Zeit allem Unterricht zugrunde, der seine Hauptaufgabe im Pauken und Drillen sieht anstatt in der Gewinnung von Einsicht und Überblick.

Übrigens schien es ganz einleuchtend, daß das höchst verwickelte Netz von Faserzügen im Zentralnervensystem die körperliche Grundlage der „assoziativen Verbindungen" abgebe. Nichts lag näher als anzunehmen, daß jede neue Assoziation durch die „Bahnung" einer geeigneten Faser oder Fasergruppe zwischen zwei Zellen oder Zellkomplexen, die man sich als das Behältnis seelischer Inhalte vorstellte, tatsächlich hergestellt werde.

Wie es diesen zunächst so einleuchtenden Annahmen im weiteren Verlauf der Forschung tatsächlich erging, werden wir später sehen.

Wir behandeln zuerst die *zweite* Frage: *nach den treibenden Kräften.*

Auch die Antwort auf diese Frage wurde zunächst aus der Überlieferung übernommen. Sie war bestimmt durch eine Reihe von Voraussetzungen, die schon aus der eleatischen und sophistischen Philosophie stammen und zum Grundbestand allen Aufklärungsdenkens zu gehören scheinen; vor allem durch die Voraussetzung, daß nur das greifbar Stoffliche eigentlich wirklich ist.

Daraus folgt erstens, daß nur körperliche Bedürfnisse ursprüngliche und natürliche Bedürfnisse sind, und daß nur die durch ihre Befriedigung vermittelte Lust und die durch ihre Versagung vermittelte Unlust wirkliche und natürliche Lust und Unlust sei. Von hier aus ist nur ein Schritt zu der Annahme, daß am menschlichen Seelenleben nur dasjenige ursprünglich und natürlich sei, was der Aufrechterhaltung des Stoffwechsels und der Fortpflanzung unmittelbar dient. Alles andere wird dann betrachtet als entbehrliches Drum und Dran, als auferlegter Zwang, als aufgepfropfte „Umstände", die nur das Einfache kompliziert machen, als angenommene „Vorurteile", die man ebenso wieder ablegen kann, wie man sie einmal eingeführt hat. Die praktischen *Folgerungen* aus dieser Einstellung haben nur einige der griechischen Zyniker zu ziehen versucht, aber die ihrem Handeln zugrundeliegenden *Meinungen* über die eigentliche Natur des Menschen sind heute nicht weniger verbreitet als zu ihren Zeiten, und sie gehörten zum Grundbestand der jungen wissenschaftlichen Psychologie.

Aus der Grundannahme, daß nur das greifbar Stoffliche eigentlich wirklich sei, folgte zweitens, daß der Einzelne, das Individuum, die höchste mögliche biologische Einheit sei. Alle höhere Einheit, alle Gemeinschaft, ist danach, da nicht stofflich begründet und nicht „greifbar", nur Gedankending, Illusion, allenfalls zweckbedingte Ideologie. Aus dieser zweiten Ableitung der Grundannahme folgt noch einmal, daß alles menschliche Handeln, auch dort, wo es scheinbar nicht unmittelbar dem Stoffwechsel oder der Fortpflanzung dient, nur aus der Sorge um sich selber, nur aus dem Streben nach Vermeidung von eigener Unlust oder nach Gewinn von eigener Lust fließen kann, und daß alle Lust nur mit der Erfüllung solcher Strebungen verbunden sein kann, die das eigene Ich in irgendeiner Weise fördern, sei es die Habgier, sei es der Wille zur Macht, sei es Ruhmsucht oder Geltungsdrang.

Das so verstandene Lustprinzip finden wir schon vor in der Annahme von HOBBES, daß der rücksichtslose Kampf aller gegen alle der Urzustand der Menschheit sei und daß alle Ordnung der Gemeinschaft nur dem Zwecke dient, zwar etwas *weniger* eigene Lust, diese aber mit etwas größerer persönlicher Sicherheit zu gewinnen. Die letzte Konsequenz dieses Prinzips finden wir in gewissen Folgerungen der orthodoxen FREUDschen Schule, etwa in der Annahme, daß das kleine Kind „polymorph pervers" sei, eine Annahme, die noch von FREUD selbst stammt, oder in der Annahme STEKELS, daß das kleine Kind im Grunde ein Verbrecher sei. Der Mensch im Naturzustand findet nach dieser Ansicht Befriedigung an Blutschande, Mord und Menschenfresserei. „Wenn man sich vorstellt, alle Verbote, die dem Kulturmenschen auferlegt sind, würden plötzlich außer Kraft gesetzt, so könnte man jede Frau, die einem gefiele, auf der Stelle verführen oder vergewaltigen; man könnte, ohne mit der Wimper zu zucken, jeden Nebenbuhler erschlagen und ebenso jeden, der einem bei sonst einem Bestreben im Wege stünde; man könnte sich von dem Besitz jedes Fremden aneignen, was man nur wünschte, ohne ihn erst lang zu fragen: wie herrlich, was für eine ununterbrochene Folge von Genüssen wäre dann das Leben! Freilich nur ein einziger Mensch könnte restlos glücklich werden, wenn man derart die Zwangsjacke der Kultur beseitigte, und das wäre ein Tyrann oder Diktator, der alle Machtmittel der Welt in einer Hand vereinigte! ..." (WERTHEIMER 1940).

Warum treffen wir diese Sorte „natürlicher" Menschen fast nie und nirgends an? Mit anderen Worten, wie wird das Chaos, das bei ungebändigtem Wirken der treibenden seelischen Kräfte unentrinnbar wäre, vermieden? – im großen des Chaos der einander bekämpfenden, beraubenden, mordenden und vergewaltigenden Einzelmenschen? – im kleinsten das Chaos der durcheinanderwirbelnden Einzelempfindungen, Einzelinnervationen, Einzelbegierden?

Mit dieser Überlegung befinden wir uns schon bei der *dritten* Grundfrage unserer Wissenschaft: der Frage *nach den Grundlagen der Ordnung*. Auch ihre Lösung hielt man zunächst für völlig selbstverständlich:

Alle Ordnung, so meinte man, entsteht und wird erhalten, indem man das Unerwünschte durch äußeren Zwang unmöglich macht. Alle Ordnung kann nur gesichert werden durch Beseitigung von Freiheitsgraden, möglichst bis auf einen einzigen.

Dies ist der Grundsatz, nach welchem der Mensch seit Jahrtausenden seine Maschinen fast ausschließlich gebaut hat. In den biologischen Annahmen der „Principia philosophiae" von DESCARTES hat er seinen klassischen und wohl unbefangensten und eindeutigsten Ausdruck gefunden. Es ist der Grundsatz, der nicht nur der heutigen mechanistischen Biologie, sondern auch den Erörterungen der Vitalisten zugrunde liegt, sofern in diesen angenommen wird, daß schon bei der einfachsten Gabelung einer Leitung ein außernatürliches Etwas eingreifen müsse, damit der geleitete Vorgang mit Sicherheit in den einen oder den anderen Zweig der Gabel geführt werde.

Beim Handeln *des ganzen Menschen* besteht der einschränkende und die Richtigkeit seines Verhaltens sichernde *äußere Zwang* zunächst in greifbaren *körperlichen* Hindernissen, in Mauern und Zäunen, in Drahtverhauen und Gittern, in Schlössern und Riegeln, dann in den *moralischen* Hindernissen der Verbote und Tabus und der mehr oder weniger erschreckenden Strafandrohungen durch Respektspersonen; endlich wird – und dies ist einer der wesentlichen Erfolge aller Erziehung – aus dem äußeren Zwang ein *innerer*, indem die Verbote und Drohungen von einer eigenen Instanz, dem sogenannten *Überich*, übernommen und vielfach erbarmungsloser vertreten und durchgesetzt werden als von jedem fremden Menschen. – Dies ist übrigens nicht nur die

Meinung vieler Psychoanalytiker, sondern auch die jedes patriarchalischen Erziehers, der bemüht ist, einem jungen Menschen „Halt fürs Leben" zu verleihen, sofern er der Ansicht ist, daß er dem jungen Menschen diesen Halt durch möglichst straffe und scharf durchgeführte Disziplin, durch die Schaffung „guter Gewohnheiten" verleihen könne, und daß dieser Halt in der Freiheit des späteren Lebens unverändert wirksam bestehen bleibe.

Beim *innerseelischen* Geschehen nimmt man an, die Ordnung werde gewährleistet durch die *isolierten Leitungen*, die eines der auffallendsten Kennzeichen des Nervensystems sind.

Bei dem Versuch, die Ordnung des Seelischen zu verstehen, hat die alte Leitungstheorie ihre höchstentwickelte Form wohl in der jüngsten amerikanischen Wissenschaft gefunden, die sich Kybernetik nennt. Hier wird die Seele als eine höchst verwickelte, mit unübersehbaren Anzahlen von Stellenwerten arbeitende elektrische Regler- oder Rechenmaschine verstanden. Unsere Kenntnisse über den Feinbau des Nervensystems scheinen diese Ansicht zunächst in einer geradezu zwingenden Weise zu bestätigen. Denn was daran auffällt, ist das unerhört verwickelte Geflecht von festen Leitungen; und nichts liegt näher, als ein entsprechendes System von „Schaltungen" sich dazuzudenken, die nach dem Assoziationsgesetz arbeiten.

Wir treten zurück und suchen uns zu vergegenwärtigen, was das für ein Wesen ist, das die Pauker, die Sophisten, Aufklärer und Psychoanalytiker und die Erfinder von Rechenmaschinen „menschliche Seele" nennen.

Es ist *erstens* ein Gebilde, in dem das eigentlich Wirkliche eine unendliche Mannigfaltigkeit von Empfindungs- oder Reaktionselementen ist.

Es ist *zweitens* eine Vorrichtung, in welcher alles – auch das Fremdartigste und Unzusammengehörigste – verbunden wird und bleibt, wenn es nur oft genug aneinander gerät. Das Arbeitsprinzip dieser Vorrichtung ist von unüberbietbarer Sinnlosigkeit. Es ist ein Prinzip dessengleichen man in der gesamten unbeseelten und unbelebten Natur vergeblich sucht. Denn dort wird und bleibt keineswegs Beliebiges verbunden, wenn es nur einmal irgendwie aneinandergeraten ist oder lange genug aneinandergehalten wird. Damit Verbindung entsteht und sich halten kann, müssen zwischen den zusammentreffenden Teilgebieten ganz bestimmte *Kräfte* auftreten; d. h. nicht der Zufall des äußeren Zusammentreffens, sondern das grundsätzlich sinnvolle *sachliche Zueinander* der fraglichen Teilgebilde ermöglicht ihre Verbindung.

Die Seele ist *drittens* ein Tummelplatz zahlloser gegeneinander wirkender Kräfte, die nichts weiter zustandezubringen vermöchten als eine völlige Verwirrung, wenn ihre Wirksamkeit nicht

viertens durch isolierte Leitungen, jedenfalls durch äußeren Zwang, in festliegende Bahnen genötigt und am sinnlos verworrenen Ausbrechen verhindert würde.

Wer möchte behaupten, solch ein Gebilde habe irgendwelche Ähnlichkeit mit einer menschlichen Seele?

Wir wundern uns nicht, daß sich gegen dieses Bild vom Menschen frühzeitig Einspruch erhob. Es ist Wilhelm DILTHEY, der als erster den Mut dazu aufbrachte. DILTHEY hat auch die *Grundzüge* eines *zutreffenden* Bildes vom menschlichen Seelenleben *klar gesehen*. Leider mangelte es ihm aber an der Entschlossenheit, dieses Bild wirklich ohne Zugeständnisse durchzuführen. Das hatte verschiedene Gründe, die nur aus den Zeitumständen ganz zu verstehen sind.

Zunächst war der Eindruck kaum vermeidbar, daß das oben gezeichnete Bild des Menschen nicht nur *zufällig* gerade von der experimentellen Psychologie vertreten wurde, sondern das unvermeidliche *Ergebnis* des auf den Menschen angewandten experimentellen Verfahrens sei. Es war DILTHEY nicht möglich, zu sehen, daß die experimentelle Psychologie WUNDTS und seiner Schule, die er vor Augen hatte, an die Möglichkeit der experimentellen Prüfung der genannten Grundannahmen *überhaupt noch nicht gedacht hatte*, daß diese vielmehr einfach der Überlieferung entnommen und ebenso dogmatisch vorausgesetzt wurden wie etwa die Lehre von der Identität von Raum und Materie durch DESCARTES. Die Folgerung schien unvermeidlich, daß das Experiment für die Erforschung des Menschen ungeeignet sei. Und so kam es, daß DILTHEY samt seinen Schülern den Schritt *zurück* in das Stadium des Genügens an einleuchtenden Deutungen vollzog und der Psychologie die empirische Überprüfung ihrer Behauptungen verbieten zu müssen glaubte.

Diese Entwicklung oder vielmehr dieses Zurückweichen ist vom wissenschaftstheoretischen Gesichtspunkt ebenso wie vom psychologischen bedauerlich. Denn, indem sie die damaligen Anschauungen der experimentellen Psychologie in den von ihr bereits in Angriff genommenen Teilgebieten der einfachen Wahrnehmungs- und Gedächtnisvorgänge sowie der einfachsten Reaktionen, trotz ihrer Ablehnung für den eigentlichen Kern der Persönlichkeit, unbesehen anerkannte, schuf die neue geisteswissenschaftliche Psychologie ein neues Monstrum von Menschenbild: das Bild eines Wesens, in dessen oberen Stockwerken es vernünftig hergeht, verständliche Zusammenhänge herrschen und das Einzelne von seiner Rolle im Ganzen bestimmt wird, in dessen Erdgeschoß dagegen die Gesetze eines blinden Automaten herrschen; – ein Wesen, in dem die einander ausschließenden Gesetze zweier völlig fremder Welten gleichermaßen gültig sind.

Die Unmöglichkeit dieses Bildes konnte nur so lange verschleiert werden, als die experimentelle Psychologie sich nicht um die Frage der Persönlichkeit und der Lebensschicksale, die geisteswissenschaftliche Psychologie dagegen sich nicht um die einfachen Voraussetzungen des alltäglichen Funktionierens des Seelischen kümmerte.

Daß dieser unbefriedigende Zustand inzwischen überwunden werden konnte, verdanken wir durchaus der *experimentellen* Psychologie, und es gehört zu den beglückendsten Zeugnissen der Fähigkeit strenger Wissenschaft, sich auch in ihren allgemeinen Grundsätzen selbst zu berichtigen. Gerade in demjenigen Teil der Psychologie, in welchem man sich um DILTHEYS Experimentierverbot *nicht* kümmerte, gelangte man nicht viel später zur Erkenntnis des dogmatischen Charakters der eigenen Grundvoraussetzungen und machte sich an ihre Überprüfung. Das Ergebnis muß gerade für einen Geisteswissenschaftler ebenso überraschend wie befriedigend sein. Denn die theoretischen Annahmen, welche DILTHEY nur für den Persönlichkeitskern als gültig angesehen hatte, wurden nun, in ausgedehnten experimentellen Untersuchungen, auch in den elementarsten und scheinbar äußerlichsten Bereichen des Seelischen, in der Lehre von der Wahrnehmung, vom Gedächtnis und von den einfachen Reaktionen, einwandfrei bestätigt. Wie wir nun wissen, herrscht auch in diesen Bereichen *nicht Zwang und Zufall, sondern sinnvoller Zusammenhang des Geschehens*. Es ist vielleicht gut, die hierbei erarbeiteten Grundannahmen den oben angeführten Annahmen der rationalistisch-empiristischen Psychologie gegenüberzustellen.

Wir beginnen mit der Frage der seelischen „Elemente". – Was man in der älteren Bewußtseinslehre als einzelne „Elementarempfindungen" betrachtet hatte, erwies sich als Grenzfall einer „Figurbildung", d. h. der Bildung eines sinnvollen Unterganzen, an der außer den örtlichen Reizen *auch die nähere und weitere Umgebung* einschließlich des augenblicklichen Zustands des Gesamtorganismus *beteiligt* sind. Dasselbe gilt für den vermeintlichen Elementar*vorgang* des Verhaltens, den einfachen Reflex. Was man für die Angelegenheit der einfachen leitenden Verbindung zwischen einer Sinneszelle und einer Muskel- oder Drüsenzelle gehalten hatte, erwies sich bei näherem Zusehen als der Schwerpunkt eines höchst verwickelten Zusammenarbeitens ausgebreiteter Bereiche des Organismus. Als Beispiel sei etwa das Husten angeführt, an dem außer der Mund- und Kehlkopfmuskulatur sowie der Rumpfmuskulatur bei näherem Zusehen auch die Ringmuskeln sämtlicher Körperöffnungen (der Blase, des Afters, der Augen), und zwar notwendig, beteiligt sind, um die erwünschte Wirkung zu sichern und zugleich höchst unerwünschte Nebenwirkungen zu verhindern. Ein zweites Beispiel ist das einfache Aufheben eines Gewichts mit einer Hand, an welchem nicht nur die Muskeln des Armes, auf den sich die Absicht natürlicherweise richtet, beteiligt sind, sondern notwendigerweise – als tragender Grund – auch die Rumpf- und Beinmuskulatur, weil andernfalls das Gleichgewicht gestört und ein Hinstürzen unvermeidlich wäre.

Es zeigte sich, daß seelische Ganze einfachster Art Eigenschaften aufweisen, die weder aus den Eigenschaften ihrer Teile noch aus den einfachen Beziehungen zwischen diesen abgeleitet werden können und die zugleich von höchster Bedeutung sind (Chr. von Ehrenfels). Als besonders eindrucksvolle Klasse dieser sogenannten *Gestalteigenschaften* sei hier nur der Gesichtsausdruck genannt.

Schon in den elementarsten Bereichen sowohl des Bewußtseins als auch des Verhaltens kann auch noch aus einem anderen Grund ein Ganzes nicht aus der Gesamtheit seiner Teile verstanden werden: Grundsätzlich ist nämlich die Beschaffenheit jedes Teiles von der Beschaffenheit aller übrigen Teile mitbestimmt und ist selbst gleichzeitig mitbestimmend für die Beschaffenheit aller übrigen Teile. Als Beispiel wählen wir hier einen der bekanntesten der vermeintlichen „Elementarbestandteile" des Verhaltens, den sogenannten Eigenreflex, dessen geläufigstes Beispiel der sogenannte Kniesehnenreflex ist. Es handelt sich dabei um die unwillkürliche Streckung eines Gliedes, die erfolgt, sobald die Streckmuskulatur und die zugehörigen Sehnen einer plötzlichen Zerrung unterworfen werden. Der Sinn dieses Verhaltens ist beispielsweise das Auffangen des Körpergewichtes beim Aufspringen auf eine feste Unterlage. Streift man die Hürde beim Überspringen mit dem Fuß, so wird die Kniesehne in ähnlicher Weise gezerrt wie beim Aufspringen oder bei der Benutzung des berühmten Hämmerchens. Fände der Reflex in der üblichen Weise statt, so würde man unvermeidlich die Hürde umreißen und hinstürzen. Tatsächlich bleibt unter diesen Umständen der Reflex aus; auch er erweist sich also nicht als ein elementarer „Baustein" des Verhaltens, sondern als eine Funktion, die von dem umgebenden Gesamtverhalten in entscheidender Weise mitbeeinflußt ist und unter natürlichen Umständen sich sinnvoll in dieses einfügt (V. von Weizsäcker).

Endlich haben die *natürlichen Teile* auch des einfachsten psychischen Ganzen gewisse Eigenschaften, die sie überhaupt nur ihrer Stelle und Rolle in dem fraglichen Ganzen verdanken und außerhalb dieses Ganzen überhaupt nicht besitzen. Gerade diese Eigenschaften sind es, die schon bei den einfachsten Auffassungs- und Denkvorgängen eine entscheidende Bedeutung haben (Max Wertheimer).

Unter diesen Umständen ist es nicht verwunderlich, daß auch die *Entwicklung* des Seelischen in keiner Hinsicht dem Bild eines allmählichen Aufbaues aus zunächst unverbundenen und ungeordnet durcheinanderwirbelnden Elementen entspricht. Die frühesten Verhaltensweisen des Lebewesens sind *Gesamt*verhaltensweisen, aus denen sich die Tätigkeit einzelner Glieder allmählich mehr und mehr aussondert

(COGHILL). Die Beobachtung des Verhaltens neugeborener Kinder weist mit zunehmender Sicherheit darauf hin, daß *auch das Bewußtsein* ursprünglich nicht eine Mannigfaltigkeit unverbundener Empfindungen ist, die sich allmählich zu immer größeren Ganzen zusammenfügen, daß vielmehr am Anfang der Entwicklung, ganz wie das W. JAMES und CORNELIUS vermutet haben, ein ungegliedertes Gesamtbewußtsein steht, aus dem sich die lebenswichtigen Einheiten allmählich immer schärfer herausgliedern. Die Fähigkeit, einfachste Qualitäten und Bestandteile des Wahrgenommenen zu erfassen, entspricht also einem, nur selten erreichten, *Spätstadium* der Entwicklung.

In den menschlichen *Gemeinschaften* besteht zwar, im Gegensatz zum Bewußtsein, von vornherein eine feste Einheit, nämlich der einzelne Mensch. Doch werden die aus dieser Einheit zusammengesetzten Gemeinschaftsbildungen, wenn man sie geschichtlich auf ihre Anfänge zurückverfolgt, nicht etwa immer lockerer, um schließlich ganz zu verschwinden, sondern sie erscheinen im Gegenteil immer fester, und für den einzelnen ist seine Rolle in der Gemeinschaft, deren Glied er ist, gerade in den Frühzeiten der Entwicklung viel zwingender und entscheidender als später. Es ist bemerkenswert, daß diese Erkenntnis der Völkerkunde gerade von Anna FREUD, der Tochter des Begründers der Psychoanalyse, auch für das *frühkindliche* Verhalten bestätigt worden ist. Die allgemeine Aggressivität, die S. FREUD genau wie HOBBES als Urzustand der Menschheit betrachtet hatte und deren Vorherrschen seine Tochter in größeren Gruppen gleichaltriger Kinder bestätigt fand, verschwand, als sie die Kinder in biologisch sinnvollen Gemeinschaften von familienartigem Aufbau zusammenfaßte.

Auch bei der Ausbildung der einfachsten und bescheidensten seelischen Ganzen irgendwelcher Sinnesgebiete herrschen durchaus Sinngesetze: Die sachliche Beschaffenheit des Gegebenen selbst entscheidet über die Bildung von umfassenderen Einheiten irgendwelcher Art, über Grenzverlauf, Gliederung und Gruppierung. Der Zufall raumzeitlicher Berührung, dem man in der Assoziationstheorie grundlegende Bedeutung beigemessen hatte, spielt daneben nur eine bescheidene Rolle. Natürlicherweise erscheint zusammengeschlossen dasjenige, was seiner Natur nach *zusammengehört*. Insofern ist die natürliche Gruppierung, Gliederung und Grenzbildung, in der klaren und lebendigen Bedeutung des Wortes, *sinnvoll*. Die Art des Zusammenschlusses, der sich im gegebenen Fall natürlicherweise verwirklicht, läßt sich allgemein nur von Gestalteigenschaften der durch diesen Zusammenschluß entstehenden Ganzen und Gruppengebilde her verstehen. Der Zusammenschluß erfolgt derart, daß die entstehenden Ganzen in irgendeiner Weise vor anderen denkbaren Einteilungen gestaltlich *ausgezeichnet sind:* Dies ist der Inhalt des viel erörterten, aber nur selten in seinen Auswirkungen erfaßten „*Prägnanzprinzips*" oder „*Gesetzes der guten Gestalt*" (M. WERTHEIMER).

Das Gesetz der guten Gestalt gilt übrigens nicht nur für die Einheit von Dingen und Melodien (M. WERTHEIMER 1922/23), sondern ebenso für die Einheit der zeitlichen *Fortdauer* (METZGER 1934a) und das Erlebnis des ursächlichen Zusammenhangs (MICHOTTE 1946). Darüber hinaus erlaubt es, die *räumliche Wirkung* einäugig gesehener Gebilde (METZGER 1934b) und viele andere wesentliche Eigenschaften des Wahrgenommenen vorauszusagen. Wir wollen dieses seelische Grundgesetz wenigstens in *einer* hier wichtigen Hinsicht noch ein wenig erläutern: Ob das Bestehen eines Sachverhältnisses zur Bildung eines entsprechenden Ganzen führt oder nicht, hängt von der Gesamtheit der Sachverhältnisse in der näheren und weiteren Umgebung ab.

Im Fall des Widerstreits der Sachverhältnisse im engeren und im umfassenderen Bereich stellt sich der *tatsächliche* Zusammenhang – innerhalb der Grenzen der objektiven Überschaubarkeit und des subjektiven Fassungsvermögens (der Blickweite, des „Horizonts") – so her, daß das im *umfassenderen* Bereich *Sinnvolle den Ausschlag* gibt. Und daraus folgt sofort eine Regel, die dem mit geisteswissenschaftlichen Fragen Beschäftigten nicht unvertraut sein wird: Gesetzmäßigkeiten, die an einfacheren Sachverhalten abgeleitet sind, können nie ohne weiteres auf komplexere übertragen werden.

Wir gehen nicht weiter auf die Frage nach der Natur der seelischen Grundeinheiten ein, sondern wenden uns nunmehr der Frage der *treibenden Kräfte* und der *Grundlagen der Ordnung* zu. Während in der überlieferten Lehre diese beiden Fragen völlig getrennt voneinander behandelt werden, wissen wir heute, daß diese Trennung unmöglich ist aus Gründen, die für unser gegenwärtiges Bild des Menschen entscheidend sind. Nach der überlieferten Ansicht, die wir zweckmäßigerweise an der Verhaltenslehre erläutern, ist das Zentralnervensystem eine hochverwickelte Gruppe von „Automaten", also von Geräten, wo man an einer Stelle etwa einen Groschen hineinsteckt, worauf an einer anderen Stelle z. B. eine Bahnsteigkarte herausfällt. Es wird, wie schon oben gesagt, als ein System von Leitungen und Schaltungen betrachtet, in welchem einfache Reflexe zu verwickelteren Reflexgruppen zusammengekoppelt und mit anderen Reizarten zu „bedingten" Reflexen zusammengeschaltet werden können. Gerade auf diesem Gebiet kann man besonders eindrucksvoll zeigen, wie eine wirklich strenge Wissenschaft stets die Möglichkeit in sich enthält, *sich selbst zu widerlegen*. Es ist A. Bethe, der um die Jahrhundertwende daranging, die Reflextheorie der Koordination endgültig experimentell zu sichern und auszubauen, und der ein Menschenalter später den wesentlichen Ertrag seiner Untersuchungen in der Feststellung zusammenfaßte, daß eine Reflextheorie auch der elementaren Koordination *nicht möglich sei*. Allgemein gesprochen bedeutet das, daß *die Ordnung des Verhaltens nicht einfach durch feste Leitungen gewährleistet* sein kann.

Daß bei der Reizung eines bestimmten Empfangsorgans die nervöse Erregung nicht immer an dem normalerweise damit zusammenhängenden Endorgan eintrifft, daß man vielmehr Wirkungen an mehr oder weniger unerwarteten, weit entfernten Stellen beobachtet, war schon früher vielfach beobachtet worden. Da man aber keine andere Möglichkeit sah, die Ordnung des nervösen Geschehens zu erklären, als die Annahme fester Leitungen, verfiel man zunächst nur auf das Bild, daß die Erregung in diesen Fällen eben „entgleist" sei, daß sie die festen Leitungen durchbrochen habe, daß der Strom der Erregungen gewissermaßen „*über seine Dämme geflutet*" sei. Nach neueren Untersuchungen (P. Weiss 1939, E. von Holst 1937) ist aber dieses „Überfluten" keine seltene Ausnahme, sondern die Regel. Beispielsweise werden gewisse zentral erzeugte Erregungsrhythmen, wenn man genauer zusieht, an sämtlichen Stellen des Organismus wiedergefunden, auch dort, wo sie keine äußerlich sichtbare Wirkung ausüben. Dazu kamen zahllose Beobachtungen über den Fortbestand oder die Wiederherstellung von Leistungen des Nervensystems nach endgültiger Zerstörung oder Unterbrechung der ursprünglich beteiligten nervösen Elemente. Die Zahl der Beobachtungen, nach welchen die verschiedensten Gebiete des Nervensystems fähig sind, stellvertretend für ausgefallene Nachbargebiete einzuspringen, führte schließlich so weit, daß eine Reihe von Forschern geneigt war, die bis dahin so gesichert erscheinende Lokalisationslehre mehr oder weniger aufzugeben zugunsten der – sicherlich ebenso einseitigen – Vermutung, daß wenigstens im Zentralnervensystem fast jeder Teil so gut wie alles kann (Goldstein 1925).

Diese Ergebnisse hirnphysiologischer Untersuchungen bestätigen nur, was von der *Psychologie der Wahrnehmung* zum größten Befremden der Leitungstheoretiker seit einem Menschenalter mit immer größerer Sicherheit vorausgesagt worden war. Entscheidend waren hier Beobachtungen über die sogenannte Beständigkeit von Eigenschaften der Wahrnehmungsdinge bei wechselnden Reizbedingungen, die schon zu Zeiten WUNDTS und HELMHOLTZ' die Aufmerksamkeit der Forschung erregt hatten. Es handelt sich um eine biologisch höchst wichtige Erscheinung, die das wahrnehmende Subjekt mehr oder weniger unabhängig macht von den ständigen umstandsbedingten Schwankungen der Reizmannigfaltigkeiten, durch welche die Wahrnehmung der für uns lebenswichtigen Gehalte unserer Umgebung vermittelt wird. Es ergibt sich dabei der befremdliche Tatbestand, daß unsere Wahrnehmungsbilder den wirklichen Dingen in zahlreichen Hinsichten *viel ähnlicher* sind als den sie vermittelnden Reizmannigfaltigkeiten auf unseren Sinnesflächen, obwohl diese doch in der Verursachungskette *dazwischen* liegen. Nach einigen fehlgeschlagenen Versuchen, diese „Berichtigung" der Erregungsmannigfaltigkeiten durch die Einschaltung besonderer „Mechanismen" oder durch das Eingreifen höherer geistiger Tätigkeiten zu erklären, blieb schließlich keine andere Folgerung möglich, als daß *eine und dieselbe Reizmannigfaltigkeit* unmittelbar zu einer ganzen Reihe (nach Größe, Form, Ort, Lage, Ausrichtung, Bewegungszustand) *verschiedener Wahrnehmungsgebilde* führen und umgekehrt ein und dasselbe Wahrnehmungsgebilde, je nach den Umständen, die verschiedensten Reizmannigfaltigkeiten zur Grundlage haben könne. Damit ist aber *auch in der Bewußtseinslehre die Leitungstheorie der Ordnung unmöglich* geworden.

Wie aber soll nun Ordnung im nervösen und seelischen Geschehen gewährleistet sein, wenn der äußere Zwang fester Leitungen weithin fehlt. Die Versuchung lag nahe, sofort zu der Ansicht überzugehen, daß dies nicht auf natürliche Weise zugehen könne und daß hier außernatürliche ordnende Mächte hilfreich eingreifen müßten. Diese Ansicht ist nicht nur in der Psychologie, sondern auch in der Biologie in dem von Hans DRIESCH begründeten neueren *Vitalismus* vertreten worden. Es braucht wohl nicht ausführlich auseinandergesetzt zu werden, daß die Annahme eines solchen deus ex machina nur ein Eingeständnis der Unmöglichkeit ist, den fraglichen Sachverhalt wirklich zu verstehen. Der erste Ansatz zu einer grundsätzlichen Auflösung des Rätsels, wie Ordnung eines Geschehens ohne feste Leitungen möglich sei, ist auf psychologischem Boden entstanden. Wir verdanken ihn der sogenannten Berliner Schule der Gestalttheorie, insbesondere Max WERTHEIMER, Wolfgang KÖHLER und Kurt KOFFKA. Sie gingen von der Beobachtung aus, daß viele *Abweichungen* der Wahrnehmungsgestalten von der nach der Reizkonfiguration zu erwartenden Form nicht etwa durch *geringere*, sondern durch *größere* Regelmäßigkeit gekennzeichnet sind, und kamen von da zu der Frage, ob denn wirklich jedes frei sich selbst überlassene natürliche Geschehen nur chaotisch sein könne oder früher oder später in chaotische Zustände übergehen müsse. Denn *nur unter dieser Voraussetzung* ist die Annahme entweder fester äußerer Anordnungen oder fortgesetzter Eingriffe eines überwachenden Geistes unvermeidlich.

Ohne auf die experimentellen Grundlagen, die zum Teil oben schon berührt wurden, im einzelnen einzugehen, sei hier nur das allgemeine Ergebnis dieser Untersuchungen und Überlegungen hingestellt: „Es gibt in *allen* Bereichen des Seins – dem unbelebten, dem belebten und dem beseelten – neben anderen – auch Arten *natürlichen Geschehens*, die, frei sich selbst überlassen, *einer ihnen selbst gemäßen Ordnung fähig* sind. Nicht jedes frei sich selbst überlassene Geschehen führt darum zu schlechterer

Ordnung; es gibt vielmehr auch Arten des Geschehens, die ohne äußeren Zwang – und zwar nicht nur in Zufallshäufigkeit und -dauer – zu *besserer* Ordnung führen. Ordnung kann also unter Umständen von selbst – ohne das äußere Eingreifen eines ordnenden Geistes – *entstehen*. Sie kann sich, unter denselben Umständen, auch ohne den Zwang starrer Vorrichtungen *erhalten*. Sie kann – ja muß –, sofern sie nicht auf starren Vorrichtungen beruht, sich unter *veränderten* Umständen ohne besonderen Eingriff (ohne mechanische Umschaltungen und ohne steuernde Eingriffe außernatürlicher Mächte) *ändern*. Endlich kann solche Ordnung, wegen des Mangels an starren und daher auch schützenden Vorrichtungen, zwar leichter gestört werden, aber sie kann sich – und das begründet ihre ungeheure Überlegenheit über jede Zwangsordnung – nach Aufhebung der Störung grundsätzlich auch ohne weiteres *wiederherstellen*: Es sind dieselben Kräfte und Bedingungen, denen sie ihre Entstehung, ihre Erhaltung, ihre Anpassung an veränderte Umstände und ihre Wiederherstellung nach Störungen verdankt.

Wir nennen, im Anschluß an den Sprachgebrauch der Naturwissenschaften, wo sie von Freiheitsgraden sprechen, eine solcherart bewirkte Ordnung eine *„freie Ordnung"*, im Gegensatz zu der durch äußere Hindernisse gesicherten *„Zwangsordnung"*. Seelische Ordnung kann, wie gesagt, grundsätzlich in allen Bereichen von dieser Art sein. Im Bereich des *bewußten* Seelenlebens, besonders des bewußten Handelns und Zusammenlebens, ist sie stets auch *von dem Bewußtsein der Freiheit begleitet.*

Seelische Sachverhalte, auch der einfachsten Art, sind demnach, von Grenzfällen abgesehen, nicht starre, tote, beziehungslos nebeneinanderstehende Dinge, sondern befinden sich stets in einem von Spannungen erfüllten Feld, das sowohl als Ganzes wie auch in seinen einzelnen verhältnismäßig selbständigen Teilbereichen *ausgezeichneten Endzuständen zustrebt*. Seelische Systeme werden stets in Unruhe und in mehr oder weniger rascher Veränderung begriffen sein, solange nicht solche ausgezeichneten Endzustände erreicht sind, und sie werden auf die Störung solcher Zustände in mehr oder weniger empfindlicher Weise reagieren.

Systeme solcher Art haben noch eine weitere in diesem Zusammenhang bedeutsame Eigenschaft: Die Art des ausgezeichneten Endzustands ist *in jedem Fall unabhängig von dem Ausgangszustand des fraglichen Systems*. Es kann daher *derselbe Endzustand auf den verschiedensten Wegen erreicht werden* (W. KÖHLER). Dieses ist aber eine der wichtigsten Eigentümlichkeiten des *zielstrebigen Verhaltens* der Person als Ganzer. Zielstrebiges Verhalten kann daher mit gutem Recht als ein (für uns besonders wichtiger) *Sonderfall* der *Herstellung einer freien Ordnung* verstanden werden. Da aber auch außerhalb des Seelischen, sogar in der unbelebten Natur, freie Ordnung mit all ihren Eigentümlichkeiten vorkommt, eröffnet sich noch eine weitere, von vielen bisher als völlig ausgeschlossen betrachtete Möglichkeit: nämlich auch für zielstrebiges Verhalten physiologische bzw. psychophysische Korrelate im Nervensystem zu suchen, die dem Verhalten nicht blind zugeordnet sind, sondern ihm in sinnvoller Weise entsprechen, indem seine wesentlichen Züge in der Struktur des physiologischen Gesamtvorganges unmittelbar gebildet sind.

Vieles, was man in zum Teil schon alten physiologischen Versuchen als diffuse Ausbreitung überreichlicher Energiemengen zu verstehen suchte, erweist sich bei näherer Prüfung ebenfalls als sinnvoller Einsatz zusätzlicher Mittel zur Erreichung eines und desselben Endzustands oder Zieles. Hierher gehört schon ein alter Versuch über die Reaktionen des Rückenmarkhundes auf Schmerzreize, die man einer seiner Pfoten zufügt. Die Reaktion auf einen leichten Schmerzreiz besteht auch bei diesem jammervollen Überrest eines Tieres aus dem Zurückzucken der gereizten Pfote. Wird der Schmerzreiz verstärkt, so zieht der Hund das gereizte Bein stärker an seinen Körper. Verstärkt man den Reiz weiter, so „fließt die Erregung in weitere Bereiche": die drei ungereizten Beine werden steif ausgestreckt. Verstärkt man den Schmerzreiz noch weiter, so ändert sich noch einmal das Bild: das Tier fängt mit allen vier Beinen an, im Laufrhythmus zu pendeln. Was ist geschehen? Bestimmt kein Überfluten; denn von einem solchen könnte nur die Rede sein, wenn zu den adäquaten Innervationen, wie sie bei mäßiger Reizung beobachtet werden, jetzt überflüssige und sinnlose Mitinnervationen aller möglicher anderer Muskelgruppen erfolgt wären. Das ist aber keineswegs der Fall. Der Hund tut nur das, was ihn nach äußerstem Zurückziehen der geschädigten Pfote, falls er in natürlicher Weise auf dem Boden stünde und nicht als hilflose Masse auf ein Versuchsbrett geschnallt wäre, noch weiter von der Quelle des Schmerzes entfernen würde. Diesem Ziel dient zunächst das weitere Ausstrecken der ungereizten Beine und, falls auch dieses noch nicht genügt, das Weglaufen, das in dem Pendeln der Beine des angeschnallten Tieres wenigstens noch angedeutet ist.

Die Erreichung eines und desselben Zieles unter Einsatz immer umfassender Mittel und Verfahren zeigt auch einer der zahlreichen Versuche von W. R. Hess, in denen der Hirnstamm eines gesunden und auch sonst völlig intakten Tieres vermittels feiner Elektroden mit sehr schwachen Wechselströmen gereizt wird. Die Reizung einer bestimmten Stelle hat dabei etwa zur Folge, daß das Tier auf ganz natürliche Weise, so, als ob es dort etwas suchte, den Kopf zur Seite dreht. Was weiter erfolgt, wenn man die elektrische Reizung etwas verstärkt, kann man ebenfalls nur bei sehr oberflächlicher Betrachtung aus einem Überfluten der Erregung in unbeteiligte Nachbarbereiche deuten. Zunächst nämlich kommt zu der Wendung des Kopfes eine gleichgerichtete Drehung der Augen, so, wie wenn man sich nach jemandem umschaut, der sich im Rücken befindet. Reicht auch die Augendrehung noch nicht, so fangen wir in solcher Lage an, vermittels der Rumpfmuskulatur den Oberkörper mit herumzudrehen; und genau dieses tut auch das Tier, wenn die elektrische Reizung von Hess noch etwas weiter verstärkt wird. Die letzte erreichbare Stufe ist demnach kaum zweifelhaft: Das Tier beginnt sich vermittels Schreitbewegungen mit seinem ganzen Körper auf der Stelle zu drehen.

Die Tragweite solcher Beobachtungen für unser Verständnis der Funktion des Zentralnervensystems ist im Augenblick überhaupt noch nicht zu ermessen. Das eine kann man schon sagen: Das Zentralnervensystem ist auf keinen Fall ein Gebilde von der Art eines Automaten: ein System von Leitungen und Schaltungen, durch welches einfachere Reflexe zu komplizierten Reflexgruppen zusammengekoppelt und mit anderen Reizarten zusammengeschaltet werden können.

Was aber ist das Zentralnervensystem und insbesondere das Großhirn, wenn es keine Rechenmaschine und kein Klappenschrank ist? Was es wirklich ist, läßt sich in wenigen Worten nicht sagen, und wir müssen uns auf eine Andeutung beschränken, mit deren Ausführung man viele Seiten füllen könnte. Das Großhirn ist – neben vielem anderen – ein Bereich, den der Organismus gewissermaßen der Außenwelt zur Einwirkung freigegeben hat unter möglichst weitgehendem Verzicht auf eigene Einwirkung. Es ist eine Art Instrument, in welchem durch die Vermittlung der Sinne ein echtes Abbild des Wirklichen entstehen kann; nicht nur eine Mannigfaltigkeit von Zeichen- oder Kennziffergruppen, die das Wirkliche „bedeuten", sondern ein echtes Abbild, in dem übrigens auch ein Bild der eigenen Person mit eingeschlossen ist und in dem auch die Abbilder des früher wirklich Gewesenen nicht jedesmal gleich wieder ausgelöscht, sondern, wenn auch vereinfacht und vielfach geändert, bewahrt werden und mit dem Bild des gegenwärtig Wirklichen in Beziehung treten können. Der Bereich des Nervensystems, in dem dieses Bild des Wirklichen auf so wunderbare Weise neu entsteht, ist nicht durch irgendwelche Zwischenwände oder Isolierungen in unabhängige Teilbereiche zerschnitten, sondern er ist ein Gebiet, das dynamisch in sich zusammenhängt und Wechselwirkungen zwischen jeder seiner Stellen sämtlichen anderen gestattet, ein Feld im strengen Sinn der Physik. Die Abbilder der wirklichen Dinge in diesem Bereich sind nicht von der Art toter Schatten, sie bieten sich uns dar als höchst energiegeladene Gebilde, die in einem geeigneten Medium so dicht aufeinandergerückt sind, daß *dort* die Kräfte, die Anziehungen und Abstoßungen, die Gruppierungen und Rangbeziehungen *zustande kommen*, die zu einem sinnvollen, zielgerichteten Verhalten des Organismus in seiner Umgebung unentbehrlich sind, zu deren Entstehung aber im physikalischen *Außenraum* zwischen dem Organismus und den ihm begegnenden Dingen und anderen Organismen die erforderlichen Kräfte bekanntlich völlig fehlen. Von diesem zentralen Feld aus, in dem die Abbilder der wirklichen Dinge in dynamische Beziehungen treten, werden die inneren und äußeren Organe seines Trägers in höchst sinnvoller Weise derart gesteuert, daß es von draußen so aussieht, als bewege er selber sich in einem Kräftefeld zwischen den Wesen und Dingen seiner Umgebung. Dieser Steuerung dienen höchst verwickelte sensorisch-motorische Kreisvorgänge, mit deren genaueren Untersuchung eben erst begonnen wird. Der erste Versuch, eine einfache Reaktion, nämlich die Fixations-Reaktion des Auges, aus solchen dynamischen Kreisprozessen zu verstehen, stammt von Wolfgang KÖHLER (1927). Auf die *allgemeine* Bedeutung solcher Kreisvorgänge hat dann später V. von WEIZSÄCKER in seiner Schrift über den „Gestaltkreis" hingewiesen. Ein bemerkenswerter Versuch über ihre Eigenart zu einem schärferen und auch experimentell prüfbaren Bild zu gelangen, ist der neuesten Arbeiten von E. von HOLST über das sogenannte „Reafferenzprinzip" enthalten.

Der entscheidende Gedanke in KÖHLERS erstem Ansatz ist aber, soviel ich sehe, in den neueren Arbeiten in seiner Tragweite noch nicht gesehen worden: Der sensorisch-motorische Wirkungskreis besteht nicht in seinem ganzen Verlauf aus Leitungsvorgängen; die aufsteigenden Erregungen gehen nicht über irgendeine Art von „Schaltung" unmittelbar in absteigende Bahnen über, und auch wenn sie in zentralen Teilen verweilen, so besteht dieses Verweilen sicherlich nicht im Durchlaufen intrazentraler Bahnen. Vielmehr steht zwischen dem aufsteigenden und dem absteigenden Leitungsgeschehen als entscheidende Station das oben geschilderte zentrale Bildfeld, das körperliche Korrelat der „Wahrnehmungswelt". Was sich in diesem Feld abspielt, ist, wie gesagt, jedenfalls *kein Leitungsgeschehen*. Es sind vielmehr ständig wechselnde quasistationäre *Zustände* in einem kontinuierlich in sich zusammenhängenden Kräftefeld. *Für diese Zustände* gilt auch das Alles-oder-Nichts-Gesetz *nicht*, von dem das Geschehen in den einzelnen *Leitungs*elementen ausnahmslos beherrscht wird.

Ist aber nicht das Bestehen eines solchen kontinuierlichen Kräftefeldes durch die Faser- und Zellenstruktur des Gehirns völlig ausgeschlossen? Vor kurzem würde man dieses noch mit aller Bestimmtheit behauptet haben. Inzwischen aber haben wir das wunderbar feine kontinuierliche Nervengeflecht kennengelernt, das den Raum zwischen den Hirnzellen erfüllt. Dieses feine, kontinuierliche Nervengeflecht gibt für das zentrale Blickfeld genau die Grundlage ab, die von der Phänomenologie der Wahrnehmung und des Verhaltens her theoretisch zu fordern war. Dabei kann es sogar noch offen bleiben, ob sich die zu fordernden Bildvorgänge nur innerhalb der Fasern dieses

Geflechts abspielen oder sich auch durch die sie umgebenden Zwischenräume hinziehen. Aus der hier angedeuteten Auffassung von den körperlichen Korrelaten des Seelischen ergibt sich als ebenfalls kaum zu umgehende Folgerung, daß zwischen seelischen Vorgängen und Vorgängen am gesamten Organismus eine höchst empfindliche Wechselwirkung bestehen muß. Daß ausgesprochen körperliche Krankheiten seelisch bedingt, und auch wenn sie es nicht sind, durch seelische Umstellung geheilt werden können – also alles was heute als „Psychosomatik" so eifrig besprochen wird –, ist danach ebenso zu erwarten wie die Beeinflussung des Gemütszustandes und der Persönlichkeit durch rein körperliche Einwirkungen.

Das Bild des Menschen, zu dem die jüngste Entwicklung der Psychologie geführt hat, ist nicht so einfach und übersichtlich wie das der empiristisch-mechanistischen Überlieferung. Und doch läßt es noch unzählige Fragen, die der alltägliche Umgang mit uns selbst und mit unseren Mitmenschen uns stellt, ohne Antwort.

Aber wer sich klar vor Augen hält, was der Übergang von unverbindlichem Nachdenken zu strenger Wissenschaft bedeutet, wird darin keine Schwäche mehr erblicken: Sobald eine Wissenschaft sich der Forderung nach Strenge und Entscheidbarkeit unterwirft, hat sie es zunächst nicht mehr so leicht wie zuvor, ein abgerundetes Gesamtbild ihres Gegenstands zu vermitteln. An die Stelle der eindrucksvollen Vogelschau tritt das mühsame und beschwerliche Eindringen an denjenigen Stellen und Teilgebieten, die der Entscheidung am zugänglichsten sind. Bis die Psychologie aufs neue den Stand erreicht hat, der etwa dem gegenwärtigen Stand der Physik entspricht, wo es also wieder möglich ist, ein umfassendes Gesamtbild ihres Gegenstands zu geben, mögen, wie in der viel älteren Naturwissenschaft, Jahrhunderte vergehen. Es wäre darum vermessen, eine Antwort auf alle die Fragen versprechen zu wollen, die mit dem eingangs gezeichneten, jedem Denkenden sich unmittelbar darbietenden Bild des Menschen gestellt sind. Eines aber kann schon heute gesagt werden: Was die gegenwärtige Psychologie in ihrer Auseinandersetzung mit den von ihr vorgefundenen empiristischen und mechanistischen Anschauungen an grundsätzlichen Annahmen erarbeitet hat, ist wenigstens von solcher Art, daß es ein echtes und einheitliches Verständnis des Seelischen und Geistigen im Menschen und seines Zusammenhanges mit dem Bau und der Funktion seines Organismus nicht mehr von vornherein *ausschließt*.

2. Über Modellvorstellungen in der Psychologie (1965)

Was ist der Sinn und die Bedeutung der Modellvorstellungen in der Wissenschaft?
Was ist überhaupt eine Modellvorstellung?
Was ist ein Modell?

Wenn wir die Erläuterungen des kleinen Brockhaus etwas gestrafft wiedergeben, ist es in der Malerei und Bildhauerei das gegenständliche oder lebende Vorbild des Kunstwerks, in der Bildnerei, Baukunst und Technik das aus einem Hilfsmaterial angefertigte – meist verkleinerte und vereinfachte – Muster des auszuführenden Gegenstandes.

Der Begriff der Modell-Vorstellung in der Wissenschaft schließt sich offenbar an die zweite der hier gegebenen Erläuterungen an. Sie ist demnach ein vorläufiges, vereinfachtes gedankliches Muster eines Gegenstands der Forschung, vermittels dessen wir uns gewisse Besonderheiten des Verhaltens dieses Gegenstands, die nicht ohne weiteres verständlich sind, einsichtig zu machen suchen. Dies geschieht dadurch, daß wir gewisse Teile, Seiten oder Eigenschaften des Gegenstandes, die der unmittelbaren Beobachtung noch nicht – vielleicht überhaupt nicht – zugänglich sind, die also an der *Vorstellung* des Gegenstandes nur als Leerstellen (als weiße Flecken) vorhanden sind, in das gedankliche Muster des Gegenstandes vermutungsweise eintragen, daß wir also an der Gegenstandsvorstellung gewisse Lücken ausfüllen: mit Vermutungen über die „eigentliche Natur" des Gegenstandes, aus denen wir dann prüfbare Folgerungen ableiten können. Das „Wellenmodell" und das „Korpuskelmodell" der Ausbreitung des Lichts im Raum sind vielleicht die am berühmtesten gewordenen Beispiele aus der Physik, weil sie beide „richtig" sind, ohne daß es unserem Vorstellungsvermögen gelingt, sie zu vereinigen, während die fraglichen Verhältnisse glücklicherweise *mathematisch* in einheitlicher Weise dargestellt werden können.

Wie man sieht, gehen auch die physikalischen Modellvorstellungen auf anderweitig vertraute, jedermann zugängliche Vorgänge zurück: Im Lichtbeispiel das eine auf das, was geschieht, wenn man einen Stein ins Wasser wirft, wobei nur ein *Zustand* von einer Stelle auf die nächst benachbarten übertragen wird, – das andere auf das, was geschieht, wenn ein Zündkörper platzt und die Brocken nach allen Seiten in die Gegend fliegen.

Eine Modellvorstellung ist also im Grunde nichts anderes als eine Hypothese in einer vorläufigen, mehr oder weniger bildhaften Form. Das bedeutet, daß der Bestand an Modellvorstellungen einer Wissenschaft zusammenfällt mit dem Bestand an schon ernsthaft in Angriff genommenen Problemen –, und daß daher eine umfassende Behandlung dieses Bestands in jedem Fall ein anspruchsvolles Unternehmen sein wird, das in einem kurzen Zeitschriften-Aufsatz kaum zu bewältigen ist.

Die Modellvorstellungen der Psychologie sind ihrer Art nach erstaunlich weit gestreut. Am einen Ende des Streuungsbereiches steht die schon ausgesprochen mythologisch gefärbte Annahme mehr oder weniger selbständiger geistiger Wesen mit allen möglichen Eigenschaften eines wirklichen Menschen, die sich in unserem Innern herumtreiben, darin bestimmte Stellen besetzt halten und sehr bestimmte Rollen und Aufgaben haben sollen, – am anderen Ende stehen höchst handfeste technische oder maschinelle Konstruktionen, Apparate und Mechanismen, die zu besonderen Zwecken in unserem Innern zur Verfügung stehen sollen.

Ich gehe gleich an Hand einiger Beispiele auf die sozusagen dämonologischen Konstruktionen ein, das heißt, auf die Hypothesen, die sich der Annahme kleiner „dienstbarer Geister" bedienen, um gewisse Eigentümlichkeiten des Psychischen verständlich zu machen.

1. Die Lehre von den inneren Konflikten. Was ein äußerer Konflikt ist, wissen wir: Es ist eine Meinungsverschiedenheit zwischen zwei Menschen, oder besser, der Zusammenstoß eines Willens mit einem anderen, der mit dem ersten nicht übereinstimmt und ihn im Grenzfall aufhebt.

Wie steht es aber mit dem inneren Konflikt? Das Modell, das FREUD dafür heranzieht, ist die *Bühne*, ist der Mensch als Arena, auf der mehrere als verhältnismäßig selbständig gezeichnete Wesen, die er „Instanzen" nennt, das Überich, das Ich und das Es, miteinander im Kampf liegen; genauer, in der die mittlere Instanz, das Ich, von den beiden „äußeren" Partnern zugleich bestürmt wird, ihnen zu Willen zu sein, – was vielfach bedeuten würde, daß es einander ausschließende Dinge zu gleicher Zeit zu tun hätte.

Es kommt erschwerend hinzu, daß das Ich gleichzeitig noch das eigene dringende Bedürfnis hat, einer *vierten* Instanz, die freilich von FREUD nicht personifiziert wird, nämlich der Wirklichkeit, gerecht zu werden, um gefährliche oder unliebsame Rückwirkungen aus ihr zu vermeiden.

Das Bild ist nicht ganz neu. Von den „zwei Seelen in einer Brust" hat man schon seit langem gesprochen. Noch genauer entspricht dem Modell FREUDS die alte Vorstellung vom Menschen zwischen seinem guten Engel und dem Versucher. Doch ist das Bild bei ihm in einer höchst eigenwilligen, eindrucksvollen und folgenreichen Weise durchgezeichnet, und *ein* wesentlicher Unterschied darf nicht übersehen werden: In der altüberlieferten Vorstellung vom Engel und Teufel werden die beiden gegensätzlichen Neben-Instanzen als selbständige, von außen herantretende Wesen verstanden, nach FREUD dagegen sind sie unabtrennbare Wesensbestandteile – wenn auch verhältnismäßig selbständige – der Person selber. Doch läßt die Person-Ähnlichkeit der FREUDSchen Neben-Instanzen des Ich nichts zu wünschen übrig; so, wenn das Überich als strafender Richter und u. U. sogar als erbarmungsloser Quälgeist, das Es hingegen als in die Tiefe des Unbewußten verbanntes, aber stets auf Gelegenheiten zum Ausbruch lauerndes wildes Ungeheuer geschildert wird.

2. Besondere, ausgesonderte, menschliche oder mit menschenähnlichen Eigenschaften versehene Wesen im Inneren des *eigentlichen* Menschen hat man auch in anderen Teilgebieten der Psychologie immer wieder angenommen: so in der Wahrnehmungslehre den geheimnisvollen Beobachter im Kopf, der von hinten her die Netzhautbilder betrachtet und deutet und sie schließlich in die Form bringt, in der der *eigentliche* Beobachter seine Umwelt vorfindet.

Zum Beispiel behandelt E. BRUNSWIK noch 1956 „die Wahrnehmung" ganz eindeutig als einen solchen zusätzlichen inneren Beobachter als eine Art „Vorsubjekt". So, wenn er davon spricht, daß „die Wahrnehmung" das „Material" der Reize „auswertet", die dabei gewonnenen „Erkenntnisse" dem eigentlichen Beobachter, d. h. dem wirklichen Subjekt, nach hinten „durchgibt", dabei freilich nur einen viel engeren Kreis von „Kriterien" als das eigentliche Subjekt „berücksichtigt", die ferner liegenden dagegen

„unverwertet" läßt und, da es keine genügend „umfassende Einsicht" besitzt, Gegenstände „vermengt", „voreilige Verallgemeinerungen" begeht und daher auf gefälschte Kriterien (z. B. Attrappen) „hereinfällt".

3. Noch an einer dritten Stelle der Psychologie, nämlich in der Lehre von der allgemeinen psychologischen Dynamik, treten, und nun gleich in ganzen Heerscharen, die „kleinen Geister" auf, und zwar in Gestalt der „Weichensteller", „Schleusenwärter" oder „Verkehrsschutzmänner", denen Hans DRIESCH in seiner Erneuerung des Vitalismus die verschiedensten regulatorischen Aufgaben zuweist.

Die kleinen Geister DRIESCHS treten in der Psychologie und Physiologie in dem Augenblick auf, wo es deutlich wird, daß die herkömmliche Überzeugung, man könne die Ordnung, Zweckmäßigkeit und Zielgerichtetheit des Verlaufs nervöser Erregungen auf ein System fester und gegeneinander isolierter Leitungen zurückführen, sich als unzutreffend erweist. Diese Erkenntnis ist in dem Augenblick fällig, wo es sich zeigt, daß der Erregungsverlauf bei gewissen Störungen unverzüglich, ohne langwierige neue Lern-Vorgänge, von den normalen abweichende und doch zum Ziel führenden Bahnen einschlägt. (Was von Fällen dieser Art am Ende der zwanziger Jahre bekannt war, haben BETHE und FISCHER 1931 in eindrucksvoller Übersicht zusammengestellt.)

Wenn man an der Theorie der festen Leitungen festhält, muß man sie angesichts dieser Tatsachen ergänzen durch die Annahme von Umschalt-Vorrichtungen, durch welche die Erregung bei der Störung gewisser Bahnen auf andere (noch freie) umgeleitet wird. Dabei erhebt sich aber sofort die Frage, wie es möglich ist, daß die Erregung gerade auf die „richtigen", im Augenblick zum gleichen – oder wenigstens zu einem gleichwertigen – Endergebnis führenden und nicht auf irgendwelche ins Blaue führenden Bahnen umgeleitet wird.

Nach DRIESCH kann dies nur von einem zielbewußten geistigen Agens geleistet werden, das er in Anlehnung an ARISTOTELES „Entelechie" nannte. Tatsächlich sagt DRIESCH noch 1935: Überall, „wo es nötig ist", weil nämlich dem Geschehen mehr als ein Weg offensteht, und das heißt konkret, „an jeder Nervengabelung, greift Entelechie ein, um dann das materielle Getriebe sich selbst zu überlassen – bis zu einem neuen, von den jeweiligen Umständen, zumal Störungen, abhängigen Eingriff".

Doch lassen wir nun das Modell der „kleinen Geister" und betrachten als mechanistisches Gegenbeispiel die Annahmen über die Grundlagen des Gedächtnisses. Hier waren bis zur Erfindung der modernen magnetischen und elektrischen Speicherungsverfahren grundsätzlich drei Modellvorstellungen möglich, von denen, solange keine eingehendere Untersuchung stattgefunden hatte, eine so gut schien wie die andere.

Unter den zahlreichen Erscheinungen, die hier zu erklären sind, seien nur einige Grenzfälle genannt: einmal, daß man, wenn man die letzten Worte eines längeren Satzes spricht, den Anfang noch weiß, ja, noch wissen *muß*, um den Schluß überhaupt formulieren zu können; zum anderen, daß man einen Vers, den man mit zehn Jahren gelernt hat, u. U. mit fünfzig noch hersagen kann, und daß man sich in einer Gegend, in der man als Kind gelebt hat, als Greis noch auskennt.

Obwohl es an andersartigen Versuchen nicht ganz gefehlt hat, bietet sich zum Verständnis dieser z. T. höchst dauerhaften Nachwirkungen in erster Linie das Bild der – in der Zwischenzeit „latenten" oder „stillen" – „*Spur*" an.

Und zwar hat das Spur-Modell, wenn wir einmal von den erst in letzter Zeit nahegelegten elektromagnetischen oder elektronischen Speicherungsverfahren absehen, seit alter Zeit drei Formen angenommen, die sich auf die besondere Art der *Entstehung* der Spuren beziehen und die sich auch im Sprachgebrauch niedergeschlagen haben. Wir finden in der Überlieferung

1. das Bild der *Prägespur* in den Bezeichnungen „Eindruck", „impression", (sich etwas) „einprägen" (etwa einen Text);

2. das Bild der *Strömungsspur* (wie derjenigen eines Rinnsals), allgemeiner der *Fortbewegungsspur* (wie etwa derjenigen eines Wagens auf einer leicht aufgeweichten Straße), in den Ausdrücken „Bahnung" (und zugleich „Hemmung" jedes Vorgangs, der aus der Furche hinausgerichtet ist). Dabei wird die wachsende Sicherheit einer Handlung, die man einübt, in der allmählichen Vertiefung der immer wieder durchfahrenen Furche verbildlicht, durch die ein Entgleisen immer wirksamer verhindert wird. Dazu kommt noch der, zeitweilig sehr beliebt gewesene, Ausdruck „einschleifen" (einer Fertigkeit), wobei das genauere Bild die durch vielfaches Befahren immer glatter werdende Schlittenbahn ist, der Schwerpunkt also mehr auf dem immer reibungsloseren Verlauf und nicht so sehr auf dem Ausschluß von Entgleisungen liegt. Dazu kommt

3. das Bild der *Ablagerungsspur*, des Sediments in welchem – wie in den sich überschichtenden Ablagerungen auf dem Meeresgrund die Folge der Lebewesen, die das Meer nacheinander bevölkert haben – die Folge der vergangenen Erlebnisse des Menschen in gedrängter Form abgebildet ist. Für dieses Modell ist kennzeichnend der Ausdruck „sich niederschlagen" (von Erfahrungen), desgleichen die Rede von den oberflächlichen und tieferen „Schichten" des Erfahrungsschatzes, – wobei ganz selbstverständlich die größere Tiefe dem größeren Alter der Spuren zugeordnet und kaum weniger selbstverständlich vorausgesetzt wird, daß die älteren Schichten von den jungen immer mehr verschüttet werden, und daß man, um zu ihnen zu gelangen, durch die Decke der jüngeren hindurchdringen muß.

Mit allen drei Modellen läßt sich die Möglichkeit verschiedener Nachwirkungen, wie etwa der späteren Wiedergabe des früher Gelernten, verständlich machen, ebenso die einfachsten Erscheinungen des Verblassens, des Lückenhaftwerdens und schließlich Vergessens. Dagegen versagen die beiden ersten Modelle – einschließlich der neuerdings herangezogenen Modelle elektromagnetischer oder elektronischer Spurenbildung – vor der Aufgabe, die Ganzheitlichkeit und die „gestaltliche Lebendigkeit" (W. KÖHLER) der zurückbleibenden Spuren zu verstehen: u. a. ihre oft sinnvollen Umbildungen. Hierher gehören nicht nur so fragwürdige Dinge wie die Vereinfachungen und Übertreibungen des Gerüchts und die Ausbildung der fleckenlosen „guten alten Zeit" aus zunächst gar nicht so vollkommenen Einzel-Erinnerungen. Es gehören dazu auch so willkommene Vorgänge wie das Zusammenschießen der einen und denselben Gegenstand betreffenden zerstreuten Einzel-Auskünfte; der – ebenfalls ohne unser Zutun an den stillen Spuren erfolgende – Umbau der zufälligen Folge vermischter Mitteilungen über ein Ereignis in die Ordnung seines zeitlichen Ablaufs; die Auseinanderlösung ineinander verschachtelter, sachlich unzusammenhängender Berichte (POPPELREUTER); die Einordnung einzelner, außerhalb ihres sachlichen Zusammenhangs erhaltener Informationen in das Ganze, zu dem sie gehören; aber auch schon die Vereinfachung und Verregelmäßigung schlichter Strich- und Punktfiguren. Alles dieses weist darauf hin, daß es sich bei den Gedächtnisspuren nicht um tote und untereinander beziehungslose „Negative" in einer starren Masse, sondern um „Positive", um strukturierte Ganze handeln muß, mit ähnlichen Struktur-Eigenschaften, wie sie auch das unmittelbar Wahrgenommene besitzt.

Freilich beziehen sich sämtliche genannten Modelle, auch das dritte, nur auf die *Möglichkeit* von Nachwirkungen. Dagegen lassen sie offen, was geschehen muß, um diese Möglichkeit in eine Wirklichkeit zu verwandeln, d. h., die Spuren zu „wecken", etwa wenn man sich an ein Kindheitserlebnis erinnert, oder von eingeprägtem Wissen Gebrauch macht, oder einen schon früher einmal angetroffenen Gegenstand bei einer neuen Begegnung als eben diesen wiedererkennt. Dazu sind zusätzliche neue Bilder erforderlich, auf die wir gleich zurückkommen.

Zwei Gruppen der – außer den genannten – bedeutsamsten Modellvorstellungen in der Psychologie beziehen sich auf zwei sehr allgemeine, in sämtlichen Bereichen dieser Wissenschaft wiederkehrende Probleme:

Erstens auf die Frage, wiefern die dem psychischen Geschehen zugeordneten Nerven-Erregungen *geordnet verlaufen.*

Zweitens auf die Frage nach den *Energiequellen* und den *treibenden Kräften,* die das nervöse Geschehen in Gang bringen und halten.

Die erste Frage gliedert sich nochmals in zwei Unterfragen auf:

a) Wie ist es möglich, daß bestimmte Nerven-Erregungen, ganz gleich welcher Herkunft, *ihr Ziel erreichen.*

b) Wie ist es möglich, daß die Anordnung der Reizmuster auf den äußeren Sinnesflächen, etwa auf der Netzhaut, bei der Übertragung der Erregungsgesamtheit auf die Sinneszentren einigermaßen erhalten bleibt?

Das hier nächstliegende Modell, das durch die, dem Anatomen bekannte, Faserstruktur des peripheren – und z. T. des zentralen – Nervensystems unmittelbar angeboten wird, ist das der festen, isolierten Leitung. Das bekannteste und auf den ersten Blick selbstverständlichste Beispiel ist der anatomisch gesicherte Verlauf der Pyramidenbahnen aus den verschiedenen Sektoren der vorderen Zentralwindung des Großhirns bis in die quergestreifte Muskulatur der verschiedenen Glieder, wodurch die motorischen Impulse bei absichtlichen Bewegungen an das vorgesehene Ziel gelangen. Doch schon in diesem nächstliegenden und scheinbar einfachsten Fall scheint die richtige Zuordnung zwischen Zentrum und ausführendem Organ, mindestens bei gewissen Organismen, noch auf eine unerwartete zweite Weise gesichert zu sein. Von Paul WEISS stammt die Entdeckung, daß bei den von ihm untersuchten Lurchen z. B. ein neben dem rechten Hinterbein eingepflanztes und gut eingeheiltes zusätzliches linkes Vorderbein von den Innervationen, die dem – ebenfalls noch vorhandenen – angeborenen linken Vorderbein gelten, trotz eines falschen, und dazu weit entfernten, Platzes mit in Bewegung gesetzt wird. In diesen Fällen ist demnach die Erregung, durch die ein bestimmtes Glied innerviert wird, allem Anschein zum Trotz nicht auf die isolierte Leitung zwischen dem Bewegungszentrum und diesem Glied beschränkt, sondern breitet sich über den ganzen Organismus aus und wird von dem zugeordneten Glied, ganz gleich wo es sitzt, infolge einer besonderen Abstimmung, also auf dem Weg der Resonanz, aufgenommen.

Während in diesem Beispiel die Resonanz sozusagen als zusätzliche Sicherung dient, da offenbar auf die strenge Isolierung der Innervation kein Verlaß ist, gibt es andere Fälle, bei denen das Leitungsmodell völlig versagt; so z. B. bei dem Wiedererkennen. Einleuchtender Weise kann ein Wiedererkennen nur stattfinden, wenn durch die gegenwärtige Wahrnehmung die irgendwo im Gehirn seit einer früheren Wahrnehmung desselben Gegenstandes vorhandene Spur mit angeregt wird.

Um das zu erklären, scheint es auf den ersten Blick einfach, zu sagen, daß von dem zentralen Teil der kortikalen Sehsphäre, in dem sich die der Wahrnehmung des Gegenstandes zugeordneten Vorgänge abspielen, „leitende Verbindungen" nach den irgendwo in der Nachbarschaft zu vermutenden Spurenfeldern verlaufen. Aber das hilft nicht viel. Denn erstens spielen sich in jenem zentralen Teil der Sehsphäre *alle* Vorgänge ab, die der genaueren Wahrnehmung *irgendeines* Gegenstandes zugeordnet sind, und es müssen daher von derselben Stelle Verbindungen zu zahllosen verschiedenen Spuren verlaufen; und zweitens findet – wie E. BECHER nachgewiesen hat – das Wiedererkennen auch dann statt, wenn bei der zweiten Begegnung der Gegenstand in einer ganz anderen Gegend der Netzhaut – und infolgedessen auch der Sehsphäre – abgebildet wird als bei der ersten. Es gibt also nicht nur in der Sehsphäre von derselben Stelle aus zahllose Verbindungen zu den verschiedensten Spuren, sondern es müßte dann nach dem Leitungsmodell auch zahllose Verbindungen von den verschiedensten Stellen der Sehsphäre zu einer und derselben Spur geben, sogar von solchen Stellen, an denen es noch nie vorher abgebildet war. Das bedeutet aber: Das Modell der fest zugeordneten leitenden Verbindungen leistet in diesem Fall überhaupt nicht, was es soll, und muß diesmal ganz durch das Resonanzmodell ersetzt werden.

Der Resonanzbegriff muß hierzu freilich erweitert werden, da es im Nervensystem nicht nur für Schwingungsfrequenzen, sondern offenbar auch für Figuralformen Resonanz gibt, über deren physikalische Natur wir uns freilich noch keine genaueren Vorstellungen machen können.

Ganz ähnlich liegen die Verhältnisse hinsichtlich der Frage nach der Erhaltung der Reizmuster auf dem Weg vom äußeren Sinnesorgan zur kortikalen Sinnessphäre. Zunächst schien mit der, dem vorläufigen anatomischen Augenschein gut entsprechenden, Annahme gegeneinander isolierter paralleler Leitungen alles in Ordnung zu sein, bis sich herausstellte, daß von einer „Erhaltung" der Reizmuster gar keine Rede sein kann, denn die Wahrnehmung weicht von den Reizmustern ganz erheblich ab; und was noch verwirrender ist: diese Abweichungen sind nicht zufällig, ja, sie sind in den entscheidenden Fällen nicht einmal „Täuschungen", sondern laufen darauf hinaus, daß das Wahrnehmungsbild dem Gegenstand (der Reiz*quelle*) ähnlicher ist als das Reizmuster, daß also die Entstellungen, die das Bild des Gegenstandes bei seiner Projektion auf die Sinnesfläche erleidet, gewissermaßen – mindestens zum Teil – wieder rückgängig gemacht werden. Hier ist das Betätigungsfeld des BRUNSWIKschen „Vorsubjekts". Ich glaube aber, auf Grund von Überlegungen vor allem WERTHEIMERS, KÖHLERS und KOFFKAS, einen theoretischen Vorschlag gemacht zu haben, der die Annahme eines solchen dienstbaren Geists überflüssig macht. Man muß nur – im Sinne der genannten Autoren – das Modell der von einander unabhängigen örtlichen Reaktionen auf örtliche Reize durch das Modell der Gesamtreaktion von sich selbsttätig organisierenden Prozeß-Ganzheiten auf ganze (raumzeitliche) Reiz*muster* ersetzen; das heißt, man muß neben den einsinnigen Wirkungszusammenhängen in der Leitungsrichtung auch wechselseitige Beeinflussungen der benachbarten Vorgänge *quer* zur Leitungsrichtung annehmen. Unter diesen Umständen ist ein anatomischer Befund, der, solange man an der strengen Leitungs-Annahme festhielt, nur Ratlosigkeit hätte bewirken können, heute geradezu willkommen: daß nämlich infolge der Verzweigungen und der Zusammenläufe von Nervenfasern schon in der Netzhaut von jeder gereizten Stelle aus ein ausgedehnter zentraler Bereich, und andererseits dieselbe zentrale Stelle von einem ausgedehnteren retinalen Bereich aus erreicht wird, und daß außerdem in den grauen Feldern schon des Mittelhirns keine gegenseitige Isolierung benachbarter Vorgänge angenommen werden kann.

Warum der Übergang zu einer solchen Annahme zur Zeit noch auf soviel Mißverständnisse und Widerstände stößt, davon wird in dem folgenden Abschnitt noch die Rede sein.

Die Geschichte der Modellvorstellungen zur Frage nach der Eigenart der seelischen Dynamik, auf die zum Schluß noch eingegangen werden soll, ist, wie mir scheint, besonders geeignet, deutlich zu machen, wieviel stärker der Fortschritt der psychologischen Theoriebildung von der Entwicklung der Technik als von den Fortschritten der rein wissenschaftlichen Erkenntnis der unbelebten Natur beeinflußt ist.

1. Seit der „Philosophia Naturalis" von DESCARTES wird in der Biologie und in der Psychologie der Organismus als ein Ineinander von Leitungssystemen betrachtet, durch welche die mannigfaltigen in ihm ablaufenden Vorgänge ihre Ordnung und ihre biologisch geforderte Richtung erhalten. Für das System der Nervenleitungen boten sich zur Zeit der Entstehung der wissenschaftlichen Psychologie die eben in rascher Entwicklung begriffenen elektrischen Nachrichtensysteme, vor allem das Fernsprechnetz mit seiner Zentrale und seinen Außenstellen, als nächstliegendes Muster an. Ihm entsprachen die Vorstellungen der Psychologen von dem, was im Nervensystem geschieht. Dieses wird von Vorgängen *durchlaufen*, die, wie eine Mitteilung eines Fernsprech-Teilnehmers an einen anderen, an einer der Außenstellen in das System eintreten, von dort auf einer festen Leitung die Zentrale erreichen und durch die in dieser vorgesehenen Schaltungen auf diese oder jene andere Außenstelle weitergeleitet werden.

Dies ist das Schema des klassischen Reflexbogens, der noch bis vor kurzem vielfach als obligatorische Form jedes psychischen Vorgangs betrachtet wurde – unter Leugnung oder Umdeutung jeder spontanen Aktion.

(Im Modell des bedingten Reflexes haben die zentralen Schaltungen die umgekehrte Aufgabe: die Erregungsvorgänge von wechselnden Eintrittsstellen zentral auf eine und dieselbe Austrittsstelle zu schalten.)

2. Daneben trat – mit der Entwicklung der Technik – das Auslöser- bzw. Automaten-Modell: die Vorstellung von jederzeit arbeitsbereiten „Mechanismen", die durch einen auf eine dafür vorgesehene Stelle ausgeübten äußeren Anstoß in Gang gesetzt werden. Dies war ein bevorzugtes Modell der frühen Instinktlehre.

3. Da die Annahme einer ständig gleichen Arbeitsbereitschaft sich nicht bestätigte, diese sich vielmehr in hohem Maß als von der Vorgeschichte abhängig erwies, wurde das Automatenmodell in der Lehre vom tierischen Verhalten (K. LORENZ) und fast gleichzeitig in der Lehre von den menschlichen Vornahmehandlungen (K. LEWIN) ersetzt durch ein – vielfach etwas abschätzig als „hydraulisch" bezeichnetes – Modell, in dem als Energiereservoire spezifische „Spannungssysteme" angenommen werden. Diese laden sich – bei der menschlichen Vornahme plötzlich, beim tierischen Instinkt allmählich, auf, und sie entladen sich durch die Instinkthandlung und die Vornahmehandlung. Dieses Modell erlaubt, eine solche Fülle charakteristischer Einzelheiten des menschlichen und tierischen Verhaltens vorauszusagen, daß es, trotz aller inzwischen vorgebrachten Bedenken, durchaus nicht als überholt betrachtet werden kann.

4. Um die ausgesprochene Zielbestimmtheit schon der einfachsten Verhaltensweisen, z. B. des sog. Fixationsreflexes, auf nicht-vitalistische Weise verständlich zu machen, führte W. KÖHLER schon 1927 – als es diesen Ausdruck noch gar nicht gab – ein kybernetisches Modell ein, d. h. die Annahme einer Selbststeuerung durch zwar geleitete, aber an bestimmter Stelle in sich selbst zurücklaufende und dabei auf sich selbst regulierend zurückwirkende Kreisprozesse. Im Ansatz ist dieser Gedanke auch in der (leider mit störendem wissenschafts-theoretischem Ballast behangenen) „Gestaltkreis"-Lehre V. VON WEIZSÄCKERS und in einer scharfsinnig durchgeführten Sonderform in der Reafferenz-Theorie E. VON HOLSTS enthalten.

Es war einer der für die Abhängigkeit der psychologischen Theoriebildung vom Stand der technischen Entwicklung wohl kennzeichnendsten Vorgänge, daß der kybernetische Ansatz Köhlers jahrzehntelang keinerlei Widerhall fand – genau so lang, bis die technische Kybernetik ihren Siegeslauf begann. Besonders bemerkenswert ist dabei, daß man selbst im kommunistischen Bereich, in dem man bis vor kurzem strenger als irgendwo sonst an dem Leitungs- und Schaltungsmodell Pawlows festgehalten hatte, neuerdings in der psychologischen Hypothesenbildung kybernetische Ansätze zuläßt.

5. Noch einen Schritt über die kybernetischen Modelle hinaus geht das – übrigens mit ihnen verwandte – *Feldmodell*, das Modell des „freien Kräftespiels", in dem auch die im kybernetischen Modell noch unentbehrlichen Leitungsbestandteile entfallen. M. Wertheimer und W. Köhler haben dieses Modell schon vor einem halben Jahrhundert eingeführt; denn die Ausbildung des Wahrnehmungsfelds und die Steuerung des Subjekts durch diese ist anders nicht ohne Zwang zu verstehen. Ihr Ansatz entspricht Vorstellungen, die dem Physiker nicht erst seit gestern geläufig sind. Er ist also fern von aller Mystik. Trotzdem wartet er noch heute auf seine Anerkennung; und das wird auch noch eine Weile so bleiben. Denn die Entwicklung der Technik ist noch nicht an dem Punkt angelangt, wo sie das (im Rahmen gewisser topographischer Festlegungen) völlig freie Kräftespiel in einer für die Allgemeinheit sichtbaren Weise für ihre Zwecke planmäßig einsetzen wird.

Ich habe mich in meiner Übersicht auf die Darstellung *anschaulicher* Modellvorstellungen beschränkt, und hoffe, es ist dabei klar geworden, daß man in der Psychologie schon aus solchen rein qualitativen Ansätzen zu sehr bestimmten, prüfbaren Voraussagen gelangen kann, bei deren Ausbleiben das Modell geändert oder ersetzt werden muß. Es trifft also nicht zu, daß man zu bestimmten und prüfbaren Voraussagen nur auf Grund mathematischer Modelle gelangt. Ich kann daher auch die gegenwärtig sich ausbreitende Tendenz, den Modellbegriff in der Psychologie auf mathematische Ansätze einzuengen, nicht als sinnvoll und berechtigt anerkennen. Selbstverständlich gelangt jede empirische Wissenschaft bei dem einen Gegenstand früher, bei dem anderen später, an den Punkt, wo die Mathematisierung der Ansätze von der Sache gefordert ist. Und ist dieser Stand erst verallgemeinert, so kann es auch sehr wohl einmal geschehen, daß ein ohne Bezug auf ein empirisches Problem entwickeltes mathematisches Modell sich für die Behandlung eines solchen Problems als brauchbar und vielleicht sogar als unentbehrlich erweist. Sicherlich wird dieser Augenblick auch für die Psychologie kommen. Gegenwärtig scheint sie mir ihn noch nicht erreicht zu haben. Und ob durch die bisherigen Versuche, ihn herbeizuzwingen und gewissermaßen auf Vorrat mathematische Modelle zu konstruieren, ebensoviel (oder sogar mehr) gewonnen wurde wie durch die Entwicklung der geschilderten anschaulichen Modelle, wird sich noch zu erweisen haben.

II
Zur Methodologie der Psychologie

3. Das Experiment in der Psychologie (1952)

1. Psychologie

Psychologie ist die Wissenschaft vom *Erleben* und *Verhalten* von Lebewesen und von der *Eigenart ihrer Welt*, soweit diese – als Inbegriff des ihnen Erscheinenden (im Sinne Kants) – auf Eigentümlichkeiten ihrer eigenen Natur zurückzuführen ist und sofern ihr besonderes Verhalten nur im Rahmen der ihnen jeweils zugeordneten Welt verständlich wird. Psychologie versucht ihren Gegenstand nicht nur zu *beschreiben*, sondern auch aus seinen Entstehungsbedingungen und in seinem inneren Zusammenhang zu *verstehen* und auf Grund dieses Verständnisses die *Voraussicht* und möglichst auch eine *Beeinflussung* seines künftigen Verhaltens zu ermöglichen. Geschichtlich geht die Bemühung um das *Verständnis* voraus; die Aufgabe besserer *Beschreibung* erwächst erst aus den dabei auftretenden Schwierigkeiten.

2. Wissenschaft

Den Kern *aller* Wissenschaft bildet das Bestreben, den Zusammenhang der Erscheinungen eines bestimmten Sachgebiets als innerlich notwendig zu verstehen. Das planmäßige Sammeln und Ordnen von Tatsachen und Erfahrungen hat nur Sinn im Dienst solchen Verstehens.

Der Ausdruck des (versuchten) Verständnisses *kann*, aber *muß nicht*, mathematische Form annehmen. Andererseits lassen sich unter Umständen zutreffende mathematische Ausdrücke für Sachzusammenhänge ermitteln, ohne daß diese dadurch verständlich werden. (Insofern besteht die Unterscheidung zwischen erklärenden und verstehenden Wissenschaften nicht zu Recht.)

Das Verstehen wird aus einem unverbindlichen Spielen mit Möglichkeiten der Deutung zu strenger Wissenschaft erst in dem Augenblick, wo der Nachdenkende den Unterschied zwischen *einleuchtend* und *wahr* in seiner Tragweite erfaßt und infolgedessen die Notwendigkeit einsieht und das Bedürfnis empfindet, jede – auch jede eigene – Vermutung auf ihre (logische und faktische) Stichhaltigkeit zu prüfen (sie zu „verifizieren").

Die *faktische* Stichhaltigkeit einer Deutung oder Zusammenhangsvermutung wird geprüft, indem man 1. aus ihr *Voraussagen* über das Verhalten ihres Gegenstands unter bestimmten Bedingungen ableitet, und 2. beobachtet, was beim Eintreten dieser Bedingungen *tatsächlich geschieht*. (Insofern sind große Teile der gegenwärtigen Tiefenpsychologie und Ausdruckslehre sowie der sogenannten geisteswissenschaftlichen Psychologie – soweit sie nämlich auf die Verifikation ihrer Deutungen verzichten – noch nicht strenge Wissenschaft.)

3. Deutungsfreie Beschreibung, planmäßige Beobachtung und Experiment

Zur faktischen Verifikation einer wissenschaftlichen Vermutung ist nicht jedesmal ein Experimentieren erforderlich. Entscheidend ist die Beobachtung bestimmter, von der Theorie geforderter oder geleugneter Tatbestände (Erscheinungen, Vorgänge, Zusammenhänge).

Solche Tatbestände begegnen bei gewissen Fragen so häufig, daß schon die „*Zufallsbeobachtung*" alles liefert, was benötigt wird. Die Tatbestände „liegen auf der Straße" und brauchen bloß aufgelesen zu werden. Der Forscher kann sich in diesem Fall damit begnügen, seine Aufmerksamkeit und die seines Lesers auf diese Tatbestände zu lenken, sie ins Gedächtnis zu rufen und sich auf ihre Tragweite, auf ihre Bedeutung für den gegenwärtigen Gedankengang zu besinnen. Es handelt sich hier um die Art von Feststellungen und Entscheidungen, die man großenteils „am Schreibtisch" vollziehen kann und denen – falls die angegebenen Voraussetzungen zutreffen – nur derjenige mißtrauisch gegenüberstehen kann, der vergessen hat, daß das Experiment nur ein Mittel ist, das man dort zur Hand nimmt, wo man anders nicht weiterkommt.

Die Besinnung auf Tatbestände und Erscheinungen, die jederzeit ohne besondere Vorkehrungen verfügbar sind, und ihre *deutungsfreie Beschreibung* – das sogenannte phänomenologische Verfahren – ist selbst eine Kunst, die verstanden und geübt sein will. Dem Ungeübten gelingt es im allgemeinen nicht, das unmittelbar Gegebene unbefangen, vorurteilsfrei und erwartungsfrei zu erfassen und zu beschreiben. Er ist immer wieder versucht, seinem „besseren" Wissen, seiner anderweitigen Erfahrung, seinen Überzeugungen über dasjenige, was in dieser Welt möglich oder nicht möglich ist, seinen Vermutungen oder Kenntnissen hinsichtlich des Zustandekommens der gegenwärtig fraglichen Erscheinungen mehr zu trauen als seinen Sinnen. Er neigt dazu, auf diese Weise die Beschreibung des unmittelbar Gegebenen im harmlosesten Fall mit Deutungen zu vermengen, im schlimmeren sie durch anderweitiges Wissen oder Meinen zu entstellen oder gar zu ersetzen.

(Das gilt nicht nur für allgemein-psychologische Untersuchungen, sondern ebenso für die Beschreibung von Einzelpersönlichkeiten. Es ist eine der Gefahren der landläufigen Typologien, daß sie dazu anleiten, in jedem Fall mit der Zuordnung der fraglichen Person zu einer anderswoher bekannten Gruppe zu beginnen, und dadurch dazu verleiten, an Stelle der besonderen Eigenschaften der fraglichen Person die nach der Typenzuordnung zu erwartenden Durchschnittseigenschaften der Gruppe zu sehen.)

Die deutungsfreie Beschreibung zu üben, ist daher für die Ausbildung des Psychologen nicht weniger wichtig als die Einführung in besondere experimentelle Verfahren.

Auch wenn ein gesuchter Tatbestand nicht solcherart „auf der Straße liegt", wenn sich wirklich die Frage erhebt, ob es ihn gibt oder nicht gibt, führt vielfach schon die „*systematische*" *oder planmäßige Beobachtung* zum Ziel. Man versteht darunter eine Beobachtung, die an einem bestimmten Gegenstand oder Gegenstandsbereich über mehr oder weniger lange Zeiträume hinweg planmäßig fortgesetzt wird. Es gibt Wissenschaften, die auf planmäßige Beobachtung völlig angewiesen sind, da, wie in der Astronomie oder Wetterkunde, ihr Gegenstand ein Experimentieren nicht zuläßt. Die planmäßige Beobachtung hat mit dem Experiment vielfach – aber nicht notwendig – den Gebrauch mehr oder weniger verwickelten Geräts gemein: vom Feldstecher und Bildgerät des Biologen bis zu den gewaltigen Einrichtungen einer kalifornischen Sternwarte. Dieses Gerät unterscheidet sich aber von allem Versuchsgerät im eigentlichen Sinne dadurch, daß es nicht der Schaffung, nicht der Herbeiführung, sondern ausschließlich der besseren Beobachtung bestimmter Sachverhalte dient, daß es in die zu beobachtenden Sachverhalte nicht eingreift. – Wenn sich in der Atomphysik inzwischen herausgestellt hat, daß auch die „bloße" Beobachtung nicht ohne einen Eingriff in den zu untersuchenden Sachverhalt möglich ist, einen Eingriff, der in jenem

Bereich faktisch und theoretisch entscheidende Folgen hat, so bleibt der grundsätzliche Unterschied zwischen Versuchsgerät und Beobachtungsgerät doch für alle Untersuchung von Sachverhalten überatomarer Größenordnung, insbesondere auch für die Psychologie, unverändert bestehen.

Die planmäßige Beobachtung kann schließlich – immer noch im vorexperimentellen Bereich – in die „*Bestandsaufnahme*" übergehen. Die Frage ist dabei: Was gibt es überhaupt für Eigenschaften oder Verhaltensweisen an dem fraglichen Gegenstand oder in dem fraglichen Gegenstandsbereich? Die Bestandsaufnahme spielt in jedem neu betretenen Forschungsgebiet eine grundlegende Rolle. Viele Irrwege der Wissenschaft wären vermieden worden, wenn man nicht immer wieder ohne genügende Bestandsaufnahme sofort zu sehr speziellen Annahmen übergegangen wäre. Als Beispiele seien die Lehre vom sozialen Verhalten der Tiere und die Psychologie des Neugeborenen genannt.

Von einem *Experiment* kann man im strengen Sinn erst da sprechen, wo in die zu beobachtenden Sachverhalte absichtlich und planmäßig *eingegriffen* wird.

Experiment oder (wissenschaftlicher) Versuch heißt die Bemühung, Bedingungen *herzustellen* nur zu dem Zweck, ihren Einfluß auf einen fraglichen Gegenstand oder Sachverhalt zu beobachten und diesen dadurch besser kennenzulernen, gegebenenfalls schon bestehende Vermutungen über seine Natur (Deutungen seines Verhaltens) auf ihre *faktische* Stichhaltigkeit zu prüfen. – In diesem Sinn gehört zum Wesen des wissenschaftlichen Versuchs *weder* die Wiederholung *noch* die gleichzeitige Beobachtbarkeit seines Gegenstands durch mehrere und die unmittelbare Registrierbarkeit der Ergebnisse (die „Objektivität"), *noch* die Apparatur, *noch* die Messung oder Zählung oder Berechnung. Alle diese am Experiment der fortgeschritteneren Wissenschaften so auffallenden Merkmale ergeben sich erst auf Grund bestimmter Forschungsfragen. Experimente wurden auf den verschiedensten Sachgebieten (auch der Psychologie) schon angestellt, längst bevor es eine experimentelle Wissenschaft gab.

4. Experimentelle Wissenschaft

Experimentelle Wissenschaft macht das Experiment als willkürliche Herstellung von Bedingungen zum Zweck der Beobachtung nicht zum ausschließlichen, aber zum *bevorzugten*, zur Kunst ausgebildeten und planmäßig angewandten Mittel der Erkundung und der Verifikation.

Insofern besteht ein Gegensatz zwischen experimenteller und *dogmatischer* bzw. spekulativer Wissenschaft; dagegen lassen sich, wegen des in sich geschlossenen Kreislaufs von Beobachtung, theoretischer Überlegung, experimenteller Veranstaltung, erneuter Beobachtung, u. U. berichtigter Vermutung usw., experimentelle und *theoretische* Wissenschaft überhaupt *nicht trennen*.

5. Psychologie als experimentelle Wissenschaft

Psychologie als experimentelle Wissenschaft ist demnach das planmäßige Bemühen, Erscheinungswelt, Erleben und Verhalten von Lebewesen, soweit das nötig und möglich ist, vermittels des Experiments im dargelegten Sinn zu erforschen und dabei insbesondere jede aufgestellte Vermutung über innerseelische und leibseelische Zusammenhänge mit jedem verfügbaren und zulässigen bzw. verantwortbaren Mittel auf ihre Stichhaltigkeit zu prüfen.

Sofern wir also die *Verifikation als das entscheidende Merkmal strenger Wissenschaft* betrachten, können wir die experimentierende Psychologie des 19. Jahrhunderts, trotz ihrer Vorliebe für Apparaturen, Messungen und Berechnungen, noch nicht als strenge Wissenschaft im engeren Sinne anerkennen; denn die experimentelle Geschäftigkeit brachte zunächst nur neue Tatsachen ans Licht, aber daß die psychologischen „Erklärungen" all dieser Tatsachen, überhaupt alle psychologischen Grundannahmen (Empfindungsatomismus, Assoziationsprinzip, Kontiguitätsprinzip, Erfahrungstheorien, Lustprinzip usw.), die im wesentlichen aus der spekulativen Psychologie des englischen Empirismus übernommen waren, der Verifikation bedürfen, wurde – und wird vielfach noch heute – übersehen.

Für den endgültigen Übergang der Psychologie zur strengen experimentellen Wissenschaft sind zwei fast gleichzeitige Ereignisse kennzeichnend, die im allgemeinen ganz anders verstanden, ja von manchen als Einbrüche in das Vertrauen auf die Möglichkeit wissenschaftlicher Strenge in der Psychologie aufgefaßt werden: 1. die Behauptung von Chr. von Ehrenfels (1890), daß seelische Ganze sich *allgemein* – nicht nur in dem Kernbereich, für den das schon früher von W. Dilthey behauptet wurde – nicht aus der Summe der Eigenschaften ihrer Bestandstücke verstehen lassen: mit den nachfolgenden Bemühungen, die Folgerungen aus dieser Annahme experimentell zu prüfen, deren sich besonders die sogenannte Berliner Schule der Gestalttheorie (Wolfgang Köhler, Max Wertheimer, Kurt Koffka) angenommen hat; – 2. die Behauptung von H. Cornelius (1892), daß die seelische Entwicklung sich nicht durch Zusammenfügung von Einzelheiten (Synthese), sondern durch Ausgliederung von Ganzen vollziehe; um deren experimentelle Sicherung sich besonders die sogenannte Leipziger Schule der Ganzheits- und Entwicklungspsychologie (F. Krueger, F. Sander, H. Volkelt; unabhängig davon G. Martius, J. Wittmann, B. Petermann) bemüht hat.

Auf der Annahme, daß sich *nur* die Erscheinung des geistig-seelischen *Kern*bereichs – Persönlichkeit, Weltanschauung, Lebensschicksale und Schöpfertum – ganzheitlich verstehen lassen, verbunden mit der Annahme, daß ganzheitliche Sachverhalte der Erforschung durch das Experiment unzugänglich seien, da dieses notwendig mit atomistischen und mechanistischen Voraussetzungen verknüpft sei, gründet sich die Abspaltung der sogenannten geisteswissenschaftlichen Psychologie (Dilthey, Spranger). Nachdem beide entscheidenden Annahmen sich als unzutreffend erwiesen haben, gehört diese Abspaltung und gehört besonders der „Gegensatz" der psychologischen Schulen im Grund schon der Geschichte an. Das geisteswissenschaftliche Verfahren der Werkanalyse (Abschn. 13) aber behält seine Bedeutung, da auf zahlreiche Untersuchungsgegenstände der Psychologie andere Verfahren gar nicht angewendet werden können (vgl. Abschn. 7).

6. Grundsätzliche Voraussetzungen des Experiments

Mit der Behauptung, daß man an lebenden Wesen, beispielsweise am Menschen, psychologische Versuche machen könne, sind *weder mechanistische noch atomistische* noch irgendwelche sonstigen, der Natur des Lebendigen oder des Menschen möglicherweise unangemessenen Annahmen *notwendig* verknüpft. Im Einzelfall *kann* eine Versuchsfrage und auch die Art der Durchführung des Versuchs solchen Annahmen entspringen, aber mit dem *Wesen* des Experiments als solchem haben sie nichts zu tun. Dieses ist grundsätzlich eine *Frage* an die Natur des Untersuchungsgegenstandes, deren

Antwort dergleichen Annahmen ebensogut widerlegen wie bestätigen kann. – Nur eines ist über die Natur des Untersuchungsgegenstandes vorweg behauptet: daß es in ihm *nicht chaotisch,* sondern (streng) gesetzmäßig hergehe; daß z. B. die Natur des Menschen überhaupt, wie auch die Eigenart des Einzelnen – der vielleicht in dieser Art nur dieses eine Mal vorkommt – *ein Inbegriff von Gesetzmäßigkeiten* sei und daher durch ein in sich zusammenhängendes Gebäude von Gesetzen wahrheitsgetreu dargestellt werden könne. – Ob und wie sich diese Grundvoraussetzung jeder experimentierenden Wissenschaft beim Menschen mit dem Erlebnis der Freiheit und Verantwortlichkeit und der Überzeugung vieler, daß dieses Erlebnis keine Selbsttäuschung sei, vereinbaren läßt, bleibt offen. Der hierin liegende Widerspruch muß vorläufig hingenommen werden. Jedenfalls ist es mit ernster und ihrer logischen Voraussetzungen bewußter experimenteller Forschung unvereinbar, menschliche Freiheit als Gesetzlosigkeit zu verstehen.

Zwischen dem Erlebnis der Freiheit und der in der neuesten Physik ziemlich allgemein angenommenen subatomaren Akausalität besteht (trotz P. JORDAN) höchstwahrscheinlich kein Zusammenhang.

Wenn die Physik in letzter Zeit in jenem Bereich auf Vorgänge gestoßen ist, bei denen grundsätzlich das Verhalten eines Einzelgebildes nicht mehr berechnet, eine strenge Vorbestimmung also nicht mehr nachgewiesen werden kann und man daher mit der Möglichkeit rechnen muß, sie auch tatsächlich fehlt, so ist damit für die Psychologie vorläufig nichts gewonnen. Im Gegenteil liegt darin für sie nur die Versuchung, und angesichts des naheliegenden Gedankens an das Erlebnis der Freiheit die doppelte Versuchung, bei schwer durchschaubaren Tatbeständen auf die Aufstellung und Prüfung von Zusammenhangsannahmen vorschnell zu verzichten. Die Psychologie darf, wenn sie nicht alle gewonnene Sicherheit wieder verlieren will, dieser Versuchung nicht erliegen. Unbekümmert darum, ob das als modern gilt oder nicht, muß sie dasjenige tun, was auf der Entwicklungsstufe, die sie jetzt erreicht hat, die Physik selbst vor Jahrhunderten getan hat: nämlich zunächst mit aller – bisher noch fehlenden – Entschiedenheit zu der Voraussetzung einer vollständigen Bestimmtheit übergehen und so lange daran festhalten, bis diese Voraussetzung durch klare Tatsachen in so eindeutiger Weise widerlegt wird, wie das, wenn wir recht sehen, in dem subatomaren Größenbereich der unbelebten Natur geschehen ist. (Vgl. auch Abschn. 21.)

Es gehört also zu den wichtigsten Verfahrensforderungen experimenteller Forschung, sich auch durch die verworrensten, schwankendsten und widersprüchlichsten Versuchsergebnisse nicht ohne weiteres zu dem Schluß verleiten zu lassen, daß die Grenze der Gesetzmäßigkeit überschritten sei. Diese Forderung wird in der Psychologie heute vielfach nicht ernst genug genommen, und man findet Äußerungen (z. B. WELLEK 1948), die die strenge Gesetzmäßigkeit des Psychischen nur deshalb bezweifeln, weil das Experiment die Abhängigkeiten als nicht so einfach erweist, wie man sie zuvor erwartete.

7. *Beherrschbarkeit der Versuchsbedingungen*

Jedes Experiment findet seine Grenzen u. a. in der Möglichkeit, gewünschte Bedingungen willkürlich herzustellen, aus verschiedenen Gründen:

a) Der Gegenstand der Untersuchung ist *vergangen* wie in allen geschichtlichen Wissenschaften (Geologie, Paläontologie, Geschichte i. e. S.; für die Psychologie besonders wichtig: das Verständnis geschichtlicher Persönlichkeiten und Epochen). Er kann daher nur durch seine Spuren und Urkunden (Nachwirkungen und Hinterlassenschaften) erfaßt werden.

b) Der Gegenstand der Untersuchung entzieht sich wegen seiner *Größenordnung* unserer Beeinflussung (Astronomie, Meteorologie, große Teile der politischen Wissenschaften, der Soziologie und der Sozialpsychologie).

c) In der Psychologie, vor allem des Menschen, verbieten *sittliche Forderungen* zahlreiche technisch möglichen Eingriffe: Der untersuchte Mensch darf körperlich und charakterlich nicht gefährdet oder geschädigt und nicht in Lagen gebracht werden, die mit seiner Ehre und Würde unverträglich sind.

In allen diesen Fällen tritt, neben der systematischen Beobachtung, für Erkundung und Verifikation die „*vorbereitete Beobachtung*" in von selbst sich einstellenden Konstellationen an die Stelle des Experiments (man denke an die Rolle der totalen Sonnenfinsternis in der Astronomie). Solche vorbereitete Beobachtung ist *auch bei geschichtlichen Fragen möglich,* also in den Geisteswissenschaften, wo ein Experimentieren ausgeschlossen ist. An Stelle des Naturereignisses tritt hier die *Auffindung* neuer oder die *Entzifferung* bisher unlesbarer Urkunden. Durch sie ist auch auf diesem Gebiet eine gültige Verifikation bisher unbegründeter Vermutungen möglich. – In der Psychologie gehört hierher u. a. die Beobachtung von Menschen in *schicksalsbedingten Grenzzuständen:* Großes Los, Verarmung; Austreibung bisher seßhafter Bevölkerungsgruppen; Ansiedlung von Nomaden; Massenansammlung, Einzelhaft; Terror, Unkontrolliertheit in Machtstellungen und was es sonst an ideologisch begründeten Eingriffen in das Leben des einzelnen gibt; auf der anderen Seite grobe körperliche Schädigungen durch Krankheiten, Entbehrungen, Vergiftungen, Unfälle. Da in den meisten derartigen Fällen, wenn auch nicht alle, so doch wenigstens *einige* der theoretisch wichtigen *Teil*bedingungen durchaus *beherrschbar* sind, spielt das *Experimentieren mit vorgefundenen Grenzfällen* eine besondere Rolle; in der Psychologie des Menschen besonders das Experimentieren mit Hirnverletzten und Unfallvergifteten.

8. Auswertbarkeit des Versuchs: Überschaubarkeit der Bedingungen

Gültige Folgerungen können aus einem Versuch nur dann gezogen werden, wenn die Versuchsbedingungen in ihren wesentlichen Zügen genügend bekannt sind. Das gilt allgemein als um so wahrscheinlicher, je einfacher und daher überschaubarer die Versuchsbedingungen sind. Am vorteilhaftesten ist es, alle Faktoren bis auf einen auszuscheiden (wie beim Fallversuch im luftleeren Raum). In der experimentellen Psychologie ist die Vereinfachung der Bedingungen eine der schwierigsten Aufgaben, aus verschiedenen Gründen:

a) Die hier wirksamen Faktoren lassen sich zumeist gar *nicht ausscheiden,* nicht nur wegen ihrer innigen Verflochtenheit, sondern vor allem, weil für das beseelte Wesen als lebendig reagierendes System *der Wegfall* einer Einwirkung vielfach ebenfalls eine *positive neue Bedingung* seines Verhaltens ist. Beispiel: In der atomistischen Wahrnehmungslehre galt als „einfachste" Einwirkung die räumlich (und möglichst auch zeitlich) „punktuelle Reizung", die, falls sie aus einem Schwingungsvorgang besteht, auch einwellig sein mußte (Musterfall: monochromatischer Lichtpunkt, im Dunkeln kurz aufblitzend). – Nun aber zeigt das Experiment: 1. Jede Lichterscheinung wird auch vom Zustand der raum-zeitlichen *Umgebung* mitbestimmt; 2. das Fehlen von Lichtreizen in der Umgebung hat dort nicht etwa keine, sondern ebenfalls eine positive

Farbqualität (zwischen schwarz und nachtgrau) zur Folge. Demnach stellt die (wegen der Wirkung der zeitlichen Umgebung *genügend lang fortdauernde*) homogene *Gesamtreizung,* und nicht der punktuelle Einzelreiz, die einfachste Art der Einwirkung dar.

b) Unerwünschte Faktoren, die man nicht ausschalten kann, pflegt man im Experiment allgemein möglichst *konstant zu halten*. Das ist nun zwar bei äußeren Reizeinwirkungen weithin möglich; aber *nicht* ebenso bei dem *inneren* Zustand des Lebewesens: seiner augenblicklichen körperlichen und seelischen Verfassung und Einstellung, die durch seine Veranlagung und durch seine nähere und fernere Vorgeschichte bedingt ist. Was hilft es z. B., wenn man, wie im klassischen „reflexologischen" Experiment, den Versuchshund derart auf ein Brett schnallt, daß alle Reaktionen außer der untersuchten verhindert werden? Natürlich verändert jede unerwünschte Bewegung des Tieres seinen Gesamtzustand; aber ändert nicht jede durch *Zwang verhinderte* Bewegung seinen inneren Zustand ebenfalls, und bei einem so bewegungsfreudigen Tier vielleicht noch viel mehr?

c) Doch bleibt vielfach ein dritter Weg gangbar: die zu prüfenden äußeren Bedingungen *so kräftig anzusetzen,* daß die Abweichungen und Schwankungen des inneren Zustandes ihnen gegenüber *unwesentlich werden*. Hierbei gibt nicht immer die größere Reizstärke, sondern paradoxerweise vielfach die größere *Kompliziertheit* der äußeren Bedingungen den Ausschlag: So findet man bei der Beobachtung einzelner Lichtpunkte im Dunkeln (bei dem „autokinetischen Phänomen") merkliche gruppenpsychologische Einflüsse sogar auf die Richtung einer geschehenen Bewegung (SHERIF 1935). Auch die viel erörterte Mehrdeutigkeit und Auffassungsabhängigkeit der Gliederung und der Tiefenanordnung ist auf einfache und zugleich regelmäßig gebaute Strichfiguren aus wenigen „Elementen" oder natürlichen Teilen beschränkt. Dagegen sind die beobachteten Erscheinungen von Suggestion, Veranlagung und Auffassungsabsicht völlig unabhängig, wenn man umfassendere, stärker gegliederte und zugleich weniger regelmäßige Gebilde und Geschehensverläufe beobachtet (WERTHEIMER 1923, METZGER 1934). Wenn man die zu prüfende Einzeleinwirkung oder -anforderung in eine umfassendere *gleichzeitige* Reizgesamtheit, und noch mehr, wenn man sie zugleich in umfassendere Geschehens*verläufe* einbettet, kann man auch im willenspsychologischen Experiment Wirkungen von einer Beständigkeit erzielen, bei welcher sogar der verschiedene Charakter der Vpn. nur noch überraschend geringe Verschiebungen bewirkt (LEWIN 1927).

d) Ein wichtiges Mittel, unter einfacheren inneren Bedingungen zu experimentieren, ist der Übergang zu verwandten, aber einfacher gebauten Lebewesen. Dies ist die Bedeutung, die der Versuch an *kleinen Kindern* und an *Tieren* (abgesehen von seinem vergleichend- und entwicklungspsychologischen Wert) auch für Fragen der Psychologie des *erwachsenen Menschen* hat. So kann man durch Tierversuche prüfen, ob an gewissen Wahrnehmungsleistungen verwickeltere Denkvorgänge beteiligt sind (W. KÖHLER 1915, KATZ und RÉVÉSZ 1921, RÉVÉSZ 1924). Ebenso hat man über das Lösen einfachster und daher gut überschaubarer Denkaufgaben, deren Ergebnisse dem Erwachsenen schon zum selbstverständlichen Besitz gehören, durch Versuche an Kindern und Menschenaffen grundlegende Erkenntnisse gewonnen (KÖHLER 1917). Auch die Willens- und Ausdruckslehre (LEWIN 1928) sowie die Theorie der Träume bedient sich wegen des stärkeren Aufgehens im Augenblick und wegen der geringeren Verhülltheit und Verstellbarkeit des Ausdrucks mit besonderem Erfolg des Versuchs am Kind.

9. Forschungsexperiment und Test

Die Fragestellung des Psychologen kann von verschiedener Art sein: Sie kann sich 1. auf *allgemeine Eigenschaften des Seelischen richten,* 2. kann sie die besondere seelische *Eigenart eines gegebenen Einzelwesens* (Individuums) betreffen.

Soll die gestellte Frage durch den Versuch beantwortet werden, so dient dazu im *ersten* Fall das *Forschungsexperiment,* im *zweiten* Fall das *diagnostische Experiment* oder die *„Prüfung"* (der *„Test").* Die Stellung des Tests in der Psychologie entspricht grundsätzlich der Stellung der analytischen Verfahren in der Chemie. Wie bei diesen die Versuchsfrage einfach lautet: „Was für einen Stoff habe ich vor mir?", so kann durch den Test bzw. die Testgruppe ebenfalls nur die einfache Frage beantwortet werden: „Was für einen Menschen habe ich vor mir?" – In der psychologischen *Forschungs*arbeit kann also der Test nur Vorfragen beantworten, allenfalls Material liefern.

Die eigentlichen Fragen der Psychologie als Wissenschaft sind ganz anderer Art. Sie zerfallen übrigens wieder in zwei voneinander sich klar abhebende Gruppen: Sie können sich *erstens* auf *allgemeine Geschehenstypen, Funktionsformen und Verursachungsarten* seelischer Vorgänge und Erscheinungen, Erlebens- und Verhaltensweisen richten; von dieser Art sind die Fragen der *Allgemeinpsychologie.* Sie können sich *zweitens* auf die allgemeinen Eigenschaften und *Grundgesetze des verhältnismäßig überdauernden Aufbaues (der „Struktur") der Persönlichkeit* richten; von dieser Art sind die Fragen der *Charakterkunde* oder *Persönlichkeitslehre.*

Das Verhältnis dieser beiden Zweige der theoretischen Psychologie (Allgemeinpsychologie und Charakterkunde) entspricht grundsätzlich dem Verhältnis der Lehre von den Funktionen oder Vorgängen des Lebens und der Lehre von den lebenden Strukturen oder Gebilden (Zellen, Geweben, Organen, Organismen) in der allgemeinen Biologie.

Ob und in welcher Weise das Forschungsexperiment von grundsätzlich verschiedener Art ist, je nachdem es sich auf überdauernde Gebilde oder auf vergängliche Vorgänge richtet, soll hier unerörtert bleiben. Noch weniger kann das Grundsätzliche des Wechselverhältnisses zwischen Persönlichkeitslehre und Allgemeinpsychologie hier eingehend besprochen werden. Dagegen sei nochmals betont, daß das Forschungsexperiment und der Test einander nicht ersetzen können. Man kann zwar bei Forschungsexperimenten u. U. nebenbei typologisch-diagnostische, aber mit Tests auch bei beliebiger Häufung keine allgemein-psychologischen Erkenntnisse (allenfalls Fragen) gewinnen; vielmehr bedarf jeder Test – sofern man sich nicht begnügt, ihn als Zufallsfund oder angelernte Technik unverstanden zu gebrauchen und weiterzugeben – der Ableitung, Begründung und Bestätigung durch das Forschungsexperiment.

10. Erkundungs- und Entscheidungsversuch

Nach der Erkenntnislage unterscheidet man zwischen dem „Erkundungsversuch" und dem „Entscheidungsversuch" (*„experimentum crucis").* Im *„Erkundungsversuch"* werden Bedingungen hergestellt, die im Alltag sich entweder nicht oder nicht in klar übersehbarer Weise verwirklichen, um die Kenntnis der Erscheinungen und Zusammenhänge eines Fragebereichs zu erweitern und zu berichtigen. (Hierin liegt u. a. die Bedeutung auch der „lebensfernen" Versuchssituationen, deren Abweichung von den natürlichen Lebenslagen man nur nicht vergessen darf, um ihren Ertrag richtig würdigen zu können.) Der Erkundungsversuch dient demnach oft einfach dazu, der phänomenologischen Analyse neue, ohne besondere Veranstaltungen gar nicht zugängliche Unterlagen zu beschaffen. Es besteht also nicht – wie schon gelegentlich angenommen wurde – ein Gegensatz zwischen phänomenologischem und experimentellem Vorgehen, sondern eines ist so notwendig wie das andere. Ohne die Kunst phänomenologischer Erfassung und Beschreibung bleibt u. U. das Wertvollste am Ertrag experimenteller Veranstaltungen unberücksichtigt; und ohne die Kunst des Experimentierens geht der phänomenologischen Erfassung unabsehbares Material verloren. (Vgl. auch Abschn. 12.)

Im „*Entscheidungsversuch*" werden Bedingungen so hergestellt, daß nach einer Vermutung a über einen Verursachungszusammenhang eine Erscheinung oder Verhaltensweise A, nach einer Annahme b eine von A abweichende Erscheinung oder Verhaltensweise B (im Grenzfall das Ausbleiben von A) vorausgesagt werden muß. Man nennt die Entscheidung „*a fortiori*", wenn unter den Bedingungen a das (konträre) Gegenteil von A sich ereignet. Im „*reinen Versuch*" (der, auch unter Berücksichtigung des in Abschn. 8 Gesagten, vielfach durchführbar ist), also bei genügend überschaubaren Bedingungen, gilt dann in der Psychologie, wie überall, wo man an der Voraussetzung strenger Gesetzmäßigkeit festhält: Ein *einziger* der Voraussage *widersprechender* Versuchsausfall *widerlegt* die Annahme, aus der die Voraussage logisch richtig abgeleitet wurde; dagegen machen auch *viele* erwartungs*gemäße* Versuchsausfälle die zugrunde liegende Annahme immer *nur wahrscheinlicher*. Daher gehört bei dem Entscheidungsexperiment zum „*Hauptversuch*" der „*Gegenversuch*" (*Kontrollversuch*, Nullversuch), in welchem der nach der zu prüfenden Annahme entscheidende Faktor *nicht* eingesetzt ist; bzw. es gehört dazu eine *Reihe* von Gegenversuchen, falls mehrere Faktoren beteiligt sein sollen. Der *erwartungsgemäße* Ausfall des Hauptversuchs erhält seinen Erkenntniswert erst aus dem *Ausbleiben* desselben Ausfalls im Gegenversuch.

11. Die Verhaltensbeobachtung

Die Verhaltensbeobachtung oder Fremdbeobachtung, vielfach auch „objektives Verfahren" genannt, unterscheidet sich grundsätzlich nicht vom Experiment anderer Wissenschaften: Der Psychologe als „*Versuchsleiter*" (Vl.) steht seiner „*Versuchsperson*" (Vp.) nicht wesentlich anders gegenüber als etwa der Chemiker seinen reagierenden Substanzen (WELLEK). Er beobachtet an ihr, was *von außen* wahrnehmbar ist, vor allem ihre Bewegungen (also einerseits ihre Tätigkeiten, andererseits ihr sichtbares Ausdrucksverhalten), ihre Lautäußerungen, dazu gewisse Drüsenaussonderungen (Tränen, Schweiß, Speichel...) und Veränderungen der Körperoberfläche (Erröten, Erbleichen, Gänsehaut, Einfallen der Züge). Dazu kommt die Aufnahme von innerleiblichen Veränderungen, wie des Pulses, der Atmung, des Blutdrucks, des Muskeltonus, der Peristaltik, der elektrischen Leitfähigkeit der Haut, der Aktionsströme im peripheren und, im bisher nur in allererster Annäherung möglichen Idealfall (BERGER 1924, KORNMÜLLER 1937, W. KÖHLER 1949), im zentralen Nervensystem. (Die letzte Gruppe von Beobachtungsmöglichkeiten wurde früher vielfach – irreführenderweise – unter dem Namen „Ausdrucksmethoden" zusammengefaßt.) – Die Vorzüge der Verhaltensuntersuchung sind: die gleichzeitige Beobachtbarkeit durch mehrere und die Registrierbarkeit der Befunde, dazu deren Unmittelbarkeit, insofern sie nicht erst auf dem Umweg der sprachlichen Mitteilung dem Versuchsleiter zur Kenntnis gelangen, der Versuch also keine Sprachfähigkeit der Versuchsperson voraussetzt. Beim Tier und kleinen Kind, auch wo man sich aus anderen Gründen nicht sprachlich verständigen kann (bei Schwachsinnigen, Sprachgestörten, oder wenn die Versuchsperson nur eine unbekannte Fremdsprache beherrscht), ist sie das einzige anwendbare Verfahren. – Die Ansicht, daß sie das einzige *zulässige* Verfahren der *gesamten* Psychologie sei, und die darauf begründeten Schulen nennt man in Rußland *Reflexologie*, in Amerika *Behaviorismus;* (doch sind oder waren in beiden Fällen mit diesem *Verfahrens*grundsatz auch noch bestimmte atomistisch-mechanistische und materialistische Annahmen *inhaltlicher* Art verknüpft, von denen er durchaus unabhängig vertreten werden kann).

12. Die Erlebensbeobachtung

Die Erlebensbeobachtung umfaßt außer der Beobachtung von Erlebnissen im engsten Sinn, d. h. von inneren Erscheinungen oder Inhalten des *Selbst*bewußtseins (Gefühlen, Stimmungen, Befindlichkeiten, Neigungen, Gelüsten, Bedürfnissen, Gerichtetheits-, Tätigkeits- und Erleidensbewußtsein) einschließlich der offenkundig innen*bedingten* – „unwirklichen" – Sachgehalte (Gedanken, Vorstellungen, Erinnerungen, Wissengehalte, Erwartungen, Pläne, Einbildungen, Erdichtungen, Träume) auch die Beobachtung von Erscheinungen der gesamten scheinbar ich-unabhängigen *äußeren* – „wirklichen" – Welt (einschließlich des eigenen Körpers), deren tatsächliche Abhängigkeit von der Natur des Menschen als eines beseelten und darüber hinaus bewußtseinsbegabten Wesens sie untersucht. (Die verbreitete Bezeichnung „Selbstbeobachtung" oder Introspektion ist daher für die Erlebensbeobachtung zu eng. Sie trifft *nur auf die erste* der drei genannten Gruppen von Erscheinungen zu.)

Im Gegensatz zu den Naturwissenschaften betrachtet sie auch die Erscheinungen der äußeren Welt zunächst *nicht* in ihrer Rolle als *Abbildung* eines bewußtseinsunabhängigen und bewußtseinsjenseitigen wirklichen Seienden (obwohl sie beim Aufbau und der Verwendung ihrer Versuchsanordnungen von dieser, als tatsächlich vorausgesetzten, Rolle technischen Gebrauch macht); sie betrachtet also diese Erscheinungen nicht unter ständigem berichtigendem gedanklichem Abweichen von ihrer unmittelbaren Gegebenheitsweise, sondern unter geflissentlichem Absehen von allem „besseren Wissen" *im möglichst unbefangenen Hinnehmen ihres Soseins.* Sie kennt daher auch nicht die naturwissenschaftliche Beschränkung auf einige wenige „zuverlässige" Erscheinungen (auch die optische Beobachtung durch den „Reduktionsschirm" spielt *durchaus nicht* diese Rolle); sondern die unzuverlässigsten, die sogenannten Täuschungen, sind ihr besonders wichtig, weil an ihnen die Eigenart der Wahrnehmungsfunktionen sich am greifbarsten äußert.

Neben der Untersuchung von Täuschungen der verschiedensten Art, die sich ihrer Aufmerksamkeit aufdrängen, besteht ihre Tätigkeit sogar großenteils in der *Schaffung neuer Täuschungen.* In diesem Zusammenhang gehört vor allem auch der sogenannte *Attrappenversuch,* in welchem untersucht wird, welche unter den Eigenschaften der Dinge und Vorgänge in der Umgebung eines mit Sinneswerkzeugen ausgestatteten Wesens überhaupt am Aufbau seiner Eigenwelt beteiligt sind und dadurch sein Verhalten beeinflussen können. Als Beispiel eines einfachen Attrappenversuchs am Menschen nennen wir die Erzeugung des Eindrucks der Durchsichtigkeit mit ausschließlich undurchsichtigen, nur in geeigneter Anordnung dargebotenen Dingen. Die größte Bedeutung hat der Attrappenversuch in letzter Zeit in der Erforschung der tierischen Instinkthandlungen gewonnen (LORENZ, TINBERGEN).

Da die naturwissenschaftlich bevorzugte Einstellung „sich nichts vormachen zu lassen", zugleich die lebensdienlichste und daher die Grundeinstellung des Alltags ist, bedarf der psychologische Beobachter einer Schulung im Zurückhalten der Neigung zum „wirklichkeitsgerechten" Umdeuten des unmittelbar Gegebenen (Abschn. 3 und 10).

In den ersten Jahrzehnten der psychologischen Forschung betrachtete man als wesentlichsten Bestandteil psychologischer Beobachtungskunst die Fertigkeit, seine Aufmerksamkeit auf möglichst kleine Ausschnitte („Punkte") des Wahrnehmungsfeldes einzuengen und möglichst einfache Bestandteile oder Eigenschaften aus der Mannigfaltigkeit des unmittelbar Gegebenen herauszufassen, unter möglichstem Absehen von der gesamten räumlich-zeitlichen und qualitativen Umgebung. In der Schulung des psychologischen Beobachtens spielte daher die Aneignung dieser Fertigkeit eine besondere Rolle (man denke an das Heraushören von Teiltönen aus musikalischen Klängen). Diese Auffassung von den Erfordernissen psychologischer Beobachtung folgte notwendig aus der damals herrschenden Meinung, es sei die wichtigste oder wenigstens vordringlichste Aufgabe der Psychologie, die „kleinsten" oder „einfachsten" „Bestandteile", die „Elemente" oder „Atome" des Seelischen zu isolieren, um dann später die Gesetze der Verbindung und des Zusammenwirkens dieser Urbestandteile zu erforschen. – Inzwischen hat sich dieses Forschungsprogramm, trotz aller Erfolge, in der Psychologie als sinnlos erwiesen. Im Zusammenhang damit ist man von der Ansicht, das unter eingeengter Aufmerksamkeit Beobachtete habe für die Psychologie eine wissenschaftliche Sonderstellung, aus guten Gründen abgekommen. Seitdem kann die Fertigkeit des „Herausfassens" nur noch als eine unter vielen anderen Möglichkeiten willkürlicher Aufmerksamkeitsrichtung und -verteilung gelten, durch die geprüft werden kann, in welcher Weise und wie weit subjektives Verhalten das Gegebene beeinflußt. Unter *dieser* Fragestellung ist aber die willkürliche *Ausweitung* des Aufmerksamkeitsbereichs neben der willkürlichen *Lösung* der Aufmerksamkeitsrichtung von der Blickrichtung mindestens ebenso wichtig wie ihre willkürliche Einengung.

Übrigens können unter geeigneten Vorkehrungen auch völlig ungeschulte Beobachter durchaus zuverlässige Erlebensbeobachtungen liefern (siehe unten Abschn. 19).

Eine Besonderheit, die die Erlebensbeobachtung von der Beobachtung in allen anderen Wissenschaften unterscheidet und die offenkundig für die Inhalte des Selbstbewußtseins und die innenbedingten Sachgehalte gilt, erweist sich bei näherem Zusehen als ebenso gültig für die Inhalte des Weltbewußtseins: Sie sind *„privat"*, nur *einem* Beobachter unmittelbar zugänglich; sie können einem zweiten Beobachter *nicht gezeigt,* sondern ihm nur (in Worten oder Abbildungen) berichtet werden; (man kann niemandem ein Nachbild zeigen, das man eben selber sieht). Dies gilt, streng genommen, auch für die Beobachtungsgegenstände der Physik; die *numerische* Identität für mehrere Beobachter ist, auch wenn es sich um den Zusammenfall einer Zeigerspitze und eines Skalenstriches handelt, nur scheinbar (W. KÖHLER 1933). Ein zweiter Beobachter kann immer nur *in dieselbe Lage gebracht* und nach seinen, ebenso privaten, Erlebnissen oder gegenständlichen Beobachtungen gefragt werden, die dann im günstigsten Fall mit denen des ersten übereinstimmen. – Um die gewünschte *„Aussage"* machen zu können, muß er freilich außerdem wissen, was der erste eigentlich beobachtet haben möchte und wie auch er selbst sich bei der Beobachtung zweckmäßig zu verhalten habe (genau wie ein zweite Beobachter in der Physik erfahren muß, was für Hebel er zu bedienen, auf welchen Zeiger er schauen und welchen Standpunkt er selbst einzunehmen hat, damit die Deckung mit dem Skalenstrich richtig zu sehen ist). Phänomenologisch betrachtet ist also bei der Erlebensbeobachtung die Versuchsperson etwas ganz anderes als bei der Verhaltensbeobachtung: Sie ist ein zusätzlicher, *beauftragter Beobachter,* ein Forschungsgehilfe, und nur in *demselben* funktionalen Sinn, in dem es auch schon der *erste* Beobachter ist, zugleich „Gegenstand" des Versuchs.

Ein *Hilfsbeobachter* braucht seine *Arbeitsanweisung.* Dies ist der einfache Sinn der „*Instruktion*" oder *Versuchsanweisung,* die im psychologischen Versuch – im Gegensatz zu dem Experiment sämtlicher anderer Wissenschaften – eine so auffallende Rolle spielt. Daß sie *kein notwendiges und unterscheidendes Merkmal* des psychologischen Experiments ist, geht aus zwei Tatsachen hervor: 1. gehört zu der psychologischen *Verhaltens*beobachtung im reinen Fall *keine* Instruktion der Vp. (vgl. Abschn. 19); 2. gehört zur *Erlebens*beobachtung gar *nicht notwendig ein zweiter Mensch* als Vp. (also auch nicht eine Versuchsanweisung und eine „Aussage"). Jede Erlebensbeobachtung kann *grundsätzlich vom Forscher allein* angestellt werden, indem er sich selbst in die gewünschte Lage begibt bzw. die gewünschten Faktoren auf sich einwirken läßt und seine Beobachtung, ebenso wie der Physiker, selbst ausführt. Es gibt kaum eine wichtige Erscheinung der äußeren und der inneren Wahrnehmung und des Selbstbewußtseins, die nicht auf diese Weise, ohne Vp., entdeckt und in ihren wesentlichen Zügen erforscht wurde, *bevor* man weitere Beobachter hinzuzog, um ihre Verbreitung festzustellen.

Zweckmäßigerweise macht der Psychologe in entscheidenden Phasen der Erlebensbeobachtung seinen Helfer *nicht* zur Vp., sondern zum *Versuchsleiter,* und übernimmt die Beobachtung (d. h. die Rolle der Vp.) immer (auch) selbst. Dann hat er, was er für seine Entscheidungen braucht, *aus erster Hand.* Ja, er hat seine Unterlagen viel unmittelbarer zur Verfügung als irgendein Natur- oder Verhaltensforscher, da 1., ebenso wie bei der Verhaltensbeobachtung, die entstellende und verarmende sprachliche Vermittlung entfällt, und 2. – was in keinem Verhaltensversuch möglich ist – sein Forschungsgegenstand ihm *nicht* etwa durch die Wahrnehmung als ein mehr oder weniger irreleitendes Abbild *nur vermittelt wird,* sondern in den beobachteten Wahrnehmungserscheinungen *selbst unmittelbar vor ihm steht.* (Über technische Schwierigkeiten des Versuchs an der eigenen Person siehe unten Abschn. 20). Der entstellende Einfluß der Sprache, der in der Begründung des Behaviorismus eine so entscheidende Rolle spielt, setzt in diesem Fall genau an der Stelle ein, wo er auch beim Behaviorismus selbst einsetzt, nämlich bei der unvermeidlichen Aufgabe des Forschers, seine Ergebnisse der Allgemeinheit mitzuteilen und andere Forscher zur Nachprüfung einzuladen.

Zahlreiche Eigenschaften der anschaulichen Welt können auch (unter Umgehung der sprachlichen Mitteilung) *aus dem Verhalten* der Vp. *erschlossen* werden (das gilt auch für Bewußtseinsinhalte, welche die Vp. zu verheimlichen sucht). Bei einem Wesen, das nicht sprechen kann oder mit dem aus anderen Gründen keine sprachliche Verständigung möglich ist, bleibt dies der einzige Weg ihrer Erforschung. Doch sind die erforderlichen Vorkehrungen (Wahldressuren u. dgl.) im Vergleich zu der Dürftigkeit ihres jeweiligen Ertrags so unvergleichlich viel umständlicher und zeitraubender, daß beim sprachbegabten Wesen, solange keine Irreführungsabsichten vorauszusetzen sind, schon aus Gründen der Sparsamkeit hierfür die Befragung das weit sinnvollere Verfahren ist.

13. Werk-Analyse

Neben dem Verhalten und dem Erleben steht als drittes Gebiet psychologischer Beobachtung das *Werk* bzw. die Werkgestaltung, alle künstlerischen, technischen, schriftlichen Hinterlassenschaften des zu untersuchenden Menschen umfassend (K. Bühler). Die Deutung der Werke betrachtet man besonders in der geisteswissenschaftlichen Richtung der Psychologie als das allein angemessene Mittel der Erfassung der Persönlichkeitsstruktur. Tatsächlich handelt es sich in den Werken nicht eigentlich um seelische Erscheinungen, sondern um (erstarrte) *Spuren* von solchen, und zwar stets unmittelbar 1. um *Verhaltensspuren*, so daß insofern die Werk-Analyse zu einem *Hilfsmittel der Verhaltensbeobachtung* werden kann (wie in der Handschriftendeutung); diese Verhaltensspuren können aber 2., als sprachliche oder künstlerische Gebilde, mehr oder weniger ausdrücklich *von Erlebnissen berichten* und so zu einem *Hilfsmittel auch der Erlebensbeobachtung* werden.

In diesem Sinn ist die von der Vp. selbst verfaßte Niederschrift (das „Versuchsprotokoll") und auch die in dem Jungschen Seelenheilverfahren geschätzte symbolische Zeichnung des Patienten ein experimentell herbeigeführtes „Werk", das der Erforschung des Erlebens dient, das sich aber grundsätzlich nicht von der unmittelbaren mündlichen „Aussage" und auch nicht von der in oder nach dem „*Erkundungsgespräch*" (der „Befragung" oder „Exploration") oder in der ärztlichen „Anamnese" vom Untersucher oder einer Hilfskraft verfertigten Niederschrift unterscheidet. In Begabungs- und Charaktertests, die vom Prüfling schriftliche Arbeiten, Zeichnungen (Wartegg) oder ein Werkstück verlangen, wird das „Werk" nach beiden Richtungen hin ausgewertet, „formal" als Verhaltensspur und „inhaltlich" als Hinweis auf Eigentümlichkeiten des Erlebens.

Die Werk-Analyse in diesem allgemeinen Sinn ist das einzige verbleibende Verfahren, wenn die zu untersuchenden Personen der unmittelbaren Beobachtung und Befragung unerreichbar sind, weil sie 1. abwesend oder 2. verstorben sind. Bei *Abwesenden* versucht man in der gegenwärtig so beliebten schriftlichen „Umfrage" bestimmte „Werke", nämlich anweisungsgemäß ausgefüllte *Fragebogen*, experimentell hervorzurufen. Ihr Wert als Forschungsgrundlage ist um so geringer, je schwieriger und persönlicher die Fragen und je umständlicher die Anweisungen sind, da ihre Einhaltung nicht nachgeprüft werden kann. Bei *Verstorbenen* ist man auf die vorfindbaren Hinterlassenschaften (Werke, Briefe, Notizen, Tagebücher, Akten ...) sowie auf die überlieferten Zeugnisse über ihre Wirkung auf andere angewiesen; es ist also Not, und nicht Grundsatz, wenn in weiten Bereichen der geisteswissenschaftlichen Psychologie das Werk die einzige Forschungsgrundlage bildet; vgl. hierüber auch Abschn. 7.

14. Der qualitative Versuch

Wenn wir in der psychologischen Verfahrenslehre von qualitativen Versuchen sprechen, so bedeutet das Wort qualitativ nicht, daß solche Versuche sich nur mit Qualitäten (Beschaffenheiten) und nicht mit Größen oder Mengen beschäftigen. Es soll nur andeuten, daß man auf die Beobachtung feinerer Abstufungen und deren rechnerische Behandlung verzichtet und sich mit dem *groben Vergleich möglichst gegensätzlicher Fälle* begnügt.

Der qualitative Versuch wird wegen seiner Unscheinbarkeit in der Verfahrenslehre aller Wissenschaften leicht übersehen, obwohl er dem Einsatz der genaueren „quantitativen" (zählenden und messenden) Verfahren in den meisten Fällen erst den Boden bereitet. Er dient der vorläufigen Klärung der Gesamtbedingungslage; indem er *entweder* bisher nicht verwirklichte Bedingungen schafft, um die darin auftretenden, möglicherweise noch unbekannten *Erscheinungen kennenzulernen; oder* indem er zu bekannten Erscheinungen durch wechselnden Einsatz der vermutlich in Frage kommenden Faktoren die noch unbekannten tatsächlichen *Bedingungen aufsucht.* (Physikalischer Musterfall: FARADAY und MAXWELL). Es kommt dabei nur darauf an, ob es eine bestimmte Erscheinung *gibt oder nicht gibt,* ohne Rücksicht auf ihre – nur zahlenmäßig bestimmbaren – feineren Abstufungsmöglichkeiten; und ebenso nur darauf, ob ein bestimmter Verursachungszusammenhang überhaupt *besteht oder nicht besteht,* ob unter gewissen Bedingungen eine erwartete Erscheinung auftritt oder nicht auftritt, eine erwartete Reaktion *erfolgt oder nicht erfolgt,* nicht aber auf die besondere Art des Abhängigkeitsverhältnisses, das ebenfalls nur mit mathematischen Mitteln bestimmbar ist. Es gibt in allen Bereichen des Seelischen so eindeutige und so schlagende Zusammenhänge, daß zahlreiche grundsätzliche Streitfragen durch rein qualitative Beobachtung klar entschieden werden können.

Technische Fragen entstehen also (abgesehen von dem in Abschn. 10 Gesagten) nicht hinsichtlich der Auswertung, sondern nur hinsichtlich der *„Versuchsanordnung",* durch welche einerseits die gewünschten Bedingungen so rein wie möglich hergestellt und andererseits – im Verhaltensversuch – ihre Wirkungen dem Versuchsleiter möglichst gut beobachtbar gemacht, im günstigsten Fall unmittelbar „aufgezeichnet" („registriert") werden. Beide typischen Bestandteile jeder Versuchsanordnung, die *„Einwirkungsmittel"* und die *„Beobachtungsmittel",* können, je nach der Versuchsfrage, mehr oder weniger kunstvoll sein und technische Vorrichtungen enthalten. Das Einwirkungsmittel kann im einfachsten Fall in einer vorgezeigten Bleistiftskizze, einigen Worten und allenfalls etwas Spiel- oder Werkzeug bestehen; es kann aber auch Geräte von der Kostbarkeit einer Tonfilm-Einrichtung beanspruchen – deren Verwickeltheit sich übrigens der Vp. nicht im mindesten bemerkbar zu machen, also diese nicht in eine *„unnatürliche Lage"* (eine „Laboratoriumssituation" – Abschn. 20) zu bringen braucht. Dasselbe gilt vom Beobachtungsmittel, das alle Möglichkeiten vom „bloßen Augen" bis zu den ausgeklügeltsten Meß- und Aufzeichnungsgeräten umfaßt – unter denen übrigens das Tonfilm-*Aufnahmegerät* für die Psychologie das zweifellos wichtigste, aber leider in Deutschland für wissenschaftliche Institute in Beschaffung und Anwendung zur Zeit nicht bezahlbar ist.

15. Das qualitativ-auszählende (statistische) Verfahren

Wo die Fülle der mitwirkenden Faktoren nicht so leicht zu übersehen ist, kann man nicht erwarten, daß je nach den Versuchsbedingungen eine Erscheinung oder Verhaltensweise entweder auftritt oder nicht; man kann nur erwarten, sie je nach den angesetzten Bedingungen – im typologisch-diagnostischen Versuch je nach der gewählten Vp. – *mehr oder weniger häufig* vorzufinden. In solcher Lage muß der Versuch gehäuft werden, d. h. entweder an derselben Vp. wiederholt oder an einer genügend großen und geeignet ausgewählten Gruppe von Versuchspersonen (als „Massenversuch") durchgeführt werden.

Jeder Massenversuch kann gleichzeitig zur Beantwortung von Fragen nach allgemeinen Gesetzmäßigkeiten auf seinen Mittelwert und zur Beantwortung typologischer

Fragen auf seine Streuung hin ausgewertet werden. Häufung gleichartiger Versuche kann auch bei klarem und eindeutigem Ausfall eines qualitativen Einzelversuchs erforderlich werden: um die Verbreitung der fraglichen Erscheinung oder Verhaltensweise festzustellen. Sie dient endlich bei messenden Versuchen (Abschn. 16) zur rechnerischen Ausscheidung der Zufallsschwankungen der eingestellten Werte.

Das einzige, wozu die Häufung der Versuche *nicht* dient, ist: zur Feststellung ob gleiche Bedingungen stets (oder wenigstens meistens) dieselben Wirkungen haben; d. h. zum Zweck der (unvollständigen) „Induktion". Sobald man die strenge Gesetzmäßigkeit des untersuchten Geschehens voraussetzt, *genügt* im Grund für jede Bedingungskonstellation *ein einziger, genau genug bekannter Fall* (LEWIN 1927). Sobald freilich nicht nur Erscheinungen beschrieben, sondern Verursachungszusammenhänge festgestellt werden sollen, müssen die Bedingungen *planmäßig abgewandelt („variiert")* werden. Die Durchführung *verschiedenartiger* Versuche an *einer* Person ist daher vielfach aufschlußreicher als die Wiederholung *desselben* ungeänderten Versuchs *an vielen*. Diese hat im Grunde ebenfalls nur Sinn, insofern sie *die Variation anderer Bedingungen* (nämlich des Alters, Geschlechts, Charakters, der Vorgeschichte und Lebensumstände sowie der körperlichen Verfassung) auf ihre Folgen für die zu untersuchende Erscheinung prüft.

Will man die Häufigkeit verschiedener Versuchsergebnisse vergleichen, so müssen diese ihrem Typ nach deutlich genug zu unterscheiden sein. Wo die Deutlichkeit der Unterscheidung aus sachlichen Gründen ein bestimmtes Maß nicht überschreiten kann, tritt dem Versuchsleiter, außer der Vp., noch eine zweite Art von Forschungsgehilfen zur Seite, die in der psychologischen Verfahrenslehre noch nicht die ihr gebührende Beachtung gefunden hat: die „*Auswerter-Gruppe*". Auswertung derselben Versuchsergebnisse durch *mehrere* Personen (die sich nicht verständigen) ist besonders auch im zweifelhaften diagnostischen Versuch eine unerläßliche Forderung. Die verschiedenen Auswertungen werden selbst wieder nach üblichen statistischen Verfahren (Rangreihenvergleich usw.) auf ihre gemeinsame Tendenz und das Maß ihrer Übereinstimmung geprüft. Wenn infolge mangelnder Deutlichkeit oder ungeeigneter Definition die Zuordnung der einzelnen Ergebnisse zu verschiedenen Erscheinungs- oder Verhaltenstypen bei verschiedenen Auswertern um große Bruchteile der Gesamtzahl der Beobachtungen schwankt, ist es sinnlos, mit derart gewonnenen Zahlen genauere Verhältnisberechnungen durchzuführen, und der Gebrauch von Zählung und Berechnung läuft auf eine reine Selbsttäuschung hinaus. Dieser wichtige Grundsatz ist noch in neuerer Zeit bei bekannten diagnostischen Verfahren nicht genügend beachtet worden.

Die Auswertung der Häufigkeitsbefunde erfolgt nach den bekannten Regeln der Wahrscheinlichkeits-, besonders der Korrelationsrechnung. Die Grundfrage ist immer, ob die Häufigkeit eines Ereignisses, das im Gefolge experimenteller Maßnahmen eintritt, die auch ohne diese Maßnahmen aus bloßem Zufall zu erwartende genügend übersteigt (oder genügend dahinter zurückbleibt); ob einer in groben Stufen durchgeführten *Änderung* der Bedingungen eine ebenfalls die Zufallserwartung genügend übersteigende (gleich- oder gegenläufige) Stufung der Häufigkeit der vermutlich zugehörigen Ereignisse zugeordnet ist. Besonders wichtig ist auf vielen Gebieten, z. B. in der Ausdruckslehre, die Kenntnis der Zufallserwartung bei mehr als zwei Möglichkeiten der Zuordnung. Die Bedeutung der Korrelationsstatistik für die Erforschung des Zusammenhangs zwischen verschiedenen Zügen der Persönlichkeit, insbesondere zwischen verschiedenen *Fähigkeiten*, also für die Klärung der allgemeinen Eigenschaften der Begabungsstruktur („Faktorenanalyse"), sei nur erwähnt. Ebensowenig kann hier auf Einzelheiten der statistischen Verarbeitung von Messungsgruppen zur Feststellung der kennzeichnenden Werte und der Streuungsbreite eingegangen werden.

16. Der messende Versuch

Beim messenden Versuch treten in der Psychologie sehr verschiedene Verfahrensfragen auf, je nachdem, ob er der genaueren *Beschreibung* oder der schärferen *Erfassung von Verursachungszusammenhängen* dient, und ob es sich um Fragen des *Verhaltens* oder des *Erlebens* handelt.

a) Am einfachsten ist die Lage bei der rein äußerlichen *Beschreibung des Verhaltens*. Die Geschwindigkeit und Genauigkeit einer Reaktion; auch die Ausdauer bei irgendeiner fortlaufenden Tätigkeit zu messen, die Menge einer Drüsenaussonderung festzustellen, die Frequenz, den Ausschlag, die Geschwindigkeit und den Druck bei einem Schreibvorgang, den Rhythmus, die Tonhöhe, die Lautstärke sowie das Schwingungsspektrum bei einer Lautäußerung festzuhalten, all das mag im Einzelfall sehr verwickelte Vorrichtungen erfordern, aber keine, die nicht grundsätzlich in anderen experimentellen Wissenschaften ebenso angewendet werden. Auch für die innerleiblichen Änderungen (vom Herzschlag über die Atmung bis zum Aktionsstrom der Nerven) sind viele der erforderlichen Geräte in der Physik, Biologie und Medizin schon entwickelt und müssen nur den besonderen Anforderungen der Psychologie angepaßt werden. Gesamtgebärden lassen sich an Filmaufnahmen ohne weiteres ausmessen.

b) Doch kommt auch die Verhaltensforschung zu Fragen, die eine besondere psychologische Vorgehensweise erfordern, sobald sie sich mit den *Ursachen des Verhaltens* beschäftigt, also mit *inneren Bedingungen*, die im Bewußtsein vielfach gar nicht zutreffend vertreten sind: wenn sie nach Tatbeständen wie Konzentration, Ablenkbarkeit, Merkfähigkeit, Sorgfalt, Begabung, Lernfähigkeit, Gedächtnis oder sonst irgendeiner Art von „Leistungsfähigkeit" fragt, wenn sie die Wirksamkeit von Lern- oder Übungsvorgängen genauer zu bestimmen oder die Stärken verschiedener Triebe bzw. die Anziehungskräfte verschiedener Ziele miteinander zu vergleichen sucht. In allen solchen Fällen hat es sich als zweckmäßig erwiesen, mit größeren Gruppen von einigermaßen gleichwertigen „*Kleinaufgaben*" zu arbeiten, die genügend gehäuft werden können, um unter den verschiedenen zu vergleichenden Bedingungen (etwa Arbeit mit und ohne Ablenkung) einen zuverlässigen *Mengenvergleich* in den verschiedensten Hinsichten durchführen zu können: Zahl der in einer festgesetzten Zeit gelösten Aufgaben, Zahl der Fehler, der Auslassungen usw. (KRAEPELIN 1882/1892, PAULI 1938, DÜKER 1943). Auch in den zahlreichen Versuchen, die (seit EBBINGHAUS 1885) in der Gedächtnisforschung verwendet werden, um den augenblicklichen Erfolg, die Nachhaltigkeit und die Störungen der Einprägung zu untersuchen, werden neben der Messung von Zeiten (Lernzeiten, Reproduktionszeiten usw.) im wesentlichen *Mengen* verschiedener Art (des Behaltenen, der Fehler, der notwendigen Hilfen beim Aufsagen, der Wiederholungen bis zur erneuten Beherrschung usw.) *gezählt* und verglichen. Verfahren dieser Art haben in zweckentsprechender Abwandlung auch der Willenspsychologie wertvolle Dienste geleistet (N. ACH 1910, LEWIN 1917, ZEIGARNIK 1927). In Versuchen, an Tieren die Stärke verschiedener Triebe (Hunger, Durst, mütterliche Fürsorge, Geschlechtstrieb, Orientierungsstreben) zu messen, dient als verhältnismäßig klar definierte Vergleichsgröße die Scheu vor dem Betreten eines mit bestimmter Spannung elektrisch geladenen Rostes, der zur Erreichung eines verlockenden Ziels überschritten werden muß (WARDEN 1931). Da die Tiere auch ohne ersichtliches Ziel den Rost gelegentlich überqueren, muß auch dieser Versuch gehäuft und statistisch ausgewertet werden. Es wird dabei *gezählt*, wie oft ein Tier *ohne* erkennbares Ziel und wie oft es *angesichts* eines bestimmten Ziels in einer festgesetzten Zeit den Rost überquert. Bei den zuletzt genannten Forschungsaufgaben wird, wie man sieht, das Messen von Größen oder Stärken doch wieder durch das Abzählen von Fällen und den Vergleich der gefundenen Anzahlen ersetzt. Diese Anzahlen sind aber nicht als solche bedeutsam, sondern nur, indem sie als Abbilder von bzw. als Hinweise auf echte Größen oder Stärken dienen.

Daneben gibt es für dergleichen Aufgaben auch echte Meßverfahren: Für die messende Bestimmung gewisser Seiten der Begabung hat man zweckmäßig kleine Aufgaben eines ausgewählten Typs in *Reihen von möglichst gleichmäßig ansteigender Schwierigkeit* angeordnet, die dadurch gewissermaßen zur Skala werden, die aus der *Stelle*, an welcher die Versuchsperson versagt, unmittelbar das Maß der betreffenden Fähigkeit ablesen läßt (Lückentest „Speis' und Trank", CHARKOW-Test). Die Maßeinheit bleibt dabei freilich unbestimmt.

Echte Messungen – wie etwa das Anlegen eines Dinges von fraglicher Länge an einen Meterstab – werden, wenn sie wissenschaftlichen Zwecken dienen, ebenfalls gehäuft, und die erhaltenen Messungsgruppen werden, zur Feststellung des Mittelwerts und der Streuung, statistisch behandelt. Auch gehäufte und gezählte Messungen bleiben aber *Messungen* und als solche von anderen ebenfalls zählbaren Tatbeständen unterscheidbar. Ob es logisch möglich und zudem zweckmäßig ist, alles Messen auf ein Zählen von Fällen zurückzuführen (BRUNSWIK 1947), wird hier nicht erörtert. Jedenfalls bleibt für die Zwecke des wissenschaftlichen Versuchs der Verfahrenstyp des Messens von dem des Abzählens von Fällen so deutlich unterscheidbar, daß eine gesonderte Behandlung gerechtfertigt erscheint.

c) Schwierigkeiten besonderer Art treten beim *Messen von Erscheinungen des (inneren und äußeren) Bewußtseins* auf. Es ist kein Zufall, daß die Psychophysik von FECHNER (1860), die ausdrücklich als Grundlegung der experimentellen Psychologie gemeint ist, den ersten durchdachten Versuch darstellt, diese besonderen Schwierigkeiten zu meistern. – Die Gegenstände der Messung sind hier im Grund von derselben Art wie in den Naturwissenschaften: 1. räumliche Ausdehnungen, Zeiten, und von ihnen ableitbare weitere „extensive Größen", 2. Qualitäten der verschiedensten Art in ihren Stärkeabstufungen („intensive Größen"). Die besonderen Schwierigkeiten ihrer Messung in der Psychologie sind folgende: 1. kann man vom naturwissenschaftlichen Grundverfahren des „Anlegens" und der (optischen) Deckung nicht Gebrauch machen; denn der in der realen physikalischen Außenwelt bewährte Grundsatz, daß die Maße der Dinge unabhängig sind von ihrer (absoluten und gegenseitigen) Lage, *gilt in der Wahrnehmungswelt nicht*. Bringen wir den Maßstab zum Gegenstand, so ändern wir mindestens ihre *gegenseitigen* räumlichen Beziehungen, bringen wir den Gegenstand zum Maßstab, so außerdem noch seine Lage, seine Richtung und seine Beziehungen zu sonstigen Umgebungsgegenständen; in jedem Fall muß man *mit einer seelisch wirklichen Veränderung* der fraglichen Größen rechnen. Wir müssen also beim Messen von Wahrnehmungs-Eigenschaften jeden Gegenstand *an seinem Ort* mit anderen Gegenständen *an ihrem Ort* vergleichen. – 2. Der naturwissenschaftliche Kunstgriff, Zeiten und Intensitäten irgendwelcher Art dadurch mittelbar meßbar zu machen, daß man *an ihrer Stelle* eine mit ihnen, notwendig oder infolge bestimmter Einrichtungen (Uhr), regelmäßig einhergehende Ausdehnungs- oder *Lageveränderung* beobachtet, läßt sich in der Welt der Erscheinungen nicht durchführen. Wir können die unmittelbar erlebte

Lautheit eines Rufes, die Helligkeit eines Lichts, die Stärke eines Geruchs, die Dauer des Wartens in einem Vorzimmer oder des Vorüberrauschens einer glücklichen Stunde ebensowenig auf eine Skala übertragen wie die Stärke einer Aufregung oder Spannung, eines Bedrücktseins oder einer Freude, einer Zu- oder Abneigung. Wir sind daher darauf verwiesen, die verschiedenen Qualitäten und Intensitäten *unmittelbar zu vergleichen*. – Mit dem Verzicht auf die Skala müssen wir *allgemein* (wie genauere Erwägung ergibt, auch bei extensiven Größen) auch den *Verzicht* auf das Hilfsmittel einer *festen Maßeinheit* verbinden sowie auf die Möglichkeit, irgendeine Größe ein für allemal als ein Vielfaches davon zu kennzeichnen (was FECHNER noch erhofft hatte). – Die verbleibenden Möglichkeiten, funktionelle Zusammenhänge *innerhalb* des Erlebens sowie *zwischen* dem Erleben und den physikalisch wirklichen Umweltbedingungen einerseits und dem Verhalten andererseits in ihren Feinheiten messend zu verfolgen, sind trotzdem viel zahlreicher, als man danach denken sollte. Sie werden dadurch gewonnen, daß man einen in der Theorie der Messung bisher nicht genügend gewürdigten Sachverhalt, der auch jeder naturwissenschaftlichen Messung zugrunde liegt, *verallgemeinert:*

Die naturwissenschaftliche Messung beruht auf der Beobachtung der „Deckung" zweier Kanten oder Striche. Deckung bedeutet, daß die beiden Kanten oder Striche einander ohne Bruch fortsetzen, daß sie im günstigsten Fall nicht als zwei, sondern *als eine durchgehende Gerade* gesehen werden (u. U. auch, indem die eine ganz in der anderen verschwindet). Es wird also, anstatt die *Beziehung* „gleich oder ungleich" zwischen *zwei* verschiedenen Tatbeständen festzustellen, vielmehr die *ausgezeichnete Gestalteigenschaft „glatt"* oder „bruchlos durchgehend" der weniger ausgezeichneten Gestalteigenschaft „gebrochen" an einem aus den beiden Tatbeständen nach bestimmter Regel gebildeten *Ganzen* gegenübergestellt. Entsprechend wird bei der Bestimmung der Gleichheit der *Qualitäten* (im Photometer) im günstigen Fall nicht unmittelbar die Beziehung der „Gleichheit" zweier Qualitäten der Beziehung der „Ungleichheit", sondern vielmehr *die ausgezeichnete Gestalteigenschaft der „Ungegliedertheit"* bzw. „Grenzfreiheit" des aus den beiden fraglichen Qualitäten zusammengesetzten Beobachtungsfelds der weniger ausgezeichneten Gestalteigenschaft seines „Zerfalls" (entweder in zwei Hälften oder in „Figur mit Umgebung") gegenübergestellt oder, wenn die beiden zu vergleichenden Qualitäten einander *folgen*, die *Gestalteigenschaft des Gesamtverlaufs* „Beständigkeit" den Verlaufseigenschaften „Schwanken", „Zucken", „Springen" oder „Flimmern". Die Gestalteigenschaften der Ungegliedertheit, die ein räumliches Anliegen, und der Beständigkeit, die einen unmittelbaren zeitlichen Anschluß erfordert, *lassen sich nun durch eine Reihe von anderen ausgezeichneten Gestalteigenschaften ergänzen*, die ebenfalls gewisse Gleichheiten zwischen den in die beobachteten Ganzen eingehenden Teilbeständen voraussetzen, aber dabei erstens kein Anliegen, also *keine Ortsveränderung erfordern* (wie die „Symmetrie" oder das „Gleichgewicht" oder die Eigenschaft von zweidimensionalen Gebilden, „weder schmal noch breit" oder „weder hoch noch flach" zu sein); die zweitens *keine gleichen Einzelgebilde* erfordern, sondern *nur gleiche Beziehungen* bzw. Abstände zwischen ihnen (wie die Eigenschaft eines von drei Gebilden, räumlich, zeitlich oder qualitativ „die *Mitte* zwischen den beiden andern" zu bilden, „weder zum einen noch zum andern zu gehören"); die sich drittens auch *in Ganzen aus noch größeren Anzahlen* von zugleich oder in unmittelbarer Folge dargebotenen Einzelgebilden vorfinden (wie die ausgezeichneten Eigenschaften der „*Gleichmäßigkeit*" und der „*Einsinnigkeit des Fortschreitens*" einer ganzen Reihe von Gliedern, die in irgendeiner Hinsicht „abgestuft" sind. Alle diese ausgezeichneten Gestalteigenschaften stehen vielleicht hinter der in der Physik bevorzugten an Schärfe der Abgrenzung gegen die weniger ausgezeichneten Nachbarzustände etwas zurück, aber nicht so sehr, daß ihr Wert als Grundlage von Messungen dadurch wesentlich beeinträchtigt wird.

Die Wahrnehmungslehre i. e. S. als Lehre von den Eigenschaften der anschaulichen Außenwelt besitzt vor allen anderen Gebieten der Erlebensbeobachtung den Vorzug, daß die solchen ausgezeichneten Zuständen *zugeordneten* reizmäßigen (und gegenständlichen) Verhältnisse (nach ihrer räumlich-zeitlichen Verteilung wie auch nach ihrer Art und Stärke) grundsätzlich *mit physikalischen Mitteln meßbar sind;* daß sich also feststellen läßt, ob den in irgendeinem anschaulich ausgezeichneten Sachverhalt eingeschlossenen Gleichheiten eine Gleichheit der zugehörigen Reizeigenschaften (und auch der hinter diesen stehenden physikalisch wirklichen Sachverhalte) entspricht, und wenn nicht, von welcher Art und Richtung die dort bestehende Ungleichheit ist. Die FECHNERsche Schwellenmessung ist nur ein kleiner Ausschnitt aus der Fülle der auf solche Weise messend erforschbaren Tatbestände. Die von ihm und nach ihm zunächst zur Schwellenbestimmung entwickelten Verfahren (Herstellungs-, Grenz-, Eingabelungs-, Konstanzmethode, vgl. FRÖBES 1922) lassen sich ohne weiteres auf die Aufgabe der Festlegung jedes anderen zu Messungszwecken geeigneten ausgezeichneten Sachverhalts anwenden.

Der Grundsatz, daß die Anwendung messender Versuche und umständlicher Berechnungsverfahren nur dort Zweck hat, wo durch qualitative *Vorversuche die Art* der maßgeblichen Bedingungen genügend geklärt, und wo die „Zufalls"-Streuung der Befunde im Vergleich mit dem eben zu prüfenden Einfluß der in dem messenden Versuch variierten Bedingungen genügend klein ist, ist in der experimentellen Psychologie in der ersten Begeisterung nicht immer genügend beachtet worden. – Über die Beeinflussung der Ergebnisse durch das Messungsverfahren vergl. Abschn. 19f.

17. Die Abgrenzung des Gegenstands der Untersuchung

Wenn die Psychologie das Bewußtsein als ein „Bündel von Empfindungen", das Verhalten als ein „Bündel von Reflexen" betrachtet, folgt, daß die Abgrenzung des Untersuchungsgegenstands beliebig ist (so HELSON noch 1926). Dasselbe gilt, wenn man den unterschiedslosen Zusammenhang von allem mit allem voraussetzt – einfach, weil es unmöglich ist, alles auf einmal zu untersuchen. Nachdem das Experiment selbst die alltägliche Erfahrung bestätigt hat, daß das Seelische ein vielschichtiges, vielstufiges und mannigfach untergegliedertes hierarchisches System von zwar einander gegenseitig beeinflussenden, aber doch verhältnismäßig abgegrenzten Bereichen ist und daß auch die jeweils gegenwärtigen Inhalte und Vorgänge ebenso hierarchisch gegliederte *natürliche Einheiten* bilden, so daß in ihrem Innern ein stärkerer (und oft andersartiger) Wirkungszusammenhang besteht als über ihre Grenzen hinweg, hängt es zwar einerseits von der besonderen Versuchsfrage ab, ob man sich *mit mehr oder weniger umfassenden Ganzen befaßt.* Aber nachdem einmal die Größenordnung oder Bereichsstufe gewählt ist, können die Grenzen zwischen dem, was untersucht werden muß, und dem, was vernachlässigt werden darf, *nur durch das Experiment selbst aufgesucht werden, indem man prüft,* innerhalb welcher Grenzen eine lokale Einwirkung bzw. Änderung noch merkliche Folgen hat. Dies gilt um so mehr, als die Verursachungszusammenhänge vielfach anders abgegrenzt sind als die unmittelbar sich darbietenden Erscheinungen sowohl des Verhaltens als auch des Erlebens (LEWIN 1927). – Der

Bereich, der berücksichtigt werden muß, um eine bestimmte Erscheinung zu verstehen, *kann* schwanken zwischen einem begrenzten Ausschnitt eines einzelnen Sinnesfeldes über oberflächlichere und tiefere Schichten der Persönlichkeit bis zur Gemeinschaft, in welcher der ganze untersuchte Mensch selber nur als ein Teil auftritt, oder endlich dem Zeitalter oder Zivilisationsbereich, in welchem auch die einzelnen menschlichen Gemeinschaften unter Umständen verschwindend kleine Teilgebilde sind. – Jedenfalls ist es methodisch falsch, für jede, auch die geringfügigste Besonderheit oder Störung des seelischen Geschehens, ohne Berücksichtigung anderer Möglichkeiten, den Herd grundsätzlich nur im Kern der Persönlichkeit zu suchen, wie das in der Psychoanalyse und der Tiefenpsychologie überhaupt üblich war und zum Teil noch ist – obwohl mit dieser Möglichkeit stets gerechnet werden muß. Das RANSCHBURGsche Phänomen ist wichtig als Beispiel eines im engsten örtlichen Bereich der Wahrnehmung selbst begründeten Fehlverhaltens. Aus einem etwas tieferen, aber noch keineswegs im Kern gelegenen Bereich entspringen die „intendierten Fehlreaktionen" in den Einübungsversuchen von N. ACH und K. LEWIN.

18. Die Vorbereitung des Versuchs. Vorversuch und Hauptversuch

Der *Vorversuch* dient u. a. dazu, die Einrichtung, die Verfahrensweisen und, falls nötig, die Versuchsanweisung zu erproben. Theoretisch ist es zwar möglich, einen Versuch so vorzubereiten, daß alle zu berücksichtigenden Umstände von vornherein in Rechnung gestellt sind. In der Praxis stellt es sich aber regelmäßig heraus, daß die Phantasie auch eines erfahrenen Experimentators nicht ausreicht, um alle Störungsmöglichkeiten und alle im Augenblick nicht zu untersuchenden und daher möglichst auszuschließenden oder konstant zu haltenden Faktoren vorauszusehen.

Bei vielen Untersuchungen muß festgestellt werden, ob die vorgesehene Vp. dafür geeignet ist und in welcher Weise mit ihr vorgegangen werden muß. Man denke an die Feststellung der Sehschärfe oder Farbtüchtigkeit bei Fragen der psychologischen Optik, oder an die Feststellung der Händigkeit bei den Fragen der Mitübung (des „Transfer"). Wenn die Verwendbarkeit der Vp. feststeht, ist vielfach eine besondere *Einübung* oder wenigstens *Einweisung* erforderlich (Abschn. 12).

Bei *messenden* Versuchen, in denen zahlreiche Einstellungen vorgenommen werden müssen, dienen besondere Vorversuche dazu, die ungefähre *Lage der kritischen Werte* und die *Ausdehnung des durchzumessenden Bereichs* abzutasten und die zweckmäßigste *Größe der Schritte* zwischen den einzelnen Einstellungen der veränderlichen Größe festzulegen. Es muß die rechte Mitte gefunden werden zwischen einer zu engen Lage der Einstellungen, die zwar eine große Genauigkeit des Endergebnisses mit sich bringt, aber Vl. und Vp. unerträglich ermüdet und im Grenzfall aus Zeitgründen undurchführbar wird, und einer zu weiten Lage, bei der zwar Zeit gespart und Übermüdung vermieden, das Ergebnis aber ungenau wird.

Endlich ist es vielfach wichtig, im voraus den „*Differenzierungsbereich*" für die fragliche Erscheinung festzustellen. Wir verstehen darunter denjenigen Bereich beteiligter Größen, *innerhalb dessen die Wirksamkeit eines zu prüfenden Faktors bemerkbar wird*. – Als Beispiel sei die Rolle der Wortbedeutung beim Einprägen sprachlicher Gebilde genannt. Zu prüfen sei, ob Reihen aus sinnvollen Wörtern wirklich leichter behalten werden als solche aus sinnlosen Silben. Zur Feststellung des vermuteten Unterschieds diene beispielsweise die Anzahl der Glieder, die nach einer bestimmten Zahl von Darbietungen frei wiedergegeben werden können. Ist die Zahl der Darbietungen zu gering, so wird die Wiedergabe unter beiden verglichenen Bedingungen möglicherweise annähernd gleich dürftig sein; ist sie zu groß, so werden wieder beide Reihen gleichgestellt sein, indem im Grenzfall die Vp. die eine wie die andere vollständig wiederzugeben vermag. Für eine gegebene Größe, Art und Menge der Einzelgebilde sowie für eine bestimmte Auswahl von Vpn. muß es aber, wenn der Unterschied überhaupt von Belang ist, eine „mittlere" Anzahl von Darbietungen geben, bei welcher keine der beiden Reihen ganz, aber die eine deutlich besser als die andere gekonnt wird. Schon wenn nur eine der beiden verglichenen Reihen vollständig wiedergegeben werden kann, besteht der Verdacht, daß der Unterschied zwischen den beiden Reihen nicht in seinem vollen möglichen Ausmaß erkennbar wird; denn von derjenigen Darbietungszahl an, bei welcher die eine Reihe vollständig wiedergegeben werden kann, rückt mit jeder neuen Darbietung die Menge des Gekonnten in der schlechter gestellten Reihe an die in der besseren heran. Der Bereich, in welchem die unterschiedliche Wirkungsstärke voll in Erscheinung tritt, ist also nur dann eingehalten, wenn noch keine der beiden Reihen vollständig gekonnt wird. – Als zweites Beispiel eines Differenzierungsbereichs diene die Zahl der Zeichen, bei welcher – eine Darbietungszeit von bestimmter Kürze vorausgesetzt – im RANSCHBURG-Versuch die Gruppe mit einem wiederholten Zeichen deutlich schlechter erfaßt wird als die mit lauter verschiedenen. Von dem Unterschied ist weder bei zu geringer noch bei zu großer Zahl der Zeichen etwas zu bemerken. Im ersten Fall erkennt man beide Male alles richtig, im zweiten beide Male im Durchschnitt gleich wenig. Der Unterschied tritt nur an der Grenze der Überschaubarkeit zutage, d. h. für Grundschulkinder bei fünf, für Erwachsene bei sechs Zeichen.

Übrigens ist die Unterscheidung zwischen Vor- und Hauptversuch gleitend. Immer wieder wird man in die Lage kommen, einzelne Versuche oder sogar ausgedehnte Versuchsgruppen, die ursprünglich als Hauptversuche gedacht waren, aber flaue, verschwommene oder widersprüchliche Ergebnisse hatten, nachträglich zu Vorversuchen „herabsetzen" zu müssen, nachdem zunehmende Erfahrung und Sicherheit auf dem fraglichen Gebiet gelehrt hat, daß der unbefriedigende Ausfall nur die Folge einer noch ungenügenden Beherrschung der Bedingungen war.

19. *Die Wiederholbarkeit des Versuchs*

Jeder psychologische Versuch findet an einem lebenden Wesen und daher bei einer Wiederholung unvermeidlich unter veränderten Bedingungen statt: Auch wenn man von den grundsätzlich umkehrbaren, aber nie völlig beherrschbaren Schwankungen des Befindens und Gemütszustandes absieht, muß man außer den *innenbedingten gerichteten Veränderungen* (Wachstum, Reifung, Altern) mit den dauernden Wirkungen *äußerer Einflüsse* zwischenliegender Erlebnisse, Erfahrungen und Übungsvorgänge und vor allem damit rechnen, daß *durch den Versuch selbst* das Lebewesen in einer Weise verändert wird, die man nicht mehr rückgängig machen kann. Schon beim höheren Tier ist die im ersten Versuch *unbekannte* Situation unter Umständen schon im zweiten eine *bekannte;* beim Menschen wird sie darüber hinaus vielfach von einer *Erinnerung* an das erstemal begleitet sein und infolgedessen mit bestimmten *Erwartungen* über das, was diesmal geschehen wird, und mit bestimmten *Gefühlseinstellungen* verknüpft sein. Außerdem kann die Zwischenzeit Gelegenheit gegeben haben zu allerlei Vermutungen über Sinn, Zweck und Verfahren des Versuchs und über das, was der

Versuchsleiter voraussichtlich haben will. Bei rascher Aufeinanderfolge von Einzelversuchen hat man mit den kurzfristigen Veränderungen einer besseren Orientiertheit in der Versuchssituation, später mit Ermüdungs- oder Sättigungserscheinungen, auf längere Sicht auch mit Übungserfolgen zu rechnen.

Bei vielen Versuchsfragen wird die Versuchsperson durch den Versuch so entscheidend verändert, daß jede andere „normale" Person, trotz aller ihrer Besonderheiten von Begabung und Charakter, der ersten Versuchsperson in ihrem vom Versuch unbeeinflußten früheren Zustand im Hinblick auf die gestellte Frage ähnlicher ist als diese sich selbst. Es ist daher tatsächlich jede Vp. durch eine einmalige Teilnahme für weitere Untersuchungen der gleichen Art „verdorben" (es kann daher mit ihr nicht einmal ein einführender „Vorversuch" angestellt werden). Man muß die Vp. für jeden neuen Versuch wechseln (einfachste Beispiele: Auflösung eines Vexierbilds oder einer kleinen Denkaufgabe). Man braucht aber deshalb nicht (mit BINSWANGER) *jede* psychologische Beobachtung als *schlechthin* unwiederholbar zu betrachten. Denn vielfach betrifft die Änderung durch den Versuch nur solche Eigenschaften des Verhaltens und Erlebens, *nach denen* im Augenblick *nicht gefragt wird;* hier kann der Versuch ohne Bedenken wiederholt werden.

Im Wahrnehmungsversuch bestehen vielfach die entscheidenden Veränderungen der Vp. darin, daß diese *ihre „Unbefangenheit" verliert,* also 1., daß sie im Verlauf ihrer Beobachtungen „hinter die Kulissen" der Versuchsanordnung schaut, daß sie erfährt, auf welche Weise die beobachteten Erscheinungen zustande gebracht werden; 2. in messenden Versuchen darin, daß sie über die „Unrichtigkeit" ihrer Aussagen, d. h. über Richtung und Maße der Abweichung der anschaulich *vorgefundenen* Gleichheiten von den *objektiven* unterrichtet wird und nun ihre Aussagen entweder im Sinn objektiven Zutreffens zu berichten versucht, oder, falls sie weiß, daß dies der Beobachtungsaufgabe widerspricht, jedenfalls unsicher wird; 3. in längeren Meßreihen darin, daß durch eine geordnete Reihenfolge der Darbietungen eine *Erwartung über die Art der nächstfolgenden Darbietung* entsteht. – Die erste und zweite Art der Beeinflussung der Vp. zuzulassen, ist einfach ein Kunstfehler. Wenn man nicht weiß, daß es sich um Erscheinungen von solcher Durchschlagskraft handelt, daß sie auch durch das „bessere Wissen" nicht wesentlich verändert werden können, muß jeder Wahrnehmungsversuch grundsätzlich (auch) *„unwissentlich"* durchgeführt werden. – Zur Vermeidung von Erwartungseinflüssen dient die *„undurchsichtige Reihenfolge"*, die auf verschiedene Weise, z. B. durchs Los, hergestellt werden kann und zweckmäßig (siehe unten) in *Umkehrung* wiederholt wird. Auch der *„Vexierversuch"*, in welchem bestimmte von der Versuchsperson als bestehend vorausgesetzte Bedingungen *nicht vorhanden sind* oder von ihr erwartete *Änderungen* der Bedingungen *nicht erfolgen,* ist nützlich, um festzustellen, wie stark die Wirkung der Erwartung auf die Versuchsperson ist. Aber sein Ergebnis der Vp. *mitzuteilen,* ist *ebenfalls* ein Kunstfehler, da es sie den Erscheinungen gegenüber mißtrauisch macht, so daß sie nur noch grobe Befunde meldet.

Vielfach sind Änderungen auch der gerade *untersuchten* Eigenschaften, die man nicht ganz vermeiden kann, *geringfügig* und klingen mehr oder weniger rasch ab. Dann genügt es, zwischen die einzelnen Versuche ausreichende Pausen zu legen. Zweckmäßig ist es auch, längere Versuchsreihen in gegenläufiger Reihenfolge zu wiederholen, so daß das, was in der ersten Reihe am Anfang stand, in der zweiten an den Schluß kommt und umgekehrt. Aus den Befunden solcher *„gegenläufiger Reihen"* lassen sich etwaige Einflüsse der Reihenfolge ablesen und auch rechnerisch ausscheiden.

Übrigens ist gerade die Veränderung der Vp. durch Einwirkungen irgendwelcher Art eine der meist untersuchten Fragen der Psychologie. Hierher gehört jeder Versuch über das Gedächtnis, über das Einprägen, Lernen, Üben, Behalten, jeder Dressurversuch, jeder Versuch über objektive Einstellung und über Anpassung (Adaptation) an irgendwelche Bedingungen, über Ein-, Um- und Abgewöhnung, über affektive Nachwirkungen, über Pläne, Vorsätze, Aufträge und Terminsuggestionen. Alle solche Untersuchungen zerfallen natürlicherweise in zwei zeitlich und inhaltlich voneinander klar unterscheidbare Phasen: die *Einwirkungsphase,* in welcher die Vp. planmäßig in bestimmte Lagen gebracht bzw. bestimmten Einwirkungen ausgesetzt wird, beispielsweise bestimmte Aufgaben erhält, und die *kritische Phase,* in welcher durch einen „*Prüfversuch*" die Nachwirkungen der vorausgehenden Beeinflussung festgestellt werden. Streng genommen handelt es sich hier nur um einen einzigen umfassenden Versuch, dessen beide notwendige Bestandteile, Einwirkung und Beobachtung der Folgen, zeitlich auseinandergezogen sind, wenn sie sich auch mehr oder weniger weit überschneiden, indem schon in der Einwirkungsphase laufend vorläufige Beobachtungen stattfinden und auch die kritische Phase nicht ohne eine für sie kennzeichnende neue Einwirkung durchführbar ist. Für die Reinheit der Bedingungen, der im Prüfversuch eine ganz besondere Bedeutung zukommt, ist insbesondere die Tierpsychologie im Besitz einer hochentwickelten Methodik, die aber hier im einzelnen nicht besprochen werden soll.

20. *Erkenntniswert des psychologischen Experiments; die Frage der Lebensferne*

Das psychologische Experiment hat nur dann Erkenntniswert, wenn seine Befunde gültig sind für diejenigen Lagen, aus denen die Versuchsfrage entstanden ist: Es sollen bestimmte Erlebens- und Verhaltensweisen des Menschen, die im täglichen Leben, in Familie und Beruf, bei Arbeit und Erholung an ihm auffallen, geklärt und ergründet werden. Dazu werden die Bedingungen vereinfacht und überschaubar gemacht, Einwirkungs- und Beobachtungsmittel eingeführt, ein Versuchsleiter, möglicherweise ein Protokollant sind anwesend, und nicht zuletzt wird der Mensch selbst ins psychologische Institut bestellt und schon dadurch *in eine „Vp." verwandelt,* in etwas, *was er sonst nicht ist.* Dies ist der greifbare und berechtigte Sinn aller Zweifel am Erkenntniswert psychologischer Experimente wegen der „Künstlichkeit" der Bedingungen, wegen der „Lebensferne" der „Laboratoriumssituation".

Die Schwierigkeit ist von sehr verschiedener Art, je nachdem, ob die Versuchsperson zur Erlebens- oder Verhaltenbeobachtung, zum Forschungs- oder diagnostischen Experiment herangezogen wird. Soweit es sich um *Forschungs*experimente handelt, *beobachtet sie im ersten Fall selbst, im zweiten wird sie* beobachtet. Beim *diagnostischen Experiment* ist sie im *zweiten* Fall ebenfalls ausschließlich *Gegenstand* der Beobachtung, im *ersten* dagegen *Beobachter und Beobachteter zugleich.*

a) Die *Vp. als Beobachter im Forschungsexperiment* befindet sich nicht schon ohne weiteres in einer lebensfernen Lage. Es ist etwas durchaus Natürliches, entweder aus eigenem Wissensdurst oder zum Zweck der Ausbildung, oder aus Gefälligkeit, oder zum Broterwerb, jemandem bei Beobachtungen behilflich zu sein. Hier handelt es sich nur darum, ihm bei dieser Tätigkeit *die Unbefangenheit zu wahren:* ihm keine bestimmten Erwartungen über den Versuchsausfall einzuflößen, seine Neugier über den Sinn der Versuche, die Art der Versuchsanordnungen und das erwartete Ergebnis auf die Zeit nach Beendigung seiner Tätigkeit zu vertrösten. Dies ist die entscheidende Bedeutung der „*Unwissentlichkeit*" im psychologischen Experiment. – Es ist auch der Grund, aus dem die grundsätzliche Behauptung (Abschn. 12), jede Erlebensbeobachtung könne *vom Forscher selbst* ausgeführt werden, eine wesentliche *praktische Einschränkung erfährt*: Handelt es sich nicht um einen Zufallsfund, sondern um einen im Verlauf bestimmter theoretischer Überlegungen entworfenen Versuch, so kann die eigene Beobachtung des Forschers niemals unwissentlich sein; der Forscher als Beobachter ist *notwendig befangen*: Er kann sich von Erwartungen über den Ausfall des Versuchs nicht freimachen. Wenn es sich nicht um verhältnismäßig handfeste Erscheinungen handelt, wird er entweder beobachten, was er erwartet; oder er wird, in dem Bestreben, sich von seiner Erwatung nicht verführen zu lassen, die vorausgesetzte Erwartungswirkung überkompensieren; oder wenn er auch diese Gefahr kennt, vollends die Sicherheit verlieren, genau wie jeder andere befangene Beobachter.

Aus demselben Grund muß in *Massenversuchen* streng darauf geachtet werden, daß die Vpn. die Befunde ihrer Mitbeobachter *nicht* vor der Abgabe ihrer Niederschrift *erfahren;* manche Vpn. neigen dazu, ihre Befunde den anderen anzugleichen, andere werden mißtrauisch gegen jeden Befund, der mit der Nachbarschaft übereinstimmt, und neigen daher dazu, geringfügige eigene Abweichungen davon zu übertreiben.

Die unwissentliche Beobachtung muß ergänzt sein durch die „*inhaltlich unbeeinflußte Aussage*". Der Psychologe muß die Technik der *suggestionsfreien Befragung* ebenso beherrschen wie der Untersuchungsrichter. Unter Umständen wird man es sogar vermeiden zu fragen, auf welche Seiten, Eigenschaften oder Besonderheiten des Dargebotenen der Beobachter achten soll, und sich auf die Frage beschränken, „was ihm daran auffällt". Zur Kunst des psychologischen Experiments gehört die „*sprachfreie Hinleitung*" zum fraglichen Sachverhalt. U. a. variiert man hierzu in den einleitenden Darbietungen ausschließlich diejenige Eigenschaft, auf die es ankommt, oder man läßt sie wechselnd auftreten und verschwinden. Nachdem der Beobachter sie genannt hat, kann man sich mit ihm weiter verständigen, daß eben diese Eigenschaft genau beobachtet werden soll.

Wo, wie im *diagnostischen* Versuch, die Beobachtung *zugleich Leistungsprüfung* ist und als solche empfunden wird, kann es der Vp., die hier in der Rolle des „*Prüflings*" ist, wichtig sein, entweder (bei einer Berufszulassungsprüfung) leistungsfähiger oder (bei einer Versehrtheitsfeststellung) weniger leistungsfähig zu erscheinen, als sie wirklich ist. Es kommt auch vor, daß sie durch bestimmte Eigentümlichkeiten ihrer Leistung auf den Prüfer Eindruck machen, ihn in Erstaunen setzen, ihn ärgern oder durch Bestätigung seiner Erwartungen sich ihm gefällig erweisen möchte. Alle auf solche Weise zustandekommenden Scheinergebnisse, vom groben Täuschungsversuch des Simulanten bis zum kaum auflösbaren Selbstbetrug des Neurotikers, als solche zu entlarven, ist eine weitere wichtige Aufgabe des schon erwähnten *Vexierversuchs*, dessen besondere Technik nur aus der jeweiligen Versuchsaufgabe abgeleitet werden kann.

Die Veränderung der Inhalte des eigentlichen *Selbst*bewußtseins dadurch, daß man seine Aufmerksamkeit auf sie richtet – wovon in der älteren Erörterung der Möglichkeit einer wissenschaftlichen Psychologie soviel die Rede ist –, wird heute nicht mehr als entscheidendes Hindernis betrachtet, aus zwei Gründen: Erstens trifft diese an sich richtige Beobachtung streng nur für eben angedeutete Gemütszustände zu (besonders für solche, die man sich durch bestimmte Vorstellungen zu Versuchszwecken willkürlich angequält hat). *Stärkere* Gemütserregungen lassen sich durch Selbstbeobachtung erfahrungsgemäß *nicht wesentlich beeinflussen.* Zweitens werden *auch flüchtige* Innenerlebnisse durch die Beobachtung bzw. Beobachtungsabsicht, wie die Erfahrung gezeigt hat, *nicht merklich verändert,* wenn die Beobachtungsabsicht nur darauf gerichtet ist, das soeben Erlebte *nach seinen Ablauf rückschauend festzuhalten* (KÜLPE, BÜHLER, MARBE, MESSER).

b) *Im Verhaltensversuch* bringt das Bewußtsein, beobachtet zu *werden,* den Menschen als Vp. wirklich *in eine grundlegend veränderte Lage.* Freilich gibt es eben diese Lage auch im sonstigen Leben bei jeder Prüfung, bei der Lehrprobe, der Probepredigt, der Antrittsvorlesung usw.; sie ist insofern diesem nicht völlig fremd. Und es kann zur Versuchsfrage werden, wie (und wie stark) durch die Versuchssituation (die dem „Examensdruck" und dem „Lampenfieber" nah verwandt ist) das Verhalten des Menschen sich ändert. – Die nächstliegende, äußerlichste Maßnahme, um diesen Zustand wenigstens zu mildern, ist die räumliche Trennung von Vl. und Vp. Sie wird zweckmäßig verbunden mit einer Trennung von Vl. und *„Mitspieler"* der Vp. Der Mitspieler, im willenspsychologischen Versuch eine ebenso wichtige Hilfsperson des Forschers wie der Auswerter in der Ausdruckslehre, spielt u. a. die Rolle, sittlich nicht verantwortbare Situationen der Vp. (oben Abschn. 7, c) zu vermeiden. Die Beobachtung kann dann aus einem dunklen Nebenraum durch eine einseitig durchsichtige Scheibe (GOTTSCHALDT) erfolgen; ein hellgestrichener und von der Seite der Vp. kräftig beleuchteter Fliegendraht (wie ihn LEWIN schon vorher benutzte) tut denselben Dienst. Wenn die Vp. gefilmt werden soll, wird das Aufnahmegerät unsichtbar aufgestellt und die Aufnahme, etwa durch die Geräuschkulisse eines Ventilators, unhörbar gemacht. Wichtig ist auch, die Beleuchtungsvorrichtungen möglichst unauffällig anzubringen. Prüflinge zu diagnostischen Zwecken vor das offene Aufnahmegerät zu setzen, ist, falls es nicht lediglich *neben* der unwissentlichen Aufnahme als besondere Versuchsvariation geschieht, ein grober Kunstfehler.

Bei Kindern und Schülern sind im allgemeinen darüber hinaus keine Maßnahmen erforderlich. Für das Kind ist das Laboratorium ein Ort, wo man bei einer netten Tante schöne Spiele macht; und für den Schüler nimmt das Beobachten, Lernen, Aufgabenausführen und Abgefragtwerden ohnehin die Hälfte seines Lebens ein.

Bei Erwachsenen ist das Bewußtsein, Vp. zu sein, nicht so einfach zu beseitigen. Doch gibt es auch hier Abhilfe. Auch im Laboratorium besteht dieses Bewußtsein nur während derjenigen Tätigkeiten, die die Vp. als *zur wissenschaftlichen Untersuchung gehörig* betrachtet, nicht aber im freundschaftlichen Gespräch mit dem Vl. oder einem Bekannten, auch nicht, wenn man dem Psychologen in irgendeiner Notlage Hilfestellung leistet. Es kommt also einfach darauf an, die Vp. zwar zu ausgesprochenen und für sie deutlich als solche erkennbaren Experimenten heranzuziehen. Die *entscheidenden* Versuche, in denen das Bewußtsein, Vp. zu sein, vermieden werden muß, werden in die Pausen und Wartezeiten verlegt, oder es wird ihnen die Form unbeabsichtigter Zwischenfälle und Ablenkungen gegeben, was bei zahlreichen Versuchsfragen möglich ist (LEWIN). Ähnlich hat man das Lernen ohne Einprägungsabsicht untersucht, indem man die Vp. nur als Vorleser für andere, die als eigentliche Vp. galt, heranzog (KÜHN 1914), oder indem man die einzuprägenden Inhalte der Vp. in längeren Versuchsreihen immer wieder paarweise „zum Größenvergleich" vorlegte (GOTTSCHALDT 1929). In anderen Fällen ist es möglich, den Vpn. die *Leitung* bestimmter Versuche mit dritten Personen zu übertragen (CLOSTERMANN 1930). Übrigens ist „Lebensferne" vielfach gar nicht durch die Tatsache des Experimentierens bedingt, sondern z. B. *durch lebensferne vorgefaßte Theorien.* So im Lernversuch, wenn man (ausschließlich) mit „sinnlosen Silben" arbeitet, weil man glaubt, zum Zweck der Reinheit des Versuchs alte Assoziationen nur auf diese Weise ausschließen zu können; oder im Denkexperiment, wenn von der Vp. die Ausführung von Operationen der aristotelischen Logik verlangt wird, die in natürlichen Denkvorgängen nie ausgesondert vorkommen. Gelegentlich wird ein lebensfremdes Verhalten der Vp. sogar von *außerhalb* des Laboratoriums veranlaßt (bei Schülern etwa durch einen übereifrigen Lehrer, der sich bemüht, sie auf ihre Tätigkeit vorzubereiten; LEWIN 1926).

21. Die natürliche Reihenfolge der experimentellen Fragen

Die natürliche Reihenfolge der experimentellen Fragen richtet sich nach der Beherrschbarkeit der Bedingungen und der Erfaßbarkeit und Mittelbarkeit der Befunde. Wie man aus Versuchen an Elektrisiermaschinen Erkenntnisse über das Wesen der Gewitter gewinnt und nicht umgekehrt, muß man auch hoffen, am Studium bescheidener Bedürfnisse, Vorsätze und Ausgaben Erkenntnisse über lebensentscheidende seelische Vorgänge zu gewinnen, die man nicht ebenso beherrschen kann.

Nach *Gebieten* ist, wegen des großen Anteils der äußeren Bedingungen, die *Beherrschbarkeit* zweifellos am vollkommensten bei Fragen der *äußeren Wahrnehmung,* in zweiter Linie beim Gedächtnis und beim Denken. Doch haben sich auch für Fragen der Trieb- und Willenspsychologie, die man bis vor kurzem noch als unzugänglich für das Experiment betrachtete, geeignete Versuchsverfahren entwickeln lassen (LEWIN); und zweifellos ist das erst ein Anfang. Der tatsächliche Entwicklungsverlauf der experimentell-psychologischen Forschung entspricht ungefähr dieser Reihenfolge der Beherrschbarkeit. Messende Wahrnehmungsuntersuchungen wurden von Physiologen (Johannes MÜLLER, E. H. WEBER) schon lange vor FECHNERS Psychophysik angestellt. Innerhalb der Verhaltensforschung besteht ein sachlich ebenso verständlicher Vorsprung der Erforschung einfacher Willenshandlungen und ihrer Übbarkeit vor der Ausdruckslehre und Charakterkunde.

In der *Erfaßbarkeit und Mittelbarkeit der Befunde* ist die Verhaltensbeobachtung der Erlebensbeobachtung – wenigstens in Fragen des Außenweltbewußtseins – nicht so sehr überlegen, wie man zunächst annehmen möchte. Wichtiger ist die Tatsache, daß *allgemein* außer *Größen* und *Mengen* sich nur Eigenschaften des *raum-zeitlichen Gefüges* (der Struktur im allgemeineren Sinn) aufzeichnen und mitteilen lassen, während man *Qualitäten* (Beschaffenheiten und Ausdrucks- oder Wesenseigenschaften) *nur aufweisen,* aber einen Menschen, der für sie nicht empfänglich ist, auf keine Weise zur Anerkennung ihres Verwirklichtseins nötigen kann. Hierin liegt die besondere Schwierigkeit der Gefühlslehre, die ihren Rückstand gegenüber anderen Gebieten der Psychologie ohne weiteres verständlich macht. Glücklicherweise besteht aber zwischen zahlreichen Qualitäten (Beschaffenheiten und Ausdruckseigenschaften, auch den Gefühlen) und gewissen Eigenschaften der Struktur seelischer Sachverhalte eine unlösbare Zusammengehörigkeit. In allen solchen Fällen ist es der gegebene Weg der Forschung, die jenen Qualitäten wesensmäßig *zugeordneten Strukturen,* besonders auch dynamischer Art, aufzusuchen, zu beschreiben und zu klären. Der Versuch, Eigenschaften von Strukturen durch den Hinweis auf zugehörige oder begleitende Gefühle zu erläutern, hat sich nicht als fruchtbar erwiesen.

22. Die natürliche Reihenfolge der experimentell zu prüfenden theoretischen Ansätze

Auch die Reihenfolge der zu prüfenden theoretischen Ansätze ist nicht dem Belieben des Forschers freigestellt. Sie ist vielmehr durch die Tatsache festgelegt, daß Seelisches, bei aller seiner Eigenart, *nur an lebenden Wesen* beobachtet wird und daß lebende Wesen nach der *unbelebten Natur* hin offene Systeme sind, deren kleinste Bestandteile zudem ohne Ausnahme auch in jener vorkommen. Wenn man nach den Gesetzen des Seelischen sucht, wird man also zweckmäßigerweise zunächst solche Gesetzmäßigkeiten der Prüfung unterziehen, die schon für das unbeseelte Leben und weiterhin für die unbelebte Natur gesichert sind. (Nebenbei ist gerade für den im Assoziationsprinzip enthaltenen Verursachungstyp, den Hauptbestandteil aller sich naturalistisch nennenden Psychologien, in der unbelebten Natur bisher *keine* Entsprechung bekannt geworden.) Wenn gewisse Typen des Naturgeschehens sich beim Lebensgeschehen oder beim seelischen Geschehen im Experiment als unangemessen erweisen, so wird man *erst alle anderen* bekannten Verursachungstypen der unbelebten Natur durchproben müssen, ehe man den Schluß zieht, daß das Leben oder das seelische Geschehen grundsätzlich anderen Verursachungstypen folgt als die unbelebte Natur. Dieser Grundsatz ist im neueren Vitalismus außer acht gelassen worden. Denn das Prinzip der festen Leitungen, das seit DESCARTES' Principia philosophiae den Kern aller Maschinentheorien des Lebens und der Seele bildet, ist nicht das einzige, ja *nicht einmal ein wichtiges* Prinzip der Ordnung in der unbelebten Natur (KÖHLER 1920). Ebenso gibt es in der unbelebten Natur noch ganz andere Weisen der Verursachung als den Stoß, den ein fester Körper auf einen anderen ausübt. Wenn sich also in der Psychologie der mechanische Stoß nicht als der bevorzugte Typ der Verursachung herausstellt, so folgt ebenfalls nicht, daß es in der Psychologie keine strengen Verursachungszusammenhänge gebe (METZGER 1941).

23. Der methodische Primat des Seelischen in der Psychophysik

Für die experimentelle Untersuchung des Zusammenhangs zwischen Erlebnissen und den ihnen unmittelbar zugeordneten körperlichen Vorgängen hat sich der „*empirische Parallelismus*" als die fruchtbarste Arbeitshypothese erwiesen. Diese Arbeitshypothese enthält *nicht* die Forderung, daß zu *jeder* Eigenschaft der physikalischen Vorgänge im zentralen Nervensystem eine sie abbildende Eigenschaft der seelischen Erscheinungen, und zu jeder Eigenschaft des Seelischen eine zugeordnete Eigenschaft der zentralnervösen Vorgänge sich müsse finden lassen. Es läßt sich schon heute mit einiger Sicherheit angeben, für welche Eigenschaften beider einander zugeordneten Gebiete diese Forderung *unerfüllbar* ist. Der Ansatz behält aber seinen Wert, wenn sich auch nur *einige* – wesentliche – Eigenschaften des Seelischen *einigen* – wesentlichen – Eigenschaften des Physischen zuordnen lassen, wie das für die Topologie, die (raumzeitliche und qualitative) Struktur und die Dynamik der fraglichen Vorgänge und Gebilde ohne Zweifel der Fall ist. Dieser Ansatz ist ferner *nicht materialistisch*, insofern er *keinerlei Vorrang* des körperlichen („materiellen") Aspekts der fraglichen Erscheinungen vor ihrem seelischen bzw. erlebnismäßigen Aspekt behauptet. Vor allem bedeutet dieser Ansatz *keinen „Physikalismus"*; d. h. er enthält *nicht* die Anweisung, sich im Verständnis des Seelischen durch physikalische Kenntnisse leiten zu lassen. Bei dem augenblicklichen Stand der Forschung: ausgebreitete und eindringende Kenntnis der Erlebenserscheinungen, dagegen nur allererste Annäherung an eine Kenntnis vereinzelter Vorgänge im Zentralnervensystem, lassen sich weder aus der Kenntnis peripher-physiologischer noch aus derjenigen zentral-nervöser Tatbestände irgendwelche Folgerungen über die Natur von Erlebnissen ableiten, geschweige denn Behauptungen darüber aufstellen, wie seelische Erscheinungen *eigentlich* beschaffen sein müßten; was in der älteren experimentellen Psychologie durchweg ganz unbedenklich geschehen ist (W. KÖHLER 1913; vgl. auch METZGER 1941, Kap. 2). Dagegen haben sich aus unserer Kenntnis des Erlebens, insbesondere der Eigenschaften der anschaulichen Außenwelt, für die experimentelle Forschung höchst fruchtbare Schlüsse auf die vermutlichen Eigenschaften der ihnen zugeordneten zentral-nervösen Vorgänge ziehen lassen (WERTHEIMER 1912, W. KÖHLER 1920, JACOBS 1933, W. KÖHLER 1938). Dieser *methodische Primat des Seelischen* vor dem Physiologisch-physikalischen wird aller Voraussicht nach noch für eine geraume Zeit seine Geltung behalten. Aber auch wenn einmal die physiologische Erforschung des Zentralnervensystems völlig aufgeholt haben sollte, werden ihre *mittelbaren* Aufschlüsse wohl für dessen *unbewußte* Bereiche Bedeutung gewinnen, unsere Kenntnis des im bewußten Erleben *unmittelbar* Gegebenen aber niemals berichtigen oder gar ersetzen können. Der Arbeitsansatz des empirischen Parallelismus enthält die Forderung, ja, er besteht im Kern geradezu aus der Forderung, daß über die psychophysischen, das heißt über die dem Erleben unmittelbar zugeordneten nervösen Vorgänge keinerlei Annahme erlaubt ist, die sich nicht in jeder Beziehung mit den Gesetzmäßigkeiten des anschaulichen Erlebens und des Seelischen überhaupt verträgt. Wer trotzdem parallelistische Überlegungen und Einzelannahmen für abwegig hält, dem steht es beim gegenwärtigen Stand der Dinge frei, sie experimentell zu prüfen und – vielleicht – zu widerlegen, oder, falls er das nicht will, sich des Urteils darüber zu enthalten. Dagegen steht es ihm *nicht* mehr frei, die sachliche Auseinandersetzung mit den Ergebnissen psychophysischer Untersuchungen durch die Ablehnung der Kenntnisnahme zu umgehen – wenn er sich nicht des Rückfalls in vorwissenschaftlichen Dogmatismus schuldig machen will.

24. *Die Auswertung und Darstellung der experimentellen Befunde*

Die Auswertung und Darstellung der experimentellen Befunde ist ein wesentlicher Bestandteil der wissenschaftlichen Arbeit.

Beim *qualitativen* Versuch ist so schwierig wie selbstverständlich die „*deutungsfreie Beschreibung*", d. h. das Zurückstellen jeglicher Vermutung über die Verursachung des Befundes bei dessen Darstellung.

Bei umfangreichen Messungsergebnissen wird die zweckmäßigste Darstellung oft selbst zum experimentellen Problem. Auch eine vollständige und nach irgendeinem Grundsatz wohlgeordnete Zusammenstellung aller Einzelergebnisse kann den eigentlichen Ertrag der experimentellen Arbeit völlig verbergen, so daß oft der Bearbeiter selbst ihn nicht zu erkennen vermag. Um so mehr ist dies der Fall bei rechnerischen Zusammenziehungen, in denen die Mannigfaltigkeit der zugrunde liegenden Erscheinungen u. U. völlig verlorengeht, wie z. B. in dem viel erörterten Intelligenzquotienten (I. Q.) von den charakteristischen *Lücken* und *Schwerpunkten* der Begabung, auf die alles ankommt, *nichts mehr zu sehen* ist, so daß man ihn besser durch ein Begabungs-„Profil" ersetzt, zu dem schon die alten, von BINET vorgeschlagenen Verfahren gute Grundlagen abgeben. – Bei der Angabe von Profilen wiederum ist vor einer kurvenmäßigen Verbindung der Einzelgrößen zu warnen, weil sie eine Verlaufsform vortäuscht, wo nur eine Größen*gruppe* vorliegt, deren Anordnung rein willkürlich ist, so daß bei Umstellung der Glieder ganz anders geformte Kurven zustandekommen, die ebenso zutreffend (bzw. ebenso unzutreffend) sind. Bei *Tabellen* und *Kurven* wird allgemein auf die genügend deutliche *räumliche Zusammenfassung des sachlich Zusammengehörigen,* die *sichtbare Gleichgerichtetheit des sachlich Gleichgerichteten,* die *qualitative Einheitlichkeit* des *sachlich Gleichbedeutenden* und die *Hervorhebung* des *Wesentlichen* durch Stärke oder Größe viel zu wenig geachtet, desgleichen auch auf die Forderung, daß zusammenzufassende Werte nicht mit anderen vermengt werden dürfen, die nicht zur selben Summe gehören. Verfehlt ist jede Häufung von Angaben auf einer und derselben Tabelle oder Zeichnung (der Schnittmusterbogen). Eine Reihe von Einzeltabellen oder -darstellungen, worin jeweils nur diejenigen wenigen Werte oder Kurven einander gegenübergestellt sind, *auf deren Vergleich der Ertrag der Untersuchung beruht,* ist bei weitem vorzuziehen; ja, der Experimentator selbst sieht oft erst aus ihnen, was er in der Hand hat.

Die Forderung, *Schein-Abhängigkeiten zu vermeiden,* ist auch an den *sprachlichen Ausdruck* der Befunde zu stellen. Die Versuchung, Scheinabhängigkeiten zu formulieren, liegt beispielsweise immer dort vor, wo eine fragliche Erscheinung von mehreren Faktoren abhängt, derart, daß die gleiche Wirkung bei verschiedenen Stärkeverhältnissen zwischen ihnen erzielt werden kann: Will man durch die Faktoren x und y die Wirkung XY erzielen, *so muß man,* falls man x ändert, auch y in geeigneter Weise ändern. Dieser Bedingungszusammenhang wird oft so ausgedrückt, als ob die Größe oder Stärke von y von derjenigen von x „abhinge", d. h. von ihr unmittelbar beeinflußt würde; während in Wirklichkeit nur davon die Rede ist, daß *der Experimentator* bei einer Änderung von x auch y ändern muß, *wenn er haben will,* daß ihre gemeinsame Wirkung XY dieselbe bleibt.

Abschließend sei bemerkt: Die Mittelung auch der erstaunlichsten experimentellen Befunde ist wertlos, wenn nicht *die Versuchsbedingungen so eingehend und anschaulich beschrieben werden,* daß der Versuch vom Leser *in der ursprünglichen Weise wiederholt und nachgeprüft werden kann.* Zahlreiche widersprechende Ergebnisse vermeintlicher Nachprüfungen und daran sich knüpfende theoretische Auseinandersetzungen kamen nur dadurch zustande, daß infolge ungenügender Versuchsbeschreibung der als Wiederholung beabsichtigte zweite Versuch *in Wirklichkeit ein ganz anderer Versuch war.*

25. *Die Deutung der Befunde.*

Die Ergebnisse wissenschaftlicher Versuche *erhalten ihre volle Bedeutung erst aus dem theoretischen Zusammenhang,* durch den sie veranlaßt wurden und zu dessen Klärung sie dienen, – wenn auch nicht verschwiegen werden soll, daß grundsätzlich jedes Versuchsergebnis auch in einem anderen als dem ursprünglichen theoretischen Zusammenhang entscheidende Bedeutung gewinnen kann. Die Deutung der Ergebnisse, die Erörterung der Folgerungen, die aus ihnen zu ziehen sind, stellt daher einen notwendigen Bestandteil der experimentellen Forschungsarbeit dar.

Obwohl es kaum glaubhaft klingt, zeigt die Erfahrung doch immer wieder, daß in unserer jungen Wissenschaft über den Zusammenhang zwischen Befunden und Folgerungen noch nicht überall die erforderliche, und in älteren Wissenschaften völlig selbstverständliche, Klarheit herrscht. Es kommt vor, daß in vorbildlichen experimentellen Untersuchungen grundsätzlich bedeutsame Folgerungen, die dem erfahrenen Leser geradezu in die Augen springen, von dem Verfasser selbst nicht gezogen werden. Nicht weniger häufig ist der umgekehrte Fehler, daß nämlich an eine wissenschaftliche Untersuchung theoretische Erörterungen angehängt werden, deren Inhalt aus den vorgelegten Befunden überhaupt nicht folgt. Vielfach sind es Mitteilungen eigener Einfälle oder Lieblingsgedanken, vielfach Bekenntnisse zu übernommenen, z. T. recht weitreichenden Annahmen, deren Gültigkeit von dem Ausfall der vorausgehenden Versuche kaum oder gar nicht berührt wird. Gelegentlich werden sogar Thesen, die der Verfasser durch seine soeben mitgeteilten Versuchsergebnisse selbst widerlegt hat, in allem Ernst als der eigentliche Ertrag der Arbeit vorgebracht. – Hier handelt es sich um eine ausgesprochene Kinderkrankheit unserer Wissenschaft, die vor bald einem Jahrhundert das Experiment als Requisit der Exaktheit von den weit fortgeschritteneren Naturwissenschaften übernahm und es aus mangelnder Einsicht in seine eigentliche Funktion zunächst vielfach als eine Art Spielzeug benutzte (Abschn. 5) und gelegentlich auch heute noch benutzt.

Zu den wichtigsten Dingen, die der junge Psychologe zu lernen hat, gehört der klare Blick für die Tragweite seiner Versuchsergebnisse; die Fähigkeit, aus seinen Befunden nicht weniger, aber auch nicht mehr zu folgern, als sie tatsächlich hergeben. Wohl ist es unter Umständen gerechtfertigt, an die gesicherten Folgerungen weiterführende Vermutungen zu knüpfen; doch wird man sie von den experimentell wohlbegründeten möglichst deutlich absetzen, und vor allem wird man, soweit möglich, erörtern, was für neue Maßnahmen erforderlich sind, um die weiterführenden Annahmen zu prüfen und zu bestätigen.

26. Zum Schrifttum

Über ältere grundsätzliche Schriften, soweit sie nur Zweifel an der Möglichkeit und dem Wert des psychologischen Experiments vorbringen, braucht nicht mehr berichtet zu werden, nachdem angesichts des Ertrags der experimentell psychologischen Forschung (vgl. z. B. die Übersicht bei METZGER 1941) für solche Zweifel kein Platz mehr ist.

Die „klassischen" Methoden der Schwellen-, Gedächtnis- und Reaktionsuntersuchung sind zusammenfassend dargestellt bei J. FRÖBES (1. Bd. 1923³, 2. Bd. 1922). Angaben über die grundlegenden Werke bei FRÖBES vor den einzelnen Kapiteln des 4. und 5. Abschnitts (Bd. 1) und des 9. Abschnitts (Bd. 2).

Experimentell-psychologische *Praktika:* TITCHENER (1901/1905); A. HÖFLER und St. WITASEK (1911); R. PAULI (1920); E. BRUNSWIK (1935); K. RAMUL (1936); G. RÉVÉSZ (1950).

Der eingehendste neuere Versuch einer *Darstellung der speziellen Methodik für die gesamte Psychologie* in deutscher Sprache ist die 8bändige Abteilung E des Handbuchs der biologischen Arbeitsmethoden, hrsg. v. E. ABDERHALDEN (1920 bis 1939), die in 48 – nicht durchaus gleichwertigen und gleich eingehenden – Beiträgen von 38 Verfassern sämtliche Gebiete der reinen, angewandten und vergleichenden Psychologie umfaßt, in welchen schon von einer entwickelten Methodik gesprochen werden kann.

Neuere *grundsätzliche Erörterungen* (Auswahl): K. LEWIN (1927/1938); W. WITTE (1949, auch enthalten in W. HELLPACH 1946); A. WELLEK (1948); D. BROWER (1949); G. v. ALLESCH (1950); H. THOMAE (1951).

4. Psychologie zwischen Natur- und Geisteswissenschaften (1976)

Der Einführung in mein Thema diene die Erinnerung an einige Ereignisse in meiner Laufbahn als Student, Assistent und Hochschullehrer. In Berlin, wo ich anfangs der zwanziger Jahre mein Studium der Psychologie begonnen habe, nachdem ich mich mehrere Jahre nicht ohne Erfolg in den Hörsälen und Seminaren für Geschichte, Kunstgeschichte, Anglistik und vor allem Germanistik herumgetrieben hatte, gab es nur *eine* „philosophische" Fakultät, die alle Natur- und Geisteswissenschaften umfaßte, sofern sie nicht in den drei übrigen herkömmlichen Fakultäten untergebracht waren. Ich war damals noch Schüler und Hilfskraft und hatte keinen Anlaß, mich um die Arbeitsfähigkeit von Fakultäten zu kümmern.

Als ich 1931 nach Frankfurt kam, gab es dort schon zwei getrennte Fakultäten, eine mathematisch-naturwissenschaftliche und eine philosophische. Das philosophische Seminar war offenbar eine von beiden gemeinsam getragene Einrichtung. An seinem einen Ende thronte der Philosoph, der Geisteswissenschaftler, der zugleich Theologe war – Paul TILLICH (1886–1965). Am anderen Ende saß damals Max WERTHEIMER (1880–1943) als Philosoph, der Naturwissenschaftler, der zugleich die Psychologie vertrat. Zwischen ihnen erstreckte sich die nicht unbeträchtliche gemeinsame Bibliothek.

Als ich dann anfangs der vierziger Jahre nach Münster berufen wurde, fand ich wieder die gemeinsame philosophische Fakultät alten Stiles vor und damit übrigens – woran ich mich sehr gern erinnere – die Möglichkeit des Gesprächs zwischen den Vertretern von Wissenschaften, die einander heute kaum noch kennen. Wenn mein Gedächtnis mich nicht im Stich läßt, war es 1948, als dann doch die Trennung kam. Sie wurde vor allem von der geisteswissenschaftlichen Seite gesucht, aus einem recht äußerlichen Grund; nicht etwa, weil die Interessen und Methoden der beiden Disziplinen einander zu fremd geworden wären; auch nicht, weil das Verwaltungspensum nicht mehr in *einem* Büro zu bewältigen war, sondern weil sie es satt hatten, daß jede einzelne der zahlreichen Fakultätssitzungen durch die persönlichen Streitereien stets derselben beiden verfeindeten Herren aus dem naturwissenschaftlichen Flügel um eine bis zwei Stunden verlängert wurde.

Für die Stellung der Psychologie an der Universität Münster waren die Folgen dieses Beschlusses nicht erfreulich. Bisher war sie natürlicherweise in der Mitte des Reichs der reinen Wissenschaften beheimatet gewesen. Nun saß sie, ohne ihr Verschulden, genau zwischen den Stühlen und war dazu verurteilt, ihr Leben künftig als Anhängsel an einer der beiden neuen Gruppen zu fristen. Aber welcher sollte sie sich anschließen?

Man hätte natürlich die Entscheidung rein nach Gesichtspunkten wirtschaftlicher Zweckmäßigkeit fällen können. Die naturwissenschaftliche Fakultät bestand vorwiegend aus den Leitern experimentierender Institute, denen eine mehr oder weniger reiche Ausstattung an kostbarem Gerät und Arbeitsräumen selbstverständlich war. Dort wunderte sich daher niemand über die Bedürfnisse an Raum und an Mitteln eines weiteren experimentierenden Instituts. Dagegen war zwischen den Seminaren der philosophischen Fakultät, deren Ausstattung im wesentlichen aus Büchern und Urkunden, allenfalls einer Sammlung von Dias bestand und deren Raumbedarf durch ein Direktorzimmer und eine zugleich als Übungsraum dienende Bibliothek gedeckt war, ein modernes psychologisches Institut ein Kuckucksei; seine Ansprüche betrugen bei gleicher Studentenzahl vielleicht das Zehnfache; jedenfalls kamen sie den Kollegen stark übertrieben vor. Dies äußerte sich noch Anfang der sechziger Jahre, indem die damals vom Wissenschaftsrat erbetene Aufstellung des Bedarfs an Geräten für eine „befriedigende" Ausstattung des Instituts im Schreibtisch des Dekans liegenblieb, wie ich erst Jahre später erfuhr. Er traute sich nicht, sie dem Minister weiterzugeben, weil er sie bzw. ihren Verfasser für größenwahnsinnig hielt.

Im Hinblick auf die zu erwartenden Verhandlungen über die Zuteilung von Mitteln war also zweifellos die naturwissenschaftliche Fakultät der bessere Platz, obwohl es nicht auszuschließen war, daß dort wiederum die Bedürfnisse der neu angeschlossenen „Psychologie" erst an letzter Stelle berücksichtigt werden würden.

Wenn man sich nicht einfach im Sinne des wirtschaftlichen Vorteils entscheiden wollte, erhob sich die Frage, wo die eigene Wissenschaft aus sachlichen Gründen hingehörte.

Dies hängt bei der Psychologie davon ab, wie man Naturwissenschaft und Geisteswissenschaft *definiert*. Der Schnitt durch die alte philosophische Fakultät, wie er inzwischen wohl überall durchgeführt und auch durch die Bildung der neuen, engeren Fachbereiche nicht rückgängig gemacht ist, erfolgt durchweg ganz selbstverständlich nach inhaltlichen Merkmalen. Geisteswissenschaften nennen sich die Wissenschaften vom Menschen (englisch: Humanities), also von dem, was den Menschen zum Menschen macht, nicht einbegriffen die Anatomie, die Physiologie und die Vererbungslehre. Es sind die Wissenschaften, die einmal von den Erlebnissen, den Schicksalen und der besonderen Eigenart einzelner Menschen handeln, einschließlich ihrer Wirkungen auf andere und ihrer Bedeutung für sie; weiter von gesellschaftlichen, politischen, wirtschaftlichen, religiösen Großgebilden, ihren Schicksalen und Wechselwirkungen und endlich von den Kulturen und von den Objektivierungen des Geistes in Sprache, Kunst, Musik und Technik; von ihrer Eigenart, ihrer Herkunft, ihrer Funktion, ihren Schicksalen, ihren Nachwirkungen.

Die sogenannten Naturwissenschaften beschäftigen sich mit dem außermenschlichen Sein, einschließlich dessen, was den Menschen als hervorgegangen aus und als verflochten in diese außermenschliche Welt und schlichtweg als Teil dieser Welt kennzeichnet.

Nach diesen Begriffsbestimmungen gehört die Psychologie, ganz gleich, welcher Forschungsverfahren sie sich bedient, eindeutig zu den Geisteswissenschaften, wenn sie auch – in Psychophysiologie, Psychophysik und Psychosomatik – ständig in Grenzfragen verwickelt ist.

Diese sachlichen Gesichtspunkte lagen damals meiner Entscheidung zugrunde, mich mit meiner Wissenschaft und meinem Institut der „philosophischen", das heißt der geisteswissenschaftlichen, der Erforschung des Menschlichen im eigentlichen Sinne gewidmeten Fakultät anzuschließen. Gegen meinen Entschluß wurden damals keine Bedenken laut, und so wurde das Psychologische Institut in Münster als erstes experimentierendes Institut zu einem Glied dieser Fakultät.

Ich halte den Entschluß auch heute noch für richtig, obwohl er durch die Aufteilung der alten Fakultät in mehr oder weniger selbständige „Fachbereiche" inzwischen an Bedeutung verloren hat.

Es machte sich aber bald und in allmählich steigendem Maße bemerkbar, daß die Vertreter der „eigentlichen" Geisteswissenschaften, der geschichtlichen und sprachwissenschaftlichen Fächer, eine andere Entscheidung doch lieber gehabt hätten. Ich wurde in unverkennbarer, oft genug verletzender Weise als „Außenseiter", die von mir vertretene Wissenschaft als „Randerscheinung" betrachtet und behandelt. Es gab zum Beispiel auch innerhalb der „engeren" Fakultät, der Vereinigung der Ordinarien und Institutsleiter, einen innersten Kreis, einen Klub, der sich wöchentlich traf und in dem die wichtigsten Fragen vorberaten wurden, um in der Fakultätssitzung fertige Entscheidungsvorschläge auf den Tisch des Hauses zu legen. Bemühungen, nach jahrzehntelanger Zugehörigkeit zur Fakultät in diesen innersten Kreis aufgenommen zu werden, obwohl durch den Hinweis auf die geisteswissenschaftliche Vergangenheit im strengsten Sinn, nämlich auf ein nahezu abgeschlossenes Studium der Germanistik, unterstützt, schlugen fehl. Es wurde mir mit schöner, wenn auch schmerzlicher Offenheit erklärt, daß ich mich durch die von mir vertretene Art der Psychologie sozusagen für diese Mitgliedschaft disqualifiziere. Man hätte es kaum deutlicher sagen können, daß man die Psychologie in der philosophischen Fakultät als Fremdkörper betrachtete. Und es ist leicht zu verstehen, warum. Hier wurden die verschiedenen Wissenschaften nicht nach ihren Sachgebieten, sondern nach ihren Methoden, nach ihren typischen Untersuchungsverfahren unterschieden: Auf der einen Seite die experimentierenden, messenden und rechnenden Wissenschaften, die nach dem Vorbild der Physik als „Natur"-Wissenschaft bezeichneten Zweige der Forschung – auf der anderen die Wissenschaften, deren typisches Verfahren die Deutung (die Interpretation) von Hinterlassenschaften („Objektivierungen") menschlichen Geistes ist. Sind dies die kennzeichnenden Merkmale, so wird auch eine Wissenschaft vom Menschen zur Naturwissenschaft, sobald sie Verfahren anwendet, die in den Naturwissenschaften seit alters gebräuchlich sind. Und die Psychologie, die das als eine Wissenschaft vom Menschen getan hat, wurde in den „philosophischen" Fakultäten zu einem Ärgernis. Sie wurde zum doppelten Ärgernis, denn in ihnen – wie überall im deutschsprachigen Bereich über die politischen Grenzen hinweg, also auch in Zürich und Basel – beruhte das Selbstverständnis der Geisteswissenschaften auf der Lehre DILTHEYS (1833–1911) von dem grundlegenden Unterschied zwischen „Erklären" und „Verstehen". Eine Wissenschaft vom Menschen, die sich experimenteller Verfahren bedient, befindet sich danach im Grunde im Widerspruch mit sich selbst. DILTHEY selbst glaubte zwar, diesen Widerspruch wenigstens für gewisse „äußere" Bereiche, für Randbereiche des Seelischen, wie die Sinneswahrnehmung und die einfachen Reaktionen, hinnehmen zu müssen, weil zu seiner Zeit – zum Beispiel aus dem vor kurzem neu gegründeten WUNDTschen Institut – aus diesen Bereichen schon gut gesicherte Forschungsergebnisse vorlagen.

Aber seine Grundhaltung gegenüber der experimentierenden Psychologie, ihre Einschätzung als eine Art von Fehltritt, der leider nicht mehr rückgängig gemacht werden konnte und daher mehr oder weniger widerwillig hingenommen werden mußte, blieb durch mehrere Menschenalter hindurch wirksam; sie äußert sich noch unverkennbar in einem umfassenden Gutachten des Westdeutschen Wissenschaftsrates aus dem Anfang der sechziger Jahre über den Ausbau der Forschungseinrichtungen an den deutschen Universitäten. Es heißt darin, an *einigen* Universitäten *könne auch* naturwissenschaftliche (das heißt experimentelle) Psychologie betrieben werden – und dies zu einer Zeit, da eine grundsätzlich nicht experimentierende Psychologie sich schon längst nicht mehr im Ernst als strenge Wissenschaft bezeichnen konnte.

DILTHEYS grundsätzliche Ablehnung „naturwissenschaftlicher" Verfahren für die Erforschung des Menschen wurde in verschiedenen Linien weiter überliefert. Da war zunächst die Linie, die von ihm unmittelbar zu dem erklärt „geisteswissenschaftlichen" Psychologen Eduard SPRANGER (1882–1963) führt. Da waren die phänomenologischen und existentialistischen, jedenfalls aber philosophierenden Psychiater wie Karl JASPERS (1883–1969) und Ludwig BINSWANGER (1881–1966), deren Einstellung zur Psychologie nicht so verschieden war, wie man es nach ihren unterschiedlichen anthropologischen Ansätzen hätte erwarten können. Da waren die Befürworter einer „rein beschreibenden" Psychologie, wie etwa SCHMIED-KOWARZIK. Da waren endlich die Wissenschaftstheoretiker der „Heidelberger Schule", RICKERT (1863-1936) und WINDELBAND (1849-1915), mit dem Vorschlag einer Unterscheidung zwischen „nomothetischen", das heißt nach allgemeinen Gesetzmäßigkeiten suchenden, und „idiographischen", das heißt hervorragende Individuen darstellenden Wissenschaften. Dabei diente als Muster der ersten die Physik, als Muster der zweiten u. a. wohl DILTHEYS Darstellungen bedeutender Männer. Es sah so aus, als ob die nach Gegenständen und die nach Verfahren bestimmten Grenzen zusammenfielen.

Für die Unangemessenheit, ja Sinnlosigkeit des Experimentierens am Menschen wurden von den verschiedenen Richtungen unterschiedliche Gründe geltend gemacht, von denen einige der wichtigsten angeführt seien: Das Experiment ist lebensfremd; aus Laboratoriumsbefunden gewonnene Erkenntnisse bestätigen sich nicht im „natürlichen" Verhalten im täglichen Leben; das Experiment am Menschen ist unzumutbar, weil es ihn zum manipulierten Objekt erniedrigt. Bewußtseinserscheinungen sind privat und keinem zweiten Beobachter zugänglich; sie entziehen sich schon deshalb grundsätzlich der experimentellen Untersuchung. Zum Wesen des Experiments gehört seine Wiederholbarkeit. Die Wiederholbarkeit des Experiments am Menschen wird auf zwei verschiedenen Ebenen bestritten: einmal wegen der *Einmaligkeit* jedes einzelnen Menschen und darüber hinaus auch jedes einzelnen Erlebnisses oder Tuns eines und desselben Menschen; zum anderen weil das Experiment selbst die Versuchsperson verändert, in ihr neue Bedingungen schafft.

Eine eingehende Überprüfung dieser Einwände und Bedenken ist hier nicht möglich. Ich muß mich mit kurzen Hinweisen begnügen.

Zur Lebensfremdheit ist zu bemerken, daß man heute viele bedeutsame Entscheidungen durch Versuche herbeiführen kann, die man aus dem Laboratorium hinausverlegt: in die Schulklassen, auf die Straße, auf den Spielplatz usw., wobei keiner der Beteiligten überhaupt merkt, daß er Teilnehmer an einem Versuch ist. Wie weit die Verhältnisse beim Übergang von der „Lebenswirklichkeit" ins Laboratorium verzerrt werden, ist übrigens eine Tatsachenfrage, die man selbst zum Gegenstand der Untersuchung machen kann. Was die Zumutbarkeit betrifft, so ist in mindestens der Hälfte aller psychologischen Versuche – und zwar immer dann, wenn Bewußtseinserscheinungen der Gegenstand der Untersuchung sind – die Versuchsperson kein Untersuchungs- „Gegenstand", sondern ein Hilfsbeobachter, das heißt ein Forschungsgehilfe, mit dem sich der Versuchsleiter in derselben kollegialen Weise verständigt wie der Veranstalter eines Versuchs in irgendeiner anderen Wissenschaft. In Untersuchungen über das von außen sichtbare Verhalten findet die Zumutbarkeit experimenteller Veranstaltungen genau dort ihre Grenze, wo sie auch im täglichen Leben verläuft, bei jeder Art von Bemühung, andere Menschen zu beeinflussen, sie zu überreden oder zu überzeugen, sie zu erziehen, zu bessern, zu unterrichten, auszubilden, sie zu prüfen oder ihnen sonstwie „auf den Zahn zu fühlen". Man braucht nicht an die Gehirnwäschen totalitärer politischer Systeme zu denken. Auch an unseren Schulen, besonders an den höheren, geschieht vieles, was jeder Psychologe als unzumutbar ablehnen würde, und es werden noch viel mehr unheilbare Schäden aus einfacher Besserwisserei in fortschritts- und emanzipationsfreudigen Familien an den kleinen Kindern angerichtet, obwohl die Wissenschaft seit dreißig Jahren auf diese Folgen hinweist und ohne daß der fällige Sturm der Entrüstung ausbricht. (Man mißverstehe mich nicht: Hier ist nicht von Eigentümlichkeiten antiautoritärer Erziehung die Rede, sondern von den irrigen Meinungen altmodischer ebenso wie fortschrittlicher Eltern, z. B. über die Frage, wieviel Trennung von ihnen ein kleines Kind ohne Schaden übersteht.)

Daß alle Bewußtseinserscheinungen, einschließlich der Außenwelterscheinungen, im strengen Sinn privat sind, da jeder von uns in seiner eigenen anschaulichen und Erlebniswelt lebt, macht *jede* Art von Verständigung zwischen zwei Menschen fragwürdig, nicht nur in dem besonderen Fall, wo die beiden ein Versuchsleiter und eine Versuchsperson sind. In diesem letzten Fall muß freilich die Problematik dieser Tatsache besonders sorgsam im Auge behalten werden, um nicht in voreilige Deutungen und Folgerungen zu verfallen. Daß dies möglich ist, hat Oskar GRAEFE in sorgfältigen Analysen nachgewiesen, die aber hier nicht im einzelnen wiedergegeben werden können.

Was die Einmaligkeit jedes einzelnen Menschen und jedes einzelnen seiner Erlebnisse betrifft, so ruht sie offenbar auf einem breiten Grund von Gemeinsamkeiten, denn sonst wäre es völlig unverständlich, wie zwei Menschen sich jemals über den einfachsten Sachverhalt verständigen oder gar an einer gemeinsamen Aufgabe zusammenwirken könnten.

Auf das letzte Bedenken: die Veränderung der Versuchsperson durch den Versuch selbst, möchte ich etwas ausführlicher eingehen.

Diese Bedenken wurden zwar von der experimentierenden Psychologie nicht übersehen. Es erschien ihr aber auch nicht nötig, die radikalen Folgerungen zu ziehen, die von einigen der oben genannten Gruppen als unausweichlich betrachtet werden. Bei genauerer Analyse erweist es sich oft, daß die Einmaligkeit nur in bestimmten Hinsichten besteht, die für die Versuchsfrage nicht in jedem Fall von Bedeutung ist. Außerdem erweist sich die Veränderung des Subjekts durch das Erlebnis eines bestimmten Versuchs in vielen Fällen nicht als endgültig. Es kommt häufig genug vor, daß es durch das weitere, darauf folgende Erleben selbst allmählich wieder rückgängig gemacht wird. Es ist nicht zu leugnen, daß es Bedingungen gibt, die durch die Durchführung eines einzigen Versuchs für immer oder doch für viele Jahre so verändert werden, daß sie eine Wiederholung ausschließen. Etwa in Untersuchungen über das Denken kann ich einer Versuchsperson ein und dasselbe Rätsel nicht ein zweites Mal aufgeben. Wenn sie es das erste Mal gelöst hat, ist es das zweite Mal für sie kein Rätsel mehr. Aber selbst hier gilt, wenn es sich um etwas schwierigere Aufgaben handelt, das Prinzip der Unwiederholbarkeit nicht uneingeschränkt. Ich erinnere mich, vor etwa fünfzehn Jahren unter der sokratischen Anleitung eines didaktisch hervorragenden Mathematikers die Antwort auf die Frage gefunden zu haben, ob die Reihe der Primzahlen unendlich oder irgendwo zu Ende ist. Ich muß gestehen, daß es mir, als diese Frage mir im Zusammenhang mit dem gegenwärtigen Gedankengang wieder durch den Kopf ging, sofort klar war, daß mir der gesamte Lösungsvorgang und die schließliche Einsicht, daß diese Reihe nur unendlich sein könne, inzwischen gänzlich abhanden gekommen war – die Frage für mich also heute wieder ebenso neu ist wie damals. Dasselbe gilt allgemein bei Personen, die auf der Schule in Mathematik ganz gute Schüler waren, aber dann einen

Beruf ohne mathematische Anforderungen ergriffen haben, schon für ganz einfache mathematische Probleme. So erinnere ich mich sehr wohl, seinerzeit vor knapp sechzig Jahren die Grundzüge der Infinitesimalrechnung nicht nur „gekonnt", sondern sie durchaus verstanden zu haben, ohne aber heute aus dem Gedächtnis nachvollziehen zu können, was ich damals beherrscht habe. Aber die Wiederherstellung des Standes der Unschuld kann auch viel schneller erfolgen. Es gibt Probleme, bei denen nach, sagen wir, vier Wochen der Versuch ohne Bedenken wiederholt werden kann, weil die inneren Bedingungen wieder ungefähr dieselben sind wie beim ersten Mal; und es kommt, beispielsweise in der Wahrnehmungslehre, etwa bei der Beobachtung von Nachbildern oder Kontrasterscheinungen vor, daß dies noch viel rascher geschieht: in Tagen, in Stunden und sogar in Minuten. Aber auch wenn der Experimentator mit verborgenen Nachwirkungen eines Versuches rechnen muß, oder wenn er ihre völlige Löschung nicht abwarten kann, so ist er nicht notwendig am Ende seines Lateins. Denn oft genug besteht die Möglichkeit, sich durch eine Vielzahl von Versuchspersonen zu helfen, von denen jede nur an einem einzigen Versuch beteiligt ist. Diese Aushilfe bringt natürlich neue Probleme mit sich und ist nur bei mehr oder weniger einfachen und daher alltäglichen Sachverhalten statthaft, bei denen die Verschiedenheit der Teilnehmer keine merklichen Wirkungen hat. Trotzdem kann der Versuch gewinnbringend sein, denn auch die Theorie der einfachen und alltäglichen psychischen Ereignisse und Zusammenhänge ist keineswegs abgeschlossen, wie etwa die gegenwärtigen Auseinandersetzungen über die Schreib- und Leseschwäche zeigen.

Aber zurück zu dem Vorschlag von RICKERT und WINDELBAND. Ich kann ihn, wie gesagt, nicht als gelungen betrachten. Denn einerseits gibt es auch in den Naturwissenschaften „idiographische" Aufgaben. So etwa in der Geologie, wenn sie die Eigenart und die Entwicklung eines bestimmten Stromes – etwa des Rheins – oder eines bestimmten Gebirges – etwa der Alpen – oder einer bestimmten Insel – sagen wir Island – und schließlich die Eigenart dieses einen und unwiederholbaren Individuums, das den Namen „Erde" trägt, zu ergründen sucht, oder auch in demjenigen Zweig der Astronomie, der sich als Kosmogonie mit der Eigenart und der Entwicklung des Individuums beschäftigt, das wir unser Weltall nennen. Unbestreitbar sind beide Naturwissenschaften damit beschäftigt, einmalige Gegenstände und Ereignisse in ihrer Eigenart zu erfassen und zu verstehen. Sie begnügen sich nicht, wie die Physik oder Astrophysik, mit der Feststellung allgemeiner Gesetzmäßigkeiten, die bei jedem denkbaren Planeten oder jedem denkbaren Weltall gültig sind.

Andrerseits gibt es auch an den Gegenständen der Geisteswissenschaften allgemeine Gesetzmäßigkeiten und unter vergleichbaren Bedingungen wiederkehrende funktionale Zusammenhänge. Besonders in den Sprachwissenschaften sind solche Zusammenhänge immer wieder aufgefallen; ich brauche nur Hermann PAUL (1920) zu nennen. Aber auch in der Psychologie kennen wir bereits zahllose Zusammenhänge, die sich entweder schon heute in mathematischen Formeln, oder, wo der Versuch ihrer mathematischen Formulierung zur Zeit noch nicht gelingt, wenigstens in allgemeinen Wenn-dann-Sätzen oder Je-desto-Sätzen ausdrücken lassen. Man denke an die in letzter Zeit viel besprochenen Zusammenhänge zwischen Frustration und Aggression oder an den praktisch unentrinnbaren Zusammenhang zwischen der Verwöhnung des Kindes und der Unverschämtheit des späteren Erwachsenen oder zwischen der Demütigung des Kindes und der Großmannssucht des späteren Erwachsenen oder zwischen früher menschlicher Ausstoßung und späterer Asozialität. Man denke an die tausendfach bestätigte japanische Formel: „Wenn man die unsichtbaren Fäden zwischen Mutter und Kind nicht zerschneidet, bedarf es keiner lauten Erziehung."

Natürlich gilt die Unentrinnbarkeit dieser allgemeinen Zusammenhänge nur ceteris paribus, aber das gilt für jeden gesetzmäßigen Zusammenhang, dem wir in dieser Welt begegnen.

Bis in Einzelheiten gleichen sich naturwissenschaftliches und geisteswissenschaftliches Vorgehen, wenn es sich auf Probleme verwandter Struktur richtet. So war ich immer wieder überrascht, wie verwandt zum Beispiel die philologische Aufgabe, den Stammbaum der Handschriften eines mittelalterlichen Gedichtes zu bestimmen, mit der paläontologischen Aufgabe ist, bei Versteinerungsfunden aus kompliziert gefalteten Gesteinsschichten die zeitliche Aufeinanderfolge ihrer Entstehung zu klären.

Ich fasse zusammen: Es gibt in jeder Wissenschaft, ganz gleich, welches ihr Gegenstand ist, ganz gleich, ob sie sich mit den Menschen oder mit der außermenschlichen Welt beschäftigt, nomothetische *und* idiographische Aufgaben; und darüber hinaus gibt es drittens in jeder Wissenschaft auch systematisch-beschreibende Aufgaben, von der Chemie über die Botanik und Zoologie bis zur Typologie des Menschen. Es gibt endlich in jeder Wissenschaft die besonderen Aufgaben der Anwendung nomothetischer *und* systematischer Befunde im tätigen, außerwissenschaftlichen Umgang mit ihren Gegenständen. In der Psychologie gehört dazu alles, was wir als „angewandte Psychologie", als „Psychotechnik", auch als „Menschenkenntnis" oder als Kunst des Umgangs mit den anderen Menschen und mit sich selbst bezeichnen. Ein besonders wichtiger und ausgedehnter Bereich der Anwendung nomothetischer Befunde der Psychologie ist beispielsweise die Pädagogik, aber auch die Technik der Werbung. Darum ist es von vornherein wenig glücklich, den nomothetischen Zweig der Psychologie als „Naturwissenschaft" auszusondern. Die einzige treffende Kennzeichnung habe ich in niederländischen Instituten gefunden, wo er „Allgemeine Funktionenlehre" heißt.

Glauben Sie nicht, daß ich deshalb die Besonderheit des Menschlichen innerhalb des Seins zu leugnen oder auch nur zu verharmlosen suche. Nur meine ich, daß man sich die Begründung dieser Besonderheit nicht zu leicht machen sollte. Fassen wir unter diesem Gesichtspunkt DILTHEYS Unterscheidungen zwischen „Erklären" und „Verstehen", von denen man, wie schon mehrfach bemerkt, gern das erste den Naturwissenschaften, das zweite den Geisteswissenschaften zuordnet, etwas schärfer ins Auge.

Unter „Erklären" versteht man dann etwa das – zum Beispiel induktive – Aufstellen mathematischer Ausdrücke, vermittels deren man das Verhalten physikalischer Gegenstände unter bestimmten Bedingungen voraussagen und, sofern man in der Lage ist, die Bedingungen herzustellen, auch beherrschen (oder wie man neuerdings zu sagen pflegt, „kontrollieren") kann. Wenn man von „Verstehen" spricht, so meint man oft einfach die Möglichkeit, sich in den anderen Menschen hineinzuversetzen und das, was er erlebt, nachzuerleben. Die Tatsache, daß man nur Erlebtes nacherleben kann, würde es erlauben, eine scharfe Grenze zwischen dem Menschlichen und dem Nichtmenschlichen zu ziehen – wenn man davon absieht, daß man auch die Freude eines Hundes oder, wie in der wunderbaren alten Anekdote von TSCHUANG TSE, die Freude der Fische nachzuerleben vermag.

Nur ist die Deutung des Verstehens als Nacherleben fragwürdig. Gerade die Arbeit der Psychotherapeuten beruht darauf, daß sie sich nicht damit begnügen, das Erleben ihrer Patienten in sich selbst zu wiederholen, sondern daß sie versuchen, darüber hinaus zu verstehen, was der Patient daran *noch nicht* versteht. Wir brauchen aber gar nicht bis zur Psychotherapie zu gehen. Wie oft kommt es vor, daß in einer Gesellschaft von Menschen, die zur fröhlichen Unterhaltung beisammen sind, so ziemlich alle bemerken, daß zwei der Anwesenden dabei sind, sich ineinander zu verlieben, nur die beiden selbst wissen es noch nicht. All die vielen kleinen Einzelheiten ihres Verhaltens als Zeichen der beginnenden Verliebtheit zu verstehen, *muß* demnach etwas anderes sein, als ihr Erleben nachzuerleben. Sie erleben ja noch gar nicht, was die anderen schon sehen.

Mit dem Begriff des wissenschaftlichen „Erklärens" steht es nicht besser. Der Physiker unterscheidet mit Sicherheit, ob er eine etwa induktiv gewonnene Formel versteht oder nicht, auch wenn an ihrer faktischen Gültigkeit gar kein Zweifel besteht. Ja, eine Formel anerkennen zu müssen, ohne sie zu verstehen, wie das grundsätzlich zunächst bei allen Formeln der Fall ist, die durch Näherungsverfahren gewonnen sind (und die mir daher schon auf der Schule ein Greuel waren), kann zu den wichtigsten Antrieben weiterer wissenschaftlicher Bemühungen werden. Das für mich klassische Beispiel ist hier Niels BOHR, den die sogenannte Balmer-Ritz-Formel der Verschiebung von Spektrallinien (unter Bedingungen, die uns hier gleichgültig sein können), an deren Gültigkeit und Verwertbarkeit nicht der geringste Zweifel bestand, zu der Frage bewog: „Wie kommt es, daß gerade ein *solcher* gesetzmäßiger Zusammenhang besteht?" Mit anderen Worten: „Wie ist es *zu verstehen*, daß gerade diese Formel und keine andere richtig ist?" Es war der Anstoß, der ihn schließlich zu der Aufstellung seiner Atomtheorie führte.

Daß man auch in der Physik zwischen „verstanden" und „unverstanden" unterscheiden muß und daß bei der Erfassung von Menschlichem auch Nacherlebtes unverstanden bleiben kann, führt notwendig zu einer neuen Bestimmung des Begriffs des „Verstehens". Verstanden habe ich – ganz gleich, ob innerhalb oder außerhalb des Menschlichen – diejenigen Zusammenhänge, die ich nicht genötigt bin, als Fakten einfach hinzunehmen, sondern von denen ich *sehe*, daß sie so sein *müssen* und gar nicht anders sein *können*. Dies ist zunächst nur eine formale Bestimmung, aber sie bedeutet schon sehr viel. Man bedenke, was es für einen Unterschied ausmacht, wenn ich zwei Schüler etwa nach dem pythagoräischen Lehrsatz frage, und der eine bietet mir fehlerfrei einen dem Lehrbuch entnommenen und gut auswendig gelernten Beweisgang an, der zweite greift nach Papier und Stift und antwortet mit glänzenden Augen: „Das *muß* doch so sein; schauen Sie einmal her...", und er zeigt mir mit seinen eigenen Worten, wieso das gar nicht anders sein kann.

Für unseren Zusammenhang aber bedeutet alles dieses, daß wir den Begriff des Verstehens viel schärfer fassen müßten, um es zu dem unterscheidenden Merkmal der Wissenschaften vom Menschen machen zu können.

Übrigens kommt bei der Unterscheidung zwischen „Verstehen" und „Erklären" noch ein dritter Gesichtspunkt hinzu, nach welchem man seit DILTHEY die Wissenschaften vom Menschen von den außermenschlichen Wissenschaften abzuheben versucht. Es ist eine Unterscheidung nach dem Typus der theoretischen Ansätze, die einerseits atomistisch, elementaristisch, mechanistisch, andererseits holistisch, ganzheitlich, dynamisch sein können. Diese Unterscheidung tritt bei DILTHEY noch in einer spezielleren Form auf, die hier ebenfalls noch kurz berührt werden muß.

Als die Psychologie – seit Gustav Theodor FECHNER (1801–1887) – auf dem Weg zur strengen Wissenschaft und der Blick des Psychologen verständlicherweise auf das gerichtet war, was in den alteingeführten Naturwissenschaften vor sich ging, feierten in verschiedenen ihrer Teilgebiete atomistische Ansätze gerade ihre größten Triumphe.

Man denke an das Aufblühen der Chemie, an den genialen Ansatz der mechanischen Wärmelehre, an die Lehre von den Zellen als Bausteinen des lebenden Organismus mit ihrer Anwendung in VIRCHOWS Zellularpathologie, an die Anfänge der Vererbungswissenschaften. Während man nun auch in der Psychologie nach „Elementen" zu suchen begann und der zuversichtlichen Hoffnung war, später einmal Gesetze des Zusammenwirkens solcher Elemente finden und mit ihnen psychologische Probleme lösen zu können, kam DILTHEY – ich überspitze jetzt seine Formulierungen – zu der entscheidenden Behauptung, daß seelische Vorgänge nicht aus dem Zusammenwirken von Elementarsachverhalten hervorgehen, sondern daß in ihnen alles Einzelne vom Ganzen her bedingt sei und nur aus seiner Funktion im Ganzen, sei es einer Persönlichkeit, sei es eines Schicksalszusammenhanges, verstanden werden könne.

DILTHEY ist trotzdem nicht der Begründer der modernen Psychologie geworden; aus mehreren Gründen. Er wagte es nicht, die Allgemeingültigkeit seines Ansatzes, seine Gültigkeit für den Gesamtbereich des Psychischen, zu behaupten: die „Außenbereiche" der einfachen Sinnesempfindung und -wahrnehmung und der einfachen Reaktionen glaubte er ihren atomistisch eingestellten Erforschern überlassen zu müssen. Er konnte nicht sehen, daß bei der experimentellen Erforschung einfacher seelischer Funktionen, wie sie etwa von WUNDT und VON HELMHOLTZ betrieben wurde, der atomistische Ansatz nicht Ergebnis, sondern Voraussetzung, oder noch genauer: begleitende Ideologie gewesen ist. Er wagte es infolgedessen nicht, die Gültigkeit atomistischer Ansätze in den elementaren Bereichen zu bezweifeln.

In der psychologischen Einzelarbeit äußerte sich das darin, daß, als ich vor fünfzig Jahren Psychologie zu studieren begann, in den Abhandlungen über Einzelfragen regelmäßig die Frage wiederkehrte, ob irgendein fragliches Phänomen „noch" physiologisch oder „schon" psychologisch zu erklären sei. Zweitens war er der Meinung, daß das experimentierende Vorgehen und die atomistische Theorie voneinander untrennbar seien. Seine Animosität – und die seiner Nachfolger – gegen das Experiment hat hier seine Wurzel.

Die Folge war ein Bild vom Menschen, nach welchem dieser in seinem Kern, in dem, worauf es eigentlich ankommt, nur ganzheitlich aufgefaßt und insofern *verstanden* werden kann, während seine Grenzbereiche nach der Umwelt hin, etwa das Wahrnehmen und die einfachen Reaktionen, als Gegenstände einer grundsätzlich atomistischen Wissenschaft, eines atomistisch aufgebauten Seinsbereichs, einer experimentell betriebenen Forschung erfaßbar sind.

Eine Auffassung vom Seelischen, in der mehrere Stockwerke mit abweichender, ja unvereinbarer Funktionsweise angenommen wurden, war zu seiner Zeit nichts Auffälliges. Auch VON HELMHOLTZ (1821–1894) suchte den Diskrepanzen zwischen den aus seinen atomistischen Ansätzen in der Wahrnehmungslehre zu erwartenden und den tatsächlich vorfindbaren Phänomenen durch eine solche Stufenlehre gerecht zu werden. Auch für ihn war die Geltung des atomistischen Prinzips auf diejenigen Vorgänge beschränkt, die er „physiologisch" zu erklären hoffte. Auf sie aufbauend nahm er aber „höhere", „psychologische" Vorgänge an, die, anders als bei DILTHEY, Vorgänge rationalen Denkens sein sollten. In der psychologischen Einzelarbeit äußerte sich das darin, daß, wie bereits erwähnt, in Untersuchungen zur Wahrnehmungslehre regelmäßig die Frage wiederkehrte, ob irgendeine Erscheinung „noch" physiologisch oder „schon" psychologisch zu erklären sei. Erst in der Zwischenzeit hat man auf die Annahme psychologischer Vorgänge ohne physiologische Korrelate mehr und mehr verzichtet.

Der Lehre von der menschlichen Seele bei DILTHEY ging es wie der Theologie in der Reformation. Anstatt ganz erneuert zu werden, wurde sie gespalten. Aber die Spaltung blieb nicht so lange erhalten wie dort. Ihre Einheit wurde bald wiederhergestellt. Dies geschah durch den Nachweis, daß auch in den elementaren Bereichen das Einzelne nur aus seiner Stelle und Funktion in seinem jeweiligen Ganzen verstanden werden kann, daß die Ganzheitlichkeit also nicht auf die Kernbereiche des Erlebens beschränkt ist. Diese Entscheidung ist unwiderruflich, denn sie wurde – ein Witz der Geschichte – durch das von DILTHEY für die Psychologie abgelehnte *Experiment* herbeigeführt, wodurch zugleich erwiesen war, daß zwischen atomistischen Auffassungen und experimentellem Vorgehen keine unscheidbare Ehe besteht. Die Wiederherstellung der theoretischen Einheit der Psychologie, und zwar im Sinne des DILTHEYschen Ansatzes, ist das Verdienst Max WERTHEIMERS und seiner Mitarbeiter, deren theoretische Ansätze unter dem Namen „Gestalttheorie" bekannt geworden sind. Für unsere gegenwärtige Frage ist aber etwas anderes fast noch wichtiger. Nachdem die Grenze zwischen ganzheitlicher und atomistischer Sruktur und Funktion aus dem Inneren des Menschen wieder hinausverlegt ist, könnte man denken: Jetzt haben wir endlich gefunden, was den Menschen mit Sicherheit von dem übrigen Sein unterscheidet. Das wäre aber kein ganz beglückendes Geschenk. Denn es könnte – ja müßte notwendig – bedeuten, daß das eigentlich Menschliche in dieser Welt ein Fremdkörper wäre. Nun ist aber das eigentlich Menschliche nicht im leeren Raum, sondern nur in Verbindung mit menschlichen Körpern zu beobachten, die allen Gesetzen der außermenschlichen Natur unterworfen sind. Und überdies ist das Psychische selbst außerordentlich anfällig gegenüber physischen Angriffen der verschiedensten Art, etwa einer Vergiftung oder einem Schlag auf den Kopf. Aber davon abgesehen: Bei allen Möglichkeiten des Verständnisses des Innermenschlichen könnte eine Psychophysik des Menschen nur aus unverstehbaren Koppelungen zwischen Psychischem und Physischem bestehen, Koppelungen von der Art der Verbindung zwischen einer Telefonnummer und einer Hausnummer, zwischen einem Namen und einem Bankonto. Hier ist der Grund für die Bedeutung der Überlegungen Wolfgang KÖHLERS in seinem Werk über „Die physischen Gestalten" (1920). Wie KÖHLER dort in sorgfältigen Analysen nachweist, handelt es sich bei dem, was Philosophen und Philologen und übrigens auch Biologen, in den letzten Jahrhunderten – und besonders seit dem Tode von GOETHE und C. G. CARUS – sich unter „Natur" vorgestellt haben, nur um Grenzerscheinungen des Physischen: um die Verhaltensweisen von Maschinen, die von Menschen erfunden und gebaut sind. Ihre Struktur unterscheidet sich daher nicht nur von der Struktur *physischer* Gebilde und Vorgänge, die *nicht* von Menschenhand für bestimmte Zwecke geschaffen und in Gang gesetzt werden. Tatsächlich hat sich die Physik, wenn auch unter anderen Namen, längst mit Gegebenheiten beschäftigt, deren Struktur mit den von DILTHEY aufgewiesenen und von WERTHEIMER auch in elementaren psychischen Bereichen experimentell nachgewiesenen eine unleugbare Verwandtschaft aufweist. Die Verwandtschaft geht weiter, als man zunächst annehmen könnte. Die fraglichen Systeme streben, was schon Ernst MACH aufgefallen war, aus ihrer inneren Dynamik heraus auf strukturell ausgezeichnete, besonders regelmäßige und harmonische Endzustände hin, nicht unähnlich den Klärungsvorgängen, wie sie zum Beispiel den Verlauf produktiver Denkvorgänge kennzeichnen. Es wurde nun die Annahme möglich, daß wenigstens in dieser Hinsicht der Mensch kein Fremdling in dieser Welt ist, sondern daß er auf Möglichkeiten aufbaut, die schon vor seinem Auftreten in ihr angelegt waren.

Freilich hat sich mir in letzter Zeit ein weiteres Thema aufgedrängt, das auf den ersten Blick geeignet scheint, der Vermutung der Seinsfremdheit des Menschen neue Nahrung zu geben. Wir sind in der Naturphilosophie gewöhnt, das Geschehen in dieser Welt als eine Kette von Ursachen und Wirkungen zu betrachten, von Wirkungen, die selbst wieder zu Ursachen weiterer Wirkungen werden. Und sofern wir uns mit der These des Determinismus befreunden, müßte sich grundsätzlich von allem, was in diesem Augenblick geschieht, die Kausalkette bis an den Anbeginn der Welt zurückverfolgen lassen. Einen neuen Anfang könnte es in keinem, wie auch immer definierten Sinne geben. Wenn man sich aber länger mit dem Problem der Schuld, des Verdienstes und der Verantwortung beschäftigt, wird es immer deutlicher, daß diese Begriffe, wenn man sie ernst nimmt, die Annahme eines neuen Anfangs, und zwar eines neuen Anfangs in dem als verantwortlich betrachteten Menschen fordern. Einem zufällig herausgegriffenen Glied in einer unendlichen Kausalkette können wir weder Verdienst noch Schuld zuschreiben. Es gibt keinen Gesichtspunkt, der angeben könnte, warum wir dazu nicht irgendein früheres Glied herausgreifen sollten oder auch ein späteres, wenn es noch vor dem für uns fraglichen Ereignis liegt. Die entscheidende Frage lautet also: Gibt es schon in der außermenschlichen Natur etwas wie einen neuen Anfang? Erst später erinnerte ich mich wieder an eine Bemerkung aus einer Vorlesung von Wolfgang KÖHLER in den zwanziger Jahren, in der dies immerhin schon angedeutet war. Er sagte dem Sinne nach: Stellen Sie sich ein zusammenhängendes Quantum einer Flüssigkeit vor, die ihre Umgebung nicht benetzt, von irgendeiner beliebigen unregelmäßigen Form. Es ist völlig gleichgültig, auf welche Weise es zusammengekommen ist. Denn von dem Augenblick an, wo es beisammen ist, ist das Geschehen nur noch von dem Endzustand her bestimmt, den es demnächst annehmen wird. Denn es „strebt", aus dynamischen Gründen, zur Kugelgestalt. Wie später der Biologe BERTALANFFY gezeigt hat, äußert sich die Besonderheit dieses Falles bei seiner mathematischen Darstellung darin, daß die Werte, die sich auf seine Vorgeschichte beziehen, aus der Rechnung verschwinden. Die Kausalität geht hier, ohne daß das deterministische Grundprinzip aufgehoben würde, deskriptiv in Finalität über. Die strukturelle Verwandtschaft mit dem Fall, daß ein Mensch sich ein Ziel setzt und dieses Ziel zu verfolgen beginnt, liegt auf der Hand. Mit anderen Worten: Unsere Vorstellungen von der unendlichen Kausalkette waren falsch. Sie sind zu ersetzen durch die Vorstellung aufeinanderfolgender Bedingungskonstellationen, in denen unter definierbaren Bedingungen echte neue Anfänge möglich sind. Und wenn wir einem Menschen für irgend etwas, was uns freut oder bekümmert, das Verdienst oder die Schuld zuschreiben, so plazieren wir ihn damit nicht außerhalb der übrigen Welt oder, anders ausgedrückt, wir arbeiten damit nicht mit einer Voraussetzung, die ein Naturwissenschaftler als Fiktion oder kurzerhand als Irrtum bezeichnen müßte. Wie gewöhnlich im wissenschaftlichen Nachdenken stellen sich bei jeder Lösung eines Problems zugleich neue Probleme; etwa hier, wie und wodurch ein Mensch überhaupt dazu kommen kann, sich Ziele zu setzen. Aber davon möchte ich heute nicht sprechen.

Die Frage nach dem Neuen und Einzigartigen des Menschen läßt sich nur schwer beantworten. Es gibt zum Beispiel auch im Tierreich den Vorgang des Lernens; es gibt das Verständnis von Zeichen (Konditionierung!); es gibt Ansätze zum einsichtigen Denken. Sogar die gelernte und durch Überlieferung weitergegebene Sprache hat ihre Bedeutung als unterscheidendes Merkmal des Menschen verloren. Einerseits hat auch er, neben und vor seiner erlernten Muttersprache, wie andere Wirbeltiere einen recht beträchtlichen Schatz an ererbten Lautzeichen, also an Zeichen, die er nicht lernen muß und die zugleich in der ganzen Welt verständlich sind. Wenn ich einen Ostasiaten, der noch kein Deutsch kann, frage „Wie bitte?", so versteht er mich nicht. Er versteht mich sofort, wenn ich statt dessen frage: „Hä?". Andererseits sind die Schimpansen, zweifellos die Begabtesten unter unseren tierischen Verwandten, wie sich neuerdings herausgestellt hat, fähig, eine Sprache im menschlichen Sinn neu zu erlernen, wenn man das Zeichensystem nicht auf ihrem außerordentlich schlecht ausgebildeten Vermögen der Lautgebung aufzubauen versucht, sondern sie anleitet, ganz in der Art der Taubstummensprache, Gebärden als Zeichen zu gebrauchen. Wie der Erfolg beweist, ist die Fähigkeit zu solcher Zeichenbildung, ja sogar die Fähigkeit, selbständig mehrere solcher einzeln erlernter Handzeichen zu einem sinnvollen Satz zusammenzusetzen, das heißt zu umfassenderen Sinneinheiten zu verbinden, bei den Schimpansen vorhanden. Doch wird die Beherrschung einer Gebärdensprache bisher von ihnen nur mit menschlicher Hilfe erreicht. Wo nun auf dem Gebiet der Sprachbeherrschung die Grenze zwischen Mensch und Tier verläuft, wird sich endgültig erst erweisen, wenn es sich gezeigt hat, ob Menschenaffen dasjenige, was sie unter menschlicher Anleitung an Gebärdensprache gelernt haben, ihren Nachwuchs weiterzugeben versuchen und vermögen.

Als unterscheidendes Merkmal des Menschen bleibt vorläufig die Tatsache, daß für sein Mitteilungsbedürfnis der Bestand an angeborenen Lautzeichen von Anfang an nicht entfernt ausgereicht hat und daß er die Freiheit besaß, dieses Bedürfnis durch die Erfindung immer neuer Zeichen und Zeichenverknüpfungen zu befriedigen, und das fast ohne Grenzen. Es ist daher kein Wunder, daß unter den Forschungsgegenständen der Geisteswissenschaften die Sprache eine so hervorragende Rolle spielt, und nebenbei eine fast ebenso große Rolle die Schrift, durch die erst die Geschichte zu einem Gegenstand menschlichen Bewußtseins werden konnte. Was den Menschen und nur ihn kennzeichnet, ist also die Not und die Freiheit, zu erfinden, das heißt, die Schöpfung fortzusetzen. Obwohl dies ein passendes Schlußwort wäre, möchte ich doch noch einen kurzen Blick zurück zum Anfang wenden.

Es hat sich gezeigt, daß man die beiden großen Wissenschaftsbereiche, in die die alte philosophische Fakultät sich gespalten hat, nicht nach dem Typus ihrer Theoriebildung auseinanderhalten kann. Es gibt hüben wie drüben Sachverhalte, denen stückhafte, elementaristische, mechanistische Ansätze angemessen sind, und solche, die man nur mit ganzheitlichen, strukturellen und dynamischen Ansätzen erfassen kann.

Auch ihre Methoden sind nicht grundsätzlich, von einer abweichenden Natur der Sache her, verschieden. Innerhalb der Psychologie hat es sich gezeigt, daß die Anwendbarkeit experimenteller Methoden einfach auch eine Frage des Entwicklungsstandes der Forschung ist. Seit die Psychologie eine empirische Wissenschaft geworden ist, sind immer wieder neue Teilgebiete dem Experiment zugänglich geworden. Wir experimentieren heute mit Selbstverständlichkeit und mit Erfolg über Fragen aus Teilgebieten des Seelischen, bei denen man das vor hundert, ja vor fünfzig Jahren noch für völlig unmöglich gehalten hätte. Und was den Verzicht der Sprach- und Geschichtswissenschaften auf das Experiment betrifft, so beruht er im wesentlichen auf der sehr einfachen Tatsache, daß *ihre* Versuchspersonen leider größtenteils seit Jahrzehnten, Jahrhunderten oder Jahrtausenden nicht mehr am Leben sind, so daß man nicht mehr sie selbst ansprechen, befragen und beobachten kann, sondern sich mit den Zeugnissen und Nachwirkungen begnügen muß, die sie hinterlassen haben: den Urkunden und Akten, den Briefen und Gedichten, den Waffen und Werkzeugen, dem Schmuck und dem Hausgerät, den Tempeln, Burgen und Werkstätten, den Straßen und Brücken, und nicht zuletzt den Gräbern. Es gibt aber auch außerhalb der Psychologie Geisteswissenschaften, in denen die Versuchspersonen noch am Leben oder erreichbar sind, wie etwa die Wissenschaften von den lebenden Sprachen. Wir können sicher sein, daß diese über kurz oder lang beginnen werden, zu experimentieren, wo es nicht bereits geschehen ist.

Die Besonderheit der Psychologie läßt sich also, wie schon mehrfach bemerkt, nur inhaltlich bestimmen. Es ist die Wissenschaft von den Möglichkeiten und den Gesetzen des Erlebens und Verhaltens des Menschen und seiner tierischen Verwandten und von der besonderen phänomenalen oder anschaulichen Welt (VON UEXKÜLL 1928 sagt: Merkwelt), die jeder ihrer Arten zugeordnet ist, der Welt, die wir um uns selber *vorfinden* und die wir bei den verschiedenen Tieren aus der besonderen Art ihres Verhaltens erschließen können.

Die Psychologie ist eine experimentierende *und* zugleich verstehende, eine phänomenologisch beschreibende *und*, wo die Umstände es zulassen, auch messende und rechnende Wissenschaft. Man kann sie nicht mehr in eine *rein* beschreibende und unverbindlich deutende Wissenschaft zurückverwandeln. Aber dringlich erscheint es mir im Augenblick immer noch, die Vertreter des Messens und Rechnens darauf aufmerksam zu machen, daß es sinnlos ist, etwas zu messen und zu berechnen, was man noch nicht kennt; und daß daher viele Berechnungen nutzlos sind, weil die physiologische, qualitativ beschreibende Analyse versäumt wurde, die am Anfang *jeder* psychologischen und, wie Konrad LORENZ immer wieder betont, jeder biologischen Untersuchung stehen muß (z. B. 1965).

Die Psychologie liegt, wie schon mehrfach gesagt, innerhalb des geisteswissenschaftlichen Bereiches, wenn auch mit vielen ihrer Probleme unmittelbar an der Grenze zu der außermenschlichen Welt. Daher liegt ihr, vor allem in der „Psychophysik", der Blick hinüber nicht nur besonders nahe, er ist vielmehr unvermeidlich, und er ist fruchtbar. Er lehrt unter anderem, soweit wir bisher sehen können, daß jene Grenze offenbar kein Abgrund ist, sondern daß drüben, in der unbelebten Natur, wenn auch nur im Keim, vorbereitet ist, was sich dann im Menschen zu dem Reichtum entfaltet hat, den ein einzelner schon lange nicht mehr zu überschauen vermag.

III
Gestalttheorie

5. Zur Geschichte der Gestalttheorie in Deutschland (1963)

Infolge der geschichtlichen Ereignisse der letzten dreißig Jahre ist es schwer, die erforderlichen Quellen zu einer halbwegs vollständigen und zugleich zutreffenden Geschichte der Gestalttheorie in Deutschland zu beschaffen.

Es sei darum dem Schreiber erlaubt, in der etwas lockeren Form persönlicher Erinnerung zu berichten, wie er mit dieser wissenschaftlichen Bewegung bekannt und vertraut geworden ist.

Es war im Winter 1922. Um sein Studium der deutschen Sprache und Literatur unter dem berühmten Andreas HEUSLER fortzusetzen, war der Schreiber ein Semester zuvor von München nach Berlin übergesiedelt – und hatte den Platz des verehrten Forschers leer gefunden. HEUSLER war fast zur gleichen Zeit in die Schweiz, seine Heimat, zurückgekehrt. Zwar gab es in Berlin nach wie vor gründlichen Unterricht in den verschiedenen germanistischen Teilfächern, aber es fehlte die Erörterung des Grundsätzlichen in der Forschung, die er sich von HEUSLER erhofft hatte; und er begann, sich nach anderen Gelegenheiten zu grundsätzlicher Orientierung umzuschauen. Dabei geriet er in einen Kurs „Psychologische Übungen für Anfänger", der von zwei ihm bisher unbekannten Psychologen geleitet wurde. Auch JASPERS und GRUHLE hatten in ihren psychologischen Vorlesungen, die der Schreiber im Sommer 1920 in Heidelberg besucht hatte, ihre Namen nicht genannt.

Der eine war jünger, hell, schmal, hochgewachsen, straff und von schneidender Schärfe des Gedankens; der andere, etwas kleiner und älter, mit langen Haaren und tiefen gütigen Augen, von einer erstaunlichen Kühnheit und Fülle der theoretischen und experimentellen Einfälle. Er machte gegen seine eigenen Annahmen immer neue Einwände und nötigte uns, seine Zuhörer, immer aufs neue, zu überlegen, was man wohl tun könnte, um das Gewicht dieser Einwände zu prüfen und sie zu sichern oder sie zu widerlegen. Er schlug auch selbst immer wieder neue Versuchsvarianten vor und ermunterte uns, über das Ergebnis Voraussagen zu machen.

Der erste wirkte mehr vorwärts drängend, der zweite mehr bedächtig, vor den ungeduldig vorwärtsstürmenden Gedanken immer wieder neue Hindernisse aufbauend, für den jungen Zuhörer fast zuviele. Der Leser wird schon ahnen, von wem die Rede ist: Es waren Wolfgang KÖHLER und Max WERTHEIMER, die hier gemeinsam im schönsten Sinne des Wortes „Schule hielten".

Nach einigen Wochen dieser Einführung in das wissenschaftliche Denken war der Schreiber entschlossen, sich in ihrem Bereich anzusiedeln, und er hat es in den seitdem verflossenen vierzig Jahren nie bereut.

Man spürte sofort, hier war der Versuch im Gange, eine von Grund auf neue Psychologie aufzubauen, keine Chemie konstruierter seelischer Elemente, keine Lehre von starren ad hoc entwickelten Mechanismen, keine Seelen-Philosophie, die einem unbekannten X, Subjekt genannt, als Hauptaufgabe die fortgesetzte Korrektur und Ergänzung alles dessen zuschrieb, was bei der Summation der angenommenen Elementarvorgänge und bei der Wirksamkeit von neuronalen Apparaten, wie man sie sich damals vorstellte, anders ausfiel, als die alltägliche Erfahrung es forderte.

Es war eine Psychologie, die nicht mehr, wie es der Schreiber dieser Zeilen schon fünf Jahre vorher als Primaner in der „Philosophischen Propädeutik" mit höchstem Befremden als das Anliegen der damaligen Schulpsychologie kennengelernt hatte, sich damit beschäftigte, das Sinnvolle, das wir an allen seelischen Vorgängen bewundern, auf den blinden Zufall äußerlich bedingten Zusammentreffens und beliebiger dadurch verursachter Koppelungen oder den im Grunde ebenso beliebigen willkürlichen Festsetzungen eines fortgesetzt agierenden Subjekts, wie man so sagte, „zurückzuführen".

Es war eine Psychologie, die auf dem Wege war, in die Wunder des Seelenlebens einzudringen, ohne sie dabei zu zerstören oder wenigstens ohne das Wesentliche daran zu leugnen und wegzuerklären.

Und nicht zuletzt war es eine Psychologie, in der man es fertigbrachte, die damals für einzig möglich gehaltenen unzureichenden Erklärungen des Psychischen zurückzuweisen, ohne dabei gleich in verschwommenen Mystizismus zu verfallen und sich mit halbwegs einleuchtendem Tiefsinn zu begnügen, die vielmehr in bemerkenswertem Gegensatz zu der methodischen Bedürfnislosigkeit einer ganzen Reihe berühmter vorausgegangener Erneuerungsversuche (u. a. der „geisteswissenschaftlichen Psychologie" von DILTHEY, der Ausdruckslehre von KLAGES und der Psychoanalyse Sigmund FREUDS) an die Verifikation auch der scheinbar unbedeutendsten Vermutungen höchste Ansprüche stellte.

Der Entschluß war gefaßt, nach Möglichkeit kein Wort, keine Vorlesung und keine Schrift dieser bemerkenswerten Männer und ihrer Freunde und Mitarbeiter zu versäumen. Und bei der anschließenden Lektüre und in gelegentlichen Gesprächen ergab sich ein Bild der vorangegangenen Entwicklung, in dem zwar gewisse Einzelheiten dunkel bleiben und auch genaue Zeitangaben großenteils fehlen, das aber in seinen großen Zügen dem, was sich wirklich ereignet hat, einigermaßen nahe kommen wird.

Ich will nun versuchen, dieses Bild in knappen Zügen zu zeichnen und die Darstellung bis zu dem Augenblick fortzuführen, in dem durch den in Deutschland ausgebrochenen politischen Wahnsinn die Begründer der Gestalttheorie samt den meisten ihrer Schüler in alle Winde zerstreut wurden.

Im Jahr 1890 erschien in einer Vierteljahresschrift für wissenschaftliche Philosophie aus der Feder von Christian VON EHRENFELS eine Abhandlung: „Über Gestaltqualitäten". Ihr Verfasser war damals Dozent in Wien, später Professor der Philosophie in Prag. – Die Abhandlung von VON EHRENFELS griff auf eine unerwartet neue Weise ein Problem an, das damals die bedeutenderen unter den Psychologen beunruhigte: das Problem des Verhältnisses zwischen den psychischen Ganzen und ihren Teilen oder Elementen. Fast gleichzeitig – es tut nichts zur Sache, ob die entsprechenden Veröffentlichungen etwas früher oder etwas später datiert sind, denn kein Gelehrter veröffentlicht einen Gedanken, den er für richtig hält, ohne ihn erst ein paar Jahre mit sich herumzutragen – wurden zwei weitere Versuche gemacht, das Problem zu meistern. Der eine ist enthalten in Wilhelm WUNDTS Begriff der „Schöpferischen Synthese", der andere in der kühnen, wenn auch schon kurz zuvor bei William JAMES anklingenden These von Hans CORNELIUS, daß die Entwicklung des Bewußtseins nicht aus einem allmählichen Aufbau immer komplexerer Ganzer aus einer ursprünglichen Mannigfaltigkeit einfachster Elemente bestehe, sondern vielmehr aus einem allmählichen Abbau anfänglich höchst umfassender Ganzheiten, wobei das sogenannte seelische Element ein letztes und vielfach gar nicht erreichtes Endprodukt dieses Differenzierungs- und Ausgliederungsvorganges sein sollte. Hierin ist eine damals wesentlich neue Erkenntnis enthalten: die Erkenntnis nämlich, daß die Entstehung von Ganzen im Bewußtsein keine auf sie gerichtete besondere Tätigkeit des Subjekts erfordere, daß diese von ihm vielmehr „fertig vorgefunden" werden.

Der Gedanke von CORNELIUS ließ sich zwar nicht ohne erhebliche Einschränkungen durchführen, denn es zeigte sich immer wieder, daß die Ganzen, die das unentwickelte Bewußtsein kennzeichnen, verhältnismäßig einfache und unkomplizierte Ganze sind, und daß die Entwicklung von ihnen aus sich nicht nur durch Ausgliederung bzw. Differenzierung und Erweiterung vollzieht. Trotzdem hat der von CORNELIUS gegebene Anstoß bis heute fortgewirkt und sich besonders in der „Leipziger Schule", bei Felix KRUEGER und seinen Mitarbeitern und Schülern, u. a. Friedrich SANDER, Hans VOLKELT, KLEMM, WELLEK, RUDERT, UNDEUTSCH, daneben bei Götz MARTIUS, Heinrich WITTMANN und Heinz WERNER als höchst fruchtbar erwiesen.

Der WUNDTsche Begriff der „Schöpferischen Synthese" ist zwar in den folgenden Jahren vielfach mit Ehrfurcht zitiert worden, hat aber sonst keine merkbaren Wirkungen ausgeübt – wenn man nicht den EHRENFELSschen Begriff der Gestaltqualität selbst als seine logische Fortentwicklung betrachten will. Denn wenn WUNDT die Synthese im Psychischen als „schöpferische" bezeichnete, so wollte er damit nichts anderes zum Ausdruck bringen, als daß man an komplexen seelischen Ganzen Eigenschaften vorfindet, die man bei genauester Kenntnis der Elemente oder Bestandteile, aus denen sie entstanden sind, niemals erwarten würde, und die er Komplexqualitäten nannte.

Genau dasselbe meint auch v. EHRENFELS, wenn er von Gestaltqualitäten spricht, aber zugleich entfallen in seinem Begriff einige störende und sachlich nicht geforderte Bestimmungen, die WUNDT dem seinigen beigelegt hatte. Erstens enthält sich VON EHRENFELS völlig der genetischen Frage; seine Befunde sind unabhängig von der Art und Weise, wie die fraglichen Ganzen zustande gekommen sind. Zweitens entfällt bei ihm von vornherein die zahllosen bekannten Tatsachen widersprechende Meinung WUNDTS, Ganzeigenschaften träten nur dort in Erscheinung, wo die konstituierenden Bestandteile in dem Ganzen „verschwinden" oder wenigstens undifferenzierbar werden, wie etwa die den einzelnen Teilschwingungen entsprechenden Töne in der Farbe eines Klanges.

Christian VON EHRENFELS berührt schon in seiner grundlegenden Schrift eine Fülle von Problemen, die sich im Zusammenhang mit seiner Entdeckung der Gestaltqualitäten stellten. Diese offenen Probleme aufgegriffen und zu überraschenden, revolutionierenden Lösungen geführt zu haben, ist Max WERTHEIMERS bleibendes Verdienst.

WERTHEIMER, 1880 in Prag geboren, war nicht der erste Gelehrte seiner Familie. Der berühmteste seiner Vorfahren war Rabbi Samson WERTHEIMER von Worms, der seit 1684 als Kaiserlicher Oberfaktor, d. h. als Finanzsachverständiger, am Hof der Kaiser Leopold und Josef in Wien tätig war und sich durch eine Neuausgabe des babylonischen Talmud einen Namen machte. Max WERTHEIMERS Vater hatte in Prag eine private Handelsschule. Er selbst hatte eine Zeitlang zwischen der Laufbahn eines Musikers und der eines Gelehrten geschwankt und spielte noch im Jahre 1931 dem Schreiber eine gewaltige vierstimmige Fuge vor, die in jener Zeit entstanden war. Auch seine ersten wissenschaftlichen Studien galten nicht der Psychologie, sondern der Rechtswissenschaft.

Unter den von v. EHRENFELS angeschlagenen Themen beschäftigte ihn schon früh die Frage nach der Ausbildung und Abgrenzung der Gestalten, der Träger der Gestaltqualitäten. Die Überlegungen und Versuche zu dieser Frage fanden ihren

Niederschlag aber erst spät in der berühmten „Punktarbeit", der zweiten der Untersuchungen zur Lehre von der Gestalt aus dem Jahre 1922. Sein entscheidender Schritt über den Lehrer hinaus, durch welchen die Lehre von den Gestaltqualitäten erst zur Gestalttheorie im eigentlichen Sinne wurde, waren die im Zusammenhang damit erfolgte Entdeckung des natürlichen Ganzen und des natürlichen Teils und die Entdeckung des Prägnanzprinzips, nach welchem die natürlichen Teile sich ausbilden, weiter die Entdeckung der unmittelbaren wechselseitigen Abhängigkeit der Teile eines Ganzen, mit anderen Worten: der außerörtlichen, translokalen Bedingtheit der Beschaffenheit der Teile, und vor allem die Entdeckung der Rolle oder Funktion des Teils in einem Ganzen und ihre entscheidende Bedeutung nicht nur für das Auffassen des unmittelbar Gegebenen, sondern vor allem auch für das Denken.

Alle diese Gedanken müssen schon in der Entwicklung gewesen sein, als WERTHEIMER zwischen 1904 und 1910 nur mit kleineren und für den Uneingeweihten noch nicht charakteristischen Arbeiten hervortrat: u. a. über die Musik der Wedda, dann mit KLEIN zusammen über Tatbestandsdiagnostik. In den letzten Arbeiten wurde kurz vor C. G. JUNG ein Assoziationsverfahren entwickelt, das im wesentlichen mit dem JUNGschen übereinstimmte, und es gab darüber auch mit JUNG einen Prioritätsstreit. Das Verfahren wurde aber von WERTHEIMER wieder verlassen, weil die Möglichkeiten einer zuverlässigen Verifikation der Befunde zu gering waren.

Einige eindrucksvolle Beispiele für den Funktionswandel von Teilbeständen in wechselnden Gesamtkonstellationen sind aus diesen Arbeiten in die späteren denkpsychologischen Erörterungen übernommen worden. Das grundsätzlich Neue gegenüber VON EHRENFELS läßt sich mit kurzen Worten etwa so kennzeichnen: Kommt nach der Meinung von v. EHRENFELS bei der Ausbildung eines Ganzen aus einfachen Teilen etwas neues hinzu, hinzu zu den Eigenschaften, die an diesen Teilen auch außerhalb des fraglichen Verbandes zu beobachten sind, und die sie nach der von ihm zunächst nicht bezweifelten allgemeinen Auffassung seiner Zeit unverändert in das Ganze einbringen, so unterscheidet sich die Gestalt von der Summe ihrer Teile nach WERTHEIMER nicht mehr nur durch dieses hinzukommende Neue, sondern innerhalb des Ganzen ist gewissermaßen alles neu. Jeder Teil ist modifiziert durch seine neue Einbettung, und jeder Teil hat neue, wesentliche Eigenschaften, die er außerhalb des Ganzen als Einzelinhalt gar nicht haben konnte, falls er überhaupt noch als natürlicher Teil ausgegliedert ist.

Zum ersten klassischen Beispiel dieses völlig Neuen bei komplexer Reizung wurde die stroboskopische Scheinbewegung: im günstigsten Fall ergibt sich dabei, anstelle eines aus dem Gebilde A und dem Gebilde B zusammengesetzten Paares mit allen möglichen Beziehungen und hinzukommenden Ganzqualitäten dieses aus A und B zusammengesetzten Ganzen, ein einziges von der Stelle A nach der Stelle B sich bewegendes Gebilde X, ja im Grenzfall sogar ein objektloses Sich-Bewegen von der Stelle A nach der Stelle B.

Darum besteht die Ansicht zu Recht, daß die Gestalttheorie als solche in den Untersuchungen über das Sehen von Bewegungen aus dem Jahre 1912 zum ersten Male der Öffentlichkeit vorstellte, obwohl in der kurz zuvor erschienenen Arbeit über das Denken der Naturvölker schon wesentliche Ergebnisse über die Bedeutung von Ganzheitsbildungen, Strukturen und Strukturfunktionen von Teiltatbeständen im Denken, speziell im Umgang mit Mengen, enthalten waren.

Fast zugleich, spätestens unmittelbar anschließend, entstanden dann die beiden erst zehn Jahre später erschienenen Untersuchungen von Wilhelm FUCHS über Durchsichtigkeit und farbige Angleichung, in denen die Wechselwirkungen zwischen den Teilen von Ganzen und die Entstehung sehr bestimmter neuer Ganzeigenschaften unter definierbaren Bedingungen beispielhaft demonstriert wurden. In beiden Arbeiten ist die Klaue des Löwen unverkennbar. Es ist WERTHEIMERS unverkennbare Art, Probleme anzugreifen, die auch in späteren Schüler- und Freundesarbeiten immer wieder hervortritt.

In der Bewegungsarbeit wird nun auch eine unvermeidliche weitere Gedankenrichtung deutlich, eine Gedankenrichtung, die den damaligen Lesern dieser Arbeit am stärksten in die Augen gefallen zu sein scheint.

Es wurde nämlich die Frage unausweichlich, welche Eigenschaften das Nervensystem und die sich in ihm abspielenden Erregungsvorgänge besitzen müssen, um allen diesen zunächst aus reiner Phänomenologie von Wahrnehmungsgegebenheiten abgeleiteten Forderungen zu entsprechen und ob solche Eigenschaften des Nervensystems physiologisch überhaupt denkbar seien. Diese Frage ist klar gestellt in dem zunächst etwas irreführend als „physiologischer Kurzschluß" und später einfach als „physiologische Querfunktion" (lateral interaction) bezeichneten Ansatz, und sie mußte nach den damaligen nervenphysiologischen Kenntnissen schlicht verneint werden.

Denn es gab nach diesen für das Geschehen im Nervensystem nur zwei Möglichkeiten: entweder die Leitung in festliegenden, gut isolierten Bahnen, oder das Versagen dieser Isolierung, das nur diffuse Irradiation in unzugehörige Bereiche, also im Endeffekt nur ungeordnete, chaotische Zustände zur Folge haben kann.

Etwa in das Jahr 1910 ist ein Ereignis zu datieren, das wohl ohne besondere Absicht dann zur Bildung einer Schule führte: War die neue Psychologie bisher im wesentlichen das Gedankengut eines einsamen Denkers gewesen, so fanden nun im Frankfurter Institut Gespräche mit Wolfgang KÖHLER und Kurt KOFFKA, wohl auch mit Adhémar GELB und GOLDSTEIN statt, in denen der zündende Funke übersprang und der Grund zu der Freundschaft und der Zusammenarbeit gelegt wurde, die bis zu WERTHEIMERS vorzeitigem Tod im Jahre 1943 fortdauerte. Es entstand das, was später, als KÖHLER und WERTHEIMER gemeinsam am Psychologischen Institut der Universität Berlin tätig waren, „Berliner Schule" genannt wurde.

Von den Veröffentlichungen der folgenden Jahre können nur einige der hervorstechendsten genannt werden.

Die ersten, entscheidenden Beiträge der neugewonnenen Mitarbeiter waren kritischen Auseinandersetzungen mit gängigen Lehren gewidmet, in denen die Summe der Sinneserregungen gewissermaßen als Denksportaufgabe für den urteilenden menschlichen Geist betrachtet wurde, der diese nie beobachtbare Erregungssumme nach überphysiologischen Prinzipien bearbeiten oder auswerten sollte. Die anschauliche Welt, das unmittelbar Gegebene, soll das Ergebnis solcher geistigen Bearbeitungsvorgänge sein, ganz im Gegensatz zum Augenschein, nach welchem wir diese Welt eben nicht aktiv gestalten, sondern gestaltet vorfinden.

Es handelt sich um KÖHLERS scharfsinnige und heute, nach dem Einbruch der Informationstheorie, aufs neue aktuelle Auseinandersetzung mit der experimentell vor allem von BENUSSI vertretenen „Produktionstheorie" Alexius MEINONGS (1915).

Der erste Weltkrieg unterbrach diese Entwicklung zum Glück nicht vollständig. Während WERTHEIMER mit VON HORNBOSTEL zusammen in Berlin u. a. für die praktischen Zwecke militärischer Ortung aufgrund seiner Zeitdifferenzierungstheorie der Schallrichtungswahrnehmung ein dem Scherenfernrohr analoges Hörgerät zur genaueren Feststellung der Richtung von Abschüssen entwickelte, konnte KÖHLER vier

Jahre unfreiwilliger Klausur auf Teneriffa ungestört ausnutzen, um theoretisch und experimentell vorwärts zu dringen. Am bekanntesten wurden von seinen Ergebnissen die Intelligenzprüfungen an Menschenaffen, in denen er zeigen konnte, daß diesen Tieren unter einfachen Bedingungen Problemlösungen möglich sind, die offenbar auf eine Weise zustande kommen, die ganz den WERTHEIMERschen Vermutungen über die Natur produktiver Denkvorgänge entspricht.

Die Arbeit KÖHLERS, die zu den wenigen klassischen Werken der Psychologie gehört, enthält eine überlegene Auseinandersetzung mit der Lerntheorie von THORNDIKE; sie anerkennt, daß das Lernen im Sinne des natürlichen Erwerbs von Erfahrungen zwar vielfach durch blindes Probieren und Festhalten der erfolgreichen Verhaltensweisen (trial and error) erfolgt, ja, daß es in gewissen Situationen gar keine andere Möglichkeit des Lernens gibt; aber sie zeigt zugleich, daß das Erfolgslernen nicht die einzig mögliche, sondern eine unter mehreren Formen des Lernens ist und daß neben ihm das von KÖHLER bei den Schimpansen gefundene und gesicherte „einsichtige Lernen" eine bedeutsame Rolle spielt.

In den fast gleichzeitig erschienenen Akademie-Abhandlungen „Nachweis einfacher Strukturfunktionen" und „Optische Untersuchungen am Schimpansen und am Haushuhn" konnte KÖHLER zeigen, daß die von WERTHEIMER entdeckte Rolle der Teile auch bei diesen Tieren von Bedeutung ist, also kein Privileg des Menschen darstellt, und daß vor allem die angenäherte Konstanz gewisser Eigenschaften der Wahrnehmungsdinge auch bei Tieren in vollem Maße besteht, denen nicht entfernt etwas ähnliches wie die menschliche Urteilsfähigkeit zugesprochen werden kann. Dadurch war der HELMHOLTZschen Urteilstheorie die wichtigste Stütze entzogen. KÖHLERS Befunde an Größen und Helligkeiten wurden später von KATZ und RÉVÉSZ an farbigen Beleuchtungen in vollem Maße bestätigt.

Zugleich oder unmittelbar anschließend entstand das grundlegende theoretische Werk über „Die physischen Gestalten", 1920 erschienen, in welchem die von WERTHEIMER 1912 gestellte Frage, ob Hirnvorgänge von der Art, wie sie in der Gestalttheorie von den Phänomenen her gefordert waren, physikalisch und physiologisch denkbar seien, nach umfassenden Untersuchungen und Erwägungen, die in einer völligen Beherrschung der damaligen, von Max PLANCK vertretenen Physik ihre Grundlagen hatten, bejaht wurde. Seit dieser Arbeit blieb KÖHLER der Psychophysiker der Gestalttheorie, worauf wir später nochmals zurückkommen.

Der erste Weltkrieg war vorbei, KÖHLER war 1922 als Nachfolger von Carl STUMPF nach Berlin berufen worden, und es begann das unvergeßliche Jahrzehnt, in dem am Berliner Psychologischen Institut im alten kaiserlichen Schloß, das inzwischen der Spitzhacke der neuen Machthaber zum Opfer gefallen ist, KÖHLER und WERTHEIMER mit Kurt LEWIN und E. M. VON HORNBOSTEL zusammenarbeiteten und wieder aus aller Welt die jungen Psychologen zusammenströmten, um unter ihrer Leitung zu arbeiten, ähnlich wie sie in den Jahrzehnten vor und nach 1900 in das WUNDTsche Institut nach Leipzig geströmt waren.

Die „Psychologische Forschung" wurde gegründet, und neben zahlreichen, z. T. höchst bedeutsamen Einzelarbeiten begannen in ihr die großen Reihen von Untersuchungen aus den verschiedenen Mitarbeiterkreisen zu erscheinen: Neben WERTHEIMERS „Untersuchungen zur Lehre von der Gestalt" die Fortsetzung der von KOFFKA herausgegebenen Reihe „Beiträge zur Psychologie der Gestalt" sowie die Fortsetzung der großen Reihe „Psychologische Analysen hirnpathologischer Fälle", in der A. GELB und K. GOLDSTEIN mit ihren Schülern und Mitarbeitern die Veränderungen des

Erlebens und Verhaltens einer Anzahl von Hirnverletzten des ersten Weltkrieges mit den begrifflichen und methodischen Mitteln der Gestalttheorie zu beschreiben und zu klären unternahmen; seit 1926 dann endlich die große Reihe von Kurt LEWIN und seinen Schülern „Untersuchungen zur Handlungs- und Affektpsychologie".

Eine Reihe wichtiger Sammelreferate erschien außerdem in dem von A. BETHE herausgegebenen Handbuch der normalen und pathologischen Physiologie; hier sind besonders die beiden Beiträge VON HORNBOSTELS „Zur Psychologie der Gehörserscheinungen" und über „Räumliches Hören", KOFFKAS Beiträge über Gestalt- und Bewegungswahrnehmung sowie GELBS Beitrag zum Problem der Farbenkonstanz zu nennen. KOFFKA war inzwischen auf den Lehrstuhl in Gießen berufen worden, wanderte aber schon 1926 nach den Vereinigten Staaten von Nordamerika aus und brachte erst dort seine bedeutendsten Beiträge zum Abschluß. Es sei nur das große zusammenfassende Werk „Principles of Gestalt Psychology" genannt mit seiner breit ausgebauten Theorie des Gedächtnisses, außerdem die scharfsinnige Abhandlung zur Theorie der Farbkonstanz, in welcher so gut wie alles, was man heute als central tendency Harry HELSON zuschreibt, schon klar gesagt ist.

Die zwanziger Jahre brachten von WERTHEIMER und seinen nächsten Mitarbeitern in der Wahrnehmungslehre die schon erwähnte grundlegende Arbeit über die Gruppierungs- und Gliederungsfaktoren in der zweiten Untersuchung zur Lehre von der Gestalt, dazu ihre scharfsinnige Verteidigung gegen die G. E. MÜLLERsche Auffassungstheorie und gegen E. RIGNANO durch Wolfgang KÖHLER, außerdem als beachtlichen Beitrag zur Kenntnis der innergestaltlichen Wechselwirkungen die Arbeit „Gestalt und Kontrast" von BENARY. Als Beitrag zur Kenntnis der Bedeutung der Teilfunktionen für das Bewegungssehen sind die Untersuchungen von Josef TERNUS über phänomenale Identität zu nennen, daneben als erster Beitrag zur Frage der Rolle der Prägnanztendenzen beim räumlichen Sehen des Einzelauges die Arbeit von KOPFERMANN über die Bedingungen der dreidimensionalen Auffassung zweidimensionaler Zeichnungen. Der Übergang zur Ausdruckslehre wurde fast zugleich an drei verschiedenen Stellen vollzogen, und zwar in den von WERTHEIMER angeregten und geleiteten Untersuchungen zur Ausdruckslehre von ARNHEIM, im 8. Kapitel der „Psychologischen Probleme" von KÖHLER, die schon in den zwanziger Jahren in englischer Sprache erschienen waren, und in der Untersuchung LEWINS über „Kindlichen Ausdruck", die als Anhang zu William STERNS „Psychologie der frühen Kindheit" gedruckt wurde.

WERTHEIMER selbst konzentrierte sich mehr und mehr auf die Lehre vom produktiven Denken. Er hielt in Berlin regelmäßig Vorlesungen über dieses Thema. Im Druck erschien freilich zunächst nur die grundlegende Untersuchung über „Schlußprozesse im produktiven Denken" (1920); 1933, kurz vor der Auswanderung, die kurze, aber inhaltsreiche Untersuchung über den Unterschied zwischen Einzelinhalt und Teil im 129. Bd. der „Zeitschrift für Psychologie".

Erst nach seinem Tod in den Vereinigten Staaten erschien die Zusammenfassung wenigstens eines Teiles seiner Ergebnisse in dem Werk „Productive Thinking". Zur Willens- und Persönlichkeitslehre liegt von ihm außer zerstreuten Bemerkungen nichts vor, dagegen wiederum ein sehr beachtlicher grundlegender Beitrag zur Sozialpsychologie, der zwar von H. SCHULTE unterzeichnet ist, dessen gedankliche Herkunft von WERTHEIMER aber in der ganzen Diktion unverkennbar ist, „Versuch einer Theorie der paranoischen Eigenbeziehung und Wahnbildung" lautete der Titel. Dieser Ansatz einer Gestalttheorie der Wir-Gruppe bringt WERTHEIMER ganz in die Nähe von Alfred ADLER, den er stets mit Achtung und Wohlwollen zitierte, während er FREUD und seinen Schülern, und zwar ausdrücklich vor allem wegen ihrer wissenschaftlich nicht verantwortbaren Vernachlässigung des Verifikationsproblems, mit äußerster Reserve gegenüberstand. WERTHEIMER wurde 1929 nach Frankfurt berufen, wohin ihm der Schreiber 1931 folgte.

KÖHLER begann in den zwanziger Jahren seine Untersuchungen zur Theorie des Spurenfeldes, angefangen mit der – später von O. VON LAUENSTEIN fortgeführten – Arbeit über den Sukzessivvergleich. Von den späteren Arbeiten auf diesem Gebiet sind vor allem die mit H. VON RESTORFF gemeinsam durchgeführten zu nennen. Daneben ging die Klärung grundsätzlicher Fragen zur Psychophysik weiter. Als erste Station ist hier das Sammelreferat „Gestaltprobleme und Anfänge einer Gestalttheorie" von 1925 zu nennen, in dem vor allem das Postulat der Freizügigkeit des Geschehens im Nervensystem, die Unterscheidung zwischen maschinell und dynamisch geordnetem Geschehen und das Problem der Erreichung ausgezeichneter Endzustände auf nicht vorgezeichneten, je nach Art und Lage des Ausgangszustandes wechselnden Wegen samt den biologischen Anwendungen weiter erörtert wurde. Die hier begonnene Auseinandersetzung mit dem Neovitalismus Hans DRIESCHS wurde fortgesetzt in zwei Abhandlungen über das Problem der Regulation und über die BOLTZMANNsche Theorie des zweiten Hauptsatzes, die gegen Ende der zwanziger Jahre erschien. Zugleich folgte in dem Aufsatz „Ein altes Scheinproblem", in den „Naturwissenschaften" erschienen, die Klärung des Verhältnisses zwischen physikalischer und Wahrnehmungswelt in einer Weise, die den unglücklichen Begriff der Projektion des Wahrgenommenen, der schon seit SCHOPENHAUER in der Erkenntnistheorie und Wahrnehmungslehre herumspukte, als überflüssig erwies.

Die berühmt gewordenen Untersuchungen zur Psychophysik der figuralen Nachwirkungen und die ersten Hypothesen zur Psychophysik des Wertens und des Strebens erscheinen erst nach der Emigration. Sie gehören daher nicht mehr in eine Geschichte der Gestalttheorie in Deutschland. Dagegen erschien noch in den zwanziger Jahren aus KÖHLERS Feder die erste zusammenfassende Darstellung der Gestalttheorie aufgrund von zehn in Amerika gehaltenen Vorträgen, unter dem Titel „Gestalt Psychology", später, 1933, deutsch als „Psychologische Probleme".

Der dritte im Bunde, Kurt LEWIN, ein Schüler STUMPFS, hatte sich zunächst mehr mit Wissenschaftslehre und Erkenntnistheorie („Der Begriff der Genidentität") beschäftigt. Doch ist schon seine früheste Veröffentlichung „Kriegslandschaft" ein hervorragender phänomenologischer Beitrag zur Frage der Bedürfnisbedingtheit der Wahrnehmung, die erst viel später in Amerika wieder, und zwar auf viel ärmeren phänomenologischen Grundlagen, aufgegriffen wurde.

Der Anschluß LEWINS erfolgte in den zwanziger Jahren ganz allmählich, beginnend mit seiner Untersuchung über „Das Problem der Willensmessung". Mit der Widerlegung der ACHschen Theorie der Vornahmehandlung, wobei die neue Unterscheidung zwischen Triebgewohnheit und Ausführungsgewohnheit eingeführt wurde, und mit der experimentellen Begründung und Sicherung einer neuen dynamischen Theorie erst der Vornahmehandlung, dann der Handlung überhaupt, für welche ein System gespannter, z. T. kommunizierender Spannungssysteme vorausgesetzt wurde. LEWIN legte seinen Ansatz zuerst in zwei später unter dem Titel „Vorsatz, Wille und Bedürfnis" zusammengefaßten Abhandlungen dar und baute ihn dann in einer Reihe z. T. weltberühmt gewordener Schülerarbeiten weiter aus.

Wir greifen mehr oder weniger willkürlich die Arbeiten von ZEIGARNIK über das Gedächtnis für vollendete und unvollendete Handlungen, von OVSIANKINA über das

Vergessen einer Vornahme, von HOPPE über Erfolg und Mißerfolg, von JUCKNAT über das Anspruchsniveau, von KARSTEN über psychische Sättigung, von SCHWARZ über Rückfälligkeit bei Umgewöhnung, von DEMBO über den Ärger, von BIRENBAUM und LISSNER über Ersatzhandlungen, heraus. Von LEWIN selbst ist die klassische Untersuchung über die psychologische Situation bei Lohn und Strafe zu nennen, in welcher der Übergang zur Analyse der Struktur des Handlungsfeldes erfolgte.

Von hier aus kam LEWIN zu der grundlegenden und folgenreichen Unterscheidung der Augenblickssituation und der Lebenssituation und folgerichtig weiter zu den bekannten, noch umstrittenen Entwürfen einer topologischen und einer hodologischen Psychologie, die freilich erst nach der Emigration ausgebaut und veröffentlicht und dort um eine Fülle sozialpsychologischer Ansätze und Untersuchungen erweitert wurden, die in den USA zur Bildung einer höchst aktiven sozialpsychologischen Schule führten.

Unter den Studenten des Berliner Instituts befand sich Anfang der dreißiger Jahre eine ganze Reihe von jungen Forschern, von denen man eine kompetente Weiterführung des begonnenen Werkes erhoffen konnte. Außer dem im Krieg gefallenen O. VON LAUENSTEIN ist hier besonders Karl DUNCKER zu nennen mit seiner grundlegenden Untersuchung über „Induzierte Bewegung", in der zum ersten Mal die von WERTHEIMER schon 1912 in dem Anhang zu seiner Bewegungsarbeit betonte Bedeutung der Bezugssysteme in ihrer ganzen Tragweite erfaßt war, und mit seiner Monographie „Zur Psychologie des produktiven Denkens". Nachdem er, zweifellos infolge der politischen Wirren, in den USA vorzeitig aus dem Leben geschieden war, fanden sich bei ihm noch drei grundlegende phänomenologische Untersuchungen vor: Über die Phänomenologie des realen Objekts, über den Hedonismus und über ethische Relativität, die ihn als den bedeutensten aus der Schülergeneration bestätigen.

Abgesehen von Richard MEILI, der in Bern, seiner Heimat, Begabungs- und Entwicklungsforschung betreibt, kamen auch fast sämtliche übrigen jungen „Berliner" erst in Amerika zum Zuge, darunter Rudolf ARNHEIM (Art and visual perception), Fritz HEIDER (The psychology of interpersonal relations), Hans WALLACH (vor allem durch die großen, mit KÖHLER gemeinsam durchgeführten Untersuchungen über „Figurale Nachwirkungen" bekannt), Tamara DEMBO und OVSIANKINA, die sich dort ebenfalls durch eine Reihe z. T. noch mit Kurt LEWIN zusammen durchgeführter Spezialuntersuchungen einen Namen machten.

In Deutschland blieb wenig zurück; außer Margarete EBERHARDT, die später eigene Wege ging, sind von den Berlinern der zwanziger Jahre eigentlich nur zwei zu nennen:

erstens Kurt GOTTSCHALDT, der nach seiner großen Untersuchung über die Wirkungslosigkeit gehäufter Erfahrung für die Gliederung des Sehfelds und nach seinen Arbeiten über den Aufbau des kindlichen Handelns in den dreißiger Jahren vor allem durch seine Zwillingsuntersuchungen bekannt wurde, seit 1945 in unermüdlicher Arbeit das „Institut für Psychologie" der Humboldt-Universität Berlin zum größten und besteingerichteten Institut Europas auf- und ausgebaut, und während der fünfziger Jahre in der von ihm neugegründeten „Zeitschrift für Psychologie" eine Fülle wertvoller Untersuchungen aus den verschiedensten Gebieten der Psychologie veröffentlicht hatte, aber im Jahre 1962 Mitteldeutschland verließ und seitdem in Göttingen tätig ist; und zweitens ich selbst, der um die Wende der dreißiger Jahre mit der Übertragung der WERTHEIMERschen Gestaltgesetze auf Geschehenseinheiten, mit der Anwendung des Prägnanzprinzips auf die einäugige Tiefenwahrnehmung und mit der Psychophysik der Größenwahrnehmung beschäftigt war, 1931 WERTHEIMER nach Frankfurt folgte, später, als infolge der neuen politischen Lage das Experimentieren kaum noch möglich war, erst den Ertrag der Gestalttheorie für die psychologische Optik in seinen „Gesetzen des Sehens" (1953[2]) und dann die Grundbegriffe und Grundannahmen dieser Lehre in seiner „Psychologie" zusammenzufassen versuchte und es schließlich unternahm, aus KÖHLERS Lehre von den ausgezeichneten Endzuständen eine Theorie und Didaktik des schöpferischen Verhaltens zu entwickeln („Schöpfersiche Freiheit", 1962[2]).

Aus der nächsten Generation sind vor allem zu nennen: Edwin RAUSCH, ein Frankfurter Schüler WERTHEIMERS, mit seinen scharfsinnigen Untersuchungen zum Begriff der Summativität und weiteren bedeutenden wahrnehmungspsychologischen Arbeiten, ferner Wilhelm WITTE, der in Tübingen u. a. mit einer Reihe von Untersuchungen zur Lehre von den Bezugssystemen beschäftigt war und seit 1964 den zweiten Lehrstuhl für Psychologie in Münster innehat.

Besonders freut sich der Anhänger über die Freundschaft und das Verständnis bedeutender Gelehrter aus Nachbarländern, so u. a. des großen MICHOTTE in Löwen, Gunnar JOHANSSON in Uppsala und einer Gruppe höchst aktiver jüngerer italienischer Gelehrter, darunter F. METELLI in Padua. G. KANIZSA in Triest und R. CANESTARI in Bologna, samt der Schar ihrer Schüler, die vornehmlich, aber nicht ausschließlich, mit psychologischer Optik beschäftigt sind. Nicht weniger bedeutsam als das Verständnis der geographischen Nachbarn ist das der wissenschaftlichen Nachbarn, vor allem der Physiologen. In diesem Zusammenhang ist aus dem deutschen Sprachbereich vor allem der große Albrecht BETHE und sein ebenso bedeutender, leider 1963 vorzeitig verstorbener Schüler E. VON HOLST zu nennen, mit denen das wissenschaftliche Gespräch stets höchst fruchtbar und ertragreich gewesen ist, ferner COGHILL, LASHLEY, VON BERTALANFFY und VON BÉKÉSY.

Zu den Geisteswissenschaften war das Verhältnis wegen alter, spezifisch deutscher und schwer bekämpfbarer Vorurteile gegen eine experimentierende Wissenschaft vom Menschen jahrzehntelang wenig befriedigend, doch scheint das Eis gerade jetzt zu schmelzen, und es sind in Münster, wo der Schreiber seit zwanzig Jahren tätig ist, im Jahre 1962 besonders von Seiten der Sprach- und Literaturwissenschaften, leider noch nicht von seiten der Pädagogik, erfreuliche Kontakte aufgenommen worden, die hoffentlich nicht mehr abreißen.

6. Gibt es noch Psychologische Schulen? (1973).

1. Die Fragestellung

Wenn man heutzutage einen Psychologen fragt, was von den großen Auseinandersetzungen, die noch in den zwanziger Jahren das Bild der Psychologie beherrschten, übrig sei, so gibt es über die Antwort eine Art stillschweigender Verabredung. Sie lautet: Diese Auseinandersetzungen gehören der Vergangenheit an. Psychologische Schulen gibt es nicht mehr. Die besonderen Auffassungen, um die zeitweise so erbittert wie um Glaubenssätze gekämpft wurde – so versichert man – sind in den Gesamtbestand unseres psychologischen Wissens eingegangen. Wir haben eingesehen, daß ihre Gültigkeit nicht allgemein, sondern auf bestimmte Teilbereiche oder Teilprobleme beschränkt ist. Sie sind also gewissermaßen an den Platz im Gesamtbild der Psychologie verwiesen, an den sie hingehören (vgl. auch Michael WERTHEIMER 1971, S. 202).

Es ist eine merkwürdige Auffassung von unserer Wissenschaft, die sich hier kundtut: Auf ein *spezifisch geprägtes* Bild von dem, was der Mensch und was menschliches Seelenleben sei, wird verzichtet. Die Psychologie wird zu einer Sammlung von Korrelationen zwischen jedem möglichen psychologischen Befund und allen anderen psychologischen Befunden, zuzüglich der in ihrem Umbereich erhebbaren physiologischen, physikalischen, geographischen, soziologischen usw. Befunde; und wenn es hoch kommt, wird sie zu einer Sammlung mathematischer Formeln, die die gegenseitige Abhängigkeit der Befunde noch etwas genauer kennzeichnen. Diejenigen aber, die darauf hoffen, für den Umgang mit sich und mit anderen aus den Erkenntnissen der Psychologie etwas zu gewinnen, würden dabei leer ausgehen.

In Wirklichkeit ist die Lage noch schlimmer. In einem sehr kenntnisreichen Aufsatz im Nebraska-Symposion on Motivation von 1965 weist J. McV. HUNT auf den merkwürdigen Widerspruch zwischen den Grundauffassungen der modernen Psychologie und denjenigen einer erfolgreichen fortschrittlichen Erziehungspraxis hin. HUNT bezeichnet das pädagogisch-psychologische Denken der Gegenwart als schizophren, sofern aus den Grundannahmen der Psychologie Ratschläge für die Erziehung abzuleiten seien, über die ein Pädagoge nur lachen oder sich entsetzen könne. Denn die moderne Psychologie habe nichts anzubieten als (beliebige) Belohnungen für erwünschtes Verhalten und (beliebige) Strafen für das unerwünschte, wodurch bestimmte Gewohnheiten ausgebildet und andere gelöscht werden sollen; (wobei man freilich, wenigstens im Tierversuch, auf die Strafen mehr und mehr verzichtet hat, vor allem wohl, weil ihre Wirkung sich zu sehr verallgemeinert). Die *moderne* Pädagogik dagegen ist der Meinung, daß eben dies die fragwürdigsten aller Erziehungsmittel seien. Danach wäre unsere schöne Einheits-Psychologie zu allem hin falsch. Denn, so fährt HUNT fort, zwei in ihren Grundannahmen und Grundfolgerungen einander widersprechende Wissenschaften von einem und demselben Gegenstand können nicht zu gleicher Zeit wahr sein. Auf die Dauer würde eine von ihnen weichen müssen, und vermutlich sei das nicht die Pädagogik, sondern die Psychologie (vgl. auch GORDON 1972, S. 167).

Für seine Vermutung sprechen unter vielen anderen vor allem zwei Feststellungen, die fast gleichzeitig von SCHENK-DANZINGER über das Menschenkind und von HARLOW und anderen über das Kind des Rhesusaffen gemacht wurden. Danach wird erstens über die Frage, ob diese Wesen das in ihrer Gruppe erwünschte Sozialverhalten annehmen oder nicht, in einem Abschnitt ihres Lebens entschieden, wo sie über die angenehmen oder unangenehmen Rückwirkungen bestimmter Verhaltensweisen in der Gruppe, die nach dem S-R-Modell der klassischen Lerntheorie zur Aneignung eines angepaßten Sozialverhaltens unentbehrlich sind, noch gar keine Erfahrungen machen *können*. Zweitens ist es noch nie gelungen, etwa einen Verwahrlosten durch Bestrafung seiner unerwünschten Verhaltensweisen und durch Prämierung der erwünschten auf den Pfad der Tugend, d. h. des erwünschten Sozialverhaltens zurück zu locken. Dazu sind ganz andere Maßnahmen erforderlich, wie man, um nur die nächstliegenden Quellen zu nennen, u. a. in der klassischen Untersuchung von AICHHORN, aber auch bei Alfons SIMON und H. ZULLIGER nachlesen kann.

Aber steht es wirklich so schlimm um die Psychologie? Hat sie tatsächlich zur Lösung aller den Erzieher interessierenden Fragen nur das S-R-Schema anzubieten, einschließlich der Modifikationen, die der jeweilige S-R-Zusammenhang durch passive und aktive Konditionierung erleidet? Die Frage ist, etwas anders formuliert, die Frage nach der Einheit der Psychologie, d. h. die Frage, ob es wirklich in dieser Wissenschaft keine Richtungen und Schulen mehr gibt. Wäre sie zu bejahen, so müßte, um den Erkenntnissen und Bedürfnissen der *Pädagogen* zu genügen, unverzüglich eine neue, der Wirklichkeit des Menschen gemäßere *Psychologie* erfunden werden.

Nebenbei würde die Bejahung dieser Frage bedeuten, daß die Psychologie nicht mehr zu den jungen, im lebhaften Fortschreiten begriffenen Wissenschaften gehört. Denn für diese ist es kennzeichnend, daß fortgesetzt neue Probleme auftauchen, über welche noch die widersprechendsten Vermutungen oder Hypothesen möglich sind. Einer der bedeutsamsten Antriebe des Fortschritts ist nach jahrhundertelangen Erfahrungen in dem Bestreben enthalten, zwischen solchen Vermutungen eine Entscheidung herbeizuführen. Der Ausdruck Vermutung oder Hypothese ist freilich hier nicht nach dem verwässerten Sprachgebrauch der Statistik zu verstehen, nach welchem er nichts weiter bedeutet, als die Erwartung *eines* unter mehreren denkbaren *Versuchsausfällen*, die, falls sie nicht eintrifft, „zurückgewiesen" wird. Wir verstehen hier unter Hypothese eine noch *nicht* oder noch nicht *genügend* gesicherte Vermutung über mehr oder weniger weitgreifende Funktionszusammenhänge, etwa in dem Sinn, in dem man heute von Modellen spricht, aber ohne die gegenwärtig vielfach vertretene Meinung, daß erst die mathematische Formulierung aus einem nebelhaften Einfall ein richtiges Modell mache (vgl. DRÖSLER 1965, S. 65).

Kurz, wir verstehen nach altem Sprachgebrauch unter einer Hypothese eine Aussage, die durch ausreichende experimentelle Sicherung der aus ihr ableitbaren Folgerungen in den Stand einer Theorie übergehen kann.

Natürlich wird es immer Hypothesen von sehr verschiedener Tragweite geben. Und nur dort, wo Hypothesen von genügend großer Tragweite, von genügend weitem Geltungsbereich und von grundlegender Bedeutung vertreten werden, ist es von je her üblich gewesen, von einer „*Schule*" oder „*Richtung*" zu sprechen. Und dieses besonders dann, wenn ein ganzes Bündel verschiedener, voneinander logisch unabhängiger, aber zueinander „passender", aus demselben Geist erwachsener Hypothesen zugleich vertreten wurde.

Unsere Frage lautet also, ob es auch heute noch über *Grundfragen* der Psychologie Meinungsverschiedenheiten gibt.

2. Die Prinzipien der gegenwärtigen Psychologie

Ich wähle mit Absicht als Ausgangsbeispiel die Extremposition: den *orthodoxen Behaviorismus*, wie er zur Zeit etwa von SKINNER vertreten wird, weil er vielfach – so auch bei HUNT und GORDON – als *die* Psychologie der Gegenwart gilt. Seine Analyse ergibt, daß er etwa ein Dutzend Prinzipien enthält, die von den Hauptvertretern der Schule als eine Art von Axiomen, Postulaten oder Glaubenssätzen gewertet werden, während sie *möglicherweise* nicht mehr als ungenügend geprüfte und gesicherte Hypothesen sind.

1) Das *Objektivitätsprinzip:*

In der Psychologie dürfen, sofern sie wissenschaftlich zu sein beansprucht, nur solche Daten verwertet werden, die von *außen* beobachtet und registriert werden können. Psychologie kann den Anspruch, eine empirische Wissenschaft zu sein, nur als Verhaltenslehre erfüllen.

Es handelt sich hier nicht um eine Hypothese über psychologische Zusammenhänge, sondern um eine methodische Vorschrift, genauer, um das *Verbot* der Verwertung gewissen Datenmaterials wegen seiner Unzuverlässigkeit.

2) Das Prinzip der *Passivität* oder der *primären Reaktivität:*

Der psychophysische Organismus kommt ausschließlich durch äußere Einwirkungen in Gang. Gegenstand der Verhaltenslehre (s. o.) ist also der Zusammenhang zwischen den *Einwirkungen von* außen („stimuli" bzw. Situationen = „S") und den *Rückwirkungen nach* außen („responses" bzw. Reaktionen = „R"), kurz die „S-R-Beziehung". Die Rückwirkungen R schaffen meist eine neue Situation bzw. eine zweite Art von Einwirkungen S_2, so daß das Gesamtschema des Elementarverhaltens die Form $S_1 \to R \to S_2$ annimmt.

3) Das Prinzip der *genetischen Identität* der psychophysischen Systeme:

Die ererbte oder angeborene psychische Ausstattung ist bei allen Menschen, wenn nicht bei allen Wirbeltieren, *dieselbe*. Man kann zum Zweck der experimentellen Klärung menschlichen Verhaltens ohne weiteres Tauben oder Ratten untersuchen.

4) Das Prinzip der *genetischen Minimal-Ausstattung* (der tabula rasa):

Von einigen elementaren Reflexen abgesehen, gibt es keine ererbten Zusammenhänge zwischen Einwirkungen S und Rückwirkungen R. Alle Verschiedenheit des Reagierens R geht auf vorausgegangene Unterschiede in der Umgebung S (d. h. der Summe der Situationen von der Geburt bis zum gegenwärtigen Zeitpunkt) zurück: *Milieutheorie* oder Environmentalismus. Was einer kann, das hat er in seinem individuellen Dasein gelernt. Die Fähigkeit zu lernen ist die Grundeigenschaft des Psychischen. Theoretische Psychologie ist im wesentlichen: *Lerntheorie*. (Die Sätze [3] und [4], also das Prinzip der genetischen Identität und das Prinzip der genetischen Minimal-Ausstattung, bilden zusammen das, was man seit dem 18. Jahrhundert „*Empirismus*" nennt.)

5) Die Prinzipien des *Elementarismus* und des *Konnektionismus:*

Alles Lernen besteht in einer *Verknüpfung* von Elementar-Sachverhalten bzw. der Verstärkung (inforcement) solcher Verknüpfungen, oder in der Schwächung und Auflösung (extinction) von früher hergestellten Verknüpfungen.

6) Das *Kontiguitäts-* oder Berührungsprinzip bzw. das Prinzip des „Zusammen-Vorkommens":

Die entscheidende Voraussetzung aller Verknüpfung ist die – möglichst häufig wiederholte – raum-zeitliche Nähe oder Berührung.

7) Das *Kontingenz-* oder Beliebigkeitsprinzip:

Außer der Nähe oder Berührung gibt es kein Prinzip der Verknüpfung; das heißt: der Zufall oder die Willkür eines Experimentators ist für sie allein entscheidend. Keine Rolle spielt die *sachliche* Zusammengehörigkeit (das „Zusammenpassen", die „gegenseitige Gefordertheit") der zu verknüpfenden Sachverhalte.

So wird zwischen der Erreichung eines – angestrebten – Ziels (zum Beispiel der richtigen Lösung einer Aufgabe durch fehlerfreie Befolgung, der entsprechenden Verfahren) einerseits und der Gewährung *irgendeiner,* vom Vl beliebig festgesetzten Annehmlichkeit (eines Bonbons) im Anschluß an eine *beliebige* (vom Versuchsleiter willkürlich definierte) Verhaltensweise andererseits nicht unterschieden. – Die Sätze (5), (6) und (7), also die Prinzipien des Elementarismus und Konnektionismus, der Kontiguität und der Kontingenz, bilden das, was man herkömmlicherweise als „Assoziationismus" bezeichnet. Sie bilden seit alters die Durchführungsbestimmungen des Empirismus (Sätze [3] und [4]).

Der *neue* Assoziationismus unterscheidet sich – infolge der Grundsätze (1) und (2), der Objektivität und der Passivität – von dem älteren zunächst dadurch, daß es sich bei ihm, statt um die Verknüpfung von Bewußtseins-Inhalten („Ideen"), um die Verknüpfung von neuen Situationen S mit vorhandenen Reaktionen R (*passive* Konditionierung im Sinne PAWLOWS) oder von neuen Reaktionen mit neuen Situationen (aktiv „operierende" oder „instrumentelle" Konditionierung) handelt.

8) Das Prinzip der *Maschine:*

In den Annahmen über den Zusammenhang zwischen Situation und Reaktion gibt es eine ältere und eine neue Version; beide schließen sich übrigens gegenseitig nicht aus.

Die ältere ist das *Automaten-Modell,* das selbst – im Hinblick auf die maßgeblichen Energiequellen – nochmals in zwei Unterversionen auftritt:

– (Typus Fernsprechnetz): Der Reiz S dringt als Impuls über eine Empfängerzelle in das Nervensystem ein und läuft *infolge zentraler Schaltungen* bis zum Erfolgsorgan weiter, in welchem er als Reaktion R den Organismus wieder verläßt.

– (Typus Auslöser): Der Reiz S wirkt, wie ein Knopfdruck oder ein eingeworfener Groschen, als Auslöser (trigger), durch den ein bereitstehender, aber bis zum Augenblick der Reizung gesperrter Mechanismus freigegeben (released) wird, worauf dieser mit eigener Energie in Tätigkeit tritt.

Nach der jüngeren Fassung, dem – von CANNON entlehnten – homöostatischen oder Entspannungsmodell, wird durch den Reiz S der Gleichgewichtszustand irgend eines umschriebenen Organsystems gestört und durch die Reaktion R wieder hergestellt. Was man sonst Bedürfnis (need) nennt, sind eben diese Gleichgewichtsstörungen oder Spannungserhöhungen, und die Befriedigung (gratification) des Bedürfnisses, auch „Belohnung" (reward) genannt, ist nichts anderes als jener Spannungsausgleich. – Alle drei Varianten werden von BERTALANFFY zusammenfassend als Roboter-Modell des Menschen bezeichnet. (Übrigens ist, wie W. KÖHLER dargelegt hat, in der Annahme homöostatischer Vorgänge mit den dazu notwendigen Rückkoppelungs-Einrichtungen schon die Grenze des klassischen Maschinenprinzips überschritten, sofern, wenn auch durch spezielle, vorgegebene leitende Verbindungen, dabei das Geschehen *wenigstens an einer Stelle* auf sich selbst zurückwirken kann.)

Sofern das psychophysische System nach dieser Annahme unter allen Umständen auf *Ruhezustände* hinstrebt, kann das neuere S-R-Modell auch als Ausdruck eines *Prinzips des Quietismus* bezeichnet werden, nach welchem alle Tätigkeit die Folge einer Störung und das süße Nichtstun der Normalzustand eines Lebewesens, also auch des Menschen, ist.

9) Die Prinzipien des *Zufalls* und des *Erfolgs*:

Um die Ausbildung neuer und die Löschung bestehender Verknüpfungen zu verstehen, wie sie bei der passiven (PAWLOWSCHEN) Konditionierung erfolgt, ist kein neues Prinzip erforderlich. Denn Konditionierung ist nur ein anderer Name für Assoziation oder Verknüpfung, der für den besonderen Fall eingeführt wurde, daß eines der zu verknüpfenden Elemente eine *Tätigkeit* des Subjekts ist.

Wenn *neue* Verhaltensweisen benötigt werden, wie beim Erfolgs-Mißerfolgs-Lernen (trial and error), neuerdings operante oder instrumentelle Konditionierung genannt, so können diese – infolge des siebten Prinzips – *nur durch Zufall*, d. h. durch blindes Probieren gefunden und nur aufgrund des *bereits eingetretenen* Erfolgs als brauchbar erkannt und festgehalten werden – es sei denn, daß ein Dompteur in der Nähe ist, *der die Lösung schon kennt* und infolgedessen auch schon Annäherungen an sie „belohnen" kann.

10) Das *Additivitätsprinzip des Persönlichkeits-Aufbaues*:

Die durch Erfolgslernen gestifteten S-R-Verknüpfungen werden auch Gewohnheiten (habits) genannt. Die Persönlichkeit oder der *Charakter ist die Summe der Gewohnheiten*. Jede dieser Gewohnheiten kann, ohne daß sich an allen anderen Gewohnheiten etwas ändert, einzeln eingepflanzt oder ausgejätet werden (Gemüsebeetsmodell). Aus den Vorstellungen über die Bildung und Löschung der Gewohnheiten folgt unmittelbar die Empfehlung der in Europa altüberlieferten Zuckerbrot-Peitsche-Praxis. Da, was erwünscht und was unerwünscht ist, von der erziehenden Gesellschaft bestimmt wird, folgt, daß am Ende einer solchen Erziehung der höchste erreichbare Grad der „Anpassung" (adaptation, adjustment) bzw. die Konformität, mit anderen Worten, der Opportunismus steht.

11) Das Prinzip des *Reduktionismus*:

Es gibt keine autochthone geistige Dynamik. Die gesamte Dynamik, z. B. des Lernens, des Nachdenkens, des Forschens steht im Dienst der Auflösung organischer Spannungen: Wer keinen Hunger hat, denkt nicht.

12) Sozialpsychologisch führt der Reduktionismus zu dem *Prinzip des primären Sozial-Atomismus*:

Es gibt keine ursprünglichen sozialen Bedürfnisse und Anliegen. Diese entstehen erst nachträglich durch Konditionierung, d. h. dadurch, daß gewisse Personen sich als besonders wirksame Werkzeuge oder Mittel für die Befriedigung bestimmter organischer Bedürfnisse bzw. die Beseitigung organischer Spannungszustände erweisen. In *dieser* Hinsicht besteht Einmütigkeit zwischen Behaviorismus und Psychoanalyse.

3. Zum Stellenwert der zwölf genannten Prinzipien

Es ergibt sich nun die Frage, ob die genannten Prinzipien Axiome, d. h. *notwendige* Grundannahmen *jeder* Psychologie, oder ob sie Hypothesen sind, die bei dem gegenwärtigen Stand der Forschung andere Hypothesen neben sich dulden und ihnen vielleicht eines Tages, vielleicht schon jetzt, weichen müssen; mit anderen Worten, ob es in der Psychologie noch gegensätzliche Richtungen und Schulen gibt. Wir fragen also: Sind die aufgeführten Prinzipien notwendig? – Aber außerdem: Sind sie ausreichend?

1) *Zum Objektivitätsprinzip:*

Die Alternative zum Objektivitätsprinzip ist nicht etwa das Subjektivitätsprinzip. Dieses kennzeichnet eine geschichtliche Phase der Psychologie, die durch den Behaviorismus beendet wurde. Da das Objektivitätsprinzip ein Verbot ist, ist die Alternative eine Psychologie ohne dieses Verbot. In der *Gestalttheorie* und einer Reihe anderer psychologischer Richtungen der gegenwärtigen europäischen Psychologie ist diese Alternative vielfach verwirklicht, und, wie wir wissen, mit gutem Erfolg.

Übrigens hat der Behaviorismus selbst, auch in seinen extremsten Ausprägungen, sein eigenes Verbot in dem Augenblick verlassen, wo er anfing, von „verdecktem", „innerlichem", „vorgängigem" Verhalten zu sprechen, und dabei Vorgänge im Auge hatte, die nicht – wie etwa die Sprech-Innervationen des Kehlkopfes – mit physiologischen Mitteln registrierbar, sondern eindeutig mit den Akten und Inhalten der subjektiven Psychologie identisch sind. Das Geständnis, ein Prinzip aufgegeben zu haben, das in den Gründungsdekreten des Behaviorismus an erster Stelle stand, ist natürlich peinlich. Aber noch peinlicher ist es, daß man diesen Verzicht auf ein Grundprinzip nicht zugibt, sondern ihn durch sprachliche Manipulationen – durch Umbenennung der fraglichen subjektiven Sachverhalte vermittels des Zusatzes „-verhalten" – bis heute zu verschleiern sucht.

Eine Psychologie ohne Objektivitätsprinzip ist demnach nicht nur möglich, sondern sogar unvermeidlich.

2) *Zum Prinzip der primären Reaktivität:*

Auch hier ist die Alternative nicht etwa das Bild eines psychophysischen Organismus, der durch ausschließlich spontane Aktivität gekennzeichnet ist. Die wirkliche Alternative ist ein Organismus, der zu spontaner Aktivität ebenso fähig ist wie zur Reaktion – und bei dem die reaktiven Verhaltensweisen möglicherweise den primären, spontanen nur überlagert sind.

Wie COGHILL nachgewiesen hat, sind die ersten Bewegungen der Amblystoma-Larve spontan, da sie in einem Stadium der Entwicklung auftreten, in dem die rezeptorischen Nerven noch nicht in die motorischen Zentren hineingewachsen sind. Desgleichen hat VON HOLST nachgewiesen, daß z. B. die rhythmisch-lokomotorischen Flossenbewegungen der Fische nicht durch Außenreize ausgelöst und aufrechterhalten werden und daß Außenreize sie lediglich vorübergehend modifizieren. Auch das *Spiel* und das *Erkundungsverhalten* gehen, sofern bei ihnen die Gelegenheiten dazu schon vom Tier *aufgesucht* werden und nach jdem Abschluß, d. h. nach jeder Entspannung, unverzüglich von vorn angefangen wird, klar über dasjenige hinaus, was mit dem S-R-Schema erfaßt werden kann.

Die unvermeidliche Anerkennung dieser Tatsachen ist von behavioristischer Seite ebenfalls durch ein Umbenennungsmanöver verschleiert worden: An die Stelle der objektiv beobachtbaren, also ursprünglich eindeutig in bezug auf den *Organismus* äußerlichen auslösenden Situation S wird kurzerhand die nicht beobachtbare innerorganismische Umgebung der *motorischen Zentren* gesetzt, und schon sieht es so aus, als ob man seine Meinung nie geändert hätte.

Jedenfalls ist eine Psychologie, die auf das Prinzip der primären Reaktivität verzichtet, nicht nur möglich, sondern wird von den Tatsachen gefordert.

3) *Zum Prinzip der genetischen Identität:*

Das Prinzip der genetischen Identität der psychophysischen Systeme ist gleichbedeutend mit der Leugnung angeborener, nicht erst im Einzelleben erworbener S-R-Zusammenhänge. Auch hier ist die Alternative nicht eine Psychologie, die alle Verhaltens-Abweichungen zwischen verschiedenen Individuen auf unterschiedliche Veranlagung zurückführen möchte, sondern die den Anteil der Veranlagung und den der Umgebungseinwirkungen an den Besonderheiten verschiedener Individuen als *Tatsachenfrage* betrachtet und auf dogmatische Vorentscheidungen verzichtet.

Sofern sich das Prinzip auf die Gesamtheit der Wirbeltiere beziehen soll, ist es durch eine Fülle von Befunden der neueren vergleichenden Verhaltensforschung, die unter unanfechtbaren Beobachtungsbedingungen – z. B. im Kaspar-Hauser-Versuch – gewonnen wurden, klar widerlegt und nicht mehr haltbar. Auch hinsichtlich der Unterschiedlichkeit der menschlichen psychologischen Ausstattung bestehen keine grundsätzlichen Zweifel mehr. Gestritten wird nur noch um den *Anteil* der Veranlagungs- und Umweltbedingungen.

Wenn der Behaviorismus trotzdem weiterhin an dem Prinzip der genetischen Identität festgehalten wird, so geschieht das durch ein Verhalten, das sich mit Wissenschaftlichkeit noch weniger vereinbaren läßt als die Methode der Umtaufe, nämlich durch einfache Ignorierung der dem Prinzip widersprechenden Befunde, wofür K. LORENZ kürzlich ein umfangreiches Belegmaterial vorgelegt hat.

Insgesamt ergibt sich, daß eine Psychologie, die auf das Prinzip der genetischen Identität verzichtet, nicht nur möglich ist, sondern von den Tatsachen gefordert wird.

4) *Zum Prinzip der genetischen Minimal-Ausstattung:*

Bei der Erörterung dieses Prinzips ist es notwendig, sich daran zu erinnern, daß das Objektivitätsprinzip vom Behaviorismus bereits selbst aufgegeben ist; denn die bedeutsamsten Argumente gegen das Minimal-Prinzip stammen aus dem subjektiven Bereich: Entgegen der Tabula-rasa-Annahme erfolgt die Eintragung aller Sinnesdaten
– in ein *vorgegebenes* und *unabänderliches* System von Dimensionen – nicht mehr und nicht weniger als drei räumliche und eine zeitliche –, und zwar im Rahmen eines ebenfalls *vorgegebenen* Systems von Elementarqualitäten, das übrigen, je nach Veranlagung, in klar beschreibbarer Weise verschieden sein kann (Farbenblindheit!).
– Die Menge der Sinnesdaten gliedert und gruppiert sich spontan nach einem *vorgegebenen* System von Einheits- und Einheitlichkeitskategorien;
– diese Gruppierungen verteilen sich über die drei gegebenen Raumdimensionen nach Minimal- bzw. Optimalprinzipien (Prägnanz-Tendenzen), die system-inhärent und durch individuelle Erfahrung nicht modifizierbar, daher nur zum Teil erfahrungsgemäß, zum Teil aber erfahrungswidrig sind.

Die genannten Sachverhalte sind nicht die Folge von Erfahrungen, sondern die Voraussetzungen dafür, daß Erfahrungen überhaupt gemacht werden können; sie sind „präempirisch".

Das Prinzip der system-inhärenten Reaktionsweisen ist nicht zu verwechseln mit dem Prinzip des Nativismus. Denn dieser behauptet – im Gegensatz zum Empirismus – lediglich, daß die Wirklichkeitsanpassung in bestimmten Hinsichten stammesgeschichtlich und nicht lebensgeschichtlich erworben sei. Von system-spezifischen Reaktionsweisen ist dabei überhaupt nicht die Rede (vgl. W. KÖHLER 1950).

Darüber hinaus haben aber bei Tieren mehr oder weniger zahlreiche, beim Menschen aber wenigstens einige der in ihrer anschaulichen Umwelt sich ausbildenden Strukturen ohne irgendwelche vorausgehende Erfahrung bzw. Erfolgs- oder Mißerfolgs-Erlebnisse biologisch spezifische auslösende Wirkungen, die ohne die Annahme eines Analogons der vielgeschmähten „idea innata" nicht verständlich sind. (Der englische Ausdruck IRM – innate releasing mechanism – ebenso wie der deutsche AAM – angeborener auslösender Mechanismus – drückt diesen Sachverhalt nur in seinen ersten beiden Teilen angemessen aus, während das Wort „Mechanismus", das nur einen weiteren Versuch darstellt, den Anschein der Objektivität zu erwecken, aus eben diesem Grunde irreführt und durch den Ausdruck „Merkmal" [„cue"] ersetzt werden müßte.)

Das Gesagte bedeutet, daß das Prinzip der genetischen Minimal-Ausstattung mit den Tatsachen nicht vereinbar ist, daß also eine Psychologie, die auf dieses Prinzip verzichtet, nicht nur möglich, sondern notwendig ist.

5) *Zu den Prinzipien des Elementarismus und Konnektionismus:*

Unter der Voraussetzung, daß auf das Objektivitätsprinzip verzichtet ist, sind diese beiden einander zugeordneten Prinzipien für drei Probleme zu erörtern:
– Das Problem der Eigenbewegung (Motorik);
– Das Problem der Umwelt (der Situationen);
– Das Problem des Zusammenhangs zwischen Situation und Eigenbewegung, der das eigentliche Verhalten ausmacht.

Hier ist nun folgendes gesichert:

Die Alternative zu der Behauptung, daß im seelischen alle umfassenderen Komplexe nachträglich aus der Verknüpfung von Elementar-Sachverhalten hervorgehen, ist nicht die Behauptung, daß im Seelenleben von vornherein „alles mit allem" zusammenhänge, und daß dieser Universalzusammenhang durch Reifungs- oder Lernvorgänge mit der Zeit mehr und mehr durchgegliedert und aufgelöst wurde (wie dies z. B. William JAMES, Hans CORNELIUS, Felix KRUEGER und Heinz WERNER angenommen haben). Die Alternative ist vielmehr ein Ansatz, nach welchem durch Entwicklungs- und Lernvorgänge
– vorhandene umfassendere Ganze durchgegliedert und aufgelöst werden,
– vorhandene Ganze geringen Umfangs, die im Grenzfall den Charakter von Elementen besitzen können, durch Entwicklungs- und Lernvorgänge sich zu umfassenderen Ganzen zusammenschließen, und
– durch gleichzeitige Auflösung und Neuverbindung vorhandene Strukturen in andere übergehen, daß sie sich „umstrukturieren" können.

Auch in dieser Psychologie besteht die Frage, ob *eine* dieser Vorgangsarten bzw. -Richtungen primär sei, und wenn ja, welche.
– Der Primärvorgang der Entwicklung ist in der Motorik der Vorgang (a), die Durchgliederung oder Differenzierung ursprünglich ganzheitlicher, d. h. die Gesamtmuskulatur umfassender Bewegungsweisen (COGHILL).

– Desgleichen ist bei der Ausbildung der Sruktur der Umwelt *primär* nicht das Problem der Entstehung von „Einheiten", sondern das der Entstehung von *Grenzen*, also wiederum das Problem der Differenzierung (a).
– Dagegen scheint zwischen Situationen und Handlungen – mindestens beim Menschen – die nachträgliche Koppelung im Sinne des Behaviorismus eine häufigere, vielleicht die vorwiegende, wenn auch, wie die Möglichkeit der Löschung bestehender Verbindungen beweist, nicht die einzige Art der Änderung zu sein.

6) *Zum Kontiguitäts- oder Berührungsprinzip der Einheitsbildung*
Berührung bzw. raum-zeitliche Nähe ist eine wichtige, aber weder eine zureichende noch eine notwendige Bedingung für Verknüpfungen.
– Sie ist nicht zureichend: Das Wahrnehmungsfeld ist ein Kontinuum, das keine Lücken kennt. Das Problem, das hier gestellt ist, lautet also: Wieso bilden zwei in unmittelbarem Kontakt ablaufende Prozesse A, B eine Einheit, während zwei in ebenso unmittelbarem Kontakt ablaufende Prozesse B, C sich gegeneinander abgrenzen? Hier müssen also andere Prinzipien mit am Werke sein. Was eben von der primären Feldgliederung gesagt wurde, wiederholt sich im Assoziationsversuch. Bei völlig übereinstimmender Festsetzung der raum-zeitlichen Verhältnisse werden, je nach Wahl des zu verbindenden Materials, sehr verschiedene Wiederholungszahlen zur Herstellung der Verbindungen benötigt, und außerdem ist auch ihre Dauerhaftigkeit sehr verschieden. Auch hier kann von einer ausschließlichen Wirksamkeit des Raum-Zeit-Faktors keine Rede sein.
– Andererseits ist die raum-zeitliche Berührung nicht notwendig: Bei den Vorgängen der Problemlösung werden Sachverhalte, die an einer bestimmten Stelle eines Zusammenhangs „gefordert" sind, vielfach von „weit her" geholt, um in den Zusammenhang eingefügt zu werden und ihn zu vervollständigen. Dies geschieht durchaus nicht immer durch aktives Suchen, sondern vielfach unmittelbar aus der Prozeßdynamik heraus.

7) *Zum Prinzip der Kontingenz oder Beliebigkeit* der zu verknüpfenden Sachverhalte:
Was, wie oben erörtert, für die primäre Feldgliederung der räumlich-zeitlichen *Berührung* an Erklärungswert *mangelt, leistet* dort das Prinzip der *Nicht*-Beliebigkeit der Verbindungen. Die Verbindungen und Abgrenzungen erfolgen eindeutig nach Optimal- bzw. Minimal-Bedingungen. *Jenseits* der primären Feldgliederung hat allerdings der tierische und menschliche psychophysische Organismus eine höchst bemerkenswerte Fähigkeit, völlig beliebige (zufällige oder willkürlich festgesetzte) Verbindungen – etwa einer Person und eines Namens oder eines Namens und einer Fernsprechnummer – hinzunehmen und festzuhalten, und dies offensichtlich aufgrund bloßen „Zusammenvorkommens".

Ceteris paribus besteht aber zwischen sinnlosen und sinnvollen Verbindungen ein nicht weniger bemerkenswerter Unterschied hinsichtlich der Leichtigkeit ihres Einprägens und hinsichtlich der Sicherheit ihres Behaltens. Dabei tritt der Ausdruck „sinnvoll" in zwei Bedeutungen auf:
– Der eine Sachverhalt kann als Ganzes auf den anderen abgebildet werden (z. B. Zahlenreihe – Reihe der Stellen auf einer Wählscheibe) oder er hat ähnliche oder übereinstimmende „Ganz-Eigenschaften".
– Der eine Sachverhalt „fehlt" in dem anderen, ist von dem anderen „gefordert", so daß durch seine Einfügung ein „vollständiges" Ganzes von einheitlich gesetzmäßigem Aufbau entsteht.

Die fördernde Wirkung des Zueinanderpassens besteht nach der Alltagserfahrung auch für S-R-Zusammenhänge, worüber systematische Untersuchungen im Gange sind.

Wie sich bei genauerer Analyse zeigt, ist auch schon die Mannigfaltigkeit der in der ersten Phase des trial-and-error-Versuchs produzierten Verhaltensweisen keineswegs, wie behauptet wird, im Hinblick auf das erstrebte Ziel beliebig, sondern es erfolgt aus der unendlichen Menge möglicher Verhaltensweisen von vornherein eine *Auswahl* im Sinne einer, wenigstens scheinbaren, Ziel-Relevanz, d. h. im Sinne einer Bevorzugung solcher Handlungen, die ihrer Art nach eine Annäherung an das Ziel herbeizuführen versprechen.

Im ganzen ist eine Psychologie, in der die Prinzipien der Kontiguität und der Kontingenz auf den bescheidenen Platz verwiesen werden, der ihnen gebührt, sowohl möglich als von den Tatsachen gefordert.

8) Zur Frage nach der Maschinen-Natur des *Zusammenhangs zwischen Situation und Reaktion*:

Zu dieser Frage hat der Behaviorismus, wie schon bemerkt, drei verschiedene Vorschläge gemacht, zwei streng mechanistische, einen mit dynamischen Eigenschaften. Die streng mechanistischen sind
– das Leitungs- und Schaltungsmodell und
– das Auslösungsmodell, der quasi-dynamische ist
– das homöostatische Modell.

In den beiden ersten Vorstellungen ist der Organismus ein Aggregat von Mechanismen, in der dritten ein Aggregat von ruhenden Teil-Systemen mit Rückkoppelungseinrichtungen. Für alle drei Modelle ist der Aggregat-Charakter kennzeichnend. Allen drei Modellen ist ferner gemeinsam, daß der psychophysische Organismus sich, falls keine Reizung erfolgt, in einem Zustand der Ruhe befinden soll, der durch die Reizung in einen Zustand *vorübergehender* Tätigkeit versetzt wird. Dies hängt im ersten und zweiten Fall damit zusammen, daß die psychischen Teil-Systeme als für gelegentlichen Gebrauch bereitstehende *Apparaturen* betrachtet werden, im dritten Fall damit, daß der Gleichgewichtszustand der Teil-Systeme als *ruhendes oder statisches Gleichgewicht* verstanden wird.

Es gibt aber noch eine vierte Möglichkeit, die angesichts der Tatsache, daß die psychophysischen Vorgänge sich in einem lebenden Organismus abspielen, sogar eine besonders große Wahrscheinlichkeit für sich hat. Sie besteht wiederum aus zwei einander ergänzenden Teil-Annahmen:
– Die Teilsysteme des psychologischen Systems bilden nicht nur jeweils in sich ein Ganzes, dessen sämtliche Stellen in dynamischem Zusammenhang stehen; einen solchen Zusammenhang haben auch die verschiedenen Teilsysteme untereinander sowie das psychologische Gesamtsystem mit dem übrigen Organismus, so daß ein hoch kompliziertes Ineinander empfindlicher Gleichgewichte in einer Hierarchie engerer und weiterer Bereiche besteht.
– Bei diesen Gleichgewichtszuständen handelt es sich nicht um statische Gleichgewichte; vielmehr besteht an jeder Stelle des Systems dauernd ein charakteristisches statisches Ungleichgewicht, durch welches bestimmte *Geschehens*zustände aufrechterhalten werden, die in der Physik stationäre oder quasi-stationäre Zustände genannt werden und für die Bertalanffy den einfachen Ausdruck Fließgleichgewichte (steady states) eingeführt hat.

Das bedeutet aber, das die organismischen Teilsysteme sich ständig in Tätigkeit befinden, daß also der „Reiz" S den Organismus nicht in Tätigkeit *setzt,* sondern als eine Änderung der Randbedingungen des organischen Systems die ohnehin ablaufende Tätigkeit nur *modifiziert.* Dies hat schon E. HERING (in seiner Farbenlehre) vermutet.

Wolfgang KÖHLER hat, auf einer Anregung von Max WERTHEIMER (1912) aufbauend, diese Vermutung 1920/1922 als im Einklang mit geläufigen Auffassungen der Physik befindlich erwiesen und auf die Theorie der Wahrnehmung angewendet. L. VON BERTALANFFY hat, von biologischen Befunden und Überlegungen ausgehend, die grundlegende Bedeutung der Fließgleichgewichte aufgezeigt, E. VON HOLST in seiner Untersuchung über die Stellungsreflexe die Tatsache ununterbrochener und von den wechselnden Außenbedingungen nur modifizierter Erregungsproduktion im Nervensystem streng nachgewiesen.

Ruhegleichgewichte und Fließgleichgewichte haben die Eigenschaft gemeinsam, daß sie auf strukturell ausgezeichnete zeitunabhängige Endzustände hinstreben, die nur noch von System-Parametern bestimmt, also von den Ausgangsbedingungen unabhängig sind, und die, je nach den Ausgangsbedingungen, auf verschiedenen Wegen erreicht und bei Störungen wieder hergestellt (reguliert) werden, so daß das Geschehen den Charkater der *Zielbestimmtheit* (der Finalität) annimmt, ohne den Naturgesetzen zu widersprechen.

Damit ist erwiesen, daß das S-R-Modell nur partielle Gültigkeit besitzt.

Systeme, die ein *Fließ*gleichgewicht aufrecherhalten, haben darüber hinaus Eigenschaften, die Systemen, die nur auf ein *Ruhe*gleichgewicht zustreben, fehlen: Die Umsetzungen, durch die ein offenes System im Fließgleichgewicht bleibt, ziehen aus der Umgebung des Systems Materie und mit ihr „negative Entropie" an. Hiermit hängt es zusammen, daß sie, wie W. KÖHLER und L. VON BERTALANFFY unabhängig voneinander gezeigt haben, in Zustände größerer Regelmäßigkeit und größerer Komplexität, also insgesamt höherer Ordnung, und d. h. zugleich geringerer Entropie übergehen können, sich also *scheinbar* im Widerspruch zum zweiten Hauptsatz der Thermodynamik verhalten.

Dies ist nicht nur der Fall bei der Entstehung immer höher organisierter Wesen im Verlauf der Stammesentwicklung und bei der Entwicklung des einzelnen Organismus aus dem befruchteten Ei (der Morphogenese), sondern auch bei den produktiven (oder, wie man heute sagt, kreativen) geistigen Prozessen. Diese ziehen offenbar ihre Energien nicht, wie der Gesamtorganismus, aus der äußeren Umgebung, sondern zunächst aus dem psychischen Umfeld bzw. den psychischen Nachbarsystemen, so daß diese im Grenzfall der (gesunden) Besessenheit von einem (künstlerischen, wissenschaftlichen, technischen, organisatorischen) Problem mehr oder weniger veröden können und im Grenzfall der Mensch, wie man sagt, sich selbst verzehrt (W. KÖHLER). Mit anderen Worten, neben solchen Prozessen kann die Dynamik der Befriedigung elementarer Bedürfnisse – mindestens vorübergehend – mehr oder weniger in den Hintergrund treten.

Diese dynamische Auffassung von dem Verhältnis zwischen Situation und Reaktion gestattet demnach, neben den vom Behaviorismus auf andere Weise erklärten Sachverhalten, auch zwei von ihm bisher nicht erklärte grundlegende psychische Sachverhalte mit zu erfassen: Die Zielbestimmtheit und die Produktivität oder Kreativität.

Die Tatsache, daß dieser nicht ganz einfache Ansatz aufgrund sowohl objektiver (VON BERTALANFFY, VON HOLST) als auch subjektiver Daten (KÖHLER, WERTHEIMER) gewonnen wurde, weist nebenbei darauf hin, daß die Bezweiflung der wissenschaftlichen Verwertbarkeit subjektiver Daten – das Prinzip 1 des Behaviorismus – offenbar sachlich nicht ausreichend gerechtfertigt war.

9) *Zur Theorie des reinen Erfolgslernens:*

Ob ein Verhalten zu einem angestrebten Ziel führt, kann nach der behavioristischen Lerntheorie in Abwesenheit eines Dompteurs nur *vom bereits eingetretenen Erfolg her* erfaßt werden, wenn nicht bereits früher erworbene zweckentsprechende Mechanismen bzw. Verhaltensformeln verfügbar sind.

Es gibt zweifellos Problem-Situationen, natürliche und willkürlich hergestellte, die so zufällig oder so unübersichtlich sind, daß es keine andere Möglichkeit ihrer Bewältigung gibt als die instrumentelle Konditionierung. Aber auch hier ergibt sich die Frage, ob diese geeignet ist, als Modell *für jede mögliche* Problemlösung zu dienen. Wenn dieses behauptet wird, so lautet das zugrundeliegende Prinzip: Es gibt im Verhalten von Lebewesen keine primäre Zielgerichtetheit oder Finalität: Dieser These ist durch die im vorigen Abschnitt dargelegten Erkenntnisse der Boden entzogen. Der Nachweis von primär zielgerichtetem Verhalten in *neuen* Situationen – ohne eigens dafür bereitstehende Verhaltensformeln – ist Wolfgang KÖHLER schon 1917 in seinen Intelligenzprüfungen an Menschenaffen gelungen; über die primäre Zielgerichtetheit produktiver Denkvorgänge beim Menschen vergleiche vor allem Max WERTHEIMER (1945).

Die seit KÖHLERS Intelligenzprüfungen immer wieder vorgebrachte Behauptung, auch die einsichtige Lösung von Problemen erfolge „in Wirklichkeit" durch trial-and-error, nur sei dieses von außen nach innen verlegt (in die Vorstellung bzw., in behavioristischer Redeweise, auf die „verdeckte Ebene"), ist noch nie bewiesen worden – und kann es beim Festhalten am Objektivitätsprinzip auch gar nicht.

Der Übergang zur Annahme von „verdeckt" stattfindenden, der äußeren Probierhandlung „voraus laufenden" inneren Probiervorgängen trifft zudem das Wesentliche nicht. Erstens, wenn man beispielsweise, um zu seinem Ziel zu gelangen, lieber rechts als links um einen großen runden Tisch geht, so braucht man die beiden naheliegenden Gänge nicht vorher in der Vorstellung auszuprobieren, um zu finden, daß man rechts ein paar Schritte spart, sondern man *sieht* in der *Außenwelt, daß* der Bogen rechts kürzer *ist.* Zweitens, auch das einsichtige Problemlösen geht vielfach nicht ohne (äußeres) Probieren ab. Aber – und das ist das Entscheidende: Während nach dem Schema der Lerntheorie eine der probeweise unternommenen Tätigkeiten (in Abwesenheit des Versuchsleiters) bereits zufällig zum Erfolg geführt *haben muß,* damit sie als zweckmäßig erkannt, angeeignet und festgehalten werden kann, – ist es für das einsichtige, primär zielgerichtete Vorgehen nicht nur kennzeichnend, daß es, wie schon oben bemerkt, von vornherein mit einer im Hinblick auf das Ziel begrenzten *Auswahl* von Probiertätigkeiten arbeitet, sondern vor allem, daß (im typischen Fall) einer Probiertätigkeit, wie sie auch im Verfolg einer einsichtigen Problemlösung vielfach *vorkommt,* häufig längst bevor der Erfolg oder Mißerfolg eingetreten ist, angesehen werden kann, ob man sich mit ihr dem Ziel nähert oder nicht. Das blinde Ausprobieren von beliebigen Tätigkeiten im Sinne der behavioristischen Lerntheorie ist also eine mögliche, und unter Umständen unvermeidliche, aber keineswegs die einzige Form des Lösens von Problemen.

10) *Zum Additivitätsprinzip des Persönlichkeits-Aufbaues:*

Daß neben dem von der behavioristischen Lerntheorie angebotenen Gemüsebeet-Modell der Persönlichkeit auch ein ganz anderes Modell, nämlich das Modell eines hoch komplexen offenen Systems mit einer Hierarchie in Wechselwirkung stehender und selbst als Ganze reagierender Teilsysteme im Rahmen der uns bekannten Naturgesetze möglich und im Rahmen dessen, was wir inzwischen von den Vorgängen im Lebewesen wissen, wahrscheinlich ist, haben, wie schon im Abschnitt 8 dargelegt, W. Köhler und L. von Bertalanffy bereits vor einem halben Jahrhundert nachgewiesen. Ein wichtiges Merkmal eines solchen Ganzen ist, daß es Symptome zeigt, die nicht aus einem örtlichen Defekt (etwa dem Ausfall eines bestimmten Apparates), sondern nur aus einer Störung des allgemeinen Systemgleichgewichts zu verstehen und auf entsprechende Weise zu behandeln sind. Die Neurosenlehre Sigmund Freuds steht, bei all ihren sonstigen Gemeinsamkeiten mit der S-R-Psychologie, in *diesem* Punkt klar auf dem Boden der System-Theorie.

Im Rahmen dieser neuen Theorien bzw. Modelle wären auch Auffassungen über den Erziehungsvorgang möglich, die über das fragwürdige Lohn-Strafe-Modell hinausgehen (vgl. R. Dreikurs und Th. Gordon).

11) *Zum Prinzip des Reduktionismus:*
Daß man unter Umständen seinen Geist anstrengt, nur um unter ungewöhnlichen Umständen seinen Hunger zu stillen, d. h. eine elementare (organische) Spannung auszugleichen, ist nichts Neues. Daß aber *alle* geistige Tätigkeit nur dem Ausgleich elementarer (organischer) Spannungen – und, wie es in der psychoanalytischen Version dieser Annahme lautet, im Grund der Erzielung lokaler Lustempfindungen diene –, widerspricht nicht erst bei dem großen Denker, Forscher, Erfinder und Organisator, sondern schon bei dem eine neue Umgebung erforschenden Tier und dem spielenden Kind klar beobachtbaren Tatsachen. Die Spannung eines ungelösten Problems und die rastlose Geschäftigkeit, in die sie den Forscher oder den Künstler, aber auch schon den interessierten Schüler versetzt, *muß* nicht nur, nach dem Zeugnis der unmittelbaren Beobachtung, sondern *kann* auch theoretisch nach den im Abschnitt 8 angedeuteten Erkenntnissen, als ebenso ursprünglich verstanden werden, wie die Unrast, die durch die Spannung beispielsweise des Hungers oder des Geschlechts entsteht.

Ob die Spannung, die einer geistigen Anstrengung zugrunde liegt, eine autochthone oder eine aus elementaren Bedürfnissen abgeleitete ist (oder beides), ist also keine Frage des Prinzips, sondern eine Tatsachenfrage, die nur von Fall zu Fall entschieden werden kann. Daß durch geistige Interessen elementaren Bedürfnissen Energie entzogen werden kann, darauf wurde ebenfalls schon im 8. Abschnitt hingewiesen. Was hier unter Umständen geschieht, erscheint auf den ersten Blick der Freudschen „Sublimierung" verwandt. Doch ist der dynamische Zusammenhang ganz anders, als er ihn darstellt:

Während nach Freud durch *Sperrung* des normalen Abflusses *gestaute* Triebenergie in geistige Tätigkeit überfließt, ist es nach dem Modell des offenen Systems umgekehrt: der intensive geistige Vorgang *zieht* aus den Nachbarsystemen dort verfügbare *Energien* ab, wie die Feuersbrunst aus ihrer Umgebung die sauerstoffhaltige Luft ansaugt, mit der sie sich selbst erhält und vergrößert.

12) *Zum Prinzip des primären Sozial-Atomismus:*
Der primäre Sozial-Atomismus ist, wie schon bemerkt, eine Abart des Reduktionismus. In ihm stimmen Behaviorismus und Psychoanalyse wieder überein. Ja in der letzteren kommt er noch schärfer zum Ausdruck, einerseits in der Beschreibung der „erogenen Zonen", die im Verlauf der frühkindlichen Entwicklung nacheinander die Haupt-Lustspender sein sollen, andererseits in der Kennzeichnung des Mitmenschen

als Trieb-„Objekt", d. h. als Werkzeug zur Erzielung von primär körperlichen Lustgewinn, und drittens, indem sie als ersten Lustspender den eigenen Organismus betrachtet, so daß der Mitmensch nicht einmal als Werkzeug benötigt wird. Die Frage ist wieder: Ist dies die einzige mögliche Annahme? Diese Frage spaltet sich in folgende Teilfragen auf:

1. Gibt es *primäre*, und dabei lebenswichtige, *soziale* Bedürfnisse?
2. Haben die anderen Menschen und Wesen, die mit dem Ich zusammen Gruppen bilden, psychisch wirklich nur den Charakter von Mitteln oder Werkzeugen, also von Objekten, für das Ich, oder sind sie vielleicht für den normalen Menschen psychisch von derselben Art, demselben Gewicht und derselben Bedeutsamkeit wie das eigene Ich?
3. Sind die sozialen Gebilde, innerhalb deren der Mensch sich vorfindet und sein Leben verbringt, Realitäten von derselben Gewichtigkeit, wie das einzelne Ich?
4. Ist die Art der Einordnung des einzelnen Menschen in eine solche Gruppe von Bedeutung für seine Art, sich zu verhalten, vor allem für seine Fähigkeit, sich *normal* zu verhalten?
5. Haben diese Gebilde als solche Systemeigenschaften? Haben sie zum Beispiel autochthone Tendenzen, in gewisse Minimal- oder Optimalzustände überzugehen und sich in ihnen zu stabilisieren?
6. Besteht womöglich ein ursprünglicher Zusammenhang zwischen diesen Tendenzen der Gruppe als ganzer und den sozialen Bedürfnissen oder Tendenzen ihrer einzelnen Glieder?

Über die Antwort besteht kaum ein Zweifel. Zu Frage 1 sagt die von René SPITZ entdeckte Trennungsempfindlichkeit kleiner Kinder vom zweiten Lebenshalbjahr an alles Nötige. Von den zahlreichen Befunden zu Frage 2 sei nur an das Phänomen des Konformitätsdruckes erinnert. Die Fragen 3 und 4 werden seit langem ausdrücklich bejaht in der Individualpsychologie Alfred ADLERS, neuerdings auch in gewissen Formen der Neo-Psychoanalyse (auch SCHULTE 1924). Hier wäre vor allem darauf hinzuweisen, daß die Bereitschaft zu einem sozial wünschenswerten Verhalten, auf die, wie eingangs erwähnt, Belohnungen und Strafen praktisch einflußlos sind, im wesentlichen im Bewußtsein der *Zugehörigkeit* zu einer Gruppe als gleichberechtigtes und vorbehaltlos anerkanntes Mitglied begründet ist und daß nur solche erzieherischen Bemühungen von Erfolg gekrönt werden, die auf diesen Sachverhalt aufbauen. Klar im Sinne einer Bejahung der Frage 5 sind die Befunde von LEWIN, LIPPITT und WHITE (1939) über die Bedeutung des Führungsstiles für die Atmosphäre und Arbeitshaltung in einer Gruppe; und von hier ausgehend sind auch zur Frage 6 einleuchtende und prüfbare Ansätze möglich.

Es besteht, wie schon oben bemerkt, kein Zweifel, daß sich aus diesen Ansätzen *die Empfehlungen einer wirklich fortschrittlichen Pädagogik unmittelbar ableiten lassen*, für die man in dem Lehrgebäude des Behaviorismus vergeblich nach Grundlagen sucht.

4. Die Antwort auf unsere Ausgangsfrage

Wir können nun die Frage, ob es in der Psychologie der Gegenwart noch Richtungen und Schulen gibt, beantworten, und zwar mit einem klaren „Ja". – Wir sind, um dieses deutlich zu machen, von zwei extremen Positionen ausgegangen, deren eine von dem amerikanischen Behaviorismus und der mit ihm nah verwandten russischen Lehre von den höchsten Nerventätigkeiten eingenommen wird, während in der anderen die WERTHEIMER-KÖHLERsche Gestalttheorie, die mit ihr sich weitgehend deckende BERTALANFFYsche Theorie der offenen Systeme und unter den psychotherapeutischen Schulen die ADLERsche Individualpsychologie und, wenn ich recht sehe, auch der Ansatz von Karl ROGERS zusammentreffen, während die orthodoxe Psychoanalyse eine Zwischenstellung einnimmt, indem sie zwar die Gesamtpersönlichkeit klar als dynamisches System auffaßt, im übrigen aber in ihren Ansätzen großenteils mit denjenigen des Behaviorismus übereinstimmt.

Die Gegensätzlichkeit der beiderseitigen Standpunkte könnte, wie wir sahen, nicht tiefer gehen und nicht umfassender sein. Wir können also mit Beruhigung feststellen, daß in der Psychologie die den Fortschritt in jeder Wissenschaft verbürgenden Spannungen zwischen gegensätzlichen und einander befehdenden Schulen auch heute noch in aller Schärfe fortbestehen. Nach der Zahl der Vertreter und Anhänger ist die an zweiter Stelle genannte Richtung zwar kaum *mehr* als ein verlorenes Häuflein, und dem Konformitätsdruck der die Welt beherrschenden ersten Richtung kann man kaum entrinnen. Trotzdem sind die Aussichten der zweiten Richtung gut. Denn was wahr ist, läßt sich nicht durch Mehrheitsbeschlüsse festsetzen.

7. Grundbegriffe der Gestaltpsychologie (1954)

Unser hochverehrter Kollege Révész ist vor kurzem in einer kritischen Abhandlung zu dem Schluß gekommen, daß es nötig sei, die Grundbegriffe und Grundthesen der Gestalttheorie zu revidieren (1953). Nach seiner Ansicht ist erstens der Gestaltbegriff bisher nicht genügend scharf definiert (S. 93). Zweitens beruhen die Anschauungen der Gestalttheoretiker auf unzureichenden und fragwürdigen Erfahrungsgrundlagen (S. 91); sie sind viel zu einseitig an Erscheinungen des Gesichtssinnes orientiert und haben die ausgedehnten Untersuchungen aus dem Gebiet des Tastsinns, die zum großen Teil von Révész selbst durchgeführt wurden, nicht genügend berücksichtigt (S. 92). Sie haben drittens sich nicht genügend mit der Eigenart der Zeitgestalten beschäftigt. Und sie haben endlich eine Eigenschaft zur Grundbestimmung des Gestaltbegriffs erhoben, die gar nicht allgemein charakteristisch ist.

Nach Révész heißt ein Hauptsatz der Gestalttheorie: Gestalten treten primär geformt und einheitlich gestaltet in Erscheinung. Es handelt sich um die bekannte These vom genetischen Primat des Ganzen (S. 91). Nach seiner eigenen Definition ist zweitens die „Gestalt oder Form eines Gegenstandes die *Einheit* seiner wahrnehmungsmäßig hervortretenden Teile *beim völligen Aufgeben der Elemente* im Gesamteindruck". Dies wird noch erläutert durch die Bemerkung, daß die so „aufgehobenen" Elemente bei einer *analytischen Prüfung* zum Bewußtsein gebracht werden können (S. 93). Es wird ferner erläutert dadurch, daß dem Begriff der Gestalt der Begriff *der Struktur* oder „des geometrisch-architektonischen Aufbaues der Dinge" (S. 100) gegenübergestellt wird, als „des Inbegriffs der an einem Gegenstand wahrgenommenen (räumlichen) Beziehungen und Verbindungen" (S. 100). Diese Struktur sei stets „wissensmäßig erfaßt", also aktiv intellektuell erarbeitet, nicht unmittelbar gegeben.

Révész will nicht von der Ganzheits- oder Strukturpsychologie der Leipziger Schule sprechen, sondern hat ganz ausdrücklich nur die Gestalttheorie der Berliner Schule im Auge (S. 90). – Aber um es kurz zu sagen: die Darstellung, die er gibt, trifft nicht den Gestaltbegriff, wie er von Chr. v. Ehrenfels und der Berliner Schule gebraucht wird, sondern haargenau den Komplexbegriff W. Wundts, für den die *„Aufhebung der Elemente"* als notwendiges Merkmal gefordert war, – in seiner Neubestimmung durch Felix Krueger, der dem Wundtschen Begriff der „schöpferischen Synthese" im Abschluß an Cornelius die *These von dem genetischen Primat des Ganzen* gegenüberstellte. Über die Unschärfe des Gestaltbegriffs hat sich Révész bei D. Katz informiert, der selber erst spät und zögernd sich mit den Thesen der Gestalttheorie befaßte, und der überhaupt ein einzigartiger Empiriker aber kein ebenso starker Theoretiker und Begriffsanalytiker war.

Wir wollen nun der Aufforderung Herrn Révézs dadurch Folge leisten, daß wir versuchen, den Begriff der Gestalt noch einmal zu präzisieren.

Zum *ersten Teil seiner Definition:* Schon v. Ehrenfels hat 1890 in seiner grundlegenden Abhandlung darauf hingewiesen, daß für die Entstehung des Besonderen einer Melodie das Aufgehen aller einzelnen aufeinanderfolgenden Töne im Ganzen *nicht nötig* sei, so wie etwa für das Entstehen der Klangfarbe das Aufgehen der gleichzeitig erklingenden Obertöne in dem Klang tatsächlich erforderlich ist. In der Gestalttheorie ist dieses Aufgehobensein der Elemente in dem Ganzen zwar als Grenzfall zugelassen. Aber wesentliche Sätze der Gestalttheorie betreffen das Verhältnis zwischen den anschaulichen Ganzen und ihren natürlichen Teilen sowie das Verhältnis zwischen – in ein Ganzes eingebettetem – *Teil* und – isoliertem – *Einzel*inhalt. Diese Erörterungen wären gegenstandslos, wenn nicht die Teile einer gegliederten Gestalt im Regelfall ebenso ursprünglich und unmittelbar gegeben wären wie das Ganze.

Zum *zweiten Teil seiner Definition:* Schon in den 20er Jahren hat W. KÖHLER darauf aufmerksam gemacht, daß für den Begriff der Gestalt *die Entstehungsweise nicht von Belang* sei. Der Begriff der Gestalt sei erstens durch formale und zweitens durch dynamische Merkmale bestimmt. Und diese könnten unabhängig davon verwirklicht sein, ob das fragliche Ganze durch *Zusammenfügung* vorher getrennter Teile oder Elemente entstehe oder durch *Ausgliederung* aus einem noch umfassenderen Ganzen, oder durch *Umgliederung* aus einer Mannigfaltigkeit andersartiger Ganzer – oder ob es endlich von Anfang an fertig ins Dasein getreten sei.

Der Ausdruck „Gestalt" wird in der Gestalttheorie, wie schon im alltäglichen Sprachgebrauch, in zwei Bedeutungen verwendet: einer substantiellen oder substantivischen, die auch in der Mehrzahl auftreten kann, und einer akzidentellen oder adjektivischen, die nur in der Einzahl auftritt: Substantivisch bedeutet Gestalt ein Ganzes von einer bestimmten Art; adjektivisch bedeutet es eine bestimmte Eigenschaft eben dieser Art von Ganzen. Diesen Doppelgebrauch des Wortes kann man aus zwei Stellen aus bekannten GOETHESCHEN Gedichten wohl am einfachsten erläutern. Wenn es zu Beginn der Zueignung heißt: „Ihr naht euch wieder, schwankende Gestalten", und im Erlkönig: „mich reizt deine schöne Gestalt", so ist über die Zuordnung kein Zweifel. – In jedem Fall aber handelt es sich um Ganze, das heißt um überpunktuelle Gebilde oder Sachverhalte, die räumlich, zeitlich oder raumzeitlich ausgedehnt sind, mit Eigenschaften, die sich nicht aus artgleichen Eigenschaften der punktuellen Elemente herleiten lassen. Diese Eigenschaften nannte v. EHRENFELS „Gestaltqualitäten"; W. KÖHLER hat zum Andenken ihres Entdeckers den Namen „EHRENFELS-Qualitäten" vorgeschlagen. – Der *Gegenbegriff* zur Gestalt in diesem Sinn ist die *Und-Summe*, das *Aggregat*, der *Haufen*, wie ihn etwa ein Sack voll Salz darstellt, – in dem das Ganze keine anderen Eigenschaften hat als jeder kleinste Bestandteil. Man kann glücklicherweise die Gestaltqualitäten auch experimentell, bzw. operational definieren. Es sind nämlich diejenigen Eigenschaften eines Ganzen, die *beim Herausblenden* immer kleinere Teilbereiche aus dem Ganzen (mit dem optischen Reduktionsschirm oder analogen Einrichtungen für andere Sinnesgebiete) bei endlicher Größe des Lochs oder Fensters *verschwinden*. – Gestaltqualitäten sind ferner *relativ* unabhängig von dem besonderen Material. Sie können daher (müssen aber nicht) bei Verschiebungen des fraglichen Ganzen in seinem Orts- oder Qualitätssystem (bei Transponierung) erhalten bleiben und darüber hinaus in sehr verschiedenen Seins- und Sinnesgebieten mit heterogenen Elementar-Qualitäten übereinstimmend auftreten (Abb. 7.1 und 7.2); ein für die gesamte Ausdruckslehre grundlegender Sachverhalt.

Es gibt von Gestalt-Eigenschaften in dem eben erörterten Sinn drei mehr oder weniger deutlich sich voneinander abhebende Arten (vgl. ausführlicher METZGER 1954[2]): 1. physiognomische Qualitäten oder *Wesenseigenschaften* (im KLAGESschen Sinn dieses Wortes), umfassend Sachverhalte wie Stil, Habitus, Gefühlswert, Ausdruck usw. 2. Eigenschaften der Struktur oder des Gefüges (der Tektonik, des geometrisch-architektonischen Aufbaus u. dgl. innerhalb des jeweiligen räumlichen, quasiräumli-

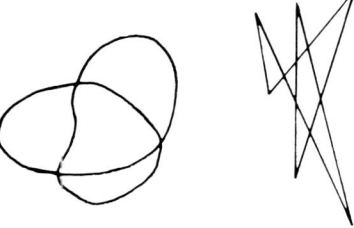 

Abb. 7.1. Welche Figur „heißt" Takete, welche Maluma? Die Zuordnung erfolgt einhellig (nach KÖHLER).

Abb. 7.2. Welcher heißt Plisch, welcher Plum? Auch hier ist gestaltlich kein Zweifel.

chen, zeitlichen, raumzeitlichen Koordinatensystems); diese Eigenschaften *können*, im Gegensatz zu RÉVÉSZ Ansicht, ebenso ursprünglich gegeben sein wie die Gestalteigenschaften der ersten Art. 3. Die *ganz-bedingten Materialbeschaffenheiten*, das heißt, alle diejenigen stofflichen Qualitäten, die im Reduktionsschirm verschwinden und sich dadurch als nicht elementar erweisen; es gehören dazu also Eigenschaften wie die Oberflächenfarbe, die Durchsichtigkeit, der Glanz und die Rauhigkeit.

Zwischen den drei Arten von Ganz-Eigenschaften besteht ein eigentümliches Wechselverhältnis. Und zwar ist die Empfindlichkeit für Wesenseigenschaften in der Regel größer als für Eigenschaften des Gefüges. Man vergleiche etwa unsere Empfindlichkeit für feinste Unterschiede des Gesichtsausdrucks mit unserer Empfindlichkeit für die zugeordneten geometrischen Eigenschaften des Gesichts, wie sie in den kläglichen Ergebnissen etwaiger Versuche, das Gesicht eines Bekannten im Bild wiederzugeben, zum Ausdruck kommen. Vielfach, wenn in wahrnehmungspsychologischen Erörterungen von dem „Primat des Ganzen" gesprochen wird, ist gar nicht ein Primat von Ganzeigenschaften im allgemeinen über Elementar-Qualitäten gemeint, sondern das Primat der Wesenseigenschaften über die Eigenschaften des Gefüges, also *einer* Art von Ganzeigenschaften über eine andere Art von Eigenschaften, die aber *ebenfalls* Ganzeigenschaften im strengen Sinn dieses Wortes sind. Ein weiteres grundlegendes Wechselverhältnis: Qualitäten der ersten und der dritten Art sind stets Eigenschaften der zweiten Art wesensmäßig zugeordnet, so zwar, daß bestimmte Wesenseigenschaften oder ganzbedingte Beschaffenheiten nur auf dem Weg über ganz bestimmte Strukturen verwirklicht werden können. Dabei muß, wie schon eben angedeutet, die zugeordnete Struktur nicht notwendig zugleich *anschaulich* mit gegeben sein. Aber auch umgekehrt: es muß auch nicht notwendig mit der Struktur die zugeordnete Wesenseigenschaft anschaulich mitgegeben sein. So hat RÉVÉSZ richtig gesehen, und man kann das in einfachen Versuchen jederzeit bestätigen, daß Tastgestalten – und das heißt nicht die Gestalt vor Tast*vorgängen*, sondern die Gestalt der ertasteten Gebilde – zwar strukturelle und materielle Eigenschaften, aber keine Wesenseigenschaften besitzen. – Aber *wenn* auf einem Sinnesgebiet mehrere der Eigenschaftstypen realisierbar sind, dann ist ausnahmslos eine bestimmte Eigenschaft der *einen* Art einer Eigenschaft der anderen Art unlösbar zugeordnet. – Ein bestimmtes Gefüge kann nicht von verschiedenen Wesenseigenschaften begleitet sein. Der Eindruck, daß dies doch so sei, entsteht immer dadurch, daß wir anstatt der anschaulichen Strukturen die geometrischen Konfigurationen der Reizquellen vergleichen, die, wie wir sogleich sehen werden, auch strukturell fast stets mehrdeutig sind. Die Notwendigkeit des Zusammenhangs zwischen bestimmtem Gefüge und bestimmtem Wesen oder bestimmter Beschaffenheit ist erstaunlicherweise selbst kein Bewußtseinsinhalt. Was zu was gehört, ist in jedem einzelnen Falle eine Forschungsfrage; man denke an die Diskussion über die Durchsichtigkeit und auch an die Schwierigkeit, Sachverhalte wie den Ausdruck der Güte oder der Resignation oder auch den Stil MOZARTS oder BACHS strukturell zu definieren. Die strukturelle Definition von Wesens- und Material-Eigenschaften ist eine entscheidende Forschungsaufgabe. Man kann geradezu von einem methodischen Primat der Struktur sprechen, weil von den drei Arten von Gestalt-Eigenschaften nur die Struktur registrierbar und mitteilbar ist (vgl. METZGER 1954, Kap. 4 und 5).

Die Struktureigenschaften sind auch abgesehen davon der wissenschaftlichen Erforschung am leichtesten zugänglich. Zu ihnen gehört unter anderem die Form, für die im weniger strengen Sprachgebrauch der Ausdruck „Gestalt" ebenfalls vielfach verwendet wird. Die Form ist aber auf keinem Sinnes- oder Seinsgebiet ein primärer, sondern stets ein abhängiger Sachverhalt. Sie ist in jedem Fall bestimmt durch den Zusammenhang, bzw. die Zusammengefaßtheit nach innen, die Abgrenzung nach außen und durch die Gliederung: homogen oder inhomogen, kontinuierlich oder diskontinuierlich usw. –

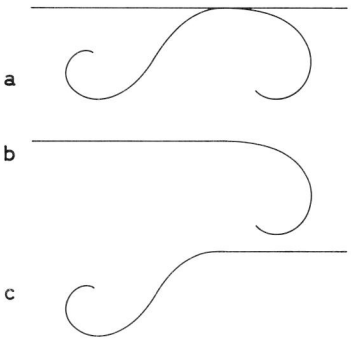

Abb. 7.3. Siehe Text.   Abb. 7.4. Siehe Text.

Zwei einfache Beispiele: In Abb. 7.3 *können* – unter anderem – die Formen zweier Winkel (eines nach oben und eines nach unten geöffneten) oder die Formen eines W und eines M enthalten sein, je nachdem in welcher Weise die einzelnen Strichabschnitte zusammengefaßt erscheinen. Und aus demselben Grund kann Abb. 7.4 je nachdem, wie Zusammenhang und Abgrenzung sich verwirklichen, eine gerade Linie und ein Fragezeichen enthalten oder einen Spazierstock und einen Krummstab. Daher das vordringliche Interesse, das man in der Gestalttheorie auf das Problem der anschaulichen Einheit gerichtet hat. Die „Ganzen" sind nicht, wie es uns nahe liegt zu glauben und wie auch RÉVÉSZ offenbar meint, selbstverständliche (aufgezwungene) Gegebenheiten, sondern sie sind in ihrem Zusammenhang, ihrer Abgrenzung und ihrer Gliederung durch psychologische Gesetze bestimmt: die vielgenannten Gestaltgesetze. Durch sie sind ebenfalls die etwa vorfindbaren *Teil*gebilde, bis hinab zum einfachen Punkt, in jedem Fall bestimmt, die in der üblichen Diskussion, auch bei RÉVÉSZ, meist unter dem Namen „Elemente" auftreten.

Sofern ein Ganzes gegliedert ist, läßt sich an ihm *stets ein neues, bisher nicht erörtertes Gestalt-Kriterium aufweisen:* Ein und derselbe Sachverhalt hat als Teil eines Ganzen Eigenschaften, die er als Einzelinhalt nicht besitzt: Seine „*Strukturfunktion*" oder seine „*Rolle im Ganzen*", die *manchmal* auch als seine Bedeutung für das Ganze oder als sein „*Sinn*" im Ganzen bezeichnet wird. Diese Art von Eigenschaften, die von der wissenschaftlichen Öffentlichkeit noch kaum zu Kenntnis genommen wurde, ist für die Wahrnehmung und für das Denken von gleich grundlegender Bedeutung, worauf besonders WERTHEIMER in seinen letzten Veröffentlichungen hingewiesen hat.

Außer der Einheit und Begrenzung gehört zu den Grundlagen der wahrgenommenen Form die *Zentrierung* mit ihren verschiedenen Teilbestimmungen der Schwerpunktslage, der Erstrecktheit und der Gerichtetheit, sowie die *Verankerung* im Bezugssystem, deren Untersuchung aber noch nicht so weit fortgeschritten ist (siehe Abb. 7.5, 7.6 und 7.7).

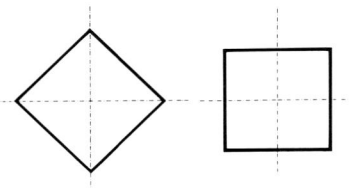

Abb. 7.5. Mit diagonalen Haupterstreckungen ist das Quadrat „eine Art Rhombus", mit Seitenparallelen „eine Art Rechteck" (nach MACH 1922).

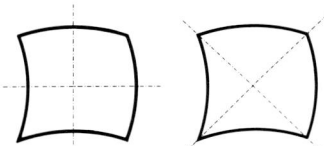

Abb. 7.6. Das Bogenquadrat mit seitenparallelen Haupterstreckungen ist eine Art „geblähtes Segel", mit Diagonalen eine Art „Drachenfigur" (nach BÜHLER 1913).

Abb. 7.7. Oben verankert und nach unten gerichtet ist das Gebilde links ein „Zahn", das mittlere ein „Sack" oder „Tropfen", das rechte ein „Pfeil"; unten verankert und nach oben gerichtet ist das linke ein „Kolben", das mittlere ein „Keim" oder ein „Flämmchen", das rechte eine „Pflanze"

Wir haben oben gesagt, daß die Form stets von dem jeweils verwirklichten Zusammenhang bestimmt wird. Wir haben aber zweitens gesagt, daß der Zusammenhang seinerseits von *Gestaltgesetzen* beherrscht wird: Das sieht aus wie ein Widerspruch, ist es aber nicht; denn es besteht tatsächlich hier ein eigenartiges Wechselverhältnis. Die Zusammenhangs- und Gliederungsgesetze sind Prägnanzgesetze; (und ebenso sind es die Gesetze der Bildung von Bezugssystemen, der Verankerung und der Zentrierung). Ihr Inhalt ist etwa folgender: Die Gliederung (Zentrierung usw.) erfolgt, wenn nicht stärkster Auffassungs- oder Erfahrungsdruck es verhindert, in jedem Augenblick so, daß die größte unter den gegebenen Gesamtbedingungen mögliche Ordnung, bzw. daß die besten (einfachsten, regelmäßigsten, dichtesten, gleichmäßigsten, symmetrischsten, glattesten, geschlossensten, untereinander gleichartigsten oder am besten zueinander passenden usw.) Gestalten sich verwirklichen, die unter diesen Bedingungen möglich sind. Dies geschieht, wie sich zeigen läßt, auch ohne spezifische vorausgehende Erfahrung und vielfach sogar im Widerspruch zu ihr. U. a. haben wir allen Grund zu der Behauptung: Unser gesamtes einäugiges Tiefensehen beruht nicht etwa auf „empirischen Kriterien", sondern ganz *eindeutig auf den genannten Ordnungsgesetzen* (vgl. METZGER 1953).

Zu den Gesetzen der figuralen Einheit und Vielheit im Gleichzeitigen, bzw. im Dingraum völlig analoge Gesetze finden sich im Klangraum in der Polyphonie, im Zeitlichen in der Melodie und im Rhythmus sowie in der spontanen Gliederung von Handlungsabläufen, u. a. der Sprache. Eine sorgfältigere Analyse ergibt gewisse Abweichungen zwischen den verschiedenen Gebieten, beispielsweise auch schon zwischen Gesicht und Tastsinn, worauf RÉVÉSZ mit Recht hinweist (s. auch METZGER 1954).

Aber fast noch wichtiger als die *Tatsache* dieser Abweichungen scheint mir zu sein, daß sie nach allen bisherigen Befunden nicht grundsätzliche Abweichungen sind; also nicht etwa das Bestehen völlig verschiedener Gestaltgesetze in den verschiedenen Gebieten erweisen. Sie sind nur relativ, d. h. sie beruhen auf einem abweichenden *Gewichtsverhältnis* zwischen den verschiedenen Ordnungsgesichtspunkten, die an sich überall dieselben sind. Außerdem entsprechen die Abweichungen des Tastsinns vom Gesicht auffallend den Abweichungen, die wir finden, wenn wir das Gesicht in weniger differenzierten Zonen, etwa an der Peripherie des Gesichtsfeldes untersuchen, und zugleich den Abweichungen, die wir auch in dem höchst differenzierten fovealen Bereich vorfinden, wenn wir zu unseren Untersuchungen Kinder statt Erwachsene heranziehen. – Weiter lassen sich sämtliche für den Dingzusammenhang gefundenen Gestaltgesetze in der für die Zeitdimension notwendigen Modifikationen auch für die Erscheinungen der Identität oder Fortdauer von Gestalten in der Zeit feststellen (wie mir selbst zu zeigen gelang). Auch für den eigentlichen „reinen" Geschehenszusammenhang, wie er sich in dem unmittelbar anschaulichen Verursachungserlebnis kundtut, spielen sie nach MICHOTTES bekannten Befunden eine bedeutende Rolle.

Man kann also sagen: die Gestaltgesetze sind die allgemeinen apriorischen Grundlagen der Möglichkeit der Erfahrung von Einheit, Vielheit und Form im Sinne KANTS. Die früher so viel bemühte Erfahrung ist deshalb nicht bedeutungslos: Nachdem erst einmal Erfahrungen gemacht sind, kann sie als zusätzliche Bedingung die ursprünglichen Gestaltgesetze verstärken oder mit ihnen in Konflikt geraten.

Im Bisherigen war der Gestaltbegriff mehr oder weniger rein phänomenal oder beschreibend: Wie wir sehen, bestimmen bei den verschiedenen Einheitsbildungen oder Zusammenfassungen Gestaltgesetze gewissermaßen die *Auswahl* des anschaulich Verwirklichten aus der Fülle der Möglichkeiten, die jede Reizmannigfaltigkeit anbietet oder erlaubt. Durch die Bestimmtheit, mit der diese Auswahl unter alltäglichen Bedingungen erfolgt, werden wir völlig verhindert, zu bemerken, daß jede Reizmannigfaltigkeit im Hinblick auf die möglichen Zusammenfassungen praktisch unendlich vieldeutig ist. Ich habe mir einmal den Spaß gemacht, zu berechnen, wieviel Möglichkeiten der Zusammenfassung eine so einfache Reizkonfiguration wie der Neunpunkt (Abb. 7.8) erlaubt, und bin auf die verblüffende Zahl von fast siebzig Milliarden (genau 68 719 476 736) gekommen.

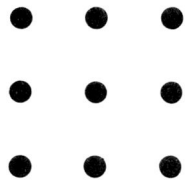

Abb. 7.8. Siehe Text.

Wir kommen nun zu einer erweiterten und zugleich vertieften Interpretation des Begriffs, wenn wir beobachten, daß es außer den (Auswahl-) Gesetzen der Gestalt auch Gestalt-*Tendenzen* gibt, die überall dort festzustellen sind, wo an dem anschaulich Gegebenen ein höherer Grad von Ordnung verwirklicht ist, als man ihn aus der Kenntnis der Reizkonfiguration erwarten durfte. Die Vereinfachungen und Verregelmäßigungen, die bekanntlich bei allen Arten gelockerter Reizbindung (Verschwommenheit, Schwellennähe, Kleinheit, tachistoskopische Darbietung usw.) auftreten, gehören hierher. Aber auch eine Reihe bekannter sogenannter geometrisch-optischer Täuschungen läßt sich auf diese Weise erklären, was in besonders umfassender, sorgsamer und überzeugender Weise kürzlich E. RAUSCH für das SANDER-IPSENsche Parallelogramm gelungen ist. Wichtig ist in diesem Zusammenhang der umfassende Nachweis RÉVÉSZ, daß die Täuschungstendenzen beim Tastsinn mit den beim Gesicht gefundenen weitgehend übereinstimmen.

Alle diese Beobachtungen führen zu der schon oben angekündigten *dynamischen* Interpretation des (nunmehr adjektivischen) Begriffs der Gestalt eines Gebildes oder Vorgangs: Wir nennen *Gestalt* die Form eines *Gebildes*, wenn diese *nicht* der Starrheit des Materials zu verdanken ist und nicht auf einer Festlegung jedes einzelnen Punktes für sich, sondern auf einem Gleichgewicht von Kräften (Spannungen usw.) beruht. Wir nennen ferner die Form eines *Vorgangs* oder Verlaufs eine Gestalt, wenn sie nicht durch undurchdringliche Leitungen festgelegt, bzw. auf einen Freiheitsgrad beschränkt ist, sondern aus dem freien Spiel von Feldkräften (bei mehr oder weniger zahlreichen Freiheitsgraden) hervorgeht.

Ein greifbares Beispiel einer statischen Gestalt ist die Kugelgestalt der Seifenblase, im Vergleich mit der Kugelform eines Steins oder einer Blechbüchse. Eine Verlaufsgestalt haben wir etwa bei den Bahnen, die der Wasserdampf aus einem Kochkessel zur kalten Fensterscheibe durchläuft.

Wir nennen also allgemein Gestalten solche Gebilde, die, wie PIAGET richtig bemerkt hat, ihre Form dem Gleichgewicht von Kräften verdanken.

Der Gegenbegriff zur Gestalt in diesem Sinne ist das *Mosaik*. Während bei diesem die einzelnen Steinchen sich in äußerlich bestimmter Anordnung befinden, aber gewissermaßen „nichts voneinander wissen", befinden sich die Teile und Stellen einer Gestalt in mehr oder weniger enger dynamischer Kommunikation und Interaktion: jede wirkt auf jede andere und empfängt zugleich selbst Einwirkungen von jeder anderen; und sofern dabei etwas Geordnetes zustande kommt, trägt und hält dabei jede Stelle jede andere und wird zugleich von der Gesamtheit der anderen getragen und gehalten. Übrigens ist auch dieser dynamische Begriff der Gestalt schon bei GOETHE klar gefaßt, wie das Gespräch zu Beginn der „Wahlverwandtschaften" erweist. Die alte Kurzschluß-Hypothese der stroboskopischen Bewegung, wie sie WERTHEIMER 1912 formulierte, war der erste noch etwas unbeholfene Schritt zu diesem später von ihm selbst und von W. KÖHLER aufs gründlichste und schärfste durchdachten neuen Gedanken. Der Schwerpunkt ihrer Überlegungen verlagerte sich im Lauf der Jahre mehr und mehr auf das Problem der Ziel-Erreichung, der Erreichung ausgezeichneter Endzustände von beliebigen Ausgangszuständen her, die ja bei einem gestalteten Geschehen aus der Spannung zwischen Ausgangslage und Ziel hervorgeht, welche das Geschehen *nicht nur in Gang hält, sondern zugleich auch richtet*. Diese Identität der treibenden und der steuernden Kräfte wird schließlich zu einem der Grundmerkmale aller Vorgangsgestalten. Wenn man von psychischen Erscheinungen sagen kann: sie sind nicht festgelegt, nicht gegeneinander isoliert und *gerade deswegen* so überraschend geordnet, so ist damit zum erstenmal dem überlieferten Leitungsprinzip ein weiteres Prinzip des Verständnisses der Ordnung psychischen und biologischen Geschehens gegenübergestellt, das sich schon vielfach als außerordentlich fruchtbar erwiesen hat, wo das Leitungsprinzip versagt. Es ist mit ihm u. a. die alte Kontroverse zwischen Empirismus und Nativismus in der Wahrnehmungslehre überwunden. Denn dort ging es immer um die Frage, ob geordnete und biologisch zweckmäßige Verläufe durch vorgegebene oder durch ad hoc neu gebildete feste Leitungen gesichert seien. Die Lösung heißt jetzt: es gibt Leitungen, wahrscheinlich von beiderlei Art; aber es gibt auch Vorgänge, die ohne Leitungen, bzw. ohne bestimmte Führung geordnet und sinnvoll verlaufen. Das Prinzip des gestalteten Verlaufs hat sich als besonders fruchtbar erwiesen für die Theorie des produktiven Denkens, der Entdeckungen und Empfindungen.

Das Prinzip läßt übrigens ohne weiteres eine mehr oder weniger reiche Hierarchie von *relativ* geschlossenen Teilsystemen zu, so daß es auch auf Fragen der Persönlichkeitslehre mit ihren überdauernden Bedingungsstrukturen anwendbar ist. Es gilt einerseits auch für den Organismus mit seiner Fülle relativ geschlossener Organe und Organsysteme, und läßt sich andererseits auch auf Fragen des Zusammenlebens, also auf Sozialpsychologie, Soziologie und Ethik anwenden. Es ist überhaupt nicht auf bestimmte Seinsbereiche beschränkt, also auf keinen Fall für irgendeinen der Seinsbereiche oder Seinsstufen kennzeichnend. Der Gegensatz zwischen freier dynamischer und starrer aufgezwungener Ordnung *durchzieht sämtliche Bereich des Seins.* – Was man in der Physik Bewegungen im Kräftefeld nennt, gehört zur Kategorie der freien Ordnung. Der Gegensatz zwischen freier und festgelegter Ordnung läßt sich auch physikalisch formulieren, trotz der Tatsache, daß alle Festigkeit und alle Starrheit und alle Ausübung von Zwang durch äußere Leitungen sich schließlich ebenfalls als die Auswirkung von Feldkräften erweist, wenn man nur in genügend kleine Größenordnungen hinabsteigt. Entscheidend für den Unterschied ist das Größenverhältnis zwischen den beteiligten Gebilden und den zugehörigen Feldern. Sind die Felder, bei sehr rascher Abnahme ihrer Stärke, im Verhältnis zu den Gebilden sehr klein, so haben wir den Grenzfall der Starrheit und des rein aufgezwungenen Verhaltens. Sind die Felder, bei sehr allmählicher Abnahme ihrer Stärke, im Verhältnis zu den Gebilden sehr groß, so haben wir den Grenzfall der sich frei ordnenden Gebilde und Verläufe, dessen rein formales Studium zu den wichtigsten Aufgaben der psychologischen (und biologischen) Grundlagenforschung gehört.

Es ist klar, daß hier allerlei neu psychophysische Möglichkeiten sich eröffnen. Im Zusammenhang der Gestalttheorie sind auch sehr bestimmte Ansichten über das psychophysische Problem und das Leib-Seele-Verhältnis entwickelt worden. Ich gehe nicht mehr auf sie ein (vgl. METZGER 1954, Kap. 8), und möchte hier nur noch folgendes abschließend bemerken:

Die Gestaltpsychologie besteht aus *vier* mehr oder weniger scharf voneinander abhebbaren Teilen, die je für sich erörtert werden können. Sie ist – worauf wir bisher noch nicht eingegangen sind – zunächst eine *Methodenlehre*. Sie hat das Verfahren der „ganzheitlichen Betrachtung", das schon in DILTHEYS Erneuerungsversuch eine Rolle spielte, zum erstenmal in *grundsätzlicher Schärfe* und im Bewußtsein seiner Bedeutung der altüberlieferten isolierenden Elementar-Analyse *als gleichberechtigtes Verfahren gegenübergestellt*. Und sie hat einen entscheidenden Schritt über DILTHEY hinausgeführt, indem ihr der theoretische und praktische Nachweis gelang, daß die ganzheitliche Betrachtung *keinen Verzicht auf Strenge, Exaktheit und Entscheidbarkeit zu bedeuten braucht*, keine Rückkehr zu dem vor- und halbwissenschaftlichen Genügen an einleuchtenden Deutungen, zur „Methode der schlichten Behauptung", wie sie in Zweigen der Psychologie, die sich geisteswissenschaftlich nennen, besonders im deutschsprachlichen Bereich im letzten halben Jahrhundert, vielfach vollzogen wurde. Vor allem hat sie demonstriert, daß *ganzheitliche Betrachtung und Experiment sich nicht ausschließen*, wie DILTHEY noch glaubte, und wie manche seiner Schüler es ihm bis heute nachschreiben. Ganzheitliche Betrachtung bedeutet, daß man den fraglichen Sachverhalt in seiner Einbettung, in seinem Umfeld, in seiner Rolle und Bedeutung in umfassenderen Zusammenhängen zu sehen versucht, daß man nicht mit eingeengtem Blick immer auf die örtlichen Bedingungen starrt, sondern an die Möglichkeit außerörtlicher Bedingungen denkt. Zu diesem Umfeld jedes psychischen Sachverhalts gehört die Gesamtsituation, die gegenwärtige leiblich-seelische Verfassung, die Bedürfnislage, Einstellung und Haltung *des Subjekts*, ebenso wie seine *Vorgeschichte,* seine bisherigen Schicksale, seine „Erfahrungen", als die Gesamtheit dessen, was er bisher gelernt, eingesehen und geübt hat. Wenn es zeitweise den Anschein hatte, als wolle man in der Gestaltpsychologie diese Teilgebiete der *weiteren Umgebung* jedes seelischen Geschehens vernachlässigen oder ihre Bedeutung leugnen, *so war dies eine Täuschung,* die nur dadurch entstehen konnte, daß es *zunächst* nötig war, mit besonderem Nachdruck auf die Bedeutung der in der überlieferten Psychologie völlig vernachlässigten *näheren und unmittelbaren Umgebung* hinzuweisen. – Über den *Ertrag* der Verbindung von ganzheitlicher Betrachtung und Experiment besteht kein Zweifel.

Die Gestaltpsychologie ist zweitens *Phänomenologie*. Von diesem ihrem phänomenologischen Zweig handelte der erste Teil dieser Ausführungen. Er stellt einen durch eine reiche Fülle von Befunden *gesicherten Wissensbestand* dar.

Der dritte, *dynamische* Teil der Gestaltpsychologie, dem der zweite Teil unserer Ausführungen gewidmet war, ist *eine wohlfundierte Theorie* von ungeahnter und noch längst nicht erschöpfter Fruchtbarkeit (vgl. METZGER 1949); wie außer der schon erwähnten Theorie des produktiven Denkens vor allem die Fülle der willens- und sozialpsychologischen Arbeiten Kurt LEWINS und seiner Schüler beweist.

Der an vierter Stelle zu nennende *psychophysische Ansatz* – der Isomorphismus –, gewissermaßen die exponierteste Stellung der Gestalttheorie, ist eine *Arbeitshypothese;* die sich aber in z. T. eigenen Untersuchungen ebenfalls schon als fruchtbar erwiesen hat. Ich selbst bin überzeugt, daß diese Arbeitshypothese sich mit der Zeit ebenfalls zu einer Theorie verdichten wird. Aber selbst wenn diese Hoffnung trügerisch wäre, so würde dies auf die Gültigkeit des methodischen, des phänomenologischen und des dynamischen Teils der Gestalttheorie *überhaupt keine Rückwirkung* haben. Denn den viel beredeten „Physikalismus" der Gestalttheorie gibt es trotz der „Physischen Gestalten" und der Hirnstrom-Untersuchungen W. KÖHLERS nicht: Es entscheidet für uns über das, was wir als psychologisch möglich betrachten, nicht unser physikalisches Wissen; sondern umgekehrt entscheidet ausschließlich die Phänomenologie über das, was an physikalischen Vorgängen den Erscheinungen möglicherweise zugeordnet ist. Und noch mehr: wir sind überzeugt, daß die Phänomenologie uns eine überwältigende Fülle von Einsichten in das Wesen des Seins gewährt, die allen physikalischen Methoden grundsätzlich und für immer verschlossen sind.

Zusammenfassung

Nach den Ansätzen von Chr. VON EHRENFELS, Max WERTHEIMER und Wolfgang KÖHLER ist für eine psychische Gestalt weder ihre Entstehungsweise noch ein bestimmtes Verhältnis zwischen dem Ganzen und seinen Teilen (beispielsweise ein Verschwinden der Teile) kennzeichnend. Entscheidend ist, daß Gestalteigenschaften da sind. Für ihre Feststellung gibt es experimentelle Verfahren. Es werden drei verschiedene Arten von Gestalteigenschaften und ihr gegenseitiges Verhältnis beschrieben und der Begriff der Gestaltgesetze erläutert. Von einem zweiten, dynamischen Gesichtspunkt aus bedeutet Gestalt ein ruhendes Ganzes oder einen Verlauf, dessen Form nicht durch starre Vorrichtungen, sondern durch ein Gleichgewicht von Kräften bedingt ist. Abschließend folgt ein kurzer Hinweis auf den Isomophismus oder die Gestaltverwandtschaft als den gestalttheoretischen Beitrag zur Lösung des psychophysischen Problems.

8. Der Geltungsbereich gestalttheoretischer Ansätze (1967)

Wenn hier von Gestalttheorie gesprochen wird, so ist dabei ausschließlich die Auffassung vom Psychischen gemeint, die aus der Zusammenarbeit von Wertheimer, Köhler und Koffka in den Jahren zwischen 1910 und 1930 hervorgegangen ist und der sich z. T. auch Lewin angeschlossen hat.

Wie schon im Titel angedeutet, besteht die Gestalttheorie nicht aus einem einzigen Ansatz, sondern aus einer Reihe sehr allgemeiner Ansätze, die freilich miteinander aufs engste zusammenhängen und die man nach dem heutigen, etwas gehobenen Sprachgebrauch als Metatheorien bezeichnen müßte. Es lassen sich, wie mir im Augenblick scheint, wenigstens fünf solcher Teilansätze unterscheiden, der methodologische, der psychologische, der psychophysische, der wissenschafts- bzw. erkenntnistheoretische und der systemtheoretische. Diese Anordnung beansprucht nicht die einzig mögliche oder auch nur die logisch beste zu sein; ich werde mich auch im Folgenden nicht streng daran binden.

Über die allgemeinsten methodologischen Grundsätze möchte ich mich kurz fassen. Es wäre darüber etwa zu sagen, daß gestaltpsychologische Forschung mit anderen, vor allem westeuropäischen, Richtungen darin übereinstimmt, daß sie unter den verfügbaren Daten keine Vorauswahl trifft, sondern in die Beschreibung und Theoriebildung alles aufnimmt, was irgendwelche verläßliche Auskunft über den Gegenstand unserer Wissenschaft verspricht. Weder fordert sie die Beschränkung auf Bewußtseinserscheinungen noch schließt sie diese aus der wissenschaftlichen Behandlung aus. Sie stimmt mit ihren psychologischen Zeitgenossen darin überein, daß das Bewußtsein des Anderen, im Gegensatz zu seinem Verhalten, ein Geheimnis ist, das nur auf beschwerlichen Umwegen, nur in Annäherung und nie vollständig entschleiert werden kann; aber sie vergißt dabei nicht, daß der Psychologe selbst ein Bewußtsein hat, das für ihn alles andere als ein Geheimnis ist, das im Gegenteil die Gegenstände sämtlicher übrigen empirischen Wissenschaften an Unmittelbarkeit und Gewißheit weit übertrifft und eben darum eine unerschöpfliche Quelle zuverlässiger Erkenntnisse ist. Sie mutet dem Psychologen auch nicht zu, seine Mitbeobachter grundsätzlich als Lügner, Simulanten oder Schlafmützen zu betrachten, sondern gestattet ihm, sich unter entsprechenden Vorsichtsmaßnahmen auf ihre prüfbare Beobachtungs- und Sprachfähigkeit zu verlassen und sich dadurch die beschwerlichen Umwege zu ersparen, die bei der Erforschung der Welten sprachloser Wesen gegangen werden müssen. Auf die Besprechung methodischer Einzelheiten, wie etwa der sog. ganzheitlichen Betrachtung, will ich hier verzichten; doch kann wohl gesagt werden, daß sie an Sorgfalt der Beobachtung wohl hinter keiner anderen psychologischen Forschungsrichtung zurücksteht.

Theorien sind dazu da, um Zusammenhänge zwischen Beobachtetem verständlich zu machen, und können nur so lange Geltung beanspruchen, als sie diese Forderung erfüllen, genauer, solange sie sie besser erfüllen als andere angebotene Theorien. Dies gilt für die Gestalttheorie so gut wie für jede andere. Wir betrachten sie nicht als Heilslehre, die um jeden Preis gerettet werden muß, auch um den Preis der Verschweigung unbestreitbarer, aber unbequemer Tatsachen, wie wir sie noch in angeblich modernen wissenschaftlichen Schriften finden.

Gestalttheoretische Forschung ist durch die Beobachtung der Nicht-Summativität psychischer Ganzer in Gang gekommen. Um ihren Geltungsbereich abzustecken, werden wir also nicht nur diejenigen Fälle zusammenzutragen haben, die diese bemerkenswerte Eigenschaft besitzen und insofern eine Stütze des Ansatzes bilden, sondern gerade auch diejenigen, die nicht zu ihm zu passen scheinen. Tatsächlich gibt es sowohl in der Wahrnehmungslehre wie auch in der Lehre vom Verhalten vereinzelt gesicherte Beispiele ausgesprochen additiver Verhältnisse, die ich nicht versäumen möchte, Ihnen im Vorübergehen hier zu nennen:

1. Das Zusammenwirken verschiedener Zusammengefaßtheitsfaktoren in der Wahrnehmung der höheren Sinne,
2. das Zusammenwirken verschiedener Tiefenfaktoren in der Raumwahrnehmung des Einzelauges,
3. das Zusammenwirken verschiedener Teilmerkmale bei komplexen Auslösern tierischen Verhaltens: die Reizsummenregel von SEITZ.

Freilich wirken bei dieser die verschiedenen Teilmerkmale nicht in beliebiger Gruppierung wie bei einer echten Summe, sondern nur, wenn sie im richtigen räumlichen Zueinander oder, um einen Ausdruck von DUNCKER zu gebrauchen, in der richtigen strukturellen Eingefügtheit auftreten. Ist diese Bedingung erfüllt, so kann man allerdings die Gesamtwirkung durch einfache Addition der Einzelwirkungen gewinnen.

In allen drei Fällen, dies scheint mir kennzeichnend, handelt es sich um die Addition oder Summierung von Kräften; und es ist nicht unwahrscheinlich, daß, falls noch weitere Summenregeln gefunden werden sollten, dasselbe auch für diese gilt und daß man auch mit dem Auftreten von Vektorsummen rechnen muß. Im übrigen gibt es mancherlei summative Ansätze, wie etwa in der Faktorenanalyse in ihrer heutigen Form und in der Lerntheorie, über deren Tragfähigkeit und Angemessenheit in ihrer gegenwärtigen Formulierung aber das letzte Wort noch keineswegs gesprochen ist, denen man daher nicht die Bedeutung von Gegeninstanzen zusprechen kann.

Erkenntnistheoretisch folgt die Gestalttheorie Ewald HERING. In der Nachfolge seiner „Beiträge zur Physiologie" von 1861–1864 betrachtet sie nicht nur die Sinnesqualitäten, die damals so genannten „Empfindungen", sondern den gesamten Bestand des unmittelbar Gegebenen mit allen seinen Merkmalen, sekundären und primären, also die gesamte Realität des naiven Realisten, Ich und Umwelt gleichermaßen, als bedingt durch Vorgänge im Nervensystem, die in den bedeutsamsten Fällen im wesentlichen von Sinnesreizungen veranlaßt, aber keineswegs vollständig determiniert werden, die also in bezug auf den Organismus innen sind, auch dann, wenn sie sich in bezug auf das anschauliche Ich außen befinden.

Der von KÖHLER (1929) in der bekannten Abhandlung „Über ein altes Scheinproblem" geführte Nachweis, daß dies keinen Widerspruch bedeutet, ist zwingend, wenn auch nur für den, der sich die Mühe macht, ihn bis zum Ende mitzudenken (was aber ebenso auch für jeden mathematischen Beweis gilt). Das heißt, der engere Kreis der Anhänger dieser Theorie vertritt einen konsequent durchgeführten kritischen Realismus, weil er die Situation beim alltäglichen Experimentieren mit ihren Versuchsanordnungen auf der einen und den Phänomenbeschreibungen der Versuchspersonen auf der anderen Seite am einfachsten und angemessensten zu beschreiben erlaubt. Sie ist dadurch zu einer der wenigen wissenschaftlichen Richtungen geworden, die nicht fortgesetzt über ihren eigenen wissenschaftstheoretischen Schatten stolpern, weil bei ihnen die stillschweigende Theorie des wissenschaftlichen Alltags zu den ausdrücklich vertretenen wissenschaftstheoretischen Grundsätzen nicht in Widerspruch gerät. Die kritisch realistische Haltung äußert sich in einer Reihe von Thesen und Begriffsbildungen, deren Tragweite, wie mir scheint, vielfach noch nicht erkannt wird. Es seien hier beispielsweise genannt:

1. die von RAUSCH (1952) eingeführte Gegenüberstellung von Ontogramm und Phänogramm in der Theorie der optisch-haptischen Maßtäuschungen und der äußeren Wahrnehmung überhaupt,

2. die von mir selbst geforderte strenge Unterscheidung zwischen dem physiologischen Reiz als physikalisch-chemischer Einwirkung auf Sinneszellen oder Gruppen davon einerseits – und dem psychologischen Reiz als einen Sachverhalt der phänomenalen Welt, als der unmittelbar empfundenen Verlockung oder Bedrohung, allgemein dem Aufforderungscharakter andererseits.

Ich habe für den letzteren vor einiger Zeit den Ausdruck „Anreiz", dann auch den theoretisch etwas weniger belasteten Ausdruck „Anreger" vorgeschlagen; eine Diskussion fand bisher nicht statt. Man sagt zwar statt Reiz neuerdings auch bei uns Stimulus, aber gebessert ist dadurch nichts; denn Reiz ist wenigstens physiologisch klar definiert, was für Stimulus nicht so gewiß ist, da nirgends die beiden zu trennenden Sachverhalte so unbefangen konfundiert werden wie im amerikanischen Gebrauch dieses Worts.

Übrigens kann nur ein Anreiz oder Anreger, also ein Reiz im psychologisch-phänomenologischen Sinn ein „Fernreiz" sein, indem er uns aus einem anschaulichen Abstand lockt, bedroht oder steuert. Den Ausdruck auf weiter zurückliegende Ursachen von Einwirkungen auf Sinnesorgane anzuwenden, also auf Sachverhalte, für die der logisch völlig korrekte Ausdruck „Reizquelle" zur Verfügung steht, ist selbst im Munde eines KOFFKA oder BRUNSWIK eine logisch unzulässige Übertragung aus dem Phänomenalen in das Ontische, also ein überflüssiges, nur Verwirrung stiftendes Zugeständnis an den naiven Realismus.

Ich komme zur dritten notwendigen Verdoppelung, nämlich der des Reaktionsbegriffs. Hier muß aufs strengste unterschieden werden die Innervation der Muskulatur auf der einen und das Ingebrauchnehmen eines Gliedes durch das wollende Ich auf der anderen Seite. Angriffspunkt des Willens ist, wie schon PIKLER (1917) gezeigt hat, etwa die anschauliche Hand, Angriffspunkt der dadurch veranlaßten Innervation die physiologisch-anatomische Schultermuskulatur. Die Frage, wie dieses beides zusammenhängt, ist gerade in diesem Fall zwar nicht durch naiv-realistische Identifikation, aber durch einfache kybernetische Annahmen zu beantworten. Ohne diese Verdoppelung ist es u. a. nicht möglich, das Handeln des Träumers, das zwar in seiner Welt, aber nicht in der eines Zuschauers stattfindet und zugleich in keiner der beiden Welten überdauernde Folgen hat, von dem Handeln des Wachenden zu unterscheiden, das sich strukturidentisch in den Welten der Zuschauer wiederfindet und in den Welten beider Beteiligten überdauernde Wirkungen nach sich zieht.

4. Daß endlich nicht nur das anschauliche Körper-Ich vom physiologisch-anatomischen Organismus unterschieden werden muß, sondern auch die im Selbstbewußtsein gegebene eigene Persönlichkeit von der wahren eigenen Persönlichkeit, wird den nicht wundern, der einmal etwas von FREUD gehört hat.

Alle diese Forderungen eines konsequent durchgeführten kritischen Realismus sind uns ärgerlich. Die Festigkeit und Verläßlichkeit der uns umgebenden Welt, der sichere Halt, den sie uns verleiht, scheint uns unvereinbar mit dem Gedanken, daß wir sie in unserem Organismus mit uns herumtragen, als bloßes Abbild eines unserem Bewußtsein nie erreichbaren „X", das jene Eigenschaften angeblich wirklich besitzt. Doch ist diese Verläßlichkeit gar nicht so selbstverständlich; sie kann bei Störungen des Nervensystems auf die verschiedenste Weise verlorengehen. Wo sie beim gesunden Menschen vorhanden ist, ist dies demnach nichts anderem als dem normalen Funktionieren seiner Sinne und seines Gehirns zu verdanken.

Kritischer Realismus ist außerdem unbequem. Das konsequente Denken in zwei bzw. vielen Welten, die dauernde Disziplin des Gedankens, die erforderlich ist, um das unmittelbar Gegebene nicht immer wieder mit der Welt der Reizquellen und Versuchsanordnungen zu verwechseln und zu vermengen, sich auch nicht von dem scheinbaren Widerspruch beirren zu lassen, daß der Zuschauer eines Menschen mit Recht in dessen Innerem sucht, was dieser selbst um sich her vorfindet – alles das ist ein wenig beschwerlich. Manchem scheint es auch wohl gegen das Prinzip der Sparsamkeit zu verstoßen. Ich glaube aber, wir sollten uns davor hüten, dieses unentbehrliche Prinzip als ein Prinzip der Bequemlichkeit und des Verzichts auf die notwendige Schärfe des Gedankens zu mißverstehen.

Auf das gelegentlich aus wissenschaftstheoretischen Überlegungen abgeleitete Verbot, eine grundsätzlich bewußtseinsfremde eigentliche Wirklichkeit anzunehmen, weil man ihr Bestehen niemals unmittelbar verifizieren könne, gehe ich nicht ein, denn ich bin der Meinung, daß einer in sich logisch geschlossenen Theorie, die – im Gegensatz zu allen anderen für denselben Problemkomplex angebotenen Theorien – der Gesamtheit der innerhalb dieses Komplexes auftretenden Fakten widerspruchsfrei gerecht wird, vor jeder wissenschaftstheoretischen Doktrin der Vortritt gebührt. Lassen beide sich nicht vereinbaren, um so schlimmer für die Doktrin. Es ist deshalb wohl angebracht, an dieser Stelle wieder einmal auf die Mannigfaltigkeit der Tatsachen hinzuweisen, die sich bei Zugrundelegung des kritisch-realistischen Modells zwanglos und widerspruchsfrei unterbringen lassen. Die folgende Aufzählung erhebt keinen Anspruch auf Vollständigkeit. Es gehört hierher schon

1. die Außenlage der Qualitäten des Gesichts, die Tatsache, daß wir sie in der Regel nicht in unserem Innern, sondern in kleinerem oder größerem Abstand von uns selbst auf der Oberfläche der Dinge vorfinden;
2. das gesetzmäßige Auftreten von Einheiten und Grenzen in der anschaulichen Welt aufgrund eines Mosaiks von in jedem Fall geometrisch sehr bestimmt angeordneten bzw. verteilten, aber durchaus nicht aufeinander einwirkenden und insofern beziehungslosen Einzelreizungen verschiedener Sinneszellen;
3. die Tatache, daß diese Einheiten mit denjenigen der Reizquellen zwar für den Alltagsgebrauch hinreichend übereinstimmen, aber in charakteristischen Fällen in ihrer Struktur und bei näherem Zusehen fast allgemein in ihrer Metrik in systematischer Weise merklich von jenen abweichen;
4. das Auftreten von zweifelsfrei psychischen Qualitäten, wie Gestaltqualitäten, physiognomischen Qualitäten und Stimmungen – also des ganzen Bestandes der heute sog. Personwahrnehmung – in der Außenwelt;
5. die Veränderung der Wahrnehmungsdinge beim Auftreten bestimmter Bedürfnisse und Vorsätze, und zwar einmal die Veränderung des allgemeinen Eigenschaftsre-

liefs der Umwelt, das Hervortreten und Auffälligwerden der Triebkomplemente, und zum anderen alle die Veränderungen, die zunächst unter dem etwas schiefen Namen Social Perception gingen und neuerdings angemessener als „affektive Akzentuierung" bezeichnet werden;

6. die Änderung des in der Außenwelt Gegebenen durch einfache Auffassungsakte, wie Umgruppierungen, Umzentrierungen und die Veränderung von Achsen und Verankerungsweisen, wie sie vor allem bei den Bemühungen um die Lösung von Problemen eine entscheidende Rolle spielen;
7. die oft radikalen Änderungen der Außenwelt durch Gifte, Hirnverletzungen und Psychosen;
8. die Außenlage der Träume;
9. das Bestehen von echten, das Verhalten des Subjekts steuernden Feldkräften zwischen ihm und anderen, außer ihm befindlichen Dingen und Wesen, Kräften, die nach den gegenwärtigen Kenntnissen der Physik in dem physikalischen Zwischenraum zwischen den zugehörigen physiologischen Organismen nicht bestehen;
10. die Veränderlichkeit der Grenzen zwischen Körper-Ich und Umwelt;
11. die Möglichkeit eines echten Außersichseins, d. h. des Heraustretens des eigentlichen Ich aus dem Körper-Ich in der Hingebung produktiven Schaffens und in der Ekstase;
12. die Möglichkeit einer klaren Trennung der Sozialpsychologie von der Soziologie, wobei die erste von den phänomenalen Zusammengehörigkeiten, Gruppenbildungen und den in ihnen wirksamen Wechselbeziehungen und Kräften handelt, die zweite dagegen von den quasi-objektiven Sozialgebilden. Ich nenne die Gebilde, von denen die Soziologie handelt, quasi-objektiv, weil sie zwar, wie die Gegenstände der Physik, in der bewußtseinstranszendenten Wirklichkeit existieren, aber, im Gegensatz zu diesen, sofort zusammenbrechen und wie nach dem Vorbeiziehen einer Atomstaubwolke nur noch verödete Ruinen hinterlassen würden, wenn das Bewußtsein, d. h. die phänomenalen Welten der sie konstituierenden und tragenden Individuen ausgelöscht würden.

Nach Abschluß dieser sicher nicht vollständigen Liste möchte ich noch auf einen kennzeichnenden Vorgang hinweisen, der sich innerhalb des Kreises gestalttheoretischer Forschung selbst abgespielt hat. Ein einziger bedeutender Gestalttheoretiker, LEWIN, hat versucht, ohne die im kritischen Realismus geforderte Verdoppelung der Welt in eine reale und eine phänomenale auszukommen und eine allgemeine Verhaltens- und Persönlichkeitslehre aufzubauen auf der Grundlage eines – durch zweckentsprechende Konstrukta erweiterten – strengen Phänomenalismus. Es hat sich gezeigt, daß man hierbei zu vernünftigen, konsistenten und höchst fruchtbaren Annahmen sowohl über die sog. innerpersonalen als auch über die Umgebungsbereiche und die zwischen beiden bestehenden Wechselwirkungen gelangen kann. Doch ergeben sich bei der Theorie der „Grenzzone" zwischen dem Inneren der Person und ihrer Umgebung, d. h. bei der Theorie der Wahrnehmung und der Motorik Widersprüche, die sich, wie GRAEFE inzwischen gezeigt hat, auf dem Boden des Phänomenalismus, man kann sich drehen und wenden wie man will, nur verdecken, aber nicht beheben lassen, die sich aber ohne weiteres auflösen, sobald man das phänomenalistische Modell durch das kritisch-realistische Modell ersetzt, und dies, ohne daß irgendwelche Eingriffe in die Theorie des Lebensraumes und der Persönlichkeitsstruktur und ihrer Wechselbeziehungen erforderlich werden. Im Gegenteil, nur durch die kritisch-realistische Verdoppelung läßt es sich befriedigend verständlich machen, daß der Lebensraum einschließlich der in ihm vorfindbaren subjektrelevanten Wesen, Bezugspersonen, Respektspersonen, Schützlinge, Freunde und Feinde, im vollen Sinn des Wortes ein Bereich des Psychischen ist, nicht weniger als das Innere der jeweils untersuchten Subjekte, und daß dieser Bereich mit allem, was ihn bevölkert, trotzdem eine vom Subjekt unabhängige Existenz besitzen kann, also nicht nur psychologischen Gesetzen unterliegt. Sofern aber alles dieses – als unmittelbar Gegebenes – sein Bestehen bestimmten Vorgängen im Zentralnervensystem eines Menschen verdankt, ist es nicht mehr verwunderlich, daß es stets durch die überdauernde Eigenart und die jeweils besonderen Zustände dieses Menschen mitbedingt ist. Wir brauchen also, um diese Mitbedingtheit zu verstehen, nicht mehr zu der mißlichen Annahme besonderer, alles dieses nach außen versetzender unbewußter Akte des Subjekts zu greifen. Mit anderen Worten, wir brauchen keine Projektionsannahmen, weder im physiologischen noch im psychoanalytischen Sinn dieses Wortes.

Wie man sieht, werden alle diese Erwägungen nur möglich, wenn man sich auch von der überlieferten Vermengung des Ichs als Teil der Welt des unmittelbar Gegebenen einerseits und als Insgesamt von Organen in der physikalischen Welt andererseits frei macht. Nirgends wird diese Vermengung mit all ihren Folgen so deutlich, wie in der Theorie der sog. Triebschicksale der kindlichen Entwicklung bei FREUD. Hier ist der Mensch ein Inbegriff von Organen mit einigen geistig-seelischen Verzierungen, und der Begriff des Triebes ist reduziert auf den Hunger einzelner Organe nach bestimmten örtlichen Reizeinwirkungen mit den ihnen entspringenden örtlichen Sensationen, wobei dieser Hunger sich im Laufe der Entwicklung von einem Organ auf das andere verlagert.

Auch in der amerikanischen Lerntheorie wird, soweit ich sehen kann, unter Triebbefriedigung oder Bedürfnisentspannung herkömmlicherweise mehr oder weniger ausdrücklich die Herstellung eines bestimmten biochemischen Zustandes, d. h. eines Organzustandes verstanden. Nun wird niemand bestreiten wollen, daß sich in den erlebten Zuständen des phänomenalen Ich u. a. auch Organzustände widerspiegeln. Aber wenn erst einmal der Begriff des psychischen Gesamtfeldes gefaßt ist, so erhält die Vermutung ein erhebliches Gewicht, daß in den Wechselbeziehungen innerhalb dieses Feldes, in den Beziehungen zwischen dem Ich und der Welt besonders zwischen dem Ich und den anderen Wesen, Kräfte und Spannungen – und das heißt vom Subjekt her gesehen: Triebe, Bedürfnisse, Strebungen – auftreten können, die ihren Ursprung in den Zuständen eben dieses Feldes haben und die an Mächtigkeit und an Bedeutsamkeit für das Ich alle biochemischen Gleichgewichte erreichen und übertreffen können. Diese Erkenntnis ist, darauf hat HELM mit Recht hingewiesen, in der Persönlichkeitstheorie von NUTTIN in aller wünschenswerten Klarheit enthalten. Sie scheint aber allmählich auch in Amerika Fuß zu fassen, so etwa in dem Begriff des „kognitiven Bedürfnisses", in der Theorie der Neugier bei BERLYNE, wohl auch in der Entdeckung der Bedeutsamkeit sehr bestimmter sozialer Umweltbeziehungen für die kindliche Entwicklung bei HARLOW.

Sich über einen neuen, zunächst verwirrenden Sachverhalt klar zu werden, bedeutet offenbar schon für ein höheres Tier mehr als ein Bonbon, und der Umgang mit seiner Mutter mehr und anderes als der mit einer Milchflasche. Innerhalb der psychotherapeutischen Schulen ist der Übergang von der Auffassung des Menschen als Organkomplex zu derjenigen als Element in der Dynamik sozialer Bezüge von ADLER schon früh, genau im Jahre 1913, vollzogen worden, wenn auch ein wirklicher Ausbau des Ansatzes innerhalb seiner Schule bis heute fehlt. Es liegt in der Natur der Sache, daß derselbe Übergang in der neueren Entwicklung der Lehre FREUDS ebenfalls nicht ausbleiben konnte.

Mit der etwas eingehenden Darlegung des erkenntnistheoretischen Hintergrundes gestaltpsychologischer Forschung ist zugleich über die psychophysischen Vorstellungen, die besonders von KÖHLER entwickelt wurden und mit denen der Name „Gestalttheorie" unlösbar verknüpft ist, alles in unserem Zusammenhang Nötige gesagt, und ich kann mich sogleich einigen eigentlich psychologischen Sachverhalten zuwenden, die in gestalttheoretischer Arbeit geklärt und zum Teil erst entdeckt worden sind.

Da sind zunächst die Probleme des Zusammenhangs, der Verbundenheit, der Zusammengefaßtheit, der Gruppierung von sichtbaren und tastbaren Figuren und Dingen und von hörbaren Melodien und sprachlichen Lautgebilden, ein Problem, das von der anderen Seite gesehen in das Problem der Abgrenzung und der Aussonderung übergeht. Dazu die Probleme der Fortdauer in der Zeit, und zwar nicht nur des Fortbestehens von Dingen, der sog. Genidentität, sondern auch des zeitlichen, z. B. kausalen Zusammenhangs von Verhaltensweisen und Ereignissen. Hinzu kommt noch das kaum bearbeitete Problem der intermodalen Einheitsbildung im „sensorium commune".

Alle diese Probleme sind im Bereich der elementaren Wahrnehmung schon ziemlich weit, wenn auch noch keineswegs bis zum Ende verfolgt. Aber es hat Mühe genug gekostet und kostet sie jeden jungen Studenten aufs Neue, zu entdecken, daß es sich bei dem Problem der Zusammenhänge nicht um Selbstverständlichkeiten handelt, auch nicht um Eigenschaften der objektiven Realität, die sich ohne weiteres ins Psychische übertragen, sondern um *psychische* Grundfunktionen. Darum ist es auch nicht verwunderlich, daß in der Sozialpsychologie, als demjenigen jüngeren Teil unseres Faches, in dem die zu untersuchenden Ganzen nicht aus Farbflecken oder aus Tönen, sondern aus Menschen bestehen, die grundlegende und durchaus selbständige Bedeutung der Zusammenhangskategorie erst noch entdeckt werden muß. Man spricht zwar von Vater- oder Mutterbindungen, versteht darunter aber irgendwie abnorme Zustände. Man ist im übrigen immer noch vielfach damit beschäftigt, nach der biochemischen Bedürfnisbefriedigung zu suchen, durch welche etwa dem kleinen Kind die Mutter sekundär interessant wird, und stellt mit Staunen fest, daß das kleine Kind trotz aller Triebbefriedigungen und Bedürfnisentspannungen keine Milchflasche anlächelt, sondern nur Gesichter oder was so ähnlich aussieht wie sie.

In den Veröffentlichungen über Anstaltsschäden beim kleinen Kind fällt auf, welche Rolle dort die Annahme eines ungenügend befriedigten Zärtlichkeitsbedürfnisses spielt, bei dem die Menge der Liebkosungen genauso verstanden wird wie die Nahrungsmenge beim Hunger. Es gibt ein solches Bedürfnis zweifellos, aber daß, wie René SPITZ und andere gezeigt haben, schon im zweiten Lebenshalbjahr das von seiner Mutter verlassene und in Trennungsschwermut verfallene Kind durch die Liebkosungen anderer und sogar ihm bekannter Menschen nur in noch tiefere Verzweiflung gestürzt wird, läßt sich nicht aus einer lebensnotwendigen Zärtlichkeitsmenge verstehen, sondern nur aus einem Bedürfnis nach Zugehörigkeit zu, nach Verbundenheit mit, nach Verankerung in einem anderen Menschen, dessen Zärtlichkeit vor allem die Funktion hat, die Verbundenheit zu bestätigen und zu vertiefen, und der für das kleine Kind ebenso unvertauschbar ist wie für den Erwachsenen sein Geliebter oder sein Ehegatte.

Wenn hier von Bedürfnisbefriedigung gesprochen werden soll, so kann man behaupten, der eine Mensch hänge am anderen nicht, weil er die Befriedigung eines anderweitigen Bedürfnisses, wie Zärtlichkeit, Nahrung oder Schutz von ihm erwartet, sondern das hier grundlegende Bedürfnis wird schon dadurch erfüllt, daß der andere Mensch überhaupt da ist, daß das Kind ihn sieht, daß es von ihm beachtet wird, sich notfalls an ihn anklammern kann, daß seine Anwesenheit sich in Abständen von noch erträglicher Dauer wiederholt, so daß man seine Rückkehr immer wieder mit Zuversicht erwarten kann. Daß dies das Eigentliche ist, zeigt am deutlichsten das angstvolle Sichanklammern des Kindes, dessen Zuversicht durch irgendeinen pädagogischen Betriebsunfall gestört ist und durch Zärtlichkeiten allein nicht wieder hergestellt werden kann. Der andere Mensch, zu dem man und der zu einem gehört, ist hier ein Teil der Seele, in ihrer oben auseinandergesetzten weiteren Bedeutung verstanden, und zwar ein notwendiger, und sein Abhandenkommen kann in seinen Auswirkungen nur nach dem Bild einer Amputation verstanden werden. Nur von diesen Gedankengängen aus kann übrigens auch die unerschütterliche Liebe alternder Menschen verstanden werden, die füreinander keine Triebobjekte im banalen Sinne dieses Wortes mehr sein können. Übrigens scheint sie auch für die Psychologie der viel belächelten Eheleute von Bedeutung zu sein, die sich ein Leben lang streiten, aber doch nicht ohne einander sein können.

Ein Erwachsener, dem es, aus welchen Gründen auch immer, inneren oder äußeren, verwehrt ist, Glied einer Gruppe zu sein, „Wir-Teil" zu werden, der also nicht aus der Stellung als „fünftes Rad am Wagen" heraus findet, entwickelt, wie SCHULTE schon vor 40 Jahren gezeigt hat, Symptome paranoischer Wahnbildung; und wie es scheint, ist eben dieses Gliedsein die notwendige Voraussetzung aller Erziehbarkeit: der frühzeitig innerlich Ausgestoßene verwahrlost trotz aller sog. Erziehungsmaßnahmen, trotz conditioning und reinforcement im amerikanischen Sinne – worauf ich noch zurückkomme.

Die Verfolgung der Frage nach den Gesichtspunkten, nach denen sich die Bildung von Einheiten zugleich mit ihrer Aussonderung vollzieht, führte dann zu einer Entdeckung, deren Tragweite auch heute noch nicht abzusehen ist, der Entdeckung der Nichtbeliebigkeit der Verbindungen. Zwar sind Mensch und Tier außerordentlich tolerant in der Hinnahme und Fixierung sinnloser, zufälliger, willkürlicher Verbindungen, wie außer den zahllosen Untersuchungen über die bedingten Reaktionen auch schon das Erlernen des Vokabulars fremder Sprachen, das Einprägen von Fernsprechnummern, Postleitzahlen und der heute so beliebten Abkürzungen beweist. Aber die Beliebigkeit besteht nur in erster Annäherung. Bei genauerem Zusehen finden sich Unterschiede in der Leichtigkeit des Zustandekommens und in der Dauerhaftigkeit der Verbindungen, die nicht vernachlässigt werden können und deren eingehende Untersuchung dann WERTHEIMER zu der Annahme einer Prägnanztendenz, d. h. der spontanen Bevorzugung von Verbindungen mit ausgezeichneten Ordnungseigenschaften geführt hat und zu der Annahme einer ebenfalls spontanen weiteren Verbesserung dieser Ordnungseigenschaften unter gewissen Bedingungen, beispielsweise im Gedächtnis. Auf diese Prägnanzsachverhalte war man seit Beginn des Jahrhunderts in den verschiedensten psychologischen Forschungsrichtungen gestoßen, besonders auch in der Leipziger Ganzheitspsychologischen Forschung, und sie bildeten einen wichtigen Gesprächsgegenstand des Göttinger Kongresses, der 1914 stattfand.

Die Prägnanztendenz führt in der Wahrnehmung gelegentlich zu unbiologischen Abweichungen vom Wirklichen; aber man darf darüber nicht vergessen, daß auch höchst lebenswichtige Reaktionen des Wahrnehmungsapparates, wie die normale Feldgliederung und die Tiefenverteilung der Dinge im Sehfeld des Einzelauges, und auch die Art der anschaulichen Fortdauer der Sehdinge, nachgewiesenermaßen der Wirksamkeit des Prägnanzprinzips zu verdanken sind. BISCHOF bemerkte kürzlich, wenn die Gestalttheorie recht habe, mache der Organismus über die Wirklichkeit, die ihn umgibt, grundsätzlich ästhetische Hypothesen. Ich möchte dazu sagen, erstens, daß er das, wie mir scheint, tatsächlich tut, und zweitens, daß er dabei offenbar nicht schlecht fährt, auch wenn, wie sich zeigen läßt, gelegentlich die ästhetische Hypothese, gerade weil sie ästhetisch ist, an der Wirklichkeit vorbei trifft.

Ich möchte an dieser Stelle aus der ausgedehnten Diskussion dieser Gedanken nur noch eines herausgreifen: Wenn das Prägnanzprinzip im ganzen psychischen Bereich gültig ist, so müßte seine Wirksamkeit sich auch auf diejenigen Ganzen erstrecken, deren natürliche Teile Menschen sind: auf die sozialen Gruppengebilde, besonders auf die spontan sich ausbildenden natürlichen Kleingruppen. Ich kann hier keine gesicherten Thesen vorbringen, sondern nur vorläufige Vermutungen. Wenn man beispielsweise die zuerst von LEWIN und LIPPITT durchgeführten Untersuchungen über die Auswirkungen des Führungsstils genauer verfolgt, so ist man erstaunt, wie radikal sich beim Übergang von einem Stil zum anderen in kurzer Zeit gewisse Verhaltensweisen eines und desselben Menschen ändern, Verhaltensweisen, die man für angeborene oder früh verfestigte Persönlichkeitseigentümlichkeiten halten möchte; wie etwa ein rücksichtsloser Streber sich in einen hilfsbereiten Kameraden verwandelt und umgekehrt, und dies im günstigsten Fall von einem Tag auf den anderen.

Nicht weniger wundert man sich, wie bei den organisatorischen Versuchen, die Anna FREUD in den englischen Kriegskinderheimen durchführte und die schließlich in die Einführung des sog. Kinderdorfes ausmündeten, dieselben jungen Menschen, die als Mitglieder eines Jahrgangsverbandes sich an der rücksichtslosen Bekämpfung jüngerer Jahrgänge beteiligt hatten, sich bei Eingliederung in eine alle Jahrgänge umfassende Familiengruppe sich in ritterliche Beschützer der eben noch bekämpften jüngeren Mitglieder verwandelten. Vielleicht ist hier auch an die Tatsache zu erinnern, daß schwerere Grade jugendlicher Aggressivität dadurch und offenbar nur dadurch zum Verschwinden gebracht werden können, daß es, was freilich kein leichtes Unterfangen ist, gelingt, dem jungen Menschen das sichere Bewußtsein der vorbehaltlosen Zugehörigkeit zur Gruppe zu vermitteln. Daß Jugendliche, die bisher gegen jede Andeutung von Ordnung des Zusammenlebens rebelliert haben, plötzlich als Mitglieder einer Bande sich Verhaltensvorschriften von geradezu barbarischer Strenge willig unterwerfen, scheint mir ebenfalls hierher zu gehören.

Man kann sich des Eindrucks nicht erwehren, daß die wechselnden, oft völlig gegensätzlichen Strebungen und Antriebe der fraglichen Menschen, die bei verschiedener Art ihrer Einordnung beobachtet werden, genau genommen als die subjektive Erscheinungsweise von Prägnanztendenzen der jeweiligen Gesamtgruppe verstanden werden können und müssen, etwa der Treppenstruktur bei autoritärem, der Ringstruktur mit der jeweiligen gemeinsamen Aufgabe als Mittelpunkt bei kooperativem Führungsstil. Ob dies freilich mehr als ein unverbindliches und im Grunde nutzloses Gedankenspiel ist, wird sich erst noch zeigen müssen.

Die Entdeckung der Prägnanzsachverhalte führte nun – und damit komme ich zum letzten Teil meiner Ausführungen – geradewegs zu dem *systemtheoretischen* Beitrag der Gestalttheorie, den ich übrigens für ihren wichtigsten Beitrag halte und der trotz seines ehrwürdigen Alters von annähernd 50 Jahren auf diesem systemtheoretisch so interessierten Kongreß, soweit mir bekannt ist, noch keine Erwähnung gefunden hat. Seit DESCARTES in seiner „Philosophia naturalis" sich mit dem Problem der Ordnung organischen Geschehens beschäftigt hatte, galt es als selbstverständlich, daß die eindrucksvolle Ordnung des Getriebes in einem Lebewesen nur darauf beruhen könne, daß feste und ausreichend isolierte Leitungsvorrichtungen in ihm vorhanden sind, die ein Abirren des Geschehens von den biologisch geforderten Bahnen verhindern. Fraglich blieb danach nur, ob diese Zwangsvorrichtungen stammes- oder lebensgeschichtlichen Ursprungs seien, mit anderen Worten, ob ihr Zustandekommen nativistisch oder empiristisch zu erklären sei.

Das schon vorhin besprochene spontane Zustandekommen geordneter Zustände im Wahrnehmungsfeld ist nun, je nach dem Wechsel der Reizbedingungen, so ungeheuer variabel und setzt zugleich ein Zusammenwirken so ausgedehnter, fortgesetzt wechselnder Bereiche voraus, daß es ohne die – seinerzeit unerhörte – Annahme von unmittelbaren Wechselwirkungen zwischen den von verschiedenen Stellen der Sinnesfläche aufsteigenden Erregungen, der damals sog. Querfunktionen, nicht verständlich gemacht werden konnte.

KÖHLER tat nun den kühnen Schritt zu der Annahme, daß organisches Geschehen, und natürliches Geschehen überhaupt, wenn es in dynamischer Wechselbeziehung abläuft, auch ohne äußere Zwangsvorrichtungen geordnet ablaufen, ja, worauf schon MACH hingewiesen hatte, von Zuständen geringerer Ordnung in solche höherer Ordnung übergehen kann. Damit konnte das Leitungsprinzip grundsätzlich entfallen, einschließlich der unmittelbar daraus folgenden Konstanzannahme hinsichtlich der Beziehungen zwischen den peripheren und den zentralen Prozessen in der Wahrnehmung. Es konnte eine je nach den Umständen variable und trotzdem nicht chaotische Projektion der Sinneserregungen in die zugeordneten zentralen Felder angenommen werden.

Faktisch finden wir in Organismen beide Ordnungsprinzipien zugleich wirksam, indem Strecken isolierter Leitung und Felder, die eine dynamische Wechselwirkung der Prozesse gestatten, hintereinandergeschaltet sind. Da dies nicht nur für die afferente Erregungsleitung, sondern für alle organischen Vorgänge gilt, war in KÖHLERS Gedankengang zugleich die Möglichkeit enthalten, den Neovitalismus (DRIESCHS) mit seiner Annahme des Eingreifens außernatürlicher Agenzien überall dort, wo das Leitungsprinzip versagt, wieder durch eine streng kausale Betrachtungsweise abzulösen, eine Entwicklung, die inzwischen bei BERTALANFFY endgültig vollzogen ist. Dabei wird in KÖHLERS „Physischen Gestalten" von 1920 und den anschließenden kleineren Schriften eine konkrete, allgemeine Dynamik entwickelt, die mit der Dynamik der Physik konform geht und von der die Regelungs- und Steuerungskreise im Sinne WIENERS nur einen Grenzfall darstellen. Zugleich versucht KÖHLER schon im Jahre 1925, also einige Jahrzehnte vor dem Buch WIENERS, zum erstenmal ein bestimmtes organisches Geschehen, den Fixationsreflex, durch die Annahme von Regelkreisen im Sinne WIENERS zu erklären.

Aber nun nochmals zurück zur Psychologie. Der ausgezeichnete Endzustand, der bei freier dynamischer Wechselwirkung zu erwarten ist, kann sehr verschieden rasch erreicht werden. Er wird in der spontanen Gliederung der Sinnesfelder in der Zeit eines Augenblicks erreicht, sehr viel langsamer, in Wechselwirkung mit Bemühungen des Subjekts – wie WERTHEIMER an zahlreichen Beispielen gezeigt hat – bei den Vorgängen produktiven Denkens, bei der Lösung von Problemen, und wohl gelegentlich noch bedeutend langsamer als hier bei der Entfaltung künstlerischer Eingebungen, wie zwar zunächst nur angenommen, aber noch nicht bewiesen werden kann.

Wie steht es, so möchte man in diesem Zusammenhang fragen, mit der Entwicklung der Persönlichkeit? Gehört sie zu diesem Geschehenstyp oder nicht? Die Psychoanalyse FREUDS und die amerikanische Lerntheorie sind darin grundsätzlich einer Meinung, indem die erste behauptet, daß die sozialen Verhaltensweisen dem Kind durch die ihm nächststehenden Vertreter der Gesellschaft, gegen seinen mehr oder weniger heftigen Widerstand, aufgezwungen und erst durch ihre Drohungen, dann durch diejenigen ihres inneren Stellvertreters, des Über-Ich, also bis zuletzt durch äußere Zwangsvorrichtungen in den vorgeschriebenen Bahnen festgehalten werden, während nach der zweiten durch fortgesetztes „operant conditioning", zu deutsch durch Lohn und Strafe, Verhaltensmechanismen ausgebildet werden, die später bei passender Gelegenheit automatisch abrollen. Die moderne Erziehung dagegen geht von der Annahme aus, daß das gesunde Kind aus freien Stücken in die Ordnung hineinstrebt, die es um sich vorfindet, daß es sie u. U. geradezu leidenschaftlich ergreift, daß es also, um in die Ordnung der Gemeinschaft hineinzuwachsen, neben der darin liegenden Befriedigung keine weiteren unsachlichen Belohnungen, also keine Befriedigung anderweitiger Bedürfnisse benötigt – freilich alles dieses, wie wir sahen, nur unter der Voraussetzung, daß es sich als Glied der Gruppe erlebt und nicht als ausgestoßenes, isoliertes Einzelwesen. Die moderne Erziehung geht also von der Annahme aus, daß das Kind weder nach der Lerntheorie gedrillt noch im Sinne FREUDS auf den schmalen Pfad ordnungsgemäßen Verhaltens gescheucht werden muß, daß also die Aufgabe des Erziehers nur darin bestehen kann, ihm zu helfen, daß es dahin kommt, wohin es selber will. Sie folgt darin einem Gedanken, der von dem schon erwähnten Alfred ADLER schon um 1913 gefaßt wurde, dessen Urheber aber inzwischen meist vergessen ist. Es ist das Verdienst von HUNT, in dem Nebraska Symposion on Motivation von 1965 darauf hingewiesen zu haben, daß zwischen der psychologischen Theorie und der pädagogischen Praxis der Gegenwart ein unvereinbarer Gegensatz besteht und daß, um diesen Gegensatz aufzulösen, höchstwahrscheinlich die psychologische Theorie werde nachgeben müssen. Mir scheint, daß in dem gestalttheoretischen Ansatz diejenige psychologische Theorie enthalten ist, die zu der erfolgreichen und bewährten pädagogischen Praxis der Gegenwart paßt, sofern die Persönlichkeitsentwicklung nur der langwierigste und noch am wenigsten erforschte Prozeß ist, in welchem auch ohne äußeren Zwang ein Zustand höchster möglicher Ordnung, nicht der Person, sondern der Gruppe, angestrebt und unter günstigen Bedingungen erreicht wird. Ich glaube, daß dies auf die Dauer einer der wichtigsten Beiträge der Gestalttheorie, nicht nur zur Theorie des Menschen, sondern auch zur Praxis seiner Bildung, sein wird.

9. Die Entdeckung der Prägnanztendenz. Die Anfänge einer nicht-atomistischen Wahrnehmungslehre (1975).

Die Wahrnehmungspsychologie hat zum Begriff der Symmetrie, der auch in anderen Wissenschaftsbereichen in der Diskussion steht, entscheidende Beiträge geliefert. Es gibt kaum ein Gebiet, in dem es sich in so überraschender Weise erwiesen hat, welche fundamentale Bedeutung dem Sachverhalt und dem Begriff der Regelmäßigkeit zukommt, die in vielen Fällen sich als Symmetrie manifestiert.

Die Namen, unter denen die hierher gehörigen Sachverhalte zuerst bekannt geworden sind, lauten „Tendenz zur guten Gestalt" und „Prägnanztendenz". Beide Ausdrücke sind gleichbedeutend. Was „prägnant" oder „gut" als Kennzeichnung eines Wahrnehmungsinhalts bedeutet, wird sogleich an den Beispielen deutlich werden, zu deren Erörterung ich nun übergehen möchte.

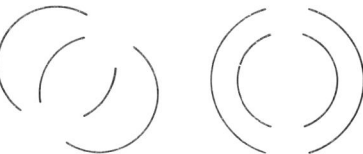

Abb. 9.1. Tastversuch 1: Die Wiedergabe (rechts) ist in fünf Hinsichten regelmäßiger als die Vorlage (links).

Betrachtet man zunächst die Zeichnungen der Abbildung 9.1 und vergleicht man die linke und die rechte Zeichnung, so wird kaum jemand ohne weiteres merken, daß die vier Bögen links Fragmente zweier einander kreuzender Kreise sind. Man sieht, wenn man hierauf nicht aufmerksam gemacht wird, zwei Bogenpaare, die mit ihrer Öffnung gegeneinander gerichtet sind, ähnlich wie auf der rechten Seite, aber erheblich weniger vollkommen.

Die beiden Konfigurationen unterscheiden sich in mehrfacher Hinsicht:

1. Das Gebilde links ist *schräg geneigt*, das rechte *steht aufrecht*, seine beiden Achsen stimmen mit den Hauptrichtungen des Raumes überein.

2. Das Ganze ist links *ellipsenartig verlängert*; rechts hat es *Kreisform*.

3. Die Abstände zwischen den Gliedern der Paare sind links *ungleichmäßig* (die Bögen sind nicht konzentrisch); rechts sind die Abstände *gleichmäßig* (es sind Abschnitte konzentrischer Kreise).

4. *Einander gegenüber* liegende Kurvenstücke sind links verschieden lang; rechts sind sie gleich lang.

5. Die Enden der Glieder je eines Kurvenpaares passen links nicht zusammen; rechts passen sie zusammen, sie liegen auf demselben Radius.

Es sind insgesamt fünf Ordnungsgesichtspunkte, nach denen das rechte Gebilde „besser" ist als das linke, und dem entspricht auch der Gesamteindruck, nach welchem das rechte Gebilde eine „bessere" oder „prägnantere", in diesem Fall auch eine symmetrischere Gestalt ist als das linke. Aber nun kommt die entscheidende Frage. Die beiden Figuren stehen in einem Realzusammenhang. Die linke Figur war mit einem harten Stift in ein Stück Karton punktiert, so daß die Linien auf der Rückseite des Kartons für die tastende Hand deutlich hervortreten. Schulkinder betasteten diese Figuren mit verbundenen Augen und versuchten dann, sie auf einem zweiten Blatt mit dem Bleistift wiederzugeben. Das linke Bild ist die Vorlage, das rechte eine der zahlreichen Wiedergaben, die die Kinder lieferten.

Es ist danach wohl klar, was wir meinen, wenn wir behaupten, es herrsche in der menschlichen Wahrnehmung eine „Prägnanztendenz" oder „Tendenz zur guten Gestalt". Die Wahrnehmungsdinge sind – unter Umständen – regelmäßiger als die physikalischen Objekte, die in ihnen abgebildet sind, und auch regelmäßiger als die Reizkonfigurationen auf der Netzhaut, die die Wahrnehmung dieser Objekte vermitteln.

Ich gebe aus den gleichen Tastversuchen, die Josef BECKER (1935) durchgeführt hat, noch eine Reihe weiterer Beispiele, um deutlich zu machen, wie allgemein dieses Prinzip ist.

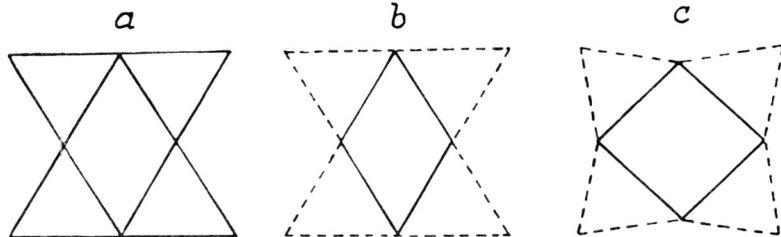

Abb. 9.2. Tastversuch 2: Die Wiedergabe der zwei gekreuzten Dreiecke (a) ist gekennzeichnet durch Innen-Außen-Gliederung (b) und Symmetrisierung zum „Stern" (c).

In Abbildung 9.2 ist links wieder die Vorlage, rechts eine typische Wiedergabe. Für das Auge des Erwachsenen besteht die Vorlage aus zwei einander kreuzenden Dreiecken, vielleicht auch aus zwei nebeneinander stehenden sanduhrartigen Gebilden (Abb. 9.2a). In der Tastwahrnehmung der Kinder fällt es offenbar nicht so sehr auf, daß die obere und die untere Begrenzung geradlinig sind. Außerdem – dies gilt auch für das *Tasten* des Erwachsenen – werden *Kreuzungen* nicht so leicht wahrgenommen beim Sehen, sondern wirken eher als aneinander stoßende Winkel. Auf diese Weise kommt beim Tasten der Kinder häufig eine Gliederung in eine äußere und in eine innere Figur zustande (Abb. 9.2b). Zeichnungen dieser Art kommen vor. Aber vielfach sind sie wieder in kennzeichnender Weise weiter verändert, wie bei 9.2c: Die *Raute* im inneren wird zu einem *Quadrat,* auf dessen Seiten die vier äußeren kleinen Dreiecke *symmetrisch* aufsitzen, so daß ein regelmäßiger vierstrahliger Stern entsteht. Die

Versuchspersonen bezeichnen das Gebilde auch *sprachlich* als einen „Stern". Dabei geht zwar die Geradlinigkeit der oberen und der unteren Begrenzung verloren; es entstehen einspringende stumpfe Winkel. Die objektiven Winkel rechts und links dagegen werden etwas weniger spitz, so daß ringsum alles übereinstimmt. Die größere Regelmäßigkeit der endgültigen Wiedergabe läßt sich hier auch quantitativ definieren: Die Vorlage hat nur zwei Symmetrieachsen, die Wiedergabe hat deren vier.

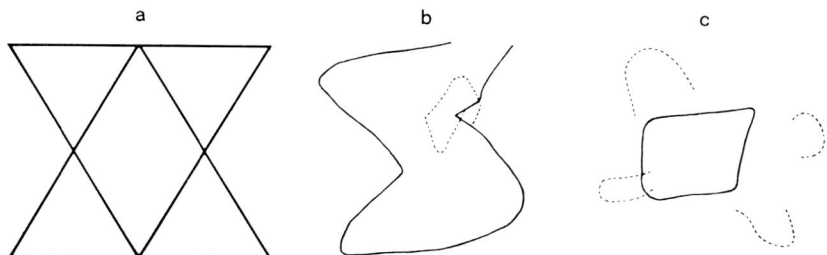

Abb. 9.3. Wiedergaben von Blindgeborenen der Vorlage (a). Außen-Innen-Gliederung kommt in der Reihenfolge (1. ausgezogener, 2. gepunkteter Linienzug) der Zeichnung deutlich zum Ausdruck.

In der Originalwiedergabe (Abb. 9.3c) ist ein eigenartiges Zwischenstadium dieser Entwicklung festgehalten: Das innere Viereck ist insofern „normalisiert", als es statt auf der Spitze *auf einer Seite steht*, während in den – abgerundet gezeichneten – äußeren Anhängen, in denen die kleinen Dreiecke wiedergegeben sind, die Schräglage noch erhalten ist.

Die Zahl der Beispiele ließe sich beliebig vermehren. Stattdessen folge hier ein kurzer geschichtlicher Rückblick. Man kann den Augenblick, in dem diese Sachverhalte in den Blick der Sachverständigen gerieten, fast auf den Tag genau festlegen. Es war 1914 auf dem Deutschen Psychologenkongreß in Göttingen. Adhémar GELB (1915) berichtete über einen Versuch, der inzwischen in die Lehrbücher eingegangen ist. In diesem Versuch leuchten drei Lichtpunkte, die in gerader Linie, aber mit

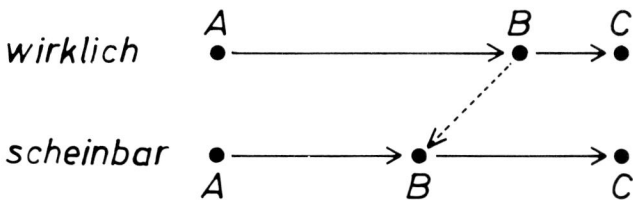

Abb. 9.4. GELB-*Effekt* bei sukzessiver Reizung: Symmetrie oder Asymmetrie der räumlichen Verteilung und Gleichmäßigkeit oder Ungleichmäßigkeit der zeitlichen Folge beeinflussen einander gegenseitig.

ungleichen Abständen angeordnet sind, in *gleichen Zeit*abständen kurz nacheinander im Dunkeln auf (s. Abb. 9.4). Dem Beobachter erscheinen sie annähernd oder ganz symmetrisch angeordnet. Das bleibt sogar dann noch so, wenn das wirkliche Verhältnis der Abstände 3:1 beträgt. Als GELB über diese anschauliche Symmetrisierung berichtet hatte, meldeten sich sogleich mehrere Teilnehmer des Kongresses zum Wort, die mit verwandten Beobachtungen aufwarten konnten: Beobachtungen, in denen das anschaulich Gegebene in irgendeinem Sinn eine größere Regelmäßigkeit aufweist, als nach der Reizverteilung zu erwarten wäre. Hans RUPP (1923) erinnerte an die alten Beobachtungen von BOURDON über die imaginären oder virtuellen Verbindungslinien in Punktvielecken (s. Abb. 9.5). Schon daß durch diese Linien, die ich inzwischen „Brückenlinien"

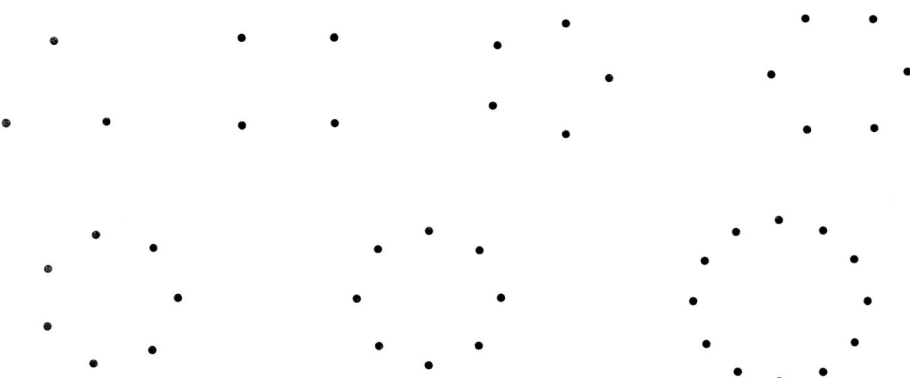

Abb. 9.5. BOURDON-*Effekt*. Die Punkt-Vielecke erscheinen durch „virtuelle" Linien oder Brückenlinien verbunden; bis zum 7-Eck ist die Verbindung geradlinig, vom 8-Eck aufwärts zum Kreis gekrümmt.

getauft habe, der *unterbrochene* Umriß zu einem *zusammenhängenden* ergänzt oder vervollständigt wird, gehört in den Zusammenhang unserer Überlegungen. Es gehört ferner hierher, daß man sich zwischen je zwei sichtbaren Punkten im homogenen Feld beliebig gekrümmte Verbindungen *denken* kann, daß aber diejenigen virtuellen Verbindungen, die sich spontan ausbilden, in Normalfall stets genau *geradlinig* sind, wie ein Gummiband, das man zwischen zwei Nägeln ausspannt. Am bedeutsamsten ist aber eine weitere Beobachtung von BOURDON, nämlich daß es von dieser normalen Geradlinigkeit *Ausnahmen* gibt. Beachten Sie, daß die Brückenlinien nur bei den einfacheren Vielecken streng geradlinig sind, daß sie aber etwa vom Achteck an aufwärts, wenn sich das Vieleck der Kreisform nähert, zum glatt durchlaufenden *Kreis* gekrümmt erscheinen.

Vittorio BENUSSI (1917), der genialste aller Experimentatoren, berichtete endlich von einem Versuch, in dessen Verlauf die Regelmäßigkeit des Wahrgenommenen allmählich immer größer wird. Es handelte sich um einen Versuch über taktile stroboskopische Scheinbewegung, die durch genügend lang fortgesetzte abwechselnde

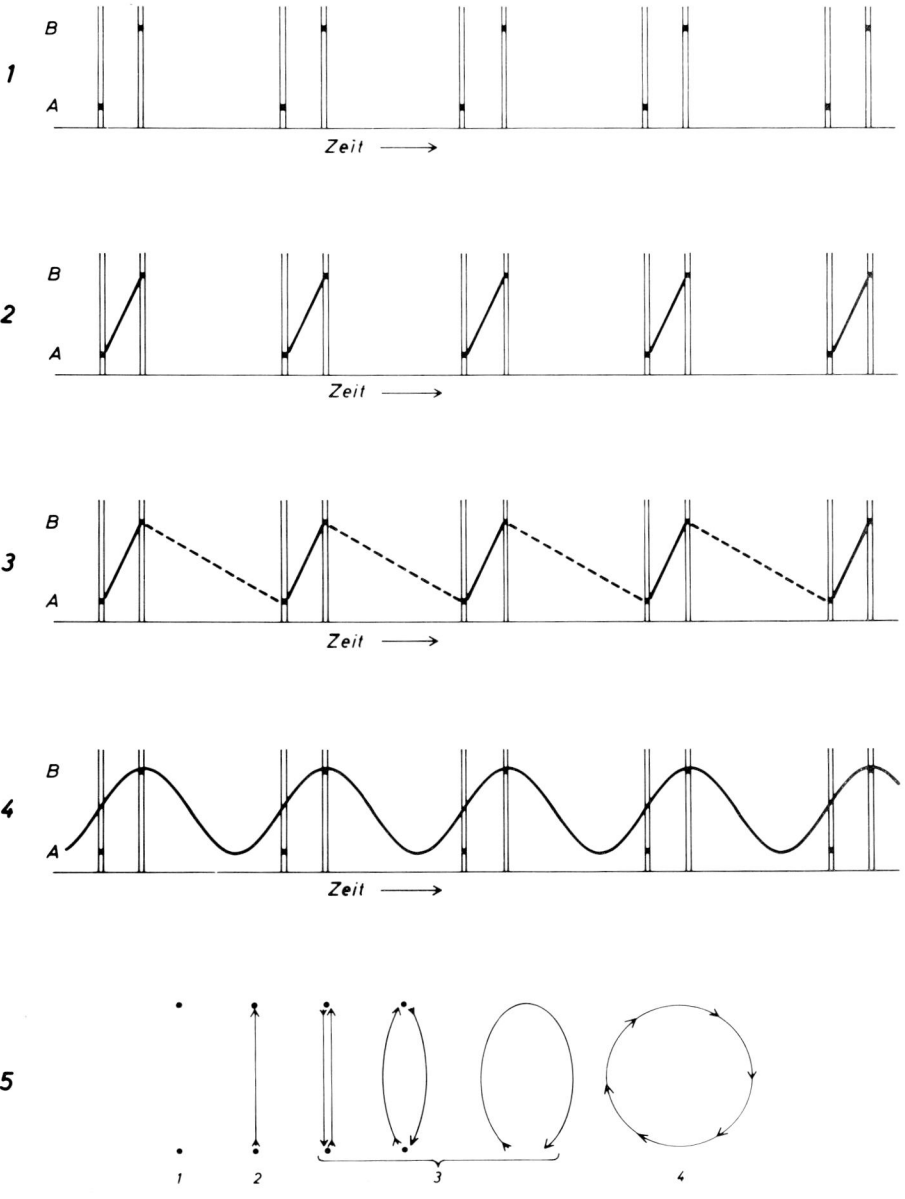

Abb. 9.6. Schematische Darstellung der Entwicklung länger fortgesetzter taktil erweckter Scheinbewegungen vom einfachen Sprung bis zum kontinuierlichen Kreisen (nach V. Benussi).

Berührung zweier benachbarter Hautstellen in geeigneter Frequenz hervorgerufen werden kann. In den verschiedenen Streifen der Abbildung 9.6 bedeutet die Ordinate den räumlichen Abstand, die Abszisse die Zeit. Es ist immer abwechselnd die eine Pause kurz, die andere lang. In der Anfangsphase spürt die Versuchsperson „Paare" rasch aufeinanderfolgender Berührungen an den Stellen A und B. In der zweiten Phase spürt sie nur noch *eine* Berührung, die von der Stelle A zur Stelle B springt, wie im zweiten Streifen des Bildes angedeutet. Während der *längeren* Pause zwischen den Berührungen bei B und bei A geschieht nichts. Nach einiger Zeit aber, in der dritten Phase, springt die Berührung nicht mehr nur von A nach B, sondern immer deutlicher auch von B nach A zurück. Die Pausen in dem Geschehen verschwinden, wie es im dritten Streifen des Bildes angedeutet ist. Das ist aber noch nicht das Ende. Das zunächst ruckartige Hin- und Herspringen wird zu einem kontinuierlich fließenden, wie im vierten Streifen angedeutet. Die weitere Entwicklung kann nicht mehr in einem Raum-Zeit-Diagramm geschildert werden, sondern nur aus der „Vogelschau". Der Hinweg und der Herweg, die ursprünglich geradlinig und identisch waren, decken sich nicht mehr; sie fallen immer weiter auseinander, bis zuletzt die Berührung eine Kreisbahn kontinuierlich zu durchlaufen scheint.

In weiteren Beiträgen wurde schon damals übereinstimmend festgestellt, das beim Sehen und beim Tasten regelmäßige, symmetrische, in sich einheitliche und vollständige Gebilde in einer eigenartigen Weise vor den weniger regelmäßigen, den unsymmetrischen, uneinheitlichen und lückenhaften, das heißt nicht vollständig geschlossenen Gebilden „bevorzugt" sind. Was heißt aber hier bevorzugt? Jedenfalls kann die Bevorzugung bestimmter Strukturen *nicht* als das Ergebnis einer *Wahl* des Beobachters zwischen voneinander abweichenden *Angeboten* verstanden werden. Die tatsächliche Bedeutung des Ausdrucks „Bevorzugung" kann nur in zwei Schritten geklärt werden. Erster Schritt: Die Wahrnehmungsdinge stimmen nur in den seltensten Fällen mit den physikalischen Objekten beziehungsweise den Reizkonfigurationen auf der Netzhaut überein. Man kann geradezu sagen: Unsere Wahrnehmungswelt besteht aus optischen Täuschungen, Abweichungen von der Wirklichkeit gibt es nicht nur bei den Zeichnungen, an denen man im psychologischen Laboratorium Täuschungen demonstriert, sondern ganz ebenso an ausnahmslos allen den handgreiflichen dreidimensionalen Dingen, die wir in unserer alltäglichen Umgebung vorfinden. Ja sie sind dort vielfach noch sehr viel stärker als bei den wohlbekannten gezeichneten Täuschungsmustern. Viele von diesen Abweichungen können wir noch nicht erklären, sondern müssen uns damit begnügen, sie festzustellen, zu beschreiben und zu messen. In den Abbildungen 9.7 bis 9.12 gebe ich einige Beispiele.

Doch hebt sich eine Gruppe heraus, in der die Abweichungen des Wahrgenommenen von der Reizverteilung durch ihre größere Ordnung und Regelmäßigkeit gekennzeichnet sind. Die allgemeine Voraussetzung dafür ist, daß die Reizbedingungen ungünstig, die Bindung des Wahrgenommenen an die Reizkonfiguration infolgedessen „gelockert" ist. Von gelockerter Reizbindung sprechen wir unter anderem, wenn die Vorlagen mit der Hand getastet statt mit den Augen gesehen werden, wie in unseren beiden ersten Beispielen; oder wenn sie durch räumlich oder zeitlich diskontinuierliche Reizverteilungen nur angedeutet sind, wie in den Punktgruppen von BOURDON oder in dem stroboskopischen Versuch von BENUSSI; oder wenn – bei sogenannter tachistoskopischer oder Augenblicks-Darbietung – das Gesehene schon wieder verschwunden ist, ehe man es recht erfaßt hat. Weitere Fälle gelockerter Reizbindung sind: Die Beobachtung bei stark verkleinertem Maßstab (zum Beispiel aus großer Entfernung); bei

Abb. 9.7 und 9.8. Derselbe Berg gemalt (von Cézanne) und fotografiert. In dem Gemälde ist er um etwa 1/3 überhöht.

Abb. 9.9 und 9.10. Auch dasselbe Gebäude ist in der Zeichnung viel höher als in der Fotografie.

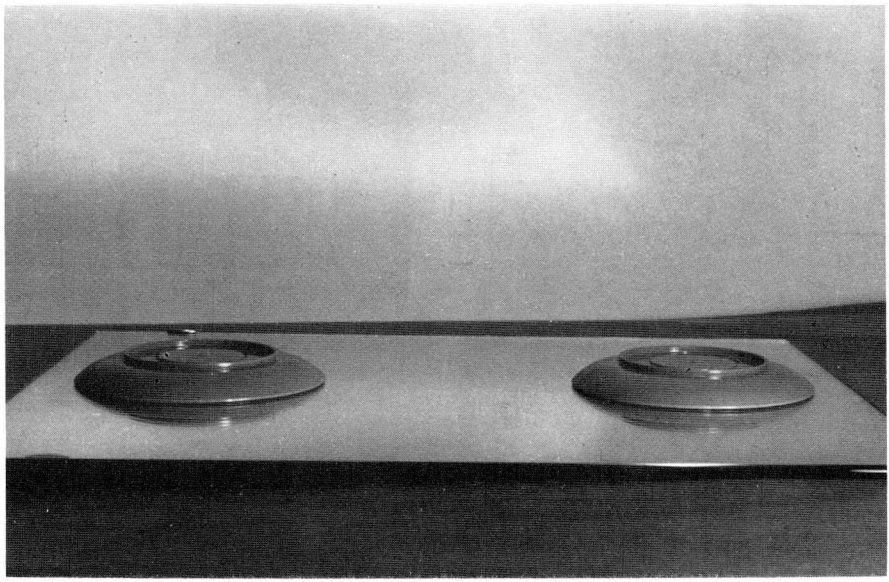

Abb. 9.11 und 9.12. Müller-Lyer-Täuschung, vorgeführt an einer Untertasse auf einem Spiegel. Der Zwischenraum ist objektiv ebenso groß wie die Durchmesser, auf der Scheibe gemessen.

schwächster Abhebung, also im Alltag zum Beispiel bei schlechter Beleuchtung, oder die Beobachtung in der Peripherie des Gesichtsfelds; schließlich auch, wenn man negative Nachbilder beobachtet oder wenn man Figuren, die man vor kürzerer oder längerer Zeit gesehen hat, aus dem Gedächtnis wiedergibt.

Die Tendenz zur „guten Gestalt", zur Regelmäßigkeit, Geschlossenheit und Symmetrie setzt sich umso stärker durch, je schlechter die Beobachtungsbedingungen sind. GOLDSCHMIDT wies schon auf dem Kongreß von 1914 darauf hin, daß Gebilde, die annähernd gleich hoch wie breit sind, bei tachistoskopischer Darbietung eine auffallende Tendenz zur *Kreisform* haben. Auffällig ist auch die Tendenz zur *Ausfüllung von Lücken*. Besonders die letztere ist uns aus dem Alltag wohlbekannt, wird aber von uns nicht sehr geschätzt; denn sie bewirkt, daß wir bei sehr kleinem Druck und bei schlechter Beleuchtung infolge der subjektiven Schließung von Lücken, die zum Bild des Zeichens gehören, beispielsweise statt eines kleinen c ein o lesen oder statt einer 3 eine 8.

Um diese Tendenzen in ihrem ganzen Ausmaß kennenzulernen, darf man keine Vorlagen benutzen, die – wie Quadrate oder Kreise – selbst schon so regelmäßig wie nur irgend möglich sind. Man muß mit mehr oder weniger unregelmäßigen Vorlagen arbeiten. Am besten eignen sich Gebilde, die gewissermaßen auf Regelmäßigkeit „angelegt", aber in irgendeiner Weise „gestört" erscheinen, also etwa verzerrt oder unterbrochen oder unvollständig sind oder sonstige „Fehler" haben.

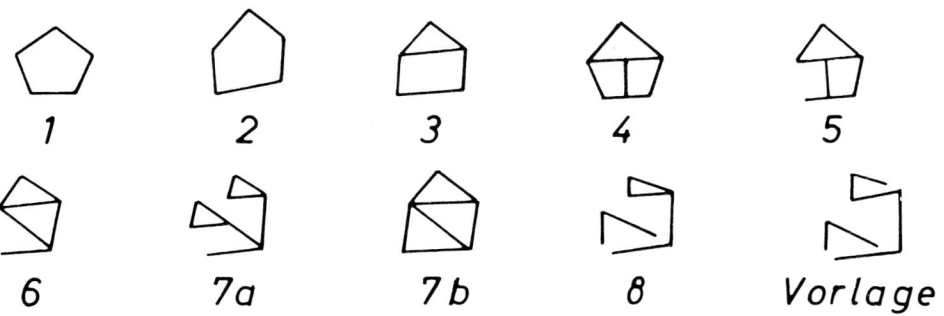

Abb. 9.13. Zunahme der Regelmäßigkeit der Wiedergabe bei *Verkleinerung* der Vorlage (durch Vergrößerung des Beobachtungsabstandes nach WOHLFAHRT).

Ich gebe dazu noch einige weitere Beispiele. In dem ersten, aus einer Arbeit von WOHLFAHRT (1928), wird die Figur (s. Abb. 9.13), die *ganz rechts* zu sehen ist, erst winzig klein dargeboten, so daß man nur einen Punkt sieht, und schrittweise solange vergrößert, bis sie in allen Einzelheiten genau erfaßt wird. Je kleiner sie ist, umso regelmäßiger und geschlossener sieht sie aus. Sie werden verstehen, daß man in solchen Versuchen jedesmal mit den ungünstigsten Bedingungen der Beobachtung beginnen muß. Sonst kennt man die Figur schon und ist nicht mehr imstande, zu unterscheiden, was man sieht und was man weiß.

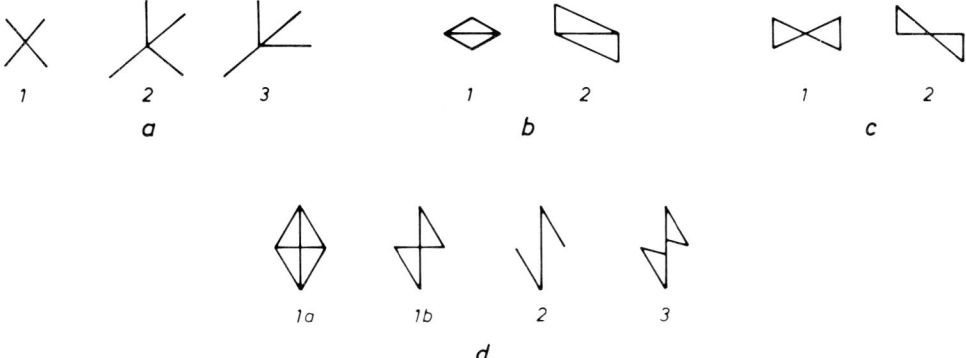

Abb. 9.14. Zunahme der Regelmäßigkeit bei *Verschlechterung der Beleuchtung*.

Die zweite Gruppe von Figuren (s. Abb. 9.14) wurde in einem Versuch von GOTTSCHALDT in mittlerer Größe so lichtschwach auf einen Schirm projiziert, daß man sie gerade eben bemerkte. Die Wiedergaben sind auch hier deutlich regelmäßiger als die Vorlagen.

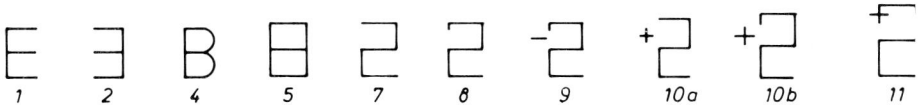

Abb. 9.15. Je peripherer die Beobachtung, umso regelmäßiger die Wiedergabe.

Die nächste Reihe von Wiedergaben (s. Abb. 9.15) stammt aus einem Versuch über das periphere Sehen. Die erste Nachzeichnung entstand, als die Richtung, in der die Vorlage dargeboten wurde, 90° vom Blickpunkt abwich. Bei den folgenden war sie Schritt für Schritt dem Blickpunkt nähergerückt, bis sie bei der elften genau in der Blickrichtung lag. Auch bei den peripher gesehenen Figuren fällt die Rechtwinkligkeit, Symmetrie und Geschlossenheit der Wiedergaben ins Auge.

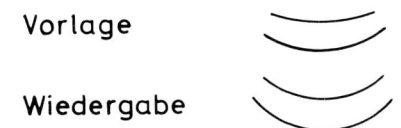

Abb. 9.16. Beispiel für *Nivellierung* oder *Einebnung*.

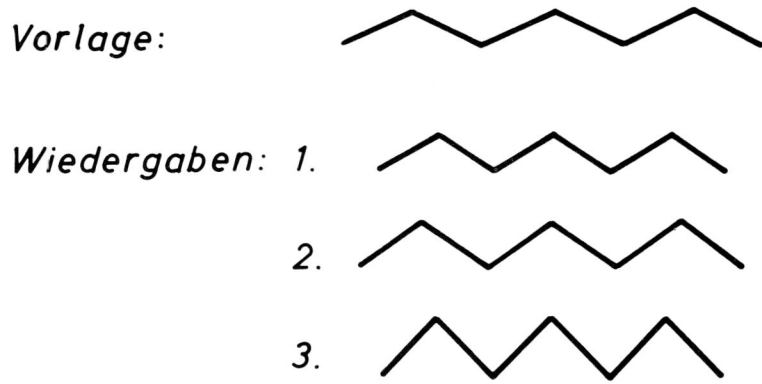

Abb. 9.17. Beispiel für *Pointierung* oder *Verschärfung*.

Mit Figuren, die aus dem Gedächtnis wiedergegeben werden mußten, arbeitete zuerst WULF (1922) auf Anregung von KOFFKA. Abbildungen 9.16 und 9.17 zeigen den von ihm vorwiegend verwendeten Typus von Vorlagen und zugleich die beiden Arten von subjektiven Veränderungen, die daran beobachtet werden. In Abbildung 9.16 besteht die Vorlage aus zwei *nicht konzentrischen* Kreisbögen. In der Wiedergabe darunter ist die Unregelmäßigkeit der Vorlage *ausgeglichen*. WULF spricht in diesem Fall von einer Einebnung oder „Nivellierung". In Abbildung 9.17 besteht die Vorlage aus einer sehr flachen (stumpfwinkligen) Zickzacklinie. Darunter sind drei Wiedergaben zu sehen, die nach verschieden langen Zeiten angefertigt wurden. Wie man sieht, werden mit der Zeit die Winkel immer spitzer, die Zacken immer steiler. WULF nennt diese Entwicklung, bei der eine zunächst nur *angedeutete* Eigenschaft sich allmählich immer stärker *ausprägt*, Verschärfung oder Pointierung.

Es kommt vor, daß eine und dieselbe Vorlage in den Wiedergaben der einen Versuchsperson nivelliert, der anderen pointiert erscheint. HOLZMAN und KLEIN (1951; 1954) haben geglaubt, darin ein bedeutsames Persönlichkeitsmerkmal gefunden zu haben.

Bei anders aufgebauten Figuren, wie sie Siegfried SORGE (1940) benutzt hat, gibt es aber noch ganz andere Möglichkeiten der Veränderung. In der folgenden Abbildung 9.18 ist die Vorlage so aufgebaut, daß in den beiden Dreier-Reihen, die sich rechts und links vom Mittelpunkt befinden, die Punkte *a b* (links oben) und die Punkte *f g* (rechts unten) senkrecht übereinander stehen, dagegen die Punkte *c* (links unten) und *e* (rechts oben) ein klein wenig nach innen gerückt sind. Wie sehen nun die Wiedergaben aus? – Auf den ersten Blick ist deutlich, daß sie sämtlich regelmäßiger, symmetrischer sind als die Vorlage. Dies wird aber auf sehr verschiedene Weisen erreicht, die sich *nicht* mit den Begriffen der Nivellierung oder der Pointierung erfassen lassen.

In der Wiedergabe *a* ist die Symmetrie und zugleich die normale Lage hergestellt, indem auch die Punkte *a* und *g* nach innen gerückt sind, genau über und unter die Punkte *c* und *e;* (andere Versuchspersonen rücken die Punkte *a, c, e* und *g* gleich ganz auf die Ecken eines regelmäßigen Sechsecks).

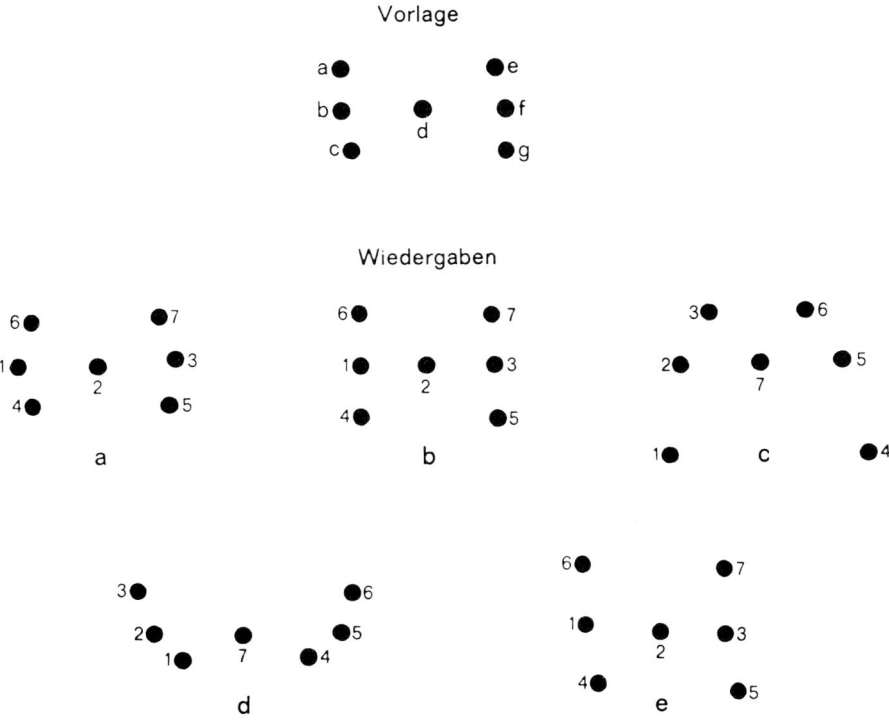

Abb. 9.18. Veränderung einer gesehenen Punktfigur im Gedächtnis (nach SORGE). Alle Wiedergaben sind in irgendeiner Hinsicht regelmäßiger als die Vorlagen.

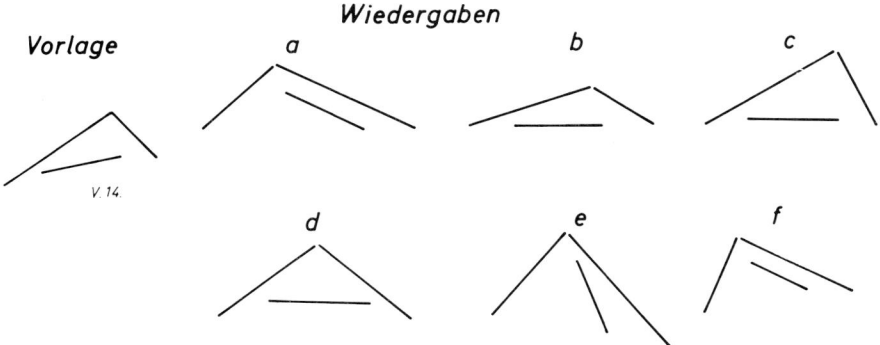

Abb. 9.19. Veränderungen einer gesehenen Strichfigur im Gedächtnis (nach SORGE). *a b e* die drei prägnanten Lagen des Einzelstrichs. *c d* Gleichschenkligkeit und Rechtwinkligkeit.

In der Wiedergabe *b* ist dasselbe und zugleich die Geradlinigkeit und der parallele Verlauf der Gruppen *a b c* und *e f g* erreicht, indem die Punkte *c* und *e* in die Fortsetzung der Verbindungen *a b* und *f g* gerückt sind.

In der Wiedergabe *c* ist die Schräglage und Krümmung der Verbindung *e f g beibehalten* und die Punkte *a b c* zu ihnen spiegelbildlich angeordnet; in der Wiedergabe *d* ist genau das umgekehrte geschehen. In der letzten Wiedergabe ist die Reihe *e f g* offenbar durch Parallelverschiebung der Reihe *a b c* entstanden.

Es fällt auf, daß die waagerechten Verbindungen bei allen sonstigen Abweichungen durchweg erhalten bleiben.

Interessant sind auch die Verschiebungen des einzelnen Strichs in Abbildung 9.19. Dieser Strich liegt in der Vorlage ziemlich beziehungslos irgendwo und irgendwie in der Öffnung des Winkels. Es gibt grundsätzlich drei Verschiebungen des Strichs, die ihn in „sinnvolle" Beziehung zu den beiden anderen Strichen bringen. Alle drei kommen in den Wiedergaben vor: 1) er legt sich *parallel* zu der längeren Seite; 2) er legt sich in die Verbindung der beiden Schenkelenden, als Stück der fehlenden Basis eines Dreiecks; 3) er wird zum „dritten Strahl", der in einigem Abstand aus dem Scheitel des Winkels hervorgeht. Überdies ist in einigen Wiedergaben der Winkel *ein rechter* geworden oder das Dreieck gleichschenklig.

Zum Schluß dieses Abschnitts folge noch ein Gedächtnisversuch, den BRENGELMANN (1967) veröffentlicht hat. Statt der in Abbildung 9.20 wiedergegebenen Figur wurde nach längerer Zeit aus dem Gedächtnis häufig die Figur wie in Abb. 9.21 gezeichnet, aber nicht umgekehrt. Der Grund liegt auf der Hand. Die Figur 9.21 ist 1) einfacher: sie enthält *keine* schrägen Linien, nur Parallelen und rechte Winkel, das heißt sie enthält 2) nur zwei statt vier verschiedener Richtungen; zudem verlaufen 3) sämtliche Linien in Hauptrichtungen des Raumes. (Übrigens unterscheiden sich die beiden Figuren hinsichtlich der Zahl der Symmetrieachsen *nicht*.)

Was folgt nun allgemein aus allen diesen Beobachtungen? Wir wollen versuchen, es kurz zusammenzustellen und ein wenig zu ergänzen.

1. Das Wahrnehmungssystem ist kein Mosaik. Es reagiert nicht jede einzelne Stelle dieses Systems unabhängig von allen anderen Stellen auf den Zustand der Sinneszelle, der sie zugeordnet ist. Es reagieren vielmehr ganze *Bereiche* des Wahrnehmungsfelds auf mehr oder weniger ausgedehnte Reiz*mannigfaltigkeiten*.

2. Dabei entstehen räumlich (und zeitlich) mehr oder weniger *ausgedehnte* Wahrnehmungsgebilde mit Ganzeigenschaften, wie symmetrisch oder unsymmetrisch, offen oder geschlossen, kontinuierlich oder diskontinuierlich, gegliedert oder ungegliedert, klar oder verworren, geordnet oder chaotisch, die *nicht* als Eigenschaften von punktartigen „Stellen", sondern nur als solche *ausgedehnter Bereiche* daseinsfähig sind.

3. Im Vorbeigehen sei daran erinnert, daß für solche Gebilde Christian VON EHRENFELS schon 1890 die Bezeichnung „Gestalten" eingeführt und ihre spezifischen, aus Eigenschaften ihrer Elementarteile oder Stellen nicht ableitbare Eigenschaften „Gestaltqualitäten" genannt hat.

4. Desgleichen bedarf es keiner besonderen Demonstrationen, um in Erinnerung zu bringen, daß die verhältnismäßige Unabhängigkeit dieser Gebilde und ihrer charakteristischen Eigenschaften von den absoluten Eigenschaften ihrer „Elementarbestandteile" und den diesen zugrunde liegenden „Elementar-Reizungen" sich darin äußert, daß sie „transponierbar" sind. Damit „transponierbare" Gebilde für uns „dieselben" bleiben, muß *nur das Geflecht der Beziehungen* zwischen den beteiligten Elementar-Erregungen im großen ganzen dasselbe sein, während deren absolute Eigenschaften fast beliebig

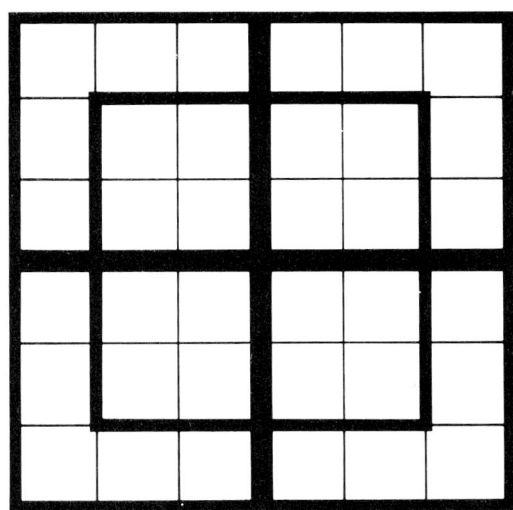

Abb. 9.20 und 9.21. Gedächtnisversuch nach BRENGELMANN. Die Vorlage 9.20 wird viel häufiger wie 9.21 wiedergegeben als umgekehrt.

ausgetauscht werden können. Technisch formuliert: Man kann eine Melodie mit jedem beliebigen Instrument spielen und mit jedem beliebigen Ton beginnen, ohne daß sie eine andere Melodie wird, – und man kann dieselbe Vorlage aus ganz verschiedenem Material herstellen: weiß auf schwarz oder in beliebiger bunter Farbe statt schwarz auf weiß, aus punktierten oder gestrichelten statt aus ausgezogenen Linien. Wir können sie mit gestanzten Papierscheibchen und Stäbchen oder Draht legen, statt sie mit Tusche zu zeichnen. Auch ihre Größe können wir fast beliebig ändern; und wir können sie, wenn sie in geeigneter Weise hergestellt ist, betasten, statt sie zu betrachten.

5. Für unser heutiges Problem ist aber etwas anderes wichtig: Die Art und Weise, wie die dargebotenen Gebilde wahrgenommen werden, ist durch die Reizverteilung *nicht voll determiniert*. Sie wird uns von dieser nicht aufgezwungen. Die Reizverteilungen wirken vielmehr offensichtlich nur als Randbedingungen, aufgrund deren sich ein Komplex von Erregungen aktiviert, zwischen denen nun – natürlich im Rahmen gewisser anatomischer Festlegungen – ein freies Kräftespiel in Gang kommt. Erst durch dieses bildet sich die endgültige Form des Geschehens aus.

6. Durch diese inneren Wechselwirkungen bestimmt es sich beispielsweise auch, ob ein Wahrnehmungsgebilde aus „Teilen" besteht oder nicht, das heißt ob aufgrund der Reizung eines Elementarorgans oder einer kleinen Gruppe von solchen ein „Element" (ein „Ganzes", ein „Teil" eines Ganzen) oder nur eine unausgegliederte „Stelle" *an* einem Ganzen entsteht. Selbst ein (zum Beispiel weißer) „Punkt", das klassische „Element" der herkömmlichen Wahrnehmungslehre, ist nicht die Wirkung *„eines Reizes"*, sondern das Ergebnis des Zusammen*wirkens* zwischen einer *stärkeren* Reizung an der fraglichen Stelle und einer von ihr scharf genug abgesetzten *schwächeren* Reizung ihrer näheren *Umgebung*. In einer ebenso stark gereizten Umgebung entsteht kein Punkt.

7. Aber nun kommt erst das Entscheidende: Die endgültige Form, die wir in der Wahrnehmung vorfinden, stellt sich, wie gesagt, dadurch her, daß gewisse intrafigurale Kräfte sich ins Gleichgewicht setzen. Und wenn dies der Fall ist, *muß* – nach Überlegungen, die Ernst MACH (1922) schon vor rund einem Jahrhundert angestellt hat und auf die Wolfgang KÖHLER (1920) vor 50 Jahren in seiner Darstellung der Psychophysik der Wahrnehmung erneut hingewiesen hat –, das Wahrnehmungsgebilde ausgeprägter, regelmäßiger, symmetrischer, einfacher, geschlossener und in seine Umgebung besser eingefügt sein als dies nach der Reizkonfiguration zu erwarten wäre. Und diese *„Prägnanztendenz"* des Wahrnehmungsgebildes muß sich umso stärker auswirken, je weniger scharf und bestimmt seine Festlegung durch die Reizgrundlage ist. Genau dieses haben wir in den bisher erläuterten Beispielen gefunden.

Nun kann man aber gerade behaupten, daß in den angegebenen Beispielen die Tendenz zur guten Gestalt von biologischem Nutzen wäre. *Geboten* ist in jedem einzelnen Fall ein nicht ganz regelmäßiges, nicht ganz einheitliches, geschlossenes, symmetrisches Gebilde. Was dann an seiner Stelle im Wahrnehmungsfeld des Beobachters erscheint, ist zwar regelmäßiger, geschlossener, einheitlicher und symmetrischer, also kurz „besser", formal befriedigender. Aber zugleich ist es *falsch*: es *täuscht* uns über das, was in diesem Augenblick wirklich vorhanden ist. Wäre das unter allen Umständen so, so wäre die Prägnanztendenz weiter nichts als ein Täuschungsfaktor unter anderen, und sie hätte nur ein beschränktes theoretisches Interesse. Die Wirkung der Prägnanztendenz ist aber keineswegs unter allen Umständen eine Verfälschung. Es gibt eine ganze Reihe von biologisch unentbehrlichen Leistungen des Wahrnehmungssystems, die unmittelbar auf der Wirksamkeit des Prägnanzprinzips beruhen.

Hierher gehört unter anderem die Wahrnehmung der Dinge in unserer Umgebung und ihres Aufbaues; die Zerlegung des Schallwellenzuges, der unsere Ohren fast ununterbrochen trifft, in Sprachlaute, Arbeitsgeräusche, Musik usw., und in dieser wieder das Erfassen von Melodien und polyphonen Sätzen; das Tiefensehen des Einzelauges, das angesichts des geringen Abstandes zwischen beiden Augen von weit größerer Bedeutung ist, als man heute noch allgemein annimmt; die Identität bewegter Dinge in der Zeit und der Verlauf ihrer Bewegungen, und manches andere mehr.

Von allen diesen Sachverhalten ist die Gegenstandswahrnehmung am gründlichsten untersucht. Mit ihr wollen wir daher hier den Anfang machen: Wenn man von einer gelegentlichen Bemerkung des englischen Philosophen BERKELEY absieht, ist man in der Wahrnehmungslehre bis zum Beginn dieses Jahrhunderts der naiven Auffassung gefolgt, daß man einen Gegenstand sieht, weil durch die von ihm reflektierten Lichtstrahlen infolge ihrer Brechung im optischen Apparat des Auges auf dessen Hintergrund, der lichtempfindlichen Netzhaut, ein Bild entsteht, und weil dieses Bild, genauer, der ihm entsprechende Erregungskomplex über den Sehnerv und die Sehstrahlung ins Sehzentrum im Großhirn übertragen wird. Das ist nicht in jedem Sinne falsch. Aber es ist auch nur zum Teil richtig. Denn es wird dabei unkritisch unterstellt, daß die *Grenzen* des Gegenstandes und mit ihnen seine *Form* auf die gleiche Weise in das Sehzentrum übertragen werden wie seine Farben und seine Helligkeit, die am kortikalen Ende des Erregungsflusses entstehen, der von den Frequenzen und Amplituden der Lichtstrahlen im Auge angeregt wird. Streng genommen kann aber von „dem" Erregungskomplex, der einem gesehenen Ding entspricht, gar nicht gesprochen werden. Denn dabei wäre stillschweigend vorausgesetzt, daß dieser Erregungskomplex in einer *erregungsfreien* Umgebung abläuft. Aber eben dieses ist niemals der Fall. Solange es

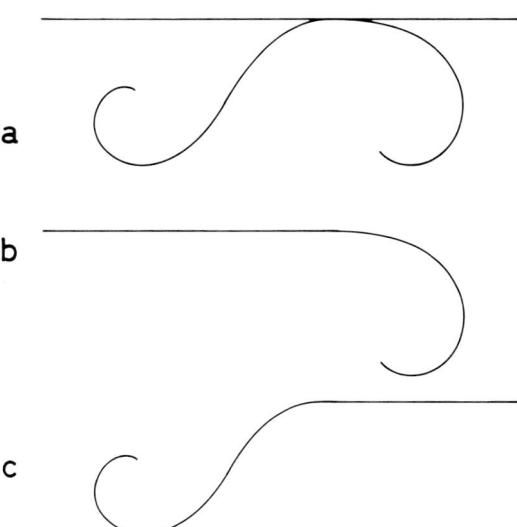

Abb. 9.22. b + c = a; aber a zerfällt in zwei *andere*, natürliche Teile, von je in sich einheitlichem Aufbau: geradlinig und geschwungen.

hell ist, wandern ununterbrochen von sämtlichen Zellen der Netzhaut Erregungen nach dem Sehzentrum. Woher sollte dieses aber wissen, welche von diesen Erregungen diejenigen sind, die gerade dem fraglichen Ding zuzuordnen wären und in der Wahrnehmung wieder zu der Einheit dieses Dinges zusammengefaßt werden müßten. Woher sollte es wissen, daß die Lichtwellen, die einem bestimmten Komplex von Erregungen zugrunde liegen, von der Oberfläche eines *einzigen* Dinges abgestrahlt wurden und daß keine Erregungen *anderer* Herkunft dazwischengeraten sind? –

Daß hier wirklich ein Problem besteht, läßt sich leicht veranschaulichen. Verschiebt man in Abbildung 9.22 das Teilgebilde c solange nach oben, bis ein rechtes, geradliniges Stück in derselben Höhe liegt wie das linke, geradlinige Stück des Teilgebildes *b*, so entsteht die Figur *a*. Aber obwohl wir diese Figur einen Augenblick zuvor aus den Teilen *b* und *c* zusammengesetzt haben und dies noch genau wissen, hat diese Art der Herstellung auf die Gliederung der Figur *a* nicht den geringsten Einfluß. In dem Augenblick, wo die Teilgebilde *b* und *c* an ihrem Platz sind, vollzieht sich unwiderstehlich eine Umgliederung in einen geraden Strich und eine liegende S-Kurve. Das Gebilde besteht jetzt aus zwei *anderen* Teilen, die sich jeweils aus einem Stück des einen und einem Stück des anderen ursprünglichen Teilgebildes zusammensetzen. Wir nennen diese *neuen* Teile, weil sie sich unserem Auge ohne unser Zutun aufdrängen, „natürliche" Teile dieses Ganzen.

Und man sieht sogleich, was es mit diesen natürlichen Teilen auf sich hat: Jeder von ihnen ist von einheitlichem, harmonischem Charakter, während die willkürlich eingeführten Komponenten *b* und *c*, obwohl kontinuierlich, je in sich uneinheitlich waren. Jede der sich spontan voneinander absetzenden Kurven kann in unserem Beispiel sogar durch eine einzige über ihren ganzen Verlauf hin gültige einfache mathematische *Formel* ausgedrückt werden, während dies bei den Komponenten *b* und *c* nicht möglich ist.

Die „natürlichen" Ganzen, Unterganzen und Teile, wie auch die Grenzen zwischen ihnen, drängen sich uns im allgemeinen so unwiderstehlich und so selbstverständlich auf, daß wir ganz vergessen, daß das Gegebene auch anders unterteilt sein könnte. Wir sehen in Abbildung 9.23 ganz selbstverständlich ein Sechseck und ein Kreuz, die „zufällig" zwei Ecken gemeinsam haben. Wir kommen gar nicht auf den Gedanken, daß dieses Gebilde ebensogut aus den drei Flächenfiguren zusammengesetzt werden könnte, die rechts daneben gezeichnet sind, – oder auch aus einer äußeren Gesamtkontur und einer Innenfigur, die einander links oben und rechts unten berühren. Aber alle diese Gliederungen sind dadurch gekennzeichnet, daß es jedem einzelnen Unterganzen an Einheitlichkeit, Regelmäßigkeit und Symmetrie mangelt, während bei der „natürlichen" Gliederung auch hier nach einheitlichem Prinzip aufgebaute regelmäßige, mehrfach symmetrische Unterganze entstehen.

Das Verfahren des „Aufbauens" ist besonders gut geeignet, um zu untersuchen, wodurch sich „natürliche" Teile und „natürliche" Grenzen von jeder anderen Art der Zusammensetzung und Einteilung unterscheiden. Wir bedienen uns zu diesem Zweck einer Zeichnung, die beim unbefangenen Hinsehen aus zwei gleichen, einander kreuzenden schwarzen Kreisen auf weißem Grund besteht (Abb. 9.24). Also aus zwei Gebilden, die im Hinblick auf Einfachheit und Symmetrieeigenschaften jedes andere denkbare zweidimensionale Gebilde übertreffen.

Wir fragen nun: Könnte dieses Gebilde nicht auch anders zusammengesetzt sein? Bilden wir die Vorlage als Tastfigur aus, wie in unserem ersten Beispiel, so werden wir – besonders wenn wir mit Kindern als Beobachtern arbeiten, aber oft auch bei

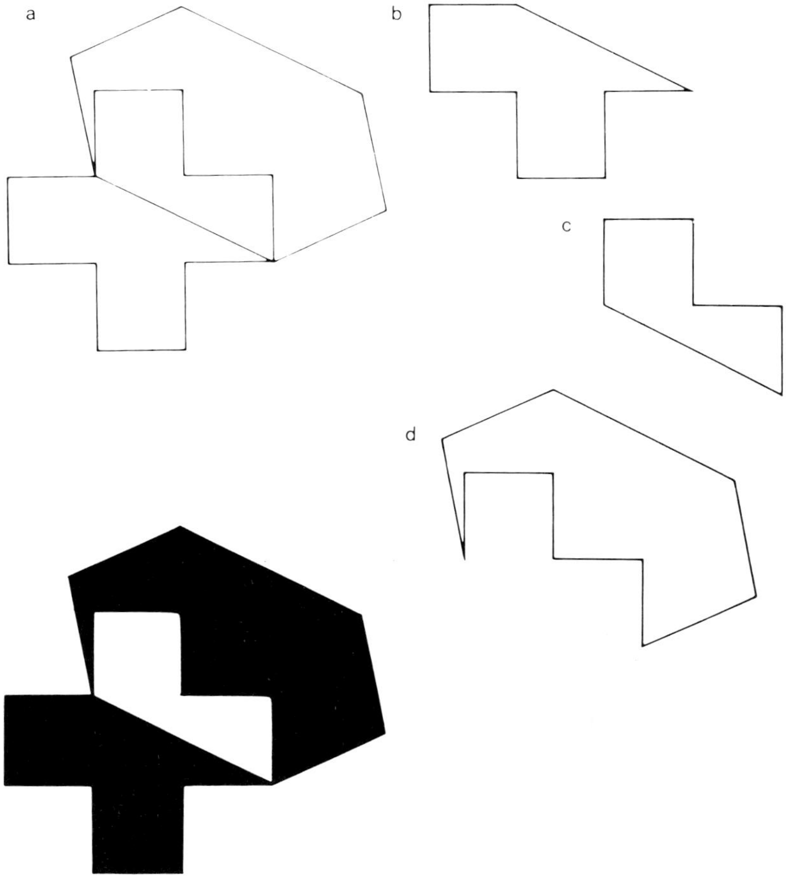

Abb. 9.23. Die Zeichnung a zerfällt nicht in b, c, d, sondern in ein Kreuz und ein Sechseck, selbst wenn die andere Einteilung durch die Färbung der Flächen nahegelegt wird.

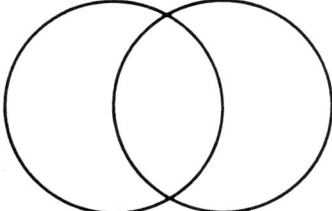

Abb. 9.24. Für das Auge besteht dieses Gebilde zwingend aus zwei gekreuzten Kreisen.

Erwachsenen – von der Aussage überrascht, daß die getastete Figur aus einer (oben und unten eingedrückten) Außenfigur und einer mandelförmigen Innenfigur bestehe; oder daß es zwei einander mit den Spitzen berührende Mondsicheln seien (s. Abb. 9.25). Das erstere geschieht besonders dann, wenn die Kreise nur wenig, das letztere besonders dann, wenn sie sehr tief ineinandergeschoben sind; warum, das werden wir gleich erfahren.

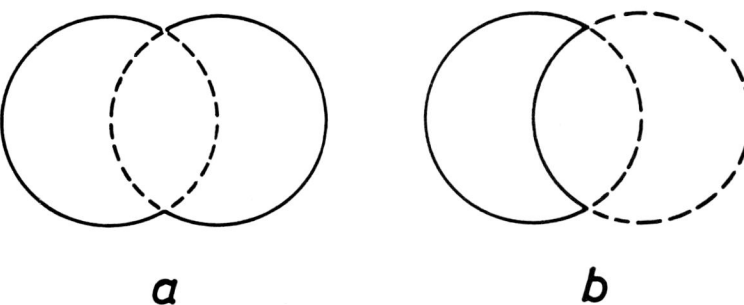

Abb. 9.25. Die tastende Hand lehrt uns, daß es auch in zwei einander berührende oder einschließende Unterganze gegliedert sein kann.

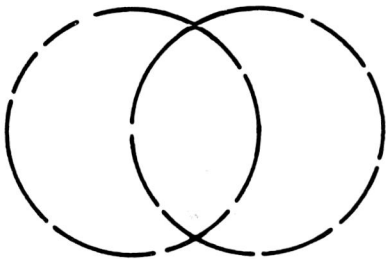

Abb. 9.26. Vollständig aufbauen *kann* man es auch aus solchen *Stücken*.

Aufbauen könnte man dieselbe Figur auch aus vier einzelnen Kreisbögen, übrigens auch aus beliebig vielen Kreisabschnitten geringerer Größe (Abb. 9.26). Wären sie zum Beispiel aus Glas und es hätte sie jemand fallen gelassen, so daß sie in Dutzende von Scherben zersprungen wären, so könnte ein geschickter Restaurator sie aus diesen Stücken wieder richtig zusammensetzen, wenn keines fehlte. Wir können dieses Gedankenspiel anhand der auf Papier gezeichneten Figuren noch *einen* Schritt weitertreiben. Auch wenn wir das Papier mit der Zeichnung wie einen unerwünschten Brief in beliebig viele Fetzen reißen oder es in schmale Streifen schneiden, von denen einige dann rein weiß, andere teils schwarz teils weiß sind (vgl. Abb. 9.27 und 9.28). Unter der einzigen Voraussetzung, daß keines dieser Stücke fehlt, können wir unsere Figur auch dadurch entstehen lassen, daß wir sie aus solchen Fetzen oder Streifen wieder richtig zusammensetzen, ähnlich wie es bei der Entstehung des Bildes im Fernsehgerät ja tatsächlich geschieht.

Abb. 9.27. Zur *Primär-Gliederung*. Zerreißt man das Bild wie einen unerwünschten Brief, so entstehen zum Teil ungleichmäßig gefärbte Fetzen, und man entdeckt, daß es auch aus solchen zusammengesetzt sein kann.

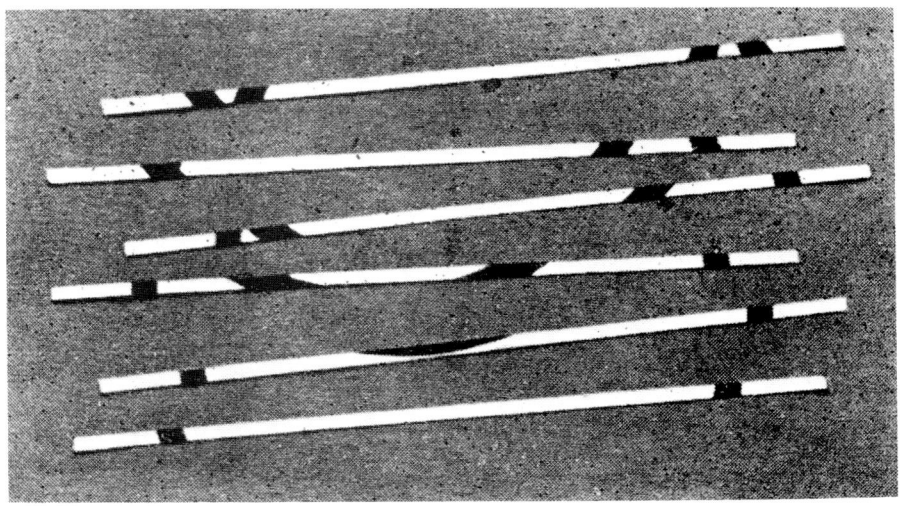

Abb. 9.28. *Inhomogen* sind auch die *Späne,* aus denen das Gesamt-Bild, ähnlich wie im Fernseh-Empfänger, entstehen kann.

Warum entstehen aber beim Anblick unserer Figur solche Teile nicht? Warum kann man sie – mit Ausnahme der Außen-Innen-Anordnung und der zwei Mondsicheln – auch dann nicht sehen, wenn man gerne möchte? Der Grund ist so einfach wie wichtig für den Zusammenhang unserer Überlegungen. Sie alle *widersprechen* einer der *Teilregeln,* in die WERTHEIMER (1923) schon vor dem ersten Weltkrieg das allgemeine Prägnanz-Prinzip aufgelöst hat. Je elementarer diese Regeln sind, umso weniger ist es möglich, in der Wahrnehmung eine Zusammensetzung zu verwirklichen, die ihnen widerspricht. Die Zerstückung zweier gekreuzter Kreise – oder irgendeiner anderen Figur – auf weißem Papier in Streifen oder Schnipsel widerspricht der elementarsten dieser Regeln, die nur unter ganz bestimmten – seltenen – Bedingungen aufgehoben wird. Diese Regel besagt, daß das Sehfeld sich in möglichst einheitlich gefärbte Teilfelder auflöst, daß also, von seltenen Ausnahmen abgesehen, die gesehenen *Grenzen* bevorzugt den *Qualitätssprüngen entlang* verlaufen. Dies ist das „Gesetz der Gleichartigkeit", gegen das alle Streifen oder Schnipsel verstoßen, die teils schwarz, teils weiß sind, weil sie Bruchstücke der schwarzen Figur und des weißen Grundes nebeneinander enthalten. Wir nennen das Gesetz der Gleichartigkeit elementar nicht nur wegen seiner überragenden Wirkungsstärke, sondern auch noch aus einem anderen Grund. Alle übrigen Gestaltgesetze können überhaupt erst in Kraft treten, nachdem infolge der *ungleichartigen* Qualität des Feldes eine primäre Unterteilung erfolgt ist.

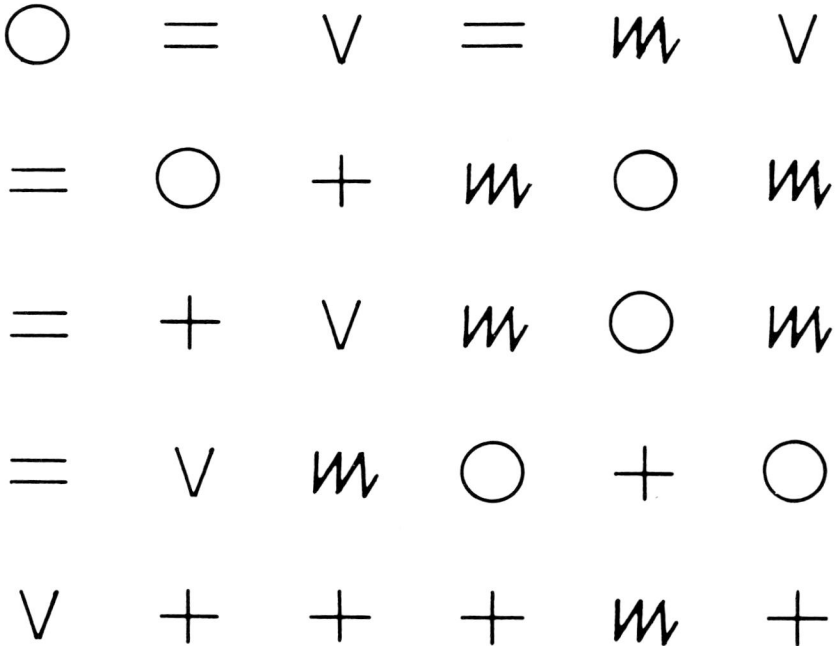

Abb. 9.29. *Gesetz der Gleichheit* (nach KOFFKA). Gebilde gleicher Form streben sogar in solcher Vermengung zur Zusammenfassung in „einheitlichen" Gruppen.

Dies gilt insbesondere für die Gruppenbildung. Erst wenn durch entsprechende Qualitätssprünge größere Mengen von Kleingebilden, sogenannten „Elementen" – diskontinuierlich aus einer mehr oder weniger gleichmäßig gefärbten Umgebung herausgehoben sind, können diese nochmals zu „Gruppen" zusammengefaßt sein (s. Abb. 9.29), wobei neben das Gesetz der Gleichartigkeit (das sich nunmehr auch auf Formen, Größen und Lagen beziehen kann) und oft in Wettstreit mit ihm, das *Gesetz der Nähe* tritt: Wenn verschiedene Teilgebilde ungleiche Abstände haben, treten die einander *näheren* bevorzugt zu Gruppen zusammen (s. Abb. 9.30). Das heißt, der

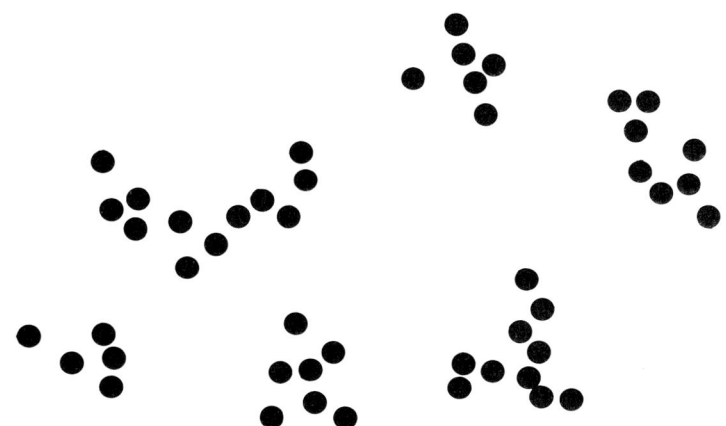

Abb. 9.30. *Gesetz der Nähe*. Nicht *ein* Haufen, sondern sechs *dichte* Haufen, dazwischen *weite* Abstände.

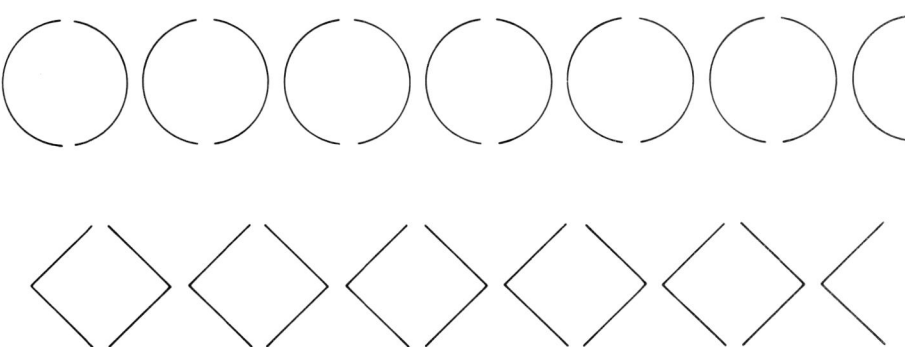

Abb. 9.31. Die *Gesetze der Geschlossenheit* und des *Aufgehens ohne Rest*.

Zusammenschluß erfolgt so, daß die Gruppen im Inneren möglichst dicht und gegen ihre Nachbargruppen möglichst stark abgesetzt sind. Nach dieser Gesetzmäßigkeit entscheidet es sich auch, ob man beim Tasten die zwei gekreuzten Kreise als Außen- und Innenfigur oder als zwei Halbmonde sieht. Man macht von ihr zum Beispiel Gebrauch, um in Druckschriften die Einteilung in Worte deutlicher zu machen.

In Abbildung 9.31 sieht man die Kreisbögen oder Winkel bevorzugt so gepaart, daß sie eine Fläche einschließen, obwohl die Paarung mit auseinanderstrebenden Enden nach dem Gesetz der Nähe mindestens ebenso nahe liegen würde. Hierin äußert sich ein drittes Gesetz, das Gesetz der *Geschlossenheit*. Es ist auch dann noch wirksam, wenn die Umschließung vielfach unterbrochen ist, ja nur aus einzelnen Punkten besteht. Im Wettstreit mit anderen ist es bei Kindern mächtiger als bei Erwachsenen.

An diesem Beispiel kann noch ein weiterer Faktor, der – unter Umständen außerordentlich wirksame – „Restfaktor" erläutert werden. Danach sind diejenigen Gliederungen bevorzugt, die „ohne Rest aufgehen". Gehen Sie die Reihe der Kreisbogen oder Winkel von links nach rechts durch, so liegt es nahe, statt der geschlossenen *offene* Paare zu sehen, weil sonst am Anfang ein halbes Paar (ein Rest) übrig bliebe.

⋈⋏⊦⋈⋉⋿⊦⋈⊙⋉⊖⋝⋻⋝⟡⊏⋂⊖⋃⋐⊩⟃

Abb. 9.32. *Gesetz der Symmetrie.* Es ist wirksamer als tausendfache Erfahrung. Erst wenn man die obere Hälfte zudeckt, kann man die untere lesen.

Wir kommen zum Faktor der *Symmetrie*. Zusammenschlüsse im Sinn der Symmetrie sind ungewöhnlich fest. Wie die Abbildung 9.32 demonstriert, kommt selbst uralte und tausendfach befestigte Übung dagegen nicht an. Diese sonderbaren Ornamente sind wohlbekannte Großbuchstaben, die nach oben durch ihr Spiegelbild ergänzt sind. Sie brauchen nur die obere Hälfte des Streifens zuzudecken. Dieser Versuch zeigt zugleich, daß die Spontangliederungen *nicht* im Laufe des individuellen Lebens *erlernt* sein können, sondern – um in der Sprache KANTS zu sprechen – *zu den „Grundlagen der Möglichkeit von Erfahrung"* gehören. Es handelt sich, kurz gesagt, bei der Bevorzugung des Regelmäßigen, Symmetrischen um eine präempirische Funktion unseres Wahrnehmungssystems.

Das außerordentlich wirksame Gesetz des „gemeinsamen Schicksals" kann ich hier nur erwähnen, aber nicht erläutern, weil dazu veränderliche Bilder erforderlich wären.

Dagegen möchte ich noch ein sechstes Gesetz am Beispiel erläutern: das Gesetz der durchgehenden Geraden, das inzwischen zu dem Gesetz der *durchgehenden Kurve* verallgemeinert worden ist. Die Figur ganz links in Abbildung 9.33 könnte grundsätzlich wie in *b* oder in *c* gegliedert sein: in einen spitzen oder stumpfen Winkel und ein Ansatzstück. Die Gliederung im Sinne der durchgehenden Geraden (*d*) ist uns so selbstverständlich, daß wir an die anderen Möglichkeiten gar nicht denken und die beiden geraden Linien ganz naiv als „Elemente" dieser Zeichnung betrachten. Dieser Vorrang der durchgehenden Kurve entwickelt sich aber erst allmählich; Kinder ziehen

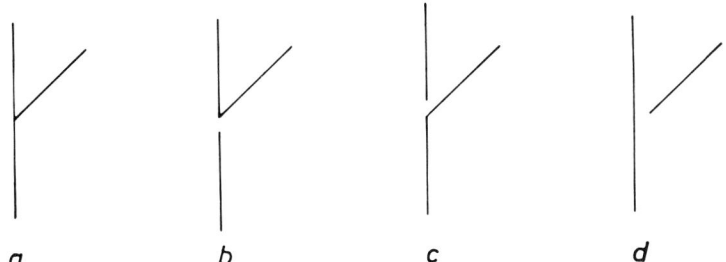

Abb. 9.33. *Gesetz der durchgehenden Kurve.* Auch die Gliederungen b und c wären möglich; man sieht nur die Gliederung d.

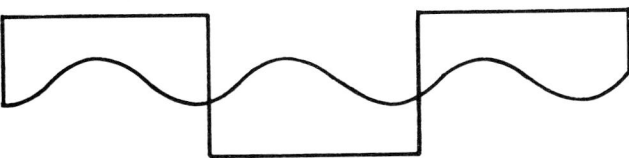

Abb. 9.34. *Gesetz der durchgehenden Kurve* (wie das meiste andere nach WERTHEIMER). Man sieht zwei in sich einheitliche Linienzüge; (Kinder sehen drei „Klötze").

Abb. 9.35. Durchgehende Kurve (beim Blick auf A) *im Wettstreit* mit Einheitlichkeit des Aufbaues (beim Blick auf B).

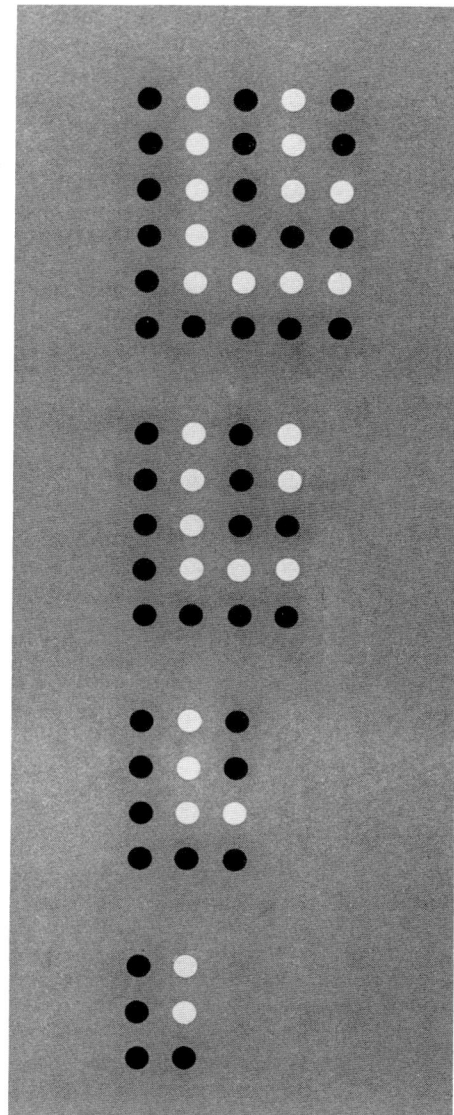

Abb. 9.36. Die Wirkung der *Auffassungsabsicht*. Sie ist bei den kleinsten Gruppen am stärksten.

Abb. 9.37. In sehr großen Gruppen bleiben die Gestaltgesetze allein wirksam. Die Wirkungen der Auffassungsabsicht bleiben auf kleine Ausschnitte beschränkt und gehen sogleich wieder verloren.

gewinkelte Figuren vor, wenn sie geschlossene Gebilde ergeben. In Abbildung 9.34 sehen Kinder nicht zwei einander schneidende Kurven, sondern drei „Klötze".

Die *Einheitlichkeit und Harmonie des Aufbaues* der Teile bestimmt auch dann die Gliederung, wenn keine der bisher genannten Faktoren im Spiel ist. In Abbildung 9.35 ist sie gegen den Faktor der durchgehenden Kurve angesetzt. Fixiert man die Stelle A, so daß der Deckungspunkt der Kurven scharf erfaßt werden kann, so gliedert sich das Ganze nach dem Prinzip der durchgehenden Kurve und zerfällt in zwei uneinheitliche Kurven, eine obere und eine untere. Richtet man den Blick auf die Stelle B, so daß die Umgebung des Deckungspunktes undeutlich wird, so erfolgt die Gliederung nach der *Einheitlichkeit* der Unterganzen: in eine Zickzacklinie von links oben nach rechts unten und eine mehrfach geschlungene Kurve von links unten nach rechts oben.

Die Figur zeigt, wie auch schon das vorausgehende mit den Kreisbögen, daß es Konfigurationen gibt, in denen das Übergewicht der spontanen Gliederung nur gering ist oder wo sogar zwei Gliederungen in unentschiedenem Wettstreit stehen. Dies sind die seltenen Fälle, in denen, im Sinne der Annahmen von WUNDT, G. E. MÜLLER und B. PETERMANN, je nach der *Auffassungsabsicht* des Beobachters *verschiedene* Zusammenfassungen möglich sind. Sie sind selten, weil ein subjektives Eingreifen in die – allein durch qualitative Gleichartigkeit bedingte – Primärgliederung in *keinem Fall* möglich ist, und weil auch die Eingriffe in die Sekundärgliederung auf Gruppen mit verhältnismäßig *wenigen* Gliedern beschränkt bleiben, wie man an dem Bild mit den Punkten leicht selbst feststellen kann (vgl. Abb. 9.36 u. 9.37).

Ich möchte hier das Problem der statischen Feldgliederung beschließen und im dritten Teil dieser Arbeit noch auf die allgemeine Frage eingehen: Was verstehen wir im konkreten Fall unter Prägnanz? Daß sie irgend etwas mit Regelmäßigkeit zu tun hat, steht fest. Aber die Fälle, an denen wir es bisher zu demonstrieren versuchten, sind von so verschiedener Art, daß das Bedürfnis besteht, in diese Mannigfaltigkeit eine logische Ordnung zu bringen. Einen solchen Versuch der Systematisierung hat Edwin RAUSCH (1966) unternommen. Ich möchte nun eine kurze Übersicht über seine Hauptergebnisse geben.

1. Als prägnant bezeichnet man erstens Gebilde, die nach bestimmten *Regeln* aufgebaut erscheinen, die irgendwie geordnet und in sich harmonisch und einheitlich sind, – im Gegensatz zu „Zufallsverteilungen", die uns beliebig oder willkürlich „zusammengewürfelt" erscheinen. Eine Prägnanztendenz in diesem Sinn ist maßgeblich für die Gliederung unseres Sehfeldes und vor allem für die Verteilung des Figur- und Grundcharakters auf die ausgesonderten Teilfelder. In den Versuchen von BAHNSEN (1928) und MORINAGA (1941) werden diejenigen Streifen zur Figur, die nach einer Regel aufgebaut sind: bei BAHNSEN als symmetrische „Säulen" (Abb. 9.38), bei MORINAGA als ebenbreite „Bänder" (Abb. 9.39). Die regel*lose* Begrenzung der restlichen Streifen wird in der Wahrnehmung *gar nicht verwirklicht;* die Streifen erscheinen als Durchblicke auf einen gleichmäßig gefärbten Grund, der hinter den Figuren durchzugehen scheint.

2. In einer zweiten Bedeutung heißt beim Vergleich von zwei Gebilden, die *beide* gesetzmäßig aufgebaut sind, das *einfacher* gebaute prägnant beziehungsweise prägnanter. Dabei kann einfacher bedeuten: geringere Zahl der Glieder, weniger Arten von Gliedern, die sich nach Form oder Qualität unterscheiden, übersichtlichere Anordnung, eine größere Zahl von Symmetrieachsen usw.

Eine Prägnanztendenz in diesem zweiten Sinn hat ebenfalls bei der Verteilung von Figur und Grund eine durchschlagende Bedeutung. In unserem ersten hierher gehöri-

Abb. 9.38. Nochmals das *Gesetz der Symmetrie:* die symmetrischen Teilflächen werden viel leichter zu „Figuren" als die unsymmetrischen (nach BAHNSEN).

gen Beispiel (s. Abb. 9.40) ist das gesamte Muster durch die Wiederholung eines einzigen Gebildes entstanden, das die Form einer Spule hat. Aber in dem fertigen Muster sieht man *nur Quadrate;* diese haben weniger verschiedene Teile, weniger verschiedene Winkel, mehr Symmetrieachsen. Die Spulenform verschwindet als

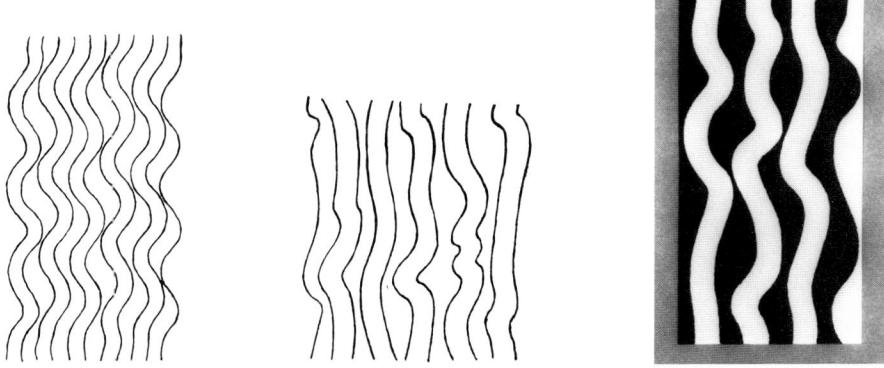

Abb. 9.39. Das *Gesetz der Ebenbreite*. Die ebenbreiten „Bänder" werden leichter zu „Figuren" als die Flächen von ungleichmäßiger Breite (nach MORINAGA).

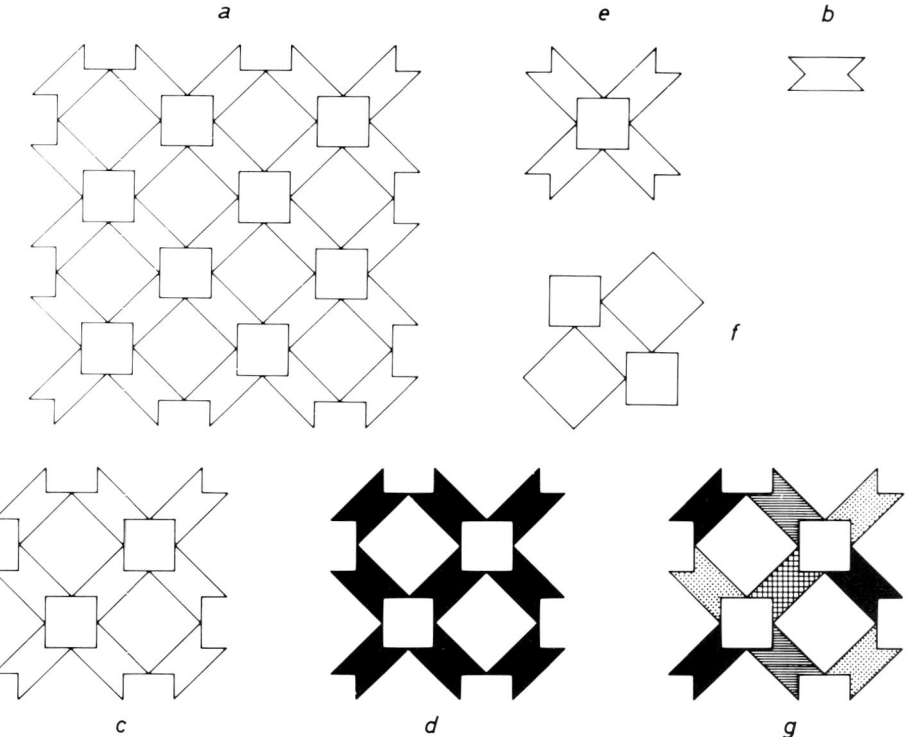

Abb. 9.40. Prägnanz im Sinne von größerer Einfachheit und Symmetrie. Die Zeichnung a ist *entstanden* aus lauter „Spulen" wie b. Für den *Betrachter* besteht sie aus lauter Quadraten; e und f zeigen die Stärke dieser Tendenz.

Durchblick zwischen den Quadraten. Im Muster der Abbildung 9.41, das aus lauter achtstrahligen Sternen aufgebaut ist, verschwinden diese wieder als Durchblicke auf den Grund. Sie haben zwar, genau wie die Quadrate, je vier Symmetrieachsen, sind aber sehr viel weniger einfach aufgebaut als diese. In dem unteren Bild wirkt der Restfaktor *zugunsten* der *Sterne*; trotzdem setzen sie sich im Inneren des Musters *nicht* als Figuren durch.

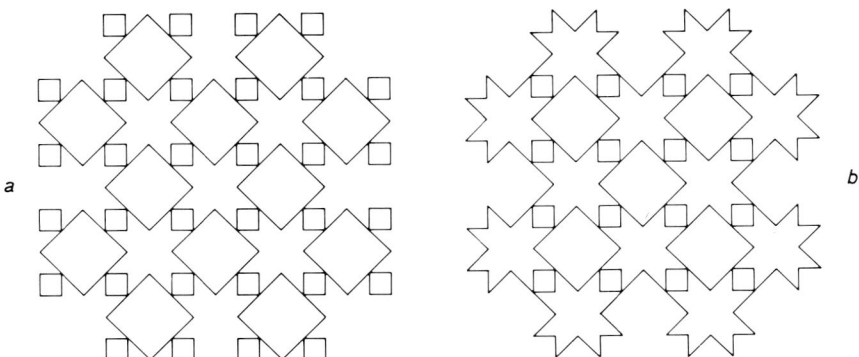

Abb. 9.41. Isolierung des Faktors der *Einfachheit*. Die *Sterne*, aus denen die Zeichnung zusammengesetzt ist, haben, wie die Quadrate, vier Achsen. Trotz der Mitwirkung des Restfaktors sieht man im Innern auch von b die *Quadrate* als Figuren.

3. Prägnant nennen wir drittens solche Gestalten und Eigenschaften, die sich uns als „normal" oder „eigenständig" darstellen, – im Vergleich mit denjenigen, die unmittelbar den Eindruck machen, von jenen „abgeleitet" zu sein. In diesem Sinn sind Rechtecke eigenständig, schiefwinklige Parallelogramme abgeleitet; Kreise eigenständig, Ellipsen abgeleitet. Eigenständig sind ferner die Hauptraumrichtungen (senkrecht, waagrecht, geradeaus), abgeleitet alle Schrägen; als eigenständig erscheinen endlich die HERINGschen Grundfarben (schwarz-weiß, gelb-blau, rot-grün), als abgeleitet alle Zwischentöne.

Aus der unwiderstehlichen Tendenz unserer Wahrnehmung, schiefwinklige und schräge Anordnungen und Gebilde im Sinne der Rechtwinkligkeit zu „normalisieren", erklärt sich eine Reihe sogenannter „optischer Täuschungen" oder, wie man besser sagen sollte, optisch-haptischer Maßtäuschungen, sowie viele der Abweichungen, die wir bei der Wiedergabe von Gebilden aus dem Gedächtnis gefunden haben. In der Täuschung von SANDER und IPSEN fällt zunächst nur ins Auge, daß in dem gleichschenkligen Dreieck, das in ein schräges Parallelogrammpaar eingezeichnet ist, der linke Schenkel verlängert, der rechte verkürzt erscheint (s. Abb. 9.42). Bei genauerer Ausmessung der Gesamtfigur stellt sich als Ursache dieser Abweichung heraus, daß ihre schrägen Seiten phänomenal steiler aufgerichtet sind als in Wirklichkeit.

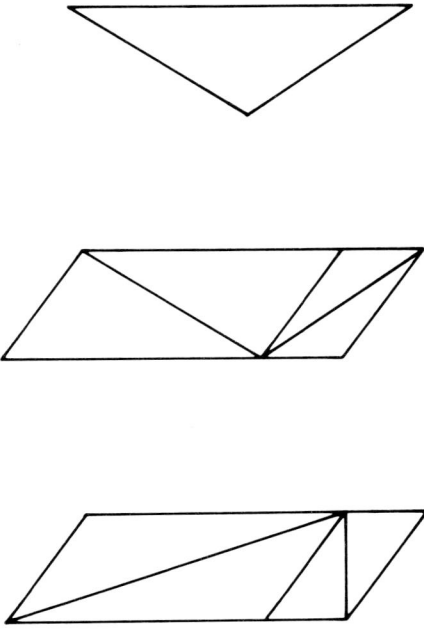

Abb. 9.42. Die Täuschung von SANDER und IPSEN. Das Parallelogramm wirkt als „verzerrtes Rechteck". Durch die Entzerrungstendenz wird in jeder Teilfigur die kurze Diagonale länger und die längere kürzer (nach RAUSCH 1952).

Noch viel eindrucksvoller und praktisch bedeutsamer wirkt sich die Tendenz zur „Normalisierung" unter den Umständen eines Wahrnehmungsfeldes aus, das nicht – oder nur schwach – zweidimensional festgelegt ist. Die Tendenz zur Normalisierung wirkt sich dabei in ruhenden Feldern aus als Tendenz zur „Orthogonalisierung", in *veränderlichen* Systemen als Tendenz zu optimal geordneten Bewegungs*verläufen*. Die beiden genannten Tendenzen sind die bedeutsamsten Grundlagen alles Tiefensehens bei fehlender Querdisparation (im Kino, bei Einäugigkeit oder funktionsungleichen Augen, beim Blick in die Ferne). Die Tendenz zur größten statisch möglichen Ordnung kommt vor allem in den Beobachtungen von Hertha KOPFERMANN (1930) über die dreidimensionale Wirkung zweidimensionaler Strichzeichnungen zum Ausdruck. Dreidimensional erscheinen diejenigen Zeichnungen, die als zweidimensionale Projektion eines dreidimensionalen Gebildes verstanden werden können, das regelmäßiger beziehungsweise symmetrischer ist als die zweidimensionale Fassung (s. Abb. 9.43). Zeichnungen, die in ihrer zweidimensionalen Fassung größte Regelmäßigkeit aufweisen, werden als zweidimensionale Muster und nicht als Abbildung von Körpern gesehen (s. Abb. 9.44 u. 9.45). Was hier an „Bildern" gezeigt wurde, ist in den Ames-Demonstrationen, über die ITTELSON berichtet, in größtem Maßstab an Räumen von

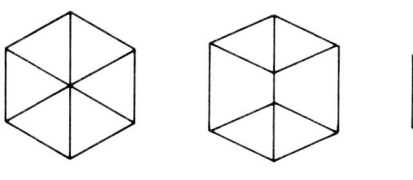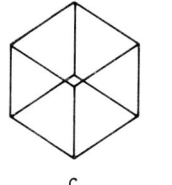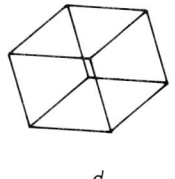

Abb. 9.43. Die räumliche Wirkung zweidimensionaler Zeichnungen. Sie ist umso stärker, je *weniger* prägnant die zwei-dimensionale Projektion ist (nach KOPFERMANN).

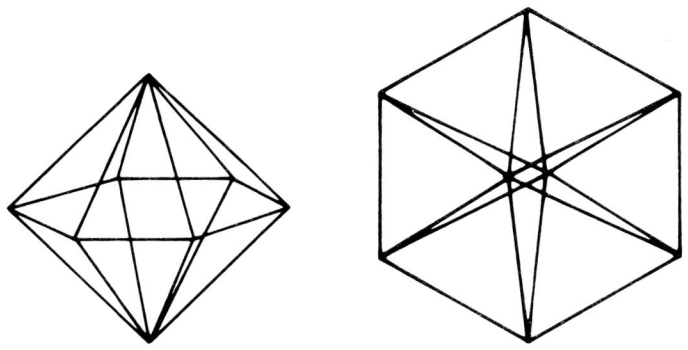

Abb. 9.44. Erläuterung s. Abb. 9.45.

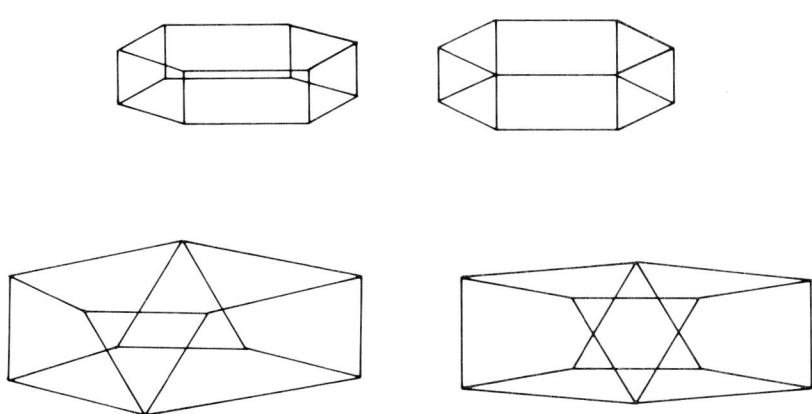

Abb. 9.45. Auch bei noch nie gesehenen Körpern ist die räumliche Wirkung der unprägnanten Zeichnung unverändert (nach KOPFERMANN).

Abb. 9.46. *Die Tendenz zur Rechtwinkligkeit.* Sie ist so stark, daß sie sogar die tausendfache Erfahrung der Beständigkeit der Menschengestalt überrollt (nach ITTELSON 1952).

mehr als menschlicher Größenordnung demonstriert (Abb. 9.46). Hier werden durch eine kleine Öffnung Innenräume betrachtet, in denen menschliche Personen sich aufhalten und bewegen können. Diese Räume sind objektiv durchweg schiefwinklig, jedoch so, daß für den Standpunkt des Beobachters die retinale Abbildung *auch* die Projektion eines *rechtwinklig* begrenzten Raumes darstellt. Dieser rechtwinklige Raum wird unter allen Umständen gesehen. Seine Rechtwinkligkeit setzt sich unwiderstehlich auch gegen eine 100.000fach wiederholte Erfahrung durch: die Erfahrung, daß die Größe eines Menschen in Zeiträumen von der Größenordnung zwischen Sekunden und Tagen *invariant* ist. Ein Mensch, der in einem solchen Raum hin und her geht, verändert seine Größe *vor* den Augen des Beobachters, da er sich in gleicher Entfernung zu bewegen *scheint*, während diese sich in Wirklichkeit ändert. Nebenbei beweist dieses stärkste aller erfahrungswidrigen Phänomene mit größter Sicherheit, daß die Tendenz zur Regelmäßigkeit im Sinn der Rechtwinkligkeit eine präempirische Eigentümlichkeit der Arbeitsweise unseres Wahrnehmungssystems ist.

Dasselbe gilt, wie vor allem METZGER (1934), BEUCHET (1959) und CANESTRARI (1963) gezeigt haben, für die gesehene räumliche Verteilung des *Geschehens* bei veränderlichen retinalen Konfigurationen. Unter der Voraussetzung, daß diese wechselnden Konfigurationen Projektionen eines dreidimensionalen Gebildes von invarianter Form sind, gibt es zwei gestaltlich ausgezeichnete Erscheinungsweisen von größter

Regelmäßigkeit: *Entweder* man sieht einen *festen Körper,* der sich im Raume dreht, das heißt ein Gebilde mit durchweg parallelen Weltlinien. Oder man sieht ein zweidimensionales frontalparalleles Gebilde, das sich laufend symmetrisch verändert, zum Beispiel schmaler und breiter wird oder sich vor dem Auge des Beobachters aus einem Quadrat in einen Kreis und wieder zurück verwandelt. Diese Erscheinung ist selten. Denn eine völlige Symmetrie des zweidimensionalen Geschehens ist nur unter bestimmten Voraussetzungen möglich.

1. Das objektiv rotierende Gebilde muß genau symmetrisch aufgebaut sein.

2. Es muß sich um eine Achse drehen, die mit einer figuralen Symmetrieachse zusammenfällt.

3. Diese Achse muß genau rechtwinklig zum Blickstrahl verlaufen.

Sind diese Bedingungen erfüllt, so sieht man in der Regel ein zweidimensionales, veränderliches Gebilde, auch bei besserem Wissen über die objektive Anordnung. Wird die Symmetrie des Geschehens auch nur wenig gestört, so bleibt als regelmäßigstes Geschehen der Verlauf mit parallelen Weltlinien d. h. mit unveränderlicher Form übrig und dieser wird gesehen. Daraus folgt nochmals, daß das Sehen von dreidimensionalen, festen Körpern primär *nicht* eine Wirkung von Erfahrung, sondern die Wirkung von präempirischen Symmetrietendenzen des Wahrnehmungssystems beziehungsweise seiner *Abneigung* gegen *unsymmetrisches* Geschehen ist.

4. Es gibt noch eine vierte Bedeutung von Prägnanz: Danach heißt Prägnanz das Unversehrte, Ganze, Vollständige, „Richtige" – im Vergleich mit dem stellenweise gestörten und unstimmigen, das seinerseits wieder in drei Erscheinungsweisen vorkommt: Die erste Art der Störung ist der Mangel, die Lücke, das „Fehlen" – mit einer Tendenz zur Ausfüllung, Ergänzung, Vervollständigung, Schließung. Die zweite Art der Störung ist das Überflüssige, Überzählige, der Anhang, der Fremdkörper oder „Rest" – mit einer Tendenz zur Einebnung, zur Abstoßung oder zur Umgliederung des Ganzen derart, daß alles ohne Rest aufgeht. Die dritte Art der Störung ist das örtlich Falsche, Fehlerhafte, Unpassende, das heißt alles, was im beschränkten Bereich anders ist, als es nach dem Gesetz des Ganzen sein sollte – mit einer Tendenz zur „Berichtigung" (Korrektur).

Ein Sonderfall der Unprägnanz im vierten Sinn sind Ganze, die aus *mehreren* umfassenderen und einander annähernd gleichgewichtigen Teilbereichen bestehen, von denen jeder *in sich* harmonisch ist, aber nach seinem Aufbauprinzip nicht zu den übrigen paßt, so daß sich im Ganzen „Bruchstellen" bemerkbar machen, wie bei der Auffassung der Abb. 9.35 nach dem Gesetz der durchgehenden Kurve beim Blick auf die Stelle „A".

Zum Schluß sei darauf hingewiesen, daß im vierten Fall der Prägnanz das Verhältnis der unprägnanten Gestalt zur „zugehörigen" prägnanten nicht das einer „Ableitung" nach einer Transformationsvorschrift ist, sondern ein regelloses, quasi zufälliges, auf einen umschriebenen Bereich beschränktes „Aussetzen" der Aufbaugesetzmäßigkeit, die im übrigen das Ganze beherrscht.

Die durch diese Art der Unprägnanz geweckten Tendenzen werden eindrucksvoll veranschaulicht durch eine Reihe von Vorlagen (s. z. B. Abb. 9.47), die Gaetano KANIZSA in Triest nach einer Anregung von Max WERTHEIMER entworfen hat. Die Prägnanz in diesem Sinne ist vor allem von Bedeutung für das Phänomen der Verdeckung. Wie Fabrio METELLI (1960, 1964) in Padova gezeigt hat, ist sie besonders wirksam, wenn gewisse „Lücken" sich in gesetzmäßiger Weise über das fragliche Gebilde verlagern (z. B. Abb. 9.48). Wie wiederum besonders KANIZSA (1955) gezeigt

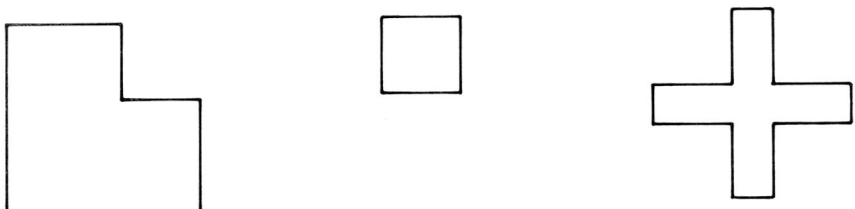

Abb. 9.47. Die Prägnanztendenz bei der *Ergänzung* von Figuren. Das Quadrat paßt in den Winkel rechts und links. Die Versuchsperson erklärt, es gehöre in den linken (nach KANIZSA).

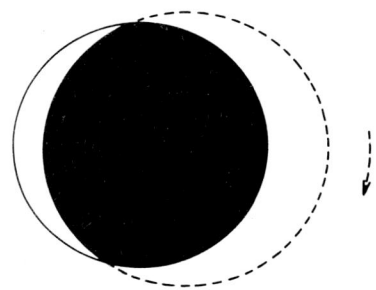

Abb. 9.48. Bei langsamer Drehung der Figur links (ohne die gestrichelte Linie) ergänzt sich das Schwarze zum ruhenden Kreis, über den ein ebenfalls kreisrundes Fenster hinzuwandern scheint (nach METELLI).

Abb. 9.49. Virtuelle Konturen. Häufungen von Lücken, die infolge von Verdeckung durch *ein* zusammenhängendes Gebilde entstanden sein *könnten*, zaubern dieses Gebilde sogar in homogenen Bereichen hervor (nach KANIZSA).

hat, können Häufungen von „Störungen", die als Verdeckung durch *ein* zusammenhängendes Gebilde verursacht erscheinen, sogar zu einer Durchbrechung des Grundgesetzes führen, nach welchem Grenzen im Wahrnehmungsfeld nur entlang von Unstetigkeiten der Qualität sich ausbilden können (s. z. B. Abb. 9.49).

Edwin RAUSCH (1966) führt noch drei weitere Prägnanzdimensionen an, deren Bedeutung für die elementare Wahrnehmung aber noch nicht feststeht. Dagegen läßt sich aus den Forderungen, die in der Ästhetik an ein Kunstwerk gestellt werden, noch mindestens eine hier anschließen: die Forderung nach überzeugender Stärke und zwingender Eindringlichkeit des Ausdrucksgehaltes – im Gegensatz zu einer „flauen", das beabsichtigte oder gemeinte nur andeutende Gestaltung. Man könnte auch von einer, mindestens hintergründig durchscheinenden, „Bedeutsamkeit" sprechen, wie sie etwa ein überzeugendes Werk auch abstrakter Kunst von einem Tapetenmuster unterscheidet. Andeutungen der Wirksamkeit dieser Prägnanzdimension finden sich in den Verschärfungs- oder Pointierungsbeispielen von WULF (1922).

Die Menge der in diesem Zusammenhang benötigten Anführungszeichen möchte als Hinweis darauf gelten, wie schwer es ist, diese Dinge in Worte zu fassen.

Abgesehen davon darf nicht verschwiegen werden, daß auch sonst auf diesem Gebiet keineswegs alle Probleme gelöst sind. Wie meine Freunde METELLI und KANIZSA nachgewiesen haben, kann meine frühere Behauptung, beim Wettstreit zwischen Gestalttendenzen im engeren und im weiteren Bereich dominiere stets die Tendenz des letzteren, in dieser einfachen Form *nicht* aufrecht erhalten werden. Die endgültige neue Formulierung steht noch aus. Auch der so einfach erscheinende Begriff der Einfachheit birgt noch ungeklärte Probleme, wie METELLI in denselben Untersuchungen gezeigt hat.

Mit dem Hinweis auf diese offenen Fragen möchte ich meine Übersicht über die Bedeutung der Regelmäßigkeit und speziell der Symmetrie in der Wahrnehmung des Menschen abbrechen. Sie hat gezeigt:

1. daß Regelmäßigkeitsprinzipien älter sind als alle Erfahrung; das bedeutet

2. daß es eine normfreie Wahrnehmungspsychologie nicht gibt; das heißt, daß auch die einfachsten Wahrnehmungsfunktionen nur unter Verwendung von *Wertbegriffen* adäquat beschrieben werden können.

3. Zu einer weiteren Folgerung zitiere ich noch einen Satz einer Versuchsperson, die anstelle der gekreuzten *Kreise,* die ihr zum Tasten vorgelegt waren, zunächst eine Außen-Innen-Figur ertastet hatte. Als ihr plötzlich das Licht aufging, daß dieses Gebilde auch in zwei Kreise gegliedert werden konnte, meinte sie: „Jetzt sehe ich, daß es *in Wirklichkeit* zwei Kreise sind." Dieser Satz ist für uns von fundamentaler Bedeutung. Denn die Außen-Innen-Gliederung und alle anderen möglichen Gliederungen sind in einer Zeichnung, objektiv gesehen, *ebenso wirklich* wir die Kreise. In der Wahrnehmung dagegen erscheint die prägnanteste aller möglichen Gliederungen als „die wirkliche".

Man kann sagen, nicht erst der Künstler, sondern schon unser elementarer Wahrnehmungsapparat arbeitet nach ästhetischen Prinzipien. Er setzt gewissermaßen voraus, daß auch schon die außermenschliche Wirklichkeit der Dinge und Ereignisse, die er vermittelt, selbst ästhetischen Prinzipien folgt. Und es ist nicht zu leugnen, daß mit dieser Voraussetzung der Mensch offenbar im allgemeinen nicht schlecht fährt. Zwar treffen die ästhetischen Hypothesen unserer Wahrnehmung nicht in jedem einzelnen Fall auf die Wirklichkeit zu. Das ästhetische Reagieren unserer Sinne vermag unter Umständen durchaus auch irrezuführen. Und dies selbst, wenn uns beliebig viele vorausgehende Erfahrungen hätten eines Besseren belehren müssen; wie unter anderem das Beispiel der gespiegelten Schrift gezeigt hat. Aber die verhältnismäßige Seltenheit dieser Grenzfälle ermutigt uns, nach der Bedeutung der Regelmäßigkeit im Psychischen *auch jenseits der Wahrnehmung* zu suchen.

10. Möglichkeiten der Verallgemeinerung des Prägnanzprinzips (1982)

Das Prägnanzprinzip ist bei der Untersuchung von Wahrnehmungserscheinungen entdeckt worden. Es steht inzwischen fest, daß es dort für die verschiedensten Teilprobleme von grundlegender Bedeutung ist.

Die weitere Verfolgung seiner Tragweite führte zunächst, auf einem eigenartigen, aber der Natur der Sache nach naheliegenden Weg, sofort über die Grenzen der Psychologie hinaus und unmittelbar in die Physik. Denn als die ersten, damals erstaunlichen und unglaubhaften Ergebnisse der Lehre von der Gestalt vorlagen, erhob sich sofort die Frage, ob nicht damit der Psychophysik gänzlich neue und möglicherweise sogar ihrer Natur nach unlösbare Aufgaben gestellt seien.

WERTHEIMER kam schon 1912, bei der gedanklichen Durchdringung seiner Befunde über die stroboskopische Scheinbewegung, zu der Forderung physiologischer „Querfunktionen" innerhalb des afferenten Leitungssystems. Er verstand darunter *unmittelbare* Wechselwirkungen zwischen den gleichzeitig von den Sinnesorganen aufsteigenden Erregungen. Die Annahme schien, als sie von ihm zum ersten Mal ausgesprochen wurde, mehr als kühn zu sein. Denn man war allgemein darin einig, daß die Ordnung des Geschehens im Nervensystem nur durch eine saubere Trennung und gegenseitige Isolierung der einzelnen Nervenbahnen und der in ihnen stattfindenden Leitungsvorgänge verbürgt werden könne. Die Annahme, daß es „Querfunktionen" gebe, daß also die Prozesse in benachbarten Leitungen einander wechselseitig beeinflussen, durchbrach diesen geheiligten Grundsatz. Träfe sie zu, so meinte man, dann könnte das Geschehen im Nervensystem nur chaotisch sein – was es zweifellos nicht ist. Nun ist aber, wie wir schon im ersten Teil* (METZGER 1975) gesehen haben, die Art der Ordnung in umfassenderen Bereichen, wie wir sie in der Figural-Wahrnehmung vorfinden, nur durch das Gleichgewicht intrafiguraler Kräfte verständlich zu machen, also genau durch das, was WERTHEIMER Querfunktionen genannt hatte. Inzwischen ist es auch in der Neurophysiologie klar geworden, daß man ohne Annahmen dieser Art nicht auskommt; und die fast vergessene Querfunktion ist als „laterale Interaktion" in neuem Glanz wieder auferstanden. Geändert ist nur die Bezeichnung. Die bezeichnete *Sache* ist genau diejenige, die WERTHEIMER seinerzeit aus theoretischen Erwägungen gefordert hatte.

Ein Jahr nach WERTHEIMERS Untersuchungen über das Sehen von Bewegung, im Jahr 1913, erschien Wolfgang KÖHLERS Abhandlung „Über unbemerkte Empfindungen und Urteilstäuschungen." KÖHLER ging hier noch einen Schritt weiter. Und zwar zog er zum ersten Mal (unter anderem) die eineindeutige Zuordnung zwischen der Netzhautstelle und dem Ort im Sehfeld, ja noch strenger, zwischen der Netzhautstelle und dem anatomischen Ort in der kortikalen Sehsphäre, in Zweifel. Nach KÖHLER ist diese feste Zuordnung 1) durch nichts bewiesen, und 2) verhindert sie ein befriedigendes Verständnis der Beziehungen zwischen der Reizmannigfaltigkeit in der äußeren

---

* Vgl. den voranstehenden Aufsatz.

Sinnesfläche und der Mannigfaltigkeit der von ihr hervorgerufenen Erscheinungen im Wahrnehmungsfeld. Denn sie fordert unbeweisbare und unwiderlegbare, also wissenschaftlich unzulässige Annahmen über vermittelnde Vorgänge, eben die Annahme „unbewußter" Empfindungen und Urteile. Man braucht – so behauptete KÖHLER – die Annahme einer eineindeutigen Zuordnung zwischen Reiz und Erscheinung beziehungsweise zwischen Reizempfänger und kortikaler Zelle nur fallen zu lassen. Und es entfällt zugleich die Notwendigkeit jener wissenschaftlich unzulässigen Annahmen.

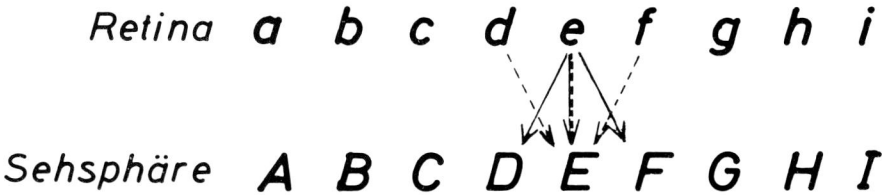

Abb. 10.1: Erläuterungen siehe Text.

Wir lassen die parallele Frage nach der Zuordnung zwischen Reizcharakteristiken und anschaulich erlebten Qualitäten beiseite und versuchen uns die genauere Bedeutung der KÖHLERschen Postulate nur für die örtlichen Beziehungen klar zu machen. In der Abb. 10.1 bedeuten die kleinen Buchstaben Netzhautzellen, die großen Buchstaben kortikale Zellen, und die Pfeile Leitungen. Sie sind ausgezogen, wenn sie von einer und derselben Netzhautzelle ausgehen, gestrichelt, wenn sie in eine und dieselbe kortikale Zelle einmünden. Es können also Erregungen, die von der Netzhautzelle ausgehen, nicht nur in die kortikale Zelle E, sondern ebenso auch in die Zellen D oder F einmünden. Umgekehrt kann die Erregung, die eine kortikale Zelle E trifft, ebenso wie von der Netzhautstelle e auch von den Stellen d oder f stammen. Dasselbe gilt für alle weiteren Zellen ebenso. Offenbar ist in dieser Annahme genau das vorausgesetzt, was heute unter dem Namen „rezeptive Felder" zu den aufregendsten neuen Erkenntnissen der Anatomie und Physiologie des Nervensystems gehört (HUBEL und WIESEL 1959). Freilich ist auch hier wieder ein neuer Name eingeführt, und das hindert manchen, die Identität des *Sachverhalts* zu erkennen. Und es fehlt in diesem Zusammenhang noch das letzte Glied: der Nachweis der laufenden Veränderung beziehungsweise der wechselnden Festlegung der jeweiligen Prozeßverläufe innerhalb dieser Felder durch die Dynamik des Gesamtfelds.

1915 erschien der Artikel Kurt KOFFKAS „Zur Grundlegung der Wahrnehmungspsychologie", in dem er im weiteren Verfolg der Gedanken KÖHLERS nachwies, daß die Unterscheidung MEINONGS und der Grazer Schule zwischen fundierenden und fundierten Inhalten in der Wahrnehmung für das Verständnis ihrer Eigentümlichkeiten nicht erforderlich ist. Wir würden heute sagen, nicht *allgemein* erforderlich ist, sondern nur für diejenigen Fälle, in denen eine Beeinflussung des Gegebenen durch subjektive Auffassungsabsicht möglich ist.

Immer brennender wurde durch diese Untersuchungen die Frage nach der neuen Psychophysik, die von der neuen Wahrnehmungslehre gefordert wurde. Sie lautet: Gibt es physisches Geschehen und physische Gesetzmäßigkeiten von solcher Art, wie sie in der neuen Wahrnehmungslehre gefordert werden? Die umfassende Antwort enthält KÖHLERS 1920 erschienenes Werk über „Die physischen Gestalten in Ruhe und im stationärem Zustand". Es wird ergänzt durch seine zwei Jahre später erschienene Abhandlung „Gestaltprobleme und Anfänge einer Gestalttheorie".

Die Quintessenz der Antwort lautet, in wenige Sätze zusammengedrängt: Systeme, deren Ordnung ganz oder zum Teil durch ein Wechselspiel von Kräften aufrecht erhalten wird, gibt es auch in der unbelebten Natur. Sie weisen die Merkmale auf, die nach von EHRENFELS psychische Gestalten kennzeichnen; insbesondere das der Transponierbarkeit, ferner das – schon von MACH aufgewiesene – der Tendenz ihrer Gleichgewichtszustände zur größten Regelmäßigkeit. Von KÖHLER stammt die Formel, daß das Geschehen in dynamischen Systemen auf „ausgezeichnete Endzustände" zusteuert. – Die weitere Entwicklung ist gekennzeichnet durch die von BERTALANFFY begründete Systemtheorie, in welcher vor allem die Eigentümlichkeiten der „stationären" oder fließend-beständigen Systeme, auf die schon KÖHLER hingewiesen hatte, weiter verfolgt wurden. Die Zustände, auf welche solche Systeme zustreben, sind ausgezeichnet nicht nur durch größere Regelmäßigkeit, sondern vielfach zugleich durch größere Differenzierungen und Kompliziertheit, oder, um in der Sprache der Statistik zu sprechen, allgemein durch größere *Unwahrscheinlichkeit*. Lebewesen sind durchweg offene Systeme in diesem Sinne. Ihre Stammesgeschichte, wie auch die Entwicklung jedes einzelnen von ihnen, sind Belege für diese Behauptung.

Jedenfalls geht aus den Überlegungen von KÖHLER hervor, daß die Psychophysik nicht auf die unbefriedigende Annahme angewiesen ist, daß *irgendwelchen* psychischen Prozessen *irgendwelche* physischen Prozesse fest, aber blind zugeordnet sind, das heißt in einer Weise, die nur als Faktum hingenommen, aber nicht *verstanden* werden kann. Sie kann vielmehr von der Arbeitshypothese ausgehen, daß zwischen ihnen eine *strukturelle Analogie* besteht, die man auch – unter Erweiterung der Bedeutung eines geläufigen mathematischen Begriffs – als Isomorphie bezeichnen kann.

Ich möchte diesen Gedankengang aber hier nicht weiter verfolgen, und mich lieber der mindestens ebenso naheliegenden Frage zuwenden, ob und wieweit das, was in der Wahrnehmungslehre hinsichtlich der Bedeutung von Regelmäßigkeit und Symmetrie gefunden wurde, sich auch in anderen Gebieten des Seelischen wiederfinden läßt.

Dies ist zweifellos der Fall im Bereich der Motorik. Eine gekonnte Schrift, ein gekonnter Tanz, eine vollendet beherrschte sportliche oder technische Leistung (wie zum Beispiel die Beherrschung des Geigenbogens) unterscheiden sich von den Versuchen des Anfängers genau nach denselben Gesichtspunkten wie in der Wahrnehmung eine prägnante Gestalt sich von der unprägnanten, fehlerhaften im vierten Sinne*

---

* Anmerkung der Herausgeber: METZGER bezieht sich hier und im folgenden auf die sieben Prägnanzaspekte von RAUSCH (1966), deren vier erste er im voranstehenden Aufsatz vorgestellt hat. Demnach ist prägnant im ersten Sinne das *Regelmäßige* gegenüber dem *Zufälligen* (1. Prägnanzaspekt von RAUSCH), im zweiten Sinne die *einfache Gesetzmäßigkeit* gegenüber der *komplizierten Gesetzmäßigkeit* (4. Prägnanzaspekt von RAUSCH), im dritten Sinne die *eigenständige* gegenüber der *abgeleiteten Struktur* (2. Prägnanzaspekt von RAUSCH) und im vierten Sinne die *Unversehrtheit/Vollständigkeit* gegenüber der *Gestörtheit/Unstimmigkeit* (3. Prägnanzaspekt von RAUSCH). Eine kurze Erläuterung der Prägnanzaspekte geben STADLER u. a. (1979).

unterscheidet. An der Bewegungsgestalt des Anfängers ist noch etwas zu beobachten, worauf wir bei der Besprechung der Wahrnehmungsgestalt noch nicht gestoßen sind: Wir finden an ihr – und zwar nicht nur an einzelnen, sich heraushebenden fehlerhaften Stellen – sondern *fortlaufend* kleine Abweichungen, Ungeschicklichkeiten, Entgleisungen, Abirrungen, Stockungen, ungenaue Ansätze, steife und eckige oder holprige und zittrige Stellen, die darauf hinweisen, daß die Bewegung nicht im Ganzen aus einem Gesamtentwurf hervorgegangen ist und auch nicht „in einem Zug" ausgeführt wird, sondern daß sie eine zusammengestückte Folge von Teilansätzen ist, deren Anfang und Ende *nicht* mit den natürlichen Abschnitten des Bewegungsverlaufes zusammenfallen, die den Grenzen zwischen den natürlichen Teilen wahrgenommener Figuren entsprechen, und an denen noch unterwegs Berichtigungsversuche unternommen wurden.

Ein neues Prinzip, das in der Wahrnehmung noch keine Rolle spielt, das aber für die Glätte, Regelmäßigkeit und Einheitlichkeit von Eigenbewegungen eine außerordentlich große und noch nicht genügend untersuchte Rolle spielt, ist der „Schwung", das heißt die Ausnutzung der kinetischen Energie für die Ausformung der Bewegungsgestalten. Eine ungekonnte Bewegung wird offenbar von Anfang bis zum Ende durch Innervation in Gang gehalten und am Abweichen von dem beabsichtigten Weg verhindert. Je weiter ihre Beherrschung fortgeschritten ist, umso größer wird der Anteil der kinetischen Energie an ihrer Durchführung, und umso geringer der restliche Anteil der Innervation. Die vollendet beherrschte Bewegung zeichnet sich aus durch ein Maximum an Ganzheitlichkeit und Zügigkeit und ein Minimum an Innervationsaufwand. Die Bewegung ist dabei in hohem Maß „sich selbst überlassen". (Es scheint der besondere Reiz etwa des Schlittschuhlaufens zu sein, daß hierbei der Anteil der kinetischen Energie noch weiter gesteigert werden kann als auf dem festen Boden.) Eine Bewegung dieser Art *erscheint* nicht nur „leicht", sondern sie *ist* es auch, indem sie nicht ermüdet. Und sie erscheint locker und entspannt, weil keine zusätzliche Innervationsenergie mehr für die Vermeidung von Abweichungen eingesetzt werden muß. Daraus kann man noch eine Folgerung ziehen, die durchaus nicht selbstverständlich ist. Nicht nur die Schönheit vollendeter Bewegungen, die man an einem *anderen* Menschen beobachtet, sondern auch der Hochgenuß an vollendeten Bewegungen, die man, etwa als Schlittschuhläufer, Tänzer oder Geiger, selber ausführt, kann sich nicht auf die Innervationsfigur beziehen, die ja ohnehin eine Eigenschaft eines nicht bewußtseinsfähigen Geschehens ist, sondern sie muß sich auf den propriozeptiv erfahrenen Verlauf des Geschehens am anschaulichen Körper-Ich beziehen, in welchem die vom Organismus objektiv vollzogenen Bewegungen rückgemeldet werden.

Ich möchte mich mit diesen Andeutungen begnügen und mich nunmehr gewissen Eigentümlichkeiten des *Gedächtnisses* zuwenden, in denen ebenfalls Prägnanztendenzen zum Ausdruck zu kommen scheinen. Aber nun soll nicht mehr von dem Gedächtnis für gesehene Figuren und mit den Veränderungen bei ihrer Wiedergabe, sondern von dem Schicksal sprachlich vermittelter Inhalte die Rede sein. Verständlicherweise kann dabei die Symmetrie im *strengen* Sinn der Spiegelbildlichkeit kaum noch eine Rolle spielen. Um so mehr aber die *Ordnung* und der bruchlose Verlauf der Ereignisse in ihrer zeitlichen Folge, das Schicksal von Störungen und Nebensächlichkeiten (wieder im vierten Sinn von Prägnanz und die Steigerung der Ausgeprägtheit im Sinne des fünften Prägnanzsatzes, der sich mit der Einebnung von Störungen und mit der Verschärfung kennzeichnender oder „wesentlicher" Merkmale beschäftigt.

Veränderungen in diesem Sinne gehören zu den am längsten bekannten „Schwächen" des Gedächtnisses. Es handelt sich um die Eigentümlichkeiten der *Gerüchtbil-*

dung. Bekanntlich werden auffallende Größen, Mengen und Zahlen, die in den Berichten über irgendein aufregendes Ereignis eine hervorstechende Bedeutung haben, bei mündlicher Überlieferung laufend vergrößert. Aus blauen Flecken werden Wunden, aus Verwundeten werden Tote, aus einem Toten werden viele. Der Kranke, der höchst erstaunlicherweise wieder gesund wird, war zuerst noch am Leben, aber von seiner Familie bereits aufgegeben, dann lag er schon im Sterben, und schließlich war er schon vor acht Tagen begraben worden. Ähnlich geht es auch bei viel einfacheren Dingen her: der Anzug, der nach einem halben Jahr aus dem Schrank geholt wurde, hatte erst ein kleines Mottenloch, dann ein großes, dann mehrere, dann Dutzende, und schließlich wurde nur noch der Aufhänger vorgefunden. Es handelt sich hier um Pointierungseffekte, die alles übertreffen, was WULF (1922) an gesehenen Figuren demonstriert hat. Diese Art von Pointierungen ist bei Hysterikern besonders häufig und für sie geradezu kennzeichnend. Aber in einer etwas geringeren Stärke scheinen sie allgemein menschlich und in diesem Sinne „normal" zu sein.

Die *Ausscheidung unzugehöriger* Einzelheiten aus dem Gedächtnis – wiederum nach dem vierten Prägnanzgesichtspunkt – ist sogar schon experimentell untersucht, und zwar von Kurt LEWIN. Leider sind die Ergebnisse dieser Versuche, soviel ich weiß, nicht veröffentlicht. Während einer Versuchsstunde, an der ich selber als Student teilnahm, kam zweimal nacheinander ein Bote herein und überbrachte dem Sprecher irgendeine Nachricht, die mit der Vorlesung nichts zu tun hatte. In vielen der nachträglichen Berichte über diese Vorlesungsstunde waren diese Zwischenfälle ausgelassen. Das war keine Absicht; denn sie waren oft auch auf Befragen nicht erinnerlich. Dies ist, von der Nähe besehen, nur ein bescheidenes Beispiel für das sofortige Vergessen der unzähligen Belanglosigkeiten, die wir alle Tage von früh bis spät sehen, hören, spüren und selber tun. Die Auswahl dessen, was ausgestoßen wird und was bewahrt bleibt, ist ein bisher in der Psychologie viel zuwenig gewürdigtes Wunder, an dessen Zustandekommen, wie mir scheint, ganz allgemein das Prägnanzprinzip beteiligt ist.

Wie schon der letzte Hinweis gezeigt hat, sind die Änderungen, die an dem sich vollziehen, was ins Gedächtnis aufgenommen wird, oft erwünscht. Es gibt noch andere, ebenso erwünschte Änderungen, die aber zum großen Teil so selbstverständlich sind, daß ebenfalls noch niemand auf den Gedanken gekommen ist, sie genauer zu untersuchen. Es handelt sich dabei um Änderungen, durch die ein sachlicher Zusammenhang im Sinne des glatt durchgehenden Verlaufs von Ereignissen hergestellt wird aufgrund von Mitteilungen, in deren Reihenfolge dieser Verlauf mehr oder weniger stark gestört ist. Es gibt Romane und Filme – und es sind nicht die schlechtesten –, in denen diese Ereignisse nicht schlicht und brav wie in einer Chronik vom ersten bis zum letzten aufgezählt werden. Vielmehr wird dem Leser zunächst eine Szene vorgesetzt, die zu einer schon ziemlich weit fortgeschrittenen Phase des Gesamtgeschehens gehört, und die Vorgeschichte wird abschnittsweise nachgeliefert in Gesprächen, Erinnerungen, Rückblenden, die in den, im übrigen weitergehenden, Verlauf an passenden Stellen da und dort eingefügt sind. Versucht man nun nach einiger Zeit, die Geschichte wiederzugeben, so ist man völlig außerstande, sie in der Reihenfolge zu erzählen, in der der Dichter sie vorgetragen hatte. Im Gedächtnis ist alles *zeitlich zurechtgerückt*. Man findet die Geschichte dort in einer Reihenfolge vor, die genau der chronologischen Abfolge der Ereignisse entspricht.

Anstatt in meinen Erörterungen fortzufahren, werde ich nun mit Ihnen ein Experiment machen, das nicht in meinem Garten gewachsen ist. POPPELREUTER hat es schon vor 60 Jahren entworfen. Ich lese Ihnen jetzt eine Geschichte vor. Sie ist kurz und übersichtlich, nicht länger als 20 Zeilen. Passen Sie gut auf, daß Sie sie nachher möglichst genau wiedererzählen können.

Die Geschichte von dem ungehorsamen Knaben und der armen Witwe

Ein Knabe weidete ein Rind auf einem Grasplatz neben einem Garten. Als er nun in die Höhe sah nach einem Kirschbaum, merkte er, daß reife Kirschen daran hingen. Ein reicher Mann brachte seine Nachbarin, eine arme Witwe, um ihren einzigen Acker, um damit seinen Garten zu vergrößern. Die glänzten ihm rötlich entgegen, und es gelüstets ihn, sie zu pflücken; da ließ er das Tier allein und kletterte auf den Baum. Als er am anderen Tag auf dem Acker umherging, kam die arme Witwe mit einem leeren Kornsack und sprach zu ihm mit weinenden Augen: Die Kuh aber, als sie den Hirten nicht sah, ging davon und brach in den Garten und fraß Blumen und Kräuter nach ihrem Gelüste, anderes zertrat sie mit den Füssen. Ich bitte Euch, laßt mich von meinem väterlichen Erbteil nur soviel Erde nehmen, als in diesen Sack hineingeht. Der Reiche sagte: Diese törichte Bitte kann ich Euch wohl gewähren. Als der Knabe das sah, war er entrüstet, sprang von dem Baum, lief hin, ergriff das Rind und schlug es jämmerlich. Die Witwe füllte den Sack mit Erde und sprach dann: Ich habe eine Bitte, helft mir den Sack auf die Schulter nehmen. Da trat der Vater, der alles gesehen hatte, zu dem Knaben und sagte ernst: Dieses versuchte der Reiche, doch vergebens, der Sack war zu schwer. Gebührt die Züchtigung Dir oder dem Tier, das nicht weiß, was Recht und Unrecht ist? Bist Du nicht ebenso Deinem Gelüste gefolgt wie das Tier? Da sprach die Witwe mit Nachdruck: Da Euch dieser Sack voll Erde zu schwer ist, wie wird erst der ganze Acker Euch in der Ewigkeit drücken? Da schämte sich der Knabe und versprach dem Vater, nie wieder solches Unrecht zu tun. Der Mann aber erschrak über ihre Rede und gab ihr den Acker zurück.

Sie werden bemerkt haben, daß es *zwei* Geschichten waren, und daß Sie sich an jede einzelne ganz gut erinnern können. POPPELREUTER stellte sich, wie schon gesagt, schon vor 60 Jahren die Frage, was eigentlich geschieht, wenn man die einzelnen Sätze *zweier* Geschichten so vermischt, wie Sie es eben erlebt haben, das heißt, wenn immer ein Satz der einen mit einem Satz der anderen abwechselt, aber so, daß im übrigen die Reihenfolge unverändert bleibt. Ich habe inzwischen diesen Versuch Dutzende von Malen durchgeführt, und immer mit dem gleichen Ergebnis, das Sie kennen. Es ist völlig unmöglich, die Misch-Geschichte in der Reihenfolge der Darbietung wiederzugeben, auch wenn man es unmittelbar im Anschluß an die Vorlesung versucht. Alle Bemühungen, das doch zustande zu bringen, erweisen sich als willkürliche Konstruktionen. Die Abschnitte, die die Versuchspersonen einführen, weichen mehr oder weniger stark von den ursprünglichen Abschnitten ab.

Das heißt, die Bestandteile der beiden Geschichten werden sofort bei der Aufnahme so auseinandergegliedert und neu zusammengefügt, daß zwei jeweils sinnvoll in sich zusammenhängende Gebilde entstehen, in denen immer der nächste Satz dort anknüpft, wo der vorausgehende durch den dazwischen geschalteten Satz der anderen Geschichte unterbrochen wurde. Diese Ausgliederung des Unzusammengehörigen und die gleichzeitige Verknüpfung dessen, was zusammen gehört, ist so gründlich, daß die Bruchstellen der vorausgegangenen Darbietung nur noch zum Teil erinnert werden.

Man kann nun fragen, ob diese gegenseitige Absetzung der „vermischten Geschichten" nach ähnlichen Prinzipien erfolgt wie diejenige im optischen Bereich. Dort steht ja fest, daß die Absetzung nach dem Gesetz der *Gleichartigkeit* nur dann *erfolgt*, wenn die zu trennenden Gebilde sich qualitativ genügend voneinander abheben. Wenn ich zum Beispiel von meinem Schreibtisch aus auf die Gebäude über der Straße blicke und sie zwingend hinter den drei kräftigen Pfosten des vierteiligen Fensters „hindurchgehen" sehe, während unmittelbar vor mir dieses unterteilte Fenster ebenfalls eine in sich zusammenhängende Einheit bildet, so ist das – wenn auch nicht in allen Einzelheiten – ein räumliches Analogon zu meiner Doppelgeschichte. Und hier ist ganz klar, wie man die optische Trennung verhindern kann. Man braucht nur die verdeckten Teile der Gebäude so auf die Pfosten zu malen und sie so zu beleuchten, daß sie – bei festgelegtem Kopf – die genaue und glatte Fortsetzung ihrer sichtbaren Ausschnitte wären, und von Verdeckung eines Gegenstandes durch einen anderen wäre nichts mehr zu bemerken. Es müßte demnach auch bei den Doppelgeschichten möglich sein, ihre Trennung zu verhindern, wenn man sie ihrem Inhalt nach genügend ähnlich macht. Ich habe selber eine solche Vergleichsgeschichte zu der POPPELREUTERschen entworfen und werde Ihnen auch noch zum Besten geben, was dabei herausgekommen ist:

Nasreddin und der Ochse

Eines Tages lief ein Ochse auf Nasreddins Feld. Nasreddings Ochse hatte zwei gewaltige Hörner, die zusammen einen großen Bogen bildeten. Nasreddin nahm einen Stock zur Hand, aber als er damit auf den Ochsen los stürzte, lief dieser davon. Jedesmal wenn das Tier von der Weide heimkehrte, schlug Nasreddins Herz höher bei dem Gedanken, einmal zwischen seinen beiden Hörnern zu sitzen. Eine Woche später kam der Ochse daher, vor einen Bauernwagen gespannt. Er sprach zu sich selbst: Ach wenn ich doch einmal zwischen den beiden Hörnern sitzen, mit meinen Händen diese Hörner fassen und so reiten könnte! Und dachte Wunder, wie schön das wäre. Kaum hatte Nasreddin den Ochsen gesehen, als er den Knüttel ergriff und auf ihn loszuschlagen begann. Als sich der Ochse eines Tages im Hofe niederlegte, hielt Nasreddin das für die günstige Gelegenheit und setzte sich zwischen die Hörner. Der Bauer aber schrie: Heda Mann, was willst Du denn von dem Ochsen? Durch die ungewohnte Last gereizt, erhob sich der Ochse und warf Nasreddin ab; der fiel Hals über Kopf zu Boden, verlor die Besinnung und blieb ohnmächtig liegen. Seine Frau eilte herbei, und als sie Nasreddin so daliegen sah, hielt sie ihn für tot und begann zu weinen. Darauf entgegnete Nasreddin: Misch Dich nicht ein, Du Dummkopf! Der weiß schon, was er gemacht hat. Nach einiger Zeit öffnete er die Augen, und als er seine Frau weinen sah, sagte er: weine nicht, liebe Frau; wahrlich, viel habe ich gelitten, aber wenigstens ist mein sehnlichster Wunsch in Erfüllung gegangen.

Die Bedingungen dieses zweiten Versuchs waren sehr ungünstig. Ich habe Sie schon im voraus darauf aufmerksam gemacht, daß es nicht *eine* Geschichte ist, sondern deren zwei. Obwohl es überdies an den verschiedensten Stellen knirschte und man immer wieder den Eindruck hatte, „da stimmt doch etwas nicht", wird es Ihnen diesmal nicht leicht gefallen sein, die beiden Geschichten klar voneinander zu trennen:
1) Die Geschichte von Nasreddin und dem *fremden* Ochsen, der ihm auf seine Wiese gelaufen war und dort unberechtigterweise geweidet hatte, und den er dann mehrere Tage später verdrischt, als er ihm vor dem Wagen eines anderen Bauern begegnet.
2) Die Geschichte von Nasreddin und einem *eigenen* Ochsen, dem er sich so gern einmal zwischen die Hörner gesetzt hätte, und der ihn, als er es eines Tages versuchte, elend zu Boden warf.

Uneingeweihten Zuhörern ist die Trennung nicht möglich, trotz der auch für sie unverkennbaren Unstimmigkeiten. Dabei macht sie *logisch* überhaupt keine Schwierigkeit. Aber sie erfolgt nicht, und zwar ganz eindeutig nach dem Prägnanzprinzip der Gleichartigkeit, weil die Bestandteile der beiden Geschichten einander inhaltlich zu ähnlich sind.

Was Sie hier an der ersten Doppelgeschichte erlebt haben, vollzieht sich in größtem Maßstab beim Lernen in der Schule. Zum Beispiel haben wir von 8-9 Latein, von 9-10 Geographie, von 10-11 Mathematik, von 11-12 Geschichte, von 12-13 Biologie, und an den anderen Tagen wiederholt sich das Gemisch in anderer Reihenfolge und mit noch weiteren Fächern. Nachmittags bei den Hausarbeiten ist es genau dasselbe: ein bißchen dies, ein bißchen das, je nachdem, was für Fächer auf dem Stundenplan des nächsten Tages stehen. Unsere späteren Kenntnisse hängen trotz allem für jedes der Fächer in sich zusammen, auch wenn sie in Portionen angeeignet wurden, die durch Tage und während dieser Tage durch die Inhalte soundso vieler anderer Fächer voneinander getrennt waren. Und was in unmittelbar aufeinander folgenden Stunden angeeignet wurde, hängt in unserem Gedächtnis nicht im geringsten zusammen, *wenn es nicht zusammengehört.*

Der einzige Psychologe, der das bisher bemerkenswert gefunden hat, war der alte HERBART. Wenn er von Apperzeption spricht, so meint er mehr als WUNDT, nämlich eben diese völlig spontan erfolgende Einordnung neuer Kenntnisse an den rechten Platz in eines der verschiedenen, im Gedächtnis schon bestehenden Systeme von Wissensbeständen.

Dasjenige Problemgebiet der Psychologie, in dem das Prägnanzprinzip seine fruchtbarste Anwendung und Erweiterung gefunden hat, ist die Lehre vom produktiven Denken: Die Lehre vom Verstehen, das weit über die Hinnahme faktischer und daher unbestreitbarer Zusammenhänge hinausgeht. Man sagt auch: die Lehre von der einsichtigen Problemlösung.

Wenn mich jemand fragt, was denn am Verstehen mehr sei als die durch Fakten gut abgesicherte Überzeugung, daß zwischen zwei Phänomenen oder Sachverhalten ein unlösbarer Zusammenhang bestehe, dem pflege ich ein Erlebnis zu erzählen, das ich mit einem bekannten Graphologen hatte. Ich fragte ihn: Herr N. N., Sie schreiben in Ihrem Buch, das Schriftmerkmal X sei ein gut gesichertes Symptom für das Persönlichkeitsmerkmal Y; der Zusammenhang zwischen den beiden Merkmalen ist mir aber völlig unverständlich. Können Sie mir vielleicht klar machen, warum und wieso in diesem Merkmal der Schrift gerade jenes Merkmal der Persönlichkeit sich offenbart? – Seine Antwort lautete: Ganz einfach, wir haben an mehreren hundert Probanden nachgeprüft, ob beide Eigenschaften zugleich vorhanden sind, und es hat sich in jedem einzelnen Fall bestätigt.

Sie werden verstehen, daß der Fragesteller etwas enttäuscht war; denn er hatte irgendeine Art von Erleuchtung darüber erhofft, warum, das heißt aus welchen *sachlichen* Gründen gerade *diese* wahrnehmbare Eigenschaft *notwendig* oder wenigstens *bevorzugt,* das heißt eher als andere, zum Zeichen gerade für *diese* und keine andere Persönlichkeitseigenschaft wird. Hierüber aber wurde ihm die Auskunft verweigert, höchstwahrscheinlich, weil dem Auskunftgeber selbst der Unterschied zwischen einem „Wissen daß" und einem „Sehen, warum" nicht klar war; weil er nicht zu unterscheiden vermochte zwischen dem „Wissen, daß etwas so ist", und dem Erkennen, daß es „so sein *muß"* und „gar nicht anders sein *kann".*

Einsicht ist stets die Erfassung *struktureller* Zusammenhänge. Es gibt strukturelle Zusammenhänge, die so einfach und übersichtlich sind, daß es gar keiner geistigen Arbeit bedarf, um sie zu erfassen. Man schaut hin, man richtet die Aufmerksamkeit darauf, und man *sieht* den Zusammenhang samt seiner Notwendigkeit ebenso unmittelbar, wie die Glieder, die er verbindet. So etwa in den logischen Grundzusammenhän-

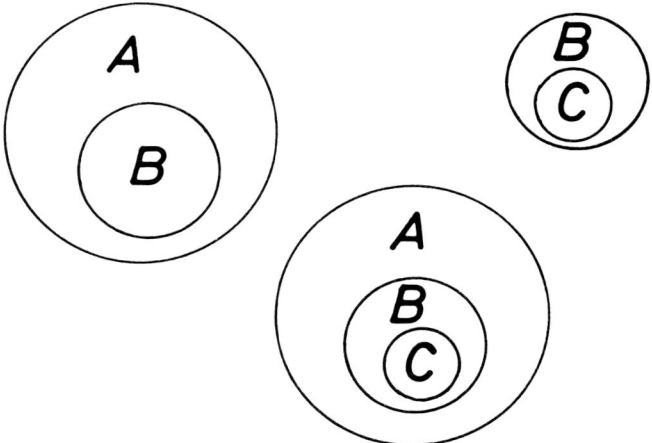

Abb. 10.2: Erläuterungen siehe Text.

gen: aus A=B und B=C folgt A=C; oder aus A ist größer als B und B ist größer als C folgt A ist größer als C. Oder ist B in A und C in B, so ist auch C in A. (Abb. 10.2). In solch einfachen Fällen ist die Einsicht vorhanden, ohne daß ein besonderer Denkprozeß stattzufinden braucht – wenn man nicht schon das „Ablesen" der fertig vor Augen liegenden Folgerung einen Denkprozeß nennen will. In anderen Fällen aber wird diese Ablesbarkeit erst in einem mehr oder weniger verwickelten und umständlichen Prozeß *struktureller Umformung* hergestellt, in der *Hervorhebung* von vorhandenen, aber in ihrer verbindenden Bedeutung zunächst nicht erfaßten, Zwischengliedern. So etwa, wenn die Gleichheit von Scheitelwinkeln zu beweisen ist, und beide als der *Rest* erkannt werden, der nach Abzug *desselben* Nebenwinkels von *demselben,* nur anders gelagerten, gestreckten Winkel von 180° übrig bleibt (Abb. 10.3).

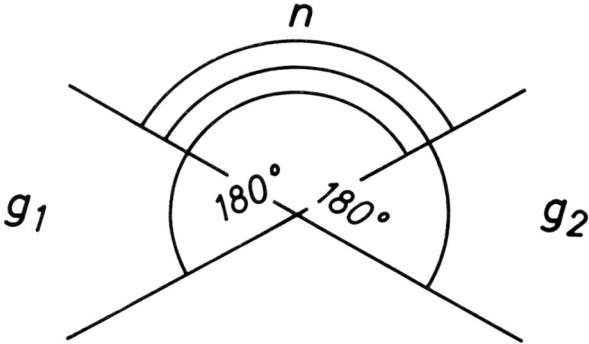

Abb. 10.3: Das Problem der Scheitelwinkel. Siehe Text.

Jede problematische Situation, das heißt jede Aufgabe, sei sie von einem Lehrer gestellt oder ergebe sie sich im Zusammenhang irgendeines Vorhabens von selbst, unterscheidet sich von der Situation, in der die Klärung herbeigeführt, die Lösung gefunden ist, genau in dem Sinne, in dem sich das unprägnante Gebilde im vierten Sinne von der zugehörigen Prägnanzform unterscheidet.

Für die Ausgangslage von Denkvorgängen, die nicht von einem Lehrer „aufgegeben" wurden, ist eine Art von Störung im vierten Sinne von Unprägnanz charakteristisch, die in unseren Beispielen aus der Wahrnehmung nicht vorkam: die örtliche „Unklarheit", Nebeligkeit, das Gefühl, daß an dieser Stelle „irgend etwas nicht stimmt". Das klassische Beispiel dafür aus der Wissenschaftsgeschichte ist die Unklarheit hinsichtlich des Begriffs der Gleichzeitigkeit, die das Nachdenken Albert EINSTEINS in Gang setzte und schließlich zu einer Umstrukturierung der gesamten Physik führte, durch die nicht etwa nur diese Unklarheit beseitigt wurde, sondern vieles andere sich grundlegend änderte.

Für die Lösung praktischer Probleme (das heißt die „Erfindung"), wie sie KÖHLER seinem Schimpansen zumutete, ist das Vorhandensein einer *Lücke* kennzeichnend: Hier stehe ich, dort hängt die Banane; der Weg zu ihr ist versperrt oder ungangbar, die Arme sind zu kurz. Wie verringere oder überbrücke ich den Abstand? Es lag nahe, den einsichtigen Problemlösungsprozeß allgemein nach dem Typus der *Lückenschließung* zu verstehen; wie dies zum Beispiel in den frühen Schriften von KOFFKA geschieht. Es gibt aber andere quasi-figurale Umstrukturierungen, die zur einsichtigen Lösung von Problemen geführt haben, und bei denen von Anfang an nicht im eigentlichen Sinne von Lücken gesprochen werden kann, weil der problematische Gegenstand in seiner Gesamtheit vor Augen liegt. Hierher gehört unter anderem die Neuverteilung, zum Beispiel die *Umgliederung* in konzentrisch angeordnete, einander einschließende *Paare*, durch welche die Aufgabe lösbar wird, die Summe einer arithmetischen Reihe auf verkürztem, multiplikativem Weg zu errechnen.

Hierher gehört ferner die Schwerpunktverlagerung oder „Umzentrierung", deren historisch bedeutendstes Beispiel die Vermutung von KOPERNIKUS war, der Mittelpunkt des Planetensystems liege nicht in der Erde, sondern in der Sonne. Die außerordentliche Vereinfachung unserer Auffassung vom Planetensystem im Vergleich mit dem Ptolemäischen, die dadurch erreicht wurde, daß auf die Annahme von Epizyklen völlig verzichtet werden konnte, ist ein klassisches Beispiel des Übergangs zu höherer Prägnanz im zweiten Sinne des Wortes.

Gibt es beim Denken auch den Übergang aus dem Chaos zur Prägnanz im ersten Sinne des Wortes? In gewisser Annäherung ja. Ich sage in Annäherung, weil die Wirklichkeit, mit der der Forscher sich beschäftigt, niemals *völlig* chaotisch ist, sondern stets irgendwelche zerstreuten, wenn auch mehr oder weniger umschriebenen Ansätze von Ordnung aufweist. Aber unter Vorbehalt dieser Einschränkung kann man etwa den Entwurf des periodischen Systems der Elemente von Dimitri MENDELEJEW durchaus als ein überaus folgenreiches Beispiel eines Übergangs aus einem weitgehend chaotischen Vorstadium zu höherer Prägnanz im ersten Sinne von RAUSCH bezeichnen.

Daß, nachdem diese Ordnung erst gefunden war, in ihr *Lücken* zugelassen werden mußten, wenn sie im großen gewahrt bleiben sollte, Lücken, die Zug um Zug in schwieriger Gedanken- und Forschungsarbeit geschlossen werden konnten – dieses wiederum im Sinne des *vierten* Prägnanzgesichtspunktes (und des KOFFKAschen Modells des produktiven Denkens) – sei nur nebenbei erwähnt.

Es gibt beim produktiven Denken auch Übergänge zu höherer Prägnanz im dritten Sinne: der Entzerrung des Verzerrten. Ein eindrucksvolles Beispiel gibt WERTHEIMER in seinem Hauptwerk (1945) in dem Abschnitt: „A girl describes her office". Solange sie die Verwaltungs-Einheit von ihrem Standpunkt – statt von dem des Leiters aus – beschreibt, liegt nicht nur der Schwerpunkt falsch, sondern das gesamte Beziehungsgefüge ist so verzerrt, daß es unmöglich ist, sich ein klares Bild von seinem Aufbau zu machen, obwohl es „Punkt für Punkt" richtig beschrieben ist.

Ich möchte nun noch ein einfacheres und doch zugleich wissenschaftsgeschichtlich höchst bedeutsames Beispiel eines Übergangs aus einem unsymmetrischen in ein symmetrisches System zusammenhängender Sachverhalte geben. Ich meine GALILEIS Entdeckungen über die Natur der Bewegung. Zunächst ergab es sich, daß die Abnahme der Geschwindigkeit nach oben gestoßener Körper genau spiegelbildlich zu ihrer Zunahme beim Fall ist, wie man es heute durch die Ausdrücke „positive" und „negative" Beschleunigung darstellt. Nachdem dies klar war, ergab sich für die Bewegung in waagerechter Richtung, daß sie weder beschleunigt noch verlangsamt sein dürfte, – das heißt, daß sie, einmal in Gang gesetzt, ohne Ende gleichmäßig fortdauern müsse. Es wurde also aus Symmetriebetrachtungen etwas gefolgert, was noch nie jemand beobachtet hatte. Gleichzeitig fand in der Forderung *zusätzlicher* Kräfte, die schließlich den Stillstand der gleichförmigen Bewegung herbeiführen, eine *Ergänzung* des Bildes im Sinne des vierten Prägnanzprinzips statt, die inzwischen als zutreffend erwiesen ist.

Ich breche damit meine Ausführungen über die Bedeutung des Prägnanzprinzips für die Psychologie des produktiven Denkens ab und möchte mich noch ein wenig mit der Frage beschäftigen, ob es möglich ist, die Gesichtspunkte, die in der Wahrnehmung entdeckt wurden und die sich auch in der Lehre von der Bewegung, vom Gedächtnis und vom Denken als so fruchtbar erwiesen haben, auch auf Probleme der Sozialpsychologie anzuwenden.

Die Sozialpsychologie ist der einzige Teil der Psychologie, der den Vorteil hat, mit unbezweifelbaren und unverwechselbaren *Elementen* umzugehen. Ihr Element ist der ganze Mensch. Ihre *Ganzen* sind die Gruppen, in denen er lebt: die kleinen und größeren, die natürlichen und organisierten, formellen und informellen überindividuellen Einheiten, die offenbar für dieses politische Wesen die Lebensgrundlage bilden und den Bezugsrahmen, in den er an ganz bestimmter Weise eingeordnet sein muß, um existieren zu können.

Lassen sich in den überindividuellen Ganzen, deren Elemente und zugleich natürliche Teile die einzelnen Menschen sind, ebenfalls Auswirkungen des Prägnanzprinzips entdecken? Wenn wir diese Frage stellen, müssen wir uns darüber klar sein, daß Begriffe, die im Bereich der Figuralwahrnehmung gewonnen sind, im sozialen Bereich zum Teil nur im übertragenen Sinne, wenn überhaupt, gebraucht werden können. Trotzdem kann kein Zweifel darüber bestehen, daß auch in diesem Bereich der Unterschied zwischen einem „chaotischen" Haufen, in dem jedes einzelne „Mitglied" nur seinen eigenen Gelüsten folgt, in dem kein allgemeines, für alle gültiges und verbindliches Prinzip des Handelns bemerkbar ist, und in dem der Einzelne keinerlei besondere Funktion besitzt, in dem im Grenzfall, wie in einem Fliegenschwarm, zwischen den einzelnen Mitgliedern keinerlei Verständigung stattfindet, – deutlich zu unterscheiden ist von Gruppen, in denen dieses alles der Fall ist. Man wird, ohne den Begriffen Gewalt anzutun, die Gruppen der zweiten Art als prägnant im ersten Sinne von RAUSCH bezeichnen dürfen. Daß auch Unterschiede in der Klarheit, Bestimmtheit und Übersichtlichkeit der Gruppenordnung im *zweiten Sinne* von RAUSCH bestehen, wird man kaum bezweifeln können.

Es gibt sogar soziale Gebilde, in denen die Struktureigenschaften, unter denen sie reibungslos und ohne die Gefahr des Zerfalls funktionieren, noch sehr viel spezieller definiert sind. So zeichnet sich eine haltbare Ehe unter unseren allgemeineren gesellschaftlichen Bedingungen nicht nur durch einen starken inneren Zusammenhalt aus, sondern vor allem auch durch eine genügend scharfe *Absetzung nach außen* hin, insbesondere gegen die beiden Herkunftsfamilien. Jede Ehe, in der diese Absetzung ungenügend ist, die nach außen nur verschwommene und durchlässige oder gar keine Konturen besitzt, ist ständig vom Zerfall bedroht. Dazu kommt aber ein zweites: Bei *grundsätzlicher* Monogamie und Gleichberechtigung der Geschlechter – also wenn eine Ehefrau kein Gegenstand wie andere Gegenstände ist, der durch die Eheschließung in den Besitz des Mannes übergeht – zeichnet sich eine gute Ege durch gewisse *Symmetrie-Eigenschaften* oder, wie man in diesem Fall wohl besser sagen sollte, *Gleichgewichts-Eigenschaften* aus. In Ehen, die etwa, statt aus wechselseitiger Liebe, aus Hilfsbedürftigkeit des einen und aus Mitleid des anderen Partners zustande kommen, auch in Ehen, in denen in anderer Hinsicht der eine stets der gebende und der andere stets der empfangende Teil ist, in Ehen, in denen der eine Partner einen Vater- oder Mutter-Ersatz sucht oder auch einen stets gefügigen Vasallen, – wird also schon *durch ihre Anlage* die Ausbildung des erforderlichen Gleichgewichts verhindert. Eine vollkommene Symmetrie ist freilich bei der Ehe schon durch die Verschiedenheit des Geschlechts der Beteiligten ausgeschlossen. Aber nicht nur hierdurch. Man wird ihre Symmetrie etwa mit derjenigen der beiden Hirnhälften vergleichen dürfen. Bei dieser hat sich bekanntlich im Lauf der Stammesentwicklung eine klare Dominanz der einen Hälfte über die andere herausgebildet. Ebenso bildet sich auch in einer Ehe aufgrund des gegenseitigen Verhältnisses bestimmter Persönlichkeitseigenschaften, wie Initiative, Entschlossenheit, Schlagfertigkeit, Voraussicht, Unbeirrbarkeit, Organisationsfähigkeit, spontan ein gewisses „natürliches" Führungsverhältnis aus. Es leuchtet ein, daß dabei nicht immer der Mann der führende Teil ist, wie dies in unserer Gesellschaft herkömmlicherweise vorausgesetz wird. Das traditionelle, institutionalisierte Führungsverhältnis wird dann zur mehr oder weniger eifrig aufrecht erhaltenen Fassade.

Damit sind wir aber schon bei einem zweiten Prägnanzgesichtspunkt angelangt, der in den sozialen Gruppen eine beträchtliche Rolle spielt. Er entsteht, wie auch schon in dem angeführten Beispiel der Ehe, durch die dem Menschen vorbehaltenen Möglichkeit, Gruppen durch *Festsetzung* zu organisieren. Man kann zum Beispiel die *Mitgliedschaft* in irgendeinem Sinne zur „Pflicht" machen, wie etwa bei einer Schulklasse – im Gegensatz zu einer Familie oder Freundschaft. Man kann ferner in solchen durch Pflicht gebildeten und zusammengehaltenen Gruppen die Führungspositionen durch „Ernennung" besetzen, wie etwa bei der Einstellung eines Lehrers und seiner Zuweisung zu einer bestimmten Schulklasse. Dies alles im Gegensatz zu der Ausbildung einer natürlichen Führerrolle im natürlichen Kräftespiel der Verstandes- und Willensbegabung der Mitglieder einer Gruppe, die auf dem freien Einverständnis zwischen den Gruppengliedern beruht.

Ernennungen können ihrer Natur nach *ohne* Berücksichtigung der Frage erfolgen, ob der zu Ernennende auch eine *natürliche* Überlegenheit über diejenigen besitzt, denen er vorgesetzt wird. Schüler jeden Alters haben dafür ein unmittelbares Gefühl und sehr klare, wenn auch nicht immer laut ausgesprochene Erwartungen. Sie fordern unter allen Umständen auch die *natürliche* Überlegenheit des Lehrers, ehe sie bereit

193

sind, sich ihm nicht nur dem Schein nach, sondern wirklich unterzuordnen. Sie fordern mit anderen Worten ein prägnantes Führungsverhältnis. Und prägnant wird man ein institutionalisiertes Vorgesetztenverhältnis tatsächlich nur dann nennen dürfen, wenn der ernannte Führer zugleich eine natürliche Überlegenheit besitzt. Ist dies nicht der Fall, so gibt es auf beiden Seiten mehr oder weniger ernste Störungssymptome. Bei den Geführten wiederholen sich Ausbrüche von *Unbotmäßigkeit*, die sich vor allem in Streichen Luft machen, die dazu dienen, dem Vorgesetzten seine Hilflosigkeit zu beweisen. Auf Seite des Vorgesetzten entsteht fast gesetzmäßig hysterische *Aufgeblasenheit*, bei welcher durch Betonung des äußeren Scheins der Überlegenheit das Fehlen der erforderlichen Qualitäten verdeckt werden soll.

Prägnant wird man allgemein eine mehrstufige Hierarchie dann nennen dürfen, wenn die Zuständigkeit und Tüchtigkeit von unten nach oben von Stufe zu Stufe größer ist. Wo – nach dem sogenannten „Peter-Prinzip" – irgendein Angehöriger eines Unternehmens oder einer Behörde aus einer Stufe, die er noch befriedigend ausfüllte, in eine Stufe aufsteigt, zu deren Bewältigung seine Fähigkeiten nicht mehr ausreichen, entsteht an der Hierarchie eine Unprägnanz im vierten Sinne des Wortes. Das heißt, es entsteht in ihr eine fehlerhafte im Grund *nur scheinbar ausgefüllte* Stelle. Die individuellen Motive der verfehlten Selbsteinschätzung und Selbsteinstufung, die sich in der Bewerbung um den höheren Posten und in seiner Annahme äußert, sind nicht einheitlich. Mit dem Grundmotiv, dem Bestreben, in jedem Fall die höchste erreichbare Stelle einzunehmen, werden wir uns gleich noch beschäftigen. Zusätzliche Motive sind unter anderem etwa bei Verheirateten, die Angst der Frau vor dem Gerede der Leute, allgemein natürlich auch die Verlockung des höheren Einkommens und Ansehens. Doch gehören diese Einzelheiten nicht mehr zu unserem Thema.

Schon im einleitenden Beispiel des ersten Teils* – die gegeneinander geöffneten Paare von Kreisbögen – zeigte es sich, daß von Prägnanz nicht ausschließlich im Hinblick auf Struktur-Eigenschaften eines Ganzen gesprochen werden kann, sondern auch im Hinblick auf die *Einordnung* eines Ganzen in seine Umgebung. Es war damals unter anderem auch von einer prägnanten *Lage* die Rede, bei welcher die Symmetrieachsen des Gebildes mit den Hauptrichtungen des Raumes zusammenfallen. Man kann nun die Frage stellen, ob es nicht vielleicht mehr und weniger prägnante Arten der Einordnung eines Menschen in eine Gruppe gibt. Dies ist tatsächlich der Fall, und es sind auch schon sehr bestimmte Reaktionen auf eine „falsche" Stellung in der Gruppe bekannt. Jedenfalls steht fest, daß die *räumliche Nähe* im Sinne des figuralen Gruppierungsgesetzes für das Bewußtsein eines Menschen, *einer Gruppe zuzugehören, nicht ausreicht*. Es müssen noch mehrere weitere Bedingungen erfüllt sein, damit man sich einer Gruppe *zugehörig* und eingeordnet weiß:

1) Die laufende gegenseitige Verständigung, das Angesprochen- und Angehörtwerden und ein gewisser Grad des Einverständnisses;
2) das Bewußtsein, den übrigen Mitgliedern, trotz aller unvermeidlichen Mächtigkeits- und Rangunterschiede, im Grunde *gleichwertig* und *gleichgeachtet* zu sein;
3) das Bewußtsein, in der Gruppe eine bestimmte *Rolle und Funktion* zu haben, in irgendeinem klaren Sinn „für jemand oder für etwas da zu sein";
4) die Bereitschaft zu gegenseitiger Hilfe.

Ist auch nur eine dieser Bedingungen nicht erfüllt, so sind mit großer Sicherheit sehr charakteristische Persönlichkeitsstörungen zu erwarten, die aber hier im einzelnen

---

* Vgl. den voranstehenden Aufsatz.

nicht beschrieben werden können. Ich muß mich mit einigen Andeutungen begnügen. Wer nur „mitgeschleppt" wird, ohne wirklich „angenommen" zu sein, wer sich also als „fünftes Rad am Wagen" fühlt, neigt leicht dazu, auszuscheren und in eine klare und eindeutige Kampfstellung gegen die Gruppe überzugehen, das heißt in einen offenen Kriegszustand. Geschieht dies schon in früher Kindheit, so ergibt sich in zahlreichen Fällen das Zustandsbild der aggressiven Verwahrlosung, der geradezu angeboren wirkenden Bosheit und Heimtücke. Geschieht es aus irgendeinem Grunde einem Erwachsenen, so ergibt sich, wie SCHULTE (1924) gezeigt hat, vielfach das Zustandsbild des paranoiden Verfolgungswahnes.

Der Unterbewertete, Gedemütigte, Mißhandelte, Verachtete und Verspottete entwickelt das lebhafte Bedürfnis, 1) vom Rand in den Mittelpunkt zu gelangen und 2) sich möglichst *über* die anderen zu stellen: als Mächtigster, als Bewundertster oder Beneidetster oder, wenn es dazu nicht reicht, als von allen anderen umsorgter und sie ständig in Atem haltender Leidender. – Der von Anfang an überbewertete und Verwöhnte gerät leicht in amoralische Überheblichkeit.

Der Funktionslose, der Mensch, der „für nichts und niemand da ist", gerät, ganz gleich ob mit Bewußtsein oder nicht, in Apathie und geistige Verödung.

Mindestens ebenso wichtig wie diese Reaktionen auf eine gestörte Einordnung sind die – bis heute kaum beachteten – Wirkungen des Bewußtseins, „zugehörig" und „gut eingeordnet" zu sein. Sie führen noch auf einen anderen Gesichtspunkt, unter dem man im Verhalten einer Gruppe zusammenlebender Menschen von größerer oder geringerer Prägnanz sprechen kann: nämlich den der „Reibungslosigkeit" und „Harmonie" des Zusammenlebens.

Man stößt auf diesen Gesichtspunkt meist unter der Überschrift „Sozialisierung" oder auch „Gewissensbildung". Beides setzt voraus, daß alles Zusammenleben einer gewissen Ordnung bedarf, der die Mitglieder einer Gruppe sich unterwerfen. Im Haushalt hat alles Wesentliche „seinen Platz" und „seine Zeit". Gewisse Umgangsformen bilden sich aus. Desgleichen gewisse Zeiten festgelegten gemeinsamen Tuns und andere, die jedem Mitglied frei verfügbar sind. Diese Ordnung ist dann „prägnant", wenn sie von allen Beteiligten in stillschweigender Einmütigkeit eingehalten wird. Es gehören zu ihr, wie schon bemerkt, noch einige allgemeine Merkmale, wie zum Beispiel gegenseitige Offenheit, Gerechtigkeit, Friedlichkeit, Rücksicht, Hilfsbereitschaft, Solidarität. Die *Bereitschaft* zum Verhalten im Sinne dieser allgemeinen Merkmale ist das, was Alfred ADLER als „Gemeinschaftsgefühl" und Fritz KÜNKEL als „Wirhaftigkeit" bezeichnet haben.

In der herkömmlichen, besonders der psychoanalytischen Theorie der Bildung des Gewissens und der Sozialisierung wird ganz selbstverständlich vorausgesetzt, daß soziales Verhalten *erzwungen werde,* und zwar in jedem Fall durch die Sanktionen, die gegen alle Abweichungen von ihm verhängt sind: eine höchst traurige Theorie der Sozialität des Menschen.

Die Beobachtung lebender Kinder – in welcher der große FREUD nicht sehr groß war – weist auf eine ganz andere Möglichkeit hin. Im dritten Lebensjahr *entdeckt* das Kind die Tatsache der Ordnung des Zusammenlebens. Sie wird ihm interessant. Es beginnt, sich mit ihr vertraut zu machen, ebenso wie ein Jahr früher mit der *Sprache* seiner Umgebung. *Ist es gut eingefügt,* so entwickelt es ohne jeden Zwang und ohne alle Sanktionen – als besonders bedeutsamen Spezialfall einer Prägnanztendenz – den mehr oder weniger heftigen Drang, *sich dieser Ordnung möglichst reibungslos einzufügen.* Seine Fähigkeit, zu unterscheiden, wieweit ihm dies gelungen ist, und sein Drang,

Abweichungen zu korrigieren, auch ohne dazu ausdrücklich ermahnt zu werden, *ist sein Gewissen*, genauer, ist die gesunde Form des menschlichen Gewissens.

Nachdem wir zu begründeten Vermutungen über Prägnanztendenzen bei *einzelnen Gliedern* von Gruppen gelangt sind, möchte ich nochmals zu der Frage von Symmetrie- oder Ordnungseigenschaften ganzer Gruppen zurückkehren, die vorhin schon einmal am Beispiel der Paarbildung in der Ehe erörtert wurde.

Es scheint schon im vormenschlichen Bereich höherer Wirbeltiere – Vögel und Säugetiere – grundsätzlich zwei Prägnanzformen von Gruppenstrukturen zu geben.
1) Die „Treppenstruktur", in der die einzelnen Mitglieder in einer normalerweise eindimensionalen, offenen Rangreihe geordnet sind, so daß jeder weiß, wem er nachzugeben hat und von wem er mit Sicherheit erwarten kann, daß er *ihm* nachgibt. Das erste, gründlich untersuchte und immer noch klassische Beispiel einer Treppenstruktur der Gruppe ist die „Hackliste" des Hühnerhofes, wie sie SCHJELDERUP-EBBE schon in den 20er Jahren beschrieben hat. Sie scheint bei Wirbeltieren allgemein zu gelten. Eine besonders streng eingehaltene Rangordnung dieser Art fand SCHENKEL bei Wölfen. Aber in den Beschreibungen der Art und Weise, wie ein Wolfsrudel etwa ein lahmendes und zurückbleibendes Tier aus einer Rentier-Herde herausdrängt, einkreist und schließlich erlegt, bemerkt man kaum noch etwas von der Rangordnung, und umso mehr von einer harmonischen Zusammenarbeit, bei der jedes Glied der Gruppe seine von der gemeinsamen *Aufgabe* bedingte Stelle einnimmt und das an ihr jeweils Nötige und Zweckmäßige tut. Hierin deutet sich schon im vormenschlichen Bereich eine gänzlich andersartige Struktur der Gruppe an, nämlich
2) die Ausrichtung auf ein gemeinsames Anliegen, die sich in gegenseitigem Unterstützen und Unterstütztwerden zur höchsten Wirksamkeit steigert.

Beide Strukturen kommen auch beim Menschen vor. Auch für ihn ist die Ausbildung der Treppenstruktur nicht, wie viele meinen, ein unabwendbares Schicksal. Es ist neben ihr noch jene zweite prägnante Gruppenstruktur grundsätzlich möglich, die man durch einen *Ring* versinnbildlichen könnte, auf welchem sich die Mitglieder der Gruppe (sozusagen „in gleicher Höhe") verteilen und dessen Mittelpunkt das gemeinsame Anliegen darstellt.

Die, wie schon angedeutet, von vielen als unabwendbares Verhängnis betrachtete, aber tatsächlich nur für die Treppenstruktur kennzeichnende Tendenz, über jeden anderen zu gelangen, ist dabei *ersetzt* durch das Bestreben, einander *gegenseitig zu fördern*. Kennzeichnend für den Unterschied der Gruppenstrukturen ist unter anderem die Art und Rolle der Kritik. In der Gruppe mit Treppenstruktur herrscht die „negative", das heißt die *herabsetzende* Kritik vor, durch die jeder sich über jeden anderen zu *erheben* und ihn zugleich zu „drücken" versucht, und als Gegenstück die Gekränktheit des Kritisierten, der sich mit Recht angegriffen fühlt. In der Gruppe mit Ringstruktur herrscht die „positive", das heißt die *hilfreiche* und aufbauende Kritik vor, durch welche der Kritiker die Leistungsfähigkeit des Nachbarn in irgendeiner Hinsicht auf den eigenen Stand zu heben versucht, und die, wenn beim Kritisierten die gleiche Haltung besteht, nicht als Angriff, sondern als Hilfe verstanden wird, – und dies ebenfalls mit Recht, da durch die gegenseitige Förderung die Effektivität der Gesamtgruppe im Hinblick auf das gemeinsame Anliegen auf das höchste mögliche Maß gesteigert wird (Abb. 10.4).

Die Erkenntnis der Möglichkeit der zweiten Art von Gruppenstruktur geht auf Alfred ADLER zurück. Dies muß ausdrücklich betont werden, da unsere Ausdrucksweise, aber nicht die damit gemeinte Sache, eine andere ist als die seine. ADLERS

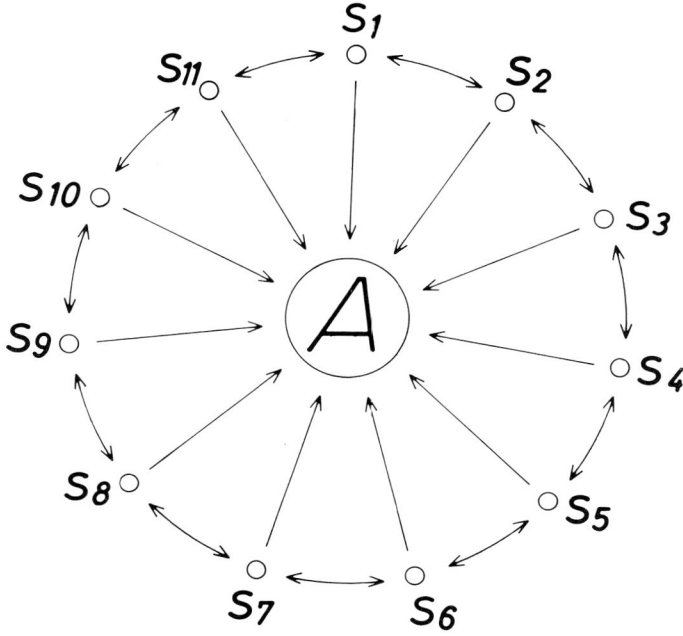

Abb. 10.4: Ringförmige Gruppenstruktur um ein gemeinsames Anliegen (A) herum.

Mitarbeiter Leonhard SEIF hat 1920 in einem Vortrag zum ersten Mal darauf hingewiesen. Seine Behauptung, daß die erste unvermeidlich den rücksichtslosen Streber fördert und züchtet, und daß von der zweiten ebenso sicher die Ausbildung kameradschaftlicher und selbstvergessener Haltungen erwartet werden könne, wurde 1938 von LEWIN und LIPPITT – die SEIF aller Wahrscheinlichkeit nach *nicht* kannten – aufs glänzendste bestätigt. Die treffendste *sprachliche* Kennzeichnung der in der Ringstruktur sich entwickelnden Haltungen ist zum ersten Mal von Fritz KÜNKEL 1928 gegeben worden. Er bezeichnet den hier sich verwirklichenden Bezug zum *Anliegen* als *„Sachlichkeit"*, den zum *Nachbarn* wie schon gesagt als *„Wirhaftigkeit"*. In beiden Strukturen finden sehr bestimmte Persönlichkeitsänderungen statt, wobei diejenigen Verhaltensweisen, die in die fragliche Gruppenstruktur nicht hineinpassen, aufgegeben und durch die zu ihr passenden ersetzt werden. Dies scheint mir die Annahme zu rechtfertigen, daß es sich auch hier um die Auswirkung einer Tendenz zur Prägnanz der gerade vorherrschenden Gruppenstruktur handelt, und zwar im vierten Sinne von RAUSCH. Eine Störung der Struktur, also Unprägnanz, liegt überall dort vor, wo, etwa im Hinblick auf die Art der Kritik und auf ihre Annahme oder Ablehnung, ein Verhalten sich verwirklicht, das eigentlich der *anderen,* eben nicht vorherrschenden Gruppenstruktur zugeordnet ist.

Das Problem kompliziert sich bei der menschlichen Zusammenarbeit dadurch, daß diese sich in immer größeren Organisationen vollzieht, in denen aus systemtheoretischen Gründen her Aufbau von Hierarchien mit unterschiedlichen Rangstufen unvermeidlich ist. Das über die Ringstruktur Gesagte wird dabei keineswegs ungültig, es wird nur weniger leicht durchschaubar. Selbstverständlich enthält jede hierarchische Struktur die Versuchung, in ein Hacklistenverhalten abzugleiten. Es ist die Versuchung, sich bei dem Vorgesetzen – um des Aufstiegs willen – „lieb Kind zu machen", die Untergebenen aber „seine Macht fühlen zu lassen". Es ist aber nur eine Versuchung, keine Notwendigkeit. Auch hier ist ein *echt* sachliches Verhalten möglich. Es besteht darin, daß man – in wacher, kritischer Haltung gegenüber dem, was von oben angeordnet wird, im Hinblick auf die Gesamtaufgabe der Organisation – aus der Kompetenz seiner Stufe das Beste zu machen versucht und zugleich seinen Untergebenen *dazu verhilft,* auf *ihrer* Stufe dasselbe zu tun.

Diese Unterscheidung zwischen sachlich gefordertem hierarchischem Aufbau und unsachlichem Hacklisten-Verhalten wird in der gesamten gegenwärtigen Kritik der hierarchischen Strukturen, soviel ich sehe, völlig außer acht gelassen. Aber gerade darin entscheidet es sich, ob diese Kritik selbst eine sachliche, aufbauende oder nur eine im Grunde zerstörerische Kritik ist.

Ich schließe damit meine Ausführungen und überlasse es Ihrem Urteil, ob und wieweit es sich gelohnt hat, zu überlegen, ob das bei Untersuchungen der Wahrnehmung entdeckte und dort in seiner Bedeutsamkeit mehr als ausreichend gesicherte Prinzip der Prägnanz auch in anderen Bereichen des Psychischen von Bedeutung ist.

11. Das Problem der Ordnung (1980)

Vor mehr als fünfzig Jahren, im Sommer 1922, habe ich in Berlin, fast zufällig, zwei der drei Gründer der – zunächst nur psychologischen – „Gestalttheorie" kennen gelernt. Es waren Max WERTHEIMER und Wolfgang KÖHLER; (der dritte, Kurt KOFFKA, war damals in Gießen). Als Student der Germanistik und Kunstgeschichte mit gewissen psychologischen Neigungen war ich damals in die „Psychologischen Übungen für Anfänger" hineingeraten, die von den beiden mir völlig unbekannten Herren angekündigt waren. Und von der ersten Stunde an war es mir klar: Hier wird, nicht nur psychologisch, sondern ganz allgemein, Grundlegendes verhandelt, nämlich die Frage nach den möglichen Grundlagen von Ordnung: von Ordnung überhaupt, in allen Bereichen des Seins, sei es an zeitunabhängigen Zuständen, an ruhenden Verteilungen, Gebilden, Gestalten, sei es an Vorgängen, Melodien, Ereignissen, Geschehensverläufen. Bis zu jener Begegnung hatte ich es für selbstverständlich gehalten, daß man das Zustandekommen und die Erhaltung von Ordnung, ganz gleich ob an Zuständen oder Vorgängen, nur auf eine einzige Weise erklären könne, nämlich durch irgendwelchen äußeren Zwang: in der Natur durch den Zwang von festen Vorrichtungen, ausnahmsweise vielleicht auch durch den Zwang nicht-physikalischer entelechialer Eingriffe im Sinne des Neovitalismus von Hans DRIESCH, – im menschlichen Verhalten außerdem durch den Zwang von festen Regeln, Geboten, Vorschriften, Anordnungen, Befehlen und auch von genügend „verstärkten" Gewohnheiten. Das schloß die Annahme ein, daß beim Fehlen von festen Vorrichtungen (oder von Entelechien oder von Gewohnheiten oder von Vorschriften und der Bereitschaft, sich ihnen zu unterwerfen) auf die Dauer nur chaotische Zustände möglich seien, daß also bei dem Versagen der Vorrichtungen jedes geordnete (z. B. zielgerichtete) Geschehen über kurz oder lang seine Ordnung verliere und chaotisch würde. Diese Annahme fand sich in (oder hinter) so gut wie allem, was damals in Lehrbüchern und Abhandlungen an Erklärungen angeboten wurde, ganz gleich, ob sie als „physiologische" oder als „psychologische" Erklärungen bezeichnet waren.

Immerhin war ich bei meinen germanistischen Studien – und zwar bei dem Problem der dichterischen Vollkommenheit – auf die Tatsache gestoßen, daß diese offenbar nicht, oder nicht allein, durch die Einhaltung formaler Vorschriften erreicht wird. Sonst müßte beispielsweise PLATEN, der in der Korrektheit seiner Gestaltung unübertroffen ist, ein größerer Dichter sein als HÖLDERLIN. An dieser Stelle befand sich also in dem sonst so geschlossenen System auferlegter Ordnungen eine Störung, – auf die übrigens Johann Georg HAMANN, der „Magus des Nordens" und väterliche Freund GOETHES, vor über 200 Jahren als erster hingewiesen hatte.

Durch meine Begegnung mit der Gestalttheorie wurde diese Störung zu einem Tor, durch welches mit einem Mal, und zwar ganz allgemein, sich der Ausblick auf die Möglichkeit von Ordnungen ganz anderen, irgendwie menschlicheren Ursprungs eröffnete, – von Ordnungen, die ihr Bestehen dem dynamischen Wechselspiel innerer Kräfte von Ganzen verdanken und die, als „ausgezeichnete Zustände", ohne besondere äußere Einwirkungen auch aus w e n i g e r geordneten Zuständen hervorgehen können, und das heißt zugleich, sich bei Störungen selbst wiederherzustellen vermögen.

Dies ist, wie sogleich ebenfalls klar wurde, nicht möglich in Mannigfaltigkeiten von der Art eines Mosaiks, in welchem von einander unabhängige Elementar-Sachverhalte summenhaft nebeneinanderliegen oder – wie bei Strahlungen – sich im selben Raum überlagern, – sondern nur in gestalteten Ganzen, in „Feldern" im Sinn der Physik, in Systemen, in denen auch dynamisch alles mit allem zusammenhängt und der Zustand an jeder einzelnen Stelle mehr oder weniger stark von den Zuständen an allen anderen Stellen abhängt und zugleich jene mitbedingt. – Im Mosaik gibt es tatsächlich nur zufällige oder durch irgendwelche Mechanismen oder Vorrichtungen oder gezielte Eingriffe willkürlich auferlegte und durch Starrheit des Materials gesicherte Ordnung. Innenbedingte, sachlich notwendige, frei angestrebte, frei aufrecht erhaltene und bei Störungen wiederhergestellte Ordnung gibt es nur im Feld oder System.

Bekanntlich wurden Gebilde, die ihre Ordnung ausschließlich oder vorwiegend dem Wechselspiel innerer Kräfte verdanken, seinerzeit, im Anschluß an einen von v. EHRENFELS (1890) eingeführten Sprachgebrauch, „Gestalten" und die Theorie ihrer Ordnung „Gestalttheorie" genannt. Für die in ihnen wirksame Tendenz zu größerer Ordnung hat sich in der Lehre von der Wahrnehmung und vom Gedächtnis der Ausdruck „Prägnanztendenz" eingebürgert.

Der Unterschied zwischen den beiden Arten von Ordnung springt ohne weiteres ins Auge, vorausgesetzt, daß die Ausbildung der innenbedingten Ordnung nicht allzulangsam vor sich geht. Schon das kleinste Kind ist begeistert von der innenbedingten Form einer Seifenblase, im Vergleich mit der geometrisch übereinstimmenden Form einer Stein-, Holz- oder Blechkugel. Für ein „freies" und doch im höchsten Maß gesetzmäßiges Geschehen ist ein naheliegendes Beispiel der Umlauf einer Spielzeug-Eisenbahn auf einer ringförmigen Schiene, oder auch mit dem – den alten Denkern näherliegenden – Umlauf eines Punktes, der auf einer sich drehenden starren Kugel fest angebracht ist.

Die Eigenart freien, dynamisch gesteuerten Geschehens hat eine Reihe, z. T. weittragender Auswirkungen. Ich werde nie den, an sich selbstverständlichen, Hinweis Wolfgang KÖHLERS vergessen, daß eine kleine Menge Quecksilber, völlig gleichgültig, aus welchen Teilbeträgen man sie zusammensetzt und wie man diese anordnet, also völlig unabhängig von ihrer Vorgeschichte, stets in die Kugelgestalt übergeht. Sofern die Vorgeschichte dessen, was sich hierbei abspielt, tatsächlich bedeutungslos ist, haben wir einen auch heute noch verbreitete Auffassung von den Verursachungsverhältnissen in der Natur zu berichten: Der Begriff der unentrinnbaren eindimensionalen „Kausalkette", der noch in meiner Jugend in keiner naturphilosophischen Überlegung fehlte, hat sich als schief und unangemessen erwiesen. Er ist, wenn auch etwas zögernd, ersetzt worden durch die Begriffe der Gesamt-Bedingungslage, der Strukturgesetze von Ganzen, der ausgezeichneten Endzustände. Es hat sich als möglich erwiesen, die Zielbestimmtheit von Vorgängen anzuerkennen, ohne den Rahmen des Determinismus zu sprengen. Mit anderen Worten: das vermeintliche gegenseitige Ausschließungsverhältnis zwischen Kausalität und Finalität hat sich aufgelöst. Und nicht zuletzt haben sich „neue Anfänge" als möglich erwiesen, wodurch zum ersten Mal ein Ansatz zu einer echten Lösung des Problems der Verantwortung sichtbar wird.

Ausgeräumt ist auch das unter Nicht-Physikern verbreitete Mißverständnis des Zweiten Hauptsatzes der Thermodynamik, wonach spätere Zustände eines gegebenen Bereiches stets weniger geordnet sein sollen als frühere. Bedeutsam ist endlich die Entdeckung des „stationären Zustands" oder Fließgleichgewichts, in welchem das „παντα ρει" des HERAKLIT sich verwirklicht, indem bestimmte, scheinbar unveränderliche Gebilde ihren Fortbestand einem ständigen geregelten Durchfluß von Materie und

Energie verdanken, wie, außer sämtlichen Organismen mit ihrem Stoffwechsel, z. B. auch die Flamme, die Wolke, der Springbrunnen und das eigene Beispiel HERAKLITS: der Fluß. Darüber hinaus kam die umwälzende Erkenntnis, daß in Gebilden dieser Art, in den „fließend beständigen Ganzen" oder „Systemen", dem zweiten Hauptsatz noch ein zweites Mal scheinbar widersprochen wird, sofern sie u. U. in einem späteren Augenblick nicht nur geordneter, sondern überdies verwickelter, stärker durchgegliedert, differenzierter sind als in einem früheren*.

Auch die Folgen für den engeren Bereich psychologischer Theoriebildung sind nicht unerheblich. Die HELMHOLTZsche Unterscheidung zwischen „physiologischen" und „psychologischen" Erklärungen ist hinfällig. Ebenso hinfällig ist DILTHEYS Unterscheidung zwischen einer „geisteswissenschaftlichen", „verstehenden" und einer „naturwissenschaftlichen", „erklärenden" Art von Psychologie. Neben einer verstehenden Lehre von der Persönlichkeit und ihren Schicksalen und Werken ist nun auch eine verstehende Wahrnehmungslehre möglich, die sich zudem, gegen die Meinung DILTHEYS, auch des Experiments als Forschungsmittels bedienen kann (vgl. METZGER 1975). Überflüssig wird auch die Annahme pausenloser aktiver Eingriffe des Betrachters in das Wahrnehmungsgeschehen, wie sie in Deutschland in dem ersten Drittel dieses Jahrhunderts vor allem von G. E. MÜLLER und von B. PETERMANN und heute in der ganzen Welt, u. a. von Jean PIAGET, von den Russen und von den amerikanischen Transaktionalisten, übereinstimmend behauptet wird. Es wird möglich, den Eingriffen des Beobachters in der Wahrnehmungslehre den Platz anzuweisen, den sie darin natürlicherweise einnehmen, nämlich dort, wo bei diesem ein Bewußtsein des Eingreifens vorhanden ist. (Es gibt übrigens noch einen erkenntnistheoretischen Grund, dem Eingreifen des Betrachters keine übertriebene Bedeutung zuzuschreiben: Der Erkenntniswert dessen, was die Sinne an Daten vermitteln, steht einleuchtenderweise im umgekehrten Verhältnis zu dem Maß an aktiver Mitwirkung des Empfängers.)

Der Gegensatz zwischen der auferlegten und der frei angestrebten Ordnung ist, wie schon mehrfach angedeutet, kein Sonderproblem der Psychologie. Es gibt ihn, wie unsere Beispiele zeigten, in der unbelebten Natur. Er findet sich in den Lebewesen, in denen das physiologische Geschehen zwar größtenteils durch Leitungen aller Art (auch durch feste Vorrichtungen anderer Art, wie Knochen und Gelenke) in bestimmte Bahnen gezwungen wird, aber gerade an entscheidenden Stellen, wie bei dem Weg des Blutes zwischen den Endigungen der Arterien und der Venen, ohne Leitung, nur dem Gefälle folgend, „quer durch das Gelände" verläuft. Er findet sich nicht zuletzt in allen sozialen Gebilden. Die alt überlieferte europäische Vorliebe für auferlegte Ordnungen, oder vielmehr die Blindheit des Europäers für alle sich frei ausbildenden Ordnungen, feiert gerade heute in den totalitären Gesellschaften Orgien, die noch vor kurzem niemand für möglich gehalten hätte. Wenn uns etwa das Phänomen des Kommunismus beunruhigt, so nicht in erster Linie wegen seiner besonderen Wirtschaftsweise, sondern wegen der Hypertrophie der auferlegten Ordnung, die sich in Gebilden wie der Mauer zwischen Deutschland und Deutschland ebenso widerspiegelt wie in der radikalen Ausscheidung – wenn nicht Ausrottung – jedes selbständigen Gedankens, m. a. W.

---

*) Hierüber vor allem Ludwig von BERTALANFFY, bis 1933 Ordinarius für theoretische Biologie in Wien. – Die Widersprüche zum Zweiten Hauptsatz sind, wie gesagt, nur scheinbar, da dieser, wie man als Nicht-Physiker leicht vergißt, nur für geschlossene Bereiche gilt, während hier durchweg von Bereichen die Rede ist, die zwar nach außen begrenzt sind, deren Begrenzung jedoch für gewisse Vorgänge durchlässig ist.

jedes selbständig denkenden Menschen. Daß sich hierin linke und rechte Diktaturen nicht unterscheiden, zeigt erneut, daß das Grundmerkmal die Art der Ordnung und nicht die Wirtschaftsweise ist.

Mindestens ebenso wichtig wie alles dieses ist jedoch die neue Lage, die durch die Erkenntnisse der Feldtheorie für die Persönlichkeitslehre entstanden ist. Beispielsweise war Alfred ADLER noch der Meinung, daß er sich mit seiner Behauptung, das Verhalten des Menschen sei nicht aus vorausgehenden, zurückliegenden Ursachen, sondern nur aus den in ihm angestrebten Zielen zu verstehen, im Gegensatz zur Naturwissenschaft befinde. (Fritz KÜNKEL hat über diesen Gegensatz ein ganzes Buch – die „Vitale Dialektik" – geschrieben.) Man konnte seinerzeit nur den Mut bewundern, mit dem ADLER eine damals als unerschütterlich betrachtete Annahme der Naturwissenschaften für den Menschen als ungültig erklärte. Wie wir jetzt wissen, gibt es in der Feldphysik und in der Theorie offener Systeme Sachverhalte, in deren mathematischer Darstellung keine Werte auftreten, die sich auf zeitlich Zurückliegendes beziehen, sondern nur solche, die den gegenwärtigen und den künftig zu erwartenden Zustand des fraglichen Gegenstandes darstellen, ganz wie es dem ADLERschen Ansatz entspricht. In diesem ausschlaggebenden Punkt hat also ADLER Recht behalten. Zugleich aber hat sich die von ihm angenommene Gegensätzlichkeit zwischen den Naturwissenschaften und der Lehre vom Menschen als eine Konstruktion erwiesen, zu deren Beibehaltung kein Anlaß mehr besteht.

Die auferlegte und die dynamisch sich einspielende Ordnung schließen einander nicht aus (sie sind keine „Alternativen"). Sie können vielmehr in demselben Bereich nebeneinander bestehen. Das gilt für die Ordnung in Organismen und in sozialen Gebilden ebenso wie für die Ordnung im Wahrnehmungssystem und in der Verhaltensstruktur des einzelnen Menschen (vgl. METZGER 1962). Wolfgang KÖHLER hat darauf schon 1920 hingewiesen.

Wenn er dort bei Betrachtungen über elektrostatische Felder von der „Topographie", etwa von der Form eines Leiters spricht, so meint er eben diese äußeren Festlegungen, innerhalb deren das Wechselspiel der Kräfte sich vollzieht. Für den Psychologen ist das psychologische Niveau des Wahrnehmungssystems eines der nächstliegenden Beispiele eines von festen Anordnungen dicht durchzogenen Bereichs, der den dynamischen Wechselwirkungen zwischen den Vorgängen, die sich darin abspielen, zwar keine vollständige, aber doch eine verhältnismäßige Freizügigkeit gestattet.

Bei der Beschäftigung mit den Ordnungen, die sich in dem Wahrnehmungssystem auf Grund der wechselnden Reizverteilungen ausbilden, drängte sich mir immer unentrinnbarer die Bedeutung der Tatsache auf, daß ja auch der ganze Mensch etwas ist, das durch die größere oder geringere Einheitlichkeit und Ordnung seines Verhaltens auffällt*. Wenn wir beispielsweise von der Erziehung eines Menschen sprechen, so meinen wir doch nichts anderes als das Bemühen, in sein Verhalten eine Ordnung zu bringen, oder besser, die schon vorhandene Ordnung seines Verhaltens so zu ändern, wie es für ein friedliches und fruchtbares Zusammenleben erforderlich erscheint. Und nun erhebt sich die Frage: Sollte nicht auch die Einwirkung auf die Ordnung des Gesamtverhaltens eines Menschen auf beide genannten Weisen möglich sein? Könnte nicht z. B. das – gleichermaßen erfreuliche – soziale Verhalten zweier Menschen bei

---

* Eben hierauf beziehen sich die Gedankengänge DILTHEYS, die, wenigstens im deutschen Sprachbereich, für die Geschichte der Psychologie in den letzten hundert Jahren so folgenreich gewesen sind, und ebenso die Gedankengänge ADLERS.

dem einen ein „angewöhntes" Verhalten sein, also auf Festlegungen beruhen, die im Lauf seines Lebens auf irgend eine Weise (durch „Verstärkung") entstanden sind, bei dem anderen aber aus einem freien Eingehen auf die Forderungen der Lage im Sinne der „Logik des Zusammenlebens" hervorgehen? Was der eine tut, weil er sich einer Regel, einer Gewohnheit oder einer Vorschrift fügt, tut der andere vielleicht einfach, weil er sich dazu gedrängt fühlt oder weil er sieht, daß gerade dieses Verhalten den Forderungen der Lage entspricht, daß es z. B. die einzige richtige Lösung eines bestehenden sozialen Problems ist. Es gibt schon beim Apostel PAULUS – in der Unterscheidung zwischen dem Knecht und dem Kind Gottes – Gedankengänge, die genau dieses zum Inhalt haben und in denen er selbst den entscheidenden Gehalt der frohen Botschaft zu fassen glaubt.

Schauen wir aber, was die Psychologie in den letzten Jahrzehnten zu Erziehungsfragen beigetragen hat, so finden wir, mit wenigen Ausnahmen, immer wieder dasselbe Schema: Eine Gesellschaft schätzt und fordert, aus mehr oder weniger unerfindlichen Gründen, bestimmte Verhaltensweisen. Vertreter dieser Gesellschaft, z. B. Eltern, sind bemüht, durch Strafe oder „Löschung" dem Zögling abweichende Verhaltensmuster auszutreiben und durch Lohn oder „Verstärkung" die erwünschten Verhaltensweisen in ihm festzulegen. Niemand wird bestreiten, daß es Dressur und Gewöhnung gibt und daß sie, beispielsweise bei der Vermittlung von Tischsitten, eine erhebliche Bedeutung haben. Aber es ist einigermaßen verwunderlich, daß man zur Zeit in weiten Kreisen der Psychologie – und zwar überall, wo man die Erziehung auf die sogenannte Lerntheorie zu begründen versucht – voraussetzt, daß geordnetes Verhalten nur auf einer Mannigfaltigkeit geeigneter Festlegungen beruhen könne. Erziehung wäre dann ihrem Wesen nach nichts als eine – leider unvermeidliche – Art von Freiheitsberaubung. Das k a n n sie sein, und ist es herkömmlicherweise so häufig, daß man kaum etwas anderes zu sehen bekommt. Aber es bleibt die Frage, ob man nicht dasselbe und Besseres durch die Wirkung geeigneter innerer Vektoren erreichen könnte, d. h. ob nicht auch die Gesamt-Ordnung des menschlichen Verhaltens in wesentlichen Bereichen eine dynamische, die Freiheit nicht beeinträchtigende Ordnung sein könnte, die von dem einzelnen Menschen auf Grund der Forderungen der Lage jeweils unmittelbar angestrebt wird. Dann müßte die Erziehung sich freilich statt mit der „Verstärkung" erwünschten Verhaltens mit der Anregung einer inneren Bereitschaft zur Mitmenschlichkeit beschäftigen. – Außer ADLERS Versuchen zur Ausbildung des „Gemeinschaftsgefühls" – das er nicht ohne Grund ein Gefühl nannte und nie durch eine Kasuistik der ihm entspringenden Verhaltensweisen ersetzte – gibt es in letzter Zeit auch noch einige andere Erziehungsexperimente, die in diese Richtung gehen. Es liegt nahe, dabei sogleich an das Experiment zu denken, das sich selbst „antiautoritär" nennt. Aber auch in anti- oder nicht-autoritären Erziehungsprogrammen, in denen das „Gewährenlassen" oder das „Wachsenlassen" empfohlen wird, ist der Grundsatz der äußeren Festlegung nirgends unmißverständlich aufgegeben oder ausdrücklich verworfen. Manchmal sieht es so aus, als wolle man nur herkömmliche Festlegungen durch entgegengesetzte ersetzen. Oder es bleibt der Verdacht bestehen, es laufe alles mehr oder weniger darauf hinaus, daß man die erwünschten Festlegungen mehr durch List als durch Gewalt – wenn nicht gar durch ein Wunder – zu erreichen hofft.

Eine Ordnung des Verhaltens, die sich ohne Zwang auf Grund innerer Vektoren aufbaut, müßte, wie die Ordnung im Wahrnehmungsfeld, eine ausgezeichnete, eine prägnante Ordnung sein. Aber die Definition des Prägnanten kann natürlich nicht einfach aus der Wahrnehmungslehre übernommen werden. Bei einer Ordnung d e s

V e r h a l t e n s   l e b e n d e r   W e s e n sind die dort geltenden geometrischen und topologischen Merkmale, wie etwa die Rechtwinkligkeit, die Symmetrie, die Geschlossenheit, die durchgehende Kurve, nicht zu erwarten.

Eine Analyse der hergehörigen Verhaltensmerkmale ist bisher nirgends ausdrücklich und planmäßig versucht worden. Doch gehören hierher zweifellos Merkmale der einzelnen Gruppenglieder wie Friedlichkeit, Verträglichkeit, Bereitschaft zur Einordnung, zur Übernahme bestimmter Rollen, zur Zusammenarbeit, Hilfsbereitschaft, Rücksicht, Aufmerksamkeit, – und Merkmale der Gruppen und des Zusammenlebens in ihnen wie Friedlichkeit, Reibungslosigkeit, „Wärme" der Atmosphäre u. dgl.

Eine Erziehung, für die der erzogene Mensch sich in einem solcherart „ausgezeichneten" Zustand befindet, der von ihm selbst angestrebt wurde, kann nicht von Festsetzungen ausgehen, die diesen Zustand im Einzelnen beschreiben und sich dann bemühen, diese dem Zögling sozusagen Stück für Stück zu vermitteln und aufzuerlegen. Sie kann aber auch nicht, im Sinn der Empfehlung des „Wachsenlassens", sich darauf beschränken, abzuwarten, was ganz von allein und unabhängig von seinen Lebensbedingungen – insbesondere auch von dem Lebensstil und den Umgangsformen seines Erziehers – aus dem jungen Menschen wird. Zu ihren grundlegenden Erkenntnissen gehört es, daß ausgezeichnete Zustände nicht unter allen Umständen erreicht werden, sondern daß es gewisse Bedingungen gibt, die erfüllt sein müssen, damit eine Entwicklung in Richtung auf jene Zustände in Gang kommen und unabgelenkt in Gang bleiben kann. Der Erzieher ist dann, wie gesagt, nicht mehr damit beschäftigt, erwünschte Verhaltensweisen zu „verstärken" und unerwünschte zu „löschen", sondern vielmehr:

1) die Bedingungen zu finden, unter denen eine selbsttätige Entwicklung zum Mitmenschen in Gang kommen kann, d. h. die Bedingungen, unter denen die der Gesellschaft erwünschten Verhaltensweisen a u c h   d e m   Z ö g l i n g   s e l b s t   e r w ü n s c h t   e r s c h e i n e n und daher in ihm der Drang entsteht, sich eben diese Verhaltensweisen anzueignen;

2) diese Bedingungen herzustellen und aufrechtzuerhalten;

3) die in der Lebenswirklichkeit zu erwartenden Störungen des Bedingungsgefüges – und nicht etwa erst die Reaktionen des Zöglings auf sie – durch geeignete Eingriffe auszugleichen.

Wenn erst diese Bedingungen hergestellt und gesichert sind, kann der Umgang zwischen den Erwachsenen und den Kindern Formen annehmen, die so aussehen, als finde überhaupt keine Erziehung statt.

Es erhebt sich die Frage: Handelt es sich hier um eine pädagogische Utopie? Und die Antwort muß in Mitteleuropa zweifellos weitgehend lauten: „Ja!", aber nicht überall in der Welt. Als die Psychologen aller Länder sich im Jahr 1972 in Tokio zu ihrem 20. Internationalen Kongreß trafen, hatten sie Gelegenheit, eine Gesellschaft kennenzulernen, in der das eben beschriebene Verhältnis zwischen Erwachsenen und Kindern offenbar seit langem verwirklicht und zur Selbstverständlichkeit geworden ist. Als wir eintrafen, ahnte ich davon noch wenig. Aber die Andersartigkeit der Beziehungen zwischen Eltern und Kindern war so auffallend, daß ich beschloß, mich genauer damit zu befassen. Und hier ist eine kurze Übersicht über meine Befunde, die natürlich nicht blind und ohne Beachtung von Ausnahmen und Abweichungen verallgemeinert werden dürfen. Denn Japan befindet sich ja nicht mehr in dem Zustand, den Kakuzo OKAKURA in seinem „Buch vom Tee" beschreibt, sondern ist seit über hundert Jahren westlichen Einflüssen ausgesetzt, von denen viele als „fortschrittlich" übernommen werden, ohne daß geprüft wird, ob sie wirklich besser oder nicht vielmehr schlechter als das Überlieferte sind. Worin bestehen nun die Unterschiede? Einige, die mir besonders stark ins Auge fielen, seien im Folgenden genannt:

1) Sehr viel häufiger und selbstverständlicher als unsere Landsleute erscheinen die Japaner in der Öffentlichkeit mit ihrer ganzen Kinderschar, das Kleinste auf dem Arm oder dem Rücken der Mutter oder des Vaters.

2) Das erlebt man nicht nur in kleinen Lokalen, etwa in den bescheidenen Gaststätten des Vergnügungsviertels von Asakusa in Tokio, sondern ebenso in den vornehmen Restaurants der großen internationalen Hotels.

3) Dabei ist das Gespräch zwischen Alt und Jung kaum von einem Gespräch zwischen Erwachsenen zu unterscheiden. Erziehungslärm findet nicht statt, weder der Lärm ungezogener Kinder noch der Lärm elterlicher Zurechtweisungen.

4) Die ursprünglich naheliegende Vermutung, daß es sich dabei um die Auswirkung einer Art preußischen Drills handele, erweist sich rasch als irrig. Das Verhalten der Kinder ist dazu viel zu frei und ungezwungen, was man durch zahlreiche Einzelheiten belegen kann.

Ich fragte bei Gelegenheit einen Kollegen, der damals in Sapporo die Entwicklungspsychologie vertrat, nach den Hintergründen dieser ebenso auffallenden wie verbreiteten Erscheinung. Meine Frage war, ob es sich bei dem für mich erstaunlichen Verhalten der Kinder um die Auswirkungen einer bestimmten Veranlagung, bestimmter Überlieferungen oder bestimmter Grundsätze seiner Landsleute handele. Er meinte, das lasse sich nicht so leicht trennen. Entscheidend sei aber ein Grundsatz, den er etwa folgendermaßen formulierte: „Solange die unsichtbaren Fäden – er sagte auf englisch ‚the invisible threads' – zwischen dem Kind und seinen Eltern nicht zerrissen sind, bedarf es keiner lauten Erziehung." Und er erläuterte die „laute" Erziehung als eine Erziehung durch Lob und Tadel, durch Versprechung und Drohung. Die möglichst enge körperliche und seelische Verbundenheit – die „unsichtbaren Fäden" – scheint danach die Grundbedingung, oder die wichtigste unter den Bedingungen, dafür zu sein, daß in dem Kind eines Tages (im oben erörterten Sinn) das Streben erwacht, die geltenden Ordnungen des Zusammenlebens zu übernehmen und sich ihnen zu fügen, von sich aus und ohne Nötigung, ganz in der Art, wie es auch die Sprache seiner Umgebung übernimmt, aus eigenem Antrieb, ohne daß es ausdrücklich dazu angehalten wird.

Ich kann hier die Fülle der Maßnahmen nicht aufzählen, mit denen man in jenem Land die körperliche und seelische Verbundenheit zwischen den Eltern und ihren kleinen Kindern herzustellen und zu erhalten sucht, von denen aber jede einzelne durch die vermeintliche Fortschrittlichkeit europäisch-amerikanischer „Vorbilder" gefährdet ist. Auf Einzelheiten brauche ich hier, wie gesagt, nicht einzugehen. In dem Zusammenhang unserer Erörterung kommt es lediglich auf den Hinweis an, daß eine Erziehung, die sich auf das Prinzip der inneren, dynamischen Ordnung stützt, kein Hirngespinst ist, daß es vielmehr in dieser Welt Gegenden gibt, in denen eine solche Erziehung – und zwar mit dem klaren Bewußtsein der für sie notwendigen Voraussetzungen – ausgeübt wird, und daß sie genau die Wirkungen hat, die man aus theoretischen Gründen erwarten muß.

Beispiele solcher Erziehung gibt es auch bei uns. Aber sie werden in der heute weltbeherrschenden psychologischen Theorie der Erziehung, der sogenannten Lerntheorie, so wenig berücksichtigt, daß die besten Erzieher (z. B. Thomas GORDON) die Hoffnung aufgegeben haben, in der Psychologie die theoretischen Grundlagen für ihre

Arbeit zu finden. Mir scheint, sie haben Anspruch darauf, zu erfahren, was für Ansätze dazu in ihrer Nachbarwissenschaft vorhanden sind.

Ganz allgemein weisen schon die umfassenden Beobachtungen von René Spitz über die Schwermut des von seiner Mutter getrennten Kindes – von ihm „anaclitic depression" (frei übersetzt: Trennungsschwermut) genannt – auf die grundlegende Bedeutung eines ungestörten Bewußtseins der Verbundenheit hin. Wichtig ist auch sein Hinweis auf die Bedeutung einer ausreichenden vorsprachlichen „Unterhaltung" zwischen Mutter und Kind. Leider war Spitz bei der Verfolgung dieses Sachverhaltes durch seine Bindung an den Sprachgebrauch Freuds behindert, so daß schließlich als einziges greifbares Beispiel vorsprachlicher Unterhaltung das Umschlagbild seines Buches übrig bleibt, auf dem man die Hände der Mutter mit den Händchen des Kindes spielen sieht*. In diesen Zusammenhang gehört auch das Ergebnis einer umfassenden Erhebung von Urie Bronfenbrenner (1974), wonach die vorschulische Förderung sprachlich vernachlässigter Kinder durch öffentliche Einrichtungen nur dann eine länger anhaltende Wirkung hat, wenn sie auf dem Umweg über ihre Mutter erfolgt. Das heißt: Das sprachlich zurückgebliebene Kind nimmt dauerhafte zusätzliche Belehrung am besten – vielleicht nur – von demjenigen Menschen an, mit dem es sich verbunden fühlt.

Bei Maria Montessori (u. a. 1952) findet sich eine ganze Reihe von Bemerkungen darüber, daß man vieles am Tagesablauf, was herkömmlicherweise von den Erwachsenen angeordnet wird, wie etwa die Schlafenszeiten, den Kindern selbst überlassen kann und daß dabei kein Chaos, sondern durchaus brauchbare Regelungen zustandekommen.

Zu dem Jahrzehnte alten Streit, ob man Säuglinge nach einem vorgeschriebenen Zeitplan oder auf Bedarfsmeldung füttern soll, hat vor kurzem das Ehepaar Heribert Thannisch in Köln einen besonders sorgsam dokumentierten Versuch durchgeführt, und zwar mit einem Kind, das (als Frühgeburt) nach der vierten Woche aus dem Brutkasten nach Hause entlassen worden war. Stillzeiten und Nahrungsmenge blieben dabei ohne jede Ausnahme dem Kind überlassen. Es begann mit einer ziemlich unregelmäßigen und für die Eltern beschwerlichen Folge von täglich sieben Mahlzeiten. Aber schon nach rund fünf Wochen war das Kind bei fünf Mahlzeiten angelangt – um 6, 10, 14, 18 und 22 Uhr, also erstaunlicherweise genau bei den herkömmlichen Fütterungszeiten. Wenig später ließ es die Meldung um 22 Uhr aus und schlief durch**. Man beachte, daß es sich dabei durchaus nicht um einen Konditionierungsvorgang, sondern um einen autochthonen Regelungsvorgang handelt.

Ganz im Sinne der Japaner, die er sicher n i c h t gekannt hat, nennt Alfred Adler seit dem Aufsatz über „das Zärtlichkeitsbedürfnis des Kindes" von 1908 (siehe Adler 1975) als die erste der Voraussetzungen einer gesunden seelischen Entwicklung d a s B e w u ß t s e i n d e r V e r b u n d e n h e i t , erst mit der Mutter (genauer: der Hauptbezugsperson), dann mit dem Vater und mit der übrigen Familie. Erst nach der Verbundenheit folgen 1908 die drei weiteren Bedingungen, von denen in dem Vortrag von 1904 über den „Arzt als Erzieher" (Adler 1975) die Rede war, nämlich 2) das – gegenseitige! – V e r t r a u e n , 3) die Pflege des M u t e s und 4) die Wahrung der W ü r d e , die sinngemäß das Prügeln, das Einsperren und jede Bloßstellung ausschließt.

---

* Wer weiteres sucht, sei auf die „Mutter- und Koselieder" und auf die „Fingerspiele" von Friedrich Fröbel verwiesen.

** Siehe die Tabelle in Metzger (1976, S. 74).

Aus Raummangel kann ich hier nicht auf Carl ROGERS und seinen Kreis, auf Virginia AXLINE und Thomas GORDON eingehen, auch nicht auf John HOLT und J. McV. HUNT. So bilde den Schluß dieser etwas ungeordneten Aufzählung der Hinweis auf jenen Abschnitt aus der Untersuchung von Jean PIAGET über die Entwicklung der Moralbegriffe des Kindes, in welchem er ausführlich berichtet, wie klare und arbeitsfähige Begriffe von Gerechtigkeit, Anständigkeit und Fairness sich in Abwesenheit aller Erwachsenen, also ganz ohne ihren erhobenen Zeigefinger, beim Spielen auf der Straße ausbilden. Dieser Abschnitt ist mir seit Jahrzehnten unauslöschlich in Erinnerung geblieben. Aber es würde mich ganz außerordentlich wundern, welche Rolle bei den von PIAGET befragten Kindern die Vorgeschichte in der frühen Kindheit gespielt hat: Ob die erstaunliche Entwicklung am Straßenrand ebenso abgelaufen wäre, wenn in den ersten Lebensjahren der beteiligten Jungen die Grundbedingung ADLERS und der Japaner, d.h. die ungestörte Verbundenheit mit der Mutter, nicht erfüllt gewesen wäre.

Die Menge und Verschiedenheit der Beispiele läßt keinen Zweifel, daß auch die Bildung des Menschen nicht, wenigstens nicht allein, auf der Einübung zweckmäßiger Gewohnheiten und auf die Verhinderung unerwünschten Verhaltens durch Einschränkung der Bewegungsfreiheit beruht, sondern zu einem mehr oder weniger großen und sicher wesentlichen Teil auf der Erweckung der Freude daran, das Rechte, das Notwendige, das von der Lage Geforderte zu tun. Und da der Mensch dazu angelegt ist, sein Leben als Mitglied, als Mitarbeiter, an einem Platz und in der diesem Platz zugeordneten Rolle in Gruppen, in Gemeinschaften, in Einrichtungen von Menschen zu führen, ist das von der Lage Geforderte in der Regel dasjenige, was dem Besten des jeweiligen sozialen Ganzen dient.

Die Frage, wie die Ordnung menschlichen Verhaltens zustande komme, ist nicht nur eine uns als Menschen besonders naheliegende Frage. Sie ist überdies in diesem Augenblick der vorwiegend vom abendländischen Menschen bestimmten Menschheitsgeschichte eine Frage auf Leben und Tod. In der zunächst altägyptischen und altjüdischen, dann mittelmeerischen und zuletzt europäisch-amerikanischen Kulturgemeinschaft hat man seit mindestens viertausend Jahren die auferlegte Ordnung für die einzig mögliche Ordnung gehalten. (Aber, wie schon früher bemerkt, die politischen Folgerungen aus diesem Fehlansatz erst in den totalitären Systemen dieses Jahrhunderts auf die Spitze getrieben.) Man war jedoch in der gesamten westlichen Welt seit alters her in der Wahl der Mittel, mit denen man dem jeweiligen Nachwuchs die Ordnung des Verhaltens, die man für richtig hielt, auferlegte, nicht zimperlich. Die körperliche Mißhandlung spielte dabei nach allem, was wir wissen, eine erschreckend große Rolle.

Bei der Bereitschaft der jeweils nachwachsenden Generation, sich diesem Zwang der Älteren zu unterwerfen, war natürlich stets auch das Bewußtsein der Zugehörigkeit und der Verbundenheit mit im Spiel. Das blieb aber (bis in die Lerntheorie der Gegenwart hinein) verborgen. Es wurde erst im Augenblick offenbar, wo die Familie, als die natürliche Kleingruppe, an die bis dahin jeder neue Erdenbürger ganz selbstverständlich Anschluß gefunden hatte, selbst zerbrach und das bis dahin Selbstverständliche nicht mehr selbstverständlich war; – bis in weiten Bereichen die Gesellschaft in ein Mosaik bindungsloser Einzelner zerfiel, von denen jeder nur noch ein Anliegen hatte: „sich selbst zu verwirklichen" oder, wenn da nichts zu verwirklichen war, auf Kosten der anderen „aufzusteigen" oder sich zu „bereichern". Zum Zwecke der Selbstverwirklichung kann auch der Andere zeitweilig als erwünschtes Mittel dienen, das man nach Gebrauch – z. B. nach einer vierteljährigen Ehe – wieder wegwirft.

Vieles spricht für die Vermutung, daß die ständig wachsende Zahl der Fehlentwickelten, der Neurotiker, der Verwahrlosten, der Asozialen, der Kriminellen, der Trinker und Rauschgiftsüchtigen, auch der Selbstmörder, in der westlichen Welt die unmittelbare Auswirkung der Versagung der grundlegenden sozialen Bedürfnisse des vor kurzem zur Welt gekommenen Kindes ist, eine Vermutung, die Alfred ADLER schon vor zwei Menschenaltern ausgesprochen hat. Man braucht nur die Lebensgeschichten zu lesen, die seit Jahrzehnten in schon ermüdender Eintönigkeit die täglichen Gerichtsberichte füllen.

Was tut in dieser Lage der durchschnittliche Angehörige dieser Gesellschaft? Er sieht an seinen Kindern nur das Versagen der herkömmlichen Zwangsmittel, er glaubt, er habe nicht genug getan, und verstärkt sie, erzeugt aber dadurch, statt einer verstärkten formenden Wirkung, nur Demütigung, Furcht, Entmutigung, Verlassenheit, Trotz und Auflehnung – mit den genannten Folgen. Derjenige Teil der Menschheit, der sich selbst in den letzten Jahrhunderten als führend betrachtet hat, steht also vor einem weltgeschichtlichen Experiment. Er steht vor der nicht mehr lange aufschiebbaren Aufgabe, herauszufinden, ob nicht durch die planmäßige, rechtzeitige und ausreichende, Befriedigung der sozialen Bedürfnisse s c h o n   d e s   k l e i n s t e n   K i n d e s

1) die Wirksamkeit der – maßvoll angewendeten – herkömmlichen Mittel der Gewohnheitsbildung wiederhergestellt werden kann; und überdies – was viel besser wäre –, ob nicht

2) die herkömmlichen Mittel sich möglicherweise als überflüssig erweisen würden, sofern es beim Aufbau geeigneter Handlungsbereitschaften nicht mehr nötig wäre, f a l s c h e s   Verhalten durch die Errichtung innerer und äußerer Schranken z u   v e r h i n d e r n ; und ob man nicht darüber hinaus

3) auf den ganzen kostspieligen Apparat von Jugendpflege, Fürsorge, Suchtbekämpfung und Psychotherapie, Polizei und Strafvollzug zum größten Teil verzichten könnte, durch den man heute bei Jugendlichen und Erwachsenen die schon eingetretenen Schäden – meist vergeblich – nachträglich bekämpft.

Wir müßten, bildlich gesprochen, unser Geld, statt für die Feuerwehr, für feuerfeste Häuser ausgeben. Hierzu wäre aber eine Kehrtwendung unserer ganzen Gesellschaft in ihrem Verhältnis zum Kind erforderlich. Wir haben eine Sexualwissenschaft, in der das Wort „Kind" nicht vorkommt. Und wir lassen uns von einer Schar schriftstellernder Neurotikerinnen darüber belehren, welche Art Arbeit einer gesunden Frau am meisten Freude macht.

Aber wenn wir statt eines Heeres rechtloser Frauen künftig ein Heer von verlassenen Kindern haben, ist nichtsgewonnen, sondern das Unheil nur an eine andere Stelle verlagert, wo es sich wahrscheinlich noch weit schlimmer auswirkt als bisher, weil verlassene Kinder sich noch viel weniger helfen können als mißachtete Frauen, und weil es aller Erziehung den Boden entzieht.

In diesen Hinweisen auf Möglichkeiten erzieherischer Anwendung ist übrigens noch eine weitere Vermutung über das Verhältnis zwischen der von außen auferlegten und der innerlich angestrebten Art der Ordnung enthalten, die über die Erkenntnis der Möglichkeit ihres Zusammenwirkens hinausgeht.

1) Der Mensch, dem ein bestimmtes Verhalten auferlegt und dem dasselbe Verhalten erstrebenswert gemacht wurde, ist nicht etwa im übrigen derselbe, sondern ein anderer Mensch. Er ist im ersten Fall heteronom, im zweiten autonom, – was hier aber nicht ins Einzelne verfolgt werden soll.

2) Mindestens im Bereich des Lebendigen kann alle Beeinflussung des Verhaltens, gleich welcher Art, nur in einer verhältnismäßig bescheidenen Abwandlung bereits vorhandener Verhaltensmuster bestehen.

3) Der Erfolg von Versuchen, neue Verhaltensmuster aufzuerlegen, hängt in hohem Maß von der Bereitschaft ab, auf solche Beeinflussungsversuche einzugehen. Diese Bereitschaft und ihre Voraussetzungen sind, wie mir scheint, im Rahmen der Lerntheorie noch nicht genügend untersucht. Von Bedeutung scheinen mir dabei die innere Bindung und das Vertrauen des Beeinflußten in den Beeinflussenden zu sein, die ihrerseits nicht auferlegt, sondern nur durch ein vertrauenswürdiges Verhalten geweckt werden können. Daraus folgt

4) daß der Auferlegung eines erwünschten Verhaltens jedesmal die – dem Zögling erwünscht erscheinende und daher von ihm selbst erstrebte – Herstellung eines positiven persönlichen Verhältnisses vorausgehen muß, ganz gleich, ob das dem Beeinflussenden bewußt und in seiner Theorie ausgesprochen ist oder nicht.

12. Gestalttheorie und Gruppendynamik (1975)

1. Einige Erkenntnisse der theoretischen Physik

Im Jahre 1873 verglich Clerk MAXWELL – der Begründer der mathematischen Theorie der elektromagnetischen Felder – das Vorgehen seines Vorläufers FARADAY mit dem in der mathematischen Physik damals selbstverständlichen Vorgehen: Danach ging FARADAY jeweils von der gegebenen Gesamtbedingungslage aus und versuchte von ihr aus durch ein analytisches Vorgehen zu den Teilsachverhalten vorzudringen – während das übliche Vorgehen dem Prinzip folge, daß man bei den Teilen beginnen und die Ganzen durch Synthese gewinnen müsse. Dabei verhehlte MAXWELL nicht seine Vorliebe für das Vorgehen FARADAYS, bei dem der Forscher von den Ganzen zu den Teilen fortschreitet. Weiter bemerkt er:

„Wir sind gewohnt, das Universum als eine Kombination von Teilen zu betrachten, und Mathematiker beginnen üblicherweise damit, eine kleine Partikel zu betrachten, dann ihre Beziehungen zu anderen Partikeln ins Auge zu fassen, und so fort."

Dies betrachtet man – so sagt MAXWELL allgemein als das natürlichste Vorgehen. Den Begriff einer Partikel zu gewinnen, erfordert aber einen Abstraktionsprozeß, denn alle unsere Wahrnehmungen beziehen sich auf *ausgedehnte Gebilde*, so daß der Begriff der *Gesamtheit*, dessen, was sich in einem gegebenen Augenblick in unserem Bewußtsein befindet, vielleicht nicht weniger einfach ist als der irgendeines Einzeldings.

Im Jahre 1909 hielt Max PLANCK – der den Begriff des Elementar-Quantums in die Physik eingeführt hat – in New York eine Reihe von Vorlesungen über theoretische Physik, in der er bei der Erörterung nicht-umkehrbarer Vorgänge diese Gedanken MAXWELLS weiter verfolgte:

„In der Physik sind wir gewohnt, die Erklärung eines Vorgangs dadurch zu suchen, daß wir diesen Vorgang in seine Elemente auflösen. Wir betrachten alle verwickelteren Vorgänge als zusammengesetzt aus einfachen Elementarvorgängen... d. h., wir verstehen die Ganzen, die wir vorfinden, als die Summe ihrer Teile. Aber dieses Vorgehen setzt voraus, daß die Aufspaltung eines Ganzen dessen Eigenart nicht verändert... Wenn wir aber nun mit unumkehrbaren Vorgängen auf solche Weise umgehen, geht uns die Unumkehrbarkeit einfach verloren. Man kann Vorgänge solcher Art nicht verstehen, solange man annimmt, daß alle Eigenschaften eines Ganzen erfaßt werden können, indem man seine Teile untersucht."

Und er schloß diese Erörterung mit der erstaunlichen Bemerkung, ihm scheine, daß bei der Untersuchung der meisten Probleme des geistigen Lebens dieselbe Schwierigkeit sich erhebe. Damit wies übrigens PLANCK, sicher ohne es zu ahnen, auf einen Sachverhalt hin, in welchem Wilhelm DILTHEY das (ihn von der physischen Natur) unterscheidende Merkmal des menschlichen Geistes gefunden zu haben glaubte. (Sinngemäß beschäftigt sich dann auch DILTHEY mit Eigenschaften umfassenderer Sachverhalte, mit Strukturen, z. B. von Persönlichkeiten und Schicksalen, und mit dem Zusammenspiel zwischen beiden; eine Partikel oder eine Elementar-Einheit *haben keine Struktur*.).

Der Physiker A. S. EDDINGTON schrieb 1929:

„Es gibt ein Ideal der Erforschung der Welt, nach dem man den Raum in kleinste Fächer aufteilt und nachsieht, was in jedem von ihnen enthalten ist, um aus dem, was man dabei findet, *ein Gesamtinventar der Welt* zusammenzustellen. Aber dieses Vorgehen verfehlt jede Eigenschaft der Welt, die nicht in kleinsten Fächern vorkommt."

Ebenfalls schon aus den siebziger Jahren stammen Bemerkungen weiterer nicht unbekannter Physiker, wie Pierre CURIE und Ernst MACH, die schon sehr viel mehr ins einzelne gehen. Zum Beispiel stellt MACH – dem Sinne nach – folgende Frage: Wenn der Zustand eines physikalischen Systems sich einem (statischen oder stationären) Gleichgewicht nähert, warum ist dann diese Änderung so oft gekennzeichnet durch wachsende Regelmäßigkeit, Symmetrie und Einfachheit in der Verteilung des Materials und der Kräfte innerhalb dieses Systems? Es scheint darauf eine sehr einfache Antwort zu geben: Je regelmäßiger, symmetrischer usw. eine Verteilung ist, um so größer ist die Wahrscheinlichkeit, daß beteiligte Kräfte entgegengesetzte Richtungen annehmen und sich dadurch gegenseitig in ihrer Wirkung aufheben. Mit der Annäherung an das Gleichgewicht aller beteiligten Kräfte wächst daher notwendig auch die Regelmäßigkeit der räumlichen Verteilung des Systems.

Wir finden hier zwischen 1870 und 1930 in der theoretischen Physik einen Wandel der Grundanschauungen über ihren Gegenstand und die ihm angemessenen Forschungsanweisungen, der auch heute noch nicht in das Bewußtsein der Öffentlichkeit, und insbesondere noch nicht in das Bewußtsein desjenigen großen Teils der Psychologen gedrungen zu sein scheint, die sich über die Grundbeschaffenheit ihres Gegenstandes und über die angemessene Art und Weise seiner Erforschung Gedanken machen.

2. *Der Weg „von oben nach unten"*

Ich habe diesen Ausflug in die theoretische Physik und in die Naturphilosophie aus einem sehr bestimmten Grund meinem Versuch einer Übersicht über die Grundbehauptungen und Verfahrensforderungen der *psychologischen* Gestalttheorie vorausgeschickt, weil ein großer Teil derjenigen Psychologen, die, im Osten wie im Westen, auf die Exaktheit und (Natur-)Wissenschaftlichkeit ihrer Bemühungen um das Seelische im Menschen oder auch um die Grundlagen seines Verhaltens besonders großen Wert legen, ihrer Arbeit einen Begriff von Naturwissenschaft zugrunde zu legen pflegen, der genau dem entspricht, was die oben angeführten großen Physiker der Gegenwart für weite Bereiche der unbelebten Natur *als unzutreffend erwiesen haben.* Als Beispiel sei die erst wenige Jahre alte Entwicklungspsychologie von MUSSEN und Mitarbeitern angeführt, in der, nach kurzen Vorbemerkungen über das vorgeburtliche Leben, gleich zu Beginn *das Lernen* als Grundvorgang der Entwicklung bezeichnet und etwa folgendermaßen definiert wird: Wenn zwei (Bewußtseins- oder Verhaltens-)Einheiten A und B, die zunächst getrennt und unabhängig voneinander gegeben waren, von einem bestimmten Augenblick an aus irgendwelchen Gründen zu einer Einheit AB verbunden sind, so nennen wir diese Veränderung „Lernen". Dies heißt doch nichts anderes, als daß das menschliche Seelenleben mit einer unbestimmten Menge unverbundener und ungeordneter Elementar-Einheiten beginne, und daß die Entwicklung im wesentlichen aus deren allmählicher Verknüpfung zu immer umfassenderen und verwickelteren Einheiten bestehe, und ferner, daß man ein Verständnis des menschlichen Seelenlebens am besten (oder überhaupt nur?) dadurch gewinnen könne, daß man diesen Vorgang oder diese Folge von Vorgängen der fortgesetzten immer komplexeren

Verknüpfungen in ihrem Ablauf nachzeichnet. Dabei ist es völlig ohne Belang, ob man eine solche Verknüpfung Assoziation oder Konditionierung nennt; denn beides heißt nichts weiter als „Verknüpfung"; nur hat es sich eingebürgert, die Verknüpfungen dann „Assoziationen" zu nennen, wenn sie zwischen zwei Bewußtseinsinhalten, etwa zwischen einem Wort und einer Bedeutung, oder zwischen den Erinnerungen an ein früheres und an ein etwas späteres Erlebnis stattfinden, dagegen von „Konditionierung" zu sprechen, wenn das zeitlich vorangehende Glied der Verknüpfung irgendein äußeres Ereignis, das nachfolgende ein Verhalten, eine Handlung, eine Tätigkeit ist.

Blicken wir von hier zurück auf die Überlegungen der Physiker, so finden wir, daß sie übereinstimmend zu dem Schluß kommen,...

„das theoretische Vorschreiten ‚von unten nach oben' wäre nicht prinzipiell das adäquate, sondern vielfach ist der Weg ‚von oben nach unten' gefordert, das Erfassen bestimmter Ganzeigenschaften, Ganzbedingungen, Struktureigenschaften, und von da aus der Weg zu ‚Teilen' im prägnanten Sinn dieses Wortes. Es ist ein folgenreicher Unterschied, ob ich sage: es ist a da und b und c... – Inhalte für sich... und diese Und-Gegebenheit der Summe (von a, b, c...) als die Grundlage ansehe, an die eventuell sich weiteres knüpfen mag – oder ob ich sage: ich habe diese und jene durch konkrete Charaktereigenschaften und Gesetzlichkeiten bestimmte Ganze und Ganzverläufe, aus denen ich durch Zerstückelung, durch *Realteilung... Teile gewinnen* (Hervorhebung von W. M.) kann, – Derivate, Unterganze zunächst, von denen ich aber dann freilich nicht mit Sicherheit weiß, ob sie auch ebenso als Teile in dem Ganzen waren*, ja von denen ich unter Umständen klar feststellen kann, (daß und; W. M.) wiefern dieser Vorgang gesetzlich Änderungen bedingt."

Ich hoffe, der Leser wird mir nicht böse sein, wenn ich ihm erst jetzt verrate, daß der ganze letzte Absatz, soweit er in Anführungszeichen gesetzt ist, nicht etwa von einem der vorgenannten Physiker stammt, sondern aus einem kurzen Aufsatz, den Max WERTHEIMER unter dem Titel „Untersuchungen zur Lehre von der Gestalt", gewissermaßen als Gründungsmanifest der psychologischen Gestalttheorie 1922 veröffentlicht hat, und zwar erwiesenermaßen ohne Kenntnis der genannten physikalischen Überlegungen, wie auch diese ohne Kenntnis der Gedankengänge *psychologischer* Theoretiker entstanden waren.

Diese fugenlose Verzahnung physikalischer und psychologischer Thesen kann nicht zufällig sein. (Zufällig wäre sie auch dann, wenn sich bei den genannten Denkern gemeinsame Persönlichkeitseigenschaften feststellen ließen**; aber diese Annahme ist absurd, sofern sie sich nicht auf die Behauptung eines allen diesen Gelehrten gemeinsamen durchdringenden Verstandes und einer ungewöhnlichen Unabhängigkeit von herrschenden Lehrmeinungen beschränkt.)

3. Beispiele

Was heißt aber in der Forschung der Weg „von oben nach unten"? Das sei an zwei einfachen Beispielen erörtert:

Das erste betrifft das Problem der Messung von Sinnesdaten, ein Problem, das für die Psychologie, seit sie sich um den Rang einer exakten Wissenschaft bemüht, zu den

---

* Vielleicht wäre das Gemeinte noch deutlicher, wenn man sagte: „... ob sie auch als Teile in dem Ganzen ebenso waren" (W. M.).
** Auch diese Vermutung ist einmal – von Erich JAENSCH (1938) in seiner Schrift „Der Gegentypus" – mit großem Nachdruck vertreten worden.

Kernproblemen gehört. Eine der Grundfragen lautet hier: Wie verschaffe ich mir einen brauchbaren Maßstab? Die Antwort schien selbstverständlich: Ich setze eine Grund-Einheit fest und kann dann einen Maßstab von beliebiger Länge aufbauen, indem ich diese Grundeinheit immer wieder an sich selbst anlege. Dies ist ein typisches Beispiel für den Weg von unten nach oben. In der Wahrnehmungslehre lag es nahe, als Grundeinheit den „Schwellenwert" zu wählen, also denjenigen *tatsächlichen* Unterschied zwischen zwei verschieden starken Einwirkungen auf ein Sinnesorgan, bei dem der Unterschied „eben merklich" ist, d. h. in der Hälfte aller Beobachtungen wahrgenommen wird. Es kann hier nicht ausführlich erörtert werden, wieso solche an sich einleuchtenden Festsetzungen zu immer neuen Schwierigkeiten geführt haben, bis PFANZAGL den Vorschlag machte, das Verfahren umzukehren, also von *einem möglichst großen Unterschied* zwischen zwei zur selben Klasse gehörigen Qualitäten (z.B. zwei Helligkeiten) auszugehen und ihren Abstand zu halbieren (d. h. z. B. die „mittlere" Helligkeit zu suchen). Diese Halbierung kann man fortsetzen, solange noch ein Unterschied da ist. Auch durch ein Vorgehen von oben nach unten kann also ein Maßstab entstehen, und man hat inzwischen in den verschiedensten Gebieten der Psychologie solche Maßstäbe entwickelt und sie mit befriedigendem Erfolg verwendet.

Als zweites Beispiel diene ein Versuch über den Helligkeitskontrast. Nach HERINGS Lehre von der Wechselwirkung der Sehfeldstellen bewirkt die Reizung einer Netzhautstelle nicht nur eine entsprechende Helligkeit an der ihr zugeordneten Sehfeldstelle, sondern zugleich – mit dem Abstand von dieser Stelle rasch abnehmend – die entgegengesetzte in ihrer Umgebung. Ein Lichtfleck macht seine Umgebung dunkler, ein dunkler Fleck macht sie heller. Die Helligkeitsverteilung im Gesamtsehfeld entsteht demnach aus der Überlagerung aller örtlichen und Umkreiswirkungen (zuzüglich der – ebenfalls gegensinnigen – Nachwirkungen vorausgehender Prozesse, von denen hier aber abgesehen werden kann).

Aus den inzwischen (unter anderem von HESS, PRETORI und SACHS) untersuchten Gesetzen dieser Verteilung müßte z. B. in Abb. 12.1a das kleine graue Dreieck in dem Winkel des Kreuzes bedeutend heller aussehen als in b am Rand des Dreiecks, einfach weil sich, wie aus Abb. 12.2 zu entnehmen ist in seiner näheren Umgebung außerordentlich viel mehr Schwarz und entsprechend weniger Weiß befindet. *Das Gegenteil ist der Fall.* Das bedeutet: Solange man den Weg von unten nach oben einschlägt, also von den Zuständen an einzelnen Sehfeldstellen ausgeht und aus diesen durch Überlagerung die Zustände im ganzen Sehfeld „aufzubauen" versucht, gelangt man zu Folgerungen, denen die Beobachtung widerspricht.

Wie sieht hier der Weg von oben nach unten aus? Und was bringt er ein? Er beginnt mit der Feststellung, daß wir nicht schwarze, graue und weiße „Stellen" sehen, sondern aus ihrer Umgebung ausgesonderte und je in sich zusammenhängende *Gebilde von bestimmter Ausdehnung, Form* und gegeseitiger Lage. Das kleine graue „*Dreieck*" befindet sich „an der Grenze" zwischen dem schwarzen „*Kreuz*" (bzw. dem schwarzen „Dreieck") und dem weißen „*Umfeld*". Aber seine Lage in seiner figürlichen Umgebung kann noch genauer bestimmt werden. Nach Gesetzen, ähnlich denjenigen, von denen Ernst MACH gesprochen hat, sehen hier die schwarzen Gebilde nicht aus wie in Abb. 12.3. Beim Kreuz ist der einspringende Winkel rechts unten ein rechter wie die drei anderen (nicht abgeschrägt), und die andere schwarze Figur ist kein Sechseck mit einem einspringenden Winkel, sondern ein Dreieck mit glatt durchgehenden Seiten. Aus diesem Grund liegt, trotz des unmittelbaren räumlichen Anschlusses, das kleine Dreieck „*außerhalb*" des schwarzen Kreuzes „*im*" weißen Grund, es liegt aber

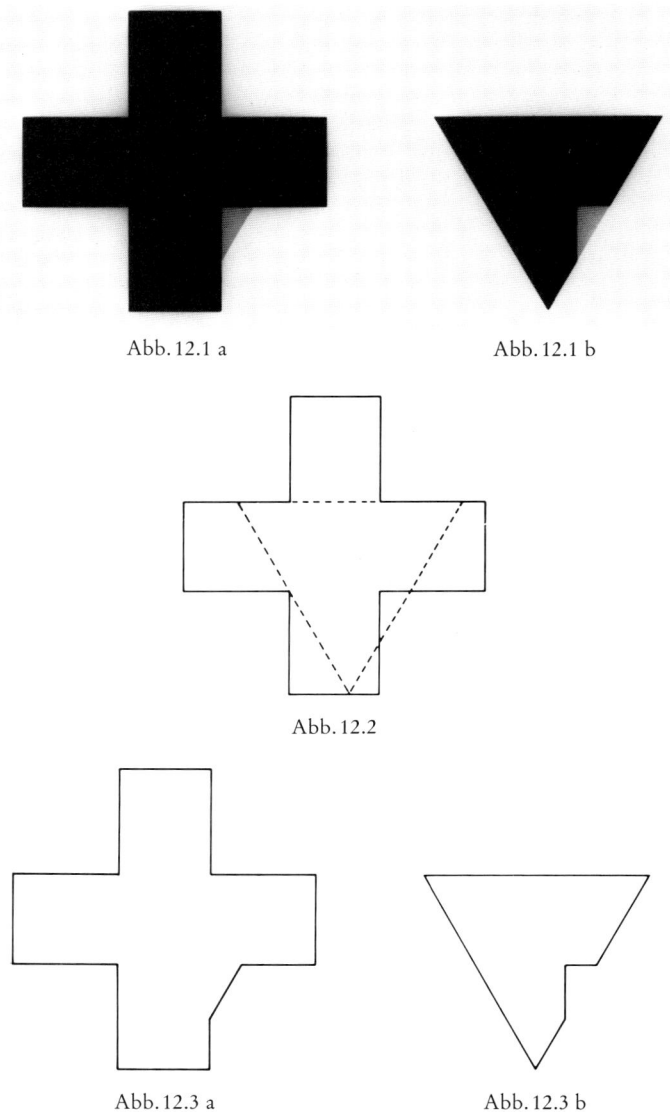

Abb. 12.1 a Abb. 12.1 b

Abb. 12.2

Abb. 12.3 a Abb. 12.3 b

„*innerhalb*" des schwarzen Dreiecks. Es gehört also einmal zum Schwarzen und einmal zum Weißen und erleidet offenbar von demjenigen Teilfeld, zu dem es gestaltlich gehört, den stärksten Kontrast. Welche Helligkeit das kleine Dreieck annimmt, wird durch die Gestalt-Verhältnisse in dem umfassenderen Bereich der Gesamtkonfiguration bestimmt. Hier geht es daher wie nach Max PLANCK bei der Erklärung der Unumkehrbarkeit physikalischer Verläufe. Beginnt man mit seinen Erklärungsversuchen bei den

Elementarbestandteilen, so verliert man von Anfang an diejenigen Tatbestände aus dem Auge, die für die zu erklärenden Erscheinungen maßgeblich sind, weil sie, mit den Worten EDDINGTONS, zu denjenigen Zügen der Welt gehören, die sich nicht in kleinste Fächer unterbringen und daher dort auch nicht finden lassen.

Da es sich hierbei um Sachverhalte handelt, über die Zahl der unausgeräumten Mißverständnisse und Unklarheiten noch erschreckend groß ist, sei zum Schluß kurz auf einige noch einfachere Beispiele hingewiesen.

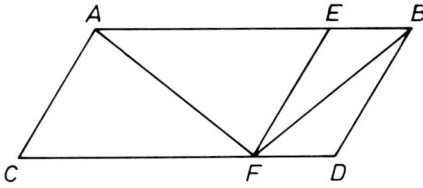

Abb. 12.4: Siehe Text.

Abb. 12.4 (der bekannten Täuschung von SANDER und IPSEN, in der ein tatsächlich gleichschenkliges Dreieck schiefwinklig aussieht) ist „zusammengesetzt" oder „aufgebaut" aus insgesamt sieben geraden Strichen in vier verschiedenen Richtungen und mit drei (bzw. vier) verschiedenen Längen. Wie es nun kommt, daß der Strich AF *länger aussieht* als der Strich FB, läßt sich weder aus Tendenzen der fraglichen einzelnen Striche selbst, noch aus Einwirkungen der angrenzenden Striche verstehen. Die Vermutung, daß angleichende Einwirkungen von den jeweils umgebenden Parallelogrammen auf die von ihnen eingeschlossenen Dreiecksseiten stattfinden (das kleinere macht sie kleiner, das größere macht sie größer), läßt sich ausschließen. Denn man kann nachweisen, daß die Strecke CE im *großen* Parallelogramm *verkleinert,* die ED in dem *kleinen* Parallelogramm *vergrößert* erscheint. Tatsächlich handelt es sich um eine *Tendenz des Ganzen* (im Sinne der physikalischen Beobachtungen von Ernst MACH), weniger schiefwinklig – also einem Rechteck ähnlicher – zu erscheinen, in deren Folge der Längenunterschied der Diagonalen in ein und demselben Parallelogramm sich ausgleicht, also die langen kürzer und die kurzen länger werden.

Auch diese Erscheinung läßt sich also nur „von oben" erklären. Was am einzelnen geschieht, ist bedingt durch Tendenzen des Ganzen, von denen an seinen Teilen, sobald man sie aussondert, nicht mehr zu finden ist. Und dies gilt, wenn man nur genau hinsieht, noch für viel einfachere Sachverhalte. Damit in einem bestimmten Gebiet des Sehfeldes die bescheidene Farbe „schwarz" entsteht, genügt es nicht, die zugehörigen Netzhautteile ungereizt zu lassen. Der lichtlose Raum ist nicht schwarz, sondern grau. Schwarz gibt es – ebenso wie braun – *nur in einer hellen Umgebung.* Es gilt endlich sogar für den Liebling aller elementaristischen Wahrnehmungslehren: den Punkt. Kein Punkt entsteht aufgrund einer rein örtlichen („punktuellen") Reizung. Er verschwindet, wenn seine *Umgebung* nicht mehr *andersartig* gereizt ist.

Gestalttheoretische Wahrnehmungslehre stellt daher sinngemäß nicht die „Summe" der einzelnen Reize und die „Summe" der ihnen Stück für Stück zugeordneten „Empfindungen" oder Qualitäten einander gegenüber, sondern Reizmannigfaltigkeiten (-konfigurationen, -konstellationen) auf der einen und Wahrnehmungs-Ganze und deren Struktur und sonstige Eigenart auf der anderen Seite. Ganz in diesem Sinne stehen – um nur ein Beispiel von vielen zu nennen – bei J. J. GIBSON einander gegenüber: auf der Reizseite die steileren oder flacheren *Gradienten* (der Größe, Dichte usw.) innerhalb von zweidimensionalen Reizverteilungen und auf der Wahrnehmungsseite die stärkere oder schwächere Tiefen-Neigung der Ebene, in der die zugeordneten Sehdinge angeordnet erscheinen. Übrigens ist dies wieder ein MACH-Fall; denn in den geneigten Flächen, die man *sieht*, verschwinden die Gradienten der Reizmannigfaltigkeit zugunsten einer durchweg *gleichmäßigen* Verteilung von Gebilden durchweg *gleicher* Größe, usw. Freilich: Einen solchen Gradienten der Reizverteilung „einen Reiz" (einen „Tiefenreiz") zu nennen, ist zwar logisch möglich; es dient aber nicht der Klärung der Sachlage, weil es den Eindruck erweckt, daß in der Theorie der Wahrnehmung im Grunde alles beim alten geblieben sei.

Wie gesagt, gibt es nach Max PLANCK und EDDINGTON in der Natur *Bedingungen des Geschehens*, die nicht in kleinsten Fächern, sondern nur in umfassendere Bereichen vorfindbar sind. In der *Wahrnehmung* gibt es darüber hinaus auch unmittelbar antreffbare *Erscheinungen*, für die genau dasselbe gilt.

Es gibt zwar keine fröhlichen, traurigen oder feierlichen *Töne,* aber es gibt fröhliche, traurige und feierliche *Melodien,* obgleich diese nur aus solchen Tönen bestehen und nichts daran von außen hinzukommt. Und darüber hinaus: Ich kann die Melodie in der Tonhöhe versetzen, sie *„transponieren"*; und obwohl, falls ich es geschickt anstelle, jetzt keiner der ursprünglichen Töne mehr darin vorkommt, bleibt sie *dieselbe* (fröhliche, traurige oder feierliche) Melodie. Ebenso gehen Eigenschaften wie die Güte, die Angst oder der Zorn, die unter Umständen das *Wichtigste,* für unser Verhalten Entscheidende an dem Gesicht eines Menschen sind, völlig verloren, wenn wir dieses vermittels eines Lochschirms Stelle für Stelle danach absuchen. Und ganz gleich, ob ich dieses Gesicht zeichne oder male oder in Stein haue, wobei keine Einzelheit dieselbe bleibt; das Gesicht ist dasselbe Gesicht, wenn nur seine Verhältnisse erhalten bleiben.

Diese Entdeckung von Christian VON EHRENFELS (1890) – er sprach von „Gestaltqualitäten" – war übrigens der erste Anstoß zur Entwicklung der Gestalttheorie.

Gerade an Melodien gibt es aber noch anderes Wichtiges zu entdecken. Was ein Ton bedeutet, ob er z. B. Grundton oder Leitton ist, und auch was ein *Tonschritt* (ein Intervall) bedeutet, ob er z. B. eine große Terz oder eine verminderte Quart ist, wird allein durch seine Stelle in der Melodie, also „von oben" bestimmt. Daß er z. B. ein Leitton ist, ist für sein „Gesicht" viel bedeutsamer als die Tatsache, daß er z. B. der Ton g, a oder h ist. Die „Rollen" oder „Funktionen" der Teile im Ganzen (KÖHLER sprach von Strukturfunktionen) haben weit über den musikalischen Bereich hinaus grundlegende Bedeutung.

4. Das Problem der Verknüpfungen

Wie wir gesehen haben, kann man durch das Inventar seiner Elementar-Bestandteile und ihrer Verknüpfungen kein Ganzes verstehen. Im menschlichen Bewußtsein und Verhalten spielen jedoch nachträgliche Verknüpfungen von Einzelheiten eine ungeheure Rolle. Man denke nur an den Spracherwerb und alle „Gewohnheiten" im strengen Sinn des Wortes. Viele Vertreter des Faches sind von der Menge der nachträglichen Verknüpfungen, die im Lauf des Lebens zustande kommen, so beeindruckt, daß für sie Psychologie im wesentlichen aus Verknüpfungstheorien besteht: aus Assoziationstheorien, wie gesagt, wenn es sich um die Verknüpfung von Bewußtseinsinhalten handelt, aus Konditionierungstheorien, wenn es sich um die Verknüpfung von äußeren

Umständen und bestimmten Verhaltensweisen handelt. Da für die weitere Erörterung die zur Zeit übliche Unterscheidung zwischen zwei Arten von Konditionierung eine gewisse Bedeutung hat, seien diese in aller Kürze einander gegenübergestellt. In der „klassischen" Konditionierung (nach PAWLOW) wird einer bereits beherrschten Tätigkeit (z. B. einem Reflex) *eine neue auslösende Situation* vorgeordnet. In der „operanten" oder „instrumentellen" Konditionierung (nach THORNDIKE 1898) wird einem feststehenden Ziel *eine neue Tätigkeit* vorgeordnet, durch welche dieses Ziel erreicht werden kann. Auch auf die Frage, welche Kräfte das Zusammenhaften der neu verknüpften Sachverhalte verbürgen, gibt es zwei Antworten. Bei der klassischen Konditionierung gilt, wie in der herkömmlichen Assoziationstheorie, das *„Öfter-zusammen-dagewesen-Sein"* als notwendige und ausreichende Bedingung für den Zusammenhalt. In der instrumentellen Konditionierung wird ein besonderer verbindender und die Verbundenheit „verstärkender" Faktor, die „Belohnung", eingeführt. Für beide Theorien des Zusammenhaftens ist kennzeichnend, daß für ihre Urheber die *Eigenart* der durch die Verknüpfung entstehenden *Ganzen* noch *nicht zum Gegenstand des Nachdenkens geworden ist*.

In der ersten, assoziationistischen bzw. klassisch konditionistischen Theorie des Zusammenhaftens ist, ...

„was zusammengefügt erscheint, im Zugleich, im Nebeneinander, im Nacheinander,... prinzipiell beliebig; für das Zusammensein ist der ‚Inhalt' oder das Zueinander von Inhalten eigentlich irrelevant. Keine sachlichen Momente sind für die Zusammengefügtheit bedingend, sondern inhaltsfremd sachäußere Faktoren, wie z. B. das Oftzusammengewesensein, das simultane (gleichzeitige) Beachten usw." (WERTHEIMER 1922).

Das im Bewußtsein Vorgefundene oder auch die Verhaltensweisen des Menschen in bestimmten Lagen sind – im technischen Bilde – das Gesamtarbeitsprodukt einer Reihe nebeneinandergestellter einzelner Apparate aus ihren jeweiligen Einzelprodukten. Grundsätzlich gilt:

„Was auch immer zusammengefügt werden soll, alles ist ‚gummiert'; Stücke beliebigster Art, wenn sie nur öfters äußerlich aneinander gedrückt sind oder werden – haften aneinander, je öfter je mehr." Kurz, „kennzeichnend ist, daß die Und-Summe der gegebenen Einzelheiten – das Mechanische, Beliebige, das Sachfremde, sachlich Zufällige – und daher in der theoretischen Behandlung *der Gang von unten nach oben*, als selbstverständlich, als ‚natürlich' angesehen werden" (WERTHEIMER 1922).

Die Ähnlichkeitsassoziation, die seit ARISTOTELES überliefert ist, bleibt in diesem Ansatz einer Theorie des Zusammenhaftens *ein Fremdkörper*, da sie das sachlich-inhaltliche Zueinander der fraglichen Teilinhalte ins Auge faßt; und es ist daher kein Zufall, daß in der Geschichte der Assoziationslehre fortgesetzte Bemühungen festzustellen sind, sich des Prinzips der Ähnlichkeit, oder, wie Wilhelm WUNDT es nennt, der „inneren" Assoziation, auf irgendeine Weise zu entledigen.

In der *zweiten* Variante einer Theorie des Zusammenhaftens, die erst entwickelt worden ist, nachdem Max WERTHEIMER (1922) die soeben kurz zusammengefaßte Kritik veröffentlicht hatte, kommt die grundsätzlich stückhafte Auffassung seelischer Ganzer und die wechselseitige Beliebigkeit ihrer Komponenten fast noch schlagender zum Ausdruck. Die präsumptiven Komponenten sind aus guten Gründen hier nicht von vornherein „gummiert", sondern es wird zusätzlich ein das Zusammenhaften verbürgender „Klebstoff" eingeführt: die „Belohnung". Was aber ist eine „Belohnung"? Sie ist nicht etwa, wie in der volkstümlichen und auch erzieherischen Überlieferung, ein Ausdruck *sozialer Billigung* des Verhaltens (wobei Belohnung als ein gruppendynamisches Phänomen aufzufassen wäre, ohne dabei ihre grundsätzliche Beliebigkeit im Hinblick auf *die Sache* einzubüßen). Vielmehr ist die Belohnung, in der begrüßenswert folgerichtigen Durchführung der Lerntheorie, die wir heute vor uns haben, irgendeine, auf das fragliche Verhalten möglichst rasch – und weder zu häufig noch zu selten – folgende *Annehmlichkeit beliebiger Art*, bei der es durchaus keine Rolle spielt, ob sie völlig zufällig oder ob sie durch das Eingreifen eines menschlichen Kritikers zustande kommt, oder endlich, ob sie eine natürliche und logische Folge des fraglichen Verhaltens ist, die *inhaltlich und notwendig aus diesem hervorgeht*, also einen sachlichen Zusammenhang mit diesem hat, wie etwa die Freude über die erkennbar richtige Lösung einer Aufgabe, die ein Mensch (im Grenzfall) sich selbst gestellt hat (obwohl sich grundsätzlich wenig ändert und möglicherweise die soziale Billigung nur zusätzlich hinzukommt, wenn die Aufgabe von einem anderen Menschen gestellt war).

Daß die „Belohnung" unter Umständen als logische Folge des Verständnisses der Aufgabe und der sachbedingten (von der Sache geleiteten) Bemühungen um sie auftreten kann, ist für die Lerntheorie ein sonderbarer Zufall. Entscheidend ist die *Annehmlichkeit*, die unmittelbar im Anschluß an die Lösung, wer weiß warum, empfunden wird, die aber ebensogut in der Verabreichung eines Bonbons bestehen könnte. So zeigt, wie gesagt, die zweite Form der Konditionierungstheorie den *Grundsatz der sachlichen Beliebigkeit* in noch verstärktem Maß.

Bei ihrer Art der Behandlung der Probleme tritt die Frage nach der Natur des in der Zusammenfügung entstehenden *Ganzen* und infolge dessen nach dem sachlichen Zueinander der zu verbindenden Teil-Inhalte nur noch weiter in den Hintergrund, das Prinzip der (vermeintlichen) Beliebigkeit der Zusammenfügung feiert Triumphe.

Im Gegensatz dazu ist für die gestalttheoretische Art des Herangehens an das Problem der Verknüpfung das folgende kennzeichnend: Der Blick ist von vornherein auf *die Eigenschaften des entstehenden Ganzen*, und infolgedessen auf das sachliche Zueinander, die wechselseitige Geforderheit, Verträglichkeit oder Unverträglichkeit (man könnte auch sagen: Affinität oder Diffugität), wobei freilich ein Ausdruck für die mittlere der drei Möglichkeiten fehlen würde) der zu vereinigenden Sachverhalte gerichtet. Insofern ist für die Untersuchung der „Weg von oben nach unten", und das bedeutet zugleich, *der Weg zeitlich zurück* von dem entstehenden Ganzen auf den Vorgang seiner Entstehung, auf den durch die Sache vorgezeichneten Weg. Hierbei zeigt sich, ob die Vereinigung *gerade dieser* Teilsachverhalte „sinnvoll" ist oder nicht (WERTHEIMER 1922). Bei dieser Wahl des Blickpunkts ergeben sich insofern sehr bestimmte Voraussagen über die *Leichtigkeit des Zustandekommens* der Verbindung, über ihre *Dauerhaftigkeit* über längere Zeiträume und über ihre größere oder geringere *Anfälligkeit gegenüber Störungen*, die sich experimentell prüfen lassen (s. z. B. ZÖLLER 1975). Wenn man sich erst auf diese Art der Berücksichtigung der Gesamtbedingungslage, auf die „ganzheitliche Betrachtungsweise", umgestellt hat, zeigen sich am *Gegenstand* konkrete Gestaltgesetze, Ganzgerichtetheiten, Tendenzen zu bestimmter „ausgezeichneter Gestalt" (im Sinne Ernst MACHS), „Prägnanztendenzen" (WERTHEIMER 1923), Gesetzmäßigkeiten, aufgrund derer von sachlichen Ganzbedingungen her sich Teile „aus innerer Notwendigkeit" „gegenseitig fordern".

Je zwingender diese sachlich-inhaltlich begründete gegenseitige Geforderheit wird, um so bedeutungsloser und überflüssiger wird der beliebig von außen herangetragene sachfremde Klebstoff der „Belohnung" (WEHRENFENNIG-LUTTEROTTI 1968). Und es ist eine Verdrehung der Tatsachen, wenn man etwa die richtige bzw. befriedigende Lösung einer Aufgabe nur als eine der vielen statistisch möglichen „Annehmlichkeiten" auffaßt, durch die beliebige Inhalte und Verhaltensweisen aneinandergeklebt werden können.

Wir können die Überlegungen über das Problem der Verknüpfungen in der Psychologie nicht schließen, ohne noch auf diejenige grundlegende Art von Verbindungen zurückzukommen, die in der Assoziations- wie in der Konditionierungspsychologie kaum eines Blickes gewürdigt wird, da man sie im allgemeinen für nicht weiter erklärungsbedürftig hält (Ausnahme: HEBB 1949; 1958). Das ist die Entstehung der Einheiten, der Dinge und Ereignisse in der Wahrnehmungswelt, in der Welt unseres Alltags. Hier wurde von Max WERTHEIMER (1923) das Gesetz der guten Gestalt entdeckt. Hier wurde es aber auch klar, wie wirklichkeitsnah der Rat ist, in der Forschung „von oben nach unten" vorzugehen. Denn die Entstehung dieser natürlichen Einheiten innerhalb des uns unmittelbar Gegebenen erfolgt selbst *nicht durch die Kombination von Elementen*. Die Tatsache, daß die Netzhaut aus einem dichten Raster lichtempfindlicher Einzelelemente besteht, bleibt auf das Sehfeld ohne Auswirkung. In ihm ist das *Grundproblem* die *Absetzung* bestimmter Bereiche von ihrer Umgebung, d. h. *die Ausbildung von Grenzen* innerhalb des Gesamtfelds. Die Entstehung der Sehdinge ist selbst ein „analytischer", vom Ganzen zum einzelnen gehender Prozeß. Es gibt zwar meist kleinste Einheiten, aber diese sind nicht vorgegeben, sondern *entstehen jeweils neu* und in verschiedener Größe, Form und Verteilung *aus der Gesamtbedingungslage,* durch welche ganz allgemein bestimmt wird, ob und was für „Teile" ein gegebenes Ganzes hat.

5. Gestalttheorie, Systemtheorie, Feldtheorie

Klare Begriffsbestimmungen gibt es nicht. Aber man kann wohl folgendes sagen: Diese drei theoretischen Ansätze stimmen darin überein, daß sie dynamische Theorien sind. Sie handeln sämtlich von Bereichen, innerhalb deren es keine gegeneinander isolierten, unabhängig voneinander verlaufenden Vorgänge gibt. Die Zustände an sämtlichen Stellen solcher Bereiche stehen in dynamischem Zusammenhang. Der Zustand jedes einzelnen Teils und jeder Stelle ist durch die Zustände anderer Teile und Stellen mitbedingt; er wird von ihnen „getragen und gehalten", während er gleichzeitig selbst jene mit trägt und hält (W. KÖHLER 1920, 1925). Ein solcher Bereich reagiert also grundsätzlich stets als Ganzer. Die Wirkung eines örtlichen Eingriffs bleibt nur ausnahmsweise auf ihren Ort beschränkt. Im allgemeinen pflanzt sich jede örtliche Einwirkung durch das Ganze fort. Es erfolgt eine Änderung seines Gesamtzustandes durch die er sich nach der Änderung der Außenbedingungen, mit denen er vor dem Eingriff im Gleichgewicht war, mit diesen aufs neue ins Gleichgewicht setzt. Infolge dieser Gesamtumstellung kann eine Rückwirkung auf einen örtlichen Eingriff (auf eine örtliche Störung) auch an einer beliebig entfernten Stelle und auf überraschende Weise zutage treten; ein einfaches Beispiel ist das FREUDsche Symptom.

So entspricht beispielsweise in der *Gestalttheorie* der Wahrnehmung dem Wahrnehmungsfeld nicht ein Mosaik der Endigungen von Nerven, die von den einzelnen Sinneszellen ausgehen und bis zu ihrem Ende gegeneinander isoliert sind. Außer der selbstverständlichen und längst bekannten Erregungsleitung längs dieser Nervenbahnen müssen auf irgendeinem Niveau, spätestens an ihrem Ende, „Querfunktionen", seitliche Wechselwirkungen (lateral interactions) zwischen ihnen angenommen werden.

Denn ohne daß benachbarte Erregungen in bestimmter Weise aufeinander reagieren, ist, unter vielem anderen, schon die Ausbildung von Grenzen nicht zu verstehen. Man hat sogar Grund anzunehmen, daß die so entstehenden begrenzten Einheiten „funktionale" Gebilde sind, die nicht an bestimmte Zellstrukturen gebunden, sondern diesen gegenüber verschiebbar sind (LASHLEY 1930), also gewissermaßen frei in dem Raum des zentralen Aufnahmebereichs schweben.

Die *Systemtheorie* des *Organismus* (BERTALANFFY 1929) unterscheidet sich von der *psychologischen* Gestalttheorie im Grund nur dadurch, daß die Untereinheiten des Organismus nicht ad hoc entstandene, vergängliche Gebilde sind, sondern, als „Organe", überdauernde Unterganze im Gesamtsystem. Diese bilden aber sinngemäß ebenfalls keine Sammlung voneinander unabhängiger Einzel-Apparaturen. Sie sind vielmehr, wie gesagt, Unter- oder Teilsysteme, die durch die verschiedensten leitenden Verbindungen gegeneinander offen sind, miteinander „kommunizieren", sich in ständiger Wechselwirkung befinden, so daß auch in *ihrem* Gefüge keine irgend wesentlichere Einwirkung auf ihren Ort beschränkt bleibt.

Die Theorie der Bedürfnisse etwa bei FREUD nähert sich dieser systemtheoretischen Variante einer dynamischen Theorie, während Kurt LEWINS Theorie der Quasi-Bedürfnisse – da diese von ihm als ad hoc ausgebildete und durch ihre Entspannung sich selbst wieder auflösende gespannte Untersysteme verstanden werden – sich mehr der gestalttheoretischen Variante nähert.

Eine wichtige Fortentwicklung, die wir systemtheoretischen Überlegungen verdanken, ist die Erkenntnis, daß in einem offenen System, dessen Gleichgewichte nur Fließgleichgewichte sein können, spontane Übergänge nicht nur zu regelmäßigeren Zuständen (im Sinne Ernst MACHS), sondern zugleich zu *komplizierteren*, höher differenzierten Zuständen möglich sind – ja, daß *neue* Untersysteme von großer Selbständigkeit und mit sehr spezifischen Entwicklungstendenzen und energetischen Ansprüchen darin entstehen und sich entfalten können. Der für den Psychologen wohl bedeutsamste Fall dieser Art ist *die künstlerische Idee*, der Paradefall der „Kreativität" (KÖHLER 1958; WERTHEIMER 1957).

Kann man eine *Feldtheorie* als dritte Sonderform einer dynamischen Theorie abgrenzen und den beiden anderen gegenüberstellen? Man kann diese Frage nicht beantworten, ohne zuvor zu fragen: Was ist überhaupt ein Feld – und was ist eine Feldtheorie?

„Eine Gesamtheit gleichzeitig bestehender Tatsachen, die als gegenseitig voneinander abhängig begriffen werden, nennt man ein *Feld*" (EINSTEIN 1934).

Demzufolge sind Gestalttheorie und Systemtheorie ihrer Natur nach Feldtheorien. Und man kann nicht sagen, daß LEWIN von der Gestalttheorie zu einer Feldtheorie „übergegangen" sei und sich von jener „absetze" oder „entferne", wenn er etwa sagt:

„Die Psychologie muß den Lebensraum, der die Person und ihre Umwelt einschließt, als ein Feld betrachten" (LEWIN 1963).

Wenn die Gruppe und ihre Bedingungen als „soziales Feld" dargestellt werden sollen, so bedeutet dies, ...

„daß ein soziales Ereignis als die Auswirkung einer Gesamtheit von gleichzeitig bestehenden sozialen Gegebenheiten, wie Gruppen, Teilgruppen, Mitglieder, Barrieren, Wege der Verständigung usw. betrachtet wird. Eine der Haupteigenschaften dieses Feldes sind die Lagebeziehungen der Gegebenheiten, die Teile des Feldes sind" (LEWIN 1963).

Hierbei ist aber zu beachten, daß nicht die Verteilung im Dingraum entscheidend ist, sondern die Verteilung in einem Handlungs- und sozialen Raum, in einer bestimmten „Tätigkeitsregion" (1963, S. 174), für die die Verteilung im Dingraum nur *gelegentlich* ein Sinnbild ist (der König bleibt König, auch wenn er im Augenblick nicht durch den Thron sichtbar erhöht ist, und eine Ehe bleibt eine Gruppe, auch wenn sich vorübergehend das eine Glied in Europa, das andere in Australien befindet. Vorausgesetzt ist allerdings, daß diese Trennung im Dingraum sich nicht allzulange fortsetzt).

„Die relative Lage stellt die Struktur der Gruppe und ihre ökologischen Bedingungen dar. Außerdem drückt sie die grundlegenden Möglichkeiten für die Fortbewegung innerhalb des Feldes aus. – Was geschieht, hängt von der *Verteilung der Kräfte im ganzen Feld* ab (Hervorhebung von W. M.). Eine Vorhersage setzt die Fähigkeit voraus, für die verschiedenen Punkte des Feldes die Stärke und die Richtung der – dort angreifenden – resultierenden Kräfte zu bestimmen. – Gemäß der allgemeinen Feldtheorie muß die Lösung eines Problems des Gruppenlebens immer auf einem *analytischen* Verfahren... beruhen. Nur durch die Betrachtung der fraglichen Gruppe unter ihren augenblicklichen Bedingungen können wir sicher sein, keine der wesentlichen möglichen Verhaltensweisen zu übersehen" (LEWIN 1963).

Das heißt, wie LEWIN auch an anderen Stellen aus den verschiedensten Anlässen bemerkt, daß auch bei der Erkundung eines sozialen Feldes eine der vornehmsten Aufgaben der Tatsachenfindung und Beobachtung das Bereitstellen zuverlässiger Daten *über das ganze Feld*, der Weg von oben nach unten also der sachgemäße Weg ist.

Ja, er geht sofort noch weiter ins Praktische des Vorgehens: Wenn ich die Eigenart einer Gruppe mit beispielsweise fünf Mitgliedern feststellen will und fünf Beobachter habe, so werde ich nicht jedem der Beobachter eines der Gruppenglieder, sondern jedem eine besondere Seite des Lebens der ganzen Gruppe zuteilen.

Eine der Grund-Beobachtungen der Gestalttheorie – dort an Melodien und geometrischen Zeichnungen gewonnen –, die *Transponierbarkeit*, wird von ihm ebenfalls zum Einsatz bei der Untersuchung von Gruppen empfohlen.

„Im großen ganzen sind wir gegenwärtig weit weniger in der Lage, mit Eigenschaften sozialer Einheiten fertig zu werden, welche die Größe von Kleingruppen überschreiten." – „Sollte (aber) ganz allgemein die *Zusammensetzung* des Gesamtfeldes wichtiger sein als beispielsweise seine *Größe*, wird es möglich, grundlegende soziale Konstellationen durch ‚Transponieren' in eine geeignete Gruppengröße experimentell zu untersuchen. Sollte dem Experimentator eine derartige Transponierung gelingen, braucht er keine Angst zu haben, ‚künstliche', ‚lebensferne' Situationen zu schaffen. Im Hinblick auf diese Überlegung müßten wir in der Lage sein, Eigenschaften großer Gruppen an solchen relativ kleiner Größenverhältnisse zu studieren. Wir brauchen beispielsweise nicht ganze Nationen zu untersuchen... dasselbe Phänomen können wir am acht- und elfjährigen Kind untersuchen..."

LEWINS Ausführungen über dynamische Ganzheiten aus dem Jahr 1947 weisen ihn ebenso als Vertreter der Gestalttheorie aus wie seine Analyse der Begriffe Ganzheit, Differenzierung und Einheit aus dem Jahr 1941. Nirgends finden wir köstlichere Beispiele für die Unabhängigkeit der Eigenschaften eines Ganzen von derjenigen seiner Teile oder Elementar-Einheiten, und für die Zwecklosigkeit des Sammelns örtlicher Einzelheiten für die Erkenntnis eines Ganzen.

WERTHEIMER hatte sich vorwiegend mit dem Problem der Ausbildung *der Umwelt* beschäftigt, und LEWIN hat seine Grundsätze und Ergebnisse nie angezweifelt. Er selbst aber machte sich – außer dem Problem des Systems der Bedürfnisse – das Problem der Bewegungen des Menschen *in* dieser Umwelt (dem Lebensraum) zum Gegenstand der Forschung. Und es ist nicht verwunderlich, daß im Augenblick dieser Verlagerung des

Blickes völlig andere Eigenschaften des Feldes in den Mittelpunkt der Aufmerksamkeit traten, z. B. die auf den ganzen Menschen einwirkenden anziehenden, abstoßenden und steuernden Kräfte (die Aufforderungs-Charaktere), wie auch die seinen Bewegungsspielraum einschränkenden Hindernisse und Bereichsgrenzen. Aber diese Unterschiede beziehen sich *nicht auf die Denkweise und den Grundsatz.*

(Grundlegende Meinungsverschiedenheiten gibt es zwischen LEWIN einerseits und KÖHLER und WERTHEIMER andererseits nur über das Problem der Psychophysik; aber diese Meinungsverschiedenheiten sind für den gruppendynamischen Ansatz ohne Belang.)

6. *Was ist eine Gruppe?*

Zunächst: Ist sie eine Fiktion, ein Gedankending? Ist es wahr, daß – wie es in den Frühphasen der Psychoanalyse ganz selbstverständlich vorausgesetzt war und auch dem Behaviorismus noch heute selbstverständlich ist – der Organismus des einzelnen Menschen die höchste „wirkliche" Einheit ist, und alles, was darüber ist, ins Reich der „Vorstellungen", der Konstruktionen gehört? Die Antwort LEWINS lautet: *Die Gruppe ist etwas Wirkliches*, Vorfindbares, Antreffbares. Eine „Gruppe" von, sagen wir, acht Menschen ist genauso wirklich wie die Gruppe von acht Zellen, die aus einem kürzlich befruchteten Ei hervorgegangen ist. Sie ist nicht weniger wirklich als jeder einzelne ihrer Angehörigen, sie hat Eigenschaften – z. B. eine Struktur und eine Atmosphäre –, die man nur ihr, aber keinem ihrer Mitglieder zuschreiben kann. Und ihre Angehörigen haben *neue* Eigenschaften – eben die der „Rolle" –, die sie als einzelne, isolierte Individuen, die nichts voneinander wissen, nicht haben können.

Sie ist insofern ein überindividuelles, soziales Ganzes, das sich von Wahrnehmungsganzen nur dadurch unterscheidet, daß ihre Grund-Einheiten nicht von Augenblick zu Augenblick aus der Gesamtbedingungslage neu entstehen, sondern – als einzelne (übrigens in bestimmter Hinsicht durchaus veränderliche) Menschen – fest vorgegeben sind.

Wie kommt es zur Ausbildung einer Gruppe? Zwar hat das aus der Wahrnehmungslehre bekannte Gesetz der Gleichartigkeit eine *gewisse* Bedeutung – der Satz „Gleich und Gleich gesellt sich gern" hat einen Kern von Wahrheit; aber er gilt, wie in der Wahrnehmung, nur in einer Umgebung, die sich durch *Andersartigkeit* genügend absetzt, und außerdem nur bei genügender Nähe der Beteiligten im Dingraum, was ebenfalls einem aus der Wahrnehmung bekannten Gestaltgesetz entspricht. Übrigens ist die Umkehrung des Gleichheitssatzes in der oft kaum zu bändigenden Tendenz zur *Ausstoßung des Ungleichen* vielleicht sogar bedeutsamer als dieser selbst. Jedenfalls ist die Gleichartigkeit nur *ein* Faktor unter vielen. Sie ist weder eine notwendige noch eine zureichende Bedingung der Gruppenbildung. Völlig verfehlt ist daher nach LEWIN die herkömmliche Verwechslung von Gruppen und (logischen) Klassen, also mit Mengen von Einzelmenschen, die in irgendeiner Weise einander ähnlich sind, die irgendein Merkmal (z. B. die Hautfarbe) gemeinsam haben. Solche Menschen bilden zwar oft *im Bewußtsein* (im eigenen und im fremden) *auch* eine Gruppe, die in der Wirklichkeit gar nicht vorhanden ist, da dort der Zusammenhang zwischen den Gliedern fehlt. LEWINS Merkbeispiel für eine Gruppe, bei deren Ausbildung die Ähnlichkeit keine Rolle spielt, ist die junge Familie aus Vater, Mutter, Säugling. Jeder von ihnen ist fremden Menschen in ihrer unmittelbaren Umgebung bedeutend ähnlicher, der Vater den Nachbarn, die Mutter den Nachbarinnen, der Säugling den gleichaltrigen Kindern. Das hindert nicht, daß gerade diese drei „zusammengehören", „verbunden sind", „eine Einheit bilden".

Ja, „für gut organisierte Gruppen mit hohem Einheitlichkeitsgrad ist es" (geradezu) „typisch, daß sie eine Anzahl von Angehörigen umfassen, die *verschieden* sind und *unterschiedliche Funktionen* innerhalb des Ganzen haben" (LEWIN 1963; Hervorhebungen von W. M.).

Auch die gemeinsamen Feinde und die gemeinsamen Ziele sind Arten von Ähnlichkeit, die *manchmal* zu Gruppenbildung beitragen; aber auch sie sind weder notwendig noch zureichend:

„Häufig sind die Ziele" (der verschiedenen Angehörigen) „einer gut organisierten Gruppe verschieden; z. B. wird sich in einer guten Ehe der Ehemann viel mehr mit dem Glück seiner Frau und die Frau mit dem Glück ihres Mannes beschäftigen, als daß der Ehemann und seine Frau beide nur mit dem Glück des Ehemannes beschäftigt sind."

In manchen Überlegungen über die Theorie der Gruppe spielt die Frage eine Rolle, ob man nur Zusammenschlüsse mit einer bestimmten Anzahl von Mitgliedern als „Gruppen" bezeichnen dürfe. Diese Frage gibt es bei LEWIN nicht. Ausdrücklich sagt er gelegentlich, daß die Ansätze der Gruppendynamik ebenso auf eine Nation Anwendung finden müssen wie auf drei streitende Kinder auf einem Spielplatz. Und in seinen Beispielen geht er, wie wir gesehen haben, noch weiter nach unten: Das kinderlose Ehepaar und die Mutter mit ihrem Baby auf dem Schoß sind für ihn in genau demselben Sinn „Gruppen" und daher Gegenstände seines wissenschaftlichen Ansatzes wie eine Runde von einem Dutzend Sachverständiger, die sich zusammengesetzt haben, um sich über die Beseitigung irgendeines Mißstandes in ihrer Gemeinde die Köpfe zu zerbrechen. D. h.: Wo und in welcher Zahl auch immer Menschen in Wechselwirkung miteinander stehen, hat die Gruppendynamik ihr Anwendungsgebiet.

Daß Kleingruppen der eben angegebenen Art in der gruppendynamischen Arbeit eine besondere Rolle spielen, hat einen ausschließlich technischen Grund. Man kann mit ihnen verhältnismäßig am leichtesten unter beherrschbaren Bedingungen arbeiten und Wirkungen experimenteller Eingriffe – oder ihr Ausbleiben – sicherstellen.

Woran kann man nun also tatsächlich erkennen, daß man eine Gruppe im eigentlichen Sinn vor sich hat bzw. daß ein wahrgenommener Mensch – auch die eigene Person – Mitglied einer bestimmten Gruppe ist?

1. Hauptmerkmal ist nach LEWIN eine gewisse *wechselseitige Abhängigkeit* ihrer Glieder (1963, S. 184), also dasselbe Merkmal, das auch in dem Kontrastversuch von BENARY (oben S. 315) eine Rolle spielt. Dabei kann die *Art* dieser Abhängigkeit ebenso unterschiedlich sein wie ihre Stärke.

2. Das *Zugehörigkeitsgefühl* führt LEWIN ein als einen Sonderfall der Ähnlichkeit (?). Er läßt es als Kennzeichen gelten, sofern es „wechselseitige Abhängigkeit bewirkt". Hier ist ihm, wie mir scheint, eine Verwechslung unterlaufen, die sich durch einen kurzen Hinweis auf die gestalttheoretische Vorgeschichte klären läßt. Das „Teil-Sein" in einem Ganzen, die Zugehörigkeit zu ihm – z. B. des Blattes zu der Blume, des Rades zum Wagen – ist *etwas, was man sehen kann*. Es ist ein alltäglicher Wahrnehmungssachverhalt. Warum sollte man nicht auch die Zugehörigkeit eines Menschen zu einer Gruppe unmittelbar wahrnehmen können? Beim *anderen* Menschen z. B. durch die „Gruppierung", auch durch das „gemeinsame Schicksal" (WERTHEIMER)? Das „Gefühl", das „Bewußtsein", die „Gewißheit", dazu zu gehören, wäre dann nichts anderes als die Art und Weise, wie man die *eigene* Zugehörigkeit zu bestimmten anderen Menschen wahrnimmt. Da man aber in der Wissenschaft ein Merkmal braucht,

das auch bei den anderen Mitgliedern der Gruppe und bei den Mitgliedern anderer Gruppen gültig ist, und weil überdies jede unmittelbare Wahrnehmung irrig sein kann, ist die – prüfbare – wechselseitige Abhängigkeit mit Recht das Grundmerkmal.

3. Das *Zusammenhalten* (cohesiveness), das Bedürfnis, zusammen zu sein; das Vorhandensein starker wechselseitig anziehender Kräfte, die etwaige abstoßende Kräfte unwirksam machen (MARROW 1969, S. 169).

4. Die Übernahme des Gruppen-Kodex; d. h. die Anerkennung und Befolgung der in der Gruppe herrschenden Verhaltensregeln (MARROW 1969, S. 170) einschließlich ihrer Sprache.

Diese Liste von Kennzeichen einer Gruppe ist nicht vollständig. In dem Band „Die Lösung sozialer Konflikte" (LEWIN 1953) ist u. a. noch die Rede

5. von der verstärkten gegenseitigen *Offenheit* im Innern und

6. der stärkeren *Abgrenzung* nach Außen – z. B. in einer guten Ehe gegenüber den beiden Herkunftsfamilien. Endlich wären hier noch

7. die Trennungs-, Verlassenheits- und Ausstoßungsreaktionen zu erwähnen, die Störungen der Stimmung, der Tätigkeitsbereitschaft, der Gesundheit, der körperlichen und geistigen Entwicklung, die R. SPITZ, BOWLBY und andere an Menschenkindern und HARLOW an Kindern von Rhesusaffen beobachtet haben.

7. Gruppendynamik

Seit wann LEWIN in seinen Aussprachen das Wort Gruppendynamik gebraucht hat, wissen wir nicht. 1939 taucht es zum ersten Mal im Druck auf, und zwar in der Abhandlung „Experiments in social space". 1945 erschien seine Programmschrift über das bereits im Aufbau begriffene „Research Center for Group Dynamics at Massachusetts Institute of Technology". Doch ist die Gruppendynamik, wie LEWIN gelegentlich selbst bemerkt, nicht die „Erfindung" *eines* Mannes, sondern die klärende Zusammenfassung von vielerlei Bewegungen, die damals schon im Gange waren: die Gruppenpsychotherapie, die Arbeitsgruppen in den Schulen, in denen man die Forderung DEWEYS, man solle durch Tun lernen, zu verwirklichen versuchte, allerlei Ansätze in der Sozialarbeit, und manches andere. In dem Research Center sollten Psychologen, Soziologen und Kultur-Anthropologen zusammenarbeiten. Im Mittelpunkt sollten (Feld- und Labor-)Experimente stehen, durch die *die dynamischen Grundlagen* der Konstanz, der Selbstregulation und der Änderung von Gruppen-Eigenschaften genauer erforscht werden sollten.

Gruppendynamische Ansätze gab es schon viel früher, man kann wohl sagen, seit Alfred ADLER (von 1904 bis 1913) versucht hatte, Persönlichkeitsentwicklungen abzuleiten aus der besonderen Stellung des Kindes in seiner Familie, in der Geschwisterreihe und insbesondere aus der rein formalen Eigentümlichkeit seiner Stellung: *unterhalb* der Gruppe (als „minderwertig"), *außerhalb* der Gruppe (als „Ausgestoßener", beispielsweise als Sträfling), oder auch im *Mittelpunkt* der Gruppe (als pflichtenfreier, allerseits verwöhnter Liebling). Aber kaum irgend etwas zeigt den ungeheuren Fortschritt von der damals allein verfügbaren psychotherapeutischen und biografischen Kasuistik zu der vollendeten Beherrschung einer Methodik, die es erlaubt, die an einem fraglichen Gleichgewichtszustand eines Menschen oder einer Gruppe beteiligten gegensinnig wirkenden Kräfte zu erkennen, zu messen und zu beeinflussen, wie es LEWIN in dem Artikel „Frontiers in Group Dynamics" beschreibt, der in seinem Todesjahr, 1947, im ersten Band der von ihm mitbegründeten „Human Relations" erschien und unter dem Titel „Gleichgewichte und Veränderungen in der Gruppendynamik" in der deutschen Ausgabe der „Feldtheorie" abgedruckt ist.

In dem Bericht des Zentrums über seine Arbeit in den 25 Jahren seit seinem Anschluß an das Institute for Social Research an der University of Michigan in Ann Arbor im Jahre 1948, werden folgende Arbeitsthemen aufgeführt, die ein gutes Bild von der Art seiner Tätigkeit vermitteln:

1. Zwei große Untersuchungen über Fragen der zweckmäßigen Darstellung einer Gruppenstruktur, u. a. die Entwicklung eines mathematischen Verfahrens, um Gruppeneigenschaften zahlenmäßig darzustellen: u. a. die Zahl der Rangstufen, den Grad der Verbundenheit, die Verletzbarkeit, die Stabilität ihres Gleichgewichtes.
2. Die Veränderungen des Verhaltens und besonders der Leistungen eines Menschen durch bloße *Anwesenheit* anderer.
3. Die Bedingungen der Aufgliederung einer Gruppe in Untergruppen.
4. Die Reaktion der Gruppe auf Störungen ihres Gleichgewichts und die häufigsten Ursachen von Ungleichgewichten.
5. Das Zusammenwirken und die Konflikte zwischen den verschiedenen für das Gleichgewicht maßgeblichen Kräften (Vertrauen, Mißtrauen, Rivalität, Hilfsbereitschaft, Anziehung usw.).
6. Wirkungen der Stellung eines Gliedes innerhalb der Gruppe (Beliebtheit, Macht, Verantwortung usw.). Wirkungen einer Erhöhung und einer Erniedrigung des Ranges in der Gruppe.
7. Wirkungen der Stellung in der Geschwisterreihe auf die Persönlichkeitsentwicklung (das alte Problem ADLERS und TOMANS).
8. Die besonderen Probleme rassisch gemischter Gruppen; Fragen des Verhältnisses zwischen der Mehrheit und der Minderheit.
9. Die Bildung von Gruppenzielen und die Ausbildung des Anspruchsniveaus von Gruppen sowie die Beteiligung von Gruppenmitgliedern verschiedener Stellung an ihr.
10. Vergleichende Untersuchungen über den Wagemut derselben Individuen innerhalb und außerhalb einer Gruppe.
11. Der Angleichungsdruck der Gruppe (mit dem sich übrigens auch verschiedene andere Psychologen, wie ASCH und CRUTCHFIELD außerhalb des Zentrums beschäftigt haben), besonders in jugendlichen Banden.
12. Die sozialpsychologischen Grundlagen von Fleiß und Faulheit bei Schulkindern.
13. Psychosomatische Begleiterscheinungen der Stärkung oder Schwächung der Selbsteinschätzung[*].

Wie man sieht, spielt dasjenige, was man sich inzwischen als typische Gruppenarbeit zu bezeichnen gewöhnt hat, in diesem Programm nur eine bescheidene Rolle.

Man erfährt mit Verwunderung, daß die inzwischen über die Welt verbreitete T(rainings)-Gruppe mit ihrem Ziel der Erhöhung der Sensitivität – d. h. der Sicherheit der Bewertung 1) des eigenen Tuns, 2) der Gefühle der anderen, 3) der Forderungen der gestellten Aufgabe und 4) der Angepaßtheit des Handelns der Gruppe an diese Aufgabe – noch von LEWIN selbst eingeführt wurde und von ihm auch ihren Namen erhalten hat und daß ebenfalls von ihm ihr entscheidendes Merkmal, der „feedback" oder der Rücklauf eingeführt worden ist. Im Hintergrund dieser Neueinführungen standen gesicherte gruppendynamische Befunde: 1) daß vernünftige Vorschläge einer Verhaltensänderung, wenn man sie in einer Gruppe diskutiert, eine erheblich stärkere Wirkung und vor allem Nachwirkung haben als die gesonderte Belehrung der einzelnen Mitglieder (z. B. durch Aufklärungsschriften, die man ihnen zu lesen gibt; 2) daß diese

---

[*] Umfassende Darstellung bei D. CARTWRIGHT, A. ZANDER u. Mitarb. (1953/1968).

Wirkungen und Nachwirkungen noch viel stärker sind, wenn die Gruppe *selbst* sich *ausdrücklich* für diese Neuerung entscheidet; und 3) daß Änderungen, die man durch die Herabsetzung *hemmender* Kräfte zustande bringt, nachhaltiger sind als solche, die man durch die Verstärkung treibender Kräfte herbeizuführen versucht. Der Anlaß zu der Gründung der ersten T-Gruppe war der Wunsch einer bestimmten, rassisch gemischten Gemeinde, den Schwierigkeiten, die durch die Überheblichkeit der rassischen Mehrheit laufend angeheizt wurden, ein Ende zu bereiten. Für einen Großangriff auf dieses Übel benötigte man eine größere Anzahl von Ausbildern. Ihrer Einübung diente die neue Art der Gruppenarbeit.

Andere Aufgaben stellte z. B. die Frage, ob und wie man den unbefriedigenden Ertrag eines Industriebetriebes steigern und wie man zu diesem Zweck den Widerstand der Beschäftigten gegen Neuerungen herabsetzen könne. Dazu kamen die bekannten Untersuchungen über die Wirkung des Führungsstils auf die Gruppenatmosphäre in Jungengruppen der Vorpubertät, und noch vieles andere.

Auch die Kleingruppenarbeit, wie sie von LEWIN entwickelt wurde, diente durchweg *der Beseitigung von Störungen des Zusammenlebens* der Menschen, natürlich auch der Ausbildung von Ausbildern zu diesem Zweck, und dies alles aufgrund der Gesetze, die in der gruppendynamischen Grundlagenforschung teils gewonnen waren, teils von ihr mit wachsender Zuversicht erhofft werden konnten.

Inwiefern die Gruppenarbeit in den 30 Jahren seit ihrer Einführung diesen Zielen treu geblieben ist und inwieweit sie sich in eine Art individueller Psychotherapie zurückentwickelt hat, die die Gruppe nur als *Werkzeug* benutzt, wieweit sie zu einem neuen Gesellschaftsspiel und zu einer Art psychischer Sauna geworden ist, die zwar neuartige und irgendwie bereichernde oder sonstwie befriedigende „Erlebnisse" vermittelt, aber im übrigen alles beim alten läßt, wenn nicht gar verschlimmert – darüber eingehendere Überlegungen anzustellen, gehört nicht mehr zu den Aufgaben dieser Darstellung. Nach Kurt ADLER (1970) und W. E. O'CONNELL (1971) bringen viele Gruppen hauptsächlich eine Art Katharsis und sehr oft eine Neigung zu offener Herabwürdigung anderer zustande. Eine höher Empfindsamkeit für die Gefühle *der anderen* wird oft nicht erreicht. Eine ungekonnt geleitete Sensitivity-Gruppe...

„verstärkt das neurotische Verhalten der ichzentrierten Teilnehmer, da sie für diese hauptsächlich eine Gelegenheit ist, die *eigenen Gefühle* deutlicher zu erleben, über sie zu reden und mit Anfällen sogenannter Ehrlichkeit über andere herzufallen".

Es scheint also bei vielen solcher Veranstaltungen eine verstärkte Besinnung auf das vonnöten, was LEWIN bei ihrer Einführung vorschwebte.

IV
Innere Psychophysik

13. Zum gegenwärtigen Stand der Psychophysik (1950)

Als FECHNER 1860 seine „Elemente der Psychophysik" veröffentlichte, war sein Ziel, psychische Erscheinungen *meßbar zu machen*. Offensichtlich bedeutet der Ausdruck Psychophysik in diesem Zusammenhang nichts anderes als eine besondere Technik, eine *Verfahrenslehre*, wobei die Physik als das Vorbild einer exakten, das heißt einer messenden und rechnenden Wissenschaft auftritt.

Der Ausdruck „Psychophysik" hat seitdem seine Bedeutung in bezeichnender Weise verschoben. Seine zweite Hälfte bezieht sich heute auf den *Gegenstand* der Physik, die physische *Natur*. Johannes MÜLLER hatte schon lange vor dem Erscheinen des FECHNERschen Werkes einmal die Vermutung geäußert, daß sich *in der anschaulichen Beschaffenheit unserer Wahrnehmungen das Wesentliche der zugrunde liegenden somatischen Prozesse verrate*. Dieser Satz enthält die neuere Bedeutung des Wortes Psychophysik. Er enthält die Aufgabe, zu jeder Wahrnehmungserscheinung, und schließlich zu jedem geistig-seelischen Tatbestand, die unmittelbar zugehörigen und irgendwie zugeordneten – ich sage, im Gegensatz zu älteren Formulierungen, ausdrücklich nicht: zugrunde liegenden – körperlichen, physikalisch-chemischen Vorgänge im Zentralnervensystem aufzusuchen. Wir nennen diese Vorgänge die „psychophysischen Korrelate" der geistig-seelischen Erscheinungen. Ihren Ort im Zentralnervensystem nennen wir das „psychophysische Niveau"*. Psychophysische Ansätze in diesem Sinn finden sich bei verschiedenen älteren Forschern, ohne daß indes die grundsätzlichen Voraussetzungen von ihnen schon ausgesprochen und erörtert werden. An erster Stelle ist hier FECHNER selbst zu nennen, ferner LOTZE und besonders MACH und HERING.

Die erste grundsätzliche Erörterung der hier erforderlichen Annahmen verdanken wir G. E. MÜLLER. In seinem Beitrag „Zur Psychophysik der Gesichtsempfindungen"** stellt er vorläufig fünf psychophysische Axiome auf, deren erste drei in etwas zusammengefaßter und verallgemeinerter Form folgendes besagen:

1. Jedem Zustand des Bewußtseins entspricht ein materieller Vorgang, der sogenannte psychophysische Prozeß, an dessen Stattfinden das Stattfinden des Bewußtseinszustandes geknüpft ist; es kann weder der körperliche Vorgang ohne den psychischen noch der psychische ohne den körperlichen stattfinden.

2. Einer Gleichheit, einer größeren oder geringeren Ähnlichkeit, einer Verschiedenheit psychischer Zustände entspricht eine Gleichheit, eine größere oder geringere Ähnlichkeit, eine Verschiedenheit der psychophysischen Prozesse und umgekehrt.

3. Ist ein psychischer Zustand in n-facher Richtung variabel, so muß auch der zugehörige psychophysische Prozeß in n-facher Richtung variabel sein, und es gilt für den Zusammenhang der verschiedenen Richtungen möglicher Veränderung auf der psychischen und der psychischen Seite sinngemäß das in Axiom 2 Gesagte.

---

* Psychophysik in diesem strengen Sinn befaßt sich also nur mit einem *Teil*, wenn auch einem wesentlichen, des Leib-Seele-Problems.

** dort auch Hinweise auf Früheres.

Die beiden letzten Axiome sind spezieller und nicht geeignet, in ein paar Worten zusammengefaßt zu werden. – Wie man sieht, versucht G. E. MÜLLER der Annahme des psychophysischen *Parallelismus* eine konkrete, verbindliche, das heißt, zu prüfbaren Folgerungen führende Form zu geben. Der psychophysische Parallelismus ist hier allerdings nicht als metaphysisches Prinzip, sondern als Arbeitshypothese eingeführt. Und während man anderwärts damit beschäftigt war, die Lehre vom psychophysischen Parallelismus mit allerlei Argumenten zu widerlegen, hat diese sich als eine der fruchtbarsten und folgenreichsten Arbeitshypothesen erwiesen, die je in einer Wissenschaft eingeführt wurden.

Zu der weitverbreiteten Scheu vor psychophysischen Überlegungen und Untersuchungen hat Wolfgang KÖHLER an verschiedenen Orten, zuletzt besonders ausführlich in seiner Schrift „Dynamics in Psychology" (1940), alles Nötige gesagt. – Daß zwischen geistig-seelischen Erscheinungen und nervösen Vorgängen ein unlösbarer Zusammenhang besteht, ist keine Vermutung, sondern eine tausendfach bestätigte Tatsache. Es muß also erlaubt sein, über die Natur dieses Zusammenhangs und über die Natur der in diesem Sinn psychophysischen Vorgänge selbst, nachzudenken. Freilich, die Hoffnung, auf diesem Gebiet rasch zu greifbaren Ergebnissen zu kommen, ist nach einer Zeit, in der man mit physiologischen Vermutungen nicht gerade sparsam und zurückhaltend war, ziemlich hingeschwunden. Man ist beinah einig, daß jeder Versuch, über die physiologischen Korrelate psychischer Erscheinungen Vermutungen anzustellen, schon als solcher unvermeidlich zu einer Verfälschung, mindestens aber zu einer Fehldeutung des psychologischen Tatbestands führen müsse. Dies ist auch der Sinn der Rede vom „Physikalismus" der Gestalttheorie, als derjenigen psychologischen Richtung, die sich gegenwärtig wohl als einzige ernsthaft mit psychophysischen Fragen im strengen Sinn dieses Ausdrucks befaßt.

Wenn auch gewisse psychophysische Annahmen von solcher Kritik durchaus getroffen werden, sind doch die Folgerungen, die man daraus gezogen hat, erstaunlich voreilig. Jedenfalls hat es bisher glücklicherweise nicht allgemein als wissenschaftliche Haltung gegolten, wenn man ein Problem, das zu schwierig war, um im ersten Anlauf gelöst zu werden, von jetzt an einfach umging und sich statt dessen damit beschäftigte, für die Notwendigkeit dieser Umgehung tiefsinnige Gründe zu suchen. Ich brauche nicht die Frage zu stellen, wohin die Physik oder die Chemie mit einer solchen Haltung gekommen wären.

Im übrigen zeigt eine einfache Überlegung, daß von den genannten Bedenken nur eine ganz bestimmte Gruppe psychophysischer Vermutungen getroffen wird. Diese Vermutungen sind dadurch gekennzeichnet, daß sie keineswegs dem klaren Sinn des alten Satzes von Johnnes MÜLLER entsprechen, sondern ihm genau zuwiderlaufen. Der Satz besagt: in der anschaulichen Beschaffenheit unserer Wahrnehmungen verrate sich das Wesentliche der zugrunde liegenden somatischen Prozesse. Das enthält jedenfalls nicht die Hoffnung, aus unserer Kenntnis der somatischen Prozesse zu einem Verständnis der Wahrnehmungserscheinungen zu gelangen, sondern genau umgekehrt die Hoffnung, daß wir aus unserer Kenntnis der Wahrnehmungserscheinungen vielleicht begründete Vermutungen über die zugeordneten körperlichen Vorgänge gewinnen möchten. Und das hat auch gute Gründe.

Die zu vermutenden psychophysischen Vorgänge, als Forschungsgegenstand der Physiologie bzw. der Physik des Lebendigen, gehören zu den verborgensten, flüchtigsten, am schwersten greifbaren Tatbeständen, die man sich überhaupt denken kann. Zu der Zeit der ersten sogenannten physiologischen Erklärungen psychischer Erscheinungen wußte man von der Natur der ihnen zugeordneten körperlichen Vorgänge genau so wenig, vielleicht weniger als, sagen wir, gegenwärtig vom Innern der Atomkerne. Und noch heute können wir eben die allerersten nach außen dringenden Begleiterscheinungen konkreter psychischer Einzelereignisse physikalisch registrieren. Was man damals wirklich besaß, waren Kenntnisse des gröberen anatomischen Baues der Sinnesorgane und des Nervensystems, seiner Zell- und Faserstruktur, dazu einiger der wichtigsten spezialisierten Zentren und ihrer nervösen Verbindungen; – nichts von der Natur der physiologischen *Vorgänge*, die innerhalb dieser Strukturen etwa als materielle Begleiterscheinungen der Bewußtseinsinhalte sich abspielen könnten. Aus diesen oberflächlichen, meist nur anatomischen Daten versuchte man zu *konstruieren*, von welcher Art die psychischen Korrelate nervöser Vorgänge, das heißt: die Erlebnisse und Wahrnehmungserscheinungen, *eigentlich sein müßten*. Zur Veranschaulichung sei an die Theorie des Sehraums erinnert, nach welcher dieser „eigentlich" keine Tiefe besitzen dürfte, weil die Netzhautzellen ebenfalls nur eine zweidimensionale Mannigfaltigkeit bilden. Ist diese Konstruktion des vom physiologischen Gesichtspunkt „eigentlich zulässigen" oder zu erwartenden Psychischen schon ein erkenntnismethodisch erstaunliches Vorgehen, so ist fast noch merkwürdiger der Schritt, den man weiterhin tat, wenn die wirklichen psychischen Tatbestände, Erscheinungen und Erlebnisse dieser Erwartung nicht entsprachen. Man betrachtete nämlich diesen Mangel an Übereinstimmung als einen unbezweifelbaren Hinweis darauf, daß das unmittelbar anschaulich Gegebene keine streng zugeordneten materiellen Begleitvorgänge mehr besitzen könne, daß es vielmehr durch das Eingreifen eines außerphysischen, rein geistig-seelischen Agens aus dem nicht mehr beobachtbaren, aber gleichwohl unbemerkt vorhandenen, unmittelbaren psychischen Korrelat der gewissermaßen letzen vorpsychischen Station der gesamten körperlich-seelischen Kausalkette in entsprechender Weise umgewandelt worden sein müsse. Dies ist der Sinn der sogenannten „psychologischen Theorien" in der Wahrnehmungslehre, sofern dabei jedesmal die Erörterung eine Rolle spielt, ob eine in Frage stehende Erscheinung „noch physiologisch" erklärbar sei, oder man zu einer „psychologischen" Erklärung übergehen müsse. Das bekannteste Beispiel ist wohl die HELMHOLTZsche Theorie des Farbenkontrastes. Das „zu erwartende" psychische Korrelat der darin vorausgesetzten zentralphysiologischen Vorgänge wäre eine kontrastfreie Farbmannigfaltigkeit. Das psychische Agens, das aus diesem *zu erwartenden* Psychischen das tatsächlich *beobachtbare* Psychische macht, ist bei VON HELMHOLTZ das „Urteil". Es ist aber klar, daß eine solche Umwandlung und das für sie verantwortliche psychische Agens hier nur deshalb *denk*notwendig wird, weil man sich über die Natur der *körperlichen* Vorgänge im Nervensystem viel zu einfache und z. T. völlig abwegige Vorstellungen macht. (Auf der anderen Seite schließt die Annahme des strengen Parallelismus im Sinne G. E. MÜLLERS keineswegs die Folgerung ein, daß Urteil, Aufmerksamkeit, Auffassung, Einstellung, Erwartung usw. dort, wo sie tatsächlich vorhanden sind, auf die Erscheinungsweise des Wahrgenommenen nicht ebenfalls einwirken könnten; im Gegensatz zu den „psychologischen Theorien" der Wahrnehmung werden aber die so zustandegekommenen Modifikationen des Wahrgenommenen nicht als „rein psychologische" betrachtet, sondern es *muß* konsequenterweise angenommen werden, daß auch den durch das Verhalten des *Subjekts* bedingten Änderungen der Wahrnehmung entsprechende Änderungen ihrer *psychophysischen Korrelate* zugeordnet sind, und darüber hinaus, daß auch das Verhalten des Subjektes selbst als erlebbarer Tatbestand sein psychophysisches Korrelat besitzt, das mit den psychophysischen Korrelaten des Wahrgenommenen in einem Beeinflussungszusammenhang steht, der den Beeinflussungszusammenhang zwischen Subjekt und Wahrnehmungsgegenstand genau widerspiegelt.)

Die physiologischen Annahmen, mit denen man auf der besprochenen Entwicklungsstufe der Psychophysik arbeitete, waren in Wirklichkeit nur neurologische Spekulationen. Hierauf haben vor allem hingewiesen: VON KRIES (1901) und Erich BECHER (1911). Einen weiteren wichtigen Beitrag zur Klärung des Sachverhalts stellt Wolfgang KÖHLERS Abhandlung von 1913 „Über unbemerkte Empfindungen und Urteilstäuschungen" dar. Das wesentliche Ergebnis all dieser Erörterungen ist die Rückkehr zu dem ursprünglichen Satz von Johannes MÜLLER. Die Möglichkeit der Inangriffnahme einer gesunden Psychophysik beruht auf der erneuten Beachtung seines eigentlichen Sinnes, nach welchem nicht aus der Beschaffenheit somatischer Prozesse (oder gar anatomischer Strukturen) auf Eigenschaften des Seelischen geschlossen, sondern der anschaulichen Beschaffenheit unserer Wahrnehmung Hinweise auf Eigenschaften der zugehörigen somatischen Prozesse entnommen werden sollen.

Man wundert sich, wie man das je mißverstehen konnte. Denn im Gegensatz zu der Verborgenheit der zentralnervösen Vorgänge sind die anschaulichen Eigenschaften unserer Wahrnehmungen und Erlebnisse *die einzigen Tatbestände der Welt, die völlig offen vor und in uns liegen;* das einzige, was unserer *unmittelbaren* Kenntnis überhaupt zugänglich und verfügbar ist; derjenige Bereich des Seins, dem wir außerdem alles entnehmen müssen und entnommen haben, was wir für das Verständnis der Welt im ganzen an Gesichtspunkten besitzen. Diese Kenntnis mußte allerdings erst in besonderer Weise systematisch geordnet werden, ehe sie für das psychophysische Problem fruchtbar gemacht werden konnte. Die notwendige Vorarbeit ist aber – unter dem ermunternden Einfluß der phänomenologschen Schule der Philosophie – vor allem von den verschiedenen gestaltspsychologischen Schulen (entscheidend angeregt und gefördert vor allem von Chr. VON EHRENFELS und Max WERTHEIMER) seit dem Beginn dieses Jahrhunderts in so umfassender Weise geleistet worden, daß nicht nur ein Neurologe wie Kurt GOLDSTEIN, sondern u. a. auch der durch seine bahnbrechenden entwicklungsmechanischen Untersuchungen berühmt gewordene Biologe SPEMANN der Überzeugung Ausdruck gegeben hat, daß die Biologie und Physiologie für ihre Theoriebildung bis auf weiteres von der Psychologie mehr Anregung zu erwarten haben als umgekehrt.

Für die eigentlich psychophysischen Untersuchungen ist diese Erkenntnis durch Wolfgang KÖHLER zu der methodischen Forderung verdichtet worden, daß über die unmittelbaren materiellen Korrelate des Psychischen keinerlei Annahme erlaubt sein soll, die nicht in jeder Beziehung den Gesetzmäßigkeiten des anschaulichen Erlebens und des Seelischen überhaupt entspricht. – Mit dieser Forderung entfallen sämtliche Bedenken, die man von anthropologischer, geisteswissenschaftlicher oder erkenntnistheoretischer Seite gegen psychophysische Hypothesenbildungen erheben konnte. Wird sie wirklich streng eingehalten, so ist eine Verfälschung oder Entstellung der untersuchten geistig-seelischen Tatbestände und Zusammenhänge ausgeschlossen. – Dazu kommt folgendes: Die neuere Entwicklung der Nervenphysiologie sowohl wie der physikalischen Chemie hat zwar – etwa im Alles-oder-Nichts-Gesetz der Nervenleitung – immer wieder zu Ergebnissen geführt, die mit KÖHLERS methodischer Forderung nur schwer vereinbar schienen; aber sie hat doch im ganzen eine Richtung eingeschlagen, die von den ursprünglichen neurologischen Spekulationen der Psychologen kaum weniger weit weg führt als das, was wir von der Phänomenologie des Psychischen her erwarten müssen.

Damit man zu erfolgreicher psychophysischer Einzelforschung vordringen konnte, war freilich noch ein letztes Hindernis zu beseitigen. Solange über zentralnervöse Vorgänge nichts Näheres bekannt ist, hat es keinen Sinn, für bestimmte Einzelqualitäten des Wahrgenommenen (etwa für eine Farbe) das zugehörige körperliche Korrelat (etwa eine bestimmte chemische Substanz, oder, was auf jeden Fall richtiger sein wird, eine bestimmte chemische Umsetzung) zu suchen. Darum ist in den Axiomen von G. E. Müller nur von der Zuordnung von *Beziehungen* zwischen seelischen Erscheinungen zu *Beziehungen* zwischen körperlichen Vorgängen die Rede. Mit anderen Worten: man kann sinnvollerweise bis auf weiteres nur die Zuordnung von *Strukturen* der einen Seite zu *Strukturen* der anderen Seite versuchen. Und zwar besagt der Inhalt der G. E. Müllerschen Axiome, daß dies nach dem Grundsatz der *Isomorphie* oder Gestaltgleichheit erfolgen solle (obwohl grundsätzlich auch andere, weniger einfache Arten der Gestaltverwandtschaft zwischen physischen Vorgängen und psychischen Tatbeständen denkbar sind).

Der Anwendungsbereich des Verfahrens erscheint aber bei G. E. Müller noch außerordentlich eng. Er beschränkt sich auf Mannigfaltigkeiten von *Qualitäten*, während die räumliche Verteilung von Zuständen und Vorgängen ausgeschlossen bleibt. Da man angesichts des Baues des Großhirns niemals erwarten kann, daß räumliche Eigenschaften des anschaulich Erlebten in identischen räumlichen Eigenschaften von Hirnvorgängen abgebildet sind, hält er es vorläufig für sinnlos, hierüber Vermutungen anzustellen. Wieder ist es Wolfgang Köhler, dem wir die Beseitigung dieses grundsätzlichen Hindernisses verdanken. Wie er zuerst 1920 in seinem grundlegenden Werk „Die physischen Gestalten in Ruhe und im stationären Zustand" und später wiederholt, u. a. in dem Aufsatz „Ein altes Scheinproblem" (1929) dargetan hat, besteht das Bedenken G. E. Müllers nur so lange, als man erwartet, daß die psychophysischen Korrelate die räumlichen Verhältnisse der Wahrnehmungsinhalte in einem von außen durch den Kopf gelegten Cartesischen Koordiantensystem wiedergeben. Gerade diese Erwartung ist aber ganz unbegründet. Ich kann hier nicht ausführlich auf den zu ihrer Korrektur eingeführten Begriff der funktionellen Koordianten eingehen, sondern begnüge mich mit einigen erläuternden Hinweisen: Herrscht in einem mehr oder weniger dichten dreidimensionalen Netz von elektrischen Leitern eine bestimmte Strömungsverteilung und wird nun dieses Leiternetz mechanisch verzerrt, so bleibt die Strömungsverteilung in diesem Netz in einem guten Sinn „dieselbe", sie bleibt funktionell unverändert, wenn sie auch, auf dasselbe rechtwinklige Koordinatensystem wie zuvor bezogen, mitsamt dem Leiternetz noch so sehr verzerrt erscheint. Ähnliche Überlegungen wie über funktionelle Richtungen kann man über funktionelle Längen anstellen. Übrigens ist der Begriff der funktionellen Länge in der Theorie des zweiäugigen Raumsehens schon geläufig; und zwar werden die Abweichungen des empirischen vom sog. mathematischen Horopter (dem Vieth-Müller-Kreis) dadurch erklärt, daß der funktionelle Maßstab horizontaler Erstreckungen auf der Netzhaut in deren nasaler Hälfte ein anderer sei als in der temporalen.

Damit sind die Grundlagen des *konkreten Parallelismus*, als der Arbeitshypothese der neueren psychophysischen Forschung, einigermaßen vollständig.

Es seien nun noch einige spezielle Forschungsfragen aus diesem Gebiet besprochen, durch die wir, nachdem der gegenwärtige Stand der *grundsätzlichen* Erörterung umrissen ist, auch ein Bild von ihren greifbaren Früchten gewinnen können. Nach der Natur der Erscheinungen auf seelischem und auf körperlichem Gebiet kann man vorläufig dreierlei Typen psychophysischer Untersuchungen unterscheiden.

1. Untersuchungen über anschauliche *Qualitäten,* die sinngemäß zu *chemischen* Hypothesen führen. Ein Beispiel ist die Theorie der Gegenfarben und des Kontrastes von G. E. MÜLLER, die eine Fortführung und Berichtigung HERINGscher Ansätze darstellt.

2. Untersuchungen über „anschauliche *Geometrie",* die sinngemäß zu Vermutungen über die (funktionell-) räumliche *Verteilung* zugeordneter Hirnvorgänge führen. Ein Beispiel werden wir später genauer erörtern.

3. Untersuchungen über *Bedingungszusammenhänge* des Psychischen, die sinngemäß zu dynamischen, also im engeren Sinn *physikalischen* Vermutungen führen, deren besonderer Inhalt z. B. in die Elektrizitätslehre, etwa in gewisse Zweige der Strömungslehre, der Feld- und Potentialtheorie führt. Das bahnbrechende historische Beispiel der letzten Art ist Max WERTHEIMERs Theorie der stroboskopischen Scheinbewegung aus „Querfunktionen" (1912), die unter dem sehr irreführenden Namen „Kurzschlußhypothese" bekannt und Gegenstand zahlreicher, zumeist aber den Kern der Sache nicht treffender Erörterungen geworden ist. Als Beispiel psychophysischer Überlegungen solcher Art über einen der umstrittensten und zentralsten Tatbestände der Psychologie, zugleich einen Tatbestand, der von vielen als eines der wesentlichen *Unterscheidungs*merkmale des Psychischen im Vergleich mit dem Physischen angesehen wird, sei Wolfgang KÖHLERs Buch „The Place of Value in a World of Facts" (1938) genannt. Einige weitere, nicht ganz so schwierige und problemgeladene Beispiele werden wir weiter unten besprechen.

Während, wie gesagt, die im strengen Sinn psychophysische Forschung mit *qualitativen* Erscheinungen begonnen hat, ist es für ihren gegenwärtigen Stand kennzeichnend, daß sich der Schwerpunkt der Forschung mehr und mehr auf *geometrische* und *physikalische* Probleme verlagert.

Zunächst eine Fragestellung der zweiten, *geometrischen* Art.

Eines der Lieblingsgebiete sogenannter „psychologischer" Theorien sind die bekannten Konstanzerscheinungen an Wahrnehmungsdingen: als bekannteste Beispiele nennen wir die *Beständigkeit der Dingfarben beim Wechsel der Beleuchtung,* für die die geläufigste psychologische Theorie schon in dem Namen „Gedächtnisfarben" angedeutet ist; ferner die *Beständigkeit der Dingform beim Wechsel der Lage* im Verhältnis zum Betrachter, der ja unvermeidlich mit den Verzerrungen der zugehörigen Netzhautbilder verknüpft ist, von denen die Lehre von der Perspektive handelt; endlich die *Beständigkeit der Größe beim Wechsel der Beobachtungsentfernung* trotz der mit diesem einhergehenden Veränderung der Winkelgröße und damit auch der Netzhautgröße des betrachteten Gegenstands. Es erschien völlig unglaubhaft, daß die fast unbegrenzte Variabilität der Zuordnung zwischen Reizmannigfaltigkeit und zugehöriger Erscheinung, die das Wesen all dieser Tatbestände ausmacht, schon im körperlichen Geschehen stattfinden könne. Man nahm also an, daß die unmittelbar gegebenen, also allein beobachtbaren Farben, Formen und Größen durch eine psychische „Transformation" nachträglich entstünden, aus denjenigen, unter normalen Umständen unbeobachtbaren, Farben, Formen und Größen die man als das eigentliche Korrelat der zentralphysiologischen Vorgänge voraussetzte; und man glaubte zeitweise, in gewissen Verfahren der „Reduktion" ein Mittel gefunden zu haben, dieses „eigentliche" Korrelat unter gewissen Bedingungen sogar beobachtbar zu machen.*

---

* Genauere Erörterung siehe Metzger (1941, S. 132).

Auf der anderen Seite ist nach der Arbeitshypothese des konkreten Parallelismus nichts anderes zu erwarten, als daß diese „Transformationen", allgemeiner gesprochen, dieser Wechsel der Zuordnung zwischen Reiz-Arten und Wahrnehmungsqualitäten, zwischen Reizverteilungen und anschaulichen Formen, zwischen Reizausbreitungen und anschaulichen Größen, zwischen Reiz-Orten und Stellen im Anschauungsraum, tatsächlich schon im Verhältnis der zentralnervösen materiellen Vorgänge zu deren retinalen Anregern vorgebildet sein und bestehen muß. Anders ausgedrückt: es muß zentralnervöse Vorgänge geben: eben die materiellen Korrelate der Sehdinge, – die gegenüber den betreffenden Variationen der Reizbedingungen ebenso unempfindlich sind, deren Zuordnung zu den fraglichen Reizkonstallationen ebenso variabel ist, wie die der Sehdinge selbst.

Wie kann man aber so etwas feststellen?

Wir stellen diese Frage zunächst für das Problem der *Dinggröße*, da die Größe – beispielsweise die Länge einer räumlichen Strecke – technisch besonders leicht zu beherrschen ist.

Die Aufgabe war, *Tatbestände zu finden, die erstens in meßbarer, gesetzmäßiger Weise vom räumlichen Abstand abhängen*, ohne daß irgendwelche Erwartungen des Beobachters über die maßgeblichen Größen möglich sind. Das letzte ist nötig, um Wirkungen der positiven oder negativen *Erwartung* (als eines zunächst rein psychischen Faktors) auszuschließen. Solcher Tatbestände gibt es eine ganze Anzahl. So hängt die *Unterschiedsschwelle* für beliebige Sinnesqualitäten in bekannter und meßbarer Weise von dem Abstand zwischen den zu vergleichenden Gebilden oder Eindrücken ab, und zwar wächst sie mit dem Abstand. Die Bemühungen aller Konstrukteure von photometrischen Einrichtungen, den Abstand zwischen den verglichenen Farbflächen durch konturfreies Aneinanderstoßen Null werden zu lassen, sind ein mittelbares praktisches Zeugnis für diese Gesetzmäßigkeit. Ferner ist – bei konstanten Zeitverhältnissen – das Auftreten und die besondere Erscheinungsweise der *stroboskopischen Scheinbewegung* (die wir jeden Tag im Kino beobachten können, und die übrigens im Hör- und Tastfeld ebenso auftritt wie im Sehfeld), in sehr empfindlicher Weise von dem räumlichen Abstand zwischen den Einzelreizen abhängig. Um optimale Scheinbewegung zu erzielen, muß man bei größerem Abstand längere Zwischenzeiten wählen. Und zwar findet diese Verschiebung in der Größenordnung von Zehntelsekunden statt, die subjektiv nicht unterschieden werden können. Als drittes Testphänomen steht die von Freysche *scheinbare Anziehung* zur Verfügung, die *zwischen gleichzeitigen benachbarten Druckempfindungen* beobachtet wird.

Als zweite Eigenschaft der zu untersuchenden Tatbestände ist zu fordern, daß sie ermöglichen, den Abstand der Reizstellen auf der Oberfläche des Körpers und den Abstand der zugeordneten Stellen im Wahrnehmungsraum *unabhängig voneinander zu variieren*. Denn als beweisend für die vorgetragene These können nur solche Abhängigkeiten von dem Abstand gelten, bei denen dieser nur im Wahrnehmungsraum, aber nicht zugleich im Bereich der Rezeptoren variiert wird. Dieser Beweis gilt a fortiori, wenn Änderungen des Abstands der Reiz-Orte, die normalerweise von entsprechenden Änderungen des anschaulichen Abstands begleitet sind und in diesem Fall die genannten funktionalen Folgen haben, so durchgeführt werden können, daß sie *nicht* von gleichzeitigen Änderungen des anschaulichen Abstandes begleitet sind, und wenn sich dabei herausstellt, daß ihre normalen funktionalen Wirkungen nun ausbleiben. – Diese Möglichkeiten bestehen in verschiedenen Sinnesgebieten in verschiedener Weise:

a) Im Sehfeld können wir den *anschaulichen* Abstand zweier Raumstellen bei gleichbleibendem Abstand der *Reizstellen* einfach dadurch ändern, daß wir bei verschiedener Entfernung der Gegenstände vom Auge beobachten und dabei durch proportionale Änderung der Größenmaße der Versuchsanordnung dafür sorgen, daß alle wesentlichen *Gesichtswinkel* stets *dieselben bleiben*. Umgekehrt erhalten wir annähernd gleichbleibende anschauliche Abstände bei wachsenden retinalen Abständen, wenn wir ein und dasselbe Paar von Objekten einfach aus verschiedener Entfernung beobachten; die geringfügigen, in solchen Versuchen auftretenden anschaulichen Größenänderungen lassen sich innerhalb eines weiten Bereichs ohne weiteres objektiv ausgleichen.

b) Ebenso bietet der Tastsinn willkommene Möglichkeiten unabhängiger Variation anschaulicher und reizmäßiger Abstände. Sind beispielsweise zwei Berührungsreize auf den Spitzen der beiden Mittelfinger angebracht, so kann ihr anschaulicher Abstand (in „Luftlinie") je nach der Haltung der Arme von Null bis weit über 1,50 m variiert werden. Die umgekehrte Variation: der Reiz-Orte auf dem Körper bei konstanter Länge der Luftlinie, ist ebenso leicht zu erzielen, indem man die Änderung der Lage der Reizstellen, beispielsweise auf den beiden Unterarmen, durch entgegengesetzte Änderung der Armlage ausgleicht.

Von den Möglichkeiten, bei denen die beiden geforderten Bedingungen: 1. abstandsabhängige Funktionen und 2. unabhängige Variabilität des anatomischen und des anschaulichen Abstands, zugleich erfüllt sind, habe ich bisher, als mir noch die nötigen Geräte zur Verfügung standen, untersuchen lassen: von M. H. JACOBS die Unterschiedsschwelle für Helligkeiten, von Kurt MADLUNG die VON FREYSCHE Anziehung von Berührungsempfindungen, von Hans SCHNEHAGE die taktile stroboskopische Scheinbewegung. Inzwischen war von OGASAWARA (1936) auch die visuelle stroboskopische Bewegung genau unter den Bedingungen der JACOBSSCHEN Schwellenversuche untersucht worden.*

Die Ergebnisse der genannten Untersuchungen stimmen überraschend gut überein, und zwar durchaus im Sinn der vorgetragenen These.

Zur Veranschaulichung seien zunächst einige der Ergebnisse von JACOBS mitgeteilt. Die Unterschiedsschwelle für Helligkeiten wird in diesen Versuchen der Einfachheit halber durch die Anzahl der im Konstanzverfahren gewonnenen „Gleich"- und „Unsicher"-Urteile gekennzeichnet. Verglichen werden zunächst drei Versuchsreihen, in denen, mit je 4 Vpn., die Unterschiedsschwelle für die Helligkeit zweier quadratischen Flächen bei verschiedenem Abstand der Objekte festgestellt wird.

In der *ersten* Reihe wird *der Abstand zwischen den Objekten* von 25 cm über 50 cm auf 100 cm und *zugleich die Beobachtungsentfernung* von 1 m über 2 m auf 4 m vergrößert, so daß der Gesichtswinkel des Objektabstands konstant 14° beträgt; (auch der Gesichtswinkel der Quadratseiten wird konstant gehalten, desgleichen derjenige des homogenen Umfelds, so daß die Verhältnisse auf der Netzhaut tatsächlich als im entscheidenden Bereich unverändert gelten können). Der Versuch findet im Hellen statt. Der Abstand ist für den Beobachter deutlich als verdoppelt und vervierfacht erkennbar. Die Schwelle wächst, in dem angegebenen Maß, von 14,5 über 32,2 auf 55,3; das heißt, sie ist dem anschaulichen Abstand angenähert proportional, obgleich der peripher-anatomische Abstand derselbe bleibt.

---

* Vgl. auch M. KLEINBUB (1933) und Wolfgang KÖHLER (1933), wo JACOBS fortgesetzt, sowie W. METZGER (1937), wo einige Folgerungen aus MADLUNG und SCHNEHAGE erörtert werden.

In der *zweiten* Versuchsreihe wird *nur der Abstand zwischen den Objekten* von 25 cm über 50 cm auf 100 cm vergrößert, während die Beobachtungsentfernung konstant 2 m bleibt bzw. beim letzten Schritt, zur Umgehung des blinden Flecks, geringfügig (auf 2,5 m) vergößert wird. Der Gesichtswinkel wächst dabei von 7° über 14° auf 22°; entsprechend wächst der retinale Abstand. Die Unterschiedsschwelle wächst unter diesen Umständen, obwohl jetzt bei dem größeren Abstand weniger empfindliche Netzhautstellen beteiligt sind, keineswegs stärker als im ersten Versuch; die zugehörigen Werte sind: 13,0, 32,0 und 48,0; das heißt: sie sind auch diesmal dem Abstand annähernd proportional.

In der *dritten* Versuchsreihe bleibt der Abstand zwischen den Objekten konstant 50 cm, variiert wird *nur die Beobachtungsentfernung*, und zwar von 70 cm über 2 m auf 4 m, wobei der Gesichtswinkel von 42° über 14° auf 7° abnimmt (die Entfernung 70 cm statt 1 m dient wieder der Umgehung des blinden Flecks). Die Unterschiedsschwelle bleibt in dieser Reihe bei konstantem Objekt-Abstand, trotz der erheblichen Änderung des Reiz-Abstands und der beteiligten Netzhautgebiete, praktisch dieselbe: sie beträgt 24,5, 28,0 und 27.

Ist tatsächlich der *anschauliche* Abstand der entscheidende Faktor, so muß eine scheinbar geringfügige Variation der *ersten* Versuchsreihe dazu führen, daß die Schwelle darin unverändert bleibt. Man muß nur den Versuch bei einäugiger Beobachtung im Dunkeln ausführen, derart, daß die drei Konstellationen nicht mehr unterschieden werden können. Erwartungsgemäß ergaben sich bei reiner Durchführung des Versuchs unter diesen Umständen, trotz der objektiven Änderung der Beobachtungsentfernung und des Objekt-Abstands, die Werte 26,5, 28,0 und 25,5, also eine praktisch gleichbleibende Schwelle.

Andererseits kann man im Hellen den anschaulichen Abstand auch so variieren, daß der peripheranatomische Abstand *ständig Null bleibt*, indem beide Helligkeitsreize auf einer und derselben Netzhautstelle, aber bei verschiedener Entfernung der Objekte vom Beobachter unmittelbar nacheinander dargeboten werden. In diesem Versuch war das nähere Objekt ständig in 1 m Entfernung vom Beobachter angebracht, das fernere wurde in 120 cm, 2 m, 4 m und 6 m Entfernung vom Beobachter dahinter sichtbar, wenn das nähere zur Seite geschwungen wurde. Die zugehörigen Schwellenwerte sind: 8,5, 16,3, 34,0, 44,5. Sie wachsen deutlich genug, um daraus mit Sicherheit zu folgen, daß auch die Tiefendimension des Sehraumes ein psychologischen Korrelat besitzen muß, das *grundsätzlich von derselben* Art ist wie dasjenige der Höhe und der Breite.

Die Versuche von Ogasawara über die Abhängigkeit der optimalen *stroboskopischen Bewegung* vom Abstand ergaben genau entsprechende Befunde. Ogasawara hat sogar den anschaulichen und den retinalen Abstand gleichzeitig in *entgegengesetztem* Sinn variiert. Die optimale Zwischenzeit wuchs dabei, wie sonst, mit dem *anschaulichen* Abstand.

Bei der *taktilen stroboskopischen Scheinbewegung*, die zwischen rhythmisch wechselnden Berührungen zweier verschiedener Körperstellen beobachtet wird, wachsen nach den Untersuchungen von Schnehage die optimalen Zeiten mit der Größe des Abstands der berührten Stellen auch dann, wenn die Vergrößerung des Abstands bei identischen Reizstellen (z. B. auf den Handflächen) nur durch Änderung der Lage der beiden Hände erzielt wird. Dies fand sich übrigens *auch bei einigen Blindgeborenen* mit sonst deutlich gestörter Raumauffassung.

Nun noch einige besonders anschauliche Ergebnisse der Versuche Madlungs an der von Freyschen *Anziehung von Druckempfindungen*. Von der Größe der hier vorliegenden Effekte mögen folgende Zahlen ein Bild geben. Werden auf zwei Stellen eines Unterarms, deren Abstand 14 cm beträgt, gleiche Druckreize von je 25 g/qcm ausgeübt, und wird daraufhin der eine Druckreiz in einer zweiten Darbietung auf 250 g/qcm verstärkt, so erscheint jetzt die Strecke zwischen den beiden Berührungen durchschnittlich um fast 2,5 cm verkürzt, und zwar durch eine Verlagerung des schwächeren Druckes auf den stärkeren hin. MADLUNG fand nun in seinen entscheidenden Versuchen, daß der VON FREYsche Effekt bei gleichen Druck- und (anschaulichen) Abstandsverhältnissen (d. h. in erster Annäherung, bei gleicher „Luftlinie"), sogar genau die gleiche – oben angegebene – Größe hat, unabhängig davon, ob sich die berührten Stellen auf derselben Hand oder auf zwei verschiedenen Händen befinden. Bei Vergrößerung des Abstands durch Auseinanderlegen der Hände – also konstanten Reizstellen – wird, unter den obwaltenden Bedingungen, die Anziehung in der Gegend von 90–100 cm Abstand praktisch Null. Werden die beiden Glieder einander bis zur Berührung genähert, wo wird nicht allzu selten sogar Verlagerung der schwächeren Berührung auf den anderen Arm beobachtet. Die Wirkung der anschaulichen Verhältnisse bei identischen Reizstellen konnte in diesen Versuchen besonders schön auch dadurch demonstriert werden, daß man beispielsweise den schwachen Reiz auf die Mitte des einen Unterarms, den starken auf den Rücken der anderen Hand verlegte. Je nach der Stellung der Hand verlagerte sich dann die schwache Berührung in jeder beliebigen Richtung.

Durch all diese Ergebnisse treten, wie schon JACOBS folgerte, die Erscheinungen der Größenkonstanz bzw. -transformation, in ein neues Licht. Nur-psychologische Theorien sind nach so handgreiflichen funktionellen, d. h. physiologischen Wirkungen, die zugleich in so überraschender Weise einander ergänzen und bestätigen, jedenfalls für die *Größen*konstanz der Sehdinge, in Zukunft nicht mehr möglich. Man wird vielmehr mit „Konstanzen" und „Transformationen" der zentralnervösen Prozeßverteilungen selbst zu rechnen und die Kräfte aufzusuchen haben, auf denen sie beruhen. Und grundsätzlich ist dieselbe Aufgabe für alle anderen Konstanzerscheinungen an Wahrnehmungsdingen gestellt.

Abschließend sei noch ein funktionell-physikalisches Problem besprochen.

Es gibt mehrere Gruppen von psychischen Erscheinungen, bei denen psychophysische Ansätze besonders wichtig, ja, streng genommen, ganz unvermeidlich sind. Außer für die Erscheinungen des Gedächtnisses, wo die Fäden des Erlebten in einem fort *über die Grenzen des Bewußtseins hinausweisen*, gilt dies für alle Bewußtseinsinhalte, die sich in einer Weise verhalten, die weder aus der Reizmannigfaltigkeit *noch aus dem Erleben selbst* zu verstehen ist. Während man aber beim Gedächtnis vorläufig mit der Annahme eines „unbewußten Psychischen" auskommen kann, gibt es hier keine andere Möglichkeit, als an die Wirkung von Eigenschaften des *psychophysischen* Geschehens zu denken, die selbst nicht anschaulich repräsentiert sind.

Wir geben als Beispiel das Problem der „figuralen Nachwirkungen", die von Wolfgang KÖHLER entdeckt und durch seine Untersuchungen zu einer von niemand vorhergesehenen Bedeutung gelangt sind[*].

Es handelt sich dabei um folgende Sachverhalte: Durch abweichende Färbung oder durch eine geschlossene Randlinie *aus dem übrigen Sehfeld herausgegliederte Teilgebiete* erscheinen bekanntlich nicht als neutrale, dem Rest des Sehfelds gleichgeordnete Ausschnitte, sondern als – hervortretende, relativ feste, nach außen abgegrenzte und

---

[*] KÖHLER (1940); KÖHLER & WALLACH (1944).

geformte, die Aufmerksamkeit auf sich ziehende – „*Figuren*" vor einem – zurücktretenden, relativ lockeren, nach der Figur hin nicht ebenfalls begrenzten, also durch ihre Kontur nicht mit geformten, sondern hinter der Figur durchgehenden, mehr oder weniger unauffälligen – „*Grund*". Wichtig ist, daß für die Ausbildung einer gesehenen Figur *kein Qualitäts*unterschied zwischen der Figurfläche und der Umgebung erforderlich ist: Die „Konturfigur" hat alle wesentlichen Merkmale mit der „Flächenfigur" gemeinsam. Es gibt nun Konstellationen, unter denen die Figur-Grund-Verteilung *nicht eindeutig* ist; wie etwa das Malteserkreuz (Abb. 13.1), in dem einmal die schmalen schrägen, einmal die breiten aufrechten Teilflächen als „Figur" auf einem quadratischen

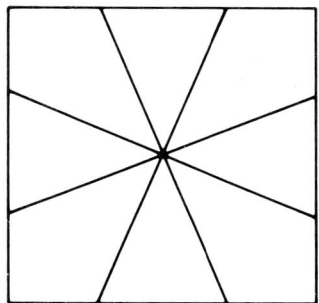

Abb. 13.1: „Malteserkreuz", siehe Text.

„Grund" erscheinen. Es ist hierbei zwar innerhalb gewisser Grenzen möglich, eine der beiden Figurfassungen willkürlich *herbeizuführen;* dagegen ist es völlig *unmöglich*, eine einmal verwirklichte Figurfassung *beliebig lange festzuhalten*. Auch gegen die bestimmte Absicht des Beobachters erfolgt über kurz oder lang ein spontaner Wechsel der Figurfassung, d. h. eine Vertauschung von Figur und Grund. Es scheint also, daß sich innerhalb eines Figurbereiches Vorgänge abspielen, welche die Bedingungen für die Figurbildung allmählich immer ungünstiger machen, so daß schließlich der Umschlag unvermeidlich wird. KÖHLER hat nun schon 1920 (in den „Physischen Gestalten") die Vermutung ausgesprochen, daß die *Auffälligkeit* der gesehenen „Figuren" mit einer relativen Erhöhung des elektrischen *Potentials* der zugeordneten körperlichen Bereiche zusammenhängen könne. Infolge dieser Erhöhung des Potentials müßte eine elektrische Strömung durch das Figurgebiet und seine Umgebung in Gang kommen. Das Nervensystem ist aber ein System von Flüssigkeiten. Und ein elektrischer Strom in einem solchen System hat – wohl als einziger bekannter physikalischer Vorgang – eine Eigenschaft, die in erstaunlicher Weise zu dem Verhalten gesehener Figuren paßt: er verschlechtert fortschreitend die Bedingungen seines eigenen Stattfindens; er vermehrt den elektrischen Widerstand in dem durchströmten Gebiet solange, bis er selbst zum Stillstand kommt (Polarisation). *Innerhalb* des Figurbereiches müßte nun aus verständlichen geometrischen Gründen die Strömung *an dichtesten* sein und infolgedessen die Polarisation am raschesten fortschreiten. Aus diesen Gedankengängen folgt, daß *auch im Bereich nicht umkehrbarer* Konfigurationen, d. h. solcher, die selbst bei längerer Beobachtung nie spontan ihren Figurcharakter mit dem Grundcharakter vertauschen, eine Nachwirkung stattfinden muß, durch welche die Ausbildung irgendwelcher figuraler Erscheinungen in einer merklichen Weise beeinträchtigt wird.

Diese figuralen Nachwirkungen müssen sich von Nachwirkungen der Farbprozesse dadurch isolieren lassen, daß sie bei qualitativer Identität von Figur und Umgebung, also bei reinen Konturfiguren, deren Randlinien so scharf gezeichnet werden, daß sie als praktisch ausdehnungslos (das heißt, kontrastiv wirkungslos) angesehen werden können, ebenfalls auftreten. Sie müssen sich ferner von rein retinalen Nachwirkungen dadurch abheben lassen, daß die figuralen Nachwirkungen durch Beobachtung mit dem *einen* Auge *hervorgerufen*, durch Beobachtung mit dem *anderen* Auge *geprüft* werden. In ausgedehnten Untersuchungen hat nun KÖHLER unter solchen Bedingungen Nachwirkungen gefunden, die durchaus zu den gehegten Erwartungen passen und an Stärke nichts zu wünschen übriglassen. Sie bestehen vor allem in auffallender *Verkleinerung*, *Verschwommenheit* der Konturen und *räumlicher Verlagerung* aus dem durch die Vorfigur gestörten Bereich, und dies schon nach wenigen Minuten Beobachtungsdauer der Vorfigur. Die Nachwirkung ist *am stärksten im Innern* des von der Vorfigur eingenommenen Bereichs, aber erwartungsgemäß auch in ihrer Umgebung noch feststellbar, wenn auch mit wachsendem Abstand vom Figurbereich rasch abnehmend. Inzwischen sind diese figuralen Nachwirkungen schon nach den verschiedensten Gesichtspunkten untersucht worden, wobei sich zum Teil höchst überraschende Ausblicke ergeben haben. Doch sind mir die Berichte darüber im Augenblick noch nicht zugänglich.

Bisher war die Rede von phänomenalen Nachwirkungen *solcher Art, wie* wir sie in Gebieten von der Beschaffenheit des Zentralnervensystems erwarten dürfen, wenn sie von Gleichströmen durchlaufen werden. Der endgültige Beweis für die Behauptung, daß elektrische Gleichströme zu den psychophysischen Korrelaten jedes Figur-Erlebnisses gehören, kann aber nur dadurch geführt werden, daß solche Gleichströme während des Sehens einer Figur mit physikalischen Mitteln nachgewiesen werden. Wie Wolfgang KÖHLER auf dem 12. Internationalen Kongreß für Psychologie, der im letzten Juli in Edingburgh stattfand, mitteilte, ist ihm dieser Nachweis durch Ableitung vom intakten Schädel und Gleichstromverstärkung inzwischen tatsächlich gelungen. Die von ihm in Edinburgh vorgeführten Kurven sind nicht die ersten Registrierungen elektrischer Hirnvorgänge. Trotzdem stellen sie einen Wendepunkt der Psychophysik dar. Denn was bisher an solchen Registrierungen gewonnen wurde, kann, wie die bekannten Epilepsie-Kurven, *nur mit ebenfalls körperlichen* Vorgängen – eben den epileptischen Krampfzuständen – in Beziehung gesetzt werden; oder es handelt sich, wie bei den Netzhaut-Strömen, zweifellos *nicht* um psychophysische Vorgänge; oder es sind, wie bei den Kurven von BERGER und KORNMÜLLER, nur vage und anfechtbare Vermutungen über die etwaigen psychischen Korrelate dieser Kurven möglich. – Hier aber ist – zum erstenmal in der Geschichte der Wissenschaft – eine physikalische Begleit-Erscheinung einer konkreten, aktuellen psychischen Erscheinung registriert; und zwar handelt es sich um nichts weniger als einen Zufallsfund, sondern um *die Bestätigung einer theoretischen Voraussage* auf Grund von Überlegungen, die fast ein Menschenalter hindurch immer wieder als unfruchtbare Spekulationen bezeichnet worden waren. Damit hat die Psychophysik den ersten Schritt aus der reinen physikalisch-physiologischen *Hypothesen*bildung in die physikalische *Beobachtung* getan. Über die Tragweite dieses Ereignisses brauche ich weiter keine Worte zu verlieren.

14. Leib und Seele in der unmittelbaren Erfahrung (1952)

> Die scheinbare Öffentlichkeit unserer Welt ist zum Teil eine Täuschung und zum Teil erschlossen. Das gesamte Rohmaterial unseres Wissens besteht aus seelischen Vorgängen im Leben einzelner Menschen.   B. RUSSELL

Wenn in einer Wissenschaft einander widerstreitende Auffassungen nebeneinander bestehen, ohne daß man sieht, wie jemals eine strenge Entscheidung gefällt werden soll, – wenn es zur Geschmacks- oder Modeangelegenheit wird, welcher davon man sich anschließt, dann wird es Zeit, zurückzutreten und sich aufs neue zu vergewissern, wovon man eigentlich spricht. Daß dieses Verfahren zu umwälzenden Ergebnissen führen kann, weiß niemand besser als der Physiker, der die Entwicklungen des letzten halben Jahrhunderts miterleben durfte. Hier soll ein Beispiel aus der neuesten Entwicklung der Psychologie behandelt werden, das auch für den Physiker von Bedeutung ist, aus einem Grund, der nicht einfacher ausgedrückt werden kann, als es Bertrand RUSSELL in den oben angeführten Worten getan hat.

Fragen wir die klassischen Lehrbücher der Psychologie nach dem Verhältnis zwischen Leib und Seele, so finden wir darüber zwei Grundansichten, die Wechselwirkungslehre und den Parallelismus. Jede dieser Ansichten wird mit gleich vielen und scharfen Argumenten das eine Mal bewiesen, das andere Mal widerlegt. Freilich beschleicht den Leser beim Studium dieser Beweisführungen ein etwas unbehagliches Gefühl: Hier unterhält man sich über Leib und Seele, als seien es die bekanntesten Dinge der Welt und nur ihre gegenseitigen Beziehungen seien noch zu klären. Aber trifft das zu? Wissen wir wirklich, was unsere Seele ist? Ja, wissen wir auch nur genau genug, was unser Leib ist, um die gestellte Frage gültig beantworten zu können?

Welcher Art sind denn die unmittelbaren konkreten Erfahrungen, die ich im Auge habe, wenn ich „mein Leib" und „meine Seele" sage, und welcher Art sind sie, wenn ich von „dem Leib" und von „der Seele" eines anderen Menschen spreche? Was bei solchen Überlegungen herauskommt, davon soll das Folgende eine kurze Übersicht geben.

Am sichersten und genauesten *scheinen* unsere Kenntnisse beim Leib zu sein, und zwar vor allem beim *Leib des anderen Menschen*. Man kann allerlei sogenannte objektive Aussagen über ihn machen, kann ihn anfassen und abwiegen, der Chirurg kann ihn zergliedern, und man kann seine Teile chemisch analysieren. Aber es kommen an ihm doch auch Eigenschaften vor, die wir seelische nennen. Unser Nachbar kann ein trauriges oder ironisches oder belustigtes Gesicht machen, er kann eine kecke und herausfordernde oder eine scheue und bedrückte Haltung zeigen, seine Sprache kann gütig, sein Gang beschwingt sein. Dabei handelt es sich, wie schon unsere Art davon zu sprechen andeutet, nicht um Eigenschaften, die wir aus irgend welchen äußeren „Anzeichen" nur erdeuten oder erschließen; nein, wir sehen und hören ganz unmittelbar an und in dem Äußeren des Mitmenschen, wie es ihm zu Mute ist: das Gesicht, die Haltung, die Sprache *sind selbst* fröhlich oder traurig. Das sieht jedes Kind ohne Übung und Unterweisung. Hier sitzt also offenbar schon im Äußeren des Leibes Seelisches;

wo soll man da die Grenze ziehen? Man hat daraus schon schließen wollen, daß Innen und Außen, Gemütsverfassung und Gebärde „dasselbe" seien: „sein ausdrucksvolles Gesicht ist selbst seine Innerlichkeit" (A. GEHLEN). Oder wenigstens meinte man, es bestehe zwischen dem Äußeren und dem Inneren eines Menschen eine unlösbare Seinszusammengehörigkeit, ein „polar-koexistenzialer Zusammenhang", so wie zwischen den beiden Polen eines Magneten, von denen keiner ohne den anderen dasein kann (Ph. LERSCH). Gegen diese Annahmen spricht aber eine Fülle gut gesicherter Beobachtungen.

Man stößt beim Ausdruck von Gemütszuständen alle Tage auf Fälle *mangelnder Übereinstimmung* zwischen Innen und Außen. Man braucht dabei nicht an die *absichtliche Verfälschung* des Ausdrucks zu denken, durch die der gelernte Diplomat seine wirklichen Gefühle und Absichten verbirgt und garnicht vorhandene heuchelt. Wie oft sehen wir im Äußeren des anderen Menschen – oder was noch schmerzlicher sein kann, der Andere in unserem Äußeren – etwas ganz anderes, als wir wirklich fühlen? Wer wachen Sinnes lebt, weiß, wie viele trübselige Mißverständnisse auf solche Weise zustande kommen, und wie durch den Teufelskreis gegenseitig immer aufs Neue *mißverstandenen* Ausdrucks ein Mißtrauen zu einem Zerwürfnis und das Zerwürfnis zu einer unheilbaren Entfremdung werden kann. Und gibt es nicht auch schwere *Verzerrungen* des Ausdrucks, also grobe Widersprüche zwischen Innen und Außen, wie die Ausgelassenheit des Verzweifelten, das Lachen der nicht mehr erträglichen Qual, die Frechheit des Schüchternen, das Toben des Erschöpften und das schmerzliche Schluchzen der übergroßen Freude?

Die Ansicht, es bestehe Identität oder unlösbare Seinszusammengehörigkeit zwischen Innen und Außen, läßt sich schon nach einer einzigen solchen Beobachtung nicht mehr halten. Wie ist es trotzdem möglich, daß wir im Äußeren des Nächsten Seelisches unmittelbar sehen? Wie kann seine äußere Leibeserscheinung neben den dinglichen und stofflichen Eigenschaften auch seelische Eigenschaften haben, und zwar so zwingend und überzeugend, daß die erwähnten Annahmen ernstlich erwogen werden konnten? Die Antwort ist in einer einfachen alltäglichen Beobachtung enthalten: Wir haben die Heiterkeit und den Kummer des anderen Menschen nicht weniger unmittelbar als in seiner wirklichen Leibesgestalt auch in deren gemaltem Bild, in ihrer Film-Aufnahme und in der Wiedergabe seiner Sprache durch das Tonband. In diesen Fällen ist er selber mit seiner Innerlichkeit *gar nicht* da. Der Zusammenhang zwischen dem Inneren und dem Äußeren des anderen Menschen ist also völlig gelöst.

Eine *unlösbare* Zusammengehörigkeit besteht aber doch, nur an einer *ganz anderen* Stelle: nämlich zwischen der raum-zeitlichen Struktur seiner Gestalt und seiner Gebärden, wie sie unseren Sinnen *gegeben* sind, und einem je bestimmten Wesensgehalt, wie Freude und Trauer. Wird uns eine bestimmte Struktur durch die Sinne vermittelt, so ist für uns *unentrinnbar* der zugehörige Wesensgehalt mit und in ihr gegeben, ja vielfach ist er das erste und einzige, was wir vorfinden, und die zugehörige Struktur wird allenfalls nachträglich hinzuentdeckt. Daher können uns alle möglichen Wesensgehalte auch durch abstrakte Strukturen vermittelt werden, die nicht an die menschliche Gestalt gebunden sind: durch Landschaften, durch Bauten, durch die Klanggebilde der Musik. Der Naturforscher wird fragen, wie das möglich ist, wo durch Auge und Ohr nichts als die Frequenz und die Stärke bestimmter Schwingungsarten vermittelt werden kann. Die Antwort hat Chr. v. EHRENFELS schon vor 60 Jahren gegeben: Im Seelischen (wie in der Natur) können ausgedehnte Ganze Eigenschaften haben, die an ihren einzelnen Bestandteilen nicht aufweisbar sind und auch nicht aus artgleichen Eigenschaften der Bestandteile abgeleitet werden können. Er nannte diese Eigenschaften „Gestaltqualitäten"; (W. KÖHLER schlug vor, sie „EHRENFELS-Qualitäten" zu nennen). Diese Eigenschaften werden zwar weder durch elektro-magnetische noch durch mechanische Schwingungen mitbefördert. Aber wie M. WERTHEIMER inzwischen nachgewiesen hat, gilt auch für die *Struktur* des *Wahrgenommenen:* die Verteilung und Folge der Reize in den Sinnesorganen kann *niemals* eine bestimmte Struktur (Gliederung und Form) des Wahrgenommenen *erzwingen*. Vielmehr entsteht auch diese jedesmal *neu* in einem freien, eigengesetzlichen Reagieren des Wahrnehmungssystems, das von Art zu Art, ja sogar bei verschiedenen Angehörigen derselben Art und beim selben Wesen zu verschiedenen Zeiten sehr verschieden sein kann (innerhalb dessen aber die ausdrückliche Auffassungsabsicht nur einen beschränkten Spielraum hat). Diese jeweils neu entstehenden Strukturen stimmen vielfach – aber, wie die Fälle gelungener Tarnung beweisen, durchaus nicht ausnahmslos – mit der Struktur der „Reizquelle", also des biologisch bedeutsamen Gegenstandes, überein. Wo sie entstehen, wo durch eine geeignet verteilte Mannigfaltigkeit von Schwingungen das Bild eines bestimmten Ganzen neu erweckt wird, da *entstehen* ebenfalls *jedesmal neu* die seinsmäßig zugehörigen *Wesenseigenschaften,* und zwar so zwingend, als seien sie ebenso physikalisch übertragen wie die einfachen Sinnesqualitäten, die von den Sinnesreizen unmittelbar hervorgerufen werden.

Wir haben nunmehr gefunden: die Annahme einer Identität oder einer unlösbaren Seinszusammengehörigkeit zwischen Innen und Außen wird durch die Beobachtung nicht bestätigt. Es bleibt als wahrscheinlichste Annahme die des unverbildeten Menschen, daß zwischen Innen und Außen ein einfacher *Verursachungszusammenhang* besteht. Bestimmte Gemütszustände *bewirken* unmittelbar die zugehörigen Mienen, Gebärden, Haltungen, aus denen sie – günstigenfalls richtig – abgelesen werden können. Das Äußere ist also jeweils, im strengen Sinne dieses Wortes, ein – mehr oder weniger zutreffendes – Bild des Inneren. Und das bedeutet zugleich: Trotz aller anfänglichen Schwierigkeiten läßt sich beim Mitmenschen das Leibliche genügend klar und sicher vom Seelischen unterscheiden.

Wie steht es mit der Begriffsbestimmung der *Leiblichkeit bei uns selbst?* Die Ausdrucks-Eigenschaften, die uns am Leib des Mitmenschen so sehr verwirren, spielen da eine geringere Rolle. Dafür aber geraten wir sogleich in andere Schwierigkeiten. Denken wir an das, was wir spüren, wenn etwa der Zahnarzt bei seiner peinlichen Arbeit ist. Alle die Empfindungen, von der leisesten Berührung bis zum heftigsten Schmerz, können uns zwar nicht so gleichgültig sein wie eine ausgelesene Zeitung, die dort drüben auf dem Tisch liegt: Sie bedrängen uns; manchmal überwältigen sie uns. Doch läßt sich durch nichts die Erfahrung widerlegen, daß diese Einwirkungen zunächst den Leib und nur *über* ihn uns selbst treffen, im Gegensatz zu einer Trauerbotschaft, die uns unmittelbar, ohne solchen Umweg trifft.

Es ist zweifellos der *Zahn*, als ein Teil unseres Körpers, der *schmerzt*, aber *ich* bin es, der dem Schmerz *erleiden* muß, der ihn verbeißen, sich damit abfinden, ja – in gewissen Grenzen – ihn sogar genießen kann. Man sage nicht, auch die Trauerbotschaft treffe zunächst den Leib, weil sie ja gehört oder gelesen werden müsse. Wohl geht Hören und Lesen durch die Ohren und die Augen. Aber keine Überlegung ändert etwas an der Erfahrung, daß die Reizung der beiden „Fernsinne", solange sie den Sinnesorganen nicht weh tut, *für uns* nichts an unserem Leib ändert, sondern *nur an unserer Umgebung:* sie vermitteln – gewöhnlich – nicht „Empfindungen", sondern

„Wahrnehmungen". Diese ab er wenden sich, wie gesagt, *unmittelbar* an unser Innerstes, indem sie uns erfreuen, erschrecken, bedrohen, trösten, verlocken.

Ein zweiter Einwand wiegt schwerer: Von den Zuständen unseres Innersten bleibt unser Leib nicht unberührt. Es geschieht an ihm bei jeder Gemütsbewegung noch vieles außer dem, was der Mitmensch sehen und hören kann. Der Traurige friert, dem Verschämten brennen die Wangen, dem Zornigen kocht das Blut, dem Bekümmerten schmerzt das Herz, dem Furchtsamen der Leib, dem Verängstigten bricht kalter Schweiß aus, dem Erschrockenen „bleibt die Spucke weg". Diese Veränderungen am Leib haben manche Forscher so sehr beeindruckt, daß sie vermuteten, die Gemütszustände *seien nichts anderes* als die jeweilige Gesamtheit dieser Leibzustände (Theorie der Affekte von LANGE und JAMES). Diese Meinung läßt aber die zugehörigen Abhängigkeitserlebnisse außer Acht. Nur am Schreibtisch kann man behaupten, zwischen Tränen beim Zwiebelschneiden und Tränen aus Liebeskummer sei kein Unterschied. Im ersten Fall verspürt man ganz deutlich, daß sie am Auge als einem Teil des Leibes unmittelbar von außen veranlaßt werden, während wir im Innersten völlig ungerührt bleiben, allenfalls uns *nachträglich* über das unangenehme Geschehen am Leib *ärgern*. Im zweiten Fall spürt man ebenso deutlich, daß die Tränen aus der Trostlosigkeit des Innersten hervorbrechen, diesmal wird also das Weinen *als die Folge* oder Begleiterscheinung eines Gemützszustands erlebt. Man kann sich nachträglich auch über diese Tränen ärgern. Aber der Kummer bleibt ebenso eindeutig ihre Ursache wie der Ärger ihre Folge. Es handelt sich hier *nicht* um *Vermutungen* über Zusammenhänge, sondern, wie schon bemerkt, um ihr *unmittelbares Gegebensein*. Gerade diese Erlebnisse von Zusammenhängen des Bewirktseins von ..., des Hervorgehens aus ... gehören zu den klarsten und unmißverständlichsten Erlebnissen, deren wir fähig sind*).

Auch bei uns selbst also – dahin können wir das Bisherige zusammenfassen – läßt sich der Leib deutlich genug abgrenzen. Beunruhigend bleibt, daß wir an ihm zahlreiche Eigenschaften und Zustände vorfinden, die der Naturforscher mit seinen Beobachtungsmitteln nicht wiederfindet. Dazu gehört all das, was die Alltagssprache als „Empfindungen" bezeichnet. Dieser Widerspruch löst sich aber, wie wir später sehen werden, auf einfache Weise auf.

Was verstehen wir nun unter „*unserer Seele*"? Ist es nicht einfach dasselbe, was wir sonst „Ich" nennen? Freilich schwankt die Bedeutung auch dieses Wortes. In alltäglicher Rede – wenn wir sagen: „Ich setze mich hierher", „Ich wiege mit Kleidern 140 Pfund", „Rühren Sie mich nicht an" – verstehen wir darunter den ganzen Menschen, mit Haut und Haaren, sogar mit dem, was er an hat. Oft ist aber die Bedeutung enger. Wir können unseren Leib als lästig und störend empfinden. Manche unserer Bedürfnisse kommen mehr aus der Mitte, sodaß wir sie ohne weiteres als die „unseren" erleben. Andere haben ihren Ansatzpunkt „weiter außen", sie sind mehr oder weniger „ichfern", werden von uns mehr als „Nötigungen" empfunden, ähnlich einem Zwang, der ganz von jenseits unseres Leibes her auf uns wirkt; man denke etwa an den Stuhldrang. Sie sind es, die den Leib, nach dem immer noch treffendsten Gleichnis PLATOS, als ein Reittier unseres eigentlichen Ich empfinden lassen, das unlösbar mit ihm verwachsen, aber nicht immer gefügig, sondern oft genug hoffnungslos störrisch ist. Die körperlichen „Empfindungen", die von allerlei äußeren und inneren Einwirkungen hervorgerufen werden, auch das „Befinden", also Zustände wie Frische und

---

* Vgl. KÖHLER (1933), das Kapitel „Über verständliche Zusammenhänge".

Müdigkeit, die unseren Leib als Ganzen betreffen, endlich die „körperlichen Bedürfnisse", wie Hunger und Durst, gehören danach *nicht* zum *engeren Ich*. Dieses kann sich zwar mit ihnen *identifizieren:* „Ich habe einen Wolfshunger!" – Es kann sich ihnen aber auch widersetzen: „Ich habe jetzt keine Zeit, müde zu sein!"

Auch wo zwischen dem Leib und dem engeren Ich *keine* Spannung besteht, unterscheiden wir sehr gut, was zu diesem gehört: Wir unterscheiden mühelos den *Schmerz* eines Stiches von dem *Schrecken,* in den er „uns versetzt", obwohl dieser ohne Verzug mit ihm da ist und im Zusammenzucken augenblicklich wieder in den Leib zurückwirkt. Wir verwechseln auch nicht den körperlichen Schmerz des Stichs mit dem seelischen Schmerz über die Enttäuschung, die er uns bereitet. Sogar wenn vor Kummer das Herz weh tut, kann man dieses Herzweh unterscheiden von den Herzschmerzen infolge einer körperlichen Überanstrengung: es tut „weiter innen" weh. – Ja, es ist sogar möglich, den für die meisten Menschen unlösbaren Zusammenhang zwischen körperlichem Schmerz und seelischem Leiden zu durchtrennen: Man kann durch bestimmte Konzentrationsübungen – die freilich nicht jedermanns Sache sind – lernen, den Leib vom engeren Ich derart abzusetzen, daß der Schmerz als Zustand des Leibes zwar unverändert stark, aber gewissermaßen „draußen" erlebt wird, wie die Zeitung auf dem Tisch. Wer diese Kunst beherrscht, dem kann man, ohne ihn festzubinden, bei vollem Bewußtsein den Blinddarm herausschneiden. Die Einheit von Leib und Seele bezeugt sich besonders eindrucksvoll in der Einheit von Entschluß und Ausführung beim *erfolgreichen* Handeln; so sehr, daß SCHOPENHAUER sagen konnte, die körperliche Bewegung selbst sei nichts anderes als der von außen gesehene Willensakt. Aber auch hier handelt es sich nicht um die unauflösbare Einheit desselben von zwei Seiten gesehenen Sachverhalts, sondern um ein *besonders bruchloses verzugsfreies Hervorgehen* des zweiten aus dem ersten. Das wird klar, wenn infolge eines körperlichen Versagens Absicht und Ausführung in mehr oder weniger peinlichen Widerspruch geraten: so schon, wenn wir aufspringen wollen, ohne zu beachten, daß ein Fuß eingeschlafen ist.

Es bleibt also genug an Bestimmungen übrig, die sich nur auf unser Innerstes beziehen lassen. Wir stellen zunächst ganz ungeordnet zusammen, was davon in unseren bisherigen Erörterungen vorgekommen ist: u. a. die Absicht, der Entschluß; das Leiden, Erdulden, Aushalten; das Behagen, der Genuß, das Vergnügen; das Erschrecken, der Kummer, das Aufbegehren; das Denken, Hoffen, Warten; aber auch Dinge wie Eitelkeit und Starrsinn, Kränkbarkeit und Ungeduld. Es handelt sich dabei durchweg um *Seinsweisen* unserer Person *als Ganzer,* bei denen unsere erlebbare Leiblichkeit keine tragende oder grundlegende, sondern allenfalls eine auslösende oder abhängige Rolle spielt, vor allem die Rolle des Ausdrucks- oder Ausführungsorgans. Zu meiner „Seele", wie sie mir im Selbstbewußtsein gegeben ist, gehört also zunächst die Art, wie ich – von meiner Leiblichkeit abgesehen – *„bin",* einschließlich des inneren *Tuns,* das aus solchem Sein, etwa aus einer Entschlossenheit, hervorgeht. Was und wie ich *augenblicklich* bin, ist dabei unmittelbar gegeben als eine von vielen möglichen Erscheinungsweisen dessen, was ich *auf die Dauer* und in einem tieferen Sinne bin. Dabei kann niemand behaupten, sein Selbstbewußtsein enthalte die lückenlose Gesamtheit dessen, was er ist. Seit NIETZSCHE, KLAGES und FREUD dürfte es auch keinen Streit mehr darüber geben, daß es Persönlichkeits-Eigenschaften gibt, die dem Blick des Mitmenschen zugänglicher sind als dem Selbstbewußtsein. Außerdem ertragen es offenbar manche dieser Eigenschaften nicht ohne Störung, in das Licht des Selbstbewußtseins zu geraten.

Zu dem, was ich „bin", kommt dann noch das, was ich *„habe"* als inneren Besitz: die Kenntnisse, Fertigkeiten, Erinnerungen, Gedanken, Vorstellungen, Vermutungen, Einbildungen; Grundsätze, Lebensregeln; Ziele, Pläne, Wünsche, Hoffnungen, Erwartungen. Diesen inneren Besitz habe ich anders als jeden äußeren Besitz, so nämlich, daß *auch er mich hat,* daß ich ihm nicht entrinnen kann, ihn überall mittrage, wo ich auch hingehe; zugleich ist er mir so vorbehalten, daß mir niemand hineinsehen kann. Die alte Psychologie (so auch DESCARTES) meinte alles dieses mit dem Ausdruck „Denken", während das, was ich *bin,* unter die beiden anderen altüberlieferten „Vermögen" der Seele, das „Fühlen" und das „Wollen" fällt.

Gibt es – über das schon Gesagte hinaus – *besondere Kennzeichen der Seele?* DESCARTES glaubte, das entscheidende Merkmal in ihrer *Unräumlichkeit* gefunden zu haben. Tatsächlich fällt alles Seelische dadurch auf, daß es nicht greifbar ist, daß ihm die Masse, die Undurchdringlichkeit und die scharfe Begrenzung fehlt, durch die die alltäglichen Dinge, als herkömmlicherweise bevorzugte Vertreter alles Nicht-Seelischen, uns beeindrucken. Aber von da bis zur völligen Unräumlichkeit ist es noch weit. Alle diese Eigenschaften fehlen auch einem magnetischen Feld; niemand wird es deshalb als unräumlich betrachten und den seelischen Erscheinungen zuordnen.

Andererseits hat unsere Seele als unser Innerstes ganz gewiß *einen Ort:* eben inmitten unseres Leibes. Auch die besonderen seelischen Zustände, Vorgänge und Beschaffenheiten (beispielsweise unsere Selbst-Zufriedenheit oder unsere Angst) finden wir großenteils *in uns* vor. Manche davon, wie Liebe und Haß, Furcht und Achtung, haben nur *einen Pol in uns,* einen *zweiten* ganz deutlich *außer* uns, in einem mehr oder weniger weit entfernten Gegenstand, und erstrecken sich in klarer Richtung auf diesen zu. Man vergegenwärtige sich, was man verspürt, wenn man in einer Gesellschaft zwischen geliebten und gehaßten, verehrten und gefürchteten Menschen sitzt. Daß seelische Sachverhalte sich in den Raum außerhalb unseres Leibes erstrecken können, klingt kühn. Aber wir werden sehen, daß sich auch die darin enthaltene Denkschwierigkeit auflösen läßt. Auch unsere Vorstellungen haben wir deutlich *vor, nicht hinter* oder *neben* uns, übrigens zumeist auch *nicht in uns,* obwohl wir uns oft „den Kopf zerbrechen", um sie zu erzeugen. Außerdem können sie eine fast beliebig reiche *räumliche Struktur* aufweisen. (Daß sie an Bestimmtheit, Festigkeit und Schärfe nur selten an die Dinge unserer Umgebung heranreichen, stellt sie zu diesen nicht grundsätzlich in Gegensatz.) Endlich ist in der Seele *nicht beliebig viel Platz.* Auch in ihr „stoßen sich die Dinge", wenn auch nicht so auffallend wie in der Körperwelt. Haben wir gar zu viele Anliegen auf einmal, so werden nicht nur die mißliebigen, ärgerlichen und peinlichen – wie FREUD erkannte – sondern auch die am wenigsten brennenden ohne unser Zutun aus dem Bewußtsein und sogar aus dem Gedächtnis verdrängt.

Wir haben also keinen Grund, der Seele die Räumlichkeit abzusprechen; im Gegenteil, wir können das Seelische ohne Berücksichtigung seiner räumlichen Eigenschaften gar nicht zutreffend und vollständig beschreiben. Leib und Seele haben also – trotz DESCARTES – mindestens die *Grund-Eigenschaft der Räumlichkeit* gemeinsam.

Damit ist die Ausgangsstellung gewonnen für die Antwort auf unsere nächste Frage: nach der Art des *Verhältnisses* oder Zusammenhangs zwischen *Leib und Seele.* Alle bisher besprochenen Beobachtungen darüber lassen sich einheitlich verstehen, wenn wir sie als schlichte *Verursachungs-Zusammenhänge* deuten, die – im Sinne der alten Wechselwirkungslehre – von innen nach außen, von außen nach innen und in beiden Richtungen zugleich bestehen können. Man hat wiederholt die – sicher übertriebene – Vermutung geäußert, unser Begriff eines Verursachungszusammenhanges entstamme geradezu den Erlebnissen von dem Eindruck, den die Dinge auf uns machen, und vor allem von den greifbaren *äußeren Folgen* unserer Absichten. Niemand wäre auf eine solche Vermutung verfallen, wenn nicht das Erlebnis des Verursachungszusammenhanges zwischen leiblichen und seelischen Ereignissen zu den besonders eindrucksvollen Erlebnissen gehörte. Nach unseren obigen Betrachtungen dürfen wir diese Erlebnisse als *grundsätzlich* zutreffend ansehen.

Man kann sich die Wechselwirkung zwischen unserem Innersten und unserem Leib nicht innig genug vorstellen. Unser Innerstes ist zwar gegenüber dem Leib als Sonderbereich mehr oder weniger stark abgesetzt; gleichwohl bildet er mit ihm zusammen ein dynamisch aufs engste, und zwar auf vielerlei Weise, kommunizierendes Ganzes, in welchem der Zustand jedes Teils und jeder Stelle von den Zuständen an allen anderen Teilen und Stellen mitgetragen wird und seinerseits sie mitträgt, so daß grundsätzlich nirgends etwas sich ändern kann, ohne daß es an jedem anderen Teil des Ganzen Folgen hat. Leib und Seele stehen, mit anderen Worten, im Gestalt-Zusammenhang*).

Dieser Zusammenhang besteht bei jedem Menschen; er ist aber bei manchen auffallender als bei anderen. Sie sind es, bei denen jede körperliche Störung sofort den Gemütszustand entscheidend ändert, und bei denen jede Schwankung des Gemützustandes sofort mehr oder weniger auffallende körperliche Folgen hat; während bei anderen Menschen diese Folgen weniger ins Auge fallen und bei geringfügigen Änderungen im einen Bereich in dem zweiten wohl auch ganz ausbleiben. Nur aus theoretischer Voreingenommenheit bestaunen wir es als unbegreifliches Wunder, daß beispielsweise der Kummer am Herzen nicht nur Schmerzempfindungen, sondern auf die Dauer auch grobe organische Schäden verursachen kann, daß man – wie schon der Prinz im Märchen vom treuen Johannes – aus ungestillter Sehnsucht jahrelang krank liegen kann, daß man vor Schreck oder Freude Wehen bekommen und sogar tot umsinken kann, daß die verlassene Geliebte an der Schwindsucht dahinsiecht, und daß es für sie kein wirksames Mittel gegen diese tückische Krankheit gibt, ehe nicht die Hoffnung auf die Rückkehr des verloren Geglaubten wieder erwacht. Unter der Voraussetzung, daß Leib und Seele im Gestalt-Zusammenhang stehen, sind körperliche Wirkungen seelischer Ereignisse grundsätzlich ebenso zu erwarten wie die bekannten seelischen Wirkungen bestimmter Stoffe, die man dem Körper einverleibt: daß Schnaps albern und unbeherrscht, Kaffee wach und schlagfertig macht, und dgl. mehr.

An der *Tatsache* der leib-seelischen Wechselwirkung kann kein Zweifel bestehen. Man darf sich in ihrer Anerkennung auch nicht dadurch irre machen lassen, daß es auf diesem höchst verwickelten und kaum erforschten Gebiet noch nicht möglich ist, Energie-Äquivalente zu berechnen. Diese Teilfrage können wir ruhig künftiger Forschung überlassen. Von welcher *besonderen Art* im Einzelfall die leib-seelischen oder seelisch-leiblichen Wirkungen sind, kann man nicht aus allgemeinen Grundsätzen ableiten, sondern nur durch Forschungs-Arbeit feststellen.

Soweit scheint es, daß der alte Streit zwischen Parallelismus und Wechselwirkungslehre einfach zugunsten der zweiten entschieden sei. Aber in diese Lösung des Rätsels ist eine ganze Anzahl von Behauptungen eingegangen, die niemand ohne Bedenken hinnehmen wird. Wir haben der Seele wenigstens *eine* Eigenschaft zugeschrieben, die man sonst als entscheidendes Merkmal der materiellen Welt betrachtet: die Räumlichkeit. Andererseits haben wir behauptet, daß an dem Leib, der doch zweifellos ein Bestandteil der Körperwelt ist, ausgesprochen seelische Eigenschaften sehr verschie-

---

* Vgl. KÖHLER (1920).

ner Art unmittelbar zu beobachten sind: am eigenen Leib die „Empfindungen", am fremden Leib die Ausdrucks- oder Wesenseigenschaften; lauter Eigenschaften, die sich mit den Mitteln, die zur Erforschung der Körperwelt entwickelt worden sind, dort nicht wiederfinden lassen. Ja, wir haben sogar von zweifellos seelischen Sachverhalten gesprochen, wie Liebe und Haß, die sich über unseren Leib hinaus durch die Welt der unbelebten Dinge erstrecken und die dabei eine bemerkenswerte Ähnlichkeit mit den Feldern der Physik aufweisen.

Wir wollen uns diese Tatbestände nicht in der üblichen Weise durch die bedenkliche Behauptung von einer „Projektion" seelischer Gehalte nach draußen vernebeln. Denn würden sie wirklich an Orte der Körperwelt projiziert – etwa an den Ort der Reizquellen – so müßten sie sich dort mit physikalischen Mitteln feststellen lassen; wie es von parapsychologischer Seite immer wieder versucht worden ist. In einem folgenden Aufsatz wollen wir eine andere, auch dem Physiker wohl einleuchtendere Lösung besprechen.

15. Das psychophysische Problem (1952)

Wir haben hier* kürzlich eine Reihe von gewichtigen Argumenten, die vornehmlich aus der unmittelbaren Erfahrung stammten, für die Annahme zusammengetragen, daß die Beziehungen zwischen Leib und Seele von der Art eines *wechselseitigen Verursachungs-Zusammenhanges* sind.

Unsere Beschreibung von Leib und Seele enthielt zwar eine Reihe von Behauptungen, die für die Auffassung gerade eines naturwissenschaftlich gebildeten Denkers beunruhigend, wenn nicht geradezu anstößig sein mußten. Lassen wir diese Steine des Anstoßes einstweilen dahingestellt und fragen nur: Wie kann trotz all der angeführten und alle Tage wiederholten Beobachtungen ernsthaft die Meinung entstehen, es gäbe zwischen körperlichen und seelischen Vorgängen keinen Übergang? Aus allgemeinen Überlegungen über die Natur der Seele folgt es nicht. Aber es folgt aus der physikalisch-physiologischen Untersuchung der Wirkungszusammenhänge *zwischen Umwelt und Organismus*. Verfolgt man sie Schritt für Schritt, so findet man zunächst physikalisch-chemische Einwirkungen auf Sinnesorgane, dann Erregungen, die durch die Sinnesnerven zu Teilen des Gehirns aufsteigen, dann Veränderungen und Verlagerungen von Erregungszuständen innerhalb des Gehirns, dann wieder Erregungen, die von dort durch absteigende Nervenbahnen an verschiedene Stellen des Körpers gelangen, schließlich Muskel- und Drüsentätigkeit, die wenigstens teilweise wieder auf die Umgebung zurückwirkt. Auf die Seele stößt man nirgends; auch von besonderen seelischen Sachverhalten: Gefühlen, Stimmungen, Neigungen, Gedanken, Gesinnungen ist nichts zu finden. In dieser Lage bleibt tatsächlich kein anderer Ausweg als die Annahme, daß einem größeren oder kleineren Teil dieser Vorgänge im Organismus die seelischen Erscheinungen, von denen der untersuchte Mensch etwa berichten kann, irgendwie zugeordnet sind, daß sie ihm „parallel laufen". Und wenn man nicht zu völlig unwahrscheinlichen Annahmen greifen will, kommt man sogleich zu der Vermutung, daß es in Wirklichkeit sich garnicht um *zwei parallel* geschaltete, sondern um *eine einzige Vorgangsgesamtheit* handelt, die man nur das eine Mal – im unmittelbaren Erleben – „von innen", das andere Mal – mit den Beobachtungsmitteln der Physiologie – „von außen" erfaßt. Dies ist das sogenannte psychophysische Problem der neueren Wahrnehmungs- und Erkenntnislehre samt dem wahrscheinlichsten Ansatz zu seiner Lösung, der zugleich die Ansatzpunkte zu einer Auflösung des Energie-Problems enthält. Hier ist eine völlig andere Frage gestellt als bei dem Leib-Seele-Problem. Darum ist es kein Widerspruch, wenn die Antwort auf die eine Frage „Wechselwirkung", auf die zweite „Identität" lautet. Ist das erst klar, so werden wir auch nicht mehr auf überstürzte und übervereinfachte Lösungen des psychophysischen Problems verfallen, etwa, daß der Leib und die Seele „im Grund" dasselbe seien. Es ist vielmehr Sache sorgfältiger Untersuchungen und Überlegungen, welche ganz besonderen Vorgänge im Organismus die einzigartige Eigenschaft haben, „bewußtseinsfähig" zu sein, also auch unmittelbar „von innen" erlebt werden zu können, und was an diesen

---
* Vgl. METZGER (1952a); (= Beitrag Nr. 14 in diesem Band).

Vorgängen ernsthaft mit den uns wohlbekannten seelischen Erlebnissen als identisch betrachtet werden kann.

Die heute herrschenden Ansichten darüber sind verworren. Eine naheliegende, vielfach stillschweigend vorausgesetzte Annahme wäre: den Einwirkungen auf die Sinne entsprechen die leiblichen Empfindungen, der Zuleitung nach dem Gehirn deren erlebte Einwirkung auf das Gemüt, den Hirnvorgängen das Seelische (samt allem seelischen „Besitz"), den absteigenden Leitungsvorgängen die „Absichten" und den Vorgängen in den Muskeln deren Ausführung. Eine Sonder-Annahme muß da nur gemacht werden für die Wahrnehmungen der Fernsinne, die nicht wie die Empfindungen der übrigen Sinne an der Reizstelle erscheinen, sondern, wie man sagt, nach draußen in die Gegend der Reiz*quellen* „zurückprojiziert" werden.

Ohne auf die zahlreichen Widersprüche einzugehen, in die man mit dieser Annahme gerät, und ohne uns mit der Erörterung von Zwischenlösungen aufzuhalten, stellen wir ihr diejenige Annahme gegenüber, welche die ganze Fülle der normalen und pathologischen Erscheinungen widerspruchsfrei einzuordnen gestattet*.

1. Nur Vorgänge, nicht anatomische Gebilde, sind bewußtseinsfähig.
2. Kein Vorgang in Sinnesorganen oder peripheren Nerven ist bewußtseinsfähig.
3. Bewußtseinsfähig ist lediglich eine bestimmte Gruppe besonderer Hirn-Vorgänge oder -Zustände, die sich in dem „psychophysischen Niveau", d. h. in einem Bereich zwischen dem Ende der von den Sinnesorganen aufsteigenden und dem Anfang der zu den Ausführungsorganen absteigenden Leitungsvorgänge abspielen.
4. Diese bewußtseinsfähigen Kernvorgänge bilden das körperliche Gegenstück nicht nur für unser Innerstes und unseren eben vergegenwärtigten seelischen Besitz, sondern für unsere gesamte Erscheinungswelt, also *auch für* das *Körper-Ich* und die äußere *Umgebung*.
5. Die Annahme der Identität von Nervenvorgang und Anschauungswelt erhält nur dadurch einen konkreten Inhalt und einen heuristischen Wert, daß sie als *Struktur-Identität* aufgefaßt wird. Sobald man diese Arbeitshypothese einführt, folgt, daß man aus den strukturellen Eigentümlichkeiten der uns wohlbekannten Wahrnehmungswelt die zugeordneten strukturellen Eigentümlichkeiten der bisher noch völlig verborgenen zentralnervösen Vorgänge ablesen kann. Alles, was an experimentellen Untersuchungen zur Psychophysik vorliegt, folgt diesem Grundsatz**.
6. Die Koordinaten des nervösen Gegenstücks unserer Welt fallen nicht zusammen mit den euklidischen Koordinaten, die man von außen durch den Kopf legen kann, sondern sind zweifellos stark davon abweichende „funktionelle" Koordinaten. Seine Struktur – im fremden Gehirn von außen betrachtet (falls das möglich wäre) – muß daher zur Unkenntlichkeit verzerrt erscheinen.
7. Die zentralnervösen Zustände, die den Zuständen unseres Gemüts (unserer Seele) entsprechen, sind eingebettet in das Vorgangs-Ganze, das wesentlich aus der Gesamtheit der Erregungen der Körpersinne entsteht und die zentral-nervöse Stellvertretung unseres eigenen Körpers darstellt. Dieses Vorgangs-Ganze, das auch Körper-Schema genannt wird, ist wiederum eingebettet in die Vorgangsmannigfaltigkeit, die aus der Gesamtheit der Erregungen der Außensinne entsteht und die zentral-nervöse Stellvertretung unserer engeren und weiteren Umwelt darstellt (Vgl. Abb. 15.1). Auf die Art

---

* Vgl. KÖHLER (1929); METZGER (1941, S. 264–95).
** Vgl. METZGER (1950); (= Beitrag Nr. 13 in diesem Band).

und Weise, wie in allen drei Bereichen der Spurenschatz an der Ausbildung der fraglichen Zustände mitwirkt, gehen wir hier nicht ein.

8. Aus der naheliegenden Annahme einer solchen gegenseitigen Lage der bewußtseinsfähigen zentral-nervösen Teil-Vorgänge ergibt sich, ohne die Annahme einer Rückverlegung an den Ursprungsort, die von uns vorgefundene gegenseitige Lage von Gemüt, Leib-Ich und Umwelt.

9. Die *wirklichen* Inhalte, *Dinge* und *Wesen*, mit denen wir alle Tage umgehen, sind *nicht identisch* mit den entsprechenden „Dingen an sich", sondern tatsächlich nur deren Abbilder – im Sinne des erkenntnistheoretischen Idealismus –, die auf dem Weg über die Reizung unserer Sinne an ganz anderer Stelle – eben im „psychophysischen Niveau" – neu entstehen.

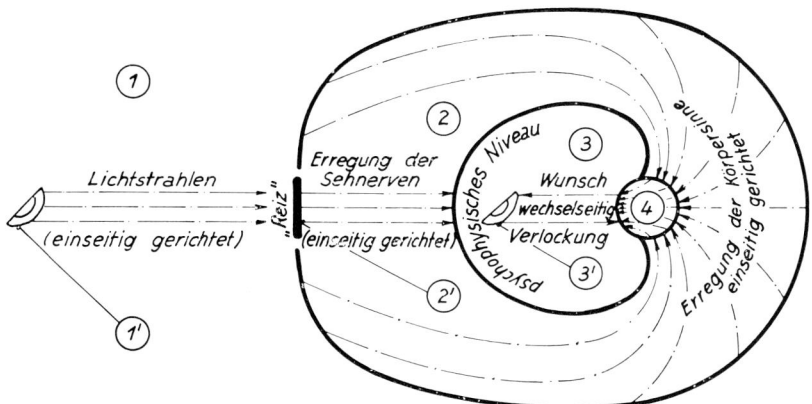

Abb. 15.1: Abhängigkeitsverhältnis zwischen physikalischer Welt einschließlich Organismus (= Makrokosmos) und anschaulicher Welt einschließlich erlebtem Ich (= Mikrokosmos). Physikalische Umgebung (1) mit physikalischem Gegenstand (1'); physikalischer Organismus (2) mit Auge (2'); anschauliche Umwelt (3) mit begegnendem Gegenstand (3'); Körper-Ich (4).

10. Im Gegensatz zum erkenntnistheoretischen Idealismus setzen wir voraus, daß man über „Dinge an sich", obwohl sie jedem Bewußtsein unwiderruflich unzugänglich sind, konkrete Aussagen machen kann, und zwar durch Extrapolation aus den Bewußtseinen verschiedener zusammenwirkender Beobachter. Demnach sind die Aussagen der Physik Aussagen über Dinge an sich. Die Entscheidung darüber fällt nicht erst, wenn der Physiker bei der Untersuchung verschwindend kleiner Gebilde nichts mehr messen kann, ohne es durch die Messung selbst grob zu verändern, so daß niemals zwei verschiedene zugleich bestehende Eigenschaften desselben Untersuchungsgegenstandes erfaßt werden können. Sie ist vielmehr längst gefallen, und zwar unwiderruflich in dem Augenblick, wo von zwei Menschen, die sich nie begegnen, der erste eines Tages eine Brücke baut, und diese Brücke an einem anderen Tage den zweiten trägt. Unter anderem kommt den „Dingen an sich" Räumlichkeit zu, die der Räumlichkeit der Erscheinungsdinge verwandt ist. (Diese Annahme verträgt sich mit KANTs Erkenntnis, daß die Räumlichkeit der *Erscheinungsdinge* auf den Grundlagen der Möglichkeit räumlicher Erfahrung beruht, die das wahrnehmende Subjekt mitbringt.)

11. Die Erscheinungsdinge können sich, sofern sie auf Grund von Sinnesreizen in Organismen entstehen, nicht an demselben Platz befinden wie die physikalischen Objekte, deren Stellvertreter sie für uns sind.

12. Was für die übrigen Inhalte unserer Lebenswirklichkeit gilt, gilt ohne Einschränkung auch für *unseren eigenen Leib*, wie er uns greifbar und spürbar gegeben ist; auch er ist *nicht identisch* und fällt nicht räumlich zusammen mit unserem Organismus, sondern ist ebenfalls – im Sinne eines vollständig durchgeführten idealistischen Ansatzes – ein (zentral-nervöses) Abbild des Organismus, das vorwiegend auf dem Weg über die Erregung der Körpersinne entsteht, und das verschwindet, wenn diese Erregungen ausfallen oder ihr Ziel nicht erreichen. Im Einzelnen durchgeführt, bedeutet das:

13. Das harte Ding, was wir unsere Hirnschale nennen, und ebenso die Finger, mit denen wir daran klopfen, sind nicht identisch mit den ebenso genannten Teilen unseres Organismus; sie sind vielmehr deren zentralnervöse Abbilder. Nichts nötigt zu der Annahme, daß die Abbilder der Dinge ihren Platz ursprünglich in und nicht *neben* dem *Abbild* unseres Kopfes haben: und nur unter dieser Voraussetzung wäre die Projektions-Annahme erforderlich. Diese Annahme *erscheint* nur nötig, wenn man logisch unerlaubter Weise den unmittelbar gegebenen Kopf für ortsidentisch hält mit dem entsprechenden Teil des Organismus. (Wenn man die räumlichen Verhältnisse zu Ende durchdenkt, müssen wir unseren *wirklichen* Hirnschädel weit jenseits der fernsten Ferne unserer alltäglichen Umwelt suchen; vgl. das Schema Abb. 15.1.)

Die obigen Thesen bilden die allgemeinen Grundzüge der Lehre von der strukturellen und räumlichen Identität zwischen Erscheinungswelt und bewußtseinsfähigem Gehirn-Geschehen. – Was ist nun durch diese Lehre gewonnen? Wir können auch diese Frage nicht vollständig, sondern nur durch einige Hinweise beantworten.

Zunächst: Die Schwierigkeit, daß der Physiologe beim Verfolgen der Nervenvorgänge auf nichts Seelisches stößt, ist nach dieser Annahme nicht mehr erheblich; denn bei dem augenblicklichen Stand unserer Kenntnisse ist es höchst unwahrscheinlich, daß er die bewußtseinsfähigen Vorgänge mit seinen Mitteln als solche erkennt. Zugleich macht die Frage der Energie-Bilanz keine grundsätzlichen Schwierigkeiten mehr, da der Physiologe nur physikalisch-chemische Vorgänge in seine Rechnung einzusetzen braucht. (Vorgänge, die *nur* psychisch und ganz ohne physikalische Begleiterscheinungen sind, gibt es nach dieser Annahme nicht. Dagegen muß damit gerechnet werden, daß es gewisse Eigenschaften der bewußtseinsfähigen Vorgänge gibt, die man mit physikalischen Beobachtungsverfahren niemals wiederfinden kann, und wieder andere, die erst die physikalische Untersuchung an ihnen entdeckt, während sie in der unmittelbaren Erfahrung fehlen.)

Wichtiger ist der Ertrag für das Verständnis der *Zueinander* und *Ineinander* leiblicher und *seelischer* Erscheinungen in unserer Erfahrung*. Denn wenn unsere alltägliche Lebenswirklichkeit, wenn die Dinge unserer Umgebung und unser eigener Leib tatsächlich samt und sonders Gegenstück von Hirnvorgängen sind, so wird die ganze Fülle der bisher verwirrenden Vermengungen leiblicher und seelischer Eigenschaften und Erscheinungen ohne weiteres klar. Es wird verständlich, wieso die Dinge unserer Umgebung erfüllt sein können mit Ausdruckseigenschaften, unser eigener Leib mit Empfindungen; wieso Form, Gliederung und Gewicht der Umweltdinge in entscheidender Weise abhängig sein können von unserer Auffassung, Einstellung, Auf-

---

* Siehe hierzu METZGER (1952 a) (= Beitrag Nr. 14 in diesem Band).

merksamkeit, Interessenrichtung und Triebverfassung; wie der gesamte Schauplatz unserer Umwelt besetzt sein kann bei Nacht von Träumen, bei Tag von Vorstellungen, die manchmal alles Wirkliche verdrängen; wie auch selbst die *wirklichen Dinge* bei Schädigungen des Nervensystems in unabsehbarer Weise verzerrt und entstellt sind und wie Scheindinge (Halluzinationen) sich mitten zwischen die wirklichen Dinge mengen können, von den alltäglichen Täuschungen ganz abgesehen. Am wichtigsten ist aber die Möglichkeit, zu verstehen, wie Gefühle und Gesinnungen sich über die Grenzen unseres Leibes hinaus in die vermeintlich rein stoffliche Umgebung erstrecken können; wie Abstoßungen, Anziehungen, Verlockungen und Forderungen aller Art durch den Außenraum nicht nur zwischen uns und unseren Umgebungsdingen und Mitmenschen, sondern auch zwischen diesen bestehen können. Diese Spannungen, auf denen die gesamten sozialpsychologischen Erscheinungen beruhen, können wir als den unmittelbaren Ausdruck der in dem Hirnfeld (im psychophysischen Niveau) wirklich zwischen den verschiedenen Vorgangs-Einheiten herrschenden Kräfte oder richtiger *als diese Kräfte selbst* betrachten*.

Übrigens bedeutet die Identitätsannahme keinen „Materialismus". Denn erstens ist die „Stofflichkeit" im Sinne des alten Materialismus – als ein Bestimmungsstück der alltäglichen Wirklichkeit – *eine* der *Möglichkeiten des Seelischen* im oben erörterten weiteren Sinne, von der das Bild der physikalischen Wirklichkeit sich in neuerer Zeit immer weiter entfernt. Zweitens führt die Identitätsannahme, wenn man sinngemäß damit verfährt, zu keiner unangemessenen Vereinfachung unserer Begriffe vom Seelischen in Anlehnung an unser physikalisches oder physiologisches Wissen: Über die tatsächlichen Möglichkeiten eines fraglichen Gegenstandes entscheidet die jeweils reichere Ansicht. Das ist in diesem Falle (wahrscheinlich für immer) die psychologische.

So sind wir zu *zwei* Seelen-Begriffen gekommen. Der *eine* umfaßt das, was wir früher als unser Innerstes, unser engeres Ich, auch als unser Gemüt bezeichnet haben; dieser engere Seelenbegriff kommt dem der Alltagssprache ziemlich nahe. Der *zweite* umfaßt das gesamte seelische Sein, also nicht nur jenseits des Innersten die dem Selbstbewußtsein im allgemeinen entzogenen seelischen Funktionen und Bereiche, sondern auch nach außen über das Leib-Ich hinaus die gesamte Um- und Mitwelt der alltäglichen Wirklichkeit, die, wie wir sahen, von der dauernden Eigenart *und* von der augenblicklichen Verfassung des Menschen wesentlich mitbestimmt ist. Wir wollen diesen umfassenderen Begriff „das Seelische" (oder Psychische) nennen. Es gehört zu den wesentlichen Aufgaben des Psychologen, der das augenblickliche und das typische Verhalten der Mitmenschen zu verstehen sucht, auch die augenblickliche sowohl wie die dauernde Eigenart der jedem Einzelnen zugeordneten *Umwelten* zu erforschen. Dazu gehört als Voraussetzung die eingehende Kenntnis der menschlichen Umwelt überhaupt, wie sie in der Wahrnehmungslehre erforscht wird. (Der Psychologe kann also seine Aufgabe nicht ernsthaft in Angriff nehmen, solange er seine *eigene* alltägliche Wirklichkeit in naiver Weise für die *eine*, allen gemeinsame, „objektive" Wirklichkeit hält und sich nicht klar macht, daß sie nur seine persönliche Sonder-Ausgabe der Wirklichkeit ist.)

Und nun können wir endlich auch die Frage *nach der Verflechtung* des Leib-Seele-Problems mit dem psychophysischen Problem zu beantworten suchen. Wir fassen dazu nochmals kurz die drei wichtigsten Voraussetzungen zusammen:

---

* Hierzu vgl. KÖHLER (1938).

1. Das Verhältnis zwischen Seele (Gemüt) und Leib kann nur als Verhältnis *kausaler Wechselwirkung* verstanden werden.

2. Das Verhältnis zwischen der alltäglichen Wirklichkeit (dem Bewußtsein) und dem zugeordneten Hirngeschehen kann nur als ein Verhältnis der *(Struktur-) Identität* widerspruchsfrei verstanden werden.

3. Das Verhältnis zwischen der alltäglichen Wirklichkeit (einschließlich des eigenen Leibes) bzw. dem ihr nach der Identitätsannahme zugeordneten Hirngeschehen – und der *einen* gemeinsamen physikalischen Welt der „Dinge an sich" (einschließlich des eigenen Organismus) ist *nicht* das der Identität, auch nicht das des örtlichen Zusammenfallens. Es ist vielmehr aufzufassen als eine Art von Parallelismus, wie er zwischen einem Bild und seinem Gegenstand besteht. Dieser Abbildungsparallelismus, besser: diese *Gestalt-Verwandtschaft*, ist – wie der Lebenserfolg des Menschengeschlechtes beweist – wenigstens in einer bestimmten, offenbar besonders lebenswichtigen Größenordnung im allgemeinen *sehr genau*. Er ist aber, wie allerlei gelegentliche, z. T. grobe Abweichungen (z. B. die Phantomglieder der Amputierten; auch das eigene Verhalten in vielen Träumen) beweisen, nicht unverbrüchlich im Sinn einer praestabilierten Harmonie, sondern offenbar durch besondere – unvollkommene, störbare – Einrichtungen *kausal begründet*.

Das Bild-Gegenstand-Verhältnis zwischen physikalischer Welt und alltäglicher Wirklichkeit ist *nicht einseitig*. Es ist nicht immer nur die physikalische Welt der Gegenstand und die anschauliche Welt dessen Abbild, wie das dem technisch und materialistisch denkenden Menschen der neueren Zeit naheliegt. Das Verhältnis ist vielmehr umkehrbar: jedesmal wenn eine Absicht ausgeführt oder eine Idee verwirklicht wird, ist das Geschehen im Bereich des *seelischen* Seins der *Gegenstand*, das Ergebnis der sich anschließenden Eingriffe in die physikalische Welt im Fall des Gelingens dessen Abbild.

Was folgt daraus für den Leib-Seele-Zusammenhang, wie wir ihn im ersten Aufsatz so unbefangen wie möglich zu beschreiben versuchten?

1. Daß nicht nur das Leib-Ich, sondern auch das *Gemüt* und die *alltägliche Umwelt-Wirklichkeit* durch Krankheiten, Verletzungen und Vergiftungen, allgemein durch stoffliche Einwirkungen, aufs einschneidendste verändert werden können, nimmt nicht Wunder, wenn es sich (nach der Identitätsannahme) physiologisch gesehen beim Gemüt und bei der Umwelt ebenso wie beim Leib-Ich um Vorgangs-Einheiten in einem Hirnfeld handelt, die infolgedessen allesamt von dem physikalisch-chemischen Zustand dieses Hirnfeldes abhängen müssen, der seinerseits von organischen Erkrankungen wie von Drogen verändert werden kann.

2. Daß das Leib-Ich und die alltägliche Umwelt durch Änderungen im Gemüt mit geändert werden und nicht nur umgekehrt das Gemüt von Änderungen am Leib-Ich und in der alltäglichen Umwelt beeinflußt wird, ist nicht verwunderlich, wo es sich (nach der Identitätsannahme) um Vorgangs-Einheiten handelt, die sich innerhalb des Gehirns dicht beieinander in engster dynamischer Kommunikation befinden.

3. Wieso aber können durch Änderungen im Gemüt nicht nur Änderungen am *erlebten* Leib-Ich (wie etwa das Auftreten oder Verschwinden von Schmerzen), sondern auch physikalisch-chemische Änderungen am *Organismus* (u. a. organische Erkrankungen und ihre Heilung) veranlaßt werden? Wie kommt es, daß durch Unordnung und Verwirrung des Gemütslebens auch der Organismus in eine medizinisch oft kaum angreifbare Unordnung versetzt wird, und daß umgekehrt durch rein seelische

Umstellungen (z. B. durch neue Hoffnung) die Ausheilung schwerster organischer Schäden, wie eines Lungen-Prozesses, in Gang gebracht werden kann?

Die dritte Frage ist nahe verwandt mit der Frage, wieso bei der Absicht, etwa einen Arm zu bewegen, obwohl sie sich immer nur auf den *anschaulichen* Arm (das Gegenstück einer Vorgangs-Einheit im Gehirn) richten kann, doch der physikalisch wirkliche Arm sich ebenfalls entsprechend in Bewegung setzt und nicht einfach – wie wenn wir uns im Traum bewegen – ruhig an seinem Platz bleibt.

Diese Frage gibt nochmals Gelegenheit, sich das Verhältnis der – nur scheinbar – „öffentlichen" Wahrnehmungswelt zur physikalischen zu veranschaulichen.

Dem Physiker wird die Art bekannt sein, wie im Potsdamer Einstein-Turm das vergrößerte Bild der Sonne betrachtet wird: Der Blick ist hier nicht – zum Turm hinaus – auf die Sonne selbst, sondern auf eine Abbildung gerichtet, die sich auf einer Fläche im Innern des Turmes befindet. Damit der Turm ein zutreffendes Modell des wahrnehmenden Menschen abgibt, müssen wir uns freilich denken, daß nicht nur ein einzelner Gegenstand, sondern die ganze Umgebung und dazu durch Einrichtungen besonderer Art auch das Äußere des Turmes selbst sich in einem solchen Projektionsfeld im eigenen Innern abbildet. Nun kommt der schwierigere Teil der Aufgabe, nämlich das Modell so zu ergänzen, daß es auch ein einleuchtendes Bild des menschlichen *Handelns* abgibt. Diesen Zweck erfüllt freilich nur ein in seiner Umgebung verschieblicher Gegenstand mit gegeneinander bewegbaren Teilen. Wir setzen also an die Stelle des Turmes einen großen Dampfer und als Modell eines beweglichen Gliedes, z. B. eines Armes, das Ruder. Auf großen Dampfern hängt bekanntlich das Ruder nicht unmittelbar am Steuerrad. Da Menschenkraft nicht ausreicht es zu bewegen, wird es von einer besonderen Maschine in Bewegung gesetzt. Der Steuermann bewegt nur einen kleinen Zeiger im Inneren des Schiffes – gewissermaßen das zentrale Abbild des Ruders – und die Steuermaschine dreht daraufhin das draußen befindliche Ruder selbst in die Stellung, die der Zeiger angibt. Der *Zeiger* im Steuerhaus entspricht in seinem Verhältnis zum Ruder des Schiffes genau dem von uns unmittelbar *wahrgenommenen* Arm in seinem Verhältnis zu dem ebenso genannten Teil unseres Organismus. Die Absicht der Bewegung, der „Wille", ist auch im Menschen nur auf den zentralen „Zeiger" gerichtet. Damit hängt es zusammen, daß die Stellen des Zeigers, auf die sich die Absicht richtet, durchaus nicht mit denjenigen Stellen übereinzustimmen brauchen, an denen die Innervation der Muskeln des physikalischen Armes ansetzt, und daß von den ganzen Vorgängen der Innervation und Kontraktion der beteiligten Muskeln in der Regel nichts unmittelbar erlebt wird.

Die Art der Mechanismen, durch die der anschauliche und der wirkliche Arm miteinander verbunden sind, ist *nicht dieselbe* wie bei der Steuereinrichtung des Dampfers. Eine vollständige Theorie dieses Zusammenhanges kann hier nicht entwickelt werden.

Nur auf einige wichtige Eigentümlichkeiten soll noch hingewiesen werden, durch die sich die psychophysischen Zusammenhänge von den angegebenen mechanischen Modellen grundsätzlich unterscheiden:

a) Der „Zeiger" ist im Organismus kein vorgegebener fester Bestandteil, sondern er entsteht auf Grund sensorischer Vorgänge *ständig neu*, genau wie das Bild der Außendinge.

b) Wie der „Zeiger" des eigenen Gliedes kein „totes Bild" ist, sondern eine *reale Vorgangseinheit*, die Wirkungen empfängt und ausübt, so sind es im *psychophysischen Niveau* auch die *Bilder der Außendinge*.

c) Die wichtigsten Wirkungen in diesem Bereich sind die Spannungen *zwischen* den Vorgangseinheiten der Außendinge und den Vorgangseinheiten des eigenen Ich und der Glieder, denn durch sie wird die Art und Richtung des Verhaltens unmittelbar bestimmt.

Die Antwort auf die dritte Frage (die natürlich nur in Andeutungen bestehen kann) lautet also: das Nervensystem ist so gebaut, daß die am anschaulichen Ich intendierten Veränderungen im wachen Zustand größtenteils *nur auf dem Umweg über Änderungen an den zugeordneten Teilen des Organismus verwirklicht werden können*. Sowohl vom Leib-Ich-Bereich als auch vom Gemüts-Bereich nach dem Organismus und von diesem wieder zurück verlaufen *einsinnig* arbeitende Erregungsleitungen, durch welche die den Impulsen und Tendenzen des anschaulichen Ich entsprechenden Verhaltensweisen im Organismus veranlaßt werden, die erst ihrerseits von dort rückwärts die zugehörigen Änderungen am anschaulichen Ich hervorrufen. Vom Leib-Ich-Bereich des anschaulichen Ich besteht ein solcher Erregungskreis nach der gesamten quergestreiften Muskulatur und von ihr wieder zurück als Grundlage der Willkürbewegungen. Vom Gemüts-Bereich des anschaulichen Ich bestehen mehrere solche Kreissysteme, ein nervöses ebenfalls zur quergestreiften Muskulatur, durch welches die Ausdrucksgebärden gesteuert werden; ein teils durch Nervenstränge, teils hormonal durch die Blutbahn verlaufendes über das vegetative Nervensystem zur glatten Muskulatur und zu dem inneren und äußeren Drüsensystem und von da wieder zurück. Zu jedem Gefühl, jedem Gemütszustand gehört nicht nur seine bestimmte *Antriebsgestalt,* die für die Gebärden maßgeblich ist, sondern zugleich sein bestimmter *Chemismus,* der über die innersekretorischen Drüsen, möglicherweise zu einem Teil auch unmittelbar vom Nervensystem geregelt wird. Nicht nur die gesicherten Befunde über den Zusammenhang zwischen Zorn und Adrenalinausschüttung, sondern auch alltägliche Beobachtungen über die Veränderung der verschiedensten Körpergerüche (Schweiß, Darm, Mund) bei den verschiedenen Gemüts-Erregungen weisen in diese Richtung. Auch auf dem Weg der chemischen Übertragung können ganz *bestimmte* Organe erreicht werden, indem sie allein oder wenigstens mehr als andere auf bestimmte Wirkstoffe ansprechen, die sich durch den gesamten Organismus verbreiten. Gerade die vom Gemütsbereich durch das vegetative Nervensystem über die glatte Muskulatur und das Drüsensystem verlaufenden Erregungskreise sind für den Zustand des Organismus, also auch für Gesundheit und Krankheit, entscheidend wichtig. So können bekanntlich schwere örtliche Stoffwechselstörungen schon durch dauernde *Über-Innervation* von Muskeln, z. B. von Gefäßkontraktoren, entstehen. Aber die chemischen Veränderungen, die mit den Änderungen des Gemütszustandes einhergehen, können *auch unmittelbar* lebensfördernde oder -hemmende Wirkungen haben. Wer daran denkt, was für verschwindende Mengen geeigneter Stoffe zu solchen Wirkungen ausreichen, wird diese Möglichkeit nicht außer Acht lassen. So könnten z. B. Lebensmut und Hoffnung ebensogut durch ihre entkrampfende Wirkung wie durch die Bildung und Aussendung von Wirkstoffen, die Heilung und Wachstum unmittelbar fördern, ihren bekannten segensreichen Einfluß ausüben.

Wie sich das alles im Einzelnen verhält, wird, nachdem wir einmal über das *Grundsätzliche* des Leib-Seele-Zusammenhangs zu angemessenen Vorstellungen gelangt sind und die auf diesem Gebiet so zahlreichen und störenden Schein-Probleme ausgeräumt haben, nicht durch abstrakte Überlegungen, sondern nur durch weiter empirische Forschungsarbeit geklärt werden können.

16. Aporien der Psychophysik (1961)

Man kann in diesem Jahr nicht gut über Psychophysik sprechen, ohne Gustaf Theodor FECHNERS (1860) zu gedenken, der das bahnbrechende Werk dieses Namens vor genau 100 Jahren veröffentlicht hat. Was davon am besten im Gedächtnis geblieben ist, ist sein Bemühen, die möglichen Abstufungen einer gegebenen elementaren Sinnesqualität als Funktion bestimmter Änderungen der zugrunde liegenden Sinnesreizung darzustellen und die Meßmethoden zu entwickeln, vermittels derer man die zahlenmäßigen Daten gewinnen kann, die zur Erhellung der gesuchten Funktionen erforderlich sind. Gefragt wird also nach dem Verhältnis zwischen Reizgrößen und gewissen Größen anschaulicher Art. Man kann diese Frage auch auf das Verhältnis zwischen Reiz*mustern* (patterns) und anschaulichen *Strukturen* ausdehnen, wie das z. B. J. J. GIBSON bei seiner Theorie des Sehraumes tut. Für diese Art der Psychophysik ist es kennzeichnend, daß man sich über die mehr oder weniger lange Kausalkette zwischen der gereizten Sinnesfläche und dem anschaulich Erlebten keine Gedanken macht. Es wird vielfach übersehen, daß dies schon für FECHNER nicht der ganze Sinn der Psychophysik gewesen ist. Die andere Hälfte seines Anliegens ist am kürzesten ausgedrückt in einer (wesentlich älteren) Bemerkung Johannes MÜLLERS, daß sich in der anschaulichen Beschaffenheit unserer Wahrnehmungen das Wesentliche der zugrunde liegenden somatischen Prozesse verrate. FECHNER unterscheidet diese beiden Anliegen als „äußere" und „innere" Psychophysik. Er sagt wörtlich: „Es ist aber die äußere Psychophysik nur die Unterlage und Vorbereitung für die tiefer führende innere Psychophysik ... Nicht der Reiz erweckt unmittelbare Empfindung, sondern zwischen ihn und die Empfindung schiebt sich noch eine innere körperliche Tätigkeit, wir nannten sie kurz die *psychophysische*, ein, die vom Reiz erweckt wird, und die nun erst unmittelbar Empfindung mitführt oder nachzieht ... Und die gesetzliche Beziehung zwischen dem äußeren und dem inneren Endglied dieser Kette, Reiz und Empfindung, übersetzt sich notwendig in eine solche zwischen dem Reize und diesem Mittelgliede einerseits und zwischen diesem Mittelgliede und der Empfindung andererseits." FECHNER läßt keinen Zweifel, daß er sich die Beziehung zwischen dem Reiz und dem psychophysischen Prozeß kausal, die zwischen diesem und der Empfindung parallelistisch denkt. Ebenso bemerkenswert erscheint mir die Tatsache, daß er die Annahme sogenannter „rein seelischer" Erscheinungen in aller Schärfe ablehnt. Es gibt nach FECHNER *keine* Bewußtseinserscheinungen ohne speziell zugehörige körperliche Prozesse. Er unterscheidet also *nicht,* wie später WUNDT und HELMHOLTZ, zwischen Bewußtseinserscheinungen, die man physiologisch erklären kann, und solchen, die nur psychologisch erklärt werden können. Auch das, was wir heute als Arbeitshypothese des „konkreten Parallelismus" bzw. der „Isomorphie" Wolfgang KÖHLER zuzuschreiben pflegen, finden wir bei ihm schon klar ausgesprochen. Er selbst spricht hier von einem „Funktionsprinzip" und führt dazu aus: „Zwar können wir in keiner Weise aus der Natur der geistigen Bewegungen auf die Natur der unterliegenden körperlichen Bewegungen schließen, d. h. schließen, welches Substrat und welche Form diesen Bewegungen zukommen, wohl aber schließen, daß dem psychischen Zusammenhang ein psychophysischer Zusammenhang, der psychischen Auf- und Auseinanderfolge eine psychophysische, der psychischen Ähnlichkeit und Verschiedenheit eine psychophysische, der psychischen Stärke und Schwäche eine psychophysische entspreche ..." und zur Erläuterung fährt er fort: „Erinnerungen tragen noch die Form der Anschauungen; auch die den Erinnerungen unterliegenden Prozesse werden noch die Form der Prozesse tragen, die den Anschauungen unterliegen." Und er schließt: „Nun würde es sehr müßig sein, diese Art Übersetzung des Psychischen in das Psychophysische breit auszuführen, solange sie uns eben nicht weiter als zur bloßen Übersetzung führt. Aber sie bezeichnet den *Weg des Entgegenkommens* gegen das, was wir von der *äußeren* Psychophysik her und nach anatomischen, physiologischen und pathologischen Tatsachen erschließen können, und nur, wo sich ein solches Entgegenkommen zeigt, werden wir näher darauf einzugehen haben und etwas dadurch gefördert sehen dürfen ..."

Sie werden mir zugeben, daß diese Gedankengänge FECHNERS erheblich klarer sind, auch erheblich moderner, als die seiner unmittelbaren Nachfolger, Ewald HERING ausgenommen. Wieder ist bemerkenswert, daß schon FECHNER sein Isomorphieprinzip, d. h. seine Vermutung, man könne aus dem Anschaulichen auf das Physiologische schließen, *nicht* auf das *Substrat* und die Mikrostruktur der psychophysischen Prozesse, sondern nur auf ihre raum-zeitliche Makrostruktur für anwendbar hält. G. E. MÜLLER hat dann in seinem Beitrag „Zur Psychophysik der Gesichtsempfindungen" von 1896 das Fechnersche Prinzip zu präzisieren versucht, in dem er 5 psychophysische Axiome aufstellte, von denen ich hier in etwas zusammengefaßter und verallgemeinerter Form die drei wichtigsten nenne:

1. Jedem *Zustand* des Bewußtseins entspricht ein materieller *Vorgang*, der sogenannte psychophysische Prozeß, an dessen Stattfinden das Vorhandensein des Bewußtseinszustandes geknüpft ist; es kann weder der körperliche Vorgang ohne den psychischen noch der psychische ohne den körperlichen stattfinden.

2. Einer Gleichheit, einer größeren oder geringeren Ähnlichkeit, einer Verschiedenheit psychischer Zustände entspricht eine Gleichheit, eine größere oder geringere Ähnlichkeit, eine Verschiedenheit der psychophysischen Prozesse und umgekehrt.

3. Ist ein psychischer Zustand in n-facher Richtung variabel, so muß auch der zugehörige psychophysische Prozeß in n-facher Richtung variabel sein.

Das Modell, auf das sich G. E. MÜLLER bei diesen Formulierungen bezieht, ist offenbar HERINGS Annahme von drei je in sich antagonistischen Paaren von Farbprozessen, und sein Verdienst ist, diese Annahme aus dem Zusammenhang mit Stoffwechselprozessen gelöst zu haben. Hiermit hängt es zusammen, daß der Anwendungsbereich des Vorgehens bei G. E. MÜLLER erheblich enger ist, als er bei FECHNER vorgesehen war. Er beschränkt sich auf abstrakte Mannigfaltigkeiten von Qualitäten – Beispiel: das Farbsystem –; die räumliche Verteilung von Zuständen und Vorgängen bleibt ausgeschlossen. Da man angesichts des Baues des Großhirns niemals erwarten kann, daß räumliche Eigenschaften des anschaulich Erlebten in identischen räumlichen Eigenschaften von Hirnvorgängen abgebildet sind, hält er es vorläufig für sinnlos, hierüber Vermutungen anzustellen.

Seine Bedenken wurden erst von W. KÖHLER beseitigt: 1920 in seinen „Physischen Gestalten" und nochmals in seinem Aufsatz „Ein altes Scheinproblem" von 1929. Die Bedenken G. E. MÜLLERS bestehen danach nur so lange, als man erwartet, daß die psychophysischen Korrelate die räumlichen Verhältnisse der Wahrnehmungsinhalte in einem von außen durch den Kopf gelegten Cartesischen Koordinatensystem wiedergeben. Der Vortrag des Herrn WHITTERIDGE hat uns aufs Eindrucksvollste veranschaulicht, wie unmöglich diese Erwartung ist. (Man denke z. B. daran, daß die Projektion der ganzen äußersten Netzhautperipherie *nicht viel mehr als ein Punkt ist,* mindestens ein kleineres Gebiet als die Projektion der Fovea, und daß die Feststellung seiner Ringstruktur ziemliche Mühe macht.) Dieser Eindruck wird noch vertieft, wenn man versucht, sich klar zu machen, wie die beiden corticalen Gesichtsfeldhälften zu einer bruchlosen Einheit zusammengefaßt werden sollen, wovon Herr WHITTERIDGE nicht mehr gesprochen hat. KÖHLER hat nun in durchaus einleuchtender Weise erläutert, daß in diesem Gebiet z. B. gleiche Längen und gleiche Krümmungen nicht geometrisch, sondern nur „dynamisch" definiert werden dürfen, was ich aber hier nicht näher erläutern kann. Damit war die Psychophysik grundsätzlich ungefähr auf den Stand gebracht, der FECHNER von Anfang an vorschwebte, und den Herr HURVICH vorgestern, wenn ich ihn recht verstanden habe, in die Worte faßte: „Wir sehen unmittelbar, was sich in unserem psychophysischen Niveau abspielt: so wie es aussieht, so ist es." Ich halte diesen Ausspruch nicht für ein geistreiches bon mot, sondern für eine ernste und durchaus diskutable These. Denn auf dem normalen Weg der physikalischen und der psychologischen Beobachtung sind uns ausnahmslos nur *höchst kompliziert vermittelte Abbildungen und Symptome* des beobachteten Sachverhalts, z. B. der Vorgänge im Cortex, zugänglich. Dagegen sind unsere Wahrnehmungen mit allen ihren Eigenschaften die einzigen Tatbestände der Welt, die ohne vermittelnde Abbildungsvorgänge *selbst,* d. h. *im Original, offen* vor uns liegen, d. h. das einzige, was unserer *unmittelbaren* Kenntnis zugänglich und verfügbar ist. Sie stellen daher auch denjenigen Bereich des Seins dar, dem wir alles entnehmen müssen und entnommen haben, was wir für das Verständnis der Welt im Ganzen an Gesichtspunkten besitzen. Bertrand RUSSELL hat das einmal so ausgedrückt: „Die scheinbare Öffentlichkeit unserer Welt ist zum Teil eine Täuschung und zum Teil erschlossen. Das gesamte Rohmaterial unseres Wissens besteht aus seelischen Vorgängen im Leben einzelner Menschen." Und wenn unsere anschaulichen Erlebnisse solcherart das Rohmaterial *unseres gesamten Wissens* sind, so sind sie es im besonderen Maß für unser psychologisches Wissen. Ich möchte keineswegs so weit gehen wie der Freiburger Entwicklungsmechaniker SPEMANN in einem Vortrag, den er 1937 in Halle gehalten hat, und in dem er die Meinung äußerte, die Biologie und Physiologie hätten für ihre Theoriebildung bis auf weiteres von der Psychologie mehr Anregung zu erwarten als umgekehrt. Ich bin, genau wie mein Lehrer KÖHLER, nie der Meinung gewesen, man könne eine geschlossene Theorie der seelischen Erscheinungen entwickeln, ohne die Physiologie zu Rate zu ziehen. Ganz abgesehen davon, daß noch nie eine Seele ohne ein Nervensystem beobachtet worden ist, und daß jeder Eingriff in ein solches Nervensystem höchst charakteristische Veränderungen an den seelischen Erscheinungen und Funktionen zur Folge hat, stoßen wir in einem fort auf Eigentümlichkeiten auch der normalen Bewußtseinserscheinungen, die aus sich selbst nie verstanden werden können, sondern unerbittlich nach einer *physiologischen Erklärung* verlangen, ja, man möchte sagen, geradezu danach schreien.

Trotzdem hat es einen guten Grund, bei der psychophysischen Theoriebildung auf einem methodischen Primat der *psychologischen* Beobachtung zu bestehen, d. h. auf der methodischen Forderung, daß über die unmittelbaren materiellen Korrelate des Psychischen keinerlei Annahme erlaubt sein soll, die nicht in jeder Beziehung den Gesetzmäßigkeiten des anschaulichen Erlebens und des Seelischen überhaupt entspricht. Wir befinden uns nämlich am Ende einer fast hundertjährigen Periode, in der man aus sehr geringen anatomischen und physiologischen Kenntnissen sehr bestimmte psychologische Folgerungen zu ziehen pflegte: Man versuchte aus den bekannten objektiven Daten zu *konstruieren*, von welcher Art die *psychischen* Korrelate nervöser Vorgänge, das heißt die Erlebnisse und Wahrnehmungserscheinungen, eigentlich sein müßten bzw. nur sein *könnten*. Denken Sie an das, was EBBINGHAUS zur Theorie des Sehraumes äußerte. Nach seiner Meinung dürfte dieser *keine* Tiefe besitzen, weil die Netzhautzellen ebenfalls nur eine zweidimensionale Mannigfaltigkeit darstellen.

Oder mit seinen Worten: Nur die Breite und Höhe des Sehraumes wird „empfunden", seine Tiefe wird nur „vorgestellt". Auch die gesamte Wahrnehmungslehre des großen HELMHOLTZ unterliegt dieser Kritik. Wenn die Eigenart der psychischen Erscheinungen nicht mit dem übereinstimmte, was er auf Grund der bescheidenen anatomisch-physiologischen Kenntnisse seiner Zeit erwartete, so folgte daraus für ihn zwingend, es könne für sie keine streng zugeordneten materiellen Begleitvorgänge geben, es müsse vielmehr durch das Eingreifen eines außerphysischen, rein geistigen Agens aus dem nicht beobachtbaren, aber nach seiner Meinung gleichwohl unbemerkt vorhandenen, *unmittelbaren* psychischen Korrelat der gewissermaßen letzten vorpsychischen Station der gesamten körperlich-seelischen Kausalkette in entsprechender Weise umgewandelt worden sein.

Dabei handelt es sich offenbar, um in einem hier schon in den letzten Tagen gebrauchten Bild zu bleiben, um eine Tunnelbohrung, die nicht genügend auf das Klopfen der von der anderen Seite vordringenden Kolonne geachtet hat und daher ihr Ziel verfehlte.

Sehen wir nun zu, was für Erwartungen in den letzten Jahren von der psychischen Seite an die Neurophysiologie gerichtet wurden.

1. Da ist zunächst die HERINGsche *Farbenlehre*, die viele Jahrzehnte lang als psychophysisches Postulat in der Luft schwebte und, wie man wohl sagen kann, gerade in der angelsächsischen Psychologie nie ganz ernst genommen wurde. Mir scheint der Hauptertrag *dieses* Symposiums u. a. in der Fülle und Vielseitigkeit physiologischer Beobachtungen zu bestehen, die objektive Gesetzmäßigkeiten zeigen von der Art, wie HERING sie von den Phänomenen her postulierte, und durch die z. B. die Urteilstheorie des Kontrastes sich endgültig als überflüssig erweist.

2. Das zweite große psychophysische Postulat, dessen Bestätigung sich in etlichem, was hier vorgetragen wurde, andeutet, ist das (wohl zuerst von Max WERTHEIMER 1912 ausgesprochene) Postulat der *Querfunktionen*, d. h. der unmittelbaren gegenseitigen Beeinflussung gleichzeitiger corticaler Prozesse. Ich sehe diese Bestätigung in dem, was Herr TEUBER als „*lateral interaction*" bezeichnet und an der Ausfüllung zentraler Skotome und ihrer Überbrückung durch stroboskopische Bewegungen erläutert hat.

3. Wie weit damit schon eine relative *Freizügigkeit*, d. h. die Variabilität des Weges der afferenten Prozesse anerkannt ist, vermag ich nicht zu beurteilen. Jedenfalls ist diese Freizügigkeit ein *drittes psychophysisches Postulat*, dessen Formulierung, soviel ich sehe, auf Wolfgang KÖHLER (1913) zurückgeht: Es muß danach eine und dieselbe Reizmannigfaltigkeit, je nach Umständen auch figural, nicht nur qualitativ, sehr verschiedene zentrale Prozesse veranlassen können, wie auch umgekehrt ein und dasselbe zentrale Prozeßgebilde aus sehr verschiedenen peripheren Reizmannigfaltigkeiten hervorgehen kann, wie die zahlreichen Konstanzphänomene in der Wahrnehmung es fordern.

4. Ein viertes, hiermit zusammenhängendes Postulat, das LASHLEY 1930 ausgesprochen hat, ist die *Bildung von funktionalen*, d. h. *Prozeß-Einheiten*, deren Grenzen sich von Fall zu Fall neu bilden, also nicht auf Gewebsstrukturen begründet, sondern

vielmehr gegen die anatomischen Strukturen verschieblich sind. Im Zusammenhang damit werden Eigenschaften psychophysischer Prozesse gefordert, die zu spontanen (wechselnden!) Grenzflächenbildungen führen, Prozesse, die zweifellos bei rein elektrophysiologischer Untersuchung verborgen bleiben müssen.

5. Ein besonders kühnes und bei unserer gegenwärtigen Kenntnis des Nervensystems unerfüllbar erscheinendes Postulat ist das *eines gemeinsamen Sinnesraumes*, eines Sensorium commune, in das die Daten sämtlicher Sinne einmünden und in welchem sie in die verschiedensten räumlichen Beziehungen zueinander treten können.

6. Als letzte sei nur noch die Forderung erwähnt, auch für die Sachverhalte des Beurteilens, des Strebens, des Wertens, der Forderung usw. psychophysische Korrelate zu finden, und W. KÖHLERS Vermutung (1938) angeführt, daß diesen Sachverhalten bestimmte vektorielle Zustände im körperlichen Geschehen zuzuordnen seien.

In verschiedenen dieser Hinsichten ist schon mehr oder weniger von dem wechselseitigen „Entgegenkommen" der physiologischen und psychologischen Befunde zu bemerken, auf das wir seit FECHNER hoffen. In anderen sind zwar psychologische Versuche schon durchgeführt, u. a. zur Psychophysik der Größenkonstanz und der anschaulichen Distanz überhaupt (JACOBS, MADLUNG, SCHNEHAGE, OGASAWARA, KLEINBUB), haben aber bisher keine Resonanz gefunden. Auch zur Frage der Bedeutung von Konturen für die „laterale Interaktion" gibt es schon zerstreute Beobachtungen. Und Versuche zur Psychophysik des sensorium commune wären unschwer zu entwickeln.

In einigen anderen Hinsichten sieht es im Augenblick so aus, als ob Psychologie und Neurophysiologie niemals zusammenkommen könnten, ja als ob sie sich mehr und mehr voneinander entfernten.

Von Anfang an mußte man sich mit der Tatsache abfinden, daß nicht Zustand gleich Zustand und Prozeß gleich Prozeß ist, sondern daß auf der physischen Seite *ausschließlich Prozesse* in Frage kommen, daß also auch psychischen *Ruhezuständen* ausnahmslos psychophysische *Vorgänge* zugeordnet sind, den wahrnehmungsmäßig starren oder festen Gebilden also durchweg stationäre Zustände bzw. Fließgleichgewichte entsprechen. Andere Widersprüche sind erst im Verlauf der anatomisch-physiologischen Forschung in aller Schärfe hervorgetreten. Dazu gehört

a) der Widerspruch zwischen der (von den wechselnden anschaulichen Grenzverläufen abgesehen) *grundsätzlich kontinuierlichen* räumlichen Verteilung der Sinnesgegebenheiten – und der (auch abgesehen von der letztlichen atomistischen Struktur der Materie) höchst komplizierten Mikrostruktur und *Dis*kontinuität des nervösen Feldes, in dem sich die zugehörigen Prozesse abspielen (die Verflechtung von Nerven- und Gliazellen, die Unterbrechung durch Gefäße usw.).

b) Der Widerspruch zwischen der zeitlichen Kontinuität des seelischen Geschehens und der zeitlichen Diskontinuität des physiologischen, sofern dieses – wie Hunderte von Diagrammen während dieser Woche gezeigt haben – durchweg aus mehr oder weniger dichten Serien von offenbar isolierten Einzelereignissen (spikes, shots) besteht. Es war bis heute auch nicht möglich, irgendeine spezielle Bewußtseinserscheinung zu finden, die den *niedrig frequenten* (BERGERschen oder KORNMÜLLERschen) Schwingungen streng parallel verlief: Eine erste Andeutung davon stellen *vielleicht* die Befunde BARTLEYS über Flimmerphänomene dar, in denen er eine Resonanz auf eine „intrinsic fluctuation of cortical process", mit einer Schwingungsdauer von $1/10$ sec oder einfachen Vielfachen davon vermutet.

c) Die härteste Nuß für den Psychophysiker ist aber wohl das Alles- oder Nichtsgesetz der Nerventätigkeit, das man geradezu eine physiologische Quantentheorie nennen könnte, und demzufolge der stufenlosen Graduierung von psychischen Intensitäten (z. B. auch muskulären Anstrengungen) wieder die Dichte von Entladungssalven im räumlichen Querschnitt und in der Zeitfolge gegenübersteht.

Ob und wie diese drei Formen des Widerspruches zwischen anschaulicher Kontinuität und neurophysiologischer Diskontinuität aufgelöst werden können, wissen wir noch nicht.

Ich beobachte mit einiger Sorge, daß man unter diesen Umständen dazu neigt, sich auf die Terminologie der *Informationstheorie* zurückzuziehen, wie es hier besonders konkret GRÜSSER in seiner Demonstration von richtungsspezifischen Erregungsmustern getan hat, die ich meinen Ausführungen als Beispiel zugrunde legen will. Es ist richtig, daß diese Muster „ausreichenden Informationswert" besitzen; d. h., daß sie für einen Adressaten, der den Code kennt und zu entschlüsseln vermag, alle notwendigen Unterlagen enthalten. Sie sind Ereignisse, die *als Anzeichen* („Kriterien") für bestimmte Bewegungsrichtungen *dienen können* für denjenigen, der ihre Bedeutung versteht. Bei allen diesen informationstheoretischen Betrachtungen ist, wie man sieht, stets ein Empfänger oder Adressat impliziert, der selber *jenseits der psychophysischen Vorgänge steht,* wie ein Techniker neben dem Elektronenhirn, und die von ihm gelieferten Meldungen abliest und interpretiert. Dabei kehrt man aber, genau besehen, zu dem reinen, d. h. nicht mehr physiologisch repräsentierten, urteilenden Geist von HELMHOLTZ zurück; d. h. man führt durch die Hintertür wieder psychologische Vorgänge ein, die *kein* physiologisches Korrelat besitzen. Das psychophysische Problem ist so nicht lösbar: Was wir zu erklären haben, ist *nicht,* wie ein neben der Natur stehender Geist mehr oder weniger eindeutige „Meldungen" oder Nachrichten über irgendwelche dahinter verborgenen Sachverhalte oder Ereignisse (z. B. als Meldungen über Bewegungen, die sich auf der Sinnesfläche abspielen) *interpretiert,* sondern – z. B. im Falle GRÜSSERS – daß in einer anschaulichen Welt *Bewegungen* (Drehungen, Verlagerungen, Wachsen, Schrumpfen, Sichkrümmen, Sichstrecken) *selbst stattfinden,* die zwar unter günstigen Bedingungen eine wirkliche Bewegung in der physikalischen Umgebung des Organismus richtig *abbilden,* aber als solche keiner weiteren Interpretation bedürfen. Durch die gegenwärtig versuchten informationstheoretischen Gedankengänge wird also das hier vorliegende Problem nicht gelöst, sondern nur umgangen oder zurückgeschoben.

Ob die geschilderten Paradoxe sich auflösen lassen, oder ob es echte und endgültige Aporien sind, wissen wir noch nicht. Vielleicht bekommen wir in unseren elektrophysiologischen Beobachtungen gar *nicht die psychophysischen Prozesse selbst zu Gesicht,* sondern nur ihre Ursachen (oder einen Teil davon), oder gewisse Begleiterscheinungen davon. Vielleicht endeckt man eines Tages erst die „eigentlichen" psychophysischen Prozesse, die möglicherweise dem Alles-oder-Nichts-Gesetz gar nicht unterworfen sind und von den anatomischen Strukturen des Cortex nicht unterbrochen werden.

Aber selbst wenn es gelänge, diese Schwierigkeiten aufzulösen, dürften wir nicht erwarten, daß die beiden Ansichten der psychophysischen Vorgänge, die subjektive und die objektive, sich einmal in jeder Hinsicht zur Deckung bringen lassen. Wir müssen auf jeden Fall damit rechnen, daß auf dem verwickelten Weg der vermittelnden physikalischen und physiologischen Vorgänge, auf denen alle „objektive" Beobachtung beruht, wesentliche Eigenschaften der beobachteten Objekte unwiederbringlich verlorengehen, daß wir aber auf der anderen Seite dabei auf Eigenschaften der Objekte stoßen, die ihrer Natur nach psychisch nicht repräsentiert werden können.

So hat die im Kleinsten atomistische Struktur der physikalisch untersuchten Materie im Bewußtsein kein Korrelat. Andererseits wird sich aber auch der Traum des Mystikers FECHNER nie verwirklichen lassen: etwas der Buntheit der Sinnesqualitäten, der Gefühle und er Ausdruckserscheinungen Entsprechendes – aber auch schon so einfache Sachverhalte wie die *Nichtbeliebigkeit* anschaulicher Bezugssysteme – mit physikalischen Verfahren aufzuspüren oder zu bestätigen.

17. Über die Notwendigkeit kybernetischer Vorstellungen in der Theorie des Verhaltens (1965)

Ich hatte mir zunächst vorgenommen, über die regulatorischen Vorgänge zu sprechen, die der Wiederherstellung der gestörten „Gemütsruhe" dienen, und über ihr Versagen im Zustand des gesteigerten Ärgers und der Wut, Vorgänge wie sie zum Teil schon von SELBACH behandelt wurden; außerdem über Beispiele von Regelkreisen, in welche mehrere Menschen einbegriffen sind, die sich, wie man zu sagen pflegt, aufeinander einspielen, wie es etwa Ivo KOHLER für das Verhältnis von Mutter und Kind beschrieben hat.

Aber beim Durchdenken des Problembereichs wurde es mir immer klarer, daß zuvor noch viel elementarere Sachverhalte des menschlichen Erlebens und Verhaltens geklärt werden müssen.

So z. B. schon die Frage, was geschieht, wenn wir einen Arm bewegen, etwa, um nach einem Gegenstand zu greifen, oder auch nur spaßeshalber zur sportlichen Betätigung. Oder die Frage, was geschieht, wenn wir auf einen für uns verlockenden Gegenstand zugehen.

Dies ist der Grund, warum ich mein ursprüngliches Thema habe fallen lassen.

Ich bewege mich dabei völlig im rein qualitativen, noch nicht mathematisierten Vorhof der Kybernetik und bitte um Ihre Nachsicht, wenn auch die Art und Weise der schematischen Darstellung nicht Ihren Gepflogenheiten entspricht.

Vielleicht ist es zweckmäßig, das Problem hier so zu entwickeln, wie es sich mir im Lauf meines eigenen Nachdenkens gestellt hat. Die Ausgangsstellung war rein wahrnehmungstheoretisch. Es handelte sich um die Erkenntnis, daß mit dem Faktum der Zweiheit der phänomenalen Welt und der physikalischen Welt, das ja schon in den allerersten psychophysischen Untersuchungen impliziert war, Ernst gemacht werden müsse, wie es Wolfgang KÖHLER in seiner Behandlung über „Ein altes Scheinproblem" schon 1929 gefordert hatte. Das Faktum der Zweiheit gilt nicht nur für die klassische Beziehung etwa zwischen dem Reflektionsspektrum eines beleuchteten physikalischen Gegenstandes und der Farbe des ihm entsprechenden Sehdinges: Was für die Farbe gilt, gilt auch für den Gegenstand, dessen Farbe sie ist, mit Haut und Haaren, und ebenso für die Umgebung, in der sich der Gegenstand befindet; d. h. für die Gesamtsituation, in der ich mich z. B. als Experimentator befinde, und nicht nur für die von mir zum Zweck des Versuchs ausdrücklich festgelegten Teile davon. – Das Faktum der Zweiheit gilt dann weiter ebenso beispielsweise für den von mir gespürten, gesehenen und bewegten eigenen Arm einerseits und das ebenso benannte Glied an meinem physiologischen Organismus anderseits; – eine Folgerung, die durch die Möglichkeit der Phantomglied-Erlebnisse bei Amputierten aufs schlagendste bestätigt wird.

Das Faktum der Zweiheit gilt notwendigerweise uneingeschränkt ebenso für das gesamte anschauliche Ich in seinem Verhältnis zum gesamten physiologischen Organismus; – und es gilt endlich auch für die Beziehungen zwischen dem handelnden Subjekt und den seiner Willkür unterworfenen Handlungen einerseits und dem, was sich dabei an seinem Organismus und an dessen Verhältnis zu seiner physikalischen Umgebung abspielt, andererseits. D. h.: Meine Absicht, etwa die rechte Hand hochzuheben, kann sich nur auf den anschaulichen Arm als Teil meines anschaulichen Körper-Ich richten – nie auf den ebenso benannten, ihm zugeordneten Teil meines Organismus.

Nur durch diese Annahme lassen sich die Erscheinungen, die mit dem eigenen Handeln verbunden sind, widerspruchsfrei verständlich machen. So z. B. das Auseinanderklaffen des „Angriffspunkts" des „Willens", der klar in der Hand liegt, die ich bewegen will, und der Angriffspunkte der zugehörigen Innervationen, die sich ebenso gewiß z. B. in der Oberarm- und Schultermuskulatur befinden.

Daß die „Führung" des anschaulichen Armes durch unsere Bewegungsabsicht eine im allgemeinen außerordentlich genau entsprechende Bewegung des zugeordneten, ebenso benannten Gliedes unseres Organismus zur Folge hat, ist keine Selbstverständlichkeit, sondern ein Wunder. Übrigens ein Wunder, das nicht in jedem Fall eintritt, sondern auch ausbleiben kann. So z. B. im Traum, bei den Eigenbewegungshalluzinationen mancher Hirnkranker oder Vergifteter und bei den Bewegungen von Phantomgliedern Amputierter. Wir haben also eine durchgehende Verdoppelung nicht nur der Umwelt, sondern auch der eigenen Person, indem nicht nur der physikalischen Umwelt eine anschauliche Umwelt, sondern auch dem Organismus das anschauliche Körper-Ich gegenüber steht. Und – worauf ich ausdrücklich hinweisen möchte – an dieser Verdoppelung nehmen auch die wechselseitigen Einwirkungen zwischen Person und Umwelt teil, was bei der experimentellen Arbeit – nach Ausweis Ihres Werkstattjargons, wie er auch die gedruckten Veröffentlichungen beherrscht – vielfach vernachlässigt wird. Und zwar betrifft das die von Innen nach Außen gerichteten Wirkungen ebenso, wie die von Außen nach Innen gerichteten. D. h.: Wir sind durch die Tatsachen genötigt, anstatt eines Reizbegriffes deren zwei anzusetzen (und aufs strengste zu unterscheiden): Einmal die physikalisch-chemische Einwirkung auf Sinnesorgane des Organismus. Das ist der physiologische Reiz. Dieser kann vom Organismus bekanntlich auch unmittelbar beantwortet werden, wie es bei den einfachen, unbewußt ablaufenden Reflexen der Fall ist. Die physiologische Reizung kann aber zweitens (statt einer unmittelbar angeschlossenen Reaktion nach außen) zunächst das Auftreten eines neuen Phänomens in der anschaulichen Umwelt zur Folge haben. Und dieses neue Phänomen seinerseits kann auf das Subjekt bestimmte Wirkungen ausüben: Seine Aufmerksamkeit auf sich ziehen, es anlocken oder zurückscheuchen, es zu bestimmten Arten des Umgangs mit ihm verlocken, – weshalb man im Deutschen seit Kurt Lewin auch davon spricht, daß es einen bestimmten „Aufforderungscharakter" besitze. Dieser Vorgang, der sich ganz innerhalb der Wahrnehmungswelt abspielt, kann füglich als Reizung im biologisch-psychologischen Sinn bezeichnet werden, – was dem Sprachgebrauch des Alltags entspricht, wenn dort von dem „reizenden" Wesen einer jungen Dame oder von dem „aufreizenden" Betragen eines widerspenstigen Schülers die Rede ist. Dasselbe gilt offenbar auch für den Reaktionsbegriff. Man kann unter Reaktion einerseits die unmittelbar intendierten Haltungs- oder Stellungsveränderungen von Teilen des anschaulichen Ich, andererseits aber auch die auf dem Weg über diese in Gang gebrachten entsprechenden Änderungen an den zugeordneten Teilen des Organismus verstehen.

Ich komme nun endlich zu der entscheidenden Frage: Was kann diese Verdoppelung nicht nur der Umwelt in eine physikalische und eine Wahrnehmungswelt, sondern auch der eigenen Person in einen physiologischen Organismus und ein phänomenales Ich für einen Sinn haben?

Ich kann mir kaum denken, daß sich unter den hier Anwesenden jemand befindet, dem nicht auf der Handlungsseite sofort die verblüffende Ähnlichkeit der Verhältnisse mit denen bei einem Servomechanismus, also bei der maschinellen Steuerung eines Schiffes oder eines großen Wagens aufgefallen ist. Dabei entspricht – um bei dem einfachsten Veranschaulichungsbeispiel zu bleiben – dem Stellhebel, durch den der Steuermann die gewünschte Stellung des Ruders festlegt, etwa der phänomenale Arm, der dem Willen des Subjekts unmittelbar unterworfen ist, wie der Stellhebel dem Willen des Steuermanns. Dem Ruder entspricht dann der Arm als Teil des Organismus, der über einen motorisch-sensorischen Erregungskreis von der Steuermaschine der Skelettmuskulatur in die von dem Stellhebel vorgeschriebene Stellung gebracht wird. Freilich stimmt das Bild nicht ganz genau. Ich weiß nicht, ob die Konstruktion, die hier vorausgesetzt werden muß, auch technisch schon irgendwo verwirklicht ist oder überhaupt verwirklicht werden kann. Wir können bei einem Servomechanismus der hier verglichenen Art auf der Achse des Stellhebels ohne Schwierigkeit einen Rückmeldeanzeiger anbringen, der so geschaltet ist, daß er dem Steuermann in jedem Augenblick die Stellung des Ruders, und das heißt auch, ihre Abweichung von der Stellung des Stellhebels und den Vorgang des Nachfolgens bis zur schließlichen Deckung anzeigt. Der physiologsich-psychologische Stellhebel ist nun so konstruiert, daß er zugleich Rückmeldezeiger ist. Das bedeutet, daß er durch die an ihm angreifende Bewegungsabsicht nicht unabhängig von der Verlagerung des mit ihm gekoppelten Organes verschoben werden, also diesem praktisch nicht vorauseilen kann; d. h., daß schon der auf das Stellglied in bestimmter Richtung ausgeübte Druck das ausführende Organ in entsprechende Bewegung versetzen muß, wodurch dann erst auch der „Stellhebel" sich in die gewünschte Position begibt, und damit zugleich anzeigt, daß das angeschlossene Organ sich in der beabsichtigten Weise verlagert hat. Dies ist natürlich nur möglich, wenn die „Steuermaschine" ganz außerordentlich schnell, gewissermaßen schon auf virtuelle Verschiebungen des „Stellhebels" hin, und praktisch ohne Verzug, in Tätigkeit gerät.

Bei der Vieldimensionalität und außerordentlichen Variabilität unserer Bewegungen liegen die Vorzüge einer solchen Konstruktion auf der Hand. Es ist vielleicht überhaupt die einzige, mit der so etwas erreicht werden kann.

Ich habe bisher nur einen sehr einfachen und zugleich etwas abgelegenen Fall besprochen, in welchem das Subjekt gewissermaßen mit einem seiner eigenen Glieder allein ist. Um ihn auf den bedeutsameren Umgang des Subjekts mit anderen Dingen zu übertragen, insbesondere mit den Gegenständen, die seiner Bedürfnisbefriedigung oder der Ausführung irgendwelcher Vorsätze dienen, ist ein Blick zurück auf die Gegenstandsseite nötig.

Hier liegt nun für den Techniker sofort der Vergleich mit der Orientierung vermittels eines Periskops nahe, das freilich von den üblichen Geräten dieser Art sich dadurch unterscheidet, daß der Blick nicht durch das Spiegel- und Linsensystem nach draußen gerichtet ist, sondern, ähnlich wie bei der Betrachtung der Sonne im Potsdamer Einstein-Turm, auf eine ins Innere des Beobachtungsgehäuses projizierte Abbildung.

Diese Abbildung unterscheidet sich aber von der Abbildung der Sonne auf der Platte des Beobachtungsschirmes grundsätzlich dadurch, daß ihre Teile mehr sind als Flächenbereiche, die unterschiedliche Lichtstrahlen reflektieren, aber sonst tot und beziehungslos nebeneinander liegen; daß es sich vielmehr um in sich zusammenhängende und energiegeladene Prozeßeinheiten handelt, die sich zusammen mit der

Prozeßeinheit, durch welche das anschauliche Ich neuronal vertreten ist, eng beieinander im gleichen zerebralen Feld befinden, so daß zwischen ihnen und ihm dynamische Wechselwirkungen von vorläufig noch unbekannter Natur möglich sind – Wechselwirkungen, die zwischen dem Organismus und den physikalischen Objekten zweifellos nicht bestehen.

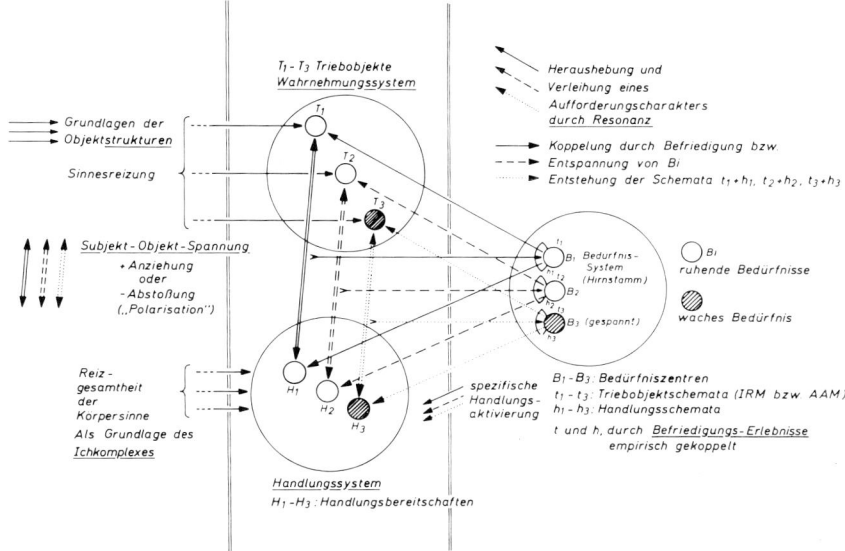

Abb. 17.1: Siehe Text.

Die folgenden Betrachtungen (vgl. Abb. 17.1) gehen von drei Tatsachen aus, die die Bedürfnisbefriedigung ebenso kennzeichnen, wie die Ausführung von Vornahmehandlungen: Wenn der Bedürfnisdruck über eine bestimmte Schwelle wächst (bzw. wenn der in der Vornahme ins Auge gefaßte Termin eintritt), wird

1 unter Umständen eine bestimmte Bewegungsformel bzw. ein Handlungsentwurf H_i aktiviert und in Bereitschaft gesetzt. Es findet also vom Bedürfniszentrum aus eine Wirkung auf das motorische System statt – was einleuchtet.

2 Werden die Triebobjekte (bzw. die sie als solche kennzeichnenden Auslöseschemata) oder die Gegenstände T_i, auf die sich die Vornahme bezieht, hervorgehoben; sie werden „thematisch". D. h., es findet vom Bedürfniszentrum aus auch eine Wirkung in das Wahrnehmungssystem statt, was nicht so selbstverständlich ist. Diese beiden Wirkungen bestehen aber nicht isoliert und beziehungslos nebeneinander. Es wird vielmehr

3 das Feld zwischen dem phänomenalen Ich und dem phänomenalen Gegenstand des Bedürfnisses oder Vorsatzes polarisiert, so daß eine Anziehung oder Abstoßung erfolgt, die als Verlockung oder Bedrohung höchst eindrucksvoll erlebt werden kann und unter Umständen unwiderstehlich ist. Diese Polarisation des Feldes zwischen phänomenalem Subjekt und Objekt bildet die Grundlage der aus der Verhaltensfor-

schung bekannten gesteuerten Komponente der Handlung, die diese erst sinnvoll macht. In ihr wird das Zueinander von phänomenalem Subjekt und Objekt selbst zu einem Steuerungsmechanismus, bei welchem, im Fall der Anziehung, auf den ich mich zunächst beschränken will, der Ort des phänomenalen Objekts den Sollwert, die Stellung des phänomenalen Subjekts den Istwert, also der Abstand zwischen ihnen die Differenz zwischen Sollwert und Istwert darstellt, die die „Steuerungsmaschine", also in diesem Fall die Motorik des Menschen, jeweils auf solche Weise in Gang setzt, daß diese Differenz auch im physikalischen Raum zwischen dem Organismus und dem physikalischen Gegenstand abnimmt und schließlich verschwindet (bzw. im Fall der Abstoßung genügend groß wird).

Die Abstoßung führt lediglich zur Flucht, d. h. zugleich zu einer Verlagerung des Organismus in einen Abstand, in welchem die Druckspannung unterschwellig wird, womit die Sache erledigt ist. Bei der Anziehung dagegen ist die Bewegung auf den Gegenstand *zu* nur eine erste Phase. Ihr Abschluß – beim Verschwinden des Abstands zwischen Ich und Gegenstand – setzt unmittelbar eine zweite Phase in Gang, nämlich die Ausführung des zwar schon aktivierten, aber bis zu diesem Augenblick noch blockierten Handlungsentwurfs bzw. der angeborenen Bewegungsformel. Erst diese führt die endgültige Entspannung des fraglichen Bedürfnisses oder Quasibedürfnisses herbei.

Das letzte gilt natürlich nur, wenn sich der angesteuerte Gegenstand tatsächlich als zur Befriedigung des Bedürfnisses bzw. zur Ausführung des Vorsatzes geeignet erweist. In diesem Fall vollzieht sich dann die schon von THORNDIKE und dann besonders von HULL und seiner Schule ausführlich erörterte Verstärkung, d. h. die Kopplung zwischen Gegenstandsschema und Handlungsschema, durch die in späteren Fällen die Heraushebung im Wahrnehmungsfeld und die anschließende Polarisation auf einen immer engeren Kreis immer schärfer definierter Gegenstände eingeengt und zugleich gesteigert wird. Den Ort dieser Koppelung und ihrer Speicherung habe ich vorläufig hypothetisch in den Bereich des Bedürfniszentrums verlegt. Es ist aber durchaus möglich, daß diese Hypothese ersetzt werden muß.

Ich breche an dieser Stelle ab, in der Hoffnung, daß der Eine oder Andere von Ihnen sich angeregt fühlen möge, diese noch sehr vagen Gedanken zu einem detaillierteren Modell auszubauen, aus dem sich experimentell prüfbare Folgerungen ziehen lassen, durch die über seine Brauchbarkeit entschieden werden kann.

18. Die Wahrnehmungswelt als zentrales Steuerungsorgan (1969)

Die Psychologie hat mit der Erforschung von Bewußtseins-Erscheinungen begonnen. Inzwischen gibt es eine nicht unbeträchtliche Mehrheit von Psychologen, die der Meinung sind, man solle auf seine Erforschung lieber ganz verzichten und sich damit begnügen, den Zusammenhang zwischen äußeren Einwirkungen auf den Organismus und den Rückwirkungen des Organismus zu untersuchen, und sich dabei auf diejenigen Rückwirkungen zu beschränken, die von außen beobachtbar oder mit den instrumentellen Mitteln der Physiologie registrierbar sind. Danach soll man also den auf Englisch sogenannten Stimulus-response kurz S-R-Zusammenhang zum Gegenstand der Psychologie machen.

Das hat zweierlei Gründe:
Erstens kann man sich leider in das Bewußtsein des anderen auf keine Weise einschalten, um festzustellen, ob das was er sagt, richtig ist. Man ist auf das angewiesen, was er uns selbst erzählt. Ist er ein Tier oder ein kleines Kind, so kann er das gar nicht. Ist er ein Erwachsener, so verstehe ich möglicherweise seine Sprache nicht. Verstehe ich sie, so weiß ich nicht, ob er die Wahrheit spricht; ob er sich wirklich traut, alles zu sagen, was er erlebt; ob er nicht irgendwelchen Selbsttäuschungen unterliegt, die durch überkommene Lehrmeinungen, vermeintliche Selbstverständlichkeiten und durch Erwartungen im Sinne einer eigenen Theorie bedingt sein können; ob er mich an der Nase herumzuführen versucht; oder ob er vielleicht mir zu Gefallen redet. Und schließlich, auch wenn ich sicher sein kann, daß er ehrlich ist, weiß ich immer noch nicht, ob er überhaupt für die Entdeckung subtiler Phänomene aufgeschlossen und interessiert genug ist und ob er sprachlich begabt genug ist und einen ausreichenden Wortschatz besitzt, um das, was er erlebt, treffend, vollständig genug und verständlich in Worte zu fassen.

Die Bedenken gegen Bewußtseinsuntersuchungen haben aber noch einen sachlichen Grund: Leider hat die Erforschung des Bewußtseins zu Paradoxen geführt, die lange Zeit unauflösbar schienen und die zu Vermutungen Anlaß gaben, die durchaus nicht in unser sonstiges wissenschaftliches Weltbild paßten.

Eines der ärgerlichsten Paradoxe war die Tatsache, daß wir die Gegenstände unserer Wahrnehmung außerhalb unserer selbst, in oft beträchtlichem Abstand, in unserer Umgebung vorfinden, obwohl es unbestreitbar feststeht, daß sie ihre Existenz bestimmten cerebralen Erregungsvorgängen verdanken, die ihren Ort innerhalb unsers Schädels haben. Und nicht weniger ärgerlich war die hieraus anscheinend notwendig folgende zweite Behauptung: Die Bewußtseinserscheinungen würden durch irgendeinen Vorgang aus dem Kopf in die Umgebung hinausprojiziert. Psychologisch oder auch physiologisch kann ein solcher Vorgang nicht sein; denn er spielt sich ja zum größten Teil *außerhalb des Organismus ab*. Physikalisch kann er aber ebensowenig sein, denn Vorgänge der hier geforderten Art sind in der Physik unbekannt.

Inzwischen war die S-R-Psychologie aber auch zu ihren Aporien gelangt. Der S-R-Zusammenhang ist nur selten eindeutig. Wenn aber auf eine genau definierte und kontrollierte Art von Einwirkungen zahlreiche verschiedene Rückwirkungen möglich sind, so muß es im Inneren des Organismus Faktoren geben derart, daß die Rückwirkung eine Resultante aus der äußeren Einwirkung und diesen unbekannten Faktoren ist. Im amerikanischen Behaviorismus hat man diese von außen ungreifbaren Faktoren seit TOLMAN „intervening variables" genannt. Und es war von vorn herein nicht unwahrscheinlich, daß man mindestens über einen Teil dieser ungreifbaren Variablen durch die Untersuchung des bisher vernachläßigten Bewußtseins Näheres erfahren konnte.

Zwei Tatsachen waren es, die zu einer Wiederaufnahme von Bewußtseinsuntersuchungen ermutigten, eine methodische und eine sachliche.

Die methodische Tatsache: Es trifft ja gar nicht zu, daß der Psychologe über das Bewußtsein bloß auf dem wenig verläßlichen Weg über die Sprache Auskunft erhalten kann. Der Psychologe braucht ja nur die Durchführung des psychologischen Experiments seinem Assistenten zu übertragen und selbst die Rolle der Versuchsperson zu übernehmen. Dann hat er alle nötigen Auskünfte über das, was auf Grund der äußeren Reizung in seinem Bewußtsein vorgeht, aus erster Hand, und niemand kann ihn darüber täuschen, außer in Extremfällen seine eigenen theoretischen Erwartungen.

Die inhaltliche Tatsache: Es ist inzwischen gelungen, das Innen-Außen-Paradox der Wahrnehmung völlig befriedigend aufzulösen, und zu zeigen, daß die Projektionsannahme überflüssig ist. Die hierzu nötigen Gedankengänge finden sich zum ersten Mal in einem Aufsatz, den Wolfgang KÖHLER 1929 unter dem Titel „Ein altes Scheinproblem" veröffentlicht hat. KÖHLER ging von dem an sich einfachen Gedanken aus, daß es keinen Wahrnehmungsgegenstand geben kann ohne einen ihm zugrunde liegenden Prozeß im Großhirn. Das hatte für die Farbe irgendeiner gesehenen Figur nie jemand bestritten. Man war sich darüber klar, daß zwischen der reflektierenden Oberfläche eines beleuchteten physikalischen Gegenstandes und seiner gesehenen Farbe sich eine mehr oder weniger ausgedehnte Reihe von Vorgängen abspielen müße, von denen jeder die Ursache des folgenden ist. Der Vorgang beginnt mit der Wanderung der elektromagnetischen Schwingungen von der Oberfläche des Gegenstandes durch den optischen Apparat des Auges bis zur Netzhaut, er geht dann weiter in dem Erregungsgeschehen im Sehnerven von der Netzhaut bis zu den Sehzentren des Großhirns, und erst infolge eines sich dort abspielenden Prozesses kommt das Sehen der Farbe rot zustande. Das bedeutete zugleich: Die farbige Oberfläche des Sehdinges und die abstrahlende Oberfläche des physikalischen Gegenstandes können nicht eines und dasselbe sein, so wenig wie der Abschuß und der Einschlag eines Geschosses. KÖHLER zeigte nun: Was für die Farbe gilt, gilt auch für den Gegenstand, dessen Farbe sie ist, in allen seinen sonstigen Eigenschaften, und ebenso für die Umgebung in der sich der Gegenstand befindet, das heißt für die Gesamtsituation, in der nicht nur der Gegenstand sondern zum Beispiel auch ich mich als Experimentator befinde, und nicht nur für die von mir zum Zweck des Versuchs ausdrücklich festgelegten Teile davon. Veranschaulicht man sich dies in einem einfachen Schema (Abb. 18.1), so ist sofort klar, wieso alle Projektionsannahmen überflüssig sind. Das Bild vom Abschuß und dem Einschlag des Geschosses gilt auch für das Verhältnis zwischen dem Organismus und dem unmittelbar erlebten Körper-Ich. Und drittens gilt es für den Abstand zwischen dem physikalischen Objekt und dem Organismus, der von den Lichtwellen durchlaufen wird, und dem Abstand zwischen dem Sehding und dem Körper-Ich. Außer dem Gegenstand und dem Körper-

Ich muß auch dieser Abstand *selbst* durch aktuelle Prozesse repräsentiert sein. Dann kommen genau die Verhältnisse heraus, die wir in unserer Anschauungswelt vorfinden: Subjekt und Gegenstand außer einander und einander gegenüber.

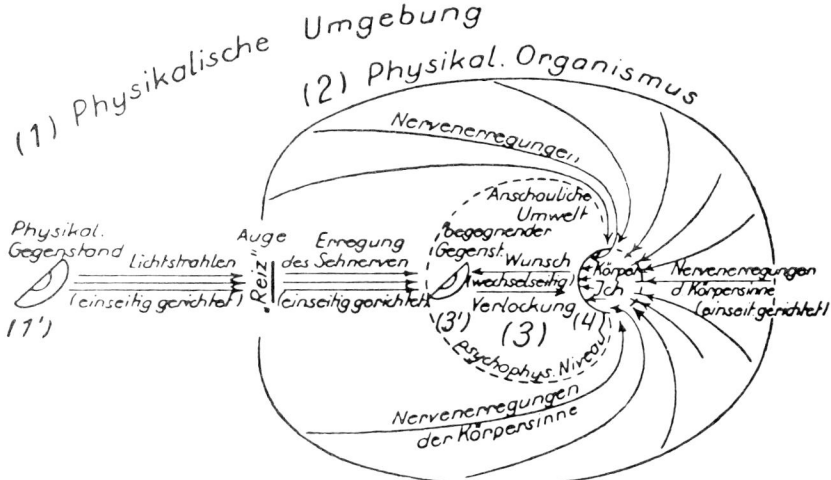

Abb. 18.1: Schema der Ich-Umwelt-Beziehungen (nach W. KÖHLER 1929, aus W. METZGER 1941, 1968[4]).

Was ergibt sich nun, wenn wir das Ergebnis unseres Nachdenkens auch auf das Problem des willkürlichen Handelns anwenden? Wie haben wir uns das vorzustellen, was sich abspielt, wenn wir beispielsweise eine Hand hochheben und wieder auf den Tisch legen. Wir müßen uns, damit keine Unklarheit entsteht, daran erinnern, daß das Faktum der Zweiheit, das wir für jede Einzelheit unserer Welt gefunden haben, auch für jedes einzelne unserer eigenen Glieder gilt, z. B. auch für den von mir gespürten, gesehenen und bewegten eigenen Arm, dessen Verhalten wir jetzt analysieren wollen. Auch hier ist streng zu unterscheiden zwischen dem Glied „Arm" an meinem physiologischen Organismus einerseits und dem von mir gespürten, gesehen und meinem Willen unterworfenen eigenen Arm andererseits. Dies folgt ebenso zwingend aus der Tatsache, daß bei Anästhesierung der afferenten Bahnen und geschlossenen Augen zwar für den Beobachter das Glied des Organismus unverändert vorhanden ist, dagegen für das Subjekt ausfällt. Ganz ebenso folgt es umgekehrt aus der Möglichkeit der Phantomglied-Erlebnisse bei Amputierten. Im ersten Fall fehlt also das phänomenale, im zweiten das anatomische Glied dieses Paares. Weiter: Das entscheidende Faktum der Zweiheit gilt notwendigerweise uneingeschränkt auch für die *Beziehungen* zwischen dem handelnden Subjekt und den seiner Willkür unterworfenen Handlungen einerseits und dem, was sich dabei an seinem Organismus und an dessen Verhältnis zu seiner physikalischen Umgebung abspielt, andererseits. Meine Absicht etwa, die rechte Hand hochzuheben, kann sich nur auf den anschaulichen Arm als Teil meines anschaulichen Körper-Ich richten – nie auf den ebenso benannten, ihm zugeordneten Teil meines Organismus.

Nur durch diese Annahme lassen sich die Erscheinungen, die mit dem eigenen Handeln verbunden sind, widerspruchsfrei verständlich machen. Hierher gehört etwa das Auseinanderklaffen des „Angriffspunkts des Willens", der, wie schon PIKLER gezeigt hat, klar in der Hand liegt, die ich bewegen will, und der Angriffspunkte der zugehörigen Innervationen, die sich ebenso gewiß zum Beispiel in der Oberarm- und Schultermuskulatur befinden.

Daß die Führung des anschaulichen Armes durch unsere Bewegungsabsicht eine im allgemeinen außerordentlich genau entsprechende Bewegung des zugeordneten, ebenso benannten Gliedes unseres Organismus zur Folge hat, ist keine Selbstverständlichkeit, sondern ein Wunder. Übrigens ein Wunder, das nicht in jedem Fall eintritt, sondern auch ausbleiben kann. So zum Beispiel im Traum, bei den Eigenbewegungshalluzinationen mancher Hirnkranker oder Vergifteter und bei den Bewegungen von Phantomgliedern Amputierter. In diesem Zusammenhang scheint mir eine Beobachtung bedeutsam zu sein, die ich als junger Student der Psychologie beim Aufwachen aus einem sehr lebhaften Traum gemacht habe. Im Augenblick der Störung des Traumes hatte ich meinen Arm über dem Kopf. Ich kam schnell genug zu meinem wissenschaftlichen Problembewußtsein, um zu beobachten, was sich im weiteren Verlauf des Aufwachens abspielte. Der eben noch klar über dem Kopf befindliche Arm löste sich auf und fand sich unmittelbar anschließend ohne jegliche Bewegung auf dem Magen liegend wieder: dort wo er sich auch „wirklich" die ganze Zeit befunden hatte.

An der Verdoppelung der Umwelt in eine physikalische Welt der Reize und Reizquellen und eine anschauliche Welt der Wahrnehmungsdinge sowie der eigenen Person in einen physiologischen Organismus und ein anschauliches Körper-Ich nehmen auch die wechselseitigen Einwirkungen zwischen Person und Umwelt teil, – was bei der experimentellen Arbeit nach Ausweis des Werkstattjargons, wie er in der Psychologie, der Physiologie und der Ethologie weitgehend auch die gedruckten Veröffentlichungen beherrscht, – vielfach vernachlässigt wird.

Und zwar betrifft das die von innen nach außen gerichteten Wirkungen ebenso, wie die von außen nach innen gerichteten. Das bedeutet: Wir sind durch die Tatsachen genötigt, anstatt eines Reizbegriffes deren zwei anzusetzen (und aufs strengste zu unterscheiden): Einmal die physikalisch-chemische Einwirkung auf Sinnesorgane des Organismus; dies ist der physikalisch-physiologische Reiz. Dieser kann vom Organismus bekanntlich auch unmittelbar beantwortet werden, wie es bei den einfachen, nicht nur unwillkürlich sondern auch unbewußt ablaufenden Reflexen der Fall ist. Die physikalisch-physiologische Reizung kann aber zweitens (statt einer unmittelbar angeschlossenen Reaktion nach außen) zunächst das Auftreten eines neuen Phänomens in der anschaulichen Welt zur Folge haben, das sich ebensowohl in der Umgebung wie im Körper-Ich oder an der Grenze zwischen beiden befinden kann. Und dieses neue Phänomen seinerseits kann auf das Subjekt, genauer: auf das anschauliche Ich, bestimmte Wirkungen ausüben: seine Aufmerksamkeit auf sich ziehen, es anlocken oder zurückscheuchen, es zu bestimmten Arten des Umgangs mit ihm verlocken – weshalb man im Deutschen seit Kurt LEWIN auch davon spricht, daß es einen bestimmten „Aufforderungscharakter" besitze. In englischen Texten hat man dieses Wort mit „Valenz" wiedergegeben, ein Wort, in dem das Gemeinte viel weniger konkret ausgedrückt ist.

Dieser Vorgang, der sich ganz innerhalb der Wahrnehmungswelt abspielt, kann füglich als Reizung im biologisch-psychologischen Sinn bezeichnet werden – was dem deutschen Sprachgebrauch des Alltags entspricht, wenn dort von dem „reizenden"

Wesen einer jungen Dame oder auch von dem „aufreizenden" Betragen eines widerspenstigen Schülers die Rede ist.

Das eben Gesagte gilt offenbar auch für den Reaktionsbegriff. *Man kann unter Reaktion einerseits die unmittelbar intendierten Haltungs- oder Stellungsveränderungen von Teilen des anschaulichen Ich,* andererseits aber auch die auf dem Weg über diese, zwar nicht im Traum, aber jedenfalls im Zustand des Wachens, in Gang gebrachten entsprechenden Änderungen an den zugeordneten Teilen des Organismus verstehen.

Ich komme nun endlich zu meiner eigentlichen Frage: Was kann diese Verdoppelung nicht nur der Umwelt in eine physikalische und eine Wahrnehmungswelt, sondern auch der eigenen Person in einen physiologischen Organismus und ein phänomenales Ich und in diesem Zusammenhang auch die Verdoppelung des Reizvorganges in einen physikalisch-physiologischen und einen biologisch-psychologischen (den „Aufforderungscharakter") und die Verdoppelung des Reaktionsbegriffes in das unmittelbar beabsichtigte anschauliche Tun und die motorischen Reaktionen des Organismus – was kann dies alles für einen Sinn haben?

Vielleicht ist dem Leser schon inzwischen aufgefallen, daß jedenfalls auf der Handlungsseite eine verblüffende Ähnlichkeit der Verhältnisse mit den Verhältnissen bei einem Servomechanismus besteht: also zum Beispiel bei der maschinellen Steuerung eines Schiffes oder eines großen Wagens. Dabei entspricht – um bei dem einfachsten Veranschaulichungsbeispiel zu bleiben – dem Stellhebel, durch den der Steuermann die gewünschte Stellung des Ruders festlegt, etwa der phänomenale Arm, der dem Willen des Subjekts unmittelbar unterworfen ist, wie der Stellhebel dem Willen des Steuermanns. Dem Ruder entspricht dann der Arm als Teil des Organismus, der über einen motorisch-sensorischen Erregungskreis von der Steuermaschine der Skelettmuskulatur in die von dem Stellhebel vorgeschriebene Stellung gebracht wird.

Freilich stimmt das Bild nicht ganz genau. Die Konstruktion, die hier im Organismus vorausgesetzt werden muß, ist meines Wissens in der Technik der Steuermaschinen noch nicht verwirklicht. Ich will sie kurz zu erläutern versuchen. Man kann bei einem technischen Servomechanismus der hier verglichenen Art auf der Achse des Stellhebels ohne Schwierigkeit einen Rückmeldeanzeiger anbringen, der so geschaltet ist, daß er dem Steuermann in jedem Augenblick die Stellung des Ruders anzeigt, und das heißt, auch ihre Abweichung von der Stellung des Stellhebels und den Vorgang des Nachfolgens bis zur schließlichen Deckung sichtbar werden läßt. – Der physiologisch-psychologische Stellhebel ist nun anders konstruiert, nämlich so, daß er selbst zugleich Rückmeldezeiger ist. Das bedeutet, daß er durch die an ihm angreifende Bewegungsabsicht nicht unabhängig von der Verlagerung des mit ihm gekoppelten Organes verschoben werden kann, also diesem praktisch nicht vorauseilen kann; das heißt, schon der auf das Stellglied in bestimmter Richtung ausgeübte Druck das ausführende Organ in entsprechende Bewegung versetzen muß, wodurch dann erst auch der „Stellhebel" sich in die gewünschte Position begibt, und damit zugleich anzeigt, daß das angeschlossene Organ sich in der beabsichtigten Weise verlagert *hat*. Dies ist natürlich nur möglich, wenn die „Steuermaschine" ganz außerordentlich schnell, gewissermaßen schon auf virtuelle Verschiebungen des „Stellhebels" hin, und praktisch ohne Verzug in Tätigkeit gerät. Ich habe vor vier Jahren dieses Konstruktionsprinzip einer Versammlung von Kybernetikern vorgetragen, und sie meinten, es sei technisch durchaus möglich, es zu verwirklichen.

Bei der Vieldimensionalität und außerordentlichen Variabilität unserer Bewegungen liegen die Vorzüge einer solchen Konstruktion auf der Hand. Es ist vielleicht überhaupt die einzige, mit der so etwas erreicht werden kann.

Ich habe bisher nur einen sehr einfachen und zugleich etwas abgelegenen Fall besprochen, in welchem das Subjekt gewissermaßen mit einem seiner eigenen Glieder allein ist. Um den Gedanken auf den bedeutsameren Umgang des Subjekts mit anderen Dingen zu übertragen, insbesondere mit den Gegenständen, die seiner Bedürfnisbefriedigung oder der Ausführung irgendwelcher Vorsätze dienen, ist ein Blick zurück auf die Gegenstandsseite nötig.

Hier liegt nun für den Techniker sofort der Vergleich mit der Orientierung vermittels eines Periskops nahe, das freilich von den üblichen Geräten dieser Art sich dadurch unterscheidet, daß der Blick des Beobachters nicht durch das Spiegel- und Linsensystem des Geräts nach draußen gerichtet ist, sondern, ähnlich wie bei der Betrachtung der Sonne im Potsdamer Einstein-Turm, auf eine in das Innere des Beobachtungsgehäuses projizierte Abbildung: eben die anschauliche Umwelt.

Diese Abbildung unterscheidet sich aber von der Abbildung der Sonne auf der Platte des Beobachtungsschirmes grundsätzlich dadurch, daß ihre Teile mehr sind als Flächenbereiche, die unterschiedliche Lichtstrahlen reflektieren, aber sonst tot und beziehungslos nebeneinander liegen; daß es sich vielmehr um *in sich zusammenhängende und energiegeladene Prozeßeinheiten handelt,* die sich zusammen mit der Prozeßeinheit, durch welche das anschauliche Ich neuronal vertreten ist, und die seit Paul SCHILDER den Namen Körperschema führt, eng beieinander im gleichen zerebralen Feld befinden, so daß zwischen ihnen und ihm dynamische Wechselwirkungen von vorläufig noch unbekannter Natur möglich sind, – Wechselwirkungen, wie sie zwischen dem Organismus und den physikalischen Objekten seiner Umgebung zweifellos nicht bestehen.

Der Sinn der phänomenalen Welt wäre es dann, eben diese Wechselwirkungen herzustellen und dadurch dem Organismus zu ermöglichen, daß er sich „in Bezug auf" die ihn umgebenden bzw. von ihm angetroffenen Objekte verhalten kann.

Die folgenden Betrachtungen sollen das näher ausführen. Sie gehen von drei Tatsachen aus, die die Bedürfnisbefriedigung ebenso kennzeichnen wie die Ausführung von Vornahmehandlungen, und die ich an einem zweiten Schema erläutern will (vgl. Abb. 18.2).

Wenn der Bedürfnisdruck B_i über eine bestimmte Schwelle wächst (oder wenn der in der Vornahme ins Auge gefaßte Termin eintritt), wird

1. unter Umständen im phänomenalen Ich eine bestimmte Bewegungsformel bzw. ein bestimmter Handlungsentwurf H_i aktiviert und in Bereitschaft gesetzt. Es findet also vom Bedürfniszentrum aus eine Wirkung auf das motorische System statt – was einleuchtet.

2. Es werden in der phänomenalen Umwelt die Triebobjekte (beziehungsweise die sie als solche kennzeichnenden Auslöseschemata) oder die Gegenstände T, auf die sich die Vornahme bezieht, hervorgehoben; sie werden *„thematisch"*. Das heißt, es findet vom Bedürfniszentrum aus auch eine Wirkung in das gesamte Wahrnehmungssystem statt, auf welche die „angeborenen, geprägten, erlernten oder auch in der Vornahme festgesetzten) Trieb- oder Vorsatzkomplemente resonanzartig ansprechen – was nicht so ganz selbstverständlich ist. Diese beiden Wirkungen bestehen aber nicht isoliert und beziehungslos nebeneinander. Es wird vielmehr

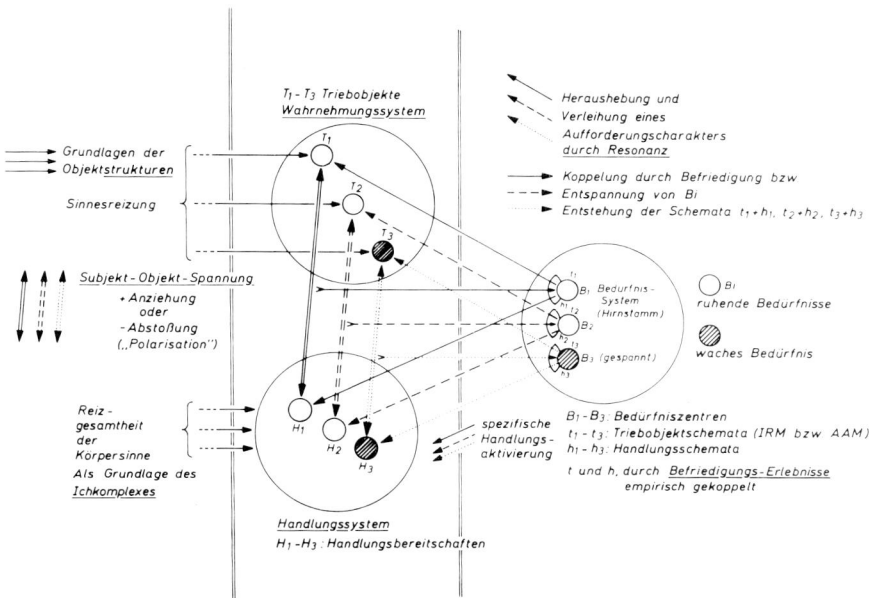

Abb. 18.2: Schema zur Kennzeichnung der Steuerungsfunktion des Wahrnehmungsfeldes (nach METZGER 1965).

3. das Feld zwischen dem phänomenalen Ich und dem phänomenalen Gegenstand des Bedürfnisses oder Vorsatzes *polarisiert*, so daß eine Anziehung oder eine Abstoßung erfolgt, die als Verlockung oder Bedrohung höchst eindrucksvoll erlebt werden kann und unter Umständen unwiderstehlich ist. Diese Polarisation des Feldes zwischen phänomenalen Subjekt und Objekt bildet die Grundlage der aus der Verhaltensforschung bekannten gesteuerten Komponente der Handlung, die diese erst sinnvoll macht. In ihr wird das Zueinander von phänomenalen Subjekt und Objekt selbst zu einem Steuerungsmechanismus, bei welchem, im Fall der Anziehung, auf den ich mich zunächst beschränken will, der Ort des phänomenalen Objekts den Sollwert, die Stellung des phänomenalen Subjekts den Istwert, also der Abstand zwischen ihnen die Differenz zwischen Sollwert und Istwert darstellt, die die „Steuerungsmaschine", also in diesem Fall die Motorik des Menschen, jeweils auf solche Weise in Gang setzt, daß diese Differenz auch im physikalischen Raum zwischen dem Organismus und dem physikalischen Gegenstand abnimmt und schließlich verschwindet. Im Fall der negativen Polarisation, also der Abstoßung, liegen die Verhältnisse etwas anders. Abstoßung führt lediglich zur Flucht des phänomenalen Ich, das heißt zugleich zu einer Verlagerung des Organismus in einen Abstand, in welchem die Druckspannung unterschwellig wird, wodurch die Sache erledigt ist. Bedeutsam scheint mir dabei die vielfach bestätigte Beobachtung, daß die Abstoßung, wie in einem physikalischen Kraftfeld, entlang den Kraftlinien erfolgt, auch dann, wenn eine andere Bewegungsrichtung zweckmäßiger wäre.

Wir kehren zurück zur Anziehung. Bei dieser ist die Bewegung auf den Gegenstand zu nur eine erste Phase des Gesamtvorgangs. Ihr Abschluß – beim Verschwinden des Abstands zwischen Ich und Gegenstand – setzt unmittelbar eine zweite Phase in Gang, nämlich die Ausführung des zwar schon aktivierten, aber bis zu diesem Augenblick noch blockierten Handlungsentwurfs beziehungsweise der angeborenen Bewegungsformel. Erst diese führt die endgültige Entspannung des fraglichen Bedürfnisses oder Quasibedürfnisses herbei.

Das letzte gilt natürlich nur, wenn sich der angesteuerte Gegenstand tatsächlich als zur Befriedigung des Bedürfnisses beziehungsweise zur Ausführung des Vorsatzes geeignet erweist. In diesem Fall vollzieht sich dann die schon von THORNDIKE und dann besonders von HULL und seiner Schule ausführlich erörterte Verstärkung, das heißt die Koppelung zwischen Gegenstandsschema und Handlungsschema, durch die in späteren Fällen die Heraushebung im Wahrnehmungsfeld und die anschließende Polarisation auf einen immer engeren Kreis immer schärfer definierter Gegenstände eingeengt und zugleich gesteigert wird. Den Ort dieser Koppelung und ihrer Speicherung habe ich vorläufig hypothetisch in den Bereich des Bedürfniszentrums verlegt. Es ist aber durchaus möglich, daß diese Hypothese ersetzt werden muß.

Ich breche meine Erörterungen an dieser Stelle ab, in der Hoffnung, daß die Zeit nicht mehr fern ist, wo es einem besseren Kybernetiker, als ich es bin, gelingt, diese noch sehr vagen Gedanken zu einem detaillierteren Modell auszubauen, aus dem sich experimentell prüfbare Folgerungen ziehen lassen, durch die über seine Brauchbarkeit entschieden werden kann.

Doch scheint es mir angebracht, noch einige Bemerkungen über den erkenntnistheoretischen Standort dieser Überlegungen anzufügen. Es handelt sich um eine streng kritisch-realistische Konstruktion, die zwar einen Glaubenssatz enthält, der weder beweisbar noch widerlegbar ist: Die Annahme, daß es jenseits der Wirklichkeit des naiven Realisten, also jenseits der Welt des unmittelbar Gegebenen, der Welt der Bewußtseinsinhalte, der Erlebnisdaten oder Phänomene, eine metaphänomenale oder transphänomenale reale Welt gibt. Diese reale Welt ist zwar für kein Subjekt erfahrbar. Sie muß aber als existent vorausgesetzt werden als das Zwischenglied X, durch das die Erfahrungen *aller* Subjekte beziehungsweise aller mit Sinnesorganen ausgestatteten Lebewesen koordinierbar werden – und ohne welches so etwas wie Kooperation unmöglich wäre – wenn wir nicht zu der absurden Annahme einer prästabilierten Harmonie im Stile von LEIBNIZ zurückkehren wollen. Ohne die Annahme dieses koordinierenden Prinzips ist keine in sich widerspruchsfreie oder zumindest keine halbwegs überschaubare Wahrnehmungslehre möglich. Und ohne die dazu gehörige Annahme, daß die gesamte Wahrnehmungswelt durch Vorgänge innerhalb unseres – transphänomenalen – Organismus konstituiert wird, ist auch keine in sich konsistente *Pathologie* der Wahrnehmung möglich, worauf ich gleich noch zurückkomme.

Zuvor ist freilich noch nachzutragen, daß die vorhin gezeigten Schemata von dem kritisch-realistischen Ansatz nur einen Ausschnitt zeigten. Um Mißverständnisse auszuschließen, möchte ich darum jetzt noch das vollständige Schema bringen, wie es Norbert BISCHOF in seinem Beitrag zum ersten Band des deutschen Handbuchs der Psychologie gezeichnet hat (Abb. 18.3). Dieses Schema unterscheidet sich von den vorausgehenden Schemata in mehreren Hinsichten:

1. fehlen darin diejenigen Elemente, die sich auf die *Steuerungsfunktion* des Wahrnehmungsfelds beziehen.

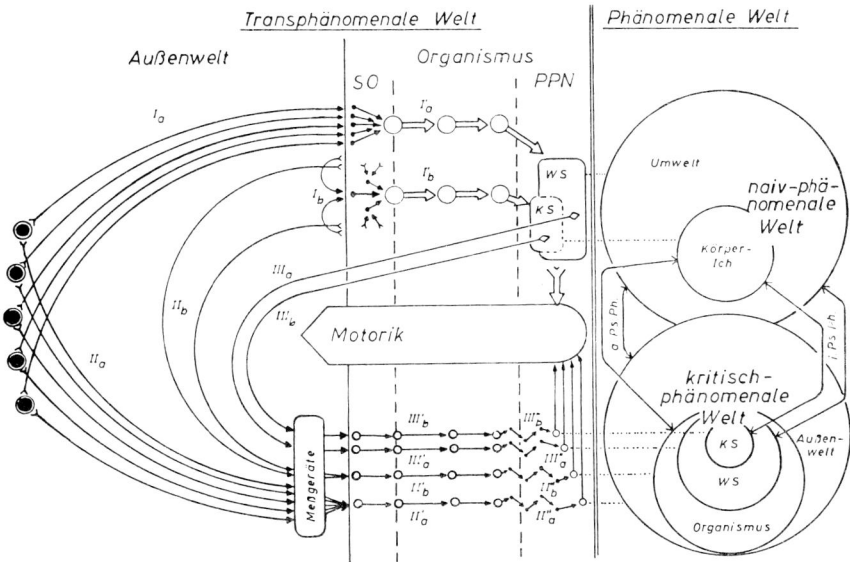

Abb. 18.3: Die um das physikalische Weltbild erweiterte kritisch-realistische Welt (Schema von N. Bischof 1966).

2. Sind das psycho-physische Niveau und die Wahrnehmungswelt, die in den beiden vorausgehenden Schemata zur Deckung gebracht waren, je für sich gezeichnet, wie es dem gegenwärtigen Stand unserer Kenntnisse entspricht, so daß links, innerhalb des transphänomenalen Organismus, das cerebrale Körperschema innerhalb des cerebralen Weltschemas erscheint und rechts daneben, parallel dazu, das phänomenale Körper-Ich in der phänomenalen Umwelt oder der naiv-realistischen Wirklichkeit.

3. Enthält BISCHOFS Schema den Hinweis auf den Zusammenhang zwischen den Tendenzen des Körper-Ich und dem Zustand der motorischen Apparate im transphänomenalen Organismus, der in den vorausgehenden Schemata der Übersichtlichkeit halber weggelassen ist.

4. Das vierte und wichtigste an diesem dritten Schema ist aber, daß es auf der Seite der Bewußtseinserscheinungen rechts unterhalb der Symbolisierung der naiv-phänomenalen Welt die Symbolisierung der sogenannten kritisch-phänomenalen Welt enthält, in welcher das Körper-Ich und die wahrgenommene Umwelt im Inneren des *Organismus* und dieser innerhalb einer, wie dieser, als transphänomenal *gedachten* physikalischen Umwelt erscheint.

Während die naiv-phänomenale Welt (oben) unmittelbar durch die Reizung der Sinnesorgane (einschließlich der Nachwirkungen *früherer* Reizungen) entsteht, entsteht die kritisch-phänomenale Welt (unten) im wesentlichen aus der Beobachtung von *Meßgeräten* beziehungsweise der Einwirkung ihrer relevanten Zustände auf die Sinnesorgane, und der gedanklichen Verarbeitung der so gewonnenen Daten, auf die wir größeres Vertrauen als auf die Daten der Alltagserfahrungen haben, weil sie – vorwiegend als raum-zeitliche Koinzidenzen von Zeigern und Skalen-Teilstrichen – sich in

Jahrhunderte langer Erfahrung als maximal invariant gegen Übertragungsstörungen erwiesen haben.

Die so gewonnene kritisch-phänomenale Welt ist der Inbegriff des physikalischen Weltbilds nach dem jeweils neuesten Stand der Forschung. Es ist also ein Sachverhalt, der sich im Lauf der Jahrhunderte außerordentlich stark gewandelt hat, während dasjenige, *was* er abbildet, nach menschlichem Ermessen grundsätzlich unverändert geblieben ist. Dieses jeweilige physikalische Weltbild darf darum nicht mit der (angenommenen) transphänomenalen Wirklichkeit, die es wiederzugeben versucht, identifiziert werden, wie es zum Beispiel die Neukantianer versucht haben. Die Einwirkungen, durch welche unsere phänomenale Welt entsteht, müssen aus der transphänomenalen Wirklichkeit selbst stammen, nicht aus dem Bestand an wissenschaftlichen Erkenntnissen, die wir über sie zu haben glauben – obwohl diese ohne großen Schaden ständig als deren Stellvertreter in unsere Überlegungen eingehen können.

Sonst wäre es ganz unbegreiflich, wie in unserer phänomenalen Welt jemals etwas unerwartet Neues auftreten könnte. Es wäre, mit anderen Worten, unverständlich, was Oskar GRAEFE gegen den Phänomenalismus Kurt LEWINS in strengster Gedankenführung vorbringt: Daß nämlich offenbar jeder Punkt unserer phänomenalen Welt *offen* ist für wechselnde Einwirkungen aus einem Bereich X, der nicht in ihr selber liegen kann.

Und auch unsere *Handlungen* müssen in die transphänomenale Wirklichkeit selbst hineinwirken und dort Änderungen veranlassen. Sonst wäre es unverständlich, wieso diese unsere Handlungen, die, samt ihren Wirkungen, uns selbst ja nur als Vorgänge in unserer eigenen phänomenalen Welt bekannt sind, analoge Veränderungen auch in den phänomenalen Welten *anderer Menschen* zur Folge haben können – die dort durchaus nicht gleichzeitig mit ihnen aufzutreten brauchen, sondern durch beliebig lange Zeitspannen von meinen eigenen Handlungen getrennt sein können, so daß sie ein X voraussetzen, daß die Wirkungen meiner Handlungen über ihre Existenz in meiner phänomenalen Welt hinaus konserviert: So, wenn ich heute in der Einsamkeit einen Steg baue, den ein anderer ein Jahr später in meiner Abwesenheit vorfindet und überschreitet.

Es bleibt der naiv-realistische Einwand, daß die von uns unmittelbar vorgefundene und uns tragende Welt solche Züge der Festigkeit und der Subjekt-Unabhängigkeit aufweist, daß es schon deshalb als eine unvollziehbare Zumutung erscheint, sie als das Korrelat von wechselnden cerebralen Vorgängen im eigenen Organismus auffassen zu sollen. Dieser Einwand wird aber dadurch hinfällig, daß die Subjekt-Unabhängigkeit der äußeren Umwelt nur in erster Annäherung gilt. Es seien kurz die Tatsachen erwähnt, die nur aus einer Lokalisation der unmittelbaren Korrelate der Umwelt im Inneren des Organismus verständlich gemacht werden können:

1. Der Auffassungswechsel als Möglichkeit geistiger Eingriffe in die Umwelt;

2. Das Auftreten streng subjektiver Sachverhalte, Gefühle und Stimmungen und so weiter, außerhalb des Subjekts, am schärfsten in der „Projektion" im psychoanalytischen Sinne;

3. Die Außenlage der Träume, Visionen, Halluzinationen, aber auch der Anschauungsbilder, Vorstellungen und Denkgegenstände;

4. Die zum Teil sehr tiefgreifenden Modifikationen, Verzerrungen, Verwandlungen der Welt bei Psychosen, Vergiftungen und Hirnverletzungen, über die die schon zahlreiche verläßliche Beschreibungen vorliegen.

Nach allem scheint es, daß für die beiden Grundbehauptungen des kritischen Realismus, nämlich

1. die Behauptung der organismischen Natur der Wahrnehmungswelt und
2. die Behauptung der Existenz einer transphänomalen, die Wahrnehmungswelten verschiedener Beobachter koordinierenden und auch die Organismen enthaltenden „Welt an sich" nun nach allen folgendes gesagt werden kann:

Verifizierbar sind sie nicht; aber die Menge dessen, was aus ihnen konsistent abgeleitet und verstanden werden kann, ist so groß und so vielseitig, daß es zur „Konfirmierung", das heißt zur Anpeilung der in diesen Behauptungen geforderten Gegenstände im Sinne von MacCorquodale und Meehl sowie von Garner, Hake und Eriksen auch bei hohen Ansprüchen auszureichen scheint.

V
Wahrnehmungslehre

19. Sehen, Hören und Tasten in der Lehre von der Gestalt (1954)

In seinem Aufsatz „Zur Revision der Gestalttheorie" (1953) macht Révész den Vertretern dieser Lehre einen schweren Vorwurf: Sie haben es nach seiner Meinung versäumt, „die mit ihren Anschauungen nicht zu vereinbarenden Erfahrungen einer ernsthaften Prüfung zu unterwerfen". Sie hätten „die Verpflichtung gehabt, selber nach solchen Erfahrungstatsachen zu suchen, die mit ihrer Auffassung nicht übereinzustimmen scheinen, ja solche auf experimentellem Wege zu erzeugen". Statt dessen „haben sie nicht einmal die von anderer Seite angeführten, mit ihren Ideen nicht im Einklang stehenden Tatsachen ... hinreichend beachtet" (S. 91). Wenn die Gestaltpsychologen sich nicht so einseitig auf die Untersuchung *gesehener* Formen und Bewegungen beschränkt hätten, wenn sie auf dem Gebiet des Gehörs sich nicht mit der Betrachtung von Melodien – dem Grundbeispiel v. Ehrenfels' – begnügt, sondern auch die Harmonie, den Rhythmus, die Polyphonie und die Phonetik untersucht, vor allem aber, wenn sie sich auch um die Berührungs-, Eigen-Bewegungs- und Tast-Wahrnehmung gekümmert hätten – so meint er –, wäre genug Gelegenheit gewesen, Tatsachen zu entdecken, die ihre Lehre in Frage stellen.

Nachdem in dem vorausgehenden Beitrag* versucht wurde, in sehr gedrängter Übersicht zu zeigen, welches – in erheblicher Abweichung von den Ansichten unseres Kritikers – die tatsächlichen Anschauungen, Ideen und Auffassungen der Gestalttheorie sind, kann es natürlich nicht unsere Aufgabe sein, zu prüfen, ob das, was Révész für die Auffassung der Gestalttheorie hält, genügend empirisch begründet ist. Dagegen lohnt es sich wohl, sich zu überlegen, ob sich die *tatsächlichen* Grundanschauungen der Gestalttheorie außerhalb des Gesichtssinnes bewährt haben –, sofern dort überhaupt schon Untersuchungen angestellt worden sind.

Das Bild, das Révész von der Streuung der gestaltpsychologischen Arbeiten über die verschiedenen Teilgebiete der Wahrnehmung zeichnet, ist überaus vereinfacht. Tatsächlich liegen nicht nur in vorwiegend optischen Untersuchungen zahlreiche Einzelbemerkungen über akustische und haptische Parallelen vor, sondern eine Reihe von Arbeiten ist ausdrücklich den besonderen Verhältnissen beim Berührungs-, Eigenbewegungs- und Tatsinn gewidmet.

Zuvor sei bemerkt, daß die Kritik, die Révész an dem Gebrauch des Wortes „Gestalt" durch D. Katz (1948) übt, *wenigstens zum Teil* berechtigt ist: Rauh, glatt, hart, weich und elastisch sind sicherlich nicht „Gestalten". Aber diese Eigenschaften haben doch mit Gestalten zu tun, denn es sind Gestalt*qualitäten*, und zwar vom Typ der ganzbedingten stofflichen Beschaffenheit (vgl. Metzger 1954a). Daß sie das sind, geht daraus hervor, daß sie durch experimentelle Verfahren, die dem Gebrauch des Reduktionsschirms analog sind, zum Verschwinden gebracht werden können. Da dies für Qualitäten wie rot, grün, süß und sauer *nicht* möglich ist, wodurch *diese* sich als *Elementar*qualitäten erweisen, *erledigt sich der zweite Teil* der Révészschen Kritik.

---

* Metzger (1954a); (= Beitrag Nr. 7 in diesem Band).

Nicht nur an optischen, sondern auch an *musikalischen* Beispielen erläutert WERTHEIMER in dem Anhang zu seiner Untersuchung über das Sehen von Bewegungen *zum erstenmal* das Problem der Bezugssysteme und der Verankerung. Die Faktoren der Nähe und der Gleichheit werden in der 2. Abhandlung zur Lehre von der Gestalt (1923) außer an Punktgruppen sogleich auch an Folgen von Tönen verschiedener Höhe und an Schlagfolgen von wechselndem *Rhythmus* abgeleitet. Es folgt der Vergleich des „Zwischenraums" zwischen Punktgruppen mit dem „toten Intervall" in der Musik und abschließend der erste Hinweis auf den neu entdeckten grundlegenden Sachverhalt der „Rolle der Teile im Ganzen", aufgewiesen an Eigenschaften von Tönen in der Folge, wie „Vorhalt", „Leitton", „Tonica" usw. Dieser wird in einer kleinen Arbeit 1933 und in „Productive Thinking (1945, S. 208f.), wieder z. T. an neuen musikalischen Beispielen, weiter verfolgt. Zur Frage der gegenseitigen Abhebung der Melodieverläufe im *polyphonen* Satz habe ich selbst einige Beispiele in meinen „Gesetzen des Sehens" (1936, 1975³) angeführt. Sie zeigen eine so überraschende Ähnlichkeit mit den Verhältnissen beim Formensehen, daß man vor einer planmäßigen Untersuchung nur Bestätigungen erwarten kann. Gegenfälle sind jedenfalls trotz allen Suchens bisher noch nicht gefunden worden, offenbar auch nicht von RÉVÉSZ, da er sie uns sonst gewiß nicht vorenthalten hätte.

Ernster erscheint die Lage auf dem Gebiet des Tast-, Berührungs- und Bewegungssinnes. Hierzu weist RÉVÉSZ (s. 92) auf die „autonomen Tastgestalten" hin ..., die – wie er gezeigt habe – „nicht die geringste Ähnlichkeit mit den optischen Gestalten aufweisen".

Fragen wir hierzu zunächst die vorliegenden gestalttheoretischen Untersuchungen. Als erste die Arbeit „Über taktilmotorische Figurwahrnehmung" (1935) von J. BEKKER, in welcher sich der Verfasser streng auf das *Problem des Zusammenhangs* beschränkt, das für den Gesichtssinn die erste systematische Behandlung durch WERTHEIMER (1923) gefunden hatte. An 17 verschiedenen Figuren (Stick- oder Durchstechfiguren auf Pappe und auch offene Drahtfiguren) wurde an mehreren hundert Schulkindern und zahlreichen Erwachsenen folgendes gefunden:

1. Bei rein taktilmotorischer Wahrnehmung findet man oft dieselben Zusammenhangsverhältnisse wie beim Sehen, oft aber auch unerwartete Abweichungen. Diese weisen bei aller Vielfältigkeit auf bestimmte figurale Faktoren hin. Es sind *dieselben „Faktoren", die wir vom Gesichtssinn her kennen.* Die *Unterschiede* zwischen den gesehenen und den ertasteten Zusammenhangsverhältnissen scheinen nur darauf zu beruhen, daß bestimmte Faktoren, z. B. der Faktor der Geschlossenheit der Ganzfigur oder die Tendenz zur Außen-Innengliederung, hier im Verhältnis zu anderen Faktoren, vor allem dem Faktor der durchgehenden Kurve, viel stärker sind, und daß an Stelle der Kreuzung zweier Teilfiguren – *ähnlich wie bei der Vereinigung der Bilder beider Augen im zweiäugigen Sehen* – leicht Wettstreit und Unterdrückung des einen gekreuzten Teiles durch den anderen entsteht. Die Abweichungen entsprechen den Abweichungen der Zusammenhangsbildung *beim Sehen von Kindern* bis etwa zum 4. Lebensjahr (Abb. 19.1–19.3). Neue, an gesehenen Gebilden nicht auftretende Faktoren sind in der Tastwahrnehmung nicht festzustellen.

2. Bei Blinden, auch Geburtsblinden, erfolgt die Zusammenhangsbildung an getasteten Gebilden im Wesentlichen wie bei Sehenden.

3. Der Sukzessivcharakter der haptischen Figurwahrnehmung – im Gegensatz zur Gleichzeitigkeit der optischen – spielt bei dem Unterschied des Gesehenen und des Getasteten zweifellos eine Rolle, erklärt ihn aber nur zum Teil.

4. Die bestimmte Art und Folge der Handgriffe beim Tasten scheint – neben vielem anderen – ebenfalls eine Rolle zu spielen: Der Tastvorgang ist aber nie rein sukzessiv-additiv, das heißt: Die umfassenderen Tastgebilde werden *nicht* aus Elementarteilen bzw. Verlaufsstücken „aufgebaut". Sondern bei jedem Zusammentreffen zwischen Finger und Vorlage hat man schon das unmittelbare Erlebnis *einer „Stelle" an einem im übrigen noch unerfüllten umfassenderen Ganzen,* und indem man so *von Stelle zu Stelle* wandert, wird das unbestimmte Ganze – teils unter allerlei Umstrukturierungen seines ursprünglichen „Entwurfs" – allmählich schärfer und bestimmter. Es gibt dabei anscheinend für jedes Tastgebilde mehr und weniger „natürliche", „passende", „sinngemäße" Arten des Tastens. „Unnatürliche", „sinnwidrige" Arten und Folgen der Handgriffe erschweren oder verhindern den Erfolg der „richtigen" Wahrnehmung. Diese Erschwerung oder Verhinderung ist bei länger fortgesetztem Tasten aber in der Regel nicht endgültig; denn die sinngemäße Art des Tastens wird bei natürlichem, nicht durch starre Anweisungen einseitig festgelegtem Verhalten von der Form des Tastgebildes „herausgefordert".

Aus dem infolge der politischen Umstände damals nicht mehr veröffentlichten reichen Protokollmaterials BECKERS kann noch hinzugefügt werden, daß bei gegebener Zusammenhangsbildung auch eine Fülle von Abweichungen der *Form* (der Metrik)

Abb. 19.1: Für das Sehen von Erwachsenen zwei Wellenlinien, für das Tasten und das Sehen des kleinen Kindes meist „Klötze".

 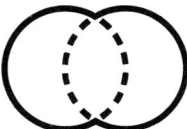

Abb. 19.2: Die zwei Kreise (links) zerfallen beim Tasten im reinen Versuch vielfach in ein inneres und äußeres Gebilde (rechts).

Abb. 19.3: Die Schleifenfigur (links) erscheint beim Tasten und im Sehen des kleinen Kindes leicht als eine Art „Ähre" (rechts).

beobachtet wurde, die ebenfalls durchweg *im Sinne der Prägnanz-Tendenz* (also im Sinne der Vereinfachung und Verregelmäßigung, Schließung, Symmetrisierung usw.) sich ergaben, *wie sie aus optischen Untersuchungen* der verschiedensten Art *bekannt sind*. Diese Übereinstimmung auch in den metrischen Verhältnissen findet eine erwünschte Bestätigung in den umfassenden eigenen Befunden von RÉVÉSZ (1934) über die Übereinstimmung haptischer (auch rein taktiler) Maßtäuschungen mit den bekannten optischen (S. 103, 107). Obwohl ohne weiteres zuzugeben ist, daß hier noch viele Fragen offen sind, übertrifft die Übereinstimmung zwischen den gesehenen und getasteten Gestalten, angesichts der so grundlegend verschiedenen Wahrnehmungsbedingungen, unsere kühnsten Erwartungen; auf die Unterschiede kommen wir zurück.

Auch für den *reinen Berührungssinn* liegen Ergebnisse vor, die von einiger Bedeutung sind. 1. Daß man mit wechselnden Berührungen stroboskopische Bewegung erzielen kann, und daß diese denselben Gesetzmäßigkeiten unterliegt wie die gesehene, ist schon seit den umfassenden Untersuchungen von V. BENUSSI (1913, 1917) bekannt. Wertvolle Ergänzungen dazu bringt eine Arbeit von SCHNEHAGE (1939); aus ihren Ergebnissen heben wir folgendes hervor: Taktile (stroboskopische) Scheinbewegung kommt nicht nur bei Reizung von Hautstellen zustande, die auf demselben Körperteil (anatomisch) nahe beieinander liegen. Allerdings müssen sie dabei – in *Luftlinie* – in gegenseitige Nachbarschaft gebracht werden. Es zeigt sich, daß das bekannte KORTEsche Abstandsgesetz der stroboskopischen Bewegung beim Berührungssinn *genau wie* (nach neueren japanischen Versuchen) *beim Gesicht* sich *auf phänomenale, nicht auf anatomische Abstandsvariationen* bezieht. Auch diese Versuche wurden mit sehenden, spät-erblindeten und geburtsblinden Versuchspersonen durchgeführt. Während die spät-erblindeten genau wie die sehenden reagieren, stellt man bei den Geburtsblinden eine gewisse Verarmung des Erlebten fest: sie können das bewegte berührende Etwas nicht auf seiner Bahn verfolgen. Unter den Versuchsbedingungen, wo die anderen Versuchspersonen ein Bewegungserlebnis haben, berichten sie lediglich von einem Identitätserlebnis. Dieses Erlebnis hängt aber in genau derselben Weise von den beteiligten Faktoren ab wie sonst das Bewegungserlebnis. – Übrigens gibt es bekanntlich stroboskopische Scheinbewegung auch zwischen wechselnd lokalisierten *Geräuschen*.

Aus Beobachtungen an *gesehener* stroboskopischer Scheinbewegung u.a. von HARTMANN (1923) hatte W. KÖHLER allgemein eine gegenseitige Anziehung zwischen nah benachbarten begrenzten Sinneserregungen im sonst homogenen Feld gefordert. Es zeigte sich nämlich, daß die beiden Umkehrpunkte einer gesehenen stroboskopischen Bewegung anschaulich um einen meßbaren Betrag *näher* beieinander liegen als die beiden entsprechenden Lichtpunkte beim Ausbleiben des Bewegungseindrucks (SCHOLZ 1924). *Dieselbe* Beobachtung hatte V. BENUSSI schon bei *taktiler* stroboskopischer Scheinbewegung gemacht (1913). Dazu kamen die Beobachtungen von VON FREY über die Anziehung und „Aufsaugung" schwacher Berührungsreize durch benachbarte stärkere (1923). Weitere aufschlußreiche Untersuchungen über das VON FREYsche Anziehungsphänomen stellte dann K. MADLUNG (1934) an. Für unseren Zusammenhang ist hier wichtig, daß Erscheinungen, die zunächst nur aus optischen Beobachtungen bekannt waren, beim Berührungssinn unter völlig analogen Bedingungen, und mit denselben Abhängigkeiten wiedergefunden wurden. Der einzige Unterschied war, daß die gesuchten Phänomene beim Berührungssinn *noch viel stärker* sind als beim Gesicht.

Nach dem Berührungssinn noch ein Wort über die andere Komponente des Tastsinns, den Bewegungssinn: Über die *reinen Bewegungsgestalten* unseres eigenen

Körpers oder seiner Glieder, wie sie u. a. im Ausdrucksverhalten, beim Schreiben, im Tanz und beim Dirigieren sich verwirklichen, ist wieder dreierlei zu sagen: *Erstens:* Der zeitliche Ablauf solcher reinen Bewegungen weist stets eine natürliche Gliederung auf. Die Gesetze dieser Gliederung sind, wie W. KÖHLER (1933) überzeugend darlegt, *dieselben wie bei den gesehenen Simultangestalten. Zweitens:* Jede gesehene Bewegung verläuft in einem bestimmten Bezugssystem, nach welchem es sich bestimmt, was überhaupt bewegt und was ruhend erscheint (WERTHEIMER 1912, DUNCKER 1928). Es haben sich auch dafür einige einfache Gestaltgesetze formulieren lassen. Wie DUNCKER und auch KLEINT zeigten, bestimmt sich das Erlebnis der Bewegung des ganzen eigenen Körpers in seiner Umgebung wie auch das Erlebnis der Bewegung einzelner Glieder relativ zum ganzen Körper *nach denselben Regeln wie das Erlebnis geschehener Dinge in ihrer dinglichen Umgebung. Drittens:* Auch an der Form von wiederholt ausgeführten Spontanbewegungen beobachtet man Veränderungen im Sinne der Prägnanz, *wie sie an ruhenden gesehenen Figuren gefunden wurden* (H. WERNER 1924). Prägnanzerscheinungen beobachtet man ferner auch an dem *Zueinander* des Rhythmus und der Richtung von Bewegungen, die von verschiedenen Gliedern gleichzeitig ausgeführt werden. Es ist durchaus nicht möglich, zwei beliebige Rhythmen und Richtungen gleichzeitig nebeneinander zu produzieren; diese müssen vielmehr sich ineinanderfügen, so daß die Bewegungen z. B. symmetrisch oder parallel, die Frequenz der einen übereinstimmend oder ein ganzzahliges Vielfaches der anderen ist (POTT 1949). Das Aufbrechen dieser sehr regelmäßigen primitiven Bewegungsganzheiten ist beim Üben der verschiedensten Fertigkeiten (z. B. des Geigens oder Klavierspiels) ein meist nicht genügend klar gesehenes Problem. – In der letzten Untersuchung fand sich noch *ein vierter* gestalttheoretisch bedeutsamer Tatbestand, nämlich die *außerörtliche Beeinflussung* auch bei der Willkürbewegung: Gelingen – etwa mit beiden Händen – Bewegungen von verschiedenem Rhythmus, so findet sich ausnahmslos der Rhythmus *jeder* Hand – in abgeschwächter Stärke – *auch in der Bewegung der anderen,* deren intendiertem Rhythmus überlagert.

Was bleibt an *Unterschieden* zwischen Gesicht und Tastsinn? RÉVÉSZ nennt eine ganze Reihe, die wir nun noch besprechen wollen.

1. Die Erfassung der Tastgebilde erfolgt im allgemeinen in einem mehr oder weniger lang ausgedehnten Manipulieren (S. 95 f.), während die Sehdinge in der Regel auf den ersten Blick fertig vor uns stehen. Aber *erstens gibt es auch eine rein simultane Erfassung von Tastgebilden,* die der optischen völlig entspricht (S. 103), besonders wenn diese sehr klein sind, beispielsweise kleiner als die Fingerkuppe. Daß sie in aller Schärfe nur dann gelingt, wenn das Tastgebilde sich über die Haut verschiebt oder diese über das ruhende Gebilde streift, hat seinen Grund in der im Vergleich mit dem Gesicht außerordentlich beschleunigten Lokaladaptation*, durch welche eine auf der Haut ruhende Figur in kürzester Zeit „eingeebnet" wird. *Zweitens* gibt es auch eine mehr oder weniger langwierige *sukzessive Erfassung von Sehdingen:* etwa wenn man sich in einem unbekannten Zimmer umschaut, wenn man um einen kunstvollen Brunnen geht, oder wenn man in einem neuen Haus oder in einer fremden Stadt umhergeht (vgl. RÉVÉSZ, S. 96). *Drittens* – und das scheint mit entscheidend zu sein – gilt für *beide* Fälle das, was J. BECKER aus seiner haptischen Untersuchung folgerte: die sukzessive Gewinnung eines Gesamtüberblicks ist im Gegensatz zur Ansicht RÉVÉSZ (S. 96 und

---

* BAY sagt im Anschluß an VON WEIZSÄCKER „Funktionswandel"; vgl. BÜRKLEN (1917).

108) alles andere als ein summatives Zusammenbauen, kein Assoziieren von ursprünglich beliebig umherliegenden Elementen oder Elementarbestandteilen (im Sinne der von ihm zitierten LOCKE, HOBBES, HARTLEY, J. H. MILL, v. KRIES, ZIEHEN und G. E. MÜLLER): es gilt dafür genau das, was WERTHEIMER am Schluß seiner Untersuchung von 1923 über musikalische Gebilde sagte: „Ist es nicht phänomenal ein gewaltiger Unterschied, wenn ich die drei ersten Töne einer Melodie als solche in Erwartung des Weiteren (besser: als so Begonnenes, Fließendes, Weiterfließendes) höre, oder im Gegensatz, wenn dann „Schluß" ist, ich die drei als (Ganz-) Motiv habe? Ja, schon beim ersten Ton, der als „Anhieb", als „Vorhalt" (als „Leitton") oder *anders* als Tonica da ist? Das ist nichts „Hinzukommendes", sondern wesentlich Fleisch und Blut des Gegebenen".

2. Das Erkennen von Gegenständen vermittels der *tastenden Hand wird durch Bewegung gefördert:* Die erwähnte Bekämpfung der Lokal-Adaptation ist nur eine der vielen Funktionen, die die Bewegung beim Tasten hat. Darüber herrscht keine Meinungsverschiedenheit. RÉVÉSZ meint nun darüber hinaus: „Im Optischen bildet die Bewegung keinen formgestaltenden Faktor. Sie wirkt auf die Gestaltbildung geradezu hemmend" (S. 97). Dies ist nun einfach falsch. Daß bei *genügend rascher* Bewegung gesehene Gebilde Formverzerrungen vorkommen, ist trivial. Man kann aber leicht feststellen, daß bei zu raschen Tastbewegungen das Formerkennen der Hand ganz ebenso beeinträchtigt ist. Im übrigen kann *auch beim Gesichtssinn Bewegung die Gestaltbildung ganz ausgesprochen fördern.* Man denke an die Befunde von BASLER (1935) über die figurale Abgrenzung und das Sichtbarwerden unterschwellig abgehobener Gebilde bei Verschiebung in ihrer Umgebung; und ferner an die Tatsache, daß nach der Zweiäugigkeit *Bewegung* einer der für die Klarheit und Bestimmtheit der Raumform der Sehdinge bedeutsamsten Faktoren ist (METZGER 1934). Außerdem ist es wohl wichtig, daß *für die Fortdauer* (die „Identität") gesehener Gebilde *in der Zeit,* die für den Verlauf verwickelter Bewegungsvorgänge entscheidend ist, sämtliche bisher nachgeprüften Zusammenhangsgesetze (nach WERTHEIMER 1923), in sinngemäßer Umformulierung, sich als ebenfalls gültig erwiesen haben (METZGER 1934).

Die Unterschiede in der *Entstehungsweise* von Tastgestalten haben sich nach allem nicht als grundsätzlich, sondern nur als relativ erwiesen, und vor allem ist bei ihrer Untersuchung nichts zutage getreten, was zur Aufgabe irgendeiner gestalttheoretischen Position hätte nötigen können. Schauen wir zu, ob sich nicht die (S. 92) angekündigten grundsätzlichen Abweichungen wenigstens in der Erscheinungsweise auffinden lassen.

3. Die *Heterogenität des Materials* (RÉVÉSZ, S. 108) bietet für die Gestalttheorie überhaupt keine Schwierigkeit, wo doch die relative Material-Unabhängigkeit ausdrücklich zu den Grundmerkmalen der Gestalten gehört.

4. Das Tastgebilde hat – im Gegensatz zum Sehding – keine Vorder- und Rückseite, es hat keine „Ansicht" (es gibt also für seine Erfassung auch keinen „Standort" – S. 102), sondern ist ringsum in gleichem Maß qualitativ erfüllt. Man ruht auch beim Tasten nicht, ehe man es *ringsum,* „in seiner ganzen Körperlichkeit", erfaßt hat (S. 94). Nach RÉVÉSZ ist uns beim Sehen diese Verhaltensweise fremd. Selbst wenn wir um ein Bildwerk gehen, um es von allen Seiten zu betrachten, so sei „die Absicht" hierbei, weder das Werk in seiner Körperlichkeit zur Wahrnehmung zu bringen, noch ein einheitliches Bild zu gewinnen, da die verschiedenen Teilansichten sich nicht als ein Bildganzes erfassen lassen" (S. 95 und nochmals S. 102). Wiederum ist die Darstellung, die RÉVÉSZ von der Natur des Tastdings gibt, durchaus zutreffend. Dagegen wider-

spricht seine Darstellung der Natur des Sehdings den einfachsten Beobachtungen. Für niemanden ist das Sehding gleich seiner Ansicht; ja, wie VON HORNBOSTEL (1922) und ausführlicher MICHOTTE (1951) zeigte, hat jedes Sehding für uns genau so seine mehr oder weniger bestimmte Rückseite wie seine Vorderseite, wenn diese Rückseite auch nicht qualitativ erfüllt, sondern nur „unsichtbar vorhanden" oder „amodal gegeben" ist. Und was wir beim Umschreiten wechselnd gewahren, dient ganz selbstverständlich dazu, über die Ansichten hinaus zu einem körperlichen Gesamtbild, zu einer echt kubischen Erfassung (RÉVÉSZ, S. 103) zu gelangen. Wir finden also hier zwar einen bemerkenswerten Unterschied in der Erscheinungsweise von Seh- und Tastdingen. Aber dieser Unterschied beruht *auf den verschiedenen Ausgangsbedingungen*, die für das Auge (Projektion) und für die Hand (Umfassung) bestehen. Das psychologisch Bedeutsamste daran ist aber, daß *im Endergebnis* – im optischen Rückseitenerlebnis – dieser Unterschied, soweit es die Umstände zulassen, *verringert* ist. Dieses Verhältnis ist ein besonders eindrucksvolles Beispiel der Erreichung desselben (ausgezeichneten) Endzustands von verschiedenen Ausgangslagen her (vgl. METZGER 1954a).

5. Es bleibt als letzter, und nun wirklich handgreiflicher und nicht wegzuleugnender Unterschied zwischen Seh- und Tastdingen, daß den letzteren *der unmittelbar anschauliche Ausdrucksgehalt völlig abgeht*, wovon man sich in geeignet angelegten Versuchen jederzeit überzeugen kann. Tastgestalten haben von den 3 Arten von Ganzeigenschaften nur die zweite und dritte: Die Eigenschaften des Aufbaues (der geometrischen Struktur oder Architektonik) und der ganzbedingten Materialbeschaffenheit, während ihnen die Wesenseigenschaften völlig abgehen, im Gegensatz zu den Sehdingen und zu den Gehörsgebilden, wie Sprache und Musik. (Deswegen sollte man den Blinden für die Erfassung von Wesensgehalten viel entschiedener auf das Gehör umstellen.) Soweit besteht in diesem Punkt völlige Übereinstimmung mit RÉVÉSZ. Übereinstimmung besteht auch darüber, daß die Erfassung des Wesensgehalts eine adäquate Erfassung der Struktur voraussetzt, und daß jede Umstrukturierung eine Änderung des anschaulichen Wesensgehalts mit sich bringt (S. 98 f.). Desgleichen, daß unter komplizierteren, uneindeutigen, nicht zwingenden Bedingungen vielfach eine aktive Auffassungsarbeit erforderlich oder wenigstens förderlich sein kann.

Dagegen müssen wir größtes Gewicht auf die Feststellung legen, daß die *Struktur der Wahrnehmungsganzen*, seien es gesehene, gehörte oder getastete, *ebenso ursprünglich gegeben*, eine ebenso echte Gestaltqualität ist wie der Wesensgehalt, und daher keineswegs als etwas Gestaltfremdes den Gestalteigenschaften gegenübergestellt werden kann, wie das RÉVÉSZ, wenn ich ihn richtig verstehe, versucht. Schon in der allerersten Arbeit über Gestaltqualitäten (VON EHRENFELS 1890) findet sich unter den Beispielen das „crescendo", also eine ausgesprochen strukturelle Eigenschaft. Vor allem kann keine Rede davon sein, daß es zur Natur der Struktureigenschaften gehört, nur durch begriffliche Fixierung, durch Intellektualisierung, durch verbale Feststellung erfaßbar zu sein. Nicht einmal die willkürliche Umstrukturierung einer mehrdeutigen Struktur braucht immer über eine begriffliche, verbalisierte Vorwegnahme des Intendierten zu gehen. Schlichtes Vorgefundenwerden, Erfassung in aktiver Klärungsarbeit, begriffliche Analyse – welche von diesen Arten der Kenntnisnahme einer gegebenen Struktur im Einzelfall sich verwirklicht, wird jedesmal von den inneren und äußeren Bedingungen abhängen. Wir dürfen uns aber durch die Tatsache, daß das zweite und dritte *vorkommt*, vielleicht sogar häufig vorkommt, den Blick für das erste nicht verstellen lassen.

Zusammenfassend kann man wohl sagen, daß die Vertreter der Gestalttheorie sich doch auch in der außeroptischen Wahrnehmung nicht ganz ohne Erfolg umgesehen haben. Wenn sie dabei ihre Grundsätze nicht aufgegeben, ja nicht einmal geändert haben, hat das einen sehr einfachen Grund: Die Befunde, die sie in den anderen Gebieten erhoben, einschließlich der von Révész mitgeteilten, gaben bisher auch bei sorgfältiger Prüfung keinen Anlaß dazu. Diese unsere Ansicht findet die vollkommenste Stütze in Révész' eigenen Ausführungen. Denn bei seinen Versuchen, seine Behauptung (S. 92), daß die „autonomen Tastgestalten nicht die geringste Ähnlichkeit mit den optischen Gestalten aufweisen", zu beweisen, führt er nach und nach, durch seine eigenen Beobachtungen genötigt, so zahlreiche Einschränkungen ein (vgl. gerade die von ihm angegebene S. 103!), daß zum Schluß nicht viel weniger als das Gegenteil des zu beweisenden Satzes herauskommt.

20. Über optisch-haptische Maßtäuschungen an dreidimensionalen Gegenständen (1970)

1. Vorbemerkungen

Geometrisch-optische Täuschungen, d. h. Abweichungen der anschaulichen Maßverhältnisse gesehener Gebilde von den objektiven, sind seit über hundert Jahren bekannt. Nach einer Veröffentlichung von A. FICK über die Überschätzung der Senkrechten im Jahre 1851 folgten 1854 bis 1860 die grundlegenden drei Abhandlungen des Physikers J.-J. OPPEL, in denen außer der genannten Täuschung u. a. die Überschätzung der unterteilten Strecke und das Vasenmuster behandelt werden, das wir heute unter die Varianten der Täuschung rechnen, die MÜLLER-LYER im Jahre 1889 zum ersten Mal beschrieben hat. Auch die Bezeichnung „geometrisch-optische Täuschung" stammt von OPPEL (vgl. E. RAUSCH 1966).

Der herkömmliche Begriff der optischen Täuschung leidet an zwei Einengungen, die in der Natur der Sache nicht begründet sind:

1) Schon OPPEL hatte bemerkt, daß es Maßtäuschungen auch an dreidimensionalen Gegenständen gibt. Diese Erkenntnis geriet jedoch bald in Vergessenheit, und es bildete sich eine Art öffentlicher Meinung aus, nach welcher die „optischen Täuschungen" eine Art Laboratoriums-Artefakt, nämlich eine Eigentümlichkeit derjenigen besonderen geometrischen Zeichnungen seien, an denen man sie später ausschließlich untersuchte. Noch W. EHRENSTEIN in seiner „Ganzheitspsychologischen Wahrnehmungslehre" (1947) und D. KATZ in der vorletzten Auflage seiner „Gestaltpsychologie" (1961) stellen Betrachtungen darüber an, warum an den dreidimensionalen Gegenständen des Alltags geometrisch-optische Täuschungen zu fehlen scheinen. Erst 1953 gab METZGER auf diese Frage die einzig mögliche Antwort: weil man an dreidimensionalen Gegenständen bisher die Messungen noch nicht durchgeführt hat, die zur Feststellung von Täuschungen erforderlich sind. Er zeigte an einer Reihe von Beispielen aus dem täglichen Leben, daß auch dreidimensionale Gegenstände bei unbefangener Betrachtung vielfach Maßverhältnisse aufweisen, die einer Nachprüfung durch physikalische Meßverfahren nicht standhalten.

Neben der Senkrecht-Waagrecht-Täuschung, zu beobachten an Kirchtürmen, ebenso wie an Weihnachtsbäumen und Lampenschirmen, findet er noch andere bekannte geometrisch-optische Täuschungen an dreidimensionalen Dingen wieder; so z. B. die MÜLLER-LYER-Täuschung beim Vergleich des Rand- und Fußdurchmessers entsprechend geformter Vasen, die POGGENDORFFsche Winkeltäuschung an einem Giebel, der bei Betrachtung durch die Ritzen eines Fensterladens gestuft erscheint, die scheinbare Schrumpfung leerer Strecken bzw. die Dehnung unterteilter Strecken (nach OPPEL, KUNDT und HERING), die man beispielsweise an einem leeren und einem gefüllten Bücherbord beobachten kann.

2) Die zweite, sachlich ebenfalls nicht begründete Einschränkung des Begriffs der „optischen Täuschung" besteht in der Bestimmung „optisch". Doch ist diese Ein-

schränkung schon länger aufgehoben – obwohl auch dies nicht so recht in das Bewußtsein der Fachleute eingedrungen zu sein scheint: „optische" Täuschungen kehren wieder, wenn man geeignet (beispielsweise nach Blindenschriftweise punktiert) „gezeichnete" Konfigurationen mit den Händen *betasten* läßt. Dies hat V. BENUSSI schon 1904 an der MÜLLER-LYER-Figur nachgewiesen, und G. RÉVÉSZ hat es 1934 an dieser und anderen Figuren endgültig bestätigt, u. a. auch an einer der OPPELschen Vasenfigur entsprechenden *wirklichen* Vase, wobei gleich beides in einem erwiesen ist: „optische" Täuschungen 1) auch an dreidimensionalen Gebilden und 2) auch in der Tastwahrnehmung. Um erneute Rückfälle zu verhüten, scheint uns daher statt des alten Namens „optische Täuschung" die Bezeichnung „optisch-haptische Täuschung", oder noch besser „optisch-haptische Maßtäuschung" angemessen zu sein; wobei die Kennzeichnung als *Maß*täuschung dazu dient, diese Art von Täuschungen von den Abweichungen des figuralen *Aufbaues* (im Sinne der Tarnung) zu unterscheiden.

In der vorliegenden Arbeit wurden einige der Gelegenheitsbeobachtungen von METZGER systematisch und vor allem messend untersucht. Es wurden dreidimensionale Anordnungen geschaffen, welche dieselben oder ähnliche Struktureigenschaften wie wohlvertraute zweidimensionale Strichvorlagen besitzen, und es wurde gefragt, ob ihre anschaulichen Maßverhältnisse (ihr „Phänogramm") im gleichen Sinne von ihren objektiven Maßverhältnissen (ihrem „Ontogramm") abweichen, wie dies bei den zweidimensionalen Strichzeichnungen der Fall ist. Die Beobachter hatten die Aufgabe, die anschaulich gegebenen Maße der Wahrnehmungsdinge oder ihrer Abstände zu schätzen. Der besonderen Art psychologischer Messung zufolge handelt es sich meist darum, zwischen zwei gesehenen oder getasteten Längen scheinbare Gleichheit herzustellen. Diese Schätzungen wurden, wie üblich, mit physikalischen Messungen verglichen und so das Ausmaß und die Richtung der räumlichen Verzerrungen festgestellt. Damit ist schon gesagt, daß wir unsere Fragestellung auf etwaige Abweichungen von *Längen*maßen beschränkt haben. Die Mehrzahl der ausgewählten Gebilde wurde nur optisch, ein aus theoretischen Gründen herausgegriffenes Gebilde außerdem auch haptisch untersucht (vgl. Abschn. 3).

2. Optische Maßtäuschungen an dreidimensionalen Gegenständen (Untersuchung Ortrud VUKOVICH-VOTH)

2.1. Versuchsbedingungen und Material

Die Versuche wurden unter recht einfachen äußeren Bedingungen durchgeführt: Die Versuchspersonen (30 normalsichtige Psychologiestudenten und -studentinnen der ersten Semester) konnten den für sie günstigsten Beobachtungsabstand zu den jeweiligen Gegenständen selbst wählen (er betrug in keinem Fall mehr als 1 ½ m). Die Beobachtungszeit war nicht genau begrenzt, doch sollte sie nicht zu lange dauern. Die Vpn wurden angehalten, nicht aus ihrem Vorwissen und auch nicht durch analysierende oder fixierende Betrachtungsweise den unmittelbaren Eindruck zu korrigieren. Da jede Versuchsvariante für jede Vp sechsmal vorkam, lag die Versuchung zu einem derart reflektierenden Verhalten natürlich nahe. Die gesamte Beobachtungszeit betrug für jede VP etwa drei Stunden; diese Zeit war jedoch auf mehrere Sitzungen verteilt.

In der quantitativen Auswertung wurden berechnet:
1) der individuelle Mittelwert aus sechs Einzelwerten jeder Versuchsvariation,
2) der Gesamtmittelwert aus den individuellen Mittelwerten (durchschnittlich etwa 30) als mittlere anschauliche Größe der zu beurteilenden Längen.

Die Abweichung des subjektiven vom objektiven Gleichwert, in Prozenten ausgedrückt, ist das Maß für die aufgetretene Täuschung. Die Meßwertverteilungen wurden auf Normalität geprüft und die intra- und interindividuellen Standardabweichungen berechnet. Die statistische Signifikanz wurde mit dem t-Test für abhängige Stichproben gesichert. Die Nullhypothese lautete: Zwischen den physikalischen Maßen und den Schätzungen der Vpn besteht *kein* Unterschied. Um sicher zu gehen, daß die ermittelten Unterschiede keine Kunstprodukte des Meßverfahrens sind, sondern auf die Struktureigentümlichkeiten der Gegenstandskonstellationen zurückgeführt werden müssen, wurde folgender Versuch *ohne Täuschungsbedingungen* gemacht: 27 Vpn (10 Studenten und 17 Oberprimaner beiderlei Geschlechts) wurden gebeten, mit zwei schwarzen Holzklötzen (Dicke 1,8 cm, Fläche 13 × 13,5 cm) auf dem Tisch eine Strecke abzugrenzen, die auf dem Nebentisch durch zwei ebensolche Holzklötze abgesteckt war (Herstellungsmethode). Die Abweichung des Gesamtmittelwertes von 46,7 (aus 27 × 7 = 189 Einzeleinstellungen mit einer interindividuellen Streuung von 3,15 und einer mittleren intraindividuellen Streuung von 2,71) von der objektiven Länge der Vergleichsstrecke (47 cm) ist statistisch nicht signifikant (t = 0,651).

Abb. 20.1: MÜLLER-LYER-Täuschung an *Bücherstützen*. Gleich einzustellen waren die Abstände zwischen den Scheitelkanten.

2.2 Dreidimensionale Varianten der MÜLLER-LYER-*Figur*

a) „Drei Bücherstützen" (Abb. 20.1). Zu vergleichen waren bei den drei seitlich gekippten Bücherstützen die Abstände zwischen den Scheitelkanten. Diese drei-dimensionale Anordnung entsprach in ihrem Aufbau einer zweidimensionalen MÜLLER-LYER-Figur mit einerseits ausspringendem Winkelpaar (a 1) und andererseits einspringendem Winkelpaar (a 2). Durch Verschieben einer der beiden äußeren Bücherstützen sollte scheinbare Gleichheit der Abstände zwischen ihren Scheitelkanten hergestellt werden.

b) „Zwei Untertassen" (Abb. 20.2a, b): Zwei rote Plastikuntertassen, nebeneinander auf einem Spiegel, bei denen die *Durchmesser* der Fußflächen (Abb. 20.2a) bzw.

Abb. 20.2: MÜLLER-LYER-Täuschung an zwei *Untertassen* auf spiegelnder Unterlage. Gleich einzustellen war jeweils ihr Abstand auf der Unterlage mit den Durchmessern der Grundflächen: a) mit ausspringenden Winkeln (oben), b) mit einspringenden Winkeln (unten).

Abb. 20.3a: MÜLLER-LYER-Variante mit zwei sich mit ihren Grundflächen berührenden Doppelkegeln. Gleich einzustellen war ihr Abstand mit ihren Achsenlängen.

die Durchmesser am Rand (Abb. 20.2b) mit den jeweiligen *Zwischenräumen* auf der Standfläche zu vergleichen waren bzw. auf gleich eingestellt werden sollten. Dabei entsprachen bei den aufrechtstehenden Untertassen die *Durchmesser* der Standflächen einer MÜLLER-LYER-Figur mit ausspringenden Winkeln, der Abstand zwischen beiden einer MÜLLER-LYER-Figur mit einspringenden Winkeln. Standen die Untertassen auf dem Kopf, so war alles umgekehrt. Wir brauchen nicht ausdrücklich zu erwähnen, daß die Verdoppelung durch den Spiegel die Verhältnisse bei der MÜLLER-LYERschen Grundfigur besser annähern sollte.

Hier wie auch beim folgenden Kegelversuch verschob der Vl die Gegenstände so lange, bis die jeweiligen Zwischenräume für die Vpn gleich den dinglichen Längen zu sein schienen.

c) „Kegel": Zwei Paar Holzkegel, einmal als Doppelkegel mit den Grundflächen zueinander (Abb. 20.3a) und einmal als „Sanduhr" mit den Spitzen zueinander (Abb. 20.3b). Wegen des fehlenden Mittelstücks entspricht diese Anordnung dem

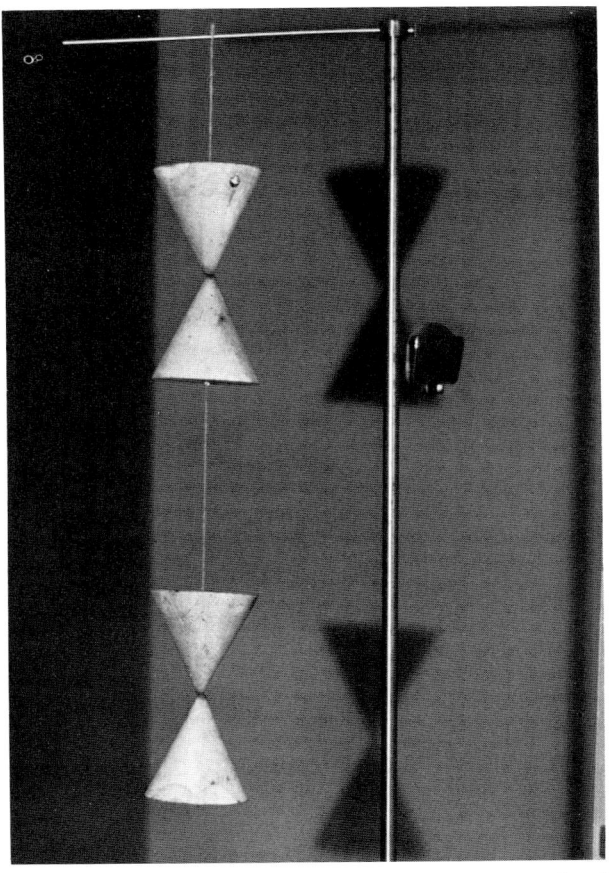

Abb. 20.3b: MÜLLER-LYER-Variante mit zwei sich mit ihren Spitzen berührenden Doppelkegeln. Gleich einzustellen war ihr Abstand mit ihren Achsenlängen.

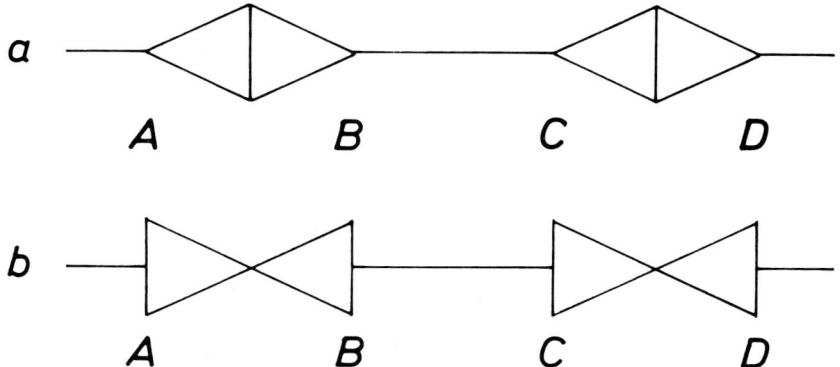

Abb. 20.4: Zweidimensionales Gegenstück zu Abb. 20.3a und b. Die Strecke BC ist jeweils den Strecken AB (und CD) gleich einzustellen.

herkömmlichen Strichbild MÜLLER-LYERs nicht vollkommen. Das genaue zweidimensionale Gegenstück würde so aussehen: (Abb. 20.4a und b), wobei jeweils die Strecke BC den Strecken AB und CD gleich eingestellt werden müßte. Eine der MÜLLER-LYERschen Grund-Figur genau entsprechende dreidimensionale Anordnung könnte man mit durchsichtigen Kegeln ohne Boden aus Plexiglas herstellen. Die von uns aus technischen Gründen verwendete Anordnung ist als MÜLLER-LYERsche Extremvariante anzusehen.

Bei allen drei Versuchsanordnungen traten die Maßtäuschungen erwartungsgemäß und entsprechend den Täuschungen bei den MÜLLER-LYERschen Strichfiguren auf. So wurden jeweils die „inneren" Strecken (entsprechend einer MÜLLER-LYER-Figur mit einspringenden Winkeln) um 5,4% bis 15,3% unterschätzt, während die „äußeren" Strecken um 11,1% bis 22,8% größer aussahen, Verschätzungen, die weit unter dem 1%-Signifikanzniveau liegen (siehe Tabelle 20.1).

Es fällt auf, daß vergleichsweise die „äußeren" Strecken durchweg stärker überschätzt als die „inneren" unterschätzt wurden. Wir haben diesen Unterschied nicht weiter verfolgt.

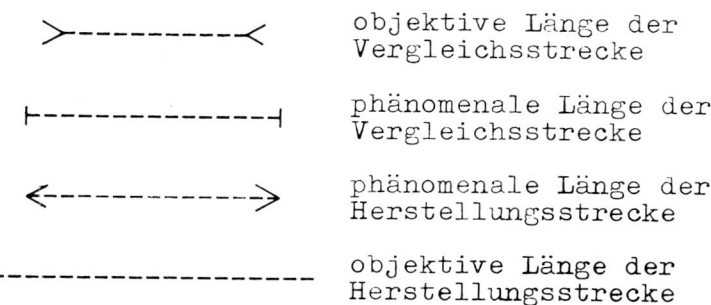

Abb. 20.5: Schema der Überlagerung beim Vergleich von zwei Figuren mit entgegengesetzt wirkenden Täuschungskomponenten.

In der Größenordnung entsprechen die gefundenen Täuschungen durchaus den Täuschungsbeträgen, die an Strichfiguren (z. B. von RIEMANN 1933 und BRUNSWIK 1934) festgestellt wurden.

Bei den Konfigurationen, die in diesen Versuchen verwendet wurden, wobei jedesmal zwei Gebilde mit entgegengesetzten MÜLLER-LYER-Charakteristika (die eine mit auswärts, die andere mit einwärts gerichteten Ansatzwinkeln) miteinander verglichen werden, summieren sich jedesmal die beiden Täuschungsbeträge, die zu erwarten wären, wenn jeder der kritischen Strecken mit einem praktisch täuschungsfreien Meß-Gebilde (z. B. einem einfachen Stab oder Strich) verglichen würde (Abb. 20.5).

Tabelle 20.1
Meßergebnisse: Dreidimensionale Varianten der MÜLLER-LYER-Figur

Abkürzungen:

l	Vergleichsgröße in cm
$\bar{\bar{x}}$	Gesamtmittelwert aus den Einzelmittelwerten jeder Vp
s_1	interindividuelle Streuung
s_2	intraindividuelle Streuung
N	Anzahl der Vpn, die am Versuch teilnahmen
N_T	Anzahl der Vpn, bei denen die Täuschung im erwarteten Sinne auftrat
T%	Täuschungsbetrag in Prozent
t	t-Wert
A	aufsteigendes Meßverfahren
B	absteigendes Meßverfahren
< >	Stützen der Vergleichsstrecken sind nach innen gekehrt
> <	Stützen der Vergleichsstrecken sind nach außen gekehrt
⟺ ⟺	Untertassen liegen verkehrt herum auf dem Spiegel
⟺ ⟺	Auf dem Spiegel aufrecht stehende Untertassen
◇	Kegel liegen mit den Flächen paarweise zueinander
⋈	Kegel liegen mit den Spitzen paarweise zueinander

Versuch			N	NT	l (cm)	$\bar{\bar{x}}$ (cm)	s_1	s_2	T%	t
a) Bücherstützen										
< >			29	28	25	21,7	2,29	0,97	13,2	8,54
			30	29	47	38,8	3,83	1,92	15,3	11,74
> <			29	28	25	30,7	3,49	1,56	22,8	9,68
			30	30	47	55,7	4,28	2,22	18,5	10,99
b) Untertassen										
⟺ ⟺		A	30	27	14,8	13,0	1,33	0,52	12,2	8,43
		B	30	22	14,8	14,0	1,25	0,63	5,4	5,64
⟺ ⟺		A	30	30	9,0	10,0	0,67	0,41	41,1	9,24
		B	30	30	9,0	10,4	0,62	0,40	15,6	13,00
c) Kegel										
	◇	A	32	25	27,6	24,6	4,31	0,94	10,9	5,74
		B	32	25	27,6	24,9	4,24	0,96	9,8	6,50
	⋈	A	29	26	27,6	31,8	3,77	1,21	15,2	6,89
		B	29	27	27,6	32,0	4,13	1,21	15,9	6,24

Die theoretisch mögliche Annahme einer Verminderung oder Aufhebung der Täuschung beim Übergang zu dreidimensionalen Anordnungen ist durch unsere Befunde widerlegt.

Abb. 20.6: OPPELsche-Täuschung an einer Blumenvase mit anschaulich vergrößertem Boden und verkleinerter Öffnung.

2.3 OPPELsche *Täuschung an einer Blumenvase mit oberem und unterem Durchmesser von 6,2 cm bzw. 5,2 cm (Abb. 20.6)*

Die Vpn hatten in auf- und absteigendem Meßverfahren aus einer Reihe von kreisenden Pappscheiben verschiedener Größe diejenige mit dem jeweils gleich erscheinenden Durchmesser herauszusuchen.

Erwartungsgemäß überschätzten sie den Fußdurchmesser um durchschnittlich 13,4%, während die Öffnung der Vase um 8,1% verkleinert erschien (t-Werte von 7,35 bis 10,65), so daß der objektive Größenunterschied anschaulich umgekehrt war. Insofern die kreisförmigen oberen und unteren Kanten der Vase in ihrer Umgebung als Spezialfälle von OPPEL- bzw. MÜLLER-LYER-Figuren anzusehen sind (vgl. Abb. 20.7, nach METZGER 1953, S. 164) kann auch beim Vergleich des oberen mit dem unteren Durchmesser der Vase – strukturell gesehen je eine halbe (eine „äußere" und eine „innere") MÜLLER-LYER-Figur – eine Wirkung im Sinne einer Summierung zweier Täuschungen annehmen.

Abb. 20.7: Dreidimensionale OPPEL- bzw. MÜLLER-LYER-Figur: auf halber Höhe erscheint der Durchmesser links kürzer als rechts.

Bevor wir die dreidimensionalen Varianten der MÜLLER-LYER-Figur verlassen, sei noch eine kurze Erklärung eingefügt: Wir haben nicht ohne Grund so viele MÜLLER-LYER-Varianten verwendet. Diese Figur ist bei den Perspektive-Theoretikern besonders beliebt. Sie führen, wie bekannt, ihre Wirkung zurück auf jene Tendenz der schrägen Linien, scheinbar in die Tiefe zu verlaufen, und eine ihr entsprechende Tendenz der Verbindungsstrecke, in verschiedenen Abständen von den Augen zu erscheinen. Die Täuschungen sind danach die Symptome für diese Tendenzen auch dort, wo sie sich nicht unmittelbar auswirken. Es mußten daher Bedingungen gefunden werden mit möglichst verschiedenartiger räumlicher Rolle und Funktion sowohl der täuschungserzeugenden als auch der täuschungserleidenden Strecken bzw. Flächen, und zwar möglichst solche, bei denen eine etwaige Perspektive den vorausgesetzten Effekt gar nicht haben konnte.

Bei den Bücherstützen sind zwar die Winkel zwischen deren oberen Kanten perspektivisch (retinal) spitzer als objektiv und auch anschaulich. Der Übergang von der retinalen Spitzwinkligkeit zur phänomenalen Rechtwinkligkeit betrifft aber nur die Orientierung des Winkels (sie liegen objektiv und anschaulich in einer waagrechten Fläche); dieser Übergang hat daher keinerlei Tendenz, die (leeren) Verbindungen zwischen den Scheitelkanten in verschiedene Tiefen zu verlagern. Spielt bei den Bücherstützen die Perspektive noch eine – wenn auch unwirksame – Rolle, so fehlt diese in den Beispielen 20.2 und 20.3 ganz, und ebenso in den MÜLLER-LYER-Effekten in Abbildung 20.6, 20.7 und 20.12, sowie bei dem (nicht abgebildeten) Vergleich von Quadratseite und Kreisdurchmesser. Die Täuschung wird in den Körpern der Abbildungen 20.2, 20.3, 20.6 und 20.7 erzeugt durch die gegenseitige Neigung von Rotationsflächen. Die *Täuschung-erleidenden* Strecken sind aber in Abbildung 20.2, 20.6

und 20.7 (nicht eingezeichnete) Quer-*Durchmesser* bestimmter Stellen der Rotationskörper, in Abbildung 20.3 dagegen ihre (ebenfalls nicht eingezeichneten) Längsachsen. In den Stützen Abbildung 20.12 sind die Ansätze mit MÜLLER-LYER-Wirkung *nicht schiefwinklig*. Auch der Vergleich des Kreisdurchmessers mit der Quadratseite bietet für perspektivische Deutungen keine Handhabe. Dasselbe gilt für die weiterhin zu besprechenden Täuschungen an dreidimensionalen Gebilden*.

2.4 Senkrecht-Waagerecht-Täuschung an einem aufrechtstehenden Papierkorb (Abb. 20.8 a), einem gefalteten Lampenschirm (Abb. 20.8 b) und einer Zierkerze auf einem tellerartigen Untersatz (Abb. 20.9)

Die Gegenstände waren so gewählt, daß Höhe und Breite objektiv einander gleich waren. Die Versuchspersonen sollten Durchmesser und Höhe der Gegenstände je für sich auf einem zuerst waagerecht auf dem Tisch liegenden (Abb. 20.10a) und im zweiten Versuchsabschnitt senkrecht an der Wand aufgehängten Meßbrett (Abb. 20.10b) wiedergeben, um die zweifellos auch bei der Meßvorrichtung selbst zu erwartende Senkrecht-Waagerecht-Wirkung rechnerisch eliminieren zu können. Auf den Meßbrettern befand sich keine für die Versuchsperson sichtbare Skala. Es waren lediglich zwei parallele Linien im Abstand von 8 cm eingezeichnet. Die Abgrenzung der jeweiligen anschaulichen Größen erfolgte durch die Einstellung des Zwischenraumes zwischen wechselnden unterschiedlich langen Pappstreifen. Die Größe des eingestellten Zwischenraumes wurde jeweils hinterher vom Vl gemessen. Die Vp blieb im Hinblick auf die Meßergebnisse unwissentlich. Die Messungen ergaben insgesamt eine starke anschauliche Überhöhung aller drei Körper im Vergleich zu den objektiven, und zwar im Bereich von 17% bis 36,2% (Tabelle 20.2). Die erwartete Erscheinung der Senkrecht-Waagerecht-Täuschung an den Meßstrichen selbst kam klar heraus. Sie ist – ebenfalls erwartungsgemäß – geringer als bei den Körpern. Denn bei diesen ist die sogenannte Senkrecht-Waagerecht-Täuschung, wie wir schon seit längerer Zeit wissen, die Summe zweier selbständiger Täuschungen: einer echten Senkrecht-Waagerecht-Täuschung, die durch die Orientierung im Umfeld bedingt ist, und einer Längs-Quer-Täuschung, die nur in dem Aufbau der Figuren begründet und von ihrer Lage im Umfeld unabhängig ist. Bekanntlich ist diese zweite Komponente stärker als die erste. Diese stärkere, zweite Komponente fehlte bei den Meßstrichen. Die beiden Meßgeräte würden schon bei gleichzeitiger Betrachtung keinen einheitlichen Gegenstand bilden.

---

* Inzwischen hat einer der Verfasser (M) an einem Gasthausbett, das mit dem Kopfende unter eine schräge Mansardenwand geschoben war, die die Funktion des „einspringenden Winkels" übernahm, einen höchst eindrucksvollen MÜLLER-LYER-Effekt beobachtet. Das Bett wirkte weit kürzer als 180 cm (Länge des Gastes) und war in Wirklichkeit ein normales Bett von 2 m Länge.

▶

Abb. 20.8 a, b: Senkrecht-Waagerecht-Täuschung a) am Papierkorb: der Korb ist objektiv so breit wie hoch, b) am Lampenschirm: der Schirm ist, von der *Mitte* der oberen bis zur *Mitte* der unteren Öffnung gemessen, objektiv genau so breit wie hoch.

Abb. 20.9: Leuchter mit Kerze, objektiv so breit wie hoch.

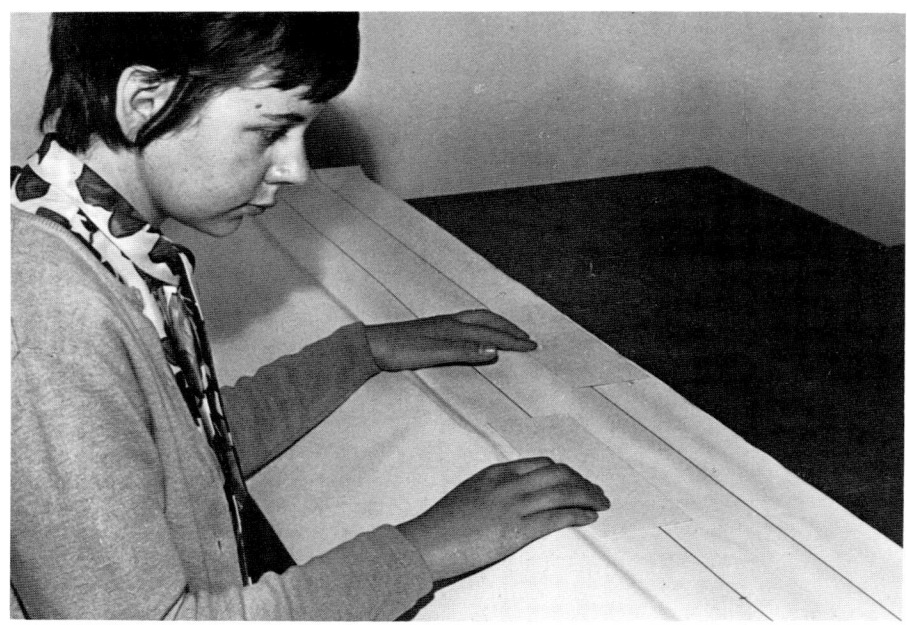

Abb. 20.10a: Meßbretter für die Senkrecht-Waagerecht-Täuschung: waagerechte Anordnung.

In unseren Versuchen kamen sie stets in getrennten Sitzungen vor, in denen jeweils nur das eine Meßbrett sichtbar war. Auf eine Trennung der Senkrecht-Waagerecht-Komponente und der Längs-Quer-Komponente haben wir bei unseren verschiedenen Prüffiguren verzichtet, da für unseren Versuchszweck diese Trennung nicht erforderlich war.

Die Orientierung des Meßbrettes beeinflußt übrigens nur die absoluten Werte, aber nicht wesentlich die Verhältnisse zwischen ihnen. Eine Mittelung der Ergebnisse beider Messungen ist daher erlaubt; sie ergibt für die größte Breite, beispielsweise am oberen Rand des Papierkorbs, genau den objektiven Wert, und auch beim Lampenschirm und bei der Kerze fallen die geringen Abweichungen der anschaulichen Breite im Sinne einer Vergrößerung oder Verkleinerung in den Bereich der Meßunsicherheit (t-Wert nicht signifikant). Die Täuschung besteht nach diesem Befund aus einer *anschaulichen Überhöhung* der Gegenstände *ohne Breitenschrumpfung*. Aussagen der Vpn lassen

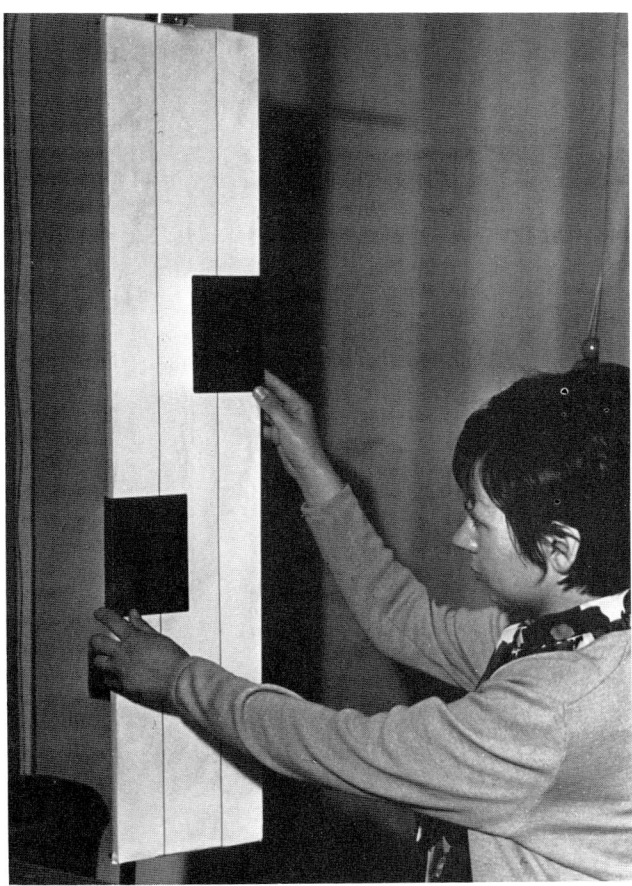

Abb. 20.10b: Meßbretter für die Senkrecht-Waagerecht-Täuschung: senkrechte Anordnung.

vermuten, daß die Breite als Bezugsgröße und Hinterglied anschaulichen Konstantencharakter hat (RAUSCH 1952), während die senkrechte Erstreckung als Vorderglied in dieser Relation auftritt und anschaulich variablen Charakter im Sinne RAUSCHs besitzt.

Bei senkrechter Meßstrecke ist die Überhöhung etwas geringer als bei waagerechter. Das kann verschiedene Gründe haben, denen wir aber nicht weiter nachgegangen sind.

Tabelle 20.2
Meßergebnisse der Senkrecht-Waagerecht-Täuschungen

Abkürzungen:
Q   Quotient: Überschätzung der Höhe im Verhältnis zum Durchmesser in Prozent
waag.   waagerechte Lage des Meßbrettes
senk.   senkrechte Lage des Meßbrettes
h   Höhe des Gegenstandes
$\emptyset$ Durchmesser des Gegenstandes

$+$ und $-$ vor den Täuschungsbeträgen der geschätzten Durchmesser geben die Richtung der Abweichung an
Die übrigen Abkürzungen wie in Tab. 20.1

Versuch		N	N_T	l (cm)	$\bar{\bar{x}}$ (cm)	s_1	s_2	T%	Q (%)	t
a) Papierkorb										
waag.	h	32	32	40	58,6	8,96	3,18	46,5		12,10*
									36,2	20,92*
	$\emptyset$	32	21	40	43,9	7,91	2,91	+ 9,8		3,83*
senk.	h	29	24	40	46,1	6,02	2,69	15,3		6,56*
									21,5	21,13*
	$\emptyset$	29	22	40	36,2	5,37	2,33	− 9,5		5,26*
b) Lampenschirm										
waag.	h	32	32	27,8	37,9	4,05	2,03	36,3		13,93*
									19,4	19,09*
	$\emptyset$	32	24	27,8	30,6	3,53	2,02	+ 11,5		5,04*
senk.	h	29	28	27,8	32,1	3,57	1,75	15,6		6,37*
									17,0	17,27*
	$\emptyset$	29	19	27,8	26,5	2,76	1,83	− 4,7		1,33
c) Kerze										
waag.	h	32	29	7,5	9,5	1,74	0,51	26,7		6,28*
									20,0	19,25*
	$\emptyset$	32	14	7,5	7,6	1,22	0,40	+ 1,3		1,43
senk.	h	30	21	7,5	8,3	1,56	0,46	10,7		3,70*
									18,8	18,36*
	$\emptyset$	30	24	7,5	6,7	1,27	0,41	− 12,0		5,04*

---

* Die Wahrscheinlichkeit liegt weit unter 0,001

2.5. Die Überschätzung der unterteilten oder ausgefüllten bzw. die Unterschätzung der nicht-unterteilten, leeren Strecke (nach OPPEL *und* KUNDT) *wurde mit Hilfe von Büchern und Bücherstützen nachgeprüft.*

Die Vpn hatten zuerst die Aufgabe, die anschauliche Länge einer Bücherwand auf dem Nebentisch durch die Einstellung des leeren Abstandes zwischen zwei Bücherstützen widerzugeben; im zweiten Versuch hatten sie so viele Bücher zusammenzustellen, wie nach ihrer Schätzung in einem durch zwei sichtbar aufgestellte Stützen begrenzten Raum Platz hatten (Abb. 20.11).

Abb. 20.11: Leere und unterteilte Strecke an Bücherreihen.

In diesen Versuchen stellte sich heraus, daß der Abstand zwischen den senkrechtstehenden Platten zweier Bücherstützen von der Richtung der Fußplatten abhängt. Waren die Fußplatten nach außen gerichtet, so erschien der Abstand größer, als wenn sie nach innen gerichtet waren. Dies ist eine klare MÜLLER-LYER-Wirkung. Wir suchten sie auszuscheiden, indem wir in der einen Hälfte der Versuche eine „innere" einer „äußeren" Strecke gleichmachen ließen, in der anderen Hälfte umgekehrt (Abb. 20.12a, b).

Die anschaulich ausgefüllte Strecke war erwartungsgemäß anschaulich um durchschnittlich 16,2% vergrößert, die anschaulich leere Strecke um 17,4% verkleinert. Diese Abweichungen waren, wie gesagt, überlagert von einer schwachen MÜLLER-LYER-Wirkung an den Bücherstützen.

Abb. 20.12a und 12b: Variation der Stellung der Bücherstützen zur Ausscheidung der
MÜLLER-LYER-Komponente.

Tabelle 20.3
Überschätzung der ausgefüllten und Unterschätzung der leeren Strecke:
Meßergebnisse

Abkürzungen:
⌐ ⌐   Stellung der Bücherstützen der Herstellungs-
⌐ ⌐   und Vergleichsstrecke
V   Vergleichsstrecke
H   Herstellungsstrecke
Die übrigen Abkürzungen wie in Tab. 20.1

Versuch	N	N_T	l(cm)	$\bar{\bar{x}}$	s_1	s_2	T%	t
a) ausgefüllte Strecke								
⌐ ⌐	30	29	47	52,6	4,13	2,84	11,9	7,67
⌐ ⌐	30	29	47	56,7	6,34	2,86	20,6	8,25
b) leere Strecke								
⌐ ⌐	30	28	47	39,5	3,69	2,05	16,0	11,31
⌐ ⌐	30	30	47	38,0	4,13	2,17	19,1	10,95
c) MÜLLER-LYER-Wirkung an 4 leeren Bücherstützen								
⌐ V ⌐ ⌐ H ⌐	28	19	47	50,5	4,71	2,26	7,5	4,65
⌐ V ⌐ ⌐ H ⌐	28	21	47	45,3	3,15	2,37	3,6	4,24

Wie groß der Anteil der einzelnen Täuschungskomponenten am gesamten Täuschungsbetrag ist, läßt sich nicht genau angeben. Die Bedingungen waren bei den dreidimensionalen Gebilden aus technischen Gründen komplexer als uns lieb war. So führt zum Beispiel beim Versuch mit den zwei mal zwei Bücherstützen bei der „inneren" Strecke die entgegengesetzt wirkende dreifache Unterteilung zu einer Verminderung der Täuschung, zumal die einfache Dreiteilung zu einer kritisch-berechnenden Einstellung geradezu einlädt. Dieser Störfaktor ließe sich durch die Verwendung senkrechter Platten ohne waagrechte Bodenplatten ausschließen. Wir haben diesen Versuch jedoch nicht mehr gemacht.

2.6. Pfennig-Täuschung *(Abb. 20.13)*

Aus einzelnen Pfennigen wurde ein Stoß aufgeschichtet oder im absteigenden Verfahren ein zu hoher Stoß abgetragen, so lange bis der Vp die Höhe des Turmes gleich dem Durchmesser eines Pfennigs zu sein schien. Es ergab sich eine Überschätzung des Pfennigstoßes um 30,8%. Dieser Wert wurde berechnet aus jeweils zwei Einzelschätzungen von 49 Vpn. Die Abweichung von der richtigen Höhe – 12 Pfennige! – betrug minus 3,7 Pfennige.

---

* Die Abweichungen von der objektiven Vergleichsgröße haben eine Wahrscheinlichkeit von weniger als 0,001.

Abb. 20.13: Der Pfennigturm erscheint bis zu 30% überhöht; warum, siehe im Text.

Tabelle 20.4
Ergebnisse des Simultanvergleichs der Seitenlänge einzeln dargebotener Quadrate mit den Durchmessern einer Reihe von Kreisen.

s = Streuung der Einzelschätzungen um den Mittelwert aller Vpn (N = 13)

Dargebotenes Quadrat Kantenlänge (cm)	Mittelwert der als gleich geschätzten Kreisdurchmesser (*) (cm)	s
1,0	1,4	0,27
1,2	1,5	0,28
1,4	1,7	0,21
1,6	2,0	0,20
1,8	2,2	0,19
2,0	2,4	0,27
2,2	2,6	0,27
2,4	2,8	0,30
2,6	3,0	0,20
2,8	3,4	0,26
3,0	3,5	0,28
3,2	3,6	0,25
3,4	3,8	0,24

* Die Unterschiede liegen alle unter – zum Teil weit unter – dem 1% Siknifikanzniveau.

An dieser ungewöhnlich starken Täuschung sind offenbar drei Faktoren beteiligt:
1) die Senkrecht-Waagerecht-Täuschung,
2) die Überschätzung der ausgefüllten bzw. unterteilten Strecke,
3) die bei der Schätzung eines Pfennigdurchmessers auftretende spezielle Form eines „inneren" MÜLLER-LYER-Effektes.

Die Annahme dieses dritten Faktors ließ sich durch einen Versuch erhärten, in dem aus einer Reihe von Quadraten und Kreisen diejenigen herausgesucht wurden, bei denen die Kantenlänge des Quadrats und der Kreisdurchmesser gleich groß erschien (Tabelle 20.4).

Die räumliche Variante dieses Versuchs – Vergleich des *Kugeldurchmessers* mit der gleichlangen *Würfelkante* – wurde aus technischen Gründen nicht durchgeführt. An ihrem positiven Ausfall kann kein Zweifel sein.

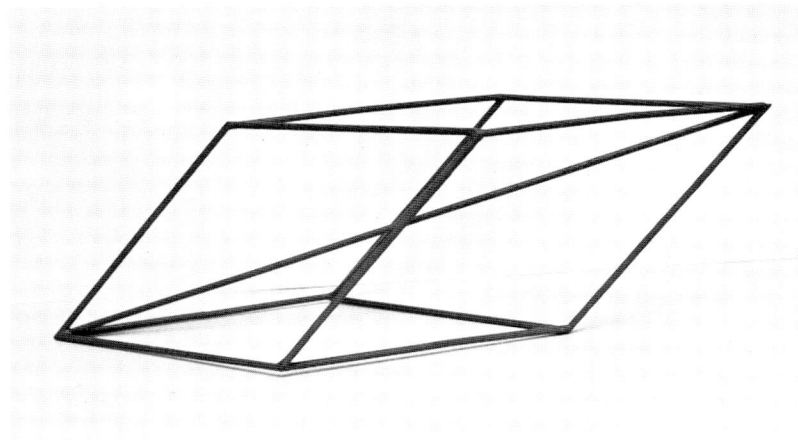

Abb. 20.14: Dreidimensionale Variante der SANDER-IPSEN-Figur.

2.7. Diagonalentäuschung an einem „Hexaeder" (Abb. 20.14)

Bei diesem Drahtgebilde aus gleichseitigen Rhomben (Kantenlänge 6,5 cm) einer dreidimensionalen Variante der Parallelogramme von RAUSCH (1952) waren die Längen der beiden (frontalparallel zur Vp verlaufenden) *inneren* Diagonalen aus einem Abstand von etwa zwei Meter zu schätzen. Zur Vermeidung von Schattenlinien wurde der Körper mit einer starken Lichtquelle von oben beleuchtet.

Aus einer Reihe von Metallstäben wurde dann – nach der Konstanzmethode – der jeweils gleich lang erscheinende bestimmt, zuerst für die kürzere (21 cm) – in Abb. 20.14 fehlend –, dann für die längere Diagonale (42 cm). Die kürzere Raumdiagonale wurde, wie erwartet, überschätzt, und zwar um 5 cm (19%) (t = 8,168), während die längere Raumdiagonale anschaulich um 1,4 cm (nicht signifikant) verkleinert war.

Warum die Täuschung schwächer ist als in den von RAUSCH (1952) benutzten Parallelogrammen, bleibt zu untersuchen. Man könnte vermuten, daß hier der große

Beobachtungsabstand und vor allem die Tatsache eine Rolle spielt, daß der Drahtkörper ein isolierendes Herausfassen der fraglichen Teile besonders begünstigt. Doch haben wir dies nicht weiter verfolgt. Daß die Täuschung bei der *langen* Diagonale nur eben angedeutet war, läßt sich aus der Theorie von RAUSCH verständlich machen. Die Diagonalen-Täuschung beruht nach ihm auf zwei Faktoren:
  1) einer Entzerrung der Gesamtfigur,
  2) einer Überhöhung derselben.
Beide Faktoren summieren sich bei der kurzen Diagonale, während ihre Wirkungen bei der langen Diagonale entgegengesetzt sind und sich daher gegenseitig aufheben (vgl. RAUSCH 1952).

3. Untersuchung über optische und haptische Täuschungsphänomene am Kegel und am Dreieck
(Untersuchung Ilse KOCH)

F. KLIX hat 1962 auf folgende eindrucksvolle Maßtäuschung hingewiesen: Ist die Höhe eines gleichschenkligen Dreiecks durch eine Querlinie *anschaulich* halbiert, so verläuft diese Querlinie weit unterhalb der objektiven Mitte. Die objektive Halbierungslinie liegt anschaulich zu hoch. Er fand die Täuschung an einem frontalparallel aufrecht stehenden gleichschenkligen Dreieck und brachte sie mit der Tatsache in Verbindung, daß das Dreieck *in dieser Stellung* auch als die Abbildung zweier in die Tiefe führender Parallelen (einer „Allee") gedeutet werden kann. Ohne auf die Einzelheiten seiner Deutung einzugehen, kann man sagen, daß ihr zufolge die Täuschung ausbleiben muß, wenn der annähernd dreieckige Umriß der Figur als dreidimensionaler Kegel in die Wahrnehmung eingeht. Die Tiefenerstreckung dieses Gebildes ist bereits – in anderer Weise – festgelegt, so daß es unsinnig wäre, an ihm eine noch ungesättigte verborgene Tendenz zu einer (nochmaligen, von der tatsächlich wahrgenommenen abweichenden) „perspektivischen Deutung" anzunehmen. Will man es auf dreidimensionale Verhältnisse übertragen, so ist das Dreieck zu ersetzen durch einen Kegel gleicher Schräge, d. h. gleichen Basiswinkels, und die Querlinie durch einen Kreis um dessen Mantel. Schneidet die Fläche dieses Kreises die Höhe genau in der Mitte, so liegt auch der Kreis auf dem Mantel genau in der Mitte zwischen Spitze und Grundkante.

Grundlegende Frage bei dieser Versuchsreihe war, ob bei der Bestimmung der anschaulichen Höhenmitte eines *Kegels* analoger Größe und Schräge optische – und haptische – Maßtäuschungen gleicher Art auftreten wie beim gleichschenkligen Dreieck, d. h., ob der Ring, der anschaulich in der Mitte der Höhe liegt, genau wie die Mittellinie im Dreieck objektiv *unterhalb* der Mitte verläuft.

Versuchsbedingungen: Versuchspersonen waren zehn normalsichtige Psychologiestudenten und -studentinnen im Alter von 19 bis 24 Jahren, die an allen Einzelversuchen (sieben Sitzungen von je zwei Stunden) teilnahmen.

Als Versuchsmaterial dienten 16 weißgespritzte Holzkegel (Höhe 16 cm, Durchmesser 11 cm, Länge des Kegelmantels 16,8 cm) mit einer waagerecht verlaufenden 2 mm breiten und tiefen Rille, jeweils um 2 mm auf den Kegelmänteln verschoben (kleinster Abstand von der Grundkante 6 cm, größter Abstand 9 cm), sowie 2 × 16 gleichschenklige Dreiecke (Höhe 16 cm, Grundlinie 11,5 cm, Schenkellänge 16,8 cm)

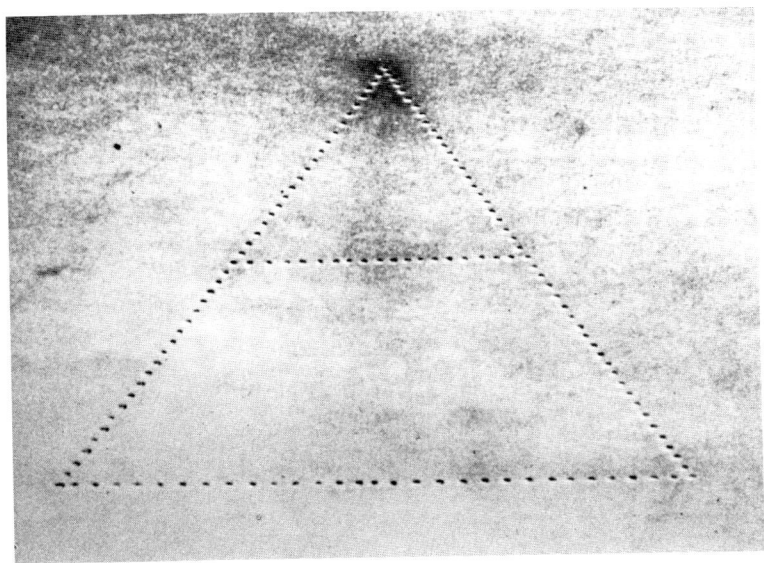

Abb. 20.15: Klixsches Dreieck als zweidimensionale Tastvorlage.

mit gleicher Anordnung der waagerecht verlaufenden Querlinien. Die Hälfte der Dreiecke war mit schwarzer Tusche auf weißen Karton gezeichnet, bei der anderen Hälfte waren die Linien – für die Tastversuche – mit einem Lochabstand von 5 mm perforiert (Abb. 20.15). Zur Darbietung der Kegel und Dreiecke diente ein schwarzes Holzbrett, das nach links und rechts 70 cm, nach der Tiefe 30 cm breit war; es trug in der Mitte einen aufschraubbaren Metallstift, auf den die Vorlagen aufgesteckt wurden, und zwar so, daß die Kegel auf dem Brett zu stehen schienen. Das Brett konnte beliebig nach vorn, hinten oder nach der Seite geneigt werden. Der Darbietungsabstand betrug bei senkrechtstehenden und um 60° nach hinten geneigten Dreiecken und Kegeln 50 cm, bei den übrigen optischen Versuchsvariationen 10 cm weniger. Bei den Versuchen mit um 90° nach vorn geneigten Kegeln und Dreiecken wurde die Sitzhöhe von 45 cm auf 55 cm erhöht. Die Darbietung erfolgte in Zufallsabfolge nach der Konstanzmethode. Die Vpn, zu „unkritischer" ganzheitlicher Betrachtungs- oder Tastweise angehalten, gaben bei freier Beobachtung (Höchstzeit etwa 5 Sekunden) an, ob die waagerechten Rillen oder Linien auf den Vorlagen diese in zwei gleiche Abschnitte teilten, und wenn nicht, welcher Abschnitt größer erschien.

Kegel und Dreiecke wurden in folgenden Stellungen dargeboten:
1) und 2): senkrecht stehend (Abb. 20.16a und b);
3) und 4): um 60° nach hinten geneigt (Abb. 20.17a und b);
5) und 6): um 90° nach hinten geneigt (Abb. 20.18a und b);
7) und 8): um 90° nach vorn geneigt (Abb. 20.19a und b).

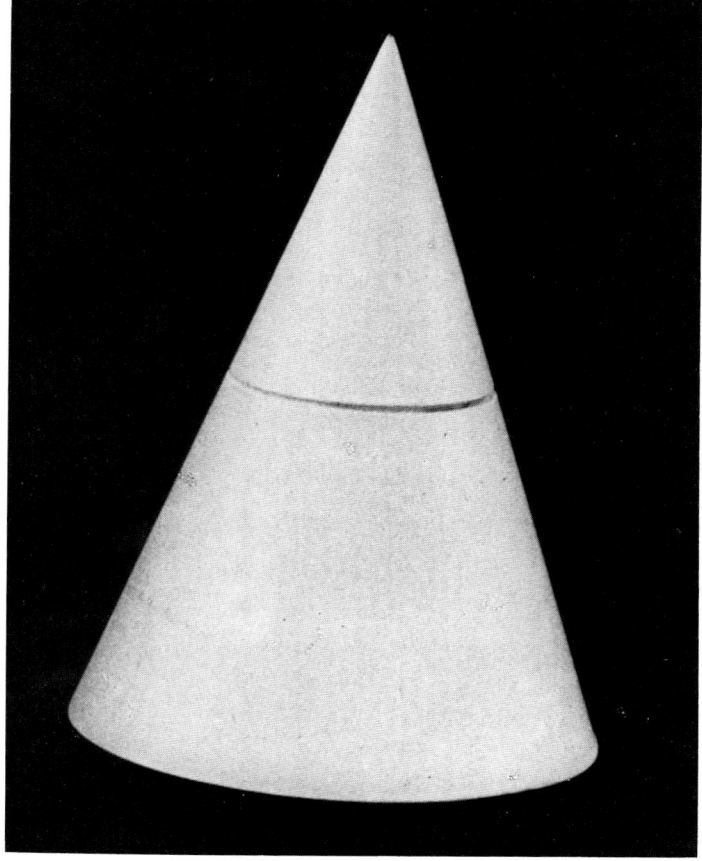

Abb. 20.16a und 16b: Klixsches Dreieck und räumlich analoger Kegel, aufrechtstehend.

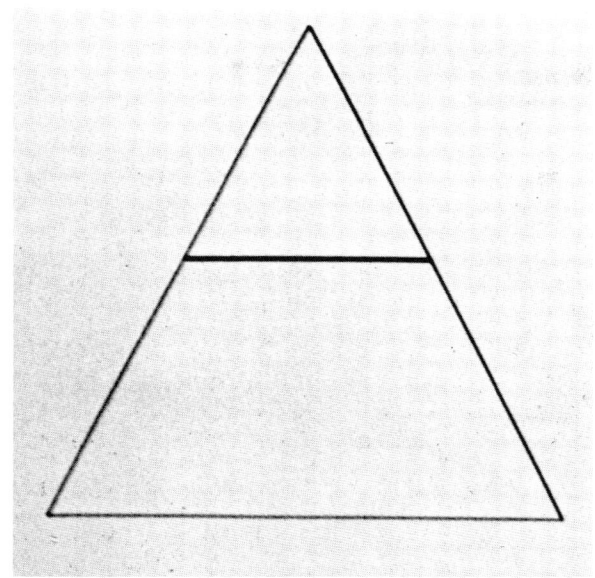

Abb. 20.17a und 17b: Klixsches Dreieck und analoger Kegel um 60° nach hinten geneigt.

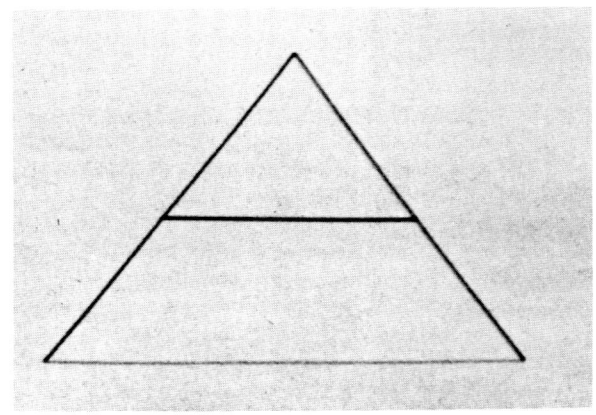

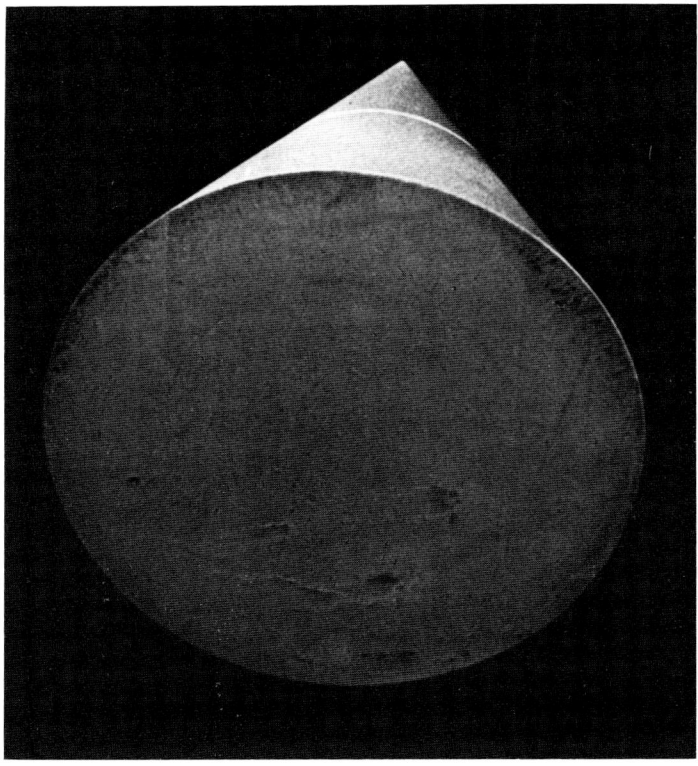

Abb. 20.18a und 18b: KLIXsches Dreieck und analoger Kegel um 90° nach hinten geneigt.

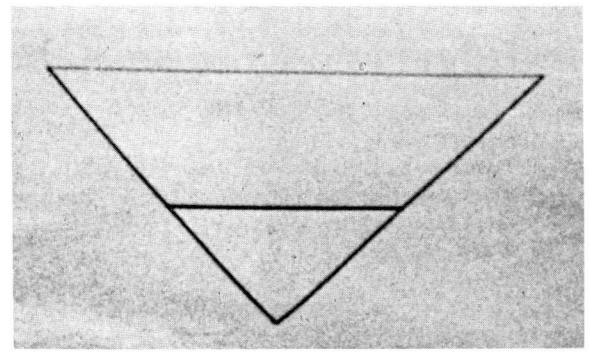

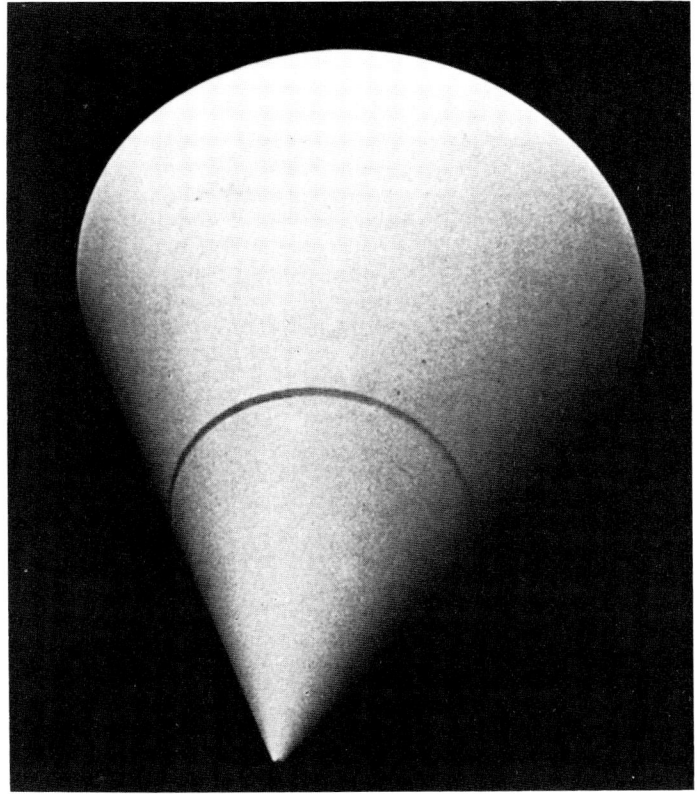

Abb. 20.19a und 19b: KLIXsches Dreieck und analoger Kegel um 90° nach vorn geneigt.

3.1. Ergebnisse der optischen Versuche

In sämtlichen Stellungen wurde die untere Hälfte des Dreiecks und des Kegels eindeutig überschätzt: d. h. die anschauliche Mitte der Höhe liegt näher an der Grundlinie als die geometrische (Tabelle 20.5). In allen Stellungen liegen die Endmittelwerte und prozentualen Täuschungsbeträge beim Kegel *höher* als beim Dreieck. Die Ergebnisse sind bei senkrechter und um 60° nach hinten geneigter Stellung auf der 1%-Stufe, bei den übrigen Stellungen auf der 5%-Stufe signifikant (Abb. 20.20).

Die unterschiedliche Neigung der Versuchsvorlagen nach vorn und hinten beeinflußte das Ausmaß der Täuschung insofern, als bei Neigung der Kegel- und Dreiecksspitze nach vorn, die Überschätzung *am größten* war. Sie verringerte sich beim Übergang zu senkrechter Darbietung um 4,4% und nahm dann bei wachsendem Winkel der Neigung nach hinten wieder stetig *zu*, ohne allerdings das gleiche Ausmaß wie bei einer Neigung nach vorn wieder zu erreichen.

Tabelle 20.5
Meßergebnisse der optischen Versuche am Kegel und am Dreieck

Abkürzungen:
N = Anzahl der Vpn

$\frac{h}{2}$ = geometrische Höhenmitte

$\bar{\bar{x}}$ = Gesamtmittelwert der Täuschungsbeträge, aus den Einzelmittelwerten jeder Vp, anschauliche Höhenmitte berechnet aus den Gleichurteilen

T% = Täuschungsbetrag in Prozent
s_1 = interindividuelle Streuung
s_2 = intraindividuelle Streuung

Neigungswinkel der Kegel bzw. der Dreiecke
↑   senkrecht
↖   um 60° nach hinten geneigt
←   um 90° nach hinten geneigt
→   um 90° nach vorn geneigt

Versuche		N	$\frac{h}{2}$(cm)	$\bar{\bar{x}}$(cm)	T%	s_1	s_2
1. Kegel	↑	10	8,0	0,75	9,4	0,27	0,31
2. Dreieck	↑	10	8,0	0,45	5,6	0,28	0,38
3. Kegel	↖	10	8,0	0,90	11,2	0,34	0,23
4. Dreieck	↖	10	8,0	0,61	7,6	0,28	0,32
5. Kegel	←	10	8,0	0,95	11,8	0,27	0,25
6. Dreieck	←	10	8,0	0,66	8,2	0,30	0,30
7. Kegel	→	10	8,0	1,10	13,7	0,27	0,27
8. Dreieck	→	10	8,0	0,89	11,1	0,30	0,30

Die Tatsache, daß sich die Täuschungsbeträge bei Rück- und Vorwärtsneigung der Kegel- und Dreiecksspitze in gleicher Richtung verändern und sich nur in ihrem Ausmaß unterscheiden, läßt darauf schließen, daß nicht die – extrem unterschiedlichen! – projektiven Verhältnisse auf der Netzhaut ausschlaggebend sind, da in diesem Falle eine Umkehrung der Täuschungsrichtung zu erwarten wäre.

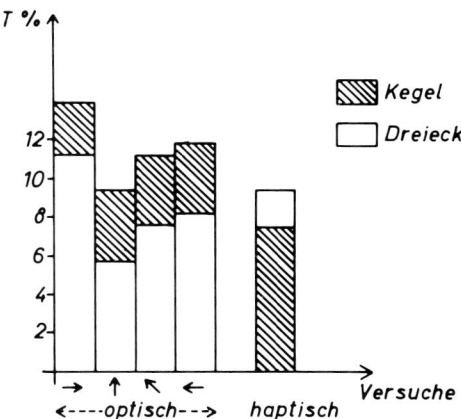

Abb. 20.20: Gegenseitiges Stärkeverhältnis der KLIXschen Halbierungstäuschungen am Dreieck und am Kegel in Abhängigkeit von verschiedenen Bedingungen.

3.2. Ergebnisse der Tastversuche

Auch das – bei der Größe der verwendeten Vorlagen notwendig aktive (RÉVÉSZ 1934) – Betasten führte im Ganzen zu einer Überschätzung des unteren Kegel- und Dreiecksabschnittes. Allerdings kam es hier auch vor, daß die geometrische und die anschauliche Höhenmittel übereinstimmten, in einigen Fällen wurde sogar der obere Höhenabschnitt geringfügig überschätzt.

Beim Kegel betrug der Endmittelwert der Täuschungsbeträge 0,60 cm (= 7,5%) bei einer interindividuellen Streuung $s_1 = 0,33$ und einer intraindividuellen Streuung $s_2 = 0,32$. Die entsprechenden Werte beim Dreieck lagen etwas höher, nämlich $\bar{x} = 0,75$ cm (= 9,4%), $s_1 = 0,17$; $s_2 = 0,45$. Der Mittelwertsunterschied ist aber nicht signifikant (t = 0,21, berechnet nach Wurzeltransformation für rechtsschiefe Verteilung).

Inwieweit Stellungsveränderungen bei den Tastversuchen einen ähnlichen Einfluß auf das Ausmaß der Täuschung haben, wie er sich bei den optischen Versuchen andeutete, müßte durch weitere Versuche geklärt werden.

Der Vergleich zweier Tastversuche mit zwei entsprechenden optischen (Kegel und Dreieck einmal senkrecht stehend, einmal um 90° nach hinten geneigt) zeigt beim optischen Versuch mit dem Kegel einen durchschnittlich größeren Täuschungsbetrag. (Allerdings konnte wegen der unterschiedlichen Versuchsbedingungen keine Signifikanzprüfung durchgeführt werden.)

Der Grund ist möglicherweise in der unterschiedlichen Betrachtungsweise zu suchen: Beim Sehen unmittelbarer gleichzeitiger Überblick, beim Betasten allmähliche Gewinnung eines Gesamteindrucks aus anfänglichen Bruchstücken. Beim haptischen Vergleich deutet die größere Streuung der Gleichurteile auf stärkere Beobachtungsschwierigkeiten hin. Dies war auch beim Versuch mit dem Dreieck der Fall, obwohl dieser etwas größere Täuschungsbeträge ergab als der vergleichbare optische. Wieweit das – wie einige Vpn zu verstehen gaben – auf die nicht durchgehenden Konturen bei der Tastvorlage und die damit verbundenen Schwierigkeiten der Erfassung oder auf Einflüsse der Lage zurückgeht, bleibt in weiteren Versuchen zu klären und interessiert in diesem Zusammenhang auch weniger.

4. Erörterung der Ergebnisse

Es hat sich ergeben:

A. An dreidimensionalen Gegenständen, deren Aufbau dem der üblicherweise benutzten zweidimensionalen Täuschungsmuster entspricht, finden sich Maßtäuschungen von derselben Richtung und zum Teil derselben, zum Teil größeren Stärke.

B. An zwei- und dreidimensionalen Täuschungsmustern ergeben sich *beim Betasten* Maßtäuschungen von derselben Richtung und nur unwesentlich abweichender Stärke wie beim Betrachten, wie es schon BENUSSI (1904) und RÉVÉSZ (1934) festgestellt hatten.

Beide Feststellungen sind bisher nur an einem Teil der überlieferten Täuschungsmuster gemacht worden. Dies hängt u. a. damit zusammen, daß eine Übertragung der zweidimensionalen Fassung in eine wirklich analoge dreidimensionale mit logischen und technischen Schwierigkeiten verknüpft ist. So glaubten wir, eine dreidimensionale Fassung der ZÖLLNER-Figur in den gewundenen Säulen gefunden zu haben, die manchen barocken Schränken und Fassaden zur Zierde dienen. Der Effekt war unbefriedigend. Doch hoffen wir, im kommenden Sommer eine gute Aufnahme eines ZÖLLNER-Falles an der Kante eines vielstöckigen Hochhauses machen zu können, auf die von den übereinandergereihten Balkonen bei passendem Sonnenstand eine Reihe schiefer Schatten geworfen wird; der unmittelbare Eindruck, daß das Haus schief steht, ist zwingend und nur bisher nicht im Bild festgehalten (Beobachter: Michael STADLER).

Es gibt auch widersprüchliche Fälle: Nach OPPEL erscheint die unterteilte Strecke länger, ein Befund, der sich im WUNDTschen Quadrat wiederholt. Im Gegensatz dazu macht erfahrungsgemäß das längsgestreifte Kleid seine Trägerin „schlanker" als das quergestreifte. An theoretischen Möglichkeiten, diesen Widerspruch zu klären, fehlt es nicht; doch stehen die dazu nötigen Versuche noch aus.

Was bedeuten unsere Befunde für die Theorie der Maßtäuschungen? Sie haben, wie uns scheint, die Bedeutung von Entscheidungsversuchen.

A. Allgemein, für alle Theorien, in welchen versucht wird, die Maßtäuschungen aus Eigentümlichkeiten der *Gesichts*wahrnehmung verständlich zu machen: denn träfen sie zu, so bliebe es ein Rätsel, wie genau dieselben Täuschungen in der Tastwahrnehmung wiederkehren können.

B. Sie haben im besonderen die Bedeutung von Entscheidungsversuchen für alle Theorien, in denen versucht wird, die Maßtäuschungen verständlich zu machen aus den Funktionen bzw. Mechanismen, durch welche eine (retinal oder anschaulich – in einer Zeichnung –) zweidimensionale in eine dreidimensionale Verteilung (die „Abbildung" eines Gegenstandes) übersetzt wird. Träfe diese Annahme zu, so dürfte es Maßtäuschungen nur an zweidimensionalen Gebilden geben.

Unter den zahlreichen Versuchen, für Maßtäuschungen einen allgemeinen Erklärungsgrund zu finden, haben augenblicklich die (empiristischen bzw. teleologisch-instrumentalistischen) „Perspektive"- bzw. „Größenkonstanz"-Theorien eine Art von unverdienter Wiedergeburt erlebt. Ihre Reihe beginnt mit A. W. VOLKMANN (1863) und führt über A. THIERY (1895/1896) und W. FILEHNE (1898) zu R. TAUSCH (1954), E. v. HOLST (1957), W. KRISTOF (1961), F. KLIX (1962) und R. L. GREGORY (1963, 1965, 1967).

Bedenken gegen diese Theorien wurden u. a. geltend gemacht von V. BENUSSI (1904), H. EBBINGHAUS (1913), D. SCHMIDT (1961), M. BALSER (1963), E. RAUSCH (1966) und vor allem, wohl am scharfsinnigsten, von M. ZANFORLIN (1967).

Allen perspektivistischen Ansätzen, seien sie nun empiristisch im engeren Sinne eines jeweiligen individuellen Neuerwerbs oder teleologisch-instrumentalistisch im Sinne einer „stammesgeschichtlichen Erfahrung", ist durch das identische Vorkommen zahlreicher bekannter Maßtäuschungen auch an dreidimensionalen Körpern, und dies auch in der Tastwahrnehmung, endgültig der Boden entzogen. Die Vertreter dieser Lehren bitten wir – nicht ohne Grund –, die Unvereinbarkeit ihrer Theorien mit den Befunden *nicht* – nach dem unrühmlichen und noch längst nicht entschieden genug abgelehnten Vorbild des amerikanischen „Objektivismus" – durch *Sprachregelungen* verschleiern zu wollen.

Nachdem die Unvereinbarkeit der Theorie mit den Tatsachen feststeht, lohnt es sich für uns nicht mehr, auf die zum Teil sehr scharfsinnigen Einzelheiten der verschiedenen Ansätze, u. a. auf ihre unterschiedlichen Ausgangsbeobachtungen und ihren stark variierenden Sprachgebrauch einzugehen. Er läuft in jedem Fall darauf hinaus, daß es einen Mechanismus gibt, durch den retinale Konfigurationen – ohne Mitwirkung der eigentlichen Denkfunktion – in sehr bestimmter Weise dreidimensional „interpretiert" werden, und daß dieser Mechanismus „irrtümlicherweise" auch dann in Gang kommt, wenn die fraglichen Netzhaut-Konfigurationen ausnahmsweise die Abbildung objektiv frontalparalleler zweidimensionaler Verteilungen sind, wodurch dann die „optischen Täuschungen" entstehen.

Die Hartnäckigkeit, mit welcher perspektivistische Deutungen der Maßtäuschungen trotz der gewichtigsten Gegenargumente immer wieder aufs Neue auftreten, hat mehrere Gründe.

Erstens einen theoretischen: Es liegt zur Zeit nahe vorauszusetzen, daß alles, was am Organismus geschieht, nützlich sein müsse (vgl. hierzu RAUSCH 1966, S. 812f.), und daß weiter die Nützlichkeit selbst schon Erklärungswert besitze – was übrigens gerade von biologischer Seite, etwa von Konrad LORENZ, entschieden bestritten wird.

Zweitens einen empirischen: Diese Art von Deutungen wird durch eine Reihe eindrucksvoller *Beobachtungen* nahegelegt:

Man denke vor allem an die *echten* perspektivistischen Größentäuschungen, an die Männlein objektiv gleicher Größe, die man in verschiedenen Entfernungen vom Schnittpunkt in ein Strahlenbündel hineinzeichnet, dessen perspektivische Wirkung als eine Schar in die Ferne laufender Parallelen (Kanten eines Flures) noch durch Scharen immer kleiner werdender und immer dichter zusammengerückter senkrechter und waagerechter Verbindungslinien verstärkt wird.

Freilich geht schon aus den bekannten Untersuchungen von J. J. GIBSON (1950 und folgende) hervor, daß die Tiefenwirkung derartiger Gradienten um so stärker ist, *erstens* je *vielseitiger* sie sind (also am stärksten z. B. bei gleichzeitiger, gleichgerichteter und gleichstarker Konvergenz von Linien, Abnahme der Größe und des Abstands (und unter Umständen auch der Verlagerungsgeschwindigkeit) von „Elementen" und der Zunahme ihrer Verzerrung), und *zweitens*, je größer die *Menge* dieser „Elemente" bzw. der zugrunde liegenden Diskontinuitäten der Reizverteilung ist. Wirklich durchschlagende Wirkungen dieser Art treten also nur dann auf, wenn aus eben diesem

Grund der Charakter der Inhomogenität des beobachteten Feldes sich demjenigen einer *Textur* annähert. In diesen Fällen ist dann freilich die anschauliche Tiefenerstreckung ebenso eindrucksvoll wie die Größenkonstanz und zugleich einleuchtenderweise die *Ungleichheit* der anschaulichen Größe retinal gleichgroßer Gebilde, die an verschieden „fernen" Stellen des Gesamtsystems eingeordnet erscheinen.

Es ist natürlich *logisch* möglich, auch mit Konfigurationen zu experimentieren, in denen *beide* Bestimmungen sich einem Minimum nähern, in denen also die Unterschiede sich auf einen der fünf genannten Gesichtspunkte (z. B. die Größe oder die Richtung) beschränken, und in denen zugleich die Zahl der „Elemente" sich dem Minimum von zwei bis drei nähert, bei welchem eben noch eine Ungleichheits-Relation irgendeiner Art auftreten kann.

Aber einen Winkel, ein Dreieck oder ein Paar oder Tripel paralleler Linien verschiedener Länge als Grenzfälle eines GIBSON-Gradienten zu betrachten, bleibt ein logisches Spiel mit fraglichem Erkenntniswert. Denn die optischen Konfigurationen werden, wie WERTHEIMER schon 1923 zeigte, um so *vieldeutiger,* je geringer die Zahl ihrer natürlichen Teile oder Glieder ist. Infolgedessen wird aber auch unter den zahlreichen möglichen Real-Interpretationen *der zu erwartende Anteil der Auffassungen* (oder unbewußten Wirkungen) *als* GIBSON-*Gradient* zugleich *immer geringer* und infolgedessen gerade die *Ausnahmslosigkeit* der fraglichen Täuschungen unverständlich (ZANFORLIN 1967).

Abgesehen davon, daß Tiefenunterschiede an den so erklärten Täuschungsfiguren in der Regel gar nicht gesehen, sondern nur noch, zu theoretischen Zwecken, als „unbewußt wirksame Tendenzen" (im Sinne von v. HELMHOLTZ) hypostasiert werden, führt die genauere Erörterung zu Widersprüchen, denen nicht einmal der scharfsinnige KLIX (1962) – bei seiner Erörterung der Halbierungstäuschung am Dreieck – entgangen ist.

GREGORY (1963, 1965, 1967) hat zum Nachweis des Zusammenhanges zwischen bestimmten Täuschungen und bestimmten Tiefenverteilungs-Tendenzen in den letzten Jahren höchst bemerkenswerte Versuche vorgeschlagen, in denen es sich zeigt, daß gewisse Konfigurationen, die, auf der Fläche eines deutlich sichtbaren Papiers festgehalten, bekannte Täuschungsmuster darstellen, bei Beseitigung jeder Tiefenfestlegung – also bei einäugiger Betrachtung von Leuchtlinien im Dunkeln – sich so nach der Tiefe orientieren oder in ihr verteilen, wie es nach den üblichen Perspektive- bzw. Konstanz-Theorien den darin angenommenen unbewußten Tendenzen entspricht.

Freilich ist es ZANFORLIN (1967) gelungen, Konfigurationen nachzuweisen, die im Leuchtlinien-Versuch durchaus *keine* Tiefenerscheinungen und trotzdem im Hellen kräftige Täuschungen ergeben.

Eine angemessene Theorie wird sowohl die zuletzt erörterten Beziehungen einbegreifen müssen wie die Tatsache, daß die Maßtäuschungen an dreidimensionalen Körpern ebenso auftreten wie an zweidimensionalen Strichzeichnungen, und beim Tasten ebenso wie beim Sehen. Sie wird zugleich zu erklären haben, wann zwischen Täuschungsart und dreidimensionaler Auffassung eine Beziehung besteht und wann nicht. Sie wird auszugehen haben von der Einheit der Funktionen, die in *sämtlichen* beteiligten Sinnen der Raum- und Formwahrnehmung dienen, wie dies Révész schon 1934 gefordert hat. Sie wird schließlich gestatten müssen, aus Systemparametern abzuleiten, unter welchen Bedingungen sich Maßtäuschungen und unter welchen sich Tiefenerscheinungen ausbilden, zunächst unabhängig davon, ob sie sachgemäß und daher nützlich sind oder nicht.

Ansätze zu einer solchen Theorie sind vorhanden, und zwar bei H. KOPFERMANN (1930), W. METZGER (1935, 1953², 1966, 1968⁴), E. RAUSCH (1952, 1966).

Doch sollen sie hier nicht weiter verfolgt werden. Denn die Absicht *dieser* Untersuchung war lediglich, *Befunde* beizutragen, die man in jeder künftigen Theorie der Maßtäuschungen wird berücksichtigen müssen.

5. Zusammenfassung

An einer Reihe dreidimensionaler Gebilde, die bekannten zweidimensionalen – gezeichneten – Täuschungsmustern analog aufgebaut sind und die von den Versuchspersonen in verschiedenen Lagen teils betrachtet, teils betastet werden, treten unter sämtlichen geprüften Umständen Täuschungen auf, die gleichgerichtet und zum Teil stärker sind als die an den üblichen Strichzeichnungen festgestellten Täuschungen.

Es wird dadurch jede Theorie dieser Täuschungen unmöglich, in welcher
1) die *besondere* Funktionsweise des *Auges* (im Vergleich mit der tastenden Hand) und
2) im Besonderen die Entstehung einer dreidimensionalen (annähernd objektgetreuen) Wahrnehmungswelt aus den zweidimensionalen Netzhautbildern als entscheidendes Agens vorausgesetzt wird.

21. Gestaltwahrnehmung (1968)

Die Wahrnehmung des Auges, des Ohres und der Hand setzt voraus, daß die ungeheure Fülle der gleichzeitigen und aufeinander folgenden Reize sich zu Einheiten organisiert, die sich voneinander und von der Umgebung genügend absetzen und im dreidimensionalen Wahrnehmungsraum verteilen. Die Dynamik dieser Organisation ist von Systemparametern mitbestimmt und gibt daher gute Veranschaulichungsbeispiele zur allgemeinen Systemtheorie.

Wie kommt es, daß unsere Augen dem Bewußtsein nicht ein Gewimmel von Farbflecken („Empfindungen") vermitteln, von denen jeder einzelne mit jedem anderen so viel und so wenig zu tun hat wie mit allen übrigen? Wie kommt es, daß unser Sehraum statt dessen mit wohlgeformten, klar voneinander abgesetzten Dingen von vielfach fester Gestalt erfüllt ist, die sich zum Teil bewegen, zum Teil verändern, zum Teil in allerlei Beziehungen zueinander treten und einander auf die verschiedenste Weise beeinflussen?

„Ich stehe am Fenster" – so beginnt Max WERTHEIMER seine berühmte zweite Untersuchung zur Lehre von der Gestalt – „ich stehe am Fenster und sehe ein Haus, Bäume, Himmel. Und könnte nun, aus theoretischen Gründen, abzuzählen versuchen und sagen: da sind 327 Helligkeiten und Farbtöne (habe ich ‚327'?. Nein, Himmel, Haus, Bäume, und das Haben der ‚327', als solcher kann keiner realisieren). Und seien in dieser sonderbaren Rechnung etwa Haus 120 und Bäume 90 und Himmel 117, so habe ich jedenfalls *dieses* Zusammen, dieses Getrenntsein, und nicht etwa 127 und 100 und 100, oder 150 und 177. In dem bestimmten Zusammen, der bestimmten Getrenntheit *sehe* ich es; und in welcher Art des Zusammen, der Getrenntheit ich es sehe, das steht nicht einfach in meinem Belieben; ich kann durchaus nicht etwa nach Belieben jede irgend andere gewünschte Art der Zusammengefaßtheit einfach realisieren. – (Und welch ein merkwürdiger Prozeß, wenn einmal so etwas gelingt. Welches Erstaunen, wie ich hier nach langem Hinsehen, nach allerlei Versuchen, in sehr wirklichkeitsferner Einstellung *entdecke*, daß da an einem Fenster Stücke des dunklen Rahmens mit einem glatten Ast zusammen ein lateinisches N bilden [Abb. 21.1])." Zweifellos handelt es sich beim Sehen um Gestaltungsvorgänge. Aber bei diesen Vorgängen ist *nicht* der bewußt eine Auswahl treffende *Mensch* als Gestalter tätig wie beim künstlerischen Schaffen. Jene Gestaltungsvorgänge spielen sich vielmehr ohne sein Zutun in seinem Nervensystem ab; im Bewußtsein erscheint *nur ihr Ergebnis*.

Wir sprechen also – mindestens zunächst – nicht von Kunst und vom Künstler, sondern vom ganz alltäglichen Sehen gewöhnlicher Durchschnittsmenschen, also vom reinen, *scheinbar* völlig passiven *Aufnehmen* dessen, was jeder von uns *vorfindet*, wenn er nichts weiter tut, als seine Augen aufzumachen und um sich zu blicken – und dies nicht etwa in einer Kunstausstellung, sondern zu Hause, am Fenster, im Garten, auf der Straße, auf einem Feldweg, in einer Versammlung.

Die Frage lautet ganz einfach: „Wie kommt es, daß man sieht, was da ist?" – Zunächst einmal hängt diese Fähigkeit davon ab, ob der Gegenstand auf der Netzhaut, dem lichtempfindlichen Hintergrund des Auges, richtig abgebildet wird. Bekanntlich ist in dem mittleren Bereich der Netzhaut in der Umgebung des Blickpunktes eine in guter Annäherung zutreffende Abbildung durch den optischen Apparat des Auges gesichert. Jedoch: wir sehen ja nicht mit der Netzhaut, da dies nur ein Zwischenglied – wenn auch ein entscheidendes – des gesamten Vermittlungsvorganges ist. Damit wir etwas sehen, müssen vielmehr zentrale Stellen des Nervensystems, genau: die area striata im Hinterhauptslappen der Großhirnrinde, in Tätigkeit treten. Und auf dem Weg von der Netzhaut dorthin können die vermittelnden Prozesse ihrerseits noch allerlei Umwandlungen erfahren. Die Richtigkeit der *endgültigen* Abbildung ist also

Abb. 21.1: Der vor dem Fenster diagonal aufragende Ast kann zusammen mit dem dunklen Fensterrahmen als Querstrich eines N gesehen werden.

keineswegs selbstverständlich. Das zeigen schon die bekannten geometrisch-optischen Täuschungen (Abb. 21.2), denen man, wie wir heute wissen, nicht nur angesichts von Zeichnungen, sondern ebenso vor handfesten Dingen beliebiger Größe unterliegen kann (Abb. 21.3), – was übrigens jede Damenschneiderin weiß, wenn sie zwischen „vorteilhaften" (d. h. schlank machenden) und „unvorteilhaften" (d. h. breit machenden) Mustern unterscheidet. Für diese Täuschungen wurden schon früh die verschiedensten spezifischen Erklärungen versucht, von denen aber keine recht befriedigen konnte.

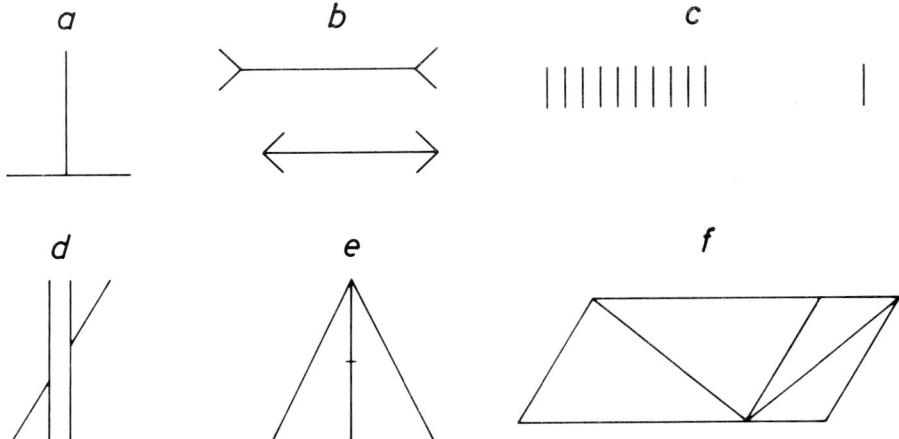

Abb. 21.2: Optische Täuschungen: a) die Senkrechte erscheint länger als die Waagerechte; b) die Linie mit ausspringenden Winkeln scheint länger als die mit einspringenden; c) die unterteilte Strecke scheint länger; d) die schräge Gerade wirkt wie zwei gegeneinander verschobene Linien; e) der Punkt teilt die Senkrechte in der Mitte, sitzt aber scheinbar zu hoch; f) beide Diagonalen der Parallelogramme sind gleich lang!

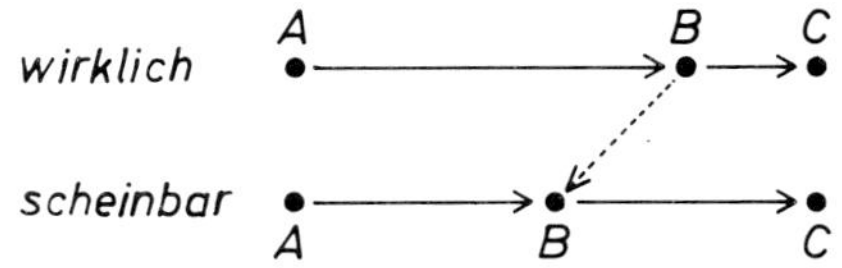

Abb. 21.4: Drei im Dunkeln nacheinander aufleuchtende Lichtpunkte erscheinen Betrachtern auch dann in gleichen Abständen, wenn das wirkliche Abstandsverhältnis 3:1 ist.

Abb. 21.3: Höhe und Breite des „Münzturms" sind gleich!

Den Anstoß zu grundlegend neuen theoretischen Überlegungen über die Natur dieser Abweichungen gab erst eine Reihe von Beobachtungen, die erstmals 1914 auf dem Psychologenkongreß in Göttingen erörtert wurden. A. GELB hatte damals über seinen inzwischen berühmt gewordenen Versuch berichtet. In ihm hatte er drei Lichtpunkte in gerade Linie, aber mit ungleichen Abständen angeordnet und die Lichtpunkte in gleichen Zeitabständen nacheinander kurz im Dunkeln aufleuchten lassen. Diese Lichtpunkte waren den Beobachtern (annähernd oder ganz) symmetrisch angeordnet erschienen, selbst dann noch, wenn das wirkliche Verhältnis der Abstände 3:1 betrug (Abb. 21.4). Damals hatten sich sogleich mehrere Teilnehmer zu Wort

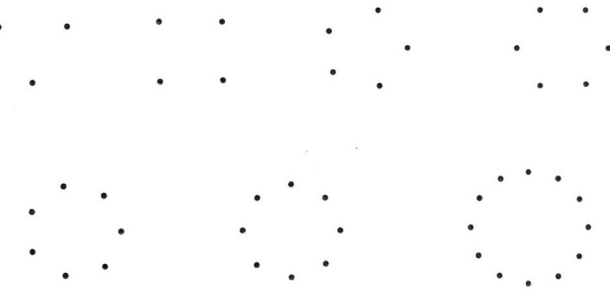

Abb. 21.5: Die Eckpunkte regelmäßiger Vielecke erscheinen, auch wenn die Seiten nicht eingezeichnet sind, durch imaginäre „Brückenlinien" verbunden; bei großer Zahl der Eckpunkte gehen diese imaginären Linien in Kreisform über.

gemeldet, die mit verwandten Beobachtungen aufwarten konnten. So erinnerte H. Rupp an die alte Beobachtung von Bourdon, nach der die „virtuellen" Verbindungen gesehener Punkte, wenn diese als Eckpunkte regelmäßiger Vielecke angeordnet sind, von einer bestimmten Punktzahl an aufwärts deutlich *Kreisform* annehmen (Abb. 21.5). V. Benussi wies auf seine Versuche über haptische, stroboskopische Scheinbewegung hin, in denen zwei benachbarte Hautstellen abwechselnd berührt wurden, bis bei gleichbleibender Frequenz die Berührung zunächst einzelne Sprünge zu machen, dann hin und her zu gehen und schließlich gleichmäßig zu kreisen schien (Abb. 21.6). In weiteren Beiträgen wurde übereinstimmend dargestellt, daß beim Sehen *und* beim Tasten regelmäßige, symmetrische, in sich einheitliche, geschlossene und vollständige Gebilde vor weniger regelmäßigen, unsymmetrischen und lückenhaften (nicht vollständig geschlossenen) Gebilden „bevorzugt" werden.

Was heißt aber hier „bevorzugt"? Bevorzugung kann hier ja keineswegs als das Ergebnis einer *Wahl* zwischen verschiedenen Angeboten verstanden werden. Der Ausdruck bedeutet vielmehr, daß man unter „ungünstigen" Reizbedingungen, für die ich den Ausdruck „gelockerte Reizbindung" vorgeschlagen habe, die im Auge abgebildete Figur nicht ganz dem wirklichen Gegenstand entsprechend sieht, sondern mit bemerkenswerten Abweichungen von der Reizverteilung. Von „gelockerter Reizbindung" sprechen wir u. a. bei einer Darbietung, die sich auf kürzeste Zeit (kleine Bruchteile einer Sekunde) oder auf geringste Reizstärke, besser gesagt: auf geringste qualitative Abhebung von der Umgebung beschränkt, ebenso aber auch bei stärkster Verkleinerung oder entsprechend vergrößerten Beobachtungsabstand, endlich bei der Beobachtung von Nachbildern. Welches sind nun die gemeinsamen Merkmale der Abweichungen von der dem wirklichen Gegenstand entsprechenden Reizverteilung, die dabei beobachtet werden? – An Stelle eines nicht ganz regelmäßigen Gebildes sieht man vielfach ein regelmäßiges oder mindestens regelmäßigeres; nach Goldschmidt ist hierbei, wenn die Abbildung im Auge sehr klein, sehr kurz oder blaß ausfällt, die Tendenz auf die Kreisform besonders deutlich. An Stelle eines lückenhaften Gebildes sieht man überdies ein lückenloses. Wir kennen derartige Wirkungen aus dem Alltag,

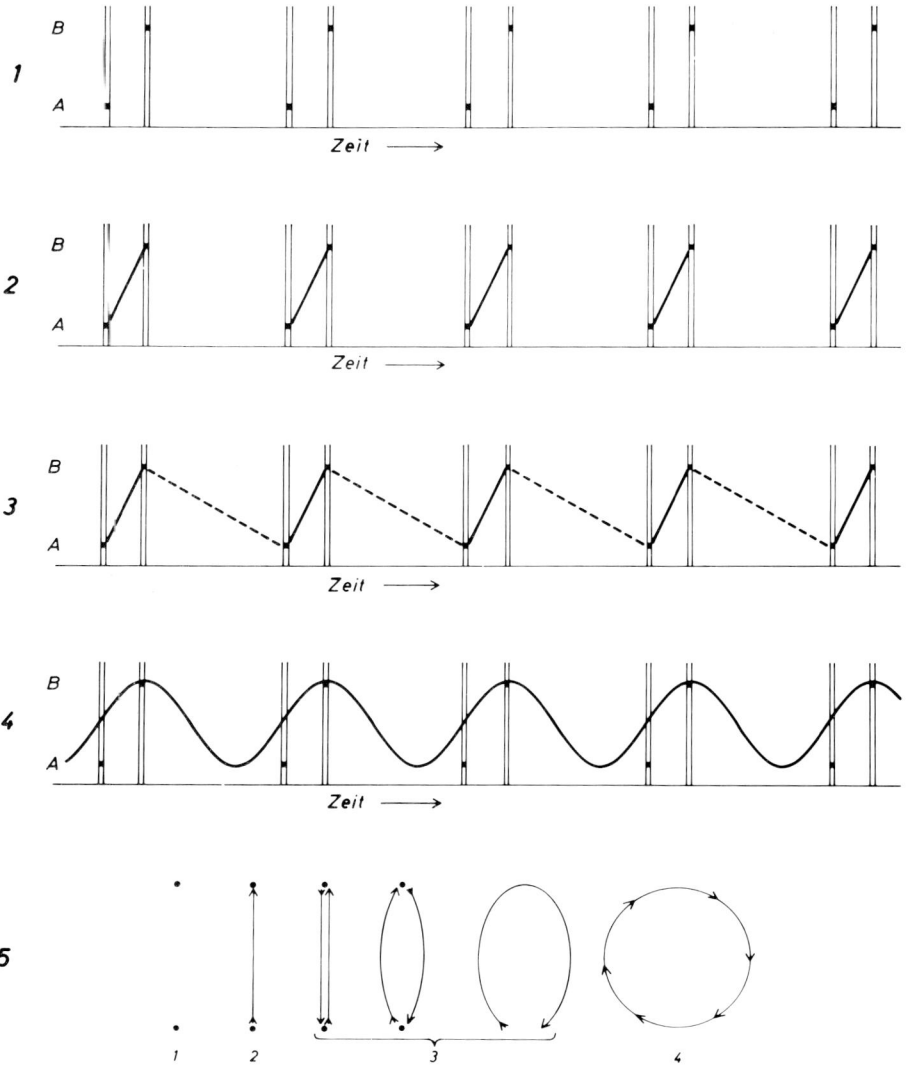

Abb. 21.6: Haptische Scheinbewegung: 1. Durch abwechselnde Berührung benachbarter Hautpunkte (A, B) entstehen zwei Berührungsempfindungen. 2. Bei einem Zeitabstand der einzelnen Berührungen von weniger als einer Sekunde verspürt man durchgehende Striche von A nach B. 3. Längere Fortsetzung dieser Berührungsweise bei entsprechender Frequenz schafft den Eindruck einer Hin- und Herbewegung zwischen den Umkehrpunkten A und B. 4. Bei länger fortgesetztem Wechsel der Berührungen bei gleichbleibender Frequenz entsteht der Eindruck einer Kreisbewegung.

wo wir sie aber durchaus nicht schätzen: so, wenn wir sehr kleine Druckschriften lesen und etwa das kleine c sich durch „Schließung der Lücke" zu einem o ergänzt oder die 3 zu einer 8.

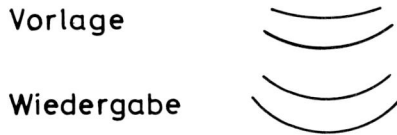

Abb. 21.7: Die Wahrnehmung neigt zu möglichst regelmäßiger Sicht: die nicht parallelen Kurven der Vorlage gaben Versuchspersonen parallel wieder.

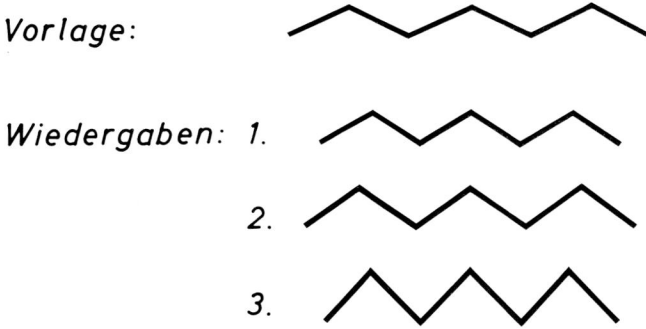

Abb. 21.8: Auf der Vorlage nur schwach angedeutete Merkmale wurden von den Versuchspersonen stärker ausgeprägt wiedergegeben.

Man kann sich Erscheinungen der seinerzeit in Göttingen erörterten Art auch ohne Gerät vorführen. Nach WULF (1922) und SORGE (1940) finden sich Abweichungen übereinstimmender Art und Tendenz, wenn man Strichfiguren, die man kurze Zeit angeschaut hat, nach einiger Zeit aus dem Gedächtnis wiederzugeben sucht. Auch hierbei bleiben regelmäßige oder ausgezeichnete Formen, wie ein Kreis mit einem Mittelpunkt oder ein auf einer Seite ruhendes Quadrat, beliebig lang unverändert erhalten. Andere verändern sich, indem einerseits „Störungen" beseitigt werden – man spricht dann wohl auch von „Nivellierung" oder Einebnung – (Abb. 21.7 nach WULF), andererseits zunächst nur angedeutete Eigenschaften sich stärker ausprägen – „Pointierung" oder Verschärfung (Bild 21.8 aus WULF) –, beides um so mehr, je länger der Zeitraum zwischen Betrachtung und Wiedergabe ist. Auch in dem folgenden Beispiel von SORGE (Abb. 21.9) fällt durchweg die größere Regelmäßigkeit der Wiedergaben auf, wenn diese auch angesichts ein und desselben Musters auf sehr verschiedene Weise erreicht werden kann, offenbar je nachdem von welcher „Grund"-Figur das Auge des Beobachters die Vorlage „ableitet". So konnte z. B. der Siebenpunkt sowohl aus einer regelmäßigen Sechseckverteilung, als auch von zwei symmetrisch beiderseits des Einzelpunktes angeordneten Dreiergruppen abgeleitet erscheinen, und diese zweite Ablei-

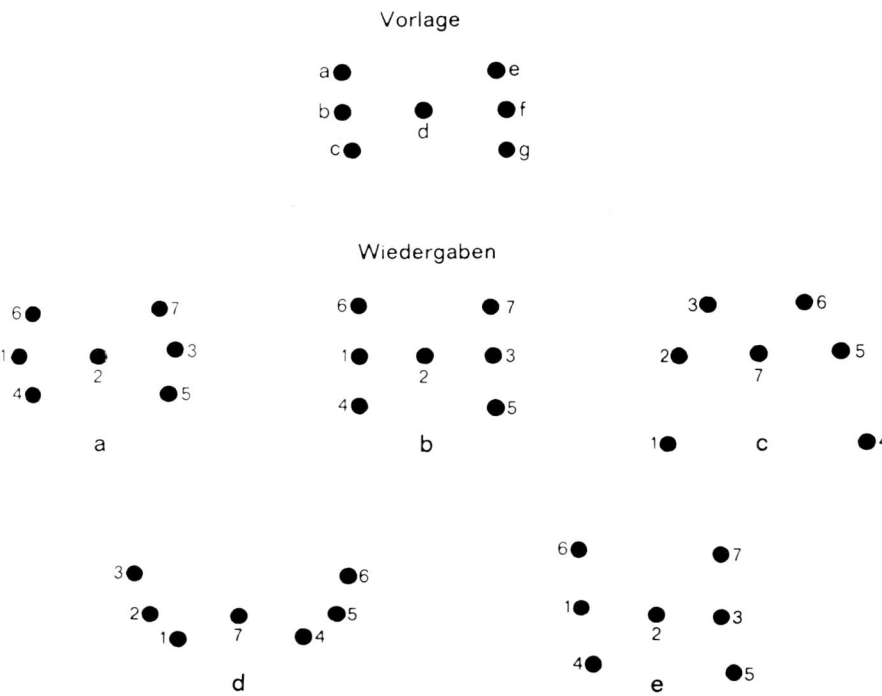

Abb. 21.9: Die Punkte der Vorlage sind asymmetrisch angeordnet. Bei allen Wiedergaben zeigt sich das Bestreben eine Art symmetrischer Anordnung zu erzielen und oft zugleich Krümmungen zu begradigen. Die Zahlen zeigen die Reihenfolge, in der die Punkte bei der Wiedergabe aufs Papier gesetzt wurden.

tung konnte durch „Störung" der Lage eines Einzelpunktes (Herausrücken aus einer geradlinig senkrechten Anordnung) oder durch „Transformation" (Schrägstellung der „virtuelle senkrechten" Achse einer Gesamtfigur mit leicht gekrümmten Seitenteilen) entstanden sein. Je nachdem schlägt die Verregelmäßigung verschiedene Wege ein. Außer der Form aber wird fast stets auch die *Lage* des Gesamtbildes verbessert: Seine Hauptachsen werden bevorzugt in die Hauptrichtungen des Raumes gedreht (Abb. 21.10 nach BRENGELMANN 1967).

Was ist nun das Gemeinsame an allen diesen Beobachtungen?

1. Die gesehenen Gebilde haben Eigenschaften, welche die Einzelelemente, aus denen diese Gebilde sich doch zusammensetzen, noch keineswegs aufweisen. Das „Neue" dieser Gebilde gegenüber ihren Einzelbestandteilen besteht darin, daß sie symmetrisch oder asymmetrisch, geschlossen oder lückenhaft, kontinuierlich oder diskontinuierlich sind. Solche Eigenschaften nannte Christian v. EHRENFELS „Gestaltqualitäten".

Abb. 21.10: Versuchspersonen, denen man die obere Figur vorlegte, gaben diese nach längerer Zeit meistens wie die untere Figur wieder. Die Erinnerung hatte den Eindruck im Sinne einer größeren Achsensymmetrie und einer Vereinfachung der Form korrigiert.

2. Die Eigenschaften der ganzen Gebilde *bleiben immer dieselben,* auch wenn man die Vorlage jeweils aus verschiedenem Material herstellt: weiß auf schwarz statt schwarz auf weiß, oder aus punktierten statt ausgezogenen Linien, oder mit dem Buntstift, oder aus Stöckchen oder Draht statt aus Tuschestrichen, oder auch in anderer Größe – ja selbst dann noch, wenn man sie *betastet,* statt sie anzuschauen. Die Gebilde sind also „transponierbar". Auch auf diese Eigenschaft hat v. EHRENFELS schon 1890 hingewiesen.

3. Auch die einzelnen Bestandstücke können im Zusammenhang des Ganzen neue Eigenschaften annehmen; sie können auch ganz verschwinden (wie der Versuch von BENUSSI – Abb. 21.6 – zeigt). Sie können, wie wir später sehen werden, endlich auch durch andere ersetzt werden.

4. Die Art und Weise, wie die dargebotenen Gebilde gesehen werden, ist durch die Reizverteilung *nicht voll determinierbar,* sie folgt ihr nicht zwingend. Die Reizverteilungen wirken vielmehr ganz offenbar nur als Randbedingungen, auf Grund derer ein Komplex von Erregern sich aktiviert, zwischen denen nun ein freies Kräftespiel statthat, durch das die endgültige Form des subjektiv Gesehenen ausgebildet wird. Die Erregungsmannigfaltigkeit *ist demnach kein aus Einzelerregungen addiertes Mosaik,* sondern ein System mit mannigfachen inneren (und äußeren) Wechselwirkungen.

5. Die endgültig ausgebildete Form stellt sich aus einem Gleichgewicht von Kräften her; sie ist infolgedessen so gut wie stets in verschiedenen Hinsichten ausgeprägter, regelmäßiger, einfacher, geschlossener als die Reizgrundlage, d. h. sie ist entweder „prägnant" oder hat eine „Tendenz" zur Prägnanz.

Gebilde mit diesen Eigenschaften heißen in der Psychologie *„Gestalten"* im strengen Sinne dieses Wortes, wie er schon GOETHE geläufig war, was freilich den Verfassern des GRIMMschen Wörterbuches entgangen ist.

(Mit derartigen Eigentümlichkeiten der Gestalten hängt es zusammen, daß man sie nicht durch additive Theoreme erfassen kann. Eine Psychologie, die von der Vermutung ausgeht, daß dies nicht nur für die Theorie der Wahrnehmung gilt, sondern wahrscheinlich für *alles* Psychische und darüber hinaus auch für die psychophysischen und die physiologischen Prozesse im weiteren Sinne, heißt „Gestalttheorie").

Doch kehren wir zu unserem eigentlichen Gegenstand zurück: dem *Sehen.* Wie beobachtet, sind Wahrnehmungsgebilde oder -ereignisse oft einfacher, einheitlicher, in ihrem Aufbau regelmäßiger als ihre Vorlagen. Sie machen, mit diesen verglichen, oft unmittelbar den Eindruck, „verbessert" zu sein. Man spricht daher, wie gesagt, von einer „Tendenz zur guten Gestalt" oder kurz „Prägnanztendenz", die das Geschehen im Sehfeld beherrscht.

Nun kann man nicht gerade behaupten, daß in den angegebenen Fällen diese Tendenz von offenbarem biologischem Nutzen wäre. Man sieht an der Stelle dessen, was wirklich da ist, etwas anderes, das zwar „besser", aber zugleich insofern falsch ist, als es uns über das wirklich Vorhandene *täuscht.*

Inzwischen hat sich aber gezeigt, daß die Tendenz zur guten Gestalt in anderen Fällen, unter anderen Umständen, von größtem Nutzen ist. Wir sind bisher der naiven Auffassung gefolgt, daß man ein Ding sieht, weil sein Netzhautbild, d. h. der durch alle von diesem Ding ausgehenden Lichtreizungen veranlaßte Erregungskomplex, über den Sehnerv ins Sehzentrum übertragen wird. Dabei war unkritisch unterstellt worden, daß die Abgrenzungen und die Form des Gegenstandes auf gleiche Weise in das Sehzentrum übertragen werden wie die Farbempfindungen, die von den verschiedenen Lichtfrequenzen im Auge angeregt werden. Streng genommen, kann aber von „dem"

Erregungskomplex, der einem gesehenen Ding genau entspräche, eigentlich gar nicht die Rede sein. Denn dieser Erregungskomplex läuft ja nicht in einer *erregungsfreien* Umgebung ab; solange es hell ist, wandern ununterbrochen von sämtlichen Netzhautstellen Erregungen nach dem Sehzentrum. Woher aber sollte dieses wissen, welche unter ihnen diejenigen sind, die gerade dem fraglichen Ding zuzuordnen wären; und ob sie durch Lichtwellen von *seiner* Oberfläche (oder nicht doch von der irgendeines anderen Gegenstandes) veranlaßt worden sind.

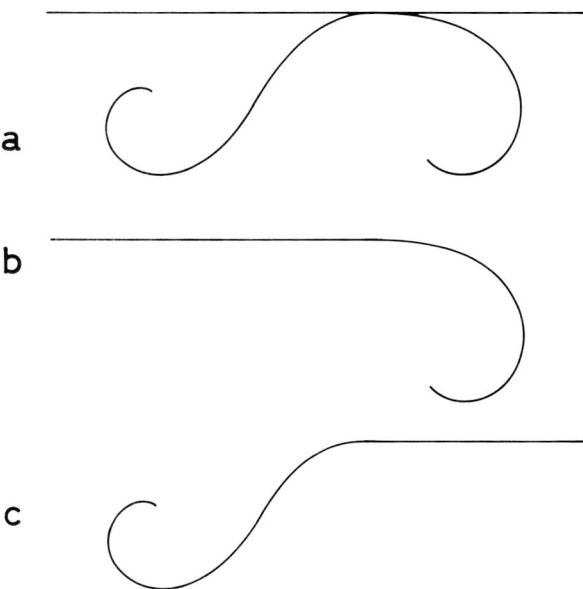

Abb. 21.11: Das Gebilde a gliedert sich für die Wahrnehmung spontan in die einheitlichen Teilganzen „Gerade" und „Kurve", könnte real aber auch aus b und c zusammengefügt werden.

Daß hier wirklich ein Problem besteht, läßt sich leicht veranschaulichen. Das Gebilde oben in Abb. 21.11 kann man aus den beiden unteren zusammensetzen. Es *erscheint* aber, wenn die Teilgebilde erst an ihrem Platz sind, niemals so zusammengesetzt; vielmehr vollzieht sich in dem Augenblick, wo die Teile beisammen sind, unwiderstehlich eine Umgliederung in einen geraden Strich und eine S-Kurve. Das Gebilde besteht also jetzt aus zwei *ganz anderen* Teilen, die wir wegen ihrer spontanen Augenfälligkeit „natürliche Teile" nennen, und von denen ein jeder sich durch die Einheitlichkeit seines anschaulichen Charakters vor den dagegen willkürlich wirkenden Bestandstücken auszeichnet, aus denen wir das Ganze zusammengesetzt haben.

Die „natürlichen" Ganzen, Unterganzen, Teile und Grenzen der Dinge drängen sich uns so unwiderstehlich und selbstverständlich auf, daß wir andere Unterteilungsmöglichkeiten in der Regel ganz vergessen. So kann man das Gebilde in Abb. 21.12

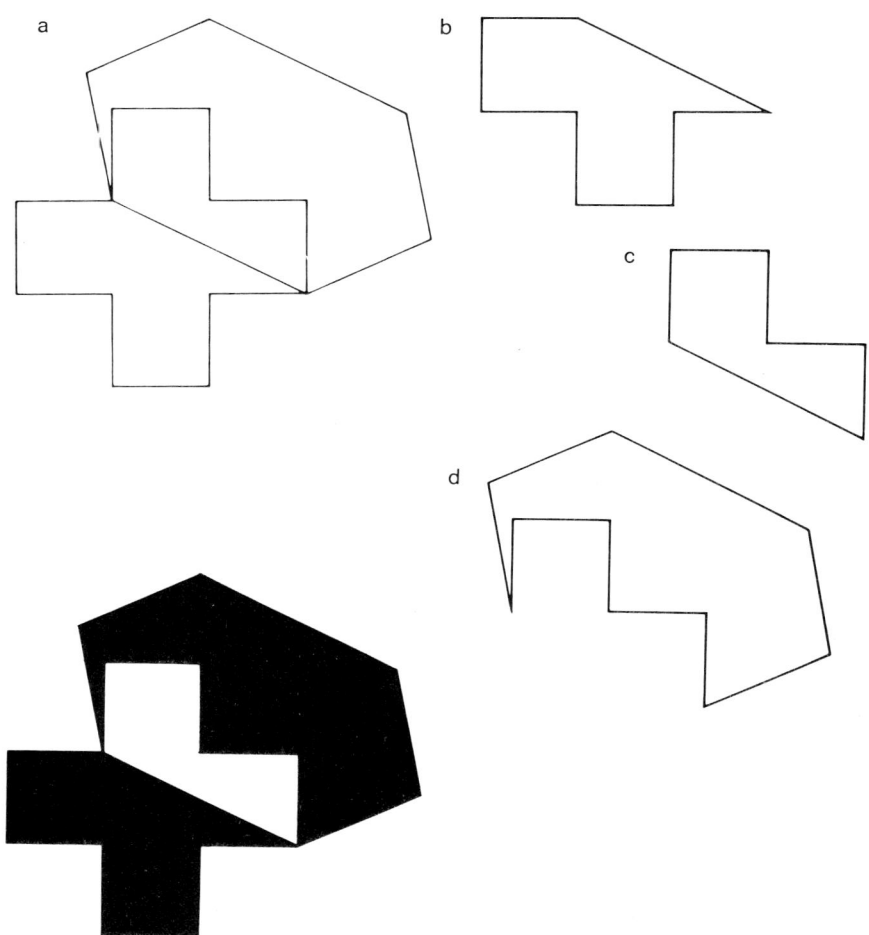

Abb. 21.12: Die Figur a kann aus den Unterganzen b, c, d zusammengesetzt werden, doch das Auge nimmt Teilganze nach dem Maß ihrer Einheitlichkeit wahr: zuerst das Kreuz (sogar bei verschiedenfarbiger Fläche), dann das Sechseck.

links aus drei Flächen zusammengesetzt *denken,* wie sie rechts daneben gezeichnet sind, oder aus einer äußeren und einer inneren Figur; alle diese Gliederungen aber wirken „unordentlich"; die „ordentlichen" Unterganzen – Kreuz und Sechseck – setzen sich durch.

Das Gebilde in Abb. 21.13 ist mehrdeutig: Man schwankt zwischen zwei übereinandergeschobenen Dreiecken und zwei aneinanderhaftenden Sanduhren. Daß es noch andere Möglichkeiten gibt, lehren Tastversuche mit Kindern und Blinden (Abb. 21.13 a): *Außenfigur* mit Kern, oder *Innenfigur* mit Zacken, – ein Gebilde, das

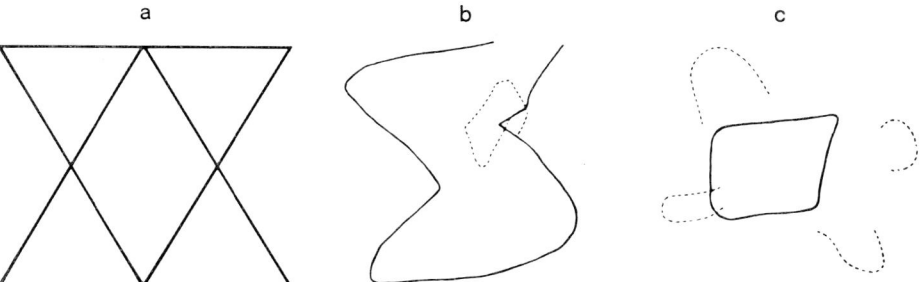

Abb. 21.13: Zwei Dreiecke, mit den Spitzen ineinandergeschoben – oder zwei „Sanduhren", die sich berühren? Das Auge springt hier hin und her. Dem Tastsinn kann die Figur auch als „Außenstern" mit „Füllung" erscheinen oder als „Kern" mit „Zacken" (Rötelfiguren).

sich sofort zum „Stern" weiter verbessert. Es fällt auf, daß *alle* realisierbaren Fassungen symmetrisch sind. Dies ist zugleich der Grund, warum hier verschiedene Weisen der Zusammenfassung gleichberechtigt nebeneinanderstehen.

Statt der zwei schwarz auf weiß gezeichneten, sich überschneidenden Kreise in Abb. 21.14a könnte man auch zwei andere Teile wahrnehmen: 2 Halbmonde (21.14b) oder eine Außen- und Innenfigur (Abb. 21.14c), wie es beim Tasten tatsächlich vorkommt. *Aufbauen* kann man sie auch aus vier einzelnen Bogenabschnitten (Abb. 21.14d); ebenso, wie man sie umgekehrt auch – auf verschiedene Weise – *in einem Zuge* zu zeichnen vermag (Abb. 21.14e). Wären sie aus Glas hergestellt, so könnten sie, fallen gelassen, auch in Stücke zerspringen, wie in Abb. 21.14f und von einem geschickten Restaurator wieder richtig zusammengesetzt werden. Man könnte sie schließlich auch durch das Aneinanderfügen von Streifen entstehen lassen, wie es ja im Fernsehen tatsächlich geschieht, oder, wie einen voreilig zerrissenen Liebesbrief, aus Fetzen rekonstruieren.

Warum entstehen aber beim Anblick zweier verschlungener Kreise solche Teile nicht? Warum kann man sie auch dann nicht sehen, wenn man gerne möchte? Der Grund ist einfach: Sie alle widersprechen irgendeiner der Teilregeln, in die WERTHEIMER schon vor dem ersten Weltkrieg den allgemeinen Prägnanzsatz aufgelöst hat.

So widerspricht eine Zerstückung zweier verschlungener schwarzer Kreise auf weißem Grund in Streifen oder Schnipsel der elementarsten dieser Regeln: Die Grenzen gehen dann nämlich quer durch homogen getönte Gebiete, jeder einzelne Teil ist teils schwarz (Fragment des schwarzen Kreises), teils weiß (Teilfläche des weißen Hintergrunds). Die erste Aussonderungsregel besagt aber, daß das Sehfeld sich in möglichst einheitlich gefärbte Teilfelder auflöst – und daß die gesehenen Grenzen bevorzugt den Qualitätssprüngen entlang verlaufen. Dies ist das Gesetz der Gleichartigkeit. Es gilt auch für diskontinuierliche Gruppen. Oft steht dieses Gesetz im Wettstreit mit dem nächst ihm elementaren zweiten Gesetz: dem Gesetz der zusammenfassenden *Nähe*, nach welchem – bei diskontinuierlichen Anordnungen – die Zusammenfassung der Einzelteile zu Gruppen so erfolgt, daß die Einzelteile möglichst *dicht* beieinander stehen, wobei die Grenzen der Gruppen längs der *größeren* Zwischenräume zwischen den Teilgruppen verlaufen; das geläufigste praktische Beispiel ist die Druckschrift mit ihren Wortabständen.

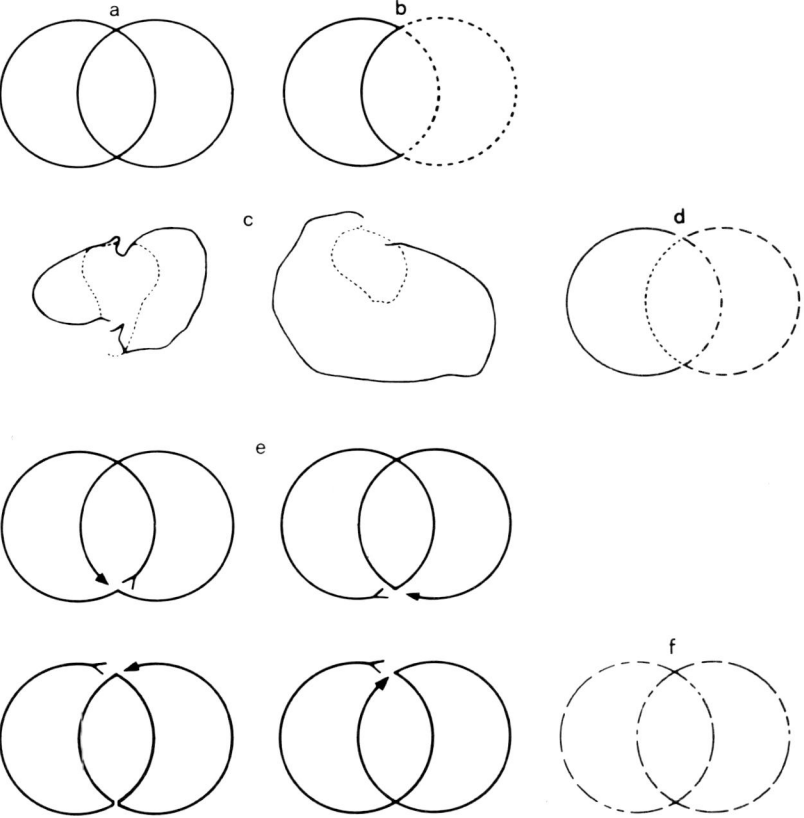

Abb. 21.14: Verschiedene Möglichkeiten, zwei ineinander verschlungene Kreise optisch (a, b) und haptisch (Rötelfiguren) (c) wahrzunehmen oder sie als durchgehende Kurven (e) oder als zusammengesetzte Gebilde (d, f) bewußt darzustellen.

Das dritte Gesetz besagt, daß Linien oder Punkte, die eine Fläche *umschließen* – dies muß nicht lückenlos der Fall sein – augenfälliger zusammengehörig erscheinen als solche, die das nicht tun: dies ist das Gesetz der Geschlossenheit (Abb. 21.15). Es ist im kindlichen Sehen viel mächtiger als beim Erwachsenen.

Ein viertes Gesetz ist das der glatt durchgehenden Geraden (Abb. 21.16) oder Kurve, das uneingeschränkt auch für Punktreihen gilt. Das Gesetz der durchgehenden Kurve ist unter allen offenbar das „störungsanfälligste". So kann es in komplizierteren Konfigurationen nur noch bei einer scharfen Erfassung der Einzelheiten wirksam werden (Abb. 21.17). Im Falle gegenseitiger Konkurrenz „siegt" die Einheitlichkeit umfassenderer Ganzer über diesen Faktor.

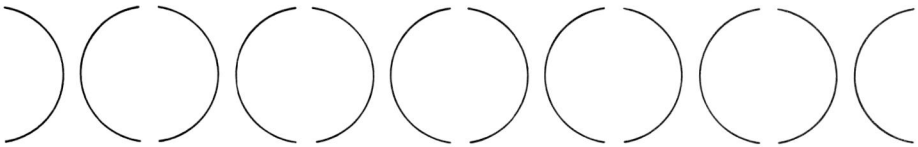

Abb. 21.15: Geschlossene Formen (Kreise) bieten sich der Wahrnehmung besonders vordringlich dar.

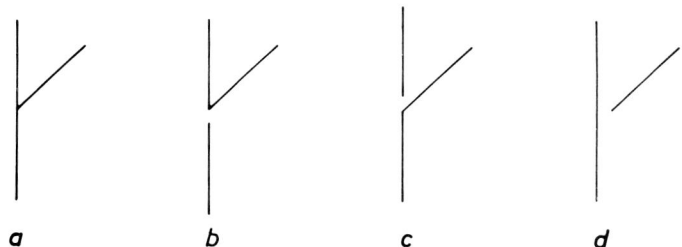

Abb. 21.16: Als Teilform dominiert die durchgehende Gerade: das Gebilde a gliedert sich nicht wie b oder c, sondern wie d.

Es gibt noch eine Reihe weiterer Faktoren des Zusammenschlusses. Von ihnen sei hier nur die Symmetrie vorgeführt, diesmal siegreich im Wettstreit mit langjähriger Erfahrung. (Man decke die obere Hälfte von Abb. 21.18 ab!)

Wie die angeführten Beispiele zeigen, wird die Gliederung des Sehfeldes, d. h. die Ausbildung von Einheiten und von Grenzen, durch die Reizverteilung zwar *angeregt*, aber keineswegs aufgezwungen. Sie kann bei ihrer unbegrenzten Variabilität auch nicht durch bestimmte Einrichtungen des Nervensystems gesichert sein, sondern ist offensichtlich selbst schon das unmittelbare Ergebnis einer Wechselwirkung von gleichzeitigen Erregungen, die zu Gleichgewichten im Sinne der Prägnanzregel führen. Der Gliederungswirkung der Prägnanz überlagern sich gegebenenfalls noch zusätzliche

Abb. 21.17: Nur wenn man den Berührungspunkt A anvisiert, jedoch nicht beim Blick auf B, folgt die Gliederung der durchgehenden Kurve (wobei die Zackenlinie als Ringellinie weiterläuft).

Abb. 21.18: Hier spricht das Auge stärker auf die Symmetrie der Formen an, als auf die ihm geläufige Schrift, die sich durch Spiegelung zum Ornament verdoppelt.

Prägnanzwirkungen, die zu einer weiteren Verregelmäßigung führen, wie etwa bei dem „Außenstern" in Abb. 21.13. Auf die spontane Gliederung haben auch stark ausgebildete Gewohnheiten, wie Abb. 21.18 zeigt, nur geringen Einfluß. Daraus folgt, daß die Spontangliederungen im wesentlichen nicht *erlernt* sind, sondern zu den „Grundlagen der Möglichkeit von Erfahrung" im Sinne KANTS gehören. Eine bewußte Lenkung der Wahrnehmung durch den Betrachter kann nur dann die spontane Auffassung ändern, wenn das Übergewicht der spontan sich einstellenden Konfiguration über andere mögliche Konfigurationen gering ist (Abb. 21.15) und wenn es sich um eine Primärgliederung in scharf abgesetzte Einzelgebilde handelt, die ihrerseits dann wieder zu sekundären Gruppierungen zusammengefaßt werden. Dabei wird die Primärgliederung, etwa in Punkte, durch abweichende Auffassungsabsichten, etwa im Sinne einer „Schnipselfassung" (s. o.), nicht berührt; und auch die Sekundärgliederung läßt sich nur dann willkürlich verändern, wenn eine *geringe* Zahl von Gliedern vorliegt (Abb. 21.19a, b).

Es sei nun eine Reihe weiterer Gesichtspunkte angeführt, unter denen sich die Prägnanztendenzen im Sehraum als vorteilhaft für die Orientierung des Individuums in seiner Umwelt erweisen: 1. Bei der gegenseitigen Absetzung von Figur und Hintergrund; 2. bei der Tiefenstaffelung der gesehenen Dinge (für das Einzelauge, aber auch für das Doppelauge überall dort, wo die infolge des Augenabstands ein stereoskopisches Sehen ermöglichende Querdisparation – etwa bei größerer Entfernung – zu schwach ist oder ganz entfällt); 3. für die Erfassung des Zusammenhangs von Bewegungen und ihrer Aufteilung in „natürliche" Komponenten; 4. auch bei der Entstehung des unmittelbaren Eindrucks der Verursachung einer Bewegung durch eine andere. Vereinzelte Beispiele müssen hier genügen, die Übereinstimmung im Grundsätzlichen anzudeuten.

1. Zur Figur-Grund-Verteilung:

Das Gesamtmuster in Abb. 21.20 ist aufgebaut durch die Wiederholung einer einzigen spulenartigen Figur in einer Anordnung, durch welche quadratförmige Zwischenräume entstehen. Dabei treten in der fertigen Anordnung unwiderstehlich die Quadrate als Figuren hervor, und die spulenförmigen Feldteile verschwinden: sie werden zu Zwischenräumen, ihr Inhalt zu Ausschnitten eines Grundes, der hinter den Quadraten durchgeht. Die größere Einfachheit und Regelmäßigkeit der Quadrate ist, wie sich in einer Reihe von Untersuchungen immer wieder bestätigt hat, der Grund, warum sie so zwingend Figur-Charakter annehmen.

2. Zum Tiefensehen des Einzelauges:

Alle vier Zeichnungen in Abb. 21.21 sind zweidimensionale Parallelprojektionen eines und desselben dreidimensionalen Körpers: eines Würfels. Die Regelmäßigkeit der Abbildungen – wenn man sie als zweidimensionale Zeichnungen sieht – nimmt jedoch von a bis d ab. In demselben Maße aber nimmt der Eindruck zu, daß es sich „eigentlich" um einen Körper handele. Auch dies gilt allgemein, so daß man für jede zweidimensionale Projektion eines Körpers voraussagen kann, ob sie eine gute oder eine schlechte Abbildung ist.

3. Zur Verteilung von Bewegungsverläufen nur ein Beispiel:

Abb. 21.22a, in welcher die Senkrechte als Zeitachse für die Bewegung einer Reihe von schwingenden Linien zu denken ist. Die Reihe schrumpft bis zur Deckung und geht dann wieder auseinander. Dabei *könnte* theoretisch nach dem Augenblick der Deckung jeder der Striche „Nachfolger" jedes der *vor* der Deckung gesehenen Striche sein, wie etwa in Abb. 21.22c. Für die Wahrnehmung aber gibt es in der Bildebene nur zwei Möglichkeiten: Entweder die Reihenfolge A B C D E F G geht in die Reihenfolge G F E D C B A über („durchgehende" Bewegung), oder die Reihenfolge A bis G bleibt erhalten („gespiegelte" oder Ziehharmonika-Bewegung). Dazu kommt als dritte Möglichkeit ein räumlicher Eindruck: Die ganze Reihe schwingt mit unveränderter Länge in die Tiefe und wieder aus ihr zurück (Abb. 21.22b). Auch hier wird deutlich, daß die drei realisierbaren Fassungen alle übrigen denkbaren an Regelmäßigkeit übertreffen.

4. Auch der Grundfall des unmittelbaren Eindrucks der Verursachung einer Bewegung durch eine andere, die zentral getroffene Billardkugel, ist ausgezeichnet erstens durch die räumliche Fortsetzung der anstoßenden Bewegung in der angestoßenen, und zweitens durch bruchlose zeitliche Kontinuität der Bewegung bei Diskontinuität ihres Trägers: erste Kugel – zweite Kugel.

Abb. 21.19a: Die Gliederung der Punkte in parallele Reihen, die im rechten Winkel zueinander stehen, ist in der großen Anzahl eindeutig.

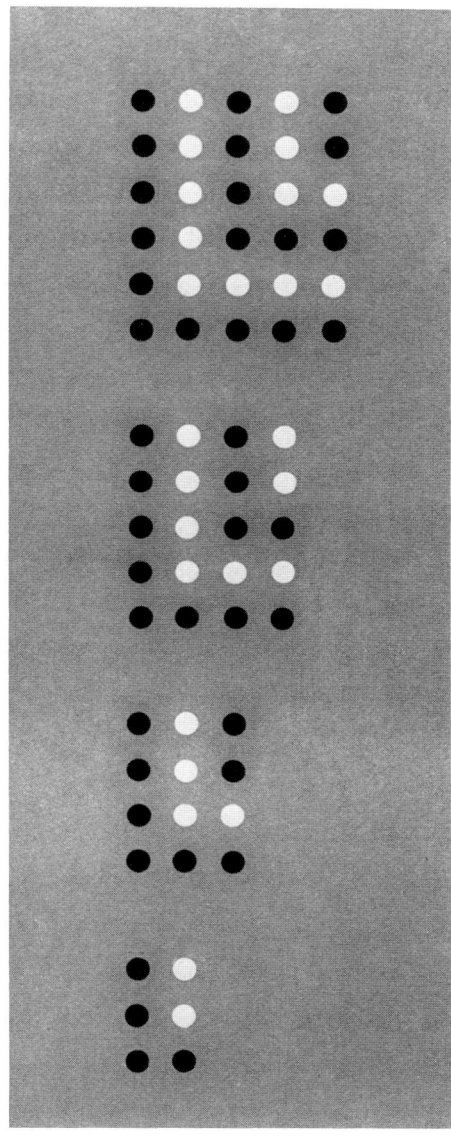

Abb. 21.19b: Kleine Ausschnitte erlauben auch andere Gruppierungen.

Was aber verstehen wir nun im konkreten Fall unter Prägnanz? Durch unmittelbare Gegenüberstellung von deutlich Prägnantem mit Erscheinungen geringerer Prägnanz ergab sich eine Reihe von Prägnanzbegriffen, die hier – im Anschluß an RAUSCH (1966) – kurz angeführt werden sollen.

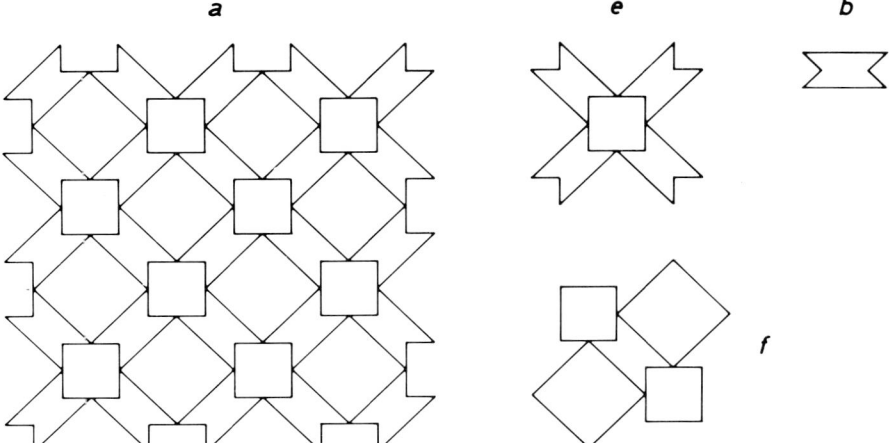

Abb. 21.20: Das Gesamtmuster (a) läßt sich allein durch geeignete Anordnung der Spule (b) zusammensetzen. Das Auge sieht jedoch als erstes die prägnanteren Quadrate (f), während es die Spulen als Ausschnitte aus einem hinter den Quadraten durchlaufenden Hintergrund „versteht" (e).

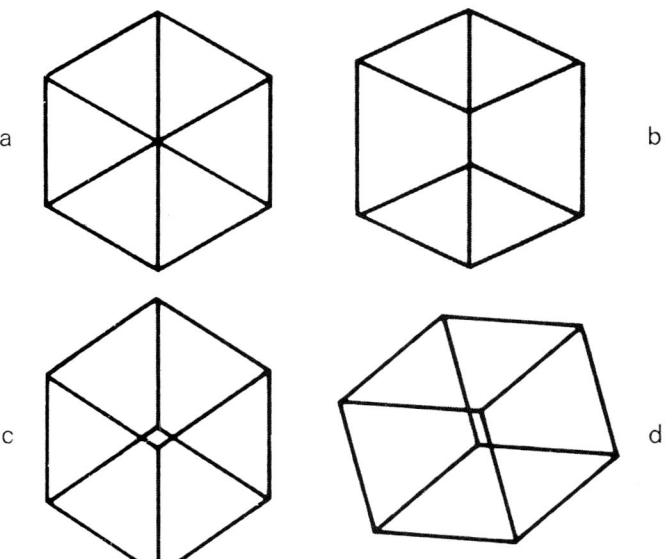

Abb. 21.21: Zweidimensionale Darstellung eines Würfels durch Wiedergabe der Kanten: die völlige Symmetrie in a erschwert die dreidimensionale Auffassung durch den Betrachter. Ähnlich, wenn auch in abnehmendem Grade, liegen die Dinge bei b und c. Eindeutig als dreidimensionales Gebilde wird die Wiedergabe von d aufgefaßt. Im ganzen entspricht der Abnahme zweidimensional begründeter Symmetrie eine Zunahme anschaulicher Dreidimensionalität.

Abb. 21.22: Längs einer senkrechten Verlaufsachse in spiegelbildlich-symmetrischer Verdoppelung schwingende Linien (a) können auch räumlich im Sinne einer perspektivischen Verkürzung, also vor- und zurückschwingend, gesehen werden (b). Unmöglich ist hingegen dem Auge eine spontane Sicht des Linienverlaufs wie in c.

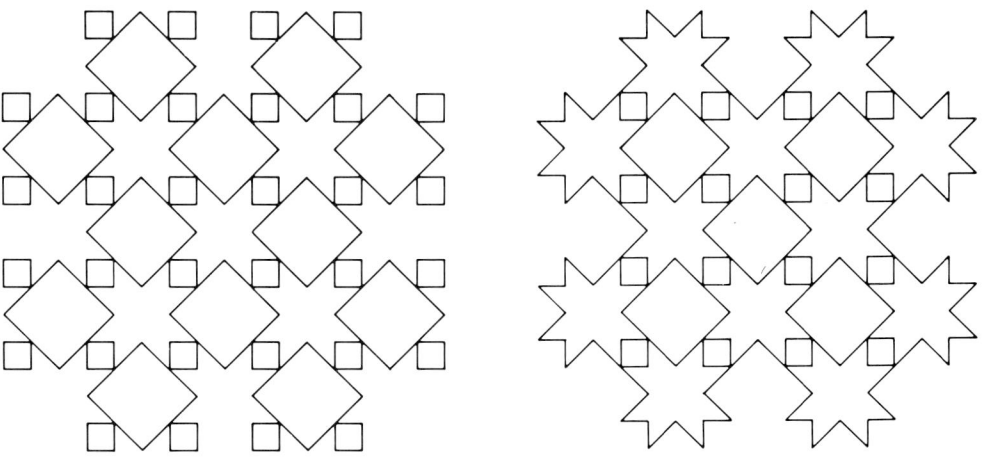

Abb. 21.23: In einem Muster aus zwei Gebilden mit gleichen Symmetrieeigenschaften wird das einfachere, das Quadrat und nicht der Stern – zur dominanten Figur. Im rechten Muster hebt die Umrißführung des Musters den Stern jedoch außen stärker hervor.

I. Als prägnant bezeichnet man erstens Gebilde von gesetzmäßigem Aufbau, die geordnet und in sich einheitlich oder harmonisch erscheinen – im Gegensatz zu „Zufallsverteilungen", die irgendwie beliebig oder willkürlich „zusammengewürfelt" sind. (Eine Prägnanztendenz in diesem Sinne ist maßgeblich für die Gliederung unseres Sehfeldes und für die Verteilung des Figur- und Grundcharakters auf die ausgesonderten Teilfelder.)

II. In einer zweiten Bedeutung heißt beim Vergleich von zwei Gebilden, die *beide* gesetzmäßig aufgebaut sind, das einfacher gebaute prägnant. Dabei kann einfacher bedeuten: geringere Zahl der Glieder, weniger Arten nach Form und Qualität verschiedener Glieder, übersichtlichere Anordnung. (Eine Prägnanztendenz in diesem zweiten Sinne hat durchschlagende Bedeutung bei der Verteilung von Figur und Grund [Abb. 21.23].)

III. Prägnant nennen wir drittens solche Gestalten und Eigenschaften, die sich uns als *eigenständig* darstellen – im Vergleich zu denjenigen, die unmittelbar den Eindruck des *Abgeleiteten* machen. In diesem Sinne sind Rechtecke eigenständig, schiefwinklige Parallelogramme abgeleitet, Kreise eigenständig, Ellipsen abgeleitet. Eigenständig sind ferner die Hauptraumrichtungen (senkrecht, waagerecht, geradeaus) vor allen Schrägen, sowie die HERINGschen Grundfarben (schwarz-weiß, gelb-blau, rot-grün) vor allen Zwischentönen.

Aus der unwiderstehlichen Tendenz unserer Wahrnehmung, schiefwinklige und schräge Anordnungen und Gebilde im Sinne der Rechtwinkligkeit und der „normalen" Ausrichtung zu normalisieren, erklärt sich eine Reihe sogenannter geometrisch-optischer Täuschungen (Abb. 21.2, 21.3) sowie viele Abweichungen bei der Wiedergabe von Gebilden aus dem Gedächtnis.

Diese Tendenz ist einer der wichtigsten Faktoren bei der Ausbildung der Tiefendimension des Sehraumes. Der zwingende Anschein von Rechtwinkligkeit bei schiefwinkligen Gebilden (Abb. 21.24) führt zu den unglaublichsten Täuschungen, was übrigens bei der Einführung unsymmetrischer und schiefwinkliger Teilgebilde in der modernen Baukunst nicht immer genügend bedacht wird!

IV. Prägnant heißt viertens das Unversehrte, Ganze, Vollständige, Richtige – im Vergleich mit dem partiell Gestörten, Unstimmigen, das selbst wieder in drei Erscheinungsweisen vorkommt: Einmal als Mangel, als Lücke – mit einer Tendenz zur Ausfüllung, Ergänzung, Vervollständigung, Schließung;

dann als überflüssiger, überzähliger Anhang, Fremdkörper oder „Rest" – mit einer Tendenz zur Einebnung, Abstoßung oder Umgliederung des Ganzen derart, daß alles ohne Rest „aufgeht"; schließlich als etwas Falsches, Fehlerhaftes, d. h. etwas, das partiell anders ist, als es nach dem Gesetz des Ganzen sein sollte – mit einer Tendenz zur Berichtigung.

Ein Sonderfall von Unprägnanz im vierten Sinne ist dort gegeben, wo ein Ganzes aus mehreren *umfassenden* und insofern einander etwa gleichgewichtigen Teilbereichen besteht, die aber jeweils voneinander abweichenden Gesetzlichkeiten des Aufbaues folgen, so daß zwar innerhalb der Teilbereiche, aber nicht im Ganzen Einheitlichkeit des Charakters besteht, weshalb formale „Bruchstellen" in ihm in Erscheinung treten.

Die unter III. und IV. beschriebenen Modi der Unprägnanz – Ableitung und Störung – lassen sich übrigens nicht vereinen. Und dies nicht nur wegen der Verschiedenheit ihrer Wirkungen, sondern vor allem wegen der verschiedenen Weise ihres Entstehens: Bei den „Ableitungen" (nach III) *wird jeweils das Ganze durchgängig nach einer Transformationsformel umgewandelt*, wodurch sehr wohl auch Prägnanzen zwei-

Abb. 21.24: Ein Raum, an dessen Wänden die Begrenzungslinien nicht parallel laufen, sondern schiefwinklig aufeinander treffen, kann so konstruiert werden, daß er dem unbewegten Beobachter normale Parallelperspektiven vorspiegelt und die wahren Entfernungsverhältnisse verschleiert. Die weibliche Versuchsperson steht weiter weg, doch tiefer und unter höherer Decke: die Verkürzung des Raumes wird nicht wahrnehmungswirksam, beide Versuchspersonen stehen scheinbar in gleicher Höhe.

ter Ordnung entstehen können, etwa die „normale", weder allzu gestreckte noch allzu kreisähnliche Ellipse, oder das „normale" Parallelogramm, das weder nadelspitz ausgezogen noch ein Fast-Rechteck ist. Die Unprägnanz im Sinne der „Störung" (nach IV.) entsteht hingegen ganz *ohne Regel*, gewissermaßen durch ein zufälliges, auf einen begrenzten Teilbereich beschränktes Aussetzen der sonst überall durchgängig wirksamen Ordnung.

V.-VII. Prägnant nennt RAUSCH auch noch fünftens das *Komplexe*, Reichhaltige, stark Differenzierte im Gegensatz zum Kärglichen und Spärlichen, was allerdings in einem gewissen Widerspruch zum zweiten Prägnanzgesichtspunkt steht; ferner sechstens das *Ausdrucksgeladene* im Vergleich mit dem Ausdrucksarmen, Ausdrucksblassen bis Ausdrucksleeren; endlich siebtens das Bedeutungsvolle, *Beziehungsreiche* im Vergleich mit dem Bedeutungsleeren, Beziehungsarmen.

Faßt man nun die *Gesamtheit* der Prägnanz-Gesichtspunkte rückblickend ins Auge, so kann man sich des Eindrucks nicht erwehren, daß man sich ebensogut in der Ästhetik wie in der Wahrnehmungspsychologie befindet. Es dürfte daher von Nutzen sein, die Liste der Prägnanz-Merkmale mit einer Aufstellung jener Forderungen zu vergleichen, welche die klassische Ästhetik an ein Kunstwerk stellt, soll es als gut gelungen gelten.

1. Die Forderung nach gesetzmäßiger Anordnung, nach Einheitlichkeit und Ausgewogenheit, nach Eliminierung aller Zufälligkeiten.

2. Die Forderung nach Überschaubarkeit, Übersichtlichkeit, klarer Gliederung und Verteilung.

3. Für den dritten Aspekt – Eigenständigkeit – scheint es allerdings schwer, eine entsprechende Forderung der Ästhetik zu finden. Jedenfalls wäre nicht leicht auszumachen, was man sich unter einem Kunstwerk mit „abgeleitetem" Aufbau vorstellen soll.

4. Die Forderung nach Vollendung, nach in sich selbst ruhender Geschlossenheit und Abgerundetheit, nach Befreiung vom Überflüssigen, nach Verbindlichkeit des Gesamtansatzes für alle Einzelheiten, die nicht „herausfallen" dürfen.

5. Die Forderung nach Fülle und Reichhaltigkeit, wodurch dem Betrachter stets neue Aspekte des Werkes in den Blick treten können;

6. nach überzeugender Stärke und zwingender Eindringlichkeit des Ausdrucks – auch bei ungegenständlichen Darstellungen;

7. nach einem möglichst breiten Hof von Bezügen, geeignet, längst vergessenen Erlebnissen, aber auch noch nie erahnten Erlebnismöglichkeiten zur Resonanz zu verhelfen; nach einer zumindest hintergründig durchscheinenden Bedeutung (die ein überzeugendes Werk auch abstrakter Kunst etwa von einem abstrakten Tapetenmuster unterscheidet).

Aus der Übersicht erhellt, daß von den sieben aufgeführten Aspekten der Prägnanz wenigstens sechs auch für das Kunstwerk und seine Beurteilung von Bedeutung sind. Man kann also sehr wohl sagen, daß schon das Wahrnehmungssystem nach ästhetischen Prinzipien arbeitet – und daß offenbar der Mensch damit im allgemeinen gar nicht schlecht fährt. Daß dies überhaupt möglich ist, setzt die Wirksamkeit gewisser ästhetischer Prinzipien *auch in der Gestaltung der Dinge und Ereignisse in der außermenschlichen Natur* voraus. Übrigens treffen die ästhetischen Hypothesen unserer Wahrnehmung nicht immer auf die Wirklichkeit zu. So hat man im Versuch gezeigt, daß das ästhetische Reagieren der Sinne durchaus auch irrezuführen vermag, und dies selbst bei vorausgegangenen Erfahrungen, die eines Besseren hätten belehren müssen. Wir brachten als Beispiel die Schrift, deren bekannte Zeichen infolge ihrer symmetrischen Verdoppelung sich dem Blick entzogen (Abb. 21.18).

Trotzdem ist keine Vermengung von Wahrnehmungslehre und Kunstästhetik zu befürchten, und zwar aus folgenden Gründen: Prägnanz und Prägnanztendenzen in den ersten vier Bedeutungen beherrschen das Geschehen im Wahrnehmungssystem des Menschen – und wahrscheinlich auch der höheren Tiere. Es wird durch sie bestimmt, was der Mensch – und zwar jeder, ob Künstler oder nicht – um sich her wahrnehmend vorfindet, wobei er selbst keineswegs gestaltend tätig werden muß. Zwar kommt es dabei manchmal vor, daß er sich gedrängt fühlt, etwas „in Ordnung zu bringen", wenn infolge kräftiger Störungen innerhalb der Objektwelt sein Wahrnehmungssystem ihm nichts befriedigend Geordnetes liefern kann. Dies geschieht aber immer erst nachträglich, *nach* bereits vollzogenem Ablauf des Wahrnehmungsgeschehens.

Dagegen spielen die drei Prägnanzgesichtspunkte, die Fülle der Durchgliederung, des Ausdrucks und der Bedeutung in der *elementaren* Wahrnehmung wohl keine Rolle. Ich kenne keinen Fall, in dem die Aussonderung von Teilgebilden oder die Tiefenstaffelung in der Wahrnehmung so erfolgte, daß (wie in unseren früher gegebenen Beispielen)

Objekte, die theoretisch bei der gegebenen Reizverteilung *auch* hätten gesehen werden können, nur *deshalb* unsichtbar blieben und durch andere verdrängt wurden, weil diese anderen reicher an Gliedern, an Ausdruck oder an Bedeutsamkeit waren.

Genaue Kenntnis der Bevorzugung, die das Wahrnehmungssystem den ersten vier Gesichtspunkten zuteil werden läßt, gehört zu den *Voraussetzungen* und *Mitteln* künstlerischen Gestaltens, die der Künstler deshalb gefühlsmäßig oder theoretisch beherrschen muß, damit in seinem Werk nicht Gruppierungen, Zusammenschlüsse, Trennungen, Figur-Grund-Verteilungen und Tiefenwirkungen entstehen, die er gar nicht beabsichtigt hat – wofür man in Werken minderen Ranges genug Beispiele finden kann. Diese Gegebenheiten sind aber so primitiv und elementar, daß sie nicht oder allenfalls nur in Grenzfällen zu den eigentlichen *Themen* des Künstlers gehören. Obwohl in verschiedener Hinsicht formal ausgezeichnet, sind sie für sich genommen im Grunde keineswegs bemerkenswert oder gar faszinierend.

Ganz anders verhält es sich indes mit den Prägnanzgesichtspunkten V bis VII. So belanglos sie für die primitive Feldgliederung des Wahrgenommenen sind, so entscheidend bedeutsam sind sie dafür, wie der Betrachter oder Zuhörer von einem Kunstwerk innerlich angesprochen, ergriffen oder aufgeführt wird – wenn auch mit ihnen, wie mir scheint, noch keineswegs alles erfaßt ist, was ein Kunstwerk zum Kunstwerk macht. Je nach Epoche und Kulturkreis machen sich nämlich entscheidende Schwerpunktsverlagerungen bemerkbar: In der ostasiatischen Kunst wird die Kargheit (der Gegensatz zum Prägnanzaspekt V) seit jeher *positiv* bewertet, und dort ist der Nachweis erbracht worden, daß Bedeutungsfülle und Ausdrucks-Eindringlichkeit bei äußerster Kargheit der formalen Mittel erreicht werden kann – im Gegensatz etwa zur europäischen naturalistischen Historienmalerei des vorigen Jahrhunderts, von der man genau das Gegenteil behaupten muß.

Wahrnehmungslehre und Kunstästhetik – so kann wohl zusammenfassen – sind Nachbargebiete: gegeneinander weit geöffnet, aufeinander angewiesen und mit einem breiten gemeinsamen Grenzstreifen, aber trotzdem beide eigenständig, mit ihren eigenen Schwerpunkten des Fragens und Forschens, heute wie immer.

22. Simulierung einer buntfarbigen Beleuchtung durch Gegenstände gleicher Oberflächenfarbe (1969)

Die vorliegende Untersuchung geht von der Voraussetzung aus, daß für die Spaltung von Farb-Erlebnissen in Oberflächenfarben und Beleuchtungsfarben *allein die Reizverteilung auf der Netzhaut maßgeblich ist.* Trifft diese Voraussetzung zu (was von gewissen Effekten der Malerei – besonders der Barockzeit – nahegelegt wird), so muß es möglich sein, durch die geeignete Verteilung von Oberflächenfarben bei rein weißer Beleuchtung das Erlebnis buntfarbigen Lichtes zu erzeugen. Dies war die Absicht der Versuche, über die im folgenden berichtet wird.

Es ist von vorherein zu erwarten, daß die Grundlage des Eindrucks einer buntfarbigen Beleuchtung eine Menge von Gegenständen von ungefähr gleichem Farbton ist. Eine entsprechende Färbung der gesamten Einrichtung des Versuchsraumes (einschließlich der darin befindlichen Personen) war technisch nicht möglich. Sie war aber auch nicht nötig.

Auf Grund einer Reihe qualitativer Variationen läßt sich folgendes sagen:

Eine *Teilgruppe* von Gegenständen gleicher Farbe, innerhalb des vom Tageslicht erhellten Raumes aufgestellt, ergab, auch wenn sie aus zahlreichen Gegenständen bestand (die zum Beispiel auf einem Tisch, auf einem Sessel oder einem Wandschrank verteilt waren) *nicht* den Eindruck einer Sonderbeleuchtung. Es war erstens nötig, vermittels eines Guckkastens mit offener Vorderseite *einen Sonderbereich* zu schaffen.

War dieser Sonderbereich nur vom allgemeinen Raumlicht – von vorn – erhellt, so ergab sich, falls man ihn nach vorn durch eine klare Glasscheibe abschloß, schon eine Abtrennung der gemeinsamen bunten Farbe von den Oberflächen der Gegenstände: Die abschließende Scheibe sieht dann so aus, als bestünde sie aus buntem Glas, durch welches die dahinter befindlichen Gegenstände verfärbt erscheinen. Es ist also zweitens notwendig, innerhalb des Kastens eine – farblose – Lichtquelle (selbst unsichtbar) so anzubringen, daß eine von der Beleuchtung der Umgebung abweichende eigene anschauliche Beleuchtung sich ausbilden kann.

(Um eine genügende Helligkeitsvariation zu ermöglichen, ohne daß das Licht sich verfärbt, benutzten wir kleine 40-Watt-Leuchtstoffröhren mit einem Vorschalttransformator und einer thyristorgesteuerten Phasenschnittregelung, deren Licht sich spektroskopisch bei allen Stärken als neutral erwies.)

Ganz gleich, ob die Oberfläche der Gegenstände mit Lack- oder Deckfarben behandelt ist, erweist sich ein kräftiger, gesättigter Farbton als besonders günstig. Ungesättigte Farbtöne sind wirkungslos. (Wir verwendeten, mit gleichem Erfolg, alle vier Hauptfarben; vergleiche die Abbildungen.)

Die verwendeten Gegenstände dürfen sich bezüglich ihrer Helligkeit und der Sättigung ihrer Oberflächenfarben nicht allzusehr voneinander unterscheiden.

Am günstigsten sind außerdem Innenwände des Kastens im Farbton der Gegenstände, aber etwas dunkler als diese. (Als gut geeignet erwies sich buntfarbiger Samt.) Weniger günstig ist eine schwarze, völlig ungeeignet eine andersfarbige oder weiße Färbung der Wände.

Abb. 22.1

Abb. 22.2

Die Gegenstände dürfen nicht alle in einer frontalparallelen Reihe stehen, sondern müssen in verschiedener Tiefe angeordnet sein.

Ist überdies der umgebende Versuchsraum verdunkelt, so ist der Eindruck, die Farbbeschaffenheit der Gegenstände im Guckkasten werde von der in seinem Inneren herrschenden Beleuchtung hervorgerufen, für sämtliche Beobachter zwingend. (Einzelversuche mit 20 Versuchspersonen; offene Vorderseite der Guckkästen etwa 50 cm breit und 35 cm hoch; Beobachtungsabstand gegen 3 m.)

Bei allmählicher Steigerung der Lichtstärke nimmt die Sättigung der scheinbaren Beleuchtungsfarbe bis zu einem bestimmten, mittleren Wert zu. Darüber nimmt sie wieder ab bis zu einem oberen Grenzwert, wo das Licht ganz entsättigt, nämlich weiß erscheint und die Farbe wieder eindeutig zur Oberflächenfarbe wird. (*Möglicherweise* hängt dies damit zusammen, daß bei sehr kräftigem Licht etwaige Pinselstriche und andere Merkmale der Oberflächenbeschaffenheit zu deutlich hervortreten.)

Auch bei zerstreutem Licht kann es (unter sonst günstigen Bedingungen) zu dem Eindruck einer buntfarbigen Beleuchtung kommen. Doch ist dieser Eindruck am stärksten, wenn das Licht von der Seite unmittelbar auf die Gegenstände fällt, so daß kräftige Körper- und Schlagschatten sich ausbilden. Offenbar wird dadurch besonders augenfällig, daß es sich um ein *besonderes,* von der weiteren Umgebung abweichendes Licht handelt. Die Beleuchtung nimmt einen gerichteten, alles „überflutenden" Charakter an.

Der Eindruck einer buntfarbigen Beleuchtung ist umso zwingender, je mehr gleichgefärbte Gegenstände sich in dem betreffenden Teilraum befinden.

Vergleicht man diesen Befund mit den von KATZ (1911) aufgestellten Feldgrößensätzen, so liegt die Vermutung nahe, daß bei den Änderungen des Beleuchtungs-Eindrucks nicht die Größe des Feldes als solche maßgeblich ist, sondern vielmehr die Mannigfaltigkeit der sich in dem Sonderbereich befindenden Gegenstände.

Das würde heißen: Der Beleuchtungseindruck ist *nur* insofern von der Größe des betreffenden Bereiches abhängig, als bei Vergrößerung des Bereiches auch die Anzahl der in ihm erscheinenden Gegenstände zunimmt.

Bei verschieden geformten Gegenständen gleichen Farbtons ist der Eindruck einer buntfarbigen Beleuchtung erheblich stärker als bei gleichgeformten Gegenständen. Es ist, als ob zur Gleichheit der Form auch eine Gleichheit der Farbe gehöre, so daß deren Abspaltung unterbleibt.

Je gleichmäßiger die Gegenstände innerhalb der Kästen verteilt sind, je besser also der verfügbare Raum ausgenutzt wird, desto zwingender ist der Eindruck einer buntfarbigen Beleuchtung. Jede unregelmäßige Verteilung der Gegenstände, insbesondere das Anhäufen auf einem Punkt, wirkt sich ungünstig aus. Besonders ungünstig ist, wie schon oben bemerkt, auch ihre Aufreihung in einer frontal-parallelen Ebene.

Durch die möglichst große räumliche Streuung wird besonders zwingend nahegelegt, daß „der ganze Raum" von der Farbe erfüllt ist. (Hierher gehört wohl auch die Wirkung der gleichgefärbten Wände.)

Vereinzelte andersfarbige Gegenstände zerstören den Eindruck buntfarbiger Beleuchtung umso sicherer, je näher sie sich der *Mitte* der Gesamtanordnung befinden, und je stärker sie sich von der Farbe der Gesamtgruppe abheben. Am stärksten stören weiße Gegenstände, während schwarze Gegenstände bis zu einer gewissen Anzahl den Gesamteindruck kaum beeinträchtigen. Die weiße Farbe ist zu hell, um als Kontrastfarbe zwischen der Menge der scheinbar weiß gefärbten Gegenstände wirken zu können (s. u.), so daß das Beleuchtungsphänomen zusammenbricht. Sofern es nicht ausgesprochene Gegenfarben sind, kann man aber doch eine gewisse Anzahl andersfarbiger Gegenstände zu einer bestehenden Anordnung hinzufügen, ohne daß der Gesamteindruck einer buntfarbigen Beleuchtung verloren geht.

Kommt der Eindruck einer buntfarbigen Beleuchtung zustande, so werden die in dieser Beleuchtung stehenden Gegenstände, wie schon angedeutet, unbunt, meist weiß gesehen. Gegenstände von abweichender Farbe erscheinen, falls der Eindruck buntfarbiger Beleuchtung erhalten bleibt, in deren Gegensinn verfärbt. Nur vereinzelt kommt es zu dem Eindruck, daß sowohl die Beleuchtung als auch die Gegenstände buntfarbig sind.

Die Tatsache, daß die Gegenstände meist weiß gesehen werden, weist darauf hin, daß die gemeinsame Qualität in ihrer Gesamtheit abgespalten wird.

Dem entspricht der Eindruck, daß im allgemeinen der Teil-Raum ganz von Farbe durchtränkt oder ausgefüllt ist. Die farbige Beleuchtung ist für den Betrachter so etwas wie eine hauchartige raumausfüllende Substanz.

Das Vorhandensein der Beleuchtung als Substanz im Gesamtraum äußert sich zum Teil in der Erwartung, daß an allen Stellen des betroffenen Bereiches mit Hilfe eines dorthin gesetzten Gegenstandes ihre Wirkung sofort sichtbar gemacht werden könnte. Die Wirkung der Farbbeschaffenheit hat in unseren Versuchen starke Ähnlichkeit mit der einer Raumfarbe.

Theoretische Schlußbemerkung: Die Gesamtheit der von uns angeführten Faktoren wirkt in derselben Richtung: der Bezogenheit der gesehenen Farbe auf das Ganze eines gegebenen Raumbereichs. Ist diese Bezogenheit durch die verschiedensten Momente zwingend nahegelegt, so löst sich die Farbe von den Gegenständen ab und scheint den Raum als Beleuchtung zu erfüllen, während die Gegenstände selbst unbunt erscheinen. Es besteht kein Zweifel, daß dieser Vorgang zugleich einer der Grundvorgänge ist, die auch aller „echten", das heißt „wirklichkeitstreuen" Konstanz von Oberflächenfarben in nicht neutraler Beleuchtung zugrunde liegen.

23. Bewußtsein, Wahrnehmung und Handlung (1974)*

1. Die Begriffe Bewußtsein, Wahrnehmung und Reiz

Dieser Absatz zum historischen Hintergrund zeitgenössischer Wahrnehmungslehre gibt einen kurzen Überblick über die Entwicklung der wissenschaftlichen Anschauung über die Rolle, die Urteil und Handlung der Person bei der Konstituierung der Sehdinge oder bewußter Phänomene spielen. Es ist unmöglich, die Geschichte der drei Begriffe durch die Jahrtausende zu verfolgen. Unvermeidlich ist daher eine gewisse Willkürlichkeit in der Festlegung der Zeitspanne, die betrachtet werden soll. Vielleicht ist es angemessen, die 60er Jahre des vorigen Jahrhunderts als Ausgangspunkt festzusetzen, als u. a. FECHNER, v. HELMHOLTZ, WUNDT und HERING begannen, Psychologie zu einer empirischen Wissenschaft zu machen.

1.1. Bewußtsein

Bewußtsein wurde zu jener Zeit in einem engeren Sinn als heute verstanden; der Begriff umfaßte nur die Innenwelt: Propriozeption – als das Bewußtsein seiner selbst oder des Ichs mit seinen Gefühlen, Strebungen und körperlichen Befindlichkeiten – zuzüglich des „Vergegenwärtigten" – Ideen, Vorstellungsbilder, Meinungen, Ansichten, Überzeugungen, Träume. Mit anderen Worten ist Bewußtsein hiernach der Gegenstand der *Introspektion* im strengen Sinne des Wortes. Ewald HERING (1861–1864, 1920) war der erste, der klar zwischen Sehding (Perzept) und physikalischem Objekt unterschied und somit auch die äußere Welt als Teil des Bewußtseins betrachtete. Die Bedeutung seiner Feststellung liegt darin, daß die Dinge und Ereignisse, die wir in unseren Umgebungen antreffen, bloße Sehdinge sind; dies umfaßt das Anerkennen der Tatsache, daß diese vom Subjekt vorgefunden – nicht vom Subjekt gemacht werden (GIBSON 1966). Und ist dies so, dann müssen sie im wesentlichen das Ergebnis organischer Prozesse sein, die zwar vom Subjekt herbeigeführt und modifiziert, aber nicht durch Aktivitäten der Person ersetzt werden können. HERINGS Auffassung wurde erst viel später durchgängiger in der Wahrnehmungstheorie übernommen. Aber die Schwierigkeiten der korrekten Anwendung sind noch selbst in gegenwärtigen psychologischen Veröffentlichungen bemerkbar.

Zusammenfassend: Gegenwärtig scheint es angemessen zu sein, Bewußtsein als die Gesamtsumme dessen zu definieren, was ein Subjekt erlebt; in der Umgangssprache ausgedrückt: Bewußtsein unterscheidet einen wachen Menschen von einem traumlos schlafenden.

1.2. Wahrnehmung

Wahrnehmung ist offenkundig ein wesentlicher Teil des Bewußtseins; sie ist jener Teil, der aus unbeugsamen Tatsachen besteht und insofern erlebte Realität konstituiert

---

* Aus dem Englischen übersetzt von Heinrich CRABUS.

(vgl. METZGER 1968, S. 8-47). Diese Funktion der Wahrnehmung ist von der Aktivität der Rezeptoren abhängig, die durch Prozesse aus der physikalischen Welt beeinflußt werden. Wahrnehmung kann daher als Ergebnis von Informationsverarbeitung definiert werden, die aus den Reizungen der Rezeptoren unter Bedingungen besteht, die in jedem Fall teilweise von der eigenen Aktivität des Subjekts mitabhängen. Die Frage dieses Kapitels kann daher neu gestellt werden: In welchem Ausmaß wurden körperliche oder geistige Aktivitäten der Person – autonome organische Prozesse ausgenommen – im Laufe der Entwicklung der experimentellen Psychologie als zu dieser Informationsverarbeitung beitragend angenommen?

1.3. Der Begriff „Reiz"

Um die gestellte Frage beantworten zu können, benötigen wir ein klares Konzept vom Reiz. Der Begriff Reiz ist hier – im Einklang mit HERING – definiert als physikalische oder chemische Einwirkung von außen auf ein Rezeptorelement, wodurch der Zustand dieses Elements verändert (es erregt) wird und zwar auf solch eine Weise, daß nervöse Prozesse entstehen, die dem zentralen Nervensystem zugeleitet werden. Im Falle eines Reflexes folgt unmittelbar eine motorische Aktivität; im Falle der Wahrnehmung werden besondere zentrale Prozesse angestoßen, die mit bewußten Phänomenen, Perzepten, Dingen, Ereignissen oder Situationen in der erlebten Welt des Subjekts korreliert sind.

Wenn mehr als ein Rezeptor gleichzeitig stimuliert wird, sprechen wir von „Konfigurationen" oder „Verteilungen" von Reizen; und tritt die Zeitdimension hinzu, so sprechen wir von Sequenzen von Reizverteilungen oder von raumzeitlichen Reizkonfigurationen. Ohne Frage kann auch eine Veränderung von Rezeptorzuständen durch andere Teile des Organismus verursacht werden.

Reizung von außen kann verursacht sein (1) von physikalischen Veränderungen in der Umgebung, wobei der Zustand des Organismus' – außer dessen der Rezeptoren – konstant bleibt, (2) von einer Veränderung des Körperzustandes hinsichtlich seiner Umgebung oder (3) von beiden. (Es ist natürlich logisch erlaubt, eine Reizkonfiguration oder eine Sequenz von Reizkonfigurationen oder gewisse Eigenschaften von ihnen „einen Reiz" zu nennen, wenn dies explizit getan wird – wie z. B. J. J. GIBSON (1952) von „Gradienten" als Reizen für Tiefenphänomene spricht.)

Die Bedeutung des Begriffes Reiz, wie er hier benutzt wird, ist offenkundig dem gleichbedeutend, was KOFFKA (1935) und viele spätere Autoren „proximaler" Reiz genannt haben. Wir ziehen es aber vor, einfach von „Reiz" zu sprechen, da wir nicht vorhaben, den mehrdeutigen Begriff „distante" oder „distale" Reize, zu benutzen. Einerseits meint er ein physikalisches Objekt, insoweit es als Quelle der (z. B. visuellen) Reizung im eigentlichen Sinn dient, andererseits – besonders in behavioristischer Diskussion – weist er auf ein Perzept (ein *Sehding* im Sinne von HERING) hin, das, da durch Rezeptorreizung verursacht, nicht zur selben Zeit wieder Ursache dieser Reizung sein kann (vgl. GIBSON, 1966, S. 28). Auch bezeichnen wir nicht die Aufforderungscharaktere (Valenzen) der Perzepte als Reize, durch die die Aktivitäten der Person veranlaßt oder geleitet werden.

In der behavioristischen Diskussion schwankt der Begriff Reiz zwischen diesen drei Bedeutungen – als physikalisches Objekt oder Ereignis, als Erregung eines Rezeptors und als Valenz, eines Perzepts (vgl. METZGER 1968, S. 295-297). Der Reizbegriff ist in der Wahrnehmungstheorie strenggenommen nur dann nützlich, wenn er ein dazwischentretendes Glied in der Kausalkette bezeichnet, das vom Objekt zum Perzept führt. In diesem Sinne wird der Begriff hier weiter verwendet. Damit sind wir in voller Übereinstimmung mit der Auffassung HERINGS.

2. Urteilshypothesen

Die Ansicht, die ein halbes Jahrhundert bis zum Beginn des Ersten Weltkrieges vorherrschte, war nicht die von HERING, sondern war eine, die von dem großen Hermann v. HELMHOLTZ in der ersten Auflage seiner *Physiologischen Optik* (1866) vorgeschlagen worden war: die Urteilstheorie.

2.1. Überblick über die Hypothesen

V. HELMHOLTZ beginnt seine Theorie mit der ausdrücklichen Feststellung, es stehe unveränderlich fest, daß die *nervöse Stimulation* (wir würden Erregung sagen) es ist, *die direkt wahrgenommen wird*, niemals aber das Objekt selbst. Es gibt aber *mentale Aktivitäten*, die uns in die Lage versetzen, *eine Idee von den möglichen Ursachen* der beobachteten Ereignisse an den Sinnen zu bilden (mit dieser Formulierung nimmt HELMHOLTZ einen von SCHOPENHAUER 1818 geäußerten Gedanken auf).

Die Ergebnisse dieser Aktivitäten sind gleichbedeutend mit einem Analogieschluß, und so nannte er sie auch. Visuelle Täuschungen und andere Abweichungen von der Geometrie der Reizkonfigurationen werden dann als *fehlerhafte Interpretationen* der Reize (als *Urteilstäuschungen*) angesprochen. Von HELMHOLTZ ignoriert nicht die Tatsache, daß diese Prozesse sich von freien Akten bewußten Denkens in mehreren Hinsichten unterscheiden: (1) sie sind unmittelbar; (2) sie sind unbewußt und, wie Wolfgang KÖHLER (1913) hinzufügte, beschäftigen sich mit unbewußtem Material; (3) sie können nicht, wie v. HELMHOLTZ auch bereits sah, durch besseres Wissen des Wahrnehmenden korrigiert werden. (4) Es gibt noch einen fundamentaleren Unterschied zwischen jenen angenommenen unbewußten Prozessen und dem bewußten Denken, den v. HELMHOLTZ und KÖHLER noch nicht kannten: bewußtes schlußfolgerndes Denken wird zunehmend schwieriger je komplizierter die zu interpretierende Situation wird; ganz im Gegensatz hierzu werden die eindeutigsten und überwältigensten dreidimensionalen Effekte gerade in jenen zweidimensionalen raumzeitlichen Reizmannigfaltigkeiten beobachtet, die viel zu kompliziert sind, um aus ihnen klare Schlußfolgerungen ziehen zu können.

2.2 Kritiken

Die erste Kritik der HELMHOLTZschen Urteilstheorie kam von Wolfgang KÖHLER (1913). Er zeigt auf, daß die von HELMHOLTZ angenommenen unbewußten Schlüsse nichts als Lückenbüßer für all jene Phänomene sind, (1) die nicht den Erwartungen entsprechen, die von einigen bekannten Eigenschaften der Reizung abgeleitet worden sind und (2) für die keine einfachen objektiven Erklärungen vorhanden sind, wie es zum Beispiel der Fall für Farbenmischungen und -kontrast ist. Die Annahme unbewußter Schlüsse ist nur so lange unbedingt notwendig, so lange laterale Wechselwirkungen zwischen gleichzeitigen Erregungen als unmöglich betrachtet werden (*Konstanzannahme*). Die Annahme lateraler Wechselwirkungen – die eine wichtige Rolle in der modernen Elektrophysiologie spielt – war bereits von HERING (1905) in seiner Theorie des Farbenkontrastes gemacht worden, aber zuerst von WERTHEIMER (1912 unter dem Namen *Querfunktionen*) in ihrer Tragweite erkannt und explizit formuliert; sie war eine der grundlegenden Thesen der Gestalttheorie von ihrem Beginn an.

2.3. Wiederaufnahme

Als konkretere Vorstellungen über direkte Wechselwirkungen entwickelt worden waren, verschwand die Theorie des unbewußten Urteils aus der Diskussion der Wahrnehmung. Aber noch 1917 gründete J. PIKLER seine Theorie des binokularen Tiefensehens auf vom Subjekt vollzogene Vergleiche zwischen den beiden retinalen Bildern des Gegenstandes. Und nach einem Zeitraum von ungefähr 40 Jahren erlebte die Theorie der unbewußten Schlüsse über unbewußtes Material eine Art von Renaissance in einigen Theorien der monokularen Tiefenwahrnehmung und der visuellen Täuschungen (z. B. GREGORY 1963, 1967; TAUSCH 1954, 1955, 1962). Die Urteilstheorie wurde aber erneut von ZANFORLIN (1967), FISHER (1968) und METZGER, VUKOVICH-VOTH und KOCH (1970) widerlegt.

Eine andere Versuchung, in HELMHOLTZsche Spekulationen zurückzufallen, kann in der Darstellung der Entscheidungstheorie von SWETS, TANNER und BIRDSALL (1964) gefunden werden. Der Fortschritt in der Psychophysik, den sie durch Hinzufügen des Gesichtspunktes der Wahl eines Kriteriums zum Konzept der Sensibilität brachten, ist eindrucksvoll. Aber wenn sie versuchen, den klaren Begriff der Entscheidung, wie eine in der Grenzsituation schwellennaher Darbietung unanzweifelbare Aktivität des Subjekts, auch auf die Wahrnehmung im allgemeinen anzuwenden, dann geraten sie in die Gefahr, in überholte Scheintheorien abzugleiten, so in Situationen, wo (1) z. B. während des Betrachtens eines menschlichen Gesichts oder einer Landschaft vom Betrachter tausende von Entscheidungen in ein und demselben Augenblick verlangt wären, Entscheidungen, die (2) niemals von ihm bemerkt werden – im Gegensatz zu den Entscheidungen, die schwellennahe Beobachtung erfordert – und die (3) nicht notwendig sind, weil – um eine von den Autoren selbst eingeführte Metapher zu benutzen – die Karten offen auf dem Tisch liegen (SWETS et al. 1964, S. 54-55).

Eine späte Nachwirkung von HELMHOLTZ' Theorie ist im alltäglichen Laborslang zu spüren und ist häufig in ernsten Publikationen anzutreffen – demzufolge „nehmen" wir *Reize* „wahr", „vergleichen" und „beurteilen" sie.

3. Akt-Hypothesen

3.1. BRENTANOS *Kritik*

Zu der Zeit als die Urteilstheorie bei experimentellen Psychologen in Mode war, verkündete Franz BRENTANO (1874) die *Aktpsychologie*. Ein Akt ist nach ihm und seinen (meist philosophisch orientierten) Anhängern eine bloße mentale Aktivität, bei der nicht objektive Realität (oder die objektiven Beziehungen des Subjekts zu ihr), sondern nur Sehdinge und Bilder beteiligt sind. Beispiele sind Aufmerken, Analysieren, Herausgreifen, Betonen. Natürlich gibt es keine scharfe Grenzlinie zwischen diesen mentalen Aktivitäten und den körperlichen erkundenden Tätigkeiten, wie Fixieren,

Abtasten, Lesen, Zählen, Suchen im Wahrnehmungsfeld. BRENTANO betont, daß die Psychologie sich eher mit dem Wahrnehmen als mit dem Sehding eher mit dem Aufmerken als mit den Objekten und Wirkungen der Aufmerksamkeit u.s.w. beschäftigen sollte. Die *Objekte* der Wahrnehmung gehörten nach seiner Meinung zu dem Gebiet der Physik. Mit dieser Feststellung fiel er hinter HERINGS Unterscheidung von physikalischer und perzeptiver Welt zurück. Aber er lieferte die erste Diskussion der Möglichkeit einer Psychologie, in der die *Handlungen* des Subjekts eine dominierende Rolle spielt.

3.2. *Aufmerksamkeitstheorien*

Nicht viel später finden wir eine Theorie der Wahrnehmung, die sich ausdrücklich auf Akte des Subjekts gründet: G. E. MÜLLERS *Komplextheorie* oder Theorie der „kollektiven Auffassung" (1904, 1923), gefolgt von PETERMANNS Theorie der Auffassungslenkung (1929, 1931), die von der ersten nur leicht abweicht. PETERMANN beschreibt ausführlich die seinem Versuch zugrundeliegende Idee der Überwindung einer Psychologie, für die die wahrnehmende Person nur ein passives „Schlachtfeld der Reize" ist. Im Einklang mit MÜLLER ist Einheitsbildung in der Wahrnehmung das Ergebnis kollektiver Aufmerksamkeitsakte. Wie bekannt ist, gibt es mehrdeutige Reizsituationen, bei denen solche Akte bis zu einem gewissen Grad erfolgreich sein können: bei diskontinuierlichen Strukturen mit einer begrenzten Anzahl von „Elementen". Aber bei der Verallgemeinerung waren beide Autoren gezwungen, „Hinweise" oder Kriterien für den Einsatz der Aufmerksamkeit einzuführen. Sie gaben diesen Kriterien schließlich eine solch ausschlaggebende Rolle, daß die Frage aufkommt, ob es nützlich ist, einen hypothetischen Faktor x, genannt Aufmerksamkeit, dazwischen zu schieben, statt anzunehmen, daß diese „Hinweise" oder Kriterien die tatsächlichen Faktoren sind, die unmittelbar die in Frage stehende Einheitsbildung bestimmen und oft auf eine Weise, die der aktiven kollektiven Absicht der Person zuwider läuft (BÜHLER 1913; KÖHLER 1926).

Bei all diesen Versuchen ist die Aufmerksamkeit – statt die Wirkungen beobachtbarer Aufmerksamkeitsakte auf die Wahrnehmung experimentell zu studieren – zu einem magischen Prinzip gemacht worden, das alles kann und nichts erklärt.

Auch wenn der Wert der Annahme hypothetischer Akte als fundamentale Faktoren bei der Wahrnehmung angezweifelt wird, beziehen sich diese Zweifel nicht im geringsten auf die Wichtigkeit mentaler Aktivitäten, die tatsächlich beobachtet und vom Subjekt gesteuert werden können (vgl. DUNCKER 1935).

4. *Die Rolle körperlicher Aktivitäten*

Was trägt körperliche Aktion, sofern sie offenes Verhalten ist, zur Wahrnehmung bei? Ich möchte hier vorausschicken, daß jene allgemeinen, manchmal recht ausgefeilten Feststellungen, nach denen Wahrnehmung auf irgendeiner Art von Verhalten beruhen *muß* oder sogar, daß die Welt der Person durch sie selbst geschaffen werden *muß*, hier nicht diskutiert werden. Die Darstellung wird auf einen Überblick der Beobachtungen und Vermutungen über die Bedeutung spezifischer Arten körperlicher Aktivitäten für konkrete Eigenschaften der Wahrnehmung beschränkt.

4.1. Folgebewegungen des Auges

Die früheste Annahme dieses Typs ist W. WUNDTS Augenbewegungshypothese der gesehenen Form. Sie ist die erste von vielen „Bewegungskopie"-Hypothesen, die behaupten, „daß durch Handlung die Objekte der Welt in der Wahrnehmung widergespiegelt werden, d. h. durch Reaktionen, die die Objekte nachfahren oder sie in solch einer Weise verkörpern, daß ihre Form oder Struktur erzeugt wird" (GIBSON 1966). Die Annahme, daß Augenbewegungen den Umrissen gesehener Objekte folgen, wurde von PIAGET in den vierziger Jahren durch die Behauptung erneut aufgegriffen, daß das Konzept eines solchen Objekts die Gesamtsumme der Bewegungen sei, die während der Bemühungen, es zu erkennen, ausgeführt wurden. Dieser Standpunkt wird immernoch von sowjetischen Psychologen eingenommen, z. B. von ZINCHENKO (1966).

Welcher Wert kommt diesen Annahmen zu? Um das zu erklären, was von ihnen verlangt wird, darf überhaupt keine der beobachteten Abweichungen von der angestrebten Leitlinie der Augenbewegung den Schwellenwert für visuelle Form überschreiten. Wie STRATTON (1902) zeigte, überschreiten die tatsächlich gefundenen Abweichungen bei weitem diese Schwelle. Das bedeutet, daß sich die visuelle Formwahrnehmung nicht auf Augenbewegungen gründen kann. Hierdurch wurde WUNDTS Hypothese – genauso wie die von PIAGET und ZINCHENKO – definitiv widerlegt.

Faktisch als Folge der eigenartigen Konstruktion des motorischen Apparates des Auges ist es objektiv unmöglich, Umrisse eines Gegenstandes mit den Augen zu folgen. *Willkürliche* Augenbewegungen springen ohne Ausnahme von einem Fixationspunkt zum nächsten. Sehen kommt nur während der Ruhephasen an diesen Punkten vor, nicht weil das Auge während des Sprungs blind ist, sondern weil die Reizkonfigurationen so schnell wechseln, daß alle Konturen vollständig unscharf sind und sich kein Bild ergeben kann. Das heißt, daß gleichzeitige Reizung relativ großer Netzhautbereiche die Grundlage visueller Formwahrnehmung sein muß; wir müssen, in anderen Worten, der passiven Aufnahme eine viel größere Rolle zumessen, als es gewöhnlich von heutigen Psychologen getan wird. Warum auch nicht? Wie sollte eine von einem Blitz für eine Zehntelsekunde erhellte Landschaft in der Nacht gesehen werden? Und durch welche Art von Augenbewegung sollte ein menschliches Gesicht erkannt werden?

4.2. Handbewegungen bei der haptischen Wahrnehmung

Welche Rolle spielen Handbewegungen bei der haptischen Wahrnehmung? Diese Bewegungen sind für einen Beobachter viel auffälliger als Augenbewegungen. Darüberhinaus gibt es bei tastenden Handbewegungen nicht solche Beschränkungen wie bei willkürlichen Augenbewegungen. Die Bewegungskopie-Hypothese hat hier größere Chancen. PIAGET (vgl. AEBLI 1963) berichtet, daß er seine Augenbewegungstheorie aus Beobachtungen des haptischen Wahrnehmens bei Kindern abgeleitet hat, bei denen es sich zeigte, daß geometrische Figuren durch Nachfahren der Kanten mit den Fingern erkannt wurden. Diese Feststellung scheint allgemein akzeptiert zu werden. Aber die Beobachtungen in diesen Experimenten sind wohl nicht sehr genau gewesen. Neue (unveröffentlichte) diesbezügliche Experimente des Autors hatten nicht so unzweideutige Ergebnisse: Es gab zu viele Bewegungen, die nicht mit Kanten zusammentrafen und nichtsdestoweniger fand Erkennen statt. Entscheidende Beobachtungen über das Lesen der Brailleschrift von Blinden machte BÜRKLEN (1917), der selbst blind war. Wie seine Aufzeichnungen der Fingerbewegungen zeigten, haben ihre Bahnen keine Beziehung zu der Verteilung der Braillepunkte, korrelieren aber (1) mit der Übung des Lesers und (2) mit dem Alter der Kopie oder direkter gesagt: mit der Unterscheidbarkeit der Symbole, die sich mit häufigem Gebrauch schrittweise vermindern und schließlich sehr komplizierte Reibebewegungen über jedes einzelne Symbol erfordern. Bei klarer Brailleschrift, Symbolen oder gepunkteten Figuren (Kreise, Kreuze, Winkel usw.), die nicht viel größer als diese sind, kann leicht beobachtet werden, daß um ein klares Bild zu bekommen, eine einzelne geradlinige Reibebwegung in beliebiger Richtung mit der Fingerkuppe über sie ausreicht. Dies bedeutet, daß selbst Handbewegungen keine Bewegungskopie sein müssen. Sie können, aber müssen nicht Kopien sein und wir wissen noch nicht, ob andere als Nachfahrbewegungen manchmal wirkungsvoller sind.

4.3. Tatsächliche Funktionen von Hand- und Augenbewegungen beim Erkennen eines Objekts

Wenn das Nachzeichnen nicht die wesentliche Funktion der Bewegungen der tastenden Hand ist, was ist dann ihr eigentlicher Sinn? Es gibt wenigstens drei Wirkungen des Bewegens tastender Glieder, die für ihre Wirksamkeit unabdingbar sind:

1. Hervorrufen der Materialqualitäten: Rauhheit durch Reiben, Härte durch Pressen, Elastizität durch Biegen usw.

2. Ausweiten des Erkundungsgebiets über die Fingerkuppen hinaus; Umherblicken in einem unbekannten Raum oder Umhergehen in einem großen unbekannten Gebäude oder in einer noch nicht gesehenen Stadt ist das Gegenstück fürs erste beim Gesichtssinn.

3. Verringern der Rezeptoradaptation, so daß sensorische Strukturen nicht so rasch verblassen. Handbewegungen erfüllen diese Aufgabe durch Verschieben der „Reize", d. h. der Eigenheiten einer Oberfläche in einer Weise, daß immer neue sensorische Elemente ihnen zur Vermehrung des Druckes ausgesetzt werden und zur Entstehung fortwährender An- und Aus-Effekte führen, so daß die Konfiguration der Erregungen nicht verblaßt. Dies Phänomen ist bei der taktilen Wahrnehmung schon lange bekannt: ein Gürtel oder Hosenträger wird nur wenige Sekunden nach dem Anlegen gespürt. Dann verschwindet er, um wieder für einige Augenblicke wahrgenommen zu werden nur, wenn er von seinem Platz verrutscht ist.

Daß sich ähnliche Bedingungen beim Sehen durchsetzen können, ist erst seit kurzem bekannt. Bei näherer Betrachtung war es bereits erstaunlich, daß das Verblassen visueller Strukturen, das HERINGS Farbentheorie vorhersagt, so langsam und niemals vollständig geschieht (METZGER 1941, 1968⁴, S. 169). Der verborgene Faktor, der hierfür verantwortlich ist, ist mittlerweile gefunden und durch DITCHBURN und GINSBORG (1952), PRITCHARD, HERON und HEBB (1960) und vielen anderen in ihren Untersuchungen fixierter Netzhautbilder erforscht. Er besteht aus winzigen Augenbewegungen verschiedener Typen, durch die kontinuierlich „wiederbelebende" Verschiebung der visuellen Strukturen auf der Netzhaut hervorgebracht wird. Dies bedeutet, daß der ausschlaggebende Faktor beim Sehen exakt der gleiche ist wie beim Tasten, außer daß die Bewegungen beim Sehen unterschwellig sind und ihre Arbeit daher unbewußt vollbringen.

Eine ähnliche Rolle spielen die *überschwelligen* Augenbewegungen – wie sich herausstellte – zur Intensivierung der Disparationswirkung bei der beidäugigen Tiefenwahrnehmung (METZGER 1953, S. 293-295).

4. Wenn diese drei Bedingungen erfüllt sind, kann das haptische Erkennen spezifischer Formen stattfinden. Aber wenn die Nachfahrbewegungen nur eine beiläufige Rolle spielen, wie kommen sie tatsächlich zustande? Wie unveröffentlichte experimentelle Ergebnisse nahelegen, gibt es eine komplizierte Wechselwirkung zwischen Fingerbewegungen beim Reiben und Greifen einerseits und dem Verschieben der Konfiguration der Objekteinheiten auf der Oberfläche der bewegten Finger andererseits, Verschiebungen, die gleichzeitig mit und gegenläufig zu den aktiven Bewegungen sind. Und – wie unmittelbar beobachtet werden kann – existiert (genau wie bei Augenbewegungen) eine Art von Konstanz der Lokalisation dieser Eigenheiten, aktive Bewegungen der Finger und Stimulationsverschiebungen auf ihrer Oberfläche heben sich gegenseitig auf (vgl. v. HOLST und MITTELSTAEDT 1950). Hierdurch finden die sich bewegenden Finger nicht „Elemente", die durch sie „verbunden" werden, sondern eher „Punkte" von etwas, das als ausgedehnter und als mehr von ihnen – mit von Anfang an stabilen Beziehungen zueinander – enthaltend angenommen wird.

In dieser Hinsicht erweist sich Tasten und visuelles Erkunden als eng verwandt. Beim visuellen Erkunden wird der Fixationspunkt nacheinander zu den Stellen des höchsten augenblicklichen Interesses verschoben. Durch diese Fixationswechsel wird die Reizung, die von den entsprechenden Stellen des physikalischen Objekts herkommt, jeweils zu den differenziertesten und empfindlichsten Bereichen der Netzhaut gebracht. Wie breits erwähnt, springen die Augen beim Umherblicken mehr oder weniger systematisch von einem Punkt zu einem anderen des Ganzen, das im visuellen Raum bereits existiert und zu der zusammenhängenden gleichzeitigen Reizung der gesamten Netzhaut gehört.

Die Funktion des Umherblickens ist daher nicht im Sammeln von „Elementen" zu suchen, die im visuellen Feld verstreut sind, um sie nachher zu größeren Einheiten „zusammenzusetzen". Eher wandert der Blick von Stelle zu Stelle größerer Einheiten, die schon vorher, wenn auch auf eine vorläufige und mehr oder weniger molare Weise, gegeben waren, um örtliche Einzelheiten von ihnen aufzuklären und zu bestimmen. Das klassische Beispiel ist der Unterschied zwischen bloßem „Sehen" einer Druckzeile aus der Entfernung und dem „Lesen" der Zeile. Im ersten Fall stellt sich die Zeile als eine Folge längerer oder kürzerer Blöcke von unbestimmten Buchstaben mit Zwischenräumen dar. Im zweiten Fall sondern sich Buchstaben aus und die besondere Struktur jedes Wortes wird erkannt, so daß die Bedeutung verstanden werden kann.

Aber es muß betont werden, daß visuelles Abtasten nicht nur dazu dient, „mehr Details zu erfahren", sondern auch dazu, weitreichende Umstrukturierungsprozesse auszulösen: Zweidimensionale Mannigfaltigkeiten, deren Netzhautbild über die Sehgrube hinausreicht und als Folge davon in einem gegebenen Augenblick nur innerhalb des der Sehgrube korrespondierenden Gebiets ganz klar gesehen werden, müssen einer Reorganisation hinsichtlich der *Einheitsbildung* unterzogen werden (METZGER 1953, S. 88) oder hinsichtlich der *Tiefenverteilung* (HOCHBERG 1966, S. 18-26), wenn die Fixation gerade auf Stellen des Objekts fällt, die für die Tiefe ausschlaggebend sind.

Diese Ergebnisse dürfen nicht überbewertet werden. Umherblicken ist *nicht* in jedem Fall zur Einheitsbildung oder Tiefenverteilung erforderlich, sondern nur unter den oben erwähnten Bedingungen. Wenn z. B. – wie in den meisten Demonstrationen von WERTHEIMER (1923) oder KOPFERMANN (1930) – das Bild der Vorlage die Sehgrube nicht überschreitet oder wenn die entscheidenden Teile von großer Ausdehnung sind und nicht ein Erkennen solcher kleinen Einzelheiten erfordern, dann hängt tatsächlich die visuelle Organisation *nicht* vom Umherblicken ab.

4.4. Wirkungen großer körperlicher Bewegungen auf Sehen und Hören

Andererseits gibt es Körperbewegungen, die ganz andere sind als Umherblicken, die die visuelle und akustische Organisation entscheidend beeinflussen können.

1. Einer der wirkungsvollsten Faktoren monokularer Tiefenwahrnehmung ist die Verzerrung des Netzhautbildes fester Körper, wenn diese um eine Achse rotieren, die nicht mit der Blickachse identisch ist (METZGER 1935). Die Verzerrung des Netzhautbildes kommt ganz genau so gut vor, wenn der Beobachter sich am Objekt vorbei bewegt, als wenn das Objekt vor ihm rotiert (wie dem Anschein nach bei Filmen). Der erste Fall wird traditionell „Bewegungsparallaxe" genannt; er kann aber nur in Verbindung mit dem zweiten angemessen behandelt werden. Es gibt aber doch einen fundamentalen Unterschied. Wenn es keine anderen Faktoren gibt (wie z. B. Beleuchtung), die mit der Verzerrung des Bildes einhergehen, dann ist die Tiefenwirkung bei bewegtem *Objekt* (also beim zweiten Fall) mehrdeutig: räumliche Inversion kommt leicht vor. Dies ist nicht der Fall, wenn die Bildverzerrung vor der Bewegung des *Betrachters* herrührt. Im Fall der Inversion der anschaulichen Tiefenverhältnisse bezogen auf die objektive Tiefe ist jede Bewegung des Subjekts von illusionärer Rotation des Objekts mit einer doppelt so großen Winkelgeschwindigkeit wie seine eigene begleitet. Hingegen wenn die anschauliche Tiefe der objektiven entspricht, dann verschwinden die Bewegungstäuschungen (ITTELSON 1960, KLIX 1962; METZGER 1935, TSCHERMAK-SEYSENEGG 1939).

2. Eine ähnliche Tendenz des Wahrnehmungssystems zur Minimalisierung liegt unserer Fähigkeit zugrunde, zwischen Lauten zu unterscheiden, die von oben oder unten und von vorn oder hinten kommen. Nur für die Unterscheidung zwischen links und rechts ist ein besonderer Mechanismus vorhanden: die Distanz zwischen den beiden Ohren. Aber ohne zusätzliche Mechanismen ist die Unterscheidung bei den anderen beiden Dimensionen durch simples Wenden des Kopfes möglich. Wenn die anschauliche Richtung des Lautes umgekehrt zur realen ist, scheint der Laut sich in der Richtung der Kopfbewegung zu verschieben und dies wieder aus geometrischen Gründen mit doppelter Winkelgeschwindigkeit. Falls anschauliche und objektive Richtung zusammenfallen, dann fallen die begleitenden Täuschungsbewegungen weg und die Lautquelle scheint in ihrer Umgebung zu ruhen, wie sie es ja auch tatsächlich tut – gleichgültig wie das Subjekt sich bewegt (WALLACH 1939).

4.5. Der Beitrag der Aktivitäten des Subjekts zur Wahrnehmung: Ein Überblick

Neben diesen körperlichen Bewegungen, die die Wirksamkeit der strukturalen Antworten höherer Sinne verbessern, gibt es eine ganze Reihe bewußter und unterbewußter Aktivitäten, die die sensorischen Funktionen unterstützen, bereichern, verfeinern, optimieren (vgl. ZAPOROZHETS und GIBSON 1966 an vielen Stellen; SOKOLOV 1967, S. 61-93). Der zur Verfügung stehende Raum erlaubt nicht viel mehr als nur eine tabellarische Übersicht.

Es gibt körperliche Aktivitäten, durch die folgendes erreicht wird:

1. Rezeptoren werden der Reizung durch gewisse Objekte ausgesetzt (wie Umherblicken, sich zum Schlüsselloch herunter beugen, etwas ergreifen usw.)

2. Das für die Rezeptoren zugängliche Gebiet wird vergrößert (wie Umhergehen, um einen Überblick zu bekommen, Umhertappen im Dunkeln usw.)

3. Reizkonfigurationen werden zu den sensibelsten Bereichen eines Rezeptors verschoben (Fixationsreaktionen, die die Reize zur fovea centralis schieben, Objekte werden zu den Fingerkuppen oder zur Zungenspitze gebracht).

4. Der Zustand der Rezeptoren wird optimalisiert (wie bei der Akkomodation, Konvergenz, retinaler Adaptation, Veränderung der Pupillenweite usw.)

5. Äußere Bedingungen der Wahrnehmung werden verbessert (wie beim Bewegen der Uhr zum Ohr, Aufsetzen oder Absetzen der Brille, Anschalten eines Lichtes, Blinzeln, Schnüffeln, Lutschen, Befeuchten und Heben des Fingers, um sonst unmerkliche Luftbewegungen zu spüren, Verlassen und Wiederbetreten eines Raumes, um einen Geruch zu erkennen, Anhalten des Atems, um leise Geräusche hören zu können, Fensterschließen, um sein Gegenüber zu verstehen usw.)

6. Lokale Adaptation und Verblassen werden verlangsamt (vgl. oben Abschnitt 4.3. (3)).

7. Erkundende Bewegungen im strengen Sinn des Wortes (wie Betasten und Umherblicken einschließlich visuellen Verfolgens; aber vgl. Abschnitt 4.3. (4)).

8. Willkürliche Bewegungen, die den Zweck verfolgen, selbst beobachtet zu werden, als ein Mittel zum Aufbau oder zur Wiederherstellung visuell-kinästhetischer Koordination (HELD 1966, SMITH und SMITH 1966).

9. Begleiten von Musik durch unvollständiges Dirigieren oder durch Tanzbewegungen.

10. Aktives Ausüben von Musik oder Rezitieren von Poesie; tätige Reproduktion einer Handschrift zur Erleichterung des Einfühlens.

11. Operationen mit Objekten, die dem Zweck dienen, sie besser kennenzulernen (wie Vergleichen, Anordnen, Kopieren, Erinnern, aus gegebenen Teilen Aufbauen; vgl. ZAPOROZHETS und GIBSON 1966, passim)

12. Suche nach Organisationsprinzipien eines gegebenen Materials (KATONA 1940)

Wie dieser Überblick zeigt, unterstützt die Tätigkeit des Subjekts die „Empfangs"-Funktion der Rezeptoren und dient keineswegs dem Zweck der „Erzeugung" von irgendetwas – wie manche von uns glauben. Dies ist die Aufgabe von Dichtern und Künstlern. Nebenbei – wir sollten hiermit zufrieden sein. Denn sollte die Freiheit subjektiven Aufbaus der Wahrnehmungswelt ein sehr begrenztes Ausmaß überschreiten, so wären unaufhörlich paranoide Mißverständnisse zwischen allen von uns die unentrinnbare Folge und Verständigung und Zusammenarbeit wären unmöglich.

VI
Entwicklungs- und Pädagogische Psychologie

24. Die Entwicklung der Gestaltauffassung in der Zeit der Schulreife (1956)

Einleitung: Erziehung und Entwicklung

Es ist der Sinn jeder lebendigen Unterrichtsweise, von dem geistig-seelischen Entwicklungsstand des Zöglings auszugehen, möglichst dicht sich an das schon bisher Erreichte und Vorhandene anzuschließen, – das Neue nicht „in die Luft zu hängen", sondern auf gewachsenem oder durch frühere Unterrichtstätigkeit vorbereitetem Grund aufzubauen und bei den Verfahren der „künstlichen" schulmäßigen Förderung des Zöglings möglichst den Wegen zu folgen, auf denen er unter natürlichen Verhältnissen ganz von selbst vorwärtsdringt.

Dazu muß man einmal den Gang und die Richtung der Entwicklung im Ganzen kennen. Man muß zweitens von der Art und Reihenfolge der Stufen, die sie durchläuft, ein zutreffendes Bild besitzen, desgleichen von der Art und dem Maß der Beeinflußbarkeit auf den verschiedenen Stufen, von der Geschwindigkeit der beteiligten Vorgänge und den Grenzen ihrer Steigerung. Man braucht drittens einfache Verfahren, um zu klären, welche dieser Stufen ein fragliches Kind hier und jetzt erreicht hat und durchläuft.

Über den allgemeinen Gang und die Richtung der geistigen Entwicklung, soweit sie für die Fragen des Unterrichtens von Bedeutung sind, besitzen wir heute schon ausgebreitete und wohlbegründete Kenntnisse. Seitdem GEDICKE 1791 im Vorwort zu seiner Fibel* wohl zum ersten Mal behauptet hatte, der natürliche Gang der geistigen Entwicklung gehe stets vom Ganzen zu den Teilen, vergingen ziemlich genau hundert Jahre, bis Hans CORNELIUS (1893, 1897) diesen so simplen wie kühnen Satz zu einem Entwurf einer neuen Theorie der seelischen Entwicklung ausbaute, aus dem inzwischen – vor allem durch F. KRUEGER, Fr. SANDER, H. VOLKELT, Götz MARTIUS, Heinz WERNER und andere – ein nach den verschiedensten Richtungen ausgeführtes und durch zahlreiche Beobachtungen und Untersuchungen in vielem bestätigtes Gemälde geworden ist.

Dagegen sind wir noch nicht im Besitz einer endgültigen Antwort auf die zweite Frage, die in Wirklichkeit aus einer ganzen Gruppe von Fragen an den Forscher besteht, die erst zum Teil in Angriff genommen sind. Auch das Folgende kann daher nicht etwa eine Antwort auf diese Fragengruppe sein, sondern ein Versuch, einiges von dem zusammenzufassen, was an Anregungen und Vermutungen in Untersuchungen der letzten Jahre zusammengekommen ist. Unsere Erörterungen beziehen sich zudem nur auf gewisse Teilbereiche: die Auffassung ruhender, zweidimensionaler Gestalten durch das Auge, dazu die Auffassung von sprachlichen Gebilden – Lautgestalten – (und

---

* Zitiert nach LAY-ENDERLIN (1911).

von sprachlich vermittelten Sinnganzen) durch das Ohr. Immerhin sind diese Teilbereiche für Unterrichtsfragen von besonderer Bedeutung, da alles Zeichnen, Schreiben und Lesen sowie die schriftliche Festlegung und Lösung von Rechenaufgaben von dem erreichten Entwicklungsstand dieser Funktion gerade auf den genannten Gebieten mit abhängt.

1. Die Richtung geistigen Wachstums

Wenn in der vergleichenden Entwicklungspsychologie gesagt wird, „der Mensch nehme mit seinen Sinnen zuerst das Ganze auf" (um eine Formel von JACOTOT 1818 zu gebrauchen) und der „Gang der Entwicklung gehe stets vom Ganzen zu den Teilen" (wie GEDICKE 1791 sagte), so ist sofort die Frage, welchen Umfang diese ursprünglichen Ganzen haben und wie sie denn beschaffen sein mögen, wenn offenbar für das Kind ihre Teile nicht in derselben Weise mitgegeben sind wie für den Erwachsenen. Wie ernst diese Frage für die Berücksichtigung der als solcher erkannten Gesetzmäßigkeit bei allem Unterricht ist, zeigen schon die ersten Bemühungen um einen ganzheitlichen Schreib- und Leseunterricht, denen die zitierten Formeln als Leitsprüche vorausgestellt sind. Die „Ganzen", von denen man ausgeht, sind in GEDICKES Fibel *einzelne Wörter*. In JACOTOTS „Naturgemäßer Universalmethode" ist es gleich eine ganze Geschichte (Fénelons „Telemach"); genauer genommen sind es die *einzelnen* Sätze dieser Geschichte, die der Reihe nach vorgenommen werden, und von denen der Lehrer vom ersten Augenblick an wie ein jagender Falke mit angelegten Flügeln durch die Wörter und Silben hindurch gleich bis zu seiner eigentlichen Beute, den Buchstaben, hinabstößt, so daß nach der Behandlung der vierzigsten Zeile diese schon sämtlich „bekannt sind". Zwischen Geschichten, Sätzen und Wörtern schwankt seitdem die analytisch-synthetische Frühform der Ganzheitsmethode hin und her, ohne daß ernsthafte Untersuchungen über die wirklichen „ursprünglichen" Ganzen angestellt worden wären.

Die Frage nach den ursprünglichen Ganzen ist nicht so einfach zu beantworten. „Es ist richtig, daß umfassendere Gebilde mit Ausdruckseigenschaften (Gesichter, nicht Farbflecken) am Anfang aller Entwicklung stehen. Aber es wäre völlig falsch, die Urgebilde im Sinne der zu Ende gedachten Ausgliederungsannahme als allumfassend zu betrachten. Das ‚Urwir', das der Ansammlung der Einzelnen vorausgeht, besteht nicht aus achtzig Millionen, sondern aus einigen wenigen Menschen, allenfalls aus ein paar Dutzend oder aus ein paar hundert Einzelnen (Familie, Sippe, Stamm); alles andere sind irgendwelche Fremden, Barbaren, Feinde, mit denen anschaulich *kein* Zusammenhang besteht." Man könnte wohl auch sagen, sie bilden den mehr oder weniger ungestalteten, verworrenen *Grund*, von dem sich das Ur-Ganze der eigenen Wir-Gruppe abhebt. „Auf dem Gebiet der Wahrnehmung im engeren Sinn sind zwar die sprachlichen Ureinheiten nicht Laute, sondern Worte mit Satzbedeutung, die musikalischen nicht Töne, sondern Weisen; aber was über den Satz und die Weisen hinausgeht (ein Roman, eine Symphonie) ist *zunächst nicht* charakteristische höhere Einheit, sondern uncharakteristisches, chaotisches, praktisch beziehungsloses Neben- und Nacheinander; was manchem Leser von seinen ersten Versuchen der Beschäftigung mit solch weitschichtigen Ganzen noch in Erinnerung sein wird." In der sicht- und greifbaren dinglichen Umgebung ist etwa für den Schulanfänger wohl das Buch, das die Geschichte enthält, der Ranzen, in dem Bücher und Hefte stecken, das Schulzimmer und auch noch das Schulhaus ein klar ausgesondertes, in sich einheitliches und durchgegliedertes Ganzes; vielleicht auch noch die Straße; ob aber die Stadt, in der das Schulhaus und das Elternhaus sich befinden, noch ein klar definiertes Ganzes ist, muß man bezweifeln; und daß Westfalen, Deutschland, Europa für es *keine* Ganzen sind, läßt sich aus der Art, wie es mit diesen Namen umgeht, aus der völligen Verwirrung aller topologischen Beziehungen auf dieser Ebene, mit Sicherheit erschließen. „Man spricht hier üblicherweise von ‚Grenzen der Fassungskraft‘, ohne sich darüber klar zu sein, daß damit zugleich die Grenzen der Ausgliederungstheorie der seelischen Entwicklung angegeben sind; denn sachlich bedeuten diese Beobachtungen: die natürliche Entwicklung geht nicht einsinnig vom Umfassendsten zum Einzelnen, sondern von einem Neben- und Nacheinander verhältnismäßig einfacher Gestalten *sowohl abwärts* im Sinne einer Aufgliederung, *als auch aufwärts* im Sinne des Zusammenschlusses zu immer umfassenderen, reicheren und verwickelteren Gestalten. Hierzu stimmt, daß in den Beobachtungen, die zur Aufstellung der sogenannten Assoziationsgesetze geführt haben, als ‚Elemente‘ der Verknüpfung ausschließlich mehr oder weniger komplexe Ganzheiten (‚Ideen‘, d. i. Vorstellungen) und niemals wirklich einfache Qualitäts- oder Ortbestimmungen, also Elementargebilde im strengen Sinn des Wortes auftreten."*

Die Aufgabe, Umfang und Art der Ur-Einheiten der Wahrnehmung experimentell zu bestimmen, gliedert sich also in die dreifache Aufgabe, sowohl die größten, eben noch faßbaren, als auch die kleinsten eben noch herauslösbaren, dazwischen aber auch die „natürlichen", ohne besondere Weitung oder Raffung der Aufmerksamkeit sich darbietenden Einheiten zu bestimmen und zugleich die Bedingungen festzustellen, von denen der Umfang des Fassungsvermögens (die Übersicht) wie auch die Schärfe der Aufgliederungsfähigkeit abhängt; – wobei zu erörtern bleibt, was „groß" und was „klein", was „Ganzes" und was „Teil" hierbei überhaupt bedeuten kann. Und zwar muß dies gesondert für die verschiedenen Arten von Ganzen geschehen, die im Leben des Kindes eine Rolle spielen, da man, was für *eine* Art gefunden ist, nicht unbesehen auf die anderen übertragen kann.

An sprachlich vermittelten Sinnganzen ist es beispielsweise schön zu beobachten, wie vom dritten bis zum sechsten Lebensjahr die Spanne wächst, angefangen von gedrungenen kleinen Fabeln und Märchen, die auf einer bestimmten Stufe den Umfang der „Sieben Geißlein" oder das „Rotkäppchen" nicht überschreiten dürfen; wie aber noch bis zum zehnten Lebensjahr und darüber jeder Versuch, einzelne Szenen oder das Ganze romanhaft auszumalen und auszuspinnen, sogleich zum Zerfall in ein sinnentleertes Wortgeplätscher mit vereinzelten „schönen Stellen" führt. Dasselbe gilt für musikalische Ganze: wenn die vier-, sechs- oder achtzeilige Liedstrophe schon lange als natürliche Einheit erfaßt und bewältigt wird, ist beispielsweise der Eingangssatz eines klassischen Quartetts nicht *mehr* als eine in ein unübersichtliches Gewoge eingesprengte Folge von schönen Stellen. Beim Sehen erinnere man sich an die Stufe der Bildbeschreibung, wie sie an den bekannten Bildern des Binetariums (etwa dem Blindekuhspiel) festzustellen ist. Man erinnere sich, wie auf einer bestimmten geistigen Altersstufe nicht *mehr* zu erreichen ist als eine Aufzählung der vorkommenden Personen und Gegenstände – da ist ein Mann, da ist noch ein Mann, da ist noch ein Mann usw. – ohne jedes Eingehen auf ihren Zusammenhang, auf das dargestellte Geschehen.

---

* Anführungen aus W. METZGER (1954, S. 325 f.)

Jedoch gerade die Behandlung dieser Bilder mahnt zur Vorsicht hinsichtlich der Übertragbarkeit eines Befundes auf andere Gebiete und der Möglichkeit seiner Verallgemeinerung. Nichts liegt hier näher als die Folgerung: Auf dieser Stufe (für die ja W. STERN den Namen „Substanzstadium" geprägt hat) seien die einzelnen Menschengestalten, das einzelne Werkzeug oder Gerät, die höchsten für das Kind erfaßbaren Wahrnehmungseinheiten. Erst auf einer weiteren Stufe erfolge dann die „Integration" oder die „Synthese" zu Gruppen-, Handlungs- und Bewirkungszusammenhängen oder werde die – bis dahin ruhende – Verursachungskategorie wirksam. Aber nichts wäre zugleich voreiliger, als das am Testbild Gefundene auf die „Wirklichkeit", auf das unmittelbar Angetroffene übertragen zu wollen; also anzunehmen, daß auf dieser Stufe das Kind auch den Zusammenhang einer *tatsächlichen* Handlung von der dort abgebildeten Art, wenn sie sich vor seinen Augen wirklich abspielte oder wenn es selbst als Beteiligter mitten darin stünde, nicht zu erfassen imstande wäre. In diesem Alter begeistert sich das Kind schon lange an ausgedehnten Rollenspielen, die das unmittelbare und sichere Erfassen recht umfangreicher Handlungseinheiten voraussetzen. Das ist aber kein Widerspruch, denn das unmittelbare Erfassen und Erleben dieser Wirkungszusammenhänge beruht ja auf – wie MICHOTTE überzeugend dargetan hat – quantitativ sehr scharf eingrenzbaren formalen *Eigentümlichkeiten der Zeitabläufe*, die das ruhende Bild nicht wiedergeben kann, da in ihm das Geschehen erstarrt ist wie in der schönen Szene mit dem Koch und dem Küchenjungen in dem Märchen von Dornröschen, und vom Betrachter erst wiedererweckt und neu in Gang gesetzt werden muß, wie dort von dem Märchenprinzen, der die Königstochter erlöst.

In absoluten Größenmaßen eine obere Grenze dessen zu finden, was das Kind in bestimmtem Alter noch als Einheit auffaßt, wird also nicht einfach sein; vor allem wird man dabei nie zu festen Ziffern kommen, sondern auf, je nach den Bedingungen, je nach den beteiligten Gestaltfaktoren, außerordentlich stark schwankende Werte gefaßt sein müssen.

Ob es viel leichter sein wird, nach unten hin das kleinste eben noch vom Kind klar herausgefaßte und dabei bestimmt gestaltete Gebilde zu finden, wissen wir nicht. Es ist nicht unwahrscheinlich, daß es hier absolute Grenzen gibt, die beträchtlich höher liegen als beim Erwachsenen, jedenfalls weit über der Größenordnung der Sehschärfe. Darauf weist schon die Notwendigkeit hin, den Leseunterricht mit einer Buchstabengröße zu beginnen, die bedeutend über dem Durchschnitt der üblichen Druckschriften liegt. Aber auch hier findet man bei genauerem Zusehen, daß ein Gebilde, das eben noch als selbständiges – und vielleicht gar nicht so winziges – Ganzes sehr wohl erfaßbar war, bei scheinbar geringfügigen Änderungen seiner Einbettung für das Kind verschwunden und unauffindbar ist. Das bedeutet, daß unsere Frage überhaupt *neu gestellt werden muß*.

Es muß nämlich allgemein gefragt werden, *erstens*, ob und wie weit die formalen Bedingungen der Aussonderung (und des Zusammenschlusses) beim Kind dieselben sind wie beim Erwachsenen, ob dieselben Gestaltfaktoren, auch ob sie in demselben Mächtigkeitsverhältnis wirksam sind; und wenn nicht, wodurch und warum die Auffassung des Kindes sich von der des Erwachsenen unterscheidet, auch welche möglicherweise wechselnden Verhältnisse sie auf den verschiedenen Altersstufen durchläuft, bis schließlich die beim Erwachsenen seit den Untersuchungen zur Lehre von der Gestalt II von Max WERTHEIMER (1923) und die daran anschließenden Schülerarbeiten (vgl. METZGER 1953, Kap. 2 bis 4) bekannten Verhältnisse erreicht sind.

Zweitens ist zu untersuchen, ob, unter welchen Bedingungen und wie oft sich die Ausgliederung von Unterganzen innerhalb eines umfassenderen Ganzen wiederholen kann; wie weit eine feinere und immer feinere Durchgliederung der Unterganzen in Teile und der Teile in Unterteile möglich ist; mit anderen Worten, wieviel Stufen die Gliederungshierarchie eines ausgesonderten Ganzen überhaupt erreichen kann. Die Begrenztheit einer solchen Hierarchie kann sich dabei wieder auf zwei verschiedene Arten erweisen. Es kann erstens, bei erhaltenem Ganzen, die weitere Durchgliederung irgendwo, früher oder später, eine unüberschreitbare Grenze erreichen; oder es kann, bei weiterer Aufgliederung, das Ganze zerfallen, seine Einheit verlieren, bisherige Unterganze die Rolle der „letzten", umfassendsten Ganzen übernehmen. Auf beide Weisen würde dasselbe erreicht: daß eine bestimmte Zahl der Gliederungsstufen nicht überschritten würde.

Dabei ist dann auch – *drittens* – zu fragen, ob die Unstetigkeiten der Reizmannigfaltigkeit im Innern ausgesonderter Ganzer, die für die Erwachsenen der Anlaß weiterer Durchgliederung in mehr oder weniger klar gestaltete Unterteile sind, beim *Fehlen* dieser Durchgliederung einfach wirkungslos bleiben oder ob sie andere spezifische Wirkungen ausüben.

Für alle diese Fragen liegen seit Sanders Kongreßvortrag von 1927 schon Ergebnisse vor, teils aus Einzelbeobachtungen, teils aus planmäßigen Untersuchungen, über die wir nun im Zusammenhang berichten wollen.

2. Die Gestaltfaktoren

Zu der Frage nach den formalen Besonderheiten des kindlichen Gestalterfassens liegen Untersuchungen vor unter anderem von H. Volkelt, von J. Becker, dazu eigene Schülerbeobachtungen (die übrigens zum Teil auch an getasteten Figuren vorgenommen wurden). Einem dreieinhalbjährigen Kind wurden folgende Gebilde gezeigt, als Strichfiguren auf weißem Papier (Abb. 24.1a, 24.2a, 24.3a). Es sagte: „Das sind sonderbare Sterne" (vgl. Metzger (1953, S. 91). Seine Aussage erinnert an die Aussage eines operierten Blindgeborenen, dem der Arzt drei gekreuzte Streichhölzer hinlegte (Abb. 24.4), – die ich freilich nur ungefähr aus dem Gedächtnis wiedergeben kann. Sie lautete ähnlich wie: „Das hat sechs Spitzen" – woraus der Arzt schloß, daß es keine ursprüngliche, sondern nur eine durch Erfahrung erlernte Gestaltauffassung gebe; denn sonst hätte der Patient doch sagen müssen: „Das sind drei Stöckchen" oder gar: „drei Streichhölzer." Übrigens bezeichnete das Kind schon wenige Minuten später die zweite Figur als „Ringe".

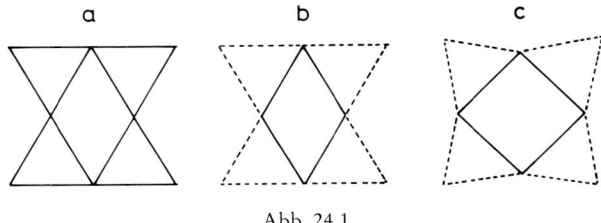

Abb. 24.1

Wodurch unterscheidet sich seine ursprüngliche – also offenbar näherliegende – Auffassung von der des Erwachsenen? Es können dafür folgende Gesichtspunkte angegeben werden:

1. Der in sich bruchlos zusammenhängende schwarze Bereich wird vom Kind in allen drei Fällen als „Einheit", als *ein einziges* Ganzes gesehen, vom Erwachsenen dagegen Bild 24.1a als „Zweiheit" (zwei Dreiecke oder zwei Sanduhren), Bild 24.3a als „Dreiheit", Bild 24.2a als „Vierheit" von einander überschneidenden oder berührenden *Nachbarn*.

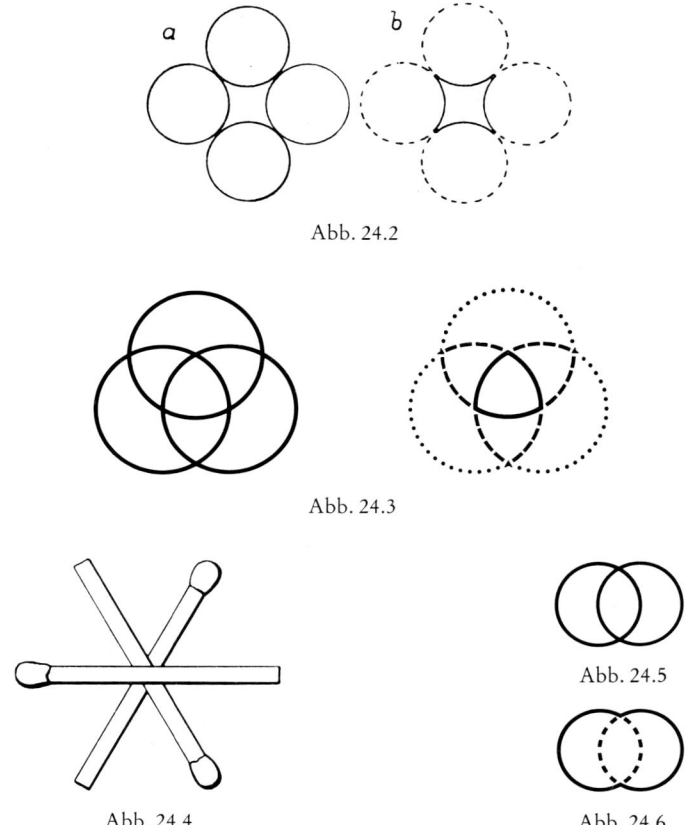

Abb. 24.2

Abb. 24.3

Abb. 24.4

Abb. 24.5

Abb. 24.6

2. Bei Stern oder (wie es auch genannt wurde) Blume *finden keine Kreuzungen statt*, während dieses wenigstens bei Bild 24.1a, wenn es als Doppeldreieck, und bei Bild 24.3a, wenn es als drei Ringe gesehen wird, der Fall ist.

3. Der Aufbau ist beim Erwachsenen ein „Nebeneinander" (zum Teil „Hintereinander"), beim Kind ein *„Ineinander"* (Kern-Schalen-Struktur); s. Abb. 24.1b, 24.2b, 24.3b.

4. Bei den Fassungen des Kindes sind die Striche sichtlich *Umgrenzungen, Ränder des von ihnen umgebenen Raumes* (der von ihnen umschlossenen Flächen); bei den Fassungen des Erwachsenen bleibt es mindestens unklar, ob sie die Ränder von Flächenfiguren oder selbst figurale Gebilde im Sinne E. RUBINS sind (vgl. METZGER 1953, Kap. 1).

Welcher oder welche von diesen Gesichtspunkten sind nun die eigentlich maßgeblichen? Aus Versuchen von J. BECKER und H. VOLKELT geht hervor, daß nicht nur beim Kind, sondern auch beim Erwachsenen, wenn er, statt zu sehen, *tastet*, die Gesichtspunkte 1 und 2 eine Rolle spielen. Nach J. BECKER (Figuren teils aus Draht mit völlig ausgeglätteten Kreuzungen, teils in Kartenblätter punktiert und abgetastet) findet sich sogar beim Ringpaar (Abb. 24.5) vielfach Außen-Innen-Gliederung (Abb. 24.6), wobei die Fläche der inneren Figur gewissermaßen doppelt besetzt ist, weil sie zum großen *und* zum kleinen, zum äußeren *und* zum inneren Ring gehört. Auch hierbei gibt es keine Überkreuzung. Nach H. VOLKELTS Ergebnissen gibt es sogar beim achtstäbigen Gitter (Abb. 24.7) – als Drahtgebilde mit ausgeglätteten Kreuzungen von beiden

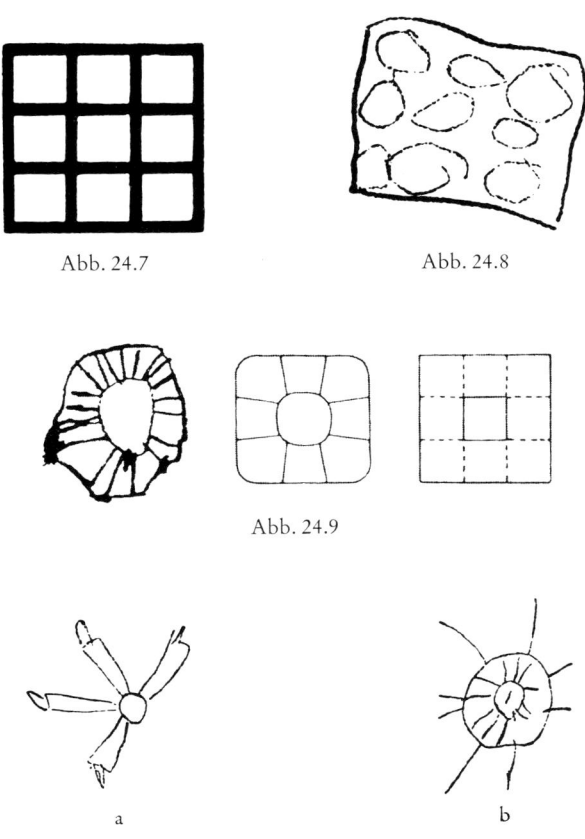

Abb. 24.7   Abb. 24.8

Abb. 24.9

a   b

Abb. 24.10

Händen ergriffen – 1. keine Überkreuzungen, – 2. Teilflächen in der Hauptfläche, mit den geschlossenen Teillinien als „Rändern" (Abb. 24.8), hier allerdings in der Umkehrung als „Löcher", – 3. stark vorwiegend Kern-Schalen-Gliederung (Abb. 24.9a, 24.10a und b). Die Neigung, das zusammenhängend in gleicher Farbe von der Umgebung Abgehobene als Einheit zu sehen, kam als Nebenergebnis in Münsterschen Versuchen (von Chr. MÜLLER) über das Erfassen des Gesichtsausdrucks beim dreijährigen Kind zutage: dieses Kind bezeichnete Abb. 24.11 als „Wauwau", Abb. 24.12 als „Weihnachtsbaum". In dem ersten Bild sind also Körper und Kleidung nicht geschieden: die Haarschleifen werden als Ohren, d. h. als Teile des Kopfes gesehen; im zweiten ist sogar das Gebüsch mit der Körpergestalt zusammen als ein einziges Gesamtgebilde aufgefaßt!

Abb. 24.11

Abb. 24.12

Doch kann man diese Neigung wieder nicht als unverbrüchliches Grundgesetz kindlichen Sehens hinstellen, wie es von der Ausgliederungsannahme her naheläge. Was sieht das Kind an Vorlagen der folgenden Art (Abb. 24.13 bis 24.17, aus einer Münsterschen Untersuchung von V. JACOBS)? – Wir schreiben gleich die Aussage unter die Abbildung.

Was ist das Gemeinsame an all diesen Kennzeichnungen? Nur in einem einzigen Fall finden wir – allerdings erst nachträglich – eine Andeutung einer klaren Einheitsauffassung, bei Abb. 24.17: „ – oder es ist eine Brücke". In allen anderen Fällen wiegt die vielheitliche Auffassung vor: die Vorlage wird vom Kind als *Reihe* von mehreren gleichartigen Gegenständen gesehen. (Übrigens entfernt sich auch die „Brücken"-Auffassung der Vorlage 24.17 nicht weit von dieser Auffassungsweise: was sonst verhältnismäßig selbständige und einander nur berührende Einzelgebilde sind, sind hier die drei natürlichen Teile des Ganzen: Pfeiler, Bogen, Pfeiler.)

Die beim Kind vorwiegende Auffassung ist auch dem Erwachsenen erzielbar; jedoch ist sie für ihn nicht bevorzugt. Er sieht bei abwartender Haltung zumeist *einander kreuzende Linienzüge*. Das heißt: auch bei ihm herrscht bei *diesen* Vorlagen nicht die einheitliche, sondern eine mehrheitliche Auffassung vor: es ist ein „Zusammen" von jeweils zwei bestimmt gestalteten Teilganzen, die zum Teil jeweils wieder aus natürlichen Teilen (Zacken, Zinnen, Wellen) mit natürlichen *Unterteilen* (den geradlinigen Teilstücken der Zacken und Zinnen bestehen.

Abb. 24.13: „Das sind Backsteine."

Abb. 24.14: „Das sind lauter Dreiecke."

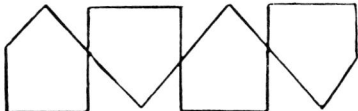

Abb. 24.15: „Ich sehe ein Häuschen, das sind lauter Häuschen, es stehen welche auf dem Kopf."

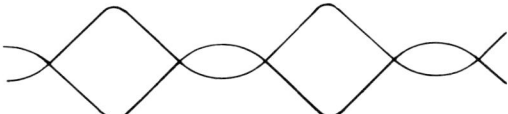

Abb. 24.16: „Das hier ist dick, und das ist dünn" (zwei Schleifen mit dem Finger umfahrend). – „Das kleine sind die Köpfe und das große ist der Bauch – das sind Tiere hintereinander."

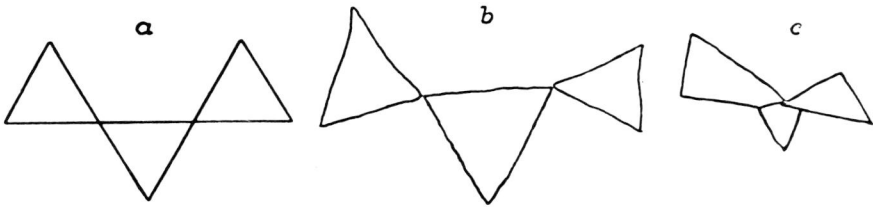

Abb. 24.17: „Das sind Dreiecke – oder es ist eine Brücke."

Wodurch unterscheidet sich nun die Vielheitlichkeit bzw. die natürliche Aufgliederung der Gesamtvorlage beim Erwachsenen und beim Kind?

Eine kurzschlußartig auch im heutigen Schrifttum sich immer noch anbietende „selbstverständliche" Erklärung sei vorweg besprochen: nämlich, daß das Kind *nach ihm bekannten, vertrauten Gegenständen* gliedere. Daß die Unterganzen sich für es *so* herausbilden, *daß* sie als Abbildungen geläufiger Dinge dienen können: „Häuschen", „Brücke", „Tier", in anderen Versuchen „Tisch" und „Bett" oder auch „Backsteine" könnte so verstanden werden. Man denke aber daran, daß Zickzackband und Welle für ein geistig gesundes dreieinhalbjähriges Kind keineswegs fremde Dinge sind und daß andererseits gerade dort, wo diese Dingbezeichnungen zur Verfügung stehen (Abb. 24.14), ohne Zögern die rein formale Kennzeichnung als „Dreieck" für die dem Kinde näherliegende Fassung gewählt wird. Auch der Versuch 24.16 ist hier kennzeichnend: Keineswegs bietet sich da dem Kind die Bezeichnung als „Tiere" unwiderstehlich an; es erfolgt zuerst *eine rein formale Kennzeichnung* der für das Kind natürlichen Teile, die durch Umfahren mit dem Finger während der Aussage erläutert wird; und erst nachträglich die Zusammenfassung von je zwei solchen Teilen zu Unterganzen, die kurz als „Tiere" gekennzeichnet werden. (Dabei machen wir freilich immer wieder die – im Rahmen *dieser* Untersuchung nicht eigens nachgeprüfte, aber schon in den ausgedehnten Untersuchungen von J. BECKER immer wieder aufs beste bewährte – Annahme, daß die Reihenfolge der Aussagen im allgemeinen die Reihenfolge der Auffassungphasen wiedergibt.) – So dürfen wir mit einem hohen Grad der Sicherheit annehmen, daß auch in den übrigen Fällen die Dingbezeichnungen für das Kind nur ein bequemes Hilfsmittel sind, um *die Form* der aus gestaltlichen Ursachen schon *so* fertig ausgebildeten Unterganzen nachträglich zu kennzeichnen. Dieses Behelfsmäßige der Verwendung von Dingbezeichnungen wird unter anderem auch bei Vorlage 13 in der Aussage „Backsteine" deutlich: das Kind weiß genau, daß wirkliche Backsteine nicht abgerundet sind, und es würde beim Bauen mit Klötzen sehr genau zwischen geradkantigen und abgerundeten unterscheiden; hier aber kommt es darauf an, für ein längliches quaderähnliches geschlossenes Gebilde einen Namen zu finden: „Backstein".

Wodurch unterscheiden sich nun hier die „Vielheiten", die das Kind sieht, von denen des Erwachsenen, wenn wir uns ganz auf die Beschreibung beschränken und auch auf die selbstverständlichsten Erklärungen verzichten?

1. Es finden sich auch hier beim Kind keine Linien, die sich überkreuzen.

2. Das Liniengesamt besteht bei ihm auch diesmal aus einer Reihe *in sich zurücklaufender Teilzüge*, die einander *nur berühren*: Die Gliederung erfolgt im Sinne der „Geschlossenheit" (WERTHEIMER 1923, S. 325), während beim Erwachsenen das Ganze aus „glatt durchgehenden", aber, wenigstens in Abb. 24.13, 24.14, 24.16, je offenen Teilgebilden besteht. Das bedeutet zugleich:

3. Die Linien sind selbst keine selbständigen Figuren im Sinne RUBINS (sie sind nicht „Ringe"); sie sind vielmehr nur Ränder, Kanten, Umrisse von *Flächenfiguren*, die sie einschließen. Das ist nicht nur bei Vorlagen wie 24.17 und 24.15 der Fall, wo der gesamte Linienbestand in seiner Aufteilung auf Flächenränder ohne Rest aufgeht, sondern sogar dort, wo, wie in 24.13, 24.14 und 24.16 auf beiden Seiten freie Linienenden in die Umgebung hinausragen. Solche ärgerlichen Restbestände gibt es bei der Auffassung als Strichpaar nicht. Es ist bemerkenswert, daß der – obwohl eine eigene Untersuchung immer noch fehlt – immer wieder als höchst wirksam befundene Restfaktor (WERTHEIMER 1923, S. 307) hier die dem Kinde natürliche Untergliederung des Ganzen nicht zu stören vermag.

4. Dort, wo für den Erwachsenen *Strichfiguren* sich *kreuzen*, befindet sich für das Kind etwas ganz anderes als Kreuzungen, nämlich *Einschnürungen* der Gesamtfläche und zugleich (schwarze) Grenzen zwischen den verschiedenen weißen Figurflächen, die von der Gesamtheit der schwarzen Randlinien eingehegt werden; s. Abb. 24.17b und c.

Welche Bedeutung und welches Gewicht haben nun all diese Abweichungen der gesehenen Gestalten hier und im Sehen des Kindes überhaupt? Welche sind grundlegend, welche vielleicht nur Folgeerscheinungen? Die Gefahr übereilter Verallgemeinerung ist bei der Erörterung dieser Dinge wieder groß.

Schon eine erste, in der Entwicklungspsychologie seit GEDICKE und CORNELIUS bis zur Ermüdung wiederholte Verallgemeinerung ist durch diese wenigen Beobachtungen mindestens eingeschränkt: Es trifft jedenfalls für dieses dreieinhalbjährige Kind nicht mehr zu, daß seine Ganzen stets umfassender sind als die des Erwachsenen; was ja zugleich bedeuten würde, daß in demselben Bereich die *Zahl* der vom Kind gesehenen Einheiten *geringer* wäre als die der Erwachsenen: Im Versuch 24.15, wo der Erwachsene *eine* Zickzack- und *eine* Zinnenlinie, gleich *zwei* einander überkreuzende, je über die ganze Breite der Vorlage sich erstreckende Ganze sieht, hat das Kind vier „Häuschen", also die *doppelte* Zahl entsprechend *weniger* umfassender Ganzer. Im Versuch 24.13 ist das Verhältnis sogar *sechs* „Backsteine" (plus Reststücke) beim Kind zu *zwei* Wellenlinien beim Erwachsenen.

Der Zerfall der Teilgebilde erfolgt an den *Einschnürungen* der Gesamtfläche, so daß diese zu einer Art Tropfenkette wird. Das bestätigt zufällig auch die „Weihnachtsbaum"-Auffassung der Abb. 24.12: „Da ist eine Kerze drauf", sagt das Kind dem verblüfften Versuchsleiter und zeigt auf die Stelle, wo die *Rauchwolke* vom übrigen Ganzen sich abschnürt (und zugleich die kleine rechteckige Teilfläche des Pfeifenkopfes sich heraushebt). Das entgegengesetzte, nach der unausgeführten Ausgliederungsannahme allgemein zu erwartende Verhältnis zwischen Kind und Erwachsenem – beim Kind jeweils *ein* einziges, umfassendes, wenn auch gegliedertes Ganzes, beim Erwachsenen zwei und mehr verhältnismäßig selbständige, in bestimmter Weise zueinander (aneinander, übereinander, durcheinander) angeordnete, weniger umfassende *Teilganze* – finden wir nur dort, wo, wie in den Bildern 24.1 bis 24.3, *keine* solche bis nahe zum völligen Schnitt hinführenden *Einschnürungen* der von der Strichmannigfaltigkeit aus der einfarbigen Umgebung herausgesprengten *Gesamtfläche* vorhanden sind.

Und nun zur Frage der Kreuzungen. Ist das dreieinhalbjährige Kind *allgemein* unfähig, Überkreuzungen zu sehen und als solche zu erfassen? Ist vielleicht gar bei ihm der Faktor der durchgehenden Kurve noch nicht wirksam? Übrigens sind diese beiden Fragen nicht gleichbedeutend. Es wäre denkbar, daß der Faktor der durchgehenden Kurve, wo sein Durchschlagen Überkreuzungen erfordern würde, sich noch nicht durchsetzt, während er zu gleicher Zeit durchaus wirksam sein könnte, *wo es sich nur um Verzweigungen* handelt, wie in Abb. 24.18, wo also im Sinn des glatten Verlaufs die Zusammengefaßtheit ab–c (zwei gerade Striche!) und nicht ac–b oder bc–a (also nicht ein Winkel und ein gerader Strich) sich von selbst ergibt: und zugleich auch noch dort, wo es sich nur um Knickungen handelt, wie in Abb. 24.19, in welchem wir nur zwei, aber nicht drei oder vier Teilstriche sehen können, weil nur *eine nicht* glatt weitergehende Stelle da ist, die dadurch zur Grenzstelle wird; und wo wir wiederum nur zwei *gerade* Teilstriche sehen können, und nicht einen geraden und einen gewinkelten, weil hierbei an einer Stelle glatten Weitergehens eine Grenze liegen müßte, *an der Knickstelle dagegen keine*. – Aber auch wenn der Faktor der glatt durchgehenden

Kurve in jenen anderen Fällen schon wirksam ist, bleibt die Frage bestehen, ob dem Kind die Fähigkeit zum Sehen von Überkreuzungen allgemein abgeht, oder vielleicht nur unter den Bedingungen dieser Versuche, beim Betrachten von Strichzeichnungen auf weißem Papier? Ist es wirklich nur fähig zur Erfassung sauber nebeneinanderliegender, allenfalls einander berührender Ganzer?

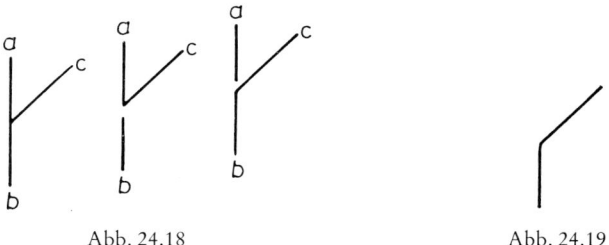

Abb. 24.18   Abb. 24.19

Auf eine Schwäche in dieser Hinsicht scheinen Alltagsbeobachtungen an kleineren Kindern hinzuweisen, auf die W. KÖHLER auch in seinen Intelligenzprüfungen an Menschenaffen gestoßen ist: Die Hilflosigkeit gegenüber allen, auch den einfachsten Arten von *Knoten*. Diese werden durchaus nicht als ein in bestimmter Weise verschlungenes Gebilde gesehen, sondern offenbar als *wirrer Klumpen*; weshalb man nichts damit anzufangen weiß, als blind daran herumzuzerren, wobei man ihn öfters festzieht als löst. Beim Knoten herrschen aber etwas andere Verhältnisse als bei der Zeichnung und der Tastfigur der beschriebenen Versuche. Der Strich auf dem Papier ist ein so gut wie breiteloses Gebilde, das an Kreuzungen *nichts verdeckt*. Die Schnur dagegen *hat* anschauliche Breiten, durch die im Knoten das Hintere vom Vorderen verdeckt wird; und überdies unter erschwerenden Umständen: die Längen der sichtbaren Abschnitte übersteigen (mit Ausnahme der weiterlaufenden Enden) ihre Breite nicht wesentlich, oft überhaupt nicht. Infolgedessen sind schon für den Erwachsenen die verdeckten Fortsetzungen vielfach nicht eindeutig klar mitgegeben (vgl. METZGER 1953, S. 169ff), geschweige für das Kind. – Auch über die Entwicklung zur spontanen Ergänzung von Fehlendem und Verdecktem gibt es noch keine planmäßige Untersuchung, doch ist aus Zufallsbeobachtungen schon einiges bekannt, wie – etwa auf Zeichnungen – ein (nicht allzu umfassender) Teilbestand eines bekannten Gegenstandes zunächst überhaupt nicht beachtet, offenbar gar nicht als solcher erkannt wird; wie dann das Kind den (für uns) „nur teilweise sichtbaren" Gegenstand als „selbst wirklich unvollständigen" Gegenstand erfaßt („sieh mal: *ein kaputtes Fahrrad*") und noch etwas später zu der Aussage fähig wird: „sieh mal, da ist ein Fahrrad, aber *man sieht es nicht ganz*". In der Untersuchung von Chr. MÜLLER kam nebenbei auch schön zutage, *wie ernst das kleine Kind es nimmt*, wenn ein Gegenstand nicht vollständig wiedergegeben wird, wenn man etwa nur den Kopf oder Oberkörper hinzeichnet: „Das kann nicht der Onkel sein, der weglaufen will; *der hat ja keine Beine, da kann er ja nicht laufen*." Das heißt: für das Kind auf dieser Stufe hat man nicht den *ganzen* Onkel nur teilweise *wiedergegeben*, sondern man hat von einem *wirklich unvollständigen* Onkel *alles abgezeichnet*, was da war. (Das ist aber ein Auffassungsproblem das in den oben besprochenen Zeichnungen nicht auftritt).

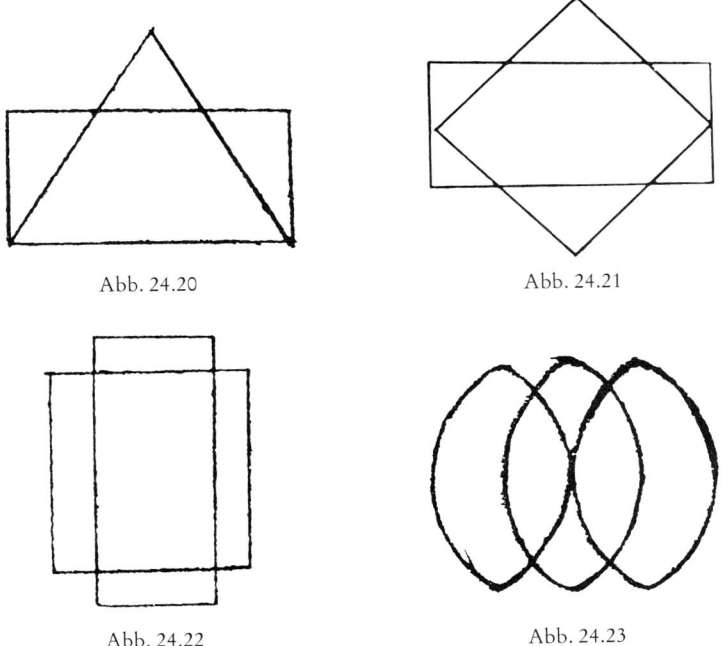

Abb. 24.20   Abb. 24.21

Abb. 24.22   Abb. 24.23

JACOBS untersuchte an einer Reihe von Anordnungen, ob das Kind Überkreuzungen sehen kann, wenn nicht Striche, sondern Flächen einander überschneiden. Der Erfolg war bei seiner Versuchsperson eindeutig, obschon Bestätigungen an anderen Kindern erwünscht sind. Abb. 24.20 war für das Kind „*ein* Viereck und *ein* Dreieck". (Im Nebeneinander hätten es mindestens drei Dreiecke und ein Viereck (Trapez) oder drei Dreiecke und ein Strich sein müssen.) Abb. 24.21 waren „*zwei Vierecke*"; (im Nebeneinander hätten es ein müssen: sechs Dreiecke und vielleicht dazu noch ein Sechseck; bei Außen-Innen-Gliederung ohne Kreuzung ein Stern, darin ein Sechseck). Auch bei Abb. 24.22 heißt es: „Da sehe ich zwei Vierecke (nicht etwa vier oder fünf Vierecke, oder auch: ein Kreuz und ein Viereck darin). Abb. 24.23: „Das sind Ostereier, drei Stück" und Abb. 24.5 „zwei Bälle oder Kreise" (während *hier* bei J. BECKER vielfach Außen-Innen-Gliederung gefunden wurde). Erst bei Abb. 24.24 gibt es eine gewisse Vermengung der Auffassungen: „Drei größere Dreiecke, da unten *noch ein kleines*": 24.24a. (Bei reiner Außen-Innen-Gliederung mit völliger Vermeidung von Kreuzungen hätte es hier lauten müssen: „ein dreizipfliger Berg, drinnen drei Dreiecke"; bei reinem kreuzungsfreien Nebeneinander: „drei Dreiecke, oben ein Viereck, auf beiden Seiten ein Winkel.")

Der Versuch zeigt deutlich: Überkreuzungen sind unter diesen Bedingungen auch im Sehen dieses dreieinhalbjährigen Kindes *möglich*, vorausgesetzt, daß sehr einfache, regelmäßige Flächenfiguren daran beteiligt sind. Genau ausgedrückt, auch Striche können sich überkreuzen, sofern sie die Umrisse sich überschneidender Flächenfiguren sind.

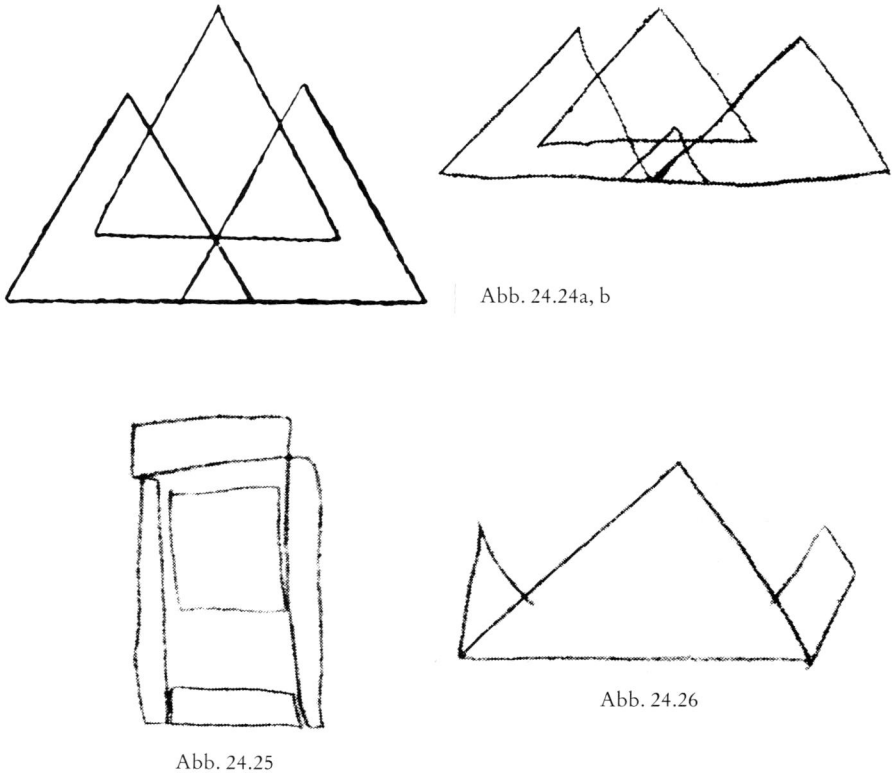

Abb. 24.24a, b

Abb. 24.25

Abb. 24.26

Daß auch unter diesen Bedingungen die Überkreuzung eine gewisse *Schwäche* besitzt, zeigt ein späterer Versuch Abb. 24.22 mit dem gleichen Kind, in dem es nicht bloß *sagen* sollte, was das ist, sondern es in einer eigenen Zeichnung *wiedergeben* mußte. Das Ergebnis (Abb. 24.25) sind *fünf nebeneinanderliegende Rechtecke mit verdoppelten Konturen.* Etwas anders in Abb. 24.26 nach Vorlage 24.20, wo das Dreieck sich durchgesetzt hat, das Rechteck aber dort, wo es sich kreuzen sollte, zerfällt: wobei der *im Innern* des Dreiecks verlaufende Teil ganz *ausfällt.* (Worauf dieser Zerfall beruht – ob er etwa die Folge davon ist, daß sich *beim Zeichnen* die Aufmerksamkeit viel mehr als beim bloßen Betrachten *auf die* gerade unter dem Stift befindlichen *Einzelheiten* richtet –, wissen wir noch nicht).

Kann ein Kind dieser Altersstufe *allgemein* nur Flächenumrisse gekreuzt sehen? Zweifellos wäre das zuviel behauptet, denn das Kind ist sehr wohl fähig, aus zwei einfachen Strichen ein Kreuz zu zeichnen und es als solches zu sehen. Ein gewisser Widerstand gegen die *Kreuz*fassung zeigt sich aber, wenn sich im selben Punkt mehr als zwei Striche kreuzen: hier liegt die Fassung als „Stern", d. h. als kreuzungsfreies Strahlengebilde näher (wobei zu prüfen wäre, wie stark dabei die Symmetrie des Ganzen beteiligt ist). Wie dem auch sei, die Verallgemeinerung: nur Flächen können einander kreuzen und Linien ausschließlich, wenn sie deren Umrisse sind, wäre wieder verfrüht. Wie dieser Widerspruch sich auflösen läßt, kann sich erst ein wenig später zeigen.

Die Gesamtheit der erörterten Versuche stimmt darin überein, daß überall dort, wo es der Linienverlauf irgend *gestattet*, die Gliederung im Sinne einer Aussonderung von *Flächenteilen* erfolgt, denen die Linien der Zeichnung als Umrisse dienen. Mit der Feststellung, daß die Zusammenfassung bevorzugt zu je in sich geschlossenen Linienzügen erfolgte, ist also etwas hier Wesentliches noch nicht gesagt. Denn ein Linienzug kann geschlossen und trotzdem selbst Figur in RUBINschem Sinne sein, als „Rahmen", „Ring", „Schleife" und dergleichen. Für das Sehen des Kindes ist es aber, wie sich oben ergab, bezeichnend, daß die Linienzüge meist *nicht* selbst Figurcharakter erhalten. Figuren sind die von ihnen eingeschlossenen *Flächenstücke*. Die Linien sind als „Ränder", „Grenzen", „Umrisse", nur *Stellen* an dem, was eigentlich Figur ist.

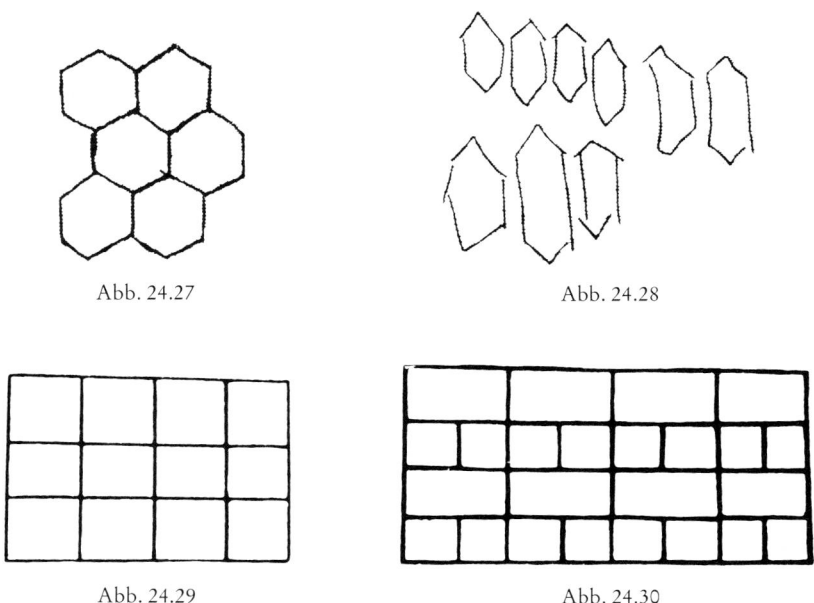

Abb. 24.27   Abb. 24.28

Abb. 24.29   Abb. 24.30

Als Ränder oder Grenzen müßten sie auch die für Frühzustände der Entwicklung kennzeichnende Einseitigkeit der Grenzfunktion aufweisen; wonach nur die Fläche der Figur, aber nicht die der Umgebung, des Grundes, in ihnen zu Ende ist und durch sie geformt wird. Von den bisher besprochenen Gebilden gab nur Vorlage 24.22 Gelegenheit, das zu zeigen, und zwar in der Nachzeichnung der Abb. 24.25. Ebenso eindeutig kam es zum Ausdruck in dem Versuch des Kindes, die RUPPsche (1923) Wabenfigur (Abb. 24.27) nachzuzeichnen (Abb. 24.28). Es werden lauter einzelne freischwebende Sechsecke gezeichnet: jede Innenlinie der Vorlage erscheint zweimal. (Auf die Anordung der Teile kommen wir später zurück.) Das Nachzeichnen von rechteckigen gitterartigen Gebilden (Abb. 24.29, 24.30) stimmt hiermit in *einer* grundlegenden Hinsicht überein. Das Gesamtgebilde wird *nicht* aus gerade durchgehenden *Linienstücken* aufgebaut, es wurde keine einzige Kreuzung gezeichnet. Natürliche Teile des Ganzen waren eindeutig die kleinen *Rechtecksflächen*, von denen immer eine an die andere gefügt wurde. Für das Kind war es nicht ein „Gitter" aus „Stäben", sondern eine „Mauer" aus „Steinen". Im Gegensatz zum Wabenversuch (und zu Abb. 24.25) war das Kind bei dieser Rechtecksanordnung schon fähig, durch Funktionsumkehr oder Funktionsverdoppelung (KOPFERMANN 1930) einen eben noch als beispielsweise rechte oder untere Grenze des vorigen „Steines" gezeichneten Strich gleich darauf als linke oder obere Begrenzung des Nachbarsteines mit zu verwerten. Der Rückfall in die zweimalige Wiedergabe zur Kennzeichnung der zwei Funktionen kommt hier nur vereinzelt vor: in Abb. 24.31 zweimal, in Abb. 24.32 dreimal bzw. fünfmal bei 35 zweiseitig begrenzenden Linienstücken. (Die zwei Zahlen 3 und 5 kommen dadurch zustande, daß die fragliche waagerechte Linie nach unten ein großes, nach oben drei kleine Rechtecke begrenzt.)

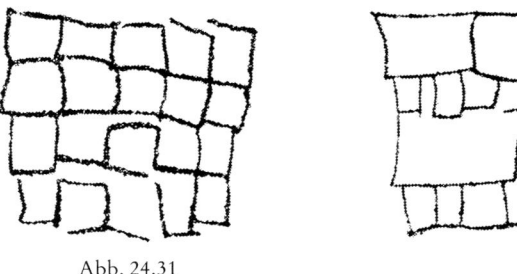

Abb. 24.31   Abb. 24.32

Warum die Entwicklung bei diesen Rechtecksfiguren sich schon weiter fortgeschritten zeigt als bei den Sechsecken, bleibt offen. Es sind darüber verschiedene Vermutungen möglich. Vielleicht hängt die größere Schwierigkeit beim Sechseck – falls sie sich bestätigen sollte – damit zusammen, daß es länger als das Rechteck vom Kind als rundliches, ei- oder tropfenförmiges Gebilde (Abb. 24.33a) und schließlich als Bogenzweieck gesehen wird (Abb. 24.33b) und erst über unregelmäßige eckige oder gezackte Gebilde (Abb. 24.34a,b) sich zur eigentlichen Sechsecksform entwickelt; und daß auch noch an dieser die *stumpfen Winkel* eher als Knicke, als Richtungs*änderungen* derselben Linie (ohne Gliederungswert) gesehen werden, während der *rechte Winkel* schon als ein Aufeinandertreffen *zweier verschiedener* Linien sich darstellt (vgl. RAUSCH 1952, v. a. S. 375ff). Im ersten Fall würde die Umkehr der Begrenzungsrichtung zugleich eine Umkehr der Krümmungsrichtung fordern, im zweiten wäre mindestens noch der in jedem Fall außerdem *unvermeidliche* Wechsel der Unterteilung erschwert. Nachdem sich aber die Nachzeichnung der zwei gekreuzten Rechtecke als ebenso „altertümlich" erwiesen hat wie der der Waben, scheint es mir nötig, *vor* allen weiteren Vermutungen die Rolle der augenblicklich herrschenden *Einstellung* an Kindern dieses Alters zu prüfen.

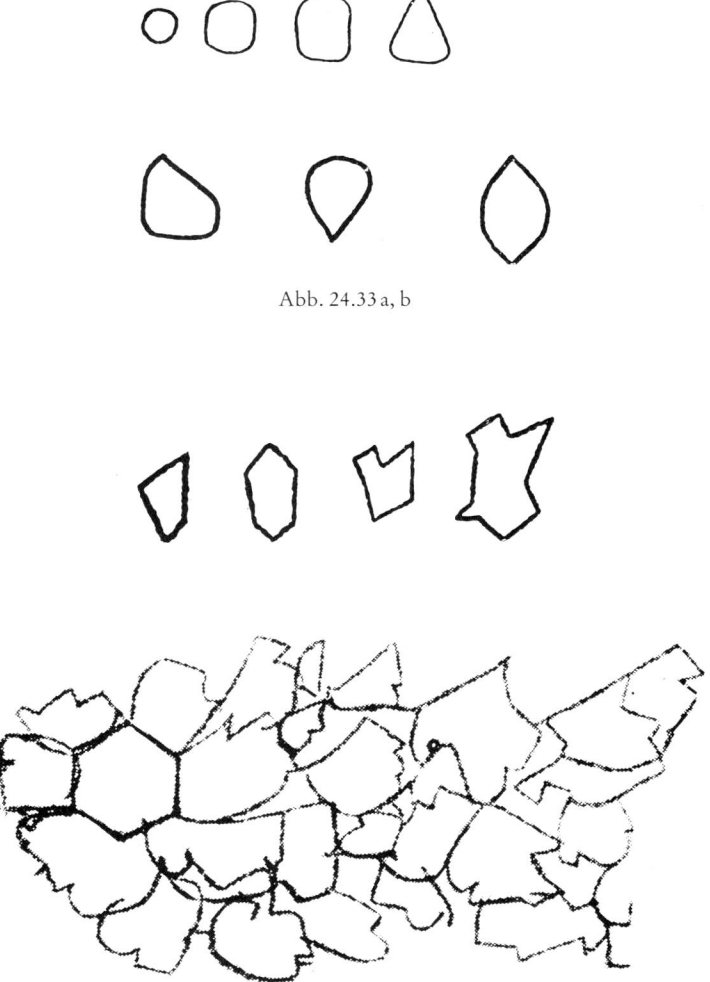

Abb. 24.33 a, b

Abb. 24.34a, b

Abschließend noch ein Wort über den Widerspruch, der darin zu bestehen scheint, daß in demselben Alter, wo wir im *Sehen* des Kindes ein solch auffallendes Vorwiegen der *Flächenfigur* vor der Strichfigur gefunden haben, in den freien *Zeichnungen* desselben Kindes ebenso auffallend einfache *Striche* dort Figurcharakter haben, wo das später nicht mehr der Fall ist: in den Strichkörpern, Stricharmen, Strichbeinen, Strichfingern seiner Mensch- und Tiergestalten (Abb. 24.35). Der Grund ist, wie ich glaube, mehr technisch als psychologisch. Sobald die mehr oder weniger zufälligen

Abb. 24.35

Gebilde, die das Kind irgendwie auf dem Papier hervorbringt, *etwas darstellen* sollen, kann dieses Gemeinte einleuchtenderweise zunächst nur selbst ein Ding sein, etwas figurhaft selbständig sich aus dem Grund Herauslösendes: erst auf einer späteren Stufe ist man fähig, einen Strich auf das Papier zu machen, damit *daneben* der unverändert weiße Grund zur Figur wird. Zu Beginn zielt man natürlicherweise mitten in die dazustellende Sache selbst hinein: das, was er da durch abweichende Färbung aus seiner Umgebung heraushebt, *ist* für den kleinen Zeichner „Figur" und „Ding". Daß es gewöhnlich ein Strich wird und keine Fläche (kein Klecks), ist offenbar rein technisch dadurch bedingt, daß das Kind aus einleuchtenden Gründen der häuslichen Ordnung und Sauberkeit meist als erstes einen Stift in die Hand bekommt und keinen Farbtopf und Pinsel.

Durch das Vorherrschen des Geschlossenheitsfaktors und der Flächenfigur und durch die Abneigung gegen Kreuzungen ist die Besonderheit der kindlichen Auffassung noch nicht vollständig gekennzeichnet. In der Vorlage 24.2 ist auch die Fassung als vier Kreise ein Gebilde aus lauter erstens in sich selbst zurückkehrenden, zweitens Flächen einschließenden, drittens ungekreuzten Linienzügen; und gleichwohl steht die Fassung „sonderbarer Stern" an erster Stelle. Dasselbe gilt für das VOLKELTsche Gitter, wo die Fassung 24.8 ebenfalls die drei genannten Bedingungen erfüllt und trotzdem eine andere Fassung häufiger ist, von der in 24.9a, 24.10a und b verschiedene Beispiele vorliegen. Das Gemeinsame an ihnen ist, daß sie konzentrisch, um eine gemeinsame Mitte aufgebaut sind, daß sie im ausgeprägten Fall eine Art Kern-Schalen-Aufbau, eine Außen-Innen-Gliederung besitzen. In den Bildern 24.1b, 24.2b und 24.3b habe ich diese Art der Gliederung anzudeuten versucht, wobei mir aber, wie ich heute glaube, ein nicht ganz belangloser Fehler unterlaufen ist. Die zuerst 1936 gegebene Darstellung erweckt den Anschein, als lagerten sich um einen festen, bestimmten, gewichtigen Kern eine oder mehrere weniger gewichtige Schalen, gewissermaßen als äußere Anhängsel des Kerns. So etwas gibt es (Abb. 24.10a). In Wirklichkeit scheint mir aber jetzt das umgekehrte Verhältnis vorzuwiegen: Inmitten einer umfassenden Flächenfigur, die von einem verhältnismäßig festen, eindringlichen, scharfen und vielfach auch schon klar geformten Umriß aus ihrer Umgebung herausgehoben ist, findet sich ein nicht ganz so scharf abgehobener und nicht ganz so klar gestalteter „Einschluß" (um einen Ausdruck der Mineralogie zu gebrauchen), auf den man – wenn überhaupt – manchmal erst nachträglich aufmerksam wird („ach, da ist ja noch was drin"), und in diesem etwa noch ein weiterer. Das will sagen: der Aufbau geht bevorzugt nicht von innen nach außen, sondern von außen nach innen. Der Rand beherrscht das Bild des Ganzen. (Das ist aber schon nicht mehr eine Frage der Gliederung, sondern eine der Zentrierung (METZGER 1954, Kap. 5).)

Abb. 24.36   Abb. 24.37 a, b

Mit diesem Vorherrschen des Außenrands hängt es zweifellos zusammen, daß man bei dem Bemühen, von Kindern Aussagen über Gesichter zu erhalten, manchmal ziemliche Überraschungen erlebt. So sagte ein Dreijähriges, dasselbe, was W. BUSCHS Herrn Schlich zusammen mit dem Strauch einen Weihnachtsbaum genannt hatte, zu Abb. 24.36 „lieber Teddy", zu Abb. 24.37a „Esel, der frißt", zu Abb. 24.37b „Esel, der nicht frißt". Diese Äußerungen werden verständlich, wenn man annimmt, daß der Umriß vorwiegend oder allein den Eindruck bestimmte: beim „Teddy" die schnauzenartig nach rechts vorspringende, vom Zeichner als „Pausbacke" gemeinte Ausbuchtung, beim „Esel" ganz einfach die Länge des Kopfes (wobei im ersten Bild offenbar das, was der Zeichner als Schnurrbart meinte, für das Kind zum Stroh geworden ist, im zweiten Bild dagegen die als Kinnbart beabsichtigte gespaltene Verlängerung als Maul des Esels gesehen wurde): Was in solchen Zufallsbeobachtungen zutage tritt, verdient planmäßig – durch getrennte Variation des Inneren und des Äußeren solcher und anderer für den Erwachsenen ausdruckshaltiger Gebilde – verfolgt zu werden. Es ist zu hoffen, daß dabei auch endlich etwas schärfer faßbar wird, was als das „vorwiegend physiognomische Sehen" des Kindes seit Jahrzehnten im Munde aller Psychologen (einschließlich des Verfassers) ist. Ich halte es nicht für ausgeschlossen, daß es dabei weitere Überraschungen, vielleicht auch Enttäuschungen gibt.

3. Die Gliederungshierarchie

Im vorausgehenden Abschnitt beschäftigten wir uns mit den strukturellen Eigentümlichkeiten der kindlichen Sehdinge, die dadurch bedingt sind, daß die WERTHEIMERschen Gestaltfaktoren beim Kind zum Teil in einem anderen Mächtigkeitsverhältnis als beim Erwachsenen wirksam sind, so daß u. U. die Grenzen zwischen den Dingen ganz anders verlaufen. Wir verfolgen nunmehr die Frage nach den Grenzen der Gliederungshierarchien im kindlichen Sehen. Hierzu tragen alle diejenigen Untersuchungen bei, die sich mit der sogenannten isolierenden Abstraktion (so bei SEIFERT und HEISS), der analytischen Auffassung (so KROH und SELINKA), der singularen Auffassung und Verselbständigung (SANDER) von Teilen beschäftigt haben. Hierbei wird die Frage nach dem Fortschreiten der Erfassung vom Ganzen zum Teil gewissermaßen umgekehrt in die Frage, was in der Wahrnehmung aus einem Gebilde wird, das zunächst als einzelne Figur auf einfarbigem Grund selbst ein Ganzes und als solches klar aufgefaßt ist, – wenn es nun zusammen mit anderen Gebilden der gleichen Art zum Aufbau eines umfassenderen Ganzen dient.

Abb. 24.38

Abb. 24.39

Abb. 24.40

Bei SEIFERT und HEISS war das umfassendere „Ganze" ein unregelmäßig gewinkeltes und gezacktes, in sich zurücklaufendes Band (Abb. 24.38) oder eine locker und unregelmäßig zerstreute unzusammenhängende Gruppe (Abb. 24.39). Das erste Ganze wird „Gestalt" genannt, das zweite „Haufen" oder „Summe". Die „Teile" waren Bänder und Winkel. Die umfassenderen Ganzen wurden von SEIFERT in Kurzdarbietung gezeigt; die Aufgabe war dabei, die Form eines „Teils" anzugeben, dessen Farbe vor der Darbietung genannt wurde. Bei HEISS waren zwei aus flachen Klötzchen zusammengesetzte „Ganze" gleichzeitig längere Zeit sichtbar, wobei ein in dem einen Ganzen fehlendes, aber auf dem Grund aufgezeichnetes, Klötzchen (Abb. 24.40) aus dem zweiten Ganzen herausgesucht werden mußte.

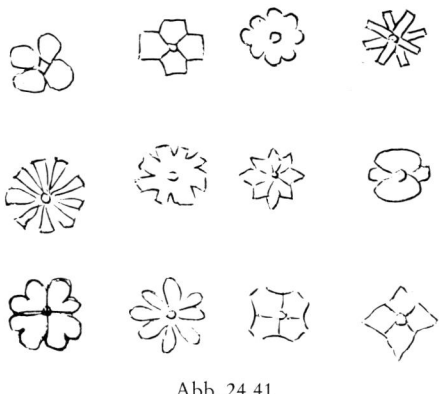

Abb. 24.41

Bei SELINKA waren die „Ganzen" kreisrunde Kränze, die Teile Blütchen von verschiedener, im Einzelvergleich vom Kind unterscheidbarer Form (Abb. 24.41). Es mußten auf Würfeln angebrachte Viertelkränze aus Blütchen, die „zueinander paßten", zu ganzen Kränzen zusammengesetzt werden. Ob und wieweit die Teile darin erfaßt waren, läßt sich daraus entnehmen, wann die Kinder die Aufgabe als gelöst betrachteten: ob nämlich dazu die genaue Übereinstimmung der einzelnen Blütchen Vorbedingung war oder nicht.

Die Ergebnisse der drei Untersuchungen sind in kurzen Worten folgende:
1. In dem geschlossenen Ganzen, in der „Gestalt" (d. h. dem Rahmenband), wird für das Erkennen der gesuchten Teilform eine *größere Zahl* von Kurzdarbietungen gebraucht (SEIFERT), wird das fehlende Klötzchen erst *nach längerer Zeit* gefunden (HEISS) als in der ungeordneten und unzusammenhängenden Gruppe.
2. In *beiden* Konfigurationen dauert das Suchen um so länger, aber es wird auch der *Unterschied* der zugeordneten Suchzeiten (siehe unter 1) um so größer (HEISS), und entsprechend wird der Kranz um so häufiger aus *nicht* übereinstimmenden Blütchen zusammengesetzt (SELINKA), je jünger die Versuchspersonen sind.

Die Deutung dieser übereinstimmenden Befunde lautet, „daß in der frühkindlichen Komplexbildung *das Ganze* über seine sogenannten Teile in stärkerem Maße und in anderer Weise *prävaliert*" als später (H. VOLKELT). Die Ganzheit des Komplexes ist „eindringlicher" (SEIFERT), das einzelne Element „geht stärker in das Ganze ein", es ist darin „stärker gebunden" oder „absorbiert", bis zum „völligen Auf- oder Untergehen in dem Ganzen", wie es W. WUNDT schon 1887 als Voraussetzung des Entstehens von Ganzeigenschaften in seiner Theorie der „schöpferischen Synthese" angenommen hatte. Nach einer anderen Vermutung ist das jüngere Kind – und unter erschwerten Bedingungen auch das ältere – mehr ganzheitlich, das ältere mehr analytisch „eingestellt" (KROH); seine „Haltung" ist eine andere.

Was die genannten Ausdrücke bedeuten, ist aber keineswegs klar. Besonders zahlreich sind die möglichen Bedeutungen in den Versuchen von HEISS, wo derselbe Teil in zwei *verschiedenen* Ganzen eingebettet ist: in dem einen gestaltlich herausgehoben, als Bild in einer Lücke, im anderen zum Suchen versteckt. Wir zählen sie kurz auf:

1. Die Teile sind, obwohl sie ein zusammenhängendes Ganzes bilden, *nicht absorbiert*, *nicht* im Ganzen aufgegangen, sondern je durchaus sichtbar; aber sie haben in den verschiedenen Ganzen ausgesprochen *verschiedene Rollen oder Funktionen* (Stellenwerte) und sind aus diesem Grund einander *nicht mehr genügend ähnlich* (vgl. WERTHEIMER 1933).

2. Die Teile – und dies gilt nun auch für ungeordnete und unzusammenhängende Ansammlungen – liegen sogar unverbunden nebeneinander, aber sie liegen verschieden zu den Hauptrichtungen des Gesamtraums, sind daher *in sich* anders zentriert und aufgebaut (vgl. RAUSCH 1952, S. 542; GOLDMEIER 1936) und (auch) daher *einander unähnlich*. Beide Vermutungen wurden von E. KAHRS (1948) geprüft und bestätigt.

3. Die „Teile" sind tatsächlich im Ganzen „aufgegangen", aber nicht deshalb, weil grundsätzlich jedes zusammenhängende Ganze jeden seiner Teile auffrißt, sondern weil sie willkürlich herausgeschnittene Stücke (Bausteine) und in dem vorliegenden Ganzen *keine natürlichen* Teile oder Glieder sind. (Wären sie solche, so würden sie im Ganzen keineswegs verschwinden, sondern im Gegenteil hervortreten.) Ein Blick auf die Vorlagen von HEISS zeigt, daß diese Vermutung hier so gut wie durchweg zutrifft: Die Grenzen (Fugen) zwischen den Bausteien verlaufen nur ausnahmsweise an gestaltlich ausgezeichneten, dagegen größtenteils an völlig zufälligen Stellen, vielfach sogar inmitten geradliniger Teilstrecken des Rahmens. Es wäre dabei sehr wohl möglich, daß in Frühformen des Sehens das Band etwa das Aussehen einer „gestrichelten Linie" ------ hat, daß die Fugen zwischen den einzelnen Bausteinen ihre Grenzfunktion einbüßen und etwa wie „Durchstreichungen" eines „eigentlich" durchgehenden Bandes wirken. Um diese dritte Möglichkeit zu prüfen, müßte an einer der HEISSschen ähnlichen Anordnung mit der Gegenüberstellung *willkürlich herausgeschnittener Stücke* und *anschaulich sich absetzender natürlicher Teile* experimentiert werden, was bisher nicht geschehen ist.

4. Erst an vierter Stelle kommt die Möglichkeit, daß die Bausteine, obwohl herauslösbar, obwohl mit dem Finger einzeln aufzeigbar, obwohl von kaum verschiedener Rolle im Ganzen, gleichwohl „ihr Gesicht verloren" haben; daß sie, obschon sie, einzeln einander gegenübergestellt, unterscheidbar voneinander abweichende Formen haben (was SELINKA in besonderen Versuchen feststellte), – in dem Augenblick, wo sie als dicht gereihte Bausteine eines Ganzen auftreten, „immer wieder ungefähr dasselbe" sind. Diese Möglichkeit sicher aufzuweisen, sind die Versuche von HEISS nicht geeignet; dagegen ist für die Befunde von SELINKA, nach denen ohne ein Gefühl der Unstimmigkeit verschiedenartige Blütchen zu einem Kranz vereinigt wurden, kaum eine andere Deutung möglich.

Genau dieselbe Deutung verlangen, wie ich glaube, die Leistungen der Kinder beim Nachmalen von Schreibschrift in dem KERNschen Grundleistungstest (1951), wo der in lateinischer *Sütterlinschrift* vorgezeichnete Satz „Ute ist da", auf der von ihm als „Frühstadium" bezeichneten Entwicklungsstufe zu einer Reihe von unkenntlichen Krickeln wird (Abb. 24.42c), – obwohl, wenn ich KERN richtig verstehe, dasselbe Kind jeden einzelnen Buchstaben dieses Satzes, wenn er ihm allein auf einem leeren Blatt gezeigt wird, erkennbar nachmalen kann.

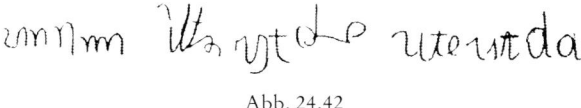

Abb. 24.42

In einer demnächst erscheinenden Arbeit des Münsterschen Instituts hat SPIEKERS in einer Fortführung der SELINKA-Versuche an Hilfsschülern gefunden, daß die einzelnen Bausteine offenbar ihrer Eigenart um so mehr verlustig gehen, je größer ihre Zahl in dem Ganzen wird. Darin kommt ein wesentlicher Sachverhalt zum Ausdruck. Wenn wir sagen, die Einzelgebilde haben als Bausteine eines umfassenderen Ganzen „ihr Gesicht verloren", oder sie sind nicht mehr so klar durchgestaltet, wie sie es als ausgesonderte Einzelgebilde waren, so ist in vielen der beobachteten Fälle – nicht in allen – die Art ihres Andersseins erst teilweise erfaßt. Vielfach verlieren sie außer ihrer individuellen *Form* offenbar auch ihren bestimmten *Ort*: sie sind *nicht mehr* in bestimmter *Anzahl* da. Sie sind überhaupt nicht mehr natürliche *Teile* (Glieder) des Ganzen, sondern nur noch „Material", „Stoff" (GOLDMEIER 1936), der eine bestimmte Textur oder stoffliche Beschaffenheit des Ganzen (getüpfelt, gestrichelt, gekräuselt, gezackt ...) begründet (vgl. auch METZGER 1954, S. 64f). Dieser Übergang der objektiven Bausteine vom anschaulichen *Teilsein* zum anschaulichen *Stoffsein* bekundet sich in den Nachzeichnungen des Kindes, außer im Unfestwerden des *Orts* (Abb. 24.28) auch in der *abweichenden* Zahl, die manchmal geringer, auffallend häufig aber zu groß ist (vielfach bei gleichzeitiger Verkleinerung der Einheiten).

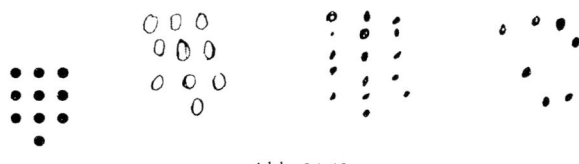

Abb. 24.43

Man vergleiche daraufhin die Zeichnungen 24.31 und 24.32 der JACOBSschen Versuchsperson mit ihren Vorlagen, aber auch die Nachzeichnungen b und c der Gruppe von zehn Punkten (Abb. 24.43). In der Zeichnung c ist neben der Verminderung der Zahl besonders eindrucksvoll der Ortsverlust. Eine bemerkenswerte Übergangslösung ist die Zeichnung b. Während in c *eine* getüpfelte *Fläche* angedeutet ist, die sich aus der schlicht gefärbten Umgebung heraushebt, ist in b die erste echte Gliederung in drei senkrechte Reihen als natürliche Teile zustande gekommen. Diese selbst sind aber nicht nochmals echt unterteilt, sondern „punktiert" (als stoffliche Beschaffenheit). – Auch die Wiedergabe des VOLKELTschen Gitters zeigen Erscheinungen dieser Art: in Abb. 24.9a sind als klar natürliche Teile ein Außenring und ein Innenring da, dagegen ist das Feld zwischen den beiden Ringen nicht wieder klar unterteilt; es hat statt dessen eine „strahlige Beschaffenheit": statt acht sind zwanzig Strahlen gezeichnet. Abb. 24.10b zeigt außer der (durch zwölf statt acht Innenstriche angedeuteten) „Strahligkeit" des Zwischenfeldes auch noch (durch acht statt vier Außenstriche angedeutet) die „Eckigkeit" des Außenrandes. Als Beispiele der Darstellung von „Eckigkeit" als Beschaffenheit eines Umrisses an Stelle einer charakteristischen geometischen Form mögen die Wiedergaben des Sechsecks aus den Versuchen von RUPP und IHNE dienen, die in Abb. 24.34 festgehalten sind. –

Die in diesem und dem vorigen Kapitel beschriebenen Eigentümlichkeiten kindlichen Sehens stehen innerhalb unseres Gesamtbildes vom Seelischen nicht vereinzelt da. Es handelt sich bei sämtlichen gefundenen Merkmalen *erstens* um Kennzeichen der Arbeitsweise *weniger durchentwickelter Sinne oder Sinnesbereiche*. Das Vorwiegen von Flächenfassungen, die Vorherrschaft von Flächeneigenschaften über Kontureigenschaften, des Faktors der Geschlossenheit, der Außen-Innen-Gliederung, die Vermeidung von Kreuzungen, die Ausglättung stumpfer Winkel zu Bögen, das Zurücktreten des Innern im Vergleich mit dem Äußeren bis zur völligen Unterdrückung, das Vorherrschen stofflicher Beschaffenheiten, wo sich später bestimmte Gliederungen und Formen finden, der Zerfall langgestreckter Gebilde in „Tropfenketten", – alles dieses war zunächst, von H. VOLKELT und J. BECKER, *in Tastversuchen*, und zwar, wenngleich etwas abgeschwächt, *auch bei Erwachsenen* gefunden worden, und vieles davon stimmt auffallend mit Befunden über die Eigenart des Sehens in den Randgebieten des Gesichtsfeldes überein (GRAEFE 1950). – Es handelt sich *zweitens* um Kennzeichen der Wahrnehmung auch hochentwickelter Sinne, wie des Sehens im Bereich des Blickpunktes, *unter ungünstigen Bedingungen*, wie sie besonders eingehend WOHLFAHRT für das Sehen *kleinster* ausgesonderter Gebilde beschrieben hat. – Nach dem SANDERschen Sprachgebrauch müßte man demnach das Sehen (und überhaupt das Wahrnehmen) des Kindes als bedeutend „vorgestalthafter" bezeichnen als das des Erwachsenen. Wobei allerdings etwas, was im Sehen des Erwachsenen als „*Vorgestalt*" bezeichnet wird, für das Kind in der Rolle der „Endgestalt" auftritt, und darüber hinaus bei entsprechend komplizierten Reizbedingungen auf der untersten erreichbaren Stufe der Gliederungshierarchie *auch beim Erwachsenen* als nicht weiter entwickelbarer Endzustand in das normale Sehen eingeht. (Auf die abweichende Deutung von KROH kommen wir im Abschnitt 5 zurück.)

Wir können nun zusammenfassen: An Stelle der vorläufigen Behauptung, der Mensch „nehme mit seinen Sinnen zuerst das Ganze auf", können wir folgende zwei schärfere und konkretere Behauptungen setzen (die sich inhaltlich freilich überschneiden und von denen besonders die zweite noch des Ausbaues und weiterer experimenteller Sicherung bedarf):

1. Bei einer viel geringeren Zahl als für den Erwachsenen verlieren in dem Frühzustande des Wahrnehmens die Bausteine eines Ganzen (falls es solche besitzt) ihre bestimmte Eigenart, schließlich ihren Charakter als echte natürliche Teile und nehmen

den Charakter eines die „Feinstruktur" des Ganzen begründenden „Materials" an, dessen einzelnen Bestandteilen eine klare Form, Stelle und Zahl abgeht.

2. Das kindliche Sehen (und Wahrnehmen überhaupt) kennt nur eine viel *einfachere Gliederungshierarchie* als das Sehen Erwachsener. Die der Altersstufe entsprechende Einfachheit dieser Hierarchie kann sich unter Reizbedingungen, die für den Erwachsenen eine reichere Hierarchie begründen, je nach den Umständen (wobei Bedingungen der inneren Bereitschaft, der Aufmerksamkeitshaltung wohl nicht minder wichtig sind als die Art der Reizverteilung) auf zweierlei Weisen herstellen: Entweder es bleibt die niedere Stufe, es bleiben die Untereinheiten klar gegliedert und geformt; *dann zerfällt das Ganze*, als dessen Teile der Erwachsene diese Untereinheiten noch sehen kann, in eine Summe, in ein unverbundenes Nebeneinander oder Nacheinander. Dies ist die durchaus richtige Grundbeobachtung der alten atomistischen Psychologie und synthetischen Pädagogik, die unter anderem STERN in seinem Begriff des „Substanzstadiums" zu fassen sucht. – Oder es bleibt die höhere Stufe, es bleibt die jene Teile umgreifende Einheit als klar geformte Gestalt erhalten; dann verlieren die Untereinheiten, die Glieder oder Teile, die der Erwachsene an diesem Ganzen unterscheiden kann, unter Umständen ihren „Teilcharakter, und werden zu unselbständigen „Stellen" an einem nicht weiter Unterteilbaren (Beispiel der Umriß einer Figur); unter Umständen verlieren sie ihre klare Gestalt, unter Umständen auch ihren Ort, ihre Zahl, ihre Identität, sie werden schließlich zu mehr oder weniger unbestimmtem „Material". Dies ist der eigentliche Inhalt der genau so richtigen Grundbeobachtung der Ganzheitstheoretiker in Psychologie und Pädagogik.

Nur für die einfachsten Gliederungshierarchien, wie wir sie beim Kind voraussetzen müssen, gilt daher SEIFERTS „Korrelationsgesetz": „Gelingt die Gestaltauffassung gut, dann wird die Abstraktion beeinträchtigt, wird dagegen die Abstraktionsaufgabe vollkommen gelöst, so bleibt die Bildung der Gestalt unvollkommen." Hier aber gilt es allgemein: nicht nur bei Buchstaben, Zeichnungen, Klotzspielen, auch bei den Gegenständen des täglichen Lebens, den Menschengestalten usw. Nur darum können wir dem Kind mit unsorgfältig zusammengestückten Verkleidungen den Knecht Ruprecht und sonstige mythische Gestalten vorführen, ohne daß es gleich „dahinterkommt". Was sonst noch alles daraus folgt, ist unabsehbar. Man denke beispielsweise an den vergeblichen Kampf der Mütter gegen die schwarzen Fingernägel, der, wie man leicht beobachten kann, sicher nicht *nur*, wahrscheinlich nicht einmal vorwiegend, auf ein noch mangelndes Reinlichkeits*bedürfnis* zurückgeht.

Für das geistige Reiferwerden ist demnach nicht so sehr, nicht in erster Linie entscheidend die Zunahme (nach den Assoziationstheorien) oder auch die Abnahme (nach den Ganzheitstheorien) des äußeren Umfangs der als klar geformte Ganze erfaßbaren Einheiten, sondern die Zunahme der Fähigkeit zur Erfassung und Verwirklichung von Gliederungshierarchien immer höherer Ordnung dort, wo solche nach Lage der Dinge gefordert sind. Die höhere Entwicklung kann an der Zahl der Stufen, die eine solche Hierarchie erreichen kann, ohne daß sie entweder oben zerfällt oder unten einschmilzt, unmittelbar abgelesen werden.

(Was hier für die Gliederungshierarchie behauptet wird, scheint übrigens ebenso für die Hierarchie der ineinander geschachtelten Bezugssysteme (METZGER 1954, S. 149f), unter anderem der Figurgrundverhältnisse, die Hierarchie der Schwerpunkte und der ausgezeichneten Richtugnen (S. 177ff; auch BRITSCH 1926) zu gelten. Im Grunde gehört dazu auch die Zunahme der Pränanzstufen (S. 67). Hier öffnet sich der Forschung ein weites, wenig betretenes Gebiet.)

Zweifellos kann ein Unterricht im Schreiben und Lesen und auch im (mündlichen und schriftlichen) Rechnen erst dann Erfolg haben, wenn im Sehen die vier- bis fünfstufige Hierarchie Satz-Wort-Silbe-Buchstabe (-Buchstabenteil) bewältigt wird, das heißt, wenn nicht nur bei Einzeldarbietung, sondern auch noch innerhalb der ungestörten Wort- und Satzganzen der einzelne Buchstabe als klar geformter, lokalisierter, identifizierbarer natürlicher Teil verwirklicht werden kann, und wenn für die einzelne Ziffer im Verband der Zahlen und Rechnungen dasselbe gilt.

4. Buchstabenkette und Lautgestalt

Mit dem Hinweis auf die Durchgliederungsfähigkeit für das *Sichtbare* (unter anderem Geschriebene, Gedruckte) ist nur eine der Voraussetzungen der *Schrift*beherrschung berührt. Dieser Hinweis würde vielleicht genügen, um zu verstehen, worin sich das kindliche Sehen *der wirklich begegnenden Dinge* und Vorgänge, wohl auch noch, worin sich die Zeichnungen, also die *Darstellungen von Gesehenem durch Sichtbares*, beim Kind von denjenigen eines Erwachsenen unterscheiden. Bei unserer (nicht jeder) Schrift kommen aber weitere Schwierigkeiten dadurch hinzu, daß sie nicht aus Zeichen für Sachverhalte besteht wie eine Bilderschrift, sondern aus (sichtbaren) *Zeichen für* (hörbare) *Zeichen für Sachverhalte*. Die *Buchstabenschrift* weist *unmittelbar* nur auf einen *Wortlaut* hin und erst durch diesen auf den Sachverhalt. Das mit *Buchstabenschrift* beschriebene Blatt ist ein „redendes Blatt" (SCHMITT 1951). Sofern aber ein Wortlaut abgebildet wird, erhebt sich sogleich die zusätzliche Frage nach der natürlichen Gliederung eben dieses Wortlauts. Denn eine vollkommene und sinnvolle, das heißt unmittelbar verständliche Abbildung aus dem einen Sinnesgebiet in das andere setzt eine genügende Übereinstimmung der Gliederung des Schriftbilds und der Lautgestalt voraus. Und es fragt sich: Welches sind die natürlichen, welches die kleinsten ausgliederbaren Einheiten der in der Buchstabenschrift abgebildeten Lautgestaltungen? Die kleinsten *voll selbständigen* Einheiten sind zweifellos die Sätze als sprachliche Gegenstücke zu einer verhältnismäßig geschlossenen Sinneinheit. Aus ihnen haben sich zur Zeit der Schrifterlernung schon lang einzelne Wörter als halb selbständige natürliche Unterganze von wechselnder Stellung und Funktion herausgegliedert. Die Wörter selbst sind zum Teil ungegliedert, zum Teil haben sie wieder eine Anzahl natürlicher Teile. Diese natürlichen Teile der Lautgestalt der Wörter sind *die Silben*. Die Silben aber sind – sowohl als gesprochene wie als gehörte – auch im entwickeltsten Bewußtsein *anschaulich nicht weiter unterteilt*.

Das einsilbige *gesprochene* Wort ist eine kontinuierliche, nicht weiter gegliederte Gestalt, ganz gleich wieviel Buchstaben in unserer Schrift für seine schriftliche Darstellung benötigt werden. Es gibt eine bemerkenswerte mittelbare Bestätigung für diesen, jeden Augenblick im eigenen Sprechen und Hören beobachtbaren Tatbestand: Überall in der Welt, wo man von der unmittelbaren Sachbezeichnung (von der Bilderschrift) zur Sprachbezeichnung überging, geschah das durch die Schaffung von *Silbenschriften*. Nur ein einziges Mal in der Geschichte der Menschheit und höchstwahrscheinlich durch ein Mißverständnis des Prinzips der ägyptischen Schrift, das einem aufgeweckten, aber nicht schriftkundigen Semiten zustieß, entstand zunächst eine Konsonantenschrift, aus der sich über wenige Zwischenstufen zuletzt unsere heute noch gebräuchliche Buchstabenschrift entwickelt hat (A. SCHMITT).

Es ist eine erst durch das Buchstabenlesen nachträglich erzeugte Selbsttäuschung, daß auch die Silbe noch weiter in Laute „unterteilt" oder aus ihnen, als ihren Teilen,

„aufgebaut" sei. Eine genauere phänomenologische Analyse der *gesprochenen* Silbe (oder des einsilbigen *gesprochenen* Worts) ergibt, daß es sich dabei um eine in der Zeit sich erstreckende *Flächenfigur* im RUBINschen Sinn handelt, bei der die Fläche selbst bei uns von dem (einfarbigen) Vokal oder dem (*gleitend* sich verfärbenden) Diphthong gebildet wird, während die etwa – nicht immer – vorhandenen Konsonanten den zeitlichen „Umriß", die Konturen, Grenzen, Ecken, Kanten, oder wie man es sonst nennen will, dieser Lautfläche bilden, also dasjenige unselbständige Moment, das sie nach vorn und hinten gegen anschließende weitere Lautflächen oder auch gegen den leeren Grund der Stille begrenzt. Diese Grenzstellen sind aus der Silbe ebenso wenig ausgliederbar, ebenso wenig von ihr abtrennbar, wie man die drei Seiten eines dreieckigen Stücks Karton als „Teile" dieses Dreiecks herauslösen und von seinem „Innern", seiner Fläche abtrennen kann. Sie sind eben keine Teile, sondern, wie gesagt, nur *Stellen* an der Figur, diejenigen äußersten Stellen, an denen die Fläche und damit die Figur überhaupt zu Ende ist und sich gegen den Grund oder die Umgebung absetzt. Die Ausbreitung in der Zeit bringt es mit sich, daß die Lautfigur der Silbe nie mehr als ein Paar einander gegenüberstehender Grenzen – nach vorn und nach hinten – hat. Dagegen ist die Zahl der möglichen Beschaffenheiten jeder dieser Grenzen größer als bei ähnlich einfachen gesehenen Figuren (Strichpaaren). Doch lassen sich auch im Reich des Sichtbaren Beispiele finden, an denen die Eigenart der Begrenzung der Lautfiguren sich veranschaulichen läßt: Die „Seiten" des Dreiecks können glatt geschnitten oder rauh gerissen oder gefranst sein; sie können, wenn es ein Stück einer zerbrochenen Fensterscheibe ist, messerscharf, wenn es aus einem Stück Flanell geschnitten ist, weich und verlaufend sein. Bei gezeichneten Figuren kann ferner der Umriß in verschiedener Farbe gezogen, gestrichelt, getüpfelt, gekräuselt sein; und doch ist er nichts weiter als eine *Stelle* an der Flächenfigur, die er begrenzt.

Eine Schrift, die diesen Umrißcharakter der Konsonanten für das Auge wiedergäbe, ließe sich wohl ausdenken; ob sie flüssig schreibbar und leicht lesbar wäre, ob eine entsprechende Mannigfaltigkeit genügend unterscheidbar und zugleich wirklich nur als Umrisse – nicht als neue (Seiten-)glieder – sich darbietender, sichtbarer Begrenzungsweisen sich überhaupt auffinden ließe, sei dahingestellt. Der von RAHN als „Sprechspur" bezeichnete Versuch einer Silbenschrift geht in dieser Richtung; ob in ihm das gestreckte Ziel erreicht oder wie nahe man ihm gekommen ist, soll hier nicht erörtert werden. Jedenfalls steht man mit dem Grundsatz, daß die in einem Impuls gesprochene Silbe auch in *einem* Schwung aufs Papier gebracht werden soll, soviel ich sehe, bei der Wiedergabe aller sogenannten Mehrfachkonsonanten vor einer kaum lösbaren Aufgabe.

Wir fahren fort in der Erörterung der Silbe als echter Lautfigur.

Wir haben die gesprochenen Konsonanten, sofern sie in Silben auftreten, als *Stellen*, und zwar als Begrenzungen der Lautfigur gegen ihre Nachbarfiguren und ihre stille Umgebung gekennzeichnet. Es gibt demnach auch lautlich den aus dem Gesichtssinn wohlbekannten Unterschied zwischen *reinen* Flächenfiguren und Umrißfiguren. Freilich kommt bei den Lautfiguren die „ungefärbte" *reine* Umrißfigur, bei der innerhalb und außerhalb des Umrisses die Farbe dieselbe ist, soviel ich sehen kann, nicht vor. Es gibt sprachlich offenbar nur „kolorierte "Umrißfiguren (während man in der Musik in gewissen Stakkatofiguren sehr wohl Beispiele für *reine* Umrißfiguren finden kann). Dazu gibt es in der Sprache ein Zwischending, das beim Sehen seltener vorkommt, das man aber an kolorierten Zeichnungen oft genug zu sehen bekommt: eine Lautfläche, die auf der einen Seite einen Grenzstrich hat, während sie auf der anderen einfach durch die eigene abweichende Färbung von der Umgebung abgesetzt ist; wie im deutschen Wort „da". (Diese Abhebung ohne Grenzstrich gibt es in den romanischen Sprachen und den alemannischen Mundarten auch am Wortanfang, im Hochdeutschen nur am Ende.)

Auch an der Lautfigur kennzeichnet sich der konsonantische Umriß als *einseitige* Grenze. Wie bei der gesehenen Figur der Umriß nur diese, aber nicht zugleich den Grund begrenzt, und wie ein einfacher Strich *zwischen* zwei Figurenbereichen auf Frühstufen des Sehens nur die eine Figur begrenzen kann und nicht zugleich die andere, so verhält es sich auch bei den Lautfiguren, und zwar gilt hier die durch die Besonderheit des Zeitablaufs bedingte Regel, die im Nebeneinander des Sehens kein Gegenstück findet: daß eine Grenzlinie *zwischen* zwei Figurenflächen *bevorzugt* die *folgende* begrenzt (man horche auf Worte wie Leben, Lesen, Hader usw.; die alte, erst in letzter Zeit überflüssigerweise durchbrochene deutsche Silbentrennungsregel war hierin – außer beim st, wo aber die Ausnahme in andernfalls auftretenden Ungeschicklichkeiten des Schriftbildes begründet war – lautgerecht und folgerichtig). Bei doppelten Konsonanten begrenzt der eine nach vorn, der andere nach hinten: Stockfisch, Turban, Erbe, Falter.

Wenn wir ein gesehenes Etwas nicht als Rand*glied*, sondern als echte *Grenze* einer Figur bezeichnen, so gehört dazu, daß es anschaulich entweder gar keine Ausdehnung hat oder daß seine Ausdehnung wenigstens vernachlässigt werden kann, worauf RUBIN schon hingewiesen hat. Wie steht es dann bei dem, was wir bisher als „Grenzen" der klingenden Silbenfigur bezeichnet haben? Wie steht es besonders bei den Doppel- und Mehrfachkonsonanten, die im Wort*bild* vielfach den meisten Raum einnehmen, – wie etwa in dem Wort *Strumpf*? Die Antwort lautet: Auch solche Konsonanten*häufungen* haben im unverbildeten Erleben tatsächlich keine praktisch bedeutsame zeitliche Breite; sie sind in ihm überhaupt nicht „zusammengesetzt", keine *Folgen* von *Teilen*, sondern vorgestalthaft unentfaltet und nur durch ihre eigenartige, „krausere" stoffliche Beschaffenheit von den einfachen Konsonanten unterschieden. Das ist schon darin angedeutet, daß für einige davon, das X und Z, sogar unser amtliches Alphabet nur *ein* Zeichen setzt. Aber unmißverständlich kommt es darin zum Ausdruck, daß das schriftlose Kind – und ebenso der schriftlose Erwachsene – diese Lautgebilde nicht zu zergliedern vermag, und wenn er gelernt hat, welche Buchstaben zu ihrer Kennzeichnung dienen, immer wieder die Reihenfolge verwirrt und zum Beispiel Afpel statt Apfel schreibt.

Es bleibt für die Zuordnung von Wortbild und Wortlaut *als erste Grundschwierigkeit, daß das geschriebene Wort weiter durchgegliedert ist als das gesprochene.* Das sichtbare Abbild der kleinsten natürlichen Einheit des gesprochenen Wortes hat in der Regel gesonderte *Teile* (die zum Teil selbst noch weiter durchgegliedert sind), wo die Lautgestalt nur noch *Stellen* hat. Ja sogar eine *einzige* zeitlich unausgedehnte *Stelle* des Lautbilds wird oft im Schriftbild *durch eine ganze Gruppe* echter *Teile* dargestellt: nicht nur in den Konsonantenhäufungen, sondern auch in den zusammengesetzten Zeichen CK, CH, SCH, NG. Das, was im Lautbild als Stelle eines Ganzen auftritt, *kann* zwar auch lautlich als selbständiger Einzelinhalt und mithin als „Element" einer diskontinuierlichen Gruppe vorkommen – wie das zum Beispiel beim „Lautieren" der Fall ist. Es hätte aber dann auch bei phonetischer Identität (wenn diese erzielbar wäre) infolge des fehlenden Stellenwerts, zum Beispiel als „Rand", ein völlig anderes Gesicht und ist deshalb ohne künstliche Eingriffe, die dem Kind noch nicht zur Verfügung stehen, *nicht mehr identifizierbar.*

Dazu kommt aber noch eine *zweite*, nicht geringere *Grundschwierigkeit*: die in der bisherigen Erörterung vorausgesetzte phonetische Identität zwischen den als Einzelinhalten, allein oder in Lautierketten, auftretenden Lauten einerseits und den vermittels derselben Buchstabenzeichen abgebildeten *Stellen* der Silben andererseits besteht nur ausnahmsweise. – Darüber hinaus dient, von der Nähe besehen, ein und dasselbe Buchstabenzeichen, auch wenn es innerhalb von Wörtern auftritt, nicht etwas zur Bezeichnung *eines* einzigen, sondern zumeist *einer ganzen Reihe* mehr oder weniger stark voneinander abweichender, zum Teil überhaupt nicht vergleichbarer Laute: Man horche – um nur einige aus einer Unzahl von Fällen zu zeigen – auf die sechs E in Engel, Erbsen, Leder; auf das CH in ich und ach; das ST in steif und fest; die beiden G in gierig; das ER in Erbse, Erde, Vater; das I in wir, wirr, Tisch und ihm; das O in Ton, toll, Torf. Wollte man genau sein, so wüchse das Alphabet sogleich auf ein Vielfaches, wie das internationale phonetische Alphabet, obwohl selbst dieses noch stark vereinfacht ist. Das ist aber aus verschiedenen Gründen nicht nötig. Zwar gibt es völlig willkürliche Festsetzungen, wie die Gleichheit des Anfang-E in Elle, Eile, Eule. Zum Teil aber ist die Übereinstimmung des sichtbaren Zeichens für merklich verschiedene Laute sachlich gegründet: denn in vielen anderen Fällen ist der bei genauerem Hinhorchen so auffallend wechselnde Laut im Sprachgefühl trotzdem jedesmal *als derselbe* oder als „Variante" desselben gemeint, und seine Abänderung wird rein gefühlsmäßig als unvermeidliche Folge des *motorischen* Zusammenhangs, in dem er gerade auftritt, gewissermaßen in Rechnung gesetzt. In den motorischen Gestalten, die beim Sprechen den Lautgestalten zugrunde liegen, ist, wie die tägliche Erfahrung lehrt, die *Ganzbestimmtheit der Teile und Stellen* (METZGER 1954, S. 79 ff) durchschlagender als bei vielen anderen Klassen von Gestalten. Die Flächenfärbung des tragenden Vokals wird davon vielfach noch stärker betroffen als die Beschaffenheit der begrenzenden Konsonanten.

Aber auch in der Gegenrichtung gibt es genug Fälle von Mehrdeutigkeit, derart, daß für genau denselben Laut verschiedene Zeichen vorgeschrieben sind, wie V und F; C, Z und TZ; Qu und KW; X, CHS und KS; am Wortende außerdem D und T, G und CH usw. – Um die Verwirrung vollständig zu machen, gibt es auch Buchstaben – also echte *Teile* des Wort*bildes* –, denen weder ein Teil noch auch nur eine Stelle des Wort*lautes* gegenübersteht: das Dehnungs-H und -E. Und es gibt andererseits Laute, auf deren Wiedergabe die Schrift ganz verzichtet, die im Buchstabenbild *gar nicht erscheinen*, wie der Stimmlippenknack, der im Hochdeutschen jedes vokalisch beginnende Wort nach vorn begrenzt (im Italienischen wird dieser Laut durch den Buchstaben H wiedergegeben).

Was folgt aus all dem für das Erlernen der Schrift? Um die Antwort nicht zu verfehlen, rufen wir uns kurz vor Augen, was es bedeutet, eine Schrift zu erlernen.

Es heißt zunächst – sofern es für das Kind irgendeinen Sinn haben soll –: Das Kind macht die Entdeckung, daß man nicht nur mit dem Mund durch Sprechen, sondern auch mit einem Stück Papier, indem man merkwürdige Krickeln darauf malt, dem anderen etwas mitteilen kann; und daß man die spannenden Geschichten, die sonst die Mutter vorliest, demnächst, falls sie keine Zeit hat, sich selber aus dem Buch ablesen kann, auch wenn keine Bilder darin sind. Nur als ein neuer Vermittler von Sinnzusammenhängen wird die Schrift ein Sachverhalt, dessen Beherrschung, dessen Einverleibung in den eigenen Lebenszusammenhang, dem Kind selbst erwünscht erscheinen, ja zum mehr oder weniger dringenden Bedürfnis werden kann.

Eine Schrift erlernen heißt zweitens – im einzelnen –, daß dem Kind klar wird: was so *aussieht*, soll – gesprochen – so *klingen*; was gesprochen so klingt, kann man so auf dem stummen Papier wiedererkennbar festhalten. Es handelt sich also wesentlich um eine gegenseitige Vertretung von Gebilden des Gesichts und des Gehörs; und zwar nicht um eine rein willkürliche Zuordnung, sondern um eine Art gegenseitiger Abbildung; so, daß das eine an Stelle des anderen zum Zeichen oder Träger bestimmter Sinneinheiten wird.

Der Satz „das Lernen beginne beim Ganzen" spaltet sich dadurch in folgende konkrete Einzelbehauptungen auf, die einander ergänzen aber doch voneinander unabhängig sind:

1. Wenn wirklich das Kind einen neuen, mit dem Gesicht erfaßbaren *Sinnvermittler* gewinnen soll, so ist es das Naturgegebene, von der Sache Geforderte, daß dieses neue Werkzeug an Hand von Gebilden eingeführt wird, *die als solche überhaupt einen Sinn vermitteln können*. Die Buchstabennamen des Alphabets erfüllen diese Forderung nicht; sie sind „sinnlose Silben" im strengen Sinn dieses Wortes. Von den „lautierten" Einzellauten erfüllen die Forderung nur einige wenige, die zufällig Interjektionsbedeutung haben. Die *kleinste* für das Kind *ausgliederbare* Sinneinheit ist *das Wort*. Das Wort ist daher zugleich auch die kleinste Einheit des Lautbilds und des Schriftbilds, an der die gegenseitige Vertretbarkeit veranschulicht werden kann. Der Verwendung kleiner *Sätze* als der *natürlichen*, normalen, selbständigen (wenn auch etwas verwickelteren Schriftzeichen erfordernden) Sinneinheiten steht aber nichts im Wege. Für die anfängliche Bevorzugung kurzer, silben- und buchstabenarmer Wörter spricht die Tatsache, daß die Tendenz zur „Einschmelzung" der kleinsten Teile mit deren Anzahl wächst (SPIEKERS 1969). Auch einzelne Buchstaben können – neben Worten – ohne weiteres von vornherein *mit* verwendet werden, sofern sie Zeichen für eine Sinneinheit sind, wie das englische Wort „I", oder Hauptvokale als jedem Kind verständliche Interjektionen; aber erstens wirklich nur, sofern sie Sinnträger sind, und zweitens wirklich nur, wenn man der Versuchung widersteht, sie gleich darauf dem Kind als „Bausteine" der ausgedehnteren Wortbilder aufdrängen zu wollen.

2. Aus formalen Gesichtspunkten der Abbildung des Hörbaren im Sichtbaren kommt man ungefähr zu demselben Schluß: Wenn die Abbildung ihren Zweck erfüllen soll, *muß die Zuordnung von Bild und Gegenbild annähernd eindeutig sein*. Das heißt: es darf einem gegebenen sichtbaren Gebilde möglichst nur *ein* sichtbares zugeordnet sein, und es darf zugleich einem gegebenen hörbaren Gebilde möglichst nur *ein* sichtbares zugeordnet sein. Wie wir gesehen haben, besteht dieses Verhältnis zwischen Buchstaben und Lauten ganz und gar nicht. *Die Zuordnung zwischen Laut und Buchstaben ist in keiner Richtung eindeutig*, und zwar in jeder möglichen Hinsicht nicht. *Erstens* besteht schon dem *Material* nach keine Eindeutigkeit, denn einem und demselben Buchstaben sind – je nach Festsetzung und Einbettung – die verschiedensten Laute (manchmal gar keiner) und einem und demselben Laut sind in unverständlichem Wechsel verschiedene Zeichen (manchmal mehrere zugleich, manchmal auch gar keines) zugeordnet. *Zweitens* besteht keine Eindeutigkeit der Zuordnung hinsichtlich der *Funktion*. Der gesehene *Buchstabe* ist (besonders deutlich in der Druckschrift, weniger deutlich und mit Einschränkungen, die noch zu untersuchen wären, in der Schreibschrift) *natürlicher Teil* des Wortganzen. Der Laut, dessen Zuordnung zu den Buchstaben gefordert wird, ist, mit der seltenen Ausnahme der Einlautsilbe (A-bend, von einem Romanen ausgesprochen), *kein natürlicher Teil* des Lautganzen, sondern eine zwar aufweisbare, aber nicht ausgliederbare *Stelle* an der Silbe als dem kleinsten

natürlichen Teil der Lautgestalt. Der Charakter dieser zugeordneten, aber nicht ausgliederbaren Stelle an der *Lautgestalt wechselt* – bei gleichbleibendem sichtbarem Gegenbild – je nach ihrem Ort im Ganzen; sie wäre daher zunächst unidentifizierbar verschieden, selbst wenn sie ihrem Material (ihrem Klanggehalt) nach unverändert bliebe. Vielfach – wie in den Mehrfachkonsonanten – ist dem einzelnen Buchstaben noch nicht einmal eine aufweisbare Stelle am Lautbild zugeordnet, sondern er dient, mit den Nachbarbuchstaben zusammen, lediglich dazu, eine besondere *eigenartige Beschaffenheit* dieser Stelle zu kennzeichnen. Es folgt: Auf Buchstabenebene ist die für das Funktionieren der Schrift erforderliche ein-eindeutige Zuordnung unvollziehbar. Auf Silbenebene wäre das wohl in besserer Annäherung der Fall, wenn schon, wie nähere Betrachtung erweist, der Lautcharakter auch noch bei der Silbe trotz gleichbleibendem Buchstabenbild je nach ihrem Ort im ganzen Wort beträchtlich schwanken kann. Unsere Schrift ist aber keine Silbenschrift, und daß die Silbe natürlicher Teil der Lautganzen ist, kommt im Buchstabenbild nicht zum Ausdruck. *Die kleinste natürliche Einheit, bei der eine ein-eindeutige Zuordnung* zwischen Sehbild und Lautbild (mit recht seltenen, durch ihre nachträgliche Behandlung nicht mehr verwirrenden Ausnahmen) *möglich ist, ist also das Wort*. Erst auf der Ebene des Wortes kann man mit gutem Gewissen, ohne sich selbst etwas vorzumachen, zu dem Kind sagen: Was so aussieht, klingt so. Auch aus diesem formalen Grund ist also für die Einführung in die Zuordnung zwischen sichtbaren und hörbaren Sinnzeichen das Wort die kleinste brauchbare Einheit.

Erst wenn diese Zuordnung für eine einerseits ausreichende, andererseits das Gedächtnis noch nicht überlastende Anzahl von zweckmäßig gewählten Wörtern durch den Gebrauch gesichert und selbstverständlich ist, wird es sinnvoll, durch Gegenüberstellung geeigneter Wörter mit planmäßig eingeführten Übereinstimmungen und Abweichungen des Buchstabenbildes dem Kind die weitere Entdeckung des technisch so außerordentlich wichtigen Tricks zu ermöglichen, daß man die unabsehbare Zahl von verschiedenen und jeweils eindeutigen Wortzeichen durch die geschickte Verwendung von nicht mehr als zwei Dutzend charakteristischen kleinsten Teilen bilden und infolgedessen auch für neue Wörter sich die sichtbaren Zeichen selbst herstellen kann – mit voller Aussicht auf Verständlichkeit, wenn auch mit etwas geringerer Aussicht auf „Richtigkeit", d. h. auf Übereinstimmung mit dem zur Zeit gerade üblichen. Wenn das Kind erst soweit gelangt ist, wird es auch durch die Willkürlichkeit und Vieldeutigkeit der Zuordnungen auf der Buchstabenebene jedenfalls nicht mehr verwirrt.

Auf die Sachverkennungen, Selbsttäuschungen, Mühsale und Umwege, die nach all dem Buchstabiermethode und ganz ebenso die Lautiermethode unvermeidlich mit sich bringen, auch wo sie durch allerlei „kindertümliche" Zutaten schmackhaft gemacht werden, möchte ich hier nicht mehr eingehen, obwohl sich von dem gewonnenen Standpunkt für die korrekte Darstellung dessen, was sie, gegen ihr bestes Wollen, *wirklich tun* und *wirklich fordern*, eine Reihe wichtiger neuer Gesichtspunkte ergeben hat, – sondern mich mit dem Hinweis auf das begnügen, was nach eingehender phänomenologischer Klärung der beteiligten Gegebenheiten (Sinneinheit, Lauteinheit, Bildeinheit) und ihres gegenseitigen Verhältnisses sachlich gefordert ist. Das Ergebnis unserer Analyse ist in kurzen Worten, daß die Ganzheitsmethode als einziges sinnvolles und sachgemäßes Verfahren der Schriftvermittlung übrig bleibt.

5. Die rechte Zeit

Es bleibt die Frage nach der rechten Zeit. Diese ist für die besondere Aufgabe des Lesens- und Schreibenlernens dadurch gekennzeichnet, daß die Fähigkeit zur Durchgliederung eines gesehenen Ganzen gegeben, die vier bis fünfstufige Hierarchie Satz-Wort-Silbe-Buchstabe (- Buchstabenteil) bewältigt, daß also die Erfassung eines klar geformten Buchstabens im Wort- und Satzganzen möglich ist, ohne daß dieses dabei zerfällt, und von der anderen Seite gesehen, daß die Erfassung eines bestimmt gestalteten Satz- und Wortganzen möglich ist, ohne daß die Buchstaben dabei zu einem nach individueller Form und Zahl unbestimmten Material einschmelzen, – daß zugleich die Sprachgestalten bis zur *Silbe* durchgegliedert und an den Silben noch verschiedene *Stellen* ihrer zeitlichen Erstreckung in den Blick genommen und in ihre Besonderheit erfaßt werden können, ohne daß sich dabei das Wort und die Silbe auflösen; endlich, daß diese Stellen trotz ihrer durch Ort und Rolle bedingten wechselnden Erscheinungsweise gegebenenfalls als einer und derselben lautlichen Prägnanzstufe zugehörig und insofern identisch erkannt werden können.

Über den Zeitpunkt, in dem durchschnittlich dieser Stand erreicht ist, geben unter anderem die Arbeiten von HEISS, SELINKA, KAHRS, SCHENK-DANZINGER, SPIEKERS und eine noch unveröffentlichte Untersuchung von POTT genügend Auskunft.

Wir geben eine Kurve von KAHRS, die den bekannten Kurven von HEISS genau parallel verläuft und sich von ihm nur durch die größere Länge *sämtlicher* Suchzeiten unterscheidet (Abb. 24.44); was zweifellos landschaftlich bedingt und für unsere Frage unerheblich ist. Man sieht, wie vom fünften bis siebenten Lebensjahr – jüngere Kinder wurden nicht untersucht – die Findezeiten sprunghaft abnehmen, wie vom siebenten Jahr ab bis zum zehnten Jahr die Kurve in die Waagerechte ausläuft, so daß etwa im zwölften bis dreizehnten Jahr vermutlich die Bestleistung erreicht wird. – Entsprechend steigt die Kurve von SELINKA (Abb. 24.45), in der der Anteil der Kinder angegeben ist, die das Kränzchen aus lauter wirklich gleichen Blütchen zusammensetzen vom fünften bis siebenten Lebensjahr steil an (von 25 % auf 80 %), und nach weiteren zwei Jahren wird die gestellte Aufgabe so gut wie allgemein beherrscht. Dem entsprechen die Befunde von A. KERN an 460 Schulanfängern aus den Jahren 1946 und 1947. Dort war im sechsten Lebensjahr bei einem Drittel die erforderliche Durchgliederungsfähigkeit voll entwickelt, bei einem weiteren Drittel eben ausreichend, beim letzten Drittel noch nicht vorhanden. Von den sechzig am weitesten zurückgebliebenen Kindern des letzten Drittels, bei denen die Zurückstellung sich durchsetzen ließ, gehörte ein Jahr später fast die Hälfte zur Spitzengruppe und ein gutes Viertel der Mittelgruppe an; nur noch ein Viertel (d. h. etwa fünfzehn Kinder) konnte nach wie vor in dieser Hinsicht nicht als reif gelten. Auch die Befunde von L. SCHENK-DANZINGER an Wiener Kindern sprechen dafür, daß dieser entscheidende Schritt der geistigen Reifung in unseren Breiten in der Regel nicht früher als zwischen dem sechsten und siebenten Lebensjahr vollzogen wird.

Es ist kein Wunder, daß um dieselbe Zeit auch bei der Betrachtung von Gegenständen der alltäglichen Umwelt ungeahnte neue Entdeckungen gemacht werden. Die verkleidete Gestalt, die als Knecht Ruprecht hereintritt, hat nicht mehr „irgendwelche" Schuhe an, sondern beispielsweise die Schuhe des Onkels Hans. Und mit solchen Entdeckungen und Enthüllungen erwacht der Drang, die Dinge überhaupt etwas schärfer ins Auge zu fassen. Es wird bisher Selbstverständliches neu und mit besserem Werkzeug „unter die Lupe genommen", um herauszubringen, „wie es wirklich ist".

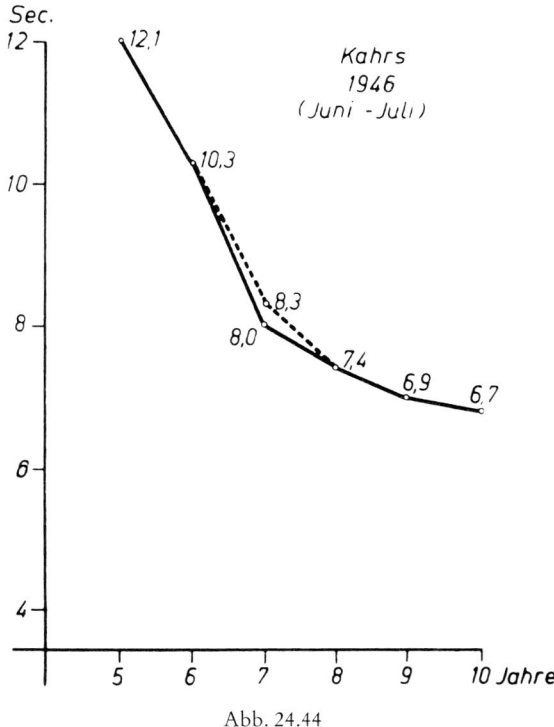

Abb. 24.44

Der seit MEUMANN in der Entwicklungspsychologie immer wieder hervorgehobene Übergang zur (mehr) analytischen, mehr einzelheitlichen „Auffassungs- oder Betrachtungsweise", das Erwachen einer „kritischen Einstellung", die Zunahme des „Wirklichkeitssinnes", – alles das scheint uns nicht die *Ursache* der größeren Genauigkeit der Wahrnehmung in dem fraglichen Alter zu sein (wie es in den geläufigen Darstellungen mindestens nahegelegt wird), sondern vielmehr aus der in dieser Zeit sich vollziehenden *Vervollkommnung der Wahrnehmungsfunktion* als solcher zu folgen, in demselben Sinne, wie von der frühesten Kindheit an *jede* neu erworbene und merklich fortschreitend erfolgreicher werdende Leistungsform die seelischen Energien auf sich zieht und unermüdlich betätigt wird. Ein jüngeres Kind würde selbst bei angestrengtem Suchen die Einzelheiten nicht entdecken, die sich dem siebenjährigen erschließen – oder das Ganze würde ihm zerfallen.

Wie die Versuche von SPIEKERS an Hilfsschülern zeigen, ist bei diesen der fragliche Termin gegenüber der Norm *um ziemlich genau zwei Jahre verschoben*. Zwischen dem achten und neunten Jahr steigt hier der Anteil der richtigen Leistungen genau wie bei SELINKA zwischen dem sechsten und siebenten Jahr. Wie SPIEKERS Kurve weiter zeigt, bleibt der Anteil der Hilfsschüler, denen die Leistung gelingt, vom elften Lebensjahr an in der Nähe von 90 % stehen. Beim Rest der Hilfsschüler wird demnach die im SELINKA-Versuch benötigte Durchgliederungsfähigkeit überhaupt nicht erreicht.

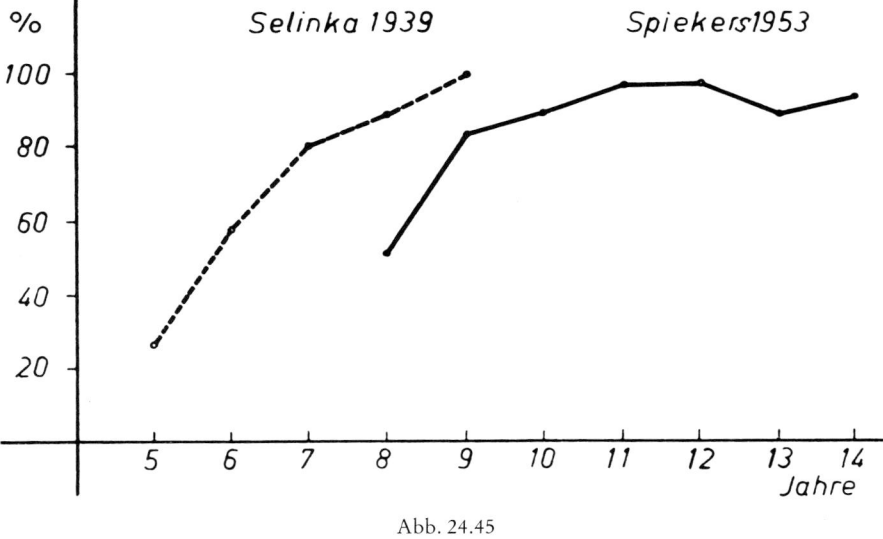

Abb. 24.45

Noch eine letzte Frage: Kann die Durchgliederungsfähigkeit geübt werden? Beim Beginn des ersten Schuljahrs ist sie nach unseren Einschulungsvorschriften bei einem großen Teil der Kinder noch nicht genügend entwickelt und nimmt bis zu seinem Ende meist auffallend rasch zu, wenn auch nicht wesentlich rascher als im vorausgehenden Lebensjahr. 30 % von 460 Kindern, in der noch ungedruckten Untersuchung von POTT im Ruhrgebiet sogar 47 % von rund tausend Kindern, sind noch im Rückstand. Kann man nun annehmen, daß durch den Unterricht des ersten Schuljahrs diese Fähigkeit gefördert, gewissermaßen geübt wird? Dies war noch die Meinung von HEISS, gegen die allerdings schon SELINKA Bedenken erhoben hat. Die Untersuchung von KAHRS, die im Juni und Juli 1946 durchgeführt wurde, setzte sich unter anderem die Prüfung dieser Frage ausdrücklich zum Ziel. Es war damals infolge der Zeitumstände möglich, eine genügende Anzahl von Siebenjährigen zu prüfen, die noch keinen Unterricht (oder nur zaghafte und bald wieder abgebrochene Ansätze dazu) genossen hatten.

Hat bei den *Schulbesuchern* der Unterricht eine wesentliche übende Wirkung, so muß die durchschnittliche Findezeit, die bei ihnen während des ersten Schuljahrs von 10,3 Sekunden auf 8,0 Sekunden fällt, bei den *Nichteingeschulten* deutlich weniger abnehmen. Wie die Kurve 42 zeigt, sinkt sie bei diesen von 10,3 Sekunden auf 8,3 Sekunden. Der Unterschied von $3/10$ Sekunden ist bedeutungslos. Wir können also annehmen, daß der übliche Schulunterricht nicht imstande ist, die Gliederungsfähigkeit merklich zu fördern. Ob man mit einer besonderen, in dieser Absicht geplanten Unterrichtsweise bessere Erfolge erzielen wird, muß offen bleiben, solange wir noch nicht die zur Prüfung und Fortentwicklung unserer Lehrverfahren dringend notwendigen – mit den nötigen Vollmachten versehenen – *Versuchsschulen* besitzen. Einstweilen ist es das Wahrscheinlichere, daß es sich im wesentlichen um einen zum allgemeinen Wachstum gehörigen Reifungsvorgang handelt.

Abschluß: Einige Folgerungen

Das Erlernen der Schrift (einschließlich des schriftlichen Rechnens) setzt voraus, daß die geistige Entwicklung einen ganz bestimmten Stand erreicht hat. Bevor dieser Entwicklungsstand erreicht ist, ist aller Schreib- und Leseunterricht ein sinnloser Leerlauf.

(Das kommt beim Unterricht nach den Ganzheitsverfahren eher an den Tag; das Einüben *einzelner* Buchstaben und ausgewählter kleinster Gruppen (Paare) davon, wie es beim synthetischen Vorgehen die ersten Monate beherrscht, ist auch schon vor der Erreichung dieses Entwicklungsstandes möglich; und die Enttäuschung kommt erst, wenn das Gelernte im umfassenderen Zusammenhang angewendet werden soll. Der bessere Anfangserfolg ist also ganz und gar kein Beweis, daß das Verfahren das bessere, entwicklungsgemäßere ist.)

Dabei vergessen wir nicht, daß eine erfolgreiche Teilnahme am Grundschulunterricht noch etliche andere seelische Voraussetzungen hat, mit denen wir uns aber hier nicht beschäftigen. Wegen der großen Unterschiede im Stand der *geistigen* Entwicklung ist die Festsetzung der Einschulungsfähigkeit auf Grund des *Lebensalters* jedenfalls nicht sachgerecht. Ebensowenig sachgerecht ist es aber, die Mängel dieses Verfahrens dadurch beheben zu wollen, daß man in Zweifelsfällen über die Einschulungsfähigkeit auf Grund des körperlichen Entwicklungs-, Gesundheits- und Ernährungszustandes entscheidet. Es ist ein besonders wichtiges Teilergebnis der Untersuchung von POTT, daß sogar auch der Eintritt in die erste Streckungsphase, die nach ZELLER die sicherste bisher bekannte körperliche Begleiterscheinung der geistigen Schulfähigkeit ist, *vielfach nicht* von einem entsprechenden Fortschritt der geistigen Entwicklung, insbesondere dem Erwerb der erforderlichen Durchgliederungsfähigkeit begleitet ist.

Von verschiedenen Seiten sind Verfahren entwickelt worden, die es erlauben, mit zum Teil recht geringem Aufwand und in kurzer Zeit an vielen Kindern über den Stand der geistigen und auch der seelischen Entwicklung unmittelbar das Notwendige festzustellen. Über der zum Teil recht leidenschaftlichen Erörterung der Frage, welche davon das einfachste und zugleich zuverlässigste sei und ob man, um hundertprozentig sicherzugehen, lieber umständlichere Verfahren in Kauf nehmen soll, vergißt man leicht, daß jedes einzelne davon schon in seinem gegenwärtigen noch wenig entwickelten und überprüften Zustand einen beträchtlichen Teil der Fehlentscheidungen vermeiden hilft, die früher unvermeidlich waren.

Sinngemäß würde man also das bisherige Anmeldealter zunächst beibehalten, den Schuleintritt aber ganz allgemein von dem Ergebnis einer der erwähnten Schulfähigkeitsprüfungen abhängig machen. Bei besonders *frühreifen* Kindern könnten solche Prüfungen auf Wunsch der Eltern auch schon vor dem normalen Schuleintrittsalter angewendet werden; und falls sie sie bestehen, sollte man ihnen *den Schuleintritt nicht verwehren*. *Spätentwickler* dagegen, bei denen die Prüfung auch ein Jahr später noch nicht befriedigend ausfällt, sollte man *ohne Scheu noch ein zweites Jahr zurückstellen*. Im Laufe der Zeit würde dann nach dem Durchschnitt der gewonnenen Ergebnisse das Anmeldungsalter sinngemäß so neu festgesetzt werden können, daß nicht allzu viele Kinder zurückgestellt und ein zweites (oder gar drittes) Mal geprüft werden müssen, daß also alle Doppelarbeit und aller damit verknüpfte Leerlauf auf das sachlich erreichbare Mindestmaß herabgesetzt würden. Im Verfolg dieser Regelung würden zugleich *Hilfsschüler* auf keinen Fall vor dem achten Lebensjahr eingeschult; in zahlreichen Fällen könnte ihnen das niederschmetternde Erlebnis des völligen Versagens in der ersten und zweiten Klasse der Grundschule ganz erspart werden, und sinngemäß würde man mit dem eigentlichen Elementarunterricht bei ihnen erst im neunten Jahr beginnen, während für das achte ein kindergartenähnlicher Beschäftigungsunterricht einzusetzen wäre.

Was durch eine solche Regelung erspart würde an nutzlos verschwendeter Kraft der Lehrer, an hoffnungslosen Bemühungen der Kinder, an unerträglichen Sorgen und Nöten der Eltern, ist, wie schon KERN ausführlich dargetan hat, gar nicht abzusehen. Und zwar aus mehreren Gründen:

1. Wenn der Lehrer aus der Erkenntnis, daß es bei einem großen Teil der Klasse doch noch keinen Sinn hat, auf die Behandlung der Unterrichtsgegenstände des ersten Schuljahres verzichtet, macht er seine Klasse zum Kindergarten und betrügt die schon weiter entwickelten Kinder um dieses Unterrichtsjahr.

2. Wenn der Lehrer in dem Bestreben, den weiter entwickelten Teil der Klasse so zu fördern, wie es sein Entwicklungsstand fordert (und der Lehrplan vorschreibt), die Bewältigung des Stoffes des ersten Schuljahrs bei der ganzen Klasse zu erzwingen sucht, treibt er die geistig unterentwickelten Kinder in einen Zustand *hoffnungsloser und schwer heilbarer Entmutigung*, der sie, wie KERN überzeugend dargetan hat, nicht nur auf der Schule zu Dauerversagern und ewigen Sitzenbleibern verurteilt, sondern auch auf die Entwicklung ihres Charakters, ihrer Stellung zur Arbeit und zur Pflicht überhaupt und ihrer ganzen Lebenseinstellung *den verderblichsten Einfluß hat* und daher nicht zu verantworten ist.

3. Wie A. GESELL und Ch. BÜHLER und ihre Schüler über das Gehenlernen und den Erwerb zahlreicher anderer Fertigkeiten und außer dem Verfasser (1949) verschiedene Schweizer und russische Ärzte für die Ausscheidungsfunktionen gezeigt haben, kann das Kind, wenn man den genügenden Reifestand geduldig abwartet und dann entschlossen ausnutzt, dieselben Fertigkeiten in kurzer Zeit mühelos, ja mit lebhaftester Anteilnahme und eigener Befriedigung des Kindes und mit bleibendem Erfolg erwerben, die es bei vorzeitigem Übungsbeginn nur mühsam und widerwillig, mit einem Vielfachen des Zeitaufwandes und dazu oft noch mit einem viel unvollkommeneren und störbareren Dauerertrag sich aneignet. Nach zerstreuten Zufallsbeobachtungen gilt dasselbe zweifellos auch für die Fertigkeiten, die im ersten Schuljahr vermittelt werden. Ein einigermaßen begabtes Kind eignet sie sich ein Jahr später mühelos in weit weniger als der halben Zeit an, die bei uns dafür vorgesehen ist.

Das Mindeste, was der Psychologe hierzu raten kann und mit allem Nachdruck, den seine Verantwortung als Sachkenner von ihm verlangt, *raten muß*, ist also, daß man die Termine auflockern und vor allem *mit Zurückstellungen viel großzügiger sein sollte* als man es aus mir unbekannten Gründen heute in unserer Schulverwaltung ist.

Sicherlich ergeben sich aus dem späteren Schuleintritt für manche Familien die aus Gründen des Broterwerbs oder der Wohnungsnot froh wären, ihr Kind möglichst frühzeitig in der Schule unterzubringen, neue Schwierigkeiten, worauf besonders H. HETZER hingewiesen hat. Ebenso wären die Bestimmungen über das Ende der Schulpflicht entsprechend beweglicher zu gestalten, was aber, soviel ich sehen kann, im Ermessen des Gesetzgebers steht. Aber was für Schwierigkeiten auch entstehen sollten, sie müssen und können jedenfalls auf andere Weise behoben oder gemildert werden als dadurch, daß man an Regelungen festhält, die wissenschaftlich als schädlich, ja als verhängnisvoll erwiesen sind.

25. Trotz: Anleitungen bei einer normalen Entwicklungskrise (1967)

Von früh auf gibt es viele Gelegenheiten, wo das Kind entweder nicht will oder nicht kann, was der Erwachsene von ihm erwartet. Es soll den Brei essen, aber es kneift den Mund zu und patscht auf den vollen Löffel. Wir wollen es in das sonst so geliebte Bad setzen, und es klammert sich schreiend an uns fest und will nicht ins Wasser. Es soll dem lieben Besuch das Händchen geben und verzieht sich hinter die Mutter. Es soll ihm ein Sprüchlein aufsagen, und es schweigt – und so weiter.

In allen diesen Fällen sprechen wir von Ungehorsam, auch von Bockigkeit, von Widerspenstigkeit oder Widersetzlichkeit.

In den Fällen, in denen wir von Trotz im eigentlichen Sinn sprechen, kommt noch etwas hinzu, das in all den genannten Beispielen durchaus fehlen kann. Der eigentliche Trotz hat immer etwas von einem „Anfall". Dieser Anfall tritt in zwei verschiedenen Formen auf: einer lauten und einer stummen. Wir schildern erst die laute Form, weil sie rund zehnmal so häufig vorkommt.

Wie schon angedeutet, sprechen wir noch nicht von Trotz, wenn das Kind auf unser Ansinnen „Nein!" sagt, auch nicht, wenn es sich dagegen sträubt, mit ins Bad zu kommen und sich waschen zu lassen, und auch noch nicht, wenn es auf unsere Fragen verbissen schweigt. Aber die Übergänge sind fließend: Wenn sich das „Nein!" in ein heftiges, hohes Schreien bis zum Überschlagen der Stimme steigert, wenn der Widerstand übergeht in ein wildes Toben, Trampeln, Beißen, Kratzen, Um-sich-Schlagen; wenn es wegschleudert, was es in der Hand hält, ausspuckt, was es im Mund hat, wenn es zerstört, was es eben aufgebaut hat – dann ist kein Zweifel, daß es vom Trotz überfallen worden ist. Manchmal steigert sich der Anfall noch weiter: Das Brüllen geht in einen Schreikrampf über, das Toben in blinde Zerstörungswut, die sich wahllos auf alles Erreichbare richtet, zuletzt sogar gegen sich selbst, wenn das Kind sich ohne Rücksicht auf blaue Flecken hinwirft, am Boden wälzt und sich nicht aufheben läßt.

Bei der stummen Form herrscht in der Regel undurchdringliches Schweigen, Abbruch der Beschäftigung, Abwendung, Weglaufen, sich Verstecken oder sich Einschließen. Kommt diese Form des Anfalls rasch, so läßt das Kind sich fallen und versucht zu verhindern, daß man es aufhebt; es macht sich steif und schwer oder schlaff wie ein nasser Lappen.

Die Trotzanfälle des kleinen Kindes haben zunächst durchweg alle Merkmale eines Kurzschlusses. Der Trotzanfall ist also anfänglich weder ein Kampfmittel noch eine Demonstration, und man tut dem Kind Unrecht, wenn man irgendeine Absicht dahinter vermutet. Ungewollt überfällt er das Kind und erschüttert es bis in seine Tiefen. Diese Form bezeichnen wir (mit Charlotte Bühler) als primären oder ursprünglichen Trotz.

Es gibt freilich auch eine sekundäre oder abgeleitete Form, die bei etwas älteren Kindern bis tief in die Schulzeit erhalten bleiben kann, aber nicht muß. Es ist der Trotz als mehr oder weniger bewußt eingesetzte Waffe, mit der man seine Eltern zum Nachgeben zwingt und auch seine unvernünftigsten Wünsche durchsetzt. Diese abgeleitete Form kann sich aber nur dort ausbilden und erhalten, wo das Kind merkt, daß die Eltern vor seinen zunächst ganz absichtslosen Anfällen immer wieder zurückweichen.

Außer der Gemütserschütterung ist das auffallendste Merkmal des ursprünglichen Trotzes der Verlust des Kontaktes mit der Umgebung: Das Kind hört nicht mehr, was man ihm sagt, es sieht nicht, was man ihm zeigt, es ist unzugänglich in sich selbst zurückgeworfen, in schmerzliche Vereinsamung.

Auch die Verbindung mit dem, was das Kind eben noch wollte, geht verloren, auch wenn es gerade deshalb zum Trotzanfall kam. Das Kind ist aus der Bahn geworfen, sein Verhalten wird richtungslos und steht in keinem Verhältnis mehr zu seinen etwa durchkreuzten Absichten: Den Gegenstand, dessen Verlust die ganze Aufregung veranlaßte, stößt es jetzt von sich; es wirft das Spiel durcheinander, wegen dessen Unterbrechung es zu toben begann.

Wie kommt es nun zu diesen gefürchteten Szenen? – Erstens gibt es keinen Trotz aus heiterem Himmel, sondern nur, wenn ein äußerer Eingriff eine Absicht oder Erwartung des Kindes durchkreuzt und vereitelt; doch auch dann nicht immer: Wenn ein sachliches Hindernis die Absicht durchkreuzt, gibt das Kind einfach auf; wenn ein gleichaltriges Kind es stört, so wehrt es sich; nur wenn der Störenfried übermächtig ist, wie ein Erwachsener, kommt es zu Anfällen.

Nun greifen fortgesetzt Erwachsene in das Leben des Kindes ein, aber es denkt nicht daran, sich jedesmal darüber aufzuregen: Zum Beispiel führen Kinder, die eben nichts Bestimmtes vorhaben, in den ersten Lebensjahren alle möglichen Aufträge ohne Widerstand und voller Eifer aus, selbst wenn sie recht dicht aufeinander folgen.

Welches sind nun die typischen Lagen, in denen Trotzanfälle auftreten? – Das Kind will etwas tun – und wird daran gehindert. Es befindet sich in einer beliebten Beschäftigung oder Gesellschaft – und wird herausgerissen. Die Hausordnung, oder was es dafür hält, wird gebrochen: Der Platz am Tisch, der Teller, der Löffel, das Lätzchen, der Helfer beim Essen wird unvermutet geändert. Es hält etwas, was es gern hat, in der Hand – man nimmt es ihm weg. Es erwartet etwas Versprochenes – und es wird enttäuscht. Es bittet um etwas, auf das es ein Anrecht zu haben glaubt – und es wird ihm nicht gegeben. Es wird im Streit mit einem Gleichaltrigen durch das Eingreifen des Erwachsenen um seinen sicheren Sieg gebracht.

Da die Kinder auch während des sogenannten Trotzalters viele solche Eingriffe sich ohne Aufregung gefallen lassen, müssen offenbar noch innere Bedingungen dazu kommen. Hungrige und müde Kinder, auch solche, die eine Krankheit ausbrüten, trotzen bei viel geringeren Anlässen. Außerdem vermehrt jeder Trotzanfall für die unmittelbar anschließende Zeit die Anfälligkeit, so daß es manchmal zu ganzen Ketten von Trotzanfällen kommt. Der bedeutungsvollste Sachverhalt scheint aber die Wichtigkeit zu sein, die die unterbrochene Tätigkeit, der weggenommene Gegenstand, die enttäuchte Erwartung, die durchbrochene Regel für das Kind besitzt. Da wir aber davon nur sehr wenig Ahnung haben – denn wem ist schon wichtig genug, was im Inneren eines Kindes vor sich geht –, ist es kein Wunder, wie häufig wir von kindlichen Trotzanfällen unvermutet überrascht werden.

Wie geht nun so ein Trotzanfall zu Ende? – Meist dauert er ja nicht länger als eine bis drei Minuten. Manchmal löst er sich von selbst auf, einfach indem die dem Kinde widerwärtige Lage zu Ende geht, oder indem die vermeintliche Vereitelung seines Strebens oder die vermeintliche Enttäuschung seiner freudigen Erwartung – etwa bei überraschendem Händewaschen vor Tisch oder dem unerwarteten Hosenwechsel vor einer Ausfahrt – sich zum Trost des Kindes nur als kurze Unterbrechung herausstellt.

Manchmal gelingt es, das Kind noch auf ein anderes Ziel abzulenken, ehe es sich ganz verrannt hat. Wird dieser Augenblick versäumt, so gibt es nur zwei Möglichkeiten: Erste Möglichkeit: Der Erzieher setzt sich durch. Das ist ohne besondere Maßnahmen möglich. Man braucht weder das Geschrei des Kindes zu überbieten noch zu Mißhandlungen überzugehen, durch die man eine seelische Störung ohnehin nicht heilen kann. Man nehme das Kind nicht wichtig, lasse ihm etwas wenig Zeit, um sich zu beruhigen, und das Notwendige wird mit Festigkeit, Freundlichkeit und Ruhe durchgeführt. Etwas Geduld gehört zwar auch dazu, denn es kommt vor, daß das Kind hinterher noch ein paarmal versucht, auf weniger stürmische Weise doch noch zu seinem Ziel zu gelangen. Aber in der Regel geht das Kind selbst in kurzer Zeit zur Tagesordnung über.

Zweite Möglichkeit: Der Erzieher gibt nach und nimmt seine Forderung zurück. Dann hat er im Augenblick Ruhe, muß sie aber später hundertfach bezahlen. Freilich wird sich in der Öffentlichkeit, oder wenn Besuch da ist, das Nachgeben nicht immer vermeiden lassen. Aber man muß wissen, was man tut, und sollte lieber vorher überlegen, ob die beabsichtigte Forderung unbedingt nötig ist.

Trotzanfälle kommen während des ganzen Lebens vor. Auch die Wut des Vierzigjährigen, der seine Einrichtung zerschlägt, ist im Grund nichts anderes. Doch häufen sie sich bei den meisten Kindern in einem Zeitraum, der im Durchschnitt bald nach der Mitte des zweiten Lebensjahres einsetzt und am Ende des dritten oder etwas später wieder vorbei ist.

Wie kommt es zu dieser Häufung? Darüber gibt es viele Vermutungen.

1. Meistens ist ein Eingreifen der Mutter der Anlaß zum Trotzanfall; man meinte deshalb zum Beispiel, das Kind wolle in dieser Zeit von seiner Mutter Abstand nehmen; und man empfiehlt, sie möge ihm dabei behilflich sein, indem sie sich zurückzieht. In Wirklichkeit ist der Anlaß nicht die Mutter, sondern der Eingriff, ganz gleich, von wem er kommt. Nur ist aus einleuchtenden Gründen im allgemeinen am meisten die Mutter um das Kind und darum der häufigste Anlaß; daher die Täuschung. Tatsächlich sind die Nähe und Zärtlichkeit der Mutter und der Platz auf ihrem Schoß nie so wichtig wie während der Zeit gehäufter Trotzanfälle.

2. Man hat auch schon gesagt, im Totz äußere sich das Widerstreben des Kindes gegen die ihm auferlegte Ordnung des Zusammenlebens. Nichts ist falscher als das: Mit seinen Trotzanfällen verteidigt das Kind diese Ordnung nicht viel weniger oft, als es sich gegen sie auflehnt.

Auf verschiedene Weise hat man dann versucht, den Trotz des Kindes als Willensübung zu erklären. Eine Übung ist ein solcher Kurzschluß sicher nicht. Aber richtig ist, daß das Kind in diesem Alter mit Vornahmen, Absichten und Erwartungen beginnt, in die Zukunft zu schauen, wenn auch zunächst nur ein kleines Stück, und daß es für seine selbständiger werdenden Willensregungen einen Entfaltungsspielraum braucht. Die Gefahr schwerer Trotzanfälle ist um so größer, je genauer das Kind weiß, was es will. PLATTNER sagt geradezu, daß das Kind sich in der fraglichen Zeit diesen Spielraum ertrotze, ja ertrotzen müsse, wo er ihm aus Unverständnis nicht freiwillig angeboten wird.

Der Trotz ist ein Betriebsunfall. Und wie bei jedem Betriebsunfall ist die Verhütung wichtiger als die Beseitigung der Schäden, die schon eingetreten sind.

Da diese Art von Unfällen durch den Zusammenstoß des elterlichen und des kindlichen Willens ausgelöst wird, und da ihre Häufung auf einer erhöhten Dauerspannung im Inneren des Kindes beruht, ist zweierlei zu tun:

1. Man muß die seelische Dauerspannung vermindern: Man verzichtet unter anderem auf die Quälerei überflüssiger Dressuren von Verhaltensweisen wie der Reinlichkeit, die auch ohne unser Zutun erworben werden. Man vermeidet die Quälerei der Überfütterung, da ein halbwegs normales Kind, ehe es stirbt, von selbst hungrig wird. Ebenso vermeidet man die Quälerei verfrühter Tischsitten. Man mache sich allgemein klar, daß strenge Erziehung nicht aus pausenlosem Genörgel besteht.

2. Man muß die Zahl der einzelnen Zusammenstöße vermindern, indem man hält, was man verspricht, und auch die kleinen Besitztümer des Kindes achtet; indem man darauf verzichtet, achtlos herumzugebieten und häufiger, als unbedingt nötig, Gehorsam zu fordern; vor allem, indem man dem Kind den Entfaltungsspielraum freiwillig gibt und es so einrichtet, daß durch seine Übungen nicht der Haushalt ruiniert wird; so fallen unzählige Anlässe zu Verboten ganz von selber weg.

3. Viele Trotzanfälle lassen sich dadurch vermeiden, daß man dem Kind eine notwendige Unterbrechung seiner Tätigkeit vorher ausdrücklich ankündigt, so daß es sich innerlich darauf einstellen kann.

Ganz vermeiden lassen sich die Betriebsunfälle nicht. Aber derjenige wird am wenigsten darunter zu leiden haben, der sich nicht zu erhaben dünkt, dicht bei dem kleinen Seelchen zu bleiben, auf seinen Pulsschlag zu horschen, sein Leben mitzuleben und mitzufühlen, wie es fühlt. Gerade dann kann er auch, ohne zu schwanken, von ihm fordern, was nötig ist, und es so leiten, wie er es für recht erkannt hat.

26. Erziehung zum fruchtbaren Denken (1959)

1. Wesen und Bedeutung des fruchtbaren Denkens

1.1 Was ist fruchtbares Denken?

Den Begriff des fruchtbaren oder schöpferischen Denkens kann man nicht in einem kurzen Satz definieren oder auch nur erläutern.

Wir verstehen darunter ganz einfach ein Denken, *bei dem etwas herauskommt*, eine geistige Anstrengung, *die vorwärtsdringt und weiterführt*, an deren Ende man über einen gegebenen Bestand von Tatsachen oder Mitteilungen *etwas weiß, was man am Anfang nicht wußte*; also eine besondere Art inneren Suchens und Findens – im Gegensatz zu einem Denken, das nur feststellend und klassifizierend auf einem schon erreichten Stand verweilt, oder bei dem nur die zweckmäßigste Gruppierung und Reihenfolge *der Darstellung und Mitteilung* von etwas schon Bekanntem und Feststehendem erwogen wird (eine Aufgabe, die wir nicht gering achten, die Anstrengung kostet und die man gut und schlecht lösen kann, die aber, streng genommen, zu den Problemen des schöpferischen *Gestaltens* gehört).

Aber nicht alles innere Suchen und Finden kann man im strengen Sinn schöpferisch nennen. Wenn man in den Schatzkammern seines Gedächtnisses nach irgendwelchen Wissensbeständen, nach einem Faktum, einem Namen, einer Jahreszahl, einem Ausspruch oder auch nach einer für irgendeinen Zweck brauchbaren Formel oder Regel sucht, so kann das *im Zusammenhang* einer Denkaufgabe als Teil- oder Hilfsvorgang eine Rolle spielen. Sofern es aber nur zur Vermehrung *des Materials* führt, das im Augenblick verfügbar ist, werden wir darin nicht das eigentliche Fleisch und Blut fruchtbaren Denkens sehen.

Auch nicht jedes Lösen einer Aufgabe ist ein Beispiel fruchtbaren Denkens, selbst wenn sie so verwickelt ist wie die Berechnung einer Kubikwurzel. Und es ist immer dann kein Beispiel fruchtbaren Denkens, wenn die Lösung vermittels eines bekannten, vor Zeiten übernommenen und eingeübten Regel- und Formelwerks gefunden wird, auf dessen Zweckmäßigkeit und Brauchbarkeit wir uns blind verlassen, ohne jedes Mal nachzuprüfen, ja vielfach ohne daß wir die Fähigkeit und Möglichkeit haben nachzuprüfen, wieso diese Regel oder Formel zu dem gewünschten Ergebnis führt. Ein solches Vorgehen nach Verfahrensvorschriften und Denkschablonen, die im Augenblick unverstanden bleiben, ist wiederum als Teilvorgang innerhalb umfassenderer, echt schöpferischer Gedankengänge immer wieder von höchstem Nutzen. Aber es ist nicht selbst ein schöpferischer Vorgang.

Ja selbst das Finden einer Regel, eines immer wiederkehrenden Zusammenhangs, werden wir immer dann, wenn es nur auf Grund blinden Herumprobierens oder durch einen glücklichen Zufall „rein empirisch" oder „induktiv" zustandegekommen ist, nicht als Grundfall, sondern nur als Grenzfall schöpferischen Denkens bezeichnen dürfen, – wenn es auch vielfach *den Anlaß und Ausgangspunkt* echter Denkvorgänge bildet, in denen günstigenfalls die durch Probieren gefundene Regelmäßigkeit sich als Ausfluß einer inneren Notwendigkeit, also als echte Gesetzmäßigkeit erweist und das bloße Wissen um die Regelmäßigkeit, das Wissen, *daß* es sich so verhält, unterbaut wird durch die Einsicht in ihre Notwendigkeit, durch das Wissen, *warum* es sich so verhalten *muß* und sich nicht anders verhalten *kann*.

Das Neue, das uns das fruchtbare Denken vermittelt, sind nicht bisher unbekannte Einzeldaten oder auch Regeln – obwohl dies beides nebenbei mit abfallen kann –; es ist vielmehr, wie schon angedeutet, *das Verstehen* des zunächst Unverständlichen, *die Klärung* des zunächst Verworrenen, *die Erhellung* und das Durchsichtigwerden dessen, was zunächst dunkel und undurchsichtig war, die Auflösung scheinbarer Widersprüche, *die Einsicht* in die Ordnung und den inneren Zusammenhang dessen, was zunächst nur eine ungeordnete Vielheit von unzusammenhängenden, gegen einander beliebigen Einzeldaten zu sein schien – je nach den Umständen allerdings auch die Einsicht, daß scheinbar Zusammenhängendes in Wirklichkeit nichts miteinander zu tun hat, oder auch, daß die *wirklichen* Zusammenhänge ganz anderer Art sind als diejenigen, die uns bei oberflächlicher Betrachtung selbstverständlich schienen.

Schöpferisches oder fruchtbares Denken ist daher immer zugleich *einsichtiges* Denken. Der Kern einer Lehre vom schöpferischen Denken ist somit *die Lehre von der Einsicht* und, sofern sie, wie das zur Aufgabe einer Psychologie *für Erzieher* gehört, als Kunstlehre gefaßt wird, besteht sie wesentlich einerseits aus *der Lehre von den Verfahren der Vermittlung von Einsicht*, andererseits aus *der Lehre von den Verfahren der Feststellung gewonnener Einsicht*, ihrer Unterscheidung von einer bloß gedächtnismäßigen Aneignung. Einprägung und Wiedergabe von Formulierungen, deren eigentlicher Sinn es ist, als Ausdruck gewonnener Einsicht zu dienen.

Schöpferisches Denken ist endlich gleichzeitig dasselbe wie *ursprüngliches, lebendiges oder selbständiges Denken*, weil es zur Natur echter Einsicht gehört, daß sie nur in unmittelbarer, freier, persönlicher Auseinandersetzung mit der Sache gewonnen werden kann.

1.2. Die verschiedenen Begriffe des Denkens und der Gedanken und ihr gegenseitiges Verhältnis

Das Wort „Denken", wie es im Alltag und in der Wissenschaft gebräuchlich ist, bedeutet mindestens fünferlei:

1. Inhaltsärmster Begriff der Alltagssprache: „Ich habe *gedacht*, das wäre ein Becher; nun *sehe* ich, daß es zwei Gesichter sind; ... das wäre ein Trichter; jetzt sehe ich, daß es nur zwei exzentrische Kreise sind." Oder: „*Denke* einmal, diese vier Punkte wären die Enden eines schrägen Kreuzes, oder ... die Ecken eines Quadrats." Hier bedeutet „Denken" nichts als das Vorherrschen einer bestimmten *Auffassungsweise* eines unmittelbar Gegebenen, die sich entweder ungerufen einstellt oder vorsätzlich herbeigeführt wird.

2. „Ach, daran habe ich nicht gedacht!", sagt jemand, der aus der Stadt Briefmarken mitbringen sollte. Oder – als Frage an einen geistesabwesenden Schüler –: „Woran denkst Du eben?", und als Antwort etwa: „Ich muß immer an mein totes Schwesterchen denken." „Dabei kann ich mir nichts denken", sagt jemand, der ein neues Wort hört. Hier heißt „*an etwas* denken" nichts weiter als „*sich etwas vergegenwärtigen*". Es bedeutet, daß einem irgendein Sachverhalt (rechtzeitig) von selbst oder durch sprachliche Vermittlung *eingefallen* ist, oder daß man sich ihn absichtlich „*wachgerufen*" hat.

Hierzu gehört auch das Vorüberziehen und Vorüberziehenlassen von Vorstellungen, wie sie im „Assoziationsversuch" hinter der Folge der Äußerungen der Versuchsperson steht, wie auch, daß man mit ihnen beschäftigt, von ihnen erfüllt ist, bei ihnen verweilt.

3. Das *Lösen einer Aufgabe* vermittels eines „Denkgeräts", einer bewußten, überlieferten, gelernten, grundsätzlich im Augenblick der Verwendung nicht in Frage gestellten, sondern in gutem Glauben übernommenen Verfahrensvorschrift, Regel, Formel, – wofür die Mathematik unzählige Beispiele liefert; wir nennen es kurz *Regeldenken*.

4. Das Entdecken eines feststehenden (allgemeingültigen) Zusammenhangs durch fortgesetztes Aufstellen, Prüfen und Verwerfen von Vermutungen, solange, bis man eine Vermutung gefunden hat, die sich in einer genügenden Anzahl von Beispielen oder Proben ohne Ausnahme bestätigt: *das probierende oder induktive Denken*.

5. Das einsichtige, schöpferische oder fruchtbare Denken, das über die Feststellung, *daß* ein Zusammenhang besteht – bei welcher das induktive Denken an seinem Ziel ist –, hinausgeht und die Erkenntnis vermittelt, daß und warum dieser Zusammenhang *sachlich notwendig*, ein anderer also gar nicht möglich ist.

Je nach der Art des Denkens, die gerade gemeint ist, ändert sich auch die Bedeutung dessen, was man „einen Gedanken" nennt. Sie wechselt von den unbeabsichtigten und vorsätzlichen *Auffassungsweisen* (1) über das Sprachverständnis und die *Einfallsfolgen* im Assoziationsversuch und im Tagtraum (2) bis zu den *Operationen* des Werkzeugdenkens (3), den wechselnden *Vermutungen* des probierenden Denkens (4), bis zu der *Erleuchtung*, dem Aufgehen des Verständnisses, dem *Eindringen in den Sinn der Sache*, das den Wendepunkt alles einsichtigen Denkens darstellt (5).

Man beachte, daß demnach „ein Gedanke" einmal *eine innere Bedingung* des Wahrnehmens, einmal ein *Gegenstand*, einmal eine *Tätigkeit*, einmal ein *Vorgang* – der Übergang vom Zweifel zur Gewißheit – sein kann. Innerhalb des schöpferischen oder fruchtbaren Denkens tritt der Gedanke vorwiegend in der letzten Bedeutung auf.

Gegenstand unserer Überlegungen ist die fünfte Art. Doch treten in der Wirklichkeit des Lebens die fünf Arten des Denkens und der Gedanken in den mannigfaltigsten Verflechtungen auf: Auffassungsabsichten und Einstellungen ohne Vergegenwärtigungen und außerhalb jeder Aufgabe; Vergegenwärtigungen, aufgegeben oder nicht, desgleichen; Aufgabelösungen nach vorgegebenen Regeln und probierendes Feststellen von Zusammenhängen, beides unter Umständen ohne jede Einsicht; endlich einsichtige Lösung von Problemen mit und ohne induktive Vorbereitung; mit und ohne Hilfsoperationen nach bewährten Regeln, mit und ohne Vergegenwärtigung augenblicklich nicht greifbarer Sachverhalte, aber allerdings nie, ohne daß sich in der Auffassung der Sache ein grundlegender Wechsel vollzieht.

1.3 Das Denken und die Wirklichkeit

Alles Denkens ist ein Umgehen *mit Sachverhalten*, die uns gegeben und von uns unabhängig sind, – sofern es sich nicht gerade um den schwierigen Sonderfall handelt, daß wir über uns selbst oder gar über unser Denken nachdenken; wovon wir vorläufig absehen wollen. Wenn auch die Sachverhalte selbst *in ihrem Seinsbestand von uns unabhängig* sind, so ist es doch *nicht die Art, wie sie uns erscheinen*, wie sie uns gegeben sind. Diese ist notwendig zunächst einseitig, von der Vorgeschichte und dem Standort des Betrachters abhängig, daher stets mehr oder weniger lückenhaft, oberflächlich, vereinfacht; oder sie weicht sonst von dem Seinsbestand mehr oder weniger stark ab, steht vielfach zu ihm in grobem Widerspruch. Der Sinn alles fruchtbaren Denkens ist die Angleichung der Gegebenheitsweise des fraglichen Gegenstandes an seine Seinsweise in deren wesentlichen Zügen, und zwar in unmittelbarer Auseinandersetzung mit dem Gegebenen. Dabei ist es im Grund gleichgültig, ob die Sache *unmittelbar sinnlich* gegeben ist, wie bei zahlreichen einfachen technischen Aufgaben des täglichen Lebens, auch bei einfachen geometrischen Problemen – oder ob es sich um Sachverhalte handelt, die für eine unmittelbare sinnliche Wahrnehmung zu umfassend sind (wie etwa Probleme des menschlichen Zusammenlebens in modernen Großorganisationen), oder solche, die sich unserem unmittelbaren Zugriff entziehen (wie geschichtliche Zusammenhänge) und daher nur einer inneren, *vergegenwärtigenden* Anschauung zugänglich sind, nur vor das „geistige Auge" gestellt werden können. Im volkstümlichen Sprachgebrauch pflegt man als „Denken" nur den zweiten Fall zu bezeichnen, in welchem „Gedanken" in der gegenständlichen Bedeutung des Wortes eine Rolle spielen. Sofern es sich aber beim Denken um ein sinngemäßes Erfassen eines Sachverhalts, um die Einsicht in seinen inneren Aufbau und die bestehenden Zusammenhänge und Abhängigkeiten, um die Gewinnung der *sachlich geforderten* Auffassung handelt, ist es ohne entscheidende Bedeutung, ob diese sich, wie beispielsweise in Wolfgang KÖHLERS Intelligenzprüfungen an Menschenaffen (1921), unmittelbar auf einen greifbaren Gegenstand oder auf dessen Vorstellungsschema bezieht. Und das erste ist im täglichen Leben viel häufiger, als wir ahnen.

Alles Denken im strengeren Sinn dient einer sachgemäßen Orientierung in der Welt. Es ist, auch wenn es noch so oft so aussieht, im Grund und am Ende niemals Selbstzweck, sondern gewinnt seine eigentliche Rechtfertigung letztlich nur daraus, daß es uns dazu verhilft, uns mit dieser Welt im einzelnen und im allgemeinen sachgemäßer, erfolgreicher, oder, sagen wir lieber, in irgendeinem Sinn befriedigender auseinanderzusetzen, mit dem Aufgaben, die uns das Leben darin stellt, fertig zu werden, – vom zweckmäßigen Einschlagen eines Nagels bis zur schwierigsten politischen Entscheidung, von der Wahl des rechten Berufs bis zur Formulierung eines Staatsgrundsatzes, von der Behandlung eines widerspenstigen Kindes bis zur Auseinandersetzung mit persönlicher Schuld und den Unbegreiflichkeiten des Schicksals.

Denken in dem angedeuteten Sinne, als eine Art des Umgangs mit der Welt, setzt als solches schon eine bestimmte Art von Welt voraus, worauf Max WERTHEIMER in seinen Vorlesungen immer wieder hingewiesen hat: In einer Welt ohne wiederkehrende Geschehenskoppelungen wäre kein *probierendes* Denken, keine Induktion möglich. In einer völlig ungestalteten Welt, in einer Welt ohne in sich geordnete Gebilde und Sinnzusammenhänge wäre kein *einsichtiges* Denken möglich. In einer völlig chaotischen Welt wäre *alles* Nachdenken, welcher Art auch immer, umsonst. Echtes Denken ist nie eine „Sinngebung des (an sich) Sinnlosen", wie es gelegentlich behauptet wird, sondern – sofern es nicht in die Irre geht – immer *das Finden eines an sich vorhandenen Sinnes* (WERTHEIMER 1931).

Selbst beim Erfinden ist das nur scheinbar anders: Denn wenn der (neue) Sinn, d. h. die neue Funktion, die ich dabei einem Gegenstand „verleihe", *nicht in ihm angelegt ist*, so funktioniert meine Erfindung nicht. Auch beim Erfinden entscheidet die vom denkenden Geist unabhängige Wirklichkeit, ob sie die neue Sinngebung durch den Menschen zuläßt und sie von ihm annimmt.*

---

* Die These KANTS, daß es ein solches, vom menschlichen Geist unabhängiges und ihm gleichwohl irgendwie erreichbares Wirkliches im Grunde nicht gebe, wird hier nicht erörtert.

1.4 Sinn und Bildungswert des einsichtigen Denkens

Für die meisten Probleme, die im Leben auftreten, von den unscheinbarsten bis zu den umfassendsten, gibt es keine Auflösungsregeln von der Art, wie sie in der Mathematik einen so breiten Raum einnehmen und in der technischen Konstruktion unentbehrlich sind. Sie können nur in unmittelbarer persönlicher Auseinandersetzung mit der Sache, also nur einsichtig gelöst werden. Für viele davon ist freilich keine besondere Schulung des einsichtigen Denkens erforderlich, und die Menschheit hat sich ohne diese recht und schlecht durch die Jahrtausende hindurchgeschlagen und es, wie auch derjenige zugeben muß, den nicht alles, was sich Fortschritt nennt, in blinde Begeisterung versetzt, in mancher Beziehung doch recht weit gebracht. Trotzdem ist die Erziehung zum selbständigen Denken in unserer gegenwärtigen Lage mit zur vordringlichsten Aufgabe unseres gesamten Schulwesens geworden, und zwar noch mehr infolge unserer Staatskonstruktion als infolge der industriellen Umwälzung, deren Zeugen wir sind.

Daß die Arbeit in einem voll automatischen Industriebetrieb mehr geistige Wendigkeit und Selbsttätigkeit erfordert als die Arbeit am Fließband, ist wohl klar, berührt aber die Aufgabe der höheren Schule nicht unmittelbar.

Schon mehr berührt es sie, daß das fortgesetzte Steigen der Löhne infolge der Fortschritte der Massenfertigung in absehbarer Zeit alle Einzelarbeit unerschwinglich machen und daher jeden Einzelnen zu einer Vielseitigkeit in praktischen Dingen zwingen wird, wie wir sie seit den Anfängen der Arbeitsteilung für immer überwunden glaubten.

Entscheidend sind aber die Forderungen unserer *politischen* Lage. Die Probleme des menschlichen Zusammenlebens und des Fortbestandes derjenigen Teilgruppen des Menschengeschlechts, denen wir selber angehören, sind in den letzten Jahrhunderten nicht einfacher geworden.

Beschränken wir uns auf die politischen Probleme im engeren Sinn, so sehen wir zur Zeit die totalitäre und die demokratische Staatsform um die Vorherrschaft kämpfen.

Wir leben zur Zeit in einer Demokratie, das heißt in einer Staatsform, die *ihrem Prinzip nach* nur möglich ist als verantwortlich zusammenarbeitende Gemeinschaft freier, selbständig denkender und urteilender Menschen: Menschen, die unter anderem fähig sind, zu unterscheiden zwischen Fragen, in denen sie sachverständig sind, und solchen, von denen sie nichts verstehen; die zwischen einer sachlichen Begründung und einem bloßen Appell an das Gefühl zu unterscheiden wissen; die fest sind gegen jede Art von Schlagwörtern und Phrasen; die eine von einer Autorität unverstanden übernommene Behauptung nicht mit einer wohlbegründeten Einsicht, eine dogmatische Meinung nicht mit der Gewißheit echter eigener Erkenntnis verwechseln; die sich darüber klar sind, daß auch das Einleuchtendste noch der Prüfung und Bestätigung bedarf, um als wahr zu gelten; die fähig sind, ein sachliches Argument als solches zu

---

Auch wenn das so ist, ändert sich nichts an der empirischen Tatsache, daß der denkende Geist, sofern er erkennen und nicht dichten will, sich nach der Natur seiner Gegenstände richten muß, und nicht die Natur der Gegenstände nach sich selbst zu richten vermag.

Wenn unter Sinngebung nichts weiter als Klassifikation und Benennung verstanden wird, so ist der menschliche Geist darin verhältnismäßig frei; aber diese Art der „Sinngebung" steht hier nicht zur Erörterung.

werten und anzunehmen, auch wenn es ihnen nicht paßt oder aus mißliebigem Munde kommt; die vor dem Einzelnen das Ganze nicht aus dem Auge verlieren, sondern jenes an seinem Platz, mit dem ihm zukommenden Gewicht und in seiner Bedeutung für das Ganze zu sehen vermögen; die infolgedessen auch fähig sind, als Mitglieder von Ausschüssen, Gerichtshöfen, Arbeitsgemeinschaften aller Art ihre persönlichen Wünsche und Vorurteile und die Parolen ihres Verbands zurückzustellen oder im Licht der Lage immer wieder neu auf ihre Notwendigkeit und Berechtigung zu überprüfen; jedenfalls aber das jeweils sachlich Geforderte zu erkennen und zu erstreben; die dort, wo sie die Möglichkeit zu eigener Einsicht haben, auch den Mut besitzen, ihren Kopf zu gebrauchen, und bereit sind, sich unmittelbar mit den Tatsachen auseinanderzusetzen, ohne bei jedem Zweifel ängstlich nach dem Spruch irgendeiner Autorität, und sei es nur die der öffentlichen Meinung, umzuschauen; die im Gegenteil darüber hinaus es wagen, dort, wo sie selbst sachverständig sind, auch die Aussprüche der Autoritäten und die Lieblingsgedanken der Zeit an den Tatsachen zu messen.

Das gesunde, lebendige Gewebe des Organismus einer Demokratie besteht aus denjenigen ihrer Bürger, die in solcher Weise zu selbständigem Denken fähig und bereit sind. Und ob dieser Organismus überhaupt lebensfähig bleibt, hängt durchaus von dem Anteil dieses gesunden Gewebes am Ganzen ab. Je größer er ist, umso besser. Die Pflege und Förderung der geistigen Fähigkeiten, der geistigen Selbständigkeit, der Unabhängigkeit des Urteils von innerem Drang und äußerem Druck, der Kritikfähigkeit, des Mutes, Probleme anzugreifen, der Bereitschaft, sich von Tatsachen belehren zu lassen, der Freude am selbständigen Bewältigen von Problemen, ist darum eines der, wenn nicht *das* Grundanliegen aller Erziehung in einem demokratischen System des Zusammenlebens.

Aber leider haben wir die praktischen Folgerungen aus dieser Erkenntnis noch längst nicht ebenso gezogen, wie die totalitären Systeme es aus *ihren* Grundsätzen getan haben. Das hängt freilich nicht *nur* mit der mangelnden Entschlossenheit zusammen, das als richtig Erkannte nun auch ins Werk zu setzen, sondern vor allem auch damit, daß die Voraussetzungen der Erziehung zum selbständigen Denken erst in allerletzter Zeit geklärt werden konnten und die daraus folgenden Verfahren erst zu einem kleinen Teil erarbeitet sind, während es sich bei den Verfahren der Dressur um seit Jahrhunderten bekannte und geübte und seit vielen Jahrzehnten aufs gründlichste erforschte Dinge handelt.

1.5 Zur Geschichte der Lehre vom schöpferischen Denken

Über das *probierende* Denken, über das Lernen durch trial und error oder aus Erfolg und Mißerfolg, gibt es seit der grundlegenden Untersuchung von THORNDIKE (1911) eine Fülle von Untersuchungen und zusammenfassenden Darstellungen (z. B. HILGARD, 1956[2]). Das Denken *nach Regeln* hat seine umfassendste Darstellung wohl durch Otto SELZ (1913 u. 1923, vgl. BENARY 1923) gefunden. Auf die – recht kurze – Geschichte der Lehre vom *schöpferischen* Denken sei etwas ausführlicher eingegangen.

Von den Hinweisen auf die besondere Natur schöpferischen Denkens, die sich (u. a. unter den Titeln Aperçu, Evidenz, Idee, Intuition, Inspiration) da und dort in den Werken der Dichter und Denker finden, seien außer den von COPEI (1955[3]) angeführten Aussprüchen GOETHES als Beispiel aus der 5. Vorlesung über „Die Grundzüge des gegenwärtigen Zeitalters" von J. G. FICHTE (1806) seine Ausführungen über die Idee genannt, in denen er den positiven „Witz" als die Darstellung der „aufgegebenen Idee in ihrer unmittelbaren Anschaulichkeit" der Mitteilung „derselben Wahrheit in einer Kette des bündigen Resonnements" gegenübergestellt.

Es folgt in A. SCHOPENHAUERS Dissertation „Über die vierfache Wurzel des Satzes vom zureichenden Grunde" von 1813 (^{2}1847) im 6. Kapitel über den „Seinsgrund" die Gegenüberstellung des anschaulichen Beweises, der Vermittlung von „Einsicht in den Grund des Seins, die, wie jede Einsicht, befriedigt und erfreut", und des „Mausefallenbeweises", der bloßen „Überführung", die „gewöhnlich ein unangenehmes Gefühl hinterläßt, wie es der bemerkte Mangel an Einsicht überall gibt", und die er, obwohl er ihre logische Korrektheit zugibt, mit einem Taschenspielertrick vergleicht. Er hebt das einsichtige von dem logisch korrekten, aber auf Einsicht verzichtenden Denken klar ab: „Durch Erkenntnis des Seinsgrundes *sieht man die notwendige Folge des Bedingten aus seiner Bedingung* ... durch den Erkenntnisgrund aber bloß das Zusammendasein beider."

Der nächste Schritt ist die Gegenüberstellung des Regeldenkens und des einsichtigen Denkens durch C. VON CLAUSEWITZ in seinem Buch „Vom Kriege" (1933), das zwischen 1818 und 1830 entstanden ist. Er spricht dort von den Regeln als „Wahrheitsapparaten" und „Instrumenten des Geistes" und erläutert seine Auffassung wohl am deutlichsten in § 46 des 2. Kapitels: „Wir haben jetzt noch einer Bedingung zu gedenken, welche für das Wissen der Kriegführung dringender ist als für irgend ein anderes: daß es nämlich ganz in den Geist übergehen und fast ganz aufhören muß, etwas Objektives zu sein. Fast in allen anderen Künsten und Tätigkeiten des Lebens kann der Handelnde von Wahrheiten Gebrauch machen, die er nur einmal kennen gelernt hat, in deren Geist und Sinn er nicht mehr lebt, und die er aus verstaubten Büchern hervorzieht. Selbst Wahrheiten, die er täglich unter Händen hat und gebraucht, können etwas ganz außer ihm Befindliches bleiben. Wenn der Baumeister die Feder zur Hand nimmt, um die Stärke eines Widerlagers durch einen verwickelten Kalkül zu bestimmen, so ist die als Resultat gefundene Wahrheit keine Äußerung seines eigenen Geistes. Er hat sich die Daten erst mit Mühe heraussuchen müssen und diese dann einer Verstandesoperation überlassen, deren Gesetz er nicht erfunden hat, und *deren Notwendigkeit er sich zum Teil in dem Augenblick nicht bewußt ist,* sondern die er großenteils wie durch mechanische Handgriffe anwendet. So ist es aber im Kriege nie. ..." Da dort die Bedingungen großenteils geistiger Natur, stets ungewiß und nie genügend überschaubar sind, außerdem ständig wechseln, und da vor allem jede Handlung sofort auf den Handelnden zurückwirkt, kann die Theorie dem Feldherrn „keine Formeln zur Auflösung der Aufgaben mitgeben, sie kann seinen Weg nicht auf eine schmale Linie der Notwendigkeit einschränken durch Grundsätze, die sie" – wie Zäune – „auf beiden Seiten aufstellt".

Seine Beschreibung des *einsichtigen* Denkens ist leider nicht ganz so deutlich. Immerhin spricht er vom „natürlichen, freien (auch klaren) Blick des Geistes", der die Masse der Gegenstände und ihre Verhältnisse beleuchtet, der das Wichtige vom Unwichtigen sondert, bei dem „sich die Vorstellungen *von selbst* zu einem Kern der Wahrheit zusammenfinden", und aus dem Gesamteindruck, „mehr wie ein Produkt des Gefühls als des Denkens, das Bewußtsein des Wahren und Rechten, wie eines einzelnen klaren Gedankens, hervorgeht". – Hier treten, wenn auch in einer vorläufigen und noch unverbindlichen Form, doch einige der bedeutendsten Merkmale echten einsichtigen Denkens auf. Vor allem ist auch die von W. KÖHLER (1925) in aller Schärfe erarbeitete Unterscheidung der mechanisch (durch Zwangsvorrichtungen) gesicherten und der dynamisch – ohne Einschränkung der Freiheitsgrade – durch freies Kräftespiel erfolgenden Ziel-Erreichung in ihrer Anwendung auf das Problem des Denkens schon unverkennbar vorweggenommen.

Dann folgt eine lange Pause, während welcher es den Bemühungen hervorragender Lehrer da und dort gelingt, das einsichtige Denken in der Schulklasse zu pflegen und zu fördern. Von erfreulicher Klarheit und Sicherheit des Standpunkts ist Rudolf HILDEBRAND in seiner 1865 entstandenen Schrift über den deutschen Sprachunterricht; darin (S. 55) u. a. die Bemerkung: „Das Denken ist ja nichts als ein Sehen auf höherer Stufe." Aber von einer *theoretischen* Bewältigung oder auch einer Fortentwicklung des Problems kann trotz aller Bemühungen (u. a. 1879) keine Rede sein.

Die experimentelle Psychologie bemächtigte sich des Problems und legte den Grund zu seiner Lösung in den „Intelligenzprüfungen an Menschenaffen" von Wolfgang KÖHLER (1917[1], 1921[2]). Den Ausgangspunkt bildete die seit THORNDIKES grundlegenden Versuchen allgemein anerkannte Annahme, daß Aufgaben, für die noch keine Lösungsregeln bekannt sind, nur durch Probieren (trial und error) und durch das Festhalten an zufällig erfolgreich gewesenen Verhaltensweisen bewältigt werden können, und daß dies zugleich das einzige Verfahren sei, um überhaupt zu Reglen zu gelangen. Es gelang nun KÖHLER, in scharfsinnigen qualitativen Versuchen von der Aufgabelösung durch Probieren und Zufallserfolge klar eine andere Art der Aufgabelösung abzuheben, die offenbar aus dem unmittelbaren Überblick über die Lage, aus der Einsicht in ihre Struktur, hervorgeht. Tierversuche liefern nur objektive Merkmale; von diesen seien aus KÖHLERS Untersuchungen die folgenden genannt:

1. Die Lösung einer *neuen* Aufgabe beim ersten Versuch, ohne vorausgehendes Probieren;
2. die sich unmittelbar daran anschließende Folge weiterer fehlerfreier Lösungen, durch die die *erste* Lösung sich als nicht zufallsbedingt erweist;
3. das zügige, sichtlich schon vom Ausgangspunkt an „im Hinblick auf" den Gesamtverlauf erfolgende Vorgehen;
4. als wichtigste: die *Transponierbarkeit* der Lösung, d. h. die *sinngemäße* Variation des Lösungsweges und der Lösungsmittel bei Variation der Umstände: das Erreichen des Zieles auf einem *nicht so* gelernten Weg, mit vorher *nicht so* angesetzten oder *mit anderen* als den vorher benutzten Mitteln, woraus unmittelbar die Erfassung des *Funktionswertes* der verwendeten Mittel und Wege im Rahmen der Aufgabe erschlossen werden kann. – Als Nebenmerkmale finden sich: das Zurücktreten und das Umherschauen, das offensichtlich der genaueren Musterung der Gesamtlage dient, und das Aufleuchten des Gesichts kurz vor dem Übergang zur sinngemäßen Lösung (vgl. KOFFKA 1921).

Bis heute wird von Vertretern der Trial-and-error-Theorie das grundlegend Andersartige an dem Verhalten der Menschenaffen in KÖHLERS Versuchen bestritten. Man versucht, es in den alten Ansatz einzubauen durch die Behauptung, das altbekannte „äußere" Probieren an den Gegenständen selbst sei hier durch ein „inneres" Probieren abgelöst, bei welchem die beabsichtigten Handlungen nur „in der Vorstellung" durchgeführt würden. Das entscheidende Gegenargument gegen diese Umdeutung seiner Befunde ist nach KÖHLER (1933): daß in der Vorstellung nichts unmöglich ist, also in ihr der Unterschied zwischen einem sachgemäßen und einem sachwidrigen Verhalten nur dann zu einer Auslese des ersteren führen kann, wenn die Struktur der Lage – richtig – in die Vorstellung übernommen, mit anderen Worten, *wenn schon Einsicht gewonnen*, d. h. genau das geschehen ist, was KÖHLER als das entscheidend Neue aus seinen Beobachtungen gefolgert hat.

In Max WERTHEIMERs höchst erregender Untersuchung „Über Schlußprozesse im produktiven Denken" (1920) wird am modus barbara der traditionellen Logik der Unterschied des *weiterführenden* von dem nur *registrierenden* Schluß darin gefunden, daß der Mittelbegriff M_1 in einem der beiden Vordersätze erst geändert, umstrukturiert, unter Umständen umzentriert, umgegliedert, oft bereichert, verbessert, vertieft werden muß, um mit dem Mittelbegriff M_2 des anderen Vordersatzes *als identisch erkennbar zu werden*.

Im Jahr 1929 folgt Joh. WITTMANNS Unterrichtslehre für die Grundschule 1933[2], aus der vor allem das Kapitel „Zwang und Freiheit in Unterricht und Erziehung" theoretisch bemerkenswert ist. Offenbar ohne VON CLAUSEWITZ zu kennen, schildert er dort überzeugend, wie auch die methodische Regel aus einer unverstanden befolgten Vorschrift in eine freie und selbstverständliche Antwort des Lehrers auf die augenblicklichen Bedingungen übergehen kann.

Unter dem Eindruck der Vorlesungen über das Denken, die Max WERTHEIMER während der zwanziger Jahre in Berlin regelmäßig abhielt, entstanden zwei bemerkenswerte weitere Arbeiten:
1) Friedrich COPEI, Der fruchtbare Moment im Bildungsprozeß (1930),
2) Karl DUNCKER, Zur Psychologie des produktiven Denkens (1935).

COPEIS, aus E. SPRANGERS Seminar hervorgegangene Abhandlung (die sich, WERTHEIMERS Gedanken selbständig weiterführend, auch mit dem künstlerischen Schaffen und Aufnehmen, mit der sittlichen Entscheidung und mit dem Erwachen aus religiöser Gleichgültigkeit befaßt) schildert überzeugend die Zweipoligkeit aller schöpferischen Denkvorgänge: die eigenartige Verschränkung, das Zusammenwirken einer ausgesprochenen *Tätigkeit des Denkenden*, in der dieser, aus der Fragehaltung vorwärtsdringend, nach Wegen zur Lösung *sucht*, allerlei Vermutungen aufstellt und prüft und gegen alle Widerstände sich in Richtung auf die Lösung durchzusetzen trachtet, – mit dem „*Gesetz der Sache*", nach welchem die Fülle des Einzelnen sich „wie von selbst" ordnet und gliedert, in leidenschaftlicher „vorwärtstreibender und Richtung gebender" *Eigenbewegung* der Sache selbst (WERTHEIMER, 1957, u. a. S. 134ff., 173ff., 180ff.), bisweilen ganz ohne unser Zutun. Ebenfalls völlig im Sinne WERTHEIMERS die Skepsis gegenüber dem blinden Probieren und dem „glücklichen Zufall" (WERTHEIMER 1957, S. 211, 217f.). Treffend und bedeutsam ist die aus den Selbstschilderungen großer Denker der verschiedensten Anlage und Arbeitsrichtung (GOETHE, HELMHOLTZ, GAUSS, Robert MAYER) herausgehobene Unterscheidung der Hauptphasen jedes umfassenderen schöpferischen Vorganges*:

1) Die Erschütterung von etwas bisher Selbstverständlichem (WERTHEIMER sagte in seiner Vorlesung: das Fragwürdigwerden des Alltäglichen), das zur Unruhe des Zweifelns und Fragens führt (WERTHEIMER 1957, S. 201: EINSTEIN).
2) Das aktive Grübeln über dem Problem, das einen nicht mehr losläßt; die Bemühung, die Lage zu klären, in die Fülle der Tatbestände Ordnung und Übersicht zu bringen, ergänzende neue Tatsachen beizubringen, die Frage zu verschärfen und zu differenzieren.

---

* Ein weiteres Beispiel – wieder aus einem anderen Bereich – überliefert Karl GROOS in seiner Abhandlung „Über wissenschaftliche Einfälle" (1924, S. 11) aus Aufzeichnungen des Fürsten METTERNICH; man denke ferner an den Traum des Chemikers KÉKULÉ, in dem er, auf der verzweifelten Suche nach der Benzolformel, *im Traum* die Kohlenstoffatome Ringelreihen tanzen sah, ferner WERTHEIMER (1957, S. 173 und 181).

Über die verschiedenen „heuristischen Methoden", die in dieser Phase Anwendung finden: Verschärfung der Frage oder Aufgabe, Klärung der Lage, Heraushebung der eigentlichen Schwierigkeit, Überprüfung der verfügbaren Mittel und Ausscheidung der ungeeigneten, handelt ausführlicher Karl Duncker in seiner vielseitigen und höchst anregenden Untersuchung (1935, S. 24–28, 48–55).

3) Der Höhepunkt des ganzen Geschehens im „furchtbaren Moment" der Erleuchtung, in dem die Lösung aufblitzt, freilich keineswegs immer schon durchgestaltet (vgl. Wertheimer 1957, S. 171, 173f.), sondern oft mehr als Richtung gebende Macht, als „Kristallisationspunkt" für die Fülle der Tatsachen (vgl. dazu Wertheimer 1957, S. 134–143).

4) Das Auskristallisieren des zunächst meist mehr oder weniger vagen Einfalls, in dem die Fülle des Mannigfaltigen, das Gegenstand der Untersuchung war, sich in einem tastenden Hin und Her zwischen dem Ganzen und dem Einzelnen (Wertheimer 1957, S. 229 f.) unter der Einheit der gewonnenen Einsicht ordnet und solcherart aus der „Konzeption" erst eine „ausgewachsene, fertige Erkenntnis" hervorgeht (vgl. dazu Wertheimer 1957, S. 172–184). Dabei wird die neu gewonnene Erkenntnis zugleich dem übrigen „Erfahrungsbestand konfrontiert" und dadurch verifiziert und eingeordnet, kann aber u. U. als eine Art Sauerteig zu einem völlig neuen Verständnis dieses Erfahrungsbestandes führen (vgl. dazu Wertheimer 1957, die Kapitel über Gailiei und Einstein, S. 185–218). Andererseits aber kann, wenn die Verifikation nicht geradezu mißlingt und die Erleuchtung sich als Irrlicht erweist, beim Auftreten neuer Schwierigkeiten, Widersprüche, sich nicht fügender Tatsachen, der ganze beschriebene Vorgang mit allen seinen Stadien immer wieder aufs neue beginnen.

Treffend ist der Hinweis darauf, daß die zweite und vierte Phase, die Klärung und die Sicherung, vorwiegend aktive Phasen des „Operierens", der Anstrengung und des ernsten Bemühens sind, während für die dritte Phase die passive, abwartende, empfangende Haltung kennzeichnend ist, insofern sich hier die entscheidenden Vorgänge an der Sache „von selbst" vollziehen.

Gut gesehen ist die „Kluft zwischen Suchen und Finden", die *Unmöglichkeit*, die fruchtbare Wendung, die zur Lösung führt, durch irgendeine Methode *zu erzwingen*, in der Art, wie beim Lösen einer mathematischen Aufgabe nach einem bekannten Verfahren das Ergebnis völlig planmäßig herbeigeführt wird und, falls man nur korrekt verfährt, gar nicht ausbleiben kann (vgl. auch Wertheimer 1957, S. 173, 180 ff.).

Ebenso die Tatsache, daß das unerläßliche hartnäckige Bemühen und Bohren, das immer qualvollere Suchen der zweiten Phase (vgl. Wertheimer 1957, S. 181, 200) zuletzt sich selbst zum Hindernis wird und die noch keimhafte Einsicht typischerweise in einem Augenblick der Entspannung, des Sichfallenlassens, im Schlaf, beim Erwachen, auf einem Spaziergang emporschießt. Zur ganzen Phasendarstellung vergleiche man das eindrucksvolle Beispiel von der Winkelsumme im Vieleck bei Wertheimer (1957, S. 172–184).

Von Wertheimer inzwischen eingehend erhärtet ist die These, daß durch das ganze Geschehen, vom Auftauchen des ersten Zweifels und Fragens, vom ersten dunklen Ahnen, welches das Suchen leitet, über das Aufdämmern der Einsicht bis zur letzten Klärung und Festigung trotz aller Stockungen, Irrwege und Wechselfälle *ein* großer Zug, ein Vorwärtsdringen geht: daß es ein großer, in sich zusammenhängender und gerichteter Vorgang ist (vgl. Wertheimer 1957, u. a. S. 142 f., 184, 191, 212 Fußnote 7, 213).

Den vorläufigen Höhepunkt und Abschluß dieser Reihe bildet Max WERTHEIMERS schon mehrfach erwähntes nachgelassenes Werk „*Productive Thinking*" (1945), deutsch 1957 als „*Produktives Denken*". Obwohl nur als Einführung zu zwei weiteren Büchern gedacht, verhält es sich zu COPEIS Schrift wie die ausgereifte Erkenntnis zum Aperçu, wie das Gemälde zur Skizze. WERTHEIMER belegt und verschärft an Hand einer Reihe von Fallberichten – von der einfachsten geometrischen Schulaufgabe bis zur umwälzendsten Entdeckung – bis in alle Einzelheiten, was COPEI nur in Form von allgemeinen Thesen vorbringt. Er führt zugleich wesentlich darüber hinaus. Vor allem gibt er eine umfassende Analyse dessen, was sich bei der sogenannten Erleuchtung an dem Gegenstand des Nachdenkens *tatsächlich vollzieht*, und was vor seinen Untersuchungen so gut wie allgemein als eine Art Mysterium, ein begrifflich nicht faßbares Wunder angesehen wurde. Er weist an Hand scharfsinnig erdachter Beispiele nach, daß die Natur der Gewinnung von Einsicht weder mit den Mitteln der traditionellen Logik noch mit denen der psychologischen Erfahrungstheorien erfaßt werden kann. Er gibt (im 1. Kapitel) eine klare und umfassende vergleichende Analyse des anschaulichen und des Mausefallenbeweises. Und er entwickelt ein Verfahren, vermittels dessen objektiv festgestellt werden kann, ob ein Lehrsatz, ein Beweis u. dgl. wirklich verstanden oder ob nur sein Wortlaut eingeprägt ist (S. 20 f., 93 ff., 113 ff.).

1.6 Das geheimnisvolle Geschehen im fruchtbaren Augenblick – am Beispiel erläutert

Allgemein gehaltene Darstellungen wie die von COPEI können den Eindruck erwecken, als handle es sich beim einsichtigen Denken ausnahmslos um langwierige und weitschichtige Vorgänge voller Tücken und Schwierigkeiten, vergeblicher Mühen und unvorhergesehener Überraschungen – wie es bei der Bearbeitung schwieriger wissenschaftlicher Probleme tatsächlich der Fall ist.

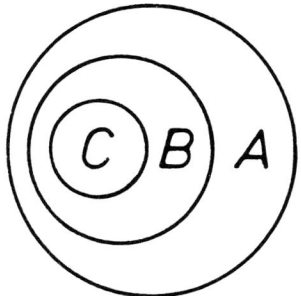

Es gibt aber auch Einsichten, die so einfach sind, daß es einem durchschnittlich begabten Menschen *gar nicht möglich ist, sich ihnen zu entziehen*. Von dieser Art von Einsichten wird im sogenannten diskursiven Denken bei jedem Schritt Gebrauch gemacht. Niemand kann sich der Tatsache verschließen, daß, wenn B das Gebiet C einschließt und selbst vom Gebiet A eingeschlossen ist, A auch C einschließt. Man braucht sich das nur anzusehen, und man erkennt, das es gar nicht anders sein kann. Ähnlich verhält es sich mit den allgemeinsten mathematischen Sätzen, wie: Aus A gleich B und B gleich C folgt: A gleich C; oder: aus A größer als B und B größer als C folgt: A ist größer als C; oder: gleiche Operationen an gleichen Größen vorgenommen, haben gleiche Ergebnisse (vgl. auch DUNCKER 1935, S. 55–74). Wer diese einfachsten Zusammenhänge nicht einsieht, wer sie nicht als zwingend empfindet, kann eben nicht mitreden.

Zwischen diesen einfachsten, gewissermaßen unentrinnbaren Einsichten und den erst nach langwieriger Vorarbeit und wechselvollen Bemühungen mehr oder weniger unversehens sich einstellenden großen Entdeckungen überragender Geister (vgl. WERTHEIMER 1957, S. 185–218, auch S. 134 ff. und S. 172 ff.) gibt es den weiten Bereich von Einsichten mittleren Schwierigkeitsgrades, die zwar nicht einfach ins Auge springen, bei denen einem aber, genügende Begabung vorausgesetzt, sobald man die Situation eingehender ins Auge faßt, oder mindestens sobald geeignete Hinweise oder Anstöße gegeben werden, sogleich, ohne langwierige Reifungspause, „das Licht aufgeht", und zwar von vornherein in aller Klarheit, so daß auch keine umständliche nachträgliche Sicherungsarbeit mehr nötig ist (vgl. WERTHEIMER 1957, Kap. I–III).

Um das Erlebnis einer solchen Erleuchtung kleineren Ausmaßes zu vermitteln, stelle ich seit über 20 Jahren in der Vorlesung über das Denken den Hörern die Frage: „Wer weiß noch, wie man durch Brüche dividiert?" – Das Verfahren, in den ersten Jahren der Oberschule angeeignet, gehört zu den Restbeständen des Schulunterrichts, die die Reifeprüfung zu überdauern pflegen. Auf die obige Frage melden sich so gut wie alle, und Stichproben bestätigen, daß es keine Selbsttäuschung ist; man weiß wirklich noch, wie man es macht: Man vertauscht im Divisor Zähler und Nenner und multipliziert. – Nun kommt die zweite Frage: *Warum* geht man so vor? Warum *dreht* man gerade *um?* – warum gerade den *Divisor?* – warum *addiert* man nicht? Alles schweigt betreten. Nur ein Nichtmathematiker war in dieser ganzen Zeit fähig, den Sinn der Regel klar und überzeugend zu begründen. Sonst hatten sich alle damit abgefunden, als lebende Rechenmaschinen im Bedarfsfall auch die Teilung durch Brüche richtig durchführen zu können, und begnügten sich mit dem Hinweis auf die Autorität des Lehrers oder des Rechenbuches. Die Aufforderung, noch einmal von vorne anzufangen, so als ob die Regel eben erst gefunden werden müsse, führte nicht weit. Die Neigung, aufzugeben, schon bevor man angefangen hat, die verzagte Einstellung „so etwas kann ich nicht", „zur Mathematik habe ich überhaupt nie ein rechtes Verhältnis gehabt", erwies sich als erschreckend verbreitet. Aber auch wo man versuchte, das Problem anzupacken, war die Versuchung groß, sich mit verschwommenen Analogien anstelle von zwingenden Ableitungen zu begnügen. Meist ging die Überlegung etwa so vor: Was es bedeutet, einen Apfel in 8 oder 4 Teile zu zerschneiden, ist klar; in zwei Teile auch noch, ja sogar in „einen Teil": man läßt ihn einfach ganz. Aber was kann es heißen, man soll ihn in eine *Anzahl* von Teilen zerschneiden, die *kleiner als eins ist?* So etwas gibt es gar nicht: es ist ein Widerspruch in sich, ebenso wie es ein Widerspruch ist, daß jeder der Teile, die dabei herauskommen, größer als das Ganze sein soll! Es bestand die Neigung, diese Regel als eine Art willkürlich festgesetzte Spielregel zu betrachten, ähnlich den Regeln über imaginäre Zahlen, etwa durch folgenden Gedankengang: Vier ist kleiner als acht, aber Viertel sind größer als Achtel, Halbe größer als Viertel: je kleiner der Teiler, umso größer der Quotient. Wird der Teiler noch kleiner als eins, *so bleibt dem Quotienten garnichts übrig*, als entsprechend über eins zu wachsen. Und an dieser Stelle blieb man endgültig stecken. Erst die Aufforderung, einen Schritt zurückzugehen, sich einmal mit der Frage zu beschäftigen: „Was bedeutet überhaupt Dividieren?", brachte das steckengebliebene Gespräch wieder in Gang. Hier kam zunächst – völlig neu! – die unmittelbar nach der Einführung in das Dividieren, schon im vierten Schuljahr, wieder verschüttete Erkenntnis, daß jede Divisionsaufgabe strukturell *mindestens zweideutig* ist: daß nämlich der Divisor einmal die *Anzahl* der geforderten gleichen Teile *angibt*, auf Grund deren *die Größe* dieser Teile *gesucht* werden muß; daß er aber ein anderes Mal *die Größe* der geforderten Teile *angibt*, auf Grund deren dann *die Anzahl zu suchen ist*. Es kam die Erkenntnis, daß man völlig sinnloser Weise an der *ersten* der beiden gleich möglichen strukturellen Interpretationen der Division hängengeblieben war, von der aus auf das Problem des Teilens durch Zahlen kleiner als eins keinerlei Licht fallen kann. Und dann kam das aufregende Erlebnis, daß es genügt, zur *zweiten* strukturellen Interpretation überzugehen: und die Einsicht in die Notwendigkeit der Divisionsregel fällt einem ohne weitere Anstrengung in den Schoß. „Es fällt einem wie Schuppen von den Augen"; und man versteht *nun* nicht mehr, wie man *vorher so blind* sein konnte. Denn wird der Divisor erst einmal klar als Angabe der *Größe* der gesuchten gleichen Teile verstanden, so entsteht tatsächlich keine neue Schwierigkeit, wenn diese Teile kleiner als eins werden: alles bleibt so durchsichtig wie zuvor. Daß im besonderen $1/n$ in a = 1 n mal enthalten ist, wird jetzt evident, ebenso, daß m/n eben nur n/m mal in a enthalten sein kann. Schließlich fällt es jetzt nicht mehr schwer, einzusehen, daß sich für a ungleich 1 a · n/m ergeben muß*.

Wie dieses Beispiel zeigt, beruht die Einsicht darauf, daß eine ganz konkrete strukturelle Erfassung der Problemlage im ganzen, und in ihrem Rahmen eine ebenso bestimmte Erfassung der einzelnen Teilbestände (hier des Divisionszeichens, des Divisors, des Quotienten) in ihrer besonderen Funktion neu gewonnen wird – falls sie nicht von vornherein so vorhanden war. Solang die Situation in einer problemfremden Struktur aufgefaßt wird, bleibt sie dem Verständnis verschlossen, und es erscheint völlig rätselhaft, wie das Problem je gelöst werden könne. Das viel beredete „blitzartige Aufleuchten" des Verständnisses besteht nun ganz eigentlich darin, daß *die problemfremde strukturelle Erfassung der Situation im ganzen und in ihren Teilen in eine problemgemäße strukturelle Erfassung übergeht*, worauf dann wieder die bisherige Hilflosigkeit unbegreiflich wird. Das Auffinden derjenigen strukturellen Auffassung der Situation, bei der gerade das eben aufgegebene Problem durchsichtig wird, ist die eigentliche Leistung beim einsichtigen Denken (vgl. hierzu u. a. WERTHEIMER 1957, S. 254).

Die entscheidende Umstrukturierung des fraglichen Sachverhalts kann, je nachdem, von sehr verschiedener Art sein: in einer Umgliederung (WERTHEIMER 1957, Kap. I–III), einer Schwerpunktverlagerung (WERTHEIMER 1957, Kap. III und IV), einer Ergänzung (WERTHEIMER 1957, Kap. VI) bestehen.

Die für das Verständnis entscheidenden, ja dieses geradezu konstituierenden strukturellen Operationen und Vorgänge sind bisher weder von der traditionellen Logik noch von der Logistik behandelt worden. Zwar lassen sich selbständig weiterführende Denkvorgänge mit den Mitteln der traditionellen Logik durchaus korrekt darstellen. *Dabei kommen aber ihre entscheidenden Merkmale nicht mit zum Ausdruck* (WERTHEIMER 1957, S. 6 f.). Vor allem bleibt auch der innere Zusammenhang des Gedankenganges, die aus der Ausgangslage zur Lösung hindrängende große Linie unsichtbar. Einen schöpferischen Gedankengang als die Folge der einzelnen Urteile, Syllogismen usw. zu beschreiben, ist dasselbe, wie wenn man auf die Bitte, ein prächtiges Gebäude zu schildern, anfinge zu sagen: da kommt erst ein Stein, dann kommt Mörtel, dann wieder ein Stein usw. (WERTHEIMER 1957, S. 210). Zu einer Logik, die das hier Entscheidende streng begrifflich faßt, finden sich bei WERTHEIMER (im Schlußkapitel, S. 219–249) bedeutsame Ansätze.

Zwei fast schon volkstümlich gewordene Behauptungen über das Denken werden nebenbei mit erledigt:

1. Die Behauptung, das „intuitive" Denken sei nichts als ein *flüchtiges* Denken, bei dem die schwerfälligen Einzelschritte des diskursiven Denkens großenteils leichtfüßig übersprungen werden. Der Eindruck mag darauf zurückgehen, daß beim einsichtigen

---

* In der Didaktik nennt man gelegentlich – nicht sehr glücklich, da ja jedesmal geteilt wird – das eine „Teilungsaufgaben", das andere „Messungen". Besser ist für den zweiten Fall der Ausdruck „enthalten sein".

Vorgehen der Weg zwischen Voraussetzung und Beweis oft auffallend kurz ist; wie WERTHEIMER zeigt, gibt es aber auch Fälle, wo er bedeutend länger und umständlicher ist als beim „eleganten", aber uneinsichtigen Beweis (vgl. WERTHEIMER 1957, S. 44 f. und 250–255). Es gibt keine einsichtige Lösung eines Problems, die sich nicht in strenge mathematische oder wenigstens aristotelische Form bringen läßt. Daß das intuitive Denken ein weniger scharfes Denken sei, ließe sich allenfalls dann aufrecht erhalten, wenn man unter Intuition nur das ungeklärte, noch nicht auskristallisierte, das noch „neblige", „kolloidale" erste Aufdämmern (WERTHEIMER 1957, S. 171, 174) verstehen will.

2. Die Behauptung, Denken sei nichts als ein „inneres Sprechen". Dazu genügt im Grund die von WERTHEIMER (1957, S. 212, Fußnote 7) mitgeteilte Bemerkung EINSTEINS, in der zugleich angedeutet ist, daß Formulieren kein Mittel der *Lösung* von Problemen, sondern der *Darstellung* ist, d. h. ein Fall des schöpferischen *Gestaltens*. Doch bemerkt COPEI (1955, S. 66) durchaus zurecht, daß der Versuch zu formulieren das Auskristallisieren eines Gedankens wesentlich *fördern* kann, indem sich oft erst dabei herausstellt, wieviel an ihm noch verschwommen ist. Dadurch wird aber der anschließende weitere Klärungsvorgang nicht selbst wieder zu einem sprachlichen Geschehen.

2. Pädagogische Folgerungen

2.1 Die Prüfung des Verständnisses

1. *Im Einzelfall.* Ein wichtiges neues Hilfsmittel, das die Untersuchung WERTHEIMERS dem Lehrer bietet, ist das – am Beispiel der Parallelogrammfläche (S. 20 ff.), des Scheitelwinkels (S. 93 ff.) und der Reihensumme (S. 113 ff.) erläuterte – Verfahren der Prüfung des Verständnisses, durch das zum ersten Mal das wirkliche Erfassen des Sinnes eines Satzes oder Verfahrens von seinem bloß äußerlichen Einprägen und blinden Gebrauch unterschieden werden kann. Es handelt sich um eine Fortentwicklung der KÖHLERschen *Transponierungsversuche*. Zwei Gruppen von Testaufgaben werden konstruiert:

In der Gruppe A sind die Beispiele – bei nach Möglichkeit starkem Abweichen im einzelnen – strukturell ähnlich, so daß eine *sinnvolle* Übertragung des Gelernten möglich ist.

In der Gruppe B besteht eine nach Möglichkeit eindrucksvolle Ähnlichkeit in Einzelheiten, dagegen *keine strukturelle* Ähnlichkeit, so daß die Anwendung des Gelernten sinnlos wird.

Daß wirkliches Verständnis gewonnen ist, ist *wahrscheinlich*, wenn der Schüler das Gelernte auf die A-Fälle erfolgreich anzuwenden weiß und sein Vorgehen dabei sinngemäß modifiziert; und es ist sicher, wenn er die Anwendung auf die B-Fälle *ablehnt* („da geht es nicht").

Die Ausarbeitung solcher Testgruppen von beiderlei Art für sämtliche in der Schule behandelten mathematischen Probleme ist eine der wichtigsten Aufgaben der Methodik eines Mathematik-Unterrichts, der zum selbständigen Denken erziehen soll.

2. *Prüfung des Klassengeistes.* Wichtig ist auch die Prüfung *der geistigen Lebendigkeit* einer Klasse im allgemeinen. Hierzu dienen vor allem sinnlose, phrasenhafte Behauptungen, etwa unter Einfügung neu erfundener Fremdwörter; ferner Beweisver-

fahren, die „mit der Kirche ums Dorf" führen (WERTHEIMER 1957 S. 28 ff.); endlich Aufgaben, die überflüssige, z. B. sich gegenseitig wieder aufhebende Tätigkeiten verlangen. So etwa 12 + 87 + 6 − 87 = ? Auch (576 + 576 + 576 + 576) : 5 = ?

In einer *lebendigen* Klasse werden solche Behauptungen und Beweisführungen *nicht ohne Unruhe* („so'n Quatsch!") hingenommen und solche Aufgaben, nach kurzem Besinnen, mit Schmunzeln ohne Umweg erledigt.

Wird dagegen alles brav geschluckt und eine Operation nach der anderen „gehorsam", mit stückhaft verbissener Sorgfalt, ohne Überblick über die Gesamtlage, absolviert (WERTHEIMER 1957, S. 61, 89 ff., 120 f., 129 ff.), so steht es schlecht. Hier hat eine verkehrte Art des „Übens" in der Form mechanischen Wiederholens viel zu gleichartiger Beispiele, vielleicht auch eine Überschätzung des Wortlauts, vielleicht ein ungesunder Geschwindigkeitskult den Schülern den Gebrauch ihres Kopfes abgewöhnt, und eine geistige Erweckungskur ist angezeigt.

2.2 Anleitung zum selbständigen Denken, vornehmlich im Bereich der Sachfächer und der Mathematik

2.2.1 Was man nicht kann und soll

Wir haben schon gesehen, daß die Einsicht in einen Sachverhalt, wenn sie sich nicht ohne weiteres einstellt, sich erarbeiten, aber *nicht erzwingen läßt*. Daraus folgen sofort zwei weitere Thesen über die Vermittlung von Einsicht an den Schüler:

Einsicht in einen Sachverhalt kann man nicht „lehren", nicht „*mitteilen*", wie eine Tatsache, einen Glaubenssatz oder eine Regel. Man kann freilich durch die Art der Darstellung die Einsicht in einen Sachverhalt *erleichtern oder erschweren und sogar verhindern* (vgl. WERTHEIMER 1957, Kap. IV, 2. Teil, S. 89 und 131; ferner G. KATONA, 1940). – Jedenfalls ist es kein empfehlenswertes Verfahren, einen Beweis zu diktieren und dabei die einzelnen Schritte wie das Rechtsum und Linksum des Unteroffiziers auf dem Kasernenhof daherkommen zu lassen: „man bezeichne ... man ziehe ..., man verlängere ..., man errichte ..., man verbinde ..., dann ist ..., ferner ist ..., endlich ist ... Q. e. d.!"

Einsicht läßt sich auch nicht in beliebig kurzer Zeit *erpressen*. Lebendiges Denken ist, wie die Doppelbedeutung des Wortes „bedächtig" es so schön zum Ausdruck bringt, ein von Natur langsamer Vorgang. Schon das Maß an Eile, wie es in unserem Unterricht als selbstverständlich gilt, erzeugt im Schüler eine äußerlich mechanische Einstellung, die sich unter Verzicht auf Einsicht mit dem blinden Gebrauch von Lösungstricks begnügt (vgl. S. E. ASCH, 1946).

Außerdem gilt es für *alle* Fächer: Wenn der Schüler die Antwort auf eine Frage aus echtem Verständnis der Sache entwickelt, so kann sie ebenfalls fast nie, wie eine bloß auswendig gelernte, „wie aus der Pistole geschossen" kommen. Wir werden also, wenn uns die Erziehung zum selbständigen Denken am Herzen liegt, auch hierbei auf die naheliegende Überbewertung der Geschwindigkeit verzichten müssen und die Forderung von Höchstgeschwindigkeiten auf Verbalformen, fremde Sprachen, das kleine Einmaleins und ähnliches beschränken (so HILDEBRAND, schon 1879).

Eine bestimmte Einsicht – beispielsweise der Beweis eines Lehrsatzes – *läßt sich nicht* durch wiederholtes Hersagen oder gar Aufschreiben des Wortlauts *einüben*, einprägen, auswendig lernen. Man kann sogar dem Schüler den selbständigen Gebrauch seines Kopfes schon durch eine allzu große Eintönigkeit gehäufter Übungsbeispiele – wie sie die „Päckchen" unserer Rechenübungshefte kennzeichnet – rasch und mit nachhaltigem Erfolg austreiben (LUCHINS 1942).

Der schlimmste Feind alles selbständigen Denkens ist das Kleben an dem Wortlaut, das unsinnigste *Lehr*verfahren daher in *jedem* Fall das Diktat, und die unsinnigste Zumutung an den Schüler die Forderung, Sachwissen und Einsichten *wörtlich* wiederzugeben. Im Gegenteil: Überall, wo es auf Einsicht in einen Sachverhalt ankommt, also so gut wie überall außer bei Eigennamen, festgesetzten Benennungen, Zahlen, Gedichten und Bibelsprüchen, muß man den Schüler mit allen Mitteln daran *verhindern*, auswendig zu lernen und sich an den Wortlaut zu klammern, indem man ihm den Stoff in immer neuen sprachlichen Wendungen darbietet und ihn ebenfalls zwingt, ihn jedesmal aufs neue mit eigenen, im Augenblick gefundenen Worten wiederzugeben (STRUNZ 1958^3, S. 131).

Es gibt nur eines, was – mindestens in den mathematischen Fächern – noch schlimmer ist: Das ist der „Vorgriff", d. h. die Vermittlung von Inhalten, von denen man bestimmt weiß, daß sie noch nicht verstanden werden können, in der Hoffnung, daß das Verständnis später einmal nachfolgen werde*. Die Erwartung mancher Didaktiker, auf solche Weise die Reife zur Teilnahme an der „objektiven Kultur" zu beschleunigen, ist durch nichts zu begründen. Der „Vorgriff" wäre in der Mathematik überhaupt sachlich nur erlaubt, wenn man sie wesentlich als eine Ausrüstung mit geistigen *Geräten* betriebe, die man unverstanden ebensogut wie verstanden *benutzen* kann. Dann wäre aber Mathematik nur noch Fachschulunterricht, der zur allgemeinen Bildung nichts beiträgt, an der höheren Schule also fehl am Platze ist. Wo ein unmittelbares, persönliches Verhältnis zu mathematischen Problemen und die Fähigkeit zur selbständigen Auseinandersetzung mit ihnen das Ziel des Unterrichts ist, da ist die Wirkung des Vorgriffs *nicht* „verfrühte Wissenschaftlichkeit", sondern *Unehrlichkeit*: das Sich-wissenschaftlich-gebärden ohne wirkliche Vertrautheit mit der Sache, das wir bei vielen jungen Studenten mit größter Sorge beobachten.

Die Vermittlung von „geistigem Gerät", so nötig sie ist (SORGE 1956), muß auf das *allernotwendigste beschränkt* bleiben. Die gegenwärtig um sich greifende Sucht, für jede gängige Operation so und so viele Techniken und Tricks zu vermitteln, ist, mit dürren Worten, eine *Sünde am Geist*. Wir brauchen auf der Schule nicht vier Verfahren der schriftlichen Multiplikation, sondern eines, das gut geübt ist und nicht vergessen wird, auch wenn es vielleicht zehn Sekunden länger geht; wir brauchen auch nicht vier Verfahren des Übergangs zwischen Numerus und Logarithmus (u. a., da wir keine Ingenieurschule sind, auch keinen Rechenstab!), sondern *eines*, das völlig sicher sitzt; dann gewinnen wir die Zeit, um für das *eine* wirkliches Verständnis zu vermitteln.

Am Ende unserer Liste stehe die Warnung vor der irrigen Meinung, man könne in der Mathematik die „Stoffmenge" auf Kosten des Verständnisses erhöhen. Wir müssen uns endlich darüber klar werden, daß der Gegenstand der Mathematik, streng genommen, überhaupt kein Stoff ist, der aus summenhaft nebeneinander stehenden Teilstük-

---

* Wenn hier vor der Vermittlung von Verfahren gewarnt wird, die der Schüler bei dem zur Zeit von ihm erreichten Entwicklungsstand überhaupt nicht verstehen kann, so ist damit nicht zugleich behauptet, daß nur solche Kenntnisse vermittelt werden dürften, die in ihrer vollen Tragweite und ganzen Tiefe durchschaut sind: WERTHEIMER (1957) gibt, besonders im dritten Kapitel, eindrucksvolle Beispiele nachträglicher Vertiefung, Erweiterung, Verallgemeinerung „vorläufiger" Einsichten, die trotz ihrer Vorläufigkeit echte Einsichten sind.

ken besteht, sondern *ein in sich zusammenhängendes Gebäude von Einsichten*, die aufeinander aufbauen, und wo jede weiter unten fehlende Stütze und Strebe für alles, was darüber ist, Einsturzgefahr bedeutet. *Die Gewinnung von Einsicht* oder, wie man wohl auch sagt, von „Evidenzerlebnissen", ist nicht eine angenehme Zugabe, auf die man bei Zeitmangel auch verzichten kann, sondern sie ist *der eigentliche Kern* aller mathematischen (übrigens auch aller physikalischen) Unterweisung, *ohne den diese allen Bildungswert verliert.*

2.2.2 Was man tun kann und soll

Aus dem zuvor Gesagten folgt unmittelbar, was man tun *soll*. Auch hierüber gibt es schon allerlei guten Rat, vor allem wieder für den Mathematikunterricht (STRUNZ 1958, PETERMANN-HAGGE 1935, WITTMANN 1933[2], vor allem auch KERSCHENSTEINER 1928[3], EHRENFEST 1931, o. J., WAGENSCHEIN 1954).

Die Grundregel lautet: *Erst der Hunger, dann das Essen* (COPEI 1955). M. MONTESSORI meint dasselbe, wenn sie vom „absorbent mind", dem aufnahmebereiten, aufnahmegierigen Geist als der Grundbedingung der höchsten erreichbaren Fruchtbarkeit alles Unterrichts spricht (MONTESSORI 1967; auch HILDEBRAND 1879, S. 17, 26, 71, 81; WAGENSCHEIN 1954, S. 19).

Der Grundsatz „Vom Leichten zum Schweren" *findet hieran seine Grenze.* Wenn man beispielsweise in eine neue Technik einführen will, so muß man in dem Schüler zunächst *das Bedürfnis danach wecken.* Das ist natürlich nur durch Aufgaben möglich, deren Lösung mit den bisher bekannten und geübten Mitteln *Schwierigkeiten bereitet.* Als Musterbeispiel, wie man es *nicht* machen soll, fand ich kürzlich in einem noch gebräuchlichen Rechenbuch „zur Einführung" in das schriftliche Dividieren (wirklich) im folgenden wiedergegebene „Berechnung" und anschließend eine ganze Reihe von ebenso leichten Aufgaben, die nach der Absicht des Verfassers „zur Übung" alle mit demselben überflüssigen Schwanz versehen werden sollten.

$$
\begin{array}{r}
8\ 4\ 2\ 8 : 2 = 4214 \\
\underline{8} \\
= 4 \\
\underline{4} \\
= 2 \\
\underline{2} \\
= 8 \\
\underline{8} \\
=
\end{array}
$$

Hier ist der Schüler einfach ratlos; denn er kann ja die Lösung ohne weiteres hinschreiben. Wozu also – so muß er denken – alle Umstände? Und wenn dann – ich habe es miterlebt und dabei in dem Buch kein weiteres Erläuterungsbeispiel gefunden – die *wirklichen* Schwierigkeiten kommen, zu deren Bewältigung das Verfahren dienen soll, läßt ein solches Muster samt den anschließenden „Übungen" den Schüler völlig in Stich.

Selbst in den vorwiegend beschreibenden Fächern, wie Erdkunde und Biologie, auch Geschichte, soll sich der Unterricht nicht in erster Linie mit der „Behandlung von Gegenständen", sondern mit der *Lösung von Problemen* beschäftigen, in deren Verlauf, wie die Erfahrung gezeigt *hat*, die Fülle des nötigen Wissens begierig aufgegriffen, ja oft *mit glühendem Sammeleifer zusammengetragen* und zäh festgehalten wird, während derselbe Stoff bei der Darbietung als etwas, was man neben anderem *eben auch* wissen muß, mühsam angequält und rasch vergessen wird. Beispiele solcher Fragen (aus COPEI): *Wie ist es möglich ...* (beispielsweise die Höhe der Berge zu messen)? – *Wie kommt es, daß ...* (es beispielsweise bewohnte Landstriche unterhalb des Meeresspiegels gibt, die Schwalbe ihren Weg nach Afrika findet, die Milch aus der Büchse mit nur einem Loch nicht ausfließt, der zunehmende Mond nach rechts, der abnehmende nach links gerundet ist, beiderseits der holländischen Grenze dieselbe Sprache gesprochen wird ...)?

Man soll die Frage, die man behandeln will, wo irgend möglich, *nicht stellen, sondern wecken.* Das heißt, die Frage soll möglichst aus der Auseinandersetzung mit der Sache entspringen, nicht einfach „übergeben" werden.

Der Schüler muß darum auch die Freiheit haben, Gedanken zu äußern und Fragen anzubringen; die Schülerfrage wird eine mindestens ebenso große Rolle spielen wie die Lehrerfrage. Das bedeutet aber nicht, daß das Verhältnis einfach umgekehrt wird und nun der Lehrer die Rolle des Antwortenden übernimmt. Man bringe keine Lösung, die vom Schüler gefunden werden kann (WERTHEIMER 1957, S. 225). Die Antwort *muß die Sache geben:* sie muß durch eingehendere Beschäftigung mit der Sache, durch Klärung der Aufgabe, der Behauptung, der Voraussetzungen, durch das Suchen nach der Stelle, wo die eigentliche Schwierigkeit sitzt, durch die Prüfung sich bietender Mittel und Verfahren *gemeinsam gesucht* werden (vgl. bes. DUNCKER 1935).

Ein wildes Drauflosfragen der Schüler hat in dieser Art des Vorgehens keinen Platz: das Schülergespräch als „freies Strömen von Einfällen", als „fröhliche Gedankenfahrt ins Blaue" (COPEI) mag zwar demjenigen wünschenswert erscheinen, der „das Erlebnis", die Pflege der „Lebendigkeit" als solche für den Sinn des Unterrichts hält; ein Mittel zur Pflege des selbständigen, sachlichen Denkens und zur Weckung der Freude an sauberer, echter Erkenntnis ist es nicht. Wißbegierde, die wahllos vom hundertsten ins tausendste gerät, ist kein Zeichen fruchtbaren Denkens (WERTHEIMER 1957, S. 159). *Die Sache selbst* mit ihren Problemen und Schwierigkeiten *muß ein Erlebnis* werden und die Lebendigkeit sich in der Auseinandersetzung mit ihr bewähren. Es kommt alles darauf an, ob die Fragen wirklich bei der Sache bleiben, ob sie auf ein tieferes Eindringen in die Sache und ein besseres Verständnis ausgehen.

Der Schüler *muß* dabei auch die Freiheit haben, den Weg des Irrtums zu gehen. Wie aber führen wir ihn wieder heraus? – Das „falsch!", das der Lehrer – oder auch ein fortgeschrittener Mitschüler – ihm kraft seiner Autorität und seines besseren Wissens entgegenschleudert, schneidet ebenso wie das vorgekaute und fertig servierte Ergebnis jede Gedankenbewegung ab, die vielleicht zur selbständigen Lösung hätte führen können (vgl. WERTHEIMER 1957, S. 224 f.). Es ist wieder die Sache selbst, die den Irrtum berichtigen muß; dazu muß der Schüler der Reihe nach an diejenigen Eigenschaften und Seiten der Sache herangeführt werden, vor denen sein Irrtum von selbst zusammenbricht – wie schon SOKRATES gelernt hat.

In jedem Fall muß der Schüler *so dicht wie möglich an die Sache* herangeführt werden (v. CLAUSEWITZ, HILDEBRAND, S. 104, WAGENSCHEIN und wieder KERSCHENSTEINER). Die Bekanntschaft mit der Sache selbst (notfalls einer Filmaufnahme, einem Foto, einem guten, Wesentliches heraushebenden und dabei glaubwürdigen Bild – keiner „Anschauungstafel", die nur Einzelheiten häuft), ist, wenn sie unter rechter Anleitung gemacht wird, *immer* mehr wert, sie eröffnet mehr Probleme als die mittelbare Bekanntschaft durch Buchtexte und Lehrvorträge. Alles, was im Leben zu Verwunderung und Fragen Anlaß gibt, muß willkommen sein; man behandelt die Blume, wenn sie jemand vom Ausflug mitbringt, und in der Zoologiestunde den Maikäfer, wenn er in die Klasse fliegt – auch wenn sie, nach der Systematik, nicht gerade „an der Reihe" sind; man ergreift den Zufall, wenn er sich bietet, braucht ihn aber nicht abzuwarten (GRUPE 1952; REICHWEIN 1951; WAGENSCHEIN 1954, 1956).

Ganz dicht bei der Sache ist der Schüler dort, wo er unmittelbar mit ihr umgeht, auf sie einwirkt, sich um sie müht, und sie nicht nur von ferne betrachtet: beim Selbermachen, beim Experimentieren; beim Schutz, bei der Pflege, der Besorgung des Lebenden; beim erdkundlichen Lehrausflug; bei der Wiedergabe im Modell usw. (WAGENSCHEIN 1954, 1956; COPEI 1955; ROTH 1957). Das ist der Sinn der sogenannten *Arbeitsschule* – die darum auch nur dort gerechtfertigt ist, wo der unmittelbare Umgang mit den Dingen zu echten Problemen und zur sauberen und ehrlichen Lösung dieser Probleme führt und wo er infolgedessen nicht in leere Betriebsamkeit und bloße Handwerksausbildung abgleitet.

2.2.3 Besondere Fragen des Mathematik- und Physik-Unterrichts

Die entscheidenden Beiträge zur Ausbildung des Denkens, wie auch zu seiner Behinderung und Ertötung, vermag unter allen Sachfächern die Mathematik (einschließlich der mathematisch behandelten Fragen der Physik) zu bringen.

Zur Frage der Aufschließung. Wie man *dem Neuling* ein mathematisches Problem auf dem Weg über eine altersgemäße und darum begierig aufgegriffene Gestaltungsaufgabe zu einem echten, ihn wirklich bedrängenden Anliegen machen kann, dafür geben PETERMANN und HAGGE 1935, S. 57ff.) ein überzeugendes Beispiel: Ein Häuschen (oder ein einfacher Würfel) soll aus *einem* Stück Pappe zusammengeklebt werden, auf das man zu diesem Zweck das Netz des Körpers zeichnet. Dies versucht man zunächst mit freier Hand. Beim Knicken wird nun alles windschief, und überall klafft es. Und damit erhebt sich ganz von selbst die Frage: „Wie kann man das bessern?", die sich sofort als eine echt geometrische Frage erweist und die unmittelbar zum Gebrauch von Lineal und Zirkel und zur exakten Lösung von Konstruktionsaufgaben der verschiedensten Art führt.

Die Frage, wieviel Netze für einen und denselben Körper möglich sind*, die Frage, auf wieviel verschiedene Weisen man eine geforderte Winkel- oder Streckenteilung durchführen kann, die Frage nach den Anwendungsmöglichkeiten des Zirkels überhaupt, führt zu der *Auflockerung* und *Übersicht*, zu der Freiheit im Umgang mit geometrischen Geräten und Gebilden, die einem fruchtbaren Denken den Boden bereiten. Sie führt zugleich *von dem rein praktisch-technischen* Interesse (von der Frage, was man damit machen kann) *unmittelbar zu einem echt mathematischen* Interesse (zu der Frage nach den merkwürdigen Gesetzmäßigkeiten der geometrischen Gebilde), und zwar bei jedem gesunden Kind.

Zur Frage der „Lebensnähe". Es ist ein verderblicher und dabei sachlich unbegründeter Kleinmut, zu meinen, es bestehe ein Gegensatz, ein Ausschließungsverhältnis zwischen einer „fachlichen" und einer „psychologischen" Ausrichtung des Unterrichts und man könne zwischen beiden wählen, oder auch nur zu meinen, daß das lebendige Interesse und die freie Entfaltung des jungen Menschen nur an sogenannten lebensna-

---

* PETERMANN und HAGGE geben elf (!) nicht-kongruente Netze für den Würfel an.

hen Aufgaben, also nur an Fragen der angewandten und nicht der reinen Mathematik gefördert werden könne. Gerade die Behandlung von Fragen der angewandten Mathematik verführt besonders leicht zur oberflächlichen Erledigung durch den blinden Gebrauch von Denkgeräten. Erliegt man dieser Versuchung, so ertötet man damit das Leben ebenso sicher, wie man es bei der *einsichtigen* Behandlung *rein formaler* Fragen *erhält* und fördert. Die Anwendung – hier also der Gebrauch des Lineals und des Zirkels, um ein so sauberes Netz zustande zu bringen, daß daraus ein wirklich befriedigender Körper geklebt werden kann – ist für einen wirklich sachgerechten Unterricht *nur der Einstieg*. Ist der Einstieg gelungen, so ist der junge Mensch voll von echt mathematischen Fragen, oder mindestens für solche Fragen *aufgeschlossen*, und *seine weitere Entfaltung erfolgt in der Auseinandersetzung mit dem Gesetz der Sache*, in seinem leidenschaftlichen Drang, eben dieses Gesetz zu ergründen und seinen Forderungen gerecht zu werden, auch seine Tragweite und seinen Geltungsbereich abzutasten.

Zur Frage der Altersgemäßheit. Ähnlich wie bei der „Lebensnähe" liegt auch bei der „Altersgemäßheit" eine Fehldeutung nahe, und zwar in der Annahme, es gäbe irgendeine Entwicklungsstufe, auf der man sich mit *induktivem Ausprobieren* von Übereinstimmungen begnügen dürfe *oder sogar müsse*. Wählt man *die Probleme* altersgemäß und in sinnvollem Verhältnis zu dem schon zuvor Erarbeiteten und gegenwärtig Beherrschten, also jedenfalls nicht zu verwickelt, so gibt es kein Alter, mit dem ein Lehrer überhaupt zu tun bekommt, in welchem nicht in dem Schüler das (unbedingt nötige) Gefühl dafür geweckt werden kann, daß durch das Ergebnis einer blinden Induktion *niemals etwas bewiesen*, niemals ein Problem gelöst, sondern immer nur ein Problem *gestellt* ist, und daß nun das Nachdenken erst beginnen muß (WERTHEIMER 1957, S. 31–36).

Wie man dieses fruchtbare Nachdenken über mathematische Probleme und die Fähigkeit, in mathematische Zusammenhänge Einsicht zu gewinnen, *fördern kann,* dafür geben STRUNZ (1958³) und PETERMANN und HAGGE (1935) eine Reihe wertvoller Ratschläge: *für den Anfänger* das Entdeckenlassen geometrischer Kongruenz an *anschaulich nicht* kongruenten (z. B. gedrehten, gespiegelten usw.) Figuren (STRUNZ, S. 52 ff.); man kann gleich hinzufügen: das Entdecken der *übereinstimmenden geometrischen* Bedeutung bei *abweichender anschaulicher* Bedeutung (z. B. Band = Rechteck; „abgestumpftes" Dreieck = Trapez usw.); der willkürliche Wechsel der figuralen Auffassung (STRUNZ, S. 57); die Durchführung von allerlei Änderungen an gegebenen Figuren, wie Drehung, Spiegelung, Streckung, Maßstabveränderung (STRUNZ, S. 52); die Überführung verwandter Figuren ineinander (STRUNZ, S. 63); die genügend weite Variation der Demonstrations- und Übungsbeispiele bis zu völliger anschaulicher Unähnlichkeit (hierzu vgl. außer STRUNZ, S. 63, auch WERTHEIMER 1957, S. 18 f); das Durchführen von allerlei Operationen an *nur vorgestellten* Gebilden (STRUNZ, S. 86; WERTHEIMER 1957, S. 180); das Aufsuchen der sachlichen Beziehungen zwischen verwandten Sätzen (STRUNZ, S. 78) und die Schaffung eines möglichst reichen Netzes von Querverbindungen (STRUNZ, S. 91); die Überführung der Lehrsätze und Formeln ineinander und ihre Gruppierung nach inhaltlicher Verwandtschaft (STRUNZ, S. 103); das Überschaubarmachen ihres Zusammenhangs (PETERMANN und HAGGE, S. 149 f.; STRUNZ, S. 104). Höchst wichtig ist es, immer wieder denselben Sachverhalt im verschiedensten Licht zu zeigen; man denke an die verschiedenen möglichen Definitionen des Kreises; eindrucksvoll ist das Beispiel vom Satz des THALES bei STRUNZ, S. 101.

Zur *Unterstützung der Überschaubarkeit*, zur Vermehrung der Durchsichtigkeit dient bei Formeln und algebraischen Ausdrücken die Wahl möglichst *sinnvoller*, das heißt hier unmittelbar an die Inhalte erinnernder *Symbole*, sowie die sinngemäße Durchgliederung der Ausdrücke (STRUNZ, S. 67–72).

Wie schon aus früheren Überlegungen folgt, aber in der Praxis erstaunlich oft nicht ernst genug genommen wird, muß man sich *vor* der Einführung in jeden neuen mathematischen Problemkreis vergewissern, ob seine elementaren Voraussetzungen vollständig und sicher beherrscht werden, und notfalls das Gedächtnis auffrischen.

Es muß ferner durch einen genügenden Wechsel der Beispiele alles gedankenlose routinemäßige „Erledigen" der Aufgaben verhindert, auch genügend Zeit zum Nachdenken gelassen werden.

Bei allen vorkommenden Operationen und Formeln muß *die strukturelle Bedeutung der verschiedenen Umformungen in den Mittelpunkt gestellt werden* (vgl. WERTHEIMER 1957, S. 39f., 46f., 107–112, 141f., 145, 177f., 180, 184, 253f.). Das bedeutet: keine voreilige Betonung der Kommutabilität, der Aequivalenz, kein voreiliges „Vereinfachen" von Formeln, bei dem ihre strukturelle Bedeutung verlorengeht, kein voreiliger Übergang zu technischrechnerischen Kunstgriffen, die rein mechanisch und unter Verzicht auf die Einsicht in die eigentliche Bedeutung der beteiligten Elemente und ihrer Beziehungen erledigt werden können.

Entscheidend ist die Wahl der günstigsten, nicht etwa der leichtesten, sondern der den tiefsten Einblick gewährenden Ableitungen und Beweise. Es darf da nur *ein* Gesichtspunkt maßgebend sein: Nicht die Kürze, nicht die Eleganz, nicht die Möglichkeit von Überraschungseffekten, sondern *allein die Eignung, Einsicht zu vermitteln*, möglichst unmittelbar zum Kern der Sache zu führen, das Problem zu vertiefen, zu erweitern und in größerem Zusammenhang zu sehen (vgl. PETERMANN und HAGGE, S. 85–117; WERTHEIMER 1957, S. 172–184).

Hier ist noch eine gewaltige Entrümpelungsarbeit zu leisten, bei der außer allem Mausefallenbeweisen auch die sog. „induktiven" Beweise verschwinden oder mindestens auf die bescheidenere Rolle des *Hinweises auf das Problem* verwiesen werden müssen.

Für den Physikunterricht gibt vor allem WAGENSCHEIN wertvollste Hinweise: u. a. seine begründete Warnung vor einem problemblinden Entlangschleichen am System, das nur tote Wissensbestände stückhaft aneinanderreiht; seine Warnung vor einer verfrühten, auf echte Einsicht verzichtenden Quantifizierung und Mathematisierung der Probleme und vor einer sinnlosen Häufung messender Versuche; seine Forderung, zunächst in einer rein phänomenologischen, und das heißt durchaus: in einer unmittelbare Einsicht vermittelnden Weise das Alltägliche, das Auffällige und das Wunderbare zu durchleuchten und ihre Zusammenhänge aufzuweisen.

2.3 Anleitung zum selbständigen Denken im sprachlichen Bereich

Die Theorie des selbständigen Denkens ist aus guten Gründen bisher fast ausschließlich an Beispielen aus der elementaren Mathematik und aus der physikalischen Forschungsarbeit entwickelt worden. Daher kommt es, daß man bei dem Versuch, ihre Auswirkungen auf den Sprachunterricht darzustellen, viel mehr auf zertreute Hinweise tüchtiger Lehrer und auf sich selbst verwiesen ist, also auch Vollständigkeit der Anweisungen noch viel weniger als bisher erwartet werden kann.

1. Vieles von dem, was für die Mathematik und die Sachfächer an Warnungen und Ratschlägen gegeben wurde, gilt für die sprachlichen Fächer ganz ebenso und sollte daher auch vom Sprachlehrer zur Kenntnis genommen werden. Dies trifft vor allem für den Satz zu, der schon vor bald 100 Jahren von Rudolph HILDEBRAND ausgesprochen wurde: „Der Lehrer des Deutschen *sollte nichts lehren, was die Schüler selbst aus sich finden können*, sondern alles das sie unter seiner Leitung finden lassen ..."Nach diesem Grundsatz werden beispielsweise Regeln der Sprachlehre der Muttersprache *nicht als Vorschriften auferlegt*, sondern als eine Art Naturgesetze, die im Schüler schon vorhanden und wirksam sind, gemeinsam gefunden. Seine Beispiele beziehen sich allerdings mehr auf das gemeinsame Auffinden *des Sinnes* bekannter Regeln; vgl. aber z. B. das Kapitel über die Vorsilbe „ge" bei K. O. ERDMANN, „Die Bedeutung des Wortes" (1925[4]). Auch hier gilt es, und ist es sogar besonders leicht, *zunächst die Verwunderung des Schülers zu wecken*, aus der er selbst zu fragen und zu forschen, auch zu sammeln beginnt.

2. Eine unersetzliche, viel zu wenig genutzte Gelegenheit, *das Gewinnen eines genügenden Überblicks* als Voraussetzung allen Verstehens zu üben, ist *das Übersetzen aus fremden Sprachen*, besonders aus dem Lateinischen. Hier kann man unmittelbar erfahren, wie sinnlos es ist, mit eingeengtem Blick stückhaft ein Wort nach dem anderen vorzunehmen (vgl. auch WERTHEIMER 1931), und zugleich, daß man ebensowenig zum Ziel kommt, wenn man sich mit einem flüchtigen, ungefähren Gesamteindruck begnügt, einer Ahnung, was wohl so im allgemeinen gemeint sein könnte, und dabei großzügig über das Einzelne hinwegsieht. Hierbei kann man lernen, daß es gilt, den Wald *und* die Bäume darin zugleich zu erfassen, daß das Gewinnen eines Überblicks sich sehr wohl verträgt mit der schärfsten Erfassung der einzelnen Formen nach Casus, Numerus, Genus, nach Person, Tempus, Modus, ja ohne sie gar nicht möglich ist, da erst aus ihr die *genaue Funktion* und nähere Zugehörigkeit jedes einzelnen Ausdrucks in dem ganzen Satz, und damit die Struktur dieses Satzes selbst hervorgeht. – Hier lernt man außer der *Gliederung* vor allem auch die *Zentrierung* eines Satzes und damit seinen gesamten *hierarchischen Aufbau* zu erfassen: in der Auffindung der *Aussage* als des Angelpunkts der gesamten Konstruktion; in dem Weiterfragen von diesem Kern aus bis in die letzten Verzweigungen; und nicht zuletzt in der Erfahrung, daß ein solches Satzgebilde nicht als verstanden angesehen werden kann, solange nicht der Gesamtkonstruktion alles ohne Rest und ohne neblige Stellen aufgeht.

Hier übt man ferner das *Erschließen der Bedeutung* von einzelnen Wörtern *aus der Forderung des Ganzen*, nicht nur des ganzen Satzes, sondern darüber hinaus *des umfassenderen Gedankenganges*, in dem dieser Satz seinen Platz hat (wovon müßte, nach dem bisherigen Verlauf, wovon *kann an dieser Stelle* nur die Rede sein?). Das betrifft nicht nur ganz neue, noch unbekannte Wörter, sondern auch solche Wörter, die an sich bekannt, aber bisher nur in abweichender Bedeutung vorgekommen sind, und für die nun die hier, in diesem besonderen Zusammenhang, geforderte *Sonderbedeutung zu finden* ist. – Diese einzigartige Gelegenheit zum selbständigen Denken wird freilich vielfach in einer wenig überlegten Weise *abgeschnitten* durch die neuerdings immer mehr sich einbürgernden „Kommentare", die sich hauptsächlich gerade damit beschäftigen, jede nicht alltägliche Sonderbedeutung sorgsam fertig vorgekaut zu liefern. Man muß daher, wenn überhaupt der Sprachunterricht zum selbständigen Denken anleiten soll, unbedingt Ausgaben ohne solche Kommentare zu Grunde legen und den Schüler auf ein gutes allgemeines Wörterbuch verweisen, das gar nicht allzu umfangreich zu sein braucht.

Die *Übung im verständigen Aufschlagen eines Wörterbuchs*, im Herausfinden der gerade hier passenden Bedeutung, und darüber hinaus ein Loskommen von den dort verzeichneten Bedeutungen. Die Vermittlung der Fähigkeit und des Mutes, aus dem Zusammenhang des vorliegenden Textes heraus zu fragen, ob unter den aufgezeichneten Bedeutungen die hier benötigte überhaupt enthalten ist, und weitere, verwandte Bedeutungen zu interpolieren oder zu extrapolieren, – ist selbst wieder ein wichtiger Teil der Anleitung zum selbständigen Denken im sprachlichen Bereich. Allerdings müßten dann auch die zur Zeit vielfach üblichen „Vokabelverzeichnisse" verschwinden, die nur die gerade benötigte Bedeutung nennen.

Man könnte weiter daran denken, die Gelegenheit zur selbständigen Auseinandersetzung mit dem Text für die obersten Stufen noch zu verschärfen, indem man diesen nicht, wie gegenwärtig üblich, schon syntaktisch präpariert, sondern nach Art der alten Manuskripte ohne Satzzeichen darböte und es dem Schüler überließe, diejenige Zeichensetzung zu finden, die den besten Sinn (oder überhaupt einen Sinn) ergibt.

Was für das einzelne Wort und seinen Sinn im Satz gilt, gilt noch einmal für das Verständnis des ganzen Satzes. Gerade das Übersetzen aus der Fremdsprache kann immer wieder die Augen dafür öffnen, daß das richtige Verständnis eines Satzes nicht mit Notwendigkeit aus dem Verständnis aller seiner Worte hervorgeht, daß es *immer* in mehr oder weniger hohem Maß *eine Hypothese ist*, die erst noch durch die Gegenüberstellung mit dem weiteren Zusammenhang gesichert werden muß.

3. Wichtig ist auch im sprachlichen Bereich *die Schaffung von Quer- und Längsverbindungen*. Der Wortschatz darf auf keinen Fall eine Summe unzusammenhängender Einzelheiten bleiben (wie das nach meinen Beobachtungen der letzten Zeit heute nicht selten der Fall ist!). Er muß zu einem immer dichteren Netz sinnvoller (inhaltlicher und formaler) Zusammenhänge verwachsen, *inner*halb der Muttersprache, *inner*halb der fremden Sprache, *zwischen* den verschiedenen Sprachen, zwischen den verschiedenen *Mundarten und Entwicklungsstufen* der eigenen Sprache, zwischen der Sprache und den *Sachen*. Man spare also nicht mit Hinweisen auf die Wortgeschichte, auf die Etymologie, auf die Laut- und Bedeutungsentwicklung, auf die Abwandlungen der Formen in den Mundarten und auf die darin enthaltenen ursprünglichen Formen, auf die Laut- und Sinnverwandten des Wortes in anderen, alten und neuen Sprachen. Lehn- und Fremdwörter, dazu Personen- und Ortsnamen und die Bezeichnungen mehr oder weniger weit gewanderter Kulturgüter geben unerschöpfliche Gelegenheit zur Erhellung *kulturgeschichtlicher Zusammenhänge* (Berufs- und Siedlungsprobleme, Wanderungen, Eroberungen, Handelsbeziehungen, Größen und Helden der Geschichte, der Sage und der Legende). Weitere Verbindungen schafft das Aufsuchen und Vergleichen bedeutungsverwandter Wörter und Redensarten: die Synonymik im weiteren Sinn.

4. Von großer *Bedeutung ist die Auflockerung aller starren Zuordnungen und Formbegriffe*, das Öffnen des Blickes für ihre Wandelbarkeit und ihr ständiges Fließen, für die Übereinstimmung des äußerlich stückhaft Abweichenden, für die Weite und Verschiebbarkeit der Bedeutungsbereiche. Hierzu trägt schon bei die Übung in dem sinngemäßen Gebrauch des Wörterbuchs, dann wesentlich der Blick in die Etymologie, in die Verwandtschaftsverhältnisse der Sprachen und Mundarten, der die Augen für die Schicksale der Lautgestalt und der Bedeutung öffnet.

Auch auf die *Zufälligkeit der Schriftform*, des Buchstabenbildes kann nicht eindringlich genug hingewiesen werden: man muß lernen, *dasselbe im anderen Kleid* (in anderer Aussprache und anderer Schreibweise) wiederzuerkennen. Dazu eignet sich in hohem Maß die *Namenforschung* (man denke an Schultheiß, Schultes, Scholtes, Schultz, Schulz, Scholz, Schulze; an Niebuhr und Neubauer; Reut und Rode; Naumburg, Nienburg, Neuenburg; Siegfried, Sievert, Seifert, Seyfarth, Seufert, Säufritz; an Ludwig, Lodweg, Lutz und Lotze usw.). Es ist nur gut, wenn es dem Schüler dabei aufgeht, daß Festsetzungen über die Rechtschreibung, *bei aller Zweckmäßigkeit*, fast immer mehr oder weniger willkürlich sind.

5. Dicht bei der Sache zu bleiben, möglichst dicht an sie heranzuführen, ist auch im Sprachunterricht eine grundlegende Forderung. Dazu dient bei der *lebenden Fremd-sprache* der Aufenthalt des Lehrers in ihrem Sprachgebiet als unentbehrlicher Teil seiner Ausbildung, und für den Unterricht das Tonband, dazu dient im Unterricht in der *Mutter*sprache, daß er unter allen Umstäden *vom gesprochenen*, nicht vom geschriebenen Wort ausgeht (so schon 1879 HILDEBRAND). Dazu dient vor allem wiederum die Synonymik in dem weiteren, auch Redensarten umfassenden Sinn, sofern man die je besonderen Bildgehalte der verschiedenen Ausdrücke aufsucht und einander gegenüberstellt; ferner die Etymologie, sofern sie *die Worte beim Wort nimmt*, die verblaßten Formeln und abstrakt gewordenen Klischees (man denke an „Zweck" und „Zwist"), aber auch verblaßte syntaktische Formen wieder veranschaulicht und lebendig macht, in ihrer Urbedeutung ihren verlorenen Bildgehalt wiedererweckt. Hierbei kann auch das Auseinandernehmen zusammengezogener Ausdrücke („anstatt", „sofern") und dergleichen gute Dienste tun, wenn auch dabei die Erkenntnis des weitgehend Willkürlichen aller Rechtschreibung noch weitere Nahrung erhält.

Wichtig ist es, keine leeren und nebelhaften Ausdrücke, keine oberflächlich dahergeschwätzten Redensarten durchzulassen, sondern beim Verdacht eines gedankenlosen oder auch eitlen Wortgebrauchs unnachsichtig zu fragen: Wie meinst du das? Was wolltest du damit sagen? – Aber dann gilt es, nicht mit abstrakten, dürren und schwerfälligen Begriffsbestimmungen zu kommen, sondern den Sinn des Wortes aus dem lebendigen Zusammenhang, in dem es an seinem Platz ist, durch sinngemäßen *Gebrauch*, mit Anschauung und Leben zu erfüllen.

Was für den einzelnen Ausdruck gilt, ist umso wichtiger, wenn der Schüler sich zusammenhängend äußern soll: im Aufsatz.

Jeder Aufsatz *kann* eine echte Denkaufgabe sein, und er wird von dem Schüler mit umso größerer Freude in Arbeit genommen werden, je mehr er es ist. (Auf die Fragen, die damit zusammenhängen, daß er stets zugleich eine *Gestaltungs*aufgabe ist, kommen wir im nächsten Kapitel zurück.)

Die Bedeutung einer echten Denkaufgabe kann der Aufsatz auf zweierlei Weise verfehlen: harmlos, wenn er zu einer bloßen Gedächtnisprobe, z. B. an einem neuen, noch nicht verarbeiteten Stoff, wird; höchst gefährlich und verderblich, wenn das Thema durch seine Abstraktheit und Schwierigkeit, durch den Zwang zu Stellungnahmen, zu denen noch die inneren Voraussetzungen fehlen, die Fassungskraft des Schülers übersteigt, oder wenn er in dem Schüler den Eindruck erweckt, daß er in seinen Stellungnahmen bestimmte Erwartungen des Lehrers erfüllen solle, oder wenn es geradezu von ihm Gefühle und Gesinnungen fordert, die er einfach noch nicht hat. In all diesen Fällen zwingt das Thema den Schüler, der sich ja nicht traut, das Thema abzulehnen, zum Flunkern, zum Phrasendreschen, zur Heuchelei, im Grenzfall zum glatten Schwindel.

Das Thema eines Aufsatzes kann nicht konkret genug sein. Man muß an dem realen Stoff die Seite, den Punkt finden, von dem anzunehmen ist, daß er den Schüler zum

Selbstdenken angeregt hat, so daß seine eigenen Gedanken zu Tage kommen; ist er nach einer aufregenden Aussprache „voll von der Frage" (HILDEBRAND), so wird er darüber sicher einen guten Aufsatz zustandebringen.

2.4 Und die Wirkungen?

2.4.1 Fachlich

Wie mir A. KERN eben mitteilt, führt er „seit zwei Jahren Kinder im Rechnen einen Weg, der grundsätzlich immer wieder eigene Lösungswege offen hält (KERN 1955). Hier ist alles echt gewachsen; nichts ist durch Wahrheitsapparate verdeckt. Die Leistungen sind einfach unglaublich! So leisten diese Kinder Aufgaben, die im 4. Schuljahr zu 15 Prozent, im 5. Schuljahr zu 25 Prozent, im 6. und 7. Schuljahr zu 35 und 50 Prozent geleistet wurden, zu 75–80 Prozent!" Dies stimmt völlig mit den Erfahrungen überein, die Joh. WITTMANN schon 1929 mitgeteilt hat und die mir bekannte Lehrer bei dem Vorgehen nach PETERMANN und HAGGE gemacht haben.

Die Sorge, die für immer schmal bemessenen Unterrichtszeiten möchten das riesige Programm der beiden vorigen Abschnitte nicht ausreichen, ist unbegründet. Ist erst die Aufnahmebegier des Schülers geweckt – und das ist die Grundforderung der hier vorgetragenen Lehrweise –, so kann in kurzer Zeit Unglaubliches geleistet werden (HILDEBRAND 1879, S. 80 f.) und das so Angeeignete haftet erstaunlich fest im Gedächtnis (KATONA 1940) – ganz abgesehen davon, daß der Schüler, wie die Erfahrung immer wieder bestätigt, sich mit Fragen, die ihn wirklich bedrängen, sich auch in seiner Freizeit in nie geahntem Maße beschäftigen wird.

Darüber hinaus brauchen wir aber eine völlig neue *Einstellung zum Stoffplan*. Und zwar in zwei Hinsichten:

Die erste deckt sich mit der Forderung WAGENSCHEINS (1954, 1956) und KNABES (1957), auf die in unseren Stoffplänen so beliebten „Überblicke" entschlossen zu verzichten, da sie im Endergebnis nur ein in jedem Sinn „flüchtiges" Scheinwissen vermitteln können, und an die Stelle des „unaufhörlichen Fließbands, auf dem das Jahrespensum montiert ist, und dessen Tempo" – um ja nichts zu versäumen – „vor Ostern beschleunigt wird", einen „exemplarischen Unterricht" zu setzen, der in den weiten Räumen der verschiedenen Wissenschaften eine Anzahl von Stützpunkten schafft, die in ernster Arbeit gründlich gesichert werden, und von denen aus dann das Zwischenfeld selbständig erobert werden kann. So verweilt man beispielsweise im Erdkundeunterricht bei *einer* Landschaft, die man möglichst gemeinsam durchwandert, und die im gründlichen Erarbeiten und Durchdenken aller Zusammenhänge zum *Modell* wird, an dem sich erdkundliches Denken entzündet und erdkundliche Begriffe und Betrachtungsweisen gewonnen werden. Dasselbe gilt in der Geschichte für bestimmte Epochen, Ereignisse, Persönlichkeiten. In diesem Zusammenhang finden wir auch (bei KNABE) den erleuchtenden Hinweis, daß unsere althergebrachte Beschäftigung mit der *Antike* ihren Sinn eben dadurch erhält, daß sie ein besonders übersichtlicher und für unser eigenes geistiges Leben bedeutsamer Modellfall einer großen Kultur ist und als solcher behandelt wird. Auch im Physikunterricht kommt es nicht darauf an, vom Parallelogramm der Kräfte bis zur Atomphysik unzählige Formeln parat zu haben, sondern erlebt zu haben, was es heißt, etwas naturwissenschaftlich zu erklären, einen physikalischen Begriff zu bilden, ein Gesetz zu finden, eine Annahme zu prüfen, ein Experiment auszudenken, ein Problem mathematisch zu behandeln, forschend und nicht bloß technisch zu denken. Der Stoff soll auch hier in erster Linie das Mittel sein, an dem geistige Möglichkeiten des Menschen bewußt werden (WAGENSCHEIN). Es ist wohl klar, daß hierbei dem Schüler durchaus nichts an Arbeit und Mühe erlassen wird, sondern nur an die Stelle erkannten Leerlaufs eine wirklich fruchtbare Tätigkeit tritt, die im Endergebnis mit Sicherheit eine *Hebung* des Niveaus zur Folge hat.

Dies gilt auch für die zweite Forderung, die vor allem für die Mathematik und die mathematisch behandelten Teile der Physik gestellt werden muß, und die besagt, daß der Stoffplan für jeden einzelnen Schüler genau dort seine *obere Grenze* finden muß, wo er, auch bei günstigster Wahl der Ableitung und sachgemäßer Führung, die Probleme nicht mehr in echtem, einsichtigem Vorgehen ehrlich meistern kann.

In den oberen Klassen unserer höheren Schulen wird zur Zeit eine Unmenge von Dingen gelehrt, die dieser Forderung nicht genügen, von denen die Abiturienten, unter Bedingungen befragt, die eine ehrliche Antwort nicht verhindern, offen zugeben, daß sie und die meisten ihrer Mitschüler sie nie verstanden haben. Wenn man mit den oben mitgeteilten Verfahren die Stelle abtastete, wo das echte Verständnis zu Ende war, würde man bei der Mehrzahl der jungen Menschen, denen man gegenwärtig „geistige Reife" zuspricht, zu geradezu niederschmetternden Ergebnissen gelangen.

Daraus folgt aber *nicht*, daß unsere Forderung notwendig zu einem Verzicht auf die Vermittlung wertvollen Kulturgutes führt – obwohl dieser Verzicht, wenn er unvermeidlich wäre, immer noch besser wäre als der gegenwärtige Massenselbstbetrug unserer Schulpädagogik.

Denn in einem Unterricht, der von Anfang an auf die Anleitung zum Gewinnen von Verständnis ausgeht, werden die oberen Grenzen der schulischen Anforderungen wahrscheinlich nur wenig, vielleicht sogar überhaupt nicht herabgesetzt werden müssen, weil sowohl die Fähigkeit als auch der Mut und die Bereitschaft zur Auseinandersetzung auch mit schwierigen Problemen *weit über dem gegenwärtigen Durchschnitt liegen werden*.

2.4.2 Charakterlich

Die verbesserten fachlichen Einzelleistungen sind nicht der einzige, vielleicht nicht einmal der wichtigste Ertrag einer solchen neuen Didaktik.

Soviel ist sicher: Ganz den Forderungen entsprechend, die wir im Abschnitt 1.4 entwickelt haben, vermittelt eine solche Didaktik eine geistige Selbständigkeit, die nicht alles, was ihr von irgendwelchen Respektspersonen vorgesetzt wird, unbesehen und devotest schluckt, sondern auch das auf seine Gültigkeit, Richtigkeit und Notwendigkeit zu prüfen wagt, was aus dem ehrwürdigsten Munde stammt (COPEI 1955, S. 26, 40, 70f.; WERTHEIMER 1957, S. 91, 157). Sie stärkt den *sonst* rasch erlahmenden Mut, sich auch mit Problemen auseinanderzusetzen, die man „noch nicht gehabt" hat. Dazu bewirkt sie einen gesunden Abscheu vor nebelhaften, verworrenen Situationen und weckt das leidenschaftliche Verlangen, den Dingen auf den Grund zu kommen (WERTHEIMER 1957, S. 155, 221, 230 ff.). Sie fördert die Bereitschaft und das unbeirrbare Bestreben, sich in Problemsituationen zunächst über die Gesamtlage, ihre wesentlichen Züge, ihre Struktur und ihre strukturellen Forderungen *Übersicht zu verschaffen* und nicht an dem Einzelnen zu kleben, das zufällig zuerst ins Auge gefallen ist. Und sie bewahrt davor, sich nachträglich in Kleinigkeiten zu verlieren oder blind irgend etwas

Gelerntes anzuwenden (WERTHEIMER 1957, S. 30, 61, 130). – Zugleich wächst das Gefühl dafür, was der Situation fehlt und von ihr gefordert wird.

Mit dem wiederholten Gelingen wächst die geistige Sicherheit und Zuversicht. Und mit der Zunahme der Selbstsicherheit und Zuversicht *schwindet die Neigung, willkürlich vorzugehen,* und es wächst entsprechend die Fähigkeit, die eigenen Anliegen selbst als einen Teil der Gesamtsituation zu sehen (WERTHEIMER 1957, S. 157ff., 228) und so vorzugehen, wie die Situation es verlangt (WERTHEIMER 1957, S. 14f.).

Es wächst die Fähigkeit und Bereitschaft, vorgefaßte Meinungen zu revidieren und in eine Diskussionsgemeinschaft nicht mehr einzutreten als einer, der unbedingt siegen will, sondern als ein gemeinsam mit den anderen Suchender (WERTHEIMER 1957, S. 159; COPEI 1955, S. 26).

Eine sinnvolle Anleitung zum selbständigen Denken erzieht zur geistigen Redlichkeit und Gewissenhaftigkeit. Sie vermittelt die Fähigkeit, zwischen dem Einleuchtenden und dem Gesicherten zu unterscheiden, und das Bedürfnis, das zunächst nur Vermutete zu sichern (WERTHEIMER 1957, S. 220). Sie befreit vor dem Dünkel, fertig zu sein und alles zu wissen und zu können, nur weil einige Stunden davon geredet worden ist. Sie erzieht zur Bescheidenheit und zur Achtung vor der echten geistigen Leistung (KNABE 1957).

So geht die Formung des Menschen, die eine Erziehung zum selbständigen Denken gewährleistet, tatsächlich „bis in ethische Bezirke. Wir wissen allmählich instinktiv zu scheiden, was oberflächliche und gedankenlose Arbeit und was saubere und echte Erkenntnis ist; es wird unmöglich, anders als mit dieser Intensität und Sorgfalt zu arbeiten", weil das flache und halbverdaute Wissen, mag es sich auch mit noch so prunkvollen, tiefsinnig und gelehrt klingenden Aussprüchen schmücken – ebenso wie alles flüchtige leichte Aburteilen – Abscheu einflößt. Aus dem wiederholten sorgfältigen Durchdenken und Prüfen von Vermutungen erwächst allmählich ein klares eigenes Urteil und ein Gefühl der Sicherheit. Die Selbständigkeit gegenüber Autorität und Überlieferung, die so gewonnen wird, führt nicht zu einem leichten und leichtsinnigen Wegwerfen von Überkommenem, sofern sie auf einer inneren Freiheit und Selbständigkeit des Urteils, auf dem Vordringen zum Grund der Dinge beruht und aus der Zucht, die durch die Verpflichtung zur Verifikation vermittelt wird, ihre Rechtfertigung findet (COPEI 1955, S. 40f.).

Wo immer die Erziehung zum selbständigen Denken, soweit der Gegenstand des Faches es erlaubt, zum Mittelpunkt des Unterrichts gemacht wird, fördert sie auf solche Weise das Wachstum der geistigen Persönlichkeit an Weite, Freiheit, Selbständigkeit und Lebendigkeit (COPEI 1955, S. 71). Und welche Aufgabe könnte für den Lehrer höher und beglückender sein als die Aufgabe, die sich ihm hier eröffnet?

27. Erziehung zum schöpferischen Gestalten (1959)

1. Lebensbedeutung der Erziehung zum schöpferischen Gestalten

1.1 Die Bedeutung des Formgefühls

Die Häßlichkeit, Öde und Unwohnlichkeit der technischen Welt, des „Kulturschutzparkes", in dem wir heute zu leben gezwungen sind, rührt zum sehr großen Teil daher, daß nach dem Übergang von der altüberlieferten Einzelfertigung zur neuen Massenfertigung und bei dem Aufbau der Einrichtungen, die ihr dienen, – vielfach aus dem Fehlen jeglichen Formgefühls bei der neuen Gruppe der Großhersteller, vielfach aus nackter Gewinnsucht: u. a. war der billigste Musterzeichner der beliebteste – an der Formung der Gebrauchsgüter zunächst keine echt gestalterischen Kräfte mehr beteiligt waren, so daß das Gebrauchsgut, mit dem wir überschwemmt werden, vielfach nicht den geringsten Anforderungen an gute oder auch nur erträgliche Form genügt.

Eine aus Wahrhaftigkeit, Schlichtheit und echtem Wertgefühl hervorgehende Gestaltung der Umwelt bildet aber die Grundlage jeder Kultur*. Gut (und schlecht) gestaltete Dinge der Umwelt sind nicht nur Zeugnisse geistiger Ordnung (oder Unordnung), sondern auch stille prägende Erziehungsmächte – zum Guten oder zum Schlechten.

Trotz aller Bemühungen verschiedener Arbeitsgruppen (Werkbund, Rat für Formgebung, Institut für Handwerkskultur, Bund deutscher Kunsterzieher, Arbeitskreis für Werkerziehung) und verantwortungsbewußter Einzelpersönlichkeiten werden gegenwärtig immer noch Unsummen für Kitsch und Schund aller Art hinausgeworfen, und die unerträgliche Häßlichkeit des Lebensraumes breitester Bevölkerungskreise, beispielsweise durch verlogenen Fassadenprunk, Dauerwellenmöbel, protzig oder fade „dekoriertes" Geschirr und dergleichen wird weiter gesteigert. Der Geschmacksverfall, die Symbolblindheit auch „gebildeter" Menschen, ihre Unfähigkeit, der unmittelbaren Umgebung den eigenen Geist sichtbar aufzuprägen, die Überbewertung des technisch Perfektionierten, der maschinell erzielten Politur, die sogar für die Schönheit der menschlichen Gestalt zum Leitbild zu werden droht, breiten sich immer noch weiter aus.

Vom rechten Werken führt ein gerader Weg zum vernünftigen Verbraucher und zum Erwachsenen, der seine Umwelt sinnvoll und menschenwürdig gestaltet. Indem der junge Mensch selbst sich gestaltend betätigt, und sich dabei mit Zweck, Werkstoff und Werkzeug auseinandersetzt, schärft er sein Urteil und begreift er den Unterschied zwischen echter Gestaltung und oberflächlichem Kitsch.

---

* Hierzu und zum Folgenden vergleiche besonders die Denkschrift von Klöckner, Soika und Sellin (1957).

1.2 Gestaltungskraft und Werkfreude im seelischen Haushalt

Gibt es noch musische Begabungen? Betrachtet man alte Häuser, altes Gebrauchsgut und Volkskunst der verschiedensten Art, so möchte man meinen, daß durch ein noch unerforschtes geschichtliches Verhängnis die Menschen mit Formgefühl und Gestaltungskraft bei uns auf die schmale Gruppe der hauptamtlich Kunstbeflissenen zusammengeschmolzen sind.

Tatsächlich hat auch heute noch jeder gesunde Mensch gewisse gestalterische Kräfte, Fähigkeiten und Bedürfnisse. Sie sind nur verschüttet: u. a. durch unsere einseitig auf das Nützliche und auf die Aneignung von Wissen ausgerichtete Schulausbildung; durch die lähmende Meinung, es den unerreichbaren Leistungen der „großen Kunst" nachtun zu müssen; durch die Überschwemmung der gesamten Umwelt mit ungestalteten Dingen, die den Geschmack verdorben und alle Maßstäbe verrückt haben; und durch eine bis vor kurzem ganz allgemein geübte und bis heute immer noch vorherrschende Art des bildnerischen Unterrichts, die den Gesetzen des schöpferischen Gestaltens von Anfang bis zum Ende widerspricht.

Wo man versucht hat, die verschüttete Gestaltungsfreude auf rechte Weise zu wecken, kamen aus allen Teilen der Bevölkerung erstaunliche Begabungen ans Licht.

Wirkungen der Weckung der Gestaltungsfreude. Die Lahmlegung dieser Seite der menschlichen Natur stört das seelische Gleichgewicht in einem Maße, das man im Augenblick noch nicht absehen kann. Bedeutungsvolle Hinweise gibt die alltägliche Erfahrung der Erziehungsberater, daß bei der Behandlung seelisch gestörter Kinder und Jugendlicher (auch Erwachsener) die Ermunterung zu eigener gestaltender Tätigkeit eine der wirksamsten Maßnahmen ist: Es gelingt dadurch, schwere innere Hemmungen aufzulösen und ein gesundes Selbstvertrauen zu entwickeln.

KLÖCKNER, SOIKA und SELLIN (1957) vermuten mit Recht, daß manche Zivilisationsschäden durch verstärkte Werkerziehung geheilt werden können. Es ist nicht etwa eine kühne Vermutung, sondern eine vielfach erwiesene Tatsache, daß durch die Pflege musischer Interessen, besonders auch durch die Weckung der Freude am Gestalten, die erschreckende Kluft zwischen körperlicher Entwicklungsbeschleunigung und geistig-seelischer Entwicklungshemmung auf organische Weise überbrückt und ausgefüllt werden kann; ja noch mehr, daß man auf diese Weise sogar die körperliche Verfrühung selbst in mancher Hinsicht aufhalten und rückgängig machen kann.*

Dazu kommt noch ein Zweites: Durch die immer pausenlosere Berieselung mit den Erzeugnissen unserer Massenunterhaltungsindustrie ist der Mensch unserer Zeit in Gefahr, in seinen Mußezeiten immer mehr zum reinen „Kulturverbraucher" zu werden, der sich unter Lebensfreude nichts anderes mehr vorstellen kann, als, wie im Märchen vom Schlaraffenland, alle Viere von sich gestreckt, mit geöffnetem Maul dazuliegen und auf die gebratenen und vorgekauten Tauben zu warten.

Diese Gefahr wächst mit der Verlängerung der Freizeit, die in einer Reihe von Berufen schon erreicht, in anderen zu erwarten ist. Und es gibt gegen sie kaum ein besseres Mittel als die Weckung und Pflege der Freude am eigenen Werkschaffen und insbesondere der Freude am schöpferischen Gestalten.

---

* Unveröffentlichte Untersuchungen von Dr. SCHMIDT-VOIGT, die in den ersten Jahren des zweiten Weltkrieges am damaligen Frankfurter „Musischen Gymnasium" vorgenommen wurden und dort an Jungen, die großenteils aus rheinisch-westfälischen Industriestädten stammen, *keine* wesentliche Vorverlegung der Geschlechtsreife ergaben!

2. Form und Gestalt

2.1 Vorbemerkung

Zur Erziehung zum selbständigen Gestalten liegt in Sonderveröffentlichungen und pädagogischen Zeitschriften der verschiedensten Art eine Fülle erfreulicher Vorarbeiten, Vorschläge, Anregungen vor. Dieser Beitrag soll darum vor allem den gemeinsamen Sinn aller dieser Bemühungen herausarbeiten, die Natur, die Quellen und Wurzeln schöpferischen Gestaltens klären, um die Mannigfaltigkeit der Vorschläge aus ihrer Vereinzelung zu erlösen und als notwendige Ausflüsse eines einzigen Prinzips zu erweisen.

Statt Erziehung zum schöpferischen Gestalten hätte man ebensogut Erziehung zum selbständigen oder zum freien Gestalten sagen können, wobei der letzte Ausdruck dem Wesen des faktischen Tuns am nächsten kommt.

2.2 Erstes Beispiel: die Kugel

Um zu verstehen, was hier unter Freiheit verstanden werden soll, ist eine allgemeinere Vorbetrachtung nötig: über den Unterschied zwischen freier und aufgeprägter oder erzwungener Gestalt, der sich nicht erst in den Werken der Menschen, sondern in sämtlichen Reichen des Seins findet (vgl. auch METZGER 1954, Kap. 6). Zur ersten Erklärung diene ein einfaches Beispiel aus der unbelebten Natur: die Form einer Kugel.

Eine aufgezwungene und nur durch Starrheit erhaltene „Form" haben wir etwa in einem rund geschliffenen Stein oder in einer zur Kugel gepreßten Blechschale (auch in der „Form" des Wassers, womit etwa diese Blechschale gefüllt ist).

Eine von inneren Kräften getragene und erhaltene „Gestalt" ist die Kugelform der Seifenblase oder jedes frei schwebenden Tropfens.

Die Probe auf die Grundlagen der Formausprägung ist der störende örtliche Eingriff: Aufgezwungene örtliche Störungen der starren Form sind unabänderlich, wenn nicht neue Eingriffe von außen erfolgen; dafür bleiben sie auf ihren Ort beschränkt: Ein Stoß, der aus der Steinkugel ein Stück herausbricht, oder eine Stelle der Blechkugel eindrückt, läßt den Rest der Kugelform unverändert. Wird durch einen ähnlichen Unfall ein frei schwebender Tropfen eingebeult, so kehrt er, nachdem der störende Eingriff vorüber ist, von selbst wieder in die Kugelform zurück. Die Störung pflanzt sich durch das Ganze fort. Das Ganze lagert sich in allen seinen Teilen um. So „heilen" Störungen an Gestalten unter Umständen – nicht immer – von selbst.*

2.3 Zweites Beispiel: der Baum

Als zweites Beispiel diene die Form eines Baumes, die ebenfalls auf zweierlei Weisen zustandekommen kann:

Bei der einen Weise zwingt sie der Gärtner durch Biegen und Binden an Pfähle und Spaliere und durch Beschneiden mit der Heckenschere der Pflanze auf. So entstehen etwa die Kugeln, Pyramiden und phantastischen Tierformen, die man in manchen verspielten alten Gärten des französischen Stiles findet.

---

* Näheres – gemeinverständlich – bei METZGER (1949), in strenger Ableitung bei W. KÖHLER (1920).

Zu der anderen Art gehört die herrlich klare Form frei gewachsener Bäume, einer alten Eiche oder Fichte etwa, die gerade dort sich am ehesten verwirklicht, wo alle äußeren Behinderungen fehlen: im Streubestand vor dem Waldrand etwa und nicht im dichten Gedränge des Forstes.

Nur die Formen der ersten Art „wuchern" und „verwildern", wenn der Gärtner nicht immer wieder mit dem Bast und der Schere nachhilft. Die der zweiten „verwildern" nie; sie prägen sich umso klarer und eigentümlicher aus, je länger der Baum ungestört unter günstigen Wachstumsbedingungen sich selbst überlassen bleibt. Denn sie bilden sich durch das Wechselspiel und die Entfaltung innerer Kräfte und werden von ihnen ständig erhalten, wiederhergestellt und immer schärfer ausgeprägt.

Diese Art von Formen stellen wir seit GOETHE als lebendige „Gestalten" im eigentlichen Sinn des Wortes den aufgezwungenen, toten und nur durch Starrheit aufrecht erhaltenen „Formen" im engeren Sinn gegenüber.

2.4 Drittes Beispiels: die menschliche Gestalt

Auch den Menschenleib hat man immer wieder durch äußeren Zwang – zuletzt bei uns durch Schnürvorrichtungen – zu formen versucht, oder ihm – etwa bei verkrümmten Rücken – durch die verschiedenartigsten Stützgeräte die richtige Form zu bewahren und wiederzugeben versucht; – bis man erkannte, daß der Rücken durch frühzeitige Kriechübungen und genügend Lebertran, die die innere Festigkeit und Spannung verstärken, ohne alle Stützen viel sicherer gerade wird, und daß die seit langem vermeintlich unwiederbringlich verlorene Schönheit der weiblichen Gestalt bei Sport und vernünftiger Ernährung sich von selbst wieder einstellt. (Man muß gespannt sein, wie lange es dauert, bis dieser überraschenden Einsicht die weitere, nicht weniger folgenreiche Einsicht folgt, daß es ein ebenso vergebliches Bemühen ist, das menschliche Antlitz durch äußere Eingriffe mit Rasiermesser und Farbstift verschönern zu wollen, und daß auch seine Schönheit durch nichts so vollkommen wie durch frei wirkende innere Kräfte verwirklicht wird: durch die Kräfte des selbstvergessenen guten Herzens, das freilich heute bei uns nicht gerade hoch im Kurs steht.)

2.5 Viertes Beispiel: die Ordnung des Zusammenlebens

Der Gegensatz zwischen starrer Form und lebendiger Gestalt läßt sich auch bei den Formen des menschlichen Zusammenlebens aufweisen: Nichts kann hier an Dauerhaftigkeit, an Leichtigkeit und Selbstverständlichkeit des Funktionierens, an Fähigkeit der Anpassung an neue Lagen und der Wiederherstellung bei allerlei Störungen mit denjenigen Ordnungen wetteifern, die durch die Freisetzung und Entfaltung innerer Kräfte auf „natürliche" Weise gebildet, die „gewachsen" und nicht erklügelt und „gemacht" sind.

An dem Aufwand an Aufsicht und Überwachungsmaßnahmen, an Zwangsmitteln, Verboten und Strafandrohungen kann man geradezu ablesen, in welchem Maß eine Ordnung des Zusammenlebens äußerlich aufgezwungen ist, und wie weit sie von einer natürlich gewachsenen Ordnung abweicht.

Die Bezeichnung „gewachsen" und „gemacht" sind hier nicht geschichtlich zu verstehen, nicht als Kennzeichnungen der Art des Entstehens und der Überlieferung der fraglichen Ordnungsformen. Die eine kann so gut wie die andere aus dem

Nachdenken verantwortlicher Menschen hervorgehen, die eine so gut wie die andere durch Verträge und Erlasse in Kraft gesetzt und in Urkunden, Verfassungen und Gesetzbüchern überliefert werden. Entscheidend ist die Art und Weise, auf welche die erwünschte Ordnung gewahrt wird. Das geschieht bei der „gemachten" Ordnung wesetlich durch äußere Verhinderung des Abweichens von der Norm (wobei von der Angst als Motiv in mehr oder weniger verschwenderischer Weise Gebrauch gemacht wird). In der „gewachsenen" Ordnung verläßt man sich dabei wesentlich auf das Zusammenspiel natürlicher Neigungen der Menschen und macht von der Angst nur in äußersten Grenzfällen Gebrauch. „Die vielen Verbrechen kommen von den vielen Gesetzen", sagt chinesische Weisheit. Und: mit dem rechten Verhalten der Menschen, sagt LAOTSE in einem seiner berühmten Gespräche zu KUNGTSE, verhält es sich in einer vollkommenen Gemeinschaftsordnung wie mit der Farbe der Vögel: „Auch die Schneegans, die nicht täglich badet, bleibt trotzdem weiß; und auch der Rabe, der sich nicht täglich schwärzt, bleibt trotzdem schwarz."

2.6 Verlaufsgestalten

Den hier an bleibenden Gebilden erläuterten Unterschied gibt es in allen Reichen des Seins, auch an Vorgängen und Verläufen:

Wir finden freie und trotzdem bestimmte Verlaufsrichtungen etwa bei der Strömungsverteilung in einem Leitungsnetz, bei einer chemischen Reaktion, bei dem Umlauf eines Planeten, der keine Geleise hat und doch seinen Weg nicht verfehlt.

3. Die beiden Weisen der Ziel-Erreichung

3.1 Zwei Beispiele aus der unbelebten Natur

Für die Frage dieses Kapitels sind am wichtigsten solche Verläufe, bei denen von einer gegebenen Ausgangslage aus ein bestimmtes Ziel erreicht wird, wie es, außer bei dem schon besprochenen einsichtigen Denken (im Gegensatz zu dem äußerlich geleiteten Regeldenken) auch beim schöpferischen Gestalten (im Gegensatz zum geometrischen Zeichnen) der Fall ist. Auch die Ziel-Erreichung kann also frei und erzwungen sein, wobei die freie ebenso bestimmt sein kann wie die erzwungene.

Was hierbei unter Freiheit verstanden werden muß, sei – im Anschluß an einen Gedankengang Wolfgang KÖHLERS – an einer einfachen technischen Aufgabe erläutert.

Es sei aufgegeben, unter Ausnützung der in der Natur verfügbaren Möglichkeiten zu erreichen, daß ein Gegenstand, der sich an einer bestimmten Stelle des Raumes befindet, sich an eine andere, etwas davon entfernte Stelle des Raumes begibt. Woraus der Gegenstand besteht, ist gleichgültig. Verboten ist nur, ihn mit der Hand von der einen Stelle an die andere zu tragen. Wir nehmen als erstes Beispiel eine Stahlkugel. Ich kann mit ihr die Aufgabe auf zweierlei Weise lösen.

Die erste Weise zerfällt in zwei Teilaufgaben. Erste Teilaufgabe: Ich baue von der einen zur anderen Stelle ein „Geleise" (etwa eine Rinne). Das heißt: ich sorge für eine starre Vorrichtung, die den Gegenstand verhindert, irgendwo anders hinzulaufen, als an den zweiten Punkt; ich beschränke die Freiheitsgrade seiner Verschiebbarkeit auf einen einzigen: den Weg von der einen Stelle zur andern. Erst nach der Sicherung des

Wegs kann ich die zweite Teilaufgabe in Angriff nehmen: Ich setze durch irgendwelche Triebkräfte den Gegenstand in Bewegung; stoße etwa die Kugel an, damit sie auf der vorgeschriebenen Bahn zum Ziel läuft.

Anders die zweite Weise: Sie besteht nur aus *einem* Arbeitsgang. Die Sicherung des Weges entfällt. Als Ziel dient beispielsweise ein Elektromagnet, stark genug für die fragliche Entfernung, Masse und Reibung. Ich schließe den Strom, und die Kugel wird ihr Ziel ebenso sicher erreichen wie bei dem ersten Verfahren, ohne daß ihre Bewegungsfreiheit irgendwie eingeschränkt wurde.

Wählt man als Gegenstand eine bestimmte Menge Wasser, so sind beim ersten Verfahren die beiden Teile der Einrichtung ein Leitungsrohr, um den Weg zu sichern, und eine Pumpe, um das Wasser hindurchzutreiben. – Beim zweiten Verfahren bildet den Ausgangspunkt beispielsweise ein Topf auf einem Gasherd, das Ziel ein Kühlschrank. Zündet man nun das Gas an und öffnet den Kühlschrank, so ist nach einiger Zeit der Topf leer und das Wasser befindet sich als Eisschicht an den Lamellen des Kühlgeräts – ohne jede Leitung.

Was ist nun das Besondere an dem zweiten Verfahren? Es ist bei der Eisenkugel der Zug entlang der „Kraftlinien" des Magnetfeldes, bei dem Wasser das Gefälle des Dampfdrucks, das im einen Fall die Kugel, im andern Fall den Wasserdampf *zugleich vorantreibt und steuert*. Der Weg zum Ziel bestimmt sich aus einem freien Kräftespiel; deshalb können alle äußeren Hindernisse und Sicherungen gegen etwaiges Abweichen fehlen; und nur wo sie fehlen, entstehen die wundervoll organischen und sich jeder Änderung der Ausgangslage und des Zielpunktes ohne weiteres anpassenden Formen des zurückgelegten Weges.

3.2 Erzwungene und freie Ziel-Erreichung im lebenden Körper

An jedem Organismus müssen in einem fort Bewegungen gesteuert und irgendwelche Substanzen oder Zustände an ihre Ziel befördert werden. Als man anfing, das Getriebe des Lebendigen zu erforschen, fielen zuerst die Zwangsvorrichtungen ins Auge, die solchen Zwecken dienen: die Gelenke, die verschiedenen Arten von Leitungen (Luftwege, Verdauungstrakt, Blutgefäße, Nervenbahnen). Und noch bis heute glaubt man vielfach, wo die Ordnung des Lebensgeschehens nicht durch solche Bahnen gesichert sei, könne es nicht mit natürlichen Dingen zugehen. Aber das geschieht oft genug: Blut und Lymphe werden nur streckenweise von Gefäßen geleitet. Gerade wo sie ihre eigentliche Aufgabe, der Energiezufuhr, der Abgabe von Wirkstoffen usw., zu erfüllen haben, bewegen sie sich ohne vorgezeichnete Bahn durch das Gewebe; und ihr Strom richtet sich – in freiem Kräftespiel – ständig wechselnd nach dem stärksten örtlichen Bedarf. Ein besonders eindrucksvolles Beispiel eines mit größter Sicherheit zielgerichteten Geschehens, bei dem die Natur der Dinge es ein für alle Mal ausschließt, daß seine Richtung durch feste Leitungen gesichert ist, ist die Entwicklung des fertigen Lebewesens mit all seinen Leitungssystemen aus dem befruchteten Ei, – wie die Entstehung eineiiger Zwillinge täglich aufs neue beweist (KÖHLER 1925; METZGER 1949).

3.3 Die beiden Weisen der Ziel-Erreichung in Wissenschaft und tätigem Leben

Von den beiden Möglichkeiten, ein Ziel zu erreichen, hat die zweite das fernöstliche Denken, das vorwiegend um das Menschliche und allgemein um das Lebendige kreist, von jeher beschäftigt. Kennzeichnend ist der 27. Spruch des TAO-TE-KING. „Wer ein Gleis braucht, ist noch kein guter Gänger; wer (zu ergänzen: ohne Leitfaden) noch drauskommt, kein guter Redner; wer noch eine Tafel braucht, kein guter Rechner; solange man Schloß und Riegel braucht, ist nicht gut bewahrt; solange man Strick und Schnur braucht, ist nicht gut gebunden."

Dagegen liegt es dem herkömmlichen – mehr auf die Beherrschung der unbelebten Natur ausgerichteten – Denken des Abendlandes so außerordentlich viel näher, die Ziel-Erreichung durch äußeren Zwang zu sichern, daß man bis heute für sie vielfach blind geblieben ist. In der Technik hat man durch Jahrtausende fast ausschließlich mit dem Zwangsverfahren gearbeitet. Erst in unserer Zeit erfolgt, in den Verfahren der (meist elektronischen) Selbststeuerung und Selbstregulierung, in breiter Front der Durchbruch zum Einsatz der freien Dynamik von Systemen.

Die Arbeitsweise der von uns selbst geschaffenen Zwangsvorrichtungen, der Maschinen, ist für den Abendländer bisher so sehr das Modell jeder Veranstaltung gewesen, durch die man die Erreichung eines Ziels zu sichern sucht, daß man nicht nur in der Lehre – etwa zur Erklärung der Zielbestimmtheit und Zweckmäßigkeit der Vorgänge im Lebewesen –, sondern auch im Leben – etwa bei der Aufgabe, Menschen zu einem bestimmten Ziel zu bewegen – kaum eine andere Möglichkeit bedacht und erprobt hat. Gerade in der letzten Zeit bildet man immer vollkommenere Systeme aus, die den Menschen durch das Abriegeln jeden Ausweges, also durch die immer schärfere Einschränkung seiner Bewegungsfreiheit, an jeder Abweichung von der gewünschten Linie zu verhindern suchen. Bei solcher Anwendung auf den Menschen treten dann, wie schon angedeutet, als äußere Absperrmittel, außer handgreiflichen Hindernissen wie Mauern, Zäunen, Gittern, auch Verbotstafeln mit den zugehörigen Strafandrohungen und Überwachungsorganen als sozusagen geistige Drahtverhaue auf. Als Antriebsmittel dienen sinngemäß elementare Triebe wie Hunger oder Ehrgeiz, die sachlich nichts mit dem Ziel zu tun haben und nur rein willkürlich zu seiner Erreichung eingespannt werden.

Nicht die Berücksichtigung der „Stimme des Volkes", sondern das Bestreben, eine echte, beständige Ordnung des Zusammenlebens durch ein – in gewissen Grenzen – freies Kräftespiel zu erreichen, ist das Grundmerkmal der „freien" Völker, deren Selbstverständnis in dieser Hinsicht freilich noch sehr zu wünschen übrig läßt.

3.4 Übersicht

Zusammengefaßt: Auch Aufgabelösungsverfahren, die ein Mensch anwendet, können von der Art einer „starren Form" und von der Art einer „lebendigen Gestalt" sein. Die „starre Form" besteht dabei im Entlanglaufen an einer äußerlich führenden, am Abirren verhindernden, jedenfalls die Bewegungsfreiheit einengenden Zwangsvorrichtung, einer möglichst festen Leitung. Die „lebendige Gestalt" besteht in einem Tun, das ohne Einschränkung der Bewegungsfreiheit, in einem Kräftefeld, unter dem Zug des Ziels verläuft.

Das heißt, was zunächst an dem einfachsten Fall der Erreichung einer Stelle im Raum erläutert wurde, gilt grundsätzlich für jeden Fall, in dem ein angestrebtes Ziel erreicht und festgehalten wird. Auch wenn die Aufgabe darin besteht, ein schwieriges mathematisches Problem zu lösen (siehe das vorige Kapitel), oder einen arbeitsfähigen Großbetrieb oder ein dauerhaftes, lebens- und verteidigungsfähiges Staatsgebilde aufzubauen, sind immer beide Verfahrensweisen möglich, und – genau wie im lebenden Wesen – beide in verschiedenen Anteilen zugleich.

Die zwei Bedingungen erzwungener Ziel-Erreichung. Der maschinenmäßigen Sicherung gegen Abirrungen dienen, außer physischen Krücken, feste Anweisungen, Regeln, Rezepte, möglichst genaue Verfahrensvorschriften, Warnungen und Verbotstafeln. Durch sie kann auch ein Mensch, der von dem Ziel keine Ahnung hat, gewissermaßen blindlings zu diesem hingeleitet werden.

Die vier Bedingungen freier Ziel-Erreichung. Damit ein Ziel im freien Kräftespiel mit Sicherheit erreicht wird, müssen ganz andere Bedingungen erfüllt sein:

1) Das Ziel muß eine genügende Anziehungskraft besitzen.

2) Außer dem Zug des Ziels darf keine andere ähnlich starke, anziehende oder abstoßende Kraft im Bewegungsfelde wirksam sein.

3) Der bewegte Gegenstand muß genügend beweglich sein, sich möglichst hemmungsfrei in das Kräftefeld des Zieles einspielen können.

4) Das Bewegungsfeld muß möglichst frei sein von Bahnen und Hindernissen, die der Bewegung bestimmte Richtungen äußerlich aufzwingen.

4. Schöpferisches Gestalten

Gehen wir nach diesen weit ausholenden Vorerörterungen nun endlich zur besonderen Frage des Gestaltens über, so finden wir auch hier die beiden Auffassungen. Die erste, am schroffsten vertreten von H. HEFELE (1921), nach dessen Meinung es keine Form ohne Zwang geben kann; die andere etwa von FIEDLER und BRITSCH (1952^3).

4.1 Werk und Gestaltung

Man mißverstehe mich nicht: Das fertige Werk aus Stein oder Holz, aus Tusche oder Farbe, oder aus aufgeschriebenen Noten oder Worten, wie es vom Schöpfer sich löst und ihn, auch für andere vernehmbar – oder aus den Schriftzeichen wiederherstellbar – überdauert, ist ein „starres" Gebilde, aber es ist, falls es wirklich ein Kunstwerk ist, *die erstarrte Spur einer wirklich lebendigen Gestalt*: des sich dem Schöpfer frei entfaltenden inneren Bildes, und zugleich die Grundlage einer neuen, wiederum lebendigen Gestalt: des Bildes, das sie im Betrachter erweckt. Damit es aber zur reinen Spur des inneren Bildes werden kann, darf sein Machen durchaus von nichts anderem als von diesem Bild geleitet sein. Das heißt: die Bewegung zur Vollendung des Werks muß selbst von der Art einer Gestalt sein, allein vom Zug des inneren Bildes gesteuert und zugleich getrieben. Das gilt von dem unbeholfenen Männchen eines 6jährigen Kindes genau so wie von dem unsterblichen Werk des größten Künstlers. Unverbildete Menschen haben ein unglaublich feines Gefühl für die Spuren starrer äußerer Zielerreichungsvorrichtungen in dem fertigen Werk, und auch die geringste derartige Spur schmälert das Gepräge der Echtheit und Wahrheit.

Eine Erziehung zum schöpferischen Gestalten kann daher nur in einer sinngemäßen und unbeirrten Anwendung der oben abgeleiteten Grundsätze der freien Zielerreichung auf die Besonderheit der Gestaltungsaufgabe bestehen.

4.2 Die vier Bedingungen freier Ziel-Erreichung – angewendet auf die Aufgabe der Gestaltung

Angewendet auf den Menschen, der ein Ziel verfolgt, „sich auf dieses zu bewegt", der – um die Frage nun auf den Gegenstand dieses Kapitels einzuengen – eine Gestaltungsaufgabe irgendwelcher Art lösen will, nehmen die oben erörterten vier Sätze folgende Form an:

1) Der Mensch muß von seiner Aufgabe besessen, von Liebe zur Sache erfüllt sein.

2) Er muß vor allem sich selbst vergessen. Alle sonstigen Strebungen – etwa der Wunsch, Eindruck zu machen, zu glänzen, Staunen zu erwecken, Bildung oder Zugehörigkeit zu irgendeinem Stand nachzuweisen, andere zu überbieten, sich beliebt zu machen, vorwärts zu kommen, anerkannt zu werden, Lob und Auszeichnung zu erwerben, übrigens auch: seine Persönlichkeit auszudrücken (T. S. ELIOT 1934, S. 114), ja, auch nur: möglichst schnell fertig zu werden (POPPELREUTER 1933) – müssen schweigen.

3) Er muß empfängliche Sinne und lockere, unverkrampfte Glieder besitzen; der tote Gang zwischen Eindruck und Tun – wozu beim Handeln auch das ausdrückliche begriffliche Feststellen, Erwägen, Beschließen, Anwenden von Regeln gehört – muß möglichst völlig verschwinden.

4) Er muß sich soweit wie möglich von allen die Bewegungsfreiheit einengenden Rezepten, Gewohnheiten und starren Verhaltensregeln lösen und auf alle greifbaren Geräte verzichten, die seinen Weg zum Ziel äußerlich sichern sollen.

4.3 Was Freiheit beim Gestalten nicht bedeutet

Damit ist schon gesagt, daß Freiheit hier nicht im metaphysischen Sinn des Ausgenommenseins von der Kausalität verstanden wird, aber auch nicht im platten Sinn der Willkür, der „Beliebtheit" des Tuns. Denn wer in der hier gemeinten Art der Freiheit ein Ziel verfolgt, kann nicht mehr Beliebiges tun, er ist nur frei, das Rechte zu tun. Sein Beliebigkeitsspielraum wird umso geringer, je freier er im hier gemeinten Sinne wird, das heißt, je meisterlicher er sein Handwerk beherrscht.

Was wir dabei unter „freiem Schaffen" verstehen, schließt sinngemäß nicht notwendig die eigene Wahl des Themas ein. Durch viele Jahrhunderte sind beispielsweise die höchsten Kunstwerke unseres eigenen Kulturkreises an wenigen vorgegebenen Themen der Heilsgeschichte entstanden. Auch J. S. BACH hat den weitaus größten Teil seiner Werke auf befristete Bestellung geschrieben, eines der gewaltigsten, das Musikalische Opfer, nach einem von Friedrich dem Großen Ton für Ton vorgegebenen Thema. Man tut dem Schüler keinen Gefallen, wenn man ihn nötigt, aus der Tiefe seines Gemüts erst ein Thema hervorzubringen.

4.4 Die Gestaltungsaufgabe im Licht der ersten Teilbedingung freier Ziel-Erreichung

Ein Thema zu *stellen*, das den Schüler *begeistert*, und es *so* einzuführen, daß es ihn begeistert, ist eine der wichtigsten Aufgaben des Lehrers; dies ist eine der unmittelbaren Folgerungen aus dem ersten Satz über die freie Zielerreichung. Das ist aber nur möglich, wenn der Lehrer selbst von seiner Aufgabe begeistert ist. Ein pflichtgemäß und mißmutig, ohne echte Liebe zum Schüler, erteilter Unterricht, ein Unterricht, der den Druck von Zensuren, Strafarbeiten und dergleichen zum Haupterziehungsmittel macht (METZGER 1957), ist zur Pflege der schöpferischen Kräfte nicht geeignet: Er widerspricht so gut wie sämtlichen Teilbestimmungen des Grundsatzes vom freien Gestalten.

Das Thema muß geeignet sein, ein Kind des fraglichen Alters zu begeistern. Dazu darf es nicht zu verwickelt und unübersichtlich sein (wie es besonders leicht bei Aufsatzthemen geschieht); aber, was noch in dem Zeichenunterricht, den ich selbst als Kind genossen habe, völlig übersehen wurde, auch nicht aus stückhaft herausgegriffenen „Elementen" bestehen.

Damals übten wir noch gerade und krumme, senkrechte und waagrechte Striche, dann wurden wir zu Messern, Löffeln und Gabeln, etwas später zu einzelnen Äpfeln und Birnen, Blättern und Schmetterlingen zugelassen; es folgten Würfel, Quader und ähnliche Elementarkörper, und über das Stilleben aus Vasen und Zierkürbissen gelangte man endlich zum Gipskopf, in der Hoffnung, daß damit so ziemlich alle „Elemente" beherrscht seien, die man später zum prächtigsten Gemälde braucht.

Aus der ersten Teilbestimmung des Satzes vom freien Gestalten folgt unmittelbar, daß das Thema ein für das Kind in sich sinnvolles und möglichst bedeutsames Ganzes sein muß. Mit Recht steht darum heute am Anfang der bildnerischen Versuche etwa ein Festzug, an dem man gestern selber teilgenommen hat, oder eine Szene aus einem Märchen oder aus der biblischen Geschichte, und erst am Schluß, nach vielen Jahren, kommt, wenn man darauf aus ist, LIEBERMANNS berühmter Rettich.

Im Folgenden besprechen wir nun getrennt die Fragen der sprachlichen und der bildnerischen Gestaltung im Unterricht.

5. Besondere Fragen des sprachlichen Gestaltens

5.1 Zur ersten und zweiten Teilbedingung freier Ziel-Erreichung: Erziehung zur uneingeschränkten Zielbestimmtheit

Die Beherrschung des Gegenstandes. Die erste Teilbestimmung des Satzes vom freien Gestalten nimmt hier unmittelbar die Form an: „Grund und Quelle rechten Schreibens ist, etwas zu wissen" (J. G. HAMANN), und möglichst dicht bei der Sache zu bleiben (C. VON CLAUSEWITZ); oder, um es nochmals mit den Worten A. SCHOPENHAUERS zu sagen: „... die erste, ja, schon für sich allein beinahe ausreichende Regel des guten Stils (ist) diese, *daß man etwas zu sagen habe*".

Das heißt im Aufsatzunterricht: Es darf vom Schüler keine Aussage verlangt werden über etwas, worüber er, nach seinem Alter, seinen Kenntnissen und seinem Reifegrad, unmöglich schon etwas zu sagen haben kann. Die Erziehung zur geistigen Redlichkeit verlangt, daß der Lehrer mit wachen Sinnen erspürt, wieweit seine geistige Fassungskraft schon reicht, und daß er mit seinen Aufgaben auf die Stufe des Schülers hinuntersteigt (HILDEBRAND, WAGENSCHEIN).

Und es ist fast zu selbstverständlich, um es noch ausdrücklich zu sagen: Wer über eine Sache sprechen oder schreiben will, muß sich zu allererst ernst und gründlich mit ihr beschäftigt haben; er muß in ihr zu Hause sein. Das heißt: Er muß sie soweit beherrschen und überblicken, daß er das Wesentliche vom Unwesentlichen zu unterscheiden vermag und sich nicht in dem Gestrüpp der Einzelheiten verliert, wie das bei dem nur zum Zweck des Schreibens eilig zusammengerafften Wissen zumeist der Fall sein wird. Deshalb verführen alle Aufsätze über Themen, die man nur vom Hörensagen kennt, ohne die Möglichkeit, sich zuverlässig zu unterrichten, zu geistiger Unredlichkeit.

Erziehung zur Sachlichkeit. Von der ersten kaum trennbar ist die zweite Teilforderung, die in SCHOPENHAUERS Fassung so lautet: „Die Wahrheit ist nackt am schönsten, und der Eindruck, den sie macht, umso tiefer, als ihr Ausdruck einfacher war …" – „Man brauche gewöhnliche Worte und sage ungewöhnliche Dinge: Sie aber machen es umgekehrt. Wir finden sie nämlich bemüht, triviale Begriffe in vornehme Worte zu hüllen …" Oder wie J. G. HAMANN es ausdrückt: „Es gehört mit zur Güte eines vorzüglichen Werkes, alles Unnütze so viel als möglich abzuschneiden, die Gedanken in den wenigsten Worten und die stärksten in den einfachsten zu sagen." „Das Gute und Gerade sind für mich Synonyma." Unabdingbares Ziel muß der Verzicht auf allen rhetorischen Schmuck sein, auf alle Schminke geistreicher, schwungvoller, „poetischer" Formulierungen (HAMANN). Dazu dient in allen Zweifelsfällen die unerbittliche Frage an den jungen Sprachkünstler: Was hat Du damit sagen wollen? Was meint Du eigentlich? Und das Festhalten der unwillkürlich schlichteren Worte, mit denen er seine kunstvollen Äußerungen dann zu erläutern versucht, dient, da es sich hierbei in jedem Fall um die gegenstandsnähere und sachlichere Form der Aussage handelt, der Vorbereitung der endgültigen Fassung.

Sei man auch noch so dicht bei der Sache, so ist die sprachliche Gestaltung doch nie eine Gestaltung der Sache selbst, sondern eines Verständigungsmittels, das seinen eigenen Formgesetzen folgt. Aber auch hier gilt es nicht, Schönheit um der Schönheit willen zu suchen, sondern diejenige Gestalt, in der das Verständigungsmittel seinen Dienst am besten erfüllt. Diese Gestalt hat weitere drei Kennzeichen, deren Pflege zu den wichtigsten Aufgaben eines gestalterischen Unterrichts gehört.

Zu der Forderung der Sachlichkeit kommen also drei sprachliche Forderungen:

1) die Übersichtlichkeit und Durchsichtigkeit, Klarheit und Sachgemäßheit des Satzbaues;

2) die Sprechbarkeit: Einen Satz, der unsprechbar oder von schlechter, holpriger Lautgestalt ist oder den, gesprochen, niemand versteht, darf man auch nicht dulden. Dazu kommt

3) die Bildhaftigkeit und Konkretheit der Darstellung, die Anschaulichkeit der verwendeten Begriffe und Vergleiche.

Erziehung zur Klarheit. Die Pflege des Satzbaues nach Klarheit, Durchsichtigkeit und Sprechbarkeit läßt sich von der Pflege der Sachlickeit der Darstellung nicht trennen; sie bleibt bis in die obersten Klassen eine wichtige Aufgabe, für die es verschiedene Möglichkeiten gibt:

a) Die nächstliegende ist die Besprechung der eigenen Aufsätze und sonstigen Darstellungsversuche der Schüler. Bei Neigung zu umständlichem Satzbau wird der Text, um ihn auf seine Verständlichkeit zu prüfen, einem Unbeteiligten vorgelesen, und notfalls wieder durch die allenfalls notwendigen Erläuterungen ersetzt. Um zu prüfen, ob sich etwas wirklich nicht einfacher sagen läßt, hat sich oft die Übersetzung ins Englische als nützlich erwiesen, da diese Sprache keine Stelzen kennt.

b) Dazu kommt die (zunächst gemeinsame, dann auch selbständige) Bearbeitung *vorgelegter* Textstellen, die entweder prunkvoll und überladen, oder umständlich und gestelzt, oder auch einfach phrasenhaft und geschwätzig sind (Bekanntmachungen, Verordnungen, Anzeigen, Gebrauchsanweisungen usw.), dabei im besonderen die

Beseitigung sprachlichen Ballastes, überflüssiger Ornamente, die Entflechtung unübersichtlicher Perioden, die Auflösung substantivischer Ausdrücke usw. (DUNGER 1923; GREYERZ 1925; REINERS 1951).

c) Mit Fortgeschrittenen vergleicht man frühere und spätere Fassungen von Stellen aus Werken großer Meister.

Die Pflege der Sprechbarkeit. Es muß selbstverständlich werden, daß kein Satz niedergeschrieben wird, wenigstens keiner stehen bleibt, der nicht durch lautes Lesen die Probe der Sprechbarkeit besteht (HILDEBRAND).

5.2 Zur dritten und vierten Teilbedingung freier Ziel-Erreichung: Die Pflege der Beweglichkeit

Die Pflege der Anschaulichkeit und Konkretheit des Ausdrucks fällt weithin zusammen mit der Pflege der Empfindlichkeit und Beweglichkeit, das heißt der dritten Teilbestimmung des Satzes vom freien Gestalten, die ihrerseits kaum trennbar ist von derjenigen der vierten: des Abbaues hemmender Festlegungen und Gewohnheiten.

Das „Hineinwachsen" in die Muttersprache. Die erste Vorbedingung der Beweglichkeit im sprachlichen Gestalten ist, daß man seine Muttersprache *kann*, daß man in ihr zuhause ist. Vor allem Schreiben kommt das Sprechen (HILDEBRAND). Dabei kommt es ganz und gar nicht darauf an, daß man die höchst verwickelten Regeln dieser Sprache *kennt*, sie aufzusagen und „anzuwenden" weiß, sondern vielmehr, daß sie wie *Naturgesetze* in dem Sprecher wirksam sind; so wie der Hebel das Hebelgesetz nicht zu kennen braucht, um es zu befolgen (METZGER 1949).

Der Lehrer muß vom ersten Schuljahr an dem Kind helfen, in seine Sprache weiter hineinzuwachsen, durch eine unmittelbare Stärkung und Festigung des Sprachgefühls, also nur durch Vorbild und Gebrauch und durch laufende, ganz untheoretische Berichtigung des Gebrauchs, genau wie es zu Hause beim ersten Sprechenlernen des kleinen Kindes geschieht.

Wo zur Vorbereitung eines fremdsprachlichen Unterrichts ein Unterricht in der eigenen Sprachlehre nicht zu umgehen ist, bedarf das hierdurch stets gefährdete Sprachgefühl besonders sorgsamer Pflege, mit viel lautem Lesen und Sprechen vorbildlicher Texte. Aber das allein genügt nicht.

Weckung und Stärkung der Fähigkeit zur Wortbildung und zur Veranschaulichung. Aus Gründen, die hier nicht erörtert werden können, ist dem Deutschen die unbefangen schöpferische Einstellung zu seiner Sprache, die dem Romanen und Angelsachsen ganz selbstverständlich ist, fast völlig verlorengegangen. Er findet den Mut etwa zur Wortschöpfung allenfalls noch bei Fremdwörtern, aber nicht mehr in dem Werkstoff seiner eigenen Sprache. Diese schöpferische Freiheit im Umgang mit der Muttersprache wiederherzustellen, oder besser, sie bei dem Kinde, das sie immer wieder aufs neue mitbringt, nicht zu ersticken, sondern lebendig zu erhalten und fortzuentwickeln, ist eine der schönsten und wichtigsten Aufgaben des Deutschunterrichts. Aus mancherlei Vorschlägen, die seit Rudolf HILDEBRAND hierzu von begeisterten Lehrern gemacht wurden, greifen wir die von A. und E. KERN (1951) heraus.

Sie regen z. B. die Schüler an, zu gegebenen kennzeichnenden Spitznamen (dem „Packan" aus den Bremer Stadtmusikanten) und zu gegebenen Bildern (dem „Weiden-Kätzchen") und Vergleichen („wie drei Tage Regenwetter") neue, auch etwa solche für das Gegenteil, zu finden; auch: für die Bezeichnung eines Geschehens das treffendste

Wort zu suchen; wobei es zum Erlebnis wird, daß bei einer größeren Auswahl von Bezeichnungen für dieselbe Sache jede davon, streng genommen, etwas anderes meint. Wichtig ist, bisher blind hingenommene, besonders zusammengesetzte Wörter, auch Namen (von Orten und Personen) „durchsichtig" werden zu lassen, auch ganze Wortfamilien in ihrem Zusammenhang zu erhellen.

Diese Übung im sprachlichen Gestalten kann man später vom einzelnen Wort zur sprichwort- und fabelartigen Verbildlichung abstrakter Inhalte weiterführen. Zur Ergänzung können Versuche dienen, angefangene bildliche Wendungen sinngemäß fortzuspinnen.

Auch die Besprechung *vorgelegten* anschauungsfernen Bildsalats ist von Nutzen. Falls sie zum Anlaß eigener, besserer Versuche der Verbildlichung wird, vertieft sich dabei das Gefühl für den Gegensatz zwischen einem leeren Klischee und einem echten, anschauungsgeladenen Bild.

Die Schärfung des Stilgefühls. An vorgelegten Texten läßt sich in höheren Klassen auch das Gefühl für Einheit des Stils und der Tonart schärfen, wieder unter der Voraussetzung, daß Stilwidrigkeiten und Verstöße gegen die Tonart nicht nur aufgewiesen und erörtert, sondern daß auch Vorschläge zu ihrer Beseitigung verlangt werden.

Der Abbau hemmender Festlegungen (am Beispiel des Fremdworts). In verschiedener Hinsicht nützlich ist die ernsthafte Beschäftigung mit Fremdwörtern. Sie dient vor allem der Beseitigung hemmender Festlegungen (vierte Teilbestimmung des Satzes vom schöpferischen Gestalten).

Ist das Gefühl für Stileinheit genügend geschärft, so ergibt es sich von selbst, daß Fremdwörter nur noch als leider unvermeidliches Übel in Kauf genommen werden, wie ein Stück Seide, mit dem man in der Not einen Wollrock flickt. Wir tun niemand Unrecht, wenn wir dem Schüler zeitig das Gefühl dafür wecken, daß ihr überflüssig reichlicher Gebrauch stets auf die Mitwirkung von Nebenzielen hinweist, und sei es nur des Bestrebens, seine Bildung oder Standeszugehörigkeit auszuweisen.

Zu der sprachlichen Unbeweglichkeit, unter der die meisten von uns leiden, gehört unter anderem die Meinung: wenn uns im ersten Augenblick kein deutsches Wort einfällt, so gebe es keines. Auf dreierlei Weise kann das Fremdwort für die sprachliche Gestaltungsfähigkeit nutzbar gemacht werden:

1) durch die Suche nach dem – vielfach verfügbaren – gleichbedeutenden deutschen Wort;

2) wo für den sprachlichen Fremdkörper nicht einfach ein bedeutungsgleiches deutsches Wort zu finden ist, durch die Aufgabe, den gleichen Sinn mit anderen Worten und Wendungen frei, aber genau wiederzugeben;

3) durch die Erhellung des Bildgehaltes des fremdsprachlichen Ausdrucks, gegebenenfalls auch im Vergleich mit schon vorliegenden (unbefriedigenden) Verdeutschungsversuchen.

Unsere sprachliche Unbeweglichkeit äußert sich ferner darin, daß wir beim Verdeutschen meinen, stets gleich eine vollständige Begriffsbestimmung geben zu müssen, wo nur ein einfacher Name verlangt wird. Das unerträgliche Hölzerne vieler Verdeutschungsversuche kommt nur daher. Man lasse daraufhin etwa die Ausdrücke einer französischen Speisekarte betrachten, um deutlich werden zu lassen, mit welch leichter Hand das Gemeinte dort verbildlicht oder auch nur angedeutet wird. Und man betrachte zum Vergleich volkstümliche Tier- und Pflanzennamen, auch die Spitznamen, die unter den Schülern umlaufen, nicht zuletzt den Reichtum gewisser Berufs-

und Fremdsprachen, um zu erfahren, daß natürliche Namengebung auch im Deutschen stets denselben Weg gegangen ist – und ihn auch künftig gehen kann, wenn erst die Hindernisse beseitigt sind, die wir uns, ohne es zu merken, selbst errichtet haben.

Erst wenn dann noch die weitere hemmende Meinung beseitigt ist, der deutsche Ausdruck dürfe um keinen Preis auch nur um eine Silbe länger sein als der fremde*, hat es Sinn, zu eigenen Verdeutschungen zu ermuntern.

Was man hierbei lernt, und was vor allem hierbei an Hemmnissen im freien Umgang mit der eigenen Sprache bewußt gemacht und abgebaut wird, verleiht nicht nur eine neue Einstellung zu den sprachlichen Fremdkörpern. Es schafft ganz allgemein auch für die Aufgabe der unmittelbaren (ersten) Benennung neuer Sachverhalte die nötigen Voraussetzungen.

6. Besondere Fragen der Gestaltung des Sichtbaren

6.1 Zur ersten und zweiten Teilbedingung freier Ziel-Erreichung: Die Gewinnung des inneren Bildes

Die Vertiefung in den Gegenstand. Für die Gestaltung des Sichtbaren, das bildnerische Gestalten – wobei für unsere Zwecke die für den Baumeister oder Tischler bestimmte Werkzeichnung außer Betracht bleiben kann – muß hinsichtlich der ersten Teilbestimmung des Satzes vom freien Gestalten, der Hingabe an die Sache (vgl. dazu auch WEINHOLD 1948), nochmals kurz bemerkt werden:

Die erste Aufgabe ist auch hier – sofern es sich um eine Darstellungsaufgabe handelt –, das innere Bild durch gründliche und unablässige Beschäftigung mit dem Gegenstand und ernste Vertiefung in ihn zu klären, zu bereichern, zu verschärfen, zu verdeutlichen und zu festigen.

In Ostasien wundert sich niemand, wenn ein Meister, der vorhat, Kaninchen zu malen, nicht nur Wochen und Monate, sondern sogar Jahre lang Tag für Tag mit Kaninchen umgeht, sie pflegt, füttert und mit ihnen spielt, bevor er den ersten Pinselstrich tut (man vergleiche damit, was unsere normalen Illustratoren tun!). Im Schulunterricht kann dieser Grad der Vertiefung nie erreicht werden. Aber man muß das Möglichste versuchen, und wo der Schüler von dem Gegenstand in echte Begeisterung versetzt werden kann, ist durch allerlei Beobachtungsübungen Überraschendes möglich: Beobachtung des Gegenstandes unter verschiedenen Bedingungen; etwa eines Menschen oder Lebewesens in verschiedener Lage und Stimmung, eines Baumes in den verschiedenen Jahreszeiten, einer Landschaft bei verschiedener Tageszeit und Witterung. Weiter vergleichende Beobachtung verwandter Gegenstände, um die Eigentümlichkeiten des einzelnen herauszuarbeiten und ein Gefühl für die unendliche Mannigfaltigkeit der Möglichkeiten zu gewinnen: etwa die Kennzeichnung der Menschen in einem Omnibus, der Winterbäume in einem Garten usw.

Die Altersgemäßheit der Forderungen. Was als Frucht der Vertiefung erwartet werden kann, hängt nun wieder von dem Entwicklungsstand ab, den der Formverstand bei dem fraglichen Schüler erreicht hat, und durch den – und zwar für den Augenblick

---

* Die Franzosen kennen auch dieses Hemmnis nicht; sie übersetzen beispielsweise das zweisilbige „prima" der Italiener unbekümmert in sieben Silben: „de première qualité".

unabänderlich – die Grenzen der Durchgestaltung seines Werkes festgelegt sind. Das in der Aufgabe gesetzte Ziel muß diesem Entwicklungsstand angemessen sein. Nur dann ist es für ihn als Ziel überhaupt möglich, und kann von ihm als solches angeeignet werden. Und nur unter dieser Bedingung wird das Arbeiten am Werk zu einer echt schöpferischen Tätigkeit.

Der Formverstand nun entwickelt sich nicht allmählich und fließend, sondern in einer logischen Folge klar voneinander abgesetzter Stufen, von denen jede folgende alle früheren voraussetzt (BRITSCH 1952³; KORNMANN 1949). Jede Stufe hat ihre eigene künstlerische „Richtigkeit" und ihre eigenen Maßstäbe des Gelingens. Auf jeder Stufe gibt es stümperhafte und meisterliche Arbeit, wie die Kunst der Primitiven und die heimische Volkskunst beweist. Mit den Maßstäben einer höheren Stufe wird man dem Werk, das einer vorausgehenden angehört, nicht gerecht. Jede mit außerkünstlerischen Mitteln erschlichene „größere" Richtigkeit einer höheren Stufe macht das Werk unecht und kitschig.

Um zu wissen, was er erwarten und verlangen darf und welchen Maßstab der Bewertung er anzulegen hat, ist es für den Lehrer unerläßlich, die Formeigentümlichkeiten der verschiedenen Entwicklungsstufen zu kennen.

Auf keinen Fall aber darf er sein Wissen um die kennzeichnenden Gestaltungsweisen der verschiedenen Entwicklungsstufen als eine Sammlung von Formungsvorschriften, eine Art von Musterbuch verstehen. Tut er das, so verkehrt er das Anliegen von BRITSCH in sein genaues Gegenteil. Er verstößt dann gegen die vierte Teilbestimmung des Satzes vom schöpferischen Gestalten; siehe unten.

Der Abbau von Nebenzielen. Zur Forderung des Verzichts auf alle Nebenziele ist alles Nötige schon gesagt; vgl. nochmals WEINHOLD.

6.2 Zur dritten und vierten Teilbedingung: Beweglichkeit und Bewegungsfreiheit

Der Verzicht auf äußere und innere „Führung". Von den beiden übrigen Bedingungen erfordert, wie schon bemerkt, die Lage im Augenblick ein vordingliches Eingehen auf die letzte: die Beseitigung aller Einschränkungen der Bewegungsfreiheit, das heißt aller Leitungsvorrichtungen im Bewegungsfeld, ganz gleich, ob sie vom Ziel wegführen oder das Abirren vom rechten Weg verhindern sollen.

Was besagt nun die Forderung im einzelnen? – Sie verbietet alle äußeren Hilfen, um eine Formung zu erzwingen oder zu erschleichen, die über die eigene Gestaltungskraft des Bildners, über die Prägekraft seines inneren Bildes hinausgeht.

Völlig verpönt ist der Gebrauch jeder Art von handwerklichen Hilfsmitteln der Formung (Lineal, Zirkel, Reißschiene, Schablonen, Paus- und Übertragungsgerät, Meß- und Visiereinrichtungen).

Nicht nur das unmittelbar mechanische Übertragen – auch das Abzeichnen von Vorlagen ist verderblich. Darum muß auch jegliches Vorzeichnen an der Tafel unterbleiben.

Im Gegenteil, alle inneren Eselsbrücken, Schablonen, Klischees und Schemata, die der Schüler schon von anderswoher mitbringt, sind unnachsichtig zu bekämpfen: die Strichmännchen, Pilzbäume und Sägetannen ebenso wie die Stupsnäschen, Schielaugen und Fliegeröckchen, die unsere Kinder aus Modezeitschriften und aus schlechten Bilderbüchern und Kinderfilmen übernehmen.

Es wird nicht selten eines kleinen und wohl auch schmerzlichen Starstechens bei dem jungen Künstler bedürfen, bei dem es ihm aufgeht, daß es gilt, *die Sache selber*, so wie sie sich ihm darstellt, wiederzugeben, und daß es nicht der Mühe wert ist, die Wiedergaben anderer nachzuschmieren.

Auch das unverstandene Nachahmen „richtigerer" Lösungen älterer Kinder darf auf keinen Fall gefördert, ja es soll so sorgsam wie möglich verhindert werden. Man wird vielfach übereifrigen Eltern und älteren Geschwistern ausdrücklich sagen müssen, welch schlechten Dienst sie den jüngeren durch ihre vermeintlichen „Hilfen" und Vorbilder geben. Bei rechter Haltung des Lehrers werden die Vertreter verschiedener Entwicklungsstufen ohne gegenseitige Beunruhigung nebeneinander her arbeiten. Sie sehen die abweichende Art der Darstellung, ohne sich in ihrer eigenen Art stören zu lassen (SONNTAG 1955). Manchmal wird es gut sein, die Kleinmut und die lähmende Verzagtheit der Jüngeren, die durch den Vergleich mit den „richtigeren" und „vollkommeneren" Werken der Älteren immer wieder einmal entsteht, zu bekämpfen, indem man die besten Leistungen auf den früheren Stufen ausdrücklich ebenso hoch wertet wie die der späteren.

Verpönt sind später auch alle *Kunstgriffe*, wie geometrische Projektion, Visieren, Reduktion der Farbwerte durch Blinzeln oder Starren oder durch den Lochschirm. Mindestens fragwürdig sind in der höheren Ausbildung außerkünstlerische geistige Hilfsmittel der Richtigkeit, wie Perspektive, die Proportionslehre, die Anatomie.

Ja, sogar die *zufällige Ansicht*, die ein Gegenstand dem aufmerksamen Beobachter bietet, darf nicht dadurch zum Richtigkeitshilfsmittel werden, daß der Bildner angeleitet wird, sich ihr gegenüber wie ein Gerät zu verhalten, welches das Kunststück eines genauen Abklatsches zuwege bringt, indem er die Ansicht mit all ihren zufälligen, möglicherweise verunklärenden Überschneidungen, Ballungen, Verdeckungen und Verzerrungen stückhaft, Punkt für Punkt, abschreibt (KORNMANN). So entsteht weiter nichts als eine unvollkommene Photographie: Ein Kunstwerk, und sei es das bescheidenste eines siebenjährigen Kindes, entsteht nur dort, wo der Gegenstand als einheitliche Gestalt aus dem Geiste des Bildners sich neu entwickelt und entfaltet.

Darum zerfällt, wo der Unterricht der Erziehung zum schöpferischen Gestalten dient, die *Gegenstandsdarstellung* in zwei Arbeitsgänge, genau wie im natürlichen Verhalten des kleinen Kindes und des großen Künstlers. Das heißt: der Beginn und die Vollendung, Beobachtung und Wiedergabe bleiben getrennt. Gestaltet wird stets aus der Vorstellung (KORNMANN). Es mag dabei offen bleiben, ob dieser Grundsatz, wie im Fernen Osten streng durchgeführt wird, oder ob, auf höheren Stufen, unmittelbare „Naturstudien" zur Vorbereitung der eigentlichen Gestaltungsarbeit erlaubt werden.

Abschließend noch etwas eigentlich Selbstverständliches: Die Forderung der Echtheit hat außer dem oben erörterten tieferen Sinn auch noch einen sehr äußerlichen, gegen den aber ebenfalls oft genug verstoßen wird: Das fertige Werk muß restlos vom Schüler selbst stammen. Die Schülerarbeit muß für den Lehrer unantastbar sein. Er muß grundsätzlich auf alles „Verbessern", „Berichtigen", „Ergänzen", „Überarbeiten" verzichten. Der – in der höheren Ausbildung oftmals nützliche – Hinweis auf unausgenutzte technische Möglichkeiten erfolgt nicht *in*, sondern *neben* der Arbeit des Schülers am Rand. Der Zeichensaal ist keine Werkstatt, aus der möglichst vollkommene Ware hervorzugehen hat, ganz gleich, wie und durch wen sie so geworden ist. Er ist eine Erziehungsstätte. Und erzieherisch sind alle solchen Eingriffe sinnlos und verderblich. Sie verhindern den Schüler daran, selbst die ihm mögliche Gestaltung zu finden, und hinterher außer dem Schüler auch den Lehrer selbst, das tatsächliche Können richtig einzuschätzen. Ist es da wirklich so schlimm, wenn die „Ausstellung" am Ende des Jahres ein etwas weniger vollkommenes Bild ergibt?

Erwünschte Geräte, Regeln, Hilfsmittel und Techniken. Die Frage liegt nahe: Soll es denn für das Gestalten überhaupt keine Regel mehr geben? Sollen wir auf die Vermittlung von Techniken verzichten? – Das wäre ein Mißverständnis. Man kann sogar ganz einfach sagen, welche Regeln, Geräte, Techniken und Übungen geradezu gefordert sind:

Verboten ist nur, was die Bewegungsfreiheit einengt. Erwünscht ist, was sie steigert, was – im Sinn der dritten Teilbestimmung des Satzes vom schöpferischen Gestalten – die Empfindlichkeit und Beweglichkeit der Sinne entfaltet, was die Feinheit des Ansprechens der Hände vermehrt.

Der Steigerung der Empfindlichkeit dienen, neben den schon erwähnten Beobachtungsübungen, Spiele mit Formen: das Sammeln, Ordnen, wechselnde Zusammenstellen (auch das freie Wiedergeben) mannigfaltig gestalteter, auf den ersten Blick kaum unterscheidbarer unscheinbarer Dinge. „Die Nuance, das Fast-Nichts an Unterschied ist es, woran sich Organe entwickeln" (KÜKELHAUS 1956).

Der Steigerung der Beweglichkeit dienen teils mehr spielerische, teils mehr planmäßige Übungen im Umgang mit dem Werkstoff: Das Experimentieren mit den Farben, ihren Lösungen, ihren Mischungen, ihren Abstufungen und Übergängen, ihrem Zueinander, um die Fülle der Möglichkeiten kennen und beherrschen zu lernen, die „eigenen" Farben zu finden (KÜKELHAUS 1956; SONNTAG 1955) – auch zu lernen, was man mit ihnen kann und nicht kann (etwa bei Wasserfarben hell auf dunkel malen); endlich, wo so lebhafte Wechselwirkungen stattfinden wie etwa bei der Wasserfarbe, auch dieser Wirkungen Herr zu werden.

Dazu kommt das Experimentieren mit dem Gerät: mit verschiedenen Pinseln (dicken und dünnen, spitzen und stumpfen, weichen und harten), mit verschiedenen geformten Tuschfedern, verschiedenen Messern beim Schneiden, verschiedenem knetbaren Werkstoff beim Formen, und dergleichen. Ferner das Zueinander verschiedener Mittel – trockener und feuchter, schwarzweißer und bunter – gehört hierher. Alle diese übenden Spielereien können, je nach Vorliebe, gegenständlich oder abstrakt ausgeführt werden.

Das gebundene Phantasieren. Ein für den Unterricht wichtiges Zwischenglied zwischen dem Darstellen und dem freien Spiel mit Formen und Farben ist das gebundene Phantasieren.

Es findet auf zwei Stufen statt:

Die erste ist das Umdeuten und leichte Zurechtformen von Naturgebilden: Früchten und Samen, Kapseln und Zapfen, Rinden und Borken, Gräsern und Muscheln, Federn und Steinchen (HARDER und SCHIERING 1956), meist in lebende Wesen, Fabelmenschen und Fabeltiere.

Die zweite ist das Entwickeln und Entfalten von abstrakten (Zier-)Formen aus der Struktur oder Textur eines gegebenen Materials; wofür der Kreuzstich auf dem groben Leinen nur als eine unter vielen Möglichkeiten genannt sei, das Einfärben gewachster Stoffe oder Papiere als eine zweite.

Diese Art von Aufgaben tritt bei der Erziehung zum schöpferischen Gestalten an die Stelle des herkömmlichen „Entwerfens" von Schmuckformen. Dabei gibt es sinngemäß keine Regeln der „Stilisierung" (KORNMANN). Und doch tritt hier die einzige *formbestimmende* Regel auf, die auch beim freien Gestalten ihre Bedeutung nicht verliert: der Grundsatz, sich bei der Besonderheit der entwickelten Formen von der

Eigenart des Werkstoffs leiten zu lassen; mit anderen Worten: die Forderung der Materialgerechtigkeit. Dies ist der Grund, warum wir auch dieses abstrakte Phantasieren ein gebundenes nennen.

Sinn und Rolle der Kunstbetrachtung. Wenn auch die unmittelbare „Vorlage" in ihr keinen Platz hat, so hat doch auch in einer Erziehung zum schöpferischen Gestalten die Betrachtung von Kunstwerken ihre Bedeutung.

Auf allen Stufen, besonders auf den frühen, stehen das Gestalten eigener und das Betrachten fremder Arbeiten in einer fruchtbaren Wechselbeziehung. Die aus eigenem gestaltenden Bemühen gewonnene Erfahrung und werktechnische Einsicht erleichtert das Verständnis der geprägten, überlieferten Formen. Aus der Betrachtung ergeben sich aber auch umgekehrt mannigfaltige technische und inhaltliche Anregungen für die eigene Arbeit. Entscheidend wichtig für den Erfolg der Kunst- und Werkbetrachtung ist jedoch die Wahl von Beispielen, die der Geisteslage und Gestaltungsstufe des fraglichen Alters entsprechen (BRITSCH 1952[3]; KORNMANN 1949; GOEKEN 1949[2]). Vieles, was dem Erwachsenen aus der großen Kunst bedeutsam erscheint, kommt für die Jugend bis zum fünfzehnten Lebensjahr noch nicht in Betracht. Vieles aber, was die Erwachsenen als zu einfältig zu übersehen pflegen, erregt bei Kindern höchste Teilnahme. „Primitive" Kunst alter und lebender Völker (BRITSCH) und, noch näher liegend, gute heimische Volkskunst (GOEKEN) in geeigneter Reihenfolge leistet hier unschätzbare Dienste.

VII
Tiefenpsychologie

28. Über die Verifikation tiefenpsychologischer Thesen (1970)

Verifikation bedeutet die Prüfung und Sicherung der Stichhaltigkeit einer Tatbestands-Aussage oder einer Hypothese. Diese Prüfung kann natürlich auch auf die Feststellung hinauslaufen, daß die Behauptung *nicht* stichhaltig ist; in diesem Fall gilt die Behauptung als falsifiziert. Man kann natürlich auch ganz einfach auf deutsch sagen, sie sei im einen Fall bewiesen, im anderen widerlegt.

Die Verifikation ist das methodische Herzstück jeder empirischen Wissenschaft. Sie ist dasjenige, was aus Gebäuden von *Meinungen*, von dogmatischen Behauptungen, erst eine Wissenschaft macht. Die Unterscheidung zwischen dem Einleuchtenden und dem Wahren und die Erkenntnis, daß auch das Einleuchtendste nicht notwendig wahr sein muß, ferner die Erkenntnis, daß auch der Hinweis darauf, daß es sich um ein „Wort des Meisters" handle, keinen Beweiswert besitzt, daß also auch „Worte des Meisters" nüchterner Nachprüfung unterworfen sind, – bedeuten erst den Übergang von sektiererischer Dogmatik zu echter Wissenschaft.

Dieser Übergang hat in den verschiedenen tiefenpsychologischen und psychotherapeutischen Schulen gerade erst begonnen. Ich bin der Überzeugung, daß es eine der dringendsten Pflichten der experimentellen und jedenfalls empirischen Psychologie ist, hier Hilfestellung zu leisten. Ich bin zweitens überzeugt, daß dieser Vorgang der Infragestellung *aller* tiefenpsychologischen Thesen, ihrer Unterwerfung unter die inzwischen schon recht hoch entwickelten methodischen Forderungen der Allgemein-Psychologie und die Scheidung zwischen dem, was sich in strengem Vorgehen bestätigen und sichern läßt, und demjenigen, was die Probe nicht besteht, zugleich die Einordnung der tiefenpsychologischen Aussagen in das System normalpsychologischer Erkenntnis vorbereiten und schließlich herbeiführen wird.

Um es nochmals kurz zu sagen: Der Zeitpunkt ist da, in dem in der Tiefenpsychologie auf die naive Gleichsetzung des Einleuchtenden und des Wahren verzichtet und jede einzelne These, soweit irgend möglich, der Prüfung auf ihren Wahrheitswert unterzogen werden muß.

Zerstreute Versuche dieser Art sind schon seit langer Zeit unternommen worden, teils ausdrücklich, teils in ganz anderer Absicht und trotzdem mit Ergebnissen, durch welche auf bestimmte tiefenpsychologische Thesen ein neues Licht geworfen wird. Schon jetzt ist zu sehen, daß gewisse Grundannahmen der gesamten Tiefenpsychologie und auch viele Einzelbehauptungen aus dieser Überprüfung gesichert und insofern gefestigt hervorgehen werden, daß aber der Gesamtbestand an speziellen Annahmen sich auf gar keinen Fall wird halten lassen, das heißt, daß ein beträchtlicher Teil dieser Annahmen in das Reich der Mythologie wird verwiesen werden müssen.

Wenn hier von Entscheidungsversuchen die Rede ist, so kann es sich dabei nicht ausschließlich um Experimente im engsten Sinn des Wortes handeln. Auch statistische Erhebungen können Beweiswert besitzen, und dasselbe gilt für unbefangen und sorgsam erhobene Fallbeschreibungen, vorausgesetzt, daß im Umgang mit den Probanden die Forderungen an Suggestionsfreiheit und Unvoreingenommenheit erfüllt waren, die heute an jeden Kriminalbeamten gestellt werden, der mit der Befragung von Kindern und jugendlichen Zeugen betraut ist, – und daß man zwischen Befund und Erklärung, zwischen Beobachtung und Deutung streng unterscheidet.

Auch wo noch keine Entscheidungen möglich sind, ist es von Nutzen und bedeutet einen Fortschritt, ein klares Bewußtsein des *Hypothesencharakters* der meisten tiefenpsychologischen Behauptungen zu entwickeln, – und möglichst sogleich zu zeigen, daß neben den gängigen tiefenpsychologischen Hypothesen auch noch andere Hypothesen möglich sind. Ein Beispiel soll später besprochen werden.

Eine Aufgabe für sich wäre eine wissenschaftsgeschichtliche Untersuchung über das Alter bestimmter Teilthesen und über ihre tatsächlichen Urheber. Ich glaube, daß durch die mit Bestimmtheit zu erwartenden Ergebnisse solcher Untersuchungen unsere Vorstellungen über den Anteil gewisser Autoren, die zur Zeit nur sehr selten mit Namen genannt werden, sich ganz erheblich ändern würden. Doch kann hier diese geschichtliche Studie nur als notwendig erklärt werden; Ergebnisse vorzulegen, ist noch nicht möglich. Hierzu wäre ein Literaturstudium von einem Umfang erforderlich, das wahrscheinlich den einer durchschnittlichen Habilitationsschrift weit übersteigen würde.

Diese Abhandlung faßt den Inhalt zweier Vorträge zusammen, die auf dem Kongreß der Internationalen Gesellschaft für Individualpsychologie in Salzburg und auf der Gründungstagung der Münchener Arbeitsgruppe für Individualpsychologie im Herbst 1969 gehalten wurden. Der Gegenstand scheint mir wissenschaftsgeschichtlich bedeutsam genug, um auch noch im Druck festgehalten zu werden. Ich versuche im folgenden zusammenzustellen, was mir von Forschungsergebnissen bekanntgeworden ist, die für die Beurteilung des Wahrheitsgehalts der verschiedensten tiefenpsychologischen Thesen von Bedeutung sind. Der erste Hauptteil behandelt psychoanalytische, der zweite individualpsychologische Teilthesen. Auf eine Behandlung des JUNGschen Ansatzes wird ebenso verzichtet wie auf die der verschiedenen neopsychoanalytischen Varianten der FREUDschen Lehre.

Die psychoanalytischen Teilthesen zerfallen schon bei flüchtiger Übersicht in zwei verhältnismäßig selbständige Gruppen.

Die eine Gruppe enthält Aussagen über *seelische Dynamik*, die andere solche über die *Entwicklung des Trieb- und Gefühlslebens* in der frühen Kindheit.

Daß Psychologie nicht die „Lehre von den Bewußtseinserscheinungen" sein könne, wie wir es seinerzeit noch gelernt haben, war schon klar, als FREUD seine Arbeit begann. Neu war nur die Entdeckung des Sachverhalts, den FREUD treffend als *Verdrängung* bezeichnete, und auch dieser Sachverhalt bedarf heute keiner besonderen Sicherung mehr.

Grundlegend neu und umwälzend war FREUDS Einsicht, daß der Mensch als seelisches Wesen kein Aggregat von einzelnen Gewohnheiten, sondern ein *dynamisch in sich zusammenhängendes System* sei, in welchem das, was an einzelnen Stellen geschieht, vielfach die Auswirkung von Gesamtzuständen des Systems ist, also den Charakter eines Symptomes hat.

Nicht bestätigt hat sich die Vermutung, daß es sich *stets* um Symptome für elementare Bedürfnisspannungen handle, seien sie geschlechtlicher oder zerstörerischer Natur. Die gesamte Arbeit der Individualpsychologie setzt ebenso wie die der JUNGschen Schule voraus, daß Symptome und Symbole sich auch auf ganz andere psychische Sachverhalte beziehen können, wie zum Beispiel auf Ziele und kritische Lagen.

Ebenso wie die Auffassung vom Systemcharakter ist auch das Postulat, daß alles seelische Geschehen *streng determiniert* sei, von der Allgemeinpsychologie entweder übernommen oder unabhängig neu aufgestellt worden. Bekanntlich hat der Satz von der strengen Determiniertheit eine grundlegende Bedeutung für das Verständnis von Fehlhandlungen, bei denen die Freudsche Deutung zweifellos in vielen Fällen zutrifft. Dagegen hat sich die Gleichsetzung von „streng determiniert" und „zentral determiniert" *nicht* halten lassen. Denn es gibt zahlreiche Fehlverhaltensweisen, die *nicht* auf verdrängte Triebwünsche zurückgehen, sondern, wie etwa das Ranschburgsche Phänomen, auf Eigentümlichkeiten der Arbeitsweise des perzeptiven und des motorischen Systems beruhen. Ferner befindet sich schon unter Freuds eigenen Beispielen eine ganze Anzahl, in denen dasjenige, was sich unversehens durchsetzt, *keineswegs infolge Tabuierung verdrängt ist,* sondern einfach dem fraglichen Menschen, obwohl grundsätzlich zum Bewußtsein zugelassen, selber noch nicht klar geworden ist, wie bei gewissen Fehlleistungen von neu Verliebten, – oder wo der fragliche Inhalt dem Sprecher klar bewußt und die Absicht, ihn zu äußern, durchaus vorhanden war, die Äußerung aber aus logischen Gründen erst etwas später erfolgen sollte; so in dem berühmten Beispiel von „Vorschwein".

Zu den am besten gesicherten dynamischen Ansätzen Freuds gehört die These von der Entstehung kindlicher Phobien aus dem Konflikt zwischen Triebwünschen und Gewissensforderungen, die sich auf das Verhalten gegenüber einer und derselben Person richten. Zwar war Freuds viel zitierter und von manchen für klassisch gehaltener Bericht über den kleinen Hans infolge schwerer methodischer Mängel, und zwar infolge extrem suggestiver Befragung des Probanden durch seinen Vater, praktisch ohne Beweiswert. Doch konnte ich den fehlenden Beweis an einem neuen, von einer meiner Mitarbeiterinnen sorgfältig und unter allen Vorsichtsmaßnahmen untersuchten Fall, der kleinen „Bärbel mit dem bösen Wolf", selbst nachliefern. Die Entstehung *und* die Auflösung der pathologischen Angst verlief hier streng nach dem Freudschen Ansatz.

Gut gesicherte Versuche über Ersatzbefriedigung sind unter Kurt Lewins Anleitung angestellt worden. Das verstärkte Lutschen des hungrigen und des allzuschnell gesättigten Kindes sind *nicht* als Beispiele von Ersatzbefriedigung zu werten, wohl aber die *spätere Wiederaufnahme* des Lutschens bei Schmerzen und vor allem bei menschlichen Entbehrungen. Der Alkoholmißbrauch verzweifelter Menschen – und ihr Mißbrauch von Süßigkeiten – gehört zweifellos auch hierher.

Klare Fälle von *Projektion* eigener Gemütszustände und Motive hat Posner (1940) am Beispiel der Selbstsucht beschrieben. Auch bei den Wettbewerbs-Versuchen Heckhausens wurde der Drang, nach gehäuften Mißerfolgen aus dem Felde zu gehen, von den Kindern niemals offen zugegeben. Fragte man sie aber nach den Gründen desselben Verhaltens bei anderen Kindern, so war ihre Auskunft klar und eindeutig.

Den Zusammenhang zwischen Versagungserlebnissen und Regression – also dem Zurückgleiten in altersmäßig längst überholte Verhaltensweisen – glaubten Barker, Dembo und Lewin (1941) im Versuch nachgewiesen zu haben. Doch ergibt eine genauere Überprüfung der Versuchsbedingungen, daß die beobachtete Störung der Produktivität ebensogut durch Aufregung oder durch Entmutigung zustande gekommen sein kann, die man nicht ohne weiteres mit dem identifizieren kann, was Freud unter Regression versteht. Doch lassen sich Fälle regressiven Verhaltens überall dort beobachten, wo Enttäuschung oder traurige Schicksale, wie die Entthronung des ältesten Kindes durch ein nachfolgendes jüngeres oder der Tod eine vertrauten Spielkameraden, eine heftige *Sehnsucht nach dem verlorenen Paradies* erwecken.

Auf die Dynamik der *Gewissensentstehung* komme ich noch zurück.

Wie steht es mit der Sublimierung, dem Abfluß angestauter Triebenergie in geistige Regionen? Es gibt darüber eine einzige neuere amerikanische Untersuchung, die sich übrigens nicht auf geistige sondern auf körperliche (sportliche) Leistungen bezieht. Es sollte die altüberlieferte Meinung geprüft werden, daß geschlechtliche Enthaltsamkeit sportliche Leistungen steigere. Sie bestätigte sich nicht. Die Leistungen der enthaltsamen und der nichtenthaltsamen Gruppe waren im Durchschnitt dieselben. Wichtiger scheint mir zu sein, daß Wolfgang KÖHLER aus systemtheoretischen Überlegungen eine Gegentheorie entwickelt hat, nach welcher durch lebhafte geistige Prozesse ein Energiegefälle entsteht derart, daß aus *allen* Nachbargebieten: Hunger, Müdigkeit, Körperpflege, Ordnung, menschliche Beziehungen, die Energie *an den Brennpunkt des Geschehens abfließt,* unter Umständen in solchem Maß, daß jene Gebiete zeitweilig veröden, wie es von besessen arbeitenden Forschern oder Künstlern bekannt ist. Aus demselben Prinzip läßt sich auch die *geistige* Verödung bei Mädchen verstehen, die nach langer Abgeschlossenheit vom anderen Geschlecht mannstoll werden.

Als besonders bedeutsamen Teil seiner Lehre von der seelischen Dynamik stellt FREUD die Theorie des Traumes dar. Wie manches andere wird dieser von ihm als Symptom, oder besser als eine Sammlung von Symptomen verdrängter Triebwünsche aufgefaßt. Welches war nun das Schicksal seiner Theorie?

1. Unbestritten sind bis heute FREUDS qualitative Beschreibungen. Seine Begriffe der *Verdichtung,* der *Verschiebung* und der *Spaltung* und manche andere sind in den psychologischen Sprachgebrauch eingegangen. Besonders *Verdichtungs*-Erscheinungen sind inzwischen auch im Wachbewußtsein verschiedentlich nachgewiesen worden.

2. Mehrfach bestätigt, durch PÖTZL, FOULKES und BASH, ist FREUDS Beobachtung, daß unbeachtete Wahrnehmungen aus dem jüngst vergangenen Tage (die sogenannten „Tagesreste") in viele Träume verwoben sind.

3. In einem wenig bekannten Experiment gelang es V. BENUSSI 1926, im hypnotisch induzierten Schlaf durch Tastreize einen Traum hervorzurufen, über den die Träumerin wenige Minuten später nach dem Erwachen berichtete. Der Traum war ein ausgesprochener Wunschtraum. Er handelte von Vorbereitungen zu einem Tanzfest. Es ist aber nicht zu entscheiden, ob, wie BENUSSI annimmt, die erotische Komponente im Sinne FREUDS, oder die Geltungskomponente, der Wunsch, zu glänzen und bewundert zu werden, im Sinne ADLERS die bedeutendere war.

4. Seit den Traumuntersuchungen von FOULKES (1962) weiß man, daß auch der aus traumlosem Tiefschlaf geweckte Schläfer Gedankenfetzen erhaschen und wiedergeben kann. Diese Schlafgedanken sind im Gegensatz zu den Träumen *nicht* bildlich. Die Vermutung lag nahe, daß es Fragmente des Materials sind, mit dem sich nach FREUD die Traum-Arbeit beschäftigt. Diese dient bekanntlich dazu, den an sich tabuierten Gehalt dieser Gedanken symbolisch zu verhüllen und dadurch für das Bewußtsein des Träumers annehmbar zu machen. Die tatsächlich festgehaltenen Schlafgedanken hatten aber niemals den verbotenen Inhalt, der nach der Theorie erwartet werden mußte. Unzensiertes psychisches Material im Sinne FREUDS, wie ungezügelte sexuelle oder Todeswünsche, ist in keinem Fall zutage gekommen. Die Gedanken waren durchwegs nüchtern und ohne Bezug auf elementare Triebe.

5. Zwar wurde der von FREUD geforderte Übergang von einfachen Gedanken in die Bildsprache des Traumes vereinzelt beobachtet und insofern seine allgemeine Rahmen-

annahme bestätigt. *Nicht* bestätigt wurde aber dabei die speziellere Annahme, daß dieser Übergang der *Verhüllung* diene. Es handelte sich um den Gedanken an eine Karteikarte, die der Träumer am Tag zuvor in der Hand gehabt hatte. Die Karte trug den *Namen* Burma. Unmittelbar danach fand sich der Schläfer in die Stadt Burma selbst versetzt, in einen echten Traum mit allerlei Erlebnissen.

6. Nach FREUD ist der Traum der Hüter des Schlafs. Ein Traum tritt nach seiner Annahme jedesmal dann ein, wenn irgendein Bedürfnis so stark wird, daß es den Schlaf zu unterbrechen, den Schläfer zu wecken droht. Nach den Ergebnissen der neueren Traumforschung tritt der Traum ausnahmslos bei jedem Schläfer allnächtlich in einem autochthonen Rhythmus drei- bis fünfmal auf, anfangs kürzer, gegen Morgen länger. Andererseits machen sich auch kräftige experimentell erzeugte Bedürfnisse, wie Durst, in ⅔ der geprüften Fälle *nicht* bemerkbar. Daraus folgt mehreres, was sich mit FREUDS Grundannahme nicht vereinbaren läßt:

a) Bedürfnisse müssen *nicht*, aber *können* in Träume eingehen.
b) Das ist aber, wie bei den Traumwirkungen von Außenreizen, nur möglich während der Zeiten, in denen der Schläfer ohnehin träumt. Daraus folgt
c) daß es auch zahlreiche Träume geben muß, die weder durch ein Bedürfnis noch durch eine Außenreizung hervorgerufen sind, die also überhaupt keine tiefere Bedeutung haben können und nichts als ein verworrener, kaleidoskopartiger Bildsalat sind.

7. Nach FREUD müßten *untabuierte* Wünsche im Traum auch unverkleidet auftreten, wie etwa in den Kuchen-, Reise- und Großmutter-Besuchsträumen kleiner Kinder, oder auch in den Träumen Erwachsener vom Wiederlebendigwerden geliebter und schmerzlich vermißter Toter, wie etwa eines verstorbenen Kindes. Wir finden aber ausgesprochene Sexualsymbole, wie die mit dem brennenden Ende in den Mund gesteckte Zigarre, auch bei Menschen, die sich, wie das heute immer häufiger wird, fröhlich und völlig ungehemmt zu allen Einzelheiten ihres Geschlechtslebens bekennen. Das Sexuelle tritt also auch, wo gar nichts mehr zu verheimlichen ist, nach wie vor zum Teil in symbolischer Verkleidung auf. Dies *ist* eben, wie es scheint, die Sprache des Traumes, die gar keinen besonderen Zwecken dient, die vielmehr offenbar eine archaische, eine frühmenschliche Sprache ist, wie das C. G. JUNG vermutet hat.

8. Umgekehrt dürfen, wenn wir FREUD genau verstehen, in der von der Traumzensur geforderten symbolischen Verkleidung *nur* tabuierte und infolgedessen verdrängte Elementar-Bedürfnisse und Triebwünsche auftreten. Die berühmte Schlange von KÉKULÉ, die sich selbst in den Schwanz beißt, jener Traum, der der Entdeckung des Benzolringes unmittelbar vorausging, beweist, daß auch das lebhafte und ganz untabuierte Bedürfnis, mit einem wissenschaftlichen Problem ins reine zu kommen, sich im Traum eines Symboles bedienen kann. Die Argumente, die A. MITSCHERLICH gegen diese überlieferte Deutung jenes Traumes vorgebracht hat, sind nicht stichhaltig. Sie gehen von der unhaltbaren Annahme aus, daß auch beim Menschen nur organische Spannungen, aber nicht etwa die Spannung des Orientierungsbedürfnisses, als elementar betrachtet werden dürfen.

9. Daß Träume oft symbolisch sind, ist unbestritten und vielfach bestätigt. Doch ist hinsichtlich *der besonderen Bedeutung* bestimmter Traumerlebnisse vieles wieder in Fluß gekommen. Insbesondere haben nach den Untersuchungen von JOVANOVIC zahlreiche Traumerlebnisse, denen FREUD eine sexuelle Bedeutung beimißt, ganz andere, *nämlich vegetative Korrelate*. So gehen Erlebnissen der Leichtigkeit, des Fliegens, des mühelosen Steigens, des Hochspringens, auch der unbehinderten Flucht

nicht etwa mit Erektionen einher, sondern mit Sympathicotonie bzw. Ergotropie, dagegen Erlebnisse der Schwere, des Fallens, des Abrutschens, des mühsamen Schwimmens, des Watens im tiefen Schnee, des Begrabenwerdens und des schleppenden Fliehens mit Vagotonie bzw. Trophotropie.

10. Nicht nur tabuierte Begierden wirken aus dem Tagesleben in den Traum hinein, um dort in der Verkleidung des Symbols zum Bewußtsein zu kommen. Schon oben wurde ein Beispiel eines Gegenstands des wissenschaftlichen Orientierungsbedürfnisses erwähnt. Daneben sind vor allem Ängste und Besorgnisse, vor allem aber kritische Lebenslagen an der Traumbildung beteiligt. Das beweisen die vielfach bezeugten Examens- und Lampenfieberträume, in denen sich die ausgesuchtesten Pannen in grotesker Weise häufen. Hierher gehören zweifellos auch die Träume, die in der Psychoanalyse als Geburtsträume gedeutet werden, in Wirklichkeit aber eine ganz aktuelle *Besorgnis zum Ausdruck* bringen, die unentbehrliche Geborgenheit zu verlieren; ferner die quälenden Verfolgungsträume pädagogisch überforderter Kinder, die schon früh zu der traurigen Vermutung gekommen sind: Wie man's macht, ist's verkehrt. Es gibt inzwischen auch unbeabsichtigte experimentelle Beweise, und zwar in den Unterschieden zwischen den Träumen zu Hause im eigenen Bett und denen, die man vollgepackt mit Elektroden im Laboratorium träumt. Nach DOMHOFF und KAMIYA (1964) spiegelt sich die Lage der Versuchsperson, an welcher Messungen durchgeführt wurden, in den Träumen der ganzen Nacht, vorwiegend in Erlebnissen der Bedrohtheit bei den weiblichen, mehr in Erlebnissen der ärgerlichen Belästigung und Bloßstellung bei den männlichen Versuchspersonen.

Damit gewinnt, wie schon bei einer früheren Gelegenheit berichtet, die von Calvin HALL (1959) vertretene und von E. FROMM übernommene, übrigens auch bei AHLENSTIEL und KAUFMANN (1962) wiederholt anklingende Vermutungen Alfred ADLERS erneut Gewicht, daß im Traum die bedrängenden Lebensprobleme, die ungelösten Konflikte und Sorgen, kurz die „wunden Punkte", die „Themen" des Menschen im Sinne MURRAYS den Ausdruck kommen, daß also die Traumsymbole nicht immer im Sinn des FREUDschen Ansatzes als verhüllende, sondern in charakteristischen Fällen vielmehr als *ausdrückende* und als *erläuternde* Symbole zu betrachten sind, aus denen der Mensch über sich und seine Lage Belehrung schöpfen kann. Ich selbst habe einige solcher belehrender Träume an Wendepunkten des Lebens in meiner Sammlung, so den eines Studenten, der – im Traum – wegen irgendwelcher Beschwerden zum Arzt geht. Der Arzt meint nach kurzer Untersuchung: „Das ist ganz einfach; wir brauchen nur das Rückgrat herauszuoperieren; ich kann das gleich machen", und greift schon zum Besteck. Der Patient erwacht schweißgebadet mit heftigem Herzklopfen, weiß sofort Bescheid und beschließt, sich von seinem Vater zu trennen.

Wie kommt es nun, daß die Erforscher des Traumes bis 1955, als das Verfahren des gezielten Weckens nach KLEITMAN noch nicht verfügbar war, man also die Träume am Morgen nach dem Erwachen aufzeichnen ließ oder sie in der psychotherapeutischen Sprechstunde abfragte, soviele bedeutungsträchtige Traumberichte erhielten? – JOUVET hat 1962 den boshaften Verdacht geäußert, die Aussagen der Patienten seien gar keine echten Berichte, keine Rekonstruktionen, sondern aus der Atmosphäre der Beratungsstunde entsprungene Konstruktionen. So etwas mag vorkommen. Aber es gibt noch mehrere andere Möglichkeiten: Einmal können schon die Träume selbst im Sinne der wiederholten therapeutischen Gespräche sich verändern. Wie steht es aber mit den Traumerinnerungen und Traumberichten, die nicht aus psychotherapeutischen Sprechstunden stammen? Hier kann man vermuten, daß es sich um eine Auswahl handelt, die schon zwischen Traum und Erwachten vom Gedächtnis selbst vollzogen wird, und zwar aus mindestens vier, experimentell gesicherten, Gründen:

a) Das Gedächtnis ist für geordnetes Material besser als für ungeordnetes;
b) das Gedächtnis ist für bedeutungsvolles Material erheblich besser als für bedeutungsloses (KATONA);
c) das Gedächtnis ist besser für Material mit persönlichem Bezug als für gleichgültiges Material;
d) das Gedächtnis ist für unerledigte Sachverhalte besser als für erledigte (ZEIGARNIK-Effekt).

Die Auswahl des Traummaterials, das man am Morgen noch vorfindet, ist, wie mir scheint, aus diesen vier Eigentümlichkeiten des Gedächtnisses ohne weiteres erklärbar. Das würde bedeuten, daß sich dem Therapeuten gewissermaßen ein Konzentrat von *sinnvollem* Material darbietet, was seine Zuversicht, dem Patienten anhand seiner Träume zum besseren Selbstverständnis zu verhelfen, wesentlich unterstützen kann.

Soviel zum Stand der Verifikation der allgemein-dynamischen Ansätze FREUDS. Es folgt eine kurze Übersicht über den Stand der FREUDschen Lehre von den frühkindlichen Triebschicksalen.

Zunächst zur *Existenz* der von FREUD behaupteten Verhaltensmerkmale der frühen Kindheit. Sie lassen sich, von gewissen Ausnahmen, wie dem Kannibalismus, abgesehen, vielfach wiederfinden. Doch ließ sich in einer Untersuchung von JONES (1933), die sich über den Alterszeitraum von 2,0–6,6 erstreckte, die von FREUD behauptete *Aufeinanderfolge nicht bestätigen*. Die Merkmale streuen über den gesamten Bereich.

Im einzelnen ist folgendes zu bemerken:

1. Das *Geburtstrauma* kann ebensowenig in die Erinnerung eingehen wie alle späteren Erlebnisse des ersten und des größten Teiles des zweiten Lebensjahres. Denn, wie wir heute wissen, bildet sich das Erinnerungsvermögen, als höchste und zugleich anfälligste Leistung des Gedächtnisses, nicht vor dem dritten Lebensjahr aus.

2. Aus demselben Grunde ist auch zur Erklärung des frühkindlichen Erinnerungsausfalls die Annahme von Verdrängungen nicht erforderlich.

3. Die Bedeutung des *Lutschens* am Beginn des Lebens liegt die Annahme einer primären oralen Phase nahe. Aber die neueren Untersuchungen über sensorische und motorische Deprivation geben SCHULTZ-HENCKE recht, wenn er in dieselbe Lebenszeit sogenannte „intentionale" und vom vierten Monat ab auch „aggressive" Bedürfnisse verlegt. Seine Bezeichnungen sind leider etwas schief geraten. Denn sie besagen weiter nichts, als daß das Kind in dieser Zeit nicht nur etwas zu saugen, sondern auch etwas zu sehen, zu hören und zu tun haben muß und außerdem ein dringendes Bedürfnis nach Zärtlichkeit und Behaglichkeit hat.

4. Als völliger Fehlansatz erweist sich die oral-kannibalische Phase, die mit dem Zahnen beginnen soll, von der noch ERIKSON redet, und die aus der an sich trivialen Tatsache abgeleitet wird, daß das Kind, wenn erst Zähne durchgebrochen sind, nicht von einem Tag auf den anderen den Saugvorgang so umstellen kann, daß es der Mutter nicht weh tut.

5. Statt des Kannibalismus hat René SPITZ beim Halbjährigen die Anfänge der ersten großen, nicht sexuellen Liebe des Kindes zu einem unvertretbaren und nicht ersetzbaren erwachsenen Menschen entdeckt: Die Bildung des (KÜNKELschen) Ur-Wir, das Bedürfnis nach Zugehörigkeit, dessen Befriedigung nach ADLERscher Lehre die Grundlage jeder gesunden seelischen Entwicklung ist. Wie außer SPITZ und anderen

vor allem DAMBORSKA beobachtet hat, ist das Kind, dem die Befriedigung dieses Grundbedürfnisses versagt wird, zunächst zum Verkümmern verurteilt. SCHENK-DANZINGER hat dem die Beobachtung angefügt, daß dieselben Kinder, falls sie überleben, sich im Schulalter als unverbesserliche Rohlinge entpuppen, unfähig, sich friedlich einer Gruppe Gleichaltriger einzufügen. Auch dies sind Bestätigungen des ADLERschen Ansatzes, wie sie nicht schlagender sein könnten. Aus der FREUDschen Lehre von den Triebschicksalen sind sie nicht abzuleiten.

6. Die *anale Phase* erweist sich mehr und mehr als pädagogisches Kunstprodukt. Bei Kindern, denen man den Übergang zur Beherrschung der Ausscheidungen mehr oder weniger selbst überließ, fällt sie aus. Es bestätigt sich *nicht*, daß Schmutz und Nässe in ihnen angenehme Gefühle erwecken, auf die sie nur ungern und unter Zwang verzichten. Es bestätigt sich ebensowenig, daß sie ihren Kot als „Eigentum" betrachten und seine Ausscheidung als eine Art „Geschenk". – Auf der anderen Seite zeigt ein Versuch von FROM in Kopenhagen, daß nicht etwa nur der After, sondern auch ein Fleck an der Wand, wenn nur die Beschäftigung damit verboten ist, auf die Kinder eine unwiderstehliche Anziehung ausübt, ebenso wie verbotene Schimpfwörter und Kraftausdrücke.

7. Von dem *Ödipus-* und *Kastrationskomplex* konnten in einem Münsterschen Versuch mit dem Düss-Fabel-Test bei gesunden und munteren Kindern von 3 bis 5 Jahren, die aus vollständigen und friedlichen Ehen stammten, keine merklichen Spuren entdeckt werden. Beide Komplexe kommen zwar häufig genug vor. Sie scheinen aber dann Ergebnisse abnormer Familienkonstellationen, unsinniger Erziehungsmaßnahmen oder verfehlter Aufklärungsgespräche zu sein. Auf keinen Fall sind sie „Durchgangsstufen jeder normalen kindlichen Entwicklung", wie man heute schon in Lehrbüchern lesen kann. Dies wird bestätigt durch Beobachtungen, die STOGDILL, TERMAN und STOTT schon 1937–1940 machten und die meine eigenen Beobachtungen bestätigen. Nach diesen Beobachtungen ziehen *alle* kleinen Kinder, Jungen und Mädchen, das Einkriechen ins *mütterliche* Bett vor. Es handelt sich demnach nicht um eine geschlechtliche Anziehung, sondern um den Genuß der mütterlichen Geborgenheit in seiner höchsten möglichen Steigerung.

Auch daß 5jährige Söhne ihre Väter hassen, kommt oft genug vor. Die Frage ist nur, ob es sich dabei um den Ausdruck der Eifersucht um den Besitz der Mutter handelt oder um die *Reaktion auf Mißhandlungen und Demütigungen*, die man heute bei uns immer noch Erziehung nennt. Dies müßte in jedem Fall erst feststehen, ehe man von ödipalen Regungen spricht (auch SPERBER 1970).

8. Wenn demnach normalerweise kein Ödipus-Komplex überwunden werden muß, so müssen wir uns nach einer anderen Quelle des kindlichen Gewissens umsehen. Wir brauchen nach ihr nicht lange zu suchen. Ich erinnere mich im Augenblick an keine frühe Stelle ADLERS, sondern nur an eine von KÜNKEL aus dem Jahr 1928, wo er feststellt, daß ein gesundes und gut eingefügtes Kind von zwei bis drei Jahren auf die Einhaltung der häuslichen Ordnung viel besser achtet als die Erwachsenen; eine Beobachtung, die sich in den Münsterschen Untersuchungen von KEMMLER über den frühkindlichen Trotz bestätigt hat.

9. Daß Kinder schon in den ersten Jahren, wie mit ihren Zehen, auch mit ihren Geschlechtsteilen spielen, daß es dabei auch zu Erektion und allgemeinen Erregungszuständen kommen kann, hat FREUD richtig gesehen; auch daß diese Erregungen gelegentlich zum Zweck der Ersatzbefriedigung vom Kind hervorgerufen werden. Es fehlen aber statistische Untersuchungen über den prozentualen Anteil dieser Betätigun-

gen an dem Gesamtverhalten des wachen Kindes. Erst wenn diese vorliegen, ist es möglich, ihre Bedeutung für die Trieb- und Gefühlsentwicklung des Kindes zu beurteilen.

10. Wir kommen endlich zur Latenzzeit, in welcher das Geschlechtsleben, FREUD zufolge, ruht, und finden dort, von BELL (1902) und von CAMPBELL (1939) an zahlreichen Fällen bestätigt, bei vielen jungen Menschen die erste große Liebe zu gleichaltrigen Angehörigen des anderen Geschlechts, auch vorweggenommene Verlobungen und lang sich hinziehende Vater-und-Mutter-Spiele. Daß sie in der Psychoanalyse übersehen werden, überrascht nicht, da man dort die Liebe im Grund nicht als Seinsverbundenheit zweier Menschen versteht, sondern als Abbau von organischen Spannungen eines Menschen unter Benutzung von Objekten, die zufällig auch Menschen sind.

Wir sind damit am Ende der Überprüfung psychoanalytischer Annahmen. Sie ist schon mehrfach im Sinne einer Bestätigung individualpsychologischer Thesen ausgefallen. Es soll nun noch im Zusammenhang auf das hingewiesen werden, was allgemeinpsychologische Befunde über die Gültigkeit individualpsychologischer Grundannahmen aussagen.

Die früheste Bestätigung ist zugleich die überraschendste: 1919 hatte L. SEIF die These zu begründen versucht, daß autokratische Erziehung teils rücksichtslose Streber, teils ängstliche Duckmäuser, teils eine Mischung aus beiden, den sogenannten Radfahrer hervorbringt, während demokratische Erziehung Sachlichkeit und Gemeinschaftgefühl entwickelt. – Es ist unwahrscheinlich, daß Kurt LEWIN, LIPPITT und WHITE, als sie gegen 1938 in Iowa City mit ihren weltberühmt gewordenen Untersuchungen über die Auswirkungen verschiedener Führungsstile begannen, den Band von ADLER und FURTMÜLLER von 1922 zur Hand hatten, in dem der Vortrag von SEIF abgedruckt war. Trotzdem kann man sich keine glänzendere Bestätigung der SEIFschen Behauptungen vorstellen als die Befunde von LEWIN und LIPPITT. Etwas ist freilich an diesem Befund neu: Daß Umstellung von Strebertum auf Sachlichkeit offenbar viel rascher und noch in viel höherem Alter möglich ist, als man in der Individualpsychologie im allgemeinen annimmt. Und etwas ist noch ungewiß: Wie lange diese späten Umstellungen im täglichen Leben erhalten bleiben. Übrigens stellt die Untersuchung von LEWIN und LIPPITT den Anfang einer Entwicklung dar, die inzwischen als Gruppendynamik bekanntgeworden ist. Man kann daher mit einigem Recht sagen, daß die Gruppendynamik auf individualpsychologischen Grundmauern erbaut ist.

Die allgemein-psychologischen Arbeiten, die jetzt noch zu erwähnen sind, stammen sämtlich aus den 50er und 60er Jahren. Eine genaue Reihenfolge einzuhalten, hat wenig Sinn. Die erste ist wohl die große Untersuchung von HECKHAUSEN, jetzt Bochum, über Furcht und Hoffnung in der Leistungsmotivation, die man auch auf deutsch Leistungsantrieb nennen könnte. Eine zur vorwiegenden Grundhaltung gewordene Hoffnung auf Erfolg ist dabei dasselbe, was in der Individualpsychologie Mut heißt, während Furcht vor Mißerfolg genau dasselbe wie der Zustand der Entmutigung oder der Mutlosigkeit ist. Hierüber stehen bei KÜNKEL (1928) einige bedeutsame Bemerkungen: Nach KÜNKEL ist der mutlose Mensch zugleich ichhaft, wenig sachbezogen, starr, unbeweglich, wenig umstellungsfähig und arm an Einfällen. Der Mutige dagegen wenig ichbezogen, sachlich, umstellungsfähig und einfallsreich. Unter vielem anderen hat sich dasselbe in der Untersuchung von HECKHAUSEN herausgestellt, der sich dieser Übereinstimmung erst nachträglich bewußt wurde. Verwandt sind die Ergebnisse von BARTMANN. Nach seinen Befunden hat der Mensch, der zuversichtlich und mit Gemütsruhe an eine praktische Denkaufgabe geht, eine gute Übersicht, eine gute Vorausplanung, reichlich fließende Einfälle, ein planendes, umsichtiges Vorgehen; bedrückt ihn die Sorge, nicht rechtzeitig fertigzuwerden, so wird seine Übersicht eingeschränkt, die Einfälle werden spärlicher, und er geht von dem vorausplanenden, umsichtigen Vorgehen mehr zu einem blinden Herumprobieren über. Man wundert sich nicht, daß der Intelligenzgrad herabgesetzt erscheint. Dies entspricht einer alten Behauptung Alfred ADLERS und seiner Nachfolger, Intelligenzskalen seien eigentlich Skalen des Mutes, von seiner Begabung Gebrauch zu machen. Ganz so einfach ist es nun nach allgemeinpsychologischen Befunden nicht. Begabung und Mut sind zweierlei. Aber die Untersuchung von KEMMLER in Münster über Erfolg und Mißerfolg in der Grundschule hat klar bestätigt, daß die Bewältigung von Intelligenzaufgaben unter anderem auch eine Funktion des Mutes ist. Es hat sich ergeben, was jeder Individualpsychologe schon lange weiß: Ein fröhliches selbstsicheres Kind aus guter Familienatmosphäre „überspringt sich selbst auch bei mäßiger intellektueller Ausstattung". Ein geducktes, gedemütigtes, überfordertes Kind „erreicht sich selbst nicht".

Es ist noch zu erwähnen der Hinweis von Eva DREIKURS-FERGUSON, daß man in der amerikanischen Lerntheorie endlich auch gefunden hat, was Individualpsychologen von Anfang an klar war: daß Strafen mehr schaden als nützen. Freilich stimmen die Erklärungen dieses unbestreitbaren Sachverhalts nicht überein: Die Lerntheoretiker versuchen ohne das Zwischenglied des Mutes auszukommen. Wieweit sie damit kommen, wird man sehen.

Bemerkenswert ist auch die Untersuchung von CRUTCHFIELD über die verbreitete Neigung zum Konformismus. Diese Neigung war zuerst von Solomon ASCH in aufsehenerregenden Experimenten untersucht worden. CRUTCHFIELD versuchte nun, den Zusammenhang zwischen der Stärke dieser Neigung und dem Gesamtbild der Persönlichkeit genauer zu bestimmen. Wie in der Schulpsychologie üblich, weiß er von Individualpsychologie nichts. Um so eindrucksvoller ist seine Beschreibung des Konformisten ebenso wie die des Nonkonformisten: Der erste ist in jeder Hinsicht ein entmutigter, anlehnungsbedürftiger, geltungssüchtiger, empfindlicher und unduldsamer Dogmatiker; der zweite das Musterstück eines mutigen, wirhaften, sachlichen, in sich selbst ruhenden und daher mit sich selbst nicht beschäftigten und toleranten Menschen, wie er in individualpsychologischen Schriften oft genug beschrieben worden ist.

Weniger ein Beweis als eine späte Bestätigung ist ein schon 1961 erschienenes Buch von MILLER, GALANTER und PRIBRAM; es trägt den Titel „Plans and the Structure of Behavior" und enthält eine Lehre vom menschlichen Verhalten, die ihre Verfasser etwas schmunzelnd als „subjective behaviorism" bezeichnen. Als Wolfgang KÖHLER schon 1920 in seinem Buch „Die physischen Gestalten" und später Ludwig von BERTALANFFY in seiner theoretischen Biologie nachgewiesen hatte, daß offene Systeme, wie Lebewesen es sind, *Ziele anstreben*, und daß diese Ziele nur mit Worten wie Vollkommenheit, ausgezeichnete Gestalt und dergleichen gekennzeichnet werden können, war es schon klar, daß ADLER mit seinem Streben nach Vollkommenheit, das ja nicht die eigene Vollkommenheit bedeutet, sondern die Vollkommenheit alles dessen, was uns anvertraut ist, sich nicht in Widerspruch zur deterministischen Naturwissenschaft befindet. Die drei amerikanischen Verfasser entwickeln aber nun endlich ausdrücklich eine Verhaltenslehre, in der das Handeln des Menschen nicht mehr als Reaktion auf Reize, sondern als fortgesetzte Aufstellung von Zielen, Entwicklung von Plänen und Durchführung dieser Pläne unter ständigem Vergleich des Erreichten mit dem Angestrebten mit kybernetischen Mitteln verstanden wird. Es handelt sich um eine der bemerkenswertesten psychologischen Schrifte, die in letzter Zeit erschienen sind. Und es ist, wie mir scheint, nur ein Glied aus der Reihe der späten Bestätigungen individualpsychologischer Grundgedanken, in denen es sich immer wieder bestätigt, daß Alfred ADLER von Anfang an auf dem rechten Weg gewesen ist.

29. Entstehung und Heilung einer kindlichen Phobie* (1967)

1. Vorbemerkung

Die FREUDsche Psychoanalyse – und mit ihr jede ihrer Abwandlungen – ist heute in ein Stadium eingetreten, in dem sie sich, etwas verspätet, den Glaubwürdigkeitsprüfungen stellen muß, die keiner Behauptung erspart bleiben können, die als wissenschaftliche vorgebracht wird. Diese Forderung bezieht sich auf jede einzelne der zahlreichen Einzelansätze des FREUDschen Gedankengebäudes. Die folgende Untersuchung befaßt sich mit seiner, hier etwas vereinfacht dargestellten, These, daß Phobien aus einem Konflikt zwischen dem Über-Ich (bzw. Gewissen) und einem übermächtigen (vom Gewissen verurteilten) elementaren Impuls, z. B. einem Haß-Impuls entstehen, und zwar dann, wenn der Konflikt mitsamt dem verpönten Impuls verdrängt wird. Die Vermutung hat etwas unmittelbar Einleuchtendes, und der Erfolg von Therapien, denen diese Annahme zugrunde gelegt wurde, war geeignet, diesen Eindruck noch zu verstärken. Doch fehlte es bisher an einer strengen empirischen Begründung. Denn in der geläufigen Erwachsenentherapie wird der zugrundeliegende Ur-Konflikt nur aufgrund mehr oder weniger später Rekonstruktionen postuliert, – Rekonstruktionen, die, wie man FREUD nicht vorzuhalten braucht, weil er es selbst schon um 1910 ausgesprochen hat, vielfach in Wirklichkeit in die Vergangenheit zurückprojizierte *Konstruktionen* des Patienten sind; was zwar ihren therapeutischen Wert nicht beeinträchtigt, aber für ihre theoretische, z. B. entwicklungspsychologische Verwertbarkeit tödlich ist.

Der, wie es scheint, einzige Fall, in dem bei FREUD selbst nicht ein Erwachsener, sondern ein Kind Gegenstand der Beobachtung und der Behandlung war, und zugleich derjenige, auf den man sich zur Rechtfertigung der Konflikttheorie der Phobien immer wieder beruft, ist der des „kleinen Hans", über den FREUD in seiner „Analyse eines fünfjährigen Knaben" berichtet. Wer heute diesen Bericht liest, ist entsetzt über die Naivität, mit der hier nahezu Beliebiges in den kindlichen Patienten hineinsuggeriert und zugleich ausgesprochene Vermutungen als feststehende Tatsachen gewertet werden. Die Befragungstechnik bleibt weit unter den Ansprüchen, die man heute an die bescheidenste Kriminalbeamtin stellt, die etwa jugendliche Zeugen zu vernehmen hat. Um dies zu erkennen, bedurfte es nicht erst der Abhandlung von J. WOLPE und S. RACHMAN, die sich unter dem Titel „Psychoanalytic 'Evidence' – A Critique Based on FREUD's Case of Little Hans" mit den methodischen Schwächen der von FREUD berichteten Analyse beschäftigt, – Schwächen, die es mit sich bringen, daß der Fall nicht mehr geeignet erscheint, die FREUDsche Theorie der Konfliktangst zu stützen oder gar zu begründen. Die beiden Verfasser gehen daraufhin sofort zu einer lerntheo-

---

* Herrn Prof. Dr. HECKHAUSEN (Bochum) und Herrn Diplom-Psychologen GÖTZL sei an dieser Stelle für wertvolle Anregungen und Hinweise herzlich gedankt.

retischen Ersatzhypothese – etwa im Sinne Eysencks – über. Demgegenüber ist aber zu betonen, daß eine Theorie auch dann (in den Grundzügen) richtig sein kann, wenn sich die für sie vorgebrachten Beweise als brüchig erweisen. Nach besseren Beweise zu suchen, ist also wissenschaftlich ebenso legitim, wie eine neue Theorie aufzustellen, besonders wenn diese, wie die Lerntheorie, ohnehin mit Vereinfachungen arbeitet, aus denen kein Bild, sondern nur eine schlechte Karikatur des Menschen hervorgehen kann.

Unter diesen Umständen erscheint es doppelt angebracht, über einen Fall zu berichten, der, wie uns scheint, ziemlich genau das leistet, was Freud in der Analyse seines Fünfjährigen in den Händen zu haben glaubte, und zwar, weil dieser neue Fall von den Bedenken, die gegen Freuds Beweisführung zu erheben sind, nicht getroffen wird. Daß die Annahme Freuds nicht völlig unverändert aus dieser neuen Erprobung hervorgeht, tut ihr im Grundsätzlichen keinen Abbruch.

2. Fallbericht

Im Folgenden berichten wir von der Entstehung und Heilung einer kindlichen Phobie. Der Fall erscheint über das Gesagte hinaus mitteilenswert, weil bei ihm einige sehr seltene Bedingungen vorliegen.

1. Die Entstehung der Phobie wurde, samt den auslösenden Vorgängen, unmittelbar von einem geschulten Psychologen beobachtet.
2. Auf Grund der offenbar zutreffenden Vermutungen über den Bedingungszusammenhang war die Heilung ohne besondere Analyse in *einem* zusammenhängenden therapeutischen Arbeitsgang möglich, der, einschließlich der Pausen, nur wenig mehr als 24 Stunden in Anspruch nahm.
3. Aus demselben Grund brauchte die Therapie auch nicht mit Hilfe von symbolischen Ersatzfiguren (wie etwa Kasperlpuppen) durchgeführt zu werden, sondern es konnten sich die Personen, die durch ihr unbedachtes Verhalten die Phobie ausgelöst hatten, selbst an ihrer Auflösung beteiligen. Diese Bedingungen waren gegeben, weil der eine der beiden Verfasser (A. B.) Tante des Kindes ist und damals während eines Großteils des Jahres im Hause der Großeltern des Kindes wohnte, bei denen dieses aufwächst. Dadurch wurde diese zufällig zum Zeugen des ganzen Vorganges.

2.1 Vorgeschichte und Ausgangslage

Wir stellen das Kind, Bärbel, jetzt bald 9 Jahre alt, zunächst vor:

2.1.1 Wohnort und äußerer Lebensrahmen

Bärbel wurde im Januar 1958 geboren; beide Eltern waren damals 24 Jahre alt. Bärbel blieb 6 Wochen lang bei der Mutter, die eine kleine Wohnung in einer westdeutschen Großstadt hatte. Da der Vater noch studierte, blieb die Mutter berufstätig, und Bärbel wurde daher zunächst in ein Heim am Wohnort der Mutter gegeben. Die Verhältnisse in dem Heim waren recht günstig. Es beherbergte 18 Kinder im Alter von etwa 6 Wochen bis zu 2 Jahren. Die Kinder waren, je nach Alter, auf 3 Zimmer verteilt, und jedes Zimmer hatte eine eigene Pflegerin. Die Mutter holte sich jeden Freitag abend das Kind ab und brachte es am Sonntag ins Heim zurück. Am Mittwoch abend durfte sie das Kind im Heim besuchen, es wickeln und füttern, was sie auch regelmäßig tat. Der Vater war während der Semesterferien bei der Mutter, und während des Semesters besuchte er manchmal sonntags seine Familie.

Mit zwei Jahren wurde Bärbel zu den Großeltern mütterlicherseits gebracht. Diese lebten etwa 250 km vom Wohnort der Mutter entfernt in einem kleinen Dorf Norddeutschlands. Sie bewohnten ein Haus für sich, es war eine 4-Zimmer-Wohnung mit Küche. Der Großvater war damals 69, die Großmutter 51 Jahre alt. Da die Großmutter nicht gut laufen konnte, wurde das Kinderbett im Schlafzimmer der Großeltern aufgestellt.

Die 7 Kinder der Großeltern waren damals schon erwachsen und wohnten nicht mehr im Hause. Jedoch spielten zwei der Tanten für Bärbel eine Rolle. Die eine war in der nächstgelegenen Stadt Krankenschwester und verbrachte ihre freien Tage zu Hause; sie war an den unten zu berichtenden Vorgängen nicht beteiligt. Die andere Tante ist die Berichterstatterin A. B.; sie studierte Psychologie und lebte während der Semesterferien zu Hause; sie wird im Folgenden meist kurz Tante genannt. Die übrigen Onkel und Tanten verbrachten regelmäßig ihren Urlaub zu Hause und kamen zu Weihnachten, Ostern und Pfingsten zu Besuch. Auch Bärbels Eltern konnten wegen der großen Entfernungen nur zu den genannten Festzeiten und zum Sommer-Urlaub kommen.

2.1.2 Entwicklung und Eigenart des Kindes

Als Bärbel 1958 geboren wurde, waren beide Eltern, wie gesagt, 24 Jahre alt. Die Mutter hatte sich während der Schwangerschaft ganz gut gefühlt. Es war eine Zangengeburt. Bärbel wog 6 Pfund. Von ihrer Lebensgeschichte sei nur erwähnt, was für unser Thema von unmittelbarer Bedeutung sein könnte.

Zur Ernährung ist zu bemerken: Bärbel wurde nur 14 Tage gestillt und dann auf eines der üblichen Kindernahrungsmittel umgestellt. Solange sie die Flasche bekam, trank sie gut. Als jedoch im Heim feste Nahrung zugefüttert werden sollte, gab es Schwierigkeiten. Bärbel verweigerte das Essen und spuckte es wieder aus. Lediglich Milchbrei nahm sie zu sich. Seitdem war das Essen im Heim eine Quälerei für das Kind und die Pflegerin. Als es zur Großmutter kam, war es immer noch ein schlechter Esser. Vor allem lehnte sie das Mittagessen ab und entwickelte eine Vorliebe für das Obstkompott. Sie wurde nicht weiter zum Essen gedrängt. Man kam ihren Wünschen entgegen und freute sich, wenn sie überhaupt etwas zu sich nahm. Von jeher ist sie sehr auf Süßigkeiten aus. Sie bekommt sehr viel geschenkt. Die Eltern schicken ihr zwischendurch Päckchen mit Bonbons, die ihr viel Freude machen. Es gab Tage, an denen sie sich nur von Süßigkeiten und Obst ernährte. Erst allmählich fing sie von selber an, ein wenig vom Mittagsteller zu essen.

Ihre *Körperbeherrschung* war zunächst etwas verzögert. Mit 10 Monaten konnte sie frei sitzen und mit 11 Monaten brachte sie sich mit Hilfe des Bettchens in den Stand. Das Laufen setzte etwa mit 14 Monaten ein. Sie lief immer sehr vorsichtig und achtete genau darauf, wohin sie ihren Fuß setzte.

Mit der Reinlichkeitserziehung war bereits im Heim begonnen worden. Die Großmutter setzte sie dann konsequent fort. Es traten zuerst Schwierigkeiten auf, da Bärbel unter Verstopfung litt und der Stuhlgang oft schmerzhaft war. Die Großmutter brachte ihr viel Teilnahme entgegen, und bald gewöhnte sie sich daran. Mit 2;5 war sie tags und nachts trocken und sauber. Einige Rückfälle wurden nicht wichtig genommen.

Die Sprachentwicklung war erst ebenfalls etwas verzögert. Als Bärbel mit zwei Jahren aus dem Heim kam, sprach sie nur einige wenige Worte. Doch bald lernte sie die Dinge des Hauses zu benennen und die Laute der Tiere zu unterscheiden. Etwa mit 2;2 bildete sie die ersten kleinen Sätzchen. Das Fragen der Kleinen: „Is'n das?" ging den ganzen Tag. Mit etwa 2;10 war sie bereits imstande, eine selbst erfundene einfache kleine Geschichte zu erzählen.

Bärbel hat einen festen Schlaf. Morgens dauert es lange, ehe sie wach ist. Erst schüttelt sie noch eine ganze Weile mit dem Kopf. Darauf fängt sie mit lauter Stimme an zu singen. Erst dann ist sie hell wach. Will man sie vorher schon aus dem Bettchen holen, verweigert sie das Aufstehen und ist noch verschlafen.

Bärbel kann nicht gut abgeben, obwohl sie dazu angehalten wurde. Lange Zeit war ihre Mutter die einzige, der sie auf Aufforderung hin einen Bonbon schenkte.

Als Bärbel zu den Großeltern kam, fiel sie wegen ihrer ungewöhnlichen Geräuschempfindlichkeit und Angst vor allem, was Lärm macht, auf. Wenn die Türschelle ertönte, brach sie in einen Schreikrampf aus. Diese Schreikrämpfe, bei denen sie gelegentlich blau wurde und „wegblieb", brachen auch sonst aus, wenn sie sich ängstigte, oder wenn sie hinfiel. Große Angst hatte sie vor Autos, Flugzeugen und Tieren aller Art. Staubsauger und Wäscheschleuder veranlaßten sie zur Flucht. Man versuchte ihrer Ängste Herr zu werden, indem man allmählich das Kind mit diesen Dingen vertraut machte. So wurde ihr z. B. eingehend die Klingel gezeigt, sie durfte selbst drücken, so daß sie sogleich die Wirkung feststellen konnte. Damit verschwand auch die Angst vor der Klingel. Auf diese Weise konnte man auch die übrigen Ängste, einschließlich der Schreikrämpfe, zum Verschwinden bringen. Etwa 3/4 Jahr nach der Übersiedlung zur Großmutter machte das Kind einen ausgeglichenen Eindruck, es ging aus sich heraus, konnte sich herzlich freuen und zeigte überhaupt ein frohes Wesen.

2.1.3 Familienstruktur

Bärbel hatte während der Zeit ihres Heimaufenthaltes eine gute Bindung an ihre *Mutter* entwickelt. Auch an die *Großeltern* gewöhnte sie sich rasch und ohne Schwierigkeiten. Die Großeltern bemühten sich, von Anfang an, die Erinnerung an die Mutter in dem Kinde wachzuhalten, jedoch mit keinem ganz befriedigenden Erfolg. Als es bald fragte: „Oma, ist die Bärbel Omas Kind"? bekam sie die Antwort, daß sie Mamas Kind sei, daß die Mama in X-stadt wohne, dort arbeite und Geld schicke, damit man für das Kind Spielsachen, Bonbons und Butterbrote kaufen könne. Sie sei aber Omas liebes Enkelchen. Sie bekam auf ihre häufig wiederholten Fragen immer die gleiche Antwort, worauf sie sagte: „Bärbel ist *doch* Omas Kind!" Auf die nächsten Besuche der Mutter wurde Bärbel vorbereitet. Alle zeigten Vorfreude. Die Großmutter zählte, wie oft man noch schlafen müsse. Als die Mutter dann zum ersten Mal kam, stutzte Bärbel einen Augenblick, holte aber gleich ihre Puppe und bot sie der Mutter an. Dann setzte sie sich zu ihr auf den Schoß, und bald wurden Zärtlichkeiten ausgetauscht. Man hatte den Eindruck, als seien Mutter und Kind nie getrennt gewesen. Solange die Mutter zu Besuch weilte, wurde die Großmutter von Bärbel wenig beachtet. Als ein anderes Mal der Besuch der Mutter in Aussicht stand, strampelte sie mit beiden Beinchen und rief freudig aus: „Die Mama kommt! Die Mama kommt! Oma, da lachen wir aber." Dabei strahlte sie über das ganze Gesicht. Anläßlich eines Besuches sagte sie zur Großmutter: „Oma, du bist ja schon alt, aber meine Mama, die ist schick." Am Vormittag des Abreisetages wurde Bärbel gesagt, daß die Mutter wieder wegfährt. Es kam dann vor, daß sie sagte: „Mama, meine Puppe weint schon!" Darauf gingen dann Mutter und Kind die Puppe trösten.

Zu ihrem *Vater* hatte Bärbel während der Heimzeit keine Beziehung entwickeln können. Als sie dann bei den Großeltern war, kamen zwar immer die Eltern gemeinsam zu Besuch, doch blieb ihr der Vater verhältnismäßig fremd. Seinen Zärtlichkeiten sucht sie sich zu entziehen. So wacht sie eifrig darüber, daß das Bett, in welchem die Mutter während ihrer Besuche schläft, nicht von jemand anderem benutzt wird, während ihr das bei dem Bett des Vaters gleichgültig ist. Einmal ging der Vater mit ihr schaukeln. Dabei fiel sie in hohem Bogen aus der Schaukel. Nach längerer Zeit hörte man, wie sie einem anderen Kind erzählte: „Einmal war der Papa da, da hat er mich aus der Schaukel fallen lassen." Er hat bei ihr offenbar keine mildernden Umstände.

Zu den Großeltern hat Bärbel eine gute Bindung. Sie 'schmust' sehr viel mit der Großmutter, wobei sie von sich aus auf sie zugeht. Andererseits kommt auch die Großmutter ihrem großen Zärtlichkeitsbedürfnis entgegen.

Ihrer Krankenschwester-Tante stand sie lange Zeit ablehnend gegenüber, weil diese manchmal zur Großmutter zärtlich war. Es kam zu Eifersuchtsszenen, bei denen Bärbel die Tante zu verdrängen suchte. Wütend rief sie: „Die Tante G. ist ein dicker Lümmel. Die schmust ja mit der Oma." Auf Vorschlag der Berichterstatterin vermied man später solche Szenen. Seitdem hat sich das Verhältnis gebessert.

Zu Tante B. hat sie ein gutes Verhältnis. Sie ist für Bärbel eine Art großer Schwester. Sie spielt mit ihr und erzählt ihr Geschichten. Wenn sie abreist, pflegt sich Bärbel zu vergewissern: „Du kommst doch bald wieder?"

2.2 *Das traumatische Ereignis*

Nachdem Bärbel annähernd ein Jahr bei der Großmutter gelebt hatte, waren die Heimschäden aufgeholt. Sie war damals nicht ganz 3 Jahre alt. Es sah ganz so aus, als ob die weitere Entwicklung des Kindes nicht mehr gefährdet sei. Da geschah Folgendes:

Es war Weihnachten. Bärbel war 2;11 Jahre alt. Die Eltern kamen zu Besuch. Auch Tante B. war da. Morgens pflegten die Eltern ein wenig länger zu schlafen. Sobald Bärbel auf den Beinen war, ging sie in das Zimmer ihrer Eltern, das im ersten Stock gelegen war, um ihnen guten Morgen zu sagen und sogleich mit der Mutter zu schmusen, wobei sie manchmal auch für ein paar Augenblicke zu ihr ins Bett kroch. Meistens gesellte sich auch die Tante dazu, und es wurde ein wenig geplaudert. Eines Morgens war die Tante bereits im Zimmer der Eltern, als Bärbel erschien. An diesem Morgen findet sie Vater und Mutter zusammen in einem Bett vor. Der Vater will Bärbel necken und legt seinen Arm um die Mutter. Als Bärbel das sieht, wird sie zornig. Sie stürzt sich auf ihre Mutter, bedeckt ihr Gesicht mit Küssen und sucht gleichzeitig den Arm des Vaters von ihr zu entfernen. Das gelingt ihr nicht. Da schlägt sie mit den Fäusten auf den Vater ein und ruft empört: „Du bist ja ein ganz dicker Lümmel. Du darfst ja nicht mit meiner Mama schmusen!" Mutter und Tante suchen Bärbel zu beruhigen: „Na, Bärbel, nicht doch den Papa hauen!" Da läßt sie von ihm ab und läuft aus dem Zimmer, zornig rufend: „Du dicker Lümmel, das sag ich meiner Oma!" Die Tante hörte gerade, daß unten bei der Großmutter eine Nachbarsfrau war, hielt daher das Kind auf, nahm es mit in ihr Zimmer und sagte etwa Folgendes: „Bärbel, komm mal, du weißt doch noch, als Tante X und Onkel Y hier Hochzeit hatten. Die beiden haben sich lieb, und weil sie sich lieb haben, deshalb haben sie sich geheiratet. Da hast du doch mal selbst gesehen, wie der Onkel Y der Tante X einen Kuß gegeben hat. Das dürfen die auch. Und jetzt wird es gar nicht mehr lange dauern, da schenkt der liebe Gott den beiden ein Babylein, weil sie sich lieb haben und gerne eines haben wollen. Genau so war das bei deinem Papa und deiner Mama auch. Die haben sich auch lieb, und da haben sie Hochzeit gemacht. Und dann haben sie sich auch ein Babylein gewünscht, und bald bekamen sie auch ein Babylein, und das bist du. Du bist das Kind von Papa und Mama. Und ihr seid jetzt alle drei eine Familie, du, der Papa und die Mama. Ihr dürft alle drei miteinander schmusen. Du darfst mit Mama und Papa schmusen. Der Papa darf mit dir und der Mama schmusen. Und die Mama darf mit dir und dem Papa schmusen."

Nach dieser Erklärung schien Bärbel beruhigt zu sein; sie lief wieder in das Zimmer ihrer Eltern und sagte zum Vater: „Du darfst wohl mit meiner Mama schmusen." Nun glaubte jeder, es wäre wieder alles in Ordnung.

Die Eltern und die Tante reisten nach den Feiertagen wieder ab. *Nach einiger Zeit* erhält die Tante von der Großmutter einen kummervollen Brief: In letzter Zeit sei Bärbel ganz verändert. Sie sei jetzt immer so still, und vor allem, sie sei *wieder so ängstlich*. Alles, was sie im letzten Jahr mit soviel Mühe beim Kinde aufgebaut habe, sei wieder verschwunden. Auf Rückfrage schrieb die Großmutter, Bärbel fürchte sich vor allem *vor dem bösen Wolf*. Insbesondere wollte sie nicht mehr die Treppe hinaufgehen; denn im Fremdenzimmer (wo Vater und Mutter geschlafen hatten) sei der böse Wolf. Man könne sie nicht einmal mehr allein im Zimmer lassen, weil sie Angst habe, der Wolf käme von oben herunter. Die Großmutter meinte, es läge sicherlich daran, daß der Vater ihr zu Weihnachten das Märchen vom Rotkäppchen erzählt hatte; denn nur so könne sie einen Wolf kennengelernt haben. Wir kommen auf diese Vermutung später zurück.

Die Tante beschäftigte sich zu dieser Zeit gerade mit Anna FREUDS Buch: Das Ich und die Abwehrmechanismen. Als sie dort von dem Mechanismus der Aggressionsverdrängung und der Angstverschiebung las, der an der Tierphobie des kleinen Hans veranschaulicht wird, fiel ihr plözlich der Vorfall in dem Elternschlafzimmer ein, wo Bärbel aus Eifersucht so heftig gegen ihren Vater vorgegangen war. Die Zusammenhänge standen ihr greifbar vor Augen, zumal sie Zeuge des, wie ihr jetzt klar wurde, traumatischen Ereignisses gewesen war. Sie kam zu der Überzeugung, daß bei Bärbel die gleichen dynamischen Vorgänge vorlägen, wie sie FREUD beim kleinen Hans vermutet hatte. Die Phobie der Bärbel schien ihr in ihrer Art geradezu klassisch zu sein. Dabei stört die Tatsache nicht, daß Bärbel, obwohl ein Mädchen, keinen Haß auf ihre Mutter (als Rivalin beim Vater) warf, sondern umgekehrt den *Vater* als Störenfried in ihren Zärtlichkeitsbeziehungen zur Mutter betrachtete. Diese Umkehrung wurde schon von FREUD selbst mehrfach beobachtet und, z. B. in „Das Ich und das Es" ausdrücklich erwähnt.

Das Kind erlebt den Vater als Rivalen bei der Mutter. Deshalb kommt es zum Haß gegen den Vater. Durch Verdrängung des Hasses und seiner Äußerungen entsteht Angst, die dann – nach einer vorläufigen Annahme – auf ein Märchen-Tier verschoben wird, das mit dem Vater in Beziehung steht.

2.3 Behandlung

Wie konnte man hier therapeutisch eingreifen? Es kam darauf an, die Feindseligkeit wieder hervorzulocken und so ihre Verdrängung rückgängig zu machen. Man konnte an Spieltherapie denken, wo das Kind Gelegenheit erhält, seine Aggressionen „auszuspielen". Während jedoch üblicherweise das Kind seine Aggressionen an geeignetem Spielmaterial abreagiert, lag bei Bärbel eine große Chance darin, daß man das ursprüngliche und eigentlich gemeinte Objekt der Aggressionen, nämlich den Vater selbst, in die Therapie einbeziehen konnte.

Bärbel war Ostern 3;2 Jahre alt. Die Eltern kamen, konnten allerdings nur 3 Tage bleiben. Als daher am ersten Abend das Kind zu Bett war und die Familie zusammensaß, trug die Tante sogleich ihren Plan vor. Zunächst erzählte sie ihren Angehörigen ein wenig über Psychoanalyse und insbesondere von der Entstehung kindlicher Ängste, was sie am Beispiel des 'kleinen Hans' veranschaulichen konnte. So war bald allen einsichtig, wie es um Bärbel stand, und der Vater war bereit, mitzumachen. Die Tante stellte dann den Plan für die Therapie auf und wies jedem seine Rolle zu.

Sie schlug vor, am nächsten Tag zu Dritt ein „Wolfspiel" zu spielen. Sie und Bärbel sollten eine Partei Wölfe sein, der Vater die andere. Die Tante wollte dann Bärbel anfeuern, den Vater anzugreifen und zu beißen. Der Vater wurde gebeten, sich alles gefallen zu lassen und sich so zu verhalten, daß Bärbel den Mut gewinne, ihn anzugreifen. Es wurde ihm wegen seiner Bedenken versichert, er brauche keinen Autoritätsverlust zu befürchten, da das aggressive Tun immer Spielcharakter behalten würde. Allen Beteiligten wurde nahegelegt, den Spielablauf ganz dem Kinde zu überlassen und nicht lenkend einzugreifen. Wenn etwas in dieser Hinsicht nötig sei, so solle man es allein der Tante überlassen. Die Eltern des Kindes zeigten sich aufgeschlossen; jedoch mußte die Großmutter noch besonders um ihr Einverständnis gebeten werden; auch wenn es laut und wild herginge, möge sie nicht bremsend eingreifen.

Am nächsten Tag, nach dem Mittagessen, sagte die Tante zu Bärbel: „Bärbel, komm, sollen wir mal mit dem Papa Wolf spielen? Wir sind Wölfe und beißen den Papa." Bärbel zeigte sich erfreut über den Vorschlag. Sogleich krabbelten alle drei als Vierbeiner durch das Zimmer. Die Tante und Bärbel pirschten sich an den Vater heran. Dieser gab winselnde Töne von sich und zog ängstlich den Kopf ein. Die Tante forderte Bärbel auf: „Los, beiß den Wolf, beiß ihn, feste!" Bärbels Augen leuchteten. Man sah ihr an, daß sie nur zu gerne zugebissen hätte, aber sie wagte es nicht. Sie fing nun ihrerseits an, die Tante auf den Vater zu hetzen: „Beiß du doch den Papa, beiß ihn doch!" Die Tante schlug daher vor: „Komm, ich halte den bösen Wolf fest, dann kannst du ihn besser beißen." Nun wurde der Vater an einem Bein festgehalten, und jetzt wagte Bärbel, erst sehr vorsichtig, ihn zu beißen. Da sie allmählich merkte, daß der Vater tatsächlich stillhielt und sich das Beißen gefallen ließ, wurde sie mutiger. Wenn dann der Vater klägliche Laute von sich gab, mußte sie jedesmal lachen. Bald brauchte die Tante den Vater gar nicht mehr zu halten, sie mußte aber immer an Bärbels Seite bleiben. Mit einer wahren Wollust biß diese den Vater und quiekte dabei vor Vergnügen.

Auf einmal wurde Bärbel in ihren Aggressionen erfinderisch: „Jetzt sind wir mal eine Katze und kratzen den Papa", woraufhin beide miauend um den Vater herumsprangen und ihn zu kratzen suchten. Immer neue Vorschläge kamen von Bärbel und wurden sogleich ausgeführt. „Und jetzt sind wir mal ein Vogel und picken den Papa." – „Und jetzt sind wir mal ein Pferd und schlagen den Papa." – „Und jetzt sind wir mal eine Kuh und stoßen den Papa." – Der Vater stellte sich auf das entsprechende Tier um, ahmte kläglich dessen Laute nach und ließ sich alles gefallen. Da das Kind nun ganz aus sich herausging, wurde das Spiel zu einem wilden Treiben, zumal der Vater manchmal die Flucht ergriff und von Bärbel und der Tante gejagt werden mußte. Erwischte man ihn mit vereinten Kräften, wurde er um so schlimmer gepeinigt. Das Fliehen war für den Vater zu einer Notwendigkeit geworden, da die Kleine so biß, daß es wehtat. Das Spiel ging ohne Unterbrechung bis zum Abend weiter.

Inzwischen hatte das Kind selbst eine neue Variante eingeführt. Es faßte die Tante an der Hand, sprang vor dem Vater her und rief: „Beiß mich doch!" Jetzt kam es zu einem Wechselspiel zwischen Angreifen und Sich-angreifen-lassen. Wenn sie sich vom Vater angreifen ließ, suchte sie sich durch Flucht zu entziehen, wehrte ihn mit den Armen ab oder verteidigte sich durch Gegenangriff. Ging ihr dann vor Lachen und Quieken der Atem aus, so daß sie sich nicht mehr wirksam verteidigen konnte, kroch sie hinter die Tante und schob diese vor.

Als es Abendessenszeit war, mußte das Spiel für diesen Tag abgebrochen werden, was Bärbel bedauerte. Sie fragte sogleich, ob man am nächsten Tag wieder „Wolf" spielen würde, was man ihr versprach. Am nächsten Morgen kam Bärbel schon, als die Tante noch zu Bett lag, um sie zum Spielen zu holen: „Tante, steh doch auf, wir wollen doch wieder Wolf spielen!" An diesem Vormittag blieb nur etwa eine Stunde Zeit zum Spielen. Sofort nach dem Mittagessen drängte Bärbel darauf, daß man gleich wieder beginne.

Nachdem man etwa eine Stunde gespielt hatte, trat eine überraschende Wendung ein. Auf einmal kletterte Bärbel ihrem Vater auf den Arm und wehrte mit den Armen den Angriff der Tante ab: „Nicht doch, nicht doch, nicht doch meinen Papa beißen!" Die Tante blieb vor Überraschung einen Augenblick wie festgewurzelt stehen, bis sie begriff, was dieser Schritt zu bedeuten hatte. Ohne jeden Übergang war Bärbel von einem Angreifer zu einem Verteidiger des Vaters geworden. Niemand wußte hinterher zu sagen, wie sie überhaupt auf seinen Arm gelangt war. Jedoch spürte jeder, daß hier der erste Schritt zur Gesundung getan war, indem Bärbel sich dem Vater anvertraute und ihn zu verteidigen begann.

Das Spiel ging folgendermaßen weiter: Bärbel blieb auf dem Arm ihres Vaters, und die Tante jagte beide und suchte sie zu beißen. Der Vater lief, so schnell er konnte, und Bärbel auf seinem Arm wehrte die Tante ab und suchte sie wiederzubeißen. Sehr schnell verlor jetzt das Spiel seinen aggressiven Charakter. Es wurde zu einem harmlosen Fangspiel. Der Vater lief durch das ganze Haus, auf den Boden, in den Keller. Die Tante rannte hinterher und suchte die beiden zu fangen. Wenn sie nahte, jauchzte und quietschte Bärbel und trieb ihren Vater an, schneller zu laufen. Nach einer Weile jedoch streikte der Vater, da er durch die Anstrengung des Laufens mit dem Kind ganz außer Atem war. Damit war das Spiel beendet.

Bärbel blieb immer noch bei ihrem Vater auf dem Arm. Die bis dahin vermutlich noch gar nicht bestehende Wir-Bindung war vollzogen. Sie setzten sich beide in einen Sessel, und dann konnten alle zuschauen, wie Bärbel unaufgefordert die Arme um den Vater schlang und mit ihm schmuste. Sie war noch ganz voll von dem Erlebnis: „Nicht Papa, *wir* sind aber gelaufen. Die Tante hat *uns* nicht gekriegt."

Der Großmutter war es sehr schwer gefallen, das wilde Treiben zu ertragen. Es ging laut und heftig zu, da Bärbel sehr lebhaft wurde und ihren Aggressionen freien Lauf ließ, zudem ständig kreischte und quiekte. Hinterher sagte die Großmutter zu Tante B.: „Wenn das die Psychologie ist, dann kannst du mir nur leid tun!" Aber da auch sie sah, daß das Kind, das bislang nichts von seinem Vater wissen wollte, nun gar Zärtlichkeiten mit ihm austauschte, daß es wieder lebhaft und froh war, konnte sie nicht umhin, den Erfolg dem Spiel zuzuschreiben. Auch für die Eltern des Kindes kam dieser Ausgang überraschend, zumal die Tante angekündigt hatte, die Gesundung sei nicht so schnell zu erreichen.

2.4 Weiterer Verlauf

Bärbel war zur Zeit der Niederschrift dieser Zeilen 5;4 Jahre alt. Es waren seit der Therapie 2 Jahre und 7 Monate vergangen. Mit dem echten Friedensschluß mit dem Vater war bei Bärbel die Phobie aufgelöst. Sie hat nie wieder den bösen Wolf erwähnt. Das Verhältnis zum Vater war grundlegend verändert. Es entwickelte sich zwischen beiden eine herzliche Bindung. Bärbel freut sich seitdem auf den Besuch des Vaters genau so sehr wie auf den der Mutter. Als die Eltern mit ihr im Alter von 3;6 ihren Sommerurlaub in Mitteldeutschland verbrachten, holte der Vater die Kleine von den Großeltern ab, und vom Wohnort der Mutter traten sie die gemeinsame Reise an. Wie selbstverständlich ließ sich Bärbel vom Vater mitnehmen, zeigte keine Angst und fühlte sich offensichtlich bei ihm gut aufgehoben. Es hat unterwegs keine Schwierigkeiten gegeben. Im Alter von 4;2 Jahren fuhr Bärbel mit Tante B. für 10 Tage zu den Eltern. Am ersten Abend, als der Vater ihr gute Nacht sagte, meinte er: „Morgen spielen wir schön zusammen." Bärbel erwiderte: *„Aber nicht Wolf, ich bin doch jetzt schon groß."* Die Bindung an den Vater ist vor allem daraus zu ersehen, daß Bärbel von sich aus zu ihm zärtlich ist, sie ist nämlich in ihren Liebkosungen sehr wählerisch und hat eine Rangordnung aufgestellt. Wenn die Eltern da sind, schmust sie nur mit ihnen. Die Mutter hat den ersten Platz behalten, dann kommt Vater. Sind die Eltern wieder abgereist, schmust sie mit der Großmutter und dem Großvater. Mit Tante B. schmust sie nur zu außergewöhnlichen Gelegenheiten, obgleich sie sie gern mag. Anderen Personen gegenüber gibt es keine Zärtlichkeiten. Bärbel hat der Großmutter gegenüber eine gewisse Selbständigkeit erreicht. Nachdem die Reinlichkeitserziehung abgeschlossen war, hatte man immer schon versucht, Bärbel in einem eigenen Zimmer schlafen zu lassen. Jedoch wollte sie sich damals nicht von der Großmutter trennen lassen, und um ihr nicht das Gefühl der Geborgenheit bei dieser zu nehmen, ließ man sie gewähren. Als jedoch im Alter von 4 Jahren die Familie in einen 150 km entfernten Neubau umzog, sah man die Gelegenheit gekommen, Bärbel aus dem Schlafzimmer der Großeltern auszuquartieren. Jetzt gelang dieser Schritt ohne weitere Schwierigkeiten, zumal sie lange darauf vorbereitet wurde. Sie ist stolz auf ihr eigenes Zimmer, darf es den Besuchern selbst zeigen. Es geschieht so gut wie nie, daß sie zu den Großeltern mal ins Bett kommt. Sie zeigt auch keine Ängste in der Dunkelheit. Im Gegenteil kam es vor, daß sie, allein gelassen, auf Entdeckungsreisen ausging. Eines Morgens brachte sie abgelegte Kleider mit, die sie abends in der Bodenkammer hinter ihrem Zimmer aufgestöbert hatte.

Diese Unabhängigkeit wird u. a. durch folgenden Vorfall deutlich. Als in der Nachbarschaft ein älterer Mann und bald darauf ein Großonkel des Kindes starben, war sie sehr davon beeindruckt. Sie stellte viele Fragen, die mit der Beerdigung, der Trauerkleidung und dem Schicksal nach dem Tode zusammenhängen. Nach einiger Zeit (4;2) sagte sie zur Großmutter: „Oma, wenn ich mal groß bin und wenn du dann mal stirbst, bin ich nicht traurig. Dann habe ich ja noch die Mama, den Papa und die

Tante B." Sie läßt durch diese Aussage auch eine gewisse Beweglichkeit erkennen: Sie hat bereits mehrere Eisen im Feuer.

Bärbel geht jetzt auf die Umwelt zu und entwickelt viel eigene Initiative. Bislang war sie noch nie allein außerhalb des Gartentürchens gewesen. Als sie 3;8 Jahre alt war, kam eine Freundin und wollte sie zum Spielen abholen. Zum ersten Male erlaubte es die Großmutter. Als Bärbel auf die Straße kam, wurde sie von einem sechsjährigen Jungen entdeckt, der schon immer versucht hatte, sie zu verhauen, was ihm nie gelungen war, da sie immer in Begleitung eines Erwachsenen ausgegangen war. Sogleich schlug er auf sie ein. Jedoch Bärbel biß ihn so tüchtig in den Arm, daß es durch die Haut ging, wie man später erfuhr. Bärbel ging weiter, als ob nichts geschehen wäre, weinte auch nicht. Die Großmutter erfuhr von dem Vorfall, als sie einkaufen ging, durch die anderen Kinder auf der Straße. Als Bärbel nach Hause kam, erzählte sie nichts davon. Die Großmutter fragte auch nicht. Sie war nur gespannt, ob Bärbel noch einmal ohne erwachsenen Schutz auf die Straße gehen würde. Am nächsten Morgen kam die Freundin wieder, um Bärbel abzuholen. Bärbel ging gerne mit und zeigte keinerlei Angst. Erst nach ein paar Tagen fragte die Großmutter nach dem Erlebnis. Bärbel berichtete: „Einmal, da hat mir der Christian einen Kinnhaken gegeben. Da habe ich ihn gebissen. Wenn der das mal wieder tut, dann beiß ich ihn wieder." Sie sagte das ohne jede Erregung oder Angst. Gerade dieser Vorfall war der Großmutter ein guter Beweis dafür, daß das Kind gesund sei. Sie hatte von dem sehr behüteten Kind erwartet, daß es weinend um Schutz nach Hause gelaufen käme.

Bärbels Bestreben, die Umwelt kennenzulernen, geht auch aus folgenden Vorfällen hervor: Ihre Freundin war am Blinddarm erkrankt und mußte in das Krankenhaus. Dies nahm Tante B. zum Anlaß, Bärbel etwas vom Krankenhaus zu erzählen. Als ihre Freundin zurückkam, sagte Bärbel zur Großmutter, sie habe Blinddarmschmerzen, und zeigte dabei auf ihre Brust. Als sie am nächsten Tag die Narbe ihrer Freundin gesehen hatte, zeigte sie auf ihre rechte Seite und sagte wieder, sie hätte Schmerzen. Die Großmutter erwiderte, sie habe doch gar keine Schmerzen und fragte, warum sie das sage. Bärbel gab folgende Begründung: „Ich will ja auch mal in das Krankenhaus. Da sind ja noch mehr Kinder, und im Krankenhaus ist es wohl schön. Meine Tante hat das ja auch gesagt und das stimmt ja auch!"

Mit 5;2 Jahren mußte Bärbel tatsächlich wegen Verdacht auf Blinddarmentzündung ins Krankenhaus gebracht werden. Es stellte sich jedoch heraus, daß sie Schnee gegessen und sich Magen und Darm erkältet hatte. Auf der nächtlichen Fahrt dorthin war sie guten Mutes und freute sich, Auto fahren zu dürfen. Als man sie im Krankenhaus von der Großmutter trennte, weinte sie zunächst, ließ sich aber gleich von der Schwester beruhigen. In den 4 Tagen ihres Aufenthalts hat sie sich sehr wohl gefühlt. Sie sagte, es sei dort fast noch schöner als bei der Oma. Sie hätte dort leckere Sachen bekommen. Da Bärbel allzu vergnügt war, fürchteten die Schwestern, sie würde es so einrichten, daß sie bald wiederkäme. Sie drohten ihr deshalb bei der Entlassung, sie solle nur ja nicht wiederkommen, denn dann bekäme sie ganz sicher den Bauch aufgeschnitten(!). Auch durch diese Bemerkung wurde Bärbels Gemütsruhe nicht gestört. Die ganzen Vorgänge beweisen die ausgeglichene Gemütslage des Kindes, seine relative Festigkeit und Selbständigkeit und vor allem, daß sie auch in einer neuen Umgebung nicht mehr ängstlich ist.

So kann man insgesamt feststellen, daß Bärbel nach der Therapie eine gesunde Entwicklung genommen hat. Die Ängste sind verschwunden und offenbar auch die früher so auffallende Empfindlichkeit. Von auffälligen Aggressionsneigungen ist nichts zu bemerken. Sie ist allerdings fähig, sich durchzusetzen und sich zu verteidigen. Sie geht aktiv auf die Welt zu, interessiert sich für ihre Umgebung und hat gute Bindungen an Eltern und Großeltern.

3. Erörterung

Was liegt vor?
1. Ein zunächst völlig ungehemmtes Verhalten eines sonst „artigen" Kindes zu seinen Eltern, nicht unterscheidbar von dem, das FREUD zu seiner Annahme eines Ödipus-Komplexes veranlaßt hat.
2. Auf die freundlich und verständnisvoll erteilte Rüge einer Respektsperson verschwindet dieses Verhalten und weicht einem Verhalten, wie es von den Erwachsenen gebilligt wird.
3. Doch entwickelt sich nachträglich – offenbar in den nächsten Tagen – ein Angstzustand, der sich zunächst auf die *Örtlichkeit* des kritischen Ereignisses, das Ferien-Schlafzimmer der Eltern im oberen Stock bezieht.
4. Das Kind begründet seine Angst damit, daß sich in jenem Raum *ein böser Wolf* befinde. Es will sich etwas später auch in den unteren Räumen des Hauses nicht mehr allein aufhalten, da es Angst hat, der Wolf könne herunterkommen.
   Es handelt sich also um eine klassische Tierphobie, die FREUD als Auswirkung eines verdrängten Konfliktes zwischen Trieb und Gewissen (bzw. Es und Überich) deutet.
5. In der ein Vierteljahr später unter persönlicher Mitwirkung des Veranlassers der inneren Not der Patientin durchgeführten Therapie durfte diese ihre verdrängte Wut auf ihn und ihr unwiderstehliches Bedürfnis, gegen ihn tätlich zu werden, in der Halb-Wirklichkeit eines fröhlichen Spieles austoben.
6. Das Kind macht – nach einigem Zögern – von dieser Gelegenheit mit wachsender Begeisterung Gebrauch, und während dieses an etwas mehr als zwei halben Tagen in drei Abschnitten durchgeführten Spiels bemerkt man, wie Schritt für Schritt die feindselige Haltung abgebaut und schließlich von einer zärtlichen Verbundenheit abgelöst wird, die sogar die Züge einer Verteidigungsgemeinschaft trägt.
7. Gleichzeitig schwindet der Angstzustand, und das Kind bewegt sich wieder völlig frei und unbeschwert.
8. Das neue Verhältnis zum Vater wie auch der wiedergewonnene Mut bleiben in den nächsten Jahren erhalten und erfahren eine allmähliche weitere Festigung.

Damit wird es sehr wahrscheinlich, daß die das Heilverfahren bestimmende Auffassung vom Zustandekommen der Phobie zutrifft. Dieses kann man sich – frei nach FREUD – folgendermaßen vorstellen:
1. Das Kind, das eine sehr enge Zärtlichkeitsbeziehung zu seiner Mutter hat, und die Mutter als Zärtlichkeitsquelle *ganz für sich beansprucht*, steht infolge der Zärtlichkeiten, die der – nur selten anwesende – Vater vor ihren Augen der Mutter erweist und die er offenbar scherzhaft und zugleich unbedachter Weise noch etwas betont hat, vor der völlig neuen Lage, daß der Besitz ihrer Zärtlichkeitsquelle ihr von diesem streitig gemacht wird und daß Gefahr besteht, sie ganz zu verlieren.
2. Bärbel ist aber nicht bereit, ihren Anspruch als deren alleinige Eigentümerin aufzugeben. Sie ist empört über das Verhalten des Eindringlings und versucht zunächst, ihn von der Mutter zu trennen.

3. Als das nicht gelingt, geht sie sofort zu Beschimpfungen und Tätlichkeiten über.
4. An diesen wird sie zunächst durch den gemeinsamen Einspruch von Mutter und Tante, vor allem aber dann durch die eindringlichen Vorstellungen der Tante über ihr Verhältnis zu Vater und Mutter und die aus diesem folgenden Verhaltensvorschriften verhindert.
5. Sie nimmt die Belehrung der Tante an; ihre Feindseligkeit gegen den Vater verschwindet und wird von freundlicher Duldung abgelöst.
6. Die Feindseligkeit ist aber offenbar keineswegs verarbeitet, sondern wirkt unter der friedlichen Oberfläche weiter. Dies kommt darin zum Ausdruck, daß das Bewußtsein des Kindes in den folgenden Tagen mehr und mehr von Angst überschwemmt wird. Dabei muß es offen bleiben, *wovor* das Kind im Grunde sich ängstigt.
Es kann der übermächtige Eindringling sein, unangreifbar nicht nur wegen seiner Körperkraft und des Beistands der Frauen, sondern vor allem auch, weil seine Ansprüche offenbar in den – dem Kind eben erst bekannt gewordenen, aber sogleich von ihm anerkannten – geltenden Normen verankert sind.
Vieles und besonders gerade die Heftigkeit der Angst spricht jedoch dafür, daß die eigentliche Quelle der Angst vielmehr *der Zwiespalt im eigenen Innern* ist: die Unvereinbarkeit des ungestümen Drängens des elementaren Zornes mit den stilleren, aber darum nicht weniger ernsten Forderungen des gewissensbedingten Liebsein-sollens und -wollens.
Natürlich mag es sich auch um ein unklares Ineinander der beiden Veranlassungen handeln.
7. Als Gegenstand der Angst erscheint jedenfalls *nicht* der Vater, sondern das Urbild des hinter einer freundlichen Maske Bedrohlichen, der Wolf, der dem Kind aus dem – vom Vater selbst vor einiger Zeit erzählten – Märchen vom Rotkäppchen vertraut und zugleich mit dem Vater erlebnismäßig verbunden ist. Der Standort dieses Droh-Gespenstes wird an den Platz verlegt, in dem die ganze unverarbeitete Katastrophe sich abgespielt hat, wo also der Vater sich selbst als ein das Kind Bedrohender enthüllt hat und wo zugleich der Widerspruch von Haß und Liebe, zwischen dem Drang des Hasses und der Pflicht des Liebesgebotes in seiner Seele aufgebrochen ist. Von diesem Ort strahlt die Bedrohung in die Umgebung aus, in der das Kind infolgedessen keine Ruhe mehr finden kann.
8. Für den teuren Preis dieser Verschiebung und Lokalisierung wird zum *Vater* ein friedliches Verhältnis ermöglicht, wie es sich für ein Kind „gehört" und wie es dies auch selber wünscht. Die bestürzende Unstimmigkeit, die durch dessen Einbruch in die Zärtlichkeitbeziehungen zur Mutter in der Einstellung des Kindes zu ihm entstanden ist und die Ausbildung des natürlichen Dreiecksverhältnisses zwischen ihm und den Eltern verhindert hat, wird dadurch gemildert.
9. Der Preis für diese Normalisierung des Eltern-Kind-Verhältnisses ist deswegen so hoch, weil a) die Bedrohlichkeit des Ersatzobjektes die des *eigentlichen* Gegenstandes haushoch übertrifft, und weil b) das Ersatzobjekt nicht wie das eigentliche die meiste Zeit abwesend und solange unschädlich ist, sondern verständlicherweise seinen Standort in der unmittelbaren Nähe dauernd beibehält, und endlich c) weil es durch die Ausstrahlung der empfundenen Gefahr von seinem Ursprungsort in die ganze Umgebung das Kind völlig lahmlegt (weil ja die Hauptquelle der Bedrohung der Widerspruch im eigenen Innern ist).

Die Therapie rollt dieses ganze Knäuel wieder rückwärts auf. Sie geht von der – geheimen – Identität Wolf–Vater aus, die von dem Kind – wie sein Verhalten zeigt –

sofort als zutreffend anerkannt wird. Da aber das Verhältnis Kind–Wolf–Vater einleuchtenderweise kein klar durchgestaltetes, sondern ein verschwommen-verworrenes ist – der Wolf steht ja zugleich für beängstigende Sachverhalte im eigenen Innern –, gelingt es in der Therapie, die *beiden* Feinde zu trennen und gewissermaßen gegeneinander zu hetzen, indem Bärbel – erstaunlicher- und doch wieder verständlicherweise – bereit ist, im *Spiel* die Rolle des substituierten und zugleich fürchterlicheren Feindes zu übernehmen, um als solcher den *eigentlichen* Feind und Anlaß seiner inneren Not, nämlich den Vater, zu bekämpfen (vgl. HECKHAUSEN 1955). Während die – als solcher – mit einem erstaunlichen Einfallsreichtum immer neue Arten entdeckt, den Vater tätlich anzugreifen und ihm Schmerzen zuzufügen, und dieser in spielerischer Weise die Wirksamkeit dieser Angriffe bezeugt, ohne sie zu beantworten und seine gute Laune zu verlieren, befriedigt sie ihr angestautes Bedürfnis, den Eindringling zu bestrafen, und zugleich entdeckt sie, daß er gar nicht so böse ist; denn sie weiß ja genau, daß er sich wirksam verteidigen könnte, wenn er nur wollte, d. h. wenn er sich nicht den Regeln des Spiels unterwürfe; ja sie entdeckt sogar ihre bisher von ihrer Eifersucht verdeckte natürliche Liebe zu ihm; sie gestattet ihm zunächst Gegenangriffe, und vertraut sich ihm zuletzt ohne Vorbehalt an, erlebt sich mit ihm – wie sie ausdrücklich sagt – solidarisch zum Wir verbunden und beginnt, ihn zu verteidigen!

Für den Vorgang einer „Identifikation" im strengen Sinne enthält die Krankengeschichte keine Anhaltspunkte. Um so deutlicher wird, wie gesagt, die Bildung des neuen 'Wir', durch die der bisherige imaginäre Vertreter des Vaters als Feind und zugleich der Vertreter des Zwiespalts im eigenen Innern, der böse Wolf, seine Existenzgrundlage verliert und sich mit allen seinen bisherigen quälenden Wirkungen in Wohlgefallen auflöst.

An diesem so geschlossenen Bild sind freilich noch einige Unebenheiten zu bemerken:
1. Es handelt sich nicht um die „klassische" Ödipus-Beziehung, sondern um die Abart mit vertauschten Rollen der Eltern. Das ist kein entscheidendes Bedenken; FREUD hat, wie oben bemerkt, selbst schon – u. a. in „Das Ich und das Es" – mitgeteilt, daß er diese Umkehrung nicht selten begegnet sei.
Freilich sollte man dies nicht unerörtert stehen lassen, da es mit FREUDS Meinung, es handle sich um eine Auswirkung einer frühkindlichen Form der Spannung zwischen den Geschlechtern, nicht vereinbar ist, wenn man nicht annehmen will, daß alle diese Fälle aus einer homosexuellen Veranlagung der Kinder zu verstehen seien. Offenbar fand FREUD selbst keinen Anlaß zu dieser Folgerung. Das würde aber bedeuten, daß man die Quelle des kindlichen Verhaltens anders auffassen muß als bisher. An dem stürmischen Bemühen, eine Zärtlichkeitsquelle ganz für sich selbst zu sichern, kann nicht gezweifelt werden. Aber es scheint, daß das zugrundeliegende Zärtlichkeitsbedürfnis des Kindes als solches geschlechtlich neutral ist. Der eigentliche Motor wäre dann nicht das Zärtlichkeitsbedürfnis selbst, sondern ein auf dessen Quelle – hier die Mutter – bezogenes *Besitzerstreben*. Diese Deutung wird gestützt durch die Beobachtung, daß in der Vorperiode ein quasi-ödipales Eifersuchtsverhalten bei Bärbel auch gegenüber einer Tante auftrat, die zu ihrer *damals* wichtigsten Zärtlichkeitsquelle, der Großmutter, zärtlich wurde, worauf Bärbel sofort feindselig reagierte und sie aus dem Felde zu schlagen versuchte. In diesem früheren Fall haben der geliebte und der gehaßte Teil sogar das gleiche Geschlecht. In diesem Zusammenhang fügt sich übrigens nahtlos der Hinweis aus der Lebensgeschichte Bärbels, daß sie „schlecht abgeben kann, obwohl sie dazu angehalten wird"

(und – wenn man einmal den psychoanalytischen Annahmen über die Frühformen des Nicht-Abgeben-Könnens folgt – auch der Hinweis, daß ihre Reinlichkeitserziehung durch Verstopfung gestört worden sei).

Die eigentliche Quelle des Verhaltens, das FREUD zu der Annahme des Ödipus-Komplexes veranlaßte, wäre dann eine Übersteigerung des Besitzstrebens, also seine inadäquate Ausweitung auf lebende Menschen, so daß es sich – in ungesunder Weise und vielfach infolge unbedachten Verhaltens der Umgebung – auf die bevorzugte Zärtlichkeitsquelle des Kindes richtet, unabhängig von seinem und deren Geschlecht.

Unter den zahlreichen Fällen sogenannter Ödipus-Komplexe, die ich habe beobachten können, befand sich keiner, auf die dieser Ansatz nicht zugetroffen hätte, während der FREUDsche Ansatz vielfach höchst künstliche Hilfsmaßnahmen erforderte. Außerdem ergab es sich in einer schon 1958 durchgeführten Münsterschen Untersuchung von Hannah MIRTSCHIN, in welcher an größeren Gruppen normaler drei- bis fünfjähriger Kinder aus vollständigen und intakten und darüber hinaus friedlichen Ehen der Düss-Fabeltest durchgeführt wurde, daß der Ödipus-Komplex bei gesunden Kindern aus gesunden Ehen viel seltener ist, als man heute allgemein annimmt, und daß für die verbreitete Meinung, er sei „ein notwendiges Durchgangsstadium jeder normalen Persönlichkeitsentwicklung", die empirischen Grundlagen fehlen (vgl. KEMMLER & MIRTSCHIN 1960). Die Beweislast liegt demnach nun bei den Vertretern jenes Ansatzes.

2. Die Krise in Bärbels Leben fand statt, als sie noch nicht 3 Jahre alt war, und die Eifersuchtsszenen gegen die Krankenschwester-Tante müssen sich schon früher abgespielt haben. Soweit ich sehen kann, entsteht der Ödipus-Komplex nach FREUD erst erheblich später. Nach unserer Auffassung ist für das Aufkommen quasi-ödipaler Regungen die notwendige und zureichende Voraussetzung, daß dem Kind die Eigentumskategorie aufgegangen ist. Die Wahrscheinlichkeit, daß es lebende Menschen als Eigentum in Anspruch nimmt, ist sogar am größten in der ersten Zeit nach dem Erwerb dieser Kategorie, in welcher das Kind damit beschäftigt ist, die Grenzen ihres Geltungsbereiches abzutasten. Dies ist im allgemeinen im dritten Lebensjahr der Fall, so daß, von hier gesehen, der Zeitpunkt des kritischen Ereignisses in Bärbels Leben nichts Unwahrscheinliches hat.

3. Erstaunlicher ist die Tatsache, daß hier schon mit weniger als 3 Jahren unzweifelhaft eine echte Konflikt-Neurose entsteht, die nach FREUD ein ausgebildetes Überich voraussetzt, das seinerseits seine Existenz der Überwindung des Ödipus-Komplexes verdanken soll. Ich glaube, daß unser Fall auch zur Klärung dieser Verhältnisse wesentlich beitragen kann. Freilich müssen dabei die verwickelten Annahmen FREUDS über die Vorgänge, die aus der Überwindung des Ödipus-Komplexes zur Bildung des Überich bzw. des Gewissens führen, ausdrücklich in Frage gestellt werden. Uns scheint nämlich, daß an unserem Fall nicht nur die Ausbildung einer Phobie, sondern zugleich die Bildung des Überich in statu nascendi zu verfolgen ist. Die Antwort Bärbels auf das Verhalten des Vaters zu ihrer Mutter entspricht – altersgemäß – einer durch keine gesellschaftlichen Formen behinderten Impulsivität; es ist ein klassisches „Es"-Verhalten im Sinne FREUDS. Als es nicht gelingt, den Vater von der Mutter zu trennen, fällt sie ohne weiteres mit Beschimpfungen und Faustschlägen über ihn her, und wie unbekümmert sie sich mit diesem Verhalten identifiziert, wie sehr sie sich damit im Einklang mit der Weltordnung empfindet, beweist ihre Drohung: „Das sag ich meiner Oma!", die sie noch *nach* den ersten

Beschwichtigungsversuchen der Mutter und der Tante ausstößt. Jetzt greift die Tante ein mit ihrem ausführlicheren Zureden über die Erfordernisse des Zusammenlebens mit Vater und Mutter; sie verhält sich ganz im Sinne des auch von Freud postulierten „äußeren Gewissens" als Vorstufe des eigentlichen, inneren Gewissens, und wird von Bärbel völlig in diesem Sinne verstanden. Offenbar ist diese eben für die Hereinnahme der Forderungen der Gruppe, d. h. zur Bildung eines echten, inneren Gewissens herangereift. Sie übernimmt die Forderungen der Tante und unterwirft ihnen ihr unmittelbar anschließendes Verhalten; und zwar offenbar ohne Zwischenschaltung der komplizierten Mechanismen, die Freud für die Entstehung des Überich als notwendig betrachtet. Ihr elementarer Drang, den Nebenbuhler aus dem Feld zu schlagen, ist aber zu übermächtig, um sogleich mit abgebaut zu werden; und er gerät mit dem eben entstandenen Gewissen in den Konflikt, der die Angstneurose auslöst.

4. Diese Wirkung ist nach Freud nur möglich, wenn der Konflikt samt seinem Anlaß *verdrängt* wird. Es erhebt sich also die Frage, ob in unserem Fall von einer Verdrängung die Rede sein kann. Wenn man sich die darauf bezüglichen Teile unseres Berichtes über das Verhalten Bärbels
1. nach der Belehrung durch die Tante, und
2. während der Therapie
sorgfältig betrachtet, so springt die Tatsache einer gut gelungenen Verdrängung unmittelbar in die Augen.

Zu 1: Sie „schien beruhigt zu sein", sie geht äußerlich friedlich zu den Eltern zurück und erlaubt dem Vater ausdrücklich, zu tun, was sie vor wenigen Minuten noch in Wut versetzt hat. Und jeder glaubt, „es wäre alles wieder in Ordnung". Erst nach der Abreise der Eltern machen sich allerlei beunruhigende Veränderungen ihres Wesens bemerkbar, die zur ausgebauten Phobie zusammenschließen.

Zu 2: Das Verhalten Bärbels beweist, daß sie gleich beim Vorschlag des kathartischen Spiels dessen tieferen Sinn erfüllt: daß die Aufforderung, den Vater zu beißen, ihrem innersten Drang entgegenkommt, beweisen ihre leuchtenden Augen; aber daß dieser Drang durch die Forderung ihres jetzigen Gewissens gut abgeriegelt ist, beweist ihr verlegenes Zögern, ihr Versuch, die Tante zum stellvertretenden Angriff vorzuschicken, und die Vorsicht bei den ersten eigenen Versuchen (wobei freilich deutlich auch die Sorge beteiligt war, der Vater könnte aus dem Spiel ausbrechen und das „nicht gesellschaftsfähige" Verhalten des Kindes mit normalen Repressalien beantworten, eine Befürchtung, die sich dann als unbegründet erweist).

Es sei der Vollständigkeit halber noch kurz die Möglichkeit einer lerntheoretischen Deutung des Falles erörtert. Sie kann nach dem Schema des bedingten Reflexes nur folgendermaßen aussehen: Es findet irgend ein angsterregendes Ereignis statt; im Gefolge dieses Ereignisses wird die Angst dann auch von Gegenständen ausgelöst, die zuvor neutral waren, aber in das angsterregende Geschehen verwickelt wurden. Beispiel: Ein Hund, mit dem ein Kind bisher ganz sorglos gespielt hat, mißversteht eine Bewegung des Kindes, wird böse und beißt es; er ist von nun an ein Angst-Erreger. Oder das Krankenhaus, das ein Kind, etwa zum Besuch von Verwandten, bisher ganz zuversichtlich aufgesucht hat, wird angstvoll gemieden, nachdem das Kind darin eine schmerzhafte Operation durchmachen mußte. Diese „Erfahrungs-Angst", die im angelsächsischen Sprachgebrauch von der eigentlichen Phobie nicht genügend unterschieden wird, läßt sich, wie jede andere bedingte Reaktion, durch allmähliche Rückgewöhnung abbauen bzw. „hemmen".

Keines der lerntheoretisch zu fordernden Merkmale ist bei der Entstehung von Bärbels Phobie zu entdecken. Es ist im kritischen Augenblick überhaupt kein *äußerer* Angst-Erreger vorhanden, dessen Wirkung sich im Gedächtnis des Kindes mit der Örtlichkeit verknüpfen könnte, an der das traumatische Erlebnis sich abspielte und auf die sich nachher die Angst bezieht: Im *Inneren* des Kindes ist ein als „gerecht" empfundener Zorn gegen den Vater, der durch seinen etwas unbedachten Scherz das Kind aus der Fassung brachte; in seiner *Umgebung* sind liebe und geachtete Menschen, deren Vorhaltungen über das ordnungsgemäße Verhalten einem Vater gegenüber von ihm als berechtigt anerkannt und daraufhin befolgt werden, so daß sein Zorn gewissermaßen in ihm stecken bleibt und nicht verrauchen kann. Von einem Angst-Erreger ist keine Rede. So bildet sich auch die Angst erst in den folgenden Tagen aus samt dem imaginären Ungeheuer als ihrem subjektiven Anlaß, für das in dem streng durchgeführten Ansatz einer lerntheoretischen Vermutung überhaupt kein Platz ist. Die Angst hält drei Monate lang ohne Abschwächung an. Und dann – ganz ohne die Mühe der lerntheoretisch zu fordernden allmählichen Rückgewöhnung und Hemmung – wird der stecken gebliebene Zorn wörtlich von einem Tag auf den anderen einfach ausgespielt, nicht etwa nur gehemmt, sondern tatsächlich völlig aufgelöst und mit ihm die Angst. Es entsteht ein völlig neues Verhältnis einer zärtlichen Verbundenheit mit der Person, durch deren Verhalten die ganze Krise in Gang gekommen war. Nur durch kunstvolle Konstruktionen, bei gleichzeitiger Vernachlässigung der auffälligsten Merkmale des Vorfalles, könnte hier eine lerntheoretische Deutung versucht werden. Dagegen wird eine Deutung im Sinne Freuds dem Fall völlig zwanglos gerecht.

So kann man kurz als Gesamtergebnis der Untersuchung dieses durch seine geradezu einmaligen Beobachtungsbedingungen bemerkenswerten Falles festhalten, daß durch ihn die Freudsche Auffassung von der Art und Weise, wie eine Phobie sich entwickelt, sich in ihren wesentlichen Zügen in überraschender Weise bestätigt hat, daß aber zugleich die genauere Erörterung des Falles zu ernsten Bedenken sowohl gegen die Freudsche Theorie des Ödipus-Komplexes als auch gegen seine Theorie der Gewissensbildung Anlaß gibt. Entscheidungen darüber scheinen uns aber nur aufgrund neuen, genügend gesicherten empirischen Materials möglich zu sein.

30. Adler als Autor (1977)

Zur Geschichte seiner wesentlichen Veröffentlichungen

Für die Geschichte der Veröffentlichungen ADLERS gibt es eine ungewöhnlich sorgsame und lückenlose Grundlage in der „Bibliography of Alfred ADLER", die dem Band „Superiority and Social Interest" von Heinz und Rowena ANSBACHER (1964) beigefügt ist. Dieses Verzeichnis ist mehr als vollständig. Es enthält (unter der Nummer A 1919b) sogar einen Titel, unter dem ein typisch ADLERisches Thema – „Ehe und Kind" – von einem Dr. med. Alfred ADLER abgehandelt wird, der, wie die Belanglosigkeit seiner Ausführungen beweist, nicht mit dem in die Geschichte eingegangenen Alfred ADLER identisch sein kann.

Freilich, um die Geschichte der Veröffentlichungen ADLERS mit aller wünschenswerten Genauigkeit darzustellen, reicht das ANSBACHERSche Schriftenverzeichnis bei aller Gründlichkeit nicht aus. Der Sprachgebrauch ADLERS ändert sich im Lauf der Jahre in einer nicht immer durchsichtigen Weise. So bezeichnet er dasjenige, was er später „Gemeinschaftsgefühl", oft auch einfach „Mitmenschlichkeit" nennt, in seinen früheren Schriften als „Kultur", offenbar damals noch unter dem Einfluß der FREUDschen Theorie der Sublimierung. Dazu kommt, daß er in Neuausgaben älterer Arbeiten oft Ausdrücke einsetzt, die er zur Zeit der Erstveröffentlichung noch nicht benutzt hatte, oder von Zusammenhängen spricht, die ihm erst in der Zwischenzeit deutlich geworden sind. Eine wirklich zuverlässige, von zeitlichen Fehlzuweisungen ganz befreite Darstellung der Entwicklung seiner Gedanken setzt also eine kritische Gesamtausgabe seiner Werke voraus, mit einem philologischen Apparat, in dem die Varianten seiner Darstellung in den verschiedenen Ausgaben seiner Schriften einander gegenübergestellt sind.

1. Das erste Thema: Sozialmedizin

Die Reihenfolge der Veröffentlichungen ADLERS ist in einem hohen Maß kennzeichnend einmal für die allgemeine Ausrichtung seines Denkens, zum anderen für die Verschiebung der Schwerpunkte seiner Gedankenarbeit im Lauf der annähernd vier Jahrzehnte seines Schaffens (1898–1937).

Schon in der allerersten Schrift, dem „Gesundheitsbuch für das Schneidergewerbe" von 1898, das noch vor dem Zusammentreffen mit FREUD entstanden ist, tritt eines der Grundmerkmale seiner Art zu denken klar hervor. Es ist die erstaunliche Selbstverständlichkeit, mit der er das Einzelne im Ganzen sieht. Der grauenhafte Gesundheitszustand der Angehörigen jenes Gewerbes zur damaligen Zeit, vor allem die weite Verbreitung der Tuberkulose, wird nicht auf die ungenügende Kenntnis des Erregers, auch nicht auf den Mangel an Heilmitteln und Heilstätten, sondern auf die Revolution in den Produktionsverhältnissen zurückgeführt, und zwar auf die Aushungerung des Standes der selbständigen Handwerker durch die eben aufkommende Großkonfektion.

Es läßt sich also eine erste Phase in der schriftstellerischen Tätigkeit ADLERS herausheben, die von 1898 bis 1903 dauert und in der er, mit insgesamt vier Titeln, als Befürworter und Vertreter einer Sozialmedizin auftritt.

2. Das zweite große Thema: Die Erziehung der Kinder

ADLERS zweites Thema im Jahr 1904 zum ersten Mal in Erscheinung, und zwar in dem Aufsatz über den „Arzt als Erzieher". Diesem Thema bleibt er bis zum Ende seines Lebens treu. Der letzte der über zwanzig Titel über Erziehungsfragen stammt aus dem Jahre 1932 („Individualpsychologie und Erziehung"). Bemerkungen über Erziehungsfragen finden sich jedoch auch in seinen sämtlichen übrigen Werken.

In dem Übergang zu den Fragen der Erziehung tritt eine zweite, vielleicht noch auffallendere Grundeigenschaft seines Arbeitens zutage: Das genetische Primat der Praxis, das er später nochmals in dem Titel des Sammelwerks „Praxis und Theorie" – nicht, wie jeder andere gesagt hätte, „Theorie und Praxis" – „der Individualpsychologie" (1920a) zum Ausdruck bringt.

ADLER stellt in seiner ersten pädagogischen Abhandlung eine Reihe von überraschend neuen Forderungen an den Erzieher, die im Grund seine eigentümlich neue Theorie der Persönlichkeitsentwicklung schon voraussetzen, und dies zu einer Zeit, aus der es noch keinen Text von ihm gibt, in dem diese Theorie schon ausformuliert ist. Mit anderen Worten: Diese Theorie ist im Geist schon vorhanden. Sie wird aber zunächst nicht geradezu ausgesprochen, sondern mittelbar, auf dem Weg über die aus ihr zwingend folgenden Anweisungen an den Erzieher über die Art und Weise seines Umgangs mit dem Zögling, durch welche die Entwicklung einer geistigseelisch gesunden Persönlichkeit gewährleistet wird.

Die hervorstechendsten Thesen sind dabei die folgenden: Erstens, die Liebe des Kindes zum Erzieher, die ungestörte Verbundenheit mit ihm und das Vertrauen zu ihm sollen an die Stelle der Furcht vor ihm treten.

Zweitens: Mut und Selbstvertrauen, nicht Gehorsam, ist das, was das Kind am dringendsten benötigt.

Drittens: Das Kind ist kein „Gegenstand", den man „bearbeitet", sondern vom ersten Augenblick an ein Mitmensch, mit dem man umgeht, wie mit anderen Menschen. Entscheidend ist die Erhaltung der Würde auch des kleinsten Kindes. Sie fordert den Verzicht auf die gängigen – und bis heute nicht aufgegebenen – Mittel der Erziehung: die körperliche und seelische Mißhandlung, mit dem Stock, der Freiheitsberaubung und der Strafpredigt. Besonders deutlich wird sein Kampf gegen jede Form der Entwürdigung des Kindes in seiner Forderung höchster Behutsamkeit im Umgang mit der kindlichen Lüge.

Die Vorschläge und Forderungen ADLERS haben keinen Platz in einer Theorie der Konditionierung, der „Verstärkung" von gesellschaflich erwünschten und der „Löschung" von unerwünschten Verhaltensweisen, wobei es sich durchweg um Manipulation, um auferlegte Einengungen des Verhaltensspielraums handelt.

ADLER spricht in dieser und den folgenden Phasen des Aufbaues seiner Theorie der Persönlichkeitsentwicklung nicht von lenkenden Maßnahmen wie die Lerntheorie, sondern von denjenigen Verhaltensweisen der Erzieher und denjenigen Eigenschaften des kindlichen Lebensraums, durch die das Kind erst erziehbar wird. Oder noch genauer: Er spricht von den Bedingungen, unter denen das Kind von sich aus tut, wozu man es in der herkömmlichen (und noch heute vorherrschenden) Erziehung nötigen zu müssen meint. Er gibt damit dem Vertrauen Ausdruck, daß das Kind sich zum Glied seiner Gesellschaft (zum Mitmenschen) – und nicht zu ihrem Feind (zum Störenfried, zum „Gegenmenschen") – entwickelt, wenn es von seiner Umgebung, und vorab von seinen Erziehern, nicht daran gehindert wird.

ADLER geht also – und dies ist eine seiner entscheidenden Abweichungen von FREUD – von der Grundüberzeugung aus, daß der Mensch ebenso ursprünglich zum Guten wie zum Bösen fähig ist, daß er seiner Natur nach gut sein kann, auch ohne durch äußere und innere Bedrohung oder Bestechung dazu angehalten und am Tun des Bösen gehindert zu werden. Es gehört, im Gegensatz zu FREUD, zu seinen Grundannahmen, daß die sozialen Antriebe des Menschen ebenso ursprünglich sind wie die organischen. In der Gestalttheorie ist diese Auffassung von vorn herein selbstverständlich gewesen. Sonst hat ADLER – von seinem engeren Schülerkreis abgesehen – darin nur *einen* Nachfolger gefunden: Den Amerikaner Carl ROGERS, den Begründer der „Klienten-zentrierten Psychotherapie" oder, wie seine deutschen Schüler R. TAUSCH und A.-M. TAUSCH sie nennen, der Gesprächspsychotherapie (TAUSCH 1973^5).

Wie Formen geordneten Verhaltens, die man bis SKINNER nur durch künstliche, von außen auferlegte Gewohnheitsbildung erreichen zu können meint, sich gerade bei einem aufrechten und selbstsicheren Menschen von selbst ausbilden können, hat seine theoretische Begründung nicht mehr bei ADLER selbst gefunden, sondern erst in der von Max WERTHEIMER begründeten Gestalttheorie, der Theorie der in freier Dynamik sich ausbildenden und sich einspielenden „innerern Ordnung" von Gegenständen und Vorgängen.

Welche Bedeutung ADLER der pädagogischen Seite seiner Arbeit beimaß, geht unter anderem aus dem Untertitel seiner ersten großen Sammlung von eigenen Arbeiten und solchen seiner Freunde zur Individualpsychologie hervor, in der schon grundlegende Beiträge zur Neurosenlehre enthalten sind. Der Haupttitel ist: „Heilen und Bilden". Der Untertitel lautet in der ersten Auflage (1914): „Ärztlich-pädagogische Arbeiten des Vereins für Individualpsychologie", in der zweiten (1922): „Grundlagen der Erziehungskunst für Ärzte und Pädagogen", in der dritten (1928): „Ein Buch der Erziehungskunst für Ärzte und Pädagogen". Auch die schon erwähnte zweite Sammlung: „Praxis und Theorie der Individualpsychologie" wird, obwohl sie sich fast ausschließlich mit Einzelfragen der Neurosenlehre beschäftigt und unter 28 Titeln nur drei ausdrücklich pädagogische enthält, außer den Ärzten und Psychologen auch den Lehrern zugeeignet.

ADLERS Beschäftigung mit Fragen der Erziehung hat zwei Höhepunkte, von denen der erste freilich in den Veröffentlichungen nur angedeutet ist.

1. Seit dem Ende des Ersten Weltkrieges werden in Wien die ersten individualpsychologischen Erziehungsberatungsstellen gegründet, deren Zahl sich rasch vermehrt, ADLER berichtet davon 1922 in der zweiten Auflage des ersten Sammelbandes „Heilen und Bilden" und nochmals 1925.

2. Nach einer Reihe von fast jährlich erschienenen Beiträgen zur Erziehungskunst entstehen um 1930 kurz nacheinander mehrere selbständige Schriften über Erziehungsfragen: 1929 die „Individualpsychologie in der Schule", mit dem Entwurf eines „individualpsychologischen Fragebogens zum Verständnis und zur Behandlung schwer erziehbarer Kinder"; 1930 „Die Seele des schwer erziehbaren Schulkindes" (Band II der „Technik der Individualpsychologie"). Aus demselben Jahr stammt die „Kindererzie-

hung", deren deutsche Fassung verschollen ist und die bis vor kurzem nur in einer – reichlich 300 Seiten umfassenden – englischen Übersetzung unter dem Titel „The Education of children" (mit einer Einführung von Rudolf DREIKURS) vorlag.*

3. Das dritte große Thema: Die Neurosenlehre

Die Frage nach dem Ursprung der Neurosen muß ADLER schon zur Zeit seines ersten Zusammentreffens mit FREUD im Jahre 1899** beschäftigt haben. Wie schon oben bemerkt, sind seine Forderungen an den Erzieher aus dem Jahre 1904 nur verständlich, wenn sein Ansatz einer Neurosenlehre in wesentlichen Zügen in seinem Geist schon feststand. Die Sicherung der Verbundenheit und des gegenseitigen Vertrauens, die Förderung des Muts und des Selbstvertrauens, die Wahrung der Würde, der Verzicht auf jede Demütigung und auf die Erregung von Furcht, vor allem vor dem Erzieher – dieses Bündel pädagogischer Forderungen hat, wie gesagt, nur dann Sinn, wenn hinter ihm die stillschweigende Vermutung steht, daß in dem Verstoß gegen sie die eigentliche Wurzel aller Neurosen und aller sonstigen Störungen und Fehlsteuerungen der Persönlichkeitsentwicklung zu suchen ist.

3.1. Der erste Schritt im Aufbau der Neurosenlehre: Die Minderwertigkeit von Organen und die Kompensation

Der ausdrückliche Aufbau der Neurosenlehre erfolgt aber nicht geradlinig auf dem zunächst eingeschlagenen Weg. Er beginnt vielmehr mit einer Art Seitensprung aus dem sozialen Bereich, in dem die Erziehung der Kinder sich abspielt, in innerorganische Bereiche, in denen ADLER sich etwa drei Jahre lang umtut, ohne deshalb der pädagogisch-psychologischen Fragestellung ganz untreu zu werden.

Er selbst und mit ihm so gut wie alle Darsteller seines Entwicklungsganges*** – außer den ANSBACHERS – betrachten die „Studie über Minderwertigkeit von Organen" von 1907 als den eigentlichen Ausgangspunkt seiner Neurosenlehre. Diese Studie ist für ADLER bis zum Ende seines Lebens eine Art Lieblingskind geblieben, selbst nachdem es sich auch für ihn – etwa seit 1909 – herausgestellt hatte, daß Organminderwertigkeiten *allein niemals* für das Entstehen einer Neurose verantwortlich gemacht werden können; daß an unzähligen seelisch gesunden Menschen ganze Listen von mehr oder weniger schweren Organschäden und -mängeln festgestellt werden können; daß im Gefolge solcher Organschäden nur dann neurotische Entwicklungen einsetzen, wenn der fragliche Mensch in eine „zur Neurose disponierende traumatische Situation" gerät; und schließlich, daß schwerste neurotische Entwicklungen auch bei Menschen stattfinden können, an denen zwar eine „traumatisierende Situation", aber kaum nennenswerte organische Störungen festzustellen sind.

---

* Eine aus dem Englischen zurückübersetzte deutsche Ausgabe ist 1976 erschienen.

** Über das erste Zusammentreffen mit FREUD berichtet ADLER selbst in dem Interview mit Artur ERNST „Besuch bei Dr. Alfred ADLER" im „Neuen Wiener Tagblatt" vom 1. Juli 1928. Danach hörte er 1899 einen Vortrag von FREUD, der für sein Denken offenbar von großer Bedeutung war. Wie er weiter berichtet, wurde er während der Jahre 1901 und 1902 von FREUD zu Diskussionen mit einem Kreis von Schülern eingeladen. Das setzt voraus, daß ADLER für FREUD inzwischen auch kein Unbekannter mehr war.

*** Auch Alexandra ADLER 1959.

Im Anschluß an die „Studien" war ADLER bis 1909 mit einer Reihe weiterer organisch-pathologischer Studien beschäftigt: „Entwicklungsfehler des Kindes" (1907b), „Zur Ätiologie, Diagnostik und Therapie der Nephrolithiasis" (1907c), „Über die Vererbung von Krankheiten" (1908c), „Myelodysplasie oder Organminderwertigkeit?" (1909b), und als späterer Nachzügler „Das organische Substrat der Psychoneurosen" (1912f).

Offenbar hoffte ADLER damals noch, den Störungen, Beeinträchtigungen, Funktionsmängeln und Ausfällen bestimmter Organe bestimmte Formen von Minderwertigkeitsgefühlen und von neurotischen Entwicklungen zuordnen zu können. Diese Hoffnung hat sich aber nicht erfüllt, was ihm um 1910 klargeworden sein muß.

Nach dieser Zeit ist für ihn das Bestehen ernsthafter Organminderwertigkeiten nur *eine* von zunächst drei möglichen Ausgangslagen für die Entstehung von Neurosen:

1. das körperlich beeinträchtigte Kind,
2. das gehaßte Kind,
3. das verzärtelte (verzogene, verhätschelte) Kind.

Der Ausdruck „gehaßt" stammt von ADLER selbst. Er ist aber mißverständlich. Denn angesichts der eigenartigen pädagogischen Überlieferung Europas und besonders Deutschlands können Merkmale des „Hasses", und zwar in aller Schärfe, auch in dem Verhalten von Eltern auftreten, die davon überzeugt sind, ihre Kinder zu lieben und stets nur „das Beste für sie zu tun". Man sollte daher, statt von dem gehaßten, besser von dem gedemütigten Kind sprechen.

Es liegt auf der Hand, daß mindestens die erste und die zweite und die erste und die dritte, aber sogar auch die zweite und dritte Ausgangslage bei demselben Kind gleichzeitig verwirklicht sein können: Man kann ein körperlich beeinträchtigtes Kind – aus Angst um seine Gesundheit – verhätscheln (1 + 3); man kann es auch verhöhnen – eine Lieblingsbeschäftigung ungezogener Altersgenossen; man kann es aber auch mißhandeln, wenn man die Auswirkungen seiner körperlichen Beeinträchtigung als „schlechte Gewohnheiten" oder gar als „Unarten" auffaßt, die man ihm „austreiben" muß (beides 1 + 2). Auch ein Kind, das man im Grunde nicht leiden kann und in der Tiefe seines Herzens zum Teufel wünscht, kann man (aus schlechtem Gewissen) mit gehäuften Beweisen der Fürsorglichkeit völlig lahmlegen und zur Verzweiflung treiben (2 + 3).

Trotzdem hat ADLER allen Grund, die „Studie" als einen für alles Spätere entscheidenden Wendepunkt in der Entwicklung seiner Gedanken zu betrachten. Die „Studie" leistet einen grundlegenden Beitrag zum Aufbau der ADLERschen Neurosenlehre durch die Einführung der Theorie der Kompensation. In jedem sonst gesunden Menschen, dessen Leistungsfähigkeit durch ein nicht voll funktionsfähiges Organ gemindert ist, erwacht der mehr oder weniger heftige Drang, die volle Leistungsfähigkeit zu gewinnen, sei es „an Ort und Stelle", durch unermüdliches Üben, sei es durch die Ausbildung *anderer* Fähigkeiten, die für die ausgefallene oder ungenügend ausgebildete Ersatz bieten.

Beispiele für den ersten Weg gibt es in Fülle. Da ist etwa jener Schüler, der in der Turnstunde, als der Klimmzug geübt werden sollte, mit gestreckten Armen hilflos am Reck hing und zehn Jahre später ohne Zuhilfenahme der Beine die Kletterstange hinauf- und hinunterhangelte. Da ist das berühmte Beispiel des Atheners DEMOSTHENES, der, wie berichtet wird, ebenfalls durch rastloses Üben aus einem Stotterer zu dem gefeiertsten Redner seiner Zeit wurde. Da sind weiter alle die kurzsichtigen Maler, die linkshändigen Bildhauer, die schwerhörigen Musiker, die ADLER an den verschiedensten Stellen seines Werkes erwähnt.

Die vielfache Beobachtung, daß das entschlossene Bemühen, eine unzureichende Fertigkeit auf ein befriedigendes Maß anzuheben, dort nur selten haltmacht, sondern so gut wie allgemein bis zur Erreichung weit überdurchschnittlicher Leistungen weitergetrieben wird, führt ADLER zu der Theorie, nach welcher Genialität aus der Überkompensation von Schwächen hervorgeht. Er bringt dafür, wie schon angedeutet, eine Fülle von Beispielen. Doch fehlt leider bis heute die systematische Untersuchung über die Frage, welchen Anteil dieser Faktor an der Entwicklung bekannter genialer Menschen *tatsächlich* gehabt hat.

Wie aber kommt ADLER von hier aus zu einer Theorie der Neurose? – Seine Überlegungen in der „Studie" sind an der entscheidenden Stelle nicht leicht zu verstehen. Man kann aber heute wohl sagen, daß das Grundereignis eine Verschiebung des Kompensationsvorganges und schon das Kompensationsbemühen auf einen völlig fremden psychischen Bereich ist. Statt eines Mangels der organischen Ausstattung wird nun ein Mangel der Stellung des fraglichen Menschen zwischen den Mitmenschen zum „wunden Punkt". Und das nach wie vor bestehende, ja zumeist verstärkte Ausgleichsbemühen richtet sich nun unbemerkt nicht mehr so sehr auf die Verbesserung einer unbefriedigend ausgebildeten Fähigkeit – im Rahmen der übrigen, besser ausgebildeten Fähigkeiten –, sondern auf die Verbesserung der – vielfach im Zusammenhang mit jener entstandenen – unbefriedigenden Stellung oder Position des ganzen Menschen im Rahmen der seiner Meinung nach besser ausgestatteten Gruppe, in der er lebt. Er hat das quälende Bewußtsein, von seinem bisherigen Geschick zu einem Dasein auf einem Platz unter ihr verurteilt zu sein, und er verfällt dem Drang, in irgendeinem Sinn einen Platz über ihr zu erobern. Wer dabei die Anlagen eines CÄSAR hat und dazu das Gemeinschaftsgefühl, das zur Übernahme echter Führungsaufgaben unentbehrlich ist, wird nicht Neurotiker, sondern CÄSAR. Aber was wird aus diesem Drang nach oben bei den vielen anderen, die keine echten Führereigenschaften besitzen? Für diesen Drang gilt ganz besonder, daß er maßlos, daß er unersättlich ist, daß er sich mit dem Ausgleich, mit der Stellung neben und zwischen den anderen nicht begnügt, sondern weiter und weiter treibt, bis zur Allmacht, zur Vollkommenheit, zur Gottähnlichkeit.

Es ist wohl klar, daß in dem Augenblick, in dem die Stellung des ganzen Menschen in der Gruppe zum Hauptanliegen wird, die (Über-)Kompensation zu einem sozialpsychologischen, ja, man kann geradezu sagen, zu einem gruppendynamischen Problem wird.

Es wird weiterhin verständlich, warum auch schwere organische Ausfälle nicht notwendig eine Neurose nach sich ziehen, sondern daß die entscheidende Wirkung dem durch diese Ausfälle hervorgerufenen unsinnigen – entweder erbarmungslosen oder verhätschelnden – Verhalten der Umgebung zuzuschreiben ist.

Aber eine Frage bleibt immer noch offen: Wie kommt es, daß von dieser Ausgangslage aus ein neurotischer Kranker entsteht, und nicht einfach ein Halbgott, der sich selbst durchaus gesund und in Ordnung findet und von einem Erfolg zum anderen schreitet, aber dabei seine Umgebung tyrannisiert und sie durch seine Ansprüche, seine Überheblichkeit und seine Rücksichtslosigkeit zur Verzweiflung treibt?

Bevor wir uns mit dieser Frage weiter beschäftigen, müssen wir uns mit einem neuerlichen Zwischenspiel befassen: der Auseinandersetzung mit FREUD.

3.2 Der zweite Schritt im Aufbau der Neurosenlehre: Die Auseinandersetzung mit FREUD

Daß ADLER ein Schüler FREUDS gewesen sei, der eines Tages abtrünnig wurde, ist eine Sage, zu deren Entstehung und Verbreitung FREUD selbst beigetragen hat.

Wenn andererseits ADLER (seit 1902) neun Jahre lang regelmäßig an der FREUDschen Mittwochgesprächen teilnahm und noch im Jahre 1910 von FREUD zum Vorsitzenden des Wiener Ortsvereins der Psychoanalytischen Vereinigung und zum Mitherausgeber des neugegründeten „Zentralblatts für Psychoanalyse" bestellt wurde, so kann es kein Zufall gewesen sein, daß aus ihren ersten Zusammentreffen im Jahr 1899 eine so langjährige Verbundenheit im Kampf für eine neue, bessere Psychotherapie geworden ist.

Es ist gar nicht schwer, die Gemeinsamkeit zu finden, die diese beiden Männer zusammenführte. FREUD, der ältere, hat sie zuerst ausgesprochen. Es ist die Überzeugung, daß eine psychische Erkrankung nicht aus der Summe der Beschwerden des Kranken bestehe und daher nicht geheilt werden könne, indem man die Beschwerden einzeln bekämpft (wie es heute in der Verhaltenstherapie wieder versucht wird). Es war die damals in der Seelenheilkunde völlig neue Annahme, daß der Mensch ein dynamisches System sei und daß die Beschwerden – auch die körperlichen – eines psychisch Kranken Symptome einer Störung des Persönlichkeitskernes seien, die nur dann verschwinden, wenn es gelingt, ebendieser Störung des Persönlichkeitskernes Herr zu werden. Über diese allgemeine Auffassung der Person als eines dynamischen Systems und der Beschwerden als Symptome einer Persönlichkeitsstörung gab es zwischen FREUD und ADLER niemals Streit. Sie war die gemeinsame Überzeugung, die sie über ein Jahrzehnt hinweg zusammenhielt. Es gab mindestens noch eine zweite, bis zuletzt auch von ADLER nicht verlassene gemeinsame Überzeugung: nämlich, daß in den ersten Jahren der Kindheit die Weichen für das ganze Leben gestellt werden.

Anders verhält es sich, wenn wir fragen welches nun, inhaltlich gesehen, die besondere Art der Vorgänge sei, durch deren Störung die Neurose entsteht.

Nach FREUD ist das – um es in wenigen Stichworten anzudeuten – die Entwicklung, die die Libido, d. h. der Geschlechtstrieb – verstanden als Drang nach organischer Entspannung durch die Reizung erogener Zonen –, von der Geburt bis zur Geschlechtsreife durchmacht. Das Entscheidende an der Libidoentwicklung ist nach FREUDS Ansatz der Wechsel der maßgeblichen erogenen Zonen, der nach seiner Meinung in einer bestimmten Reihenfolge vor sich geht.* Diese Entwicklung wird kompliziert durch gewisse Ängste wegen des befürchteten oder eines bereits erlittenen Verlusts der sexuellen Potenz und durch die unvermeidlich inzestuöse Wahl des ersten Trieb-„Objekts"** und deren Folgen (Ödipuskomplex). Dabei wird für die verschiedenen Neurosen das Steckenbleiben auf einer der verschiedenen Durchgangsstufen bzw. das Mißlingen der Erledigung der stufenspezifischen Probleme verantwortlich gemacht.

Wie steht nun ADLER zu dieser inhaltlichen Spezialisierung der FREUDschen Theorie der Persönlichkeitsentwicklung der Entstehung der Neurosen?

---

* Was übrigens nach JONES (1933) nicht zutrifft; nach seinen Feststellungen finden sich die Merkmale sämtlicher FREUDschen Phasen ohne bestimmte Reihenfolge über die ganze Kindheit verstreut.

** Zu diesem Sprachgebrauch vgl. FREUD, Neue Folge der Vorlesungen zur Einführung in die Psychoanalyse (1932).

Es gibt keine von ADLER hinterlassene Bemerkung, aus der zu entnehmen wäre, daß er zu irgendeiner Zeit seiner Zusammenarbeit mit FREUD auch nur vorübergehend sich dessen Sexualtheorie zu eigen gemacht hätte. Im Gegenteil: die beiläufige und wenig konkrete Behandlung, die er in dem Aufsatz von 1904 der Geschlechtserziehung zuteil werden läßt, deutet unmißverständlich darauf hin, daß er schon damals den Schicksalen des *Geschlechts*triebes nicht, wie FREUD, eine für die Persönlichkeitsentwicklung in jedem Fall entscheidende Bedeutung beimaß.

In dieser Hinsicht war also ADLER nie FREUDS Schüler, und erst recht kein „abtrünniger" Schüler; denn er war darin seinem älteren Mitstreiter nie gefolgt.

Die ausdrückliche Auseinandersetzung mit FREUD beginnt, nach Maßgabe der vorliegenden Zeugnisse, im Jahr 1908, ein Jahr nach der „Studie", mit den beiden sachlich zusammengehörigen Aufsätzen über den Aggressionstrieb und das Zärtlichkeitsbedürfnis des Kindes. Es folgt 1909 die Schrift „Über neurotische Disposition", 1911 die beiden schicksalhaften Vorträge über „Die Rolle der Sexualität in der Neurose" und über „Verdrängung und männlicher Protest". Man kann die Periode der Auseinandersetzung mit FREUD wohl als abgeschlossen betrachten mit der Abhandlung „Organdialekt" von 1912.

Mit dem Aufsatz über den Aggressionstrieb gebührt ADLER die historische Priorität in einer Entwicklung, die mit erheblichem Verzug sich nicht nur in der sogenannten Neopsychoanalyse SCHULTZ-HENCKES, sondern auch bei FREUD selbst vollzogen hat. Rund ein Jahrzehnt später beginnt FREUD sich ebenfalls mit dem Problem der Aggressivität zu befassen, nach wir vor unter ausdrücklicher Beteuerung der Andersartigkeit seiner eigenen neuen Ansätze, und diese auch sprachlich abgesetzt durch die Rede vom „Todestrieb", hinsichtlich dessen noch in den „Vorlesungen" von 1932 offenbleibt, ob er ein Primärtrieb sei, aus dem (sekundär) die Aggression entsteht, indem er sich von innen nach außen wendet, oder ob vielmehr die nach außen wirkende Aggression der Primärtrieb sei, der sich unter gewissen Umständen nach innen wendet und so (sekundär) zum Todestrieb wird. Erst nach einem zweiten Jahrzehnt findet die Aggression dann auch vorbehaltlosen Zutritt in das Gebäude der klassichen Psychoanalyse, und seit den dreißiger Jahren liest man dort in vielen Schriften mehr von Aggression als von Sexualität.

ADLERS Ausführungen über den „Aggressionstrieb" sind so folgenreich wie unbekannt, sodaß es angebracht erscheint, hier etwas ausführlicher zu werden. Die Darstellung dieses Triebes leidet in dem Text ADLERS an der Unklarheit des *allgemeinen* Triebbegriffes, die auch in der Folgezeit, bis zu den Schriften von Alexander MITSCHERLICH (1971) und Konrad LORENZ (1963), nicht behoben wurde.

Ein „Trieb" ist nach der damaligen Auffassung ADLERS zweierlei. Erstens ist es der *jedem* Organ von Natur innewohnende Betätigungsdrang, der entweder ununterbrochen besteht, oder nach einem innenbedingten Rhythmus zyklisch erwacht. Danach haben nicht nur die Fortpflanzungsorgane einen „Geschlechtstrieb", sondern auch der Mund einen „Freßtrieb", die Nase einen „Riechtrieb", die Augen einen „Schautrieb", die Ohren einen „Hörtrieb" (die beiden letzten mit den Tastbedürfnissen der Hände von SCHULTZ-HENCKES zur von ihm so genannten „Intentionalität" zusammengefaßt). Der dem System der quergestreiften Skelettmuskulatur innewohnende Betätigungsdrang ist die Aggressivität im ersten Sinn. Es ist die völlig wertfreie oder sogar durchaus positiv gesehene Freude am aktiven Eingreifen in die Umwelt, das mehr oder weniger starke Draufgängertum, die Angriffslust, die einen gesunden und gut ausgeschlafenen

Menschen kennzeichnet und die in ihren gesteigerten Formen in „Kampflust", in die Freude am spielerischen Messen der Kräfte übergeht.

Neben diesem ersten Begriff von Aggressivität, den SCHULTZ-HENCKE unverändert in sein System übernommen hat, ohne allerdings ADLER zu erwähnen, steht schon in ADLERS Aufsatz der zweite, nach welchem Aggression den feindseligen, bösartigen Angriff bedeutet, den Angriff, durch den ein Gegner, und oft auch jemand, der gar kein Gegner ist, gekränkt, beleidigt, gedemütigt, geschädigt, verletzt, kampfunfähig gemacht und schließlich umgebracht oder auch eine Sache willentlich beschmutzt, beschädigt, geschändet oder zerstört wird. Es ist die Zerstörungslust, die man besser destruktiv als aggressiv nennen sollte (was FREUD dann später auch getan hat).

Die Aggression im ersten Sinn gehört, wie gesagt, zu der unentbehrlichen angeborenen Verhaltensausstattung jedes gesunden Menschen und ist insofern keiner besonderen Erklärung bedürftig. Wenn bis heute die Auseinandersetzung über den Ursprung der Aggression weitergeht, wird das Wort durchweg im zweiten Sinn verstanden. Die Frage lautet: Wie kommt es, daß es so viele Menschen gibt, in deren Verhalten die Feindseligkeit oder Bosheit eine so große Rolle spielt? Wenn ADLER auch im zweiten Sinn von Aggressionstrieb spricht, so liegt – bei dem gegenwärtigen Sprachgebrauch – die Vermutung nahe, daß er auch dabei an eine – bei verschiedenen Menschen unterschiedlich ausgeprägte – „Anlage" denkt. Über seine tatsächliche Meinung gibt er aber klare Auskunft in dem Artikel über das Zärtlichkeitsbedürfnis des Kindes (1908b). Dieses Bedürfnis ist nach ADLER kein Teil des Geschlechtstriebs. Es kommt dem Kind, obwohl es die Nähe und Berührung sucht, dabei nicht auf die Reizung der Haut als erogener Zone an, sondern auf das Nahesein, den Anschluß, das Sich-Anlehnen, das Umfaßt- und Gehaltenwerden, als den unmittelbarsten und stärksten Ausdruck des Zusammengehörens und des Aufgehobenseins bei dem anderen Menschen (wie es später auch von BALINT beschrieben wurde), und es wird von ADLER ausdrücklich als die frühkindliche Vorform der Mitmenschlichkeit, des Gemeinschaftsgefühls bezeichnet.

Das Kind, dem Verbundenheit, Zärtlichkeit und Verläßlichkeit versagt werden, ist nicht fähig, zum „Mitmenschen" zu reifen; es erlebt sich selbst als ausgestoßen, alle anderen Menschen als Feinde, vor denen man auf der Hut sein und die man bekämpfen muß, die Welt als Kriegsschauplatz. Es entwickelt sich zum „Gegenmenschen". Die Feindseligkeit ist also nach ADLER nicht ein Teil der Veranlagung, sondern ein reaktives Verhalten, das allerdings, wenn es in der frühen Kindheit immer wieder ausgelöst wird, offenbar zur Dauerhaltung werden kann. Man denkt dabei unwillkürlich an die Möglichkeit sozialer Prägung oder Fehlprägung im Sinne von LORENZ, an die freilich damals noch niemand dachte.

Man ist versucht, aus diesen und anderen Andeutungen ein sozialpsychologisches Gegenstück zu FREUDS geschlechtlich verstandenen Triebschicksalen herauszulesen, von dem mindestens so viel feststeht, daß an ihrem Anfang die Verbundenheit das Grundthema ist, während später Mut und Selbstsicherheit, das „allein groß sein", und danach vielleicht noch die Frage der Würde und der Geschlechtszugehörigkeit zum Schwerpunkt werden. ADLER selbst hat sich aber mit diesen Gedankengängen nicht weiter beschäftigt.

War schon in den beiden Aufsätzen von 1908 nach ADLERS Ansatz die Theorie der Neurose eine Sozialtheorie, keine Sexualtheorie, so ist es erstaunlich, daß die Zusammenarbeit mit FREUD noch drei Jahre weiterging. Zwei so widersprüchliche Theorien konnten auf die Dauer nicht nebeneinander bestehen, es sei denn, daß es für beide typische Fälle nebeneinander gegeben hätte. Der Tag mußte kommen, wo an ADLER die Gretchenfrage gestellt wurde, ob er die Fülle an Material zur Sexualtheorie, die FREUD und sein engerer Schülerkreis inzwischen zusammengetragen hatten, einfach als belanglos übergehen, oder, wenn nicht, welchen Platz er ihm in *seiner* Persönlichkeits- und Neurosenlehre anweisen wollte.

Er gab die Grundzüge einer Antwort in den beiden schon oben genannten Vorträgen vom 4. Januar und 1. Februar 1911*. Sie lautet in ihrem Kern – um der Einfachheit halber in der Sprache von heute zu sprechen –: Die sexuellen Störungen sind (sekundär) Wirkungen der aus gruppendynamischen Gründen entstandenen (primären) Störungen der sozialen Einordnung. Die Absonderlichkeiten und Abartigkeiten des Geschlechtsverhaltens der Neurotiker sind, wie ihre sonstigen körperlichen Leiden, ein „Organdialekt", eine Art Bildersprache, durch die Sachverhalte zum Ausdruck kommen, die ihrem Ursprung nach gar nicht geschlechtlich sind. Die Betätigungslust der nichtgenitalen Organe beim Kind und beim Erwachsenen betrachtet ADLER als eine ihnen ursprünglich zugeordnete, nicht „eigentlich" dem Geschlechtsbereich zugehörige und aus ihm entlehnte Erscheinung. Das Steckenbleiben in frühkindlichen Arten des Lustgewinns (das Fingerlutschen, das Bettnässen, die Stuhlverhaltung usw.) hat nach seiner Auffassung die Bedeutung eines Kampfmittels in der Auseinandersetzung mit den Erwachsenen, die das Kind aus erzieherischer Ahnungslosigkeit und Ungeschicklichkeit in eine Kampfstellung gedrängt haben. Diese beiden Beispiele mögen zur Kennzeichnung des neuen Ansatzes genügen.

Mußte schon FREUD genug Mut aufbringen, bei der Ausbildung seiner Sexualtheorie der Entrüstung des Bürgertums standzuhalten, so kostete es nun ADLER nicht weniger Mut, gegen FREUD eine Theorie zu verteidigen, die dieser nur als Verleugnung des Fortschritts, als Rückfall in eine unaufgeklärte Vorzeit auffassen konnte. FREUD konnte in seiner Erregung nicht sehen, daß die Verlagerung des Schwerpunkts der Persönlichkeitstheorie auf sozialpsychologische Sachverhalte durchaus nicht die Wiedereinführung der geschlechtlichen Tabus bedeutete, gegen die er mit guten Gründen, allen Anfeindungen zum Trotz, den Kampf aufgenommen hatte.

Die Trennung vollzog sich nicht auf der Höhe der Wissenschaftlichkeit. Eine ritterliche Auseinandersetzung mit den Waffen der Untersuchungen, der Befunde und der sachlichen Argumente wäre trotz allem denkbar gewesen. Aber FREUD ließ sich von seiner Empörung verleiten, den Kampf mit politischen statt mit wissenschaftlichen Waffen weiterzuführen. Er verlangte im August 1911 den Rücktritt ADLERS als Mitherausgeber des „Zentralblatts", er erließ gegen ihn ein Veröffentlichungsverbot in diesem Blatt und erreichte im Oktober den Beschluß seiner Vereinigung, daß die Mitgliedschaft in irgendeiner von ADLER gegründeten Vereinigung mit der Mitgliedschaft in ihr unvereinbar sei. Darüber hinaus wurde der Vertreter einer abweichenden Hypothese für ihn und seinen Kreis zum Verräter, dessen Name aus den Annalen der Wissenschaft zu streichen war und fortan nicht mehr genannt werden durfte. Dieser Forderung haben sich die Schüler und Nachfolger FREUDS diesseits und jenseits des Ozeans fast vollzählig mit erstaunlicher Disziplin unterworfen, was sie freilich nicht hinderte, sich beim Ausbau ihrer Theorien der Gedanken des Geächteten so unbeküm-

---

* Nach H. ORGLER waren es vier Vorträge, von denen nur zwei veröffentlicht wurden. Von den beiden anderen fehlt jede Spur.

mert zu bedienen, daß ein amerikanischer Kenner der Szene meinte, sie sollten sich, statt Neo-Psychoanalytiker, doch besser gleich Neo-ADLERianer nennen (ELLENBERGER 1973, S. 867).

3.3 Der dritte Schritt im Aufbau der Neurosenlehre: Der „Männliche Protest"

Um 1910 entdeckte ADLER, daß sein Katalog der Ausgangslagen des Kindes, die zu Kompensationsbemühungen Anlaß geben, noch nicht vollständig war. Neben die drei schon besprochenen: Organminderwertigkeit, Demütigung und Verhätschelung, treten als vierte die Auswirkungen der Unterbewertung des weiblichen Geschlechts in unserer Gesellschaft.

Das Thema wird in dem großen Aufsatz von 1909 über neurotische Disposition noch nicht berührt, ebensowenig wie in allen früheren Schriften. Es tritt zuerst auf in der Schrift von 1910 über den „Psychischen Hermaphroditismus im Leben und in der Neurose" und in „Die psychische Behandlung der Trigeminus-Neuralgie", ebenfalls 1910. Unmittelbar danach wird es 1911 zum Thema des zweiten der beiden vor der Psychoanalytischen Vereinigung gehaltenen Vorträge „Verdrängung und Männlicher Protest; ihre Rolle und Bedeutung für die neurotische Dynamik" und wird noch in drei weiteren Schriften behandelt: „Beitrag zum Verständnis des Widerstands in der Behandlung"*, „Syphilidophobie" (1911 d) und „Über männliche Einstellung bei weiblichen Neurotikern" (1911 c; Fälle I und II 1911, Fälle III–V 1920 hinzugefügt). 1912 folgen „Psychischer Hermaphroditismus und männlicher Protest – ein Kernproblem der nervösen Erkrankungen" (erst 1920 in „Praxis und Theorie..." veröffentlicht) und die hierher gehörigen Stellen im Hauptwerk „Über den nervösen Charakter" (1912 a). Danach kommt 1913 noch der Aufsatz „Der nervöse Charakter".

Damit ist die Auseinandersetzung mit diesem Problem offenbar abgeschlossen, und die Auswirkungen der Unterbewertung des weiblichen Geschlechts sind in ADLERS System fest eingebaut. In späterer Zeit kommt er nur noch gelegentlich darauf zurück: 1924 in „Kulturelle Einschränkung in der Erziehung der Frau zur Aktivität", und 1932 in „The fear of woman: remarks."

Das Problem der Geschlechtszugehörigkeit stellt sich für Männer und Frauen in unterschiedlicher Form. Merkwürdigerweise hat ADLER seine Auswirkungen zuerst an männlichen Patienten entdeckt, die infolge irgendwelcher Ereignisse in ihrem Vorleben (durch Mädchenkleidung, Schmuck und Haartracht, die ihnen von unvernünftigen Müttern aufgezwungen wurden; durch übermächtige, alles beherrschende Mütter; durch Zurücksetzung hinter weiblichen Geschwistern; durch Mißerfolg bei ersten Versuchen der Annäherung an das weibliche Geschlecht usw.) von einer panischen Angst erfüllt waren, als „weibisch" gescholten zu werden oder in den Beziehungen zu Frauen zu „versagen" oder „unter den Pantoffel" zu geraten. Die Folge war ein leidenschaftliches Bemühen, sich in ihrer Umgebung nicht nur als ausgesprochen männlich zu geben, sondern als übermännlich – durch Heldentaten und Triumphe aller Art, im Beruf durch eine Vollkommenheit, an der keine Zweifel geduldet wurden, die

---

* So lautet in dem Wiederabdruck in „Praxis und Theorie..." (Neudruck 1974, S. 152) der Titel des Aufsatzes, der zuerst unter dem Titel „Beitrag zur Lehre vom Widerstand" im Zentralblatt für Psychoanalyse, I, 1911, erschienen war.

daher auch über Rat und Kritik erhaben waren, in der Ehe als „Herr im Hause", in den Geschlechtsbeziehungen (selbst als Ehemann) durch eine möglichst große Zahl von Geliebten.

Für das weibliche Geschlecht selbst ist die Lage schwieriger. Den Unterschied in der Bewertung spürt schon das kleinste Kind. Die Antwort darauf fängt mit dem Bestreben an, es den Jungen gleichzutun, oder, besser noch, „schlimmer" als ein Junge zu sein, über die Frigidität in der Ehe, den Beschluß, überhaupt nicht zu heiraten, um sich keinem Mann „unterwerfen" zu müssen und möglichst alle Beschwerden des Lebens als Frau zu umgehen, bis hin zu dem Entschluß, keine Frau zu werden, der bei Mädchen in der Reifezeit gelegentlich bis zum Selbstmord durch freiwilliges Verhungern (Anorexia nervosa) führt. Seit die Frauen ein Stück Gleichberechtigung erworben haben, kommt – da der Stachel noch längst nicht beseitigt ist – nach dem Erklimmen leitender Stellen häufig eine alle Männer übertreffende Herrschsucht, Überheblichkeit und Besserwisserei hinzu.

Die Reaktionen männlicher und weiblicher Neurotiker auf diese Lage hat ADLER unter dem Namen „Männlicher Protest" zusammengefaßt, der zwar sprachlich nicht ganz glücklich gewählt ist, sich aber inzwichen durch Gewohnheitsrecht seinen Platz in der Lehre gesichert hat.

Besonders die weiblichen Formen dieses Protestes sind deshalb so heftig, weil sie auf dem berechtigten Gefühl beruhen, daß die Zurücksetzung willkürlich ist, und deshalb so enttäuschend, weil es, solange diese Zurücksetzung ein Teil der bestehenden Gesellschaftsordnung ist, keine Möglichkeit gibt, sie wirksam zu kompensieren, weshalb sie so häufig in eine Selbstzerfleischung im Hinblick auf die besondere biologische Sendung der Frau ausartet.

Aber auch wenn es nicht soweit kommt, werden Liebe und Ehe durch nichts so gründlich zerstört wie durch die Versuche jedes der beiden Partner, ständig seine Überlegenheit zu beweisen.

Mit den Auswirkungen der Zurücksetzung der Frau „glaube ich an eine der tiefsten Wunden unseres Gesellschaftslebens gerührt zu haben. Die Gefahr ist größer, als man ahnt", sagt ADLER am Schluß des Aufsatzes „Der nervöse Charakter" von 1913.

3.4 Am Ziel: „Über den nervösen Charakter" (1912)

ADLERS Hauptwerk, „Über den nervösen Charakter", das ein Jahr nach der Trennung von FREUD erschienen ist, ist so reich an neuen (und verschärften alten) Gedanken, daß ein umfassender Bericht unmöglich ist. Ich beschränke mich auf drei wesentliche Punkte.

1. Der wohl wichtigste Schritt ist die völlige Umkehrung in der Auffassung von den Gründen der Neurose. Schien es bis dahin, als ob das neurotische Verhalten auf irgendwelche Einwirkungen (Traumen) so notwendig folge wie der Donner auf den Blitz, so vertritt ADLER in seinem neuen Werk nun die Auffassung, daß ein solcher unmittelbarer ursächlicher Zusammenhang nicht bestehe, daß vielmehr für den fraglichen Menschen – infolge von gewissen einmaligen Ereignissen oder unerträglichen Dauerzuständen – die Welt ein anderes Gesicht bekomme; er sehe sich dadurch veranlaßt, sich – ganz gefühlsmäßig – bestimmte (neue) Lebensziele zu setzen, ohne deren Klärung von nun an sein Verhalten nicht mehr zu verstehen sei. Die Aufklärung seiner Symptome und Beschwerden ist also noch nicht beendet, wenn man in seiner Vergangenheit einen Sündenbock oder ein Ereignis findet, durch den oder das er aus

dem Gleis geworfen wurde. Und der Patient wird durch die Durchleuchtung seiner Vergangenheit nicht in die Versuchung geführt, nach der Entdeckung des Sündenbocks oder auslösenden Ereignisses alles beim alten zu lassen, da er für seinen gegenwärtigen Zustand „ja doch nichts könne". Es kommt gar nicht mehr so sehr auf die genaue Kenntnis aller Einzelheiten seines Vorlebens an, es wird vielmehr die Frage gestellt, was für Ziele er – wissentlich oder unwissentlich – hier und heute verfolgt bzw. von was für geheimen Nebenzielen seine Versuche, irgendwelche sachlichen Probleme zu lösen, auch jetzt noch ständig durchkreuzt werden.

Dieser Gedanke fällt nicht im Jahre 1912 vom Himmel. Zum erstenmal spricht ADLER in dem zweiten Vortrag vor der Psychoanalytischen Vereinigung Anfang Februar 1911 die Vermutung aus, daß „unsere Psyche auf dem Wege der Vorempfindlichkeit aus der Gegenwart, also zeitlich außer die Grenzen dieser primitiven Triebbefriedigung" tritt, um für eine mehr oder weniger ferne Zeit „Befriedigungen einzuleiten", die dem Ausgleich der in der Kindheit erlittenen Zurücksetzung dienen sollen. Kurz, die Tatsache, daß die Psyche ständig „auf Zukünftiges bedacht" ist, wird nun zum Kernpunkt des Verständnisses des Menschen überhaupt und des Neurotikers im besonderen. Das bedeutet mit anderen Worten, daß das Verhalten des Menschen in seiner eigenen Verantwortung liegt, auch wenn er das noch so eifrig aus seinem Bewußtsein zu verdrängen sucht, und daß er nur geheilt werden kann, wenn ihm über diese seine Verantwortung für sein eigenes Leben ein Licht aufgesteckt wird.

Dabei wird der Begriff der (Über-)Kompensation zu den Begriffen der Leitlinie und des Lebensplans verschärft, die den einmaligen Weg gerade dieses einen Subjekts von der besonderen Art seiner frühen Zurücksetzungen zu der besonderen Art der daraus entwickelten geheimen Ziele aller seiner Handlungen kennzeichnet. Man vergleiche dazu die graphische Darstellung im III. Kapitel des theoretischen Teils (1912, Neudruck 1972ff, S. 78).

2. Eine solche Dauerzielsetzung kann zweierlei Auswirkungen haben. In beiden ist das Ziel zu hoch gesteckt.

a) Das Ziel wäre für den fraglichen Menschen bei ausreichender Anstrengung und Geduld noch erreichbar. Aber es kommt ein Augenblick, wo er die Spannung zwischen dem unbefriedigenden gegenwärtigen und dem erwünschten Zustand nicht mehr aushält, wo er die Geduld verliert und, statt sich in der rauhen Wirklichkeit mühsam weiter vorzuarbeiten, diese verleugnet und mit offenen Augen zu träumen beginnt (der Fiktion verfällt), er wäre schon da. Bildlich gesprochen: Statt des geplanten Hauses baut er nur eine Fassade, mit allen schönen Eigenschaften geschmückt, die das Haus haben sollte, aber einer Neurenaissance-Fassade des neunzehnten Jahrhunderts gleich, hinter der man, wenn man um die Ecke schaut, eine armselige Bretterbude entdeckt.

Diese Fassade – nicht das, was dahinter ist – wird nun zum Gegenstand des Selbstbewußtseins. Sie wird mit wilder Verzweiflung verteidigt. Wehe dem, der es wagt, dahinter zu schauen und zu sagen, was er da gesehen hat. Darum wird nicht nur jede Kritik mit Entrüstung zurückgewiesen, sondern auch von dem besten Rat kein Gebrauch gemacht, da dies ja das Eingeständnis bedeuten würde, daß irgend etwas noch besser sein könnte. Auf dieser Stufe entstehen noch nicht notwendig eigentliche Neurosen, sondern in vielen Fällen Fehlunterscheidungen, durch die andere Menschen mehr getroffen werden als der Urheber. Ist er mächtiger als sein Kritiker, so kann er diesen, je nach Umständen, entlassen, versetzen, am Aufstieg verhindern, Schreibverbote erlassen, ihn ausweisen, ins KZ oder die Nervenheilanstalt verbannen oder gleich liquidieren.

b) Zweiter Fall: Der fragliche Mensch ist *nicht* so mächtig, daß er sich sachlichen Prüfungen seines tatsächlichen Vermögens entziehen kann. Mit Lagen, in denen die Wirklichkeit – auch eine gar nicht so weit hinter den Ansprüchen zurückbleibende – zutage treten könnte, muß gerechnet werden. Was tut man, wenn man es nicht zulassen darf, etwas weniger als absolut vollkommen zu erscheinen? Man wird z. B. rechtzeitig krank und kann dabei nicht nur die Überzeugung retten, daß man ohne diese Krankheit selbstverständlich seine Vollkommenheit hätte erweisen können, sondern sich zugleich auch zu Hause einen Kreis von dienstfertigen Sklaven verschaffen.

Erst wenn der fragliche Mensch auf diese oder andere Weise beginnt, über seine eigenen Füße zu stolpern, indem er einander ausschließende Ziele gleichzeitig zu verfolgen beginnt oder vor dem Ziel zurückscheut, das er sich selbst gesetzt hat, sind die notwendigen und zureichenden Bedingungen für den Ausbruch einer Neurose erfüllt.

4. Der Schlußstein im Gewölbe:
Die „Mitmenschlichkeit" oder das „Gemeinschaftsgefühl"

Wenn man nicht die Erstausgabe sämtlicher Werke ADLERS zu Rate ziehen und sie mit den späteren Ausgaben vergleichen kann, ist es schwer möglich, zu sagen, ob der Schlußstein in der Persönlichkeitstheorie von ADLER, die Lehre vom Gemeinschaftsgefühl (in englischer Sprache später „social interest"), noch im Rahmen des Nachdenkens „über den nervösen Charakter" (1912) eingesetzt wurde, oder ob es sich hier um einen nachträglichen neuen Schritt in dem Aufbau seiner Lehre handelt.

Beide vorliegenden Nachdrucke (1959, 1972) sind Wiedergaben der vierten Auflage von 1929. Der Ausdruck „Gemeinschaftsgefühl" erscheint darin, von dem Vorwort zur zweiten Auflage (1919) beginnend, sechsundzwanzigmal ausdrücklich und achtundzwanzigmal in bedeutungsgleichen Ausdrücken oder Umschreibungen.

Demgegenüber berichtet H. L. ANSBACHER (mündlich) aus persönlichen Unterhaltungen in Wien, daß in dem Werk „Über den nervösen Charakter" die Lehre vom Gemeinschaftsgefühl ursprünglich noch nicht enthalten war. Die Entdeckung dieses Leitsterns des seelisch gesunden, selbstsicheren, mutigen, aufrecht in der Welt stehenden Menschen schreibt er Carl FURTMÜLLER zu. Sie sei erst nachträglich von ADLER in sein Hauptwerk eingefügt worden. Freilich ging sie dann so nahtlos in ihm auf, als wäre der Platz für sie von Anfang an vorgesehen gewesen.

Außerdem kündigt sie sich bei ADLER schon 1909 in einer Bemerkung über den Neurotiker an: „Wie einer, der sich in eine feindliche Welt gestellt sieht... denkt er immer nur an sich... an das, was *ihm* fehlt, *nie an das, was er zu geben hätte.*"

Betrachtungen über Mitmenschlichkeit, Gemeinsinn oder Gemeinschaftsgefühl hat ADLER später in die Neuausgaben aller seiner Schriften eingefügt. Aber merkwürdigerweise tritt nur einmal das Wort „Gemeinsinn" *im Titel* einer kleinen Arbeit auf (1914h, S. 38 u. 45), und nur einmal das Wort „Gemeinschaftsgefühl" in dem Titel des Aufsatzes „Über den Ursprung des Strebens nach Überlegenheit und des Gemeinschaftsgefühls" (1933d). Man wird zwar zu der Vermutung veranlaßt, daß die Lücke nur scheinbar sei, wenn man entdeckt, daß die Schrift „Der Sinn des Lebens" von 1933, der eine Reihe von kleineren Aufsätzen mit gleichbedeutenden Titeln vorausgeht und folgt, in ihrer englischen Ausgabe von 1938 mit „Social interest: a challenge to mankind" betitelt ist. Bei einer eingehenderen Durchsicht der deutschen Ausgabe findet man aber (Nachdruck 1973, S 47–53 und 165f) nur Ansätze zu einer Analyse und

Phänomenologie des gemeinten Verhaltens und sonst nur Betrachtungen über seinen Ursprung, seine Bedeutung für die Menschheit und seine (erhoffte) Zukunft, mit dem Hinweis auf die Schwäche des Einzelnen als Ursache des Zusammenschlusses zur Gemeinschaft, bei der man sich des Gedankens an einige der eindrucksvollsten Beispiele, etwa die Elefantenherde oder das Wolfsrudel, nicht erwehren kann.

5. Spätere Entwicklungen

Was zur Lehre von der Persönlichkeitsentwicklung und zur Neurosenlehre theoretisch zu sagen war, war um 1914 im großen und ganzen gesagt. Aus der nachfolgenden Zeit ist an Anwendungsbereichen vor allem die Homosexualität zu nennen, der ADLER 1918–1930 mehrere Abhandlungen widmet; desgleichen der Theorie der Stellung in der Geschwisterreihe.

Im großen gesehen ist ADLER jetzt vor allem mit den notwendigen pädagogischen Folgerungen und Forderungen beschäftigt, mit denen diese ganze Entwicklung ihren Anfang genommen hatte. Der Band „Menschenkenntnis" von 1927 bringt nur eine gemeinverständliche Übersicht über schon Feststehendes.

Eine *echte Fortentwicklung*, oder wenigstens den Ansatz dazu, bringt der Artikel „Kurze Bemerkungen über Vernunft, Intelligenz und Schwachsinn" (1928, S. 267–272), in dem die logisch fällige Erweiterung des Begriffs des Gemeinschaftsgefühls zu dem der Sachlichkeit im Sinne Max WERTHEIMERS (1945) wenigstens angedeutet ist. Die weitere Ausführung dieses Neubeginns findet sich nicht mehr bei ADLER selbst, sondern (unter der Bezeichnung „Wirhaftigkeit") in vorbildlicher Klarheit und Eingängigkeit in der „Einführung in die Charakterkunde" von Fritz KÜNKEL (1928), die man als eine authentische Auslegung der ADLERschen Gedanken betrachten darf und durch die KÜNKEL, trotz der äußeren Trennung, sich als treuer Schüler ADLERS erweist.

Bemerkenswert ist die späte Aufnahme empirischer (lerntheoretischer, verhaltenstherapeutischer) Gesichtspunkte, die man am besten an dem Gebrauch des Wortes „Training" ablesen kann. Bis 1928 kommt dieses Wort kaum vor, und es bedeutet – mit *einer* Ausnahme von 1920 („Training gegenüber dem anderen Geschlecht") – durchweg das unermüdliche Üben zur Überwindung einer Organschwäche im Sinn der „Studie". Nach 1928 beginnt es, sich zu häufen, und von nun an spricht ADLER *auch* von einem Gefühlstraining, von einem Training, wie man Freunde gewinnt, wie man andere für sich anstellt, von einem Training des Lebensstils, z. B. des homosexuellen – das übrigens großenteils *im Traum* stattfinden soll. Es gibt nun auch die Desensibilisierung, von ADLER kurz und schlicht „Abhärtung" genannt, und endlich das Abtrainieren sinnlos gewordener Gewohnheiten als Teilaufgabe der Therapie. Auf die Frage, ob und wie sich diese Neuerungen in die früher entwickelte Theorie einfügen lassen, bin ich in der Einführung zu der Schrift „Individualpsychologie in der Schule" (1929, Neudruck 1973ff., S. 16ff.) etwas näher eingegangen. Die Frage, ob es auch von verhaltenstherapeutischer Seite Versuche der Annäherung an die individualpsychologische Auffassung von der Entstehung und Heilung der Neurosen gibt, gehört nicht mehr zu den Gegenständen diese Beitrags.

Die unverkennbare Neigung des späteren ADLER zu einer *vereinfachten Darstellung* seiner Lehre, mit der er manchmal schon an die Grenze des Widerspruchs mit sich selbst gerät (was auch dem scharfen Auge eines Manès SPERBER [1975] nicht entgangen ist), führen H. und R. ANSBACHER (1964) auf die Notwendigkeit zurück, sich dem einfachen Verstand eines vornehmlich amerikanischen Zuhörerkreises verständlich zu machen. Es scheint hier aber eine Tendenz vorzuliegen, die sich auch schon in den deutschen (theoretischen) Schriften seit 1930 bemerkbar macht, während die praktischen Anweisungen sich bis zuletzt auf der Höhe des ursprünglichen Ansatzes bewegen, von dem man behaupten kann, daß Alfred ADLER sich durch ihn einen Platz in der kleinen Gruppe der ganz großen Erzieher der Menschheit, neben ROUSSEAU und PESTALOZZI, verdient hat, die nie aufhören, modern zu sein.

VIII
Psychologische Ästhetik und schöpferisches Handeln

31. Der Beitrag der Gestalttheorie zur Frage der Grundlagen des künstlerischen Erlebens (1965)

Sie werden sich vielleicht wundern, daß ich hier von dem etwas erzähle, was die Psychologie zur Frage des Schönen meiner Ansicht nach beizutragen hat, ohne Ihnen etwas Schönes zu zeigen. Ich habe es gewagt, so zu verfahren, in der Erwartung, daß die Lücke, die sich dadurch vermutlich fühlbar machen wird, unmittelbar nach meinem Vortrag von meinem Nachfolger ausgefüllt wird.

Das zweite, was ich hier zu bemerken habe, ist dieses, es hängt mit dem ersten zusammen: Ich gedenke nicht, das Schöne nur dort zu behandeln, wo es in einem Werk der bildenden Kunst vorzufinden ist, sondern ich möchte das Problem allgemeiner fassen und alle Künste einbeziehen.

Die Beiträge der Psychologie zu diesem Problem sind von meinem Vorredner sehr gerühmt worden. Es gibt tatsächlich einige dicke Werke zu diesem Thema seit den Bemühungen des Begründers der experimentellen Psychologie, Gustav Theodor FECHNER, um die experimentelle Ästhetik, die aus den sechziger und siebziger Jahren des vorigen Jahrhunderts stammen, und die immerhin dadurch bemerkenswert sind, daß in ihrem Zusammenhang die erste planmäßige, wenn auch mißlungene, Volksbefragung stattgefunden hat. FECHNER hat nämlich, als zwei Ausführungen einer HOLBEIN-Madonna in Dresden nebeneinander zu sehen waren, bei den Zuschauern eine Befragung veranstaltet, welches wohl vermutlich die echte sei. Leider war die öffentliche Meinung damals auf solch einen Versuch nicht genügend vorbereitet, so daß die meisten Besucher der dortigen Galerie an den Listen, die er ausgelegt hatte, uninteressiert vorbeigegangen sind. Jedenfalls muß man aber sagen, daß FECHNER nicht nur die experimentelle Psychologie tatsächlich begründet hat, sondern daß er zur damaligen Zeit für eine wissenschaftliche Behandlung ästhetischer Fragen schon ein Verfahren benutzt hat, das erst in unserer Zeit wirklich in seiner Bedeutung erkannt und zu einer Leistungsfähigkeit entwickelt worden ist, die Sie ja alle kennen.

Nun, seit der experimentellen Ästhetik von FECHNER, deren Ertrag nicht gerade als gewaltig bezeichnet werden kann, sind noch verschiedene Werke, dicke Beiträge von Psychologen zur Ästhetik erschienen. Ich habe erst kürzlich wieder ein riesiges Manuskript über dieses Thema in der Hand gehabt. Der Eindruck, den man davon hat, ist immer wieder derselbe, daß irgendwelche Randprobleme, irgendwelche Nebenfragen mit ungeheurer Subtilität, mit Ernst und Bemühung behandelt werden, daß aber vom Wesentlichen wenig die Rede ist.

Auf dieses Wesentliche im Zusammenhang psychologischer Überlegungen gestoßen zu sein, ist, wie mir scheint, das Verdienst Christians von EHRENFELS und zwar in seinem Aufsatz „Über Gestaltqualitäten", der im Jahre 1890 erschienen ist. In dieser Arbeit exemplifiziert EHRENFELS viele seiner Anliegen an künstlerischen, insbesondere auch an musikalischen Gebilden. Ich habe die Arbeit in den letzten Tagen wieder in der Hand gehabt und gestaunt, eine welch große Rolle künstlerische Fragen darin spielen. von EHRENFELS hat die Ansätze, die er hier bringt, nicht weiterverfolgt. In den inzwischen vergangenen 74 Jahren scheint mir das wesentliche Ereignis für unser

Problem wiederum eines zu sein, das sich nicht unmittelbar auf das Ästhetische bezieht, aber es irgendwie impliziert: Die Entwicklung der Gestalttheorie durch Max WERTHEIMER, zu deren zentralen Sätzen der Satz von der Tendenz der guten Gestalt gehört. Auch dieser Satz ist inzwischen wenigstens 42 Jahre alt. Es wäre sonderbar, wenn die Vertreter einer Lehre, die schon in der Theorie der alltäglichen Wahrnehmung mit im Grunde ästhetischen Begriffen arbeitet, in dieser langen Zeit nicht auch über das eigentlich künstlerische Schaffen und Erleben und deren psychologische Voraussetzungen sich Gedanken gemacht hätten. Der Beitrag der Gestalttheorie – so wie er gedruckt der Allgemeinheit vorliegt – besteht aber bisher vorwiegend aus zerstreuten Bemerkungen. Bedeutsam scheinen mir unter anderem einige Arbeiten von Karl DUNCKER, dem vorzeitig verstorbenen hoffnungsvollsten Mitglied der Gruppe, die sich in den zwanziger Jahren im Berliner Psychologischen Institut zusammengefunden hatte, und von Rudolf ARNHEIM, dessen Werk „Art and Visual Perception" Ihnen vermutlich bekannt ist. Dort und in einem besonderen Aufsatz von ARNHEIM gibt es eingehendere Überlegungen, die ich nun im folgenden mit eigenen Gedanken zu einem halbwegs einheitlichen Ansatz zusammenfassen möchte.

Ich beginne mit einer einfachen, man kann fast sagen banalen These. Sie lautet: Alle Kunst soll Freude machen. Man spricht im Deutschen auch von Kunstgenuß – ein unvermeidliches, aber von mir nicht sehr geschätztes Wort, weil es ein wenig an ein Delikatessengeschäft erinnert. Was ist das aber für eine besondere Art von Freude oder Genuß? Einiges Erleuchtende darüber hat Karl DUNCKER in seiner nachgelassenen Schrift über „Pleasure, Emotion, and Striving" gesagt. Er unterscheidet dort drei Arten von lustvollen Erlebnissen.

- Erstens den *sinnlichen* Genuß, der gegeben ist, etwa wenn man einen guten Wein trinkt.
- Zweitens, wie er es formuliert, die Formen der Freude, die aus *Gesinnungen* hervorwachsen, etwa die Freude über die Heimkehr eines Sohnes aus der Fremde oder über den Sieg einer guten Sache.
- Endlich einen dritten Typ von Erlebnissen, den man vielleicht am besten einführt auf dem Weg über die eigenartigen Beziehungen, in denen sie zu den sinnlichen Erlebnissen im engeren Sinne des Wortes stehen.

Empfindungen oder Sinnesqualitäten – die beiden Ausdrücke werden hier in derselben Bedeutung gebraucht – können erstens als solche Genuß bereiten, ohne daß man irgend etwas hinter ihnen sucht; so der Geschmack des schon genannten Weines, der Geruch einer guten Zigarre oder auch das wohlige Gefühl, das dem Müden ein frisch bezogenes, weiches Kopfkissen vermittelt. Das alles ist schön und erfreulich. Man wird es aber im allgemeinen nicht als Kunstgenuß bezeichnen. Sinnesqualitäten können zweitens, wenn sie in der geeigneten Anordnung zu Wahrnehmungsgebilden zusammengefaßt sind, zum Beispiel zu gesprochenen oder geschriebenen Worten oder auch zu einer Planskizze, als Mittel dienen, irgendetwas *mitzuteilen*. Der Inhalt einer solchen Mitteilung kann seinerseits – aber muß nicht – Anlaß zur Freude sein, wie etwa die Nachricht über die glückliche Geburt eines gesunden Kindes, über eine gut bestandene Prüfung oder über eine befriedigende und einträgliche Anstellung. *Sinnesqualitäten* können aber drittens auch irgendetwas unmittelbar zum Ausdruck bringen. So kann nach DUNCKER die Erscheinung eines vom Wetter zerzausten Baumes unbeugsame Zähigkeit ausdrücken, das Streicheln einer Hand zärtliche Besorgnis, ein Rondo von MOZART schwebende Heiterkeit, eine weite Fernsicht Unendlichkeit, die unser

Herz weitet. Kunstgenuß, meint er, sei in jedem Fall Freude an etwas Ausgedrücktem, die unmittelbar am Vorgang des Ausgedrücktwerdens erlebt wird. Zur ästhetischen Bedeutung von „Ausdruck" muß hier zweierlei bemerkt werden. Erstens gibt es auch Freude am Ausgedrückten, die nicht Kunstgenuß ist, etwa die Freude der Mutter am ersten Lächeln ihres Kindes, die Freude des Liebenden am Liebreiz und am Glück der Geliebten, die Freude des Vortragenden an der gespannten Aufmerksamkeit seiner Zuhörer, aber auch die Freude des Kämpfenden an den ersten Zeichen der Unsicherheit und des Weichwerdens bei seinem Gegner. Zweitens erweckt Ausdruck bekanntlich nicht immer nur Freude, sondern daneben zahllose andere Gefühle und Antriebe; denn seine ursprüngliche Funktion ist ja die Steuerung des sozialen Verhaltens durch den Mitmenschen. Hier kann nun gleich noch die notwendige Voraussetzung dafür genannt werden, daß über einen Gegenstand und das, was er ausdrückt, *ästhetische* Freude entstehen kann. SCHOPENHAUER hat, wie mir scheint, diese Voraussetzung wohl als erster klar erkannt. Sie lautet ganz einfach, daß der Wille schweigen müsse. Mit anderen Worten: Daß der Ausdruck herausgehoben wird aus seiner Rolle als steuernder Faktor, was durch allerlei typische Vorkehrungen erreicht wird, auf die vor allem HUIZINGA in seiner Theorie des – dem Kunstgenuß verwandten – Spieles hingewiesen hat. Gelingt diese Herausgrenzung aus der Welt der Sorgen, Hoffnungen und Befürchtungen, so ist ästhetische Freude auch einem Gegenstand gegenüber möglich, der als steuernder Faktor nur Furcht und Schrecken erwecken würde, wie etwa die Unheimlichkeit und die erhabene Gewalt eines Gewitters, dann, wenn es durch ein Fenster eines Hauses mit gutem Dach und Blitzableiter beobachtet wird, wie auch die Wildheit eines Tigers, wenn er sich hinter einem genügend kräftigen Gitter oder auf einem Gemälde befindet. Die Ausgrenzung aus der Wirklichkeit, die den fraglichen Gegenstand zum Ziel reiner Betrachtung macht, ist in den zuletzt genannten Fällen auch die Voraussetzung dafür, daß man sich *in ihn hineinversetzen* kann, worüber noch die Rede sein wird.

Um ausdruckshaltig zu sein, müssen Sinnesqualitäten, wenn man einmal von GOETHES sinnlich-sittlichen Wirkungen der einfachen Farben absieht, zu Wahrnehmungsgebilden organisiert sein, genauso wie wenn sie dem Zweck der Mitteilung dienen sollen. Während aber die Funktion der Mitteilung nicht mehr erfordert als eine eindeutige Zuordnung zwischen dem Wahrnehmungsgebilde und dem mitzuteilenden Bedeutungsgehalt, eine Zuordnung, die im übrigen völlig willkürlich und rein konventionell sein kann, verlangt die Ausdrucksfunktion eine Art von Nicht-Beliebigkeit der Zuordnung, eine Art echter Abbildlichkeit, genauer, eine Identität in wesentlichen Zügen der Struktur, eine Isomorphie zwischen der Eigenart des Wahrnehmungsinhaltes und der Eigenart dessen, was dieser ausdrückt. Das Wesen des Wahrnehmungsgebildes muß gewissermaßen von derselben Art sein, wie das Wesen, das es vertritt. So ist, um einige Beispiele DUNCKERS zu zitieren, die Sanftheit der Berührung verwandt mit der Sanftheit des Fühlens, das Feuer einer Melodie mit dem Feuer des Geistes. Das Empfindungs- oder Wahrnehmungsmaterial, ganz gleich ob vom Künstler geschaffen oder von der Natur geboten, ist nicht selbstgenügsam oder undurchsichtig wie im Fall des sinnlichen Genusses. Es ist auch nicht seiner Bedeutung rein äußerlich, zufällig oder beliebig zugeordnet, auch nicht vergänglich und abgetan wie das Wahrnehmungsgebilde, das den Zweck einer Mitteilung erfüllt hat, etwa die Zeitung, die man in den Papierkorb wirft, nachdem man sie gelesen hat. Es ist seiner eigentlichen Natur nach innerlich bedeutsam, sofern es etwas aussagt, von dem es zwar transzendiert wird, an dem es aber doch irgendwie teilhat, das also nicht eigentlich hinter ihm steht, und durch es hindurch scheint, sondern eher – man muß hier bildliche Ausdrücke gebrauchen – in ihm ist und aus ihm herausscheint. ARNHEIM sucht nun unabhängig von DUNCKER weiter aufzuklären, worauf es hierbei vor allem ankommt. Er fragt ganz einfach, was nimmt man eigentlich wahr, wenn man etwas schön findet? Er nennt dann als Beispiele ein harmonisches Zueinander von Farben, einen musikalischen Akkord, ferner die wohlausgewogenen, zur Einheit zusammengeschlossenen Bewegungen, wie man sie an einem Tanzenden nicht nur als Zuschauer *sieht*, sondern vor allem wie sie der Tänzer selbst in den wechselnden Muskelspannungen seines Körpers und den gegenseitigen Verlagerungen seiner Glieder *spürt*, was sicher etwas ebenso Schönes ist wie die *sichtbaren* Figuren des Tanzes; endlich, was man erlebt, wenn man die erfreuliche Übereinstimmung entdeckt zwischen dem Spannungsgefüge in einer Mannigfaltigkeit von Formen und Farben und demjenigen, das irgendeiner bedeutsamen Lebenssituation innewohnt. Von diesen Beispielen kann das erste und zweite – also der Akkord und das Farbzueinander – zweifellos etwas Schönes sein, aber erst das dritte und das vierte wird man als Kunstwerk bezeichnen, oder richtiger: es können Kunstwerke sein. Auch nach ARNHEIM bietet Kunst sinnliche Formen, Bilder und Gedanken nicht um ihrer selbst willen dar, sondern als Gefäße, die irgendetwas anderes enthalten; freilich in der merkwürdigen Art und Weise – um es nun mit meinen Worten zu sagen – daß es sich nicht aus ihnen herauslösen läßt. Es sind gewissermaßen Gefäße, die man nicht ausschütten kann. Aber was enthalten sie denn? Fragt man die älteren Theoretiker der Ästhetik, so ist ihre Meinung ziemlich einheitlich. ARNHEIM führt einige Engländer an, er hätte genausogut Deutsche nennen können. Er zitiert Roger FRY, D. W. PRALL. Das, was das Kunstwerk ausdrückt, sind nach ihrer Meinung ausnahmslos Gefühle und Emotionen. Ganz gleich welcher Art von Kunst es angehört, ob es ein Bild, ein Musikstück oder ein Gedicht ist, stets ist es eine Manifestation *seelischer* Zustände in wahrnehmbarer Form. Dies ist unter anderem auch die Meinung TOLSTOIS, der sich ja ebenfalls grundsätzlich mit ästhetischen Fragen beschäftigt hat. Er versteht Kunst als eine menschliche Tätigkeit, durch welche der eine Mensch mit Hilfe bestimmter äußerer Zeichen dem anderen Gefühle vermittelt oder an ihn weitergibt, die er selbst erlebt hat. Wobei dann der andere von diesen Gefühlen angesteckt wird und sie ebenfalls erlebt.

In neuerer Zeit wird vielfach behauptet, das alltägliche und das ästhetische Erfassen fremden Seins und Schicksals setze die *Identifikation* des Erlebenden mit seinem Gegenstand voraus. Auf diese Annahme möchte ich nun etwas näher eingehen. Sicher kommen solche Identifikationen nicht selten vor. Doch sprechen genug Beobachtungen dagegen, daß die Identifikation eine notwenige Voraussetzung ästhetischen Auffassens sei. Wo etwa in einem Stück mehrere Personen zusammenspielen, kann man nicht fortgesetzt von dem einen in den anderen kriechen. Vielmehr ergibt sich je nach der Vergleichbarkeit mit dem Betrachter ganz von selbst eine aus dem Kreise der übrigen herausgehobene „Identifikationsperson". Meist – aber nicht immer und nicht bei jedem Betrachter – ist es diejenige Person, die der Dichter ohnehin als den Haupthelden gedacht hat. Diesen einen sieht man sozusagen von innen. Man lebt in ihm, man denkt seine Gedanken mit. Aus ihm schaut man heraus auf die anderen, die man genau wie der Hauptheld nur von außen sieht. Aber, und das ist jetzt wichtig, man wird dabei durchaus nicht unfähig, die Handlungen der anderen, der Mitspieler ästhetisch zu erfassen und zu werten. Man kann auch von künstlerisch dargestellten menschlichen Seins- und Erlebensweisen mitgerissen und erschüttert werden, mit denen man sich nicht wirklich identifizieren kann. Bei mir selbst zum Beispiel gelingt die Identifikation ausgezeichnet, oder richtiger gesagt, sie findet ganz ungewollt statt, etwa mit dem

Haupthelden von Bert BRECHTS „Galilei", was nicht bedeuten soll, daß ich mich mit ihm vergleichen möchte. Sie findet statt, besonders weil das Forscher- und Gelehrter-Sein übereinstimmt, und weil man nochmals in alle typischen Situationen mit den weltlichen und geistlichen Mächten, den Vorgesetzten, den erhofften Geldgebern und so weiter geführt wird. Man fühlt sich als Münsterscher Professor direkt in Düsseldorf, wenn man die Szenen in Florenz miterlebt. Aber wichtiger ist in unserem theoretischen Zusammenhang die Möglichkeit künstlerischen Miterlebens *ohne* eigentliche Identifikation, wie etwa beim Galileo GALILEI das Erfassen der Person des Inquisitors, der Schüler mit ihren verschiedenen Temperamenten oder der frömmelnden Tochter. Um ein vielleicht noch schlagenderes Beispiel zu nennen: Mit wem soll man sich in Max FRISCHS „Der Biedermann und die Brandstifter" identifizieren? Ich selber kann es weder mit dem einen noch mit dem anderen der beiden Gegenspieler. Ich habe es auch gar nicht erst versucht. Trotzdem ist da doch das Erregende, das Unaufhaltsame der Entwicklung des heraufziehenden Unheils aus dieser merkwürdigen, sogenannten Menschenfreundlichkeit, die weiter nichts als schlotternde und völlig egoistische Angst ist, die sich hier selber das Grab gräbt. Auch wenn diese Haltung dem Zuschauer völlig fremd ist, ebenso fremd wie die raffinierte Unverschämtheit des Bettlers, so geht dadurch doch das Überzeugende im Verhalten aller Beteiligten und in ihrem Zueinander nicht verloren. Um noch einiges andere zu nennen: Denken Sie an das Verständnis von BRECHTS „Mutter Courage" oder der Frauen in Jeremias GOTTHELFS Romanen, einer Heiligen Anna von LEONARDO, einer Madonna von MANTEGNA oder eines kleinen Mädchens von RENOIR. Kann man sich, wenn man ein 65jähriger Großvater ist, mit diesen Frauengestalten identifizieren? Ich glaube kaum. Doch kann man nicht leugnen, daß man von diesen Verkörperungen reinsten und zartesten Frauentums ergriffen wird und sie irgendwie miterlebt. Wie ist das möglich? Um das verständlich zu machen, muß ich etwas zurückgreifen.

Infolge einer tief eingewurzelten theoretischen Voreingenommenheit haben wir lange Zeit nicht den Mut gehabt, zuzugeben, daß von uns nicht nur die im gegenwärtigen Augenblick herrschenden eigenen Gefühle unmittelbar erlebt werden können. Neben diesem erfülltesten Modus des Fühlens, der in den Theorien gewöhnlich allein berücksichtigt wird, und vielfach sogar als der einzig mögliche gilt, gibt es noch mehrere andere Modi und unter diesen das unmittelbar wahrgenommene Gefühl des anderen Menschen. Das Bewußtsein fremden Gefühls besteht nicht etwa nur in einem Wissen auf Grund von Analogieschlüssen oder besonderen Akten der Hineinversetzung, sondern ist für uns in dem sichtbaren oder hörbaren Ausdrucksverhalten des anderen Wesens und ebenso in seiner gelungenen künstlerischen Darstellung – ganz gleich ob sie sich sprachlicher oder bildnerischer Mittel bedient – unmittelbar verkörpert. Genauer: Sie kann es wenigstens sein; unter welchen Bedingungen, möchte ich sogleich besprechen. Dieses unmittelbare, unreflektierte Innewerden fremder Innerlichkeit kann dann allerdings nachträglich durch das, was man Sich-Hineinversetzen, Sich-Einfühlen, Nachfühlen, Miterleben, Nacherleben und dergleichen nennt, noch verstärkt, stärker erfüllt und spezifiziert werden, freilich – wie schon früher gesagt – bei überlegen und gefährlichen Gegenständen nur bei ihrer ästhetischen Ausgrenzung aus der Wirklichkeit. Man kann aber, was sich an dem Verhältnis zum wirklichen, im Leben angetroffenen Gegenstand besser verdeutlichen läßt als am Kunstwerk, ein solches Sich-Hineinversetzen auch ablehnen, von sich fernhalten, zum Beispiel, wenn man in einer bestimmten Realsituation befürchtet, dadurch weich zu werden. Schon hieraus folgt, daß das wahrgenommene Gefühl des anderen nicht ein aus dem Betrachter hinaus- und in jenen hineinverlegtes, eigenes Gefühl des Betrachters sein kann, wie es in der zwar verbreiteten, aber trotz aller ihr gewidmeten Gedankenarbeit völlig ungeklärten Annahmen einer sogenannten Projektion behauptet wird.

Auch zur Projektionsannahme seien hier einige kritische Bemerkungen erlaubt. Natürlich kommt es vor, daß man, wie es heißt, von sich auf andere schließt. Das betrifft aber im allgemeinen gerade *nicht* den *Gemütszustand* des anderen, der ja meist zwingend in seinen Gebärden verkörpert ist, es betrifft vielmehr seine vom Betrachter vermuteten *Beweggründe*, die sich im Ausdrucksverhalten nicht ebenfalls abspiegeln. Und ebenso kommt es vor, daß man ‚sich einfühlt'. Aber es gibt Realsituationen, in denen das völlig ausgeschlossen ist, weil hier gewissen wahrgenommenen fremden Gefühlen *völlig entgegengesetzte eigene* Gefühle unlösbar zugeordnet sind. Wenn ein wildgewordener Stier hinter uns her ist, so ist die Zerstörungswut, sein Drang, den vermeintlichen Feind oder Störenfried zu vernichten, ihn umzurennen, aufzuspießen und zu zertrampeln, ganz sicher nicht unsere aus uns in ihn hinausverlegte Wut. Denn in uns ist nur Todesangst und das dringende Verlangen, uns in Sicherheit zu bringen. Und was für diese gegensätzlichen Gefühle gilt, *gilt ebenso für die gleichartigen*. Die Liebe der Geliebten, die ich in ihren Worten, Blicken und Zärtlichkeiten spüre, ist nicht meine in sie hinausverlegte, sondern ihre ganz eigene Liebe, die der meinigen selbständig gegenübersteht und eigenartige Wechselbeziehungen mit ihr eingeht. Das Sich-Hineinversetzen und Nacherleben setzt seiner Natur nach voraus, daß das fremde Gefühl *als solches*, und nicht nur das ihm zugeordnete leere Bewegungsschema wahrgenommen ist. Erst dann kann es im Betrachter zu eigenen Gefühlen und Strebungszuständen Anlaß geben, etwa zum Mitleid beim gütigen Menschen, zu gar nichts beim gleichgültigen, zur Schadenfreude beim hartherzigen und zur perversen Lust, den fremden Schmerz noch zu steigern, beim Quälgeist, zur begierdefreien Freude, zur Ergriffenheit und endlich zur selbstvergessenen Versenkung in den Gegenstand beim künstlerischen Erleben.

Daß die Vermittlung fremder *Gefühle* in echter und großer Kunst aller Arten vorkommt, steht außer Zweifel. Trotzdem ist eine Gefühlsübertragungstheorie des künstlerischen Erlebens bei weitem zu eng. Es bleiben wesentliche künstlerische Erscheinungen in ihr unberücksichtigt. Schon beim Bildnis und bei der Menschenschilderung eines Romans kann man fragen, werden hier überhaupt in erster Linie Gefühle vermittelt? Oder ist das, was da vermittelt werden soll, nicht eine unwiederholbare und faszinierende Art *des Seins?* Noch eindeutiger muß die Antwort ausfallen, etwa bei der Lithographie eines Frosches, Katers oder Stieres von PICASSO oder eines Pferdes, einer Kiefer, eines Bambuszweiges, einer Meereswoge auf einem chinesischen oder japanischen Bild. Denken wir endlich an die Lyrik und Hymnik, an die Musik, an die abstrakte Struktur einer Metallplastik, sagen wir beispielsweise von Bruno MUNARI, oder eines Farb- und Formspiels von KLEE, so ist hier nicht mehr die Rede von menschlichen Erlebnissen, ja überhaupt nicht mehr von Erlebnissen, die man im strengen Sinne des Wortes nacherleben kann. Hier wird das Sein in seiner Tiefe aufgeschlossen und durchleuchtet in einer Weise, die zwar Gefühle erweckt, aber nicht im Sinne TOLSTOIS Gefühle des einen Menschen dem anderen übermittelt. Oder es wird zu der unabsehbaren Mannigfaltigkeit des Schönen, wie es unter anderem in Wolken und Kristallen, in Schmetterlingen und Blüten die Welt erfüllt, und das sich durch Mutationen noch heute immer weiter vermehrt, ungeahntes Neues gefügt, das, wie etwa eine Sammlung neuer Fugen, gewissermaßen auf dem Boden des menschlichen Geistes wächst und nur auf ihm wachsen kann. Wie ist das nun wieder möglich?

Ich möchte Ihnen hier einen allgemeinen Ansatz vortragen, der sich aus gestalttheoretischen Gedankengängen ohne weiteres ergibt. Es ist eine Grundannahme der Gestalttheorie, daß das menschliche Gefühl nur ein Spezialfall einer viel allgemeineren Kategorie von Qualitäten ist, die wir seit Christian von EHRENFELS – wie schon bemerkt – als Gestaltqualitäten bezeichnen. Es handelt sich um Qualitäten, die zwar gefühlsartige Ganzqualitäten, aber nicht notwendig solche von Personen oder Subjekten sind, sondern an Gegenständen ebenfalls auftreten können, und die an die jeweilige Struktur der fraglichen Gebilde in der unlösbaren Weise gebunden sind, die ich oben durch die Rede von dem Gefäß, das man nicht ausschütten kann, zu verbildlichen suchte. EHRENFELS-Qualitäten und Strukturen sind beides Ganzeigenschaften. Die ersteren können aber nie unmittelbar, sondern nur durch die zweiten realisiert werden. Das Verhältnis zwischen Qualitäten und Strukturen ist nicht umkehrbar. Es gibt nicht so viele Qualitäten wie es Strukturen gibt, sondern zu jeder Gestaltqualität gibt es eine ganze Familie von Strukturen, in denen sie mehr oder weniger rein und ausgeprägt erscheint. Das bedeutet: Um eine Struktur, aus der sie in völliger Reinheit und Transparenz hervorstrahlt, und die wir daher die prägnante nennen, scharen sich strukturelle Varianten von abnehmender Prägnanz, in denen die fragliche Gestaltqualität immer weniger rein, immer stärker gestört, schließlich nur noch angedeutet und endlich überhaupt nicht mehr erscheint. Hier liegt nun die künstlerische Rechtfertigung und der Reiz *gegenständlicher* Malerei. Sie liegt unter anderem darin, daß in den in der Natur antreffbaren Gegenständen und Wesen vielfach der höchstmögliche Prägnanzgrad gar nicht erreicht, daß das eigentliche Wesen des Gegenstandes nur mehr oder weniger verhüllt, verzerrt, gestört anzutreffen ist, und daß der Künstler durch Versenkung in den Gegenstand noch höhere Prägnanzgrade erreichen kann. So kann er dann das Pferdhafte, Stierhafte, Froschhafte – wie bei PICASSO – das Fichtenhafte, Bambushafte – wie in den fernöstlichen Bildern – in einer Reinheit, Transparenz und Eindringlichkeit vor uns hinzaubern, die wir noch an keinem wirklichen Gegenstand angetroffen haben.

Und nun kommt etwas Entscheidendes: Der normale Mensch, auch wenn er kunstverständig und kunstbegeistert ist, hat zwar vielfach eine hohe Empfindlichkeit für Unterschiede von Gestaltqualitäten und von Prägnanzgraden. Er ist aber gar nicht sehr empfindlich für die zugehörigen Unterschiede der Struktur. Das äußert sich beispielsweise darin, daß wir alle unsere Bekannten an ihrem Gesicht sehr genau unterscheiden können, daß aber entsetzliche Dinge herauskommen, wenn wir versuchen, das, was wir so gut unterscheiden können, nun mit dem Stift in der Hand selbst darzustellen. Der Künstler zeichnet sich vor den bloßen Kunst*freunden* dadurch aus, daß seine Empfindlichkeit für Strukturen ebenso groß ist wie die für Gestaltqualitäten. Dies ist die unerläßliche Voraussetzung dafür, daß er mit strukturellen Mitteln Gestaltqualitäten scharf und prägnant verwirklichen kann. Der Künstler unterscheidet sich noch in einer weiteren Hinsicht vom bloß kunstbegeisterten, kunstverständigen Laien. Die Gestaltqualitäten, die an den unbelebten Gegenständen, an Pflanzen und Dingen für ihn in der Kindheit ebenso eindrücklich waren wie diejenigen, die aus den Gebärden und unverwechselbaren Zügen seiner Mitmenschen hervorleuchteten, sind für den normalen Menschen im Laufe des Lebens verblaßt. Sie verblassen, da sie an toten Gegenständen nicht von praktischer, nicht von lebensdienlicher Bedeutung sind. Dem Künstler sind sie vielfach so lebendig geblieben, wie sie in seiner Kindheit waren; und er ist infolgedessen in der Lage, durch ihre „strukturelle Unterstreichung" im Bild sie auch dem Laien wieder vor Augen zu zaubern.

An dieser Stelle ist auch die – unter Umständen höchst positive – künstlerische Bedeutung der Anfangszustände der Schizophrenie zu erwähnen. Wie MATUSSEK gezeigt hat, kündigt sich diese vielfach dadurch an, daß die bisher gleichgültigen und toten Dinge plötzlich ein Gesicht bekommen, daß sie bedeutsam und transparent erscheinen, daß die seit der Kindheit verlorenen Gestaltqualitäten in einer geradezu beängstigenden Eindringlichkeit an ihnen wieder hervortreten. Wenn gleichzeitig die Befähigung vorhanden ist, das, was den Künstler so überwältigt, durch weitere Steigerung der strukturellen Korrelate auch dem gesunden Laien zwingend wahrnehmbar zu machen, dann entstehen, wie JASPERS vermutet, die faszinierenden künstlerischen Phänomene, für die in der Malerei van GOGH, in der Dichtung HÖLDERLIN die klassischen Beispiele sind.

Gestaltqualitäten bilden gerade auch in der abstrakten Kunst und in der absoluten Musik die Substanz der sogenannten künstlerischen Idee. Und die erste Phase der Arbeit an der Verwirklichung der Idee besteht in der Regel unter anderem darin, daß zu dieser zunächst rein qualitativen Idee die Struktur gesucht wird, die das möglichst prägnante Korrelat, das Gefäß oder der Träger eben dieser Qualität und daher geeignet ist, dem Leser, Zuschauer, Zuhörer oder Betrachter zu vermitteln, was dem Künstler vorschwebt.

Gestalten sind transponierbar. Das heißt, daß Gestaltqualitäten weitgehend unabhängig sind von dem Material, aus dem die sie tragenden Strukturen gebildet sind. Daher die merkwürdige Verwandtschaft der künstlerischen Äußerungen bestimmter geschichtlicher Epochen, daher die Möglichkeit, in Sprache, Bild und Musik nahe verwandte, ja, praktisch bedeutungsgleiche Werke zu schaffen, auch für Sachverhalte der verschiedensten Sinnesgebiete, ja auch für solche der inneren und äußeren Welt, für greifbar Sinnliches und rein Geistiges dieselben sprachlichen Bezeichnungen zu benutzen, wie wir es alle Tage ohne Bewußtsein des Metaphorischen ganz selbstverständlich tun, und übrigens nicht nur wir, sondern – wie Solomon ASCH feststellt – jedes bisher darauf untersuchte Volk auch der fremdesten Sprachfamilien. Daher endlich die Möglichkeit, wenigstens den *Rahmen* einer Theorie des künstlerischen Schaffens und Erlebens für sämtliche Künste gemeinsam zu entwerfen.

Sehen wir nun zu, in welcher Weise der eben vorgebrachte Ansatz auch auf die menschlichen Gefühle anwendbar ist. Wenn die menschlichen Gefühle Sonderfälle von Gestaltqualitäten sind, und wenn jede Gestaltqualität ihr strukturelles Korrelat hat, so müssen auch die Gefühle strukturelle Korrelate haben, worauf übrigens schon KLAGES mit seinem Begriff der ‚Antriebsgestalt' der Gefühle hingewiesen hat, für die er einige eindrucksvolle Beispiele bringt. Diese Korrelate können aber auf keinen Fall die überdauernden Körperformen sein, denn diese bleiben ja beim Wechsel der Gefühle unverändert. Sie sind das Korrelat des seelisch Überdauernden der unverwechselbaren Individualqualität des einzelnen Menschen. Das gesuchte strukturelle Korrelat der wechselnden Gefühle sind, wie mir scheint, die ganz ebenso wechselnden Spannungsgefüge, die dynamischen Strukturen, die sich über das Subjekt hinaus auf die mit ihm in Wechselbeziehung stehenden Gegenstände und Wesen erstrecken und in den wechselnden Gebärden äußerlich sichtbar sind. Der eben schon erwähnte Ludwig KLAGES hat sie als wesentlichen, weil für das Ausdrucksgeschehen entscheidenden Bestandteil der Gefühle neben deren altbekannte ‚Färbung' gestellt. Die besondere Bedeutung der dynamischen Strukturen ist über das alltägliche Gefühlsverständnis hinaus auch für das künstlerische Erleben allgemein grundlegend. ARNHEIM behauptet geradezu, die eigentlichen Vermittler ästhetischer Freuden seien allgemein, nicht nur bei der Erfassung des menschlichen Ausdrucks, die gerichteten Spannungen oder dynamischen Strukturen, die von eben denselben Reizmannigfaltigkeiten vermittelt werden wie die rein statischen Verteilungen, also in einer Zeichnung die Verteilung und der Verlauf der verschiedenen Striche. Die vollständigere Art des Wahrnehmens, bei der das Hauptgewicht auf den in dem wahrgenommenen Gebilde enthaltenen, gerichteten Spannungen liegt, sei die Voraussetzung alles ästhetischen Erlebens. Faßt man ein Kunstwerk rein statisch auf, also ein Gemälde als geordnetes Nebeneinander bestimmt gewählter Farben oder auch als Nebeneinander bestimmter Gegenstände, ein Musikstück als Mit- und Nacheinander bestimmter Tonhöhen von bestimmter Dauer oder auch als Mit- und Nacheinander bestimmter Intervalle, eine Dichtung als eine Folge von Aussagen und Szenen, so ist die Auffassung noch nicht ästhetisch. So aufgefaßt, ist der Gegenstand tot. Die Dynamik ist die wichtigste strukturelle Eigenschaft alles Lebenden, und erst wenn es Dynamik erhält, beginnt beispielsweise ein Musikstück zu leben. Hamlets Monolog, sagt ARNHEIM, würde, wenn man ihn rein inhaltlich als Folge von Einfällen, von Gedanken auffaßte, allenfalls von historischem oder psychologischem Interesse sein. Um ästhetisch zu wirken, muß er als Zickzack-Kurs widersprechender Tendenz verstanden werden, von denen der Held hin- und hergerissen wird.

Besonders aufschlußreich erscheint mir, wie ARNHEIM seinen Gedanken am Beispiel des Tänzers oder Schauspielers durchführt. Dieser kann erstens die passenden Gesten, deren Bedeutung er kennt, auf der Bühne völlig kalt, äußerlich gewissermaßen statisch zur Schau stellen. Er kann aber zweitens auch seinem eigenen Körper so gegenüberstehen wie der Maler seiner Leinwand. Er kann also seinen Körper ebenso zum Träger von ausdruckshaltigen Bewegungskonfigurationen machen wie jener seine Komposition auf der Leinwand. Er kann die dynamische Gestaltung, etwa der Rücksichtslosigkeit des Tyrannen, der ängstlichen Verzagtheit des Flüchtlings, der Hingabe des Liebenden unmittelbar in diesen willkürlich gesteuerten Konfigurationen der Bewegungen seiner eigenen Glieder abbilden. Er kann drittens aber auch ganz vergessen, daß er zum Beispiel nicht Romeo ist, und als Romeo handeln, wobei er dann seinem eigenen Leib nicht mehr als einem Werkzeug gegenübersteht, sondern sich mit ihm identifiziert. Dies ist aber keineswegs eine notwendige Vorbedingung eines guten Spiels.

Ebenso verschieden kann das Erleben des Zuschauers sein. Er kann Romeos inneres Schicksal miterleben, mit ihm fürchten, hoffen und verzweifeln, ohne zu vergessen, daß er es nicht selber ist. Aber beides andere, die stückhafte Kenntnisnahme der aufeinander folgenden Gesten und Äußerungen auf der einen Seite und das völlig selbstvergessene Sich-Hineinversetzen auf der anderen, ist auch bei ihm möglich. Die Freude an der ausdruckshaltigen dynamischen Qualität, etwa an dem Schwung einer auf ihre Beute herabstoßenden Möwe oder an dem Schwung der Verteidigungsrede eines gewandten Anwalts vor Gericht, ist aber nur *eine* Komponente des ästhetischen Genusses, wenn auch eine grundlegende. Andere Faktoren spielen eine nicht weniger bedeutsame Rolle, auf die ich aber hier nur kurz eingehen kann.

Als *zweites* kommt hinzu die Freude an der Stimmigkeit der Komposition, des Aufbaus, an der Notwendigkeit und Geschlossenheit der Folge im Ganzen und im einzelnen, sofern es sich, wie bei einem Schauspiel, einem Roman oder einem Musikstück, um einen zeitlichen Ablauf handelt. Wir können diese Eigenschaften in allen Künsten unmittelbar erleben, sehen oder hören, genau wie die Farben oder Töne. Wir spüren unmittelbar das Gleichgewicht, die Einheit, den Rhythmus, die Proportionen, aber ebenso auch ihren Mangel. Als Beispiel einer ausgesprochenen Überfrachtung sei aus dem schon erwähnten Stück von Bert BRECHT die Schlußrede GALILEIS genannt. Hier ist in Bert BRECHT der Lehrer dem Künstler davongelaufen.

In der gelungenen Komposition ist die Kräftekonfiguration im Gleichgewicht. Aber wenn das Werk unproportioniert, unvollständig oder an irgendeiner Stelle überfrachtet ist, zerrt und drückt es hier und dort im Gefüge und zeigt dadurch an, nicht nur, daß irgendetwas in Unordnung ist, sondern vielfach auch, wo Berichtigungen einsetzen, ja sogar auch in welcher Richtung sie erfolgen müßten. Dazu bedarf es keiner expliziten Kenntnis von Regeln, sondern nur ein dem Sprachgefühl ähnliches Gefühl, das man Gleichgewichtsgefühl nennen könnte, ein Gefühl, das sich – wie ARNHEIM sagt – grundsätzlich nicht von demjenigen unterscheidet, durch welches der Seiltänzer sich auf seinem Seil aufrecht hält oder ein Hund einen Stock auf der Schnauze balanciert. Und was im Großen gilt, gilt auch im Kleinen. Ich nehme als Beispiel dafür in der Musik das Gefühl für die Logik einer Modulation, den Übergang in eine andere Tonart, das bei jedem halbwegs musikalischen Menschen sich ohne alle Kenntnis der Musiktheorie von selber ausbildet. Wer es aber besitzt, für den gehören falsche Übergänge, wie sie manche Organisten lieben, zu den schrecklichsten der Schrecken. In der Lyrik entspricht dem die gegenseitige Stimmigkeit der Wörter, das heißt das Gefühl, daß zwischen ihnen Gleichgewicht besteht, daß sie gleichmäßig erfüllt sind, und daß jedes gerade an seiner Stelle so gefordert ist und genau hineinpaßt, daß Sprachklang und Bedeutungsgehalt aufeinander bezogen sind, daß jedes Wort um seines unersetzlichen Anschauungs- oder Sachgehalts willen an seiner Stelle steht, daß die Wirkungen des Augenblicks den Bedingungen des Ganzen untergeordnet sind, daß Bilder und Vergleiche zur Explikation eines Sinnes notwendig erscheinen, der bildlich eher faßbar ist als begrifflich, daß sie also der Erschließung von Sinnzusammenhängen dienen und nicht nur als Verzierung angehängt sind.

Ein *dritter* Bestandteil des ästhetischen Genusses ist bei allen umfangreicheren und verwickelter aufgebauten Werken, besonders bei musikalischen und literarischen, die Freude an der Betätigung der höchsten geistigen Funktionen. Überlegen, erwägen, wählen, vergleichen, verstehen, einsehen, die Freude am Entdecken tieferer Bedeutungen, an dem Herausfinden derjenigen Strukturen, Gliederungen, Phrasierungen, Schwerpunktslagen, Betonungen, Umstrukturierungen, Bereichsverschiebungen, Materialvertauschungen und Funktionswandlungen, die unter Umständen nötig sind, um zum Beispiel die kühnen und ungewohnten Metaphern aufzuschließen und durchsichtig zu machen, die die Dichter unserer Tage lieben.

Zu den aufgezählten drei ästhetischen Freuden kommt als *vierte* die Freude an der künstlerischen Wahrheit. Man spürt, ob der Gegenstand getroffen ist, malerisch oder auch sprachlich, ob er überzeugt, ob das Kunstwerk in Hinblick auf den Gegenstand gewissermaßen als Offenbarung oder Erleuchtung empfunden wird, weil es ihn eben nicht zum Schema verarmt, nicht stilisiert, idealisiert, aufputzt, verzerrt und mit Schmuck belädt, sondern gewissermaßen noch besser trifft oder getroffen hat als die Natur oder diejenigen Exemplare, die uns bisher in der Natur begegnet sind. Und das gilt übrigens nicht nur für Gegenständliches. Wenn man ein etwa bisher noch nicht bekanntes Menuett von HAYDN findet, sagt man wohl, „solch ein Menuett, das so den Geist des Menuetts in sich hat, wie dieses, habe ich noch nie gehört". Und auch wenn man ein neues atonales Werk oder ein Werk der gegenstandslosen Bildnerei kennenlernt, hat man vielfach das Gefühl, hier ist dem Künstler wirklich etwas Neues aufgegangen, während man in anderen Fällen nur das Gefühl hat, hier hat jemand etwas um jeden Preis andersartiges machen wollen. Nur eine einzige Freude muß der wahre

Künstler dem Genießer vorenthalten, da sonst sein Werk sofort aufhört, Kunstwerk zu sein, und zur Droge wird: Den sinnlichen Genuß der einzelnen Qualitäten, das Sich-Betrinken oder Plätschern in Gefühlen, die nicht mittelbar als Resonanz auf die Sachstrukturen und deren physiognomische Qualitäten und als Resonanz auf die Gehalte der dichterischen Gestaltung, sondern unmittelbar durch die Einwirkung des unorganisiert gehäuften Materials erzeugt wird, das eigentlich der Formung des Gegenstandes dienen sollte. Dazu gehört etwa die sachlich nicht geforderte Gehobenheit, das gesucht Lyrische, Edle, Preziöse, Frömmelnde, Schwüle, Süßliche, Erhabene, Pathetische, das als solches gesucht und genossen werden kann, wofür ja in den letzten Jahren Beispiele genug aus der Literatur und auch der Kunst zusammengestellt worden sind. Dieses, daß man das Kunstwerk oder auch schon ein miterlebtes tatsächliches Ereignis und die von ihm hervorgerufenen Gefühle gewissermaßen als warmes Bad benutzt, hat schon Philipp LERSCH als die Grundeigenschaft der Sentimentalität gekennzeichnet. Und KILLY hat es als die Technik des literarischen Kitsches geschildert, wobei es für mich als Leser eine schöne Pointe gewesen ist, daß die klassische Kennzeichnung dieser Verwendung von Sprache oder von akustischem Material aus dem Munde einer Klassikerin des sentimentalen Kitsches stammt. Es handelt sich um Agnes GÜNTHER, die Verfasserin eines von sentimentalen Damen ehemals sehr geschätzten Romanes, „Die Heilige und ihr Narr". Sie schildert, wie jemand am Klavier sitzt und spielt, und wie jemand anders zuhört, ganz hingegeben, „seine Seele bespült von der Flut der Töne". Hier sagt sie es selbst.

Nun, es ist – wie auch mir scheint – eine legitime Absicht des Künstlers, seine Hörer, Betrachter, Leser, Zuschauer zu ergreifen. Aber auf dem Wege dazu muß er dieselben Regeln beachten, die auch derjenige beachten muß, der das Glück sucht. Er darf nicht direkt danach jagen, sonst läuft es ihm davon. Er muß es machen, wie es so schön von Lewis CARROLL im zweiten Teil der „Alice in Wonderland", „Through the Looking Glass" geschildert wird. Darin wird ein Land beschrieben, in das man nur gelangen kann, indem man durch den Spiegel steigt. In ihm gilt die Regel, daß, wenn man irgend ein Ziel erreichen will, man sich um 180 Grad umdrehen und davonlaufen muß. Das scheint mir eines der tiefsinnigsten Bilder dieses merkwürdigen Märchens zu sein; für den alltäglichen Menschen und für den Künstler ganz besonders. Der Dichter oder der Künstler muß seinen Gegenstand bearbeiten und nicht sein Publikum. Denn bei echter ästhetischer Ergriffenheit ist man von der wahren Erscheinung, besser von der Wahrheit der Erscheinung, von der transparenten Verkörperung von etwas im Grunde Unsagbaren ergriffen. Diese kann aber vom „Genießenden" nur durch geistige Anstrengung erschlossen werden, die natürlich je nach der Differenziertheit und dem Umfang des Kunstwerkes zwischen fast unmerklich und sehr erheblich variieren kann. Versucht der Künstler, sein Publikum unmittelbar zu bearbeiten, so erregt er nur Gelächter, sofern er sich nicht ausdrücklich an ein Publikum wendet, das gar nicht weiß, was ein ästhetischer Genuß ist, und für das jede Art von Kunst nur eine andere Art von Delikatesse, Massage oder warmem Bad ist. Der entscheidende Gesichtspunkt ist aber die Vollkommenheit, die wesensmäßig zum Kunstwerk gehört. Und die Vollkommenheit geht, wenn sich der Gesichtspunkt der maximalen Reizwirkung in den Vordergrund schiebt, wenn also das Kunstwerk zur Droge degradiert wird, unweigerlich verloren.

Damit bin ich am Ende meiner sehr theoretischen Erörterungen. Sie haben vielleicht schon praktische Anweisungen erwartet, Anweisungen möglicherweise, die auf Grund von Versuchen gegeben werden können. Von solchen Versuchen habe ich nicht erzählt;

sie sind aber möglich. Es werden allerdings, so wie ich den Gegenstand hier dargestellt habe, gewissermaßen pädagogische Experimente sein. Das pädagogische Experiment ist aber etwas, von dem wir in Deutschland noch weit entfernt sind. Ich bin gespannt, wann wir den – wie soll ich sagen – den „Dreh" finden, auch auf diesem Gebiet empirisch zu werden. Gewisse Vorstellungen darüber, wie es geschehen kann, habe ich. Vielleicht können wir uns darüber in der Diskussion etwas ausführlicher unterhalten.

32. Der Einfluß ästhetischer Vorbilder* (1965)

Die Überlegungen und Beobachtungen dieser Arbeit haben weniger ihren Ursprung in Diskussionen im psychologischen Laboratorium sondern entstanden mehr aus dem tatsächlichen erzieherischen Umgang mit Kindern. Das hier behandelte Problem ist die Entwicklung des künstlerischen Geschmacks in der frühen und späten Kindheit. Die besondere Frage lautet: Macht es tatsächlich einen Unterschied, welche Art von Musik, Kunst und Literatur Kindern geboten wird? Zwei widerstreitende Gruppen treten bei fast jeder Behandlung dieser Frage gegeneinander an, beide sind gut bekannt, beide untermauern ihren Standpunkt mit eindrucksvollen Belegen.

Die eine Gruppe ist der Ansicht, es sei bei der Auswahl von illustrierten Büchern, Texten und dem Wandschmuck unnötig, besonders feinfühlig zu sein. Es stimme, daß den Kindern das gegeben werden soll, was sie sich wünschen und das, was sie nicht mögen, sollte ihnen nicht aufgezwungen werden. Selbst wenn Kinder, wie uns die Erfahrung lehrt, Texte oder Illustrationen bevorzugen oder gar lieben, die in den Augen der Erwachsenen völlig wertlos sind, könne man annehmen, daß sich ihr Geschmack mit der Zeit von selbst berichtigt. Die Befürworter dieser Ansicht können auf eine ansehnliche Anzahl solcher Erfahrungen verweisen; und in der Tat erinnert sich fast jeder von uns wahrscheinlich an zuckersüße Engel und gefühlvolle Grußkarten, die wir in der Kindheit bewundert oder an Lieblingsbilder, über die wir jetzt nur noch lächeln oder den Kopf schütteln können.

Erfahrungen anderer Art liegen jedoch auch vor. Wir experimentierten in Münster mit 20- bis 25-jährigen Psychologiestudenten; ihre Aufgabe war, eine Anzahl von Portraitwiedergaben nach ihrer Vortrefflichkeit zu ordnen. Die Studenten waren aufgefordert, vollkommen unbefangen zu sein und schlicht ihrem Gefühl folgend zu urteilen. Gelegentlich kam es vor, daß ein Student ein zweifelsfrei wertloses Devotionalienbild herausgriff und es einem HOLBEIN, einem CEZANNE oder einem VAN GOGH vorzog, entgegen der Tatsache, daß aus der übrigen von ihm gewählten Anordnung eine gewisse Feinfühligkeit für Kunst sichtbar wurde. Im folgenden Gespräch erzählte uns dann zum Beispiel dieser Student, daß dieses besondere Bild über seinem Bett hing, als er Kind war und daß er es so lieb gewonnen habe, daß er es selbst jetzt noch anderen vorziehe.

Hans Friedrich GEIST, ein deutscher Kunstlehrer, sagte einmal: „In Bezug auf Gemälde sind Kinder wie hungrige Fische. Sie schnappen nach allem, was auf sie zuschwimmt und verschlingen es mit ihren Augen. Was sie nicht mögen, verschlingen sie und spucken es gleichzeitig wieder aus – verdauliches und unverdauliches Material, Echtes und Falsches, das Wertvolle und das Synthetische." Dies ist statistisch ungeprüft, aber wahrscheinlich für Kinder wahr, deren künstlerische Normen noch nicht sehr ausgeprägt sind. Wo es möglich war, feste Normen und Erwartungen zu erzeugen und aufrecht zu halten, scheint es nicht der Fall zu sein, aber, wie gesagt, gibt es keine statistische Prüfung dieser Frage. Alles, was wir tun können, ist, auf die folgende

---
* Aus dem Englischen übersetzt von Heinrich CRABUS

einzelne Erfahrung hinzuweisen, die nicht einmal etwas mit Malerei, sondern mit Musik zu tun hat.

Die Eltern einer Gruppe von vier Kindern im Alter zwischen fünf und fünfzehn Jahren sangen mit ihnen über ein Jahr lang nur Hymnen des 17. und 18. Jahrhunderts, die die Kinder sehr liebten. Eines Tages wurden diese Kinder gebeten, die ziemlich harmlosen deutschen Kinderlieder des 19. Jahrhunderts zu singen. Diese Lieder waren im deutschen Haushalt der Mittelschicht und im Kindergarten die gängige Kost, und die gleichen Kinder erinnerten sich, sie früher gern gesungen zu haben. Jetzt aber wollte keines dieser Kinder, das jüngste eingeschlossen, die Lieder singen: „Dummes Zeug!", war ihr Kommentar. Hier zeigt sich: Die Normen sind bemerkenswert gewandelt und angehoben worden, schlicht durch Darbieten ohne ausdrückliche Belehrung.

Wie entstehen nun Normen? Dies war der Gegenstand vieler psychologischer Untersuchungen, die gewöhnlich nicht in diesem Zusammenhang zitiert werden, da sie auch dem Augenschein nach nur wenig mit Fragen der Ästhetik und des Geschmacks zu tun haben. Die Ergebnisse dieser Untersuchungen aber klären einen wichtigen Teil des Problems, obschon sie jedoch gewisse – vielleicht wesentliche – soziopsychologische Gesichtspunkte außeracht lassen. Ich beziehe mich auf die „zentrale Tendenz des (absoluten) Urteils", die wahrscheinlich zuerst von HOLLINGWORTH 1910 festgestellt wurde. Seine Forschungen stützten sich auf die Arbeit von MÜLLER und SCHUMANN (1889) über die erlebte „Absolutheit" der Eigenschaften. Wir versuchen dies kurz zu erklären.

Wenn man die Längen von Linienpaaren vergleicht, um die Unterschiedsschwellen zu bestimmen und wenn man eine Reihe von Linien als Vergleichsgröße nimmt, die von der Länge A zu der Länge C abgestuft sind, so wird der Beobachter nach einer Weile mit gewissem Erstaunen bemerken, daß eine einzelne Linie auch ohne Vergleichspartner den Eindruck „groß" oder „klein", „lang" oder „kurz" zu sein, allein durch sich selbst macht. Alle Linien zum Beispiel, die länger als die mittlere Länge B sind, scheinen groß oder sehr groß, alle Linien kürzer als B scheinen klein oder sehr klein zu sein. Wie aber HOLLINGWORTH entdeckte, ist das Erlebnis des Großen oder der Kleinheit nur anschaulich absolut. Vergrößert man die Darbietungsserie durch Hinzufügen entweder größerer oder kleinerer Linien, so verschiebt sich die Grenze zwischen anschaulich kleinen und anschaulich großen Linien ein wenig. Im ersten Fall scheinen vorher als groß erlebte Linien nun klein zu sein und im zweiten Fall werden Linien, die vorher klein schienen, nun als groß erlebt. Wenn Serien, die zu Beginn des Versuchs zwischen A und C variierten, nun Strecken von B bis D umfassen, dann werden die Linien, deren Länge zwischen B und C liegen – ursprünglich die größeren – jetzt langsam aber sicher kleiner. Größe B, die anfangs weder groß noch klein – die normale Größe war, wird jetzt die kleinste, und Größe C, die anfangs die größte war, hat jetzt die normale Größe.

Was hier mit der Mannigfaltigkeit der Längen einfacher gerader Linien gezeigt wurde, kann auf die veränderliche Eigenschaft eines jeden Gegenstandes angewandt werden und damit auch auf die Einstufung eines Kunstwerkes oder jeder geschaffenen Form. So daß allgemein gesagt werden kann, daß der mittlere Wert jeder gegebenen Mannigfaltigkeit von einem gewissen Standpunkt aus zur Norm wird und daß dies sich offensichtlich ohne irgendein Zutun unsererseits einstellt. Aber dies bedeutet nicht, daß irgendetwas über die Bedeutung der Häufigkeit gesagt ist, mit der irgendeine der einzelnen Varianten zu erscheinen hat.

Wir können daher mit einiger Sicherheit vorhersagen, daß ein Kind, das minderwertigem, ungestaltetem und unechtem Bildmaterial über viele Jahre ausgesetzt wird, das minderwertige unausweichlich als normal wahrnimmt, selbst wenn eine Art Revolution, ein Entthronen falscher Götter, eine Aufklärung über die wahren Normen des Schönen später vorkommen kann. Wenn wir andererseits eine anspruchsvolle Norm beim Kind von Beginn an heranbilden wollen, so müssen wir ihm nur eine anspruchsvolle visuelle Nahrung anbieten, und es sollte hervorragenden Beispielen in solch einem Ausmaß ausgesetzt werden, daß es gänzlich damit erfüllt ist, da es in seinem alltäglichen Leben unentrinnbar dem Minderwertigen immerzu begegnen wird.

Eine Frage bleibt offen: Wie bilden sich solche Kategorien wie jene, die als „vollkommen außer Frage" und „unaussprechbar schlecht" beschrieben werden? Die Frage nach der Bildung solcher Kategorien und ihrer Grenzen ist bedeutsam, da nur durch die Herausbildung einer solchen Grenze die Masse an geringwertigem Material, der jeder Mensch – wenigstens in den industrialisierten Ländern – unausweichlich ausgesetzt ist, daran gehindert werden kann, die Norm herabzusetzen, die HOLLINGWORTHS weitergeführter Beitrag uns zu erwarten lehrt. Untersuchungen der spontanen Bildung solcher Kategorien sind im Gange, zum Beispiel bei WITTE in Tübingen. Nach meiner Beurteilung können jedoch keine zweifelsfreien Schlußfolgerungen über die Stabilität von Geschmacksnormen aus diesen Arbeiten gezogen werden. Es erscheint allerdings sehr wahrscheinlich, daß die ersten Geschmacksnormen im Einklang mit HOLLINGWORTHS „zentraler Tendenz" gebildet werden und dies auf der Grundlage des durchschnittlichen Angebots, das unsere Kinder erhalten; ein verbindlicher Geschmack kann sich nicht spontan entwickeln. Überlegte Führung durch Erwachsene ist eher notwendig.

Die Entdeckung, daß kindliche Geschmacksnormen durch Kunstwerke beeinflußt werden, die sie in ihrer Umwelt vorfinden und mit denen sie spielen, wurde vor kurzem in Münster überprüft, um diesen Sachverhalt besser zu begreifen. Die durchgeführten Versuche waren recht streng geplant, um mit objektiven Belegen und nicht mit Meinungen arbeiten zu müssen.

Es wurde gefragt, ob Vorbilder, die Kindern für eine nicht so kurze Zeit geboten werden, eine meßbare Wirkung auf ihre eigene Arbeit haben und ob dieser Einfluß bei unterschiedlichen Arten von Beispielen bedeutsam verschieden ausfällt. Irmgard SCHWARZ untersuchte Kinderzeichnungen, Schwester Hildegondo ROSENBAUM sprachliche Gestaltung bei Jugendlichen. Soweit der Gegenstand es erlaubte, wurden die Untersuchungen in gleicher Weise durchgeführt. Die Zeichenversuche wurden mit fünfundsiebzig Kindern durchgeführt: fünf gemischte Gruppen von jeweils fünfzehn Kindern. Ihr Durchschnittsalter schwankte zwischen 5;7 und 6;1 Jahren. Keines der Kinder ging schon zur Schule. Die Untersuchung fand in fünf verschiedenen Kindergärten im Rheinland statt. Sie waren so sorgsam aus einer Liste von vierhundert Kindergärten ausgewählt, daß eine möglichst gleiche allgemeine Atmosphäre anzutreffen war. Jeder dieser Kindergärten lag in Randgebieten rheinisch-westfälischer Städte des Industriegebiets. Die Kinder entstammten vorwiegend der Mittelschicht. Die Kindergartenerzieher besaßen alle ein besonderes Verständnis für das, was bei der Entwicklung des künstlerischen Geschmacks von Kleinkindern förderlich ist.

Die sprachliche Gestaltung wurde in drei Klassen einer Haushaltsschule untersucht. Die Schule lag in einer kleinen westfälischen Stadt und wurde von Nonnen geführt. In den Klassen waren jeweils sechzehn, achtzehn bzw. neunzehn Kinder, also insgesamt dreiundfünfzig. Sie waren alle zwischen 14 und 17 Jahre alt.

In beiden Fällen bestand das gesamte Experiment aus drei Abschnitten:
1. der Eingangsaufgabe;
2. der Beeinflussungsperiode;
   vier Wochen bei den Kindern,
   fünf Wochen bei den Jugendlichen;
3. der Abschlußaufgabe.

Die bildnerische Aufgabe bestand im Zeichnen eines Mannes, eines Baumes und eines mit Früchten gefüllten Korbes mit dem Bleistift. Da die Kinder sehr klein waren, wurde die Aufgabe mit diesen Worten eingeführt: „Wir malen einen Vater, der im Garten ist. Er pflückt Äpfel und legt sie in einen Korb." Es gab keine Zeitbeschränkung bei der Ausführung.

Die sprachliche Aufgabe bestand im Nacherzählen eines Stummfilms mit Scherenschnittdarstellungen, die keinerlei Feinheiten erkennen ließen. Der Film, der zweimal nacheinander gezeigt wurde, um sicher zu sein, daß die Kinder alles mitbekommen hatten, erzählt die Geschichte von der „Goldenen Gans", ein unbeschwertes Märchen der Gebrüder GRIMM. Die Versuche fanden während der Deutschstunde statt. Wir waren bedacht, daß die Mädchen sich nicht zu sehr mit ihrer Rechtschreibung befaßten, und sie erhielten daher folgende Anweisung: „Erzählt das Märchen schriftlich, so wie ihr es gesehen habt. Denkt euch hinein, was die einzelnen Personen wohl gesprochen haben. Macht euch jetzt einmal keine Sorgen um Zeichensetzungs- und Rechtschreibfehler. Wichtig ist, daß ihr alles schön erzählt." Für die Aufgabe gab es wieder keine Zeitbeschränkung.

Die verschiedenen Gruppen in jedem Versuch wurden dem Einfluß unterschiedlicher Vorbilder ausgesetzt. Alle Vorbilder beim Zeichenversuch waren einfache Konturzeichnungen der drei erwähnten Gegenstände: Korb, Baum, Mann. Die Vorbilder für jede der Gruppen waren die folgenden:

Gruppe 1: Konturhafte Wiedergabe von Motiven ägyptischer Grabreliefs der 18. Dynastie (Abb. 32.1).

Gruppe 2: Zeichnungen des zeitgenössischen deutschen Grafikers Alfred ZACHARIAS (Abb. 32.2).

Gruppe 3: Zeichnungen aus einem gewöhnlichen Malbuch ohne irgendeinen künstlerischen Anspruch (Abb. 32.3).

Gruppe 4: Zeichnungen von zehnjährigen Kindern, deren Gestaltungskraft schon beachtlich entwickelt ist (Abb. 32.4).

Gruppe 5: Eine Kontrollgruppe, die zum Vergleich diente, bekam während der Periode zwischen den zwei Aufgabenstellungen keine Vorbilder zu sehen.

Während der vierundzwanzig Tage, an denen sie dem Einfluß von Vorbildern ausgesetzt wurden, war kein sonstiges Bildmaterial im Kindergarten zugänglich. Der Wandschmuck wurde durch die entsprechenden Vorbilder des Korbes, des Baumes und des Mannes ersetzt und zwar in dieser Anordnung dicht nebeneinander. Den Kindern wurde keine Erklärung für diesen Austausch gegeben, auch wurden sie zu keiner Zeit auf die Vorbilder aufmerksam gemacht. Während der folgenden vier Wochen wurden die Kinder sorgfältig beobachtet, und über ihr Verhalten und über ihren Ausdruck, besonders in Hinblick auf die Vorbilder, wurde gewissenhaft Tagebuch geführt. Die Kinder hatten reichlich Gelegenheit, aus sich heraus während des Freispiels zu zeichnen; Papier und Zeichenstifte waren immer zur Hand. Die Kinder nutzten voll die Gelegenheit zu malen, und wir haben eine Reihe von Zeichnungen aus

Abb. 32.1–4: Vorlagen für die Gruppen 1–4; siehe Text.

dieser Versuchszwischenphase, die die verschiedenen, antreffbaren Entwicklungstufen zeigen. Die Kinder konnten die zeichnerischen Vorbilder nicht sehen, als die Zeichenaufgabe abschließend nach vier Wochen erneut gestellt wurde.

Es gab nicht so viele Gelegenheiten zur Prüfung der sprachlichen Gestaltung der vierzehn- bis siebzehnjährigen Mädchen, und daher wurden nur drei Gruppen gebildet: Zwei unterschiedlich beeinflußte Hauptgruppen B1 und B2 sowie eine Kontrollgruppe A, die nicht beeinflußt wurde. Im Deutschen gibt es Texte, die sich vorzüglich für diese Art von Vergleichsprüfung eignen, d. h. zwei verschiedene Fassungen desselben Märchens mit der gleichen Fabel und mit demselben Titel, die darüberhinaus gleich gut bekannt und beliebt sind: die eine von den Gebrüdern GRIMM, zuerst 1812 veröffentlicht, die andere aus der Sammlung Ludwig BECHSTEIN, 1845 herausgegeben.

Die Märchen der Gebrüder GRIMM gehören zu den klassischen Dokumenten deutscher Prosa. Der Rang ihrer Sprache nähert sich dem der Bibelübersetzung LUTHERS: ernst, zupackend, ruhig, knapp, bildhaft, ohne überflüssige Verzierungen und rhythmisch zwingend.

Die Sprache der BECHSTEINschen Märchen hingegen ist gekünstelt, häufig eher allgemein bleibend, oft von gesuchter Witzigkeit und dann wieder aufdringlich moralisierend, sie überbetont das Nebensächliche, während Wesentliches häufig unausgesprochen bleibt.

Die Schülerinnen erhielten in dem Untersuchungszeitraum von fünf Wochen fünfzehn Stunden Deutschunterricht. In jeder Deutschstunde las der Lehrer der einen Gruppe ein Märchen von GRIMM und der anderen eins von BECHSTEIN vor. Den Mädchen sagte man, es sei eine Übung, um sie die Kunst des Märchenerzählens für den Hausgebrauch zu lehren. Nach dem Vorlesen des Märchens, wurde es mit der Klasse besprochen und in der folgenden Deutschstunde wurde eine der Schülerinnen gebeten, die Geschichte in eigenen Worten zu erzählen. Diese Nacherzählung wurde in keiner Weise kritisiert. Das Märchen „Die goldene Gans" gehörte nicht zu den vorgelesenen Märchen während der Zeit zwichen den Versuchsaufgaben. Der Stummfilm des Märchens wurde den Mädchen ein weiteres Mal am Ende der Zwischenperiode, kurz vor der wiederholten Aufgabenstellung, vorgeführt.

Die Wahl von zwei so verschiedenen Altersgruppen war kein Versehen. Aus mehreren Gründen waren die Sechsjährigen für den Zeichentest besonders geeignet. Die Anweisung etwas zu malen, ist noch ganz angemessen und unverfänglich für dieses Alter. Auch finden zu dieser Lebenszeit eigentümliche Entwicklungen statt – insbesondere bei der Darstellung von Menschen. Das Kind entdeckt die Möglichkeit der Darstellung im Profil; die individuellen Züge der einzelnen Figuren werden zahlreicher; die verschiedenen Körperteile werden vollständiger dargestellt; einfache Linienwiedergaben von Armen und Beinen zum Beispiel werden durch mehr greifbare Darstellungen ersetzt. Größenverhältnisse werden genauer beobachtet, Richtungen beginnen, voneinander gesondert zu werden, d. h. die Kinder werden fähig, maßgetreu Gebiete zu verkleinern, Gliedmaßen ungeradwinklig anzusetzen, sie zu biegen, sie zueinander asymmetrisch zu machen und ganze Figuren aus der Senkrechten herauszunehmen. Sie fangen an, die Schwerkraft in Rechnung zu stellen, was der Art zu entnehmen ist, wie bei den Zeichnungen der Kinder die Früchte in den Korb gelegt sind. Darüberhinaus entdecken Kinder, wie Dinge aussehen, wenn sie sich kreuzen und überlappen. Sie entdecken schließlich auch, daß man zeigen kann, wie einzeln gezeichnete Objekte aufeinander wirken und tätig werden.

Unser Untersuchung befaßt sich vornehmlich mit der Frage, ob diese Entwicklung der gestalterischen Fähigkeiten durch das eine oder andere der Vorbilder beeinflußt oder vielleicht gar gefördert wird. Ein von HECKHAUSEN und HOLSTEIN in Münster entwickeltes Verrechnungsschema zur Beurteilung der Darstellung „Mensch" stand zur Verfügung. Für die Beurteilung der Baumdarstellung wurde dieses Schema dem Gegenstand gerecht angepaßt. Zur Beurteilung der Korbzeichnung mußte ein im wesentlichen ähnliches Schema entwickelt werden. Dies Verrechnungsschema machte es möglich, die Stufe der Entwicklung zahlenmäßig durch Abzählen der einzelnen Gestaltmerkmale einzuschätzen.

Die schöpferische formale Fähigkeit, d. h. die Stärke und die Gestaltungsfülle des künstlerischen Ausdrucks – etwas was vollständig von der Entwicklungsstufe zu trennen ist – wurde nicht mit in Betracht gezogen, da wir sie nicht auf angemessene Weise in Zahlen messen konnten.

Von der für die Untersuchung der sprachlichen Entwicklung ausgewählten Altersgruppe – 14- bis 17jährige Mädchen – konnte eine sichere Beherrschung des geschriebenen Wortes erwartet werden. In der Tat ist dies die einzige Darstellungsform, mit der das Experiment durchgeführt werden konnte. Auch diese Altersgruppe ist einer vergleichsweisen schnellen und eigentümlichen Entwicklung unterworfen, in diesem Fall ihrer sprachlichen Fähigkeit. Die besondere Entwicklung hier hat mit dem kennzeichnenden Zug zur Introversion in der Jugendzeit zu tun. Wir meinen hiermit ein wachsendes Interesse an der Eigenheit verschiedener Personen (auch die verschiedenen Personen im Märchen) und die anwachsende Empfänglichkeit für sich ändernde Stimmungen, Gefühle, Gedanken, Pläne und Beweggründe anderer Menschen.

Für diesen sprachlichen Versuch lag kein absoluter Maßstab zur Bewertung der Niederschriften vor; daher waren wir gezwungen, ohne einen solchen Maßstab auszukommen. Die Analyse der sprachlichen Entwicklungsstufen erwies sich als fruchtlos. Aus den schriftlichen Nacherzählungen der Schüler waren wir jedoch in der Lage, eine Anzahl von sehr bemerkenswerten stilistischen Eigenschaften herauszufinden, z. B. Hinweise auf Stärke und Gestaltungsreichtum im Umgang mit der Sprache. Im Gegensatz zu unserer Bewertung der Zeichnungen achteten wir hier im besonderen auf Hinweise formaler Fähigkeit. Wir begannen damit, zehn stilistische Unterschiede zwischen der BECHSTEIN- und der GRIMM-Gruppe aufzuzeigen, die sich als hinreichend nützlich herausstellten, obwohl sich einige von ihnen überschneiden. Zum Beispiel: wörtliche Rede versus indirekte Rede; unmittelbares Benennen der Charaktereigenschaften versus der Darstellung der Eigenschaften durch Verhalten und Handeln; Beschreiben der Gegenstände versus Beschreiben der Handlungen; gekünstelter Ausdruck versus einfacher Ausdruck; allgemeine Kennzeichnung versus spezifische Kennzeichnung; wesentliche Ereignisse für das Ganze werden ausführlicher dargestellt usw. Alle sichtbar werdenden Verbesserungen oder Verschlechterungen in der Niederschrift der Schüler wurden mit Hilfe dieser Kategorien herausgesucht. Die Unterschiede von Verschlechterungen und Verbesserungen ergaben die Nettoleistung; sie kann negativ oder positiv sein.

Wie sahen die Ergebnisse dieser beiden parallelen Untersuchungen aus? In beiden Versuchen wurden die Kinder auf eine besondere Art durch Vorbilder beeinflußt. In beiden Fällen zeigten die Gruppen, die mit hervorragenden Beispielen arbeiteten, eine bemerkenswerte Leistungssteigerung, während die schädigende Wirkung minderwertiger Vorbilder im Vergleich zu den Kontrollgruppen, die keine Vorbilder angeboten bekamen, nicht so ausgeprägt war. Es sollte festgehalten werden, daß sich bei den

Kontrollgruppen während dieser Zeit ebenfalls gewisse Änderungen einstellten, für die es ohne Zweifel mehrere Gründe gibt: die nähere Bekanntschaft mit den Umständen und die besondere Aufgabe des Versuchs selbst, ist ein nicht unbedeutender Grund.

Im Zeichenversuch betrug die durchschnittliche Verbesserung der Kontrollgruppe +1.5 Einheiten, wohingegen die größte Verbesserung bei der Gruppe 1 mit +35 Einheiten und die geringste Verbesserung bei der Gruppe 3 mit −18 Einheiten betrug.

Die durchschnittliche Steigerung der Kontrollgruppe beim sprachlichen Versuch belief sich auf +4.3 Punkte, während die entsprechende Kennzahl des besten Einzelfalles der Gruppe B1 +36 Punkte und der ungünstigste Fall aus Gruppe B2 −10 Punkte lautete.

Um die Verlagerung der Kontrollgruppe herauszunehmen, weisen wir diesen Gruppen einen Pluspunkt Verbesserung zu, und alle anderen Gruppen beziehen wir von nun an auf diesen Wert.

Die relative Verbesserung der anderen Gruppen des Zeichenexperiments waren im Durchschnitt folgende: Gruppe 1 (ägyptische Grabreliefs) 9.8; Gruppe 2 (moderne graphische Kunst) 4.9; Gruppe 3 (Malbuch) 0.5; Gruppe 4 (Kinderzeichnungen) 0.2.

Die Gruppe, die unter dem Einfluß künstlerisch wertvoller Vorbilder stand, verbesserte, wie man sieht, ihre Leistung fast fünf bis zehn mal so stark wie die Kontrollgruppe, während die Gruppe mit Vorbildern von fragwürdigem Wert sich nur halb oder nur einfünftel so stark verbesserte. Die Steigerung der Gruppe 1 und 2 ist sehr bedeutsam; die Verschlechterung der 3 und 4 ist es nicht, obwohl wir es erwartet hätten. Die große Verbesserung bei Gruppe 1 und Gruppe 2 trifft nicht nur für Ausnahmefälle zu, sondern war in diesen Gruppen durchgängig. Keines der Kinder dieser beiden Gruppen zeigten Zeichen der Verschlechterung. Zwei Kinder blieben auf der gleichen Stufe; alle anderen 13 Kinder nahmen in dem einen oder anderen Ausmaß an der Verbesserung teil. In den anderen Gruppen, auch der Kontrollgruppe, konnten sich sechs Kinder verbessern, fünf blieben auf dem gleichen Stand und vier rutschten ab.

Die Verhältnisse in den Ergebnissen des Sprachversuchs waren sehr ähnlich. Wenn wir die Verbesserung von der ersten zur zweiten Aufgabenstellung bei Gruppe A, der Kontrollgruppe, auf Punkt +1 setzen, dann beträgt die durchschnittliche Nettoverbesserung der Gruppen unter dem Einfluß der stilistisch ausgezeichneten Vorbilder (GRIMM) 4.24 Punkte, während die der Gruppe mit dem schlechteren Vorbild (BECHSTEIN) nur 0.59 Punkte beträgt; Gruppe B2 bleibt mit anderen Worten weit hinter der spontanen Verbesserung der unbeeinflußten Kontrollgruppe zurück.

Bei Gruppe B1 zeigen alle neunzehn Mädchen eine Nettosteigerung von wenigstens +5 Punkten bis hin zu +36 Punkten; siebzehn dieser Mädchen verbesserten sich um mehr als +10 Punkten.

Von den sechzehn Mädchen der Gruppe A, der Kontrollgruppe, zeigten zwölf eine Nettosteigerung von 2 bis 16 Punkten, nur dreimal wird +10 überschritten. Bei vier Mädchen ergibt sich ein Nettoabfall von −1 bis −6 Punkten.

Von den siebzehn Mädchen der Gruppe B2 verbesserten sich nur zehn, ihre Steigerung schwankte von +2 bis +15 Punkten und nur in zwei Fällen über +10 Punkte hinaus; drei Mädchen hielten ihren gleichen Stand und vier fielen um −1 bis −10 Punkte ab.

Mit diesen Hinweisen beenden wir unsere Besprechung des sprachlichen Versuchs. Aber jetzt werden wir uns etwas eingehender mit den Ergebnissen des Zeichenversuchs befassen.

Wir entdecken, daß die Stufe der graphischen Entwicklung mit sehr unterschiedlicher Ausprägung durch die Setzung verschiedener Vorbilder angehoben wird, in einigen Fällen mehr, in anderen weniger als in der Kontrollgruppe. Was bedeuten diese Unterschiede? Wir betrachten zuerst die Umstände bei den „guten" Vorbildern und fragen, wie es kommt, daß die Verbesserung unter dem Einfluß ägyptischer Vorbilder fast doppelt so groß war wie bei den modernen. Eine ganze Reihe von Faktoren, deren Wirkungen man in die Überlegungen einbeziehen könnte – das Alter, die Ausgangsleistung und das Geschlecht des Kinder – sind erwiesenermaßen unwichtig. Der Rang der Vorbilder selbst wurde auch geprüft; sie wurden mit dem gleichen Verrechnungsverfahren eingestuft, das zur Bewertung der Kinderzeichnungen benutzt wurde. Die Wertpunkte der ägyptischen Vorbilder waren niedriger als die der modernen. Die Entwicklungsstufe der Vorbilder erwies sich somit nicht als die ausschlaggebende Wirkgröße. Ausschlaggebend für die erzielten besseren Ergebnisse unter den ägyptischen Vorbildern war allem Anschein nach eher die Gestaltungsfülle des künstlerischen Ausdrucks, die, wie wir aus der Kunstgeschichte wissen, auf jeder möglichen Stufe künstlerischer Entwicklung verschieden ist; sie kann auch auf niedriger Entwicklungsstufe sehr hoch sein. Es war dies, was die Kinder faszinierte und sie zwang, sich eingehender mit den ägyptischen Vorbildern zu befassen.

Dies scheint im Gegensatz zu dem, was wir zu Beginn vermuteten, dafür zu sprechen, daß Kinder nach allem, was wir wissen, ein angeborenes Gefühl für Unterschiede im künstlerischen Wert besitzen, ein Gefühl, das, wenn dies wahr ist, im Laufe des späteren Lebens nur durch das Überangebot an geringwertigem Material verkümmert. Diese Mutmaßungen scheinen sich aus dem Verhalten der Mädchen während der Märchenlesungen zu ergeben. Die meisten dieser Geschichten waren den Mädchen bereits wohl vertraut, und sie waren daher zuerst gelangweilt. Beim Lesen aber der Märchen der Gebrüder GRIMM wurden sie gefesselt und lauschten aufmerksam und waren traurig, als sie endeten. BECHSTEIN zog andererseits nicht so ihre Aufmerksamkeit auf sich, und es war schwierig, die aufkommende Unruhe zu unterdrücken.

Ich komme nun zu unserem Sehversuch zurück und prüfe etwas eingehender den relativen Reichtum oder die Gestaltungsfülle im Ausdruck bei den Vorbildern 1 und 2. Vergleiche bei jedem, wie der Baumstamm und die Äste gegliedert sind, wie dargestellt wird, daß die Zweige aus dem Stamm wachsen, wie die Äste sich biegen, enden oder sich verflechten. Vergleiche, wie die Blätter angeordnet und am Zweig angebracht sind. Beachte zum Beispiel, daß beim Baum 2 einige der Blätter überhaupt nicht befestigt, sondern mosaikartig über die Fläche verteilt sind. Ähnliche Einzelheiten könnten bei den Menschendarstellungen der beiden Vorbilder verglichen werden. Beachte bei Vorbild 2 die zangenförmigen Hände und die viereckige Rocktasche usw., was zum schematischen Kopieren aufzufordern scheint.

Die Zeichnungen, die die Kinder bei der Wiederholung der Aufgabe anfertigten, zeigen, daß nicht eine größere Gestaltungsfülle oder mehr Reichtum an künstlerischem Ausdruck der Vorbilder die Kinder dazu bringt, einzelne besondere Eigenschaften schematisch zu kopieren. Dies regt vielmehr das Kind an, eine höhere Ausprägung struktureller Verwirklichung innerhalb seines eigenen Bereichs formaler Kreativität zu erlangen, d. h. es findet eine echte geistige Entwicklung statt. Abbildung 32.5 zeigt ein Beispiel dieser Entwicklung, gesehen in den drei Stufen der Darstellung eines Baums von einem Kind der Gruppe 1. Baum (a), beim ersten Versuch gezeichnet, zeigt die Äste strahlenförmig aus dem Baumstamm herauskommend. Baum (b), eine Darstellung, die in der Zeit zwischen den Versuchenaufgaben unter dem Einfluß ägyptischer

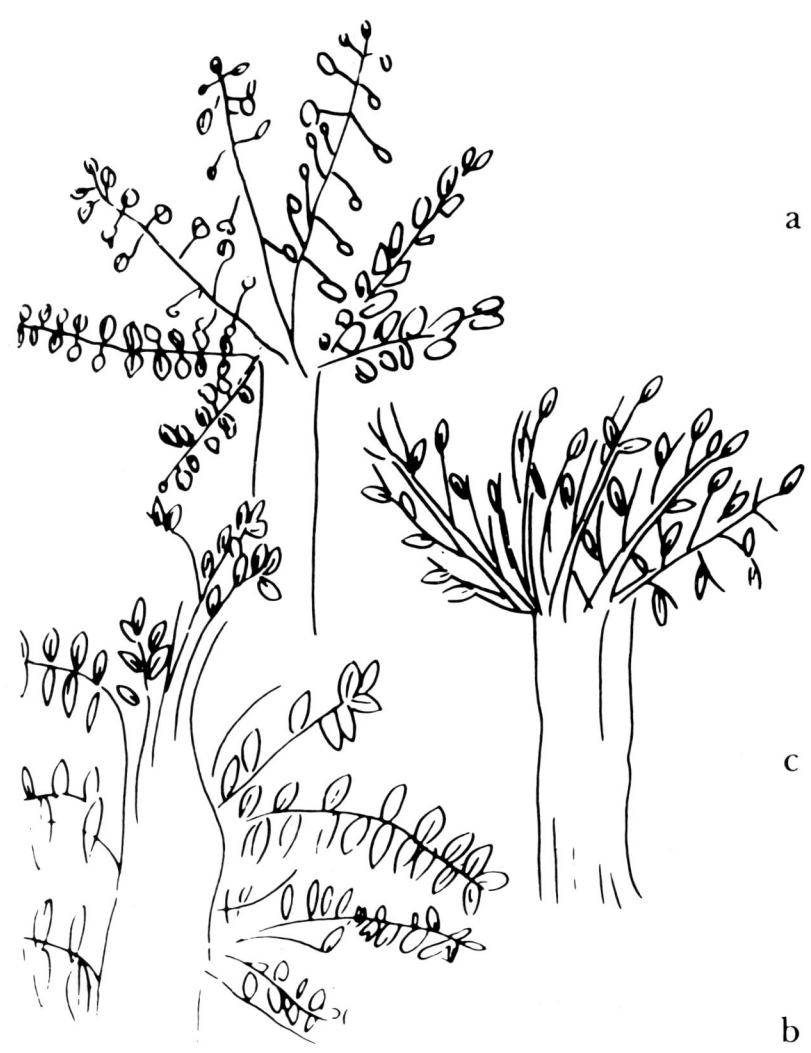

Abb. 32.5: Drei Stadien der Wiedergabe eines Baumes durch ein Kind der Gruppe 1; a) vor der Darbietung des ägyptischen Beispieles; b) gleichzeitig während der Darbietung des ägyptischen Beispieles; c) nach der Darbietung des ägyptischen Beispieles.

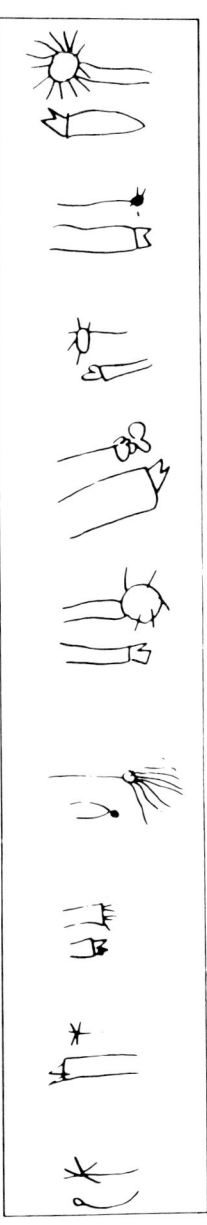

Abb. 32.6: Neun Beispiele, die den negativen Einfluß der zangenförmigen Hände der Vorlage in Gruppe 2 demonstrieren. In jedem Fall zeigt die obere Zeichnung die Darstellung einer Hand vor der Vorlage des Beispiels und die untere Zeichnung eine Wiedergabe einer Hand des gleichen Kindes nach der Darbietung des Beispiels.

Vorbilder entstand, zeigt Äste, die seitlich am Stamm angeordnet sind. Schließlich zeigt Baum (c) ein Zurückfinden zur ursprünglichen Malweise, aber auf einer höheren Stufe der Entwicklung. Bei anderen Zeichnungen der Gruppe 1 überflügeln die Zeichnungen bei dem wiederholten Versuch in Hinblick auf den Ausprägungsgrad der strukturellen Gliederung sogar das Vorbild. Zum Beispiel sind die Füße des Mannes mit einzelnen Zehen und angedeuteten Fußknochen dargestellt, nichts davon ist im Vorbild zu sehen.

Mit dieser günstigen Entwicklung, die unter dem Einfluß ägyptischer Vorbilder erreicht wurde, kann man die keineswegs günstige Wirkung der zangenförmigen Hände des Vorbildes 2 auf die Kinder dieser Gruppe vergleichen (Abb. 32.6).

Es ist nicht besonders überraschend, daß Vorbild 3 (das gewöhnliche Malbuch) keine gute Wirkung hat. Die gebotenen Vorbilder waren so klobig und stümperhaft, daß selbst die Sechsjährigen sie nicht mochten und sich über sie lustig machten. Die Ergebnisse der Gruppe 3 sind leider mit gewissen Vorbehalten zu bewerten. Wie wir erst später entdeckten, hatte die Gesamtgruppe ein vorbildliches Elternhaus und standen unter der sorgfältigen Obhut ihrer Mütter. Dies wurde deutlich, als die ersten Zeichnungen dieser Gruppe eine Leistungsstufe zeigten, die von den anderen Gruppen nicht erreicht wurde, erst bei der zweiten Aufgabenstellung, wenn überhaupt. Ob diese Gruppe sich verbessert hätte, wenn ihr bessere Vorbilder geboten worden wären, ist zweifelhaft. Dieser Teil des Versuchs müßte unter strikteren Bedingungen wiederholt werden. Die Schlüssigkeit unserer allgemeinen Folgerungen aber bleibt davon unberührt.

Überraschender sind die Ergebnisse der Gruppe 4, die unter dem Einfluß von Zeichnungen anderer Kinder standen. Die Vorbilder hatten ein beachtlich höheres Niveau als irgendetwas, was unsere durchschnittlichen Sechsjährigen hervorbringen konnten. Der Baum ist sicherlich steif und unorganisch und die Art, in der die Blätter angebracht sind, ist völlig unnatürlich, doch gleichzeitig ist der Baum ausgeprägter als der von Vorbild 2. Der Mann ist nicht besonders wohlgebaut, dafür aber weniger schematisch als in Beispiel 2. Wenn die Kinder der Gruppe 4 ihre Vorbilder näher betrachtet hätten, hätten sie einiges davon lernen können. Das Ausmaß der Verbesserung bei dieser Gruppe ist jedoch das schmalste, selbst noch geringer als bei der Gruppe, die von den Malbüchern beeinflußt worden ist. Man könnte fast sagen, daß diese Kinderzeichnungen einen noch weniger günstigen Einfluß ausüben. Doch dies ist nicht der Fall, wie wir aus einer Reihe von Symptomen schließen; eins davon werde ich hier darstellen. Bei den Zeichnungen, die von allen Gruppen bei der ersten Aufgabenstellung ausgeführt wurden, ist der Mann immer in Vorderansicht dargestellt. Bei den Zeichnungen der wiederholten Aufgabe waren die Profildarstellungen zahlreicher. Diese Veränderung ist bei der Gruppe 2 besonders ausgeprägt. Die menschliche Figur von Vorbild 4 nun ist so klar als Seitenansicht gezeichnet, wie die des Vorbilds 2, doch der Anstieg der Profildarstellungen war bei Gruppe 4 deutlich geringer.

Dieses und eine Reihe anderer Symptome, so gut wie die Tagebuchaufzeichnungen der Kindergärtnerinnen, sprechen dafür, daß die Kinder schlicht die Kinderzeichnungen nicht beachtet haben. Sie schauten sie sich nicht genau genug an, um zu bemerken, daß etwas von ihnen gelernt werden könnte. Dies bedeutet, daß Kinder Kinderzeichnungen so wenig schätzen, wie es Erwachsene tun. In ihren Augen sind die Zeichnungen unvollständig, werden schnell weggelegt, können praktisch von ihnen selbst gemacht werden und verdienen daher keine Bewunderung oder selbst keine Aufmerksamkeit. Die Kinder der Gruppe 4 benahmen sich genau so, wie GEIST von ihnen erwartete: „Das Kind verlangt, daß die Bilderwelt, die wir ihm anbieten, verschieden von seiner eigenen ist. Es verlangt nach Erlebnissen und Einsichten, die es selbst nicht hat; es wünscht etwas zu gewinnen, das über seine eigene Umwelt hinausweist. Und das ist der Grund, warum das Kind mit der Rückweisung von Zeichnungen und Malereien in Kinderart recht hat."

Wir kommen zum Ende unserer Beobachtungen und sind nun in der Lage zu sagen, daß das gesunde Kind mit einer Empfindlichkeit für künstlerische Werte ausgestattet ist – im Seh- und im Sprachbereich. Dies ist etwas, was wir nicht erwartet haben. Doch die Vorausstattung ist anscheinend so zerbrechlich, daß die Verantwortung für das Anwachsen künstlerischer Normen bei der Umwelt liegt.

Es wurde gezeigt, wie die Fertigkeit des Schreibens und Zeichnens in einem erstaunlich hohen Ausmaß durch Vorbilder, die dem Kind geboten werden, beeinflußt werden kann – in fördernder und hemmender Weise. Und es kann kein Zweifel geben, daß selbst unter weniger außergewöhnlichen Bedingungen, als jene die in unserem Versuch vorherrschten, Wandschmuck, Texte, Comic-Bücher usw., eine vergleichbare Wirkung auf das Kind ausüben, besonders da das Kind über eine ausgedehnte Zeitspanne hinweg unter ihrem Einfluß steht. Jetzt, da dies bekannt ist, können die Einflüsse gelenkt werden.

Eine ganze Reihe von Fragen bleibt unbeantwortet und unsere Ergebnisse sind noch nicht das letzte Wort. Sie müssen durch weitere Untersuchungen ergänzt und erneut auf ihre Stichhaltigkeit hin überprüft werden. Aber selbst jetzt besitzen wir ein schlüssiges Argument gegen jene Erzieher, die einen gelenkten Einfluß oder Stilwertung in der bildenden und sprachlichen Kunst für überflüssig oder gar für schädlich halten. Gleicherweise können wir jetzt all jenen widersprechen, die aus irgendwelchen Überlegungen heraus nicht glauben, daß es notwendig sei, bei der Auswahl von Texten, Illustrationen und Raumschmuck für Kinder sehr wählerisch zu sein und die dem Handel und der Industrie erlauben, die Gestalt der Welt zu diktieren, in der ihre Kinder aufwachsen.

33. Gestalttheoretische Ansätze zur Frage der Kreativität (1979)

Wissenschaftliche Vorgeschichte: Den Beginn der wissenschaftlichen Behandlung der Kreativität pflegt man auf das Jahr 1950 zu datieren. Es ist das Jahr, in dem im „American Psychologist" der Aufsatz „Creativity" (Kreativität) von J. P. GUILFORD (1950) erschien. (Das Buch „Creative Experience" von Mary P. FOLLETT, das 1923 erschienen war, war damals so gut wie vergessen.) Damit ist jedoch über die Vorgeschichte der Kreativitätsforschung noch nicht alles Nötige gesagt. In einer noch wenig gefestigten Wissenschaft wie der Psychologie ist es verständlich, daß ihre „Öffentlichkeit" – die es ebenso gibt wie die politische – an Namen klebt. So kommt es, daß frühere Untersuchungen über genau denselben Gegenstand bis heute nicht zur Kenntnis genommen werden, weil das Stichwort nicht in ihrem Titel steht. So wird in Max WERTHEIMERS Buch (1945) und auch schon in seiner grundlegenden Abhandlung (1920) und ebenso in Karl DUNCKERS Monographie (1935) „produktiv" genannt, was heute „kreativ" heißt. Die Überlegungen über Kreativität im weiteren Sinne, die der Verfasser dieses Berichts an einer etwas abgelegenen Stelle veröffentlicht hat (METZGER 1941), hatten nur einen deutschsprachigen Titel, „Schöpferische Freiheit" (1949), und auch COPEI (1930) spricht nicht von einem „kreativen", sondern von einem „produktiven" Moment. Die genannten Autoren befinden sich damit übrigens in bester Gesellschaft: „Jede Produktivität höchster Art, jedes bedeutende Aperçu, jede Erfindung, jeder große Gedanke, der Früchte bringt und Folgen hat, steht in niemandes Gewalt und ist über aller irdischen Macht erhaben..." (ECKERMANN 1836, S. 383), sagt GOETHE zu ECKERMANN am 11. März 1828 in einem langen grundsätzlichen Gespräch über Genie und Schöpfertum. Wer seine Lektüre nicht auf die Titel beschränkt, wird finden, daß in den genannten Werken überall von dem die Rede ist, was man heute als Kreativität zu bezeichnen pflegt. Was aber ist Produktivität oder Kreativität? Einen vorläufigen Hinweis darauf gibt im konkreten Fall die Menge der Werke, der Umfang des Schaffens, die man bei einem Künstler, Dichter, Komponisten usw. (beim Techniker an der Zahl seiner Patente) feststellen kann. Freilich muß man dabei nicht die Menge der Titel, sondern die Menge der Themen zählen, die ja erheblich geringer sein kann als jene.* Nach diesem einfachsten Maßstab ist z. B. die Schwedin Astrid LINDGREN unter den heute lebenden Kinderschriftstellerinnen die bei weitem kreativste. Mit einer gewissen Abänderung des Gesichtspunkts kann man auf unterschiedliche Grade der Kreativität auch dort schließen, wo keine Werke gezählt werden können. Einen Arzt, Anwalt, Geschäftsmann oder Lehrer werden wir, obwohl er keine Schöpfung hinterläßt, kreativ nennen können, wenn ihm in schwierigen Lagen etwas einfällt, wenn alle anderen noch ratlos sind.

---

* Um nur ein Beispiel anzuführen: Während des Ersten Weltkrieges gab es beim „Simplicissimus" einen Zeichner, dessen Repertoire menschlicher Gestalten aus einem einzigen weiblichen Wesen bestand, das er von allen Seiten und in allen nur denkbaren Haltungen und Stellungen, aber im übrigen vollkommen unverändert wiederholte.

Man könnte also einfach sagen: Kreativ ist derjenige, dem etwas einfällt, der sein Handeln von eigenen Einfällen leiten läßt, der also nicht andere zu fragen braucht, was er tun soll. Damit ist allerdings noch nicht viel gewonnen. Wir wissen nichts weiter als welchen unter unseren Mitmenschen wir kreativ nennen wollen.

Ein tieferes Eindringen ist auf zweierlei Weisen möglich. Bei der ersten ist die Frage nach der *Voraussagbarkeit* kreativer Leistungen gestellt. Die Frage lautet: Welche geistige Ausstattung braucht ein Mensch, um auf irgendeinem Gebiet kreativ werden zu können? Welches sind die Voraussetzungen, Komponenten oder Faktoren (im Sinne von THURSTONES Faktorenanalyse) der Kreativität?

Im besonderen: Sind diese Faktoren dieselben wie bei der Intelligenz? Gibt es Faktoren der Kreativität, die in den geläufigen Intelligenztests *nicht* erfaßt werden? Gibt es Menschen mit niedrigen Intelligenzquotienten, die trotzdem kreative Leistungen vollbringen? Gibt es Menschen, die in Intelligenzprüfungen gut abschneiden und trotzdem geistig unfruchtbar sind?

Bei der zweiten Art des Eindringens bezieht sich die Frage auf die *Beeinflußbarkeit* kreativen Verhaltens im günstigen oder ungünstigen Sinn. Es wird gefragt: Wie geht es her, wenn in einem Menschen ein kreativer Prozeß irgendwelcher Art sich abspielt? Was geschieht ganz konkret von dem Augenblick der Stellung einer Frage, der Entdeckung eines Problems, dem Aufdämmern einer Idee, bis zu dem Augenblick, wo das Problem gelöst, die Frage beantwortet oder das Werk verwirklicht ist? Kann dieses Geschehen gefördert oder behindert werden, und wenn ja, wie und wodurch?

Als Beispiele von Versuchen, eine Liste der „Komponenten" der Kreativität aufzustellen, mögen hier GUILFORDS Aufsatz (1950) und der Sammelband von GRUBER et al. „Contemporary approaches to creative thinking" (1963) dienen. An diesem Band haben sich so bedeutende Vertreter der Psychologie wie Jerome BRUNER, Richard CRUTCHFIELD, Mary HENLE, David MCCLELLAND und Robert MCLEOD beteiligt. Und durch ihre Ergebnisse werden die Ansätze von GUILFORD aufs glücklichste ergänzt.

Es folgt die Aufzählung und kurze kritische Besprechung dessen, was die genannten Autoren als Kennzeichen einer schöpferischen Leistung bezeichnen.

1. Das Ergebnis der Leistung muß *neu* sein – nicht unbedingt für die ganze Menschheit, aber mindestens für den Schaffenden selbst. Nur darf er es nicht seinem Gedächtnis oder irgendwelchen Auskünften anderer entnommen haben. Auch wenn irgendwer die Lösung schon vor ihm gefunden hat, ja, wenn sie schon im Lehrbuch steht, ohne daß ihm das bekannt geworden ist, darf man seine eigene Lösung als kreativ bezeichnen. Es kommt nur darauf an, daß sie Frucht eigener Anstrengung ist.

2. Viele schöpferische Einfälle sind darüber hinaus „überraschend", „unerwartet", „eindrucksvoll", in GOETHES Sprachgebrauch „bedeutend". Unter Umständen sind sie nützlich, fruchtbar, folgenreich. Im Sprachgebrauch von RORSCHACH (1921) sind sie *nicht* „trivial" oder „konventionell". Der Hinweis darauf ist nicht überflüssig. Denn man kann, beispielsweise mit dem Rechner, beliebige Mengen von „Neuem" hervorbringen, das gänzlich belanglos und unfruchtbar ist.

3. Die Lösung muß widerspruchsfrei und in sich stimmig sein. Dazu gehören auch Eigenschaften wie Einfachheit, Schönheit, Eleganz, Prägnanz, Harmonie, nicht etwa nur bei Kunstwerken, sondern beispielsweise auch bei neuen mathematischen Formulierungen.

4. Unter den Kennzeichen der schöpferischen Leistung wird auch die Freiheit genannt. Der Leser ist darüber zunächst etwas verwundert. Denn man würde diese Eigenschaft eher unter den Merkmalen des schöpferischen *Menschen* als eine der

Vorbedingungen suchen, ohne die keine schöpferische Leistung zustande kommt. Da die Verfasser mit Begriffserklärungen etwas sparsam sind, bleibt dem Leser aber auch die Möglichkeit einer gewissen Umdeutung. Vielleicht ist mit „freedom" (Freiheit) der unmittelbare Eindruck der Leichtigkeit und Mühelosigkeit auch solcher genialer Werke gemeint, deren Entstehungsgeschichte nachweislich durch verzweifelte Bemühungen, durch enttäuschende Umwege, durch ungezählte wieder verworfene Ansätze gekennzeichnet ist.

5. Es folgt das Merkmal *Richtigkeit*, das man für so selbstverständlich halten möchte, daß seine Erwähnung sich erübrigt. Mary HENLE, eine der Autorinnen des genannten Sammelbandes (GRUBER et al. 1963), weist aber – im Anschluß an Max WERTHEIMERS Abhandlung „On Truth" (1934) – darauf hin, daß diese Angabe Bedeutung gewinnt, wenn man von der „richtigen" Richtigkeit spricht. Es gibt einerseits eine stückhafte, unschöpferische, belanglose Richtigkeit und andererseits Lösungen, die zwar noch mit gewissen Fehlern behaftet sind, aber doch im wesentlichen das treffen, worauf es ankommt. Einfachste Beispiele sind die „guten Fehler", die KÖHLER (1963) in seinen „Intelligenzprüfungen an Menschenaffen" beschreibt.

6. Unter dem Titel „Richtigkeit" lassen sich auch noch Unterschiede zwischen Antworten auf eine bestimmte Problemlage fassen, von denen im Hinblick auf das Wesentliche zwar keine falsch ist, aber die eine oder andere den Forderungen der Lage besser gerecht wird als die übrigen (WERTHEIMER 1945). In diesem Sinne, den Forderungen der Lage möglichst vollkommen entsprechend, kann das Wort „richtig" freilich nur auf die Lösung von Aufgaben angewendet werden, die von der vorgefundenen Wirklichkeit gestellt sind. Bei dem (nicht gegenständlichen) Kunstwerk tritt an die Stelle dieser Deutung die Konsequenz im Durchhalten der formalen Gesetzmäßigkeit, die der Künstler sich selbst auferlegt hat. Freilich wird es nicht leicht sein, die Richtigkeit in diesem Sinne von der „inneren Stimmigkeit" zu unterscheiden.

Soviel über die Merkmale, die – nach den genannten Autoren – eine *Leistung* als schöpferisch kennzeichnen. Welche Bedingungen müssen aber bei einem *Menschen* erfüllt sein, damit er kreativ werden kann?

Es folgt die – etwas erweiterte – Liste der Angaben in dem erwähnten Buch GRUBER et al. 1963:

1. Die *Leidenschaft* („passion"), von Jerome BRUNER als „behutsames" („decorous") Leidenschaft bezeichnet, im einfachsten Sinn des „leidenschaftlichen" Gärtners, Kochs usw., also die Verliebtheit in den Gegenstand der Tätigkeit, gehört hierzu. Beim schöpferischen Denken bedeutet dies das unbezähmbare Verlangen, herauszufinden, „wie es wirklich ist", „wie alles wirklich zusammenhängt", „wie es kommt, daß..." Ähnlich beim Künstler: Er kann kein Stück Papier sehen, ohne es mit Zeichnungen oder Noten zu bedecken.

2. Die *Freiheit* und Unabhängigkeit („independency") werden als höchste Voraussetzung genannt. Sie sind für das Gelingen schöpferischer Anliegen in mehreren Hinsichten entscheidend: a) als *Absetzung* („detachment") von herkömmlichen Denkweisen und störendem Wissen; b) als *Loslösung* („disengagement") oder sogar *Entfremdung* („alienation") von anderen Menschen, als Ungeselligkeit, als Hang zum Dasein eines Einsiedlers; c) als *Nonkonformismus*, d. h. als die Fähigkeit, von den Erwartungen der anderen abzuweichen; d) als Unabhängigkeit von eigenen sachfremden Neigungen und Unentbehrlichkeiten. Hierher gehört sogar das Fehlen eines überdurchschnittlichen Leistungsergeizes („need achievement"), das CRUTCHFIELD (in: GRUBER et al.

1963) bei einer Untersuchung hervorragender Physiker mit Verwunderung diagnostizierte. Weitgehend unabhängig scheint der ausgesprochen kreative Mensch auch von dem Drang zu sein, um jeden Preis vom Üblichen abzuweichen, d. h. von dem Kontraformismus („counterformism"), der sich eher bei durchschnittlichen Begabungen bemerkbar macht.

3. Bei *Beherrschtsein* vom Gegenstand, die verpflichtete Hingabe („devotion", „commitment") an ihn, die Versenkung („immersion") in ihn sind weitere Merkmale. Dieses Ergriffen- und Erfülltsein von der Aufgabe ist offenbar die Grundvoraussetzung schöpferischen Verhaltens, die durch die Freiheit von allen denkbaren Nebeneinflüssen gewährleistet wird.

4. Die *Aufgeschlossenheit* oder Empfänglichkeit („receptivity") für den Gegenstand, die vorurteilsfreie Bereitschaft, ihn zu nehmen, wie er ist, gehört zu den Merkmalen des schöpferischen Menschen.

5. Die *Feinfühligkeit* für Probleme („problem sensitivity") wird genannt, die Fähigkeit, an Tatsachen und an Texten Unklarheiten und Unstimmigkeiten zu verspüren, wo anderen gar nichts auffällt, d. h. die Fähigkeit, Probleme zu entdecken, die beim Forscher oft den Anstoß zu dem ganzen schöpferischen Vorgang gibt. Beim Gestalten äußert sich diese Fähigkeit mehr als die Empfindlichkeit für den nicht ganz richtigen Ton, die nicht ganz logische Folge, als Voraussetzung dafür, daß die schlackenfreie Harmonie des Ganzen erreicht wird.

6. Die geistige *Beweglichkeit* („flexibility"), das ist die Fähigkeit, aus eingefahrenen Geleisen auszubrechen, die Dinge und Lagen neu und anders zu sehen, einschließlich der Fähigkeit der absichtlichen Auffassungsänderung, vor allem der „Umstrukturierung", „Umgliederung", „Umzentrierung", die von GUILFORD gesondert angeführt wird.

7. Das *Fassungsvermögen*, von dem bestimmt wird, wie komplex ein Ganzes sein darf, ohne in ein Nebeneinander von Einzelheiten – genauer: von Primitivstrukturen – zu zerfallen, ist ein weiterer Faktor.

8. Der *Sinn für das Passende*, an einer fraglichen Stelle geforderte, sinnvolle, weiterführende, dem der Denkende oder Gestaltende es verdankt, daß ihm von den tausend – vielleicht seltenen, ungewöhnlichen, einzigartigen – Dingen, die ihm in dem betreffenden Augenblick einfallen *könnten*, eben dasjenige einfällt, das er braucht, um die Aufgabe zu lösen oder – beim Erzählen – das Angefangene sinnvoll weiterzuführen.

9. Der *Sinn für das Wesentliche*, für das, worauf es in diesem Augenblick und an dieser Stelle ankommt, und die Fähigkeit, es abzuheben von dem Belanglosen, das ausgetauscht werden oder auch einfach fehlen kann. Mit dem Sinn für das Wesentliche hängt zusammen:

10. Die Fähigkeit zur *Übertragung* („transfer") eines Lösungsweges auf verwandte Probleme. (Die vier zuletzt genannten Merkmale – 7, 8, 9, 10 – fehlen auf der amerikanischen Liste.)

11. Die *Umsicht*, die den Denkenden – aber beispielsweise auch den Bauenden – befähigt, den Gegenstand in seinem weiteren Umfeld, in seiner Einbettung in umfassendere Zusammenhänge zu sehen. (In englisch geschriebenen Texten wird an ihrer Stelle meist die Fähigkeit zum „divergenten" Denken genannt.)

12. Die *Bewertungsfähigkeit* („evaluation"), also das Gefühl für das Niveau, für den Rang eines Werkes; die Fähigkeit, zwischen gut und schlecht, zwischen Kunstwerk und Machwerk, zwischen Kunst und Kitsch zu unterscheiden, auf deutsch kurz der Geschmack.

13. Die *Geduld* als Fähigkeit, nach genügender Anstrengung ruhig abzuwarten, bis die Lösung sich einstellt („deferral"), verbunden mit der Bereitschaft, Unbefriedigendes zu verwerfen und zu löschen, auch wenn es viel Mühe gemacht hat, und immer wieder neu anzufangen.

Diese Liste ist, wie man sieht, rein empirisch zusammengetragen. Sie wirkt zwar irgendwie einheitlich, aber es fehlt das Prinzip, aus dem alle Einzelbestimmungen abgeleitet und jeder einzelnen ihre Stelle und Rolle zugewiesen werden könnte.

Ein solches Prinzip läßt sich finden. Es kann auf dem hier verfügbaren Raum allerdings nur in Stichworten angedeutet werden. Die Anregung dazu stammt aus Wolfgang KÖHLERS Übersichtsreferat über „Gestaltprobleme und Anfänge einer Gestalttheorie" (1925). KÖHLERS Referat ist ganz auf Biologie der Entwicklung und Physiologie des Nervensystems ausgerichtet. Sein entscheidender Gedanke bezieht sich aber auf das Problem der Ordnung in ihren zwei Bedeutungen: der Form ruhender Gebilde und der Zielbestimmtheit von Vorgängen in der belebten und unbelebten Natur. Herkömmlicherweise wird angenommen, daß die Bestimmtheit einer Form nur auf der Festigkeit oder Starrheit ihres eigenen Materials (oder derjenigen des Gefäßes, das sie enthält) und die Bestimmtheit eines Verlaufs nur auf der Festigkeit einer Leitung (eines Rohres, eines Geleises) beruht, die ihm seine Bahn vorschreibt. Seit KÖHLERS Untersuchungen (1920) wissen wir, was die Physiker schon lange wußten: daß die Bestimmtheit einer Form oder eines Verlaufes durchaus nicht immer durch starre Vorrichtungen (Apparate, Mechanismen) auferlegt ist, sondern daß es auch Formen und Verläufe gibt, die ihre Bestimmtheit dem Gleichgewicht von Eigenkräften und dem Vorhandensein bestimmter Vektoren (Gefälle) verdanken. Als Merkbeispiel für die durch ein Kräftegleichgewicht bestimmte *Form* sei die Seifenblase (im Vergleich mit einer Stein-, Holz- oder Blechkugel oder mit der „Form" der Flüssigkeit in einem kugelförmigen Gefäß) genannt. Als Merkbeispiel für einen freien Verlauf diene die Reise des Wassers aus einem heißen Kochtopf in der Richtung der Temperaturgefälles auf das kalte Küchenfenster (im Vergleich mit dem Wasser, das durch eine festliegende Leitung von dem einen Punkt zum anderen gepumpt wird). Für unseren Vergleich besonders geeignet sind diejenigen geordneten Verläufe, deren Endziel ein bestimmtes wohlgeformtes Gebilde ist, wie bei der Entwicklung eines Lebewesens aus dem befruchteten Ei (METZGER 1941, Kap. 6). Zwischen den durch Vorrichtungen festgelegten und den durch Vektoren gesteuerten Verläufen bestehen mehrere grundlegende Unterschiede.

1. Bei den Verläufen, die durch das Zusammenwirken von Kräften gesteuert werden, sind die treibenden und die steuernden Kräfte dieselben: z. B. das Gefälle. Bei den Verläufen, die durch Vorrichtungen ausgerichtet werden, sind die treibenden und die steuernden Kräfte verschieden. In unserem Beispiel ist die treibende Kraft die Pumpe; steuernd wirkt der Widerstand der Leitungswände.

2. Die feste Leitung muß bei jeder Verlagerung des Ausgangspunktes oder des Zieles (oder beider) neu gelegt werden; bei der Steuerung durch innere Kräfte paßt sich die Richtung des Verlaufs von selbst jeder solchen Verlagerung an.

3. Wird eine feste Leitung beschädigt, so entgleist der durch sie geleitete Vorgang und verliert sich ungeordnet in die Umgebung; bei der Steuerung durch innere Kräfte kommen beschädigte Leitungen nicht vor; aber es können Hindernisse in den durchströmten Bereich gebracht werden (in unserem Beispiel etwa ein Schirm); in diesem Fall ändert sich der Strömungsverlauf so, daß das Hindernis umgangen wird, und kehrt bei dessen Beseitigung sogleich wieder in die ursprüngliche Bahn zurück.

4. Hat der Verlauf die Ausbildung eines bestimmt geformten Gebildes zum Ziel, so ist „das Endergebnis, wenn es sich für den gegebenen Bedingungskomplex fertig ausbilden kann... unter allen bei gleichen Bedingungen denkbaren räumlichen Verteilungen, Verschiebungen, chemischen Veränderungen usw. jedesmal *ein ausgezeichneter Zustand*" (KÖHLER 1925, S. 535), meist auffallend regelmäßig bis symmetrisch. Dies ist, wie schon MACH (1871) fand, eine einfache Folgebestimmung des erreichten Gleichgewichts.

5. Wird der ausgezeichnete Endzustand durch äußere Einwirkungen gestört, so kehrt das fragliche Gebilde bei Wegfall der störenden Einwirkung – innerhalb gewisser Grenzen, die sich oft genau bestimmen lassen – von selbst in den ausgezeichneten Zustand zurück (Regulation, Heilung usw.). Durch äußere Festlegungen bestimmte Formen können sich bei Störungen nicht selbst wieder herstellen.

6. Steht das sich ausbildende Ganze mit einem Energiereservoir in Verbindung, so daß aus ihm beliebige Energiemengen in das Ganze übergehen können, so ist der angestrebte Endzustand nicht nur regelmäßiger, sondern in der Regel auch stärker gegliedert; er ist „entfaltet".

7. Alles dieses ist nur möglich, wenn das Geschehen an den benachbarten Teilen und Stellen fortwährend von den Kräfteverhältnissen in dem *Ganzen* mitbestimmt wird.

Zurück zur Kreativität: Diese hat ihren Platz, wo aus einer Problemlage eine Lösung (eine Entdeckung, eine Erfindung, ein Beweis) oder aus einem Gedankenkeim (einer Idee) ein Werk hervorgehen. Es liegt auf der Hand, daß dieser Vorgang nur dann kreativ genannt werden kann, wenn er nicht aus der Befolgung bekannter Regeln oder Vorschriften oder dem Einsatz irgendwelcher Vorrichtungen hervorgeht, sondern in freier Auseinandersetzung mit seinem Gegenstand auf dessen möglichst vollkommene Verwirklichung ausgeht. Dann aber ist der kreative Vorgang ein besonderer Fall eines Geschehens der oben behandelten Art, durch welches eine möglichst vollkommene Ordnung aus dem Wechselspiel innerer Kräfte hervorgeht. Alle Eigentümlichkeiten eines solchen Geschehens müssen auch auf den kreativen Vorgang zutreffen. Daß dies tatsächlich so ist, kann hier nicht mehr im einzelnen auseinandergesetzt werden (vgl. METZGER 1962[2]). Es soll nur noch auf die Grundbedingungen hingewiesen werden, ohne die ein solches Geschehen sein Ziel nicht erreichen kann. Sie zu der empirischen Merkmalsliste in Beziehung zu setzen muß dem Leser überlassen bleiben.

Zwei dieser Bedingungen (A 1, A 2) beziehen sich auf die Kräfteverhältnisse, zwei (B 1, B 2) auf Eigenschaften des Bewegungsraumes.

A 1: Das Ziel muß eine genügende Anziehungskraft besitzen. Dies ist die Bedeutung der Liebe zur Sache und des Ergriffen-, Erfüllt-, Besessenseins von der Aufgabe.

A 2: Keine andere Kraft von ähnlicher Stärke darf im Bewegungsraum wirksam sein. Dies ist die Bedeutung der Sachlichkeit oder Selbstvergessenheit, der möglichsten Freiheit von allen sachfremden („sekundären") Antrieben.

Zu den erforderlichen Eigenschaften des Raumes gehören:

B 1: die Beweglichkeit, die eine möglichst reibungsfreie Steuerung des Geschehens durch die Forderungen der Sache gewährleistet;

B 2: die Freiheit von vorgezeichneten Wegen, d. h. beim schaffenden Menschen u. a. von Denkgewohnheiten und Rezepten.

Alles dieses gewährleistet eine möglichst störungsfreie, rein dynamisch gesteuerte Annäherung an das Ziel: vom Problem zur Lösung, von dem Einfall oder der Idee zur Verwirklichung. Es enthält jedoch keine Erklärung dafür, wie Einfälle entstehen und warum der eine Mensch viele, der andere einige und die meisten gar keine Einfälle haben. Hierfür gilt auch heute noch der oben angeführte Ausspruch von GOETHE, den er mit den Worten fortsetzt: „Dergleichen hat der Mensch als unverhoffte Geschenke von oben als reine Kinder Gottes zu betrachten, die er mit freudigem Dank zu empfangen und zu verehren hat…" (ECKERMANN 1836, S. 383).

34. Schöpferische Freiheit (1979)

Statt von „Kreativität" kann man auch von „schöpferischer Freiheit" sprechen. Die beiden Ausdrücke bedeuten aber nicht genau dasselbe. Die Freiheit des Schaffenden ist zwar ein unerläßliches Merkmal schöpferischen Verhaltens. In einem Punkt ist er aber nicht frei. Ob ihm etwas einfällt, ob er eine Idee hat, auch wie oft dies geschieht und auch *was* ihm einfällt, steht nicht in seiner Macht. Das hat Ursachen, die wir noch nicht kennen, auf die wir deshalb auch nicht einwirken können und die daher hier nicht eingehend besprochen werden.

Ist aber nicht Osborns „Brainstorming" (1963; vgl. auch Clark 1958) eine solche Einwirkung? (Die Bedeutung dieses neuen Ausdrucks läßt sich frei, aber in guter Annäherung mit „Kopfausschütteln" wiedergeben.) Bei diesem viel besprochenen und besonders in Amerika gern geübten Verfahren ist es jedoch noch offen, ob es wirklich die Zahl der Einfälle vermehrt oder ob es nicht vielmehr *vorhandene* Einfälle davor bewahrt, ohne genügende Prüfung voreilig wieder verworfen zu werden. Denn ein schüchterner Mensch, der einen Einfall hat, ist allzu leicht bereit, kleinmütig zu vermuten, der Einfall werde doch nichts taugen (Crutchfield 1967). Und wenn er sich doch traut, ihn vorzubringen, findet er genauso leicht einen Zuhörer, der ihn ebenso ungeprüft mit „ach Unsinn" abtut. Nach den Regeln des „Brainstorming" wird in der Gruppe ein Problem gestellt, und alle ihre Mitglieder werden aufgefordert, der Reihe nach ohne Scheu ausnahmslos alles vorzubringen, was ihnen dazu einfällt, auch wenn es ihnen noch so unsinnig, ungereimt oder abliegend erscheint. Zugleich ist es streng verboten, an dem, was ein anderes Mitglied der Gruppe eben vorgebracht hat, Kritik zu üben. Das ist einleuchtenderweise ein geeignetes Verfahren, um auch unsichere Einfälle vor dem Verlust zu bewahren. Hierdurch kann die Menge der schließlich verfügbaren (und verwertbaren) Vorschläge erheblich gesteigert werden. Aber dieser Erfolg wird, wie gesagt, höchstwahrscheinlich dadurch erreicht, daß *schon vorhandene* Vorschläge vor dem Verlorengehen bewahrt werden.

Wenn der Einfall selbst im Grunde unbeeinflußbar ist, kann die freie Wahl des Themas kein notwendiger Bestandteil der schöpferischen Freiheit sein. Die Geschichte aller Künste bestätigt diese Annahme. So war die epische Dichtung des Mittelalters jahrhundertelang fast ausschließlich damit beschäftigt, *geläufige* Themen in immer neue Formen zu gießen. Dasselbe gilt für die bildende Kunst. Die Bildtafeln auf mittelalterlichen Altären waren ausnahmslos im Auftrag geschaffen. Ihre Themen wiederholten sich unaufhörlich. Dabei waren die Künstler strengen Regeln über die Stellung und Kleidung der dargestellten Figuren unterworfen. Suchen wir ein Beispiel aus der Geschichte der Musik, so finden wir das Thema, das Friedrich der Große Johann Sebastian Bach stellte und aus dem das „Musikalische Opfer" hervorging. Mit diesen Sachverhältnissen hängt es zweifellos zusammen, daß, wenn man zur Pflege der Selbsttätigkeit, wie Gaudig (1917) es gefordert hat, von den Schülern ein Handeln nicht nur aus eigenem Antrieb, mit eigenen Kräften, auf selbst gewählten Bahnen, sondern darüber hinaus zu freigewählten Zielen verlangt, es auf eine reine Quälerei hinauskommt (mit vorwiegend fragwürdigem Ertrag). Hat der Schüler einen Einfall (zu einem Aufsatz, einem Bild, einem Muster), so dränge man ihm keine andere Aufgabe auf. Hat er keinen, so nötige man ihn nicht, krampfhaft danach zu suchen. Es ist dann die Aufgabe des Lehrers, ihm ein Thema zu stellen und es so vorzubereiten, daß der eigene Antrieb zu seiner Bearbeitung erwacht.

Trotz dieser Einschränkung bleibt aus den theoretischen Bestimmungen der schöpferischen Freiheit für die Praxis genug zu folgern. Allgemein ist eine Hinführung zur Freiheit von Grund auf etwas anderes als eine Handwerkslehre. Die Vermittlung von Techniken wird darin eine viel geringere Rolle spielen als die Veränderung von Haltungen. Das bedeutet, daß pädagogische Maßnahmen darin mindestens ebenso bedeutsam sind wie didaktische.

Die pädagogische Grundaufgabe könnte an sich, wenn die Eltern genügend unterrichtet wären, schon vor dem Schuleintritt im häuslichen Kreis erledigt werden. Es handelt sich um die Verhütung oder Beseitigung zweier scheinbar entgegengesetzter Haltungen, die eine selbständige Betätigung des jungen Menschen verhindern, weil sie seine Schaffensantriebe lähmen.

Erste Haltung: *„Ich kann nicht* – es lohnt sich gar nicht erst anzufangen, denn wie man's macht, ist es verkehrt."

Zweite Haltung: *„Ich brauche nicht* – ich werde schon jemanden finden, der es für mich tut."

Das erste ist die Verzagtheit des niemals anerkannten, früh überforderten, zu Tode kritisierten Kindes, das bis auf den Grund entmutigt ist. Das zweite ist der Abschiebungszwang des früh unterforderten und verwöhnten Kindes, das vor lauter überflüssigem Beistand nie dazu kam, irgend etwas selbst zu versuchen, und das infolgedessen von seinen Fähigkeiten keine Ahnung hat.

Wie man die beiden Formen der Lahmlegung von Schaffensantrieben behandelt, darüber findet sich in den Schriften Alfred ADLERS und seiner Mitarbeiter Anleitung genug. Hier müssen einige Andeutungen genügen. Beide Typen von Handlungsgestörten müssen durch die Erteilung erst einfachster und dann allmählich schwieriger werdender Aufgaben Gelegenheit bekommen, „gute Arbeit" zu leisten, wobei der Erfolg auf keinen Fall in Belobigungen oder gar in Belohnungen, sondern ausschließlich in der – auch für ihn selbst erkennbaren – Güte der Arbeit und ihrer Anerkennung zum Ausdruck kommen darf. Bei dem Verwöhnten kommt es zusätzlich darauf an, daß man seine Bitten um Unterstützung freundlich zurückweist und ihm Ratschläge gibt, wie er sich selber helfen könne, daß man gegenüber allen, auch wiederholten Bekundungen des Unvermögens fest bleibt und es ruhig darauf ankommen läßt, bei seinem Patienten in den Ruf mangelnden Mitleids zu geraten. Übrigens soll der Lehrer auch beim seelisch gesunden Schüler dessen Arbeiten niemals irgendwie verbessern. Auch dies ist eine Art aufgezwungener Verwöhnung. Es spiegelt eine vom Schüler im Augenblick nicht erreichbare Leistung vor und ist ohne jeden Bildungswert. Der Platz für Verbesserungsvorschläge ist am Rand, neben der Schülerarbeit.

Neben der allgemeinen erzieherischen Forderung, von Anfang an die Folgen von Entmutigung und von Verwöhnung zu bekämpfen, steht nun eine Reihe von didaktischen Forderungen, die dazu dienen sollen, die vier Voraussetzungen des schöpferischen Umgangs mit einem Thema wirksam werden zu lassen, wobei man im Rahmen der Schule oder irgendeiner Fachausbildung, wie gesagt, wird davon ausgehen müssen, daß es sich um ein *gestelltes* Thema handelt. Die vier Voraussetzungen seien, bevor wir ihre praktische Bedeutung besprechen, nochmals kurz genannt:

1. An erster Stelle steht die Forderung, bei dem Schüler Begeisterung für die Aufgabe und Freude an ihr zu wecken, wie sie u. a. an der Bitte eines Schülers deutlich wurde, noch mehr solcher Aufgaben zu bekommen (das gibt es wirklich).
2. Der schöpferische Vorgang darf nicht durch sachfremde Nebenziele abgelenkt werden.
3. Das Geschehen der Aufgabenlösung muß sich möglichst unbehindert durch innere Reibung auf das Ziel einspielen können.
4. Der geistige Raum, in dem sich die Aufgabenlösung abspielt, darf nicht verbaut sein von fest vorgezeichneten Bahnen, die dem Geschehen bestimmte Richtungen – auch die Richtung zum Ziel – von außen aufnötigen.

Um die Begeisterung für das Thema wecken zu können, muß dieses altersgemäß sein; weder so leicht, daß es den Schüler langweilt, noch so schwer, daß ihm vorzeitig der Atem ausgeht oder daß er, wie etwa bei sprachlichen Aufgaben, deren Inhalt sein Fassungsvermögen übersteigt (wie das bei vielen Schulaufsätzen der Fall ist), zu leerem Gerede verführt wird.

Aufgaben der Gestaltung dürfen gerade bei jungen Schülern, wenn erst die Begeisterung geweckt ist, sehr komplexer Natur sein (z. B. die Darstellung eines Festzuges oder dergleichen). Die Entwicklung des Interesses geht nicht vom Einfachen zum Komplexen, sondern umgekehrt. Nicht der Anfänger, sondern nur der reife Künstler kann sich für die berühmte Rübe des Malers Max LIEBERMANN begeistern.

Ein neuer Gegenstand darf auf keinen Fall als ein Paket neuen Wissens – zur Vergrößerung des Wissensberges: „wir kommen nun zu..." – eingeführt werden; am allerwenigsten darf er mit neuen Fachausdrücken und deren Erläuterungen beginnen. Er muß vielmehr die Begierde jedes jungen Menschen ansprechen, „dahinterzukommen", wie irgendwelche auffallenden Phänomene zustande kommen, oder „herauszukriegen", wie man etwas macht, z. B. wie man ein brauchbares zweidimensionales Netz eines regelmäßigen Körpers zustande bringt (PETERMANN und HAGGE 1935), oder was für Folgen die verschiedene Länge von Hebeln (PÜTTMANN 1968) hat oder wie man einen gerechten Leistungsvergleich zwischen zwei ungleich großen Gruppen zustande bringt (WITTOCH 1973). Für die Einführung neuer Fachausdrücke ist die rechte Zeit nicht am Anfang, sondern am Schluß der Einführung in ein neues Sachgebiet.

Die Gefährdung schöpferischer Freiheit durch sachfremde Nebenziele wird in kaum einer unserer Schulen und Ausbildungsstätten, auch nicht in der Lehre von der Erziehung in ihrem vollen Umfang erkannt. In aller Unschuld stellt man dort „primäre" und „sekundäre" oder auch „intrinsische" und „extrinsische" Motivation, d. h. sachbezogene und sachfremde Antriebe, gleichberechtigt nebeneinander. Das wäre zulässig, wenn die Aufgabe einer Lehranstalt dieselbe wäre wie die einer Fabrik, nämlich möglichst vollkommene Erzeugnisse anzubieten, ganz gleich, wie sie zustande gekommen sind. Eine Schule ist aber keine Fabrik, sondern eine Veranstaltung zur geistigen Förderung von Menschen. Es steht daher nicht im Belieben des Lehrers, „primäre" oder „sekundäre" Antriebe anzusprechen. *Jeder* „sekundäre", d. h. sachfremde Antrieb lenkt vom Hauptziel ab und beeinträchtigt daher das schöpferische Verhalten. So dient das erwähnte „leere Gerede" bei der Überforderung durch sprachliche Aufgaben sichtlich dem Versuch, nicht vorhandenes Wissen vorzutäuschen, „Eindruck zu schinden", sich selbst aufzublähen. Das ist auf verschiedene Weise möglich. Man kennt die Texte, deren deutlicher Nebenzweck der Nachweis der klassischen Bildung oder der Fachzugehörigkeit ist oder der Nachweis, daß man „modern", daß man „progressiv" ist. Die sachfremden Nebenziele sind zumeist irgendwelche Vorteile für die eigene Person: gute Noten, gute Zeugnisse, Versetzungen; gelobt, ausgezeichnet, anerkannt, bewundert, beneidet zu werden; sich beliebt zu machen oder andere zu überbieten. Noch schädlicher ist das Gegenteil: die Angst, zu versagen, sich bloßzustellen, getadelt und gescholten, ausgelacht oder einfach nicht beachtet zu werden. Neutral und trotzdem nachgewiesenermaßen schädlich ist das einfache Bestreben, möglichst schnell fertig zu werden, also auch alles Hetzen des Schülers. Ein unter den Erwachsenen ungemein verbreitetes Nebenziel ist heute die Absicht, in dem Werk „die eigene Persönlichkeit zum Ausdruck zu bringen". An der Entstehung großer Kunst ist sie ebensowenig beteiligt wie der Leistungsehrgeiz an wissenschaftlichen Leistungen (ELIOT 1934). Weniger schädlich ist die Nebenabsicht, jemandem durch eine Arbeit Freude zu machen, einen Auftraggeber zu befriedigen oder schließlich einfach, seinen Lebensunterhalt zu verdienen. Aber nach der alten fernöstlichen Theorie des schöpferischen Verhaltens müssen auch diese Motive – wenigstens während der Arbeit am Werk – verstummen. Der Kampf gegen sachfremde Nebenziele ist eine schwierige, aber lösbare Aufgabe. So lassen sich schon durch die Einführung demokratisch organisierter Gruppenarbeit (LEWIN und LIPPITT 1938) einige der mächtigsten Nebenantriebe (Konkurrenz, Streberei, Herabsetzungssucht, aber auch Verzagtheit, Furcht vor Mißerfolg und vor Beschämung) erfolgreich bekämpfen. Dieser Kampf gegen die Unsachlichkeit gehört zu den dringendsten gegenwärtig ungelösten Aufgaben der Erziehung. Der Schaden, den unser allgemeines Bildungswesen durch seine unausrottbare Vorliebe für den Einsatz von „sekundären", also von sachfremden und daher nur störenden Antrieben anrichtet, ist unabsehbar; man denke nur an die Auswirkungen des Notensystems in den Schulen, auch des Numerus clausus an den Hochschulen.

Die geistige Beweglichkeit, die einen unbehinderten Ablauf von Lösungsvorgängen verbürgt, hat eine Reihe von Komponenten: 1. wache Sinne, Aufgeschlossenheit, Aufnahmebereitschaft, unverkrampfte, ruhige Aufmerksamkeit; 2. Umstellungs- und Umstrukturierungsvermögen; 3. Verfügbarkeit des Wissens; 4. für das Gestalten außerdem eine lockere Beherrschung der Hände, des Werkzeugs und des Materials. Vor allem diese Fähigkeit kann (und sollte) zum Gegenstand umfassenden und planmäßigen Übens gemacht werden.

Die geistige Beweglichkeit ist übrigens in hohem Maß abhängig von seelischem Druck. Auffallend häufig wird berichtet, daß nach langen vergeblichen Mühen eine produktive Lösung sich unversehens in einem Augenblick der Entspannung – beim Aufwachen, auf einem Spaziergang – eingestellt hat. Umgekehrt beeinträchtigt aller überdurchschnittlich hohe seelische Druck das schöpferische Verhalten: der kritische Blick eines Prüfers, das Lampenfieber, jede Art von Hetze, auch jeder Versuch, die Lösung gewaltsam zu erzwingen. Hierin liegt die Bedeutung des bereits erwähnten „ruhigen Abwartens".

Zur Festlegung bestimmter Richtungen im Bewegungsraum gehören sämtliche Verfahren der „Verstärkung" von Gewohnheiten, d. h. der äußeren Festlegung erwünschter Verhaltensweisen im Sinne der amerikanischen Lerntheorie. Daher hat auch der aus dieser Theorie abgeleitete „programmierte Unterricht" im Stile SKINNERS für die Förderung *kreativen* Verhaltens keinerlei Nutzen (de BONO 1967). Sie sind Mittel der Führung, nicht der Verselbständigung; der Versklavung, nicht der Befreiung. Ob sich aus den Ansätzen von CRUTCHFIELD (vgl. WAGENSCHEIN 1970, ANDERSON 1937 b, 1939) Programme im sokratischen Stil entwickeln lassen, die das selbständige Denken tatsächlich fördern, bleibt abzuwarten.

Im übrigen ist es die oft sehr schwierige Aufgabe des Erziehers, die bestehenden und die immer wieder neu sich bildenden Festlegungen laufend aufzulösen.

Von den Arten der Festlegung, die bei der Hinführung zu kreativem Verhalten keinen Platz haben, sind die einfachsten die äußerlichen Richtigkeitsgeräte: Zirkel, Lineal, Paus- und Meßgeräte, Schablonen und Muster aller Art (BRITSCH 1926). Neben ihnen stehen die *inneren* Klischees, die (formalen) Arbeitsregeln, die Rezepte und Vorschriften, soweit sie sich nicht streng auf den zweckmäßigen Umgang mit dem Werkzeug und dem Material beschränken. Dazu kommt die Erstarrung *zunächst* einsichtigen Vorgehens zu gedankenloser, rein mechanischer Wiederholung bei den heute noch allgemein verbreiteten falschen Einübungsverfahren (ANDERSON 1937 a, 1937 b; METZGER 1976^3); das ängstliche Sich-Anklammern an Vorschriften des Lehrers bei autoritärem Führungsstil (LUCHINS 1942); die verderbliche Belehrung durch etwas weiter fortgeschrittene Mitschüler; die Selbstfestlegung, d. h. das Klebenbleiben an einer eigenen gelungenen Lösung, wenn nicht die Gegenstände, das Material und die Technik ständig genügend gewechselt werden und auf das Einüben des Eindringens in den Sachverhalt verzichtet wird; endlich die gefährliche Versuchung, die eigenen Möglichkeiten durch äußerliche, technische Hilfsmittel oder durch den Schmuck mit fremden Federn zu übersteigen, wenn die Anforderungen für das fragliche Alter zu hoch angesetzt werden (BRITSCH 1926).

Dies ist nur eine kleine Auswahl aus den Aufgaben, die der Kampf gegen die Festlegungen, die echt schöpferisches Vorgehen verhindern, an den Lehrer stellt. Dieser Kampf kann durch nichts ersetzt werden. Denn soweit wir unseren Schülern nicht nur unverstandene Kenntnisse und Techniken vermitteln, sondern ihnen zu Erkenntnissen und Einsichten in Zusammenhänge und zum Mut zu freier Gestaltung verhelfen wollen, müssen wir uns darüber klar sein, daß dies durch Manipulation, durch die Weitergabe von sprachlich festgelegtem Wissen und von starren Rezepten des Denkens und Gestaltens nicht erreichbar ist.

Eine Erziehung zur Produktivität oder Kreativität kann nur durch die Gelegenheit zu freier und selbständiger Auseinandersetzung mit Problemen erfolgen, in welcher von Anfang an auf alle Krücken und Eselsbrücken verzichtet wird. Zur Prüfung, ob und wieweit in der einzelnen Leistung dieses Ziel erreicht ist, gibt es zahlreiche erprobte Verfahren, die aber hier nicht mehr behandelt werden können (vgl. METZGER 1962^2, 1976^3).

Die sachgemäße Erziehung zur Produktivität, die sich aus der allgemeinen Theorie der auf inneren Kräften der Sache beruhenden Ordnung ableiten läßt, ist, vom Gesichtspunkt des Erziehers gesehen, ein Sonderfall echter Emanzipation oder innerer Befreiung, einer Befreiung, in der die Unterwürfigkeit des Befehlsempfängers nicht durch die ebenso sinnlose Unbotmäßigkeit antiautoritären Aufbegehrens, sondern durch echte Sachlichkeit ersetzt ist.

Registerteil

Quellenverzeichnis

1. „Das Bild des Menschen in der neueren Psychologie" von Wolfgang METZGER. Erschienen in: *Studium Generale* 5, 1952, 521-530. Freie Wiedergabe des Inhalts einer Vorlesung, gehalten am 30.11.1950 an der Universität Münster. Abdruck mit freundlicher Genehmigung des Springer-Verlages, Heidelberg.
2. „Über Modellvorstellungen in der Psychologie" von Wolfgang METZGER. Erschienen in: *Studium Generale* 18, 1965, 346-352. Abdruck mit freundlicher Genehmigung des Springer-Verlages, Heidelberg.
3. „Das Experiment in der Psychologie" von Wolfgang METZGER. Erschienen in: *Studium Generale* 5, 1952, 142-163. Abdruck mit freundlicher Genehmigung des Springer-Verlages, Heidelberg.
4. „Psychologie zwischen Natur- und Geisteswissenschaften" von Wolfgang METZGER. Erschienen in: H. BALMER (Hrsg.): *Die europäische Tradition. Psychologie des 20. Jahrhunderts,* Bd. 1. München/Zürich: Kindler 1976, 27-40. Abdruck mit freundlicher Genehmigung des Kindler-Verlages, München.
5. „Zur Geschichte der Gestalttheorie in Deutschland" von Wolfgang METZGER. Erschienen in: *Psychologia* 6, 1963, 11-21. Abdruck mit freundlicher Genehmigung der Psychologia Society, Kyoto (Japan).
6. „Gibt es noch Psychologische Schulen?" von Wolfgang METZGER. Erschienen in: *Westermanns pädagogische Beiträge* 1973/6, 314-325. Abdruck mit freundlicher Genehmigung des Westermann-Verlages, Braunschweig.
7. „Grundbegriffe der Gestaltpsychologie" von Wolfgang METZGER. Erschienen in: *Schweizerische Zeitschrift für Psychologie* 13, 1954, 3-15. Abdruck mit freundlicher Genehmigung des Huber-Verlages, Bern (Schweiz).
8. „Der Geltungsbereich gestalttheoretischer Ansätze" von Wolfgang METZGER. Erschienen in: *Bericht über den 25. Kongreß der Deutschen Gesellschaft für Psychologie,* Münster 1966. Göttingen: Hogrefe 1967, 13-24. Der Festvortrag wurde Friedrich WEINHANDL zu seinem Geburtstag gewidmet. Abdruck mit freundlicher Genehmigung des Hogrefe-Verlages, Göttingen.
9. „Die Entdeckung der Prägnanztendenz. Die Anfänge einer nicht-atomistischen Wahrnehmungslehre" von Wolfgang METZGER. Erschienen in: G.B. FLORES D'ARCAIS (Ed.): *Studies in perception. Festschrift for Fabio Metelli.* Milano/Firenze: Giunti Barbèra 1975, 3-47. Der Text basiert auf einem Vortrag, den METZGER 1970 in Venedig gehalten hat. Abdruck mit freundlicher Genehmigung des Verlages Giunti Barbèra, Firenze (Italien).
10. „Möglichkeiten der Verallgemeinerung des Prägnanzprinzips" von Wolfgang METZGER. Erschienen in: *Gestalt Theory* 4, 1982, 3-22. Dieser Text, der ebenfalls auf einem 1970 in Venedig gehaltenen Vortrag basiert, schließt unmittelbar an den voranstehenden Aufsatz an. Abdruck mit freundlicher Genehmigung des Westdeutschen Verlages, Wiesbaden.

11. „Das Problem der Ordnung" von Wolfgang METZGER. Erschienen in: A. THOMAS und R. BRACKHANE (Hrsg.): *Wahrnehmen, Urteilen, Handeln. Forschungen im Spannungsfeld von Allgemeiner und angewandter Psychologie*. Bern/Stuttgart/Wien: Huber 1980, 314-334. Abdruck mit freundlicher Genehmigung des Huber-Verlages, Bern (Schweiz).

12. „Gestalttheorie und Gruppendynamik" von Wolfgang METZGER. Erschienen in: *Gruppendynamik* 6, 1975, 311-331. Abdruck mit freundlicher Genehmigung des Verlages Klett-Cotta, Stuttgart.

13. „Zum gegenwärtigen Stand der Psychophysik" von Wolfgang METZGER. Erschienen in: *Studium Generale* 3, 1950, 261-270. Nach einem Vortrag vor der Medizinisch-naturwissenschaftlichen Gesellschaft in Münster/Westf. am 15.12. 1948. Abdruck mit freundlicher Genehmigung des Springer-Verlages, Heidelberg.

14. „Leib und Seele in der unmittelbaren Erfahrung" von Wolfgang METZGER. Erschienen in: *Physikalische Blätter* 8, 1952, 97-105. Abdruck mit freundlicher Genehmigung des Verlages Chemie, Weinheim.

15. „Das psychophysische Problem" von Wolfgang METZGER. Erschienen in: *Physikalische Blätter* 8, 1952, 241-249. Abdruck mit freundlicher Genehmigung des Verlages Chemie, Weinheim.

16. „Aporien der Psychophysik" von Wolfgang METZGER. Erschienen in: R. JUNG und H. KORNHUBER (Hrsg.): *Neurophysiologie und Psychophysik des visuellen Systems*. Berlin: Springer 1961, 435-443. Abdruck mit freundlicher Genehmigung des Springer-Verlages, Heidelberg.

17. „Über die Notwendigkeit kybernetischer Vorstellungen in der Theorie des Verhaltens" von Wolfgang METZGER. Erschienen in: *Zeitschrift für Psychologie* 171, 1965, 336-342. Abdruck mit freundlicher Genehmigung des Verlages Johann Ambrosius Barth, Leipzig (DDR).

18. „Die Wahrnehmungswelt als zentrales Steuerungsorgan" von Wolfgang METZGER. Erschienen in: *Ceskoslovenská Psychologie* 8, 1969, 417-431. Abdruck mit freundlicher Genehmigung der Redaktion der Zeitschrift.

19. „Sehen, Hören und Tasten in der Lehre von der Gestalt" von Wolfgang METZGER. Erschienen in: *Schweizerische Zeitschrift für Psychologie* 13, 1954, 188-198. Abdruck mit freundlicher Genehmigung des Huber-Verlages, Bern (Schweiz).

20. „Über optisch-haptische Maßtäuschungen an dreidimensionalen Gegenständen" von Wolfgang METZGER, Ortrud VUKOVICH-VOTH und Ilse KOCH. Erschienen in: *Psychologische Beiträge* 12, 1970, 329-366. Abdruck mit freundlicher Genehmigung des Verlages Anton Hain, Meisenheim/Glan.

21. „Gestaltwahrnehmung" von Wolfgang METZGER. Erschienen in: *Naturwissenschaft und Medizin* 23, 1968, 3-24. Abdruck mit freundlicher Genehmigung der C. F. Boehringer & Söhne GmbH, Mannheim.

22. „Simulierung einer buntfarbigen Beleuchtung durch Gegenstände gleicher Oberflächenfarbe" von Wolfgang METZGER und Wolfgang ZÖLLER. Erschienen in: A. LEHTOVAARA und J. JÄRVINEN (Eds.): *Contemporary research in psychology of perception. Festschrift für Kai v. Fieandt*. Helsinki: Söderström Osakeyhtiö 1969, 93-96. Abdruck mit freundlicher Genehmigung des Verlages Söderström Osakeyhtiö, Helsinki (Finnland).

23. „Bewußtsein, Wahrnehmung und Handlung" von Wolfgang METZGER. Erschienen unter dem Titel „Consciousness, perception, and action" in: H. C. CARTERETTE and M. P. FRIEDMAN (Eds.): *Handbook of perception*, Vol. 1. *Historical and*

philosophical roots of perception. New York: Academic Press 1974, 109-122. Übersetzung mit freundlicher Genehmigung von Academic Press, New York (USA).

24. „Die Entwicklung der Gestaltauffassung in der Zeit der Schulreife" von Wolfgang METZGER. Erschienen in: *Westermanns Pädagogische Beiträge* 8, 1956, 531-543; 603-615. Abdruck mit freundlicher Genehmigung des Westermann Verlages, Braunschweig.

25. „Trotz: Anleitungen bei einer normalen Entwicklungskrise" von Wolfgang METZGER. Erschienen in: R. HÖRL (Hrsg.): *Die Zukunft unserer Kinder.* Olten/Freiburg: Walter 1967, 106-113. Abdruck mit freundlicher Genehmigung des Herausgebers.

26. „Erziehung zum fruchtbaren Denken" von Wolfgang METZGER. Erschienen in: K. STRUNZ (Hrsg.): *Pädagogische Psychologie für höhere Schulen.* München/Basel: Reinhardt 1959, 242-273. Abdruck mit freundlicher Genehmigung des Ernst Reinhardt Verlages, München.

27. „Erziehung zum schöpferischen Gestalten" von Wolfgang METZGER. Erschienen in: K. STRUNZ (Hrsg.): *Pädagogische Psychologie für höhere Schulen.* München/Basel: Reinhardt 1959, 273-293. Abdruck mit freundlicher Genehmigung des Ernst Reinhardt Verlages, München.

28. „Über die Verifikation tiefenpsychologischer Thesen" von Wolfgang METZGER. Erschienen in: *Schule und Psychologie* 16, 1970, 367-378. Abdruck mit freundlicher Genehmigung des Ernst Reinhardt Verlages, München.

29. „Entstehung und Heilung einer kindlichen Phobie" von Anne BRUNS und Wolfgang METZGER. Erschienen in: R. MÜHLHER und J. FISCHL (Hrsg.): *Gestalt und Wirklichkeit. Festgabe für F. Weinhandl.* Berlin: Duncker & Humblot 1967, 223-243. Abdruck mit freundlicher Genehmigung des Verlages Duncker & Humblot, Berlin.

30. „ADLER als Autor. Zur Geschichte seiner wesentlichen Veröffentlichungen" von Wolfgang METZGER. Erschienen in: D. EICKE (Hrsg.): *Freud und die Folgen. Psychologie des 20. Jahrhunderts,* Bd. 3. München/Zürich: Kindler 1977, 535-551. Abdruck mit freundlicher Genehmigung des Kindler-Verlages, München.

31. „Der Beitrag der Gestalttheorie zur Frage der Grundlagen des künstlerischen Erlebens" von Wolfgang METZGER. Erschienen in: *Exakte Ästhetik* 1, 1965, 15-29. Nachträgliche Korrekturen und Ergänzungen des Autors wurden in den hier wiedergegebenen Text übernommen. Abdruck mit freundlicher Genehmigung der Vereinigung für moderne bildende Kunst e. V., Frankfurt/M.

32. „Der Einfluß ästhetischer Beispiele" von Wolfgang METZGER. Erschienen unter dem Titel „The influence of aesthetic examples" in: G. KEPES (Ed.): *Education of vision.* New York: Braziller 1965, 16-26. Übersetzung mit freundlicher Genehmigung des Verlages Braziller, New York (USA).

33. „Gestalttheoretische Ansätze zur Frage der Kreativität" von Wolfgang METZGER. Erschienen in: G. CONDREAU (Hrsg.): *Transzendenz, Imagination und Kreativität. Psychologie des 20. Jahrhunderts,* Bd. 15. München/Zürich: Kindler 1979, 805-812. Abdruck mit freundlicher Genehmigung des Kindler-Verlages, München.

34. „Schöpferische Freiheit" von Wolfgang METZGER. Erschienen in: G. CONDREAU (Hrsg.): *Transzendenz, Imagination und Kreativität. Psychologie des 20. Jahrhunderts,* Bd. 15. München/Zürich: Kindler 1979, 1069-1074. Abdruck mit freundlicher Genehmigung des Kindler-Verlages, München.

Gesamtverzeichnis der Veröffentlichungen von
WOLFGANG METZGER

1. Referat: H. HECHT, Die simultane Erfassung der Figuren. Zeitschrift für Psychologie 94, 1924, 153-194. Psychologische Forschung 5, 1924, 367-368.
2. Referat: H. WERNER, Studien über Strukturgesetze, I, II und III. Zeitschrift für Psychologie 94, 1924, 248-264; 265-272; 95, 1924, 316-363. Psychologische Forschung 6, 1924, 211-213.
3. Psychologie. Referate über: Psychoanalyse und Philosophie, Intuition, Triebbegriff, Grundlagen seelischen Geschehens, Temperamentslehre, Krankheitsbegriff u. a. Sozialistische Monatshefte 30, 1924, 324-332.
4. Psychologie. Referate über: Geist und Materie, Bewußtsein, Erlebnis, Wahrnehmungsprobleme u. a. Sozialistische Monatshefte 30, 1924, 592-596.
5. Psychologie. Referate über: Bewußtsein und Gehirn, Sinnenverwandtschaft, Sinneneinheit, Bewußtsein und Seele u. a. Sozialistische Monatshefte 31, 1925, 45-50.
6. Psychologie. Referate über: Sexualpathologie, weibliche Eigenheit, Lebensfragen u. a. Sozialistische Monatshefte 31, 1925, 367-372.
7. Psychologie. Referate über: Jugendpsychologie u. a. Sozialistische Monatshefte 31, 1925, 576-579.
8. Psychologie. Referate über: Dingwelt, Psychopathen, Okkultismus u. a. Sozialistische Monatshefte 32, 1926, 121-124.
9. Psychologie. Referate über: Überindividuelle Bindung u. a. Sozialistische Monatshefte 32, 1926, 869-872.
10. Über die Vorstufen der Verschmelzung von Figurenreihen, die vor dem ruhenden Auge vorüberziehen. Psychologische Forschung 8, 1926, 114-221.
11. Referat: A. SZILARD, Dynamische Nervenlehre. Würzburg: Kabitzsch und Mönnich 1928. Psychologische Forschung 10, 1928, 393.
12. Referat: G. A. DE LAGUNA, Speech, its Function and Development. New Haven: Yale University Press 1927. Psychologische Forschung 10, 1928, 394.
13. Referat: K. HAACK, Experimental-deskriptive Psychologie der Bewegungen, Konfigurationen und Farben unter Verwendung des Flimmerphänomens. Berlin: Karger 1927. Psychologische Forschung 10, 1928, 394-395.
14. Referat: O. GREBE, Die funktionellen Sprachstörungen (Stottern, Poltern, Stammeln usw.). Wege zur Heilpädagogik. Halle a. S.: Mahrhold 1927. Psychologische Forschung 10, 1928, 395.
15. Certain implications in the concept of gestalt. American Journal of Psychology 40, 1928, 162-166.
16. The mode of vibration of the vocal cords. Psychological Monographs 38, 1928, No. 4.
17. How do the vocal cords vibrate? Quarterly Journal of Speech Education 1928, 300-301.
18. Die Form der schwingenden Stimmlippen. Passow-Schäfers Beiträge 27, 1928, 340-346.
19. Les maîtres de la psychologie: WOLFGANG KÖHLER. La psychologie et la vie 3, 1929, 69-71.

20. Buchbesprechung: B. PETERMANN, Die WERTHEIMER-KOFFKA-KÖHLERsche Gestalttheorie und das Gestaltproblem. Leipzig 1929. Die Naturwissenschaften 17, 1929, 230-231.
21. Psychologische Mitteilungen. (Gemeinsame Qualitäten des Gesichts und des Gehörs. Helligkeit von Gerüchen. Die Haut als Aufnahmeorgan für Musik, für die Sprache. Identität vibratorischer und akustischer Erlebnisse. Laut und Sinn. Drucksinn und Vibrationssinn. Leistungsgrenzen des Vibrationssinns. Akustische und vibratorische Richtungswahrnehmung. Die kleinsten im Nervensystem wirksamen Zeitunterschiede.) Die Naturwissenschaften 17, 1929, 843-848.
22. Optische Untersuchungen am Ganzfeld. II. Mitteilung: Zur Phänomenologie des homogenen Ganzfelds. Psychologische Forschung 13, 1930, 6-29.
23. Optische Untersuchungen am Ganzfeld. III. Mitteilung: Die Schwelle für plötzliche Helligkeitsänderungen. Psychologische Forschung 13, 1930, 30-54.
24. Buchbesprechung: R. MATTHAEI, Das Gestaltproblem. München 1929. Die Naturwissenschaften 19, 1931, 41-42.
25. Gestalt und Kontrast. Psychologische Forschung 15, 1931, 374-386; Nachtrag 17, 1933, 178.
26. Versuche über die physiologischen Grundlagen phänomenaler Abstände. Bericht über den 12. Kongreß der Deutschen Gesellschaft für Psychologie in Hamburg 1931. Jena: Fischer 1932, 388-389.
27. Versuch einer gemeinsamen Theorie der Phänomene FRÖHLICHS und HAZELHOFFS und Kritik ihrer Verfahren zur Messung der Empfindungszeit. Psychologische Forschung 16, 1932, 176-200.
28. Eine paradoxe Helligkeitserscheinung. Psychologische Forschung 16, 1932, 373-375.
29. Buchbesprechung: M. SCHEERER, Die Lehre von der Gestalt, ihre Methode und ihr psychologischer Gegenstand. Berlin, Leipzig 1931. Die Naturwissenschaften 20, 1932, 775-776.
30. Gestaltgesetze für zeitliche Verläufe. Bericht über den 13. Kongreß der Deutschen Gesellschaft für Psychologie in Leipzig 1933. Jena: Fischer 1933, 153-154.
31. Zur Frage des PIHL-FRÖHLICH-Phänomens. Psychologische Forschung 17, 1933, 349.
32. Psychologische Mitteilungen: Das Sehen von Scheinkörpern bei Bewegung von Flächenfiguren. Die Formkonstanz von Kreisen und Ellipsen bei schräger Draufsicht. Scheinkörper und wirkliche Körper; die Tiefe im Kinematographen. Die Erklärung der Scheinkörperlichkeit. Die Naturwissenschaften 21, 1933, 901-904.
33. Erwiderung. (Zu den Ausführungen von PIKLER in Band 126, S. 385.) Zeitschrift für Psychologie 128, 1933, 458.
34. Literaturbericht: A. AMES, jr., K. N. OGLE und G. H. GLIDDON, Corresponding retinal points. Journal of the Optical Society of America 22, 1932, 537-632. Zeitschrift für Psychologie 132, 1934, 183.
35. Literaturbericht D. KATZ, The tongue of primitive sense organ. Memory and Proceedings of the Manchester Literature and Philosophy Society 78, 1934. Zeitschrift für Psychologie 136, 1935, 180-181.
36. Beobachtungen über phänomenale Identität. Psychologische Forschung 19, 1934, 1-60.
37. Tiefenerscheinungen in optischen Bewegungsfeldern. Psychologische Forschung 20, 1935, 195-260.

38. Rätselbilder in unserer täglichen Umgebung. Gesetze des Sehens. Natur und Volk 65, 1935, 139-151.
39. Sichtbare und unsichtbare Formen. Gesetze des Sehens, 2. Natur und Volk 65, 1935, 251-262.
40. Von Gruppen und Grenzen. Gesetze des Sehens, 3. Natur und Volk 65, 1935, 361-371.
41. Entwicklungsstufen der Formbildung. Gesetze des Sehens, 4. Natur und Volk 65, 1935, 490-504.
42. Gestaltgesetze im Dienste der Tarnung. Gesetze des Sehens, 5. Natur und Volk 65, 1935, 600-618.
43. Helligkeit und Raumform. Gesetze des Sehens, 6. Natur und Volk 66, 1936, 169-184.
44. Gestaltgesetze bei der räumlichen Wirkung perspektivischer Zeichnungen. Gesetze des Sehens, 7. Natur und Volk 66, 1936, 346-356.
45. Der wandernde Mond. Gesetze des Sehens, 8. Natur und Volk 66, 1936, 549-558.
46. Gestaltgesetze bei der räumlichen Wirkung der Helligkeit. Gesetze des Sehens, 9. Natur und Volk 66, 1936, 567-574.
47. Noch ein wichtiges Tarnungsverfahren. Gesetze des Sehens, 10. Natur und Volk 66, 1936, 645-656.
48. Gesetze des Sehens. XVI, 172 S. mit 208 Abb. Frankfurt a. M.: Kramer 1. Auflage 1936. (Kapitel 1-7 und 9-11 sind Neubearbeitungen von Aufsätzen, die vorher einzeln in „Natur und Volk", Bericht der Senckenbergschen Naturforschenden Gesellschaft zu Frankfurt am Main erschienen sind, siehe Nr. 38-47.)
49. Zur Kenntnis des taktil-motorischen Umraums. Bericht über den 15. Kongreß der Deutschen Gesellschaft für Psychologie in Jena. Jena: Fischer 1937, 211-216.
50. Kreisende Landschaft. Umschau 41, 1937, 754-755.
51. Das Sehen von Formen und Dingen und das Problem der Seelenblindheit. Gegenwartsprobleme der Augenheilkunde 8, 1937, 149-165.
52. Gesetze des Sehens, angewandt. Natur und Volk 67, 1937, 555-561.
53. Ganzheit und Gestalt. Ein Blick in die Werkstatt der Psychologie. Erzieher im Braunhemd 6, 1938, 90-93.
54. Lebendiges Denken. Nach Schopenhauer und v. Clausewitz. Erzieher im Braunhemd 6, 1938, 193-196.
55. Friedrich Schumann. Ein Nachruf. Zeitschrift für Psychologie 148, 1940, 1-18.
56. Zur anschaulichen Repräsentation von Rotationsvorgängen und ihre Deutung durch Gestaltkreislehre und Gestalttheorie. Zeitschrift für Sinnesphysiologie 68, 1940, 261-279.
57. Zur Theorie der Rotationserlebnisse. Zeitschrift für Sinnesphysiologie 69, 1940, 94-96.
58. Buchbesprechung: V. Kraft, Die Grundlagen einer wissenschaftlichen Wertlehre. (Ohne Angaben.)
59. Buchbesprechung: Th. Elsenhans, Lehrbuch der Psychologie. Tübingen 1937/1938. Umschau 42, 1940.
60. Psychologie: Die Entwicklung ihrer Grundannahmen seit der Einführung des Experiments. XIX, 352 S. mit 43 Abb. Dresden/Leipzig: Steinkopff, 1. Auflage 1941.
61. Psychologie und Menschenkenntnis. Die Erziehung 16, 1941, 58-68.

62. Zur Frage der Bildbarkeit schöpferischer Kräfte. Arbeit und Betrieb 12, 1941, (I) 60-70; (II) 118-127.
63. Buchbesprechung: H. ROHRACHER, Die elektrischen Vorgänge im menschlichen Gehirn. Umschau 43, 1941.
64. Buchbesprechung: V. v. WEIZSÄCKER, Der Gestaltkreis. Leipzig 1940. Zeitschrift für Psychologie 151, 1941, 248-249.
65. Der Auftrag der Psychologie in der Auseinandersetzung mit dem Geist des Westens. Volk im Werden 10, 1942, 133-144.
66. JOHANN GEORG HAMANN: Aussprüche aus den Jahren 1759-1780. Volk im Werden 10, 1942, 228-243.
67. Das Tiefensehen mit zwei Augen. Natur und Volk 72, 1942, 11-25.
68. Das Räumliche der Hör- und Sehwelt bei der Rundfunkübertragung. 142 S. mit 51 Abb. Berlin: Decker's Verlag 1942.
69. Buchbesprechung: V. v. WEIZSÄCKER, Gestalt und Zeit. Abhandlungen zu einer allgemeinen Morphologie. Halle 1942. Zeitschrift für Psychologie 155, 1943, 349-350.
70. Buchbesprechung: F. KAINZ, Psychologie der Sprache, 2. Band: Vergleichend-genetische Sprachpsychologie. (Ohne Angabe.)
71. JOHANN GEORG HAMANN. Ein Verkündiger des deutschen Zeitalters. 116 S. Frankfurt a. M.: Diesterweg 1944.
72. Die Grundlagen der Erziehung zu schöpferischer Freiheit. 87 S. Frankfurt a. M.: Kramer, 1. Auflage 1949.
73. Erziehung zur Reinlichkeit. 77 S. Lindau: Verlag Kleine Kinder, 1. Auflage 1949.
74. Theory of the SANDER-IPSEN-illusion. Proceedings of the XIIth International Congress of Psychology at Edinburgh 1948. London 1950, 92-93.
75. Zum gegenwärtigen Stand der Psychophysik. Studium Generale 3, 1950, 261-270.
76. Die psychologische Ausbildung der Mediziner. Ärztliche Mitteilungen 36, 1951, 230-232.
77. Etwas vom Augenmaß. Natur und Volk 81, 1951, 49-54, 126-135.
78. Konstanzproblem und Reflextheorie. Proceedings of the XIIIth International Congress of Psychology at Stockholm 1951. Stockholm 1952, 178-179.
79. Das Experiment in der Psychologie. Studium Generale 5, 1952, 142-163.
80. Leib und Seele in der unmittelbaren Erfahrung. Physikalische Blätter 8, 1952, 97-105.
81. Das psychophysische Problem. Physikalische Blätter 8, 1952, 241-249.
82. Das Bild des Menschen in der neueren Psychologie. Studium Generale 5, 1952, 521-530.
83. Kind und Film. Psychologische Praxis, 1952/11, 18-32.
84. Die Grundmauern zu FRÖBELS Haus. Die Lage der deutschen Familie an seinem hundertsten Todestag. Blätter des Pestalozzi-Fröbel-Verbandes, (I) 3, 1952, 160-161; (II) 4, 1953, 1-7; (III) 4, 1953, 29-36; (Schluß) 4, 1953, 67-74.
85. Buchbesprechung: E. RAUSCH, Struktur und Metrik figural-optischer Wahrnehmung. Frankfurt a. M. 1952. Psychologische Beiträge 1, 1953, 169-172.
86. Jugend und Film. Pädagogische Arbeitsblätter 5, 1953, 4-9.
87. Gedanken zur Entfaltung und Wandlung der Persönlichkeit im Anschluß an ein kürzlich erschienenes Buch (H. THOMAE: Persönlichkeit. Eine dynamische Interpretation. Bonn 1951). Psychologische Beiträge 1, 1953, 325-344.

88. Zur Systematik der Strebungen. Bericht über den 17. und 18. Kongreß der Deutschen Gesellschaft für Psychologie in Göttingen und Marburg 1948 und 1951. Göttingen: Hogrefe 1953, 113-114.
89. Über den Seelenbegriff. Verhandlungen der Deutschen Gesellschaft für innere Medizin, 59. Kongreß 1953, 83-91.
90. Gesetze des Sehens. XII, 470 S. mit 558 Abb. Frankfurt a. M.: Kramer, 2. erweiterte Auflage 1953.
91. Psychologie. Die Entwicklung ihrer Grundannahmen seit der Einführung des Experiments. XX, 407 S. mit 43 Abb. Darmstadt: Steinkopff, 2. erweiterte Auflage 1954; 3. Auflage 1963; 4. Auflage 1968; 5. Auflage 1975.
92. Wahrnehmungspsychologie und Meinungsforschung. Was folgt aus den Titelblatt-Experimenten? Lockmittel oder Kennzeichen? (Wissenschaftliche Gutachten) 1954.
93. Weshalb fliehen unsere Kinder die Familie? Kirche und Volk 13, 1954, 27-35.
94. Grundbegriffe der Gestaltpsychologie. Schweizerische Zeitschrift für Psychologie 13, 1954, 3-15; Nachtrag 13, 1954, 198. (Auch im Beiheft zur Schweizerischen Zeitschrift für Psychologie 24, 1954, 3-15.)
95. Sehen, Hören und Tasten in der Lehre von der Gestalt. Schweizerische Zeitschrift für Psychologie 13, 1954, 188-198.
96. Wie wird der Breitwandfilm dreidimensional? In: E. FELDMANN und W. HAGEMANN (Hrsg): Der Film als Beeinflussungsmittel. Emsdetten/Westf.: Lechte 1954, 87-99.
97. Was kann die Familie heute dem Schulkind bedeuten? Blätter des Pestalozzi-Fröbel-Verbandes 5, 1954, 129-135.
98. Grundsätzliches zur Wiedergabe räumlicher Filme. Kino-Technik 9, 1955, 43-45.
99. Vorstellungen als zerstörende und gestaltende Mächte. Schriftenreihe der Duisburger Universitätsgesellschaft 1955, 23-32.
100. Le problème des stades en psychologie de l'enfant (Discussion générale). Symposium de l'Association de psychologie scientifique de langue française, Genève 1955. Paris: Presses Univ. de France 1956, 77-113.
101. Geleitwort zu J. LINSCHOTEN: Strukturanalyse der binokularen Tiefenwahrnehmung. Groningen: Wolters 1956, V-X.
102. Frühkindlicher Trotz. 79 S. Psychologische Praxis, Heft 18. Basel: Karger, 1. Auflage 1956; 2. Auflage 1963; 3. Auflage 1967.
103. Über das Abfassen einer wissenschaftlichen Arbeit auf dem Gebiet der Psychologie. Psychologische Beiträge 2, 1956, 203-214.
104. Die Entwicklung der Gestaltauffassung in der Zeit der Schulreife. Westermanns Pädagogische Beiträge 8, 1956, 531-543; 603-615. (Wiederabdruck in: A. KERN (Hrsg.): Die Idee der Ganzheit in Philosophie, Pädagogik und Didaktik. Freiburg/Basel/Wien: Herder 1965, 41-85.)
105. Die äußere Ursache der Schwererziehbarkeit und die Möglichkeit ihrer Verhütung. In: C. EBERMAYER (Hrsg.): Bericht über den 4. Kongreß: Das schwererziehbare Kind. Düsseldorf: Bargel 1956, 26-40.
106. Lage, Schwerpunkt und Entwicklungsrichtungen der experimentellen Psychologie in der Gegenwart. Bericht über den 20. Kongreß der Deutschen Gesellschaft für Psychologie in Berlin 1955. Göttingen: Hogrefe 1956, 26-39. (Wiederabdruck in: K.-H. WEWETZER [Hrsg.]: Experiment – Test – Befragung. Darmstadt: Wissenschaftliche Buchgesellschaft 1981, 141-159.)

107. Psychologie. In: L. BRANDT (Hrsg.): Aufgabe deutscher Forschung. Köln/Opladen: Westdeutscher Verlag 1956, 78-81.
108. Ist das Tier ganz anders als der Mensch? Radius 1956/4, 34-41.
109. Psychologische und pädagogische Grundlagen der Geschlechtserziehung. Mitteilungshefte der Landesarbeitsgemeinschaft zur Bekämpfung der Geschlechtskrankheiten und für Geschlechtserziehung, Nordrhein-Westfalen (LAGG) 6, 1956, 31-44.
110. Produktives Denken. Übersetzung des nachgelassenen Werkes von MAX WERTHEIMER, Productive Thinking. New York: Harper 1945. Frankfurt a. M.: Kramer, 1. Auflage 1957; 2. Auflage 1964.
111. Kind und Evangelium. Evangelische Kinderpflege 9, 1957, 88-96. (Wiederabdruck in: Das Seminar 1957.)
112. Psychologische Probleme der frühen Kindheit. Bericht über den 21. Kongreß der Deutschen Gesellschaft für Psychologie in Bonn 1957. Göttingen: Hogrefe 1957, 217-219.
113. Die Entwicklungsbeschleunigung und ihre erzieherischen Auswirkungen. Pro Familia 3, 1957, 29-31.
114. Was ist jugendgefährdend? Zeitwende – Die neue Furche 28, 1957, 296-311. (Wiederabdruck in: Jugendliteratur 10, 1957.)
115. Erziehung zum selbständigen Denken. Psychologische Rundschau 8, 1957, 89-102. (Wiederabdruck in: Die Ganzheitsschule 6, 1957/58, 75-80; 99-103.)
116. Stimmung und Leistung. Die affektiven Grundlagen des Lernerfolgs. 44 S. mit 1 Abb. Münster: Aschendorff 1. Auflage 1957; 2. Auflage 1961.
117. Das Verkehrsproblem – psychologisch gesehen. Umschau 57, 1957, 460-463; 483-486; 522-525.
118. Macht Straßen frei für unsere Kinder. Du und die Welt 8, 1957, 35-36.
119. Über Durchsichtigkeitserscheinungen (Vorläufige Mitteilung). Rivista di Psicologia 51, 1957, 187-189.
120. Das Gesicht im Kreis der Sinne. Studium Generale 10, 1957, 364-374. Wiederabdruck in: A. MÉTRAUX und C. F. GRAUMANN: Versuche über Erfahrung. Bern/Stuttgart/Wien: Huber 1975, 69-87.
121. Das Raumproblem in der Psychologie. Studium Generale 10, 1957, 542-552.
122. Internationaler Kongreß für Psychologie. Universitas 12, 1957, 1215.
123. Buchbesprechung: E. WOLGAST, Die Rückständigkeit der Staatslehre, Studien zur auswärtigen Gewalt des Staates. Wiesbaden 1956. Psychologische Beiträge 3, 1957, 653-655.
124. Lebensraum des Kindes in unserer Zeit. Unsere Welt. Zeitschrift des Deutschen Familienverbandes e. V. 3, 1957.
125. Der Mensch und die Einflüsse seiner modernen Umwelt. In: D. HASSENSTEIN (Hrsg.): Der Mensch und seine Umwelt. Gütersloh: Bertelsmann 1958, 7-21.
126. Die Lehre von der Gestalt. Deutsche Univeristätszeitung 13, 1958, 277-283.
127. Kind ohne Kindheit. Zeitwende – Die neue Furche 29, 1958, 521-532.
128. Die Entwicklung der Erkenntnisprozesse. In: H. THOMAE (Hrsg.): Entwicklungspsychologie. Handbuch der Psychologie, Bd. 3. Göttingen: Hogrefe 1958, 404-441.
129. Die Familie in der evangelischen Kirchengemeinde. In: R. SCHERER und J. DORNREICH (Hrsg.): Wörterbuch der Politik. Freiburg: Herder 1958, 8.

130. Bericht der Arbeitsgruppe des Weltfamilienkongresses. Das innere Gleichgewicht und die Entfaltung der Familie und des Kindes. Die Mitarbeit. Evangelische Monatshefte zur Gesellschaftspolitik 7, 1958, 556-559.
131. Was ist wirklich neu in der Theorie des räumlichen Sehens? Proceedings of the XVth International Congress of Psychology at Brüssel 1957. Acta Psychologica 15, 1959, 258-261.
132. Die Beziehungen zwischen der Wahrnehmung und dem Denken. Proceedings of the XVth International Congress of Psychology at Brüssel 1957. Acta Psychologica 15, 1959, 316-317.
133. La motivation. (Discussion). Symposium de l'Association de psychologie scientifique de langue française, Florence 1958. Vendôme: Presses Univ. de France 1959, 145-176.
134. Stichwort: Psychologie. In: H. BRUNOTTE und O. WEBER (Hrsg.): Evangelisches Kirchenlexikon, Bd. 3. Göttingen: Vandenhoeck & Ruprecht 1959, 402-407.
135. Erziehung zum fruchtbaren Denken. In: K. STRUNZ (Hrsg.): Pädagogische Psychologie für höhere Schulen. München/Basel: Reinhardt 1959, 242-273.
136. Erziehung zum schöpferischen Gestalten. In: K. STRUNZ (Hrsg.): Pädagogische Psychologie für höhere Schulen. München/Basel: Reinhardt 1959, 273-293.
137. Wer dieser Kleinsten eines ärgert. In: W. BETTSCHARDT, H. MENG und E. STERN (Hrsg): Seelische Gesundheit. Bern/Stuttgart: Huber 1959, 102-107.
138. Kind und Technik. Evangelische Kinderpflege 10, 1959, 165-173.
139. Zur Psychologie der frühesten Kindheit. In: Alete Pharm. Prod. (Hrsg.): Pro Infantibus. Zur Physis und Psyche des Säuglings. München 1959, 1-24
140. Der sozialpsychologische Wert der Wohnung. In: Gesundheitliche Selbstverantwortung. Kongreß-Bericht der Deutschen Zentrale für Volksgesundheitspflege. Frankfurt a. M. 1959, 226-232.
141. Wie können Eltern ihren Kindern den Weg ins Leben bereiten? Die Mitarbeit (I) 8, 1959, 330-336; (II) 9, 1960, 308-315.
142. Buchbesprechung: R. PAULI und W. ARNOLD, Psychologisches Praktikum. Stuttgart 1957. Und Stellungnahme zur Erwiderung auf meine Besprechung des Psychol. Praktikums von PAULI und ARNOLD. Jahrbuch für Psychologie, Psychotherapie und medizinische Anthropologie 7, 1959, 188; 369.
143. Der Auftrag des Elternhauses. In: F. OETER (Hrsg.): Familie im Umbruch. Gütersloh: Mohn 1960. (Wiederabdruck in: Familie. Informationen des österreichischen Familienbundes 9, 40, 1960, 14. Sonderheft.)
144. mit W. BARCK und H. RICHTER: Eine Beobachtung über den Einfluß des sogenannten „Restfaktors" auf die Unterschiedsschwelle gesehener Längen. Psychologische Beiträge 4, 1960, 91-97.
145. Ist die Gestalttheorie überholt? In: F. WEINHANDL (Hrsg.): Gestalthaftes Sehen (EHRENFELS-Festschrift). Darmstadt: Wissenschaftliche Buchgesellschaft, 1. Auflage 1960, 279-291; 2. Auflage 1967.
146. Hebung der Erziehungskraft der Familie durch die Jugendhilfe. Blätter der Wohlfahrtspflege 107, 1960, 140-141.
147. Zur Beurteilung der Illustrierten. Wir helfen unserer Jugend 7, 1960, 3-11.
148. Erfahrungen mit der Selbstkontrolle der Illustrierten. – Wir wollen den Schutz von Jugend und Familie. Die Mitarbeit 9, 1960, 19-27.

149. Das Problem des unselbständigen Denkens. In: Friedrich Ebert-Stiftung (Hrsg.): Die Politische Urteilsbildung in der Demokratie. Hannover: Verlag für Literatur und Zeitgeschehen 1. Auflage 1960, 29-44; 2. Auflage 1961.
150. GUSTAVO TEODORO FECHNER. Revista de psicologia general y aplicada, Madrid 15, 1960, 747-749 (Übersetzung von 164).
151. Psychologische Probleme der Frühehe. In: Probleme der Ehereife. Informationsrundschreiben Nr. 36 der Deutschen Arbeitsgemeinschaft für Jugend und Eheberatung (DAJEB), 1960, 5-13.
152. Erziehung zur Reinlichkeit bei kleinen und größeren Kindern. 80 S. Lindau: Verlag kleine Kinder, 2. vermehrte und auf den neuesten Stand der Forschung gebrachte Auflage 1961.
153. Die Kunst der Menschenbehandlung. Zeitwende – Die neue Furche 32, 1961, 12-23.
154. Aporien der Psychophysik. In: R. JUNG und H. KORNHUBER (Hrsg.): Neurophysiologie und Psychophysik des visuellen Systems. Berlin: Springer 1961, 435-444.
155. Les attitudes (Discussion générale). Symposium de l'Association de psychologie scientifique de langue française, Bordeaux 1959. Vendôme: Presses Univ. de France 1961, 143-189.
156. Familie und Heim. Österreichische Bürgermeister-Zeitung 14, Juni 1961, 1-2.
157. Grundsätzliche Gedanken zur Frühehe. In: L. LOEFFLER und W. KOWALEWSKY (Hrsg.): Ehemündigkeit und Volljährigkeit. Neuwied: Luchterhand 1961, 1-10.
158. Geschlecht zwischen Tabu und Bedarfsartikel. Radius 1961/1, 23-36.
159. Ehret eure Kinder. Radius 1961/4, 22-29.
160. Die Verantwortung der Eltern heute. Familie, Informationen des österreichischen Familienbundes 10, 1961, 15 (Sonderheft).
161. Die Unsicherheit über das Ziel der Erziehung (Einleitung zu einem Vortrag: Über die Verantwortung der Eltern heute). Freiheit vom 10. 6. 1961, 9.
162. Studien zur Entwicklung des Leistungsverhaltens in der frühen Kindheit (mit Diskussion). Zeitschrift für Psychologie 165, 1961, 271-283.
163. Stellungnahme zur Rahmenvereinbarung der Kulturministerkonferenz vom 29. 9. 1960. In: Bund Deutscher Kunsterzieher (Hrsg.): Kunsterziehung in Not. Ratingen: Henn 1962, 30-31.
164. GUSTAV THEODOR FECHNER. Proceedings of the XVIth International Congress of Psychology at Bonn 1960. Amsterdam: North-Holland Publishing Company 1962, 12-22.
165. Schöpferische Freiheit. 186 S. Frankfurt a. M.: Kramer, 2. umgearbeitete Auflage 1962.
166. Ergänzende Beobachtungen über Gestaltfaktoren für Bewegungsverläufe (Festschrift für WOLFGANG KÖHLER). Psychologische Beiträge 6, 1962, 607-619.
167. Das Heim in seiner erzieherischen Bedeutung. Zeitschrift für praktische Psychologie 1, 1962, 368-382.
168. Fragen der Auslese und Ausbildung. Vortrag vom 27. 4. 1961 bei den Hochschulwochen für staatswissenschaftliche Fortbildung in Bad Wildungen. Bad Homburg v. d. Höhe/Berlin/Zürich: Gehlen 1962, 98-118.
169. Les problèmes de la mesure en psychologie (Discussion générale). Symposium de l'Association de psychologie scientifique de langue française. Amsterdam 1961. Vendôme: Presses Univ. de France 1962, 145-184.

170. Die fünf unabtretbaren Aufgaben des Elternhauses. Wien: Verlag des österreichischen Familienbundes 1962.
171. Möglichkeiten allgemein pädagogischer Wirksamkeit an der Berufsschule. Mitteilungsblatt des Deutschen Verbandes der Gewerbelehrer (DVG) 3, 1962, 1-7.
172. Geleitwort zu O. DICK: Die Neugestaltung des ganzheitlichen Rechnens. Münster: Aschendorff 1962, o. S.
173. Freiheit in der Erziehung. Radius 1963/1, 18-26. (Kurzfassung wiederabgedruckt in: Schweizer Illustrierte Nr. 46 vom 8. 11. 1965).
174. Liebe, Ehe und geschlechtliches Leben bei der Jugend von heute. Radius 1963/4, 3-10. (Wiederabdruck in: J. SCHLEMMER [Hrsg.]: Krise der Ehe. München: Piper 1966, 81-94.)
175. Merkblatt zum Vortrag: Grundvoraussetzungen eines störungsfreien Erwachsenenwerdens aus psychologischer und soziologischer Sicht. Radius 1963.
176. ERICH V. HOLST (Nachruf). Psychologische Beiträge 7, 1963, 325.
177. Zur Geschichte der Gestalttheorie in Deutschland. Psychologia 6, 1963, 11-21.
178. Schon von ALFRED ADLER entdeckt. Leserbrief. Frankfurter Allgemeine Zeitung vom 29. 11. 1963.
179. Discovered by ALFRED ADLER. Journal of Individual Psychology 20, 1964, 123-124. (Englische Übersetzung von 178.)
180. Der Mensch in der Verwaltung (Fragen der Menschenführung – Betriebsklima). Vortrag vom 7. 3. 1963 bei den Hochschulwochen für staatswissenschaftliche Fortbildung in Bad Sooden-Allendorf. Bad Homburg v. d. Höhe/Berlin/Zürich: Gehlen 1964, 101-122.
181. Was soll der Lehrer lernen? Zeitwende – Die neue Furche 35, 1964, 6-20. (Wiederabdruck in: Der ganzheitliche Unterricht. Beilage zur Zeitschrift: Unsere Volksschule, Okt. 1966.)
182. Hier spricht die Volksseele. Buchkritik, WALTER HÄVERNIK, „Schläge" als Strafe, Hamburg 1964. Radius 1964/4, 49-50.
183. Entgegnung auf die Zuschrift „Das getarnte Gebot". Radius 1964/1, 49-50.
184. Psychologische Verteidigung. Nachschrift eines Rundfunkvortrages. Münster 1964 (hektographiert).
185. Dreizehn Ratschläge an die Eltern (Zur Vorbereitung des heranwachsenden Kindes auf eine reife Geschlechtlichkeit). Kirchengebote (Schaffhausen) 58/5, 1964, 3.
186. ERICH VON HOLST und die Psychologie des Menschen. Biologische Jahreshefte 4, 1964, 25-27.
187. Folgerungen für die Erziehung. In: Auschwitz – Sondernummer der Hessischen Jugend. Dez. 1964, 13-14.
188. Bedingungen kindlichen Gedeihens in der technischen Welt. In: W. RÖMHILD (Hrsg.): Ausstellungsprospekt, Kinder-Kaleidoskop. Handwerker gestalten für Kinder. Arnsberg 1964, 9-26. (Wiederabdruck in: Deutsche Frauenkultur 68, 1964, 8-13.)
189. Der Mensch von heute. Betrachtungen eines Psychologen. Civiltà delle Macchine 13, 1965/2, 51-55.
190. Teoria della Gestalt e Pedagogia. Rassegna di Pedagogia 23, 1965, 235-241.
191. Über die Notwendigkeit kybernetischer Vorstellungen in der Theorie des Verhaltens. Zeitschrift für Psychologie 171, 1965, 336-342.

192. Die Entwicklung der Bildungsbereitschaft der Menschen von heute. Zeitwende – Die neue Furche 36, 1965, 10-21.
193. Probleme der Wahrnehmungsorganisation. Vorbemerkungen zum Symposium II. Bericht über den 24. Kongreß der Deutschen Gesellschaft für Psychologie in Wien 1964. Göttingen: Hogrefe 1965, 58.
194. Über Modellvorstellungen in der Psychologie. Studium Generale 18, 1965, 346-352.
195. Politische Bildung aus der Sicht des Psychologen. 62 S. Schriftenreihe der Niedersächsischen Landeszentrale für politische Bildung, Wissenschaft und Politik, Heft 3, 1965. (Gekürzte Fassung in: G. D. HARTMANN: Politische Bildung und politische Psychologie. München: Fink 1980, 28-50.)
196. Begegnung mit der Wahrheit. Zur Frage der inneren Schulreform. Zeitwende – Die neue Furche 36, 1965, 397-403.
197. Der Beitrag der Gestalttheorie zur Frage der Grundlagen des künstlerischen Erlebens. Exakte Ästhetik 1, 1965, 15-29.
198. The foundations of artistic experience. Acta Psychologica 24, 1965, 409-422. (Englische Übersetzung von 197.)
199. Stimmung und Leistung. 44 S. mit 1 Abb. Münster: Aschendorff 3. überarbeitete Auflage 1965.
200. The influence of aesthetic examples. In: G. KEPES (Ed.): Education of Vision. New York: Braziller 1965, 16-26.
201. Buchbesprechung: A. I. WITTENBERG, Bildung und Mathematik – Mathematik als exemplarisches Gymnasialfach. Stuttgart 1963. Psychologische Beiträge 8, 1965, 627-628.
202. The historical background for national trends in psychology: German psychology. Journal of the History of Behavioral Sciences 1, 1965, 109-115.
203. mit H. ERKE (Hrsg.): Wahrnehmung und Bewußtsein. Handbuch der Psychologie, Bd. 1, 1. Halbband. Göttingen: Hogrefe 1. Auflage 1966; 2. Auflage 1974.
204. Der Ort der Wahrnehmungslehre im Aufbau der Psychologie. Handbuch der Psychologie, Bd. 1, 1. Halbband. Göttingen: Hogrefe 1966, 3-20.
205. Das einäugige Tiefensehen. Handbuch der Psychologie, Bd. 1, 1. Halbband. Göttingen: Hogrefe 1966, 556-589.
206. Figural-Wahrnehmung. Handbuch der Psychologie, Bd. 1, 1. Halbband. Göttingen: Hogrefe 1966, 693-744.
207. Gibt es noch gemeinsame sittliche Maßstäbe? Zeitwende – Die neue Furche 37, 1966, 82-89. (Wiederabdruck in: Der große Entschluß. Monatsschrift für aktives Christentum 21, 1966, 511-515.)
208. Die Entwicklung der literar-ästhetischen Kritikfähigkeit beim Kind und Jugendlichen. Tagungsbericht, Deutsches Jugendschriftwerk, Frankfurt a. M. 1966.
209. Bewegungssehen. Begleitveröffentlichungen zu den drei Filmen: C866/1963 Wirkliche und anschauliche Bewegung; C867/1963 Anschauliche Bewegung aus Einzelbildern; C868/1963 Anschauliche Identität, Kausalität und Relativität. Göttingen: Institut für den wissenschaftlichen Film 1966 und 1970.
210. Keusch bis zur Ehe? Brigitte 1966/4, 130-134.
211. Geleitwort zu P. ROM: ALFRED ADLER und die wissenschaftliche Menschenkenntnis. Frankfurt a. M.: Kramer 1966, 9.

212. Urerlebnis der Geborgenheit. In: J. A. HARDEGGER (Hrsg.): Handbuch der Elternbildung, Bd. 2. Köln: Benzinger 1966, 45-59. (Wiederabdruck in: Pädagogische Blätter 333-346, auch in: Schutz dem Kinde 3/4, 1966, 5-12.)

213. Was hat die Psychologie heute zu den Möglichkeiten der Erziehung zur internationalen Verständigung oder, mit anderen Worten, zur friedlichen internationalen Zusammenarbeit zu sagen? Bericht über eine Tagung des Sozialwissenschaftlichen Studienkreises für internationale Probleme (SSIP) e. V. vom 22.-24. 10. 1966 im Europahaus Schliersee, 31-43.

214. I fondamenti dell'esperienza estetica. In: Colloquio internazionale sull'espressione plastica, Bologna 1963. Imola: Galeati 1966, 767-780. (Italienische Übersetzung von 197.)

215. Das Individuum zwischen Meinungen und Einsichten. In: K. v. AURIN, W. v. BAEYER-KATTE u. a. (Hrsg.): Politische Erziehung als psychologisches Problem. Politische Psychologie, Bd. 7. Frankfurt a. M.: Europäische Verlagsanstalt 1966, 30-44.

216. Vorbeugen und Heilen als Frage an Familie und Gesellschaft. Protokoll der Tagung „Jugendkriminalität – Situation und Probleme", 12.-13. 2. 1966, Nr. 215. Evangelische Akademie Rheinland und Westfalen, Haus der Begegnung, Mühlheim a. d. Ruhr 1967, 26-36.

217. Der Geltungsbereich gestalttheoretischer Ansätze. Bericht über den 25. Kongreß der Deutschen Gesellschaft für Psychologie in Münster 1966. Göttingen: Hogrefe 1967, 13-24. (Gekürzt wiederabgedruckt in: S. ERTEL, L. KEMMLER und M. STADLER [Hrsg.]: Gestalttheorie in der modernen Psychologie [METZGER-Festschrift]. Darmstadt: Steinkopff 1975, 2-7.)

218. mit H. BOLEWSKI, E. HEIMENDAHL, W. LOCH, F. MINSSEN und A. SCHARDT: Entwürfe einer künftigen Erziehung (Podiumsdiskussion – Auszüge). In: H. GLASER (Hrsg.): Das Nürnberger Gespräch 1967 – Erkennen und Handeln – Gegenwart und Zukunft der deutschen Gesellschaft. Freiburg: Rombach 1967, 91-97.

219. Strafe oder das Kind und die Ordnungen des Zusammenlebens. In: R. HÖRL (Hrsg.): Die Zukunft unserer Kinder. Olten/Freiburg: Walter 1967, 75-89.

220. Trotz. Anleitungen bei einer normalen Entwicklungskrise. In: R. HÖRL (Hrsg.): Die Zukunft unserer Kinder. Olten/Freiburg: Walter 1967, 106-113.

221. Kind und Geschlecht. In: R. HÖRL (Hrsg.): Die Zukunft unserer Kinder. Olten/Freiburg: Walter 1967, 113-128.

222. Denken, Schauen, Tun. In: Wagnis der Gestalt. Hier, Zeitschrift des Kulturamtes der Stadt Dortmund 9, 1967, 28-31.

223. Psychologische Aspekte des Traumes. In: H. BÜRGER-PRINZ und P. A. FISCHER (Hrsg.): Schlaf – Schlafverhalten – Schlafstörungen. Stuttgart: Enke 1967, 21-31.

224. Erziehung zur geistigen Unabhängigkeit – Psychologische Gesichtspunkte der politischen Bildung. In: R. HÖRL (Hrsg.): Konzepte für eine neue Schule. Neuwied: Luchterhand 1967, 55-60.

225. Stimmung und Leistung. 51 S. mit 1 Abb. Münster: Aschendorff, 4. erweiterte Auflage 1967; 5. Auflage 1968. (Teil wiederabgedruckt in: A. FLITNER und H. SCHEUERL [Hrsg.]: Einführung in pädagogisches Sehen und Denken. München: Piper 1967, 134-141.)

226. Kann man schöpferisches Denken üben? In: A. FLITNER und H. SCHEUERL (Hrsg.): Einführung in pädagogisches Sehen und Denken. München: Piper 1967, 172-195. (Aus 165.)
227. Was soll der Lehrer lernen? In: A. DIEMER (Hrsg.): Geschichte und Zukunft. Festschrift für ANTON HAIN. Meisenheim: Hain 1967, 330-346. (Bearbeitung von 181.)
228. Schulreform – Schulzeitreform. Schwarz auf weiß. Zeitschrift für Studenten an pädagogischen Hochschulen in Nordrhein-Westfalen 3/4, 1967, 3-4.
229. Er wird es schon noch lernen. Lebendige Familie 19, 1967, 4-7.
230. In der wahren Freiheit wachsen. Unsere Seelsorge 17, 1967, 11-17.
231. mit T. Z. PARK: Sprachliches Lernen als kognitive Strukturierung. Psychologische Forschung 31, 1967, 228-245.
232. mit A. BRUNS: Entstehung und Heilung einer kindlichen Phobie. In: R. MÜHLHER und J. FISCHL (Hrsg.): Gestalt und Wirklichkeit. Festgabe für F. WEINHANDL. Berlin: Duncker & Humblot 1967, 223-243.
233. Les processus d'adaptation (Discussion). Symposium de l'Association de psychologie scientifique de langue française, Marseille 1965. Vendôme: Presses Univ. de France 1967, 141-190.
234. Probleme der politischen Bildung. In: H. RUPRECHT (Hrsg.): Erziehung zum produktiven Denken. Festgabe für ARTUR KERN. Freiburg: Herder 1967, 76-104. (Teil von 195.)
235. L'influence d'exemples esthétiques. In: G. KEPES (Ed.): Education de la vision, Bruxelles: La Connaissance 1967. (Französische Übersetzung von 200.)
236. Optisch-haptische Maßtäuschungen an dreidimensionalen Gegenständen. Studia Psychologica 10, 1968, 91-103.
237. Die Familie. In: K. BREHM (Hrsg.): Pädagogische Psychologie der Bildungsinstitutionen. München/Basel: Reinhardt 1968, 47-68.
238. Weniger Dressur – mehr Erziehung. In: Bundesleitung des Deutschen Kinderschutzbundes (Hrsg.): Wie schütze ich mein Kind. München: Kreis-Verlag 1968, 56-58.
239. Shikaku no Hosoku (Gesetze des Sehens). Übersetzung von Nr. 90 ins Japanische von S. MORINAGA. 440 S. mit 558 Abb. Tokyo: Iwanami-shoten 1. Auflage 1968; 2. Auflage 1981.
240. Probleme der vorschulischen Erziehung aus psychologischer Sicht. 54 S. Münster: Deutsches Institut für wissenschaftliche Pädagogik 1968.
241. Gestaltwahrnehmung. Naturwissenschaft und Medizin 23, 1968, 3-24.
242. Stellungnahme (Aufklärung in Illustrierten?). Beiträge zur Sexualforschung 44, 1968, 28-29.
243. Thesen zum Mutterberuf. Die Zeit, 46, 15. Nov. 1968, 57ff.
244. Nachruf für WOLFGANG KÖHLER. Psychologische Rundschau 19, 1968, 55-56.
245. Nachruf für OLIVER BRACHFELD. Psychologische Rundschau 19, 1968, 56.
246. Psicologia. El desarrollo de sus conceptos basicos desde la adopcion de la experimentacion. Übersetzung der 2. Auflage von Nr. 91 ins Spanische von H. W. JUNG. Buenos Aires: Editorial Nova 1968.
247. mit G. MÜLLER: Einfluß der Bildschirmgröße auf die Ermüdung des Beschauers und die Auffassung des Filminhaltes. Ava-Forschungsbericht, Heft 1. München: Institut Film & Bild 1968.

248. mit F. METELLI und G. PETTER: Ricerca sulla percezione visiva del movimento in una cabina rotante. Rivista di Psicologia 62, 1968, 289-295.
249. Lernen im Laufstall? (Werden unsere Kleinkinder kulturell vernachlässigt? Was heißt: Kinder begabt machen? Wie lernen Kinder? Sollen Eltern Lehrer werden?) In: R. HÖRL (Hrsg.): Kinder in ihrer Welt – Kinder in unserer Welt. Hamburg: Furche-Verlag 1968, 71-102. (Wiederabdruck in: R. HÖRL (Hrsg.): Kinder in unserer Welt. Frankfurt a. M.: Fischer-Taschenbuch Verlag 1971, 53-73.)
250. mit D. LIPKA: Die Erfassung von Unterrichtsfilmen unter verschiedenen Projektionsbedingungen. Film – Bild – Ton 19, 1969/3, 5-9.
251. Buchbesprechung: H. STURM, Masse – Bildung – Kommunikation. Stuttgart 1968. Psychologische Beiträge 11, 1969, 125.
252. Buchbesprechung: E. PLATTNER, Förderung des mathematischen Verständnisses durch Überwindung der Fragescheu. Erziehung und Psychologie, 47, München 1968. Psychologische Beiträge 11, 1969, 125.
253. Buchbesprechung: H. ORGLER, ALFRED ADLER, der Mann und sein Werk. Wien 1956. Psychologische Beiträge 11, 1969, 612-613.
254. Die Wahrnehmungswelt als zentrales Steuerungsorgan. Ceskoslovenska Psychologie 8, 1969, 417-431.
255. Geleitwort zur R. SPIEKERS: Über optische Unterscheidbarkeit einfacher Zeichen. Meisenheim/Glan: Hain 1969, II-IV.
256. Grundforderungen für eine Bildungsreform. In: W. JAIDE (Hrsg.): Zukunftsperspektiven in Arbeit und Wirtschaft. Politik, Vierteljahresschrift des Kuratoriums Unteilbares Deutschland 1969/1, 33-38.
257. mit L. W. BRANDT: "Reality" – what does it mean? Psychological Reports 25, 1969, 127-135. (Englische Übersetzung von 91, Kap. 1).
258. mit W. ZÖLLER: Simulierung einer buntfarbigen Beleuchtung durch Gegenstände gleicher Oberflächenfarbe. In: A. LEHTOVAARA und J. JÄRVINEN (Eds.): Contemporary Research in Psychology of Perception. Festschrift für KAI v. FIEANDT. Helsinki: Söderström Osakeythiö 1969, 93-96.
259. Frühlesen. Gespräch mit der Münsterschen Zeitung. Münstersche Zeitung vom 8. 3. 1969. (Wiederabdruck in: Unsere Jugend, Mai 1969, 223-224.)
260. Grundvoraussetzungen der Entwicklung zum Zusammenleben. Zeitschrift für praktische Psychologie 5, 1969, 105-110.
261. Gezeigte Brutalität – Ventil oder Ansporn? Radius 1969/4, 44-45.
262. Was ist Pädagogik – was könnte sie sein? 57 S. München: Ehrenwirth 1969.
263. Psychologische Probleme des frühen Lesenlernens nach DOMAN. Bericht über den 2. Kongreß für Psychologie in der DDR. Berlin: VEB Deutscher Verlag der Wissenschaften 1969, 145-149.
264. ALFRED ADLER – vergessen oder verdrängt? Geleitwort. Pädagogik heute 3/4, 1969, 81-82.
265. mit M. STADLER und H. CRABUS: Bearbeitung und Ergänzung von D. KATZ, Gestaltpsychologie. Basel/Stuttgart: Schwabe, 4. Auflage 1969.
266. mit T. Z. PARK: Die Rolle des Zusammenpassens im assoziativen Lernen bei semantischer Sättigung. Psychologische Beiträge 12, 1970, 115-126.
267. Verlorenes Paradies. Im Psychologischen Institut in Berlin 1922–1931. (Festschrift für RICHARD MEILI.) Schweizerische Zeitschrift für Psychologie 29, 1970, 16-25.
268. Großfamilie? Radius 1970/1, 51-52.

269. Das Menschenbild der Psychologie und die Erziehung. Die Loburg, Jahresschrift des Gymnasium & Collegium Johanneum in Ostbevern, Schloß Loburg, 10, 1970, 1-7.
270. mit O. VUKOVICH-VOTH und I. KOCH: Über optisch-haptische Maßtäuschungen an dreidimensionalen Gegenständen. Psychologische Beiträge 12, 1970, 329-366.
271. Herausgabe und Geleitwort: A. LIEBMANN: Untersuchung und Behandlung geistig zurückgebliebener Kinder. München/Basel: Reinhardt 1970.
272. Spaß am Spiel. Publik visuell 9 o. J.
273. Über die Verifikation tiefenpsychologischer Thesen. Schule und Psychologie 16, 1970, 367-378 (Wiederabgedruckt in 274).
274. ALFRED ADLER – Ein Psychologe der Gegenwart. (Sonderheft der Zeitschrift Schule und Psychologie zum 100. Geburtstag von ALFRED ADLER.) 43 S. München/Basel: Reinhardt 1970.
275. mit H. LESSING: Was ist von der antiautoritären Erziehung zu erwarten? Eine Frage – zwei Antworten. Radius 1970/3, 9-20.
276. Lo stato della psicologia teoretica. Rivista di Psicologia 64, 1970, 203-212. (Vorabdruck der Einleitung von 294.)
277. Geleitwort zu O. DICK: Die Grundlegung der Mengenlehre. Köln: Müller 1971, 5.
278. Kurvengestaltung und Fahrverhalten: Aspekte der Psychologie. Straßenbau, Verkehrstechnik, Verkehrssicherheit 15, 1971, 15-16.
279. Faktoren bei der Wahrnehmung von Geschwindigkeiten. Straßenbau, Verkehrstechnik, Verkehrssicherheit 15, 1971, 57-58.
280. Didactic consequences. Ceskoslovenska Psychologie 15, 1971, 610-614.
281. Wie werden Kinder zu freien Menschen erzogen? In: Antiautoritäre Erziehung im modernen Kindergarten? Protokoll der Tagung der Evangelischen Akademie Bad Herrenalb vom 4. bis 6. Okt. 1971, 1971/2, 1-13 (hektographiert).
282. Antiautoritäre Erziehung im modernen Kindergarten. In: Antiautoritäre Erziehung im modernen Kindergarten? Protokoll der Tagung der Evangelischen Akademie Bad Herrenalb vom 4. bis 6. Okt. 1971, 1971/2, 1-17 (hektographiert).
283. Psychologie in der Erziehung. 252 S. mit 12 Abb. Kamps pädagogische Taschenbücher 51. Bochum: Kamp, 1. Auflage 1971; 2. Auflage 1975.
284. Gegenstand, Methoden und Funktionen der Psychologie. In: T. ELLWEIN, H.-H. GROOTHOFF, H. RAUSCHENBERGER und H. ROTH (Hrsg.): Erziehungswissenschaftliches Handbuch, 3. Bd., 2. Teil. Berlin: Rembrandt Verlag 1971, 13-75.
285. Über die Auswirkungen der Verpflanzung eines Kindes in eine ihm fremde Umgebung. Unsere Jugend 23, 1971, 153-158. (Gekürzte Fassung in: Schutz dem Kinde 1, 1973, 8-13.)
286. Zur Sexualdenkschrift der EKD. Radius 1971/3, 4-5.
287. Psychologische Anregungen zur Erziehung zur Politik in Familie und Schule. Vorgänge. Eine kulturpolitische Korrespondenz 10, 1971, 130-136.
288. Stichworte: Trotz, Trotzalter. Deutsches Institut für wissenschaftliche Pädagogik, Münster und Institut für vergleichende Erziehungswissenschaft, Salzburg (Hrsg.): Lexikon der Pädagogik. Freiburg/Basel/Wien: Herder 1971, 241.
289. Die Zukunft der Familie. Familie. Österreichische Zeitschrift für Familienpolitik 20, 1971, 25. Sonderheft, 3-15.
290. Stichworte: Anisotropie/Isotropie, Atomismus im psychologischen Sinn, Gestalt (II), Gestalten – physische, Gestaltkreis, Gestaltpsychologie, Gestaltqualität,

Gestalttheorie, Herstellungsmethode, phänomenale Kausalität, psychische Kausalität, Konstanz, Konstanzannahme. In: J. Ritter (Hrsg.): Historisches Wörterbuch der Philosophie, Bd. 1, 3 und 4. Basel/Stuttgart: Schwabe 1971 ff.

291. Stichworte: Adler, Alfred und Ganzheit – Gestalt – Struktur. In: W. Arnold, H. J. Eyseneck und R. Meili (Hrsg.): Lexikon der Psychologie. Freiburg: Herder 1971, 22-23; 675-682; Neuausgabe 1980, 20-22; 662-670.

292. Geschwisterzahl und Schulleistung. Die Familie. Jahresschrift des Deutschen Familienverbandes. 50 Jahre deutsche Familienbewegung, 1971, 19-21.

293. Demokratie in der Kinderstube. Gesellschaft – Staat – Erziehung. Blätter für politische Bildung und Erziehung 16, 1971, 199-207.

294. I fondamenti della psicologia della gestalt. Übersetzung der 2. Auflage von Nr. 91 ins Italienische von L. Lumbelli. Herausgegeben und eingeleitet von G. Kanizsa. XXXI, 461 S. mit 43 Abb. Florenz: Giunti Barbèra 1. Auflage 1971, 2. Auflage 1984.

295. The phenomenal-perceptual field as a central steering mechanism. In: J. R. Royce and W. W. Rozeboom (Eds.): The Psychology of knowing. 2nd Banff Conference on Theoretical Psychology 1969. New York/Paris/London: Gordon and Breach 1972, 241-265. (Englische Übersetzung von 254).

296. Zur Vorgeschichte der Liebe. Zeitschrift für praktische Psychologie 6, 1972, 312-317.

297. Committing material to memory and practising skills – on the psychology of education. Education 6, 1972, 53-71.

298. Aprendizaje de memoria y ejercicio – sobra la psicologia de la Education. Education 6, 1972, 90-108. (Spanische Übersetzung von 297.)

299. Einführung in: A. Adler, Über den nervösen Charakter. Frankfurt a. M.: Fischer Taschenbuch Verlag 1972, Nr. 6174, 7-24.

300. Reform des Adoptionsrechts – ein Musterfall für die Durchsetzung des Kinderrechts. Vorgänge 11, 1972, 206-214.

301. Autorität und Freiheit in der Erziehung. Mitteilungsblatt Nr. 3 der Montessorischulen und des Montessorikreises Düsseldorf e. V., Mai 1972.

302. Ist der Friede herstellbar? Bedingungen für den inneren Frieden aus der Sicht der Psychologie. Vortrag. Jahrestagung des Lindenhofes, 12.-13.2. 1972. Evangelische Heimvolksschule Lindenhof. Bethel 1972, 5-15.

303. Gedanken zum Adoptionsrecht. Zentralblatt für Jugendrecht und Jugendwohlfahrt 59, 1972, 37-49.

304. Das Rechte aus Freude tun. Freiheit in der Erziehung. Evangelische Kommentare 5, 1972, 21-23.

305. Frühkindlicher Trotz. 74 S. Basel: Karger 4. erweiterte Auflage 1972.

306. Do schools of psychology still exist? Special Lecture at the 36th Congress of the Japanese Psychological Association, Osaka University 1972, 1-20. (Englische Übersetzung von 310.)

307. Leistungskontrolle durch Prüfungen. Die berufsbildende Schule. Zeitschrift des Bundesverbandes der Lehrer an beruflichen Schulen 24, 1972, 690-695.

308. Wolfgang Metzger. In: L. J. Pongratz, W. Traxel und E. G. Wehner (Hrsg.): Psychologie in Selbstdarstellungen. Bern: Huber 1972, 192-230.

309. Nicht schlagen – und was dann? In: U. Beer (Hrsg.): Wie straft man heute ein Kind? Tübingen: Katzmann 1972, 20-31.

309 A. mit D. SCHMITZ: Texture and structure in the vision of the preschool child. XXth International Congress of Psychology at Tokyo 1972, Abstract Guide, 99–100. Zusammenfassung dieses Beitrages und Summary report des Symposiums „Perceptual Development" (mit T. SONOHARA) in: Proceedings of the XXth International Congress of Psychology at Tokyo 1972. Tokyo: University of Tokyo Press 1974, 207-208.

310. Gibt es noch psychologische Schulen? Westermanns pädagogische Beiträge 1973/6, 314-325.

311. Zur Didaktik des elementaren Mathematikunterrichts. Vergleichende Untersuchungen über produktives Denken in der Schule. Bericht über den 27. Kongreß der Deutschen Gesellschaft für Psychologie in Kiel 1970. Göttingen: Hogrefe 1973, 160-171.

312. Kreativität – unbekannt und doch bekannt. Bayerische Schule 26, 1973, 87-90.

313. Was ist Kreativität? Versuch einer Theorie. Bayerische Schule 26, 1973, 91-94.

314. Wie kann man Kreativität im mathematischen Unterricht fördern? Bayerische Schule 26, 1973, 115-118.

315. Kreativität: Was folgt für den Erzieher – vornehmlich im musischen Bereich? Bayerische Schule 26, 1973, 119-122.

316. Sollen Eltern Lehrer werden? Der Schweizerische Kindergarten 63, 1973/9, 421-424.

317. Warum Erziehung zur Erziehung? Vorgänge 12, 1973/3, 17-25.

318. Einführung in: A. ADLER, Der Sinn des Lebens. Frankfurt a. M.: Fischer Taschenbuch Verlag 1973, Nr. 6179, 7-21.

319. Einführung in: A. ADLER, Individualpsychologie in der Schule. Frankfurt a. M.: Fischer Taschenbuch Verlag 1973, Nr. 6199, 7-20.

320. Einführung in: A. ADLER und C. FURTMÜLLER, Heilen und Bilden. Frankfurt a. M.: Fischer Taschenbuch Verlag 1973, Nr. 6220, 7-16.

321. Vom Vorurteil zur Toleranz. 81 S. Schriftenreihe der Niedersächsischen Landeszentrale für politische Bildung. Gruppenpsychologische Reihe, Heft 1. Hannover: Niedersächsische Landeszentrale für politische Bildung, 1. Auflage 1973.

322. Geleitwort zu H. STEGAT: Enuresis. Berlin: Springer 1973, IX-X.

323. Summary report. Symposium on implications of Asian psychology in world perspective. In: Proceedings of the XXth International Congress of Psychology at Tokyo 1972. Tokyo: University of Tokyo Press 1974, 96-98.

324. Consciousness, perception, and action. In: H. C. CARTERETTE and M. P. FRIEDMAN (Eds.): Handbook of perception, Vol. 1. Historical and philosophical roots of perception. New York: Academic Press 1974, 109-122.

325. Can the subject create his world? Hiroshima Forum for Psychology 1, 1974, 3-14. (Wiederabdruck in: R. B. MACLEOD and H. L. PICK, jr. (Eds.): Perception. Essays in Honor of JAMES J. GIBSON. Ithaca/London: Cornell University Press 1974.)

326. Einführung in: A. ADLER, Praxis und Theorie der Individualpsychologie. Frankfurt a. M.: Fischer Taschenbuch Verlag 1974, Nr. 6236, 7-14.

327. Einführung in: A. ADLER, Die Technik der Individualpsychologie, 1. Teil. Frankfurt a. M.: Fischer Taschenbuch Verlag 1974, Nr. 6260, 7-12.

328. Einführung in: A. ADLER, Die Technik der Individualpsychologie, 2. Teil. Frankfurt a. M.: Fischer Taschenbuch Verlag 1974, Nr. 6261, 7-11.

329. Psychologische Aspekte. In: Bundeszentrale für gesundheitliche Aufklärung, Köln (Hrsg.): Sexualerziehung. Handreichung für den Lehrer. Stuttgart: Klett 1974, 31-40.
330. Der Beitrag der Gestalttheorie zur Kunstdidaktik. In: G. Otto und H. P. Zeinert (Hrsg.): Grundfragen der Kunstpädagogik. Berlin: Rembrandt-Verlag 1975, 281-312.
331. Keywords: Adler, Alfred; Ganzheit, Gestalt, structure. In: H. J. Eyseneck, W. J. Arnold und R. Meili (Eds.): Encyclopaedia of Psychology. Collins: Fontana 1975. (Englische Übersetzung von 291.)
332. Die Entdeckung der Prägnanztendenz. Die Anfänge einer nicht-atomistischen Wahrnehmungslehre. In: G. B. Flores d'Arcais (Ed.): Studies in perception. Festschrift for Fabio Metelli. Milano: Martello-Giunti 1975, 3-47.
333. Gestalttheorie und Gruppendynamik. Gruppendynamik, Forschung und Praxis 6, 1975, 311-331.
334. Psychologie und Pädagogik zwischen Lerntheorie, Tiefenpsychologie, Gestalttheorie und Verhaltensforschung. 55 S. Bern: Huber 1975.
335. Was ist Gestalttheorie? In: K. Guss (Hrsg.): Gestalttheorie und Erziehung. Darmstadt: Steinkopff 1975, 1-17.
336. Gibt es eine gestalttheoretische Erziehung? In: K. Guss (Hrsg.): Gestalttheorie und Erziehung. Darmstadt: Steinkopff 1975, 18-41.
337. Gesetze des Sehens. 676 S. mit 700 Abb. Frankfurt a. M.: Kramer, 3. erweiterte Auflage 1975.
338. Trotz – was tun? Der Schweizerische Kindergarten 65, 1975, 182-184. (Aus: 102.)
339. Gesellschaft und Erziehung: offene Fragen und ungelöste Aufgaben. Schweizer Erziehungs-Rundschau 48, 1975, 105-107. (5. Kapitel von 262.)
340. Einführung in: A. Adler und E. Jahn, Religion und Individualpsychologie. Frankfurt a. M.: Fischer Taschenbuch Verlag 1975, Nr. 6283, 7-20.
341. Einführung in: A. Adler, Kindererziehung. Frankfurt a. M.: Fischer Taschenbuch Verlag 1976, Nr. 6311, VI-XII.
342. Alfred Adler als Therapeut und Erzieher – Auswahl aus seinen Schriften. Hamburg: Hoffmann & Campe 1976.
343. Psychologie in der Erziehung. 252 S. mit 12 Abb. Kamps pädagogische Taschenbücher 51. Bochum: Kamp, 3. erweiterte Auflage 1976.
344. mit J. Metzger: Zufrieden, vielleicht sogar glücklich. Großzügige Hilfe kann die Qualität des Lebens verbessern. Unsere Kirche. Evangelisches Sonntagsblatt für Westfalen und Lippe 31, 1976/27, 7.
345. Vom Vorurteil zur Toleranz. 120 S. Darmstadt: Steinkopff, 2. erweiterte Auflage 1976.
346. Psychologie zwischen Natur- und Geisteswissenschaften. In: H. Balmer (Hrsg.): Die europäische Tradition. Psychologie des 20. Jahrhunderts, Bd. 1. München/Zürich: Kindler 1976, 27-40.
347. Gestalttheorie im Exil. In: H. Balmer (Hrsg.): Die europäische Tradition. Psychologie des 20. Jahrhunderts, Bd. 1. München/Zürich: Kindler 1976, 659-683.
348. Wolfgang Köhler (Lexikonartikel in italienischer Sprache). Erscheinungsort unbekannt, wahrscheinlich 1976, 161-163.

349. ADLER als Autor. Zur Geschichte seiner wesentlichsten Veröffentlichungen. In: D. EICKE (Hrsg.): FREUD und die Folgen. Psychologie des 20. Jahrhunderts, Bd. 3 München/Zürich: Kindler 1977, 535-551.

350. Individualpsychologie heute. In: E. RINGEL und G. BRANDL: Ein Österreicher namens ALFRED ADLER. Wien: Österreichischer Bundesverlag für Unterricht, Wissenschaft und Kunst 1977, 15-16.

351. Fragen und produktives Denken. In: E. RINGEL und G. BRANDL (Hrsg.): Situationsbewältigung durch Fragen. Das dialogische Prinzip im Lernprozeß. Wien/Freiburg/Basel: Herder 1977, 41-55.

352. Fragen in Erziehung und Therapie ALFRED ADLERS. In: E. RINGEL und G. BRANDL (Hrsg.): Situationsbewältigung durch Fragen. Das dialogische Prinzip im Lernprozeß. Wien/Freiburg/Basel: Herder 1977, 255-263.

353. Einführung in: A. ADLER, Das Problem der Homosexualität und sexueller Perversionen. Frankfurt a. M.: Fischer Taschenbuch Verlag 1977, Nr. 6337, 7-19.

354. Einführung in: A. ADLER, Studien über Minderwertigkeit von Organen. Frankfurt a. M.: Fischer Taschenbuch Verlag 1977, Nr. 6349, 7-16.

355. Instant fécond et création. In: J. HAMBURGER et Y. PELICIER: Univers de la psychologie. Champ, histoire et méthodes de la psychologie. Paris: Editions Lidis 1977, 172-175.

356. Le rôle des restrictions externes et des tendances internes dans la formation de la personnalité. In: Proceedings of the XXIst International Congress of Psychology at Paris 1976. Paris: Presses Univ. de France 1978, 233-239.

357. MAX WERTHEIMER, WOLFGANG KÖHLER, KURT KOFFKA, ERICH VON HORNBOSTEL. Entwicklung und Aufgabe der Gestalttheorie. In: K. FASSMANN (Hrsg.): Die Großen der Weltgeschichte, Bd. 10. Zürich: Kindler 1978, 506-521.

358. Einführung in: A. ADLER, Lebenskenntnis. Frankfurt a. M.: Fischer Taschenbuch Verlag 1978, Nr. 6392, 7-11.

359. ALFRED ADLER im deutschen Sprachraum. In: R. KAUSEN und F. MOHR (Hrsg.): Beiträge zur Individualpsychologie. München/Basel: Reinhardt 1978, 9-15.

360. Los prejuicios. Ensayo de caracterización psicológica y social. Übersetzung von Nr. 345 ins Spanische von R. GABAS. 128 S. Barcelona: Editoral Herder 1979.

361. Gestaltpsychologie – ein Ärgernis für die Nazis. Psychologie heute 6/3, 1979, 84-85.

362. Einführung in: A. ADLER, Das Leben gestalten. Frankfurt a. M.: Fischer Taschenbuch Verlag 1979, Nr. 6393, 7-11.

363. Einführung in: A. ADLER, Wozu leben wir? Frankfurt a. M.: Fischer Taschenbuch Verlag 1979, Nr. 6708, 7-11.

364. Der Einfluß von KURT LEWIN auf die Entwicklung der Sozialpsychologie. In: A. HEIGL-EVERS (Hrsg.): LEWIN und die Folgen. Psychologie des 20. Jahrhunderts, Bd. 8. München/Zürich: Kindler 1979, 7-16.

365. Daten zu Leben und Werk von KURT LEWIN. In: A. HEIGL-EVERS (Hrsg.): LEWIN und die Folgen. Psychologie des 20. Jahrhunderts, Bd. 8. München/Zürich: Kindler 1979, 17-21.

366. ALFRED ADLER und die Religion. In: G. CONDRAU (Hrsg.): Transzendenz, Imagination und Kreativität. Psychologie des 20. Jahrhunderts, Bd. 15. München/Zürich: Kindler 1979, 239-244.

367. Gestalttheoretische Ansätze zur Frage der Kreativität. In: G. CONDRAU (Hrsg.): Transzendenz, Imagination und Kreativität. Psychologie des 20. Jahrhunderts, Bd. 15. München/Zürich: Kindler 1979, 805-812.
368. Schöpferische Freiheit. In: G. CONDRAU (Hrsg.): Transzendenz, Imagination und Kreativität. Psychologie des 20. Jahrhunderts, Bd. 15. München/Zürich: Kindler 1979, 1069-1074.
369. Sehen – der erste Sinn. Optische Werke Rodenstock München (Hrsg.): Sehen. 1979, 4-6.
370. Das Problem der Ordnung. In: A. THOMAS und R. BRACKHANE (Hrsg.): Wahrnehmen, Urteilen, Handeln (WITTE-Festschrift). Bern: Huber 1980, 314-334.
371. Das Problem der Verantwortung in unserer Zeit. In: L. TENT (Hrsg.): Erkennen – Wollen – Handeln (DÜKER-Festschrift). Göttingen/Toronto/Zürich: Hogrefe 1981, 561-579.
372. Möglichkeiten der Verallgemeinerung des Prägnanzprinzips. Gestalt Theory 4, 1982, 3-22.

Schriften über Wolfgang Metzger

1) *Festschriften*

   WITTE, W. (Hrsg.): Festschrift zum 60. Geburtstag von WOLFGANG METZGER. Psychologische Beiträge 5, 1960.

   ERTEL, S., KEMMLER, L. und STADLER, M. (Hrsg.): Gestalttheorie in der modernen Psychologie. WOLFGANG METZGER zum 75. Geburtstag. Darmstadt: Steinkopff 1975.

2) *Biographische Schriften*

   WOLFGANG METZGER. In: PONGRATZ, L. J., TRAXEL, W. und WEHNER, T. (Hrsg.): Psychologie in Selbstdarstellungen, Bd. 1. Bern/Stuttgart/Wien: Huber 1972, 192-230.

   STADLER, M.: Das Schicksal der nichtemigrierten Gestaltpsychologen im Nationalsozialismus. In: GRAUMANN, C. F. (Hrsg.): Psychologie im Nationalsozialismus. Berlin: Springer 1985, 139-164.

3) *Schriften über sein Werk*

   KANIZSA, G.: Attualità dell'opera di METZGER. Einleitung des Herausgebers zur italienischen Übersetzung der „Psychologie". In: METZGER, W.: I fondamenti della psicologia della gestalt. Florenz: Giunti Barbèra 1971, VII-XXVIII.

   STADLER, M.: Der Beitrag von WOLFGANG METZGER zur allgemeinen Psychologie. Bremer Beiträge zur Psychologie 34, 1984.

   GALLI, G. (Ed.): Il pensiero e l'opera di WOLFGANG METZGER. Annali della Facoltà di Lettere e Filosofia dell'Università di Macerata 17, 1984, 125-193 (mit Beiträgen von M. STADLER, A. ARFELLI GALLI und A. ZUCZKOWSKI).

4) *Nachrufe auf Wolfgang Metzger*

   ANSBACHER, H. L.   Individual Psychology News Letter 29, 1980, 45-47.
   HECKHAUSEN, H.   Psychologische Rundschau 31, 1980, 54-58.
   HECKHAUSEN, H.   American Journal of Psychology 96, 1983, 567-571.
   KLIX, F.   Zeitschrift für Psychologie 188, 1980, 113.
   MEILI, R.   Schweizerische Zeitschrift für Psychologie und ihre Anwendungen 39, 1980, 66-67.
   RAUSCH, E.   Gestalt Theory 2, 1980, 129-132.
   SADER, M.   Gruppendynamik 11, 1980, 260-261.
   STADLER, M.   Psychological Research 42, 1980, 191-193.
   WITTE, W.   Psychologische Beiträge 22, 1980, 545-552.

Verzeichnis der zitierten Schriften

ABDERHALDEN, E. (Hrsg.): Handbuch der biologischen Arbeitsmethoden. Abteilung E., 8 Bände. Wien: Urban & Schwarzenberg 1920–1930.

ACH, N.: Über den Willensakt und das Temperament: Eine experimentelle Untersuchung. Leipzig: Quelle & Meyer 1910.

ADLER, A.: Gesundheitsbuch für das Schneidergewerbe. Berlin: C. Heymanns 1898.

ADLER, A.: Der Arzt als Erzieher (1904). In: ADLER und FURTMÜLLER (1914; 1973).

ADLER, A.: Studien über Minderwertigkeit von Organen (1907). Berlin/Wien: Urban & Schwarzenberg. Darmstadt: Wissenschaftliche Buchgesellschaft 1965 (a).

ADLER, A.: Entwicklungsfehler des Kindes (1907a). In: ADLER und FURTMÜLLER (1914; 1973).

ADLER, A.: Zur Ätiologie, Diagnostik und Therapie der Nephrolithiasis. Klinische Wochenschrift, Wien 20, 1907c.

ADLER, A.: Das Zärtlichkeitsbedürfnis des Kindes (1908a). In: ADLER und FURTMÜLLER (1914; 1973).

ADLER, A.: Der Aggressionstrieb im Leben und in der Neurose (1908b). In: ADLER und FURTMÜLLER (1914; 1973).

ADLER, A.: Über die Vererbung von Krankheiten. Wien: Kampf 1908c; und in ADLER und FURTMÜLLER (1914; 1973).

ADLER, A.: Über neurotische Dispositionen (1909a). In: ADLER und FURTMÜLLER (1914; 1973).

ADLER, A.: Myelodysplasie oder Organminderwertigkeit? Wiener medizinische Wochenschrift 45, 1909b.

ADLER, A.: Der psychische Hermaphroditismus im Leben und in der Neurose. Fortschritte der Medizin 28, 1910a. Neu herausgegeben in: ADLER und FURTMÜLLER (1914; 1973).

ADLER, A.: Trotz und Gehorsam. Monatshefte für Pädagogik und Schulpolitik 2, 1910b. Neu herausgegeben in: ADLER und FURTMÜLLER (1914; 1973).

ADLER, A.: Über männliche Einstellung bei weiblichen Neurotikern. Zentralblatt für Psychoanalyse 1, 1911a, 174-178. Neu herausgegeben in: ADLER (1920).

ADLER, A.: Die Rolle der Sexualität in der Neurose (1911b). In: ADLER und FURTMÜLLER (1914; 1973).

ADLER, A.: ‚Verdrängung' und ‚männlicher Protest': ihre Rolle und Bedeutung für die neurotische Dynamik (1911c). In: ADLER und FURTMÜLLER (1914; 1973).

ADLER, A.: Beitrag zur Lehre vom Widerstand. Zentralblatt für Psychoanalyse 1, 1911d. Neu herausgegeben in: ADLER (1920).

ADLER, A.: Syphilidophobie: ein Beitrag zur Bedeutung der Hypochondrie in der Dynamik der Neurose. Zentralblatt für Psychoanalyse 1, 1911e.

ADLER, A.: Zur Erziehung der Eltern (1912a). In: ADLER und FURTMÜLLER (1914; 1973).

ADLER, A.: Organdialekt (1912b). In: ADLER und FURTMÜLLER (1914; 1973).
ADLER, A.: Psychischer Hermaphroditismus und männlicher Protest: ein Kernproblem der nervösen Erkrankungen (1912c). In: ADLER (1920).
ADLER, A.: Über den nervösen Charakter; Grundzüge einer vergleichenden Individualpsychologie und Psychotherapie (1912d). München: Bergmann 1928[4]; Darmstadt: Wissenschaftliche Buchgesellschaft 1969; Frankfurt am Main: Fischer Taschenbuchverlag 1972, Nr. 6174.
ADLER, A.: Das organische Substrat der Psychoneurosen: zur Ätiologie der Neurosen und Psychosen. Zeitschrift für die gesamte Neurologie und Psychiatrie 13, 1912e, 481-491. Auch in: ADLER (1920).
ADLER, A.: Der nervöse Charakter. Sozialistische Monatsschrift 19, 1913. Auch in: ADLER und FURTMÜLLER (1914; 1973).
ADLER, A.: Kindliches Seelenleben und Gemeinsinn. Annalen der nationalen Kultur und Philosophie 13, 1914, 38-45.
ADLER, A.: Praxis und Theorie der Individualpsychologie. Vorträge zur Einführung in die Psychotherapie für Ärzte, Psychologen und Lehrer. München: Bergmann 1920, 1924[2]; Darmstadt: Wissenschaftliche Buchgesellschaft 1965; Frankfurt am Main: Fischer Taschenbuchverlag 1974, Nr. 6236.
ADLER, A.: Kulturelle Einschränkung in der Erziehung der Frau zur Aktivität. Internationale Zeitschrift für Individualpsychologie 2, 1924.
ADLER, A.: Menschenkenntnis. Leipzig: Hirzel 1927; Frankfurt am Main: Fischer Taschenbuchverlag 1966, Nr. 6080.
ADLER, A.: Kurze Bemerkungen über Vernunft, Intelligenz und Schwachsinn. Internationale Zeitschrift für Individualpsychologie 6, 1928.
ADLER, A.: Individualpsychologie in der Schule: Vorlesungen für Lehrer und Erzieher. Leipzig: Hirzel 1929; Frankfurt am Main: Fischer Taschenbuchverlag 1973, Nr. 6199.
ADLER, A.: The education of children. New York: Greenberg 1930a. Deutsch: Kindererziehung. Frankfurt am Main: Fischer Taschenbuchverlag 1976, Nr. 6311.
ADLER, A.: Die Technik der Individualpsychologie. Bd. II. Die Seele des schwer erziehbaren Schulkindes. München: Bergmann 1930b; Frankfurt am Main: Fischer Taschenbuchverlag 1974, Nr. 6261.
ADLER, A.: The fear of woman: remarks. Individual Psychology Pamphlets, London 3, 1932a, 11-13.
ADLER, A.: Individualpsychologie und Erziehung. Vierteljahresschrift für Jugendkunde 2, 1932b, 1-6.
ADLER, A.: Der Sinn des Lebens. Wien/Leipzig: Passer 1933a. Neudruck: Frankfurt am Main: Fischer Taschenbuchverlag 1973, Nr. 7179.
ADLER, A.: Über den Ursprung des Strebens nach Überlegenheit und des Gemeinschaftsgefühls. Internationale Zeitschrift für Individualpsychologie 11, 1933b, 257-263.
ADLER, A. und FURTMÜLLER, C. (Hrsg.): Heilen und Bilden. München: Reinhardt 1914, 1922[2], 1928[3]. Neudruck: Frankfurt am Main: Fischer Taschenbuchverlag 1973, Nr. 6220.
ADLER, ALEXANDRA: Individualpsychologie (ALFRED ADLER). In: V. E. FRANKL, V. E. v. GEBSATTEL und J. H. SCHULTZ (Hrsg.): Handbuch der Neurosenlehre und Psychotherapie. München/Berlin: Urban & Schwarzenberg 1959, 221-268.

ADLER, K. A.: Adlerian view of the present day scene. Journal of Individual Psychology 26, 1970, 113-121.
AEBLI, H.: Psychologische Didaktik. Stuttgart: Klett 1963.
AHLENSTIEL, H. und KAUFMANN, R.: Vision und Traum. Stuttgart: Enke 1962.
AICHHORN, A.: Verwahrloste Jugend. Zur Psychoanalyse in der Fürsorgeerziehung. Wien: Psychoanalytischer Verlag 1931. Neudruck: Bern: Huber 1951.
ALLESCH, G. J. v.: Zur nichteuklidischen Struktur des phänomenalen Raumes. Jena: Fischer 1931.
ALLESCH, G. J. v.: Zur Methode der Psychologie. Psychologische Rundschau 1, 1950, 75-81.
ANDERSON, H. H.: An experimental study of dominative and integrative behavior in children of preschool age. Journal of Social Psychology 8, 1937a, 335-345.
ANDERSON, H. H.: Domination and integration in the school behavior of young children of preschool age. Genetic Psychology Monographs 19, 1937b, 341-408.
ANDERSON, H. H.: Domination and social integration in the behavior of Kindergartenchildren and teachers. Genetic Psychology Monographs 21, 1939, 287-385.
ANSBACHER, H. L.: The Adlerian and Jungian schools. A. Individual psychology. In: S. ARIETI (Ed.): The foundation of psychiatry. Vol. 1. New York: Basic Books 1974, 789-808.
ANSBACHER, H. L. und ANSBACHER, R.: Die Wiederentdeckung ALFRED ADLERS in den Vereinigten Staaten. In: W. METZGER (Hrsg.): ALFRED ADLER, ein Psychologe der Gegenwart. Sonderheft der Zeitschrift Schule und Psychologie 1970, 355-366.
ANSBACHER, H. L. and ANSBACHER, R. (Eds.): The individual psychology of ALFRED ADLER. A systematic presentation in selection from his writings. New York: Basic Books 1956. Deutsch: ALFRED ADLERS Individualpsychologie. München: Reinhardt 1972.
ANSBACHER, H. L. and ANSBACHER, R. (Eds.): ALFRED ADLER. Superiority and social interest. A collection of later writings. Evanston: Northwestern University Press 1964.
ARNHEIM, R.: Experimentell-psychologische Untersuchungen zum Ausdrucksproblem. Psychologische Forschung 9, 1928, 2-132.
ARNHEIM, R.: Art and visual perception. Berkeley/Los Angeles: University of California Press 1954.
ASCH, S. E.: Some effects of speed on the development of a mechanical attitude in problem solving. Journal of Abnormal and Social Psychology 41, 1946, 258-290.
ASCH, S. E.: Effects of group pressure upon the modification and distortion of judgments. In: GUETZKOW (1951).
ASCH, S. E.: Social psychology. New York: Prentice Hall 1952.
ASCH, S. E.: Opinion and social pressure. Scientific American 193, 1955, 31-35.
ASCH, S. E.: Studies of independence and submission to group pressure: I. A minority of one against an unanimous majority. Psychological Monographs 70, 1956, Whole No. 416.
BAHNSEN, P.: Eine Untersuchung über Symmetrie und Asymmetrie bei visuellen Wahrnehmungen. Zeitschrift für Psychologie 108, 1928, 129-154.

BALSER, M.: Untersuchungen zur KRISTOFS Zweikomponententheorie der geometrisch-optischen Täuschungen. Archiv für die gesamte Psychologie 115, 1963, 307-329.
BARKER, R., DEMBO, T. and LEWIN, K.: Frustration and regression. An experiment with young children. Studies in topological and vector psychology II. University of Iowa Studies of Child Welfare 18, 1941, No. 1.
BARTLEY, S. H.: A clarification of some of the procedures and concepts involved in dealing with the optic pathway. In: R. JUNG und H. KORNHUBER (Hrsg.): Neurophysiologie und Psychophysik des visuellen Systems. Berlin: Springer 1961, 386-400.
BARTMANN, TH.: Der Einfluß von Zeitdruck auf die Leistung und das Denkverhalten bei Volksschülern. Dissertation Münster 1962.
BASH, K. W.: Lehrbuch der allgemeinen Psychopathologie. Stuttgart: Thieme 1955.
BASLER, A. und SCHUSTER, H.: Über das Erkennen von „rauh" und „glatt". Zeitschrift für Sinnesphysiologie 66, 1935, 33-44.
BECHER, E.: Gehirn und Seele. Heidelberg: Winters 1911.
BECHSTEIN, L.: Deutsches Märchenbuch. Leipzig: Wigand 1845.
BECKER, J.: Über taktil-motorische Figurwahrnehmung. Versuche mit Schulkindern. Psychologische Forschung 20, 1935, 102-158.
BELL, S.: A preliminary study of the emotion of love between the sexes. American Journal of Psychology 13, 1902.
BENARY, W.: Referat über Selz, Gesetze des geordneten Denkverlaufs. Psychologische Forschung 3, 1923, 417-425.
BENARY, W.: Beobachtungen zu einem Experiment über Heiligkeitskontrast. Psychologische Forschung 5, 1924, 131-218.
BENUSSI, V.: Zur Psychologie des Gestalterfassens. In: A. MEINONG (Hrsg.): Untersuchungen zur Gegenstandstheorie und Psychologie. Leipzig: Barth 1904, 473-480.
BENUSSI, V.: Kinematohaptische Erscheinungen (Vorläufige Mitteilungen über Scheinbewegungsauffassung auf Grund haptischer Eindrücke). Archiv für die gesamte Psychologie 29, 1913, 385-388.
BENUSSI, V.: Versuche zur Analyse taktil erweckter Scheinbewegungen (kinematohaptische Erscheinungen) nach ihren äußeren Bedingungen und ihren Beziehungen zu den parallelen optischen Phänomenen. Archiv für die gesamte Psychologie 36, 1917, 59-135.
BENUSSI, V.: Zur experimentellen Grundlegung hypno-suggestiver Methoden psychischer Analyse. Psychologische Forschung 9, 1927, 197-274.
BERGER, H.: Über das Elektroenzephalogramm des Menschen. Archiv für Psychiatrie und Nervenkrankheiten 87-108, 1929–1936.
BERLYNE, D. E.: Conflict, arousal and curiosity. New York: McGraw-Hill 1960. Deutsch: Konflikt, Erregung, Neugier. Stuttgart: Klett 1974.
BERTALANFFY, L. v.: Der Organismus als physikalisches System betrachtet. Die Naturwissenschaften 28, 1940, 521-531.
BERTALANFFY, L. v.: Biophysik des Fließgleichgewichts. Braunschweig: Vieweg 1953.
BERTALANFFY, L. v.: Robots, men, and minds. Psychology in the modern world. New York: Braziller 1967.
BERTALANFFY, L. v.: General system theory. New York: Braziller 1968.

BETHE, A.: Plastizität und Zentrenlehre. In: A. BETHE und G. v. BERGMANN (Hrsg.): Handbuch der normalen und pathologischen Physiologie, Bd. 15, 2, 1176-1220; Nachtrag, Bd. 18. Berlin: Springer 1931; 1932.

BETHE, A. und FISCHER, E.: Die Anpassungsfähigkeit (Plastizität) des Nervensystems. In: A. BETHE und G. v. BERGMANN (Hrsg.): Handbuch der normalen und pathologischen Physiologie, Bd. 15, 1. Berlin: Springer 1930, 1175-1213.

BEUCHET, J.: Rotation d'un réseau tridimensionel irregulier dont l'une des projections perspectives coincide avec celle d'un réseau cubique. Author's printing 1959.

BINSWANGER, L.: Einführung in die Probleme der allgemeinen Psychologie. Berlin: Springer 1922.

BIRENBAUM, G.: Das Vergessen einer Vornahme: Isolierte seelische Systeme und dynamische Gesamtbereiche. Psychologische Forschung 13, 1930, 218-284.

BISCHOF, N.: Erkenntnistheoretische Grundlagenprobleme der Wahrnehmungspsychologie. In: METZGER und ERKE (1966), 21-78.

BISCHOF, N.: Psychophysik der Raumwahrnehmung. In: METZGER und ERKE (1966), 307-408.

BONO, E. DE.: The use of lateral thinking. London: Cape 1967. Deutsch: Das spielerische Denken. München: Scherz 1967.

BORING, E. G.: A history of experimental psychology. New York: Appleton-Century-Crofts 1957.

BOURDON, B. B.: La perception visuelle de l'espace. Paris: Schleicher 1902.

BOWLBY, J.: Maternal care and mental health. Bulletin of the World Health Organization 2, 1951.

BOWLBY, J.: Psychopathological processes set in train by early mother-child separation. In: M. J. SENN (Ed.): Infancy and childhood. New York 1954.

BOWLBY, J.: Separation anxiety. International Journal of Psycho-Analysis 41, 1960, 89-113.

BOWLBY, J.: Separation anxiety: A critical review of the literature. Journal of Child Psychology and Psychiatry 1, 1960, 251-269.

BOWLBY, J.: Deprivation of maternal care. Public Health Papers No. 14. Auch in: BOWLBY (1969).

BOWLBY, J.: Attachment and loss. Vol. 1: Attachment, Vol. 2: Separation. New York: Basic Books 1969; 1973. Deutsch: Bindung (Bd. 1); Trennung (Bd. 2). München: Kindler 1976.

BOWLBY, J., AINSWORTH, M., BOSTON, M. and ROSENBLUTH, D.: The effects of mother-child separation: A follow-up study. British Journal of Medical Psychology 29, 1956.

BRENGELMANN, J. C.: Preference for upright structure in memory-traces. Psychologische Forschung 30, 1967, 273-280.

BRENTANO, F.: Psychologie vom empirischen Standpunkt. 2 Bde. Leipzig: Meiner 1874.

BRIDGMAN, P. W.: The logic of modern physics. New York: Macmillan 1927.

BRITSCH, G.: Theorie der bildenden Kunst. München: Bruckmann 1926, 1952^3.

BRONFENBRENNER, U.: Wie wirksam ist kompensatorische Erziehung? Stuttgart: Klett 1974.

BROWER, D.: The problem of quantification in psychological science. Psychological Review 57, 1949, 325-333.

BRUNS, A. und METZGER, W.: Entstehung und Heilung einer kindlichen Phobie. In: R. MÜHLER und J. FISCHL (Hrsg.): Gestalt und Wirklichkeit. Berlin: Duncker & Humblot 1967, 223-243.
BRUNSWIK, E.: Wahrnehmung und Gegenstandswelt: Grundlegung einer Psychologie vom Gegenstand her. Leipzig: Deuticke 1934.
BRUNSWIK, E.: Experimentelle Psychologie in Demonstrationen. Wien: Springer 1935.
BRUNSWIK, E.: The conceptual focus of systems (1939). In: M. H. MARX (Ed.): Psychological theory. New York: MacMillan 1951.
BRUNSWIK, E.: Perception and the representative design of psychological experiments (1947). Berkeley: University of California Press 1956.
BÜHLER, CH.: Kindheit und Jugend. Leipzig: Hirzel 1928.
BÜHLER, K.: Die Gestaltwahrnehmungen. Stuttgart: Spemann 1913.
BÜRKLEN, K.: Das Tastlesen der Blindenschrift. Zeitschrift für angewandte Psychologie 1917, Beiheft 16.
CAMPBELL, E. H.: The social-sex development of children. Genetic Psychology Monographs 21, 1939, 461-552.
CANESTRARI, R.: Observations expérimentales sur les «Démonstrations d'AMES». Archivio Italiano di Biologia 101, 1963, 413-420.
CANNON, W. B.: The wisdom of the body. New York: Norton 1932.
CARNAP, R.: Testability and meaning. Philosophy of Science 3, 1936, 420-468; 4, 1937, 1-40.
CARNAP, R.: The methodological character of theoretical concepts. In: H. FEIGL, M. SCRIVEN and G. MAXWELL (Eds.): Minnesota studies in the philosophy of science. Vol. 1. Minneapolis: University of Minnesota Press 1956, 38-76.
CARTWRIGHT, D. and ZANDER, A. (Eds.): Group dynamics. Research and theory. New York: Harper & Row 1953; 1968.
CLARK, C. H.: Brainstorming. The dynamic new way to create successful ideas. Garden City, New York: Doubleday 1958. Deutsch: Brainstorming: Methoden der Zusammenarbeit und Ideenfindung. München: Moderne Industrie 1967.
CLAUSEWITZ, C. v.: Vom Kriege (1833). Berlin, Leipzig: Behr, Feddersen 1933[14].
CLOSTERMANN, G.: Gestaltwandel im Arbeitsprozeß. Zur experimentellen Analyse der Arbeitskurve. Langensalza: Gest 1930.
COGHILL, G. E.: Anatomy and the problem of behavior. New York: Hafner 1964.
COPEI, F.: Der fruchtbare Moment im Bildungsprozeß. Heidelberg: Quelle & Meyer 1930; 1949; 1955.
CORNELIUS, H.: Über Verschmelzung und Analyse. Vierteljahresschrift für wissenschaftliche Philosophie 16, 1892, 404-446; 17, 1893, 30-75.
CORNELIUS, H.: Psychologie als Erfahrungswissenschaft. Leipzig: Teubner 1897.
CRUTCHFIELD, R. S.: Conformity and character. American Psychologist 10, 1955, 191-198.
CRUTCHFIELD, R. S.: Detrimental effects of conformity pressure on creative thinking. Psychologische Beiträge 6, 1962, 463-471.
CRUTCHFIELD, R. S.: Instructing the individual in creative thinking. In: R. L. MOONEY and T. A. RAZIK (Eds.): Explorations in creativity. New York: Harper & Row 1967, 196-205.
DAMBORSKA, M.: Kundgebungen der wichtigsten negativen Emotionen bei Säuglingen im Milieu eines Säuglingheimes. Wissenschaftliche Zeitschrift der Humboldt

Universität Berlin, Mathematisch-Naturwissenschaftliche Reihe 14/2 1965, 243-249.
DEMBO, T.: Der Ärger als dynamisches Problem. Psychologische Forschung 15, 1931, 1-144.
DENK, F.: Die mathematische Erfindung. Regensburg: Habbel 1951.
DERVOLAV, W.: Das Exemplarische im Bildungsraum des Gymnasiums. Düsseldorf 1957.
DESCARTES, R.: Principia philosophiae. Amsterdam: Ludovicum 1644.
DILTHEY, W.: Ideen über eine beschreibende und zergliedernde Psychologie. Sitzungsbericht der Preußischen Akademie der Wissenschaften Berlin 1894, 2, 1309-1407.
DILTHEY, W.: Beiträge zum Studium der Individualität. Sitzungsberichte der Preußischen Akademie der Wissenschaften Berlin 1896.
DITCHBURN, R. W. and GINSBORG, B. L.: Vision with a stabilized retinal image. Nature 170, 1952, 36-37.
DOMHOFF, B. and KAMIYA, J.: Problems in dream content study with objective indicators. I. A comparision of home and laboratory dream reports. II. Appearance of experimental situation in laboratory dream narratives. III. Changes in dream content throughout the night. Archive of General Psychiatry 11, 1964, 519-532.
DREIKURS, R.: Psychologie im Klassenzimmer. Stuttgart: Klett 1973.
DRIESCH, H.: Die Maschine und der Organismus. Leipzig: Barth 1935.
DRÖSLER, J.: Modell versus Schema in der Wahrnehmungspsychologie. Bericht über den 24. Kongreß der Deutschen Gesellschaft für Psychologie in Wien 1964. Göttingen: Hogrefe 1965.
DÜKER, H.: Psychopharmakologische Untersuchungen über die Wirkung von Keimdrüsenhormonen auf die geistige Leistungsfähigkeit. Archiv für experimentelle Pathologie und Pharmakologie 202, 1943, 262-313.
DUNCKER, K.: Über induzierte Bewegung. Psychologische Forschung 12, 1928, 180-260.
DUNCKER, K.: Zur Psychologie des produktiven Denkens. Berlin: Springer 1935.
DUNCKER, K.: Ethical relativity. Mind 48, 1939, 39-57.
DUNCKER, K.: On pleasure, emotion, and striving. Philosophical and Phenomenological Research 1, 1941/42, 391-430.
DUNCKER, K.: Phenomenology and epistemology of consciousness of objects. Philosophical and Phenomenological Research 7, 1947, 505-542.
DUNGER, H.: Zur Schärfung des Sprachgefühls. Berlin: Verlag des Allgemeinen Deutschen Sprachvereins 1923.
EBBINGHAUS, H.: Über das Gedächtnis. Untersuchungen zur experimentellen Psychologie. Leipzig: Duncker & Humblot 1885.
EBBINGHAUS, H.: Grundzüge der Psychologie. 2 Bde. Leipzig: Veit 1913.
ECKERMANN, J. P.: Gespräche mit GOETHE in den letzten Jahren seines Lebens. Leipzig 1836.
EDDINGTON, A.: Das Weltbild der Physik (1929). Braunschweig: Vieweg 1931.
EHRENFELS, CHR. v.: Über Gestaltqualitäten. Vierteljahresschrift für wissenschaftliche Philosophie 14, 1890, 249-292.
EHRENFEST-AFANASJEWA, T.: Übungssammlung zu einer geometrischen Propädeuse. Den Haag: Nijhoff 1931.

EHRENFEST-AFANASJEWA, T.: Einige Bemerkungen über den Anfangsunterricht in der Geometrie. Archimedes (Regensburg).
EHRENSTEIN, W.: Probleme der ganzheitspsychologischen Wahrnehmungslehre. Leipzig: Barth 1947.
EINSTEIN, A.: Zur Methode der theoretischen Physik. In: A. EINSTEIN: Mein Weltbild. Amsterdam: Querido 1934.
ELIOT, T. S.: Selected essays. London: Faber & Faber 1934.
ELLENBERGER, H. F.: The discovery of the unconscious. New York: Basic Books 1970. Deutsch: Die Entdeckung des Unbewußten. Bern, Stuttgart: Huber 1973.
ERDMANN, K. O.: Die Bedeutung des Wortes. Leipzig: Haessel 1925[4].
ERIKSON, E. H.: Kindheit und Gesellschaft. Stuttgart: Klett 1957.
FECHNER, G. TH.: Elemente der Psychophysik. Leipzig: Breitkopf & Härtel 1860.
FECHNER, G. TH.: Zur experimentalen Aesthetik. Abhandlungen der mathematisch-physikalischen Classe der königlich-sächsischen Gesellschaft der Wissenschaften 9, 6, Leipzig 1871.
FECHNER, G. TH.: Vorschule der Aesthetik. 2 Bde. Leipzig: Breitkopf & Härtel 1876.
FEIGL, H.: Existential hypotheses: Realistic vs. phenomenalistic interpretation. Philosophy of Science 17, 1950, 35-62.
FEIGL, H.: The "mental" and the "physical". In: H. FEIGL, M. SCRIVEN and G. MAXWELL (Eds.): Minnesota studies in the philosophy of science. Vol. 2. Minneapolis: University of Minnesota Press 1958, 370-497.
FICK, A.: De errore quodam optic asymmetria bulbi effecto. Marburg: Koch 1851.
FILEHNE, W.: Die geometrisch-optischen Täuschungen als Nachwirkungen der im körperlichen Sehen erworbenen Erfahrung. Zeitschrift für Psychologie 17, 1898, 15-61.
FISHER, G. H.: The frameworks for perceptual localization. London: Newcastle upon Tyne 1968.
FLORES D'ARCAIS, G. B. (Ed.): Studies in perception. Milano: Martello-Giunti 1975.
FOLLETT, M. P.: Creative experience. 1923.
FOULKES, W. D.: Dream reports from different stages of sleep. Journal of Abnormal and Social Psychology 65, 1962, 14-25.
FREUD, A.: Das Ich und die Abwehrmechanismen. Wien: Internationaler Psychoanalytischer Verlag 1936.
FREUD, A.: Aggression in relation to emotional development. Psychoanalytic Study of the Child 3/4, 1949, 37-42.
FREUD, S.: Die Traumdeutung (1900). In: Gesammelte Werke, Bd. 2. London: Imago 1942.
FREUD, S.: Zur Psychopathologie des Alltagslebens (1904). In: Gesammelte Werke, Bd. 4. London: Imago 1941.
FREUD, S.: Drei Abhandlungen zur Sexualtheorie (1905). In: Gesammelte Werke, Bd. 5. London: Imago 1942.
FREUD, S.: Zur Analyse der Phobie eines fünfjährigen Knaben (1909). In: Freud-Studienausgabe, Bd. 8. Frankfurt am Main: Fischer 1969.
FREUD, S.: Vorlesungen zur Einführung in die Psychoanalyse (1917). In: Gesammelte Werke, Bd. 11. London: Imago 1940.
FREUD, S.: Das Ich und das Es. Wien: Internationaler Psychoanalytischer Verlag 1923.
FREUD, S.: Neue Folge der Vorlesungen zur Einführung in die Psychoanalyse (1932). In: Gesammelte Werke, Bd. 15. London: Imago 1940.

FREUD, S.: Drei Abhandlungen zur Sexualtheorie. In: Gesammelte Werke, Bd. 5. London: Imago 1942.

FREY, M. v.: Die Wirkung gleichzeitiger Druckempfindungen aufeinander. Zeitschrift für Biologie 56, 1911, 574-598.

FREY, M. v.: Über Wandlungen der Empfindung bei formal verschiedener Reizung einer Art von Sinnesnerven. Psychologische Forschung 3, 1923, 209-218.

FRÖBES, J.: Lehrbuch der experimentellen Psychologie. 2 Bände. Freiburg: Herder 1922/1923$^{2/3}$.

FROM, F.: Diskussion über J.-P. DE WAELE „Zur Frage der empirischen Bestätigung psychoanalytischer Grundannahmen". Zeitschrift für Psychologie 165, 1961, 135-136.

FUCHS, W.: Experimentelle Untersuchungen über das simultane Hintereinandersehen auf derselben Sehrichtung. Zeitschrift für Psychologie 91, 1923a, 145-235.

FUCHS, W.: Experimentelle Untersuchung über die Änderung von Farben unter dem Einfluß von Gestalten (Angleichungserscheinungen). Zeitschrift für Psychologie 92, 1923b, 249-325.

FURTMÜLLER, C.: ALFRED ADLER. A biographical essay. In: ANSBACHER and ANSBACHER (1964) Teil 6.

GARNER, W. R., HAKE, H. W. and ERIKSEN, C. W.: Operationism and the concept of perception. Psychological Review 68, 1956, 149-159.

GAUDIG, H.: Die Schule im Dienste der werdenden Persönlichkeit. Leipzig: Quelle & Meyer 1917; 1930.

GEHLEN, A.: Der Mensch. Seine Natur und seine Stellung in der Welt. Bonn: Athenäum-Verlag 1950.

GEIST, H. F.: Die Wiedergeburt des Künstlerischen aus dem Volk. Ein Buch von der Kunst des Volkes und ihrer Bestätigung im Schaffen des Kindes als Beispiel praktischer Volkstumsarbeit. Leipzig: Seemann 1934.

GELB, A.: Versuche auf dem Gebiet der Zeit- und Raumwahrnehmung. Bericht über den 6. Kongreß für experimentelle Psychologie in Göttingen 1914. Jena: Barth 1914, 36-42.

GELB, A. und GOLDSTEIN, K.: Über den Einfluß des vollständigen Verlustes des optischen Vorstellungsvermögens auf das taktile Erkennen. Zeitschrift für Psychologie 83, 1920, 1-94.

GELB, A. und GOLDSTEIN, K.: Die Farbenkonstanz der Sehdinge. In: A. BETHE und G. v. BERGMANN (Hrsg.): Handbuch der normalen und pathologischen Physiologie, 12. Band, 1. Hälfte. Berlin: Springer 1929, 594-677.

GESELL, A.: Säugling und Kleinkind in der Kultur der Gegenwart. Bad Nauheim: Christian Verlag 1953.

GIBSON, E. J.: Perceptual development and the reduction of uncertainty. In: ZAPOROZHETS and GIBSON (1966), 7-17.

GIBSON, E. J. and WALK, R. D.: The "visual cliff". Scientific American 202, 1960, 64-71.

GIBSON, J. J.: The perception of the visual world. Boston: Houghton Mifflin 1950.

GIBSON, J. J.: The relation between visual and postural determinants of the phenomenal vertical. Psychological Review 59, 1952, 370-375.

GIBSON, J. J.: The senses considered as perceptual systems. Boston: Houghton Mifflin 1966.

GOEKEN, J.: Der bildnerische Unterricht in der Volksschule. Lünen 1949^2.

Goethe, J. W. v.: Der Versuch als Vermittler von Objekt und Subjekt. Kleine Schriften zur Naturwissenschaft 18, 1792.
Goldmeier, E.: Über Ähnlichkeit bei gesehenen Figuren. Psychologische Forschung 21, 1936, 146-208.
Goldschmidt, R. H.: Beobachtungen über exemplarische subjektive optische Phänomene. Zeitschrift für Psychologie 76, 1916, 289-436.
Goldstein, K.: Zur Theorie der Funktion des Nervensystems. Archiv für Psychiatrie und Nervenkrankheiten 74, 1925, 370-405.
Gordon, T.: Familienkonferenz. Hamburg: Hoffmann & Campe 1972.
Gottschaldt, K.: Über den Einfluß der Erfahrung auf die Wahrnehmung von Figuren. I. Über den Einfluß gehäufter Einprägung von Figuren auf die Sichtbarkeit in umfassenden Konfigurationen. Psychologische Forschung 8, 1926, 261-317.
Gottschaldt, K.: Über den Einfluß der Erfahrung auf die Wahrnehmung von Figuren. II. Vergleichende Untersuchung über die Wirkung figuraler Einprägung und der Einfluß spezifischer Geschehensverläufe auf die Auffassung optischer Komplexe. Psychologische Forschung 12, 1929, 1-87.
Gottschaldt, K.: Aufbau des kindlichen Handelns. Leipzig: Barth 1933.
Gottschaldt, K.: Die Methodik der Persönlichkeitsforschung in der Erbpsychologie. Leipzig: Barth 1942.
Graefe, O.: Versuche zur Wahrnehmung von Figuren im peripheren Gesichtsfeld. Dissertation Münster 1950.
Graefe, O.: Über Notwendigkeit und Möglichkeit der psychologischen Wahrnehmungslehre. Psychologische Forschung 26, 1961, 262-298.
Graf, M.: Die innere Werkstatt des Musikers. Stuttgart: Enke 1910.
Gregory, R. L.: Distortion of visual space as inappropriate scaling. Nature 199, 1963, 678-680.
Gregory, R. L.: Seeing in depth. Nature 207, 1965, 16-17.
Gregory, R. L.: Comments on the inappropriate constancy scaling theory of the illusions and its implications. Quarterly Journal of Experimental Psychology 19, 1967, 219-223.
Greyerz, O. v.: Stilkritische Übungen. Leipzig: Klinkhardt 1925.
Grimm, J. und Grimm, W.: Kinder- und Hausmärchen (1812). Berlin: Reimer 1819^2.
Groos, K.: Über wissenschaftliche Einfälle. Zeitschrift für Psychologie 95, 1924, 1-26.
Gruber, H. E., Glenn, T. and Wertheimer, M.: Contemporary approaches to creative thinking. New York: Atherton Press 1963.
Grupe, W.: Kinder begegnen der Natur. Stuttgart 1952.
Guetzkow, H. (Ed.): Groups, leadership and men. New York: Carnegie Press 1951; 1963.
Guilford, J. P.: Creativity. American Psychologist 5, 1950, 444-454.
Guilford, J. P.: Some new views of creativity. In: H. Helson (Ed.): Theories and data in psychology. Princeton: van Nostrand 1965.
Guyer, W.: Wie wir lernen. Zürich: Rentsch 1952.
Hall, C. S.: The meaning of dreams. New York 1959.
Harder, L. und Schiering, G.: Freies Werken im ersten Schuljahr. Hamburg: Verlag der Gesellschaft der Freunde des Vaterländischen Schul- und Erziehungswesens 1956.
Harlow, H. F.: The nature of love. American Psychologist 12, 1958, 673-685.

HARLOW, H. F.: Primary affectional patterns in primates. American Journal of Orthopsychiatry 30, 1960, 676-684.
HARLOW, H. F.: The development of affectional patterns in infant monkeys. In: B. M. Foss (Ed.) 1961, 75-88.
HARLOW, H. F., HARLOW, M. K. and HANSEN, E. W.: The material affectional system of Rhesus monkeys. In: H. L. RHEINGOLD (Ed.): Maternal behavior in mammals. New York: Wiley 1963.
HARTMANN, L.: Neue Verschmelzungsphänomene. Psychologische Forschung 3, 1923, 319-396.
HAUBENSAK, G.: Spricht die „Überkonstanz" für die nichteuklidische Struktur des Sehraumes?. Psychologische Beiträge 12, 1970, 379-383.
HEBB, D. O.: The organization of behavior. New York: Wiley 1949.
HEBB, D. O.: Einführung in die moderne Psychologie (1958). Weinheim: Beltz 1967.
HECKHAUSEN, H.: Das Sorgenkind und seine Welt. In: O. GRAEFE und H. HECKHAUSEN (Hrsg.): Psychologie und praktische Erziehungshilfe. München, Basel: Reinhardt 1955, 28-41.
HECKHAUSEN, H.: Hoffnung und Furcht in der Leistungsmotivation. Meisenheim: Hain 1963.
HECKHAUSEN, H. und WAGNER, I.: Anfänge und Entwicklung der Leistungsmotivation: II. In der Zielsetzung des Kleinkindes. Psychologische Forschung 28, 1964/65, 179-245.
HEFELE, H.: Das Gesetz der Form. Briefe an Tote. Jena: Diederichs 1921.
HEIDER, F.: The psychology of interpersonal relations. New York: Wiley 1958.
HEISS, A.: Zum Problem der isolierenden Abstaktion. Neue Psychologische Studien 4, 1930, 285-318.
HELD, R.: Plasticity in sensorimotor coordination. In: ZAPOROZHETS and GIBSON (1966) 27-34.
HELLPACH, W. (Hrsg.): Klinische Psychologie. Stuttgart: Thieme 1946; 1949[2].
HELM, J.: Über Gestalttheorie und Persönlichkeitspsychologie. In: PH. LERSCH und H. THOMAE (Hrsg.): Persönlichkeitsforschung und Persönlichkeitstheorie. Handbuch der Psychologie, Bd. 4. Göttingen: Hogrefe 1960, 357-390.
HELMHOLTZ, H. V.: Handbuch der physiologischen Optik. Hamburg: Voss 1866; 1909/1911[3].
HELSON, H.: The psychology of Gestalt. I-IV. American Journal of Psychology 36, 1925, 342-370, 494-525; 37, 1926, 25-62, 189-216.
HERBART, J. F.: Allgemeine Pädagogik aus dem Werke der Erziehung abgeleitet. In: Pädagogische Schriften. Leipzig: Siegismund & Volkening 1883[3].
HERING, E.: Beiträge zur Physiologie. Leipzig: Engelmann 1861-1864.
HERING, E.: Grundzüge der Lehre vom Lichtsinn (1905, 1907, 1911). Berlin: Springer 1920.
HERRMANN, H.: Glanz des Wahren. Krailing vor München: Wewel 1940.
HESELHAUS, K.: Horizontale und vertikale Täuschungen bei großen Maßen. Vordiplom-Arbeit Münster 1949.
HESS, K. und PRETORI, H.: Messende Untersuchungen über die Gesetzmäßigkeit des simultanen Helligkeitskontrastes. Archiv der Ophthalmologie, Abteilung 4, 40, 1894, 1-24.
HESS, W. R.: Das Zwischenhirn. Basel: Schwabe 1949, 1954.
HETZER, H.: Kindheit und Armut. Leipzig: Hirzel 1929, 1937.

HILDEBRAND, R.: Vom deutschen Sprachunterricht. Leipzig: Klinkhardt 1879.
HILGARD, E. R.: Theories of learning. New York: Appleton 1956.
HOCHBERG, J.: Reading pictures and text: What is learning in perceptual development? In: ZAPOROZHETS and GIBSON (1966) 18-26.
HÖFLER, A. und WITASEK, S.: Hundert Psychologische Schulversuche mit Angabe der Apparate. Leipzig: Barth 1900; 1911³.
HOFMANN, F. B.: Die Lehre vom Raumsinn des Auges, 2 Bde. Berlin: Springer 1920; 1925.
HOLLINGWORTH, H. L.: The central tendency of judgement. Journal of Physiological Psychology and Scientific Method 7, 1910.
HOLST, E. v.: Vom Wesen der Ordnung im Zentralnervensystem. Die Naturwissenschaften 25, 1937, 625-631, 641-647.
HOLST, E. v.: Zur Funktion des Statolithenapparates im Wirbeltierlabyrinth. Die Naturwissenschaften 36, 1949, 127-128.
HOLST, E. v.: Aktive Leistungen der menschlichen Gesichtswahrnehmung. Studium Generale 10, 1957, 231-243.
HOLST, E. v. und MITTELSTAEDT, H.: Das Reaffenzprinzip. Die Naturwissenschaften 37, 1950, 464-476.
HOLSTEIN, A.: Zeichnerische Gestaltungsstufen und Schulreife. Vordiplomarbeit Münster 1957.
HOLZMAN, P. S. and KLEIN, G. S.: Perceptual attitudes of "leveling" and "sharpening": Relations to individual differences in time-error. American Psychologist 6, 1951, 257.
HOPPE, F.: Erfolg und Mißerfolg. Psychologische Forschung 14, 1931, 1-62.
HORNBOSTEL, E. M. v.: Über optische Inversion. Psychologische Forschung 1, 1922, 130-156.
HORNBOSTEL, E. M. v.: Das räumliche Hören. In: A. BETHE und G. v. BERGMANN (Hrsg.): Handbuch der normalen und pathologischen Physiologie, 11. Band. Berlin: Springer 1926, 6.
HORNBOSTEL, E. M. v.: Psychologie der Gehörserscheinungen. In: A. BETHE und G. v. BERGMANN (Hrsg.): Handbuch der normalen und pathologischen Physiologie, 11. Band. Berlin: Springer 1926, 7.
HUBEL, D. H. and WIESEL, T. N.: Receptive fields of single neurons in the cat's striate cortex. Journal of Physiology 148, 1959, 574-591.
HUNT, McV. J.: Intrinsic motivation and its role in psychological development. Nebraska Symposion on Motivation 1965, 189-282.
IPSEN, G.: Über Gestaltauffassung (Erörterung des SANDERschen Parallelogramms). Neue Psychologische Studien 1, 1926, 167-269.
ITTELSON, W. H.: The AMES demonstrations in perception. Princeton: Princeton University Press 1952.
ITTELSON, W. H.: Visual space perception. Berlin/New York: Springer 1960.
JACOBS, M. H.: Über den Einfluß des phänomenalen Abstandes auf die Unterschiedsschwelle bei Helligkeiten. Psychologische Forschung 18, 1933, 98-142.
JACOBS, V.: Über die Figuralauffassung des Kindes. Vordiplom-Arbeit Münster 1954.
JACOTOT, J.: Lehrmethode des Universal-Unterrichts. Marburg: Garthe 1830.
JAENSCH, E. R.: Der Gegentypus. Zeitschrift für angewandte Psychologie, Beiheft 1938.
JAMES, W.: The principles of psychology (1890). London: MacMillan 1905.

JASPERS, K.: Allgemeine Psychopathologie. Berlin: Springer 1913, 1946[4].
JASPERS, K.: Psychologie der Weltanschauungen. Berlin: Springer 1926.
JONES, E.: Was ist Psychoanalyse? Psychoanalytische Bewegung 5, 1933, 230-237.
JOUVET, M.: Recherches sur les structures nerveuses et les mechanismes responsables des differentes phases du sommeil physiologique. Archivio Italiano di Biologia 109, 1962, 125-206.
JOVANOVIC, U.J.: Einige Charakteristika des Traumbeginns. Psychologische Forschung 30, 1967, 281-306.
JUCKNAT, M.: Leistung, Anspruchsniveau und Selbstbewußtsein. Psychologische Forschung 22, 1938, 89-179.
KAHRS, E.: Experimentelle Untersuchung über das Verhältnis zwischen Teil und Ganzem in der Gesichtswahrnehmung des Kindes. Dissertation Münster 1948.
KANISZA, G.: Condizioni ed effetti della trasparenza fenomenica. Rivista di Psicologia 49, 1955, 3-19.
KANISZA, G.: Perception, past experience, and the "impossible experiment". Acta Psychologica 31, 1969, 66-96.
KATONA, G.: Organizing and memorizing: Studies in the psychology of learning and teaching. New York: Columbia University Press 1940.
KATZ, D.: Die Erscheinungsweisen der Farben und ihre Beeinflussung durch individuelle Erfahrung. Zeitschrift für Psychologie 1907, Supplement 7. Auch: Leipzig: Barth 1911.
KATZ, D.: Gestaltpsychologie. Basel: Schwabe 1948[2]; 1961[3]; 1969[4].
KATZ, D. und RÉVÉSZ, G.: Experimentelle Studien zur vergleichenden Psychologie. Zeitschrift für angewandte Psychologie 18, 1921, 307-320.
KEMMLER, L.: Untersuchungen über den frühkindlichen Trotz. Psychologische Forschung 25, 1957, 279-338.
KEMMLER, L.: Erfolg und Versagen in der Grundschule. Göttingen: Hogrefe 1967.
KEMMLER, L. und MIRTSCHIN, H.: Untersuchungen zum Weltbild normaler und psychisch gestörter Kinder mit Düss-Fabeln. Psychologische Beiträge 5, 1960, 108-116.
KERN, A.: Sitzenbleiberelend und Schulreife. Freiburg: Herder 1951.
KERN, A.: Kurze Anleitung zu meinem Rechenkasten. Freiburg: Herder 1955.
KERN, A. und KERN, E.: Sprachschöpferischer Unterricht. Freiburg: Herder 1951.
KERSCHENSTEINER, G.: Wesen und Wert des naturwissenschaftlichen Unterrichts. Leipzig und Berlin 1928.
KLEINBUB, M.: Über die Unterschiedsschwelle für Helligkeiten bei verschiedenen Abständen der Vergleichsobjekte und Fixationswechsel. Dissertation Berlin 1933.
KLEINT, H.: Versuche über die Wahrnehmung. Zeitschrift für Psychologie 138, 1936, 1-34; 140, 1937, 109-138; 141, 1937, 9-44; 142, 1938, 259-290; 143, 1938, 299-316; 148, 1940, 145-204; 149, 1940, 31-82.
KLEITMAN, N.: Sleep and wakefulness. Chicago: University of Chicago Press 1963.
KLIX, F.: Elementaranalysen zur Psychophysik der Raumwahrnehmung. Berlin: Deutscher Verlag der Wissenschaften 1962.
KLÖCKNER, K., SOIKA, J.A. und SELLIN, H.: Zur Notlage der Werkerziehung. Der Pelikan 58, 1957.

KNABE, P.: Der Mut zur Lücke: Exemplarischer Unterricht. Freundliches Begegnen (Düsseldorf) 7, 1957, Heft 2.
KÖHLER, W.: Über unbemerkte Empfindungen und Urteilstäuschungen. Zeitschrift für Psychologie 66, 1913, 51-80.
KÖHLER, W.: Optische Untersuchungen am Schimpansen und am Haushuhn. Abhandlungen der königlich Preußischen Akademie der Wissenschaften Berlin. Physikalisch-mathematische Klasse 3, 1915.
KÖHLER, W.: Intelligenzprüfungen an Anthropoiden. Abhandlungen der königlich Preußischen Akademie der Wissenschaften Berlin. Physikalisch-mathematische Klasse 1, 1917. 2. Auflage: Intelligenzprüfungen an Menschenaffen. Berlin: Springer 1921; Neudrucke 1963; 1973.
KÖHLER, W.: Nachweis einfacher Strukturfunktionen beim Schimpansen und beim Haushuhn. Abhandlungen der königlich Preußischen Akademie der Wissenschaften Berlin. Physikalisch-mathematische Klasse 2, 1918.
KÖHLER, W.: Die physischen Gestalten in Ruhe und im stationären Zustand. Braunschweig: Vieweg 1920.
KÖHLER, W.: Gestaltprobleme und Anfänge einer Gestalttheorie. Jahresberichte für die gesamte Physiologie und experimentelle Pharmakologie für das Jahr 1922, 3/1, 1925, 512-539.
KÖHLER, W.: Komplextheorie und Gestalttheorie. Antwort auf G. E. MÜLLERS Schrift gleichen Namens. Psychologische Forschung 6, 1925, 298-357.
KÖHLER, W.: Zur Komplextheorie. Psychologische Forschung 8, 1926, 236-243.
KÖHLER, W.: Zum Problem der Regulation. Roux' Archiv für Entwicklungsmechanik der Organismen 112, 1927, 315-352.
KÖHLER, W.: Gestalt psychology. New York: Liveright 1928.
KÖHLER, W.: Ein altes Scheinproblem. Die Naturwissenschaften 17, 1929, 395-401.
KÖHLER, W.: Das Wesen der Intelligenz. In: A. KELLER (Hrsg.): Kind und Umwelt, Anlage und Erziehung. Leipzig, Wien: Deuticke 1930, 132-146.
KÖHLER, W.: Zur BOLTZMANNschen Theorie des zweiten Hauptsatzes. Erkenntnis 2, 1932, 336-353.
KÖHLER, W.: Psychologische Probleme. Berlin: Springer 1933.
KÖHLER, W.: Zur Psychophysik des Vergleichs und des Raumes. Psychologische Forschung 18, 1933, 343-360.
KÖHLER, W.: The place of value in a world of facts. New York: Liveright 1938.
KÖHLER, W.: Dynamics in psychology. New York: Liveright 1940.
KÖHLER, W.: The nature of perceptual processes. Proceedings of the XIIth international Congress of Psychology at Edingburgh 1948. Edinburgh, London 1950, 81.
KÖHLER, W.: Psychology and evolution. Acta Psychologica 7, 1950, 288-297.
KÖHLER, W.: The obsessions of normal people. Waltham, Mass.: Brandeis University 1958. Auch in: M. HENLE (Ed.): The selected papers of WOLFGANG KÖHLER. New York: Liveright 1971.
KÖHLER, W.: The task fo gestalt psychology. Princeton: Princeton University Press 1969.
KÖHLER, W. and FISHBACK, J.: The destruction of the MÜLLER-LYER illusion in repeated trials: I. Am examination of two theories; II. Satiation patterns and memory traces. Journal of Experimental Psychology 40, 1950, 267-281; 398-410.

KÖHLER, W. and HELD, R.: The cortical correlate of pattern vision. Science 110, 1949, 414-419.

KÖHLER, W. und RESTORFF, H. v.: Zur Theorie der Reproduktion. Psychologische Forschung 21, 1935, 56-112.

KÖHLER, W. and WALLACH, H.: Figural after-effects. An investigation of visual processes. Proceedings of the American Philosophical Society 88, 1944, 269-357.

KOFFKA, K.: Zur Grundlegung der Wahrnehmungspsychologie. Eine Auseinandersetzung mit V. BENUSSI. Zeitschrift für Psychologie 73, 1915, 11-90.

KOFFKA, K.: Beiträge zur Psychologie der Gestalt. Leipzig: Barth 1919.

KOFFKA, K.: Die Grundlagen der psychischen Entwicklung. Osterwieck am Harz: Zickfeldt 1921; 1925².

KOFFKA, K.: Perception: An introduction to the Gestalttheorie. Psychological Bulletin 19, 1922, 531-585.

KOFFKA, K.: Introspection and the method of psychology. British Journal of Psychology 15, 1924, 149-161.

KOFFKA, K.: Psychical and physical structures. Psyche 5, 1924, 1-6.

KOFFKA, K.: Die Krisis in der Psychologie. Bemerkungen zu dem Buch gleichen Namens von HANS DRIESCH. Die Naturwissenschaften 14, 1926, 581-586.

KOFFKA, K.: Bemerkungen zur Denk-Psychologie. Psychologische Forschung 9, 1927, 163-183.

KOFFKA, K.: Die Wahrnehmung von Bewegung. In: A. BETHE und G. v. BERGMANN (Hrsg.): Handbuch der normalen und pathologischen Physiologie, 12. Band, 2. Hälfte. Berlin: Springer 1931, 1166-1214.

KOFFKA, K.: Psychologie der optischen Wahrnehmung. In: A. BETHE und G. v. BERGMANN (Hrsg.): Handbuch der normalen und pathologischen Physiologie, 12. Band, 2. Hälfte. Berlin: Springer 1931, 1215-1271.

KOFFKA, K.: Principles of Gestalt psychology. New York: Harcourt 1935.

KOHLER, I.: Über Aufbau und Wandlungen der Wahrnehmungswelt. Sitzungsbericht der österreichischen Akademie der Wissenschaften. Philosophisch-historische Klasse 227, 1951, 1-118.

KOPFERMANN, H.: Psychologische Untersuchungen über die Wirkung zweidimensionaler Darstellungen körperlicher Gebilde. Psychologische Forschung 13, 1930, 293-364.

KORNMANN, E.: Talent und Lehre. München 1949.

KORNMÜLLER, A. E.: Die elektrischen Erscheinungen der Hirnrindenfelder. Leipzig: Thieme 1937.

KRAEPELIN, E.: Über psychische Schwäche. Eine Studie. Archiv für Psychiatrie 13, 1882, 382-426.

KRAEPELIN, E.: Die psychologischen Versuche in der Psychiatrie. Psychologische Arbeiten 1895/96, 1-91.

KRIES, J. v.: Über die materiellen Grundlagen der Bewußtseinserscheinungen. Freiburg: Lehmann 1898.

KRISTOF, W.: Über die Einordnung geometrisch-optischer Täuschungen in die Gesetzmäßigkeiten der visuellen Wahrnehmung. Archiv für die gesamte Psychologie 113, 1961, 1-48; 127-150.

Kristof, W.: Bemerkungen zu Balsers Kritik der „Zweikomponententheorie" der geometrisch-optischen Täuschungen. Archiv für die gesamte Psychologie 115, 1963, 330-333.

Kristof, W.: Eine quantitative Analyse der Müller-Lyer-Täuschung. Zeitschrift für Psychologie 169, 1964, 84-97.

Kroh, O.: Entwicklungspsychologie des Grundschulkindes. Langensalza: Beyer 1944.

Krüger, F.: Über Entwicklungpychologie. Leipzig: Engelmann 1915.

Kühn, A.: Über Einprägung durch Lesen und Rezitieren. Zeitschrift für Psychologie 68, 1914, 396-481.

Kükelhaus, H.: Auge, Farbe, Raum. Landesjugendberatungsdienst Westfalen-Lippe. Münster 1956.

Kükelhaus, H.: Augenweide. Landesjugendberatungsdienst Westfalen-Lippe. Münster 1956.

Künkel, F.: Einführung in die Charakterkunde. Leipzig: Hirzel 1928.

Künkel, F.: Vitale Dialektik. Leipzig: Hirzel 1929.

Lashley, K. S.: Basic neurological mechanisms in behavior. Psychological Review 37, 1930, 1-24.

Lashley, K. S.: The mechanism of vision. Journal of Genetic Psychology 37, 1930, 453-484.

Lauenstein, O.: Sukzessivvergleich von gebogenen Linien. Psychologische Forschung 22, 1938, 343-371.

Lay-Enderlin: Führer durch das erste Schuljahr. Leipzig 1911.

Lersch, Ph.: Gesicht und Seele. München: Reinhardt 1961.

Lersch, Ph.: Aufbau der Person. München: Barth 1964.

Lewin, K.: Kriegslandschaft. Zeitschrift für angewandte Psychologie 12, 1917, 440-447.

Lewin, K.: Das Problem der Willensmessung und das Grundgesetz der Assoziation. I und II. Psychologische Forschung 1, 1922, 191-232; 2, 1922, 65-140.

Lewin, K.: Vorbemerkungen über die seelischen Kräfte und Energien und über die Struktur des Seelischen. Psychologische Forschung 7, 1926, 294-329.

Lewin, K.: Vorsatz, Wille und Bedürfnis. Psychologische Forschung 7, 1926, 330-385.

Lewin, K.: Gesetz und Experiment in der Psychologie. Symposium 1, 1927, 375-421.

Lewin, K.: Kindlicher Ausdruck. In: W. Stern: Psychologie der frühen Kindheit. Leipzig: Quelle & Meyer 1927, 503-511.

Lewin, K.: Kindlicher Ausdruck. Zeitschrift für pädagogische Psychologie 28, 1927, 510-526.

Lewin, K.: Der Übergang von der aristotelischen zur galileischen Denkweise in Psychologie und Biologie. Erkenntnis 1, 1931, 421-460. Neuausgabe: Darmstadt: Wissenschaftliche Buchgesellschaft 1971.

Lewin, K.: Die psychologische Situation bei Lohn und Strafe. Leipzig: Hirzel 1931.

Lewin, K.: The conceptual representation and the measurement of psychological forces. Durham: Duke University Press 1938.

Lewin, K.: Experimente über den sozialen Raum (1939). In: Lewin (1953).

Lewin, K.: Feldtheorie und Experiment in der Sozialpsychologie (1939). In: Lewin (1963).

Lewin, K.: Field theory and experiment in social psychology: Concepts and methods. American Journal of Sociology 44, 1939, 868-897.

LEWIN, K.: Formalisation and progress in psychology. University of Iowa Studies of Child Welfare 16, 1940, 9-42.
LEWIN, K.: Analyse der Begriffe Ganzheit, Differenzierung und Einheitlichkeit (1941). In: LEWIN (1963).
LEWIN, K.: Constructs in psychology and psychological ecology. Studies in topological and vector psychology III. University of Iowa Studies of Child Welfare 20, 1944, 1-29.
LEWIN, K.: Research Center for Group Dynamics at Massachusetts Institute of Technology. Sociometry 8, 1945.
LEWIN, K.: Gleichgewichte und Veränderungen in der Gruppendynamik (1947). In: LEWIN (1963).
LEWIN, K.: Die Lösung sozialer Konflikte (1948). Bad Nauheim: Christian 1953.
LEWIN, K.: Field theory in social science. New York: Harper 1951.
LEWIN, K.: Feldtheorie in den Sozialwissenschaften. Bern: Huber 1963 (Übersetzung von LEWIN 1951).
LEWIN, K. und Karsten, A.: Psychische Sättigung. Psychologische Forschung 10, 1928, 142-254.
LEWIN, K. and LIPPITT, R.: An experimental approach to the study of autocracy and democracy: A preliminary note. Sociometry 1, 1938, 292-300.
LEWIN, K., LIPPITT, R. and WHITE, R.: Patterns of aggressive behavior in experimentally created "social climates". Journal of Social Psychology 10, 1939, 271-299.
LIENERT, G. A.: Verteilungsfreie Methoden in der Biostatistik. Meisenheim: Hain 1962.
LIPPITT, R.: Field theory and experiment in social psychology: autocratic and democratic group atmospheres. University of Iowa Studies of Child Welfare 16, 1940, 45-198.
LISSNER, K.: Die Entspannung von Bedürfnissen durch Ersatzhandlungen. Psychologische Forschung 18, 1933, 218-250.
LORENZ, K.: Die angeborenen Formen möglicher Erfahrung. Zeitschrift für Tierpsychologie 5, 1943, 235-409.
LORENZ, K.: The comparative method in studying innate behavior patterns. Symposiums of the Society of Experimental Biology 4, Oxford 1950, 221-268.
LORENZ, K.: Phylogenetische Anpassung und adaptive Modifikation des Verhaltens. Zeitschrift für Tierpsychologie 18, 1961, 139-187.
LORENZ, K.: Das sogenannte Böse. Zur Naturgeschichte der Aggression. Wien: Borotha-Schoeler 1963.
LORENZ, K.: Über tierisches und menschliches Verhalten. Aus dem Werdegang der Verhaltenslehre, Bd. II. München: Piper 1965.
LUCHINS, A. S.: Mechanization in problem solving. Psychological Monographs 54, 1942, 1-95.
MAC CORQUODALE, K. and MEEHL, P. E.: On a distinction between hypothetical constructs and intervening variables. Psychological Review 55, 1948, 95-107.
MACH, E.: Die Gestalten der Flüssigkeit (1871). In: E. MACH: Populär-wissenschaftliche Vorlesungen. Leipzig: Barth 1895, 1923^5, 1-16.
MACH, E.: Die Symmetrie (1872). In: E. MACH: Populärwissenschaftliche Vorlesungen. Leipzig: Barth 1895, 1923^5, 100-116.
MACH, E.: Die Analyse der Empfindungen. Jena: Fischer 1922^9.

MADLUNG, K.: Über anschauliche und funktionale Nachbarschaft von Tasteindrücken. Psychologische Forschung 19, 1934, 193-236.

MARROW, A. J.: The practical theorist. The life and work of KURT LEWIN. New York: Basic Books 1969.

MATUSSEK, P.: Die Wahrnehmungswelt in der Sicht der Gestaltpsychologie. In: F. WEINHANDL (Hrsg.): Gestalthaftes Sehen. Darmstadt: Wissenschaftliche Buchgesellschaft 1960, 246-254.

MAXWELL, C.: Electricity and magnetism. Oxford 1873.

MEILI, R.: Denkpsychologie. In: D. KATZ und R. KATZ (Hrsg.): Handbuch der Psychologie. Basel: Schwabe 1951, 172-194.

MEINONG, A.: Beiträge zur Theorie der psychischen Analyse. Zeitschrift für Psychologie 6, 1894, 340-385.

MEINONG, A.: Gesammelte Abhandlungen. Leipzig: Barth 1914/1915.

METELLI, F.: Morfologia dei fenomeni di completamento nella percezione visiva. In: F. WEINHANDL (Hrsg.): Gestalthaftes Sehen. Darmstadt: Wissenschaftliche Buchgesellschaft 1960, 266-278.

METELLI, F.: Répos apparent et phénomènes de «totalisation cyclique» dans la perception visuelle. Journal de Psychologie 61, 1964, 1-38.

METZGER, W.: Beobachtungen über phänomenale Identität. Psychologische Forschung 19, 1934, 1-60.

METZGER, W.: Tiefenerscheinungen in optischen Bewegungsfeldern. Psychologische Forschung 20, 1935, 193-260.

METZGER, W.: Gesetze des Sehens. Frankfurt am Main: Kramer 1936, 1953^2, 1975^3.

METZGER, W.: Zur Kenntnis des tatkil-motorischen Umraums. Bericht über den 15. Kongreß der Deutschen Gesellschaft für Psychologie in Jena. Jena: Fischer 1937, 211-216.

METZGER, W.: Zur anschaulichen Repräsentation von Rotationsvorgängen und ihre Deutung durch Gestaltkreislehre und Gestalttheorie. Zeitschrift für Sinnesphysiologie 68, 1940, 261-279.

METZGER, W.: Psychologie. Dresden/Leipzig: Steinkopff 1941. Darmstadt: Steinkopff 1954^2, 1963^3, 1975^5.

METZGER, W.: Erziehung zur Reinlichkeit. Lindau: Verlag Kleine Kinder 1949.

METZGER, W.: Zur Frage der Bildbarkeit schöpferischer Kräfte. Arbeit und Betrieb 12, 1941. Neu bearbeitet und erweitert: Schöpferische Freiheit. Frankfurt am Main: Kramer 1949; 1962^2.

METZGER, W.: Zum gegenwärtigen Stand der Psychophysik. Studium Generale 3, 1950, 261-270.

METZGER, W.: Das Experiment in der Psychologie. Studium Generale 5, 1952a, 142-163.

METZGER, W.: Das psychophysische Problem. Physikalische Blätter 8, 1952b, 241-249.

METZGER, W.: Leib und Seele in der unmittelbaren Erfahrung. Physikalische Blätter 8, 1952c, 97-105.

METZGER, W.: Sehen, Hören und Tasten in der Lehre von der Gestalt. Schweizerische Zeitschrift für Psychologie 13, 1954a, 188-198.

METZGER, W.: Grundbegriffe der Gestaltpsychologie. Schweizerische Zeitschrift für Psychologie 13, 1954b, 3-15.

METZGER, W.: Erziehung zum selbständigen Denken. Psychologische Rundschau 8, 1957a, 89-102.

METZGER, W.: Stimmung und Leistung. Münster: Aschendorff 1957b.

METZGER, W.: Über die Notwendigkeit kybernetischer Vorstellungen in der Theorie des Verhaltens. Zeitschrift für Psychologie 171, 1965, 336-342.

METZGER, W.: Der Ort der Wahrnehmungslehre im Aufbau der Psychologie. In: METZGER und Erke (1966), 3-20.

METZGER, W.: Figural-Wahrnehmung. In: METZGER und Erke (1966), 693-744.

METZGER, W.: Psychologische Aspekte des Traumes. In: H. BÜRGER-PRINZ und P. A. FISCHER (Hrsg.): Schlaf – Schlafverhalten – Schlafstörungen. Stuttgart: Enke 1967, 21-31.

METZGER, W.: Gibt es noch psychologische Schulen? Westermanns Pädagogische Beiträge 1973/6, 314-325.

METZGER, W.: Psychologie in der Erziehung. Bochum: Kamp 1973.

METZGER, W.: Die Entdeckung der Prägnanztendenz. Die Anfänge einer nicht-atomistischen Wahrnehmungslehre. In: FLORES D'ARCAIS (1975), 3-47.

METZGER, W. und ERKE, H. (Hrsg.): Wahrnehmung und Bewußtsein. Handbuch der Psychologie, Bd. 1, 1. Halbband. Göttingen: Hogrefe 1966, 1974^2.

METZGER, W., VUKOVICH-VOTH, D. und KOCH, I.: Über optisch-haptische Maßtäuschungen an dreidimensionalen Gegenständen. Psychologische Beiträge 12, 1970, 329-366.

MICHOTTE, A.: La perception de la causalité. Louvain, Paris: Fondation Universitaire de Belgique 1946.

MICHOTTE, A. et BURKE, L.: Une nouvelle énigme de la psychologie de la perception: le «donné amodal» dans l'expérience sensorielle. Proceedings of the XIIIth International Congress of Psychology at Stockholm. Stockholm 1951, 179-180.

MILLER, G. A., GALANTER, E. and PRIBRAM, K. H.: Plans and the structure of behavior. New York: Holt, Rinehart & Winston 1960.

MITSCHERLICH, A.: Die Idee des Friedens und die menschliche Aggressivität. Vier Versuche. Frankfurt am Main: Suhrkamp 1971.

MONTESSORI, M.: Kinder sind anders (Il segreto dell' infanzia). Stuttgart: Klett 1952.

MONTESSORI, M.: The absorbent mind. New York: Holt, Rinehart & Winston 1967^2.

MORINAGA, S.: Beobachtungen über Grundlagen und Wirkungen anschaulich gleichmäßiger Breite. Archiv für die gesamte Psychologie 110, 1941, 310-348.

MÜLLER, CHR.: Physiognomische Aussage über Menschen bei Kleinkindern. Vordiplom-Arbeit Münster 1954.

MÜLLER, G. E.: Zur Psychophysik der Gesichtsempfindungen. Zeitschrift für Psychologie 10, 1896, 1-82, 321-413.

MÜLLER, G. E.: Die Gesichtspunkte und die Tatsachen der psychophysischen Methodik. In: L. ASHER und K. SPIRO (Hrsg.): Ergebnisse der Physiologie, Abt. II, 1904, 267-516.

MÜLLER, G. E.: Komplextheorie und Gestalttheorie. Göttingen: Vandenhoek & Ruprecht. 1923.

MÜLLER, G. E. und SCHUMANN, F.: Über die psychologischen Grundlagen der Vergleichung gehobener Gewichte. Pflügers Archiv für die gesamte Physiologie 45, 1889.

MÜLLER-LYER, F. C.: Optische Urteilstäuschungen. Archiv für die gesamte Psychologie. Supplementband 1889, 263-270.
MUSSEN, P. H., CONGER, J. J. and KAGAN, J.: Child development and personality. New York: Harper 1956; 1969.
NUTTIN, J.: Über den dynamischen Aspekt der Persönlichkeit. Jahrbuch für Psychologie und Psychotherapie 3, Würzburg 1959.
O'CONNELL, W. E.: Sensitivity training and ADLERian theory. Journal of Individual Psychology 27, 1971.
OEHL, W.: Von der Arbeit mit Dingmengen zum Zahlenrechnen. Hannover: Schroedel 1958.
OGASAWARA, I.: Über den Einfluß des phänomenalen Abstandes auf das Auftreten von β (stroboskopischer) Bewegung. Japanese Journal of Psychology 11, 1936, 109-122.
OPPEL, J. J.: Über geometrisch-optische Täuschungen. Jahresbericht des physikalischen Vereins Frankfurt 1854–1855, 37-47.
OPPEL, J. J.: Nachlese zu den geometrisch-optischen Täuschungen. Jahresbericht des physikalischen Vereins Frankfurt 1856–1857, 47-55; 1860–1861, 26-37.
ORGLER, H.: ALFRED ADLER. Der Mann und sein Werk. Wien, Innsbruck: Urban & Schwarzenberg 1956.
OSBORN, A. F.: Applied imagination: Principles and procedures of creative problem solving. New York: Scribner 1963.
OTTO, B.: Volksorganisches Denken. Berlin-Lichtenfelde: Verlag des Hauslehrers 1925.
OVSIANKINA, M.: Die Wiederaufnahme unterbrochener Handlungen. Psychologische Forschung 11, 1928, 302-379.
PAP, A.: Analytische Erkenntnistheorie. Wien: Springer 1955.
PARK, T. Z.: Experimentelle Untersuchungen über Sinnzusammenhang, Lautgestalt und Wortbedeutung. Psychologische Forschung 29, 1966, 52-88.
PARK, T. Z. und METZGER, W.: Die Rolle des Zusammenpassens im assoziativen Lernen bei semantischer Sättigung. Psychologische Beiträge 12, 1970, 115-126.
PAUL, H.: Prinzipien der Sprachgeschichte. Halle: Niemeyer 1920.
PAULI, R.: Psychologisches Praktikum. Jena: Fischer 1920, 1950^5.
PAWLOW, I. P.: Bedingter Reflex (1934): In: PAWLOW (1953).
PAWLOW, I. P.: Sämtliche Werke. Berlin: Akademie Verlag 1953–1955.
PETERMANN, B.: Die WERTHEIMER-KOFFKA-KÖHLERsche Gestalttheorie und das Gestaltproblem. Leipzig: Barth 1929.
PETERMANN, B.: Das Gestaltproblem in der Psychologie im Licht analytischer Besinnung. Leipzig: Barth 1931.
PETERMANN, B. und HAGGE, K.: Gewachsene Raumlehre. Freiburg: Herder 1935.
PFÄNDER, A.: Zur Psychologie der Gesinnungen. Halle: Niemeyer 1911.
PFANZAGL, J.: Die axiomatischen Grundlagen einer allgemeinen Theorie des Messens. Würzburg: Physica 1959.
PIAGET, J.: Les mécanismes perceptifs. Paris: Presses Universitaires de France 1961.
PIKLER, J.: Sinnesphysiologische Untersuchungen. Leipzig: Barth 1917.
PLANCK, M.: Acht Vorlesungen über Theoretische Physik. Leipzig: Hirzel 1910.
PLATTNER, E.: Die ersten Lebensjahre. Stuttgart: Klett 1958.

PÖTZL, O.: Experimentell erregte Traumbilder in ihrer Beziehung zum indirekten Sehen. Zeitschrift für die gesamte Neurologie und Psychiatrie 37, 1917, 278-349.

POLYA, G.: Schule des Denkens (How to solve it). Bern: Francke 1949.

POPPELREUTER, W.: Nachweis der Unzweckmäßigkeit der gebräuchlichen Assoziationsexperimente mit sinnlosen Silben. Zeitschrift für Psychologie 61, 1912, 1-24.

POPPELREUTER, W.: Über die Ordnung des Vorstellungsverlaufs. Archiv für die gesamte Psychologie 25, 1912, 207-349.

POPPELREUTER, W.: Psychokritische Pädagogik. Leipzig: Beck 1933.

POSNER, B. A.: Selfishness, guilt feelings and social distance. Unpublished Master's Thesis University of Iowa 1940.

POTT, H. H.: Beobachtungen über natürliches Bewegungszueinander bei Menschen. Dissertation Münster 1948.

PRETORI, H. und SACHS, M.: Messende Untersuchungen des farbigen Simultankontrastes. Pflügers Archiv für die gesamte Physiologie 60, 1895, 71-90.

PRITCHARD, R. M., HERON, W. and HEBB, D. O.: Visual perception approached by the method of stabilized retinal images. Canadian Journal of Psychology 14, 1960, 67-77.

PÜTTMANN, F.: Der Einfluß eines vorgegebenen Versuchsverfahrens auf das selbständige Denken von Berufsschülern. Essen: Girardet 1968.

RAMUL, K.: Psychologische Schulversuche. Leipzig: Barth 1936.

RANSCHBURG, P.: Über die Wechselwirkung gleichzeitiger Reize im Nervensystem und in der Seele. Zeitschrift für Psychologie 66, 1913, 161-248.

RAUSCH, E.: Über Summativität und Nichtsummativität. Psychologische Forschung 21, 1937, 209-289.

RAUSCH, E.: Variabilität und Konstanz als phänomenologische Kategorien. Psychologische Forschung 23, 1949, 69-114.

RAUSCH, E.: Struktur und Metrik figural-optischer Wahrnehmung. Frankfurt am Main: Kramer 1952.

RAUSCH, E.: Zum Ganzheitsproblem in der Psychologie des Denkens. Studium Generale 5, 1952, 479-489.

RAUSCH, E.: Probleme der Metrik. In: METZGER und ERKE (1966), 776-865.

RAUSCH, E.: Das Eigenschaftsproblem in der Gestalttheorie der Wahrnehmung. In: METZGER und ERKE (1966), 866-953.

REICHENBACH, H.: Experience and Prediction. Chicago: University of Chicago Press 1938.

REICHWEIN, A.: Schaffendes Schulvolk. Braunschweig: Westermann 1951.

REINERS, L.: Stilkunst. München: Beck 1943.

REINERS, L.: Der sichere Weg zum guten Deutsch. München: Beck 1951.

RÉVÉSZ, G.: Experiments on animal space perception. British Journal of Psychology 14, 1923/1924, 387-414.

RÉVÉSZ, G.: System der optischen und haptischen Raumtäuschungen. Zeitschrift für Psychologie 131, 1934, 296-375.

RÉVÉSZ, G.: Psychologisch Practicum. Amsterdam 1950.

RÉVÉSZ, G.: Zur Revision der Gestalttheorie. Schweizerische Zeitschrift für Psychologie und ihre Anwendungen 12, 1953, 89-110.

Rickert, H.: Psychologische Causalität und psychophysischer Parallelismus. Leipzig: Mohr 1900.

Rickert, H.: Kulturwissenschaft und Naturwissenschaft. Tübingen: Mohr 1926.

Riemann, H.: Über Messungen des Täuschungsbetrages bei geometrisch-optischen Täuschungen. Dissertation Danzig 1933 (1936). Zitiert nach Ehrenstein (1947).

Rogers, C.: Client-centered psychotherapy. Boston 1951. Deutsch: Die klientenzentrierte Gesprächspsychotherapie. München: Kindler 1973; Taschenbuchausgabe, Reihe Geist und Psyche, Bd. 2175. München: Kindler 1976.

Rorschach, H.: Psychodiagnostik. Bern: Huber 1921.

Rosenbaum, M. H.: Ist die sprachliche Gestaltung bei Jugendlichen durch die Vermittlung geeigneter Vorbilder zu beeinflussen? Vordiplomarbeit Münster 1959.

Roth, H.: Pädagogische Psychologie des Lehrens und Lernens. Hannover: Schroedel 1957; 1965.

Roth, H.: Die psychologischen Lerntheorien und die Bedeutung ihrer Forschungsergebnisse für Unterricht und Erziehung. In: K. Strunz (Hrsg.): Pädagogische Psychologie für höhere Schulen. München: Reinhardt 1959, 208-241.

Rubin, E.: Visuell wahrgenommene Figuren. Kopenhagen: Gyldendal 1921.

Rupp, H.: Über optische Analyse. Psychologische Forschung 4, 1923, 262-300.

Sander, F.: Experimentelle Ergebnisse der Gestaltpsychologie. Bericht über den 10. Kongreß für experimentelle Psychologie in Bonn 1927. Jena: Fischer 1928, 23-88.

Sander, F.: Kindes- und Jugendpsychologie als genetische Ganzheitspsychologie (1933). In: F. Sander und H. Volkelt: Ganzheitspsychologie. München: Beck 1962.

Schapp, W.: Phänomenologie der Wahrnehmung. Erlangen: Verlag der Philosophischen Akademie 1925, 1926².

Schenk-Danzinger, L.: Latente Reifung. Die kritische Zeitspanne bei mangelnder Übung. Bericht über den 24. Kongreß der Deutschen Gesellschaft für Psychologie in Wien 1964. Göttingen: Hogrefe 1965, 112-120.

Schenkel, R.: Ausdrucksstudien an Wölfen. Behavior 1, 1947, 81-129.

Schjelderup-Ebbe, T.: Beiträge zur Sozialpsychologie des Haushuhns. Zeitschrift für Psychologie 88, 1922, 225-252.

Schmidt, D.: Experimenteller Ansatz einer Kritik der Perspektivetheorie geometrisch-optischer Täuschungen. Unveröffentlicht, Psychologisches Institut Frankfurt. Zitiert nach Rausch (1966).

Schmied-Kowarzik, W.: Umriß einer neuen analytischen Psychologie. 1912; 1927.

Schmitt, A.: Die Alaskaschrift. Marburg: Simons 1951.

Schnehage, H. I.: Versuche über taktile Scheinbewegung bei Variation phänomenaler Bedingungen. Archiv für die gesamte Psychologie 104, 1939, 175-228.

Schneider, W.: Ehrfurcht vor dem deutschen Wort. Freiburg: Herder 1938.

Schneider, W.: Deutscher Stil- und Aufsatzunterricht. Frankfurt am Main: Diesterweg 1951.

Scholz, W.: Experimentelle Untersuchungen über die phänomenale Größe von Raumstrecken, die durch Successiv-Darbietungen zweier Reize begrenzt werden. Psychologische Forschung 5, 1924, 219-272.

Schopenhauer, A.: Über die vierfache Wurzel des Satzes vom zureichenden Grunde. Dissertation Berlin 1813; 1847².

SCHOPENHAUER, A.: Die Welt als Wille und Vorstellung. Leipzig: Brockhaus 1818; 1867^6.
SCHULTE, H.: Versuch einer Theorie der paranoischen Eigenbeziehung und Wahnbildung. Psychologische Forschung 5, 1924, 1-23.
SCHULTZ-HENCKE, H.: Schicksal und Neurose. Jena: Fischer 1931.
SCHUMANN, F.: Beiträge zur Analyse der Gesichtswahrnehmungen. Zeitschrift für Psychologie 30, 1902, 241-291; 321-339.
SCHWARZ, G.: Über Rückfälligkeit bei Umgewöhnung, I und II. Psychologische Forschung 9, 1927, 86-158; 18, 1933, 143-190.
SCHWARZ, I.: Einfluß verschiedener Bildvorlagen auf das Zeichnen Sechsjähriger. Dissertation Münster 1972.
SEIF, L.: Autorität und Erziehung. In: ADLER und FURTMÜLLER (1914; 1973).
SEIFERT, F.: Zur Psychologie der Abstraktion und Gestaltauffassung. Zeitschrift für Psychologie 78, 1917, 55-145.
SELINKA, R.: Der Übergang von der ganzheitlichen zur analytischen Auffassung im Kindesalter. Zeitschrift für pädagogische Psychologie 11/12, 1939.
SHERIF, M.: A study of some social factors in perception. Archives of Psychology 1935, No. 187.
SIMON, A.: Verstehen und Helfen. München: Oldenbourg 1951.
SIMON, A.: Helga. Kindernöte – Erziehungssorgen. Wege und Hilfen. München: Oldenbourg 1960.
SKINNER, B. F.: The behavior of organisms: An experimental analysis. New York: Appleton Century Crofts 1938.
SMITH, O. W. and SMITH, P. C.: Response produced visual stimuli vs. non-RPVS for distance judgements in natural and unnatural units by children and adults. In: ZAPOROZHETS and GIBSON (1966), 101-109.
SOKOLOV, E. N.: Die reflektorischen Grundlagen der Wahrnehmung. In: H. HIEBSCH (Hrsg.): Ergebnisse der sowjetischen Psychologie. Berlin: Akademie-Verlag 1963, 61-93.
SONNTAG, F.: Kinderzeichnungen. Frankfurt am Main: Verlag W. Klein 1955.
SORGE, S.: Neue Versuche über die Wiedergabe abstrakter optischer Gebilde. Archiv für die gesamte Psychologie 106, 1940, 1-88.
SORGE, S.: Pädagogisch-psychologische Betrachtungen zum Lösen von Sachaufgaben im Mathematikunterricht. Wissenschaftliche Zeitschrift der Universität Halle-Wittenberg; Gesellschafts- und Sprachwissenschaften 6, 1956.
SPEMANN, H.: Neue Erkenntnisse über das Wesen der tierischen Entwicklung. Vortrag, Halle 1937.
SPERBER, M.: ALFRED ADLER oder Das Elend der Psychologie. Wien: Molden 1970.
SPIEGEL, A. G.: Über den Einfluß des Zwischenfeldes auf gesehene Abstände. Psychologische Forschung 21, 1937, 303-327.
SPIEKERS, R.: Untersuchungen zum Problem des Durchgliederungsvermögens bei Schwachbegabten. Vordiplom-Arbeit Münster 1953.
SPIEKERS, R.: Über die optische Unterscheidbarkeit einfacher Zeichen. Dissertation Münster 1969.
SPITZ, R.: Hospitalism: A follow-up report. Psychoanalytic Study of the Child 2, 1946.
SPITZ, R.: Hospitalism. In: E. FRIEDMANN (Ed.): Principles of sociology. New York 1952.

SPITZ, R.: Anaclitic depression: An inquiry into the genesis of psychiatric conditions in early childhood. I. Hospitalism. Psychoanalytic Study of the Child 10, 1954, 53-74.
SPITZ, R.: Die Entstehung der ersten Objektbeziehungen. Stuttgart: Klett 1957.
SPITZ, R.: Vom Säugling zum Kleinkind. Stuttgart: Klett 1965.
SPITZ, R. und WOLF, K.: Anaclitic depression. Psychoanalytic Study of the Child 2, 1946.
SPRANGER, E.: Lebensformen (1913). Tübingen: Niemeyer 1950[8].
STADLER, M., STEGAGNO, L. und TROMBINI, G.: Quantitative Analyse der RAUSCHschen Prägnanzaspekte. Gestalt Theory 1, 1979, 39-51.
STEGMÜLLER, W.: Hauptströmungen der Gegenwartsphilosophie. Stuttgart: Kröner 1960.
STERN, C.: Children discover arithmetics. New York 1949.
STOTT, L. H.: Adolescents' dislikes regarding parental behavior and their significance. Journal of Genetic Psychology 57, 1949.
STRATTON, G. M.: Eye movements and the aesthetics of visual form. Philosophische Studien 20, 1902, 226-359.
STRUNZ, K.: Pädagogische Psychologie des mathematischen Denkens. Heidelberg: Quelle & Meyer 1958[3].
SWETS, J. A., TANNER, W. P. jr. and BIRDSALL, T. G.: Decision processes in perception. In: J. A. SWETS (Ed.): Signal detection and recognition by human observers. New York: Wiley 1964, 3-57.
TAUSCH, R.: Optische Täuschungen als artifizielle Effekte der Gestaltprozesse von Größen- und Formkonstanz in der natürlichen Raumwahrnehmung. Psychologische Forschung 24, 1954, 299-348.
TAUSCH, R.: Nichtbewußte (sogenannte unbewußte) Vorgänge bei der optischen Größenwahrnehmung von Gegenständen. Psychologische Forschung 25, 1955, 28-64.
TAUSCH, R.: Empirische Untersuchungen im Hinblick auf ganzheits- und gestaltpsychologische Wahrnehmungserklärungen. Zeitschrift für Psychologie 166, 1962, 26-61.
TAUSCH, R.: Gesprächspsychotherapie. Göttingen: Hogrefe 1973.
TERMAN, L. M.: Psychological factors in marital happiness. New York: McGraw-Hill 1938.
TERNUS, J.: Experimentelle Untersuchungen über phänomenale Identität. Psychologische Forschung 7, 1926, 81-136.
THORNDIKE, E. L.: Animal intelligence. Psychological Review Monographs, Supplement 2, No. 8, 1898. Neudruck: New York: Macmillan 1911.
THORNDIKE, E. L.: Educational psychology. The psychology of learning. New York: Columbia University Press 1913.
THORPE, L. P. and SCHMULLER, A. M.: Contemporary theories of learning. New York 1954.
THURSTONE L. L.: The vectors of mind. Chicago: University of Chicago Press 1938.
THURSTONE, L. L.: Primary mental abilities. Chicago: University of Chicago Press 1938.
THYEN, H.: Rechnen 1-8. Frankfurt am Main: Diesterweg 1957/58.
TOLMAN, E. C.: Purposive behavior in animals and men. Berkeley: University of California Press 1932; 1951.

TSCHERMAK-SEYSENEGG, A.: Über Parallaktoskopie. Pflügers Archiv für die gesamte Physiologie 241, 1939, 455-469.

UEXKÜLL, J. v.: Theoretische Biologie. Berlin: Springer 1928.

VOLKELT, H.: Neue Untersuchungen über die kindliche Auffassung und Wiedergabe von Formen. Bericht über den 4. Kongreß für Heilpädagogik in Leipzig 1928. Berlin: Springer 1929.

VOLKMANN, A. F.: Neue Beiträge zur Physiologie des Gesichtssinnes. Leipzig: Breitkopf & Härtel 1863.

WAELE, J. P. DE: Zur Frage der empirischen Bestätigung psychoanalytischer Grundannahmen. Zeitschrift für Psychologie 165, 1961, 90-138.

WAGENSCHEIN, M.: Das exemplarische Lehren als ein Weg zur Erneuerung der höheren Schule. Hamburg: Verlag der Gesellschaft der Freunde der vaterländischen Schul- und Erziehungswissenschaft 1954.

WAGENSCHEIN, M.: Wesen und Unwesen der Schule. In: Erziehung wozu? Eine Vortragsreihe des Süddeutschen Rundfunks. Stuttgart: Kröner 1956, 49-61.

WAGENSCHEIN, M.: Zum Begriff des exemplarischen Lehrens. Zeitschrift für Pädagogik 2, 1956/3.

WAGENSCHEIN, M.: Unterricht, Drill oder Erlebnis? In: Das Kind in unserer Zeit. Eine Vortragsreihe des Süddeutschen Rundfunks. Stuttgart: Kröner 1958, 83-103.

WAGENSCHEIN, M.: Ursprüngliches Verstehen und exaktes Denken, 2 Bände. Stuttgart: Klett 1965; 1970.

WALLACH, H.: On sound localization. Journal of the Acoustical Society of America 10, 1939, 270-274.

WARDEN, C. J.: Animal motivation studies: The albino rat. New York: Columbia University Press 1931.

WEHRENFENNING-LUTEROTTI, S.: Analisi di alcuni fattori di organizzazione percettiva. In: G. KANISZA e G. VICARIO (Eds.): Ricerche sperimentali sulla percezione. Trieste: Università degli Studi 1968.

WEINHOLD, G.: Gaben und Kräfte der Hände. Berlin-Dahlem 1948.

WERNER, H.: Studien über Strukturgesetze, I. und II. Zeitschrift für Psychologie 91, 1924, 248-264; 265-272.

WERNER, H.: Einführung in die Entwicklungspsychologie. Leipzig: Barth 1926.

WERTHEIMER, M.: Experimentelle Untersuchungen zur Tatbestandsdiagnostik. Archiv für die gesamte Psychologie 6, 1905, 59-131.

WERTHEIMER, M.: Musik der Wedda. Sammelbände der internationalen Musikgesellschaft Leipzig 11, 1910, 300-309.

WERTHEIMER, M.: Über das Denken der Naturvölker. Zeitschrift für Psychologie 60, 1911, 321-378.

WERTHEIMER, M.: Experimentelle Studien über das Sehen von Bewegung. Zeitschrift für Psychologie 61, 1912, 161-265.

WERTHEIMER, M.: Über Schlußprozesse im produktiven Denken. Berlin: Weltkreisverlag 1920.

WERTHEIMER, M.: Untersuchungen zur Lehre von der Gestalt I. Psychologische Forschung 1, 1922, 47-58.

WERTHEIMER, M.: Untersuchungen zur Lehre von der Gestalt II. Psychologische Forschung 4, 1923, 301-350.

WERTHEIMER, M.: Drei Abhandlungen zur Gestalttheorie. Erlangen: Verlag der Philosophischen Akademie 1925.

WERTHEIMER, M.: Über Gestalttheorie. Symposium 1, 1925, 39-60.
WERTHEIMER, M.: Gestaltpsychologische Forschung. In: E. SAUPE (Hrsg.): Einführung in die neuere Psychologie. Osterwieck am Harz: Zickfeldt 1931, 44-50.
WERTHEIMER, M.: Zum Problem der Unterscheidung von Einzelinhalt und Teil. Zeitschrift für Psychologie 129, 1933, 333-357.
WERTHEIMER, M.: On truth. Social Research 1, 1934, 135-146.
WERTHEIMER, M.: A story of three days. In: R. N. ANSHEN (Ed.): Freedom, its meaning. New York: Harcourt Brace 1940, 555-569.
WERTHEIMER, M.: Gestalt theory. Social Research 11, 1944, 81-99.
WERTHEIMER, M.: Productive thinking. New York: Harper 1945. Deutsch: Produktives Denken. Frankfurt am Main: Kramer 1957.
WERTHEIMER, MICHAEL: Kurze Geschichte der Psychologie. München: Piper 1971.
WINDELBAND, W.: Geschichte und Naturwissenschaft. Rektoratsrede. Straßburg 1894. In: Präludien, 2. Band. Tübingen: Mohr 1924.
WITTE, W.: Klinische Möglichkeiten experimenteller Diagnostik. In: HELLPACH (1946; 1949^2), 189-216.
WITTE, W.: Experimentelle Untersuchungen von Bezugssystemen: I. Struktur, Dynamik und Genese von Bezugssystemen. Psychologische Beiträge 4, 1960, 218-252.
WITTMANN, J.: Theorie und Praxis eines ganzheitlichen analytisch-synthetischen Unterrichts. Potsdam 1929; 1933^2; Dortmund: Crüwell 1967.
WITTOCH, M.: Neue Methoden im Mathematikunterricht. Hannover: Schroedel 1973.
WOHLFAHRT, E.: Der Auffassungsvorgang an kleinsten Gestalten. Ein Beitrag zur Psychologie der Vorgestalterlebnisse. Neue Psychologische Studien 4, 1928, 347-414.
WOLPE, J. and RACHMAN, S.: Psychoanalytic evidence: A critique based on FREUDS case of Little Hans. In: S. RACHMAN (Ed.): Critical essays on psychoanalysis. Oxford: Pergamon Press 1960.
WULF, F.: Über die Veränderung von Vorstellungen (Gedächtnis und Gestalt). Psychologische Forschung 1, 1922, 333-373.
WUNDT, W.: Grundzüge der Physiologischen Psychologie. Leipzig: Engelmann 1874; 1880^2; 1887^3; 1893^4; 1902/1903^5; 1908/1911^6.
WUNDT, W.: Einführung in die Psychologie. Leipzig: Voigtländer 1911.
ZANFORLIN, M.: Some observations on GREGORYS theory of perceptual illusions. Quarterly Journal of Experimental Psychology 19, 1967, 193-197.
ZAPOROZHETS, A. V. and GIBSON, J. J. (Eds.): Symposium perception and action. Moskau 1966.
ZEIGARNIK, B.: Über das Behalten erledigter und unerledigter Handlungen. Psychologische Forschung 9, 1927, 1-85.
ZELLER, W.: Der erste Gestaltwandel des Kindes. Leipzig: Barth 1936.
ZINCHENKO, V. P.: Perceptions as actions. In: ZAPOROZHETS and GIBSON (1966).
ZÖLLER, W.: Zuordnung von Bedienungs- und Funktionselementen. Dissertation Münster 1975.
ZULLIGER, H.: Helfen statt Strafen auch bei jugendlichen Dieben. Stuttgart: Klett 1956.
ZULLIGER, H.: Jugendliche und Halbstarke – Ihre Psychologie und ihre Führung. Zürich: Classen 1958.

Namensverzeichnis

(Die Namen in den Schriftenverzeichnissen sind nicht aufgeführt)

ABDERHALDEN, E. v. 82
ACH, N. 68, 72, 106
ADLER, Alexandra 481
ADLER, A. 7, 20 ff., 24, 105, 122 f., 139, 144, 195 f., 202 f., 206 ff., 224 f., 454, 456-461, 478 f., 481-493, 530
ADLER, K. 226
AEBLI, H. 355
AHLENSTIEL, H. 456
AICHHORN, A. 110
ALLESCH, G. J. v. 12, 14, 82
ANDERSON, H. H. 532 f.
ANSBACHER, H. L. 16, 21, 478, 481, 491, 493
ANSBACHER, R. 478, 481, 493
ANTOCH, R. 21
ARISTOTELES 45, 217
ARNHEIM, R. 105, 107, 498, 500, 504 ff.
ASCH, S. E. 225, 417, 504
AVANT, L. L. 12
AXLINE, V. 207

BACH, J. S. 127, 438, 529
BAHNSEN, P. 172 f.
BALINT, M. 486
BALSER, M. 319
BARCK, W. 22
BARKER, R. 453
BARTLEY, H. C. 261
BARTMANN, Th. 22, 459
BASH, K. W. 454
BASLER, A. 288
BAY, E. 287
BECHER, E. 11, 48, 232
BECHSTEIN, L. 514-517

BECKER, J. 146, 284 f., 287, 367, 369, 372, 375, 386
BÉKÉSY, G. v. 108
BELL, S. 459
BENARY, W. 105, 223, 408
BENUSSI, V. 13, 148 ff., 286, 292, 318 f., 325, 454
BERGER, H. 61, 240, 261
BERKELEY, G. 161
BERLYNE, D. E. 139
BERTALANFFY, L. v. 8, 93, 108, 113, 118 f., 121, 123, 143, 184, 201, 220, 460
BETHE, A. 45, 105, 108
BEUCHET, J. 178
BINET, A. 80
BINSWANGER, L. 74, 86
BIRDSALL, T. G. 353
BIRENBAUM, G. 107
BISCHOF, N. 142, 276 f.
BOHR, N. 90
BOLTZMANN, L. 106
BONO, E. DE 532
BORN, E. J. 22
BOTERAM, N. 22
BOURDON, B. B. 148, 150, 325
BOWLBY, J. 224
BRACHFELD, O. 21
BRECHT, B. 501, 506
BRENGELMANN, J. 158 f., 328
BRENTANO, F. 353 f.
BRITSCH, G. 387, 437, 444, 447, 533
BRONFENBRENNER, U. 206
BROWER, D. 82
BRÜCKNER, P. 22

BRÜNE, W. 22
BRUNER, J. 523
BRUNSWIK, E. 44, 48, 69, 82, 136, 297
BÜHLER, Ch. 398 f.
BÜHLER, K. 65, 77, 128, 354
BÜRKLEN, K. 287, 355
BUSCH, W. 381

CAMPBELL, E. H. 459
CANESTRARI, R. 108, 178
CANNON, W. B. 112
CARROLL, L. 507
CARTWRIGHT, D. 225
CARUS, C. G. 92
CÄSAR 483
CÉZANNE, P. 151, 509
CHARKOW 69
CLARK, Ch. 529
CLAUSEWITZ, C. v. 409, 411, 420, 439
CLOSTERMANN, G. 77
COGHILL, G. E. 36, 108, 114, 116
COPEI, F. 408, 411, 413, 416, 419 ff., 428 f., 522
CORNELIUS, H. 36, 56, 100 f., 116, 124, 363, 373
CRABUS, H. 8 f., 22, 350, 509
CRUTCHFIELD, R. S. 225, 460, 523 f., 529, 532
CURIE, P. 211

DAMBORSKA, M. 458
DEMBO, T. 107, 453
DEMOSTHENES 482
DESCARTES, R. 32, 34, 49, 79, 143, 246
DEWEY, J. 224
DIETERICH, H. 22
DILTHEY, W. 33 f., 56, 85 f., 89-92, 100, 132, 201 f., 210
DITCHBURN, R. W. 356
DOMHOFF, B. 456
DREIKURS, R. 121, 481
DREIKURS-FERGUSON, E. 460
DRIESCH, H. 38, 45, 106, 143, 199
DRÖSLER, J. 110
DÜKER, H. 68
DUNCKER, K. 107, 135, 287, 354, 411 f., 414, 420, 498 ff., 522
DUNGER, H. 441

EBBINGHAUS, H. 68, 260, 319
EBERHARDT, M. 107
ECKERMANN, J. P. 522, 528
EDDINGTON, A. S. 211, 215 f.
EHRENFELS, Chr. v. 7, 35, 56, 100 ff., 124 f., 133, 158, 184, 200, 216, 232, 242 f., 283, 289, 328, 330, 497, 503
EHRENFEST-AFANASJEWA, T. 419
EHRENSTEIN, W. 291
EINSTEIN, A. 191, 220, 412, 416
ELLENBERGER, H. F. 488
ELIOT, T. S. 438, 532
ERDMANN, K. O. 424
ERIKSEN, C. W. 279
ERIKSON, E. H. 457
ERKE, H. 22
ERNST, A. 481
ERTEL, S. 22
EYSENCK, H. J. 463

FARADAY, M. 66, 210
FECHNER, G. Th. 69 ff., 78, 90, 229, 257 ff., 261, 263, 350, 497
FERDINAND, W. 22
FICHTE, J. G. 408
FICK, A. 291
FIEDLER, K. 437
FILEHNE, W. 319
FISCHER, E. 45
FISCHER, G. H. 353
FOLLETT, M. P. 522
FOULKES, W. D. 454
FRANCK, K. 2, 8
FREUD, A. 36, 142, 467
FREUD, S. 20 ff., 32, 36, 44, 100, 105, 121, 136, 139 f., 144, 195, 206, 219 f., 245 f., 452-459, 462 f., 467, 472, 474-478, 480 f., 483-487, 489
FREY, v. 236 ff., 286
FRISCH, M. 501
FRÖBEL, F. 206
FRÖBES, J. 71, 82
FROM, F. 458
FROMM, E. 456
FRY, R. 500
FUCHS, W. 102
FURTMÜLLER, C. 459, 491

GALANTER, E. 460
GALILEI, G. 192, 412, 501, 506
GARNER, W. R. 279
GAUDIG, H. 529
GAUSMANN, H. 22
GAUSS, K. F. 411
GEDICKE, 363 f., 373
GEHLEN, A. 242
GEIST, F. 509, 520
GELB, A. 13 f., 103 ff., 147 f., 324
GESELL, A. 398
GEUTER, U. 15
GIBSON, J. J. 10, 12, 216, 257, 319 f., 350 f., 355, 358 f.
GINSBORG, B. L. 356
GOEKEN, J. 447
GOETHE, J. W. v. 92, 125, 131, 199, 330, 408, 411, 433, 522 f., 528
GÖTZL, H. 462
GOGH, V. v. 504, 509
GOLDMEIER, E. 22, 384 f.
GOLDSCHMIDT, R. H. 154, 325
GOLDSTEIN, K. 24, 37, 103 f., 232
GORDON, Th. 109, 111, 121, 205, 207
GOTTHELF, J. 501
GOTTSCHALDT, K. 77, 107, 155
GRAEFE, O. 22, 87, 138, 278, 386
GERGORY, R. L. 319 f., 353
GREYERZ, O. v. 441
GRIMM, Gebr. 330, 512, 514-517
GROOS, K. 411
GRUBER, H. E. 523 f.
GRÜSSER, O. J. 262
GRUHLE, H. 11, 24, 99
GRUPE, W. 421
GÜNTHER, A. 507
GUILFORD, J. P. 522 f., 525
GUSS, K. 16

HAGGE, K. 419, 421 ff., 427, 531
HAKE, H. W. 279
HAKEN, H. 13
HALL, C. 456
HAMANN, J. G. 199, 439 f.
HARDER, L. 446
HARLOW, H. F. 110, 139, 224
HARTLEY, D. 288

HARTMANN, L. 286
HAYDN, J. 506
HEBB, D. O. 219, 356
HECKHAUSEN, H. 17, 22, 453, 459, 462, 474, 515
HEFELE, H. 437
HEIDER, F. 107
HEISS, A. 382 ff., 394, 396
HELD, R. 359
HELLPACH, W. 82
HELM, J. 139
HELMHOLTZ, H. v. 38, 91, 104, 201, 231, 257, 260, 262, 320, 350, 352 f., 411
HELSON, H. 71, 105
HENLE, M. 523 f.
HERAKLIT 200 f.
HERBART, J. F. 189
HERING, E. 119, 135, 175, 213, 229, 234, 258, 260, 291, 342, 350-354, 356
HERON, W. 356
HESS, K. 213
HESS, W. R. 40
HETZER, H. 398
HEUSSLER, A. 10, 99
HILDEBRAND, R. 410, 417, 419 f., 424, 426 f., 439, 441
HILGARD, E. R. 408
HOBBES, Th. 32, 36, 288
HOCHBERG, J. 357
HÖFLER, A. 82
HÖLDERLIN, F. 199, 504
HOLBEIN, F. 497, 509
HOLLINGWORTH, H. L. 510 f.
HOLST, E. v. 37, 41, 49, 108, 114, 119, 319, 357
HOLSTEIN, A. 515
HOLT, J. 207
HOLZMAN, P. S. 156
HOPPE, F. 107
HORNBOSTEL, E. v. 11, 103 ff., 289
HUBEL, D. H. 183
HUIZINGA, J. 499
HULL, C. L. 268, 276
HUNT, J. McV. 109, 111, 144, 207
HURVICH, L. M. 259

IHNE, W. 22, 386

IPSEN, G. 130, 175 f., 215, 309
ITTELSON, W.H. 176, 178, 358

JACOBS, M. H. 22, 80, 236, 238, 261
JACOBS, V. 370, 375, 385
JACOTOT, J. 364
JAENSCH, E. 212
JAMES, W. 36, 100, 116, 244
JASPERS, K. 11, 86, 99, 504
JOHANSSON, G. 108
JONES, E. 457, 484
JORDAN, P. 57
JOUVET, M. 456
JOVANOVIC, U. J. 455
JUCKNAT, M. 107
JUNG, C. G. 102, 452, 455

KAHRS, E. 22, 384, 394 ff.
KAMIYA, J. 456
KANIZSA, G. 108, 179 ff.
KANT, I. 53, 129, 168, 251, 336, 406
KARSTEN, A. 107
KATONA, G. 359, 417, 427, 457
KATZ, D. 24, 59, 104, 124, 283, 291, 348
KAUFMANN, R. 456
KÉKULÉ, A. 411, 455
KELLER, H. 22
KEMMLER, L. 17, 22, 458, 460, 475
KERN, A. 385, 394, 398, 427, 441
KERN, E. 441
KERSCHENSTEINER, G. 419 f.
KIEKHEBEN, F. 22
KILLY, W. 507
KLAGES, L. 100, 125, 245, 504
KLEE, P. 502
KLEIN, G. S. 156
KLEIN, J. 102
KLEINBUB, M. 236, 261
KLEINT, H. 287
KLEITMAN, N. 456
KLEMM, O. 101
KLINGHAMMER, H. D. 22
KLIX, F. 19, 310-315, 317, 319 f., 358
KLÖCKNER, K. 430 f.
KNABE, P. 427, 429
KOCH, I. 310, 353

KÖHLER, W. 7, 10-13, 15, 17 f., 20, 24, 38 f.,
    41, 46, 48 ff., 56, 59, 61, 63, 79 f., 92 f.,
    99, 103-108, 113, 116, 119 ff., 123, 125 f.,
    131, 133 ff., 140, 143, 160, 182 ff., 191,
    199 f., 202, 216, 219 ff., 230, 232 ff., 236,
    238 ff., 243 f., 247, 250, 253, 257-261, 264,
    270 f., 286 f., 352, 354, 374, 406, 409 f., 416,
    432, 434 f., 454, 460, 524, 526 f.
KOFFKA, K. 7, 12, 24, 38, 48, 56, 103 ff., 134,
    136, 156, 166, 183, 191, 199, 351, 410
KOHLER, I. 264
KOPERNIKUS, N. 191
KOPFERMANN, H. 105, 176 f., 321, 357, 378
KORNMANN, E. 444-447
KORNMÜLLER, A. E. 61, 240, 261
KORTE, A. 286
KOTTHOFF, L. 22
KRAEPELIN, E. 68
KRIES, J. v. 232, 288
KRISTOF, W. 319
KROH, O. 15, 382, 384, 386
KROLIK, W. 22
KRUEGER, F. 56, 101, 116, 124, 363
KÜHN, A. 77
KÜKELHAUS, H. 446
KÜLPE, O. 77
KÜNKEL, F. 20 f., 195, 197, 202, 457 ff., 492
KUNDT, A. 291, 305
KUNG, TSE 434
KUTSCH, F. 22

LANGE, N. 244
LAO TSE 434
LASHLEY, K. S. 108, 220, 260
LAUENSTEIN, L. 22
LAUENSTEIN, O. v. 106 f.
LAY-ENDERLIN 363
LEIBNIZ, G. W. 276
LENK, H. 19
LEONARDO DA VINCI 501
LERSCH, PH. 242, 507
LEWIN, K. 11, 49, 59, 67 f., 71 f., 77 f., 82,
    104-107, 122, 133 f., 138, 142, 186, 197, 220-
    226, 265, 272, 278, 453, 459, 532
LIEBERMANN, M. 439, 531
LINDGREN, A. 522
LIPPIT, R. 122, 142, 197, 459, 532

Lissner, K. 107
Locke, J. 288
Lorenz, K. 49, 62, 95, 115, 319, 485 f.
Lotze, R. H. 229
Luchins, A. S. 418, 533
Luther, M. 514

McClelland, D. 523
MacCorquodale, K. 279
Mach, E. 7, 92, 128, 143, 160, 184, 211, 213, 215 f., 218, 220, 229, 527
McLeod, R. 523
Madlung, K. 22, 236 ff., 261, 286
Mantegna, A. 501
Marbe, K. 77
Marrow, A. J. 224
Martius, G. 56, 101, 363
Matussek, P. 504
Maxwell, C. 66, 210
Mayer, R. 411
Meehl, P. E. 279
Meili, R. 107
Meinong, A. 103, 183
Mendelejew, D. 191
Mente, A. 22
Messer, A. W. 77
Metelli, F. 108, 179 ff.
Metternich v. 411
Metzger, J. 8, 14, 24 f.
Metzger, W. 7-26, 36, 59, 79 f., 82, 125, 127, 129, 132, 178, 182, 184, 201 f., 206, 234, 236, 249 f., 252, 272, 275, 283, 288 f., 291 f., 298, 321, 351, 353, 356 ff., 365 ff., 369, 374, 381, 385, 387, 391, 432, 435, 439, 441, 522, 526 f., 533
Meumann, E. 395
Michotte, A. 36, 108, 129, 289, 366
Mill, J. H. 288
Miller, G. A. 460
Mirtschin, H. 475
Mitscherlich, A. 455, 485
Mittelstaedt, H. 357
Montessori, M. 206, 419
Morinaga, S. 15, 172, 174
Mozart, W. A. 127, 498
Müller, Chr. 370, 374
Müller, G. E. 105, 172, 201, 229 ff., 233 f., 258, 288, 354, 510

Müller, J. 78, 229 f., 232, 257
Müller-Lyer, F. C. 291 f., 293-300, 305 f., 309
Munari, B. 502
Murray, H. A. 456
Musatti, C. 13

Nitzsche, F. 245
Norvilis, P. 22
Nuttin, J. 139

O'Connell, W. E. 226
Ogasavara, I. 236 f., 261
Okakura, K. 204
Oppel, J.-J. 291 f., 298 f., 305, 318
Oppenheimer, E. 22
Orgler, H. 487
Osborn, A F. 529
Ovsiankina, M. 106 f.

Paul, H. 88
Pauli, R. 68, 82
Paulus 203
Pawlow, I. P. 50, 112 f., 217
Pestalozzi, J. H. 493
Petermann, B. 56, 172, 201, 354, 419, 421 ff., 427, 531
Pfanzagl, J. 213
Piaget, J. 130, 201, 207, 355
Picasso, P. 502 f.
Picka, N. 22
Pikler, J. 136, 272, 353
Planck, M. 104, 210, 214, 216
Platen 199
Plato 244
Plattner, E. 401
Pötzl, O. 454
Poggendorff, J. C. 291
Pohl, R. 22
Poppelreuter, W. 46, 186 ff., 438
Posner, B. A. 453
Pott, H. H. 22, 287, 396 f.
Prall, D. W. 500
Pretori, H. 213
Pribram, K. H. 18, 460
Pritchard, R. M. 356
Püttmann, F. 22, 531

RACHMANN, S. 462
RAHN 389
RAMUL, K. 82
RANSCHBURG, P. 73, 453
RAUSCH, E. 8, 15, 22, 108, 130, 136, 172, 176, 181, 184, 191f., 197, 291, 304, 309f., 319, 321, 339, 343, 378, 384
REDSLOB, O. 22
REICHWEIN, A. 421
REINERS, L. 441
REISS, G. 22
RENOIR, A. 501
RESTORFF, H. v. 106
RÉVÉSZ, G. 59, 82, 104, 124, 126f., 129f., 283f., 286-290, 292, 317f., 320
RICHTER, R. 14
RICKERT, H. 86, 88
RIEMANN, H. 297
RIGNANO, E. 105
ROGERS, C. 123, 207, 480
ROLOFF, G. 22
RORSCHACH, H. 523
ROSENBAUM, H. 511
ROTH, H. 421
ROUSSEAU, J. J. 493
RUBIN, E. 372, 389f.
RUDERT, J. 101
RULFS, I. 22
RUPP, H. 148, 325, 377, 386
RUSSELL, B. 241, 259

SACHS, M. 213
SANDER, F. 56, 101, 130, 175f., 215, 309, 363, 367, 382, 386
SCHAEFFER, H. 22
SCHENK-DANZINGER, L. 110, 394, 458
SCHENKEL, R. 196
SCHIERING 446
SCHILDER, P. 274
SCHJELDERUP-EBBE, T. 196
SCHMIDT, D. 319
SCHMIDT-VOIGT 431
SCHMIED-KOWARZIK, W. 86
SCHMITT, A. 388
SCHNEHAGE, H. J. 22, 236f., 261, 286
SCHÖNKE, M. 22
SCHOLZ, W. 286

SCHOPENHAUER, A. 106, 245, 352, 409, 439f., 499
SCHULTE, H. 105, 122, 141, 195
SCHULTZ-HENCKE, H. 457, 485f.
SCHUMANN, F. 13, 510
SCHWARZ, G. 107
SCHWARZ, I. 22, 511
SEIF, L. 197, 459
SEIFERT, F. 382ff., 387
SEITZ 135
SELBACH, H. 264
SELINKA, R. 382-385, 394ff.
SELLIN, H. 430f.
SELZ, O. 408
SHERIF, M. 59
SIEMSEN, G. 22
SIMON, A. 110
SKINNER, B. F. 111, 480, 532
SMITH, O. W. 359
SMITH, P. C. 359
SOIKA, J. A. 430f.
SOKOLOV, E. N. 358
SOKRATES 420
SONNTAG, F. 445f.
SORGE, S. 22, 156f., 327, 418
SPEMANN, H. 232, 259
SPERBER, M. 458, 492
SPIEGEL, H. G. 22
SPIEKERS, R. 22, 385, 392, 394ff.
SPILLMANN, L. 22
SPITZ, R. 122, 206, 224, 457
SPRANGER, E. 56, 86, 411
STADLER, M. 8f., 14, 16, 18, 22, 184, 218
STEGAT, H. 22
STEKEL 32
STERN, W. 105, 366, 387
STOGDILL 458
STOTT, L. H. 458
STRATTON, G. M. 355
STRUNZ, K. 418f., 422f.
STUMPF, C. 104, 106
SWETS, J. A. 353

TANNER, W. P. 353
TAO TE KING 436
TAUSCH, A.-M. 480
TAUSCH, R. 319, 353, 480

TERMAN, L. M. 458
TERNUS, J. 105
THALES 422
THANNISCH, H. 206
THIERY, A. 319
THOMAE, H. 82
THORNDIKE, E. L. 104, 217, 268, 276, 408, 410
THURSTONE, L. L. 523
TILLICH, P. 83
TITCHENER, E. B. 82
TOLMAN, E. C. 270
TOMAN, W. 225
TORAZZA, B. 22
TSCHERMAK-SEYSENEGG, A. 358
TSCHUANG TSE 89
TINBERGEN, N. 62
TOLSTOI, L. 500, 502
TURHAN, M. 22

UEXKÜLL, J. v. 95
UNDEUTSCH, U. 101

VIRCHOW 91
VOLKELT, H. 56, 101, 363, 367, 369, 380, 384, 386
VOLKMANN, A. 318
VUKOVICH-VOTH, O. 292, 353

WAGENSCHEIN, M. 20, 419 ff., 423, 427 f., 439, 532
WALLACH, H. 107, 238, 358
WALTER, H. J. 16
WARDEN, C. J. 68
WARTEGG, E. 65
WASNA, M. 22
WEBER, E. H. 78
WEHRENFENNIG-LUTTEROTTI, S. 218
WEINHOLD, G. 443 f.
WEISS, P. 37, 47

WEIZSÄCKER, V. v. 35, 41, 49, 287
WELLEK, H. 57, 61, 82, 101
WERNER, H. 101, 116, 287, 363
WERTHEIMER, M. 7, 10 f., 13 f., 17, 20, 22 f., 32, 35 f., 38, 48, 50, 56, 59, 80, 83, 92, 99, 101-108, 119 f., 123, 128, 131, 133 f., 141, 143, 166, 169, 179, 182, 192, 199, 212, 217-223, 232, 234, 243, 260, 284, 287 f., 320, 322, 333, 353, 357, 366, 372, 381, 384, 406, 411-418, 420, 422 ff., 428 f., 480, 492, 498, 522, 524
WERTHEIMER, Michael 109
WERTHEIMER, S. 101
WHITE, R. 122, 459
WHITTERIDGE, D. 259
WIEGAND, K. 22
WIENER, N. 143
WIESEL, T. N. 183
WINDELBAND, W. 86, 88
WITASEK, St. 82
WITTE, W. 15, 17, 25, 82, 511
WITTMANN, J. 56, 101, 108, 411, 419, 427
WITTOCH, M. 22, 531
WOHLFAHRT, E. 154, 386
WOLPE, J. 462
WULF, E. 156, 181, 186, 327
WUNDT, W. 11, 34, 38, 91, 100 f., 104, 124, 172, 189, 217, 257, 318, 350, 355, 384

ZACHARIAS, A. 512
ZANDER, A. 225
ZANFORLIN, M. 319 f., 353
ZAPOROZHETS, A. V. 358 f.
ZEIGARNIK, B. 68, 106, 457
ZELLER, W. 397
ZIEHEN, Th. 288
ZINCHENKO, V. P. 355
ZÖLLER, W. 22, 218
ZÖLLNER, F. 318
ZULLIGER, H. 110

Stichwortverzeichnis

Abbild 40, 251 f., 254 f., 259, 266
Abtasten, visuelles 357
Adaptation 356, 359
Additivitätsprinzip 113, 120
Ästhetik 142, 181, 344 f., 495-521
Agressionstrieb 485 f.
Aktivität 354 ff., 359
Aktpsychologie 353 f.
Alles-Oder-Nichts-Gesetz 18, 41, 232, 262
Ames-Demonstrationen 176, 178, 343
Amodale Ergänzung 289
Anaklitische Depression 206, 224
Anamnese 65
Angeborener auslösender Mechanismus (AAM) 116
Angewandte Psychologie 89
Anspruchsniveau 107
Antriebsgestalt 256, 504
Apperzeption 189
Apriori 129, 168, 178, 251, 336
Arbeitsschule 421
Assoziation 30 f., 33, 36, 56, 102, 112, 117, 212, 216 f., 219, 365, 387
Atomismus 63, 90 ff., 113, 121, 387
Attrappenversuch 62
Auffassungsabsicht 138, 170 ff., 183, 354
Auffassungswechsel 138, 239, 278
Aufforderungscharakter 19, 265, 272 f.
Aufmerksamkeitstheorie 354
Augenbewegungen 355 ff.
Ausdruckseigenschaften 78, 364, 499, 517
Ausgliederungsannahme 364 f., 370

Begabung 80, 107
  musische 431
Behaviorismus 62, 111, 114 f., 117, 120-123, 270, 351
Beleuchtung, buntfarbige 346-349

Beobachtung
  phänomenologische 17, 61-64, 71, 78
  planmäßige 53 ff., 58, 61
  unbefangene 74 f.
  Verhaltens- 61 f., 64, 78
Beschreibung 95
  deutungsfreie 53 ff., 80
Bewegungsfreiheit, Beweglichkeit 444 ff., 525, 532
Bewegungsgestalt 185, 286 f., 434
Bewegungskopiehypothese 355 f.
Bewertungsfähigkeit 525
Bewußtsein 30, 36, 38 f., 69, 77, 86, 101, 195, 229, 238, 249 ff., 257, 269 f., 322, 350-359
Bezugssystem 108, 128 f., 263, 287, 387
Brainstorming 529
Brückenlinien,
  siehe virtuelle Linien
Buchstabenlesen 388 f.

Cartesisches Koordinatensystem 233, 258

Demokratie 407 f.
Denken 20, 35, 78, 92 f., 104 f., 120, 131, 189, 191 f., 246, 352, 403-429, 522
  fruchtbarer Moment 412 f.
  fruchtbares
    siehe einsichtiges Denken
  heuristisches 412
  inneres Sprechen 416
  logisches 190, 411
  produktives
    siehe einsichtiges Denken
  selbständiges 15, 404, 418, 423-427, 532
Determinismus 93, 160, 453
Ding an sich 251, 254
Differenzierung 116 f.
Dressur 64, 203
Druckempfindung 235 ff.

Durchgliederungsfähigkeit 395 f.
Durchsichtigkeit 102 f., 127
Dynamische Wechselbeziehung 143, 199, 202, 267

Einfall 528 f.
Einsichtiges Denken 20, 35, 78, 92 f., 104 f., 120, 131, 189, 191 f., 403-429, 522
Einzelfallanalyse 67
Elementenpsychologie, Elementarismus 30, 34 f., 91, 99 f., 112, 115 ff., 124, 132, 158, 160, 211
Eltern-Kind-Verhältnis 472 ff.
Empfindung 30, 56, 71, 215, 244, 257, 322, 498
Entelechie 45, 199
Entfremdung 524
Entscheidungsversuch 60 f., 451
Entwicklung 36, 59 107, 116, 140, 207, 361-398
Entwicklungsmechanik 232
Entwicklungspsychologie 364, 373, 395
Entzerrungstendenz 176, 192
Erfolg und Mißerfolg 107, 113, 116, 118, 120, 408
Erklären 85, 89 f., 199, 201, 259
Erkundungsverhalten 114
Erleben 53, 105
  künstlerisches 495-508
Ersatzbefriedigung 453
Erziehung 15, 109, 122, 141, 144, 203 ff., 208, 363 f., 401 f., 479 ff., 533
Erziehungsstil 459
Ethik 16, 58, 77, 87, 107, 131
Evolution 116, 119, 184, 193
Exemplarischer Unterricht 427
Experiment 17, 33 f., 53-82, 85 ff., 91 f., 94 f., 132, 201, 270

Farbenkontrast 231, 352
Farbenlehre 260, 356
Feinfühligkeit 525
Feldtheorie
  des Handelns 107, 219 f.
  physikalische 210 f., 234, 248, 275
  psychophysische 239 f., 259
  soziale 220 f.
  der Wahrnehmung 18, 50, 117, 131 f., 219 f.

Fernsinne 243
Figurale Nachwirkung 106 f., 238 ff.
Figur und Grund 239, 337, 372, 377, 389
Finalität,
  siehe zielstrebiges Verhalten
Fließgleichgewicht 118 f., 184, 200, 220, 261
Freiheit 57, 94, 359, 437 f., 523 f., 527, 529-533
Frustration (Versagung) 453
Führungsstil 142, 194, 459, 533

Ganzfeld, homogenes 12
Ganzheitlicher Schreib-Lese-Unterricht 364, 392
Ganzheitlichkeit 17 f., 35, 70, 92, 102, 117, 124
Ganzheitsmethode 364, 393, 397
Ganzheitspsychologie 56, 101, 124, 141
Geburtstrauma 457
Gedächtnis 18, 45, 68, 75, 82, 106, 156-159, 185 ff., 189, 238, 457
  -Spuren 46 ff., 106
Gedanke 404 f.
Geduld 526
Gefordertheit 218
Gefühl 501, 503 f., 506
Gefühlstheorie 244, 246
Gehirnprozesse 18, 31, 33, 37, 40 f., 48, 80, 103, 119, 143, 182 f., 231, 239 f., 250, 259, 261 f., 270, 323, 351
Gehör 283-290
Geisteswissenschaftliche Psychologie 11, 17, 34, 37, 53, 56, 65, 83-95, 100, 108, 132, 201, 232
Gemeinschaft 36, 72, 144, 207
Gemeinschaftsgefühl 195, 203, 478, 491 f.
Genetische Identität 111, 115, 140
Genetische Minimalausstattung,
  siehe Tabula rasa
Geometrie, anschauliche 234
Gerüchtbildung 185 f.
Geschmack, künstlerischer 509
Gesetz der guten Gestalt,
  siehe Prägnanzprinzip
Gesetzmäßigkeit 57, 86, 88, 95, 184, 200
Gesichtssinn 283-290
Gesprächspsychotherapie 480

Gestalt
 -Auffassung, Entwicklung 363-398
 Bewegungs- 185, 286 f., 434
 -Eigenschaft 35, 70 f., 127, 133, 218, 328
 -Faktoren 10, 13, 107, 129, 135, 166, 171, 284, 287, 367 f.
  Aufgehen ohne Rest 167 f., 175
  durchgehende Kurve 168 f., 172, 186, 204, 284, 334, 372 f.
  Ebenbreite 174
  gemeinsames Schicksal 168
  Geschlossenheit 167 f., 204, 284, 334 f., 372, 380, 385
  Gleichartigkeit 166 f., 172, 187, 222 f., 333
  Nähe 167, 333
  Symmetrie 168, 173 ff., 204
 -Gesetze
  siehe Gestaltfaktoren
  menschliche 433
 -Qualität 100 ff., 125 f., 137, 158, 243, 283, 289, 503 f.
  Theorie 15, 18 f., 38, 56, 92, 97-226, 290, 330, 480, 497-508, 522-528
 -Wahrnehmung 322-345
 Zeit- 124, 129 f., 288
Gestalten
 schöpferisches 416, 430-461
 sprachliches 439-443
Gestalterische Fähigkeit 515
Gestaltkreis 41, 49
Gestaltungsfreude 431
Gewissen 195 f., 453 f., 472, 477
Gibson-Gradient 216, 319, 351
Gleichgewichtszustand 112, 118 f., 130, 133, 184, 193, 224 f., 505 f., 526
Gliederung(s) 127, 129, 162 f., 181, 243, 336, 367, 372 f., 377, 381, 424, 506
 -Hierarchie 367, 381-388
Graphologie 189
Gruppe 142, 144, 192-197, 204, 210-226, 483, 532
Gruppenbildung 36, 41, 70, 105, 115, 138, 140, 167, 194

Hackliste 196, 198
Handeln, schöpferisches 16, 22, 108, 522-533

Handlung(s) 19, 32, 106, 129, 212, 255, 278, 350-359, 366
 -Absicht 19, 49, 106, 136, 250, 255, 265, 271 f., 274
Haptische Wahrnehmung,
 siehe Tastsinn
Helligkeitskontrast 213 f.
Hirnverletzung 278
Holographie-Theorie 18
Homöostase,
 siehe Gleichgewichtszustand
Horopter 233
Hypothese 110, 451 f.

Ich, phänomenales 138 f., 185, 250, 265, 270-274, 277
Idealismus 251
Identifikation 474, 500 f.
Identität, phänomenale 13, 36, 161, 288
Idiographisch 86, 88 f.
Individualpsychologie 20 f., 122 f., 452, 459 f., 478-493
Informationstheorie 103, 262
Innen-Außen-Verhältnis 17 ff., 270
Instinkthandlung 49
Intelligenzquotient 80, 523
Introspektion 350
Invarianz 178
Isomorphie 18 f., 133, 233, 254, 257

Kaspar-Hauser-Versuch 115
Kausalität 57, 68, 71, 79, 93, 143, 200, 243, 246 f., 254, 257, 352, 366
 phänomenale 36, 129, 140, 337
Kitsch 507, 525, 529
Klinische Psychologie 20
Körper-Ich,
 siehe Ich, phänomenales
Komplexqualität 101
Konditionierung 110, 113, 120, 141, 144, 206, 212, 216 f., 219, 479
Konflikt 44, 462, 472
 -Neurose 475 f.
Konformismus 460
Konstanzannahme 143, 352
Kontiguitätsprinzip 112, 117 f.
Kontingenzprinzip 112, 117 f.

Korrelation 81, 109
Kreativität 220, 522-528
Kunst 498, 501 f., 507, 509, 525
Kybernetik 50, 143, 264-268, 276

Laboratoriumssituation 75, 77 f., 86
Lateral interaction 18, 103, 143, 182, 260 f., 352 f.
Lautfigur 390
Lautgestalt 363 f.
Leib-Seele Problem,
  siehe psychophysisches Problem
Leidenschaft 524
Leipziger Schule,
  siehe Ganzheitspsychologie
Leistungsmotivation 459
Lernen 104, 116, 211
  einsichtiges 104
Lerntheorie 111, 120, 135, 139, 144, 203, 205, 476 f., 532
Leseunterricht 366, 391, 394
Libido 484
Logik 415
Lohn und Strafe 109 f., 121, 205, 218, 479
Lokalisationslehre 37
Lückenschließung 154, 179, 191, 325, 374
Lustprinzip 31 f., 56, 121 f.

Macht 198
Männlicher Protest 488 f.
Materialismus 79, 253 f.
Mathematikunterricht 421 ff., 428
Mathematische Modelle 50, 88, 110, 225
Mechanismus 48, 56
Menschenbild 20, 27-50
Menschlichkeit 29, 89
Messung 69 f., 72, 95
Methodologie 51-95
Mosaik 131, 137, 158, 200, 330
Motivation, intrinsische 531
Motorik 116, 137, 185, 274, 355
Musik 284, 359, 505 f., 509 f., 529

Nachwirkung 46
Nativismus 116, 131, 143
Naturwissenschaftliche Psychologie 11, 17, 39, 42 f., 62 f., 83-95, 201 f., 211

Netzhautbilder, fixierte 356
Neurosenlehre 481-491
Nivellierung 155 f., 327
Nomothetisch 86, 89
Nonkonformismus 524
Normalisierung,
  siehe Entzerrungstendenz
Normversuchsperson 74

Oberflächenfarbe 346, 348
Objektivitätsprinzip 111, 114, 116, 120
Ödipus-Komplex 458, 472, 474 f., 484
Optisch-haptische Maßtäuschung,
  siehe Täuschung
Ordnung des Seelischen 32 ff., 36-39, 46 f., 129 ff., 141, 143 f., 176, 182, 185, 191, 195 f., 199-209, 434, 480, 526
Organismus
  phänomenaler 17, 136, 138, 252, 254, 265
  physikalischer 17, 136, 241, 252, 254 f., 265, 271, 273, 277
Organminderwertigkeit 481 ff.
Orthogonalisierung,
  siehe Entzerrungstendenz

Pädagogik 109, 122, 144, 416-420, 479 ff., 492, 508, 530
Passivitätsprinzip 111, 114 f.
Persönlichkeit(s) 72
  -Störung 194 f.
  -Theorie 11, 20, 42, 56, 60, 105, 113, 120, 136, 139, 144, 156, 193, 479, 484 f., 487, 491
Personwahrnehmung 137
Perspektivetheorie 318 f.
Perzept 351
Phänomenalismus 138
Phänomenologie 86, 103, 132 f., 232, 278
Phantasieren 446 f.
Phantomglied 264 f.
Phobie, kindliche 453, 462-477
Physikalismus 79, 133, 230
Plastizität des Nervensystems 37
Pointierung 156, 186, 327
Polar-koexistentialer Zusammenhang 242 f.
Populärwissenschaft 22 f.

Prägnanz
 -Aspekte 172-181, 184, 186, 191, 193, 342-345
 -Prinzip 36, 38, 102, 107, 142, 166, 182-198, 287, 325, 344, 498, 503
 -Stufe 387
 -Tendenz 93, 105, 115, 129f., 141f., 145-181, 185, 218, 286, 330, 333, 335ff., 339f.
Prästabilierte Harmonie 254, 276
Primäre Reaktivität,
 siehe Passivitätsprinzip
Probieren 120, 403, 406, 408, 410
Produktionstheorie 103
Programmierter Unterricht 532
Projektion 453
Projektionsannahme 270, 278, 502
Propriozeption 350
Prozeßeinheit, funktionale 260, 266f.
Psychische Sättigung 107
Psychophysik, psychophysisch 95, 104, 106f., 182, 184, 222, 353
 äußere 258
 Identismus 18, 249f., 252ff.
 innere 17f., 80, 91f., 106, 133, 227-279
 Korrelate 231-234, 237, 240, 263
 Methodik 17f., 69, 71ff., 78, 82, 236f., 257, 293
 Niveau 18, 229, 250, 253, 255, 259, 277
 Parallelismus 18, 79f., 230, 233, 247, 254, 257
 Problem 17ff., 39, 41f., 132, 253
 Wechselwirkung 247, 249, 254
Psychoanalyse 20f., 32f., 36, 44, 72, 100, 121ff., 139, 144, 222, 278, 451-462, 484f.
Psychosomatik 42, 247
Psychotechnik,
 siehe Angewandte Psychologie
Psychotherapie 20, 90, 139, 226, 451

Querfunktion, physiologische,
 siehe Lateral interaction

Ranschburgsches Phänomen 72f., 453
Raum, Räumlichkeit 246, 251, 258, 260, 369
Reafferenzprinzip 41, 49
Realismus
 kritischer 136-139, 276f.
 naiver 135, 276ff.

Rechtwinkligkeit 155, 158, 175, 178, 204, 342
Reduktionismus 113, 121
Reflex 30f., 35, 37, 40, 49, 59, 71, 111, 143, 351
Regeldenken 409
Regelkreis 264, 266, 273, 275
Regelmäßigkeit,
 siehe Prägnanz
Regression 453
Reifung 116, 396
Reiz 19, 38, 44, 48, 59, 112, 119, 136, 150, 250, 257, 265, 272f., 351ff.
Resonanz 18, 47f., 261, 267, 507
Rezeptive Felder 183
Rhythmus 284, 287, 505
Richtigkeit 524

Sachlichkeit 197, 440, 532f.
Scheinbewegung 17, 102f., 131, 147-150, 182, 235ff., 260, 286
Scheinkörper 10, 14
Schizophrenie 504
Schmerz 243, 245, 247
Schöpferische Synthese 100f., 124
Schrift, kindliche 385
Schulfähigkeit 397f.
Schwelle 213, 235f.
Seele 244, 246, 253
Selbstbeobachtung 76f.
Selbstbewußtsein 76, 136, 245
Selbstregulation 224
Sensitivity-Gruppe 226
Sensomotorik 41
Sensorische Deprivation 13
Sensorium commune 140, 261
Servomechanismus 19, 266, 273
Sexualtheorie 486f.
Social perception 138
Sozialmedizin 478f.
Sozialpsychologie 107, 113, 131, 140, 192ff., 210-226, 486f.
Sozialverhalten 110, 122, 207f.
Spiel 114, 121
Sprache 93f.
S-R-Modell 110f., 114, 118f., 121, 269
Statistik 66f.
Steuerung 19, 143, 255, 266, 269-279

Stilgefühl 442
Strukturfunktion 128, 194, 216
Sublimierung 454
Sündenbocktheorie 489 f.
Summativität 108, 113, 125, 135
Symmetrie 145, 147 f., 154 ff., 158, 160, 162, 176, 179, 181, 184, 192 ff., 211, 329, 335, 340 f.
Systemtheorie 118 f., 121 ff., 131, 142 f., 184, 197 f., 219 f., 452 f., 460

Tabula rasa 111, 115 f.
Täuschung 17, 48, 62, 130, 136, 150 ff., 160, 241, 259, 286, 291-321, 323 f., 352 f., 358
   Klix 310-317, 320, 324
   Müller-Lyer 153, 291-300, 305 f., 309, 324
   Oppel-Kundt 291, 305 f., 318, 324
   Oppelsche Vasenfigur 292, 298
   Pfennig 307 f., 324
   Poggendorff 291, 324
   Sander-Ipsen 176, 215, 309, 324
   senkrecht-waagerecht 151 f., 291, 300-304, 324
   Wundtsches Quadrat 318
   Zöllner 313
Tastsinn 124, 126, 129, 146, 164, 168, 237, 283-290, 292, 317, 319, 330, 332, 355 ff., 369
Tatbestandsdiagnostik 102
Teil, natürlicher 35, 102, 127, 162, 166, 212, 384, 392
Test 60, 76
Tiefensehen
   binokulares 284, 337, 353, 357
   monokulares 9 f., 13 f., 36, 107, 129, 176 f., 320, 337, 353, 358
Todestrieb 485
Topologische Psychologie 107
Transponierbarkeit 184, 216, 221, 330, 410
Traumtheorie 454 ff.
Trial and error,
   siehe Erfolg und Mißerfolg, Probieren
Trieb 485
Triebschicksale 457 f.
Trotz 399-402

Überfluten der Erregung 39 f.
Überkompensation 483, 490

Umgewöhnung 107
Umstrukturierung 191, 285, 289, 415, 506, 525, 532
Umwelt 221, 253
Umzentrierung 191
Unwissentlichkeit 74 ff.
Urteil(s)
   absolutes 510 f.
   -Theorie 104, 183, 232, 260, 352 f.

Verankerung 128 f., 138
Veranschaulichung 441
Verdeckung 179 f.
Verhalten 53, 105
Verhaltensforschung 68, 78, 104, 115, 267 f.
Verhaltenstherapie 476 f., 484
Verifikation 56, 106, 451-461
Verkehrspsychologie 23
Verlaufsgestalt,
   siehe Bewegungsgestalt
Verstärkung 112, 141, 479
Verstehen 85, 89 ff., 94 f., 189, 201, 404
Virtuelle Linien 148, 180, 325
Vitalismus 32, 38, 45, 143, 199

Wahrheit, künstlerische 506
Wahrnehmung(s) 281-359
   Bewegungs- 11 ff., 59, 102 f., 105, 107, 284
   figurale 375-381
   kindliche 370 ff., 374 ff., 379, 387 f., 395
   -Konstanz 234
      Farb- 105, 349
      Größen- 238, 261, 318
   Relations- 12, 104
   Schallrichtung 103, 358
   -Welt 269-279
Welt
   phänomenale 17 ff., 41, 95, 103, 136, 138, 265, 271, 274, 277 f., 351, 354
   physikalische 17 ff., 138, 150, 254, 265, 268, 271, 273 f., 277 ff., 351, 354
   transphänomenale, siehe Welt, physikalische
Weltbild, physikalisches 277 f.
Werkanalyse 65, 94
Wesenseigenschaft 125 f., 248, 289

Willenspsychologie 68, 77f., 106
Willkürbewegung 255f., 287, 359
Wirhaftigkeit 195, 197
Wirklichkeit 31, 40f., 137, 181, 251ff., 276, 405f.

Zärtlichkeit 140f., 472, 486
Zeitgestalten 124, 129f., 288

Zen-Buddhismus 15
Zentrale Tendenz 510f.
Zentralnervensystem, siehe Gehirnprozesse
Zentrierung 128f., 138, 381, 384, 424
Zielstrebiges Verhalten 39, 41, 45, 49, 119f., 200, 434f.
Zwang, äußerer 32, 39, 59, 144, 199, 409, 436f.